Core Rulebook

Credits

Lead Designer: Jason Bulmahn
Design Consultant: Monte Cook
Additional Design: James Jacobs, Sean K Reynolds, and F. Wesley Schneider
Additional Contributions: Tim Connors, Elizabeth Courts, Adam Daigle, David A. Eitelbach, Greg Oppedisano, and Hank Woon

Cover Artist: Wayne Reynolds
Interior Artists: Abrar Ajmal, Concept Art House, Vincent Dutrait, Jason Engle, Andrew Hou, Imaginary Friends, Steve Prescott, Wayne Reynolds, Sarah Stone, Franz Vohwinkel, Tyler Walpole, Eva Widermann, Ben Wootten, Svetlin Velinov, Kevin Yan, Kieran Yanner, and Serdar Yildiz

Creative Director: James Jacobs
Editing and Development: Christopher Carey, Erik Mona, Sean K Reynolds, Lisa Stevens, James L. Sutter, and Vic Wertz
Editorial Assistance: Jeffrey Alvarez and F. Wesley Schneider
Editorial Interns: David A. Eitelbach and Hank Woon
Art Director: Sarah E. Robinson
Senior Art Director: James Davis

Publisher: Erik Mona
Paizo CEO: Lisa Stevens
Vice President of Operations: Jeffrey Alvarez
Corporate Accountant: Dave Erickson
Director of Sales: Pierce Watters
Sales Manager: Christopher Self
Technical Director: Vic Wertz
Events Manager: Joshua J. Frost

Special Thanks: The Paizo Customer Service and Warehouse Teams, Ryan Dancey, Clark Peterson, and the proud participants of the Open Gaming Movement.

This game is dedicated to Gary Gygax and Dave Arneson.

Based on the original roleplaying game rules designed by Gary Gygax and Dave Arneson and inspired by the third edition of the game designed by Monte Cook, Jonathan Tweet, Skip Williams, Richard Baker, and Peter Adkison.

This game would not be possible without the passion and dedication of the thousands of gamers who helped playtest and develop it. Thank you for all of your time and effort.

Paizo Inc.
7120 185th Ave NE
Ste 120
Redmond, WA 98052-0577
paizo.com

Product Identity: The following items are hereby identified as Product Identity, as defined in the Open Game License version 1.0a, Section 1(e), and are not Open Content: All trademarks, registered trademarks, proper names (characters, deities, etc.), dialogue, plots, storylines, locations, characters, artwork, and trade dress. (Elements that have previously been designated as Open Game Content are not included in this declaration.)

Open Content: Except for material designated as Product Identity (see above), the game mechanics of this Paizo Publishing game product are Open Game Content, as defined in the Open Gaming License version 1.0a Section 1(d). No portion of this work other than the material designated as Open Game Content may be reproduced in any form without written permission.

Pathfinder Roleplaying Game Core Rulebook is published by Paizo Inc. under the Open Game License version 1.0a Copyright 2000 Wizards of the Coast, Inc. Paizo Inc., the Paizo golem logo, Pathfinder, and GameMastery are registered trademarks of Paizo Inc.; Pathfinder Roleplaying Game, Pathfinder Society, Pathfinder Chronicles, Pathfinder Modules, and Pathfinder Companion are trademarks of Paizo Inc. © 2009, 2018 Paizo Inc.
Printed in Japan.

目次

第1章　はじめに	**6**	
本書の使い方	9	
一般的な用語	11	
プレイの一例	13	
キャラクターの作成	14	
能力値	15	

第2章　種族	**18**
エルフ	21
ドワーフ	22
人間	23
ノーム	24
ハーフエルフ	25
ハーフオーク	26
ハーフリング	27

第3章　クラス	**28**
キャラクターの成長	30
ウィザード	31
クレリック	37
ソーサラー	47
ドルイド	55
バード	61
バーバリアン	65
パラディン	69
ファイター	73
モンク	75
レンジャー	78
ローグ	82

第4章　技能	**86**
技能を得る	88
技能の詳細	90

第5章　特技	**114**
前提条件	116
特技の種類	116
特技の説明	117

第6章　装備品	**144**
財産と金銭	146
武器	146
防具	156
特殊な素材	160
品物とサービス	161

第7章　補足ルール	**170**
属性	172
その他の個人データ	174
移動	176
探検	178

第8章　戦闘	**182**
戦闘の手順	184
戦闘に関わる数値	185
戦闘中のアクション	188
負傷と死	197
移動、位置取り、距離	199
大きな／小さなサイズのクリーチャーの戦闘	201
戦闘における修正値	202
特殊攻撃	204
イニシアチブ変更アクション	210

第9章　魔法	**212**
呪文の発動	214
呪文の解説	217
秘術呪文	226
信仰呪文	228

第10章　呪文	**230**
呪文リスト	232
呪文の解説	251

第11章　上級クラス	**414**
アーケイン・アーチャー	416
アーケイン・トリックスター	418
アサシン	420
エルドリッチ・ナイト	422
シャドウダンサー	423
デュエリスト	426
ドラゴン・ディサイプル	427
パスファインダー・クロニクラー	430
ミスティック・シーアージ	432
ローアマスター	434

第12章　ゲームマスター	**436**
キャンペーンの開始	438
既製のシナリオ	438
シナリオの構築	438
ゲームの準備	443
ゲームのプレイ中	444
キャンペーンのヒント	446
キャンペーンの終了	448

第13章　環境	**450**
ダンジョン	452
罠	458
野外	466
都市での冒険	475
天候	479
次元界	481
環境に関するルール	483

第14章　NPCの創造	**488**
アデプト	490
アリストクラート	491
ウォリアー	491
エキスパート	492
コモナー	492
NPCの創造	492

第15章　魔法のアイテム	**498**
アイテムの使用	500
魔法のアイテムを身に着ける	501
魔法のアイテムのパワーに対するセーヴ	501
魔法のアイテムへのダメージ	501
魔法のアイテムの購入	502
魔法のアイテムの説明	502
魔法の防具	504
魔法の武器	510
ポーション	521
魔法の指輪	522
ロッド	529
巻物	536
スタッフ	538
ワンド	542
その他の魔法のアイテム	543
知性あるアイテム	585
呪われたアイテム	587
特定の呪われたアイテム	590
アーティファクト	596
魔法のアイテムの作成	602

付録1：特殊能力	608
付録2：状態	620
付録3：参考文献	623
キャラクターシート	624
索引	626
オープンゲームライセンス	630
パスファインダーRPG ビギナー・ボックス	631

ことの起こりは1997年初頭。TSRのクリエイティブ・ディレクターであるスティーヴ・ウィンターは、社のデザイナーやエディターのごく数名に「我々は"世界で最もポピュラーなRPG"の新版について考え始めるべきだ」と告げた。以来ほぼ3年間というもの、我々のチームは過去25年間の基礎の上に築き上げるべき新しいルールの開発に勤しんできた。2000年にリリースされた"第3版"は新時代の幕開けとなった。その後数年して、別チームのデザイナーたちが"3.5版"という形でゲームをアップデートした。

今日、この伝統を受け継ぎ、新たな一歩を踏み出しているものこそがパスファインダー・ロールプレイング・ゲーム（以下、パスファインダーRPG）である。そして今、このことは不適切であるとか、物議をかもすものであるとか、あるいは少しばかり冒瀆的なものであるとさえ思われているかもしれない――しかし、我らがゲームは今なお、真実のものである。パスファインダーRPGは"あのゲーム"の長い歴史のなかで築かれたものを用い、新たに生き生きとしたものを提供している。我らがゲームは"根幹"に忠実だ。その"根幹"が――ある意味――借り物"であったとしても。

ゲームデザイナーのジェイソン・ブルマーンは、本作のために新機軸の新機構を作り上げるという目覚ましい仕事を成し遂げた。しかし、彼自身は「すでにかなり出来のいいゲームがある」ということを前提に仕事を開始した。彼はまったくのゼロからのスタートはしなかった。ジェイソンはすでに存在する無数のファン、そしてこれまでの35年の間に"あのゲーム"が遊ばれてきたであろう無限とも思える時間を、なかったことにしようなどとは考えなかったのだ。そのかわりに、彼はファンたちがすでに創造し、遊び、読んできたも

のに基づき、彼らがより楽しめるようにしたのである。彼はファンから何ひとつ取り上げようとはしなかった――ただ、さらに多くを与えようとしたのだ。

パスファインダーRPGの美点のひとつとして、本ゲームは君たちがすでに持っている書籍や雑誌の内容に"コンバート"を要求しない、ということがある――つまり、君の本棚いっぱいの偉大なるアドベンチャー、そしてソースブック（Paizoから出版されたものがたくさんあるよね？）がそのまま使えるのだ。君はそのすべてをパスファインダーRPGでも使用できる。実際、この事実があったからこそ、私はパスファインダーRPGに関わる気になったのだ。私はこれまでに出版された膨大な創造物がゴミになるところなど見たくなかった。

そして今、デザイン・コンサルタントとしての私の役割はかなり小さなものとなっている。間違えてはいけない。パスファインダーRPGの"父親"はジェイソンなのだ。私の役割は出来上がったものに目を通してフィードバックを行うことだが、実際私がやったのは、ジェイソンと例の"第3版"をデザインしたころについておしゃべりすることだけだったといっても過言ではない。「これがなぜこうなっているのか」ということを知るには、このおしゃべりが有用だとジェイソンは感じてくれたのだ。魔法のアイテム作成特技の背後にはどのような考えがあったのか？　我々は経験点システムについて別の方法を考えたことがあったのか？　遭遇表における宝物の価値はどのようにして決められていったのか？　等々。

それはとても興味深い時間だった。時には自分が、フォーラムやインタビューやコンベンションで"第3版"のデザインにおけるあらゆる側面について根掘り葉掘り聞かれていたときと同じことを繰り返

前書き

しているようにも感じたが、ジェイソンはどうにかして、私がこれまでに聞かれたことのない質問を繰り出してくるのだった。我々は共に、ゲームの内外を精査した。何か変化を生み出そうとする前には、そうすることこそが重要なのだ。どこかに向けて出発する前に、自分がどこにいるかを把握せねばならない。頑強かつ緻密に作り上げられた"第3版"のようなゲームに手を入れようとする際には、それは特に重要になってくる。このゲームのデザインは、何か1ヵ所に変更を加えたが最後、ゲームの思いもよらなかった部分が影響されて変わってしまうということが起こり得る程度には、十分に複雑だったのだから。その時に我々は、このゲームを徹底的に切り刻み、オリジナルのシステムに対して隅々に至るまで厳しい検討を重ねたうえで、興味深くも新たなアイデアを見出したのだった。ジェイソンはそれを踏み板として用いた。私が座して、さまざまなテストプレイ、そして数々の試作バージョンという形で現れる驚異と興奮の混合物を眺めている間に、彼はすべての激務を成し遂げたのだった。

パスファインダーRPGはキャラクターたちに、新しくもカッコいいオプションを提供する。ローグは"ローグの技"を持つ。ソーサラーは血脈の能力を有する。これは過去数年の間に生じた面倒な事例を修正しうるものだ。君を別の何かに変えた呪文群は再構築されている。組みつきは単純化され、バランスの取れたものとなった。だが、これはやはり君の愛する、そして長いこと愛してきた"あのゲーム"なのだ。たとえ呼ばれるその名は違っても。

Paizoの連中はあのゲームの灯の担い手たりえ続けると私は信じている。彼らはその未来と同じく、あのゲームの過去を尊重している。彼らはその伝統を理解している。パスファインダーRPGの開発のなかで小さくとも役割を得たことは、私にとって明確な、そして心からの喜びなのだ。君の手の中にあるこの1冊こそは、私が自信を持って差し出すもの、君に膨大な喜びの時間を提供する、真に偉大なるゲームなのだ。

さあ、楽しんでくれたまえ！

モンテ・クック

冒険は君を待っている！

高貴なる戦士が強大なる竜と戦い、力ある魔道師がはるか昔に忘れ去られた墳墓を探索する世界へようこそ。ここはファンタジーの世界、謎めいたエルフや野蛮なオーク、賢いドワーフや抜け目ないノームたちの棲む世界だ。このゲームのなかで、君のキャラクターは決闘では負け知らずの名剣士にもなれるし、王の頭上から王冠を盗み去る腕利きの盗賊にもなれる。神々の力を振るう敬虔なる僧侶をプレイすることもできるし、得体の知れぬ魔法使いとして神秘的な魔法を解き放つこともできるのだ。君が探索すべき世界であり、君の行動が歴史を形作るほどの影響を与える世界がここにある。強大な吸血鬼のかぎ爪から王を救い出すのは誰だ？　民草を奴隷とすべく山からやってくる、復讐に燃える巨人どもを撃退するのは誰だ？物語は主人公たるべき君のキャラクターを待っている。このルールブック、数人の友人たち、一握りのダイスと共に君は壮大な使命を果たしに出発するのだ。

パスファインダーRPGは完全に独立したゲームとして始まったわけではない。最初の草稿は"世界最古のロールプレイング・ゲームの3.5版"のための、一連のハウスルールとしてデザインされた。2007年秋、件のゲームの新版が現れた。しかし、一部のゲーマーが自分たちがそれまで慣れ親しんだルールを使い続けたがるのも当然と思われた。また、ゲーマーたちの中には、ゲームをより使いやすく遊んで楽しいものにするために、慣れ親しんだルールへのアップデートを加えたがるものがいるのも納得できることだった。このゲームのデザインを始めたころ、既存の製品との互換性の維持が私の第一目的だったが、私は同時に、すべてのクラス、種族、そしてその他の要素が遊びやすくバランスの取れたものにしたかった。言い換えれば、私はプレイをもたつかせ、卓上で「白熱した議論」では収まらぬシロモノを発生させかねないゴタゴタしたルールを整理しつつ、件のゲームの偉大かつ象徴的な部分はすべて維持しようとつとめたのだ。

ルールはどんどん膨大なものになり、変更点の数は単なるアップデートを超えてルールシステム全体の改定と呼ぶべきものへと及んだ。パスファインダーRPGは、確かに"3.5版"のルールと互換性があるが、パスファインダーRPG単体で遊べるものである。この先数ヵ月、君は本バージョンのルールで使えるように特化した、多くのまったく新しい製品を目にすることになるだろう。それらはPaizo発だったり、『パスファインダーRPG互換性ライセンス』を保持する他の出版社発だったりするはずだ。このライセンスは出版社に、"彼らのプロダクトは本書に記載されたルールで使うものである"ことを示す、特別なロゴの使用を許可するものである。

すでに成功しているゲームシステムを改善することは容易な仕事ではない。この遥かな目的に至るため、我々は件のゲームを8年間遊んできた"3.5版"ルールのファンに協力を要請した。2008年の春以来、本ルールについては、ゲームの歴史上もっとも厳しく濃密なテストプレイが行なわれた。5万人以上のゲーマーたちが本ルールをダウンロードし、プレイした。今まさに君が手にしている最終版のゲームは、数々の草稿がテストプレイを経て、ゆっくりと統合されていった結果だ。数々の失敗と、「怒りに満ちた討論」では収まらぬシロモノが繰り広げられたが、最終的には必ずやよりよいゲームへとそれらが結実することを私は疑わなかった。テストプレイヤーたちの情熱と発想なくしては、今のこのゲームはありえない。まったく感謝の一言に尽きる。

最後に。このゲームは君と、そしてすべてのファンタジーゲームのファンたちのものだ。このゲームが面白く使いやすいものであり、ファンタジー・ロールプレイング・ゲームというものに期待する深み、そしてバラエティに富んださまざまな要素を提供するものだと、君が感じてくれることを願っている。これは君の探索を待つ冒険の世界だ。これは勇敢で力強い英雄たちを待ち望む世界だ。数えきれない先駆者がいたが、それは過去の話だ。今こそ君の番なのだ。

ジェイソン・バルマーン
リード・デザイナー

1 はじめに

ヴァレロスが雪の中に頽れたのを見て、ドラゴンは勝利の雄叫びを上げた。

ヴァレロスのむごたらしい腹の傷から、血がとめどなくあふれ出す。

キーラはその傍らに走った——ああ、神よ！　間に合って！

「あいつの足を止める！」

シオニが叫ぶと、手にしたスタッフから護りの炎が閃いた。じりじりとドラゴンとの間合いを詰める。

しかし、そのソーサラーのほっそりした体と、ドラゴンのばかでかい図体を見比べて、メリシエルは哀し気に頭を振った。

やっと冒険が始まったばかりだというのに、この戦いひとつとっても、とても約束の報酬には引き合わなさそうだ。

パスファインダーRPGはファンタジー・テーブルトークRPGであり、プレイヤーたちは英雄となって集団（パーティー）を作り、危険な冒険へと向かってゆく。彼らがこの物語を紡ぐ助けとなるのがゲームマスター（GM）であり、プレイヤー・キャラクター（PC）がどのような脅威に直面し、クエストに成功したらどのような報酬を得るのかを決める役割を果たす。これは、プレイヤーたちが主人公を演じ、ゲームマスターが世界のほかの部分を操作しながら語り部の役割を果たす、協力して物語を創り出すゲームなのだと考えてほしい。

君がプレイヤーなら、キャラクターが有している能力から持っている武器まで、君のキャラクターに関するあらゆる選択をする。とはいえ、キャラクターをプレイするというのは単に本書のルールに従うだけのものではない。君のキャラクターの個性も君が決めるのだ。彼は巨悪を打倒しようとする気高い騎士だろうか、それとも栄誉より黄金を大事にする狡猾なはみ出し者なのだろうか。決めるのは君だ。

君がゲームマスターなら、君がプレイヤーの冒険する世界をコントロールすることになる。設定に命を吹き込み、キャラクターたちに公正かつ刺激的な挑戦の場を提供するのが君の仕事だ。地方の豪商から暴れ狂うドラゴンまで、君はプレイヤーがプレイするもの以外のあらゆるキャラクターを操作する。Paizo社の**パスファインダー・アドヴェンチャー・パス**シリーズ、**パスファインダー・モジュール**、そして**パスファインダー・クロニクル・ワールド・ガイド**には、君がゲームを運営する際に必要なあらゆるものがそろっているし、本書のルールと**パスファインダーRPG ベスティアリ**のモンスターを活用して、君独自のものを作り出してもよい（上記の書籍は順次翻訳予定）。

必要なもの：本書に加えて、パスファインダーRPGを遊ぶには特別なダイス（サイコロ）がいくつか必要だ。一般的なダイスは6面だが、パスファインダーRPGでは4面と6面、8面、10面、12面、20面のダイスを使用する。この種のダイスは各地のゲーム店や、Paizo.comからオンラインで購入できる。

ダイスのほかに、君がプレイヤーならキャラクター・シート（本書の巻末からコピーすることもできる）と、ゲームマスターが冒険を表現するためにマップを使用するなら、君のキャラクターを示す小さなコマ（フィギュアやミニチュア）が必要だ。こうしたコマもゲーム店にあるだろう。市販されているものは多種多様である。きっと、君のキャラクターを比較的正確に表すものが見つかるだろう。

君がゲームマスターなら、強力なドラゴンから卑しいゴブリンまで、あらゆる種類のモンスターのルールを掲載した**パスファインダーRPG ベスティアリ**が1冊あるとよいだろう。これらのモンスターの多くはプレイヤーと戦う相手として用いるものだが、一部には役に立つ情報を提供したり、強力な同盟者となる可能性のあるものもいる。プレイヤーの何人かが、モンスターのキャラクターとなってパーティーに加わることすらあるかもしれない。そのほかに、君が使うダイス一式と、君のメモや地図、ダイス・ロールの結果を隠すのに利用できる仕切り（マスタースクリーン）を用意するとよいだろう（君はダイス・ロールの結果に忠実であるべきだが、しばしば成否が明らかで

ないほうがよいものもあり、ダイス・ロールの結果がオープンだと情報を与えすぎることがあるのだ）。パスファインダーRPGの戦闘の処理方法には2通りある；君がキャラクターの状況を述べてそれに基づいてキャラクターに行動させる方法と、状況を紙や特別製のフリップマットに書き、キャラクターのコマを動かすことで戦闘中のキャラクターの位置をより正確に表現する方法だ。どちらの方法にも長所があるが、後者を選ぶ場合は書き込み可能なフリップマット（たとえばPaizo社のゲームマスタリー・フリップマット）や、モンスターやそのほかの敵を表すコマが必要になるだろう。

パスファインダーRPGで使用するダイスやフリップマップ、キャラクターやモンスターの駒などがそろった**パスファインダーRPG ビギナー・ボックス**（発売：アークライト）も発売されている。これらの一部はゲーム専門店で購入できるほか、英語版であればすべてPaizo.comからオンラインで購入できる。

このゲームの遊び方：パスファインダーRPGをプレイしている間、ゲームマスターはゲーム世界の中で何が起こったか、そしてプレイヤーは交替でその出来事に対して何をするかを述べてゆく。しかし、物語の“語り”とは異なり、プレイヤー・キャラクターや、ゲームマスターの操作するキャラクター（ノンプレイヤー・キャラクター、NPC）による行動は、確定されたものではない。ほとんどの行動には成否を決定するためのダイス・ロール（サイコロをふること）が必要とされ、一部にはほかの行動より難しいと定められた行動もある。それぞれのキャラクターはある事柄がほかより得意であり、技能や能力に基づいてボーナスを与えられている。

ダイス・ロールが必要となる場合は“d#”と書かれている。“#”の数値は使用するダイスが何面体のものかという数を表している。同じ種類のダイスを複数ロールする必要がある場合は、“d”の前に数値が書かれている。たとえば、4d6をロールするようにと書かれていたら、君は6面体のダイスを4つ振り、その合計を求めればよい。時おり数値の後ろに＋や－に続く数値が書かれている場合があるが、これはダイスの目の合計にそれを足す、あるいは引くという意味だ（各ダイスそれぞれに修正を与えるのではない）。ゲーム中のほとんどのロールは20面体ダイスを使用して、キャラクターの技能や能力、状況などに基づく修正を加えたうえで行われる。一般に、高い数値となるほうが低い数値よりよい結果である。パーセント・ロールは特殊なケースで、“d%”と表記されている。2つの色違いの10面体ダイスを使用して、片方が十の位を表すと決めたうえでロールする。たとえば十の位を表すダイスが4、もう1つが2と出たら、結果は42となる。十の位のダイスが0の場合、結果は1〜9か、あるいは両方のダイスが0だった場合は100となる。10面体ダイスの中には、10、20、30といった具合にd%として読みやすいように数値が書かれているものもある。また、端数を処理するときには、特に記載がない場合、常に端数は切り捨てであることを覚えておくとよい。

君のキャラクターは冒険に赴き、金銭や魔法のアイテムを、そして経験点を稼ぐ。金銭はより優れた装備を購入するのに使えるし、魔法のアイテムは強力な能力で君のキャラクターを強

はじめに

化してくれる。経験点は脅威を乗り越えたり、大きなストーリーを完成させることの報酬として与えられる。十分な経験点を稼ぐと、君のキャラクターのレベルが1つ上がり、より大きな脅威に立ち向かうことを可能にする新たなパワーや能力を獲得する。1レベルのキャラクターは農夫の娘を暴れまわるゴブリンたちから救う程度はできるだろう。しかし、恐るべきレッド・ドラゴンを打ち破るには20レベルの英雄の力が必要になるかもしれない。キャラクターに対して魅力ある、成功が見込めないほど致死的ではない脅威を提供することはゲームマスターの責務だ。より詳しいゲームマスターの役割については、第12章を参照すること。

何よりも楽しもう。パスファインダーRPGをプレイすることは、ゲームマスターにとってもプレイヤーにとっても、刺激的で満足感の得られるものになるはずだ。さあ、冒険は目の前だ！

一番重要なルール

本書に掲載されているルールは、君たちのキャラクターとその冒険の舞台となる世界に命を吹き込むためのものだ。これらは君のプレイをかんたんに、そして刺激的にするようデザインされているが、ルールの一部が君のゲームグループの楽しんでいるスタイルに合わないと思うかもしれない。覚えておいて欲しいのは、ルールは君たちのものであるということだ。君はルールを必要にあわせて変更することができる。ほとんどのゲームマスターはいくつかの「ハウスルール」をゲームで使っている。ゲームマスターとプレイヤーは、どのようにプレイするのか全員が理解できるように、ルールの変更点について話し合っておくように。ゲームマスターがルールの最終決定者ではあるが、パスファインダーRPGは経験を共有し合うものであり、ルールに疑問があれば、プレイヤー全員の考えを参考にするべきだ。

本書の使い方

本書は15の章に分かれており、加えて多数の付録がある。第1章から第11章は、プレイヤーがキャラクターを作り、ゲームをプレイするために必要なルールを取り扱っている。第12章から第15章は、ゲームマスターがゲームを運営し、あらゆることに裁定を下す助けとなるような情報を記載している。君がプレイヤーなら、ふつうは後者の章にある情報を知る必要はないが、ときどき参照するように言われるかもしれない。以下の要約は、本書に掲載されたルールの全体像を君に把握してもらうためのものだ。

第1章 はじめに：本章はパスファインダーRPGの基本を扱っており、本書のほかの部分をどう参照したらよいか、プレイ

ヤー・キャラクター（PC）の作成に関するルール、キャラクターの能力値の決定方法などを掲載している。能力値はキャラクターの最も基本的な特性であり、キャラクターの生来の資質と能力を表している。

第2章 種族： パスファインダーRPGには7つの基本種族があり、ゲーム世界でもっとも一般的な種族を表している。エルフ、ドワーフ、人間、ノーム、ハーフエルフ、ハーフオーク、ハーフリングがそれである。この章は、これらの種族のいずれかでプレイする際に必要なルールを扱っている。プレイヤー・キャラクターを作成する際は、この章の種族からいずれか1つを選択するように。

第3章 クラス： パスファインダーRPGには11の基本クラスがある。クラスはキャラクターの基本となる専門職を表しており、そのいずれもが数多くの特殊能力を与えてくれる。キャラクターのクラスによって、ヒット・ポイントやセーヴィング・スロー・ボーナス、武器や防具への習熟、技能ランクなど、そのキャラクターの様々なデータも決まってくる。この章では能力が成長することによるキャラクターの強化（レベルアップ）も扱う。あるクラスのレベルが上昇すると、追加の能力を獲得し、様々な数値が増加する。プレイヤー・キャラクターを作成する際には、この章のクラスから1つを選択し、そのクラスの1レベルとなる（たとえば、君が開始時のクラスとしてウィザードを選択した場合、1レベルのウィザードとなる）。

第4章 技能： この章では、"技能"とそれをゲーム中でどう使用するかを扱う。技能は、壁登りから物陰に隠れて守衛をやり過ごすことまで、ありきたりの作業をするためのさまざまなキャラクターの能力を表している。キャラクターは何ポイントかの技能ランクを獲得し、それを使用して一部の技能を得意なものとすることができる。キャラクターがレベルアップするにつれ、さらに技能ランクを獲得し、すでにキャラクターが有する技能に磨きをかけたり、新たな技能を身につけることができる。キャラクターのクラスによって、何ポイントの技能ランクを獲得できるかが決まる。

第5章 特技： キャラクターは、特別な行動を可能にしたり、その他の方法では得られない能力を与える、"特技"をいくつか有している。キャラクターは作成時に少なくとも1つの特技を有しており、レベルが上昇するにつれ、新たな特技を獲得できる。

第6章 装備品： この章では、購入できる基本的な装備品や道具、武器や防具からたいまつや背負い袋まで扱っている。ここには、宿屋の宿泊費や船賃など、一般的なサービスの価格表も掲載している。開始時のキャラクターは、各自のクラスに応じた財産を持ち、装備品の購入に使用できる。

第7章 補足ルール： この章では、属性や運搬能力、移動や視界など、パスファインダーRPGをプレイするうえで重要な種々のルールを扱っている。属性は君のキャラクターが救いがたい悪漢なのか高潔な英雄なのか、あるいはその中間のどこかなのかを表す。負荷は、君のキャラクターがどれだけの重量を運搬でき、移動などがどれだけ妨げられるかを扱う。移動では、キャラクターの種族や周辺の環境に応じて、1分、1時間、あるいは1日の間に君のキャラクターが移動できる距離について述べ

る。視界は、種族や周囲の明るさに応じて、どれだけ遠くまでキャラクターが見通せるかを扱う。

第8章 戦闘： あらゆるキャラクターはいずれ、恐るべきモンスターや危険な悪漢と生死をかけた闘争をすることになる。この章では、パスファインダーRPGにおける戦闘をどのように解決するかを取り扱う。戦闘中、各キャラクターは順番（イニシアチブによって決まる）に行動し、その順番を敵か味方の一方が全滅するか、そのほか何らかの形で打倒されるまで繰り返す。この章には、戦闘に関するルールを掲載しており、君がそこで為し得るさまざまな行動すべてを扱っている。この章には、特別な戦技（敵に足払いを試みたり、敵の武器を落とさせようとするなど）を解決するためのルールや、キャラクターの負傷と死に関するルールも掲載している。

第9章 魔法： いくつかのクラス（および一部のモンスター）は呪文を発動することができる。呪文は、死者の復活から敵を火の玉で焼き焦がすことまで、ほとんどどんなこともできる。この章では、呪文の発動と、新たな呪文の習得方法についてのルールを取り扱う。君のキャラクターが呪文を発動できるなら、これらのルールに詳しくなっておく必要があるだろう。

第10章 呪文： 魔法の章が呪文発動の方法について記載しているのに対し、この章では個別の呪文を扱っている。まず各クラスごとにどの呪文を使用できるかのリストがある。そのあとに、ゲームに登場するすべての呪文の効果、距離、持続時間、およびその他の重要な変数を含めた詳細な情報が掲載されている。呪文を発動できるキャラクターは、自分の使用できる呪文すべてについて情報を得ておくほうがよいだろう。

第11章 上級クラス： 第3章の基本クラスにより、君は多様なキャラクターを作成できる。一方、上級クラスは、キャラクターを特定のテーマにおける達人とすることができる。これらの上級クラスによって、キャラクターは特化した能力の数々を得る。これらの能力は特定の領域においてきわめて強力なものだ。上級クラスのレベルを得る前には、キャラクターは特別な前提条件を満たさなければならない。前提条件は上級クラスごとに異なる。君が上級クラスのレベルを得ようと計画しているなら、君のキャラクターがいずれ確実に前提条件を満たせるように、きちんと把握しておくべきだろう。

第12章 ゲームマスター： この章ではパスファインダーRPGを運営するための基本的な事柄を扱っている。これにはシナリオの構築、既成のシナリオの使用、ゲームの場での問題への対処、経験点や宝物の与え方などを含んでいる。君がゲームマスターなら、この章に示した考え方をよく知っておくとよいだろう。

第13章 環境： モンスターとの戦いのほかにも、パスファインダーRPGのプレイにはプレイヤー・キャラクターたちを待ち構える危険や脅威が数多くある。この章では、悪辣な罠から煮え立つ溶岩まで、取り巻く環境をどう解決するかというルールが扱われており、ダンジョン、荒野、山岳、森林、湿地、水界、都市、そして異次元や次元界などの環境の種類ごとに分類されている。この章の最後には天候とそのゲーム上の影響についての情報も掲載している。

第14章 NPCの創造： プレイヤー・キャラクターたちとモンス

ターのほかに、世界には無数のノンプレイヤー・キャラクター（NPC）がいる。田舎の店主から欲深い王まで、ゲーム世界に存在するあらゆるその他のキャラクターは、ゲームマスターが作成し、操作する。この章では多くのNPCに使う単純なクラス（ただし一部のNPCは基本クラスや上級クラスのレベルを有する）と、NPCのデータを素早く作る仕組みを取り扱う。

第15章 魔法のアイテム：キャラクターが冒険を続けてゆくと、ときに冒険の役に立つ魔法のアイテムに出会う。この章では、武器、防具、ポーション、指輪、ロッド、巻物、スタッフ、その他の魔法のアイテムを含む、こうした魔法のアイテムの詳細を取り扱う。加えて、この章には呪われたアイテム（持ち主の妨げになる品）や知性あるアイテム、アーティファクト（途方もない力を持つ品）も掲載しているほか、新たな魔法のアイテムを作成するためのルールもある。

付録：本書の巻末にある付録には、特殊能力や状態に関する個別のルールをまとめてある。ここにはお勧めの書籍のリストと、君がパスファインダーRPGをより楽しむ役に立つであろうツールや製品群の紹介もある。

一般的な用語

パスファインダーRPGには、ゲームのルールを示すいくつもの用語、略語、および定義が用いられている。以下に挙げるのは、その中でも頻繁に使われるものだ。

アーマー・クラス（AC）：このゲームの全てのクリーチャーにはアーマー・クラスがある。この値は戦闘中、そのクリーチャーに命中させるのがどれほど難しいかを表す。他の値と同様、高いほど良い。

アクション：アクションは、ラウンドで進行する戦闘時の行動を、抽象的な時間の長さで分類したものである。能力を使う、呪文を発動する、攻撃するなどといった行動の全てにアクションが必要となる。標準アクション、移動アクション、即行アクション、フリー・アクション、全ラウンド・アクションなど、いくつかの種類のアクションがある（第8章を参照）。

イニシアチブ：戦闘開始時にはいつも、戦闘に関わるすべてのクリーチャーは、戦闘中の行動の順番を決定するためにイニシアチブ判定を行わなければならない。判定の結果が大きいほど早く行動できる。

擬似呪文能力（擬呪）：擬似呪文能力は呪文と同様に機能するが、特殊な種族の能力、あるいは特定のクラスの能力として与えられる（キャラクターが呪文発動能力のあるクラスのレベルを獲得することで得られる、呪文とは異なる）。

技能：技能は、壁の登攀や廊下を忍び歩く、侵入者を発見するといった、ありきたりの作業をする際のクリーチャーの能力を表している。クリーチャーの持つ各技能のランクの数値は、その技能にどのくらい熟達しているかを示す。ヒット・ダイスを得ると、そのクリーチャーは自身の技能に加算できる追加の技能ランクを獲得する。

基本攻撃ボーナス：それぞれのクリーチャーには基本攻撃ボーナスがあり、これは戦闘の技術を表している。レベルやヒット・ダイスを得るにつれ、そのキャラクターの基本攻撃ボーナスも向上する。基本攻撃ボーナスが＋6、＋11、＋16になると、戦闘で全力攻撃（これは全ラウンド・アクションの種類のひとつである――第8章を参照）を行った際に追加の攻撃を得る。

クラス：クラスは選択した専門職を表すもので、キャラクターや他のクリーチャーの一部が取得する。クラスはたくさんのボーナスを提供するとともに、呪文の発動や変身といった通常は不可能な行動を可能にする。特定のクラスのレベルを獲得してゆくことで、クリーチャーは新たな、より強力な能力を得てゆく。その強力さから、ほとんどのプレイヤー・キャラクターは基本クラスか上級クラスのレベルを得てゆく（第3章および第11章を参照）。ほとんどのNPCは、能力に劣るNPCクラスを得る（第14章を参照）。

クリーチャー：クリーチャーとは、物語や世界内で、行動する能力のある者を指す。クリーチャーにはプレイヤー・キャラクター、NPC、モンスターが含まれる。

経験点（XP）：キャラクターは困難を乗り越え、モンスターを倒し、クエストを成し遂げることで、経験点を得る。経験点は徐々に蓄積され、ある一定の値以上に達したとき、キャラクターのレベルが上昇する。

ゲームマスター（GM）：ゲームマスターはルールの裁定をする者であり、プレイヤー・キャラクターが冒険する物語と世界の要素の全てをコントロールする。ゲームマスターの責務は、公平で楽しいゲームを提供することである。

術者レベル：術者レベルは、クリーチャーが呪文を発動する能力や技量を表す。クリーチャーが呪文を発動する際には、距離やダメージなど、術者レベルに基づいて変動する値が含まれることも多い。

呪文：呪文は、敵に害を与えることから死者を生き返らせることまで、幅広い役割を果たす。各呪文ごとに、その呪文が何を目標にできるか、その効果がどのようなものか、そしてどのように抵抗あるいは無効化できるかが明確に設定されている。

呪文抵抗：一部のクリーチャーには魔法への抵抗力があり、呪文抵抗を有する。呪文抵抗を持つクリーチャーが呪文の目標になった際には、その呪文の術者は、呪文が対象に効果を及ぼすか否かを確認するため、術者レベル判定を行わなければならない。この難易度（DC）は、目標クリーチャーの呪文抵抗と等しい。一部の呪文は呪文抵抗を無視できる。

精神集中判定：クリーチャーが呪文を発動する際、途中で邪魔をされたときには精神集中判定を行わなければならない。判定に失敗すれば、その呪文の発動に失敗する（第9章を参照）。

セーヴィング・スロー（セーヴ）：クリーチャーが危険な呪文や効果の対象となったとき、受けるダメージや結果を軽減するためのセーヴィング・スローを試みられることがある。セーヴィング・スローは受動的なものであり、それをするのにアクションは必要とされない――これらは自動的に行われる。セーヴィング・スローは3種類ある：頑健（毒、病気、その他の身体的な苦しみに耐えるのに用いる）、反応（ファイアーボールのような範囲全体を目標にする効果を避けるのに用いる）、そして意志（精神への攻撃や呪文に耐えるのに用いる）である。

戦技：これは足払いや武器落とし、組みつきなど、戦闘中に取れる直接相手を傷つけないアクションである（第8章を参照）。

戦技防御値（CMD）：この値はそのクリーチャーに対して戦技を行うのがどれくらい難しいかを表す。クリーチャーの戦技防御値は、そのクリーチャーに対して戦技を行う際の難易度として扱われる。

戦技ボーナス（CMB）：クリーチャーが戦技にどれだけ長けているかを表す値。戦技を実行する際、この値がd20ロールに加算される。

属性：属性はクリーチャーの基本的な道徳観あるいは倫理観を表す。属性は2つの要素からなる：秩序、中立、混沌という軸、そしてその後ろに善、中立、悪という軸だ。属性は通常、秩序にして中立、混沌にして悪といった具合に記述される。両方の要素が中立のクリーチャーは、真なる中立と表記される。

ターン：1ラウンドの間に、各クリーチャーには様々なアクションを実行できるターンが1回ある。通常、1ターンの間に、キャラクターは1つの標準アクションと1つの移動アクション、1つの即行アクション、そして複数のフリー・アクションを行うことができる。一般的でないアクションの組み合わせも許容されている。詳細については第8章を参照すること。

ダメージ減少：損傷への耐性を持つクリーチャーはダメージ減少（DR）を有している。その値だけ物理的な攻撃から受けるダメージは減少する。ほとんどの種類のダメージ減少は特定の種類の武器を素通ししてしまう。これは"／"の後に表記され、たとえば"10／冷たい鉄"などとなる。一部のダメージ減少はあらゆる物理攻撃に対して適用される。そうしたダメージ減少には"—"と表記がある。より詳しくは付録1を参照。

超常能力（超常）：超常能力とは、魔法的な攻撃や防御、または性質を指す。これらの能力は常に機能している場合もあれば、利用する際に特定のアクションを必要とする場合もある。超常能力の説明には、その使用法と効果についての情報が含まれている。

特技：特技はクリーチャーが修得した能力のひとつである。特技によってクリーチャーはルールや制限を無視できるようになることも多い。クリーチャーのヒット・ダイス数に基づいて特技の数が決まるほか、一部のクラスや能力はボーナス特技を与える。

難易度（DC）：クリーチャーが失敗するおそれのある行動を試みる際には、何らかの判定（通常は技能判定）を行わなければならない。行動が成功するには、判定の結果がその行動の難易度以上でなければならない。

能力値：クリーチャーはそれぞれ6つの能力値を持つ；【筋力】、【敏捷力】、【耐久力】、【知力】、【判断力】、【魅力】である。これらの値はクリーチャーのもっとも基本的な特性を表している。能力値が高いほど、そのキャラクターは優れた生来の資質と才能を有している。

ノンプレイヤー・キャラクター（NPC）：ゲームマスターが操作するキャラクターたちのことである。

倍率：複数の倍率をあるロールに適用するよう要求された場合、それらの倍率は互いに乗算されない。代わりに、最初の倍率の値に、それ以外の各倍率から1を引いた値を足し合わせて、1つの倍率として使用する。たとえば、×2の倍率を2回適用するような場合、その倍率は×4ではなく×3となる。

端数処理：ときおり、ルール上、結果や値の端数処理が必要な場合がある。特に明記されない限り、端数は常に切り捨てること。たとえば、7を半分にする場合、その結果は3となる。

判定：判定はd20ロールであり、他の値で修正される場合もある。最も一般的なものには攻撃ロール、技能判定、能力値判定、セーヴィング・スローなどがある。

ヒット・ダイス：ヒット・ダイスはクリーチャーの力と技能の一般的なレベルを表す。クリーチャーがレベルを得ると、ヒット・ダイスも追加される。一方、モンスターは、その一般的な技量と能力を表す種族ヒット・ダイスを得ていく。ヒット・ダイスはたとえば"3d8"というように、クリーチャーの持つダイスの数、続いてそのダイスの種類によって表現される。この値はクリーチャーのヒット・ポイントの最大値を決定するのに使用される。先の例であれば、そのクリーチャーは3ヒット・ダイスを持つ。そのクリーチャーのヒット・ポイントを決定するためのロールに際しては、君はd8を3回ロールしてその結果を合計し、その他の修正を加える。

ヒット・ポイント（HP）：ヒット・ポイントはいまこの瞬間にクリーチャーがどれくらい強健で健康的かを抽象的に表している。クリーチャーのヒット・ポイントを決定するには、そのヒット・ダイス分のダイスをロールする。最初のヒット・ダイスが基本クラスなどプレイヤー・キャラクター向けクラスのレベルによるものなら、最初のヒット・ダイスから得られるヒット・ポイントは最大の値となる。最初のヒット・ダイスがNPCクラスまたは種族によるものであるクリーチャーは、通常通り最初のヒット・ダイスをロールする。負傷はヒット・ポイントを下げ、一方で治癒（自然治癒だろうと魔法によるものだろうと）はヒット・ポイントを回復させる。一部の能力や呪文は、一定の持続時間が経つと消滅する一時的ヒット・ポイントを与える。クリーチャーのヒット・ポイントが0未満に低下すると、気絶状態となる。さらに、ヒット・ポイントが【耐久力】ぶんの負の値に達した時、そのクリーチャーは死亡する。

プレイヤー・キャラクター（PC）：プレイヤーが操作するキャラクターのことである。

ペナルティ：ペナルティとは、判定時やデータの値から差し引かれる数値である。ペナルティには種類はなく、通常、ペナルティは累積する。

変則的能力（変則）：変則的能力は、魔法に依存しないで機能する、普通ではない能力を指す。

ボーナス：ボーナスとは、判定時やデータの値に加算される数値を指す。ボーナスの多くには種類があり、基本的なルールとして、同じ種類のボーナスをいくつも加算することはできない（累積しない）——もっとも高い値のボーナスだけが適用される。

モンスター：モンスターは、クラス・レベルの代わりに種族ヒット・ダイスによって能力や力量を得ているクリーチャーである（一部はクラス・レベルも持っている）。プレイヤー・キャラクターは通常、モンスターではない。

ラウンド：戦闘はラウンド単位で進行する。各ラウンド中に、すべてのクリーチャーには、イニシアチブの順に、行動できるターンが1回ある。1ラウンドは、ゲーム内時間で6秒を意味する。

累積：累積とは、ある特定の判定あるいは何かの数値に対するボーナスないしペナルティを合計することを意味する。一般に、同じ種類のボーナスは累積しない。その代わりに、その最も高いボーナスだけが適用される。大部分のペナルティは累積し、つまりその値は合計される。ペナルティとボーナスは通常、互いに累積し、つまりペナルティがボーナスの一部または全てを打ち消した上に超過することも、あるいはその逆もある。

レベル：キャラクターのレベルは、その総合的な力量と能力を表している。レベルには3つの種類がある。クラス・レベルは、あるキャラクターの持つ特定のクラスのレベル数である。キャラクター・レベルは、キャラクターの持つ全てのクラス・レベルの合計である。加えて、呪文には0から9までの呪文レベルがある。この呪文レベルは呪文の一般的な力を示している。術者がクラス・レベルを得るにつれ、より高い呪文レベルの呪文を発動する方法を修得してゆく。

プレイの一例

ゲームマスター（GM）は4人のプレイヤーたちと現在の冒険を進めている。プレイしているキャラクターはシーラ（人間のパラディン）、エズレン（人間のウィザード）、ハルスク（ドワーフのレンジャー）、レム（ハーフリングのバード）だ。4人の冒険者たちは、かび臭い地下室に素晴らしい宝物が存在するという噂を耳にし、古の砦の廃墟を探検している。崩れかけた大きな建物へと冒険者たちが進んでいるときに、古ぼけた石橋に通りかかった。場面の説明をしたあと、GMはプレイヤーたちに何をしたいかを尋ねた。

ハルスク：移動を続けよう。なんだか嫌な空気だな。クロスボウを抜いてボルトを装填しておく。

シーラ：そうね。私も念のため剣を抜いておくわ。

エズレン：わしは進む先が見えるようにライトを発動するぞ。

レム：僕はモンスターが近くにいるなんてことが無いように、見張っておくよ。

GMはシナリオのこの箇所についてのメモを見て、実はモンスターが近くにいて、プレイヤー・キャラクターたちが危険に踏み込もうとしていることを確かめた。

GM：レム、〈知覚〉技能判定をしてくれるかい？

レムはd20をロールし、その目は12だった。そして自分のキャラクター・シートで〈知覚〉技能のボーナスの値を調べると、＋6だった。

レム：結果は18だよ。何か見えた？

GM：君が振り向くと、君たちの背後から6つの影が迫ってくるのに気が付いた。エズレンの呪文の光が及ぶ範囲に入ると、君には錆び付いた鎧を着て、古ぼけた剣を振りまわすスケルトンたちが、橋の上を進んでくるのだとわかったよ。

レム：みんな、トラブルみたいだよ。

GM：まったくだね。全員、イニシアチブ判定をしてもらえるかな？

戦闘での行動順を決めるために、各プレイヤーはd20をロールして、各自のイニシアチブへのボーナスと足し合わせる。GMはスケルトンたちのぶんとして1回、隠れているリーダーのぶんとしてもう1回ロールする。

プレイヤー側はシーラが18、ハルスクが16、エズレンが12、レムが5となった。モンスター側はスケルトンが11、リーダーが8だった。

GM：シーラ、イニシアチブ順は君が1番目だ。君のターンをどうぞ。

シーラ：スケルトンなら、私の信仰する女神アイオメデイの力を使って、そいつらを破壊しようとするわ。エネルギー放出をします。

シーラは2d6をロールして、結果は7だった。

シーラ：スケルトンたちに7ポイントのダメージ。でも、もしDC15の意志セーヴに成功したら、ダメージは半分だけね。

GMはスケルトンたちの意志セーヴを行い、結果は18、17が2体、15、8、3だった。スケルトンのうち4体はセーヴに成功したので、半分のダメージ（3ポイント）しか受けない。ほかの2体は7ポイントのダメージをそのまま受けた。

GM：スケルトンたちのうち2体は、君の信じる神の力を浴びて燃え上がり、崩れ去った。ほかの4体は前進を続けている。ハルスク、君のターンだ。

ハルスク：いいね。自分は一番近いスケルトンにクロスボウを撃とう。

ハルスクがd20をロールすると結果は13だった。彼はクロスボウでの攻撃ロールへのボーナスを加え、合計が22だったと宣言した。スケルトンのACはわずか14。

GM：それは命中だ。ダメージ・ロールをどうぞ。

ハルスクはd10をロールし、結果は8だった。スケルトンには殴打武器以外に適応されるダメージ減少があるとGMにはわかっている。クロスボウ・ボルト（太矢）は刺突ダメージを与える武器なので、スケルトンのダメージ減少によってダメージは8ポイントが3ポイントまで減少する。しかし、それでもこれはスケルトンのHPを0以下にするには十分なものだった。

GM：クロスボウのボルトはスケルトンの古ぴた骨にはあまり効果的ではないように見えたけれど、その一撃は目標のスケルトンをバラバラにするには十分だった。エズレン、君のターンだ。

エズレン：わしは一番近くのスケルトンにマジック・ミサイルを発動しよう。

マジック・ミサイルは目標に必ず命中する輝く矢を何本か生み出す。エズレンは矢1つあたり1d4＋1をロールして、合計は6ポイントだった。これは魔法によるものなので、スケルトンのダメージ減少を自動的に無視し、もう1体を倒した。

GM：2体だけしか残っていないスケルトンたちのターンだ。1体はシーラに対して突撃して剣をふるう。もう1体はハルスクのところまで移動して攻撃だ。

GMはそれぞれの攻撃のd20をロールした。結果はシーラに対してはたったの8で、彼女のAC18以上にならなかった。ハ

ルスクに対する攻撃の結果は17で、彼のAC16を上回った。
GMはスケルトンの攻撃によるダメージをロールする。

GM：ハルスク、スケルトンの攻撃が君に命中して、腕にひどい切り傷を負わせた。ダメージは7ポイントだ。

ハルスク：痛っ。HPは残り22ポイントだ。

GM：それだけじゃないぞ。はるか昔に死んだであろう白骨の馬に騎乗した、騎士のような恰好をしたスケルトンが霧の向こうから橋へと飛び出してきた。恐ろしげなランスの先端には、過去の犠牲者の頭部が晒されている。レム、君のターンだ。何をする？

レム：疾走して逃げる！

もう一度シーラから順番に、一方の側が他方を打ち破るまで戦闘は続く。プレイヤー・キャラクターたちが戦闘に生き残れば、財宝と危険を見出すべく、古の城砦に向けて進み続けることができるだろう。

キャラクターの作成

狡猾なるローグから勇敢なるパラディンまで、パスファインダーRPGでは君がプレイしたいキャラクターを作ることができる。キャラクター作成の際には、まず君のキャラクターのコンセプトを決定する。君は恐るべきモンスターと対峙し、盾と剣で爪と牙に対抗するキャラクターが作りたいのか？　それとも大いなる彼方から力を引き出して己の目的を進める神秘的な予言者？　ほとんどどんなキャラクターでもプレイすることが可能だろう。

大まかなコンセプトを決定できたら、君のアイデアに命を吹き込もう。必要に応じて巻末にあるパスファインダーRPGのキャラクター・シートをコピーして、以下のステップを追いながら、キャラクターの情報や数値データを記載するのだ。

ステップ1――能力値の決定：最初にキャラクターの能力値（p.15参照）を決定する。6つの能力値は君のキャラクターの最も基礎的な特性を決定し、様々な項目や数値の算出に用いられる。一部のクラスでは、いくつかの能力値が平均より優れていることが要求される。

ステップ2――種族の選択：次に、能力値への修正値やそのほかの種族的特徴に注意して、種族を選択する（第2章を参照）。7種の基本種族から選択しよう（ゲームマスターが種族を追加する場合もある）。各種族には自動取得できる言語が1つ以上ある。そのほかにいくつかのボーナス言語からなるリストがあり、キャラクターは【知力】ボーナス（p.17参照）と同じ数のボーナス言語を知っている。

ステップ3――クラスの選択：キャラクターのクラスは、たとえばファイターやウィザードといった専門職を表している。新たなキャラクターであれば、選んだクラスの1レベルとしてスタートする。モンスターを倒して経験値（XP）を得ることで、レベルが上昇し、新たな力と能力を得る。

ステップ4――技能と特技の選択：君のキャラクターが何ポイ

ントの技能ランクを得られるかは、クラスと【知力】修正値（そして人間が得られるもののようなその他のボーナス）で決まる。こうして得たランクは技能に割り振るが、1つの技能には最大でもレベルと同じ値のランクしか割り振れないことに注意（よって、作成されたばかりのキャラクターは通常1つの技能に1ランクずつしか割り振れない）。技能が決まったら、いくつの特技が得られるかをクラスやレベルを基に決定し、第5章に掲載された中からどの特技を修得するかを決定する。

ステップ5――装備の購入： 新しいキャラクターは、それぞれクラスに応じて決まる所持金で、チェインメイルから革製の背負い袋まで、幅広い装備品を購入してゲームをスタートする。これらの装備品はキャラクターが冒険で生き残る助けとなる。一般に、最初の所持金では、ゲームマスターの同意なしに魔法のアイテムを購入してはならない。

ステップ6――詳細の完成： 最後に、開始時のヒット・ポイント（HP）、アーマー・クラス（AC）、セーヴィング・スロー・ボーナス、イニシアチブ修正値、そして攻撃に関する諸数値など、キャラクターの詳細を決める必要がある。これらの数値はすべて、これまでのステップの結果から決定される。1レベルのキャラクターでは、ヒット・ダイスから得られるヒット・ポイントは最大の値となる。このほか、キャラクターの名前や属性、外見的特徴を決める必要がある。また、2、3の特徴を書き留めておくと、ゲームでそのキャラクターをプレイする助けになるだろう。年齢や属性などの補足的なルールについては第7章に詳細がある。

能力値

　それぞれのキャラクターには、その最も基本的な特性を表す6つの能力値がある。これはキャラクターの生来の資質と才能である。能力値判定（能力値しか使用しない）をする機会はそれほどないが、能力値と能力修正値は、キャラクターの技能や能力のほぼすべてに影響する。能力値は通常3から18だが、種族ボーナスやペナルティなどで変わることもある；平均的な能力値は10である。

能力値の決定

　能力値の決定方式にはいくつかある。これらの方式はキャラクター作成にそれぞれ程度の異なった自由度とランダム性を与える。

　種族修正（キャラクターの種族により君の能力値に調整が加えられる――第2章を参照）は能力値を決定した後に適用される。

標準型： 4d6をロールし、一番低い目を捨てて、残った3つの目を合計する。結果を記録し、これを繰り返して6つの値を作成する。これらの値を君が望むように各能力値に割り当てる。この方式は“旧式”と比べてランダム性が低く、平均より高い能力値を持つキャラクターができやすい。

旧式： 3d6をロールし、合計する。結果を記録し、これを繰り返して6つの値を作成する。これらの値を君が望むように各能力値に割り当てる。この方式はランダム性が非常に高く、一部

のキャラクターはずば抜けた能力値を持って生まれる。さらにランダム性を高めて、ロールした順に特定の能力値に割り当ててゆくこともできる。しかし、こうして作成されたキャラクターは、能力値が特定のクラスや個性を後押しするものではないだろうから、キャラクター作成時に決めたコンセプトになかなか適合しないだろう。かわりに、能力値に合わせてキャラクターを考えるとよい。

英雄的： 2d6+6をロールし、合計する。結果を記録し、これを繰り返して6つの値を作成する。これらの値を君が望むように各能力値に割り当てる。この方式は“標準型”と比べてもランダム性が低く、ほとんどの能力値が平均より高いキャラクターになる。

ダイス・プール型： 各キャラクターは24個のd6をプールとして持ち、これを各能力値に割り振ってゆく。ダイスをロールする前に、それぞれの能力値に何個のダイスを割り当てるかを決める（最小で3d6）。割り当てが終わったら、プレイヤーは各能力値についてダイスをロールし、高いものから順に3つの目の合計値がその能力値となる。この方式は標準型と同程度のキャラクターとなる。もっと強力なキャラクターにしたければ、ゲームマスターはプールのダイス数を合計28個にするとよい。

能力値購入： 各キャラクターは能力値を増加させるためのポイントを得る。この方式では全ての能力値は10が基準となる。キャラクターは各能力値を、ポイントを消費して向上させることができる。また、1つ以上の能力値を低くして、他の能力値を上げるためにさらにポイントを得ることもできる。ただし、この方式では、能力値を7より小さく、または18より大きくすることはできない。次のページの表1-1には、能力値をある値にする場合に必要なポイントが示されている。全てのポイントを使用した後、種族修正があればすべて加えること。

　この方式で使用できるポイント数は、君のプレイするキャンペーンのスタイルで異なる。標準的なポイント数は15である。標準的なNPCはわずか3ポイントで作成される。次のページの表1-2には、キャンペーンのスタイルに応じたポイント数が示されている。能力値購入方式はプレイヤーの選択が重視され、平等なバランスでキャラクターが作成できる。この方式はイベント――たとえばパスファインダー協会 日本支部（詳細はhttps://www.pfsj.org/まで）のような――で使用するキャラクターの作成によく用いられる。

修正値の決定

　種族による能力値の修正を加えたあとの各能力値から、-5から+5の範囲の修正値が求められる。表1-3に、能力値の数値に対応した修正値を示す。修正値は君のキャラクターがある能力値に関連した行動をしようとする際に、ダイス・ロールに加算される数値だ。またダイス・ロール以外の数値に適用される場合もある。正の値（プラスの値）のものを“ボーナス”、負の値（マイナスの値）のものを“ペナルティ”と呼ぶ。表にはボーナス呪文の数も記されている。君のキャラクターが呪文の使い手なら、この値を知っている必要がある。

能力値と呪文の使い手

どの能力値をもとにしてボーナス呪文数を決定するかは、君のキャラクターがどのクラスの呪文の使い手かによって異なる。ウィザードなら【知力】、クレリック、ドルイド、レンジャーなら【判断力】、バード、パラディン、ソーサラーなら【魅力】を使用する。ボーナス呪文数を利用するには、高い能力値に加えて、そのレベルの呪文を発動したり呪文スロットを使用できるだけの、十分なクラス・レベルを有していなければならない。詳しくは第3章のクラスの解説を参照。

表1-1：能力値の数値と必要なポイント

能力値	必要なポイント	能力値	必要なポイント
7	−4	13	3
8	−2	14	5
9	−1	15	7
10	0	16	10
11	1	17	13
12	2	18	17

表1-2：キャンペーンのスタイルとポイント数

キャンペーンのタイプ	ポイント数
ロー・ファンタジー	10ポイント
標準的なファンタジー	15ポイント
ハイ・ファンタジー	20ポイント
英雄的ファンタジー	25ポイント

各能力値の解説

それぞれの能力値は君のキャラクターを部分的に表したものであり、その行動の一部に影響する。

【筋力】（【筋】）

【筋力】はキャラクターの筋力や体力を評価したものである。この能力はファイター、モンク、パラディンや、一部のレンジャーのような、至近距離（"近接"）で戦うクラスにとって重要である。【筋力】はキャラクターが持ち運ぶことのできる重量を決めるためにも使用される。【筋力】の値が0になったキャラクターは、全く動けないほど力がなく、気絶状態である。一部のクリーチャーには【筋力】の値がなく、全ての【筋力】に基づく技能や判定への修正値がない。

キャラクターの【筋力】修正値は以下のものに適用される：
- 近接攻撃ロール。
- 近接武器および投擲武器（スリングを含む）のダメージ・ロール（例外：二刀流での副武器による攻撃のダメージ・ロールには【筋力】ボーナスの半分しか適用されない。一方、近接武器を両手で使用しての攻撃には【筋力】ボーナスを1.5倍して適用する。コンポジット・ボウ以外のボウで攻撃する場合、ボーナスは適用されないが、ペナルティは適用される）。
- 〈水泳〉、〈登攀〉技能判定。
- 【筋力】判定（ドアを打ち壊す場合など）。

【敏捷力】（【敏】）

【敏捷力】は素早さや反応性、バランスを評価したものである。この能力はローグにとって最も重要なものだが、軽装鎧や中装鎧を装備するもの、鎧を着ないものにも重要だ。また、ボウやスリングといった遠隔武器で巧みに攻撃したいキャラクターにも重要だ。【敏捷力】の値が0になると、体を動かすことができず、事実上"動けない状態"になる（しかし意識は失わない）。

キャラクターの【敏捷力】修正値は以下のものに適用される：
- 遠隔攻撃ロール。これにはボウやクロスボウ、スローイング・アックスのほか、**スコーチング・レイ**や**シアリング・ライト**といった多くの遠隔攻撃呪文も含まれる。
- アーマー・クラス（AC）。ただしキャラクターが攻撃に対応できる場合に限る。
- 反応セーヴィング・スロー。素早い動きで**ファイアーボール**のような攻撃から素早く逃れるためのものである。
- 〈隠密〉、〈軽業〉、〈騎乗〉、〈装置無力化〉、〈脱出術〉、〈手先の早業〉、〈飛行〉技能判定。

【耐久力】（【耐】）

【耐久力】はキャラクターの健康や持久力を評価したものである。【耐久力】ボーナスはヒット・ポイントを増加するので、この能力値はあらゆるクラスで重要である。アンデッドや人造など一部のクリーチャーには【耐久力】の値がない。これらのクリーチャーが【耐久力】基準の判定をする際には修正値が±0であるとみなすこと。【耐久力】の値が0になったキャラクターは死亡する。

キャラクターの【耐久力】修正値は以下のものに適用される：
- ヒット・ポイントを決定する際のロール（ただしペナルティにより0以下になることはない。つまり、レベルが上がるごとに、ヒット・ポイントは少なくとも1ポイント増加する）。
- 頑健セーヴィング・スロー。毒や病気といった危険に耐えるためのものである。

キャラクターの【耐久力】の値が変化して【耐久力】修正値が変わったら、キャラクターのヒット・ポイントもあわせて上昇あるいは減少する。

【知力】（【知】）

【知力】はキャラクターの学習能力と論理的思考力を評価したものである。この能力値は、その呪文発動能力に色々と関わるため、ウィザードにとって重要である。動物なみの知性しかないクリーチャーは【知力】の値が1か2しかない。会話を理解するには少なくとも【知力】の値が3必要である。【知力】の値が0になったクリーチャーは昏睡する。一部のクリーチャーには【知力】の値がない。それらのクリーチャーが【知力】に基づく技能判定や能力値判定をする際には、修正値が±0であるとみなす。

キャラクターの【知力】修正値は以下のものに適用される：
- ゲーム開始時にキャラクターの知っているボーナス言語の数。これは共通語と開始時の種族言語に加えて獲得できるものである。もしペナルティがあっても、【知力】が3未満でない限

表1-3：能力修正値とボーナス呪文数

能力値	修正値	1日毎の各呪文レベルのボーナス呪文数									
		0	1	2	3	4	5	6	7	8	9
1	−5	この能力値に対応した呪文は発動できない									
2～3	−4	この能力値に対応した呪文は発動できない									
4～5	−3	この能力値に対応した呪文は発動できない									
6～7	−2	この能力値に対応した呪文は発動できない									
8～9	−1	この能力値に対応した呪文は発動できない									
10～11	0	—	—	—	—	—	—	—	—	—	—
12～13	+1	—	1	—	—	—	—	—	—	—	—
14～15	+2	—	1	1	—	—	—	—	—	—	—
16～17	+3	—	1	1	1	—	—	—	—	—	—
18～19	+4	—	1	1	1	1	—	—	—	—	—
20～21	+5	—	2	1	1	1	1	—	—	—	—
22～23	+6	—	2	2	1	1	1	1	—	—	—
24～25	+7	—	2	2	2	1	1	1	1	—	—
26～27	+8	—	2	2	2	2	1	1	1	1	—
28～29	+9	—	3	2	2	2	2	1	1	1	1
30～31	+10	—	3	3	2	2	2	2	1	1	1
32～33	+11	—	3	3	3	2	2	2	2	1	1
34～35	+12	—	3	3	3	3	2	2	2	2	1
36～37	+13	—	4	3	3	3	3	2	2	2	2
38～39	+14	—	4	4	3	3	3	3	2	2	2
40～41	+15	—	4	4	4	3	3	3	3	2	2
42～43	+16	—	4	4	4	4	3	3	3	3	2
44～45	+17	—	5	4	4	4	4	3	3	3	3

etc. …

り、種族言語の読み書き・会話は可能である。

• 各レベルで得られる技能ランク数。ただし、レベル毎に最低でも1ポイントは得られる。

• 〈鑑定〉、〈言語学〉、〈呪文学〉、〈製作〉、〈知識〉技能判定。
　ウィザードのボーナス呪文数は【知力】の値によって決まる。ウィザードが呪文を発動するには、最低でも（10＋呪文レベル）の【知力】の値が必要である。

【判断力】（【判】）

　【判断力】は意志力、良識、注意力、洞察力を評価したものである。【判断力】はクレリックやドルイドにとってもっとも重要であり、レンジャーにも重要である。感覚の鋭いキャラクターにしたいなら、【判断力】を高くしよう。全てのクリーチャーが【判断力】の値を有している。【判断力】の値が0になったキャラクターは理性ある思考ができず、気絶状態となる。

　キャラクターの【判断力】修正値は以下のものに適用される：

• 意志セーヴィング・スロー（**チャーム・パースン**などの呪文の効果を避けるためのもの）。

• 〈職能〉、〈真意看破〉、〈生存〉、〈知覚〉、〈治療〉技能判定。
　クレリック、ドルイド、レンジャーのボーナス呪文数は【判断力】の値によって決まる。クレリック、ドルイド、レンジャーが呪文を発動するには、最低でも（10＋呪文レベル）の【判断力】の値が必要である。

【魅力】（【魅】）

　【魅力】はキャラクターの個性の強さ、人を惹きつける力、統率力、そして外見を評価したものである。パラディンやソーサラー、バードにとって最も重要な能力値である。また、エネルギー放出に関わるため、クレリックにとっても重要な能力値である。アンデッド・クリーチャーにとっては、【魅力】は彼らの自然に反する"生命力"を表している。全てのクリーチャーが【魅力】の値を有している。【魅力】の値が0になったキャラクターは、何をする気力もなく、気絶状態となる。

　キャラクターの【魅力】修正値は以下のものに適用される：

• 〈威圧〉、〈芸能〉、〈交渉〉、〈動物使い〉、〈はったり〉、〈変装〉、〈魔法装置使用〉技能判定。

• 他者に影響を与えようとする判定。

• クレリックやパラディンがアンデッド・クリーチャーを害するためにエネルギー放出を使用する際の難易度。
　バード、パラディン、ソーサラーのボーナス呪文数は【魅力】の値によって決まる。バード、パラディン、ソーサラーが呪文を発動するには、最低でも（10＋呪文レベル）の【魅力】の値が必要である。

2 種族

無慈悲なダークエルフ勢の追跡は、地下都市からの脱出を許してくれそうにない。人間のセイジャンとノームのリニは奴隷として生きることになりそうだ。

　ハーフエルフのセルティールは、ドラウたちがハーフエルフである自分を、拷問で楽しめる間だけ生かしておくであろうことを知っていた。

　彼は混血である自分の身を呪いながら、近付くドラウの足音にきっと眦(まなじり)を上げると、自らの知る最も強力な炎の魔法を呼び覚ました。

「来やがれ、洞窟住まいのキノコ喰いども！」

　冷酷そうな顔をしたドラウ達が一斉にこちらを見る。

「地上のエルフの舞いがいかなるものか、その目に焼き付けるがいい！」

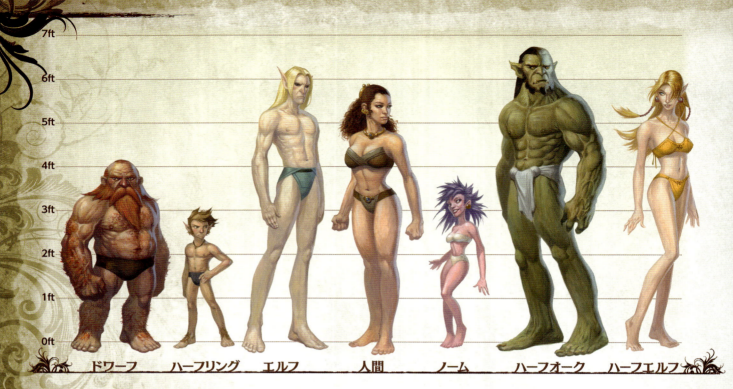

ドワーフ　ハーフリング　エルフ　人間　ノーム　ハーフオーク　ハーフエルフ

　頑健なドワーフから高貴なエルフまで、パスファインダーRPGの種族は、文化、大きさ、態度、外見の多様な組み合わせから構成される。あなたのキャラクターの基本能力値を決定したら、キャラクター作成の次のステップは、キャラクターの種族の選択となる。この章では、7つの選択肢を示す。これらの7つの種族は、パスファインダーRPGで一般的に出会う文明的な種族である。

　キャラクター種族を選ぶことは、キャラクター作成における重要な決定の1つとなる。キャラクターが強力に成長するにつれて、君は異なるクラス、技能、特技を選択することで能力を多様化できるが、（リンカーネイトのような珍しい魔法を使用しない限り）種族は一度しか選べない。そしてもちろん、種族にはそれぞれ適した役割がある。ドワーフはソーサラーよりファイターに適しているし、ハーフリングはハーフオークほどにはバーバリアンに適していない。種族を選択するときは、各種族の長所と短所を念頭に置くこと。想定された役割に反して種族を演じるのは楽しいこともあるが、君のキャラクターが3レベルになってから、演じたいキャラクターとしては別の種族のほうがよかったと気付いたら楽しい気持ちにはならないだろう。

　この章に掲載された7つの種族は、それぞれ世界での種族の役割の一般的な説明から始まる、同一の書式で示される。これに続いて、その種族の平均的なメンバーの身体的な説明、種族の社会の概要、そして他の六つの種族との関係についてのいくつかの説明が続く。また、決まった宗教や属性を選ぶ必要はないが、各種族の典型的な選択肢についても言及している。そのあとには、なぜその種族のメンバーが危険に満ちた冒険者の生活を送ることになるのかについての説明が続く。そして最後に、各種族の男性と女性の名前のサンプルをいくつか挙げてある。

　7つの種族にはそれぞれ、その種族のすべてのメンバーに適用される特別な能力、ボーナス、その他の調整がある。これらはキャラクターの“種族的特徴”と総称される。

　各種族には、前の章で説明したように、能力値を決定した後に適用される能力値への修正もある。これらの能力値修正により、18より高く能力値を上げることもできる。また、どの能力値も3未満まで下げることもできるが、【耐】の低いPCは死にやすいし、【知】が3未満のPCは会話ができないため、プレイヤーはじきに不満を覚えるだろう。3未満の能力値を持つキャラクターをプレイする前にはGMの承認を求めるべきである。

　この章で紹介した7つの種族は、能力、個性、社会が大きく異なる一方で、すべてに共通している部分もある——これらの種族の人間性は大きくかけ離れておらず、またその能力もほぼ同等でバランスの取れたものである。ゲーム世界にはより強力で風変わりな種族も存在しているが、パスファインダーRPGはすべてのプレイヤーがほぼ同等な立場からスタートするようにバランスをとって設計されている。

　よりパワフルな種族を使用するためのルールとガイドラインについては第12章を参照のこと。

エルフ

　長命なエルフは多くのフェイ（妖精族）と同様、自然界のおとし子であるが、フェイとは異なる面も持っている。エルフは自らのプライバシーと伝統を重んじるため、個人的または国家間で友となるまでには長い時間がかかる。しかし、一度仲間として認められると、そのような関係は何世代にも渡って継続される。エルフは彼らの途方もなく長い寿命、もしくはより深く神秘的な理由から、周囲の環境に深い愛着を寺っている。長い間同じ場所に暮らすエルフは目や髪などの体色がその環境に合わせた色彩に変化していく。一方、短命な種族と共に過ごすエルフは次々と友人たちが歳を重ね死んでいくのを目の当たりにする。その結果、死に対して歪曲した見識を持ち、気難しくなることも多い。

身体的特徴：エルフは一般的に人間よりも背が高い。その耳は長く先が尖っていて、優美で華奢な体格を際立たせている。幅の広いアーモンド形の眼は鮮やかな色彩を持つ大きな瞳に満たされている。エルフは自然界の美を模した衣服を着ていることが多い。その一方で、都市に住むエルフには最新のファッションで自分たちを飾り立てる傾向がある。

社会：多くのエルフは自然との結びつきを感じとり、自然と調和するよう努力する。一方で、大抵のエルフは大地や石をいじることを不快に感じ、彼らを魔術に適応させているものでもある、生まれ持った根気で作った素晴らしい芸術品を鑑賞することを好む。

種族関係：エルフは軽率で衝動的な他の種族から距離を取ることが多いものの、彼らを正しく評価してもいる。ドワーフが近くに住むのをあまり好ましく思っていないが、その鍛冶技術は高く買っている。彼らはノームを奇妙（で時々危険）な好奇心の塊だとみなしている。また、ハーフリングのことを「先祖代々家を持たずに彷徨う、哀れな小さき人」と感じている。世界中のハーフエルフの数を見れば明らかなように、エルフは人間に夢中になることがある。しかし、その結果産まれてきた子供を認知しないことが多い。彼らはハーフオークを信用せず、疑いの眼で見る。

属性と宗教：エルフは感情的で気まぐれであるにも関わらず、親切や美の価値を認めている。多くのエルフは混沌にして善である。彼らは世界の神秘と関わる神を好んでおり、中でもデズナとネサスが特によく信仰されている。デズナはその神秘と野外への愛ゆえに、ネサスはその魔術への精通ゆえに。カリストリアは最も名高いエルフの神と言えるだろう。彼女はエルフの理想を端的に表した神である。

冒険者：多くのエルフは世界を見聞して回りたいという願いから冒険をはじめる。失われたエルフの魔法を取り戻すため、祖先が数千年前に樹立した失われた王国を探し出すため、静かな森林を離れていく。人間に囲まれて育ったものは、冒険者のはかなくも束縛されない人生に興味を引かれる。エルフは一般的に華奢なため。白兵戦闘を避け、ウィザードやレンジャー等のクラスを極めることを好む。

男性名：カラドレル、ヘルデールル、ランリス、メリドラレル、セルドロン、タラセル、ヴァリエル、ゾードロン

女性名：アムルーンラーラ、ダードラーラ、ファウンラ、ジャタル、メリシエル、オパラル、サムラル、テツサラ、ヤランドラーラ

エルフの種族的特徴

＋2【敏捷力】、＋2【知力】、−2【耐久力】：エルフは心身共に鋭敏だが、体は華奢である。

中型：エルフは中型のクリーチャーであり、サイズによるボーナスもペナルティもない。

通常速度：エルフは30フィートの基本移動速度を持つ。

夜目：エルフは薄暗い場所で人間の2倍の距離まで見通すことができる。第7章を参照。

エルフの耐性：エルフは魔法的な睡眠効果に対する完全耐性を持ち、心術呪文と心術効果に対するセーヴィング・スローに＋2の種族ボーナスを得る。

エルフの魔法：エルフは呪文抵抗を打ち破るための術者レベル判定に＋2の種族ボーナスを得る。また、魔法のアイテムの特性を鑑定する際の〈呪文学〉判定に＋2の種族ボーナスを得る。

鋭き五感：エルフは〈知覚〉判定に＋2の種族ボーナスを得る。

武器精通：エルフはロングボウ（ショートボウ（コンポジット・ショートボウを含む）、レイピア、ロングソード、ロングボウ（コンポジット・ロングボウを含む）に習熟している。また、名前に"エルヴン"と記載のある武器を全て軍用武器として扱う。

言語：エルフは共通語とエルフ語の会話能力を持ってゲームを開始する。高い【知力】を持つエルフは以下から追加の言語を選択できる：オーク語、ゴブリン語、天上語、ノーム語、ノール語、森語、竜語。

ドワーフ

　ドワーフたちは禁欲的で厳格な種族である。山々の奥底を切り開いて造られた都市に身を落ち着けており、オークやゴブリンのような野蛮な種族の略奪を撃退しようと猛々しい決意を抱いている。ドワーフたちは他のどの種族にも勝る偏屈もので、ユーモアに欠ける大地の匠という評判を得てきた。彼らの住む高山地帯や危険な地下世界では巨人、ゴブリン、その他の恐ろしいものどもとの絶えることの無い戦が引き起こされている。そのようなドワーフの歴史が、多くのドワーフたちの陰気な気質を形作っていると言えるかもしれない。

身体的特徴：ドワーフは背が低く、ずんぐりとした種族である。幅広でぎゅっと詰め込んだような体格はがっしりとした外見を形作り、大抵の人間よりも1フィートほど背が低い。ドワーフたちは男性も女性も毛髪の長さを誇りとしており、男性はしばしば多種多様な留め具や、入り組んだ編み方で髭を飾り立てる。髭をつるつるに剃った男性のドワーフというのは狂っているか、またはそれ以上に悪いことの確たる証である――ドワーフという種族をよく知るものならば、髭無しのドワーフを信用することはないだろう。

社会：彼らの山岳城砦同士の距離は遠く隔たっており、これがドワーフ社会の内部にある多くの文化的差異の原因となっている。そのように分断されているにもかかわらず、世界中のドワーフは石造物への愛着、石と金属への職人技、建築への情熱、そして巨人、オーク、ゴブリン類への激しい憎悪といった共通する特徴を持っている。

種族関係：かつてドワーフとオークは長い間隣人同士であったが、彼らの争いの歴史は両種族の歴史と同じくらい古い。一般にドワーフはハーフオークに不信感を抱き、寄り付くことはない。ハーフリング、エルフ、ノームについては軟弱で軽率に過ぎる、あるいは然るべき敬意に値するくらいには「かわいい」ものと思っている。掲載された種族の中では、人間と最も強く結びついている。人間の勤勉な性格と旺盛な食欲はドワーフの理想に近いものだからだ。

属性と宗教：ドワーフたちは名誉と伝統に突き動かされている。彼らは傍観者的だとよく皮肉られる一方で、彼らの信頼を勝ち得た者は、彼らが強い友情と正義の感覚を持っていることを理解できる。また彼らは懸命に働く一方で、より懸命に人生を楽しむ――良いエール酒があるときにはなおさらだ。大抵のドワーフは秩序にして善である。彼らは自らの特徴に合う信条の神を信仰する。トラグはドワーフに好まれる神である。また、アバダルやゴラムもよく信仰されている。

冒険者：ドワーフの冒険者は人間に比べて珍しい。とはいえ、世界のどこででも彼らを見ることができる。ドワーフたちは一族のために栄光を求め、生まれ故郷の要塞を豊かにする富を探し、陥落したドワーフの城砦を仇敵から取り返すために自らの砦を離れる。ドワーフの軍事行動はしばしば坑道戦と近接戦闘を特徴とするため、ファイターやバーバリアンといったクラスに就くドワーフが多い。

男性名：ドルグリン、グルニャル、ハルスク、カズムク、モルグリウム、ロガル

女性名：アグナ、ボディル、イングラ、コトリ、ルシルカ、ヤングリト

ドワーフの種族的特徴

＋2【耐久力】、＋2【判断力】、－2【魅力】：ドワーフはタフで賢いが、無愛想である。

中型：ドワーフは中型クリーチャーであり、サイズによるボーナスもペナルティもない。

ゆっくり着実：ドワーフの基本速度は20フィートだが、鎧または荷重によって速度が修正されることはない。

暗視：ドワーフは暗闇の中で60フィート先まで見通すことができる。

防衛訓練：ドワーフは（巨人）の副種別を持つモンスターに対してACに＋4の回避ボーナスを得る。

貪欲：貴金属あるいは宝石類の含まれる、魔法的でない物品の価格を調べるために行う〈鑑定〉技能判定において、ドワーフは＋2の種族ボーナスを受ける。

嫌悪：憎むべき敵に対する特殊訓練により、ドワーフは（オーク）および（ゴブリン類）の副種別を持つ人型クリーチャーに対する攻撃ロールに＋1のボーナスを得る。

頑丈：ドワーフは毒、呪文、擬似呪文能力に対するセーヴィング・スローに＋2の種族ボーナスを得る。

踏ん張り：ドワーフは地面に立っている間、突き飛ばし、足払い攻撃に抵抗する際の戦技防御値に＋4の種族ボーナスを得る。

石工の勘：ドワーフは石造りの壁または床に設置された罠や隠し扉などの特殊な石造りの仕掛けに気付くための〈知覚〉判定に＋2のボーナスを得る。それらの10フィート以内を通過する時には常に、彼らが能動的に注意を向けているかに関わらず、そのような仕掛けに気付くための判定を行なえる。

武器精通：ドワーフはウォーハンマー、バトルアックス、ヘヴィ・ピックに習熟する。加えて名前に"ドワーヴン"と記載された武器を全て軍用武器として扱う。

言語：ドワーフは共通語とドワーフ語の会話能力を持ってゲームを開始する。高い【知力】を持つドワーフは以下から追加の言語を選択できる：オーク語、巨人語、ゴブリン語、地界語、地下共通語、ノーム語。

人間

　人間は優れた意欲と忍耐力を持ち、自らの領域を広げるという点において卓越している。そのため、現時点における世界の主要種族となっている。人間の帝国と国家に巨大で乱雑に広がっており、住民たちは武力と呪文の力で自分たちの名を残す。人間はその騒々しさと多様性を特徴とする。野蛮だが誇り高き部族から、巨大な国際都市に住む悪魔崇拝の貴族まで、その文化は多岐に渡る。好奇心と野心により、多くの人間はしばしば故郷を離れる。彼らは単に可能だというだけで、世界に数えきれないほどある忘れ去られた場所を探検し、強力な軍隊が隣国を征服するように導いていく。

身体的特徴：人間の身体的特徴は世界の地域ごとに様々である。南方の大陸の浅黒い肌の部族から北方の陸地の青白い野蛮な侵略者まで、人間には多様な肌の色、体格、顔の特徴がある。一般的に、人間の肌の色は赤道に近い場所に住むほど濃くなる傾向がある。

社会：人間社会には多数の政府、態度、生活習慣が含まれている。最古の人間の文化は何千年もの歴史を遡ることができる。しかしエルフやドワーフのような種族の一般的な社会と比べると、人間社会は帝国の崩壊や新興国による古き王国の従属など、常に変化している。一般に、人間は柔軟性と創造性、そして野心を持つことが知られている。

種族関係：人間は創造力に富み、意欲を持ち、数が多い。領土拡大と植民地の獲得に駆り立てられた結果、他の種族と接触することもある。これにより武力衝突や戦争が引き起こされることも多いが、この衝突による被害が大きくなりすぎぬうちに、受けた損害に目をつぶり、和平を結ぶのも早い。時折、人間は傲慢なまでの誇りを持ち、ドワーフをけちな大酒飲み、エルフを気紛れな気取り屋、ハーフリングを臆病な泥棒、ノームをへそ曲がりな偏執狂、ハーフエルフとハーフオークを半端者とみなすこともある。しかし、その種族の多様性を認めることで、人間は他の種族を受け入れる。

属性と宗教：人類は強大な悪から無限の善まで様々な性質を持つため、一般的な種族の中で最も不均質であると言える。巨大で野蛮な群落に集まるものもいれば、何マイルにも及ぶ乱雑に広がった都市を築くものもいる。総じて多くの人間は中立である一方で、特定の属性の者が集まって国や文明を作る傾向がある。また人間は最も多くの種類の神と宗派を受け入れ、他の種族のように伝統に囚われず、栄光や保護を与えるいずれの神にも助力を願う。

冒険者：数えきれないほどの人間が野心に駆り立てられ、富や栄誉、社会的地位、神秘の知識などを得る手段として冒険を選ぶ。また、単にスリルを求めて冒険を続けるものもいる。人間は多様な地域や経歴の出自を持っており、冒険者パーティのどんな役割を果たすこともできる。

名前：特定の伝統や共有する歴史に忠実である他の種族と異なり、人間の多様性は無限に近い、さまざまな名前を生み出した。北方の野蛮な部族の人間と亜熱帯の国出身の船乗りや商人は、異なる名前を持つことが多い。人間の大部分は共通語を話すが、彼らの名前は信仰や容姿と同じく多種多様である。

人間の種族的特徴

能力値1つに＋2：人間のキャラクターは彼らの多様な特質のため、作成時に選択した1つの能力値に＋2のボーナスを得る。

中型：人間は中型のクリーチャーであり、サイズによるボーナスもペナルティもない。

通常速度：人間は30フィートの基本移動速度を持つ。

ボーナス特技：人間は1レベルの時点で1つの追加特技を得る。

熟練：人間は1レベルの時点と以降レベルを得る毎に1ポイントの追加の技能ランクを得る。

言語：開始時に人間は共通語を修得している。高い【知力】を持つ人間は自由に追加の言語（ドルイド語のような秘密の言語は除く）を選択できる。

ノーム

　ノームの起源を探ると、色はより強く光り輝き、自然はより荒々しく、感情がより純粋だった場所、神秘なるフェイの領域に辿り着く。はるか昔、古代のノームは知られざる力によってかの領域から追いやられ、この世界に逃れついたのだ。こうした事情にも関わらず、彼らはフェイの祖先を完全に諦めることも、定命の者の文化に完全に順応することもなかった。その結果、ノームは多くの種族から奇妙なよそ者とみなされている。

身体的特徴：ノームは一般的な種族の中で最も小さく、身長は3フィートほどだ。彼らの髪は燃えるような赤や紅葉のようなオレンジ、春の森の若緑、盛りの野花のような深い紅や紫など、鮮やかな色の傾向がある。同様に、彼らの肌の色は遺伝にはほとんど関係なく、自然な茶色から花のようなピンクにまで及ぶ。ノームの顔の特徴は多様であり、驚くほど大きな口と眼を持っているものもいる。

社会：多くの種族と異なり、ノームは古典的な社会構造を組織することはない。気まぐれなノームたちは新しく刺激的な経験を求めて、1人か行きずりの仲間と共に旅をする。彼らは他の種族のメンバーと長きに渡る関係を結ぶことは滅多にない。代わりに情熱をもって工芸や収集、あるいは自身の職能を追求する。男性のノームは帽子やかぶり物に独特な好みがあり、また女性のノームは誇らしげに風変わりで凝ったヘアスタイルにする。

種族関係：ノームは感情的にも、物理的にも他の種族と交流するのが難しい。ノームのユーモアは他の種族には理解し難く、悪意があるか考えることさえ無意味に思われている。その一方で、ノームは彼らより背の高い種族を愚鈍な巨人と考える傾向がある。彼らはハーフリングや人間とはウマが合うが、ドワーフやハーフオークは大抵のノームが笑い飛ばすような冗談を真に受けるため苦手としている。彼らはエルフを敬うものの、しばしば長命な種族であるエルフの決定にかかる長い時間に苛立つこともある。ノームにとって、行動は常に怠慢に勝るため、多くのノームは休憩時間に楽しむために、常に彼らに関わりの深い課題を持ち歩いている。

属性と宗教：ノームは直情的なトリックスターである。時々不可解な動機と分かりにくい手段を用いるが、彼らに悪気はない。彼らの行動は感情と強く一致する傾向があり、自分たちを自然界の中で最も平和な種族だと思っている。ノームは通常中立にして善であり、シェリン、ゴズレー、デズナ、そしてカイデン・カイリーエンのような、個性と自然を大切にする神々を崇拝する。

冒険者：ノームの放浪癖は彼らを生まれながらの冒険者にする。彼らはしばしば人生の新しい局面を経験するために放浪者になり、数えきれないほどの小説のような危険に直面する。ノームは魔術やバードの音楽で彼らの欠点を補う。

男性名：アブロシター、バスターグル、ハルンガローム、クロムニート、ホッシュメント、ザーズケット、ザットクァルミー

女性名：ベッシュ、フィジット、リニ、ネジ、マジェット、パイ、ケリック、トリック

ノームの種族的特徴

＋2【耐久力】、＋2【魅力】、−2【筋力】：ノームは肉体的には弱いが、驚くほど頑丈である。彼らは生来の愛想の良さを持っている。

小型：ノームは小型のクリーチャーであり、ACと攻撃ロールに＋1のサイズ・ボーナス、戦技ボーナスと戦技防御値に−1のペナルティ、〈隠密〉判定に＋4のサイズ・ボーナスを得る。

遅い速度：ノームは20フィートの基本移動速度を持つ。

夜目：ノームは薄暗い場所で人間の2倍の距離まで見通すことができる。第7章を参照。

防御訓練：ノームは（巨人）の副種別を持つモンスターに対するACに＋4の回避ボーナスを得る。

ノームの魔法：ノームが発動した幻術呪文のセーヴ難易度は全て＋1される。【魅力】が11以上あるノームは以下の擬似呪文能力を得る：1回／日 ゴースト・サウンド、スピーク・ウィズ・アニマルズ、ダンシング・ライツ、プレスティディジテイション。術者レベルはノームのレベルに等しく、セーヴ難易度は10＋呪文レベル＋【魅力】修正値である。

嫌悪：憎むべき敵に対する特殊訓練により、ノームは（ゴブリン類）および（爬虫類）の副種別を持つ人型生物クリーチャーに対する攻撃ロールに＋1のボーナスを得る。

幻術抵抗：ノームは幻術呪文と幻術効果に対するセーヴィング・スローに＋2の種族ボーナスを得る。

鋭き五感：ノームは〈知覚〉判定に＋2の種族ボーナスを得る。

偏執狂：ノームは〈製作〉か〈職能〉の選択したカテゴリ1つに対し、＋2の種族ボーナスを得る。

武器精通：ノームは"ノーム"と名前に記載のある武器を全て軍用武器として扱う。

言語：ノームは共通語とノーム語と森語を開始時に修得している。高い【知力】を持つノームは以下から追加の言語を選択できる：エルフ語、オーク語、巨人語、ゴブリン語、ドワーフ語、竜語。

ハーフエルフ

エルフは長い間、他の種族から羨望の視線を向けられていた。彼らは長い寿命と魔法への親和性、さらには生来の優雅さを持ち、それゆえに隣人たちから称賛と痛烈な嫉妬を浴びせられてきた。中でも人間ほど彼らの美しさに魅了されたものはいない。エルフと人間という2つの種族が最初に出会ってからというもの、人間はエルフを完成した肉体のモデルであり、人間にとっての理想的な姿だと考えてきた。一方、比較的野蛮な人間の短い人生、そして情熱と衝動性に魅せられ、若き種族である人間に多くのエルフが心を惹かれてきた。

時折、この双方の好意によりロマンチックな関係がもたらされる。人間の基準にしても短い間の密会によって、2つの文化の両方を持ちながら、そのどちらも継承しないハーフエルフが誕生する。ハーフエルフはハーフエルフ同士で子を産むことができるが、これら"純血の"ハーフエルフでさえ、人間とエルフの私生児と同様にみなされることが多い。

身体的特徴：ハーフエルフの背は人間より高く、エルフより低い。彼らはエルフの血筋による引き締まった体格と魅力的な特徴を引き継ぐが、肌の色は人間の血筋によって決まる。ハーフエルフの耳はエルフのように尖っているが若干丸みを帯びており、それほど顕著ではない。ハーフエルフの眼は人間に似ており、琥珀色やヴァイオレットからエメラルドグリーン、紺碧まで幅広くエキゾチックな色になる。

社会：統一された母国や文化が存在しないために、ハーフエルフは多才であることを余儀なくされている。結果、彼らはどのような環境にもほぼ順応できるようになる。彼らの両親が惹かれあった理由と同じく、両方の種族から見て魅力的に見える部分もある。しかし他方の種族の特徴が多く目に付いてしまうため、人間・エルフのどちらともしっくりいくことは少ない。受け止めてくれる存在がいないことは、多くのハーフエルフに重荷になっている。しかし同時に、"様式化された文化を持たない究極の自由"という彼ら独自の特徴が彼らを支えている。その結果、ハーフエルフは信じられないほどの順応性を持ち、い

かなる社会にも合うように考え方や能力を調整していく。

種族関係：ハーフエルフは孤独を理解しており、個人の性格が種族よりもそれぞれの人生経験によって形作られることを知っている。そのため、ハーフエルフは他の種族との友情を受け入れやすく、新しい知人の評価を決める際、あまり第一印象には頼らない。

属性と宗教：ハーフエルフが持つ孤独感は彼らの人格と価値観に強い影響を及ぼす。彼らが自然と残酷な性質を持つことはない。社会の慣例に溶け込むことも従うこともないハーフエルフの多くは混沌にして善である。統一された文化を持たないため、信仰に目覚めることはあまりないが、一般的に彼らの母国で普遍的な宗派に従おうとする。

冒険者：ハーフエルフは故郷と呼べる場所を求めて大地をさ迷うため、旅を好むことが多い。共同体に自らを証明したい、個人のアイデンティティや先祖からの遺産を確立したいという欲望により、多くのハーフエルフの冒険者は勇敢な人生へと駆り立てられる。

男性名：カラディス、エンシナル、カイラス、ナスシソ、クイレー、サティンダー、セルティール、ジルール

女性名：キャスラン、エルスベス、イアンドリ、キエヤア、リオルダ、マッデラ、レダ、タマリエ

ハーフエルフの種族的特徴

能力値1つに＋2：ハーフエルフのキャラクターは彼らの多様な特質のため、作成時に選択した1つの能力値に対して＋2のボーナスを得る。

中型：ハーフエルフは中型のクリーチャーであり、サイズによるボーナスもペナルティもない。

通常速度：ハーフエルフは30フィートの基本移動速度を持つ。

夜目：ハーフエルフは薄暗い場所で人間の2倍の距離まで見通すことができる。第7章を参照。

適応能力：ハーフエルフは1レベルの時点で《技能熟練》をボーナス特技として得る。

エルフの血：ハーフエルフは種族に関連した全ての効果において、人間とエルフの両方として扱われる。

エルフの耐性：ハーフエルフは魔法的な睡眠に対する完全耐性を持ち、心術呪文と心術効果に対するセーヴィング・スローに＋2の種族ボーナスを得る。

鋭き五感：ハーフエルフは〈知覚〉判定に＋2の種族ボーナスを得る。

多才：ハーフエルフは1レベルの時点で2つの適性クラスを選択し、彼らがその内のどちらかのレベルを得た場合、＋1のヒット・ポイントまたは＋1の技能ポイントを得る。適性クラスの詳細については第三章を参照。

言語：開始時にハーフエルフは共通語とエルフ語を修得している。高い【知力】を持つハーフエルフは自由に追加の言語（森語のような秘密の言語は除く）を選択できる。

ハーフオーク

ハーフオークは怪物であり、背徳と暴力の結果、痛ましき生を得た——少なくとも他の種族はそう考えている。実際のところ、ハーフオークが愛ある結婚の結果生まれることはめったにない。そのため彼らは困難の中、早く成長せざるを得ず、常に自らを守るため、名を成すために戦っている。恐れられ、疑われ、つばを吐かれても、ハーフオークは大きな成果と予想外の知恵を示して中傷する者を驚かせる——相手の頭蓋骨をかち割るほうがより容易であるにも関わらず、である。

身体的特徴： ハーフオークは男女共に、6〜7フィートの身長とがっちりした体格を持つ。肌は緑色か灰色がかっている。犬歯はしばしば口からはみ出すほど長く、これらの"牙"が陰鬱な眉とわずかに先の尖った耳と一揃いになることで、野蛮で悪名高き外観を生み出している。ハーフオークは強い印象を与えるかもしれないが、彼らを美しいと表現する者はまれである。

社会： ハーフエルフの社会的な差別は嫉妬や関心が一因ともなっている。しかしハーフオークの場合は、オークと人間の双方にとって最悪だとみなされている。オーク族から見れば肉体的に弱く、また人間族からは純血と混血のオークを区別しない者に恐れられ、攻撃されることも多い。こうして排斥される一方で、文明社会におけるハーフオークはその武勇を評価される。また、オーク社会においても肉体的に劣った点を狡猾さと攻撃性で補う。オークの指導者は、生まれながらの首領や軍師にするため、意図的にハーフオークを生み出すことが知られている。

種族関係： それまでの迫害されてきた人生により、多くのハーフオークは用心深く、怒りっぽい。しかしその野蛮な外見に隠された本性を見抜ける人には、その心根に隠された思いやりを見出すかもしれない。エルフとドワーフはハーフオークが彼らの天敵とあまりにも似通っているため、受け入れることはほとんどない。しかし、他の種族はエルフやドワーフに輪をかけてハーフオークを理解していない。オークとの問題が少ない地域の人間社会は彼らにもっとも理解があり、彼らを生まれながらの傭兵や用心棒として扱う。

属性と宗教： 粗暴なオークたちの間で暮らしたり、文明的な土地で孤独な落伍者として暮らすことを強いられるため、ほとんどのハーフオークは孤立しており、ひどく乱暴である。彼らは容易に悪に転じうるが、生来の悪ではない。大抵のハーフオークは混沌にして中立であり、長年の経験から自分たちの利益にならないことには触れないことを学んでいる。彼らが崇拝する神を選ぶときは、ゴラム、カイデン・カイエーリン、ラマシュトゥ、ロヴァググなど、戦争や個々の強さを促進する神々を好む傾向がある。

冒険者： しっかり自立したハーフオークは苦痛に満ちた過去から逃げようとするか、多くのものを己の力で変革する近道として、必要に迫られて冒険の人生を歩みはじめる。楽観的であるか、他者に認められたいと願うものは、世界に彼らの真価を証明するために悪と対峙する者たちの装束を手に取る。。

男性名： オースク、デーバー、ハカック、キザー、マコア、ネスタルク、ツァドック

女性名： カナン、ドロヘダ、ゴルザ、マゾン、シリッシュ、テバガ、ゼルカ

ハーフオークの種族的特徴

能力値1つに＋2： ハーフオークのキャラクターは彼らの多様な特質のため、作成時に選択した1つの能力値に＋2のボーナスを得る。

中型： ハーフオークは中型のクリーチャーであり、サイズによるボーナスもペナルティもない。

通常速度： ハーフオークは30フィートの基本移動速度を持つ。

暗視： ハーフオークは暗闇の中を60フィート先まで見通すことができる。

威嚇： その恐ろしげな外観により、ハーフオークは〈威圧〉判定に＋2の種族ボーナスを得る。

オークの血： ハーフオークは種族に関連した全ての効果において、人間とオークの両方として扱われる。

オークの凶暴性： ハーフオークは1日1回、ヒット・ポイントが0未満だが死亡していない状態に陥ったとき、1ラウンドの間満身創痍状態として行動することができる。自身の次のターンの終了時にHPが0以上になっていなければ、即座に意識を失い瀕死状態になる。

武器精通： ハーフオークはグレートアックスとファルシオンに習熟している。また、"オーク"と名前に記載のある全ての武器を軍用武器として扱う。

言語： ハーフオークは共通語とオーク語を開始時に修得している。高い【知力】を持つハーフオークは以下から追加の言語を選択できる：巨人語、ゴブリン語、奈落語、ノール語、竜語。

ハーフリング

　ハーフリングは生来楽観的で、陽気で、不思議な幸運に恵まれ、いつも強い冒険心に駆り立てられている。彼らはその小さな身体に、過剰な自信と旺盛な好奇心を秘めている。興奮しやすくもあり、のんきでもある一方で、ハーフリングは平常心で機をうかがうのを好む。そのため、彼らは激しやすい他の種族のように暴力に走ったり、感情を爆発させることが少ない。破滅の顎の中でさえ、ハーフリングがユーモアを失うことはないのである。

　ハーフリングには日和見主義が染みついている。厳しい世界から物理的に自身を守れない彼らは、いつ流れに応じて意見を曲げるべきか、いつ隠れるべきかを知っている。しかしハーフリングの好奇心はしばしば彼らの良識に打ち勝ってしまい、その結果意志決定に失敗して間一髪で命拾い、ということも少なくない。

　好奇心により、彼らは新しい場所への旅行と経験を求める。しかし彼らは家族や家庭に強い思い入れを持つため、しばしば家庭生活の心地良さを向上するために多額を費やす。

身体的特徴：ハーフリングの身長は3フィートほどに達する。足の裏が硬く、素足で歩くのを好む。足に密集した縮れ毛は、彼らの先の広くて日焼けした足を暖める。肌は濃いアーモンド色で、髪は明るい土褐色であることが多い。ハーフリングの耳先は尖っているが、人間のものよりそう大きくない。

社会：ハーフリングはどんな文化的な故郷も求めず、自由な田舎の村落より大きな集落を支配することもない。彼らはしばしば兄弟分である人間の都市で暮らし、大きな社会のすみっこでその日暮らしをしている。大きな隣人の影で充実した生活を送るハーフリングがほとんどなのである。しかし世界を旅し、世界が提供する全ての経験を求めて、路上の遊牧民的な暮らしを好むものもいる。

種族関係：ハーフリングは通常、他の種族に気づかれない彼らの能力を誇りに思っている。一方で、この能力は多くのハーフリングが盗みとペテンに優れていることを示す。ほとんどのハーフリングはこの能力ゆえに、自分たちが他の種族に固定観念に囚われた見方をされていることを十分に知っている。そのため、大きな種族に近づく際には、あえて積極的に親しみやすく接するよう心がけている。彼らはノームと気が合うが、多くはノームを変わり者と考えている。ハーフリングは人間とも良い共存関係を結ぶ。しかし、好戦的な人間の文明下では、ハーフリングは奴隷として扱われている。彼らがこうした状況にまで愛想をよくすることはない。ハーフリングはエルフとドワーフを敬うが、これらの種族はハーフリングが好む快適な文明からは遠く離れた地域に住んでいるため、これらの種族との交流の機会は少ない。ハーフオークだけはハーフリングに敬遠されている。ハーフオークの巨体と粗暴な性質は、大抵の困難に耐えるハーフリングさえも怖がらせてしまうのだ。

属性と宗教：ハーフリングは彼らの友人と家族への信義を守るが、自分たちの倍の大きさの種族が多数派となる世界で生き残るために、時には信義を破棄したり、人から金銭をせびったりしなければならないことがあるということを理解している。その結果、多くのハーフリングの属性は中立である。ハーフリングは小さいながらも団結の強いコミュニティを守る神を信仰する。エラスティルのような善の神や、ノルゴーバーのような悪の神がそれにあたる。

冒険者：飽くことのない放浪癖と先天的な幸運により、ハーフリングは冒険人生を送るに申し分のない存在である。他の放浪者は超常的な幸運のおこぼれがあることを願って、この好奇心の強い種族のふるまいを我慢している。

男性名：アンタル、ボラム、エヴァン、ジェイミア、カレブ、レム、マイロ、スーマック

女性名：アナファ、ベリス、エツネ、フィリウ、リサ、マーラ、リルカ、シストラ、ヤマイラ

ハーフリングの種族的特徴

＋2【敏捷力】、＋2【魅力】、－2【筋力】：ハーフリングは機敏で強い意志を持つが、小さな体のため他の種族よりも脆弱である。

小型：ハーフリングは小型のクリーチャーであり、ACと攻撃ロールに＋1のサイズ・ボーナス、戦技ボーナスと戦技防御値に－1のペナルティ、〈隠密〉判定に＋4のサイズ・ボーナスを得る。

遅い速度：ハーフリングは20フィートの基本移動速度を持つ。

大胆不敵：ハーフリングは[恐怖]に対する全てのセーヴィング・スローに＋2の種族ボーナスを得る。このボーナスはハーフリングの幸運と累積する。

ハーフリングの幸運：ハーフリングは全てのセーヴィング・スローに＋1の種族ボーナスを得る。

鋭き五感：ハーフリングは〈知覚〉判定に＋2の種族ボーナスを得る。

確かな足取り：ハーフリングは〈軽業〉と〈登攀〉判定に＋2の種族ボーナスを得る。

武器精通：ハーフリングはスリングに習熟している。また"ハーフリング"と名前に記載のある全ての武器を軍用武器として扱う。

言語：ハーフリングは共通語とハーフリング語を開始時に修得している。高い【知力】を持つハーフリングは以下から追加の言語を選択できる：エルフ語、ゴブリン語、ドワーフ語、ノーム語。

3 クラス

古代のダムの堤に設えられた石ころだらけの足場は、髑髏を象った水路からなだれ落ちる滝の衝撃に震えていた。オーガの蛮族達の歩みの勢いに、足場はさらにぐらぐらと揺れている。

「奴め、どこかであのみっともない連中をうまく抱き込みやがった。あのご面相じゃ、陽の下に出てくる気にもなるまいに！」

ヴァレロスの嘲りを耳にしたオーガ達は、目に怒りを湛え、叫びをあげるや否や、戦闘の狂乱へとなだれ込んだ。

シオニは身構えながら声にならない悪態をつく。ヴァレロスの蛮勇は、いまに私たち全員の命取りになりかねないわ。

キャラクターのクラスは、そのキャラクターを定義する最も明確な特徴の一つである。それは自分が持つ能力の多くにとっての源であり、どんな冒険者の集団であっても、その中で果たすべき役割を決める。以下に示す11のクラスが、ゲームにおける基本的なクラスである。

ウィザード：ウィザードは絶え間ない学習によって魔法を身につけ、信じられないほどの魔力を得る。

クレリック：神格の忠実なる信奉者であるクレリックは、傷を癒し、死者を蘇らせ、神々の怒りを呼び起す。

ソーサラー：呪文の使い手であるソーサラーは、奇妙な神秘の力を備えて生をうけ、先天的に魔法を使いこなす。

ドルイド：自然のすべてを崇拝するドルイドは、自然の呪文の使い手にして動物の友、そして多芸なる変身者である。

バード：バードは技能と呪文を等しく使いこなし、味方を助け、敵を混乱させ、己の名声を築く。

バーバリアン：バーバリアンは文明化された土地の境界を越えてやってきた野蛮な狂戦士である。

パラディン：パラディンは輝かしい鎧をまとった騎士であり、善と秩序に身を捧げる。

ファイター：勇敢で頑強なファイターは、あらゆる武器と鎧の達人である。

モンク：武術の徒であるモンクは、自らの肉体を最強の武器・防具へと鍛え上げる。

レンジャー：追跡者にして狩人であるレンジャーは、荒野に生き、自らの得意な敵を追い詰め倒す。

ローグ：ローグは盗賊や斥候であり、不注意な敵に痛烈な打撃を与える好機を逃がさない。

キャラクターの成長

プレイヤー・キャラクターは試練を乗り越えることで、経験点を得る。経験点がたまっていくにつれて、PCはレベルが上昇し、さらなる力を得る。この成長の速度は君のグループがどんなゲームを望んでいるかによる。キャラクターがセッションごとにレベルを得ていくような、早いペースのゲームを好むグループもあるだろうし、もっとゆったりと成長をするゲームが好みの所もあるだろう。どんなペースが一番あっているか、結局のところ、決めるのは君のグループの好み次第だ。キャラクターは『表3-1：キャラクターの成長とレベルによるボーナス』に従って成長する。

成長の手順

キャラクターは、それに必要な経験点を得た時点でレベルを得る。それはたいていの場合、セッションの終わりにGMがそのセッションの経験点を与えた時である。

キャラクターの成長の手順は、多くの点でキャラクター作成と共通している。例外は能力値、種族、それ以前に選択したクラスや技能や特技を変更することはできないという点である。レベルが上がると、新しいクラス能力、追加の技能ランクとヒット・ポイント、特定のレベル（『表3-1：キャラクターの成長とレベルによるボーナス』参照）では能力値の上昇と追加の特技を得る。時を経て、君のキャラクターが高レベルにまで成長すれば、ゲームワールドにおいて真に強力な存在——国々を統治したり、征服したりできるような——になる。

今まで持っていたクラスのレベルを上げるにせよ、新しいクラスのレベルを得るにせよ（後述の『マルチクラス』を参照）、以下の順番に従うこと。第一に、クラス・レベルを選択する。以下の調整が行われる前に、このレベルを得るための条件を満たしておかなければならない。第二に、レベルの上昇による能力値上昇があれば行う。第三に、クラス能力を獲得し、追加のヒット・ポイントのためにダイスを振る。最後に、技能と特技を得る。新しい特技の獲得と能力値上昇に関しては、詳しくは『表3-1：キャラクターの成長とレベルによるボーナス』を参照すること。

マルチクラス

君のキャラクターは、現在持っているクラスの次レベルで与えられる能力の代わりに、すでに得ているクラス能力すべてを保持した上で、新しいクラスの1レベルの能力を得ることもできる。これが"マルチクラス"である。

たとえば、仮に5レベルのファイターがちょっと秘術の技に手を出してみようと決めたとしよう。彼は6レベルになった時点でウィザードを1レベルとる。このようなキャラクターは5レベル・ファイターの能力と1レベル・ウィザードの能力をすべて有しているが、キャラクターとしては6レベルである（彼

表3-1：キャラクターの成長とレベルによるボーナス

合計経験点

キャラクター・レベル	遅い	通常	早い	取得特技	能力値成長
1レベル	—	—	—	1回目	—
2レベル	3,000	2,000	1,300	—	—
3レベル	7,500	5,000	3,300	2回目	—
4レベル	14,000	9,000	6,000	—	1回目
5レベル	23,000	15,000	10,000	3回目	—
6レベル	35,000	23,000	15,000	—	—
7レベル	53,000	35,000	23,000	4回目	—
8レベル	77,000	51,000	34,000	—	2回目
9レベル	115,000	75,000	50,000	5回目	—
10レベル	160,000	105,000	71,000	—	—
11レベル	235,000	155,000	105,000	6回目	—
12レベル	330,000	220,000	145,000	—	3回目
13レベル	475,000	315,000	210,000	7回目	—
14レベル	665,000	445,000	295,000	—	—
15レベル	955,000	635,000	425,000	8回目	—
16レベル	1,350,000	890,000	600,000	—	4回目
17レベル	1,900,000	1,300,000	850,000	9回目	—
18レベル	2,700,000	1,800,000	1,200,000	—	—
19レベル	3,850,000	2,550,000	1,700,000	10回目	—
20レベル	5,350,000	3,600,000	2,400,000	—	5回目

のクラス・レベルは5と1だが、キャラクター・レベルは6である)。彼は5レベル・ファイターとしての特技すべてはそのままに、1レベル・ウィザードとして呪文を発動することができ、秘術の系統を選択する。1レベル・ウィザードとしてのヒット・ポイント、基本攻撃ボーナス、セーヴィング・スロー・ボーナスを、5レベル・ファイターのそれに加算する。

効果や前提条件の多くはキャラクター・レベルまたはヒット・ダイスによるものであることに注意。このような効果は常に、1つのクラスのレベルではなく、キャラクターの有するすべてのレベルまたはヒット・ダイスの総計を基礎とする。例外的にクラス能力のほとんどは、キャラクターが有する特定のクラスのクラス・レベルを基礎とする。

適性クラス

キャラクターはプレイ開始時に適性クラスを1つ自分で選択する。多くの場合、それは1レベルで選択したクラスと同じものである。自分の適性クラスのレベルを上げた際には、+1ヒット・ポイントか+1技能ランクのいずれかを選択して得る。適性クラスは一旦選択したら変更することはできない。また、各レベルの獲得時(1レベル時を含む)にヒット・ポイントと技能ランクのいずれを得るかという選択は、一旦そのレベル用のものが行われた後に変更することはできない。上級クラス(第11章『上級クラス』参照)を適性クラスにすることはできない。

ウィザード

世俗のヴェールの向こう側には究極の力の秘密が隠されている。常命の者を超えた存在による創造物、神と精霊が歩む領域の伝説、極めて素晴らしく極めて恐ろしい創造物の口伝——そうした神秘的な呼びかけに知性的かつ野心あふれた人々が応じ、ただの人を超えて真実の力をつかむ。それがウィザードの道である。この賢明なる魔法使いは高度な知識を切望し、探し集める。そして、単なる人間の能力を超えた驚くべき成果を生み出すのだ。幾人かは特定の魔法の分野を専門に研究し、その力の達人となる。またある者は柔軟に学び、すべての魔法の限りない神秘を大いに楽しむ。いずれにせよ、ウィザードは狡猾で強力であり、敵を討ち、友を助け、そして世界を己の望みのままに形作る。

役割:総合術士はあらゆる危険に対する備えを学び、専門家たちは特定の秘術系統を研究し熟達する。たとえその専門を外れていても、すべてのウィザードは不可能を可能にする達人であり、さまざまな危険から仲間を救うことができる。

属性:すべて。

ヒット・ダイス:d6。

クラス技能

ウィザードのクラス技能は以下の通り:〈鑑定〉【知】、〈言語学〉【知】、〈呪文学〉【知】、〈職能〉【判】、〈製作〉【知】、〈知識:すべて〉【知】、〈飛行〉【敏】

1レベル上昇毎の技能ランク:2+【知】修正値。

クラス特徴

ウィザードのクラスの特徴は以下の通り。

武器と防具の習熟:ウィザードは、クオータースタッフ、クラブ、ダガー、ヘヴィ・クロスボウ、ライト・クロスボウに習熟しているが、いかなる鎧や盾にも習熟していない。いかなる物であれ鎧は、ウィザードの秘術魔法に必要な身振りを妨げ、動作要素を含む呪文失敗の要因となる。

呪文:ウィザードは第10章のウィザード／ソーサラー呪文リストから秘術呪文を使用することができる。ウィザードは事前に呪文を選択して準備しておかなければならない。

ウィザードが呪文を修得し、準備または発動するには、最低でも10+呪文レベルに等しい【知力】がなければならない。ウィ

表3-2：ウィザード

レベル	基本攻撃ボーナス	頑健セーヴ	反応セーヴ	意志セーヴ	特殊	1日の呪文数 (呪文レベル)									
						0	1	2	3	4	5	6	7	8	9
1	+0	+0	+0	+2	秘術の絆、秘術系統、キャントリップ、《巻物作成》	3	1	—	—	—	—	—	—	—	—
2	+1	+0	+0	+3		4	2	—	—	—	—	—	—	—	—
3	+1	+1	+1	+3		4	2	1	—	—	—	—	—	—	—
4	+2	+1	+1	+4		4	3	2	—	—	—	—	—	—	—
5	+2	+1	+1	+4	ボーナス特技	4	3	2	1	—	—	—	—	—	—
6	+3	+2	+2	+5		4	3	3	2	—	—	—	—	—	—
7	+3	+2	+2	+5		4	4	3	2	1	—	—	—	—	—
8	+4	+2	+2	+6		4	4	3	3	2	—	—	—	—	—
9	+4	+3	+3	+6		4	4	4	3	2	1	—	—	—	—
10	+5	+3	+3	+7	ボーナス特技	4	4	4	3	3	2	—	—	—	—
11	+5	+3	+3	+7		4	4	4	4	3	2	1	—	—	—
12	+6／+1	+4	+4	+8		4	4	4	4	3	3	2	—	—	—
13	+6／+1	+4	+4	+8		4	4	4	4	4	3	2	1	—	—
14	+7／+2	+4	+4	+9		4	4	4	4	4	3	3	2	—	—
15	+7／+2	+5	+5	+9	ボーナス特技	4	4	4	4	4	4	3	2	1	—
16	+8／+3	+5	+5	+10		4	4	4	4	4	4	3	3	2	—
17	+8／+3	+5	+5	+10		4	4	4	4	4	4	4	3	2	1
18	+9／+4	+6	+6	+11		4	4	4	4	4	4	4	3	3	2
19	+9／+4	+6	+6	+11		4	4	4	4	4	4	4	4	3	3
20	+10／+5	+6	+6	+12	ボーナス特技	4	4	4	4	4	4	4	4	4	4

ザードの呪文に対するセーヴィング・スローの難易度は10＋呪文レベル＋【知力】修正値である。

　ウィザードは各呪文レベルの呪文を1日に一定の回数ずつしか発動できない。1日に発動できる呪文の基本回数は表3-2：ウィザードの1日の呪文数に記されている。もし高い【知力】を持つならば、ウィザードは1日の呪文数にボーナス呪文数を加えることができる（表1-3：能力値修正とボーナス呪文数参照）。

　ウィザードはいくつでも呪文を修得できる。ウィザードは呪文を選択して準備する前に、8時間の睡眠と、1時間かけて自分の呪文書から呪文を獲得しなければならない。この呪文を獲得する間にウィザードはどの呪文を準備するかを決定する。

ボーナス言語：ウィザードは種族によって得られるボーナス言語の1つを竜語に置き換えることができる。

秘術の絆（変則または擬呪）：ウィザードはレベル1の時点で物体または生物と強力な絆で結ばれる。この絆は“使い魔”か“絆の品”のいずれか1つを選択する。使い魔はウィザードの技能や感覚を強化し魔法の助けをする魔法のペットで、絆の品は追加の呪文を発動するか、魔法のアイテムとして使うことができる。ウィザードが一旦選択をしたら、それは永久に変更することはできない。絆の品のルールは下記の通りである。使い魔のルールはこの節の最後に記載する。

　ウィザードは選択した絆を結んだアイテム（絆の品）を無償で入手した状態で開始する。秘術の絆で結ばれたアイテムは以下の分類の中から1つを選択しなければならない。護符（アミュレット）、指輪、スタッフ、ワンド、武器。これらのアイテムは常に高品質である。レベル1の状態で得た武器は特殊な材質

ではない。アイテムが護符や指輪の場合、身に着けていなければならず、スタッフやワンド及び武器の場合は片手に保持していなければならない。ウィザードが絆の品を着用または手に持っていない状態で呪文を発動しようと試みる場合、精神集中判定をしなければならず、失敗すると呪文を失う。この判定の難易度は20＋呪文レベルに等しい。アイテムが指輪や護符の場合、それらは、指輪もしくは首周りのスロットを占有する。

　絆の品は1日1回、ウィザードの呪文書に納められ発動できる呪文の中から、好きな呪文（例えその呪文が準備されていなかったとしても）を1つ発動するために使用できる。この呪文の発動時間と持続時間はウィザードの他の呪文と同様に扱い、それ以外の効果はウィザードのレベルに依存する。この呪文は呪文修正特技やその他の能力によって修正できない。絆の品はウィザードの対立系統（秘術系統の項を参照）の呪文を発動するために使用することはできない。

　アイテム作成特技の必要条件を満たしている場合、ウィザードはその特技を持っているかの様に絆の品に魔法の能力を付与することができる。例えばダガーと絆を結んだウィザードのレベルが5以上ある場合、ダガーに魔法の能力を付与できる（第5章の《魔法の武器防具作成》特技を参照）。絆の品がワンドの場合、チャージを消費し切るとその能力は失われるが破壊されることはなく、更にその絆の品の特性を保有したまま、新たなワンドを作成するために用いることができる。絆の品の付与された能力を含む魔法の特性は、その所有者であるウィザードのためだけに機能する。絆の品の所有者が死ぬか、別のアイテムと取り替えた場合、そのアイテムはその分類の普通の高品質なア

イテムに戻る。

　絆の品がダメージを受けている場合、ウィザードが次に呪文を準備する際に完全なHPまで修復する。絆の品を失うか破壊されてしまったなら、特別な儀式と高品質なアイテムの費用としてウィザードのレベル毎に200GPを支払うことで1週間後に取り替えることができる。この儀式には8時間を必要とする。この方法により取り替えられたアイテムは以前の絆の品に付与されていたいかなる魔法の能力も有していない。ウィザードは既存の魔法のアイテムを絆の品とすることができる。これは新しい魔法のアイテムの特性を保持したままである利点と、絆を結んだアイテムとなる欠点がある以外は、失うか破壊されたアイテムと取り替えることと同様に機能する。

秘術系統：ウィザードは魔法の系統を1つ専門化することができ、系統に応じた追加の呪文と能力を得る。この選択はレベル1の時点で行わなければならず、一旦決定したらそれは永久に変更することはできない。系統を選択しないウィザードはすべての系統を扱う。

　1つの秘術系統を専門化したウィザードは2つの対立系統を選択しなければならない。これは1つの秘術系統の知識に精通する代わりに他の知識を犠牲にしたことを意味する。ウィザードは対立系統の呪文を準備するために呪文スロットを2つ使わなければならない。例えば、力術を対立系統とするウィザードは**ファイアーボール**を準備するために3レベルの呪文スロットを2つ費やさなければならない。加えて魔法のアイテムを作成する場合、必要条件に対立系統の呪文がある際は、技能判定に−4のペナルティを被る。総合魔術のウィザードはすべての系統を制限なく準備できる。

　各々の秘術系統はウィザードにいくつかの系統能力を与える。加えて、専門化ウィザードは発動できる1レベル以上の呪文に対して、レベル毎に追加の呪文スロットを得る。毎日ウィザードは専門化した系統の呪文をその呪文スロットに準備できる。この呪文はウィザードの呪文書に書き込まれていなければならない。ウィザードは追加の呪文スロットに呪文修正特技を適用した呪文を準備することができるが、通常通り高いレベルの呪文スロットを必要とする。総合魔術のウィザードは系統から追加の呪文スロットを獲得しない。

キャントリップ（初級秘術呪文）：ウィザードは表：ウィザードの"1日の呪文数"に記載の様に、いくつかの0レベル呪文をキャントリップとして準備できる。これらの呪文は通常通り発動できるが、発動した際に消費されず、再び使用することができる。ウィザードは対立系統からもキャントリップを準備することができるが、それには呪文スロットを2つ使用する（呪文書の項を参照）。

《巻物作成》：ウィザードはレベル1の時点でボーナス特技として《巻物作成》を得る。

ボーナス特技：ウィザードはレベル5、10、15、20の時点でボーナス特技を1つ得る。この様な機会を得る毎に、ウィザードは呪文修正特技、アイテム作成特技及び《呪文体得》の中から1つを選択する。ウィザードは最低術者レベルを含むこれらのボーナス特技のすべての前提条件を満たしている必要がある。

これらのボーナス特技はすべてのクラスのキャラクターがレベル上昇で得られる特技とは別個に与えられる。ウィザードはレベル上昇で得られる特技を得る場合、呪文修正特技、アイテム作成特技及び《呪文体得》以外の特技を選択することができる。

呪文書：ウィザードは毎日その日に使う呪文を準備するために呪文書で学習しなければならない。ウィザードは自分の呪文書に記録されていない呪文を準備することはできないが、**リード・マジック**だけは例外で、すべてのウィザードは自分の記憶の中からこの呪文を準備できる。

　ウィザードは0レベルのウィザード呪文すべて（対立系統があるならその系統の呪文は除く；秘術系統を参照すること）と、プレイヤーが選択した1レベル呪文が3つ記録された呪文書を持って開始する。また、呪文書にはウィザードの持つ【知力】修正値＋1につき1レベル呪文1つを選択し、追加で記録する。ウィザードのレベルを得る毎に、ウィザードは（新たなウィザードのレベルにおいて）自分が発動できる呪文レベルの呪文をどれでも2つ呪文書に書き加えることができる。また、ウィザードは他のウィザードの呪文書の中で見つけた呪文を自分の呪文書に書き加えることもできる（第9章を参照）。

秘術系統

　以下に各々の秘術系統と対応する系統能力の詳細を記述する。

幻術

　幻術士は幻影や虚構、幻像を用いて、敵に困惑と苦痛を与えるために魔法を使う。

　幻術の延長（超常）：ウィザードが発動した持続時間が"精神集中"の幻術呪文は、精神集中を止めた後もウィザード・レベルの半分（最低1）に等しいラウンドだけ追加で持続する。レベル20の時点で、ウィザードが発動した持続時間が"精神集中"の幻術呪文1つの持続時間を永続化できる。ウィザードが永続化させることができる幻術呪文は1度に1つまでである。別の幻術を永続化させると、前に永続化された幻術は即座に終了する。

　盲目の光線（擬呪）：標準アクションとして、30フィート以内の敵1体に対して、揺らめく光線を遠隔接触攻撃として放つ。光線は命中したクリーチャーを1ラウンドの間、盲目状態にする。ウィザード・レベルより高いヒット・ダイスのクリーチャーは、代わりに1ラウンドの間目が眩んだ状態になる。この能力は1日に3＋【知力】修正値に等しい回数だけ使用できる。

　不可視の領域（擬呪）：レベル8の時点で、即行アクションとして、1日にウィザード・レベルに等しいラウンドの間、自身を不可視状態にできる。このラウンドは連続している必要はない。この点以外についてはグレーター・インヴィジビリティと同様に扱う。

召喚術

　召喚術士はモンスターと魔力を召喚し、己に従わせることを専門としている。

　召喚者の魅力（超常）：ウィザードが召喚術（招来）の呪文を

発動する時は常に、ウィザード・レベルの半分（最低1）に等しいラウンドだけ持続時間を延長する。レベル20の時点で、すべての**サモン・モンスター**に類する呪文の持続時間を永続化することができる。ウィザードが永続化させることができる呪文は一度に1つまでである。別の**サモン・モンスター**呪文を永続化させると、前に永続化された**サモン・モンスター**呪文は即座に終了する。

酸の矢（擬呪）：標準アクションとして、30フィート以内の敵1体に酸の矢で遠隔接触攻撃を行う。酸の矢は命中すると1d6＋ウィザード・レベルの半分の［強酸］ダメージを与える。この能力は1日に3＋【知力】修正値に等しい回数だけ使用できる。この能力は呪文抵抗を無視する。

次元またぎ（擬呪）：ウィザードはレベル8の時点で、標準アクションとして1日にウィザード・レベル毎に30フィートまでの距離を瞬間移動する能力を得る。この瞬間移動は5フィート単位で使用しなければならず、この移動は機会攻撃を誘発しない。この移動には同意するクリーチャーも同時に運ぶことができるが、そのクリーチャー毎にこの瞬間移動能力を消費する。

死霊術

畏怖と恐怖の存在である死霊術士は、亡者を威伏し、穢れた死の力を敵に対して用いる。

不死者を超える力（超常）：ウィザードはボーナス特技として《アンデッド威伏》または《アンデッド退散》を得る。ウィザードは1日に3＋【知力】修正値に等しい回数だけエネルギー放出を使用できるが、この能力は選択したボーナス特技に対してしか使用できない。ウィザードはこの能力を強化するために《エネルギー放出回数追加》や《エネルギー放出強化》などの強化する特技は取得できるが、この能力を改変する《エレメンタルへのエネルギー放出》や《来訪者へのエネルギー放出》などの特技は取得できない。これらの特技へのセーヴの難易度は10＋ウィザード・レベルの半分＋【魅力】修正値に等しい。レベル20の時点で、アンデッドはこの能力に対するセーヴにエネルギー放出に対する抵抗を加えることができない。

死の接触（擬呪）：標準アクションとして、生きているクリーチャー1体に近接接触攻撃を行い、ウィザード・レベルの半分（最低1）に等しいラウンドの間怯え状態にすることができる。怯え状態のクリーチャーにこの能力で接触した場合、そのクリーチャーがウィザード・レベルよりも低いヒット・ダイスを持つのであれば、そのクリーチャーは1ラウンドの間恐れ状態になる。この能力は1日に3＋【知力】修正値に等しい回数だけ使用できる。

生命視覚（超常）：レベル8の時点で、1日にウィザード・レベルに等しいラウンドの間、非視覚的感知10フィートを得る。この能力では生きているクリーチャーとアンデッド・クリーチャーのみ感知できる。この視覚はクリーチャーが生者かアンデッドかが分かる。人造やその他のクリーチャーは生者でもアンデッドでもないため感知できない。12レベルの時点と以降4レベル毎に、この非視覚的感知の間合いは10フィートずつ増加する。この効果を使用するラウンドは連続している必要はない。

心術

心術士は獲物の心を支配し、操るために魔法を使用する。

魅惑的な微笑み（超常）：ウィザードは〈威圧〉、〈交渉〉、〈はったり〉の技能判定に＋2の強化ボーナスを得る。このボーナスはウィザード・レベル5毎に＋1（レベル20の時点で最大＋6）される。レベル20の時点で、ウィザードが心術系統の呪文に対するセーヴィング・スローに成功した時はいつでも**スペル・ターニング**呪文と同様に、その呪文は発動した者へと跳ね返る。

幻惑の接触（擬呪）：ウィザードは生きているクリーチャー1体に近接接触攻撃を行い、1ラウンドの間幻惑状態にすることができる。ウィザード・レベルより高いヒット・ダイスのクリーチャーはこの影響を受けない。この能力は1日に3＋【知力】修正値に等しい回数だけ使用できる。

絶望のオーラ（超常）：8レベルの時点で、1日にウィザード・レベルに等しいラウンドの間、ウィザードの周囲に半径30フィートの絶望のオーラを放出することができる。このオーラの範囲内にいる敵は能力値判定、攻撃ロール、ダメージ・ロール、セーヴィング・スロー、技能判定に－2のペナルティを受ける。このラウンドは連続している必要はない。これは［精神作用］効果である。

占術

占術士は遠隔透視、予言及び世界中を捜索する魔法の達人である。

警戒（超常）：ウィザードは敵に気づくための〈知覚〉判定に失敗したとしても、常に不意討ちラウンドに行動できる。しかし、ウィザードが行動するまでは立ちすくみ状態である。加えて、イニシアチブ判定にウィザード・レベルの半分に等しい値（最低1）のボーナスを得る。レベル20の時点で、ウィザードのイニシアチブ判定の出目は常に20であると見なされる。

占術士の幸運（擬呪）：この系統能力を発動しクリーチャー1体に標準アクションとして接触することで、1ラウンドの間、対象の行うすべての攻撃ロール、技能判定、能力値判定、セーヴィング・スローにウィザード・レベルの半分に等しい値（最低1）の洞察ボーナスを与える。この能力は1日に3＋【知力】修正値に等しい回数だけ使用できる。

念視の達人（超常）：ウィザードはレベル8の時点で、**ディテクト・スクライング**が永続化されたかの様に魔法的な念視に対して気がつく。加えて、ウィザードが念視を行う際には、対象について1段階親しいものとして扱う。対象が親密な対象である場合、対象はこの念視に対するセーヴに－10のペナルティを受ける。

変成術

変成術士は自ら周囲の世界を変貌させるために魔法を使う。

肉体強化（超常）：ウィザードは肉体能力値（【筋力】、【敏捷力】、【耐久力】）のいずれか1つに＋1の強化ボーナスを得る。このボーナスはウィザード・レベル5毎に＋1ずつ増加する（レベル20時点で最大＋5）。呪文を準備する際にボーナスを与える能力値を変更できる。レベル20の時点で、このボーナスを2つの

能力値に適用できる。

念動の拳（擬呪）：標準アクションとして念動の拳を放ち、30フィート以内の敵1体に遠隔接触攻撃を行う。念の拳は命中したなら1d4＋ウィザード・レベルの半分に等しい殴打ダメージを与える。この能力は1日に3＋【知力】修正値に等しい回数だけ使用できる。

形態変化（擬呪）：レベル8の時点で、ウィザードは1日にウィザード・レベルに等しいラウンドの間、自分の姿を変えることができる。このラウンドは連続している必要はない。この点以外についてはビースト・シェイプⅡかエレメンタル・ボディⅠと同様に扱う。レベル12の時点で、この能力はビースト・シェイプⅢかエレメンタル・ボディⅡと同様に扱う。

防御術

防御術士は防御や警戒の魔法を使用し、熟練している。

抵抗力（変則）：ウィザードは呪文を準備する際、（正もしくは負以外の）エネルギー種別を1つ選択する。選択したエネルギー種別に対する抵抗5を得る。この抵抗は毎日変更することができる。レベル11の時点でこの抵抗は10に増加する。レベル20の時点で、選択したエネルギー種別に対する完全耐性を得る。

守護の守り（超常）：標準アクションとして、ウィザードの周囲に半径10フィートの防御領域を生成する。この領域はウィザードの【知力】修正値に等しいラウンドの間持続する。この範囲内のすべての仲間（術者を含む）はアーマー・クラスに＋1の反発ボーナスを得る。このボーナスはウィザード・レベル5毎に＋1される。この能力は1日に3＋【知力】修正値に等しい回数だけ使用できる。

エネルギー吸収（超常）：ウィザードはレベル6の時点で、1日につきウィザード・レベルの3倍のエネルギー吸収を得る。ウィザードがエネルギー・ダメージを受ける時、完全耐性、脆弱性（あるならば）、抵抗を適用した後に残りのダメージをこの吸収の値だけ軽減する。エネルギー吸収を上回ったダメージは通常通り適用する。

力術

力術士は魔法そのものの力を大いに楽しみ、創造や破壊のために驚くほど容易にその力を使う。

強き呪文（超常）：ヒット・ポイントにダメージを与える力術呪文をウィザードが発動する時、ウィザード・レベルの半分（最低1）のダメージを追加する。このボーナスは1つの呪文につき1回だけ適用し、それぞれのミサイルや光線に加えたり分割したりすることはできない。このボーナスは《呪文威力強化》やその他同様の効果によって増加することはない。このダメージは呪文と同じ種別である。レベル20の時点で、ウィザードの発動した力術呪文はいつでも、クリーチャーの呪文抵抗を貫くためのロールを2回行い、良い方の結果を適用できる。

力場の矢（擬呪）：標準アクションとして、マジック・ミサイルの様に自動的に命中する力場の矢1本を放つことができる。この力場の矢は1d4ポイントのダメージに加え、力術能力である強き呪文の追加ダメージを与える。これは［力場］効果である。

この能力は1日に3＋【知力】修正値に等しい回数だけ使用できる。

精霊の壁（擬呪）：レベル8の時点で、1日にウィザード・レベルに等しいラウンドの間、エネルギーの壁を作り出すことができる。このラウンドは連続している必要はない。この壁は［強酸］、［氷雪］、［雷撃］、［火炎］から作成時に選択したダメージ種別のダメージを与える。この点以外については、ウォール・オヴ・ファイアーと同様に扱う。

総合術

専門化しないウィザード（総合術士と呼ばれる）はすべての秘術呪文使いの中で最も多様性がある。

徒弟の手（超常）：ウィザードは近接武器を飛ばして敵を打ち、即座に手元に戻すことができる。標準アクションとして30フィート以内の敵1体に近接武器での攻撃を行う。この攻撃は投擲武器による遠隔攻撃として扱うが、攻撃ロールには【敏捷力】修正値の代わりに【知力】修正値を加える（ダメージには通常通り【筋力】修正値を加算する）。この能力は戦技に用いることはできない。この能力は1日に3＋【知力】修正値に等しい回数だけ使用できる。

呪文修正体得（超常）：レベル8の時点で、ウィザードは発動しようとした呪文に対して修得している呪文修正特技を適用できる。これにより、呪文レベルや発動時間の増加は発生しない。ウィザードはこの能力をレベル8の時点で1日に1回だけ使用でき、以降2レベル毎に1日の使用回数が1回だけ増える。この能力によって呪文レベルを2レベル以上増加させる呪文修正特技を適用する時は、1レベルを超えるレベル毎に1回分の呪文修正体得の使用数を追加で消費しなければならない。この能力は実際には呪文レベルを修正しないが、特技を適用した結果、修正された呪文レベルがウィザードの発動できる呪文レベルを超える場合には、この能力を適用することはできない。

使い魔

使い魔はウィザードが魔法の研究の際に助力させるために選択した動物である。使い魔の外見、ヒット・ダイス、基本攻撃ボーナス、基本セーヴ・ボーナス、技能、特技は通常の動物であった頃のものをそのまま用いるが、種別に関係した効果を判断する際は魔獣として扱われる。通常の特別に変更を加えられていない動物だけが使い魔になれる。動物の相棒を使い魔にすることはできない。

使い魔は自らの主人に、下記の表に示した特殊能力を授ける。この特殊能力は自らの主人と使い魔が1マイル以内の距離にいる時にだけ適用される。

自らの主人のレベルに基づき使い魔の能力を決定する際に、使い魔を得ることのできる異なるクラスのレベルは累積する。

使い魔を罷免するか、失うか、死亡させてしまった場合、特別な儀式の費用としてウィザードのレベル毎に200GPを支払うことで1週間後に新たに使い魔を得ることができる。この儀式には8時間を必要とする。

使い魔の基本事項：使い魔のデータは同種のクリーチャーのものを基本とするが、以下の変更を加える。

使い魔	特殊能力
アウル（フクロウ）	主人は薄暗いまたは暗闇の下での視覚に基づく〈知覚〉の対抗判定に＋3のボーナスを得る。
ヴァイパー（クサリヘビ）	主人は〈はったり〉判定に＋3のボーナスを得る。
ウィーゼル（イタチ）	主人は反応セーヴに＋2のボーナスを得る。
キャット（猫）	主人は〈隠密〉判定に＋3のボーナスを得る。
トード（ヒキガエル）	主人は＋3のヒット・ポイントを得る。
バット（コウモリ）	主人は〈飛行〉判定に＋3のボーナスを得る。
ホーク（鷹）	主人は明るい光の下での視覚に基づく〈知覚〉の対抗判定に＋3のボーナスを得る。
モンキー（サル）	主人は〈軽業〉判定に＋3のボーナスを得る。
ラット（ネズミ）	主人は頑健セーヴに＋2のボーナスを得る。
リザード（トカゲ）	主人は〈登攀〉判定に＋3のボーナスを得る。
レイヴン（大鴉）＊	主人は〈鑑定〉判定に＋3のボーナスを得る。

＊大鴉の使い魔は超常能力として主人が選択した言語を1つ話すことができる。

主人の クラス・レベル	外皮ボーナス 修正	【知】	特殊能力
1～2	＋1	6	鋭敏感覚、身かわし強化、呪文共有、共感的リンク
3～4	＋2	7	接触呪文伝達
5～6	＋3	8	主人との会話
7～8	＋4	9	同類との会話
9～10	＋5	10	
11～12	＋6	11	呪文抵抗
13～14	＋7	12	使い魔からの念視
15～16	＋8	13	—
17～18	＋9	14	—
19～20	＋10	15	—

ヒット・ダイス：ヒット・ダイスに関連した効果を判断する際は、自らの主人のキャラクター・レベルか、使い魔の通常の合計ヒット・ダイスのどちらか高い方を用いる。

ヒット・ポイント：使い魔のヒット・ポイントは実際のヒット・ダイスに関係なく、自らの主人のヒット・ポイントの半分（一時的ヒット・ポイントは含めない）、端数切り捨てである。

攻撃：使い魔は自らの主人の基本攻撃ボーナス、つまり自らの主人の持つすべてのクラスの基本攻撃ボーナスを合計したものを用いる。使い魔の肉体武器の近接攻撃ボーナスには、使い魔の【敏捷力】と【筋力】のどちらか高い方の修正値を用いる。

ダメージは使い魔と同種の通常のクリーチャーと同じである。

セーヴィング・スロー：それぞれのセーヴィング・スローについて、使い魔のセーヴ・ボーナス（頑健＋2、反応＋2、意志＋0）か、自らの主人の基本セーヴ・ボーナス（すべてのクラスのセーヴ・ボーナスを合計したもの）のどちらか高い方を用いる。使い魔はセーヴに自らの能力値修正値を用いるが、自らの主人が有しているかもしれない他のボーナスは共有しない。

技能：自らの主人か使い魔の少なくともどちらか一方がランクを有しているそれぞれの技能について、使い魔は同種の動物が持つ通常の技能ランクか、主人の技能ランクのどちらか高い方を適用する。どちらを使用する場合でも、使い魔は自らの能力値修正値を用いる。一部の技能については技能修正値の合計に関わらず、使い魔の能力では使いこなせないことがある。使い魔は〈隠密〉、〈軽業〉、〈水泳〉、〈知覚〉、〈登攀〉、〈飛行〉をクラス技能とする。

使い魔の特殊能力の解説：すべての使い魔は自らの主人の使い魔を得ることのできる異なるクラスのレベルを累積した結果に応じて、以下の表で示される様に特殊能力を得る（あるいは自らの主人に能力を授ける様になる）。この能力は累積する。

外皮ボーナス修正：使い魔が保有している外皮ボーナスがここに示した値だけ増加する。

【知】：使い魔の【知力】能力値。

鋭敏感覚（変則）：使い魔が手の届くところにいる間、使い魔の主人は《鋭敏感覚》の特技を得る。

身かわし強化（変則）：反応セーヴに成功することでダメージを半減できる攻撃の対象となった場合に、使い魔はセーヴィング・スローに成功すればダメージをまったく受けずにすみ、セーヴィング・スローに失敗してもダメージを半減させることができる。

呪文共有：ウィザードは目標が"自身"の呪文を、自身の代わりに自分の使い魔に対して（距離が接触の呪文として）発動することができる。ウィザードはまた、通常であれば使い魔の種別（魔獣）に効果を発揮しないものであっても自身の使い魔に対して呪文を発動できる。

共感的リンク（超常）：使い魔の主人と使い魔は1マイルまでの共感的なリンクを持っている。使い魔の主人は使い魔の眼を通して見ることはできないが、共感によって意思疎通をすることができる。このリンクの限定的な特性のため、伝えることのできるのは大まかな感情のみである。使い魔の主人は使い魔と同じアイテムや場所に対する繋がりを持つことができる。

接触呪文伝達（超常）：使い魔の主人のクラス・レベルが3以上ならば、使い魔は接触呪文を伝達することができる。使い魔の主人と使い魔が接触している時に主人が接触呪文を発動した場合、使い魔の主人は使い魔を"接触者"に指名することができる。指名された使い魔はあたかも使い魔の主人が接触したかの様に、接触呪文を伝達することができる。通常の場合と同様、接触呪文が伝達される前に使い魔の主人が別の呪文を発動した場合、接触呪文は消滅してしまう。

主人との会話（変則）：使い魔の主人のクラス・レベルが5以上ならば、使い魔と使い魔の主人は、あたかも共通語で会話しているかの様に言葉で意思疎通を行うことができる。他のクリーチャーは魔法的な助けがない限り、この会話を理解することはできない。

同類との会話（変則）：使い魔の主人のクラス・レベルが7以上ならば、使い魔は自身と同類の動物（ダイア種も含む）と意思疎通を行うことができる：コウモリなら翼手類、猫ならネコ類、鷹、フクロウ、大鴉なら鳥類、トカゲ、ヘビなら爬虫類、サルなら（知的種族を除く）霊長類、ネズミなら齧歯類、カエルなら両生類、イタチならオコジョやミンクとなる。どの程度の意思疎通をはかれるかは会話するクリーチャーの【知力】によって制限される。

呪文抵抗（変則）：使い魔の主人のクラス・レベルが11以上ならば、使い魔は使い魔の主人のレベル＋5に等しい呪文抵抗

を得る。他の呪文の使い手が使い魔に呪文を作用させるためには、術者レベル判定（1d20＋術者レベル）を行い、使い魔の呪文抵抗以上の結果を出さなければならない。

使い魔からの念視（擬呪）：使い魔の主人のクラス・レベルが13以上ならば、使い魔の主人は1日1回、使い魔から（あたかもスクライングの呪文を使用したかの様に）念視を行うことができる。

秘術呪文と鎧

鎧は動作要素を含む呪文を発動する際に行わなければならない複雑な身振りの妨げとなる。鎧や盾を装備した際にどれ位の秘術呪文失敗率を被るかは装備品の章（第6章）に記述されている。

動作要素を含まない呪文ならば、秘術呪文の使い手は鎧を着用したまま秘術呪文失敗率もなく発動することができる。その様な呪文は術者の両手が縛られていたり組みつき状態であっても発動できる（但し、通常通り精神集中判定は必要）。呪文修正特技の《呪文動作省略》を用いれば、呪文の使い手は通常より1レベル高い呪文スロットで準備ないし発動する代わりに、動作要素なしでその呪文を発動することができる。これは秘術呪文を失敗する危険を冒さずに鎧を着用したまま呪文を発動する手段として使用できる。

クレリック

信仰と神授の奇跡の中に、より大きな目的を見いだす者達がいる。すべての僧侶は定命の者たちの理解をはるかに超えた力に仕えるべく選ばれ、信仰の神秘を説き、信者達に精神的な支えを与える。だがクレリックは単なる僧侶にとどまらない。彼らは神の使者であり、神の武力と魔力をもって神の意志を遂行するのだ。自らの信じる神や哲学の教義に魂を捧げた聖職者達は、彼らの信仰の知識と影響力を拡大させるために日々尽くしている。似たような能力を持ってはいるものの、クレリックは仕える神格によって大きく異なる。癒しと救いを与えるものもいれば、法の裁きと真実を与えるものもいる。一方で、諍いと腐敗を招く者達も存在する。このように、クレリックの道には様々なものがあるが、誰であれこの道を歩く者は最強の味方と神自身の武器を持っている。

役割：戦いにおいて、クレリックは神々の誉れを讃えるのみならず、屈強で有能な闘士であることを身をもって示す。彼らの真の強さは神格の力を地上へと引き出す能力にあり、それをもって自分や仲間達の戦う力を引き上げたり、神の力で敵を撃ったり、傷ついた仲間に治癒を与えたりする。

クレリックの力はその信仰によって左右されるため、単一の神格に信仰を注がなければならない。ほとんどのクレリックは特定の神をあがめるが、ごく少数ながら信仰するに値するような概念、例えば「戦い」、「死」、「正義」、「知識」などを、神という存在を介さずに信仰するクレリックもいる（特定の神格を選ぶ代わりにこのような道を選択する場合には、GMの許可を得ること）。

属性：クレリックの属性はその信じる神格と秩序―混沌方向か善―悪方向に1段階までしかずれていないこと（第7章を参照）。

ヒット・ダイス：d8。

クラス技能

クレリックのクラス技能は、以下の通り：〈鑑定〉【知】、〈言語学〉【知】、〈交渉〉【魅】、〈呪文学〉【知】、〈職能〉【判】、〈真意看破〉【判】、〈製作〉【知】、〈知識：貴族〉【知】、〈知識：次元界〉【知】、〈知識：宗教〉【知】、〈知識：神秘学〉【知】、〈知識：歴史〉【知】、〈治療〉【判】。

1レベル上昇毎の技能ランク：2＋【知】修正値。

クラス特徴

クレリックのクラスの特徴は以下の通り。

武器と防具の習熟：クレリックはすべての単純武器、軽装鎧、中装鎧、そして盾（タワー・シールドを除く）に習熟している。さらに、クレリックは信仰する神格の好む武器に習熟している。

オーラ（変則）：秩序、混沌、善、悪の神格を信仰するクレリックは、神格の属性に対応した特別に強力なオーラを発している（詳細はディテクト・イーヴルの呪文を参照）。

呪文：クレリックは第10章のクレリック呪文リストにある呪文を信仰呪文として発動することができる。しかし、クレリックの属性によってはその信仰の道徳的または規律的信条に反するという理由から、一部の呪文を発動することができない。詳しくは後述の秩序、混沌、善と悪の呪文の項を参照。クレリックは事前に呪文を選択し、準備しなければならない（後述）。

呪文を準備または発動するにはクレリックは最低でも10＋その呪文レベルに等しい【判断力】能力値を有していなければならない。クレリックの呪文に対するセーヴィング・スローの難易度は、10＋呪文レベル＋クレリックの【判断力】修正値である。

他の呪文の使い手と同様、クレリックは各呪文レベル呪文を、1日に一定の回数ずつしか発動できない。1日に発動できる呪文の数の基本値は、表3-3：クレリックに記されている。さらに、高い【判断力】能力値を持つならば、クレリックはボーナス呪文数を得ることができる（表1-3：能力値修正とボーナス呪文数参照）

クレリックは瞑想や祈りによって呪文を準備する。クレリックが1日の呪文を準備するためには、毎日自分で決めた時間に1時間、瞑想、あるいは祈願を行わなければならない。クレリックは自分の発動できる呪文レベルの呪文ならば、クレリック呪文リストの中の任意の呪文を準備し、発動することができる。ただし、準備する呪文は、毎日の瞑想中に選択しなければならない。

エネルギー放出（超常）：属性に関わらず、クレリックはその信仰の力を聖印（あるいは邪印）から導くことで、エネルギーの波を放出することができる。このエネルギーは、導かれたエネルギーの種別、そして対象クリーチャーによってダメージを与えるか治癒することに使える。

表3-3：クレリック

レベル	基本攻撃ボーナス	頑健セーヴ	反応セーヴ	意志セーヴ	特殊	1日の受音数（呪文レベル）									
						0	1	2	3	4	5	6	7	8	9
1	+0	+2	+0	+2	オーラ、エネルギー放出1d6、領域、オリソン	3	1+1	—	—	—	—	—	—	—	—
2	+1	+3	+0	+3		4	2+1	—	—	—	—	—	—	—	—
3	+2	+3	+1	+3	エネルギー放出2d6	4	2+1	1+1	—	—	—	—	—	—	—
4	+3	+4	+1	+4		4	3+1	2+1	—	—	—	—	—	—	—
5	+3	+4	+1	+4	エネルギー放出3d6	4	3+1	2+1	1+1	—	—	—	—	—	—
6	+4	+5	+2	+5		4	3+1	3+1	2+1	—	—	—	—	—	—
7	+5	+5	+2	+5	エネルギー放出4d6	4	4+1	3+1	2+1	1+1	—	—	—	—	—
8	+6／+1	+6	+2	+6		4	4+1	3+1	3+1	2+1	—	—	—	—	—
9	+6／+1	+6	+3	+6	エネルギー放出5d6	4	4+1	4+1	3+1	2+1	1+1	—	—	—	—
10	+7／+2	+7	+3	+7		4	4+1	4+1	3+1	3+1	2+1	—	—	—	—
11	+8／+3	+7	+3	+7	エネルギー放出6d6	4	4+1	4+1	4+1	3+1	2+1	1+1	—	—	—
12	+9／+4	+8	+4	+8		4	4+1	4+1	4+1	3+1	3+1	2+1	—	—	—
13	+9／+4	+8	+4	+8	エネルギー放出7d6	4	4+1	4+1	4+1	4+1	3+1	2+1	1+1	—	—
14	+10／+5	+9	+4	+9		4	4+1	4+1	4+1	4+1	3+1	3+1	2+1	—	—
15	+11／+6／+1	+9	+5	+9	エネルギー放出8d6	4	4+1	4+1	4+1	4+1	4+1	3+1	2+1	1+1	—
16	+12／+7／+2	+10	+5	+10		4	4+1	4+1	4+1	4+1	4+1	3+1	3+1	2+1	—
17	+12／+7／+2	+10	+5	+10	エネルギー放出9d6	4	4+1	4+1	4+1	4+1	4+1	4+1	3+1	2+1	1+1
18	+13／+8／+3	+11	+6	+11		4	4+1	4+1	4+1	4+1	4+1	4+1	3+1	3+1	2+1
19	+14／+9／+4	+11	+6	+11	エネルギー放出10d6	4	4+1	4+1	4+1	4+1	4+1	4+1	4+1	3+1	3+1
20	+15／+10／+5	+12	+6	+12		4	4+1	4+1	4+1	4+1	4+1	4+1	4+1	4+1	4+1

注：“+1”と記されているのは領域呪文を示す

　善のクレリック（あるいは善の神格を信仰するクレリック）は正のエネルギーを導き、アンデッドにダメージを与える、あるいは生きているクリーチャーを治癒することができる。悪のクレリック（あるいは悪の神格を信仰するクレリック）は負のエネルギーを導き、生きているクリーチャーにダメージを与える、あるいはアンデッドを治癒することができる。中立の神格を信仰する中立のクレリック（あるいは特定の神格を信仰しないクレリック）は、正のエネルギーと負のエネルギーのどちらを導くかを選ばなければならない。一度選択がなされたらそれを変更することはできない。同時に、この決定はクレリックが任意発動できるのがキュア系呪文であるかインフリクト系呪文であるかをも決める（任意発動の項を参照）。

　エネルギー放出はアンデッドか生きているクリーチャーのどちらか一方を対象とする、クレリックを中心とした30フィート半径の爆発を生じさせる。与えられる、あるいは治癒されるダメージの量は、1d6ポイント＋レベル1を越えるクレリック2レベル毎に1d6（レベル3で2d6、レベル5で3d6、以下同様）である。導かれたエネルギーからダメージを受けたクリーチャーは意志セーヴによってダメージを半分にすることができる。このセーヴの難易度は10＋クレリック・レベルの1/2＋クレリックの【魅力】修正値である。治癒されたクリーチャーは、その最大ヒット・ポイントを超えて治癒されることはなく、余分な回復分は無視される。クレリックは1日に3＋【魅力】修正値に等しい回数だけエネルギー放出を使用できる。エネルギー放出は機会攻撃を誘発しない標準アクションである。クレリックは自分を効果に含めるかどうかを選択できる。この能力を使うた

めには、クレリックは聖印（または邪印）を示すことができなければならない。

領域：クレリックの信仰はその属性、どのような魔法が使えるか、価値観、そして他者をどのように見るかに影響する。クレリックは信仰する神格に属する2つの領域を選ぶ。属性の領域（秩序、混沌、善、悪の領域）を選ぶ際には、自分の属性に一致したものしか選ぶことができない。もしクレリックが特定の神格を信仰していない場合も、その宗教上の傾向や能力を表す2つの領域を選択する（選択にはGMの許可が必要）。この場合も、属性の領域に関する制限は適用される。

　それぞれの領域は、クレリックのレベルに応じていくつかの領域能力と、領域呪文を与える。クレリックは自分が発動することのできる各1レベル以上の呪文レベルにつき、1つの領域呪文を準備することができる。クレリックは自分の2つの領域呪文のうちどちらかを準備できる。領域呪文がクレリック呪文リストに無い呪文の場合、その呪文は領域呪文としてのみ準備できる。領域呪文は任意発動に利用することができない。

　さらに、クレリックが十分なレベルに達した時、それぞれの領域に記されている能力を得る。特に書いていない限り、領域能力の使用は標準アクションである。領域はこのクレリックの説明の最後に一覧が載っている。

オリソン（初級信仰呪文）：クレリックは毎日いくつかの「オリソン」、すなわち0レベル呪文を表：クレリックの1日の呪文数に従って準備できる。オリソンは他の呪文と同じように発動できるが、発動しても消費されることはなく、何度でも使うことができる。

任意発動：善のクレリック（あるいは善の神格を信仰する中立のクレリック）は準備した呪文のエネルギーを事前に準備していない治癒の呪文へと変換することができる。クレリックは準備していた好きなオリソンでも領域呪文でもない呪文を"失う"代わりに、その呪文のレベル以下のキュア系呪文（名前に"キュア"を含む呪文）を発動することができる。

悪のクレリック（あるいは悪の神格を信仰する中立のクレリック）はキュア系呪文に変換することはできず、インフリクト系呪文（名前に"インフリクト"を含む呪文）へと変換することができる。

善でも悪でもないクレリックで、その神格もまた善でも悪でもない場合、プレイヤーの選択によってキュア系呪文に変換することも、インフリクト系呪文に変換することもできる。一度この選択がなされたなら、変更することはできない。この選択はまたクレリックが正のエネルギーと負のエネルギーのどちらを導くかにも影響する（エネルギー放出を参照）。

秩序、混沌、善と悪の呪文：クレリックは自分自身、または仕える神格（いれば）の属性と逆の呪文を発動することはできない。呪文が特定の属性に関係しているかどうかは、呪文の解説に［秩序］、［混沌］、［善］、［悪］の補足説明として示されている。

ボーナス言語：クレリックはボーナス言語として天上語（セレスチャル）、奈落語（アビサル）、地獄語（インファーナル）を選択できる（それぞれ善、混沌にして悪、秩序にして悪の来訪者達の言語である）。これらはキャラクターの種族によるボーナス言語の選択肢に追加される。

元クレリック

仕える神格が命ずる行動規範に著しく違反したクレリックは、呪文およびクラスの特徴をすべて失う。ただし、鎧と盾、単純武器への習熟は失わない。以後、クレリックが贖罪を行うまで、その神のクレリックとしてのクラス・レベルを得ることができなくなる（**アトーンメント**の呪文を参照）。

領域

クレリックはその神格によって与えられる領域の中から2つを選ぶ。特に神格を持たないクレリックは任意の2つの領域を選ぶ（ただし選択にはGMの許可が必要）。

悪の領域

神格：アスモデウス、ウルガソーア、ゾン＝クーソン、ノーゴアーバー、ラマシュトゥ、ロヴァググ

領域能力：君は邪悪で残酷、そして魂をかけて悪の所業を願う。

悪の手（擬呪）：近接接触攻撃でクリーチャー1体を不調状態にすることができる。君の接触によって不調状態となったクリーチャーは、［悪］の呪文の対象となる際に属性が善であるとして扱われる。この効果はクレリック・レベルの1/2ラウンド（最小1ラウンド）持続する。君はこの能力を1日3＋【判断力】修正値回使うことができる。

悪の大鎌（超常）：レベル8の時点で、君は接触した武器1つにアンホーリィの特殊能力を付与することができる。この効果はクレリック・レベルの1/2ラウンド持続する。君はレベル8の時に1日1回この能力を使え、レベル8を越える4レベル毎に使用回数が1回増える。

領域呪文：1レベル—プロテクション・フロム・グッド、2レベル—アライン・ウェポン（悪のみ）、3レベル—マジック・サークル・アゲンスト・グッド、4レベル—アンホーリィ・ブライト、5レベル—ディスペル・グッド、6レベル—クリエイト・アンデッド、7レベル—ブラスフェミイ、8レベル—アンホーリィ・オーラ、9レベル—サモン・モンスターIX（悪呪文のみ）。

表3-4：パスファインダー・クロニクルの神格

神格	属性	権能	領域	好む武器
エラスティル	秩序にして善	農業、狩猟、交易、家族の神	共同体、植物、善、秩序、動物	ロングボウ
アイオメデイ	秩序にして善	武勇、統治、正義、名誉の女神	戦、栄光、善、秩序、太陽	ロングソード
トローグ	秩序にして善	鍛冶、守護、戦略の神	工匠、守護、善、地、秩序	ウォーハンマー
サーレンレイ	中立にして善	太陽、救済、誠実、治癒の女神	栄光、善、太陽、治癒、火	シミター
シェリン	中立にして善	美、芸術、愛、音楽の女神	風、守護、善、幸運、魅了	グレイヴ
デズナ	混沌にして善	夢、星、旅人、幸運の女神	解放、幸運、混沌、善、旅	スターナイフ
カイデン・カイリーエン	混沌にして善	自由、エール、ワイン、勇猛の神	混沌、善、力、旅、魅了	レイピア
アバダル	秩序にして中立	都市、富、商人、法の神	高貴、守護、旅、地、秩序	ライト・クロスボウ
イロリ	秩序にして中立	歴史、知識、自己完成の神	力、知識、秩序、治癒、ルーン	素手打撃
ゴズレー	真なる中立	自然、天候、海洋の神	風、植物、天候、動物、水	トライデント
ファラズマ	真なる中立	運命、死、予言、誕生の女神	安息、死、知識、治癒、水	ダガー
ネサス	真なる中立	魔術の神	ルーン、守護、知識、破壊、魔術	クオータースタッフ
ゴラム	混沌にして中立	力、戦闘、武器の神	戦、栄光、混沌、力、破壊	グレートソード
カリストリア	混沌にして中立	欺き、色欲、復讐の女神	欺き、幸運、混沌、知識、魅了	ウィップ
アスモデウス	秩序にして悪	専制、奴隷制、傲慢、契約の神	悪、欺き、秩序、火、魔術	メイス
ゾン=クーソン	秩序にして悪	嫉妬、苦痛、闇、喪失の神	悪、死、秩序、破壊、闇	スパイクト・チェイン
ウルガソーア	中立にして悪	暴食、疫病、不死の女神	悪、戦、死、力、魔術	サイズ
ノルゴーバー	中立にして悪	強欲、秘密、毒、殺人の神	悪、欺き、死、知識、魅了	ショートソード
ラマシュトゥ	混沌にして悪	狂気、怪物、悪夢の女神	悪、欺き、狂気、混沌、力	ファルシオン
ロヴァググ	混沌にして悪	憤怒、災害、破壊の神	悪、戦、混沌、天候、破壊	グレートアックス

欺きの領域

神格：アスモデウス、カリストリア、ノルゴーバー、ラマシュトゥ

領域能力：君は幻影と欺きの達人である。〈隠密〉、〈はったり〉、〈変装〉、がクラス技能となる。

写し身（擬呪）：君は移動アクションで君自身の幻の分身を作り出すことができる。この分身は像が1つだけのミラー・イメージとして機能し、クレリック・レベルに等しいラウンドか、解呪されたり壊されたりするまで持続する。同時に2つ以上の写し身を持つことはできない。また、この効果はミラー・イメージの呪文と累積しない。君はこの能力を1日3＋【判断力】修正値回使うことができる。

達人の幻影（擬呪）：レベル8で、君自身と30フィート以内の任意の人数の仲間の見た目を隠す幻影を、1日クレリック・レベルに等しいラウンドの間作り出せる。このラウンドは連続している必要はない。この効果を見破る難易度は10＋クレリック・レベルの1/2＋【判断力】修正値である。他の点に関しては、この能力はヴェイルの呪文と同様である。

領域呪文：1レベル—ディスガイズ・セルフ、2レベル—インヴィジビリティ、3レベル—ノンディテクション、4レベル—コンフュージョン、5レベル—フォールス・ヴィジョン、6レベル—ミスリード、7レベル—スクリーン、8レベル—マス・インヴィジビリティ、9レベル—タイム・ストップ。

安息の領域

神格：ファラズマ

領域能力：君は死を恐れるべきものではなく、良き人生への最後の報酬たる安らぎであると考えている。不死は君が敬愛する対象のまがいものに他ならない。

穏やかな休息（擬呪）：君が近接接触攻撃で触ったクリーチャーは倦怠感に満たされ、1ラウンドの間よろめき状態になる。既によろめき状態であったクリーチャーは、代わりに1ラウンドの間眠りにつく。対象がアンデッドの場合、【判断力】修正値ラウンドの間よろめき状態になる。君はこの能力を1日3＋【判断力】修正値回使うことができる。

死への守り（超常）：レベル8の時点で、君は半径30フィートの死から身を守るオーラを1日クレリック・レベルに等しいラウンドの間放つことができる。このラウンドは連続している必要はない。オーラの範囲内にいる生きているクリーチャーは、すべての［即死］効果と生命力吸収、そしてなんらかの負のレベルを与える効果を受けない。この効果は対象が既に得ていた負のレベルを取り除くことはないが、対象はこの効果を受けている間負のレベルによるペナルティを受けることはない。

領域呪文：1レベル—デスウォッチ、2レベル—ジェントル・リポウズ、3レベル—スピーク・ウィズ・デッド、4レベル—デス・ウォード、5レベル—スレイ・リヴィング、6レベル—アンデス・トゥ・デス、7レベル—ディストラクション、8レベル—ウェイヴズ・オヴ・イグゾースチョン、9レベル—ウェイル・オヴ・ザ・バンシー。

戦の領域

神格：アイオメデイ、ウルガソーア、ゴラム、ロヴァググ

領域能力：君は神の聖戦士であり、信仰を守るためいつでも、そして喜んで敵と戦う。

戦の激怒（擬呪）：君は標準アクションでクリーチャー1体に触ることで、対象の近接攻撃のダメージ・ロールにクレリック・

レベルの1/2（最小1）ポイントのボーナスを与える。この効果は1ラウンド持続する。君はこの能力を1日3＋【判断力】修正値回使うことができる。

武芸の達人（超常）：レベル8で、即行アクションとして、君は1日クレリック・レベルに等しいラウンドの間、戦闘特技の1つを使用できる。このラウンドは連続している必要はなく、君はこの能力を使う度に使用する特技を変更して構わない。ただし、使用する特技の前提は満たさなければならない。

領域呪文：1レベル―マジック・ウェポン、2レベル―スピリチュアル・ウェポン、3レベル―マジック・ヴェストメント、4レベル―ディヴァイン・パワー、5レベル―フレイム・ストライク、6レベル―ブレード・バリアー、7レベル―パワー・ワード・ブラインド、8レベル―パワー・ワード・スタン、9レベル―パワー・ワード・キル。

栄光の領域

神格：アイオメデイ、ゴラム、サーレンレイ

領域能力：君は神々の栄光によって満たされており、アンデッドの真なる敵である。さらに、君が正のエネルギー放出によってアンデッドを害する時、そのセーヴ難易度は2上昇する。

栄光の手（擬呪）：君は自分の手を神々の光で輝かせ、標準アクションでクリーチャー1体を触ることで、対象が行う1回の【魅力】基準の技能判定か、【魅力】判定にクレリック・レベルのボーナスを与えることができる。この効果は1時間か、対象が効果を使用するまで続く。君はこの能力を1日3＋【判断力】修正値回使うことができる。

神々しき存在感（超常）：レベル8の時点で、君は半径30フィートの神々しいオーラを1日クレリック・レベルに等しいラウンドの間放つことができる。このラウンドは連続している必要はない。オーラの範囲内にいるすべての仲間はサンクチュアリの呪文の効果を受ける。この効果の難易度は10＋クレリック・レベルの1/2＋【判断力】修正値である。この能力の起動には標準アクションが必要である。仲間が範囲から出たり、攻撃を行ったりした場合にその仲間への効果は切れる。君が攻撃を行った場合、君とすべての仲間への効果が切れる。

領域呪文：1レベル―シールド・オヴ・フェイス、2レベル―ブレス・ウェポン、3レベル―シアリング・ライト、4レベル―ホーリィ・スマイト、5レベル―ライチャス・マイト、6レベル―アンデス・トゥ・デス、7レベル―ホーリィ・ソード、8レベル―ホーリィ・オーラ、9レベル―ゲート。

解放の領域

神格：デズナ

領域能力：君は自由の精神そのものであり、隷属と圧政に対するゆるぎない敵である。

解放（超常）：君は動きを阻害する効果を無視する能力を持つ。1日クレリック・レベルに等しいラウンドの間、君はフリーダム・オヴ・ムーヴメントの影響下にあるかのように動きを阻害する魔法の影響を無視して動き回ることができる。この効果はそれが適応されるべき時が来ると自動的に発動される。効果の持続

ラウンドは連続している必要はない。

自由の呼び声（超常）：レベル8で、君は半径30フィートの自由のオーラを1日クレリック・レベルに等しいラウンドの間放つことができる。このラウンドは連続している必要はない。オーラの範囲内にいるすべての仲間は混乱状態、組みつき状態、恐れ状態、恐慌状態、麻痺状態、押さえ込まれた状態、怯え状態にならない。オーラは効果を抑制するだけであり、範囲外に出たりオーラが終わったりした場合にはその状態に再びなる可能性がある。

領域呪文：1レベル―リムーヴ・フィアー、2レベル―リムーヴ・パラリシス、3レベル―リムーヴ・カース、4レベル―フリーダム・オヴ・ムーヴメント、5レベル―ブレイク・エンチャントメント、6レベル―グレーター・ディスペル・マジック、7レベル―レフュージ、8レベル―マインド・ブランク、9レベル―フリーダム。

風の領域

神格：ゴズレー、シェリン

領域能力：君は稲妻と霧、風、そして風のクリーチャーの往来を操ることができる。さらに、君は電気によるダメージに抵抗を得る。

電弧（擬呪）：標準アクションで、30フィート以内の敵1体に向けて電気の火花を接触攻撃として飛ばすことができる。この火花は1d6＋2クレリック・レベルにつき1ポイントの［雷撃］ダメージを与える。君はこの能力を1日3＋【判断力】修正値回使うことができる。

電気に対する抵抗（変則）：レベル6の時点で君は［雷撃］エネルギーに対する抵抗10を得る。抵抗はレベル12で20に増加する。レベル20で、君は［雷撃］への完全耐性を得る。

領域呪文：1レベル―オブスキュアリング・ミスト、2レベル―ウィンド・ウォール、3レベル―ガシアス・フォーム、4レベル―エア・ウォーク、5レベル―コントロール・ウィンズ、6レベル―チェイン・ライトニング、7レベル―エレメンタル・ボディⅣ（風のみ）、8レベル―ワールウィンド、9レベル―エレメンタル・スウォーム（風呪文のみ）。

狂気の領域

神格：ラマシュトゥ

領域能力：君は心の深くに潜む狂気を受け入れ、その力を持って敵を狂気に陥れたり、能力の一部を犠牲にしたりすることで他の能力を強化できる。

狂気の幻影（擬呪）：君は近接接触攻撃として狂気の幻影をクリーチャー1体に与えることができる。攻撃ロール、セーヴィング・スロー、技能判定の中から1つ選ぶ。対象はクレリック・レベルの1/2（最小1）のボーナスを選ばれた判定に得、選ばれなかった他の2つの判定に同じだけのペナルティを受ける。効果は3ラウンド続く。君はこの能力を1日3＋【判断力】修正値回使うことができる。

狂気のオーラ（超常）：レベル8の時点で、君は半径30フィートの狂気のオーラを1日クレリック・レベルに等しいラウンド

の間放つことができる。このラウンドは連続している必要はない。オーラの範囲内にいるすべての敵は難易度10＋クレリック・レベルの1/2＋【判断力】修正値の意志セーヴに成功しない限り、コンフュージョンの効果を受ける。効果は対象がオーラの範囲を離れたり、オーラが切れたりした時に切れる。意志セーヴに成功したクリーチャーは、このオーラの効果を24時間の間受けることはない。

領域呪文：1レベル—レッサー・コンフュージョン、2レベル—タッチ・オヴ・イディオシー、3レベル—レイジ、4レベル—コンフュージョン、5レベル—ナイトメア、6レベル—ファンタズマル・キラー、7レベル—インサニティ、8レベル—シンティレイティング・パターン、9レベル—ウィアード。

共同体の領域

神格：エラスティル

領域能力：君に触られると傷が治り、君の存在は団結心を向上させ、仲間の心の絆を強くする。

　なだめの手（擬呪）：君は標準アクションでクリーチャー1体に触ることで、対象の非致傷ダメージを1d6＋クレリック・レベルに等しいポイント治すことができる。さらに、対象の疲労状態、怯え状態、不調状態を癒す（これより深刻な状態には効果がない）。君はこの能力を1日3＋【判断力】修正値回使うことができる。

　結束力（超常）：レベル8の時点でこの能力を得る。君は君と30フィート以内の仲間が呪文や何かの効果の対象となった時、この能力を使用することで仲間自身のセーヴィング・スローではなく、君のセーヴィング・スローを使うことができる。それぞれの仲間はダイスを振る前にどちらの修正値を用いるか決める。この能力の使用は割り込みアクションである。君はレベル8の時に1日1回この能力を使用できる。レベル8を越える4レベル毎に使用回数が1回増える。

領域呪文：1レベル—ブレス、2レベル—シールド・アザー、3レベル—プレアー、4レベル—インビュー・ウィズ・スペル・アビリティ、5レベル—テレパシック・ボンド、6レベル—ヒーローズ・フィースト、7レベル—レフュージ、8レベル—マス・キュア・クリティカル・ウーンズ、9レベル—ミラクル。

幸運の領域

神格：カリストリア、シェリン、デズナ

領域能力：君はツイており、いるだけで周囲に幸運を広める。

　ちょっとしたツキ（擬呪）：君は同意するクリーチャー1体に標準アクションで接触することで、対象に小さな幸運を与える。次のラウンドの間、対象はd20を振る場合2回振って、より好ましい結果を採用することができる。君はこの能力を1日3＋【判断力】修正値回使うことができる。

　良き運命（変則）：レベル6より、割り込みアクションとして、君は自分が振った1回のd20ロールを結果が分かる前に振り直すことができる。たとえ振り直したロールの結果が元々のロールより悪かったとしても振り直したロールの結果を用いなければならない。この能力はレベル6の時に1回使用でき、レベル6

を越える6レベル毎に追加で1回使用できる。

領域呪文：1レベル—トゥルー・ストライク、2レベル—エイド、3レベル—プロテクション・フロム・エナジー、4レベル—フリーダム・オヴ・ムーヴメント、5レベル—ブレイク・エンチャントメント、6レベル—ミスリード、7レベル—スペル・ターニング、8レベル—モーメント・オヴ・プレシャンス、9レベル—ミラクル。

高貴の領域

神格：アバダル

領域能力：君は偉大なるリーダーであり、君の信仰の教えに従う者達すべてを鼓舞する。

　鼓舞の言葉（擬呪）：標準アクションで、君は30フィート以内のクリーチャー1体に向けた鼓舞の言葉を発することができる。対象はクレリック・レベルの1/2（最小1）ラウンドの間、攻撃ロール、技能判定、能力値判定、セーヴィング・スローに＋2の士気ボーナスを得る。君はこの能力を1日3＋【判断力】修正値回使うことができる。

　統率力（変則）：レベル8の時点で、君は《統率力》のボーナス特技を得る。さらに、君が神格の教義を（いない場合はなんらかの聖なるコンセプトを）支援する限り、統率力値に＋2のボーナスを得る。

領域呪文：1レベル—ディヴァイン・フェイヴァー、2レベル—エンスロール、3レベル—マジック・ヴェストメント、4レベル—ディサーン・ライズ、5レベル—グレーター・コマンド、6レベル—ギアス／クエスト、7レベル—リパルション、8レベル—ディマンド、9レベル—ストーム・オヴ・ヴェンジャンス。

工匠の領域

神格：トローグ

領域能力：君は物を直したり、命を吹き込んだり、無から物を作り出したりすることができる。

　工匠の手（擬呪）：君はメンディングの呪文を、クレリック・レベルを術者レベルとして回数無制限に使うことができる。さらに、君は物体や人造クリーチャーに近接接触攻撃としてダメージを与えることができる。物体や人造クリーチャーは1d6＋クレリック・レベル2につき1ポイントのダメージを受ける。この攻撃は対象のダメージ減少や硬度をクレリック・レベル分だけ無視する。君はこの能力を1日3＋【判断力】修正値回使うことができる。

　踊る武器（超常）：レベル8の時点で、君は接触した武器1つに4ラウンドの間ダンシングの特殊能力を付与することができる。君はレベル8の時に1日1回この能力を使え、レベル8を越える4レベル毎に使用回数が1回増える。

領域呪文：1レベル—アニメイト・ロープ、2レベル—ウッド・シェイプ、3レベル—ストーン・シェイプ、4レベル—マイナー・クリエイション、5レベル—ファブリケイト、6レベル—メジャー・クリエイション、7レベル—ウォール・オヴ・アイアン、8レベル—スタチュー、9レベル—プリズマティック・スフィアー。

混沌の領域

神格: カイデン・カイリーエン、カリストリア、ゴラム、デズナ、ラマシュトゥ、ロヴァググ

領域能力: 君に触れられた命や武器は混沌に満たされ、君はその無秩序な状態を楽しむ。

混沌の手（擬呪）: 君は近接接触攻撃で対象に混沌の力を付与する。次のラウンドの間、対象がd20を振る時、対象はダイスを2つ振ってより好ましくないほうの目を採用しなければならない。君はこの能力を1日3＋【判断力】修正値回使うことができる。

混沌の刃（超常）: レベル8の時点で、君は接触した武器1つにアナーキックの特殊能力を付与することができる。この効果はクレリック・レベルの1/2ラウンド持続する。君はレベル8の時に1日1回この能力を使え、レベル8を越える4レベル毎に使用回数が1回増える。

領域呪文: 1レベル—プロテクション・フロム・ロー、2レベル—アライン・ウェポン（混沌のみ）、3レベル—マジック・サークル・アゲンスト・ロー、4レベル—ケイオス・ハンマー、5レベル—ディスペル・ロー、6レベル—アニメイト・オブジェクツ、7レベル—ワード・オヴ・ケイオス、8レベル—クローク・オヴ・ケイオス、9レベル—サモン・モンスターIX（混沌のみ）。

死の領域

神格: ウルガソーア、ゾン＝クーソン、ノルゴーバー、ファラズマ。

領域能力: 君が触ると生者は血を流し、君は死者と共にいると心が落ち着く。

出血の手（擬呪）: 近接接触攻撃として、君はクリーチャー1体が毎ラウンド1d6ポイントのダメージを受ける傷を作る。この効果はクレリック・レベルの1/2ラウンド（最小1ラウンド）か、対象への難易度15の〈治療〉技能判定に成功するか、ダメージを治療するなんらかの効果を受けるまで持続する。君はこの能力を1日3＋【判断力】修正値回使うことができる。

死の抱擁（変則）: レベル8より、君は負のエネルギー放出によってダメージを受ける代わりに回復するようになる。負のエネルギー放出がアンデッドを対象にした場合、君は範囲内にいるアンデッドであるかのようにヒット・ポイントが回復する。

領域呪文: 1レベル—コーズ・フィアー、2レベル—デス・ネル、3レベル—アニメイト・デッド、4レベル—デス・ウォード、5レベル—スレイ・リヴィング、6レベル—クリエイト・アンデッド、7レベル—ディストラクション、8レベル—クリエイト・グレーター・アンデッド、9レベル—ウェイル・オヴ・ザ・バンシー。

守護の領域

神格: アバダル、シェリン、トローグ、ネサス

領域能力: 信仰は君にとってもっとも大きな庇護であり、その信仰を使って他者を守ることもできる。さらに、君はセーヴィング・スローに＋1の抵抗ボーナスを得る。このボーナスは5レベル毎に＋1される。

抵抗の手（擬呪）: 標準アクションで味方に触ることにより、君のセーヴィング・スローへの抵抗ボーナスを1分の間味方に与えることができる。その間君はボーナスを失う。君はこの能力を1日3＋【判断力】修正値回使うことができる。

守護のオーラ（超常）: レベル8の時点で、君は半径30フィートの守護のオーラを1日クレリック・レベルに等しいラウンドの間放つことができる。このラウンドは連続している必要はない。君とオーラの範囲内にいるすべての味方はアーマー・クラスに＋1の反発ボーナスを得、四大元素のエネルギー（［強酸］、［氷雪］、［雷撃］、［火炎］、［音波］）への抵抗5を得る。アーマー・クラスへの反発ボーナスはレベル8を超える4レベル毎に＋1され、エネルギーへの抵抗はレベル14の時点で10になる。

領域呪文: 1レベル—サンクチュアリ、2レベル—シールド・アザー、3レベル—プロテクション・フロム・エナジー、4レベル—スペル・イミュニティ、5レベル—スペル・レジスタンス、6レベル—アンティマジック・フィールド、7レベル—リパルション、8レベル—マインド・ブランク、9レベル—プリズマティック・スフィアー。

植物の領域

神格: エラスティル、ゴズレー

領域能力: 君は緑に慰めを見いだし、守りの茨を育て、植物と会話する。

樹木の拳（超常）: フリー・アクションで君の手は木のように硬くなり、小さなとげに覆われる。この間、君の素手打撃は機会攻撃を誘発せず、致傷ダメージを与え、クレリック・レベルの1/2のボーナス（最低＋1）をダメージに得る。この能力は1日に3＋【判断力】修正値ラウンドの間使うことができる。このラウンドは連続している必要はない。

棘の鎧（超常）: レベル6の時点で、君はフリー・アクションで肌から木の棘を生やすことができるようになる。この効果が働いている間、君を素手打撃、あるいは間合いを持たない近接武器で攻撃した場合、攻撃者は1d6＋クレリック2レベルにつき1ポイントの刺突ダメージを受ける。君はこの効果を1日クレリック・レベルに等しいラウンドの間作り出せる。このラウンドは連続している必要はない。

領域呪文: 1レベル—エンタングル、2レベル—バークスキン、3レベル—プラント・グロウス、4レベル—コマンド・プランツ、5レベル—ウォール・オヴ・ソーンズ、6レベル—リペル・ウッド、7レベル—アニメイト・プランツ、8レベル—コントロール・プランツ、9レベル—シャンブラー。

善の領域

神格: アイオメデイ、エラスティル、カイデン・カイリーエン、サーレンレイ、シェリン、デズナ、トローグ

領域能力: 君は人生と魂をかけて善と浄化を行うことを誓った。

善の手（擬呪）: 君は標準アクションでクリーチャー1体を触ることにより、対象の攻撃ロール、技能判定、能力値判定、セーヴィング・スローにクレリック・レベルの1/2（最小1）の清浄ボーナスを与えることができる。君はこの能力を1日3＋【判断力】修正値回使うことができる。この効果は1ラウンド続く。

聖なる槍（超常）：レベル8で、君は接触した武器1つにホーリィの特殊能力を付与することができる。この効果はクレリック・レベルの1/2ラウンド持続する。君はレベル8の時に1日1回この能力を使用できる。レベル8を越える4レベル毎に使用回数が1回増える。

領域呪文：1レベル—プロテクション・フロム・イーヴル、2レベル—アライン・ウェポン（善のみ）、3レベル—マジック・サークル・アゲンスト・イーヴル、4レベル—ホーリィ・スマイト、5レベル—ディスペル・イーヴル、6レベル—ブレード・バリアー、7レベル—ホーリィ・ワード、8レベル—ホーリィ・オーラ、9レベル—サモン・モンスターIX（善呪文のみ）。

太陽の領域

神格：アイオメデイ、サーレンレイ

領域能力：君は純粋で焼けつく太陽の光の中に真実を見て、その祝福や怒りを呼び出すことで偉大な業績を上げる。

太陽の祝福（超常）：正のエネルギー放出でアンデッドにダメージを与える際、与えるダメージにクレリック・レベルを加える。さらに、アンデッドはそのエネルギー放出に対する抵抗をセーヴに加えることができない。

後光（超常）：レベル8の時点で、半径30フィートの後光を放つことができる。君はこの効果を1日にクレリック・レベルに等しいラウンドだけ使用できる。このラウンドは連続している必要はない。この効果はデイライトの呪文と同様の効果がある。さらに、範囲内のアンデッドは範囲内にいる間毎ラウンド、クレリック・レベルに等しいポイントのダメージを受ける。［闇］の呪文や擬似呪文能力は、範囲内に持ち込まれた場合自動的に解呪される。

領域呪文：1レベル—エンデュア・エレメンツ、2レベル—ヒート・メタル、3レベル—シアリング・ライト、4レベル—ファイアー・シールド、5レベル—フレイム・ストライク、6レベル—ファイアー・シーズ、7レベル—サンビーム、8レベル—サンバースト、9レベル—プリズマティック・スフィアー。

旅の領域

神格：アバダル、カイデン・カイリーエン、デズナ

領域能力：君は探検家であり、足で、そして魔法でのシンプルな旅の楽しみの中に喜びを見いだす。君の基本移動速度は10フィート上昇する。

敏捷な足（超常）：フリー・アクションで、君は自分の機動性を1ラウンドの間高めることができる。次のラウンドまで、君はすべての移動困難な地形を無視し、そこを通っても移動にペナルティを受けない。君はこの能力を1日3＋【判断力】修正値回使うことができる。

次元渡り（擬呪）：レベル8の時点で、君は移動アクションで1日辺り合計でクレリック・レベルにつき10フィートの距離の瞬間移動を行うことができる。この瞬間移動は5フィート単位で行わなければならず、機会攻撃を誘発しない。また、目的地に視線が通っている必要がある。君は他の同意するクリーチャーを一緒に運ぶこともできるが、それぞれのクリーチャーにつき、移動距離を同じだけ消費する。

領域呪文：1レベル—ロングストライダー、2レベル—ロケート・オブジェクト、3レベル—フライ、4レベル—ディメンション・ドア、5レベル—テレポート、6レベル—ファインド・ザ・パス、7レベル—グレーター・テレポート、8レベル—フェイズ・ドア、9レベル—アストラル・プロジェクション。

地の領域

神格：アバダル、トローグ

領域能力：君は大地と金属、岩石に精通しており、酸の矢を飛ばしたり、地のクリーチャーに命令したりすることができる。

酸の矢（擬呪）：標準アクションで、30フィート以内の敵1体に向けて酸の矢を遠隔接触攻撃として飛ばすことができる。この矢は1d6＋クレリック・レベル2につき1ポイントの［強酸］ダメージを与える。君はこの能力を1日3＋【判断力】修正値回使うことができる。

酸に対する抵抗（変則）：レベル6の時点で君は［強酸］エネルギーに対する抵抗10を得る。抵抗はレベル12で20に増加する。レベル20で、君は［強酸］への完全耐性を得る。

領域呪文：1レベル—マジック・ストーン、2レベル—ソフン・アース・アンド・ストーン、3レベル—ストーン・シェイプ、4レベル—スパイク・ストーンズ、5レベル—ウォール・オヴ・ストーン、6レベル—ストーンスキン、7レベル—エレメンタル・ボディIV（地のみ）、8レベル—アースクウェイク、9レベル—エレメンタル・スウォーム（地呪文のみ）。

力の領域

神格：イロリ、ウルガソーア、カイデン・カイリーエン、ゴラム、ラマシュトゥ

領域能力：力と筋力の中に真実はある。信仰は君に途方もない腕力を与えた。

力の招来（擬呪）：標準アクションで、君は触った対象の筋力を大きく増加させる。1ラウンドの間、対象はクレリック・レベルの1/2（最小1）の強化ボーナスを近接攻撃ロール、【筋力】を用いる戦技判定、【筋力】を用いる技能判定、そして【筋力】判定に得る。君はこの能力を1日3＋【判断力】修正値回使うことができる。

神々の力（超常）：レベル8の時点で、1日にクレリック・レベルに等しいラウンドの間、クレリック・レベルに等しいポイントの強化ボーナスを【筋力】に得る。このボーナスは【筋力】を用いる技能判定、そして【筋力】判定にのみ有効である。このラウンドは連続している必要はない。

領域呪文：1レベル—エンラージ・パースン、2レベル—ブルズ・ストレンクス、3レベル—マジック・ヴェストメント、4レベル—スペル・イミュニティ、5レベル—ライチャス・マイト、6レベル—ストーンスキン、7レベル—グラスピング・ハンド、8レベル—クレンチト・フィスト、9レベル—クラッシング・ハンド。

知識の領域

神格：イロリ、カリストリア、ネサス、ノルゴーバー、ファラズマ

領域能力：君は学者であり、伝説を知る賢者でもある。さらに、君はすべての〈知識〉技能をクラス技能とする。

伝承の守り手（擬呪）：君はクリーチャー1体に触れることでその能力と弱点を知ることができる。近接接触攻撃に成功することで、君は適切な知識技能判定に成功したかのように対象の情報を得ることができる。その技能判定の達成値は、15＋クレリック・レベル＋【判断力】修正値である。

遠距離知覚（擬呪）：レベル6から、君はクレアオーディエンス／クレアヴォイアンスを、君のクレリック・レベルを術者レベルとして発動することができる。君はこの能力を1日クレリック・レベルに等しいラウンドまで利用できる。このラウンドは連続している必要はない。

領域呪文：1レベル—コンプリヘンド・ランゲージズ、2レベル—ディテクト・ソウツ、3レベル—スピーク・ウィズ・デッド、4レベル—ディヴィネーション、5レベル—トゥルー・シーイング、6レベル—ファインド・ザ・パス、7レベル—レジェンド・ローア、8レベル—ディサーン・ロケーション、9レベル—フォアサイト。

秩序の領域

神格：アイオメデイ、アスモデウス、アバダル、イロリ、エラスティル、ゾン＝クーソン、トローグ

領域能力：君は厳格で規律正しい法の規準に従っており、そのような行為によって皆を啓蒙する。

秩序の手（擬呪）：君は標準アクションで同意するクリーチャー1体に触れることで、対象を神の秩序で満たし、1ラウンドの間そのすべての攻撃ロール、技能判定、能力値判定、セーヴィング・スローにおけるd20ロールにおいて11が出たかのように扱うことができる。君はこの能力を1日3＋【判断力】修正値回使うことができる。

秩序の杖（超常）：レベル8で、君は接触した武器1つにアクシオマティックの特殊能力を付与することができる。この効果はクレリック・レベルの1/2ラウンド持続する。君はレベル8の時に1日1回この能力を使え、レベル8を越える4レベル毎に使用回数が1増える。

領域呪文：1レベル—プロテクション・フロム・ケイオス、2レベル—アライン・ウェポン（秩序のみ）、3レベル—マジック・サークル・アゲンスト・ケイオス、4レベル—オーダーズ・ラス、5レベル—ディスペル・ケイオス、6レベル—ホールド・モンスター、7レベル—ディクタム、8レベル—シールド・オヴ・ロー、9レベル—サモン・モンスターIX（秩序のみ）。

治癒の領域

神格：イロリ、サーレンレイ、ファラズマ

領域能力：君の手は痛みと死を寄せ付けず、君の治癒魔法は特に活力にあふれ、効果が高い。

死の調伏（擬呪）：君は標準アクションで生きているクリーチャー1体を触り、対象のヒット・ポイントを1d4＋クレリック・レベル2につき1ポイント回復させる。君はこの能力をヒット・ポイントが0未満のクリーチャーに対してのみ使える。君はこの能力を1日3＋【判断力】修正値回使うことができる。

癒し手の祝福（超常）：レベル6で、君が発動するキュア系呪文は《呪文威力強化》されたかのように扱われ、回復量が50％増える。この効果はキュア系呪文でアンデッドにダメージを与える場合には効果がない。また、《呪文威力強化》の呪文修正特技とは重ならない。

領域呪文：1レベル—キュア・ライト・ウーンズ、2レベル—キュア・モデレット・ウーンズ、3レベル—キュア・シリアス・ウーンズ、4レベル—キュア・クリティカル・ウーンズ、5レベル—ブレス・オヴ・ライフ、6レベル—ヒール、7レベル—リジェネレイト、8レベル—マス・キュア・クリティカル・ウーンズ、9レベル—マス・ヒール。

天候の領域

神格：ゴズレー、ロヴァググ

領域能力：君は嵐と空に対して力を発揮し、神々の怒りを下界へと呼び下ろすことができる。

暴風の爆発（擬呪）：標準アクションで、30フィート以内の敵1体に向けて爆発的な嵐を遠隔接触攻撃として飛ばすことができる。この嵐は1d6＋クレリック・レベル2につき1ポイントの非致傷ダメージを与える。さらに、対象は雨と風にもまれ、1ラウンドの間攻撃ロールに－2のペナルティを受ける。君はこの能力を1日3＋【判断力】修正値回使うことができる。

雷の君主（擬呪）：レベル8の時点で、君は1日クレリック・レベルに等しい本数までの雷を落とすことができる。君は1回の標準アクションで好きなだけ雷を落とすことができるが、同じ対象に2本以上を落とすことはできず、どの2体の対象を取っても30フィート以内の距離に収まっていなければならない。その他の点に関しては、この能力はコール・ライトニングの呪文と同じように機能する。

領域呪文：1レベル—オブスキュアリング・ミスト、2レベル—フォッグ・クラウド、3レベル—コール・ライトニング、4レベル—スリート・ストーム、5レベル—アイス・ストーム、6レベル—コントロール・ウィンズ、7レベル—コントロール・ウェザー、8レベル—ワールウィンド、9レベル—ストーム・オヴ・ヴェンジャンス。

動物の領域

神格：エラスティル、ゴズレー

領域能力：君は動物としゃべることができ、容易に親しくなれる。さらに、〈知識：自然〉がクラス技能として扱われる。

スピーク・ウィズ・アニマルズ（擬呪）：君は1日3＋クレリック・レベルに等しいラウンドの間、スピーク・ウィズ・アニマルズの呪文のように動物としゃべることができる。

動物の相棒（変則）：レベル4の時点で、君はドルイドの同名の能力と同様に動物の相棒を得る。この効果に関する君の有効ドルイド・レベルは（クレリック・レベル－3）である。"自然と

の絆"の能力を通じてこの領域を選択したドルイドは、動物の相棒の能力を決める際に（ドルイド・レベル−3）を基準とする。

領域呪文：1レベル—カーム・アニマルズ、2レベル—ホールド・アニマル、3レベル—ドミネイト・アニマル、4レベル—サモン・ネイチャーズ・アライIV（動物のみ）、5レベル—ビースト・シェイプIII（動物のみ）、6レベル—アンティライフ・シェル、7レベル—アニマル・シェイプス、8レベル—サモン・ネイチャーズ・アライVIII（動物のみ）、9レベル—シェイプチェンジ。

破壊の領域

神格：ゴラム、ゾン＝クーソン、ネサス、ロヴァググ

領域能力：君は破滅と蹂躙を好み、極めて破壊力のある攻撃を放つことができる。

　*破壊的な一撃（超常）：*君は破壊的な一撃のパワーを得る。この超常能力により1回の近接攻撃はダメージ・ロールに君のクレリック・レベルの1/2（最低1）に等しい士気ボーナスを持つ。君は破壊的な一撃を、攻撃を行う前に宣言しなければならない。君はこの能力を1日3＋【判断力】修正値回使うことができる。

　*破壊的なオーラ（超常）：*レベル8の時点で、半径30フィートの後光を放つことができる。君はこの効果を1日にクレリック・レベルに等しいラウンドだけ使用できる。このオーラの範囲内にいるすべての目標に対する攻撃（自身を含む）はダメージにクレリック・レベルの1/2の士気ボーナスがつき、すべてのクリティカル可能状態は自動的にクリティカル・ヒットになる。このラウンドは連続している必要はない。

領域呪文：1レベル—トゥルー・ストライク、2レベル—シャター、3レベル—レイジ、4レベル—インフリクト・クリティカル・ウーンズ、5レベル—シャウト、6レベル—ハーム、7レベル—ディスインテグレイト、8レベル—アースクウェイク、9レベル—インプロージョン。

火の領域

神格：アスモデウス、サーレンレイ

領域能力：君は火を呼び起こし、地獄の業火の化け物に命令し、その体は焼けることがない。

　*炎の矢（擬呪）：*標準アクションで、30フィート以内の敵1体に向けて聖なる炎の矢を遠隔接触攻撃として放つことができる。この矢は1d6＋クレリック・レベル2につき1ポイントの［火炎］ダメージを与える。君はこの能力を1日3＋【判断力】修正値回使うことができる。

　*火に対する抵抗（変則）：*レベル6の時点で君は［火炎］エネルギーに対する抵抗10を得る。抵抗はレベル12で20に増加する。レベル20で、君は［火炎］への完全耐性を得る。

領域呪文：1レベル—バーニング・ハンズ、2レベル—プロデュース・フレイム、3レベル—ファイアーボール、4レベル—ウォール・オヴ・ファイアー、5レベル—ファイアー・シールド、6レベル—ファイアー・シーズ、7レベル—エレメンタル・ボディIV（火のみ）、8レベル—インセンディエリ・クラウド、9レベル—エレメンタル・スウォーム（火呪文のみ）。

魔術の領域

神格：アスモデウス、ウルガソーア、ネサス

領域能力：君は神秘的な事物の学徒であり、純粋な魔法の力に神聖を見いだす。

　*従者の見えざる手（超常）：*君は持っている近接武器を飛ばして敵を攻撃させた後、即座に手に戻すことができる。標準アクションで、有効距離30フィートで1回の攻撃を行う。この攻撃は投擲武器による遠隔攻撃として扱われるが、攻撃ロールには【敏捷力】修正値の代わりに【判断力】修正値を使う（ただしダメージは通常通り【筋力】による）。この能力によって戦技を試みることはできない。君はこの能力を1日3＋【判断力】修正値回使うことができる。

　*解呪の手（擬呪）：*レベル8で、君は近接接触攻撃として対象型のディスペル・マジックの効果を発動することができる。この能力はレベル8で1回使え、レベル8を越える4レベル毎に追加で1回使える。

領域呪文：1レベル—アイデンティファイ、2レベル—マジック・マウス、3レベル—ディスペル・マジック、4レベル—インビュー・ウィズ・スペル・アビリティ、5レベル—スペル・レジスタンス、6レベル—アンティマジック・フィールド、7レベル—スペル・ターニング、8レベル—プロテクション・フロム・スペルズ、9レベル—メイジズ・ディスジャンクション。

水の領域

神格：ゴズレー、ファラズマ

領域能力：君は水と霧、氷を操り、水のクリーチャーを召喚し、冷気に耐性を持つ。

　*氷柱（擬呪）：*標準アクションで、30フィート以内の敵1体に向けて君は指先から氷柱を遠隔接触攻撃として飛ばすことができる。この氷柱は1d6＋2クレリック・レベルにつき1ポイントの［氷雪］ダメージを与える。君はこの能力を1日3＋【判断力】修正値回使うことができる。

　*冷気に対する抵抗（変則）：*レベル6の時点で、君は［氷雪］エネルギーに対する抵抗10を得る。抵抗はレベル12で20に増加する。レベル20で、君は［氷雪］への完全耐性を得る。

領域呪文：1レベル—オブスキュアリング・ミスト、2レベル—フォッグ・クラウド、3レベル—ウォーター・ブリージング、4レベル—コントロール・ウォーター、5レベル—アイス・ストーム、6レベル—コーン・オヴ・コールド、7レベル—エレメンタル・ボディIV（水のみ）、8レベル—ホリッド・ウィルティング、9レベル—エレメンタル・スウォーム（水呪文のみ）。

魅了の領域

神格：カイデン・カイリーエン、カリストリア、ノルゴーバー、シェリン

領域能力：君に触られたり微笑まれたりするだけで敵はまごつき、惑わせられる。そして君は神の如く美しく優雅である。

　*幻惑の手（擬呪）：*君は近接接触攻撃に成功することで対象の生きているクリーチャーを1ラウンドの間幻惑状態にすることができる。君のクレリック・レベルより多くのヒット・ダイ

スを持つクリーチャーはこの効果を受けない。君はこの能力を1日3＋【判断力】修正値回使うことができる。

魅力的な微笑み（擬呪）：レベル8の時点で、君は**チャーム・パースン**を即行アクションで発動できる。その難易度は10＋クレリック・レベルの1/2＋【判断力】修正値である。君のこの効果によって魅了できるのは1人までで、2人以上を同時に魅了することはできない。この効果が有効な合計持続時間は1日にクレリック・レベルに等しいラウンドまでである。このラウンドは連続している必要はなく、君は魅了をフリー・アクションで解除することができる。対象がセーヴに成功してもしなくても、この能力の使用は合計持続時間を1ラウンド減少させる。

領域呪文：1レベル—**チャーム・パースン**、2レベル—**カーム・エモーションズ**、3レベル—**サジェスチョン**、4レベル—**ヒロイズム**、5レベル—**チャーム・モンスター**、6レベル—**ギアス／クエスト**、7レベル—**インサニティ**、8レベル—**ディマンド**、9レベル—**ドミネイト・モンスター**。

闇の領域

神格：ゾン＝クーソン

領域能力：君は影と闇を操る。さらに、君は《無視界戦闘》をボーナス特技として得る。

闇の手（擬呪）：近接接触攻撃として、君はクリーチャー1体の視界を影と闇で満たす。対象は他のすべてのクリーチャーを視認困難であると見なし、20％の失敗確率を攻撃ロールに受ける。この効果はクレリック・レベルの1/2ラウンド（最小1ラウンド）持続する。君はこの能力を1日3＋【判断力】修正値回使うことができる。

闇の目（超常）：レベル8以降、君の視界は灯りの状況によって損なわれることはなくなる。この効果は、たとえそれが完全な暗闇であったり、魔法による暗闇であったりしても効果を発揮する。君はこの能力を1日クレリック・レベルの1/2ラウンドまで使える。このラウンドは連続している必要はない。

領域呪文：1レベル—**オブスキュアリング・ミスト**、2レベル—**ブラインドネス／デフネス**（盲目効果のみ）、3レベル—**ディーパー・ダークネス**、4レベル—**シャドウ・カンジュレーション**、5レベル—**サモン・モンスターV**（1d3体のシャドウを召喚）、6レベル—**シャドウ・ウォーク**、7レベル—**パワー・ワード・ブラインド**、8レベル—**グレーター・シャドウ・エヴォケーション**、9レベル—**シェイズ**。

ルーンの領域

神格：イロリ、ネサス

領域能力：君は風変わりで不気味な刻印に強力な魔法を見いだす。《巻物作成》をボーナス特技として得る。

破壊の刻印（擬呪）：標準アクションで、君は隣接するマスのいずれかに破壊の刻印を作り出すことができる。このマスに侵入したクリーチャーは1d6＋クレリック2レベルにつき1ポイントのダメージを受ける。ルーンは[強酸]、[氷雪]、[雷撃]、[火炎]いずれかのダメージを与える（刻印を作った時に決める）。刻印は透明であり、クレリック・レベルに等しいラウンドの間か、効果が解放されるまで持続する。他のクリーチャーが占めているマスに刻印を作り出すことはできない。刻印は解呪される場合、1レベル呪文として扱われる。また、難易度26の〈知覚〉判定によって発見され、難易度26の〈装置無力化〉判定によって無効化される。君はこの能力を1日3＋【判断力】修正値回使うことができる。

呪文の刻印（擬呪）：レベル8の時点で、君は破壊の刻印に呪文を付加し、刻印を起動させたクリーチャーがダメージに加えて呪文の効果を受けるようにできる。付加する呪文は君が発動できる最もレベルの高い呪文より1レベル低くなければならず、1体以上のクリーチャーを目標とするものでなければならない。通常呪文が何体に影響するかに関係なく、刻印に付加された呪文はそれを起動させたクリーチャー1体にのみ作用する。

領域呪文：1レベル—**イレイズ**、2レベル—**シークレット・ページ**、3レベル—**グリフ・オヴ・ウォーディング**、4レベル—**エクスプローシヴ・ルーンズ**、5レベル—**レッサー・プレイナー・バインディング**、6レベル—**グレーター・グリフ・オヴ・ウォーディング**、7レベル—**インスタント・サモンズ**、8レベル—**シンボル・オヴ・デス**、9レベル—**テレポーテーション・サークル**。

ソーサラー

　生来の魔力持つ血脈の子孫、神に選ばれし者、魔物の落とし子、運命や伝説に翻弄されし者、あるいは偶然に不安定な魔法の力を発現させた者。ソーサラーは自分たちの事を優れた秘術の能力を持ち、一部の者のみが可能な形でその力を引き出せると理解している。彼らは生命力を消費して魔力を生み出すため、その魂を魔法に蝕まれながら、徐々に魔法の妙技を学んでいく。一方で瞑想や戒律、持って生まれた才能を開花させる、他人から魔力を与えられるなどによって、爆発的に生じる魔力を支配する者もいる。他の魔法使いは魔法を恩恵や研究すべき分野と捉え、その習熟に生涯を捧げるのに対し、彼らは自分の人生のために魔法を使う。いずれにせよソーサラーは他の魔法使いのように魔法を恩恵や研究すべき分野と捉えて生涯を取得に捧げることはせず、魔法を持ってして自らの人生を謳歌しているのだ。

役割：ソーサラーは選び抜かれた呪文を数多く使うところに長所があり、強力な戦闘魔術師となりうる。特定の呪文に慣れ親しみ、変わることなく使い続けることで、ソーサラーはよく、他の術者であれば見落としてしまうような、新しくて多様な呪文の使いかたを見出す。彼らの血脈はまた、彼らに追加の能力を与えるがゆえに、世に一人として同じようなソーサラーは存在していない。

属性：すべて。

ヒット・ダイス：d6。

クラス技能

ソーサラーの**クラス技能**は、以下の通り：〈威圧〉【魅】、〈鑑定〉【知】、〈呪文学〉【知】、〈職能〉【判】、〈製作〉【知】、〈知識：神

秘学〉【知】、〈はったり〉【魅】、〈飛行〉【敏】、〈魔法装置使用〉【魅】。

1レベル上昇毎の技能ランク：2＋【知力】修正値。

クラス特徴

ソーサラーのクラスの特徴は以下の通り。

武器と防具の習熟：ソーサラーはすべての単純武器に習熟している。彼らはいかなる鎧や盾にも習熟していない。あらゆる種類の鎧はソーサラーが呪文を使うのに必要な身振りを妨げ、動作要素を含む呪文失敗の要因となる（ウィザードの説明にある秘術呪文と鎧環を参照）。

呪文：ソーサラーは第10章のウィザード／ソーサラー呪文リストから選択された秘術呪文を使用する。ソーサラーは修得している呪文を準備なしに思うときに発動できる。呪文を学ぶ、あるいは発動するには10＋呪文レベル以上の【魅力】値がなければならない。ソーサラーの呪文に対するセーヴィング・スローには10＋呪文レベル＋【魅力】修正値を難易度として用いる。

他の呪文の使い手と同様に、ソーサラーは1日に使用できる呪文の数が呪文レベルごとに決まっている。表3-5：ソーサラーにはソーサラーが基本的に使用できる呪文数が記されている。加えてソーサラーは高い【魅力】を有していれば1日毎にボーナス呪文を得る（表1-3：能力値修正とボーナス呪文数参照）。

ソーサラーの呪文選択は極めて限られている。ゲーム開始時、ソーサラーは4つの0レベル呪文と、2つの1レベル呪文を選択する。その後、ソーサラー・レベルを得るごとに、表3-6：ソーサラーの呪文修得数に従って1つかそれ以上の新しい呪文を修得できる（1日の呪文数と違い、【魅力】の高低は修得呪文数に影響を与えない；表3-6：ソーサラーの呪文修得数の値は固定値なのである）。これらの新しく修得される呪文は、ウィザード／ソーサラー呪文リストから選択された一般的な呪文でも、研究を通じて得た珍しい呪文であっても良い。

4レベル、あるいは以降の2レベル（6レベル、8レベル……）毎に、ソーサラーは新しい呪文と既に修得した呪文を置き換えることができる。この場合、ソーサラーは古い呪文を失い、かわりに新しい呪文を得る。新しい呪文の呪文レベルは入れ替わられる呪文と同じ呪文レベルでなければならない。呪文の入れ替えは既定のレベルに達するごとに1つの呪文でしか行えず、新しい呪文を得るときに同時に行わねばならない。

ウィザードやクレリックと違い、ソーサラーは事前に呪文の準備をする必要がない。彼らは修得した呪文をいつでも、そのレベルの呪文数を使い切るまで使用できる。事前にどの呪文を発動するかを決めておく必要はないのだ。

血脈：すべてのソーサラーは呪文、ボーナス特技、追加クラス技能、そして様々な特殊能力を引き継ぐ魔力の源を持っている。この源は血の繋がりか、かつて肉親とクリーチャーの間で生じた特別な出来事によりもたらされている。例えば、あるソーサラーはドラゴンを遠い祖先に持っているし、あるソーサラーは祖父の代で悪魔とおぞましき契約を結んでいる。源の違いによらず、その影響はソーサラーのレベルに応じて顕れる。ソーサラーは最初のソーサラー・レベルを得る際に血脈がなんであるかを決定しなければならない。一度決定された血脈は変更することができない。

3レベル時と、以降の2レベル毎において、ソーサラーは血脈からもたらされる呪文を修得することができる。これらの呪文は表：ソーサラーの呪文修得数の数に加えて修得する。これらの呪文はレベル上昇時の入れ替えの対象とすることはできない。

7レベル時と、以降の6レベル毎において、ソーサラーは血脈ごとのリストに特定された特技をボーナス特技として得ることができる。ソーサラーはこれらのボーナス特技の前提条件を満たしている必要がある。

キャントリップ（初級秘術呪文）：ソーサラーは表"ソーサラーの修得呪文数"上の"修得呪文数"の項目に記載されているとおりの、一定数のキャントリップ、すなわち0レベル呪文をいくつか知っている。これらの呪文は他の呪文と同様に発動できるが、いかなる呪文スロットを消費することもなく、再度使用することができる。

《物質要素省略》：ソーサラーは1レベル時に《物質要素省略》をボーナス特技として獲得する。

ソーサラーの血脈

以下に示される血脈はソーサラーが力を引き出すことの可能な源の一部である。特記がなければ、多くのソーサラーは秘術の血脈に属しているものとする。

異形

君の血脈は異質で奇怪な穢れを有している。君は奇妙な思考と、名状しがたい見方で物事の解決に当たる傾向がある。穢れはゆっくりと時間をかけて、君の体までも変形させていく。

クラス技能：〈知識：ダンジョン探検〉。

ボーナス呪文：エンラージ・パースン（3レベル）、シー・インヴィジビリティ（5レベル）、タンズ（7レベル）、ブラック・テンタクルズ（9レベル）、フィーブルマインド（11レベル）、ヴェイル（13レベル）、プレイン・シフト（15レベル）、マインド・ブランク（17レベル）、シェイプチェンジ（19レベル）。

ボーナス特技：《イニシアチブ強化》、《技能熟練：知識：ダンジョン知識》、《組みつき強化》、《呪文音声省略》、《素手打撃強化》、《戦闘発動》、《鋼の意志》、《武器落とし強化》。

血脈の秘法：（ポリモーフ）の副系統の呪文を使用する際、呪文の効果時間は50％（最低1ラウンド）延長される。この効果は《呪文持続時間延長》の効果と累積しない。

血脈の力：異形のソーサラーはレベルの上昇にともない、その穢れた遺産がしるしとして顕れる。しかし、それらは使用時のみ見える形で現れる。

*酸の光線（擬呪）：*1レベルから、君は酸の光線を30フィート以内の敵に遠隔接触攻撃として標準アクションで放つことができる。酸の光線は、1d6ポイントと術者レベル2ごとに＋1のダメージを与える。君はこの能力を1日に3＋【魅】修正値に等しい回数だけ使用できる。

*長き腕（変則）：*3レベルにおいて、君は近接接触攻撃を行う際の間合いが5フィート延長される。この能力では機会攻撃範囲

は拡張されない。延長される距離は11レベルにおいて10フィートに、17レベルにおいて15フィートにそれぞれ拡張される。

怪異なる構造（変則）：9レベルにおいて、君の身体構造は変化し、クリティカル・ヒットや急所攻撃を25％の確率で無効化できるようになる。13レベル時には50％に向上する。

外つ者の抵抗力（超常）：15レベルにおいて、君は10＋ソーサラー・レベルの呪文抵抗を得る。

異形の形態（変則）：20レベルにおいて、君の体は真の意味で尋常ならざるものへと変貌する。君はクリティカル・ヒットと急所攻撃の効果を受けない。加えて、60フィートの擬似視覚とダメージ減少5／—を得る。

運命の子

君の一族は何か大きな宿命を背負っている。君の出生は預言者に予言されていたかもしれないし、何らかの天啓——例えば日食のような——があったかも知れない。君の出自にかかわらず、君は壮大な未来を迎えることになるだろう。

クラス技能：〈知識：歴史〉。

ボーナス呪文：アラーム（3レベル）、ブラー（5レベル）、プロテクション・フロム・エナジー（7レベル）、フリーダム・オヴ・ムーヴメント（9レベル）、ブレイク・エンチャントメント（11レベル）、ミスリード（13レベル）、スペル・ターニング（15レベル）、モーメント・オヴ・プレシャンス（17レベル）、フォアサイト（19レベル）。

ボーナス特技：《技能熟練：知識：歴史》、《持久力》、《呪文威力最大化》、《神速の反応》、《武器熟練》、《統率力》、《秘術の打撃》、《不屈の闘志》。

血脈の秘法：効果範囲が「自身」である呪文を使用する際、1ラウンドの間、君はすべてのセーヴにその呪文の呪文レベルと同じ幸運ボーナスを得る。

血脈の力：君は何か大いなるものに宿命を授けられており、その「何か」から君を護り、運命を為す力を得ている。

運命の接触（超常）：1レベルにおいて、君は他のクリーチャーと接触して標準アクションを使用することで、1ラウンドの間、攻撃、技能判定、能力値判定、セーヴに君のソーサラー・レベルの半分（最低1）の洞察ボーナスを与える。君はこの能力を1日に3＋【魅】修正値に等しい回数使用できる。

巡り合わせ（超常）：3レベルにおいて、君はすべてのセーヴに＋1の幸運ボーナスを得る。また、不意討ちラウンド中や敵の攻撃に気がついてない間のアーマー・クラスに、＋1の幸運ボーナスを得る。7レベルと、以降の4レベルごとにこのボーナスは1ずつ増加し、19レベルで＋5になる。

其は意味為すもの（超常）：9レベルにおいて、君は1回の攻撃か、クリティカル・ヒット時の再ロール、呪文抵抗を克服するための術者レベル判定のロールを再ロールできる。この能力はダイスを振ったあとに使用するが、そのロールの正否が判定される前に使用を宣言しなければならない。また、結果はより悪くなったとしてもその値を適用する。この能力は9レベル時は1日1回、17レベルにおいて1日に2回使用できる。

其は我が手に有り（超常）：15レベルにおいて、君の大いなる宿命は周囲を巻き込んでゆく。1日1回、攻撃ないしダメージを与える呪文が君に死を与えたとき、君は難易度20の意志セーヴを行うことができる。成功した場合、君のヒット・ポイントは−1となり、その容体は安定化する。このセーヴには君の巡り合わせ能力を適用して良い。

宿命の実現（超常）：20レベルにおいて、君は運命の瞬間をその手にすることができる。君に対して行使されたクリティカル・ヒットは2回目のロールの出目が20であったときだけ適用される。一方で、君の呪文によるクリティカル・ヒットによる2回目のロールは自動的に成功する。また、1日1回呪文抵抗を克服のための術者レベル判定を自動的に成功することができる。この能力はロールを行う前に使用すること。

表3-5：ソーサラー

レベル	基本攻撃ボーナス	頑健セーヴ	反応セーヴ	意志セーヴ	特殊	1日の呪文数（呪文レベル）								
						1	2	3	4	5	6	7	8	9
1	+0	+0	+0	+2	血脈の力、キャントリップ、《物質要素省略》	3	—	—	—	—	—	—	—	—
2	+1	+0	+0	+3		4	—	—	—	—	—	—	—	—
3	+1	+1	+1	+3	血脈の力、血脈の呪文	5	—	—	—	—	—	—	—	—
4	+2	+1	+1	+4		6	3	—	—	—	—	—	—	—
5	+2	+1	+1	+4	血脈の呪文	6	4	—	—	—	—	—	—	—
6	+3	+2	+2	+5		6	5	3	—	—	—	—	—	—
7	+3	+2	+2	+5	血脈の特技、血脈の呪文	6	6	4	—	—	—	—	—	—
8	+4	+2	+2	+6		6	6	5	3	—	—	—	—	—
9	+4	+3	+3	+6	血脈の力、血脈の呪文	6	6	6	4	—	—	—	—	—
10	+5	+3	+3	+7		6	6	6	5	3	—	—	—	—
11	+5	+3	+3	+7	血脈の呪文	6	6	6	6	4	—	—	—	—
12	+6／+1	+4	+4	+8		6	6	6	6	5	3	—	—	—
13	+6／+1	+4	+4	+8	血脈の特技、血脈の呪文	6	6	6	6	6	4	—	—	—
14	+7／+2	+4	+4	+9		6	6	6	6	6	5	3	—	—
15	+7／+2	+5	+5	+9	血脈の力、血脈の呪文	6	6	6	6	6	6	4	—	—
16	+8／+3	+5	+5	+10		6	6	6	6	6	6	5	3	—
17	+8／+3	+5	+5	+10	血脈の呪文	6	6	6	6	6	6	6	4	—
18	+9／+4	+6	+6	+11		6	6	6	6	6	6	6	5	3
19	+9／+4	+6	+6	+11	血脈の特技、血脈の呪文	6	6	6	6	6	6	6	6	4
20	+10／+5	+6	+6	+12	血脈の力	6	6	6	6	6	6	6	6	6

地獄の者

君の一族の歴史のどこかでデヴィルとの取引が取り行われて以来、契約は永遠に君の血族に引き継がれている。そして今、はっきりと直接的な形でそれは発現し、君に力と能力とを授けた。君の運命が君の手にあるとき、君への最終的な報酬が深淵に縛り付けられることであるとわかれば、君は悩まずにはいられないだろう。

クラス技能：〈交渉〉。

ボーナス呪文：プロテクション・フロム・グッド（3レベル）、スコーチング・レイ（5レベル）、サジェスチョン（7レベル）、チャーム・モンスター（9レベル）、ドミネイト・パースン（11レベル）、プレイナー・バインディング（デヴィルないしフィーンディッシュ種のモンスターに対してのみ）（13レベル）、グレーター・テレポート（15レベル）、パワー・ワード・スタン（17レベル）、メテオ・スウォーム（19レベル）。

ボーナス特技：《欺きの名人》、《技能熟練：知識：次元界》、《攻防一体》、《呪文持続時間延長》、《抵抗破り》、《鋼の意志》、《武器落とし強化》、《無視界戦闘》。

血脈の秘法：（魅惑）の副系統を持つ呪文を使用する際、その呪文のセーヴ難易度は＋2される。

血脈の力：君は堕落させんとする干渉に周到に備えながら、地獄から力を引き出す。こうした力が代償無しにもたらされることはありえない。

堕落の接触（擬呪）：1レベルにおいて、君は近接接触攻撃によりクリーチャー1体を怯え状態にすることができる。この効果はソーサラー・レベルの1/2に等しいラウンド（最低1ラウン

ド）まで持続する。この能力で怯え状態に陥ったクリーチャーは、あたかも悪属性の来訪者のように［悪］のオーラを放つ（**ディテクト・イーヴル**呪文参照）。複数接触しても効果は累積しないが、効果時間は加算される。君はこの能力を1日に3＋【魅】修正値に等しい回数使用できる。

地獄の抵抗力（変則）：3レベルにおいて、君は［火炎］に対する抵抗5と、毒に対するセーヴィング・スローに＋2のボーナスを得る。9レベルにおいてこの抵抗は10に、セーヴへのボーナスは＋4に増える。

地獄の炎（擬呪）：9レベルにおいて、君は柱状の地獄の炎を現世に喚び降ろすことができる。半径10フィート・爆発の炎は、術者レベル毎に1d6ポイントの［火炎］ダメージを与える。範囲内のクリーチャーは反応セーヴに成功するとダメージを1/2にできる。善のクリーチャーはセーヴに失敗すると君のソーサラー・レベルに等しいラウンドの間怯え状態となる。セーヴ難易度は10＋1/2ソーサラー・レベル＋【魅】修正値である。9レベルにおいて、君はこの能力を1日1回使用できる。また17レベルにおいては1日2回、20レベルにおいては1日3回使用できる。この能力の距離は60フィートである。

暗き翼（超常）：15レベルにおいて、君は標準アクションで背中に恐ろしげなコウモリの翼を生やし、速度60フィート（機動性：標準）で飛行できる。君はこの翼をフリー・アクションで消すことができる。

深淵の力（超常）：20レベルにおいて、君の外見は悪しき力との融合を果たす。君は［火炎］と毒に対する完全耐性を得、［強酸］［氷雪］に対する抵抗10を得る。また、完全なる闇をも見

通す視覚を得る。このデヴィルの視力は60フィートまで届く。

元素

　君の体には元素の力が宿っており、君は時折その怒りをもてあましている。この影響は君の家系の歴史に関与するエレメンタルの来訪者か、あるいは君や君の縁者が強力な元素の力に晒された結果もたらされたものである。

クラス技能：〈知識：次元界〉。

ボーナス呪文：バーニング・ハンズ＊（3レベル）、スコーチング・レイ＊（5レベル）、プロテクション・フロム・エナジー（7レベル）、エレメンタル・ボディI（9レベル）、エレメンタル・ボディII（11レベル）、エレメンタル・ボディIII（13レベル）、エレメンタル・ボディIV（15レベル）、サモン・モンスターVIII（エレメンタルのみ）（17レベル）、エレメンタル・スウォーム（19レベル）。

＊の呪文は君に関与する元素のタイプによってエネルギー種別が変わる。加えて、呪文の副系統も元素にあわせて変更される。

ボーナス特技：《イニシアチブ強化》、《回避》、《頑健無比》、《技能熟練：知識：次元界》、《強打》、《神速の反応》、《呪文威力強化》、《武器の妙技》。

血脈の秘法：君が何らかのエネルギーによるダメージを与える呪文を使用するとき、君はそのダメージの種類を君の血脈に合う種類に変えて良い。その場合、呪文の副系統は君の血脈に合うものに変更される。

血脈の力：四大元素のうち1つが君という存在と融合しており、君は必要な時にその力を引き出すことができる。1レベル時、君は四大元素（風、土、火、水）からどれか1つを選択しなければならない。この種類は一度決定したら変更できない。抵抗やダメージを与えるいくつかの能力は下記の通り君の元素に基づいている。

元素の種類	エネルギーのタイプ	元素の移動
風	［雷撃］	飛行　60フィート（機動性：標準）
地	［強酸］	穴掘り　30フィート
火	［火炎］	基本移動力に＋30フィート
水	［氷雪］	水泳　60フィート

　元素の光線（擬呪）：1レベルにおいて、君は30フィート以内の敵への遠隔接触攻撃として標準アクションで元素の力を解き放つことができる。光線は1d6＋2術者レベル毎に1ダメージを、元素に関連するエネルギー種別のダメージとして与える。君はこの能力を1日に3＋【魅】修正値に等しい回数使用できる。

　元素の抵抗力（変則）：3レベルにおいて、君は自分のエネルギー種別に対する抵抗10を得る。9レベルにおいて、この抵抗は20に増加する。

　元素の奔流（擬呪）：9レベルにおいて、君は1日1回元素の力を奔流として解き放つことが可能となる。奔流は半径20フィートの爆発として、ソーサラー・レベル毎に1d6ポイントの、君のエネルギー種別のダメージを与える。効果範囲にいるクリーチャーは反応セーヴを行い、成功すればダメージは半減する。

表3-6：ソーサラーの呪文修得数

レベル	呪文修得数									
	0	1	2	3	4	5	6	7	8	9
1	4	2	—	—	—	—	—	—	—	—
2	5	2	—	—	—	—	—	—	—	—
3	5	3	—	—	—	—	—	—	—	—
4	6	3	1	—	—	—	—	—	—	—
5	6	4	2	—	—	—	—	—	—	—
6	7	4	2	1	—	—	—	—	—	—
7	7	5	3	2	—	—	—	—	—	—
8	8	5	3	2	1	—	—	—	—	—
9	8	5	4	3	2	—	—	—	—	—
10	9	5	4	3	2	1	—	—	—	—
11	9	5	4	3	2	—	—	—	—	—
12	9	5	4	3	2	1	—	—	—	—
13	9	5	4	4	3	2	—	—	—	—
14	9	5	4	4	3	2	1	—	—	—
15	9	5	4	4	4	3	2	—	—	—
16	9	5	4	4	4	3	2	1	—	—
17	9	5	4	4	4	3	3	2	—	—
18	9	5	4	4	4	3	3	2	1	—
19	9	5	4	4	4	3	3	3	2	—
20	9	5	4	4	4	3	3	3	3	3

反応セーヴに失敗したクリーチャーは、術者の次のターンが終わるまで、その属性に対する脆弱性を持つ。セーヴの難易度は10＋1/2ソーサラー・レベル＋君の【魅】修正値である。9レベルにおいて、君はこの能力を1日1回使用できる。また17レベルにおいては1日2回、20レベルにおいては1日3回使用できる。この能力の距離は60フィートである。

　元素の移動（超常）：15レベルにおいて、君は特殊な移動方法か、移動に関するボーナスを得る。この能力は君に関与する元素の種類により異なる。上の表を参照。

　元素の体（超常）：20レベルにおいて、元素の力が君の体を通じて発せられる。君は急所攻撃、クリティカル・ヒット、君のエネルギー種別のダメージに完全耐性を得る。

天上の者

　君は神聖な力の祝福を受けた、あるいは天上のものと関連があるか、何らかの干渉を受けた血脈に属している。血脈の力は君を善の道へと導くが、しかし君の運命（そして属性）は君自身の手にゆだねられている。

クラス技能：〈治療〉。

ボーナス呪文：ブレス（3レベル）、レジスト・エナジー（5レベル）、マジック・サークル・アゲンスト・イーヴル（7レベル）、リムーヴ・カース（9レベル）、フレイム・ストライク（11レベル）、グレーター・ディスペル・マジック（13レベル）、バニッシュメント（15レベル）、サンバースト（17レベル）、ゲート（19レベル）。

ボーナス特技：《イニシアチブ強化》、《回避》、《頑健無比》、《技能熟練：知識：次元界》、《強打》、《神速の反応》、《呪文威力強化》、《武器の妙技》。

血脈の秘法：(招来)副系統の呪文を使用する際、招来したクリーチャーは君のソーサラー・レベルの1/2に等しい（最低1）ダメージ減少／悪を得る。このダメージ減少は元々そのクリーチャーが持つダメージ減少とは累積しない。

血脈の力：君の天上のものの遺産は君に強大な力をもたらすが、それには代償を伴う。天上の次元界の君主達は君と君の行いをつぶさに観察しているのである。

天界の火（擬呪）：1レベルにおいて、君は30フィート以内の敵への遠隔接触攻撃として標準アクションで天界の火を放つことができる。悪属性のクリーチャーに対し、火は1d4＋2術者レベル毎に1ダメージを与える。このダメージは神性に基づくものであり、エネルギー抵抗や耐性の対象とならない。また、善属性のクリーチャーに対しては1d4＋術者レベル2毎に1ポイントのヒット・ポイントを回復させる。ただし、善属性のクリーチャーは1日1回しか火による回復の恩恵を受けることはできない。中立属性のクリーチャーはダメージも回復も受けない。君はこの能力を1日に3＋【魅】修正値に等しい回数使用できる。

天界の抵抗力（変則）：3レベルにおいて、君は［強酸］と［氷雪］に対する抵抗5を得る。9レベルにおいて各抵抗は10となる。

天界の翼（超常）：9レベルにおいて、君は羽のある翼を生やし、1日にソーサラー・レベルと同じ分数だけ、毎ラウンド60フィート、良好な機動性で飛行することができる。飛行時間は連続していなくてもよいが、分単位で使用しなければならない。

確信（超常）：15レベルにおいて、君は能力値判定、攻撃ロール、技能判定、セーヴ等のロールを振り直すことができる。この能力はダイスを振ったあとに使用するが、そのロールの正否が判定される前に使用を宣言しなければならない。また、結果はより悪くなったとしてもその値を適用する。この能力は1日に1回使用できる。

昇天（超常）：20レベルにおいて、君には天界の力が注ぎ込まれる。君は［強酸］［氷雪］石化への完全耐性、［雷撃］［火炎］に対する抵抗10、毒へのセーヴィング・スローに＋4の種族ボーナスを得る。また、天界の翼の能力を無制限に使用できる。さらに、すべての動物と言葉を使って会話することが可能となる（この能力はタンズ呪文と同様に扱う）。

奈落の者

遠い昔、デーモンは君の血脈に穢れを撒き散らした。穢れは一族の者みなに顕れはしなかったが、君にはとりわけ強く発現した。君はときおり混沌や悪の誘惑を受けるが、君の運命、そして属性は君のものである。

クラス技能：〈知識：次元界〉。

ボーナス呪文：コーズ・フィアー（3レベル）、ブルズ・ストレングス（5レベル）、レイジ（7レベル）、ストーンスキン（9レベル）、ディスミサル（11レベル）、トランスフォーメーション（13レベル）、グレーター・テレポート（15レベル）、アンホーリィ・オーラ（17レベル）、サモン・モンスターIX（19レベル）。

ボーナス特技：《イニシアチブ強化》、《回避》、《頑健無比》、《技能熟練：知識：次元界》、《強打》、《神速の反応》、《呪文威力強化》、《武器の妙技》。

血脈の秘法：(招来)副系統の呪文を使用する際、招来したクリーチャーは君のソーサラー・レベルの1/2に等しい（最低1）ダメージ減少／善を得る。このダメージ減少は元々そのクリーチャーが持つダメージ減少とは累積しない。

血脈の力：「とりつかれているからこそ、より深く知っている」と誰かが言う。君の血に潜むデーモンの影響は、君の得た力として発現する。

かぎ爪（超常）：1レベル時、君はフリー・アクションで自らの爪を伸ばすことができる。これらの爪は肉体武器として扱われ、全ラウンド・アクションにより、基本攻撃ボーナスを最大限に使用して2回の爪による攻撃が可能となる。攻撃は1d4（君が小型なら1d3）＋【筋力】修正値のダメージを与える。5レベルにおいて、ダメージ減少を克服する目的において、爪は魔法の武器として扱われる。7レベルにおいて、ダメージは1d6（小型なら1d4）に増加する。11レベルにおいて、爪は**フレイミング**能力を得、命中時に追加で1d6ポイントの［火炎］ダメージを与える。この能力は超常能力である。君はこの爪を1日に3＋【魅】修正値に等しいラウンドの間のみ使用できる。このラウンドは連続している必要はない。

魔鬼の抵抗力（変則）：3レベルにおいて、君は［雷撃］に対する抵抗5と、毒に対するセーヴに＋2の体得ボーナスを得る。9レベルにおいて、抵抗は10、セーヴへのボーナスは＋4に増加する。

奈落の剛力（変則）：9レベルにおいて、君は【筋力】に＋2の体得ボーナスを得る。ボーナスは13レベルで＋4、17レベルで＋6に増加する。

追加招来（超常）：15レベルにおいて、君がサモン・モンスター呪文で（デーモン）の副種別をもつかフィーンディッシュ種テンプレートを持つクリーチャーを招来した際、追加で同じ種類のクリーチャーが1体召喚される。

魔鬼の力（超常）：20レベルにおいて、奈落（アビス）の力が君の体を流れてゆく。君は毒と［雷撃］への完全耐性を得る。また、［強酸］［氷雪］［火炎］に対する抵抗10と、60フィートのテレパシーを得る（これにより、君は言語を話すことのできるあらゆるクリーチャーと意志の疎通を行うことができる）。

秘術

君の一族は魔術の奇怪な技に秀でている。数多くの君の類縁はウィザードとして身を立てたが、君は学習も練習も無しに力を発揮することができた。

クラス技能：〈知識：好きなもの〉1つ。

ボーナス呪文：アイデンティファイ（3レベル）、インヴィジビリティ（5レベル）、ディスペル・マジック（7レベル）、ディメンジョン・ドア（9レベル）、オーヴァーランド・フライト（11レベル）、トゥルー・シーイング（13レベル）、グレーター・テレポート（15レベル）、パワー・ワード・スタン（17レベル）、ウィッシュ（19レベル）。

ボーナス特技：《イニシアチブ強化》、《技能熟練：知識：神秘学》、《呪文熟練》、《呪文相殺強化》、《呪文動作省略》、《戦闘発動》、《鋼の意志》、《巻物作成》。

血脈の秘法：君が呪文修正特技を使用し、少なくとも1レベル以上呪文レベルが上昇するなら、その呪文のセーヴ難易度は＋1される。この増加は《呪文レベル上昇》とは累積しない。

血脈の力：君にとって魔力は自然にもたらされるものだが、レベルが上昇するに伴い、力が君を凌駕しないよう気をつけなければならない。

　秘術の絆（超常）：1レベルにおいて、君は同レベルのウィザードとして秘術の絆を得る（詳細はウィザードの項にある同名の能力を参照）。使い魔や絆の品の力を決定する際、君のレベルはウィザード・レベルと加算して判断してよい。この能力は君が使い魔と絆の品を同時に使用することを認めるわけではない。1日に1回、君は絆の品によって、修得している呪文のいずれか1つを発動することができる（ウィザードの絆の品とは異なり、呪文書に記されている呪文のいずれか1つを発動するのではない）。

　呪文修正の達人（変則）：3レベルにおいて、呪文をかける時に君が持つ呪文修正特技を（どれでも1つ）発動時間を増やさずに呪文に適用できる。使用時の呪文スロット上昇は通常通り適用される。この能力は1日1回使用でき、また使用回数は3レベル以降4レベル毎に1回ずつ増加する（19レベル時で5回）。20レベルにおいて、この能力は秘術の極みと入れ替えられる。

　新たなる秘術（変則）：9レベルにおいて、君は修得呪文リストにウィザード／ソーサラー呪文リストのうち1つを追加できる。この呪文は君が使用できるレベルの呪文である必要がある。13レベル、17レベルでも同様に1つ追加できる。

　系統の力（変則）：15レベルにおいて、君は魔法の系統をひとつ選択する。以降、その系統に属する呪文はセーヴ難易度が＋2向上する。この能力は《呪文熟練》によるボーナスと累積する。

　秘術の極み（変則）：20レベルにおいて、君の体は秘術の力によって活性化される。君の持つすべての呪文修正特技について、その特技が呪文レベルを増加するものであっても、君は発動時間を増加させずに使用することができる。また、チャージを消費するタイプの魔法のアイテムを使用する際、自分の呪文スロットを使用して使用することもできる。呪文スロットを3レベル分消費する度に、チャージ消費型アイテムを1チャージ消費したのと同様に使用できる。

フェイ

　フェイ（妖精類）の血が混じった、あるいはフェイの魔力を受けた気まぐれな気質が、君の一族を駆り立てる。その性質は君をより情動的に、浮き沈みの激しい性格にする。

クラス技能：〈知識：自然〉。

ボーナス呪文：エンタングル（3レベル）、ヒディアス・ラフター（5レベル）、ディープ・スランバー（7レベル）、ポイズン（9レベル）、ツリー・ストライド（11レベル）、ミスリード（13レベル）、フェイズ・ドア（15レベル）、イレジスティブル・ダンス（17レベル）、シェイプチェンジ（19レベル）。

ボーナス特技：《イニシアチブ強化》、《回避》、《技能熟練：知識：自然》、《強行突破》、《近距離射撃》、《呪文高速化》、《神速の反応》、《精密射撃》。

血脈の秘法：（強制）の副系統を持つ呪文を使用する際、その呪文のセーヴ難易度は＋2される。

血脈の力：自然の世界との結びつきを持つことで、君の力が増強すると共に、君の魔法にはフェイの影響が濃くなっていく。

　笑いの接触（擬呪）：1レベルにおいて、君は近接接触攻撃により1ラウンドの間1体のクリーチャーに笑いを炸裂させることができる。笑っているクリーチャーは移動アクションのみが可能だが、自分の身を守ることもできる（無防備状態にはならない）。一度この効果の対象となったら、24時間この能力に対する完全耐性を得る。君はこの能力を1日に3＋【魅】修正値に等しい回数使用できる。これは［精神作用］効果である。

　森渡り（変則）：3レベルにおいて、君はどんな下生え（自然のイバラや野バラの茂み、植物の生い茂った範囲や類似の地形）の中でも、通常の速度で、ダメージやその他の不利益を受けることなく移動できる。ただし、動きを妨げるために魔法的に操作されている植物の作用は受ける。

　つかのまの一瞥（擬呪）：9レベルにおいて、君は術者レベルと同じラウンド数だけ不可視状態になることができる。この能力はグレーター・インヴィジビリティと同様に機能する。このラウンドを連続的に使用する必要はない。

　フェイの魔術（超常）：15レベルにおいて、君は呪文抵抗に対する術者レベル判定を再ロールして良い。この能力はダイスを振ったあとに使用するが、そのロールの正否が判定される前に使用を宣言しなければならない。元の目より悪い結果であっても、再ロールの結果を使用しなければならない。この能力は無制限に使用できる。

　フェイの魂（超常）：20レベルにおいて、君の魂はフェイの世界と共に在るようになる。君は毒に対する完全耐性とダメージ減少10／冷たい鉄を得る。動物は魔法で操られるなどしない限り君を攻撃することはない。1日1回、ソーサラー・レベルを術者レベルとして、君は**シャドウ・ウォーク**呪文を擬似呪文能力として使用できる。

不死の者

　君の一族には墓地からの接触が為された。君の祖先の誰かが強力なリッチやヴァンパイアになったのかも知れないし、君自身が死産で生まれながら甦ったのかもしれない。いずれにせよ、死の力が君を通り抜け、君のあらゆる行動に触れている。

クラス技能：〈知識：宗教〉。

ボーナス呪文：チル・タッチ（3レベル）、フォールス・ライフ（5レベル）、ヴァンピリック・タッチ（7レベル）、アニメイト・デッド（9レベル）、ウェイヴズ・オヴ・ファティーグ（11レベル）、アンデス・トゥ・デス（13レベル）、フィンガー・オヴ・デス（15レベル）、ホリッド・ウィルティング（17レベル）、エナジー・ドレイン（19レベル）。

ボーナス特技：《技能熟練：知識：宗教》、《持久力》、《呪文熟練》、《呪文動作省略》、《戦闘発動》、《追加HP》、《鋼の意志》、《不屈の闘志》。

血脈の秘法：一部のアンデッドは君の精神作用呪文の影響を受けやすい。かつて人型生物だった、肉体を持つアンデッドは、

君の精神作用系呪文の対象となる。

血脈の力：君は死後の世界の穢れた力を呼び起こす。惜しむらくは多くの力を引き出すほどに、君自身が彼らの領域へと近づいていくことだろうか。

墓場よりの接触（擬呪）：1レベルにおいて、君は近接接触攻撃により生きているクリーチャー1体を、ソーサラー・レベルの半分（最低1）ラウンドの間、怯え状態にすることができる。もしすでに怯え状態にある、君のソーサラー・レベルより小さいヒット・ダイスを持つ対象にこの能力を使用したなら、対象は1ラウンドの間恐れ状態となる。君はこの能力を1日に3＋【魅】修正値に等しい回数使用できる。

死の恵み（超常）：3レベルにおいて、君は［氷雪］に対する抵抗5と、非致傷ダメージへのダメージ減少5／―を得る。9レベルにおいて、抵抗ならびにダメージ減少は10に増加する。

亡者の掴み（擬呪）：9レベルにおいて、君は敵を掴み、引き裂くために、骨の腕を無数に地面から生やすことができる。骨の腕は半径20フィート・爆発の範囲から吹き出すように出現する。その範囲にいる者はソーサラー・レベル毎に1d6ポイントの斬撃ダメージを受ける。この攻撃に対しては反応セーヴが可能であり、成功すればダメージは1/2になる。反応セーヴに失敗したクリーチャーは、1ラウンドの間移動することができなくなる。セーヴ難易度は10＋術者レベルの1/2＋【魅】修正値に等しい。骨の腕は1ラウンド後に消失する。骨の腕は固体の表面から飛び出す（空中や水面からは使用できない）。9レベルにおいて、君はこの能力を1日1回使用できる。また17レベルにおいては1日2回、20レベルにおいては1日3回使用できる。この能力の距離は60フィートである。

非実体形態（擬呪）：15レベルにおいて、君はソーサラー・レベル毎に1ラウンドの間、非実体になることができる。この間、君は（非実体）の副種別を得る。君は実体のあるものが使用した魔法からは半分しかダメージを受けない（非魔法の武器や物体による攻撃からは一切のダメージを受けない）。同様に、君の呪文は実体のあるクリーチャーには半分のダメージしか与えない。ダメージを与えない効果については通常通り機能する。君はこの能力を1日1回使用できる。

我らが一人（変則）：20レベルにおいて、君の体は腐敗をはじめ（どのように発現するかは君が決定する）、アンデッドは君を彼らの一員であるとみなす。君は［氷雪］、非致傷ダメージ、麻痺、催眠に対する完全耐性を得る。加えて、君はダメージ減少5／―を得る。知性のないアンデッドは君が攻撃しない限り君に注意を向けない。君はアンデッドが使用した呪文や擬似呪文能力に対するセーヴに＋4の士気ボーナスを得る。

竜

君の家系のそこかしこにはドラゴンの血が混じっている。そしていまや、古の力は君の血管を流れているのだ。

クラス技能：〈知覚〉。

ボーナス呪文：メイジ・アーマー（3レベル）、レジスト・エナジー（5レベル）、フライ（7レベル）、フィアー（9レベル）、スペル・レジスタンス（11レベル）、フォーム・オヴ・ザ・ド

ラゴンI（13レベル）、フォーム・オヴ・ザ・ドラゴンII（15レベル）、フォーム・オヴ・ザ・ドラゴンIII（17レベル）、ウィッシュ（19レベル）。

ボーナス特技：《イニシアチブ強化》、《頑健無比》、《技能熟練：知識：神秘学》、《技能熟練：飛行》、《強打》、《呪文高速化》、《追加HP》、《無視界戦闘》。

血脈の秘法：君が何らかのエネルギー種別をもつ呪文を使用して、その属性が君の血脈の竜の持つエネルギー種別と同じであれば、その呪文によるダメージのダメージ・ダイス1つに付き＋1のボーナスを得る。

血脈の力：ドラゴンの力は君を通じて流れ、たくさんの形で発現する。1レベルの時点において、君はクロマティックないしメタリック・ドラゴンの種類をひとつ選ばなくてはならない。この種類は一度決定したら変更できない。ダメージ減少やダメージの種類は君の選んだドラゴンのタイプによって決定される。以下にその一覧を示す。

ドラゴンの種類	エネルギー種別	ブレスの形状	
グリーン	［強酸］	30フィート	円錐形
ブラック	［強酸］	60フィート	直線
ブルー	［雷撃］	60フィート	直線
ホワイト	［氷雪］	30フィート	円錐形
レッド	［火炎］	30フィート	円錐形
カッパー	［強酸］	60フィート	直線
ゴールド	［火炎］	30フィート	円錐形
シルヴァー	［氷雪］	30フィート	円錐形
ブラス	［火炎］	60フィート	直線
ブロンズ	［雷撃］	60フィート	直線

かぎ爪（超常）：1レベル時、君はフリー・アクションで自らの爪を伸ばすことができる。これらの爪は肉体武器として扱われ、全ラウンド・アクションにより、基本攻撃ボーナスを最大限に使用して2回の爪による攻撃が可能となる。攻撃は1d4（君が小型なら1d3）＋【筋力】修正値のダメージを与える。5レベルにおいて、ダメージ減少を克服する目的において、爪は魔法の武器として扱われる。7レベルにおいて、ダメージは1d6（小型なら1d4）に増加する。11レベルにおいて、爪は命中時に君が選択したドラゴンの種類に相応するエネルギー種別の追加ダメージを1d6だけ与える。この能力は超常能力である。君はこの爪を1日に3＋【魅】修正値に等しいラウンドの間のみ使用できる。このラウンドは連続している必要はない。

竜の抵抗力（変則）：3レベルにおいて、君は自分のエネルギー種別に対する抵抗5とアーマー・クラスへの＋1外皮ボーナスを得る。9レベルにおいて抵抗は10、外皮ボーナスは＋2になる。また15レベルにおいて外皮ボーナスは＋4になる。

ブレス攻撃（超常）：9レベルにおいて、君はブレス攻撃を得る。このダメージは君の選択したドラゴンのエネルギー種別のダメージで、ソーサラー・レベル毎に1d6ポイントのダメージを与える。ブレス範囲内のクリーチャーは反応セーヴに成功するとダメージを1/2にできる。その難易度は10＋1/2ソーサラー・レベル＋【魅】修正値である。ブレスの形状は選択したドラゴ

ンの種類により異なる（前記の表を参照のこと）。9レベルにおいて、君はこの能力を1日1回使用できる。また17レベルにおいては1日2回、20レベルにおいては1日3回使用できる。

　翼（超常）：15レベルにおいて、君は標準アクションで背中にドラゴンの皮膜の翼を生やし、速度60フィート（機動性：標準）で飛行できる。君はこの翼をフリー・アクションで消すことができる。

　巨竜の力（超常）：20レベルにおいて、君に流れる竜の遺産が形を為す。君は麻痺・睡眠・君の選択したドラゴンの色の持つエネルギー種別への完全耐性を得る。同時に、非視覚的感知（60フィート）を得る。

ドルイド

　純粋なる元素や大自然の秩序のうちに、文明の驚異を超える力は存在する。ひそやかではあるが決して否定できない、これら始原の魔術は、平衡の理念に仕える者、すなわちドルイドによって守られている。獣の友にして自然の操り手、そして、しばしば誤解を受けている彼ら自然の守護者たちは、大地を脅かすすべての者への盾となって戦い、都市の城壁の中に閉じ篭る者たちに自然の力を知らしめようとする。この途方もない力への忠誠の褒章として、ドルイドは並ぶ者なき化身の能力、強力な動物の相棒との絆、大自然の怒りを呼びおこす魔力を手に入れる。彼らは、嵐や地震、火山にも似た恐るべき激情と、文明によって捨て去られ忘れ去られた原始の叡智を備えている。

役割：あるドルイドは戦場の周縁にとどまって相棒と招来したクリーチャーに戦闘を任せ、またある者は自然の力によって敵を混乱させ、また他の者は恐るべき野獣に化身して猛然と戦闘の只中へ飛び込んでいく。ドルイドは元素の威力、自然の諸力、または自然そのものの具現を崇拝する。典型的にはこれは自然の神格への傾倒を意味するが、ドルイドは同様に茫漠たる精霊や動物めいた半神、荘厳な自然の驚異を崇敬していることもある。

属性：いずれかの中立。

ヒット・ダイス：d8。

クラス技能

　ドルイドのクラス技能は、以下の通り：〈騎乗〉【敏】、〈呪文学〉【知】、〈職能〉【判】、〈水泳〉【筋】、〈製作〉【知】、〈生存〉【判】、〈知覚〉【判】、〈知識：自然〉【知】、〈知識：地理〉【知】、〈治療〉【判】、〈登攀〉【筋】、〈動物使い〉【魅】、〈飛行〉【敏】。

1レベル上昇毎の技能ランク：4＋【知力】修正値。

クラス特徴

　ドルイドのクラスの特徴は以下の通り。

武器と防具の習熟：ドルイドは以下の武器に習熟している：クオータースタッフ、クラブ、シックル、シミター、ショートスピア、スピア、スリング、ダーツ、ダガー。また、ドルイドは自然の化身（後述）形態時に持つすべての肉体武器（爪、噛みつきなど）に習熟している。

　ドルイドは軽装鎧と中装鎧に習熟しているが、金属製の鎧の着用は禁じられている。つまり、彼らはパデッド、レザー、ハイド・アーマーしか着ることができないということである。またドルイドは**アイアンウッド**呪文により鋼鉄と同じ機能を持つように変化させた木製の鎧も着用できる。ドルイドは盾（タワー・シールドを除く）に習熟しているが、木製のものしか使えない。

　禁止された鎧を着用したり、禁止された盾を使用したドルイドは、着用／使用中および着用／使用後24時間、ドルイド呪文の使用ができなくなり、ドルイドのクラス能力のうち超常能力や擬似呪文能力を一切使用できなくなる。

呪文：ドルイドの発動する呪文は信仰呪文であり、第10章のドルイド用呪文リストから選択する。ドルイドの属性によっては、道徳的または規律的信条に反するという理由から、ある種の呪文の発動に制限が加わることがある。詳しくは後述の"秩序と混沌、善と悪の呪文"を参照。ドルイドは事前に呪文を選択して準備しておかなければならない。

　呪文を準備または発動するには、ドルイドは最低でも10＋その呪文レベルに等しい【判断力】能力値を有していなければならない。ドルイドの呪文に対するセーヴィング・スローの難易度は10＋呪文レベル＋ドルイドの【判断力】修正値である。

　他の呪文の使い手と同様、ドルイドは各呪文レベルの呪文を、1日に一定の回数ずつしか発動できない。1日に発動できる呪文の数の基本値は、表3-7：ドルイドの"1日の呪文数"の項に記されている。高い【判断力】能力値を持つならば、ドルイドは1日の呪文数にボーナス呪文数を加えることができる（表1-3：能力値修正とボーナス呪文数参照）。

　ドルイドが1日の呪文数を回復するためには、毎日1時間かけて自然の神秘についてトランス状態に入る瞑想をしなければならない。ドルイドは自分の発動できる呪文レベルの呪文ならば、ドルイド呪文リストの中からどれでも好きなものを準備し、発動することができる。ただし、準備する呪文の選択は、毎日の瞑想時間中に行わなければならない。

任意発動：ドルイドは、蓄積した呪文のエネルギーを、事前に準備していたのと異なる招来呪文として流用することができる。ドルイドは準備した呪文から好きなものを選んで"失う"代わりに、その呪文レベル以下の好きな**サモン・ネイチャーズ・アライ**系呪文を発動できる。

混沌と秩序、善と悪の呪文：ドルイドは自分自身、または仕える神格（いれば）の属性に反する呪文を発動することはできない。呪文が特定の属性に関係しているかどうかは、呪文の解説に［秩序］、［混沌］、［善］、［悪］の補足説明として示されている。

オリソン（初級信仰呪文）：ドルイドは毎日いくつかの「オリソン」すなわち0レベル呪文を、表：ドルイドの1日の呪文数に従って準備できる。オリソンは他の呪文と同じように発動できるが、発動しても消費されることはなく、何度でも使うことができる。

ボーナス言語：ドルイドはボーナス言語として、森に住むクリーチャーの言語である森語を選択できる。これは、キャラクターの種族によるボーナス言語の選択肢に追加されるものである。

　またドルイドは、1レベルのドルイドになった時点で、ドルイドのみが知る秘密言語であるドルイド語を修得する。ドルイド語はドルイドの自動修得言語である。つまり彼らはドルイド

表3-7：ドルイド

レベル	基本攻撃ボーナス	頑健セーヴ	反応セーヴ	意志セーヴ	特殊	1日の呪文数（呪文レベル）									
						0	1	2	3	4	5	6	7	8	9
1	+0	+2	+0	+2	自然との絆、自然感覚、オリソン、野生動物との共感	3	1	—	—	—	—	—	—	—	—
2	+1	+3	+0	+3	森渡り	4	2	—	—	—	—	—	—	—	—
3	+2	+3	+1	+3	跡無き足取り	4	2	1	—	—	—	—	—	—	—
4	+3	+4	+1	+4	自然の誘惑への抵抗力、自然の化身（1回／日）	4	3	2	—	—	—	—	—	—	—
5	+3	+4	+1	+4		4	3	2	1	—	—	—	—	—	—
6	+4	+5	+2	+5	自然の化身（2回／日）	4	3	3	2	—	—	—	—	—	—
7	+5	+5	+2	+5		4	4	3	2	1	—	—	—	—	—
8	+6／+1	+6	+2	+6	自然の化身（3回／日）	4	4	3	3	2	—	—	—	—	—
9	+6／+1	+6	+3	+6	毒への耐性	4	4	4	3	2	1	—	—	—	—
10	+7／+2	+7	+3	+7	自然の化身（4回／日）	4	4	4	3	3	2	—	—	—	—
11	+8／+3	+7	+3	+7		4	4	4	4	3	2	1	—	—	—
12	+9／+4	+8	+4	+8	自然の化身（5回／日）	4	4	4	4	3	3	2	—	—	—
13	+9／+4	+8	+4	+8	千の顔	4	4	4	4	3	2	1	—	—
14	+10／+5	+9	+4	+9	自然の化身（6回／日）	4	4	4	4	4	3	3	2	—	—
15	+11／+6／+1	+9	+5	+9	時知らずの肉体	4	4	4	4	4	4	3	2	1	—
16	+12／+7／+2	+10	+5	+10	自然の化身（7回／日）	4	4	4	4	4	4	3	3	2	—
17	+12／+7／+2	+10	+5	+10		4	4	4	4	4	4	4	3	2	1
18	+13／+8／+3	+11	+6	+11	自然の化身（8回／日）	4	4	4	4	4	4	4	3	3	2
19	+14／+9／+4	+11	+6	+11		4	4	4	4	4	4	4	4	3	3
20	+15／+10／+5	+12	+6	+12	自然の化身（回数無制限）	4	4	4	4	4	4	4	4	4	4

語を、通常の自動修得言語に加えて、ボーナス言語のスロットを消費することなく修得できるということだ。ドルイドがこの言語をドルイドでない者に教えることは禁じられている。ドルイド語は独自の文字を持つ。

自然との絆（変則）：クラス・レベル1の時点で、ドルイドは自然との間に絆を結ぶ。この絆は次の2つの選択肢から1つを選ぶ。1つ目は自然界との密接な絆であり、それによりドルイドは、以下に示すクレリックの領域から1つを選択することができる：風、植物、地、天候、動物、火、水。領域によって得られるパワーとボーナス呪文を決定する際の有効クレリック・レベルはドルイド・レベルに等しい。また、このオプションを選択したドルイドは、クレリックと同様に追加の領域呪文スロットを獲得する。このスロットには自分の領域の呪文を準備しなければならず、また任意発動に利用することはできない。

2つ目のオプションは動物の相棒との絆である。ドルイドは"動物の選択"のリストから選択した、1体の動物の相棒とともにゲームを開始する。これらの動物はその種類に応じてドルイドの冒険に同行する忠実な相棒である。

通常のその種の動物と異なり、ドルイドのクラス・レベルが上昇するにつれて、動物の相棒のヒット・ダイス、能力、技能、特技も向上していく。複数のクラスから動物の相棒を得ている場合、相棒の能力を決定する際に、有効ドルイド・レベルは累積する。ほとんどの動物の相棒は、その種類により、ドルイドのクラス・レベル4または7に達した時点でサイズが大きくなる。ドルイドは自分の相棒を役目から解放し、新たな相棒1体を獲

得しても構わない。そのためには、中断されることなく24時間連続で祈りをささげる儀式を行わなければならない。この儀式は、死亡した動物の相棒の代わりを得る場合にも行う。

自然感覚（変則）：ドルイドは〈生存〉と〈知識：自然〉の判定に＋2のボーナスを得る。

野生動物との共感（変則）：ドルイドは動物の"態度"を向上させることができる。この能力はNPCの態度を向上させるための〈交渉〉判定と同様に機能する（第4章を参照）。ドルイドは1d20をロールし、ドルイド・レベルと【魅力】修正値を加える。これが野生動物との共感判定の結果である。最初の態度は、通常の家畜の場合"中立的"、野生動物はたいてい"非友好的"である。

野生動物との共感を使うためには、ドルイドと動物が互いを観察できる状態になければならない。これは通常の状況下では互いに30フィート以内になければならないという意味である。通例として、この方法で動物の態度に影響を与えようとすることは、人物に影響を与える場合と同様、1分間かかる。しかし状況によっては長くかかることも短くてすむこともある。

ドルイドはこの能力を【知力】能力値が1か2の魔獣に対しても使用できるが、その場合、判定に－4のペナルティが課される。

森渡り（変則）：クラス・レベル2以降、ドルイドはどんな藪（自然のイバラや野バラの茂み、植物の生い茂った範囲や類似の地形）の中でも、通常の速度で、ダメージやその他の不利益を被ることなく移動できる。

ただし、動きを妨げるために魔法的に操作されているイバラや野バラの茂み、植物の生い茂った範囲の作用は受ける。

跡無き足取り（変則）：クラス・レベル3以降、ドルイドは自然環境に痕跡を残さなくなるため、彼らを追跡することは不可能になる。ドルイドは望むなら痕跡を残すこともできる。

自然の誘惑への抵抗力（変則）：クラス・レベル4以降、ドルイドはフェイ（妖精類）の擬似呪文能力と超常能力に対するセーヴィング・スローに＋4のボーナスを得る。このボーナスは植物を利用しあるいは目標とする呪文や効果－例えば**ウォープ・ウッド、エンタングル、スパイク・グロウス、ブライト**－にも適用される。

自然の化身（超常）：クラス・レベル4に達したドルイドは1日1回、自身をあらゆる小型または中型サイズの動物に変身させ、また元の姿に戻ることができる。新たな形態に選べるのは、種別が"動物"のクリーチャーすべてである。この能力は、本稿に記した差異を除き、**ビースト・シェイプI**呪文と同様に機能する。この効果はドルイド・レベル毎に1時間、または元の姿に戻るまで持続する。形態の変更（動物に変身、または元の姿に戻る）は1回の標準アクションであり、機会攻撃を誘発しない。変身する形態は、ドルイドに馴染みのある動物でなければならない。

動物形態を取っている間、ドルイドは会話能力を失ってしまう。動物形態の時には調教を受けていない普通の動物と同じ声しか出せなくなるからだ（普通、野生のオウムはガーガー鳴くだけである。よって、オウムに変身しても会話が可能になるわけではない）。しかし、ドルイドはとっている動物形態と大まかな分類上で同じ種類のほかの動物たちとは意思疎通できる。

ドルイドが1日にこの能力を使用できる回数は、6レベル以降2レベル毎に増加し、18レベルで8回に達する。クラス・レベル20に達したドルイドは、回数無制限で"自然の化身"能力を使用できるようになる。ドルイドのレベルが上昇するにつれ、より大きな動物、より小さな植物、エレメンタル、植物の形態をとることができるようになる。いずれの形態をとるにせよ、この能力の1回分の使用回数を消費する。

クラス・レベル6の時点で、ドルイドは大型または超小型サイズの動物、小型サイズのエレメンタルに変身できるようになる。動物の形態をとる時は、この能力は**ビースト・シェイプII**呪文と同様に機能する。エレメンタルの形態をとる時は、この能力は**エレメンタル・ボディI**呪文と同様に機能する。

クラス・レベル8の時点で、ドルイドは超大型または微小サイズの動物、中型サイズのエレメンタル、小型または中型サイズの植物クリーチャーに変身できるようになる。動物の形態をとる時は、この能力は**ビースト・シェイプIII**呪文と同様に機能する。エレメンタルの形態をとる時は、この能力は**エレメンタル・ボディII**呪文と同様に機能する。植物クリーチャーの形態をとる時は、この能力は**プラント・シェイプI**呪文と同様に機能する。

クラス・レベル10の時点で、ドルイドは大型サイズのエレメンタル、大型サイズの植物クリーチャーに変身できるようになる。エレメンタルの形態をとる時は、この能力は**エレメンタル・ボディIII**呪文と同様に機能する。植物クリーチャーの形態をとる時は、この能力は**プラント・シェイプII**呪文と同様に機能する。

クラス・レベル12の時点で、ドルイドは超大型サイズのエレメンタル、超大型サイズの植物クリーチャーに変身できるようになる。エレメンタルの形態をとる時は、この能力は**エレメンタル・ボディIV**呪文と同様に機能する。植物クリーチャーの形態をとる時は、この能力は**プラント・シェイプIII**呪文と同様に機能する。

毒への耐性（変則）：クラス・レベル9の時点で、ドルイドはすべての毒に対する完全耐性を得る。

千の顔（超常）：クラス・レベル13に達したドルイドは**オルター・セルフ**呪文を使用したかのように回数無制限で自分の姿を変えることができる。ただし、この能力は本来の形態の時にしか使用することはできない。

表3-8：動物の相棒の基本能力

クラス・レベル	ヒット・ダイス	基本攻撃ボーナス	頑健セーヴ	反応セーヴ	意志セーヴ	技能	特技	外皮ボーナス	【筋】【敏】ボーナス	ボーナス芸数	特殊
1	2	+1	+3	+3	+0	2	1	+0	+0	1	リンク、呪文共有
2	3	+2	+3	+3	+1	3	2	+0	+0	1	
3	3	+2	+3	+3	+1	3	2	+2	+1	2	身かわし
4	4	+3	+4	+4	+1	4	2	+2	+1	2	能力値上昇
5	5	+3	+4	+4	+1	5	3	+2	+1	2	
6	6	+4	+5	+5	+2	6	3	+4	+2	3	忠誠
7	6	+4	+5	+5	+2	6	3	+4	+2	3	
8	7	+5	+5	+5	+2	7	4	+4	+2	3	
9	8	+6	+6	+6	+2	8	4	+6	+3	4	能力値上昇、《複数回攻撃》
10	9	+6	+6	+6	+3	9	5	+6	+3	4	—
11	9	+6	+6	+6	+3	9	5	+6	+3	4	—
12	10	+7	+7	+7	+3	10	5	+8	+4	5	—
13	11	+8	+7	+7	+3	11	6	+8	+4	5	—
14	12	+9	+8	+8	+4	12	6	+8	+4	5	能力値上昇
15	12	+9	+8	+8	+4	12	6	+10	+5	6	身かわし強化
16	13	+9	+8	+8	+4	13	7	+10	+5	6	—
17	14	+10	+9	+9	+4	14	7	+10	+5	6	—
18	15	+11	+9	+9	+5	15	8	+12	+6	7	—
19	15	+11	+9	+9	+5	15	8	+12	+6	7	—
20	16	+12	+10	+10	+5	16	8	+12	+6	7	能力値上昇

時知らずの肉体（変則）：クラス・レベル15に達したドルイドは、年齢効果による能力値のペナルティを受けなくなり、魔法的に加齢されることもなくなる。しかしながら、このレベルに達した時点ですでに受けているペナルティは、そのまま残る。年齢効果によるボーナスは得ることができるし、ドルイドといえども寿命が尽きれば老衰死する。

元ドルイド

　自然への崇敬を失ったり、禁止された属性に変化したり、ドルイド語をドルイドでない者に教えたりした者は、すべての呪文とドルイドの能力を失う（動物の相棒も含むが、武器、鎧、盾への習熟は除く）。以後、彼は贖罪を行うまで、ドルイドとしてのクラス・レベルを得ることができなくなる（アトーンメント呪文の解説を参照）。

動物の相棒

　動物の相棒の能力はドルイド・レベルとその動物の種族的特徴によって決まる。表3-8：動物の相棒の基本能力に動物の相棒の基本能力の多くが示されている。呪文が動物の相棒に効力があるかを決定する際、相棒のクリーチャー種別は動物のままである。

クラス・レベル：これはキャラクターのドルイド・レベルである。相棒の能力を決定する際に、ドルイドのクラス・レベルは他の動物の相棒を得るクラスのクラス・レベルと累積する。

ヒット・ダイス：これは動物の相棒がもつ8面体（d8）ヒット・ダイスの総計であり、それぞれに通常通り【耐久力】修正値が加わる。

基本攻撃ボーナス：これは動物の相棒の基本攻撃ボーナスである。動物の相棒の基本攻撃ボーナスは、動物のヒット・ダイスに等しいレベルのドルイドと同じである。動物の相棒は、基本攻撃ボーナスが高くなっていっても、自分の肉体武器を使用する際に追加攻撃を得られない。

頑健／反応／意志：これらは動物の相棒の基本セーヴ・ボーナスである。動物の相棒は"良好"な頑健セーヴと反応セーヴを持つ。

技能：この表は動物の技能ランクの総計である。動物の相棒は、動物の技能に列記されている技能にランクを割り振ることができる。動物の相棒の【知力】が10以上に上昇した場合、通常通りボーナス技能ランクを獲得する。3以上の【知力】を有する動物の相棒はすべての技能のランクを修得できる。動物の相棒の技能ランクは自分のヒット・ダイスを越えることはできない。

特技：これは動物の相棒が修得できる特技の総数である。動物の相棒は動物の特技に列記されている特技から選択するべきである。動物の相棒は、他の特技も修得することができるが、いくつか利用できない特技（たとえば《軍用武器習熟》）もある。動物の相棒は、+1以上の基本攻撃ボーナスを前提とする特技は、3HDになり2つ目の特技を修得する時になるまで選択できないことに注意。

外皮ボーナス：動物の相棒がすでに有している外皮ボーナスが、ここに示した値だけ増加する。

【筋】／【敏】ボーナス：動物の相棒の【筋力】と【敏捷力】に、この値を加える。

ボーナス芸数：この欄の値は、動物の相棒がドルイドに仕込まれて憶えるかもしれない芸（〈動物使い〉技能を参照）に加えて"ボーナス"として知っている芸の数である。このボーナス芸は、

訓練時間や〈動物使い〉判定なしで修得でき、その動物が通常憶えることができる芸数の制限に数えない。どの芸をボーナス芸として憶えるかはドルイドが選択するが、一度選択したら変えることはできない。

特殊：動物の相棒は力を増すにしたがって、いくつかの能力を獲得していく。それぞれの内容については以下のとおり。

リンク（変則）：たとえ〈動物使い〉技能のランクをまったく持っていなくても、ドルイドは自分の動物の相棒を1回のフリー・アクションとして"扱い"、1回の移動アクションとして"せき立てる"ことができる。ドルイドは、動物の相棒に関連した"野生動物との共感"判定と〈動物使い〉判定に＋4の状況ボーナスを得る。

呪文共有（変則）：ドルイドは目標が"自身"の呪文を、自分の動物の相棒に対して（距離が"接触"の呪文として）発動することができる。ドルイドは自分の動物の相棒に対して、呪文が通常は相棒のクリーチャー種別（動物）に作用しないものであっても発動することができる。このように発動できるのは、動物の相棒を得るクラスとして発動する呪文のみである。この能力は、呪文以外の能力（たとえそれが呪文に類似した機能を持つものであっても）には影響しない。

身かわし（変則）：普通なら反応セーヴに成功することでダメージを半減できる攻撃の対象となった場合、動物の相棒はセーヴィング・スローに成功すればダメージをまったく受けずにすむ。

能力値上昇（変則）：動物の相棒の能力値のいずれかに＋1を加える。

忠誠（変則）：動物の相棒は心術呪文や効果に対する基本セーヴに＋4の士気ボーナスを得る。

《複数回攻撃》：3回以上の肉体攻撃を持つ動物の相棒は、まだ修得していなければ、ボーナス特技として《複数回攻撃》を得る。特技の前提条件である3回以上の肉体攻撃を持たない動物の相棒は、代わりに－5のペナルティをつけて、主要肉体武器で2回目の攻撃を行うことができるようになる。

身かわし強化（変則）：普通なら反応セーヴに成功することでダメージを半減できる攻撃の対象となった場合、動物の相棒はセーヴィング・スローに成功すればダメージをまったく受けずにすみ、たとえセーヴィング・スローに失敗してもダメージを半減させることができる。

動物の技能

動物の相棒は以下の技能のランクを取ることができる：〈威圧〉【魅】、〈隠密〉*【敏】、〈軽業〉*【敏】、〈水泳〉*【筋】、〈生存〉【判】、〈脱出術〉【敏】、〈知覚〉*【判】、〈登攀〉*【筋】、〈飛行〉*【敏】。(*)のついている技能は動物の相棒のクラス技能である。3以上の【知力】を有する動物の相棒はどんな技能でもとることができる。

動物の特技

動物の相棒は以下の特技を選択することができる：《一撃離脱》、《イニシアチブ強化》、《運動能力》、《忍びの技》、《回避》、《外皮強化》、《軽業師》、《頑健無比》、《技能熟練》、《強行突破》、《強打》、《蹴散らし強化》、《持久力》、《疾走》、《神速の反応》、《軽妙なる戦術》、《追加HP》、《突き飛ばし強化》、《肉体攻撃強化》、《鋼の意志》、《不屈の闘志》、《武器熟練》、《武器の妙技》、《迎え討ち》、《無視界戦闘》、《鎧習熟：軽装》、《鎧習熟：中装》、《鎧習熟：重装》、《腕力による威圧》。3以上の【知力】を有する動物の相棒は、肉体的に利用することが可能ならば、どんな特技でも選択することができる。GMは他のサプリメント等に掲載されている特技を選択することを許可してもよい。

動物の選択

動物の相棒は種類ごとに異なるサイズ、移動速度、攻撃、能力値、特殊能力を持つ。すべての動物の攻撃は、別記がない限りクリーチャーの最大の基本攻撃ボーナスを使って行う。動物の攻撃は、ダメージ・ロールに動物の【筋力】修正値を加えるが、動物が1種類の攻撃しか持たない場合は【筋力】修正値の1.5倍を加える。一部は鋭敏嗅覚のような特殊能力を持つ。これらの詳細については巻末付録の特殊能力を参照。 通常クラス・レベル4または7の時点で、表3-8：動物の相棒の基本能力に記された通常の成長に加え、動物の相棒は大きく成長する。下記のリストに上げられたレベル4または7の利益を受ける代わりに、動物の相棒の【敏捷力】と【耐久力】を2ずつ増加させることもできる。

動物の相棒は以下に挙げられているものがすべてではない。パスファインダーRPGベスティアリには追加の動物の相棒が掲載されている。また、一部の特殊攻撃や能力についてはベスティアリを参照のこと。

ウルフ（狼）

初期能力：サイズ 中型；**移動速度** 50フィート；**AC** ＋2外皮；**攻撃** 噛みつき（1d6および足払い）；**能力値**【筋】13、【敏】15、【耐】15、【知】2、【判】12、【魅】6；**特殊能力** 夜目、鋭敏嗅覚。
7レベルでの成長：サイズ 大型；**AC** ＋2外皮；**攻撃** 噛みつき（1d8および足払い）；**能力値**【筋】＋8、【敏】－2、【耐】＋4。

エイプ（類人猿）

初期能力：サイズ 中型；**移動速度** 30フィート、登攀30フィート；**AC** ＋1外皮；**攻撃** 噛みつき（1d4）、爪（×2）（1d4）；**能力値**【筋】13、【敏】17、【耐】10、【知】2、【判】12、【魅】7；**特殊能力** 夜目、鋭敏嗅覚。
4レベルでの成長：サイズ 大型；**AC** ＋2外皮；**攻撃** 噛みつき（1d6）、爪（×2）（1d6）；**能力値**【筋】＋8、【敏】－2【耐】、＋4。

キャット：スモール（チーター、レパード）

初期能力：サイズ 小型；**移動速度** 50フィート；**AC** ＋1外皮；**攻撃** 噛みつき（1d4および足払い）、爪（×2）（1d2）；**能力値**【筋】12、【敏】21、【耐】13、【知】2、【判】12、【魅】6；**特殊能力** 夜目、鋭敏嗅覚。
4レベルでの成長：サイズ 中型；**攻撃** 噛みつき（1d6および足

払い)、爪（×2）（1d3）；**能力値**【筋】＋4、【敏】−2、【耐】＋2；**特殊能力** 瞬発力。

キャット：ビッグ（ライオン、タイガー）
初期能力：サイズ 中型；**移動速度** 40フィート；**AC** ＋1外皮；**攻撃** 噛みつき（1d6）、爪（×2）（1d4）；**能力値**【筋】13、【敏】17、【耐】13、【知】2、【判】15、【魅】10；**特殊攻撃** 引っかき（1d4）；**特殊能力** 夜目、鋭敏嗅覚。
7レベルでの成長：サイズ 大型；**AC** ＋2外皮；**攻撃** 噛みつき（1d8）、爪（×2）（1d6）；**能力値**【筋】＋8、【敏】−2、【耐】＋4；**特殊攻撃** つかみ、飛びかかり、引っかき（1d6）。

キャメル（ラクダ）
初期能力：サイズ 大型；**移動速度** 50フィート；**AC** ＋1外皮；**攻撃** 噛みつき（1d4）または唾（遠隔接触攻撃、目標は1d4ラウンドの間不調状態、距離10フィート）；**能力値**【筋】18、【敏】16、【耐】14、【知】2、【判】11、【魅】4；**特殊能力** 夜目、鋭敏嗅覚。
4レベルでの成長：能力値【筋】＋2、【耐】＋2。

クロコダイル／アリゲーター（鰐）
初期能力：サイズ 小型；**移動速度** 20フィート、水泳30フィート；**AC** ＋4外皮；**攻撃** 噛みつき（1d6）；**能力値**【筋】15、【敏】14、【耐】15、【知】1、【判】12、【魅】2；**特殊能力** 息こらえ、夜目。
4レベルでの成長：サイズ 中型；**攻撃** 噛みつき（1d8）または尾の打撃（1d12）；**能力値**【筋】＋4、【敏】−2、【耐】＋2；**特殊攻撃** 死の大回転、つかみ、瞬発力。

シャーク（鮫）
初期能力：サイズ 小型；**移動速度** 水泳60フィート；**AC** ＋4外皮；**攻撃** 噛みつき（1d4）；**能力値**【筋】13、【敏】15、【耐】15、【知】1、【判】12、【魅】2；**特殊能力** 鋭敏嗅覚、夜目。
4レベルでの成長：サイズ 中型；**攻撃** 噛みつき（1d6）；**能力値**【筋】＋4、【敏】−2、【耐】＋2；**特殊能力** 非視覚的感知。

スネーク：ヴァイパー（クサリヘビ）
初期能力：サイズ 小型；**移動速度** 20フィート、登攀20フィート、水泳20フィート；**AC** ＋2外皮；**攻撃** 噛みつき（1d3および毒）；**能力値**【筋】8、【敏】17、【耐】11、【知】1、【判】12、【魅】2；**特殊攻撃** 毒（頻度 1／ラウンド（6ラウンド）、効果 1【耐久力】、治癒 1回、セーヴ難易度の算出には【耐久力】を用いる）；**特殊能力** 鋭敏嗅覚、夜目。
4レベルでの成長：サイズ 中型；**攻撃** 噛みつき（1d4および毒）；**能力値**【筋】＋4、【敏】−2、【耐】＋2。

スネーク：コンストリクター（パイソン）
初期能力：サイズ 中型；**移動速度** 20フィート、登攀20フィート、水泳20フィート；**AC** ＋2外皮；**攻撃** 噛みつき（1d3）；**能力値**【筋】15、【敏】17、【耐】13、【知】1、【判】12、【魅】2；**特殊攻撃** つかみ；**特殊能力** 鋭敏嗅覚、夜目。
4レベルでの成長：サイズ 大型；**AC** ＋1外皮；**攻撃** 噛みつき（1d4）；**能力値**【筋】＋8、【敏】−2、【耐】＋4；**特殊攻撃** 締めつけ（1d4）。

ディノサウルス（恐竜：ディノニクス、ヴェロキラプトル）
初期能力：サイズ 小型；**移動速度** 60フィート；**AC** ＋1外皮；**攻撃** 鉤爪（×2）（1d6）、噛みつき（1d4）；**能力値**【筋】11、【敏】17、【耐】17、【知】2、【判】12、【魅】14；**特殊能力** 夜目、鋭敏嗅覚。
7レベルでの成長：サイズ 中型；**AC** ＋2外皮；**攻撃** 鉤爪（×2）（1d8）、噛みつき（1d6）、爪（×2）（1d4）；**能力値**【筋】＋4、【敏】−2、【耐】＋2；**特殊攻撃** 飛びかかり。

ドッグ（犬）
初期能力：サイズ 小型；**移動速度** 40フィート；**AC** ＋2外皮；**攻撃** 噛みつき（1d4）；**能力値**【筋】13、【敏】17、【耐】15、【知】2、【判】12、【魅】6；**特殊能力** 夜目、鋭敏嗅覚。
4レベルでの成長：サイズ 中型；**攻撃** 噛みつき（1d6）；**能力値**【筋】＋4、【敏】−2、【耐】＋2。

バジャー／ウルヴァリン（アナグマ／クズリ）
初期能力：サイズ 小型；**移動速度** 30フィート、穴掘り10フィート、登攀10フィート；**AC** ＋2外皮；**攻撃** 噛みつき（1d4）、爪（×2）（1d3）；**能力値**【筋】10、【敏】17、【耐】15、【知】2、【判】12、【魅】10；**特殊攻撃** 激怒（バーバリアンと同様。1日6ラウンド）；**特殊能力** 夜目、鋭敏嗅覚。
4レベルでの成長：サイズ 中型；**攻撃** 噛みつき（1d6）、爪（×2）（1d4）；**能力値**【筋】＋4、【敏】−2、【耐】＋2。

ベア（熊）
初期能力：サイズ 小型；**移動速度** 40フィート；**AC** ＋2外皮；**攻撃** 噛みつき（1d4）、爪（×2）（1d3）；**能力値**【筋】15、【敏】15、【耐】13、【知】2、【判】12、【魅】6；**特殊能力** 夜目、鋭敏嗅覚。
4レベルでの成長：サイズ 中型；**攻撃** 噛みつき（1d6）、爪（×2）（1d4）；**能力値**【筋】＋4、【敏】−2、【耐】＋2。

バード（鳥：アウル／イーグル／ホーク）
初期能力：サイズ 小型；**移動速度** 10フィート、飛行80フィート（標準）；**AC** ＋1外皮；**攻撃** 噛みつき（1d4）、鉤爪（×2）（1d4）；**能力値**【筋】10、【敏】15、【耐】12、【知】2、【判】14、【魅】6；**特殊能力** 夜目。
4レベルでの成長：能力値【筋】＋2、【耐】＋2。

ボア（猪）
初期能力：サイズ 小型；**移動速度** 40フィート；**AC** ＋6外皮；**攻撃** 突き刺し（1d6）；**能力値**【筋】13、【敏】12、【耐】15、【知】2、【判】13、【魅】4；**特殊能力** 夜目、鋭敏嗅覚。
4レベルでの成長：サイズ 中型；**攻撃** 突き刺し（1d8）；**能力**

値【筋】＋4、【敏】－2、【耐】＋2；**特殊攻撃** 凶暴性。

ホース（馬）
初期能力：サイズ 大型；**移動速度** 50フィート；**AC** ＋4外皮；**攻撃** 噛みつき（1d4）、蹄*（×2）（1d6）；**能力値**【筋】16、【敏】13、【耐】15、【知】2、【判】12、【魅】6；**特殊能力** 夜目、鋭敏嗅覚。 *これは二次的肉体攻撃である。二次的攻撃については『戦闘』を参照。
4レベルでの成長：能力値【筋】＋2、【耐】＋2；**特殊能力** 戦闘騎乗（〈動物使い〉技能参照）。

ポニー（小馬）
初期能力：サイズ 中型；**移動速度** 40フィート；**AC** ＋2外皮；**攻撃** 蹄（×2）（1d3）；**能力値**【筋】13、【敏】13、【耐】12、【知】2、【判】11、【魅】4；**特殊能力** 夜目、鋭敏嗅覚。
4レベルでの成長：能力値【筋】＋2、【耐】＋2；**特殊能力** 戦闘騎乗。

❧ バード

　未だ語られぬ驚異と秘密は、彼ら――それを発見しうるほどの技を持つ人々――の為に存在している。この選ばれた抜け目のない人々は、賢さと才能と魔法をもって世界が隠す謎を暴き、また、人々を説得し、操り、鼓舞する技に長けてゆく。典型的なバードはひとつの、あるいは複数の芸術に長けており、また知るはずのないことを知っている。そして手に入れた知識を、自分や仲間たちが危険に一歩先んじるために用いるのである。バードたちは機転が利き、魅力的で、またその持つ技に応じて様々な道を歩む。あるいは賭博師に、あるいは何でも屋に、あるいは学者、芸人、一団を率いるものにもなれば無頼漢にもなり、それ以上のものになることさえある。バードたちにとって、日々はそれぞれのチャンスと冒険と挑戦をもたらすものである。そして彼らはこう考えるのだ。――いちかばちかに賭け、最も多くを知り、最高のものになることによってのみ、各々の求める財宝が得られるのだ、と。

役割：バードは敵を混乱させ、困惑させるとともに、味方を鼓舞し、より大いなる挑戦に向かわせることができる。バードは武器も魔法も自在に操るが、彼らの真の力は近接戦闘ではないところにある。彼らはパフォーマンスを邪魔されることもなく、味方を支え、敵を弱らせることができるのである。

属性：すべて。

ヒット・ダイス：d8。

クラス技能

　バードのクラス技能は、以下の通り：〈威圧〉【魅】、〈隠密〉【敏】、〈軽業〉【敏】、〈鑑定〉【知】、〈芸能〉【魅】、〈言語学〉【知】、〈交渉〉【魅】、〈呪文学〉【知】、〈職能〉【判】、〈真意看破〉【判】、〈製作〉【知】、〈脱出術〉【敏】、〈知覚〉【判】、〈知識：すべて〉【知】、〈手先の早業〉【敏】、〈登攀〉【筋】、〈はったり〉【魅】、〈変装〉【魅】、〈魔法装置使用〉【魅】。

1レベル上昇毎の技能ランク：6＋【知】修正値。

クラス特徴

　バードのクラスの特徴は以下の通り。

武器と防具の習熟：バードは単純武器すべてに加え、ウィップ、ショート・ソード、ショートボウ、レイピア、ロングソード、サップに習熟している。バードは軽装鎧と盾（タワー・シールドを除く）にも習熟している。バードは軽装鎧を着用し、盾を使用している状態で、通常の秘術呪文失敗確率を被ることなくバード呪文を発動できる。ただし、中装鎧や重装鎧を着用している時に動作要素の必要な呪文を発動する場合は、他の秘術呪文の使い手と同様に秘術呪文失敗率を被る。マルチクラスのバードも、他のクラスから得た秘術呪文を発動する際には、通常の秘術呪文失敗率を被る。

呪文：バードの発動する呪文は秘術呪文であり、第10章にあるバードの呪文リストから選択する。バードは修得している呪文をどれでも、事前の準備なしに発動できる。すべてのバード呪文には音声要素（歌、物語、音楽）が含まれている。呪文を修得および発動するためには、バードは10＋その呪文レベルに等しい【魅力】能力値を有していなければならない。バードの呪文に対するセーヴィング・スローの難易度は、10＋呪文レベル＋バードの【魅力】修正値である。

　他の呪文の使い手と同様、バードは各呪文レベルの呪文を、1日に一定の回数ずつしか発動できない。1日に発動できる呪文の数は、表3-9：バードに記されている。高い【魅力】能力値を持つならば、バードは1日の呪文数にボーナス呪文数を加えることができる（表1-3：能力値修正とボーナス呪文数参照）。

　バードの呪文の選択肢は、極めて限られている。バードはプレイヤーが選択した4つの0レベル呪文および2つの1レベル呪文を修得した状態でゲームを開始する。レベルの上昇に従って、バードは表3-10：バードの呪文修得数に従って、いくつかの呪文を新しく修得していく（1日の呪文数と異なり、バードの修得呪文数は【魅力】の影響を受けない。表3-10：バードの呪文修得数に記された値で固定される）。

　クラス・レベル5およびそれ以後3レベル毎に（8、11という具合に）、バードは修得済みの呪文1つを代償にして、新たな呪文1つを修得するかどうかを選択できる。要するに、修得済みの呪文1つを忘れ、新たな呪文と入れ替えるわけである。新たな呪文は入れ替える呪文と同レベルでなければならず、なおかつバードが発動できる1番高い呪文レベルより1レベル以上低くなければならない。呪文の入れ替えは、規定のクラス・レベルに達するごとに1つずつしかできない。なおかつ、呪文を入れ替えるかどうかの決定は、そのクラス・レベルで新たに修得する呪文の選択と同時に行わねばならない。

　前述の通り、バードは事前に呪文を準備する必要がない。バードは修得している好きな呪文を、その呪文レベルの1日の呪文数を使いきっていない限り、好きな時に発動できる。

バードの知識（変則）：バードはクラス・レベルの半分（最低1）をすべての〈知識〉技能判定に加算し、また修得していない〈知識〉技能についても技能判定を行うことができる。

表3-9：バード

レベル	基本攻撃ボーナス	頑健セーヴ	反応セーヴ	意志セーヴ	特殊	1日の呪文数（呪文レベル）					
						1	2	3	4	5	6
1	+0	+0	+2	+2	バードの知識、呪芸、キャントリップ、打ち消しの調べ、散逸の演技、恍惚の呪芸、勇気鼓舞の呪芸+1	1	—	—	—	—	—
2	+1	+0	+3	+3	万能なる芸、熟達者	2	—	—	—	—	—
3	+2	+1	+3	+3	自信鼓舞の呪芸+2	3	—	—	—	—	—
4	+3	+1	+4	+4		3	1	—	—	—	—
5	+3	+1	+4	+4	勇気鼓舞の呪芸+2、博識1回／日	4	2	—	—	—	—
6	+4	+2	+5	+5	示唆の詞、万能なる芸	4	3	—	—	—	—
7	+5	+2	+5	+5	自信鼓舞の呪芸+3	4	3	1	—	—	—
8	+6／+1	+2	+6	+6	悲運の葬送歌	4	4	2	—	—	—
9	+6／+1	+3	+6	+6	武勇鼓舞の呪芸	5	4	3	—	—	—
10	+7／+2	+3	+7	+7	何でも屋、万能なる芸	5	4	3	1	—	—
11	+8／+3	+3	+7	+7	自信鼓舞の呪芸+4、勇気鼓舞の呪芸+3、博識2回／日	5	4	4	2	—	—
12	+9／+4	+4	+8	+8	癒しの呪芸	5	5	4	3	—	—
13	+9／+4	+4	+8	+8		5	5	4	3	1	—
14	+10／+5	+4	+9	+9	戦慄の音色、万能なる芸	5	5	4	4	2	—
15	+11／+6／+1	+5	+9	+9	自信鼓舞の呪芸+5、英雄鼓舞の呪芸	5	5	5	4	3	—
16	+12／+7／+2	+5	+10	+10		5	5	5	4	3	1
17	+12／+7／+2	+5	+10	+10	勇気鼓舞の呪芸+4、博識3回／日	5	5	5	4	4	2
18	+13／+8／+3	+6	+11	+11	群集示唆の詞、万能なる芸	5	5	5	5	4	3
19	+14／+9／+4	+6	+11	+11	自信鼓舞の呪芸+6	5	5	5	5	5	4
20	+15／+10／+5	+6	+12	+12	死に至る芸術	5	5	5	5	5	5

呪芸：バードは〈芸能〉の技能を用いて周囲に魔法的効果を発生させることができる（望むなら自分自身にも効果を及ぼせる）。バードはこの能力を1日に4＋【魅力】修正値に等しいラウンド数、使用することができる。1レベル以降、クラス・レベルが1レベル上昇するごとに、バードは1日に呪芸を使用できるラウンド数を2ラウンドずつ延長できる。毎ラウンド、バードはそのクラス・レベルに応じて、修得している呪芸のいずれかひとつを演じることができる。

1つの呪芸の効果を開始するのは1回の標準アクションであるが、それを毎ラウンド維持するのはフリー・アクションとして行える。呪芸の効果を変更するには、バードはそれまでの呪芸を止め、1回の標準アクションとして新たな呪芸を開始しなければならない。バードの呪芸を中途で途切れさせることはできないが、バードが殺されるか、麻痺するか、朦朧状態になるか、気絶するか、あるいは毎ラウンドの呪芸を維持するためのフリー・アクションを妨げられると、即座に終了する。バードは同時に複数の呪芸を演じることはできない。

7レベル時には、バードは呪芸の開始を標準アクションではなく移動アクションとして行うことができる。また、13レベル時には即行アクションとして呪芸を開始することができる。

各々の呪芸は、音声要素と視覚要素のいずれか、あるいは両方を有する。

聴覚喪失状態のバードは、音声要素のある呪文を発動する場合と同様に、20％の確率で音声に依存した〈芸能〉技能を用いる呪芸の使用に失敗してしまう。盲目状態のバードは、50％の確率で視覚に依存した〈芸能〉技能を用いる呪芸の使用に失敗してしまう。失敗した場合も、1日の使用回数制限に数える。

呪芸が音声要素を有していた場合、目標が呪芸の影響を受けるには、バードの演奏が聞こえなければならない。また、これらの効果の多くは（説明に記載されているように）言語に依存する。聴覚喪失状態のバードは、20％の確率で音声要素を有する呪芸の使用に失敗してしまう。失敗した場合も、1日の使用回数制限に数える。聴覚喪失状態のクリーチャーは、音声要素を有する呪芸に完全耐性を有する。

呪芸が視覚要素を有していた場合、目標が呪芸の影響を受けるには、バードに対して視線が通っていなければならない。盲目状態のバードは、50％の確率で視覚要素を有する呪芸の使用に失敗してしまう。失敗した場合も、1日の使用回数制限に数える。盲目状態のクリーチャーは、視覚要素を有する呪芸に完全耐性を有する。

打ち消しの調べ（超常）：バードは1レベル時点で、音に依存した魔法効果を相殺する方法を学ぶ（音声要素があるだけの呪文は、これに含まれない）。打ち消しの調べを1ラウンド使用するごとに、バードは〈芸能：歌唱〉、〈芸能：管楽器〉、〈芸能：弦楽器〉、〈芸能：鍵盤楽器〉、〈芸能：打楽器〉のいずれかの判定を行う。バードの30フィート以内にいる、［音波］や［言語依存］の魔法攻撃の影響を受けているクリーチャーは、自分がロールしたセーヴィング・スローの結果とバードの〈芸能〉判定の結果を比べ、どちらか高いほうをそのセーヴの結果とすることができる（この対象にはバード自身も含まれる）。すでに

表3-10：バードの呪文修得数

レベル	0	1	2	3	4	5	6
1	4	2	—	—	—	—	—
2	5	3	—	—	—	—	—
3	6	4	—	—	—	—	—
4	6	4	2	—	—	—	—
5	6	4	3	—	—	—	—
6	6	4	4	—	—	—	—
7	6	5	4	2	—	—	—
8	6	5	4	3	—	—	—
9	6	5	4	4	—	—	—
10	6	5	5	4	2	—	—
11	6	6	5	4	3	—	—
12	6	6	5	4	4	—	—
13	6	6	5	5	4	2	—
14	6	6	6	5	4	3	—
15	6	6	6	5	4	4	—
16	6	6	6	5	5	4	2
17	6	6	6	6	5	4	3
18	6	6	6	6	5	4	4
19	6	6	6	6	5	5	4
20	6	6	6	6	6	5	5

力でもって1体以上のクリーチャーを恍惚状態にすることができる。恍惚状態にするクリーチャーはバードの90フィート以内において、視覚と聴覚の両方でバードを知覚でき、なおかつバードに注意が向いていなければならない。また、バードもそのクリーチャーを見ることができなければならない。付近で戦闘が行われたり、その他の危険にさらされるなどして注意が他に向いていたりする場合も、この能力は働かない。バードはこの能力を1回使用することにより、クラス・レベル1の時に1体、以降3レベル毎に＋1体のクリーチャーを目標にすることができる。

効果範囲内にいるクリーチャーはそれぞれ、意志セーヴ（難易度10＋バード・レベルの1/2＋バードの【魅力】修正値）を行い、成功すれば効果は無効化される。クリーチャーが意志セーヴに成功した場合、以後24時間、そのバードは同一クリーチャーを恍惚状態にする試みをすることができない。セーヴィング・スローに失敗した場合、そのクリーチャーはバードが芸能を繰り広げ続けている間、静かに座ってそれに見入ってしまう。恍惚状態にある間、目標は〈知覚〉のような、反射的対応

持続時間が“瞬間”でない［音波］や［言語依存］の魔法攻撃を受けているクリーチャーが打ち消しの調べの効果範囲内にいる場合、そのクリーチャーは打ち消しの調べを1ラウンド聞くごとに1回、その魔法効果に対して再度セーヴを行うことができる。ただし、そのセーヴの結果には、バードの〈芸能〉判定の結果を用いなければならない。打ち消しの調べはセーヴをすることができない効果に対しては何の効果もない。打ち消しの調べは音声要素に依存する。

散逸の演技（超常）： バードは1レベル時点で、自身の演技でもって視覚に依存した魔法効果を相殺することができる。散逸の演技を1ラウンド使用するごとに、バードは〈芸能：演劇〉、〈芸能：お笑い〉、〈芸能：舞踏〉、〈芸能：朗誦〉のいずれかの判定を行う。バードの30フィート以内にいる、幻術（紋様）や幻術（虚像）の魔法攻撃の影響を受けているクリーチャーは、自分がロールしたセーヴィング・スローの結果とバードの〈芸能〉判定の結果を比べ、どちらか高いほうをそのセーヴの結果とすることができる（この対象にはバード自身も含まれる）。すでに持続時間が“瞬間”でない幻術（紋様）や幻術（虚像）の魔法攻撃を受けているクリーチャーが散逸の演技の効果範囲内にいる場合、そのクリーチャーは散逸の演技を1ラウンド見るごとに1回、その魔法効果に対して再度セーヴを行うことができる。ただし、そのセーヴの結果には、バードの〈芸能〉判定の結果を用いなければならない。散逸の演技はセーヴをすることができない効果に対しては何の効果もない。散逸の演技は視覚要素に依存する。

恍惚の呪芸（超常）： バードは1レベル時点で、自身の芸能の

として行う技能判定に－4のペナルティを受ける。何か潜在的な脅威が生じた場合、目標は再びセーヴィング・スローを行う。明白な脅威、たとえば誰かが武器を抜いたり、呪文を発動したり、目標に対して遠隔武器の狙いを付けたりした場合は、自動的に呪芸の効果は破られる。

恍惚の呪芸は心術（強制）、［精神作用］の能力である。恍惚の呪芸の機能は、音声要素および視覚要素に依存する。

勇気鼓舞の呪芸（超常）：バードは1レベル時点で、自身の芸能でもって味方（自分自身を含む）の勇気を鼓舞し、恐怖をうち払い、戦闘能力を向上させることができる。この作用を受ける仲間は、バードの芸能を知覚することができなければならない。作用を受けた仲間は（魅惑）および［恐怖］効果に対するセーヴィング・スローに＋1の士気ボーナスと、攻撃ロールおよび武器ダメージ・ロールに＋1の技量ボーナスを得る。レベル5の時点および、以後6レベル毎に、このボーナスは＋1ずつ増加していき、最大で17レベル時の＋4となる。勇気鼓舞の呪芸は［精神作用］の能力である。勇気鼓舞の呪芸には音声要素と視覚要素のどちらでも使用できる。ただし、バードは自身の芸能を演じ始める前にどちらの要素を使用するか決定せねばならない。

自信鼓舞の呪芸（超常）：クラス・レベル3以上に達したバードは、自身の芸能の力でもって味方1人の作業の成功率を高めることができる。味方はバードの30フィート以内にいて聴覚によってバードを知覚できなければならない。味方はバードが芸能を繰り広げるのを聴き続けている間、1種類の技能判定について＋2の技量ボーナスを得る。このボーナスは3レベル以降、バードのクラス・レベルが4上昇するごとに＋1ずつ増加していく（7レベル：＋3、11レベル時：＋4、15レベル時：＋5、19レベル時：＋6）。ただし、〈隠密〉等の特定の技能、およびGM判断によって使用できないとされた場合、この能力は機能しない。バードは自分自身に自信鼓舞の呪芸を用いることはできない。自信鼓舞の呪芸は音声要素に依存する。

示唆の詞（擬呪）：クラス・レベル6以上に達したバードは、すでに恍惚の呪芸によって恍惚状態にしてあるクリーチャーに対して、サジェスチョンと同じ効果を及ぼすことができる。この能力を使用しても、恍惚の呪芸の効果が中断されることはないが、この能力の起動には（恍惚の呪芸を維持するためのフリー・アクションに加えて）1回の標準アクションが必要である。バードはその芸能を途切れずに続けている間、特定のクリーチャーに対して複数回この能力を使用することができる。

示唆の詞の使用は、バードの呪芸の1日の使用回数に数えない。意志セーヴ（難易度10＋バード・レベルの1/2＋バードの【魅】修正値）に成功すれば、この効果を無効化できる。この能力は1体のクリーチャーにしか効果がない。示唆の詞は心術（強制）、［言語依存］、［精神作用］の能力であり、音声要素に依存する。

悲運の葬送歌（超常）：クラス・レベル8以上に達したバードは、自身の芸能の力でもって敵の心の中に何かに恐れおののく感覚をはびこらせ、怯え状態にする。この能力の影響を受けるには敵はバードの30フィート以内にいて、バードが芸能を繰り広げるのを視覚および聴覚によって知覚できなくてはならな

い。この効果はバードから30フィート以内におり、バードが芸能を繰り広げ続けている限り持続する。この芸能によっては、そのクリーチャーがすでに他の効果によって怯え状態になっている場合でも、目標を恐れ状態や恐慌状態にすることはできない。悲運の葬送歌は［恐怖］［精神作用］の効果であり、音声要素と視覚要素の両方に依存する。

武勇鼓舞の呪芸（超常）：クラス・レベル9以上に達したバードは、自身の芸能の力でもって自分自身または30フィート以内にいる同意する味方1体の武勇を鼓舞し、戦闘能力を高めることができる。レベル9以降3レベル毎に、バードが1回の呪芸の使用で目標にできる味方が1体ずつ増加する（最大、レベル18時の4体まで）。武勇鼓舞の呪芸が効果を発揮するには、目標すべてはバードを視覚および聴覚で知覚できなければならない。武勇を鼓舞されたクリーチャーは2ボーナス・ヒット・ダイス（d10）と、それに相応した（ボーナス・ヒット・ダイスに、目標の【耐久力】修正値を適用した）量の一時的ヒット・ポイント、攻撃ロールへの＋2技量ボーナス、頑健セーヴへの＋1技量ボーナスを得る。このボーナス・ヒット・ダイスは呪文の効果を判断する際に通常のヒット・ダイスとして数える。武勇鼓舞の呪芸は［精神作用］の能力であり、音声要素と視覚要素の両方に依存する。

癒しの呪芸（超常）：クラス・レベル12に達したバードは、自身の芸能の力でもって**マス・キュア・ライト・ウーンズ**呪文に相当する効果を発生させることができる（術者レベルはバードのクラス・レベルと同じ）。さらにこの呪芸は、影響を受ける者全員から疲労状態、不調状態、および怯え状態を取り除く。この能力を使用するには、バードは4ラウンドの間、妨害されることなく芸能を繰り広げ続けなければならず、目標はその芸能が続く間、視覚及び聴覚でバードを知覚できなければならない。癒しの呪芸は、芸能が繰り広げられる間中30フィート以内の距離にいた、すべての目標に対して機能する。癒しの呪芸は、音声要素と視覚要素の両方に依存する。

戦慄の音色（擬呪）：クラス・レベル14に達したバードは、自分の芸能の力をもって敵の中に恐怖の感覚を引き起こすことができる。この能力の影響を受けるには、敵はバードの30フィート以内にいて、バードが芸能を繰り広げるのを聴くことができなければならない。呪芸の効果範囲内にいる敵はそれぞれ意志セーヴ（難易度10＋バード・レベルの1/2＋バードの【魅】修正値）を行い、成功すれば効果は無効化される。クリーチャーが意志セーヴに成功した場合、以後24時間、そのバードは同一クリーチャーに対して戦慄の音色の効果を及ぼすことはできない。セーヴィング・スローに失敗した場合、そのクリーチャーは1d4＋バードの【魅力】修正値に等しいラウンドの間、恐れ状態になり、バードが芸能を繰り広げるのが聞こえる限り、逃走する。戦慄の音色は音声要素に依存する。

英雄鼓舞の呪芸（超常）：クラス・レベル15以上に達したバードは、自身の芸能の力でもって、自分自身または30フィート以内にいる味方1体の大いなる英雄的資質を鼓舞することができる。レベル15以降3レベル毎に、バードが1回の呪芸の使用で目標にできる味方が1体ずつ増加する。英雄鼓舞の呪芸が効

果を発揮するには、目標はバードを視覚及び聴覚で知覚することができなくてはならない。英雄的資質を鼓舞されたクリーチャーは、セーヴィング・スローに＋4の士気ボーナスと、アーマー・クラスに＋4の回避ボーナスを得る。この効果は目標がバードの芸能を知覚している間持続する。英雄鼓舞の呪芸は［精神作用］の能力であり、音声要素と視覚要素の両方に依存する。

群集示唆の詞（擬呪）： この能力は前述の示唆の詞と同様に機能するが、使用にバード・レベル18以上が必要な点と、すでに恍惚状態になっているクリーチャーに対して同時に何体でもサジェスチョンの効果を及ぼせる点が異なる。群集示唆の詞は心術（強制）、［言語依存］、［精神作用］の能力であり、音声要素に依存する。

死に至る芸術（超常）： クラス・レベル20に達したバードは、自身の芸能の力でもって、1体の敵を喜びまたは悲しみのあまり死に至らせることができる。影響を受けるには、目標は1全ラウンドの間、バードの30フィート以内の距離で、バードが繰り広げる芸能を視覚と聴覚の両方で知覚することができなければならない。目標は意志セーヴ（難易度10－バード・レベルの1/2＋バードの【魅】修正値）を行い、成功すれば1d4ラウンドの間よろめき状態になり、以後24時間、バードは同一クリーチャーに対して死に至る芸術の効果を及ぼすことはできなくなる。セーヴィング・スローに失敗した場合、そのクリーチャーは死ぬ。死に至る芸術は［精神作用］、［即死］の効果であり、視覚要素および音声要素に依存する。

キャントリップ（初級秘術呪文）： バードは表3-10：バードの習得呪文上の修得呪文数の項目に記載されているとおりの、一定数のキャントリップ、すなわち0レベル呪文をいくつか知っている。これらの呪文は他の呪文と同様に発動できるが、いかなる呪文スロットを消費することもなく、再度使用することができる。

万能なる芸（変則）： クラス・レベル2に達した時点で、バードは1種類の〈芸能〉技能を選択できる。そしてその〈芸能〉種別ごとに示された特定の技能のボーナスの代わりに、その〈芸能〉技能ボーナスを使用することができる。この方法で入れ替えを行うことで、バードはクラス技能のボーナスを含む〈芸能〉技能の合計を、関連する技能のボーナスとして（その技能を修得しているかどうか、クラス技能であるかどうかに関わらず）用いることができる。例えば、〈芸能：演劇〉を選んだら、〈はったり〉〈変装〉の技能ボーナスがいくつにかかわらず、〈芸能：演劇〉の技能ボーナスを使って判定できるのである。6レベル以降、4レベル上昇するごとに、バードは追加で1つの〈芸能〉種別を、入れ替えに用いる技能として選択することができる。〈芸能〉種別および関連する技能は以下のとおり：演劇（〈はったり〉、〈変装〉）、お笑い（〈威圧〉、〈はったり〉）、歌唱（〈真意看破〉、〈はったり〉）、管楽器（〈交渉〉、〈動物使い〉）、弦楽器（〈交渉〉、〈はったり〉）、鍵盤楽器（〈威圧〉、〈交渉〉）、打楽器（〈威圧〉、〈動物使い〉）、舞踊（〈軽業〉、〈飛行〉）、朗誦（〈交渉〉、〈真意看破〉）

熟達者（変則）： クラス・レベル2に達した時点で、バードは他のバードの呪芸、および［音波］効果に対して抵抗を持つよう

になる。バードは、バードの呪芸、［音波］および［言語依存］の効果に対するセーヴィング・スローに＋4のボーナスを得る。

博識（変則）： クラス・レベル5に達した時点で、バードはさまざまな知識に精通するようになり、バードがランクを有するすべての〈知識〉判定について出目10ができるようになる。出目10を選択せずに、通常通り判定を行うこともできる。さらに、1日に1回、1回の標準アクションとして、〈知識〉判定に出目20することが可能になる。このときの〈知識〉の種別はどれでも構わない。5レベル以降、6レベル上昇する毎に、この能力を1日に使用できる回数は1回ずつ増加し、最大で17レベル時の1日3回となる。

何でも屋（変則）： クラス・レベル10の時点で、バードは修得が必要な技能であっても使用することが可能になる。さらに、16レベルの時点で、すべての技能がクラス技能として扱われるようになる。19レベルの時点で通常それが許可されないような場合であっても、すべての技能判定に出目10を選択することが可能になる。

バーバリアン

怒りこそがすべて、という者たちがいる。彼らの生き方において、彼らの激情の荒れ狂う中において、そして戦いの雄叫びの中において、この荒々しい魂は、ただ争うことだけを熟知している。彼らは未開なるもの、力仕事のために雇われるもの、そして苛烈なる戦闘技術に熟達するものであり、兵士や専門職としての戦士ではない――彼らは戦闘に取り憑かれたものであり、殺戮者という名のクリーチャーであり、戦場をさまよう死霊なのである。バーバリアンとして知られる彼らは、訓練や準備の概念などほとんど持たず、戦争のルールも知らない戦争狂（ウォーモンガー）である。彼らにとって存在しているのは現在――彼らの前に敵が立ちはだかる"その瞬間"だけなのだ。そして彼らが知っているのは、次の瞬間に目の前の敵は死んでいるだろうということのみである。彼らは危険を察知する第六感と、起こりうるありとあらゆることに対して耐え抜く力を持っている。このような考え方は未開の土地でのみ通用しているものであると誰もが思うにもかかわらず、これらの獰猛なる戦士は生命の存在するすべての場所――文明社会からも未開の社会からもやってくる。バーバリアンの中では始原の戦闘の精霊が荒れ狂い、彼らの激怒に直面したものすべてに災いをもたらすのだ。

役割： バーバリアンは優れた戦士である。彼らははるかに優れた敵をも打ち倒すだけの優れた戦闘能力と頑健な身体を有する。激怒は彼らを頑丈にし、他のほとんどの戦士を上回るだけの耐え抜く力を与える。バーバリアンは怒り狂いながら戦闘に突入し、その行く手に立ちふさがるすべてを破壊する。

属性： 秩序以外。

ヒット・ダイス： d12。

クラス技能

バーバリアンのクラス技能は、以下の通り：〈威圧〉【魅】、〈軽業〉【敏】、〈騎乗〉【敏】、〈水泳〉【筋】、〈製作〉【知】、〈生存〉【判】、〈知覚〉【判】、〈知識：自然〉【知】、〈登攀〉【筋】、〈動物

使い〉【魅】

1レベル上昇毎の技能ランク：4＋【知】修正値。

クラス特徴

バーバリアンのクラスの特徴は以下の通り。

武器と防具の習熟：バーバリアンはすべての単純武器、軍用武器、軽装鎧、中装鎧、盾（タワー・シールドを除く）に習熟している。

高速移動（変則）：バーバリアンの地上移動速度は、種族の標準より10フィート速い。この特典は鎧を着用していない状態、または軽装鎧か中装鎧を着用している状態で、装備品の総重量が中荷重以下の場合に適用される。このボーナスは、荷重や着用している鎧の種類でバーバリアンの移動速度を修正する前に適用すること。このボーナスはバーバリアンの地上移動速度に関するすべての他のボーナスに累積する。

激怒（変則）：バーバリアンは自己の内に眠る力と凶暴さを呼び覚ますことで、戦闘において一層活躍することができる。1レベル時点で、バーバリアンは1日に4＋【耐久力】修正値に等しいラウンド間、激怒することができる。それ以降は、1レベル上昇するごとに、2ラウンドずつ激怒を延長できる。激怒や**ベアズ・エンデュアランス**等の呪文による一時的な【耐久力】の上昇によってバーバリアンが1日の内に激怒可能なラウンド数が増加することはない。バーバリアンはフリー・アクションとして激怒を開始することができる。1日に激怒可能なラウンド数は8時間の休息により回復する。この休息時間は連続している必要はない。

激怒状態の間、バーバリアンは【筋力】および【耐久力】に＋4の士気ボーナスを、意志セーヴに＋2の士気ボーナスを得る。また、アーマー・クラスには−2のペナルティを受ける。【耐久力】の上昇により、バーバリアンのヒット・ポイントはヒット・ダイス毎に2ポイント上昇するが、この分のヒット・ポイントは激怒が終了すると同時に失われてしまう。また、一時的ヒット・ポイントと異なり、この追加ヒット・ポイントは先に失われるわけではない。激怒状態の間、バーバリアンは【魅力】、【敏捷力】、【知力】が対応能力値の技能（〈威圧〉、〈軽業〉、〈騎乗〉、〈飛行〉を除く）およびその他の根気や集中力を必要とするすべての能力を一切使用することができない。

バーバリアンはフリー・アクションで激怒を終了させることができ、その時点から、激怒したラウンドの2倍に等しい値のラウンド数、疲労状態になる。疲労状態の間、バーバリアンは再び激怒することはできないが、疲労状態を脱していれば、同一遭遇、あるいは同一戦闘中に複数回激怒することができる。バーバリアンが気絶状態になると、その激怒は即座に終了し、その結果バーバリアンは死亡の危険に晒されることもある(HPが0以下になり、意識を失うと同時に激怒が終了すると、追加された分のHPが失われるため、HPが一気に【耐久力】以下減少することがあるため)。

激怒パワー（変則）：レベルが上昇するごとに、バーバリアンは自分の激怒の新たな使用法を学んでいく。2レベルの時点で、バーバリアンは激怒パワーを1つ獲得する。2レベル以降、2レ

ベル毎にバーバリアンは新しいパワーを1つずつ獲得していく。バーバリアンが激怒パワーを使用できるのは激怒状態の間に限られ、また、それを使用するために、まず1アクションを取らねばならないパワーも存在する。特記しない限り、バーバリアンは同じパワーを複数回獲得することはできない。

新たな活力（変則）：1回の標準アクションとして、バーバリアンは1d8＋【耐久力】修正値に等しい自分のダメージを治癒することができる。4レベル以降、レベルが4上昇するごとに、治癒するダメージは1d8ずつ上昇し、20レベル時の5d8で最大となる。この能力を選択する前に、バーバリアンはクラス・レベル4に達していなければならない。このパワーは1日に1回、激怒時にのみ使用できる。

暗視獲得（変則）：激怒している間、バーバリアンの感覚は異常なほどに研ぎ澄まされ、暗視60フィートを得る。このパワーを選択するには、バーバリアンは激怒パワーあるいは種族の特徴として、夜目の能力を持っていなければならない。

威圧の眼光（変則）：バーバリアンは1回の移動アクションとして隣接した敵1体に対して〈威圧〉判定を行うことができる。バーバリアンが相手の士気をくじくことに成功したなら、敵は1d4ラウンド＋判定結果が難易度を5上回るごとに＋1ラウンドの間、怯え状態となる。

怒りへの着火（変則）：バーバリアンは疲労状態にあっても激怒を開始することができる。この能力を使って激怒している間、バーバリアンは疲労状態に対する完全耐性を得る。この激怒が終了すると、バーバリアンは激怒していた1ラウンドごとに10分間、過労状態になる。

怒れる泳者（変則）：激怒している間、バーバリアンは〈水泳〉技能判定にレベルに等しい値を強化ボーナスとして加算できる。

怒れる跳躍者（変則）：激怒している間、バーバリアンは跳躍のために行う〈軽業〉技能判定にレベルに等しい値を強化ボーナスとして加算できる。この方法で跳躍する場合、バーバリアンは常に助走を行ったものとして扱われる。

怒れる登攀者（変則）：激怒している間、バーバリアンは〈登攀〉技能判定にレベルに等しい値を強化ボーナスとして加算できる。

一瞬の明晰（変則）：1ラウンドの間、バーバリアンは激怒によってもたらされるすべての利益とペナルティを無視する。このパワーを起動するのは即行アクションである。それにはアーマー・クラスに対するペナルティも、行うことができないとされる行動もすべて含まれる。このラウンドは、1日に激怒可能なラウンド数に数えられる。このパワーは1回の激怒中に1回のみ使用できる。

内なる頑健（変則）：激怒している間、バーバリアンは不調状態および吐き気がする状態に対して完全耐性を得る。この能力を選択する前に、バーバリアンはクラス・レベル8に達していなければならない。

鋭敏嗅覚（変則）：激怒している間、バーバリアンは鋭敏嗅覚の能力を得、見えない敵の居場所を感知するのにこの能力を使用できる（鋭敏嗅覚のルールについては巻末付録を参照）。

恐れ知らずの激怒（変則）：激怒している間、バーバリアン

クラス 3

は怯え状態および恐れ状態に対して完全耐性を得る。この能力を選択する前に、バーバリアンはクラス・レベル12に達していなければならない。

驚異的精度（変則）：バーバリアンは1回の攻撃ロールに＋1の士気ボーナスを得る。このボーナスはバーバリアンが得ている4レベル毎に＋1される。このパワーは攻撃ロールの直前に即行アクションとして使用する。このパワーは1回の激怒中に1回のみ使用できる。

恐怖の怒号（変則）：バーバリアンは1回の標準アクションとして周囲を恐怖させるような怒号を発することができる。30フィート以内の範囲にいる怯え状態の敵は、意志セーヴ（難易度は10＋バーバリアンのクラス・レベルの半分＋バーバリアンの【筋力】修正値）を行い、失敗すると1d4＋1ラウンドの間恐慌状態になる。一度恐怖の怒号に対してセーヴを行った敵は、セーヴが成功したかどうかに関わらず、24時間の間このパワーに対して完全耐性を得る。このパワーを選択するには、バーバリアンは威圧の眼光のパワーを獲得していなければならない。また、クラス・レベル8に達していなければならない。

強烈な一振り（変則）：バーバリアンは自動的にクリティカル・ヒットを成功させることができる。このパワーはクリティカル可能状態が得られた際に割り込みアクションとして使用する。この能力を獲得する前に、バーバリアンはクラス・レベル12に達していなければならない。このパワーは1回の激怒中に1回のみ使用できる。

筋力招来（変則）：バーバリアンは1回の【筋力】判定、戦技判定、あるいは敵が自身に対して戦技判定を試みた時の戦技防御値に、クラス・レベルの値を加えることができる。このパワーは1回の割り込みアクションとして使用する。このパワーは1回の激怒中に1回のみ使用できる。

獣の憤怒（変則）：激怒している間、バーバリアンは噛みつき攻撃を行うことができる。これを全力攻撃行動の一部として行う場合、この噛みつき攻撃はバーバリアンの最大基本攻撃ボーナス−5で行う。命中した噛みつき攻撃は、1d4ポイント（バーバリアンが中型サイズの場合。小型サイズであれば1d3ポイント）に【筋力】修正値の半分を加算した値のダメージを与える。バーバリアンは組みつきを維持する、あるいは組みつきから逃れるための行動の一部として噛みつき攻撃を行うことができる。この攻撃は、組みつき判定を行う前に適用せねばならない。噛みつき攻撃が命中した場合、そのラウンドにバーバリアンが標的に対して行うすべての組みつき判定は＋2のボーナスを得る。

しなやかな回避（変則）：バーバリアンは遠隔攻撃に対して、その時点での【耐久力】修正値に等しいラウンドの間（最低1ラウンド）、アーマー・クラスに＋1の回避ボーナスを得る。このボーナスは6レベル毎に1ずつ増加する。この能力の起動は1回の移動アクションであり、機会攻撃を誘発しない。

駿足（変則）：バーバリアンは移動速度に5フィートの強化ボーナスを得る。この移動速度の増加はバーバリアンが激怒している間常に有効である。バーバリアンはこの激怒パワーを3回まで選択することができ、効果は累積する。

迅速なる反応（変則）：激怒している間、バーバリアンは1ラウンドごとの上限回数に加えてさらにもう1回、機会攻撃を行うことができる。

慎重なる構え（変則）：バーバリアンは近接攻撃に対して、その時点での【耐久力】修正値に等しいラウンドの間（最低1ラウンド）、アーマー・クラスに＋1の回避ボーナスを得る。このボーナスは6レベル毎に1ずつ増加する。この能力の活性化は1回の移動アクションであり、機会攻撃を誘発しない。

ダメージ減少上昇（変則）：バーバリアンのダメージ減少能力は1／—だけ強化される。この強化はバーバリアンが激怒している間、常に効果を及ぼす。バーバリアンはこの激怒パワーを3回まで選択することができ、その効果は累積する。この能

表3-11：バーバリアン

レベル	基本攻撃ボーナス	頑健セーヴ	反応セーヴ	意志セーヴ	特殊
1	+1	+2	+0	+0	高速移動、激怒
2	+2	+3	+0	+0	激怒パワー、直感回避
3	+3	+3	+1	+1	罠感知+1
4	+4	+4	+1	+1	激怒パワー
5	+5	+4	+1	+1	直感回避強化
6	+6／+1	+5	+2	+2	激怒パワー、罠感知+2
7	+7／+2	+5	+2	+2	ダメージ減少1／－
8	+8／+3	+6	+2	+2	激怒パワー
9	+9／+4	+6	+3	+3	罠感知+3
10	+10／+5	+7	+3	+3	ダメージ減少2／－、激怒パワー
11	+11／+6／+1	+7	+3	+3	大激怒
12	+12／+7／+2	+8	+4	+4	激怒パワー、罠感知+4
13	+13／+8／+3	+8	+4	+4	ダメージ減少3／－
14	+14／+9／+4	+9	+4	+4	不屈の意志、激怒パワー
15	+15／+10／+5	+9	+5	+5	罠感知+5
16	+16／+11／+6／+1	+10	+5	+5	ダメージ減少4／－、激怒パワー
17	+17／+12／+7／+2	+10	+5	+5	無疲労激怒
18	+18／+13／+8／+3	+11	+6	+6	激怒パワー、罠感知+6
19	+19／+14／+9／+4	+11	+6	+6	ダメージ減少5／－
20	+20／+15／+10／+5	+12	+6	+6	超激怒、激怒パワー

力を選択する前に、バーバリアンはクラス・レベル8に達していなければならない。

力任せの一打（変則）：バーバリアンは1回のダメージ・ロールに＋1のボーナスを得る。このボーナスはバーバリアンが得ている4レベル毎に＋1される。このパワーはダメージ・ロールを行う前に即行アクションとして使用する。このパワーは1回の激怒中に1回のみ使用できる。

逃走不能（変則）：バーバリアンは1回の割り込みアクションとして、通常の移動速度の2倍までの速度で移動することができる。ただし、この能力はバーバリアンに隣接する敵がバーバリアンから遠ざかるために撤退アクションを取った場合にのみ使用できる。この移動の間、バーバリアンは通常通り機会攻撃を誘発する。このパワーは1回の激怒中に1回のみ使用できる。

呪い避け（変則）：バーバリアンは呪文、超常能力、擬似呪文能力に抵抗する際のセーヴィング・スローに＋2の士気ボーナスを得る。このボーナスはバーバリアンが得ている4レベルごとに＋1される。激怒している間、バーバリアンはあらゆる呪文において「同意する目標」となることができず、味方が発動した呪文に対してさえもセーヴィング・スローを行わねばならない。

吹っ飛ばし（変則）：1ラウンドに1回、バーバリアンは近接攻撃が可能な場所にいる目標に対して突き飛ばしを行うことができる。成功した場合、目標はバーバリアンの【筋力】修正値に等しいダメージを負い、通常どおり押し戻される。成功した場合、バーバリアンは目標と一緒に移動する必要はない。この行動は機会攻撃を誘発しない。

明晰な心（変則）：バーバリアンは意志セーヴを再ロールで

きる。このパワーは最初のセーヴを行った後、その結果をGMが明らかにする前に割り込みアクションとして用いる。2度目の結果が1度目のものより悪い場合でも、2度目の結果を採用せねばならない。この能力を選択する前に、バーバリアンはクラス・レベル8に達していなければならない。このパワーは1回の激怒中に1回のみ使用できる。

予期せぬ攻撃（変則）：バーバリアンは、自分の機会攻撃範囲内に入ってきた敵1体に対して、その移動が通常機会攻撃を誘発するものであるかどうかに関わらず、1回の機会攻撃を行うことができる。このパワーは1回の激怒中に1回のみ使用できる。この能力を獲得する前に、バーバリアンはクラス・レベル8に達していなければならない。

夜目（変則）：バーバリアンの感覚は研ぎ澄まされ、激怒している間、バーバリアンは夜目の能力を得る。

直感回避（変則）：クラス・レベル2以降、バーバリアンは通常であれば察知できないような危険に反応する能力を得る。バーバリアンは、不可視状態の敵に攻撃されたりした場合でも、立ちすくみ状態になることもアーマー・クラスへの【敏】ボーナスを失うこともなくなる。とはいえ、動けない状態になれば、やはりアーマー・クラスへの【敏捷力】ボーナスは失われてしまう。また、この能力を有するバーバリアンでも、敵がバーバリアンに対してフェイントを成功させた場合は、やはりアーマー・クラスへの【敏捷力】ボーナスを失う。

バーバリアンがすでに他のクラスで直感回避を獲得していた場合は、直感回避の代わりに"直感回避強化"（後述）を自動的に獲得する。

罠感知（変則）：クラス・レベル3以降、バーバリアンは罠を避

けるための反応セーヴに＋1のボーナスを、罠からの攻撃に対するアーマー・クラスに＋1の回避ボーナスを得る。以降、このボーナスはバーバリアンのクラス・レベルが3上昇するごとに（つまり、6、9、12、15、18レベルで）＋1ずつ増えていく。複数のクラスで得た罠感知のボーナスは累積する。

直感回避強化（変則）: クラス・レベル5以降、バーバリアンは挟撃されなくなる。この能力を持つバーバリアンに対して、ローグは挟撃による急所攻撃を行うことができない。ただし、ローグのクラス・レベルが、目標のバーバリアン・レベルより4以上高い場合、ローグは挟撃（および急所攻撃）を行うことができる。

　他のクラスで得た直感回避（前述）の代わりとして自動的に直感回避強化を獲得したキャラクターは、ローグに挟撃されうるかどうかを判断する際、直感回避を授けるクラスのクラス・レベルをすべて累積させることができる。

ダメージ減少（変則）: クラス・レベル7以降、バーバリアンは攻撃による負傷を一定量無視する能力を得る。具体的には、武器や肉体攻撃の命中を受けるごとに、バーバリアンはそのダメージを1ポイント軽減することができる。クラス・レベル10および、その後3レベル毎（13、16、19レベル）に、ダメージ減少の量は＋1ずつ上昇していく。ダメージ減少によって受けたダメージを0にすることはできるが、0未満にすることはできない。

大激怒（変則）: クラス・レベル11に達すると、バーバリアンが激怒を開始する際、【筋力】および【耐久力】への士気ボーナスは＋6に、意志セーヴへの士気ボーナスは＋3に上昇する。

不屈の意志（変則）: クラス・レベル14以上のバーバリアンは激怒状態の間、心術呪文に抵抗するための意志セーヴに＋4のボーナスを得る。このボーナスは、意志セーヴへの士気ボーナスを含む、激怒中に受ける他の修正値すべてと累積する。

無疲労激怒（変則）: クラス・レベル17以上のバーバリアンは、激怒が終了した後、疲労状態にならなくなる。

超激怒（変則）: クラス・レベル20に達すると、バーバリアンが激怒を開始する際、【筋力】および【耐久力】への士気ボーナスは＋8に、意志セーヴへの士気ボーナスは＋4に上昇する。

元バーバリアン

　秩序属性となったバーバリアンは激怒能力を失い、それ以上バーバリアンのレベルを得ることはできないが、クラスから得られたそれ以外の能力は保持したままである。

パラディン

　信仰の力を輝かせるに値するのは、選ばれた一握りのものたちだけである。邪悪と闘うことに生涯とその剣を捧げる気高き者たち、それがパラディンだ。ナイト、クルセイダー、ロー・ブリンガー（法をもたらす者の意）として、パラディンは、信仰の正義を捜し求めるだけでなく、彼らの仕える高貴なる神々の教えを体現する。気高きゴールを追い求めて、厳格なる法の道徳と規律を守る。その公正さの見返りとして、この神聖なる

勇者たちは彼らの探索を助ける様々な恩恵——邪悪を打ち払い、無垢なるものを癒し、敬虔なる信者たちを勇気付ける力を祝福と共に授かる。彼らの信念は、彼らが救済すべき魂を蝕まれたものたちとの闘争へと彼らを導くが、パラディンたちは無限の信仰への挑戦、闇への誘惑、火中の栗を拾うがごとき戦いを切り抜け、輝ける未来をもたらす。

役割: パラディンは混沌とした闘いの只中において、仲間を照らす道しるべとして仕える。邪悪なものたちにとっては不倶戴天の敵である一方、善なるものたちにとってはその神聖なる戦いを助け、力を与える存在である。彼らの魔力と武力は、彼らを理想的な守護者たらしめ、頽れた者たちを祝福し、再び立ち上がらせる。

属性: 秩序にして善。

ヒット・ダイス: d10。

クラス技能

　パラディンのクラス技能は、以下の通り：〈騎乗〉【敏】、〈交渉〉【魅】、〈呪文学〉【知】、〈職能〉【判】、〈真意看破〉【判】、〈製作〉【知】、〈知識:貴族〉【知】、〈知識:宗教〉【知】、〈治療〉【判】、〈動物使い〉【魅】。

1レベル上昇毎の技能ランク: 2＋【知】修正値。

クラス特徴

　パラディンのクラスの特徴は以下の通り。

武器と防具の習熟: パラディンは単純武器と軍用武器に習熟している。またすべての鎧（重装、中装、および軽装）および盾（タワー・シールドを除く）に習熟している。

善のオーラ（変則）: パラディンの善のオーラ強度（詳細はディテクト・グッド参照）は、パラディンのクラス・レベルに等しい。

ディテクト・イーヴル（擬呪）: パラディンは、回数無制限でディテクト・イーヴルを使うことができる。効果は同名の呪文と同様である。パラディンは60フィート以内にあるアイテムひとつか1体の対象に対して1回の移動アクションで精神を集中することで、それが悪であるかどうかを見抜き、あたかも3ラウンド費やしたかのようにそのオーラの強度を知ることができる。1つの個人または物体に集中し続ける限り、パラディンは範囲内にある他の悪に気付くことはない。

悪を討つ一撃（超常）: 1日1回、パラディンは邪悪に打ち勝つ善の力を呼び出すことができる。1回の即行アクションを費やして、1体の対象を"一撃"の目標として選ぶ。もしこの目標が悪であれば、パラディンは【魅力】のボーナス（あれば）を攻撃ロールに加え、かつパラディン・レベル1ごとに1ポイントの追加ダメージをすべてのダメージ・ロールに加える。もし対象が（悪）の副種別を持つ来訪者、悪属性の竜またはアンデッドであれば、最初に命中した攻撃のダメージへのボーナスは増加し、パラディンが持つレベル毎に2ポイントになる。標的に関わらず、悪を討つ一撃はクリーチャーが持つすべてのダメージ減少を自動的に無視する。

　加えて、悪を討つ一撃が効果を発揮している間、パラディンは一撃の対象となっている目標からの攻撃に対して、アーマー・

表3-12：パラディン

レベル	基本攻撃ボーナス	頑健セーヴ	反応セーヴ	意志セーヴ	特殊	1日の呪文数 (呪文レベル) 1	2	3	4
1	+1	+2	+0	+2	善のオーラ、ディテクト・イーヴル、悪を討つ一撃 1回／日	—	—	—	—
2	+2	+3	+0	+3	信仰の恩寵、癒しの手	—	—	—	—
3	+3	+3	+1	+3	勇気のオーラ、頑健なる肉体、慈悲	—	—	—	—
4	+4	+4	+1	+4	正のエネルギー放出、悪を討つ一撃 2回／日	0	—	—	—
5	+5	+4	+1	+4	信仰の絆	1	—	—	—
6	+6／+1	+5	+2	+5	慈悲	1	—	—	—
7	+7／+2	+5	+2	+5	悪を討つ一撃 3回／日	1	0	—	—
8	+8／+3	+6	+2	+6	不屈のオーラ	1	1	—	—
9	+9／+4	+6	+3	+6	慈悲	2	1	—	—
10	+10／+5	+7	+3	+7	悪を討つ一撃 4回／日	2	1	0	—
11	+11／+6／+1	+7	+3	+7	正義のオーラ	2	1	1	—
12	+12／+7／+2	+8	+4	+8	慈悲	2	2	1	—
13	+13／+8／+3	+8	+4	+8	悪を討つ一撃 5回／日	3	2	1	0
14	+14／+9／+4	+9	+4	+9	信仰のオーラ	3	2	1	1
15	+15／+10／+5	+9	+5	+9	慈悲	3	2	2	1
16	+16／+11／+6／+1	+10	+5	+10	悪を討つ一撃 6回／日	3	3	2	1
17	+17／+12／+7／+2	+10	+5	+10	公正なオーラ	4	3	2	1
18	+18／+13／+8／+3	+11	+6	+11	慈悲	4	3	2	2
19	+19／+14／+9／+4	+11	+6	+11	悪を討つ一撃 7回／日	4	3	3	2
20	+20／+15／+10／+5	+12	+6	+12	聖なるチャンピオン	4	4	3	3

クラスに（もしあれば）【魅力】修正値を反発ボーナスとして加えることができる。もしパラディンが悪の属性でないクリーチャーを一撃の目標にしてしまったなら、その一撃は消費され、効果は発揮しない。

悪を討つ一撃の効果はその目標が死亡するか、パラディンが休息を取りこの能力の使用を回復するまで持続する。4レベルになってからと以後3レベル毎に追加で1回、パラディンは1日に使用できる悪を討つ一撃の回数を増やすことができる（表3-12：パラディン参照）。19レベルで最大7回使用できる。

信仰の恩寵（超常）：2レベル以降、パラディンは【魅力】ボーナス（あれば）をすべてのセーヴィング・スローにボーナスとして加える。

癒しの手（超常）：2レベルになると、パラディンは接触することで、（自分のでも他人のでも）負傷を治療することができる。1日に使える回数は、パラディン・レベルの半分＋【魅力】ボーナスである。この能力を使用すると、パラディンは1体の対象のヒット・ポイントを、パラディン・レベル2レベル毎に1d6ヒット・ポイント分回復することができる。この能力は、パラディン自身を目標とする場合には即行アクションだが、それ以外を対象とする場合には標準アクションを必要とする。パラディンは片手が自由であれば、この能力を使用することができる。

治癒の力として使用する代わりに、パラディンはこの能力を使ってアンデッドにダメージを与えることができる。与えるダメージは、パラディン・レベル2レベル毎に1d6ポイントである。この能力を使用するためには、1回の接触攻撃に成功する必要がある。この攻撃は機会攻撃を誘発しない。このダメージに対して、アンデッドはセーヴィング・スローを行うことはできない。

勇気のオーラ（超常）：3レベルになると、パラディンは［恐怖］効果（魔法の効果も、それ以外でも）に対して完全耐性を得る。また、パラディンから10フィート以内にいるすべての味方は、［恐怖］効果に対するセーヴィング・スローに＋4の士気ボーナスを得る。この効果は、パラディンの意識がある場合にのみ有効である。パラディンが気絶状態か死亡状態では、効果はない。

頑健なる肉体（変則）：3レベルで、パラディンはすべての病気に対して完全耐性を得る。これは、超自然の病気や、魔法の病気も含む。また、ミイラ腐敗病も含まれる。

慈悲（超常）：3レベルになってからと以後3レベル毎に、パラディンは慈悲をひとつ選択することができる。慈悲は、パラディンの癒しの手に効果を追加する。パラディンが癒しの手を使用して傷を癒すたびに、対象はそのパラディンが有するすべての慈悲の効果もあわせて受ける。慈悲は呪い、病気または毒によって生じた状態ひとつだけを、その原因自体を治療すること無く、一時的に取り除くこともできる。原因自体を治療したのでない限り、こうした状態は1時間後に再び発現する。

3レベルの時点で、パラディンは以下の初級慈悲リストから選択することができる。

疲労状態：対象を疲労状態でなくす。

怯え状態：対象を怯え状態でなくす。

不調状態：対象を不調状態でなくす。

6レベルの時点で、以下の慈悲リストが選択肢に加えられる。

幻惑状態：対象を幻惑状態でなくす。

病気：パラディンの癒しの手はまた、パラディン・レベルを

術者レベルとする**リムーヴ・ディジーズ**として機能する。

　よろめき状態：対象の実際のヒット・ポイントが0でないなら、よろめき状態でなくす。

　9レベルの時点で、以下の慈悲リストが選択肢に加えられる。

　呪い：パラディンの癒しの手はまた、パラディン・レベルを術者レベルとする**リムーヴ・カース**として機能する。

　過労状態：対象を過労状態でなくす。パラディンは先に"疲労の慈悲"を持っていなければ、この慈悲を選択できない。

　恐れ状態：対象を恐れ状態でなくす。パラディンは先に"怯えの慈悲"を持っていなければ、この慈悲を選択できない。

　吐き気がする状態：対象を吐き気がする状態でなくす。パラディンは先に"不調の慈悲"を持っていなければ、この慈悲を選択できない。

　毒：パラディンの癒しの手はまた、パラディン・レベルを術者レベルとする**ニュートラライズ・ポイズン**として機能する。

　12レベルの時点で、以下の慈悲リストが選択肢に加えられる。

　盲目：対象を盲目状態でなくす。

　聴覚喪失状態：対象を聴覚喪失状態でなくす。

　麻痺状態：対象を麻痺状態でなくす。

　朦朧状態：対象を朦朧状態でなくす。

　これらの能力は累積する。例えば12レベル・パラディンの癒しの手は6d6ポイントのダメージを癒し、過労状態と疲労状態を取り除き、病気と毒を治療する。一度選んだ慈悲は、以後変更することはできない。

正のエネルギー放出（超常）：4レベルに達したパラディンはクレリックと同様に、超常能力として正のエネルギー放出能力を得る。この能力の使用は、2回の"癒しの手"の使用回数を消費する。パラディンは"正のエネルギー放出"を行うときは、自身のレベルを有効クレリック・レベルとして使用する。この能力は【魅力】ベースである。

呪文：4レベルになると、パラディンは第10章のパラディンの呪文リストから少数ながら信仰呪文を選択し、使用することができる。パラディンは、事前に呪文を選んで準備する必要がある。

　準備する際、また発動する際、パラディンは10＋使用する呪文レベルと同じだけの【魅力】能力値を有している必要がある。また、呪文に抵抗する難易度は、10＋呪文レベル＋パラディンの【魅力】ボーナスである。

　他の呪文の使い手同様、パラディンも1日に決まった数の呪文数しか使用することができない。呪文の使用回数は、表3-12：パラディンに記載されている。加えて、もしパラディンの【魅力】が高ければ、1日の呪文数にボーナスを得る可能性がある（表1-3：能力値修正とボーナス呪文数参照）。"表3-12：パラディン"において、1日の呪文数が"0"となっている時は、パラディンは【魅力】能力値に基づいて得られるそのレベルのボーナス呪文しか得ることはできない。

　パラディンは1日の呪文数を回復するために、1日に1時間、静寂の中での祈祷と瞑想をしなければならない。パラディンはパラディン呪文リストに記載されているいかなる呪文でも選択できるが、日々の瞑想の中でそれらの呪文を事前に準備しておかなければならない。

　3レベルまでパラディンは術者レベルを持たない。4レベルの時点で、パラディンは現在のパラディン・レベル-3の術者レベルを得る。

信仰の絆（擬呪）：5レベルに到達したパラディンは、信仰する神との間に"信仰の絆"を結ぶことができる。この絆は以下の2つの内いずれかの形を取る。一度形態を選んでしまったなら、以後はそれを変更することはできない。

　最初の絆の形態は、標準アクションでパラディンの武器に天

界の精霊の助力を呼び降ろし、パラディン・レベル毎に1分間パラディンの武器を強化する。招請を行った時、その武器は松明のように明るく輝く。5レベルの時点で精霊は武器に＋1の強化ボーナスを与える。これは5レベルを超える3レベル毎に＋1され、20レベルの時点で最大＋6になる。これらのボーナスは既にその武器に備わっている強化ボーナスに累積させても構わないし（最大で＋5まで）、以下にある武器の特殊能力を付与しても良い。**アクシオマティック、キーン、スピード、ディスラプション、ディフェンディング、ブリリアント・エナジー、フレイミング、フレイミング・バースト、ホーリィ、マーシフル。**

これらの特殊能力の付与は、特殊能力のコスト（表：15-9参照）と同等のボーナス量を消費する。これらの能力は、すでにその武器が有している如何なる特殊能力に対しても追加で作用するが、同じ能力の重複は累積しない。もしその武器が魔法のものでないなら、最低でも＋1の強化ボーナスを付与しないと、他の特殊能力を付与することはできない。ボーナスと特殊能力は、その精霊が招請された時に選択しなければならない。そしてそれは一度選んでしまうと、次に精霊を呼び出すときまで変更することはできない。天界の精霊は、パラディン以外のいかなる者がこの契約を結んだ武器を手にしても、何のボーナスも提供しない。しかし、パラディンの手に戻ったらまたボーナスを与える。このボーナスは双頭武器の一方にしか作用しない。5レベルのパラディンは、1日に1回この能力を使用することができる。またそれ以後も5レベルを超える4レベル毎に、パラディンは1日1回追加でこの能力を使用することができる。つまり、17レベル時点で1日に4回、この能力を利用することができる。

もし天界の精霊を宿した武器が破壊された場合、そのパラディンは30日間か、そのパラディンが新たにレベルを獲得するまでの間、この能力を使用することができなくなる。パラディンはこの30日の期間、攻撃ロールとダメージ・ロールに－1のペナルティを被る。

第二の契約は、パラディンが邪悪に対する聖戦に赴く際に随行する、知性が高く強力で、忠実な乗騎の奉仕である。この乗騎は通常は（中型サイズのパラディンには）ヘヴィ・ホースや（小型サイズのパラディンには）ポニーであるが、ボア、キャメル、ドッグなど、一風変わった乗騎を選んでもよい。この乗騎はドルイドの動物の相棒と同様に機能する。パラディン・レベルを有効ドルイド・レベルとして使用する。絆の乗騎は最低でも【知力】6を有する。

1日に1回、全ラウンド・アクションを費やすことで、パラディンはその特別な乗騎を魔法的に召喚することができる。この能力はパラディンのレベルの1/3に等しい呪文レベルを持つ。乗騎はすぐさまパラディンの隣に出現する。パラディンは5レベルの時点でこの能力を1日に1回使用でき、以後4レベル毎に1日に1回追加で使用できるようになる。最終的には17レベルで1日に4回呼び出すことができる。

11レベルの時点で、乗騎はセレスチャル種テンプレート（**パスファインダーRPGベスティアリ**参照）を持ち、呪文が乗騎に影響を与える場合、乗騎は魔獣として扱われる。15レベルの時点で、パラディンの乗騎は11＋パラディン・レベルの呪文抵抗を持つ。

パラディンの乗騎が死亡した場合、パラディンは30日間か新たなパラディン・レベルを得るまでの間、別の乗騎を招来することはできない。パラディンはこの間、攻撃ロールとダメージ・ロールに－1のペナルティを被る。

不屈のオーラ（超常）： 8レベルの時点で、パラディンは（魅惑）の呪文と擬似呪文能力に完全耐性を得ることができる。仲間はパラディンの10フィート以内に留まる限り（魅惑）の呪文に対抗するためのセーヴィング・スローに＋4の士気ボーナスを得る。

この能力はパラディンの意識がある時にのみ作用する。意識を失ったり死亡したりしていると効果を発揮しない。

正義のオーラ（超常）： 11レベルの時点で、パラディンは悪を討つ一撃能力を2回分消費することで、悪を討つ一撃能力を周辺10フィートの範囲内に居る仲間全員に1分間付与することができる。得られるボーナスはこのパラディンのものを使用する。この能力で一撃能力を授かった仲間達は、パラディンの次のターンが来る前に、この一撃能力を消費しなければならず、ボーナスは1分間持続する。この能力を使用するのはフリー・アクションである。悪のクリーチャーはこの能力から一切の利益を受けない。

信仰のオーラ（超常）： 14レベルの時点で、パラディンの振るう武器は、ダメージ減少を打ち負かすときに善属性の武器として見なされる。また、パラディンの10フィート以内でパラディンの敵に対して行われた攻撃もすべて、善属性の武器によるものとみなされる。

この能力はパラディンに意識がある時にのみ作用する。意識を失ったり死亡したりしていると効果を発揮しない。

公正なオーラ（超常）： 17レベルの時点で、パラディンは5／悪のダメージ減少と、心術（強制）の呪文と擬似呪文能力に対する完全耐性を得る。パラディンの10フィート以内に居る仲間は＋4の士気ボーナスを、心術（強制）の効果に対するセーヴィング・スローに得ることができる。

この能力はパラディンに意識がある時にのみ作用する。意識を失ったり死亡したりしていると効果を発揮しない。

聖なるチャンピオン（超常）： 20レベルの時点でパラディンは、自身が崇める神々のパワーの導管となる。ダメージ減少は10／悪になる。このパラディンが悪の来訪者に悪を討つ一撃を使用すると、その来訪者は同時にバニッシュメントの対象になる。術者レベルはパラディン・レベルに等しい（武器と聖印は自動的にこの能力の対象が憎む物体と見做される）。バニッシュメントの効果とその攻撃のダメージ処理を解決した後で、その悪を討つ一撃は終了する。加えて、もしパラディンがクリーチャーを癒すために正のエネルギー放出の能力か癒しの手の能力を使用した時は、その回復量は常に最大値となる。

行動規範： パラディンの属性は"秩序にして善"でなければならず、一度でも進んで悪の行為を行ったら、すべてのクラス能力を失う。

加えてパラディンの行動規範は、正当な権威に敬意を払い、

名誉をもって行動し（嘘をつかない、ズルをしない、毒を使わない等）、助けが必要な者を助け（その助けが、悪や混沌の助成とならない場合）、無垢な者たちを迫害し脅かす者たちを罰することを求めている。

仲間：パラディンは善または中立の属性の者と冒険を共にするが、悪の属性のキャラクターや自身の倫理観に反する者と共に行動することは避ける。特別な状況では悪の者と同盟を組むこともありうるが、より大きな悪を滅ぼすためと信じている場合だけである。そのような同盟を組んでいる間、定期的に**アトーンメント**呪文を求めねばならないし、その害が益を上回っていると感じたならばすぐに解消しなければならない。パラディンは、"秩序にして善"の雇い人、従者、腹心のみを受け入れる。

元パラディン

"秩序にして善"で無くなったり、悪の行動を喜んで受け入れたり、行動規範を大幅に逸脱したパラディンは、すべてのパラディン能力（パラディンの特別な乗騎も含まれるが、武器、鎧、盾への習熟は残る）と、呪文を使う能力を失う。パラディンはこれ以上パラディン・レベルを上げることはできない。違反に対してしかるべき贖罪を行えば、失った能力を回復し、レベル上昇の制限も解除される（詳しくは、**アトーンメント**の呪文を参照）。

ファイター

栄光と富を求めて武器を取るものもいれば、復讐を果たそうとするもの、己の身の証を立てようとするもの、親しき者を守るために戦うものもいる。あるいは、戦うこと以外を知らぬ故に戦うものといる。中には武器の技を学び、己の肉体を戦いに特化させ、戦争という鍛錬所の中で勲を示さんとする者もいる。戦場の主、ファイターは多様な技の寄せ集めである。彼らは数多くの武器、あるいはたった1つの武器に対して訓練を積み、鎧を扱う術を完成させ、様々な戦いのテクニックを異国の師匠から学び、そして戦闘の業を研究する。しかしこれらはすべて、己を生きた兵器とするための鍛錬に他ならないのだ。ただの暴漢とは異なり、彼ら熟達した戦士達は手にした武器に致命的なまでの力を発現させ、ただの鉄の塊を王国を奪い取る兵器と為し、怪物共を鏖殺し、友軍の心を奮起させる。戦士であり騎士であり狩人であり、そして戦の芸術家であるファイターは、並ぶものなき勇者であり、目の前に立ちふさがる者達すべてに災難を振りまくのだ。

役割：ファイターは戦闘に秀でている。敵を倒し、戦場の流れを制し、包囲網を突破して生き延びることができる。彼らの武器と方法論は非常に多くの戦術を提供するため、ファイターに純粋な戦いの力で勝てるものは少ない。

属性：すべて。

ヒット・ダイス：d10。

クラス技能

ファイターのクラス技能は以下の通り。〈威圧〉【魅】、〈騎乗〉【敏】、〈職能〉【判】、〈水泳〉【筋】、〈製作〉【知】、〈生存〉【判】、〈知識：工学〉【知】、〈知識：ダンジョン探検〉【知】、〈登攀〉【筋】、〈動物使い〉【魅】。

1レベル上昇毎の技能ランク：2+【知】修正値。

クラス特徴

ファイターのクラスの特徴は以下の通り。

武器と防具の習熟：ファイターはすべての単純武器、軍用武器、すべての鎧（軽装、中装、重装）、すべての盾（タワー・シールドを含む）に習熟している。

ボーナス特技：ファイターはレベル1の時点と、それ以降の偶数レベルに達する毎に通常の成長で獲得する特技に加えてボーナス特技を獲得する（つまり、ファイターはすべてのレベルで特技を獲得する）。これらのボーナス特技は"ファイター・ボー

表3-13：ファイター

レベル	基本攻撃ボーナス	頑健セーヴ	反応セーヴ	意志セーヴ	特殊
1	+1	+2	+0	+0	ボーナス特技
2	+2	+3	+0	+0	ボーナス特技、武勇+1
3	+3	+3	+1	+1	鎧修練1
4	+4	+4	+1	+1	ボーナス特技
5	+5	+4	+1	+1	武器修練1
6	+6/+1	+5	+2	+2	ボーナス特技、武勇+2
7	+7/+2	+5	+2	+2	鎧修練2
8	+8/+3	+6	+2	+2	ボーナス特技
9	+9/+4	+6	+3	+3	武器修練2
10	+10/+5	+7	+3	+3	ボーナス特技、武勇+3
11	+11/+6/+1	+7	+3	+3	鎧修練3
12	+12/+7/+2	+8	+4	+4	ボーナス特技
13	+13/+8/+3	+8	+4	+4	武器修練3
14	+14/+9/+4	+9	+4	+4	ボーナス特技、武勇+4
15	+15/+10/+5	+9	+5	+5	鎧修練4
16	+16/+11/+6/+1	+10	+5	+5	ボーナス特技
17	+17/+12/+7/+2	+10	+5	+5	武器修練4
18	+18/+13/+8/+3	+11	+6	+6	ボーナス特技、武勇+5
19	+19/+14/+9/+4	+11	+6	+6	鎧体得
20	+20/+15/+10/+5	+12	+6	+6	ボーナス特技、武器体得

ナス特技"とも呼ばれる戦闘特技の中から選択しなければならない。

レベル4に達した時点と、それ以降の4レベル毎（レベル8、レベル12等）に、ファイターは既に取得したボーナス特技の代わりに新しい特技を覚えることができる。つまり、ファイターは古いボーナス特技を忘れて新しいボーナス特技に変えることができる。置き換えられるボーナス特技は、他の特技や上級クラス、あるいは他のなんらかの能力の前提となっている特技であってはならない。このボーナス特技の入れ替えは各レベルにつき1回のみ行える。また入れ替えを行うかどうかは、そのレベルでの新しいボーナス特技を取得する時に決めなければならない。

武勇（変則）：レベル2の時点でファイターは［恐怖］に対する意志セーヴに＋1のボーナスを獲得する。このボーナスは2レベルを越える4レベル毎に＋1される。

鎧修練（変則）：レベル3の時点で、ファイターは鎧を着ていても身軽に動く術を身につける。鎧を着用している時、その判定ペナルティは1下がり（最小0）、鎧による【敏捷力】ボーナスの上限は1上昇する。以降レベル4毎（レベル7、レベル11、レベル15）にこれらのボーナスは1増加し、最終的に判定ペナルティを4下げ、【敏捷力】ボーナスの上限を4上昇させる。

さらに、ファイターは中装鎧を着ていても通常の速度で移動できる。レベル7の時点で、ファイターは重装鎧を着ていても通常の速度で移動できるようになる。

武器修練（変則）：レベル5の時点で、ファイターは後述されるリストの中から武器グループを1つ選択する。選択したグループに属する武器で攻撃した場合、命中とダメージに＋1のボー

ナスを得る。

以降4レベル毎（レベル9、レベル13、レベル17）に異なる武器グループの訓練を積む事ができ、新たに選択した武器グループに属する武器の命中とダメージに＋1のボーナスを獲得する。加えて、既に選択しているそれぞれの武器グループのボーナスが＋1される。例えば、ファイターはレベル9になった時に、新しく選んだ武器グループの命中とダメージに＋1のボーナスがつき、レベル5で選んだ武器グループには＋2のボーナスがつく。複数のグループにまたがる武器に関してボーナスは累積しない。最も高いグループのボーナスを用いること。

ファイターはさらに、これらのボーナスをグループに含まれる武器を用いた戦技判定に加えることができる。またこのボーナスは、対象の武器に対して試みられた武器落としと武器破壊に対する戦技防御値にも加えられる。

武器グループは以下の通り（GMは武器グループに武器を追加したり、新たな武器グループを作成したりしても良い）。

弩：ハンド・クロスボウ、ヘヴィ・クロスボウ、ヘヴィ・リピーティング・クロスボウ、ライト・クロスボウ、ライト・リピーティング・クロスボウ。

斧：オーク・ダブル・アックス、グレートアックス、スローイング・アックス、ドワーヴン・ウォーアックス、バトルアックス、ハンドアックス、ヘヴィ・ピック、ライト・ピック。

至近武器：ガントレット、サップ、素手打撃、スパイクト・アーマー、スパイクト・ガントレット、スパイクト・シールド、パンチング・ダガー、ヘヴィ・シールド、ライト・シールド。

小剣：カマ、ククリ、シックル、ショートソード、スターナイフ、ダガー、レイピア。

双頭武器：オーク・ダブル・アックス、クオータースタッフ、ダイア・フレイル、ツーブレーデッド・ソード、ドワーヴン・アーグロシュ、ノーム・フックト・ハンマー。

大剣：エルヴン・カーヴ・ブレード、グレートソード、サイズ、シミター、ツーブレーデッド・ソード、バスタード・ソード、ファルシオン、ロングソード。

投擲武器：クラブ、ジャヴェリン、シュリケン、ショートスピア、スターナイフ、スピア、スリング、スコーイング・アックス、ダーツ、ダガー、トライデント、ネット、ハーフリング・スリング・スタッフ、ブロウガン、ボーラ、ライト・ハンマー。

肉体武器：素手打撃とすべての肉体武器（噛みつき、爪、突き刺し、尾、翼）。

ハンマー：ウォーハンマー、クラブ、グレートクラブ、ヘヴィ・メイス、ライト・ハンマー、ライト・メイス。

フレイル：ウィップ、スパイクト・チェイン、ダイア・フレイル、ヌンチャク、フレイル、ヘヴィ・フレイル、モーニングスター。

ポールアーム：ギザーム、グレイヴ、ハルバード、ランサー。

モンク：カマ、クオータースタッフ、サイ、シャンガム、シュリケン、素手打撃、ヌンチャク。

槍：ジャヴェリン、ショートスピア、スピア、トライデント、ランス、ロングスピア。

弓：コンポジット・ショートボウ、コンポジット・ロングボウ、ショートボウ、ロングボウ。

鎧体得（変則）：レベル19に達したファイターは、鎧を着用しているか盾を使用している間、ダメージ減少5／—を得る。

武器体得（変則）：レベル20に達した時点で、ファイターはロングソードやグレートアックス、ロングボウなど、武器を1つ選択する。選択した武器の攻撃がクリティカル可能状態になった場合自動的にクリティカルとなり、更にクリティカル倍率が上昇する（例えば、×2は×3となる）。加えて、その武器を握っている限り、ファイターは武器落としをされることがない。

モンク

　真に模範的な立場から言えば、武道の技とは戦いの場に限定されるものではない。それは生き方であり、従うべき道であり、精神のありようである。こうした、戦士にして求道者ともいうべき人々が見出した戦いの方法は、剣と盾のさらに先、自身に内在する武器であった。それは他者を傷つけ殺すにあたり、あらゆる刃に匹敵する。こうした、自身の肉体を戦いの武器へと高めていくモンク（修道士というほどの意味。古来の哲学と厳格な身体訓練ゆえにそう呼ばれる）の中には、闘争に専心する禁欲的な者もいれば、身体ひとつで戦う喧嘩屋もいる。

　モンクは体系化された訓練の道をたどる者であり、自身のうちに見いだすその道を耐え抜かんとする意志を持つ者たちである。かく在るがごとくに在ろうとするのではなく、かく成らんとするがごとくに成る者たちなのだ。

役割：気力を挫きいかなる危難も克服し、最も予測しがたい所を攻撃し、敵の弱点をついて優位に立つ。モンクはそれに熟達している。俊足と戦いの技をもってあらゆる戦場をたやすく歩みわたり、援護が必要とされる場所ならどこであれ、それが一番求められる場所で仲間を助けるのだ。

属性：いずれかの秩序属性。

ヒット・ダイス：d8。

クラス技能

　モンクのクラス技能は以下の通り。〈威圧〉【魅】、〈隠密〉【敏】、

表3-14：モンク

レベル	基本攻撃ボーナス	頑健セーヴ	反応セーヴ	意志セーヴ	特殊	連打攻撃時攻撃ボーナス	素手打撃ダメージ・ダイス	アーマー・クラス・ボーナス	高速移動
1	+0	+2	+2	+2	ボーナス特技、連打、朦朧化打撃、素手打撃	−1／−1	1d6	+0	+0フィート
2	+1	+3	+3	+3	ボーナス特技、身かわし	+0／+0	1d6	+0	+0フィート
3	+2	+3	+3	+3	高速移動、戦技訓練、不動心	+1／+1	1d6	+0	+10フィート
4	+3	+4	+4	+4	気の蓄積（魔法）、浮身20フィート	+2／+2	1d8	+1	+10フィート
5	+3	+4	+4	+4	大跳躍、無病身	+3／+3	1d8	+1	+10フィート
6	+4	+5	+5	+5	ボーナス特技、浮身30フィート	+4／+4／−1	1d8	+1	+20フィート
7	+5	+5	+5	+5	気の蓄積（冷たい鉄／銀）、肉体の完成	+5／+5／+0	1d8	+1	+20フィート
8	+6／+1	+6	+6	+6	浮身40フィート	+6／+6／+1／+1	1d10	+2	+20フィート
9	+6／+1	+6	+6	+6	身かわし強化	+7／+7／+2／+2	1d10	+2	+30フィート
10	+7／+2	+7	+7	+7	ボーナス特技、気の蓄積（秩序）、浮身50フィート	+8／+8／+3／+3	1d10	+2	+30フィート
11	+8／+3	+7	+7	+7	金剛身	+9／+9／+4／+4／−1	1d10	+2	+30フィート
12	+9／+4	+8	+8	+8	縮地の法、浮身60フィート	+10／+10／+5／+5／+0	2d6	+3	+40フィート
13	+9／+4	+8	+8	+8	金剛心	+11／+11／+6／+6／+1	2d6	+3	+40フィート
14	+10／+5	+9	+9	+9	ボーナス特技、浮身70フィート	+12／+12／+7／+7／+2	2d6	+3	+40フィート
15	+11／+6／+1	+9	+9	+9	激震掌	+13／+13／+8／+8／+3／+3	2d6	+3	+50フィート
16	+12／+7／+2	+10	+10	+10	気の蓄積（アダマンティン）、浮身80フィート	+14／+14／+9／+9／+4／+4／−1	2d8	+4	+50フィート
17	+12／+7／+2	+10	+10	+10	時知らずの肉体、日月語	+15／+15／+10／+10／+5／+5／+0	2d8	+4	+50フィート
18	+13／+8／+3	+11	+11	+11	ボーナス特技、浮身90フィート	+16／+16／+11／+11／+6／+6／+1	2d8	+4	+60フィート
19	+14／+9／+4	+11	+11	+11	虚身	+17／+17／+12／+12／+7／+7／+2	2d8	+4	+60フィート
20	+15／+10／+5	+12	+12	+12	即身成道、浮身（高さ無制限）	+18／+18／+13／+13／+8／+8／+3	2d10	+5	+60フィート

〈軽業〉【敏】、〈騎乗〉【敏】、〈芸能〉【魅】、〈職能〉【判】、〈真意看破〉【判】、〈水泳〉【筋】、〈製作〉【知】、〈脱出術〉【敏】、〈知覚〉【判】、〈知識：宗教〉【知】、〈知識：歴史〉【知】、〈登攀〉【筋】。
1レベル上昇毎の技能ランク：4＋【知】修正値。

クラス特徴

武器と防具の習熟：モンクは、カマ、クオータースタッフ、クラブ、クロスボウ（ライト、ヘヴィ）、サイ、ジャヴェリン、シャンガム、シュリケン、ショートスピア、ショートソード、スピア、スリング、ダガー、ヌンチャク、ハンドアックスに習熟している。

　モンクはいかなる鎧にも盾にも習熟していない。

　鎧を着用している時、あるいは盾を使用している時、あるいは中荷重もしくは重荷重の時に、モンクはアーマー・クラス・ボーナスと高速移動と連打の能力を失う。

アーマー・クラス・ボーナス（変則）：鎧を着用せず、かつ負荷のかかっていない状態にある時、モンクは【判断力】ボーナス（あれば）をアーマー・クラスと戦技防御値に加えることができる。加えて、モンクはクラス・レベル4でアーマー・クラスと戦技防御値に+1のボーナスを得る。ボーナスはこれ以後モンク・レベル4レベルごとに+1ずつ上昇していく（最大でレベル20の+5）。

　このアーマー・クラス・ボーナスは、接触攻撃や、モンクが立ちすくみ状態にある時にも適用される。動けない状態や無防

備状態にある時、何らかの鎧を着用している時、盾を使用している時、運搬している重量が中荷重または重荷重の時、モンクはこのボーナスを失ってしまう。

連打（変則）：1レベルの開始時において、モンクは全力攻撃アクションを使用して連打を行うことができる。連打を行うモンクは、《二刀流》の特技を使用しているかのように、すべての攻撃ロールに−2のペナルティを受けて、追加で1回の攻撃ができる。これらの攻撃には素手打撃と特別なモンク武器を好きなように組み合わせて使用してよい（この能力を使用するのに2つの武器を使用する必要はない）。連打攻撃を行うにあたっては、モンクがモンクのクラス・レベルから得る基本攻撃ボーナスは自身のモンク・レベルに等しいものとして扱う。しかし、それ以外のあらゆる面（特技や上級クラスの前提条件など）ではモンクは通常の基本攻撃ボーナスを使用する。

　8レベルにおいて、モンクは連打を行う際に《二刀流強化》の特技を使用したかのように2回の追加攻撃ができるようになる（この特技の前提条件を満たしている必要はない）。

　モンクは15レベルにおいて、連打を行う際に《上級二刀流》の特技を使用したかのように3回の追加攻撃ができるようになる（この特技の前提条件を満たしている必要はない）。

　モンクは連打攻撃を使用して命中させたすべての攻撃のダメージに【筋力】ボーナスと同じ値を加える（利き手でないほうの手で行った攻撃や、両手で持った武器による攻撃の場合であっても）。モンクは連打攻撃の一部として行われる1回の素

手攻撃の代わりに、武器落とし、武器破壊、そして足払いの戦技を使用することができる。モンクは連打の一部として素手打撃や特別なモンク武器以外の武器を用いることはできない。肉体武器を持つモンクは、連打の一部として肉体武器を用いることはできないし、連打に加えて肉体武器を用いた攻撃を行うこともできない。

素手打撃：1レベルにおいて、ボーナス特技として《素手打撃強化》を獲得する。モンクは拳、肘、膝、足で攻撃を行うことができる。つまり、手がふさがっていても素手打撃を行うことができる。また、素手で攻撃を行うモンクにとって利き手という概念は存在しない。すべての素手打撃のダメージに【筋力】ボーナスを適用できる。

通常、モンクの素手打撃は致傷ダメージを与えるが、代わりに非致傷ダメージを与えることを選択することもできる（ペナルティはない）。組みつきの際も、同様に致傷ダメージと非致傷ダメージのいずれを与えるかを選択できる。

モンクの素手打撃は、人工的武器や肉体武器を強化する呪文やその他の効果の適用に際しては、人工的武器であり、かつ肉体武器でもあるものとして扱う。

モンクが素手打撃によって与えるダメージは、通常人よりも大きい。「表3-14：モンク」に示す素手ダメージは中型サイズのモンクのものである。小型モンクの素手打撃が与えるダメージはこれより小さく、大型サイズのモンクならダメージはこれより大きい。詳しくは、右の「表：小型および大型サイズのモンクの素手打撃ダメージ」を参照のこと。

ボーナス特技：1レベル、2レベル、さらにその後4レベルごとに、モンクはボーナス特技を選択できる。このボーナス特技は以下のリストから選択しなければならない：《回避》、《組みつき強化》、《蠍の型》、《代用武器の巧み》、《万能投擲術》、《迎え討ち》、《矢止め》。

6レベルにおいて、リストには以下の特技が追加される：《足払い強化》、《強行突破》、《ゴルゴンの拳》、《突き飛ばし強化》、《武器落とし強化》、《フェイント強化》。

10レベルにおいて、以下の特技が追加される：《一撃離脱》、《クリティカル強化》、《メドゥサの怒り》、《矢つかみ》。

モンクはこれらの特技を選択する際に、特技の前提条件を満たしている必要はない。

朦朧化打撃（変則）：1レベルにおいて、ボーナス特技として《朦朧化打撃》を得る。この際、前提条件を満たしている必要はない。モンクは4レベルと以降の4レベルごとに、朦朧化打撃の標的を異なる状態に陥れることができるようになる。この状態は標的を1ラウンド朦朧化する効果と置き換えられるが、頑健セーヴで無効化できる点は朦朧化と同様である。4レベルでは、標的を疲労状態にする。8レベルでは、標的を1分の間不調状態にする。12レベルでは、標的を1d6+1ラウンドよろめき状態にする。16レベルでは、標的を永久的に盲目状態または聴覚喪失状態にする。20レベルでは、標的を1d6+1ラウンド麻痺状態にする。モンクは攻撃ロールを行う前に標的をどの状態にするのかを選択しなければならない。朦朧化打撃による同種の状態異常は累積しない（朦朧化打撃によって不調状態になった

表：小型および大型サイズのモンクの素手打撃ダメージ

レベル	ダメージ（小型モンク）	ダメージ（大型モンク）
1～3	1d4	1d8
4～7	1d6	2d6
8～11	1d8	2d8
12～15	1d10	3d6
16～19	2d6	3d8
20	2d8	4d8

クリーチャーが、再度朦朧化打撃を受けることで吐き気がする状態になったりはしない）。だが、二度目以降の同種の状態を与える朦朧化打撃は、その状態の持続時間を増加させる。

身かわし（変則）：2レベル以上のモンクは、一定範囲に効果のある攻撃によるダメージを避けることができる。通常なら反応セーヴに成功すればダメージを半減できるような攻撃を受けた際、反応セーヴに成功すれば、ダメージを半減するかわりにダメージを受けずに済むのである。身かわしはモンクが軽装鎧を着ているか、鎧を着ていない場合に使用できる。無防備状態のモンクは身かわしによる利益を受けられない。

高速移動（変則）：3レベルにおいて、モンクは地上移動速度に強化ボーナスを得る（表3-14：モンクを参照）。鎧を着たモンク、中荷重もしくは重荷重のモンクは、これによって向上したぶんの移動速度を失う。

戦技訓練（変則）：3レベルから、モンクは戦技ボーナスを計算する際に、基本攻撃ボーナスの代わりにモンク・レベルを使用する。他のクラスによって得られる基本攻撃ボーナスは影響を受けず、通常どおりに加算される。

不動心（変則）：3レベル以上のモンクは、心術呪文や心術の効果に対するセーヴィング・スローに+2のボーナスを得る。

気の蓄積（超常）：4レベルにおいて、モンクは気ポイントの蓄積を獲得する。気は超自然的なエネルギーであり、使用すれば驚くべき離れ業をやりおおせる。気の蓄積内のポイント数はモンク・レベルの1/2+【判断力】修正値に等しい。気の蓄積に1ポイントでも残っているなら、モンクは気打撃を行うことができる。4レベルでは、ダメージ減少を克服する際、気打撃は魔法の武器として扱われる。7レベルでモンクの素手打撃は、ダメージ減少を克服する際、冷たい鉄および銀の武器としても扱われる。10レベルでモンクの素手打撃は、ダメージ減少を克服する際、秩序属性の武器としても扱われる。16レベルでモンクの素手打撃は、ダメージ減少を克服する際にはアダマンティンの武器としても扱われ、またアダマンティンの武器同様に硬度を無視する。

連打を行っている時に気の蓄積から1ポイントを消費すると、モンクは自分の一番高い攻撃ボーナスを使用して1回の追加攻撃を行うことができる。また、1ポイントを消費して自分の速度を1ラウンドの間20フィート増加させることができる。さらに、気の蓄積から1ポイントを消費して1ラウンドの間自分のアーマー・クラスに+4の回避ボーナスを与えることができる。これらの能力の起動は即行アクションである。モンクはレベルが上昇すると、気の蓄積のポイントを消費して使う能力を追加

で獲得していく。

　気の蓄積は8時間の瞑想か休息後の朝ごとに補充される。いずれも連続した8時間である必要はない。

浮身（変則）： 4レベル以上のモンクは、腕の届く範囲に壁があれば、それを使って落下速度を軽減することができる。この能力を最初に得た時点では、落下した距離が実際より20フィート短いものとしてダメージを受ける。モンクが落下速度を軽減する能力（つまり、壁に近いところで実質的な落下距離を短いものとして扱う能力）はモンク・レベルが上昇するとともに向上する。20レベルではついに、最寄りの壁を利用して落下速度を軽減すれば、どれほどの距離を落下しても傷を負わなくなる。

大跳躍（変則）： 5レベルにおいて、モンクは跳躍の際に行う〈軽業〉技能判定に、自分のレベルを加えることができる。これには高飛びと幅跳びの両方が含まれる。加えて、〈軽業〉を使用して跳躍の判定を行う際は常に助走を行ったものとして扱う。即行アクションとして気の蓄積から1ポイントを消費すると、モンクは1ラウンドの間跳躍の際に行う〈軽業〉に＋20のボーナスを得る。

無病身（変則）： 5レベルにおいて、モンクはあらゆる病気（超自然的な、あるいは魔法的な病気を含む）に対する完全耐性を得る。

肉体の完成（超常）： 7レベル以上において、モンクは標準アクションとして自分自身の負傷を癒すことができる。気の蓄積から2ポイント消費することで、自分のモンク・レベルに等しい値のヒット・ポイントへのダメージを回復する。

身かわし強化（変則）： 9レベルにおいて、モンクの身かわし能力は強化される。攻撃に対する反応セーヴが成功した場合にダメージを受けないのは同じだが、それに加えて、セーヴに失敗した場合でも半分のダメージしか受けない。無防備状態のモンクは身かわし強化の効果を受けることができない。

金剛身（超常）： 11レベルにおいて、モンクはあらゆる種類の毒に対する完全耐性を得る。

縮地の法（超常）： 12レベル以上のモンクは、あたかも*ディメンジョン・ドア*の呪文を用いたかのように、空間の狭間に魔法的に滑り込むことができる。この能力の使用は移動アクションであり、気の蓄積から2ポイントを消費する。この効果の術者レベルは、使用者のモンク・レベルに等しい。モンクはこの能力の使用にあたって、他のクリーチャーを伴うことはできない。

金剛心（変則）： 13レベルにおいて、モンクは「現在のモンク・レベル＋10」に等しい値の呪文抵抗を得る。呪文がモンクに影響を及ぼすためには、術者は術者レベル判定（1d20＋術者レベル）を行って、モンクの呪文抵抗の値以上を出さねばならない。

激震掌（超常）： 15レベルになった時点で、モンクは他のクリーチャーの体内に振動波を送り込むことができるようになる。その後モンクが望む時に、この振動は致命的なものとなる。モンクは激震掌の能力を1日1回使用できるが、使用するときは攻撃ロールの前にその旨を宣言しなければならない。クリティカル・ヒットに完全耐性を持つクリーチャーは影響を受けない。それ以外の標的にモンクの攻撃が命中し、標的がその攻撃によってダメージを受けたのであれば、激震掌による攻撃は成功する。それ以降、モンク・レベルと同じ日数が経過するまでの

間であれば、モンクはいつでも標的となったクリーチャーを殺すことを試みてよい。試みるには、モンクは単に標的が死ぬことを念じるだけでよい（フリー・アクション）。犠牲者は頑健セーヴ（難易度10＋モンク・レベルの1/2＋モンクの【判断力】修正）に成功しない限り死亡する。セーヴに成功した場合、標的はその1回の激震掌による危険からは脱する。しかし、その後別の激震掌による攻撃の影響を受ける可能性はある。1人のモンクは同時に複数の激震掌の効果を維持することはできない。前の激震掌の効果が持続している間に別の激震掌を使用した場合、前の激震掌の効果は消える。

時知らずの肉体（変則）： 17レベルにおいて、モンクはもはや加齢による能力値へのペナルティを受けなくなり、魔法的に加齢されることもなくなる。ただし既にペナルティを受けている場合、それは残る。加齢によるボーナスは有効であり、また寿命が尽きれば老齢のために死亡する。

日月語（変則）： 17レベル以上のモンクはすべての生きているクリーチャーと会話できる。

虚身（超常）： 19レベルにおいて、モンクは1分間、*イセリアルネス*の呪文を使用したかのようにエーテル状態になることができる。この能力の使用は移動アクションであり、気の蓄積から3ポイントを消費する。この能力はモンク自身にしか使用できず、他のクリーチャーをエーテル状態にすることはできない。

即身成道： 20レベルの時点で、モンクは魔法的なクリーチャーとなる。モンクはこれ以後、永続的に、呪文や魔法的な効果においては、人型生物（あるいはそれ以外の本来のクリーチャー種別）ではなく来訪者として扱われる。加えて、ダメージ減少10／混沌を得る。これによって混沌属性を持たない武器や、同様のダメージ減少を持たないクリーチャーの肉体武器から受けるダメージのうち最初の10ポイントを無視する。他の来訪者と異なり、モンクは本来のクリーチャー種別に属しているかのように死から蘇ることができる。

元モンク

　秩序属性でなくなったモンクは、それ以上モンクとしてレベルを上げることはできない。しかし、既に得たモンクの能力はすべて保持する。

レンジャー

　狩りの喜びを知る者にとっては、世界には狩るものと狩られるものがあるのみだ。斥候であれ、追跡者であれ、賞金稼ぎであれ、レンジャーには多くの共通点がある。独特の武器の扱いへの習熟、巧みに逃げ回る獲物さえ追跡し追い詰める技能、様々な獲物を打ち倒す手練。知識に富み忍耐強く熟練した狩人であるレンジャーは、獣の洞察力、様々な環境での技術、致命傷をもたらす武勇の腕前を以って、人も獣も、怪物さえも追い詰める。ある者は辺境の村を守るため人食いのクリーチャーを追跡し、またある者はもっと狡猾な獲物——人々の中にまぎれた逃亡犯を捜し求める。

役割： レンジャーは近接攻撃か遠隔攻撃のいずれかに熟練した

遊撃兵であり、戦場で巧みに躍動することができる。彼らの能力は特定の種別の敵に重大な傷を負わせることができ、彼らの技能はあらゆる敵に対して有用である。

属性：すべて。

ヒット・ダイス：d10。

クラス技能

レンジャーのクラス技能は、以下の通り：〈威圧〉【魅】、〈隠密〉【敏】、〈騎乗〉【敏】、〈呪文学〉【知】、〈職能〉【判】、〈水泳〉【筋】、〈製作〉【知】、〈生存〉【判】、〈知覚〉【判】、〈知識：自然〉【知】、〈知識：ダンジョン探検〉【知】、〈知識：地理〉【知】、〈治療〉【判】、〈動物使い〉【魅】、〈登攀〉【筋】。

1レベル上昇毎の技能ランク：6＋【知力】修正値。

クラス特徴

レンジャーのクラスの特徴は以下の通り。

武器と防具の習熟：レンジャーはすべての単純武器と軍用武器、軽装鎧、中装鎧、盾（タワー・シールドを除く）に習熟している。

得意な敵（変則）：クラス・レベル1の時点で、レンジャーは表3-15：レンジャーの得意な敵からクリーチャー種別を1種類選択する。レンジャーは選択した種別のクリーチャーに対して〈知覚〉、〈知識〉、〈真意看破〉、〈生存〉、〈はったり〉技能を使用する際の判定に＋2のボーナスを得る。同様に、レンジャーはこうしたクリーチャーに対する武器の攻撃ロールとダメージ・ロールに＋2のボーナスを得る。レンジャーはこれらのクリーチャーを識別するための〈知識〉判定を、たとえ未修得であっても行うことができる。

クラス・レベル5の時点、および以後5レベル毎（レベル10、15、20の時点）に、レンジャーは得意な敵を追加で1つ選択できる。さらに、そのレベルにおいて得意な敵1つ（望むなら、新たに選択したばかりのものでも構わない）に対するボーナスも＋2上昇する。

人型生物または来訪者を得意な敵として選んだ場合、レンジャーは表に示されている通り、関連した副種別を1つ選択しなければならない（下記の表にあげられているのは一般的なものだけであり、**パスファインダーRPG ベスティアリ**にはそれ以外の副種別もあることに注意）。あるクリーチャーが2種類以上の得意な敵のカテゴリーに当てはまる場合、レンジャーのボーナスは累積しない。どちらか高い方のボーナスを用いるだけである。

追跡（変則）：レンジャーは痕跡をたどるための〈生存〉判定にクラス・レベルの半分に等しい値（最低1）を加える。

野生動物との共感（変則）：レンジャーは動物の"態度"を向上させることができる。この能力はNPCの態度を向上させるための〈交渉〉判定と同様に機能する（第4章を参照）。レンジャーは1d20をロールし、レンジャー・レベルと【魅力】修正値を加える。これが野生動物との共感判定の結果である。最初の態度は、通常の家畜の場合"中立的"、野生動物はたいてい"非友好的"である。

野生動物との共感を使うためには、レンジャーと動物が互い

を観察できる状態になければならない。これは通常の状況下では互いに30フィート以内にいなければならないことを意味する。通常この方法で動物の態度に影響を与えようとする行為は、人物に影響を与える場合と同様、1分間かかる。しかし状況によっては長くかかることも短くてすむこともある。

レンジャーはこの能力を【知力】能力値が1か2の魔獣に対しても使用できるが、その場合、判定に－4のペナルティが課される。

戦闘スタイル特技（変則）：クラス・レベル2の時点で、レンジャーは"弓術"と"二刀流"という2つの戦闘スタイルのどちらを極めようとするかを選択しなければならない。レンジャーの専門により、2レベル、6レベル、10レベル、14レベル、18レベルで得られるボーナス特技の種類が決定される。レンジャーはたとえ特技を修得するために必要な通常の前提条件を満たしていなくても、選択した戦闘スタイルの特技を選択できる。

"弓術"を選択した場合、レンジャーが戦闘スタイル特技を得る際には、以下の項目から選択できる：《遠射》、《近距離射撃》、《精密射撃》、《速射》。クラス・レベル6の時点で、《精密射撃強化》と《束ね射ち》が項目に追加される。クラス・レベル10の時点で、《機動射撃》と《針の目を通す狙い》が項目に追加される。

"二刀流"を選択した場合、レンジャーが戦闘スタイル特技を得る際には、以下の項目から選択できる：《盾攻撃強化》、《二重斬り》、《二刀流》、《早抜き》。クラス・レベル6の時点で、《二刀の守り》と《二刀流強化》が項目に追加される。クラス・レベル10の時点で、《上級二刀流》と《二刀のかきむしり》が項目に追加される。

レンジャーが選択した戦闘スタイル特技の利点は軽装鎧ないし中装鎧の着用時、または鎧を着用していない時にのみ適用される。重装鎧を着用している間、レンジャーは戦闘スタイル特技による利点をすべて失う。いったん選択した戦闘スタイルは変更することはできない。

表：レンジャーの得意な敵

種別（副種別）	種別（副種別）
アンデッド	人型生物（ハーフリング）
異形	人型生物（爬虫類）
植物	人型生物（その他の副種別）
人型怪物	フェイ
人造	魔獣
動物	蟲
粘体	来訪者（悪）
人型生物（エルフ）	来訪者（風）
人型生物（オーク）	来訪者（原住）
人型生物（巨人）	来訪者（混沌）
人型生物（ゴブリン類）	来訪者（善）
人型生物（水棲）	来訪者（地）
人型生物（ドワーフ）	来訪者（秩序）
人型生物（人間）	来訪者（火）
人型生物（ノーム）	来訪者（水）
人型生物（ノール）	竜

表3-15：レンジャー

レベル	基本攻撃ボーナス	頑健セーヴ	反応セーヴ	意志セーヴ	特殊	一日の呪文数（呪文レベル）			
						1	2	3	4
1	+1	+2	+2	+0	得意な敵（1つ目）、追跡、野生動物との共感	—	—	—	—
2	+2	+3	+3	+0	戦闘スタイル特技	—	—	—	—
3	+3	+3	+3	+1	《持久力》、得意な地形（1つ目）	—	—	—	—
4	+4	+4	+4	+1	狩人の絆	0	—	—	—
5	+5	+4	+4	+1	得意な敵（2つ目）	1	—	—	—
6	+6／+1	+5	+5	+2	戦闘スタイル特技	1	—	—	—
7	+7／+2	+5	+5	+2	森渡り	1	0	—	—
8	+8／+3	+6	+6	+2	迅速なる追跡、得意な地形（2つ目）	1	1	—	—
9	+9／+4	+6	+6	+3	身かわし	2	1	—	—
10	+10／+5	+7	+7	+3	得意な敵（3つ目）、戦闘スタイル特技	2	1	0	—
11	+11／+6／+1	+7	+7	+3	獲物	2	1	1	—
12	+12／+7／+2	+8	+8	+4	カモフラージュ	2	2	1	—
13	+13／+8／+3	+8	+8	+4	得意な地形（3つ目）	3	2	1	0
14	+14／+9／+4	+9	+9	+4	戦闘スタイル特技	3	2	1	1
15	+15／+10／+5	+9	+9	+5	得意な敵（4つ目）	3	2	2	1
16	+16／+11／+6／+1	+10	+10	+5	身かわし強化	3	3	2	1
17	+17／+12／+7／+2	+10	+10	+5	影隠れ	4	3	2	1
18	+18／+13／+8／+3	+11	+11	+6	得意な地形（4つ目）、戦闘スタイル特技	4	3	2	2
19	+19／+14／+9／+4	+11	+11	+6	獲物強化	4	3	3	2
20	+20／+15／+10／+5	+12	+12	+6	得意な敵（5つ目）、狩人の極み	4	4	3	3

《持久力》：クラス・レベル3の時点で、レンジャーはボーナス特技として《持久力》を得る。

得意な地形（変則）：クラス・レベル3の時点で、レンジャーは表：得意な地形から地形を1種類選択する。レンジャーは選択した地形にいる時、イニシアチブ判定と〈隠密〉、〈生存〉、〈知覚〉、〈知識：地理〉技能を使用する際の判定に＋2のボーナスを得る。レンジャーが得意な地形を旅する時、痕跡を残さなくなり、彼を追跡することは不可能になる（とはいえ望むのなら痕跡を残すこともできる）。

クラス・レベル8の時点、および以後5レベル毎に、レンジャーは得意な地形を追加で1つ選択できる。加えて、それと同じレベルの時点で、得意な地形1つ（望むなら、新たに選択したばかりのものでも構わない）に対する技能ボーナスとイニシアチブへのボーナスに＋2する。

表：得意な地形

寒冷地（氷原、氷河、雪原、ツンドラ）
荒野（砂地と砂漠）
山岳（丘陵を含む）
湿地
ジャングル
森林（針葉樹林と落葉樹林）
平地
他次元界（物質界以外の1つを選択）
地下（洞窟とダンジョン）
都市（建造物、路上、下水道）
水界（水上と水中）

ある地形が2種類以上の得意な地形のカテゴリーに当てはまる場合、レンジャーのボーナスは累積しない。どちらか高い方のボーナスを用いるだけである。

狩人の絆：クラス・レベル4の時点で、レンジャーは狩りの仲間と絆を結ぶ。これは以下の2つからいずれかを選択する。ひとたび選択したら、変更することはできない。1つ目は仲間との絆である。この絆を持つレンジャーが移動アクションを消費することにより、30フィート以内にいて自分を見るか聞くかできる状態にあるすべての味方は、1体の敵に対するそのレンジャーが有する得意な敵ボーナスの半分を得る。このボーナスはレンジャーの【判断力】修正値に等しいラウンド（最低1ラウンド）継続する。このボーナスは味方がすでに有している得意な敵ボーナスとは累積しない。いずれか高い方だけが用いられる。

2つ目の選択肢は動物の相棒との絆である。レンジャーは以下の項目から動物の相棒を選択する：ウルフ、キャット（スモール）、キャメル、スネーク（ヴァイパーまたはコンストリクター）、ダイア・ラット、ドッグ、バジャー、バード、ホース（ライトまたはヘヴィ）、ポニー。キャンペーンの舞台全体またはその一部を水界の地形が占めているなら、シャークを選択することもできる。これらの動物はその種類に応じてレンジャーの冒険に同行する忠実な相棒である。レンジャーの動物の相棒は、レンジャーの得意な敵ボーナスと得意な地形ボーナスを共有する。

この能力はドルイドの動物の相棒（クラス特徴の自然の絆の一部）と同様に機能するが、レンジャーの有効ドルイド・レベルはレンジャー・レベル−3として扱う点で異なる。

呪文：クラス・レベル4以降、レンジャーは少数ながらも呪文を発動する能力を得る。レンジャーの発動する呪文は信仰呪文であり、第10章のレンジャー用呪文リストから選択する。レンジャーは事前に呪文を選択して準備しておかなければならない。

呪文を準備または発動するには、レンジャーは最低でも10＋その呪文レベルに等しい【判断力】能力値を有していなければならない。レンジャーの呪文に対するセーヴィング・スローの難易度は10＋呪文レベル＋レンジャーの【判断力】修正値である。

他の呪文の使い手と同様、レンジャーは各呪文レベルの呪文を、1日に一定の回数ずつしか発動できない。1日に発動できる呪文の数の基本値は、表3-15：レンジャーの"1日の呪文数"の項に記されている。高い【判断力】能力値を持つならば、レンジャーは1日の呪文数にボーナス呪文数を加えることができる（表1-3：能力値修正とボーナス呪文数参照）表3-15：レンジャーで1日の呪文数が0と記されている呪文レベルの呪文は、その呪文レベルに【判断力】によるボーナス呪文が得られる場合にのみ発動できる。

レンジャーが1日の呪文数を回復するためには、毎日1時間かけて静かに瞑想しなければならない。レンジャーは自分の発動できる呪文レベルの呪文ならば、レンジャー呪文リストの中からどれでも好きなものを準備し、発動することができる。ただし、準備する呪文の選択は、毎日の瞑想時間中に行わなければならない。

クラス・レベル3まで、レンジャーに術者レベルはない。クラス・レベル4以上のレンジャーは、レンジャー・レベル-3の術者レベルを持つ。

森渡り（変則）：クラス・レベル7以降、レンジャーはどんな藪（自然のイバラや野バラの茂み、植物の生い茂った範囲や類似の地形）の中でも、通常の速度で、ダメージやその他の不利益を被ることなく移動できる。

ただし、動きを妨げるために魔法的に操作されているイバラや野バラの茂み、植物の生い茂った範囲の作用は受ける。

迅速なる追跡（変則）：クラス・レベル8以降、レンジャーは通常の速度で移動しながら追跡するための〈生存〉判定を行っても、通常の-5ペナルティを負わずにすむようになる。また、通常の2倍の速度で移動しながら追跡を行っても、（通常の-20ではなく）-10ペナルティを受けるだけですむ。

身かわし（変則）：クラス・レベル9に達した時点で、レンジャーは超人的な身のこなしにより、魔法の攻撃や尋常ならざる攻撃さえ回避できるようになる。普通なら反応セーヴに成功することでダメージを半減できる攻撃の対象となった場合、レンジャーはセーヴィング・スローに成功すればダメージをまったく受けずにすむ。身かわし能力は、レンジャーが軽装鎧または中装鎧を着ている時か、鎧を着用していない時にのみ使用できる。無防備状態のレンジャーは、身かわし能力の利益を受けることはできない。

獲物（変則）：クラス・レベル11の時点で、レンジャーは標準アクションを使用して視線の通っている目標1体を自分の"獲物"に指定することができる。レンジャーは獲物を追跡する際の〈生存〉判定において、通常の速度で移動しながら何らペナルティを負わずに出目10をとることができる。さらに獲物に対する攻撃ロールに+2の洞察ボーナスを得、また攻撃ロールがクリティカル可能状態になった時は自動的にクリティカル・ヒットとなる。レンジャーは一度に2体以上の獲物を持つことはできない。また指定しようとするクリーチャーの種別は得意な敵の種別と一致していなければならない。この効果はいつでもフリー・アクションで中止することができるが、それから24時間の間新しい獲物を指定することはできない。レンジャーが獲物が死亡したという証拠を見た場合は、1時間後に新しい獲物を選択できるようになる。

カモフラージュ（変則）：クラス・レベル12以上のレンジャーは、自分の得意な地形であればどんなところででも〈隠密〉技能を使用できる。地形は遮蔽や視認困難を与えるものでなくても構わない。

身かわし強化（変則）：クラス・レベル16の時点で、レンジャーの身かわしは強化される。この能力は身かわしと同様に働く。反応セーヴに成功することでダメージを半減できる攻撃の対象となった場合に、セーヴィング・スローに成功すればダメージをまったく受けずにすむという点は変わらないが、セーヴィング・スローに失敗した場合にも半分のダメージを受けるだけですむようになる。無防備状態のレンジャーは、身かわし強化の利益を受けることはできない。

影隠れ（変則）：クラス・レベル17以上のレンジャーは、どんなものであれ自分の得意な地形にいるのであれば、衆人環視の中でも〈隠密〉技能を使用できる。

獲物強化（変則）：クラス・レベル19の時点で、レンジャーの“獲物”を狩る能力は強化される。以後レンジャーは獲物をフリー・アクションで指定することができ、また獲物を追跡する際の〈生存〉判定において、ペナルティなしで通常の速度で移動しながら出目20をとることができる。獲物に対する攻撃ロールの洞察ボーナスは＋4に上昇する。獲物を殺されるか見失った場合、10分間経過すれば新しい獲物を選択できるようになる。

狩人の極み（変則）：クラス・レベル20のレンジャーは狩りの極意をつかむ。レンジャーは全力移動で追跡を行っても、〈生存〉判定にペナルティを受けない。レンジャーは得意な敵に対し、標準アクションで最も高い攻撃ボーナスを用いて1回の攻撃を行うことができる。命中すれば通常のダメージを与え、かつ目標が頑健セーヴに失敗すれば死亡させる。このセーヴの難易度は10＋レンジャー・レベルの半分＋レンジャーの【判断力】修正値に等しい。死亡させる代わりにクリーチャーの現在のヒット・ポイントに等しい非致傷ダメージを与えることを選択してもよい。レンジャーはこの能力を得意な敵の種別ごとに1日1回使用できるが、同じクリーチャーに対しては24時間に1回しか使えない。

ローグ

自らの機知に頼って生きる者にとって、人生とは終わりなき冒険である。危険に向かって一歩を踏み出す時、ローグはいつでも己の抜け目無さ、技、魅力を頼りに、自分の方に運命を引き寄せる。何が待ち受けているかがまったくわからないような時も、彼らはすべてに対して備えている。幅広い技能を身につけ、正確な指先や敏速な軽業、密やかな追跡、その他多くの職能や技の鍛錬を行うことによって。盗賊と博徒、ペテン師と交渉人、山賊と賞金稼ぎ、探検家と探偵――これらはすべてローグと考えてよい。自分の機知、腕前、幸運を頼りとする、他の数え切れないほどの稼業もまた同じである。ローグの多くは文明のもたらす数え切れない利便と都市を好む。しかし、見知らぬ人々と出会い、驚異的な財宝への到る途上にある驚くべき危険に立ち向かうため、はるか遠くを旅し、旅から旅の生活を送るローグもいる。結局のところ、自分自身のやり方で運命を築き上げ、その人生を生きる者は、誰であれローグと呼ばれることになる。

役割：ローグは敵に見つからないよう動き、気付かれないうちに相手を討つことに優れており、正面切っての戦闘を避ける傾向にある。多彩な技能と能力のおかげで、彼らは非常に多芸多才であり、ローグによって何を専門とするかは大いに違いが出てくる。しかしながら、ほとんどの者は、あらゆるタイプの障害を打破することに抜きん出ている。閉ざされた扉を開き、罠を解除し、やっかいな魔法を出し抜き、間抜けな敵を手玉に取るのだ。

属性：すべて。

ヒット・ダイス：d8。

クラス技能

ローグのクラス技能は以下の通り。〈威圧〉【魅】、〈隠密〉【敏】、〈軽業〉【敏】、〈鑑定〉【知】、〈芸能〉【魅】、〈言語学〉【知】、〈交渉〉【魅】、〈職能〉【判】、〈真意看破〉【判】、〈水泳〉【筋】、〈製作〉【知】、〈装置無力化〉【敏】、〈脱出術〉【敏】、〈知覚〉【判】、〈知識：ダンジョン探検〉【知】、〈知識：地域〉【知】、〈手先の早業〉【敏】、〈登攀〉【筋】、〈はったり〉【魅】、〈変装〉【魅】、〈魔法装置使用〉【魅】。

1レベル上昇毎の技能ランク：8＋【知】修正値。

クラス特徴

ローグのクラスの特徴は以下の通り。

武器と防具の習熟：ローグはすべての単純武器に加え、サップ、ショートソード、ショートボウ、ハンド・クロスボウ、レイピアに習熟している。ローグは軽装鎧に習熟しているが、盾には習熟していない。

急所攻撃：自分の身を効果的に守れない状況にある敵を攻撃できれば、ローグはその敵の急所をつくことで追加ダメージを与えることができる。

基本的に、ローグの目標がアーマー・クラスに【敏捷力】ボーナスを加えられない状態にある時（目標が実際に【敏捷力】ボーナスを持っているかどうかは関係ない）、またはローグが目標を挟撃した時、ローグの攻撃は常に追加ダメージを与える。この追加ダメージはクラス・レベル1の時点で＋1d6、以降ローグ・レベル2ごとに＋1d6ずつ増加する。ローグが急所攻撃によりクリティカル・ヒットを与えたとしても、この追加ダメージにクリティカル倍率は適用されない。遠隔攻撃は目標が30フィート以内にいる場合にのみ急所攻撃とみなされる。

非致傷ダメージを与える武器（サップ、ウィップ、素手打撃など）を用いれば、ローグは急所攻撃で致傷ダメージではなく非致傷ダメージを与えることができる。ただし急所攻撃を行う場合、たとえ通常の－4ペナルティを負ったとしても、致傷ダメージを与える武器を非致傷ダメージを与えるために用いることはできない。

ローグは急所を見極める程度にはっきりと敵を目視しておらねばならず、また相手の急所に届く攻撃手段を持っていなけれ

ばならない。ローグは視認困難を有するクリーチャーに急所攻撃を行うことはできない。

罠探し：ローグは〈装置無力化〉技能判定と罠を探すための〈知覚〉技能判定にクラス・レベルの1/2（最低1）を加える。ローグは〈装置無力化〉技能を用いて魔法的な罠を解除できる。

身かわし（変則）：クラス・レベル2以上のローグは、超人的な身のこなしにより、魔法の攻撃や尋常ならざる攻撃さえ回避できるようになる。普通なら反応セーヴに成功することでダメージを半減できる攻撃の対象となった場合、ローグはセーヴィング・スローに成功すればダメージをまったく受けずにすむ。身かわし能力は、ローグが軽装鎧を着ているときか、鎧を着用していない時にのみ使用できる。無防備状態のローグは、身かわし能力の利益を得ることはできない。

ローグの技：ローグは経験を積むにつれ、自らの助けとなり、また敵を困惑させるような様々な技を身につける。クラス・レベル2のローグはローグの技を1つ得る。以降2レベルごとに追加のローグの技を獲得していく。基本的に、ローグは同じ技を2回以上得ることはできない。

アスタリスク（*）のついた技は、急所攻撃に何らかの効果を付与する。これらの技は1回の攻撃につき1種類しか適用することはできず、攻撃ロールの前にどの技を使用するか決定しなければならない。

下級魔法使用（擬呪）：この技を持つローグはウィザード／ソーサラーの呪文リストにある0レベル呪文のうちの1つを発動する能力を得る。この呪文は1日に3回、擬似呪文能力として使用できる。この能力における術者レベルはローグ・レベルに等しい。この呪文のセーヴ難易度は、10＋ローグの【知力】修正値である。この技を選択するローグの【知力】は10以上なければならない。

回復力（変則）：この能力を持つローグは、1日1回、ローグ・レベルに等しい一時的ヒット・ポイントを得る。この能力は、ヒット・ポイントが0未満になった時に、割り込みアクションで起動される。この能力によりローグは死を免れることができる。この一時的ヒット・ポイントは1分間持続する。一時的ヒット・ポイントの消失により、ローグのヒット・ポイントが0未満になった時、ローグは通常通り瀕死状態または死亡状態になる。

高速隠密（変則）：この能力を持つローグは、〈隠密〉技能を使いながらペナルティ無しで通常の速度で移動できる。

出血攻撃*（変則）：この能力を持つローグは、生きている敵に急所攻撃を命中させることで出血させることができる。この攻撃は、ローグの急所攻撃のダイス数に等しい追加ダメージを毎ラウンド目標に与える（たとえば、追加ダメージが＋4d6なら4ポイントの出血）。出血状態のクリーチャーは、それぞれのターンを開始した時にこのダメージを受ける。出血状態は難易度15の〈治療〉判定か、ヒット・ポイントのダメージを回復させる何らかの効果の適用により止めることができる。この能力による出血ダメージは累積しない。出血ダメージはクリーチャーが有するすべてのダメージ減少能力を克服する。

上級魔法使用（擬呪）：この技を持つローグは、1日2回、ウィザード／ソーサラーの呪文リストにある1レベル呪文のうちの1つを擬似呪文能力として使うことができる。この能力における術者レベルはローグ・レベルに等しい。この呪文のセーヴ難易度は、11＋ローグの【知力】修正値である。この能力を選択するローグの【知力】は11以上なければならず、また下級魔法使用を持っていなければならない。

迅速解除（変則）：この能力を持つローグは、通常の半分の時間（最低1ラウンド）で〈装置無力化〉技能を用いて罠を解除できる。

戦闘技術：この技を選択したローグは、ボーナス戦闘特技（第5章を参照）を1つ得る。

鈍らせ*（変則）：ローグの急所攻撃によりダメージを負った敵は、1ラウンドの間機会攻撃を行うことができなくなる。

這い進み（変則）：この能力を持つローグは、伏せ状態のまま、通常の半分のスピードで移動できる。この移動は通常通り機会攻撃を誘発する。この技を持つローグは這い進みで5フィート・ステップを行うことができる。

跳ね起き（変則）：この能力を持つローグは、フリー・アクションで伏せ状態から立ち上がることができる。これは通常通り機会攻撃を誘発する。

不意討ち攻撃（変則）：この能力を持つローグは、不意討ちラウンドの間、敵がすでに行動していた後であっても相手を立ちすくみ状態とみなすことができる。

武器訓練：この技を選択したローグは、ボーナス特技として《武器熟練》を得る。

屋根歩き（変則）：この能力を持つローグは、〈軽業〉技能を使いながら狭い表面の上をペナルティ無しで通常の速度で移動できる。加えて〈軽業〉技能を使いながら狭い表面の上を移動しても、立ちすくみ状態にならない。

ローグの妙技：この技を選択したローグは、ボーナス特技として《武器の妙技》を得る。

罠見抜き（変則）：この技を持つローグは、罠から10フィート以内を通りかかっただけで、即座に罠を感知するための〈知覚〉判定を行うことができる。この判定はGMが密かに行うべきである。

罠感知（変則）：クラス・レベル3以降、ローグは直感的に罠の危険を警戒する能力を身につけ、罠を避けるための反応セーヴに＋1のボーナスを、罠からの攻撃に対するアーマー・クラスに＋1の回避ボーナスを得る。このボーナスはローグ・レベルが6に達した時点で＋2、レベル9に達した時点で＋3、レベル12に達した時点で＋4、レベル15に達した時点で＋5、レベル18に達した時点で＋6に上昇する。

複数のクラスで得た罠感知のボーナスは累積する。

直感回避（変則）：クラス・レベル4以降、ローグはまだ気付いてもいないうちから危険に対処するという、通常なら不可能な行為を可能とする能力を獲得する。彼女は、たとえ不可視状態の敵に攻撃されたとしてさえ立ちすくみ状態にならず、またアーマー・クラスに対する【敏捷力】ボーナスを失わない。とはいえ、動けない状態になれば、やはりアーマー・クラスへの【敏捷力】ボーナスは失われてしまう。また敵がフェイントを

表3-16：ローグ

レベル	基本攻撃ボーナス	頑健セーヴ	反応セーヴ	意志セーヴ	特殊
1	+0	+0	+2	+0	急所攻撃+1d6、罠探し
2	+1	+0	+3	+0	身かわし、ローグの技
3	+2	+1	+3	+1	急所攻撃+2d6、罠感知+1
4	+3	+1	+4	+1	ローグの技、直感回避
5	+3	+1	+4	+1	急所攻撃+3d6
6	+4	+2	+5	+2	ローグの技、罠感知+2
7	+5	+2	+5	+2	急所攻撃+4d6
8	+6／+1	+2	+6	+2	直感回避強化、ローグの技
9	+6／+1	+3	+6	+3	急所攻撃+5d6、罠感知+3
10	+7／+2	+3	+7	+3	上級の技、ローグの技
11	+8／+3	+3	+7	+3	急所攻撃+6d6
12	+9／+4	+4	+8	+4	ローグの技、罠感知+4
13	+9／+4	+4	+8	+4	急所攻撃+7d6
14	+10／+5	+4	+9	+4	ローグの技
15	+11／+6／+1	+5	+9	+5	急所攻撃+8d6、罠感知+5
16	+12／+7／+2	+5	+10	+5	ローグの技
17	+12／+7／+2	+5	+10	+5	急所攻撃+9d6
18	+13／+8／+3	+6	+11	+6	ローグの技、罠感知+6
19	+14／+9／+4	+6	+11	+6	急所攻撃+10d6
20	+15／+10／+5	+6	+12	+6	打撃の極み、ローグの技

成功させた場合（第8章を参照）、やはりアーマー・クラスへの【敏捷力】ボーナスは失われる。

ローグがすでに他のクラスで直感回避を獲得していた場合、直感回避の代わりに直感回避強化（後述）を獲得する。

直感回避強化（変則）：クラス・レベル8以降、ローグは挟撃されなくなる。

この能力を持つローグに対して、他のローグは挟撃による急所攻撃を行うことができない。ただし、ローグのクラス・レベルが、目標のローグ・レベルより4以上高い場合、ローグは挟撃（および急所攻撃）を行うことができる。

他のクラスで得た直感回避（前述）の代わりとして自動的に直感回避強化を獲得したキャラクターは、ローグに挟撃されるかどうかを判断する際、直感回避を授けるクラスのクラス・レベルをすべて累積させることができる。

上級の技：クラス・レベル10に達した時点、および以降2レベルごとに、ローグはローグの技の代わりに、以下の選択肢の中から選んだ上級の技を1つ獲得することができる。

追い討ち（変則）：ローグは1ラウンドに1回、敵が他のキャラクターからの近接攻撃でダメージを受けた直後に、その敵に対して機会攻撃を行うことができる。この攻撃は、そのラウンドにおけるローグの機会攻撃の回数に数えられる。《迎え討ち》の特技を持つローグでも、追い討ちの能力を1ラウンドに2回以上使用することはできない。

解呪攻撃*（超常）：この能力を持つローグから急所攻撃のダメージを受けた敵は、その敵に作用しているうちで最低のレベルの呪文を目標とした、目標型ディスペル・マジックの効果を受ける。この能力の術者レベルはローグ・レベルに等しい。解

呪攻撃を選択するローグは上級魔法使用を持っていなければならない。

技能体得：ローグはある特定の技能の使用に関して揺るぎない自信を持つに至り、不利な状況にあっても確実に技能を使うことができる。

この能力を獲得したローグは、3+【知力】修正値に等しい数の技能を選択する。ローグは選択した技能の判定を行う際、たとえ精神的重圧を受けたり気が散ったりする状況にあっても、技能判定で"出目10"ができるようになる。ローグは技能体得を複数回得ることにより、さらに多くの技能にこの能力を適用することができる。

弱体化打撃*（変則）：この能力を持つローグの急所攻撃は正確無比であり、傷つけた敵の動きを鈍らせ弱体化することができる。急所攻撃によりダメージを受けた敵は、さらに2ポイントの【筋力】ダメージを受ける。

心術破り（変則）：この能力により、ローグは魔法的効果による支配や強制力から逃れることができる。心術破りの能力を持つローグが心術の呪文や効果の作用を受け、セーヴィング・スローに失敗した場合、1ラウンド後に同じ難易度で再度セーヴを行うことができる。追加でセーヴィング・スローを行う機会は、この1回のみである。

打撃のいなし（変則）：この上級の技を持つローグは、命取りになりかねない一撃を受けた時に体をひねってダメージを軽減することができる。1日1回、戦闘によるダメージ（これは武器やそのほかの打撃によるダメージであり、呪文や特殊能力によるダメージは含まない）を受けてヒット・ポイントが0以下に減少しそうになったローグは、そのダメージに対して、体を

ひねって打撃の力を逃そうと試みることができる。この能力の使用に当たって、ローグは受けたダメージを難易度とする反応セーヴを行わなければならない。セーヴに成功した場合、ローグはその打撃から半分のダメージを受けるだけですむ。セーヴに失敗した場合はそのままのダメージを受ける。打撃のいなしを行うためには、ローグはその攻撃に気付いていて、対応を取れる状態になければならない――つまり、アーマー・クラスへの【敏捷力】ボーナスを失った状態のときは、この能力を使用できない。この能力の効果は"普通なら反応セーヴに成功することでダメージを半減できる攻撃"には当てはまらないので、ローグの身かわし能力を打撃のいなしに適用することはできない。

　特技：ローグはローグの技のかわりに前提条件を満たしている特技を1つ得る。

　身かわし強化（変則）：この能力は身かわしと同様に働く。反応セーヴに成功することでダメージを半減できる攻撃の対象となった場合に、セーヴィング・スローに成功すればダメージをまったく受けなくなるという点は変わらないが、セーヴィング・スローに失敗した場合にも半分のダメージを受けるだけですむようになる。無防備状態のローグは身かわし強化の利益を得ることはできない。

　打撃の極み（変則）：クラス・レベル20に達した時点で、急所攻撃を行うローグは信じられないほど危険な存在になる。ローグが急所攻撃ダメージを与えるたびに、以下の3種の効果の中から1つを選択する：1d4時間睡眠状態、2d6ラウンド麻痺、死亡。いずれの効果を選択しても、目標は頑健セーヴに成功すれば追加効果を無効にできる。難易度は、10＋クラス・レベルの1/2＋ローグの【知力】修正値である。ひとたび打撃の極みの目標となったクリーチャーは、セーヴが成功したか否かにかかわらず、24時間の間そのローグの打撃の極み攻撃に完全耐性を持つ。急所攻撃に完全耐性を持つクリーチャーはこの能力にも完全耐性を持つ。

4 技能

シーラはこれまで、数多くの試練に直面してきた。信仰、勇敢さ、そして武勇。

しかし今、眼前に迫る巨大なデザート・ワームの顎——暗く、確実な死の前にあって、彼女が直面しているのは、経験してきたものとはまったく別の試練だった。

試されているのは勇気ではない。知識だ。石のような外皮、巻いたとぐろは寺院の伽藍と見まごうようだが、その内側はやわらかく弱いはず。

化け物のまえにすっくと立つと、シーラは考えるより先に動いていた。彼女の口から小さい祈りが漏れる——武勇の女神アイオメデイよ！　我に生き延びる術を与えたまえ！

技能は、君のキャラクターが持つ最も基礎的な、しかし重要な能力を表したものである。キャラクターがレベルを上昇させると、新しい技能を獲得したりすでに持っている技能を上達させることができる。

技能を得る

キャラクターは、レベルごとに（クラスに応じた数値＋【知力】修正値）の技能ランクを得る。技能に割り振ったランクはその技能の訓練度合いを表している。君は自分のヒット・ダイスの合計数よりも多いランクを技能に割り振ることはできない。また、それぞれのクラスには、クラス技能と呼ばれる技能が決められている。こうした技能はキャラクターの専門的訓練と継続的な実践の一部を表しており、容易に熟達できるものである。君はランクを割り振ったクラス技能すべてに＋3のボーナスを得る。ただし、複数のクラスを有していて、ある1つの技能に複数回クラス技能ボーナスが得られる場合、このボーナスは累積しない。

基本となるクラスのレベルが上昇した時に得られる技能ランク数は、表4-1に示されている。人間はクラス・レベルごとに1ポイントの追加の技能ランクを得る。適性クラスのレベルを上げたキャラクターは、追加で1ポイントの技能ランクを得るか、追加で1ポイントのヒット・ポイントを得るかを選ぶことができる（p.30参照）。新しいクラスのレベルを得た場合、君のクラス技能リストにそのクラス技能すべてが自動的に加えられ、そうした技能にランクを割り振った場合＋3のボーナスを得られるようになる。

表4-1：技能ランク

クラス	レベルごとの技能ポイント
ウィザード	2＋【知力】修正値
クレリック	2＋【知力】修正値
ソーサラー	2＋【知力】修正値
ドルイド	4＋【知力】修正値
バード	6＋【知力】修正値
バーバリアン	4＋【知力】修正値
パラディン	2＋【知力】修正値
ファイター	2＋【知力】修正値
モンク	4＋【知力】修正値
レンジャー	6＋【知力】修正値
ローグ	8＋【知力】修正値

表4-2：技能判定ボーナス

技能	技能判定値*
未修得	1d20＋能力修正値＋種族修正値
修得済	1d20＋技能ランク＋能力修正値＋種族修正値
修得済のクラス技能	1d20＋技能ランク＋能力修正値＋種族修正値＋3

*【筋力】および【敏捷力】に基づく技能には防具による判定ペナルティが適用される。

技能判定

キャラクターが技能を使う際には、成功が保証されているわけではない。成功したかを判断するため、技能を用いる際には常に技能判定を行わなければならない。

技能を用いた判定には、その技能1ランクにつき＋1のボーナスが入る。技能判定を行う際には1d20をロールし、自分のランクと適切な能力修正値を判定結果に加える。使用する技能がクラス技能で、かつ、その技能のランクを取っていた場合、君はその判定に＋3のボーナスを得る。その技能が未修得であるが、その技能が未修得でも使用可能なものであれば、技能判定を試みることはできる。ただし、その判定の修正は関連能力修正値からのボーナス（またはペナルティ）を用いるのみである。さらに、技能はさまざまな原因で修正を受ける――種族、クラス能力、装備、呪文の効果、魔法のアイテムなどといったものだ。技能判定へのボーナスについては表4-2に要約してある。

技能判定の結果が作業の難易度（DC）以上であった場合、君は成功を収め、その試みを完了させる。難易度を下回った場合は失敗する。作業の中には、判定結果が必要な難易度をどれだけ上回ったり下回ったりしたかにより、成功や失敗の度合いが変化するものがある。目標の技能判定との対抗判定となるものもある。対抗技能判定を行う際には、君の判定結果が目標の結果を上回った場合に成功となる。

出目10と出目20

技能判定とは、普通は何か気を散らすものや時間的な制限などがあって、その中で何らかの目標を達成しようとする試みを表す。しかし、時には技能をより有利な条件下で使い、成功率を上げることができる。

出目10：危険や気を散らすものがない場合、君は"出目10"を選択することができる。技能判定のために1d20をロールする代わりに、単に10の目が出たものとして結果を計算すること。決まりきった作業の多くは"出目10"で自動的に成功させることができる。気を散らすことや脅威となるもの（戦闘など）があれば、"出目10"は選択できない。ほとんどの場合、"出目10"は単に安全のためにやるものである。「平均程度の目を出せば成功するとわかっている（または成功しそうだと思っている）が、間違って低い目を出せば失敗してしまうから、平均的な目（10）が出たことにする」というものなのだ。"出目10"はとりたてて高い目を出さなくてもいい場合に特に役立つだろう。

出目20：キャラクターに充分な時間があり、気を散らすことや脅威になるものがなく、さらにその技能に失敗した場合の罰則がまったくない場合、君は"出目20"を選択することができる。言い換えれば、充分に時間をかければいつかは20の目を出すことができるというものである。技能判定のために1d20をロールする代わりに、単に20の目が出たものとして結果を判定すること。

"出目20"というのは、うまくいくまで何度でも試すことを意味し、つまり成功までに何回も失敗しているということである。"出目20"には、1回の判定を行うのにかかる時間の約20倍の時間を要する（通常なら1ラウンド以下で実行できる技能であれ

表4-3：技能の概要

技能	ウィザード	クレリック	ソーサラー	ドルイド	バード	バーバリアン	パラディン	ファイター	モンク	レンジャー	ローグ	未修得	対応能力値
〈威圧〉	—	—	C	—	C	C	—	C	C	C	C	可	【魅】
〈隠密〉	—	—	—	—	C	—	—	—	C	C	C	可	【敏】*
〈軽業〉	—	—	—	—	C	C	—	—	C	—	C	可	【敏】*
〈鑑定〉	C	C	C	—	C	—	—	—	—	—	C	可	【知】
〈騎乗〉	—	—	—	C	—	C	C	C	C	C	—	可	【敏】*
〈芸能〉	—	—	—	—	C	—	—	—	C	—	C	可	【魅】
〈言語学〉	C	C	—	—	C	—	—	—	—	—	C	不可	【知】
〈交渉〉	—	C	—	—	C	—	C	—	—	—	C	可	【魅】
〈呪文学〉	C	C	C	C	C	—	C	—	—	C	—	不可	【知】
〈職能〉	C	C	C	C	C	—	C	C	C	C	C	不可	【判】
〈真意看破〉	—	C	—	—	C	—	C	—	C	—	C	可	【判】
〈水泳〉	—	—	—	C	—	C	—	C	C	C	C	可	【筋】*
〈製作〉	C	C	C	C	C	C	C	C	C	C	C	可	【知】
〈生存〉	—	—	—	C	—	C	—	C	—	C	—	可	【判】
〈装置無力化〉	—	—	—	—	—	—	—	—	—	—	C	不可	【敏】*
〈脱出術〉	—	—	—	—	C	—	—	—	C	—	C	可	【敏】*
〈知覚〉	—	—	—	C	C	C	—	—	C	C	C	可	【判】
〈知識：貴族〉	C	C	—	—	C	—	C	—	—	—	—	不可	【知】
〈知識：工学〉	C	—	—	—	C	—	—	C	—	—	—	不可	【知】
〈知識：次元界〉	C	C	—	—	C	—	—	—	—	—	—	不可	【知】
〈知識：自然〉	C	—	—	C	C	C	—	—	—	C	—	不可	【知】
〈知識：宗教〉	C	C	—	—	C	—	C	—	C	—	—	不可	【知】
〈知識：神秘学〉	C	C	C	—	C	—	—	—	—	—	—	不可	【知】
〈知識：ダンジョン探検〉	C	—	—	—	C	—	—	C	—	C	C	不可	【知】
〈知識：地域〉	C	—	—	—	C	—	—	—	—	—	C	不可	【知】
〈知識：地理〉	C	—	—	C	C	—	—	—	—	C	—	不可	【知】
〈知識：歴史〉	C	C	—	—	C	—	—	—	C	—	—	不可	【知】
〈治療〉	—	C	—	C	—	—	C	—	—	C	—	可	【判】
〈手先の早業〉	—	—	—	—	C	—	—	—	—	—	C	不可	【敏】*
〈登攀〉	—	—	—	C	C	C	—	C	C	C	C	可	【筋】*
〈動物使い〉	—	—	—	C	—	C	C	C	—	C	—	不可	【魅】
〈はったり〉	—	—	C	—	C	—	—	—	—	—	C	可	【魅】
〈飛行〉	C	—	C	C	—	—	—	—	—	—	—	可	【敏】*
〈変装〉	—	—	—	—	C	—	—	—	—	—	C	可	【魅】
〈魔法装置使用〉	—	—	C	—	C	—	—	—	—	—	C	不可	【魅】

C＝クラス技能；＊＝防具による判定ペナルティが適用される。

ば2分かかる）。

　"出目20"では、実際にはキャラクターは何度も失敗してやっと成功しているのである。キャラクターは作業を完了させる前に自動的に失敗による罰則を受けることになる（そしてこの点が、そうした罰則のある技能に"出目20"が許されない理由である）。よく"出目20"が行われる技能には、解錠を行う際の〈装置無力化〉、〈脱出術〉、罠を見つける際の〈知覚〉がある。

能力値判定と術者レベル判定：能力値判定には"出目10"ルールも"出目20"ルールも通常通り使える。精神集中判定や術者レベル判定にはどちらも使えない。

援護

　キャラクターは、他人の技能判定を助けるために、同じ種類の技能判定を行って援護することもできる。援護を行う者の判定結果が10以上になれば、援護を受ける者は判定に＋2のボーナスを得られる（他人を援護する際、"出目10"は選択できない）。なお、援護が役に立たない場合も多いし、一度に援護を行えるキャラクターの人数が限られることもある。

　技能によっては、一部のキャラクターしか行えないこともある（例えば〈装置無力化〉を用いた魔法の罠の解除はローグのクラスをもつキャラクターにしかできない）。こうした場合、自分が行えないことでは、他人を援護して判定にボーナスを与えることはできない。場合によっては、GMは援護に対しさらなる制限を課すこともできる。

技能の詳細

このセクションは、個々の技能の一般的な使い方や典型的な修正値について説明する。GMの裁量において、キャラクターは、時にはここに書いてある以外の目的に技能を使うこともできる。全技能の概要については、表4-3を参照すること。

技能の説明は、次のような指針に従って記載されている。

技能名：技能名の行には、（技能名以外にも）以下のような情報が含まれている。

対応能力値：その技能判定に修正値が適用される能力値の略称。

修得時のみ："修得時のみ"とあれば、その技能を使うには最低1ランクの技能がなければならない。この注記がない場合、その技能は"未修得"（0ランク）で使用できる。修得時と未修得時の使用に特別な違いがある場合は"未修得"の項（下記参照）で説明する。

防具による判定ペナルティ：この注記がある場合、この技能の判定には、防具による判定ペナルティを受ける（第6章を参照）。記載がない場合、防具による判定ペナルティが適用されることはない。

詳細：技能名に続く行からは、その技能を使用することがどういうことなのかが大まかに説明されている。

判定：技能判定に成功すればキャラクター（技能の説明では"君"と表記）に何ができるかと、判定の難易度（DC）が示される。

アクション：その技能を使用するのが、どんな種類のアクションか。あるいは、1回の判定にどれだけ時間がかかるか。

再挑戦：技能を成功させるために続けて何度も試みる場合に適用される条件。1つの作業につき1回しか試みられない、あるいは失敗によって何らかの不利な状況が起こる（〈登攀〉判定など）ようなときには"出目20"を選択できない。この項目がないなら、その技能は時間をさらに消費する以外、特に罰則なしで再挑戦できる。

特殊：技能に適用される追加事項。使用によって起きる特殊な効果、種族やクラスや特技によって得られる利益など。

制限：特定の技能は、特定のクラスのキャラクターにのみ完全に使用できる。この項は、技能にそうした制限があるかを示すものである。

未修得：この項目は、技能ランクを持たないキャラクターの場合、その技能で何ができるかを示すものである。この項目がなく、未修得での使用が可能なら、未修得のキャラクターでも普通にその技能を使える。また、もし技能名の行に"修得時のみ"とあれば、未修得のキャラクターはその技能判定を一切行えない。

〈威圧〉【魅】

Intimidate

君はこの技能を用いて敵を怖れさせたり君の役に立つように行動させることができる。この技能は言葉による脅迫と腕力の誇示が含まれる。

判定：君は〈威圧〉判定に成功することで、1d6×10分間"友好的"に振る舞うよう目標に強制することができる。この判定のDCは（10＋目標のヒット・ダイス＋目標の【判断力】修正値）に等しい。成功すれば、目標は君に君の望んでいる情報を与えたり、危険に晒されない行動を取ったり、限定的な援助を提供したりする。〈威圧〉の効果が終わると、目標は"非友好的"となり、君を地元当局者に通報するかもしれない。判定に5以上の差で失敗した場合、目標は君を欺いたり、さもなければ君の活動を妨害しようとする。

士気をくじく：君はこの技能を用いて敵1体を数ラウンドの間、怯え状態にすることができる。この判定のDCは（10＋目標のヒット・ダイス＋目標の【判断力】修正値）に等しい。成功すれば、目標は1ラウンドの間"怯え状態"になる。この持続時間は、DCを5上回るごとに1ラウンドずつ増加する。君がこのやり方で脅せるのは、30フィート以内にいて、君をはっきりと見、君の声を聞くことができる相手1体のみである。同じクリーチャーへの"士気をくじく"の使用は持続時間を延長するだけであり、より強い［恐怖］状態にすることはない。

アクション：相手の態度を変化させるために〈威圧〉判定を用いるには1分間の会話が必要である。敵の"士気をくじく"のは1回の標準アクションである。

再挑戦：君は相手を再度〈威圧〉しようと試みることができるが、追加で判定を行うたびにDCは＋5される。この増加分は、1時間経つと元に戻る。

特殊：君のサイズが目標よりも大きい場合、君は〈威圧〉判定に＋4のボーナスを得る。同様に、君のサイズが目標よりも小さい場合は〈威圧〉判定に－4のペナルティを受ける。

《説得力》特技があるなら、〈威圧〉判定にボーナスを得る（第5章を参照）。

ハーフオークは〈威圧〉判定に＋2のボーナスを得る。

〈隠密〉【敏】；防具による判定ペナルティ
Stealth

君は発見されないことに長けており、敵のふところをすり抜けたり、見えない位置から攻撃を行うことができる。この技能は隠れ身と忍び足を含んでいる。

判定：君の〈隠密〉判定は、君に気づくかもしれないすべての者の〈知覚〉判定との対抗になる。君の〈隠密〉判定を破ることに失敗したクリーチャーは君に気がつかず、君が完全視認困難を得ているかのように扱う。君は通常の半分までの移動速度で移動しながら、ペナルティなしで〈隠密〉を用いることができる。1/2を越えて、通常の移動速度までなら、−5のペナルティを被る。攻撃したり疾走したり突撃しながら〈隠密〉を用いることはできない。

クリーチャーはそのサイズに基づいて〈隠密〉判定にボーナスあるいはペナルティを受ける：極小＋16、微小＋12、超小型＋8、小型＋4、中型±0、大型−4、超大型−8、巨大−12、超巨大−16。

人々が君を何らかの感覚（一般的には視覚）で観察しているなら、〈隠密〉を用いることはできない。遮蔽や視認困難となるものがあるなら、ほとんどのクリーチャーに対して〈隠密〉を用いることができる。観察している者が（〈はったり〉判定等で）わずかの間でも気をそらされたなら、その間に〈隠密〉を用いようと試みることができる。他の者たちの注意が君からそれている間に、何らかの観察を受けない場所にたどり着くことで〈隠密〉判定を試みられる。しかし、この判定は君が速く移動しなければならないため、−10のペナルティを受ける。

隠密を解除する：君が〈隠密〉を使用した状態で自身のターンを開始した場合、〈隠密〉判定に成功し、遮蔽または視認困難中にターンを終了する限り、君は遮蔽や視認困難を維持して気づかれずにい続けることができる。攻撃が成功したかどうかに関わらず、君が攻撃ロールを行った後〈隠密〉は即座に終了する（以下に記載の狙撃を行う場合を除く）。

狙撃：目標から10フィート以上離れた位置で〈隠密〉に成功している場合、君は1回の遠隔攻撃を行い、その後すぐに再度〈隠密〉を行うことができる。位置を特定されないままにしておくための〈隠密〉判定には−20のペナルティを受ける。

隠れ身のための隙を作る：君は、〈隠密〉を使えるようにするために〈はったり〉技能を使うことができる。君に気づいている者たちの〈真意看破〉に対する〈はったり〉の対抗判定に成功すれば、〈隠密〉判定を試みるのに必要な一瞬の隙を作ることができる。

アクション：通常、この技能の使用自体はアクションではない。通常、〈隠密〉判定は移動の一部として行うので、独立したアクションではない。ただし（先述の"狙撃"で）遠隔攻撃後すぐに〈隠密〉を用いる際の〈隠密〉判定は1回の移動アクションである。

特殊：不可視状態の者は、じっとしている場合には〈隠密〉判定に＋40、移動している場合には＋20のボーナスを得る。《忍びの技》特技があるなら、君は〈隠密〉判定にボーナスを

得る（第5章を参照）。

〈軽業〉【敏】；防具による判定ペナルティ
Acrobatics

君は狭かったり危険な表面を渡る際にバランスを保つことができる。君はまた、跳び込み、宙返りし、跳躍し、転がることで攻撃を避けたり障害物を越えることができる。

判定：君は〈軽業〉判定を用いて、狭い表面やでこぼこした地面を倒れずに移動することができる。判定に成功することにより、君は通常の半分の移動速度で移動することができる——判定は1ラウンドに1回のみでよい。基本DCを決定するには以下の表を用いること。それから、p.93に注記された〈軽業〉技能の修正値で修正を行うこと。このようにして〈軽業〉を使っている間は、君は立ちすくみ状態とみなされ、ACへの【敏捷力】ボーナス（もしあれば）を失う。〈軽業〉中にダメージを受けた場合、落下したり倒れたりするのを避けるために、君は即座に同じDCに対してもう一度〈軽業〉判定を行わねばならない。

表面の広さ	基本〈軽業〉DC
幅3フィートよりも広い	0 *
幅1〜3フィート	5 *
幅7〜11インチ	10
幅2〜6インチ	15
幅2インチよりも狭い	20

*表面による修正値（p.93参照）によってDCが10以上にならない限り、こうした表面を横切って移動するためには〈軽業〉判定は必要ない。

加えて、〈軽業〉を使うことによって敵の機会攻撃を誘発せずに機会攻撃範囲内のマス目を通って移動することができる。このようにして移動する際、君は半分の移動速度で移動する。君は、判定のDCを10増やすことにより、通常の移動速度で移動することができる。中荷重または重荷重になるものを運搬していたり、中装鎧または重装鎧を着用することによって移動速度が減少している場合、敵をすり抜けて移動するために〈軽業〉を使うことはできない。何らかの能力によってこうした条件下でも通常の移動速度で移動できるなら、敵をすり抜けて移動するために〈軽業〉を使うことができる。君は伏せ状態であってもこのやり方で〈軽業〉を使うことができるが、そうするには5フィート移動するのに1回の全ラウンド・アクションが必要となり、DCは5増加する。君が敵のマスを通過することを試みて判定に失敗した場合、君は移動アクションを失って機会攻撃を誘発する。

状況	基本〈軽業〉DC*
機会攻撃範囲をすり抜ける	敵の戦技防御値
敵のマスを通過する	5＋敵の戦技防御値

*このDCは、移動による機会攻撃を避けるために用いられる。このDCは1ラウンドに避ける敵1体につき2ずつ増加する。

最後に、君は跳躍したり落下した時に軟着陸するために〈軽業〉技能を使うことができる。跳躍を行う際の基本DCは、飛

び越える距離（幅跳びの場合）か跳び上がろうとする高さ（高跳びの場合）の4倍に等しい。少なくとも10フィートの助走ができない場合、DCは2倍になる。跳躍する表面に関係する修正値だけが〈軽業〉判定に適用される。4以下の差で判定に失敗したら、跳躍には失敗するものの、DC20の反応セーヴに成功すれば向こう側の縁に手をかけることができる。5以上の差で失敗したなら、君は跳躍に失敗し、落下する（高跳びの場合は伏せ状態となる）。基本地上移動速度が30フィートを超えるクリーチャーは、移動速度が30より10フィート高いごとに跳躍のための〈軽業〉判定に＋4の種族ボーナスを得る。基本地上移動速度が30フィートに満たないクリーチャーは、移動速度が30より10フィート低いごとに跳躍のための〈軽業〉判定に－4の種族ペナルティを受ける。1ラウンドの最大移動距離を超えて跳躍を行うことはできない。走り幅跳びの場合、〈軽業〉判定の結果は跳躍で移動した距離（判定が失敗した場合、君が着地し伏せ状態になる場所までの距離）を表す。立ち幅跳びの場合、着地点を決めるために、この結果を半分にすること。

　一定の距離を意図的に飛び降りる場合、跳躍に失敗した結果だとしても、DC15の〈軽業〉技能判定に成功することで落下の最初の10フィート分を無視できる。君が落下によるダメージを受けた場合には、移動の終了時点では伏せ状態になる。より詳しくはp.486の落下のルールを参照すること。

幅跳び	〈軽業〉DC
5フィート	5
10フィート	10
15フィート	15
15フィートを超える	5フィートごとに＋5

高跳び	〈軽業〉DC
1フィート	4
2フィート	8
3フィート	12
4フィート	16
4フィートを超える	1フィートごとに＋4

〈軽業〉判定に関しては、君の成功の可能性はいくつもの状況に左右される。DCに対する以下の修正値は、すべての〈軽業〉技能判定に適用される。修正値は互いに累積するが、ある1つの状況には最も厳しい修正値だけが適用される。

〈軽業〉修正	DC修正値
少し障害物がある（砂利、砂地）	+2
大いに障害物がある（洞窟、瓦礫）	+5
少しすべりやすい（濡れている）	+2
大いにすべりやすい（凍っている）	+5
緩やかな傾斜（＜45°）	+2
かなりの傾斜（＞45°）	+5
少し足場が悪い（荒れた水面のボート）	+2
中程度に足場が悪い（大荒れの水面のボート）	+5
大いに足場が悪い（地震）	10
狭かったりでこぼこした表面を通常の移動速度で移動している	+5 *

*これは跳躍の判定には適用されない。

アクション：なし。〈軽業〉判定は他のアクションの一部、もしくはある状況への対応として行われる。

特殊：〈軽業〉が3ランク以上あるなら、防御的戦闘時にACに通常の＋2でなく＋3の回避ボーナスを得る。また、防御専念時にはACに通常の＋4でなく＋6の回避ボーナスを得る。《軽業師》特技があるなら、〈軽業〉判定にボーナスを得る（第5章を参照）。

〈鑑定〉（【知】）　Appraise

君は物品の金銭的価値を評価することができる。

判定：DC20の〈鑑定〉判定によって一般的な物品の価値を見積もる。5以上の差で成功した場合、君はそのアイテムが魔法の特性を持っているかどうかも知ることができる。ただし、成功しても魔法の能力に関する知識がもたらされることはない。4以内の差で失敗すれば、君はその物品の価値を実際価値の20％以内、つまり安く見積もる。5以上の差で失敗すれば、価格は実に不正確なものとなり、GMの裁量の対象となる。希少な、あるいは特殊なアイテムについて判定する場合、DCが5以上増える可能性がある。

君はまた、宝物の山の中から一見して最も価値のあるアイテムを選び出すためにこの判定を使うことができる。この判定のDCは通常20であるが、特に大きな宝の山の場合30まで増加しうる。

アクション：1つのアイテムを鑑定するには1回の標準アクションが必要である。宝物の山の中から最も価値のある物品を選び出すには1回の全ラウンド・アクションが必要である。

再挑戦：あるアイテムを重ねて〈鑑定〉しようと試みても同じ結果がもたらされる。

特殊：レイヴン（大鴉）を使い魔に持っている呪文の使い手は〈鑑定〉判定に＋3のボーナスを得る。

〈騎乗〉（【敏】；防具による判定ペナルティ）　Ride

君は乗騎に乗る技術に長けている。乗騎は通常はホース（馬）だが、時にグリフィンやペガサスのような風変わりなものとなるかもしれない。乗騎に向かないクリーチャーに乗る場合、〈騎乗〉判定に－5のペナルティを受ける。

判定：一般的な騎乗行動には判定は不要である。まったく問題なく、乗騎に鞍を置き、乗り、走らせ、そして降りることができる。ただし、以下の作業には判定が必要になる。

作業	〈騎乗〉DC
膝で操る	5
鞍に留まる	5
戦闘訓練を受けた乗騎とともに戦う	10
遮蔽を取る	15
軟着陸	15
障害跳び	15
乗騎に拍車をあてる	15
戦闘中に乗騎を操る	20
素早く乗り降りする	20

膝で操る：君は乗騎を膝で操り、戦闘中に両手を使用可能にできる。君のターンの始めに〈騎乗〉判定を行うこと。失敗すれば、君は乗騎を操るのに片手を使う必要があるため、そのラウンドにはもう一方の手しか使うことができない。これはアクションではない。

鞍に留まる：君は乗騎が後脚立ちしたり、突然走り出した時、あるいは自分がダメージを受けた時に、とっさに反射的対応として落下を回避できる。このように技能を用いるにはアクションを要しない。

戦闘訓練を受けた乗騎とともに戦う：戦闘中、戦いの訓練を受けた乗騎に攻撃を指示した場合も、さらに自分自身の通常の攻撃を行うことができる。この用法はフリー・アクションである。

遮蔽を取る：君はとっさに反応して身を低くし、乗騎の片側にぶらさがることで、乗騎を遮蔽として使用できる。乗騎を遮蔽として使用している間は、君は攻撃することも、呪文を発動することもできない。失敗すれば、遮蔽の利益を得ることはできない。この用法は割り込みアクションであるが、この位置から復帰するのは移動アクションである（判定の必要はない）。

軟着陸：乗騎から落下する際のダメージを無効にする。失敗したら通常通り1d6ポイントの落下ダメージを受け、"伏せ状態"となる。この用法にはアクションを要しない。

障害跳び：君は乗騎に、乗騎の移動の一部として障害を跳び越えさせることができる。障害跳びの〈騎乗〉判定に成功した場合、〈騎乗〉修正値か乗騎の跳躍修正値のいずれか低い方を用いて、クリーチャーがどれくらい遠くまで跳躍できたかを判定すること。乗り手は〈騎乗〉判定に失敗したなら乗騎から落ち、しかるべき落下ダメージ（1d6ポイント以上）を受ける。この用法はアクションではなく、乗騎の移動の一部である。

乗騎に拍車をあてる：乗り手は自分の1回の移動アクションを使って乗騎に拍車をかけ、乗騎の移動速度を上げようとすることができる。1回〈騎乗〉判定に成功したなら、乗騎の速度は1ラウンドの間10フィート上昇するが、そのクリーチャーは1d3ポイントのダメージを受ける。君はこの行動を毎ラウンド実行できるが、乗騎は【耐久力】能力値に等しいラウンド数が経過すると"疲労状態"になる。この能力は"疲労状態"の乗騎には使用できない。

戦闘中に乗騎を操る：戦闘中に、移動アクションとしてヘヴィ・ホース、ポニー、ライト・ホース、そのほかの戦闘騎乗用に訓練されていない乗騎を操ろうとすることができる。失敗すれば、君はそのラウンド中、他に何もすることができない。戦闘訓練を受けたホースやポニーについてはロールする必要はない。

素早く乗り降りする：乗騎のサイズ分類が乗り手よりも1段階大きいかそれ以下であり、かつ乗り手にそのラウンドで使用できる移動アクションが残っているなら、乗り手は乗騎にフリー・アクションで乗ったり降りたりしようと試みることができる。判定に失敗した場合、乗ったり降りたりするのは移動アクションになる。乗騎のサイズ分類が乗り手よりも2段階以上大きい場合、"素早く乗り降りする"ことはできない。

アクション：さまざま。普通に乗り降りするのは移動アクションである。他の判定は先述の通り、移動アクションだったり、フリー・アクションだったり、そもそもアクションでなかったりする。

特殊：鞍なしで騎乗しているなら、〈騎乗〉判定に−5のペナルティを被る。

《動物の友》特技があるなら、〈騎乗〉判定にボーナスを得る（第5章を参照）。

軍用鞍を使用していれば、"鞍に留まる"際の〈騎乗〉判定に＋2の状況ボーナスを得る。

〈騎乗〉は《騎射》、《騎乗戦闘》、《駆け抜け攻撃》、《猛突撃》、《騎乗蹂躙》特技の前提条件である。

〈芸能〉【魅】

Perform

君は歌を歌ったり、演じたり、楽器を演奏したりといった、1種類の芸能に熟練している。〈職能〉や〈製作〉や〈知識〉と同様、〈芸能〉も実際にはいくつもの別個の技能である。君は複数の〈芸能〉技能に別個にランクを割り振って取ることができる。

以下に挙げる〈芸能〉の9分野には、それぞれ複数の手法、楽器、技術が含まれる。これらの各分野の名称と、その代表的な芸の例を以下に示す。

- 演劇（喜劇、芝居、パントマイム）
- お笑い（おどけ、ざれ歌、冗談）
- 歌唱（物語詩、宗教歌、歌曲）
- 管楽器（フルート、パン・パイプ、リコーダー、トランペット）
- 弦楽器（フィドル、ハープ、リュート、マンドリン）
- 鍵盤楽器（ハープシコード、ピアノ、パイプオルガン）
- 打楽器（ベル、チャイム、太鼓、銅鑼）
- 舞踏（バレエ、ワルツ、ジグ）
- 朗誦（叙事詩、頌歌、物語）

判定：君は選択した芸能の種別に関するその才と技で聴衆に感銘を与えることができる。

〈芸能〉DC	上演
10	退屈な上演。公衆の前で上演してお金を儲けようとすることは、物乞いと同じである。1d10CP／日を得る。
15	楽しめる上演。豊かな町では1d10SP／日を得る。
20	素晴らしい上演。豊かな町では3d10SP／日を得る。やがて職業的な一座に招かれるかもしれず、その地方で評判になるかもしれない。
25	記憶に残る上演。豊かな町では1d6GP／日を儲ける。やがて高貴な後援者の目に留まったり、国じゅうで評判になるかもしれない。
30	並はずれた上演。豊かな町では3d6GP／日を儲ける。やがて遠方の後援者や、他次元界の存在の目に留まることすらあるかもしれない。

高品質の楽器は、その楽器の使用に関わるすべての〈芸能〉判定に＋2の状況ボーナスを与える。

アクション：さまざま。公衆の面前で芸能によって金を稼ぐ場合、一夕から丸一日の時間がかかる。〈芸能〉に基づくバードの特殊能力についてはバードの項を参照のこと。

再挑戦：可。とはいえ、それで以前の失敗が取り消されるわけではない。過去に感銘を受けなかった聴衆は、将来の上演に対して偏見を持つだろう（以前の失敗1回につきDCを＋2すること）。

特殊：バードは、呪芸の能力のうちいくつかを用いるには特定の分野の〈芸能〉のランクを持っていなければならない。詳細については第3章のバードのクラスの説明にある呪芸の部分を参照すること。

〈言語学〉【知】；修得時のみ

Linguistics

君は会話や読み書きのいずれにおいても言語を操ることに熟練している。君はいくつもの言語を話すことができ、十分な時間さえあればほぼどんな言語でも解読することができる。読み書の技術を使って偽造書類を作ったり、見破ったりすることもできる。

判定：君はよく知らない言語で書かれたものや、不完全な文書、古代の形式で書かれた文書を解読できる。基本DCは、単純なメッセージなら20、標準的な文章なら25、複雑だったり特殊だったり非常に古い文字なら30以上である。判定に成功すれば、君は約1ページ（相当）の文章を読み取り、書いてあることのだいたいの内容を理解する。判定に失敗した場合、君がその文章について間違った結論を導き出すことを避けられたかどうか調べるために、DC5の【判断力】判定を行う（成功すれば、君は間違った結論を導き出さなかったということになる。失敗すれば、間違った結論を導き出してしまったということになる）。

〈言語学〉判定も【判断力】判定（必要なら）も、GMがひそか

に行う。従って、自分が導き出した結論が正しいのか間違っているのか、君が見分けることはできない。

状況	〈言語学〉判定修正値
読み手が知らない種類の書類	−2
読み手がある程度知っている種類の書類	+0
読み手がよく知っている種類の書類	+2
読み手が知らない筆跡	−2
読み手がある程度知っている筆跡	+0
読み手がよく知っている筆跡	+2
読み手が書類をざっと見ただけ	−2
書類が道理や知識と矛盾している	+2

　偽造書類の作成と判別：偽造には、でっち上げる書類に合った筆記用具が要る。筆跡が特定個人のものでない書類を偽造するには、君は前に同様の書類を見たことがあればよく、判定に＋8のボーナスを得る。サインを偽造するためには、その模写すべき人物のサインが必要で、キャラクターは判定に＋4のボーナスを得る。特定の人物の手で書かれた長い書類を偽造するためには、その人物の筆跡の豊富な見本が必要である。

　〈言語学〉判定はひそかに行われるので、君は自分の偽造したものがどのくらいうまくいったのか知ることはできない。〈変装〉と同様、誰かが書類を調べるまでは判定を行わない。この〈言語学〉判定は、偽造書類を調査してその信憑性を調べる者の〈言語学〉判定との対抗判定になる。上の表にある通り、読み手は判定にボーナスやペナルティを受ける。

　言語の修得：君がこの技能にランクを割り振るごとに、新しい言語1つの会話と読み書きを学ぶ。主要な言語（およびその典型的な使用者）は以下の通りである。

- アクロ語（デロ、非人類的ないし異界的モンスター、悪のフェイ）
- エルフ語（エルフ、ハーフエルフ）
- オーク語（オーク、ハーフオーク）
- 火界語（火に関わりのあるクリーチャー）
- 共通語（人間、第2章の主要な種族）
- 巨人語（エティン、オーガ、サイクロプス、ジャイアント、トロル）
- ゴブリン語（ゴブリン、バグベア、ホブゴブリン）
- 地獄語（デヴィル、秩序にして悪の来訪者）
- 水界語（水棲クリーチャー、水に関わりのあるクリーチャー）
- 地界語（地に関わりのあるクリーチャー）
- 地下共通語（スヴァーフネブリン、ドゥエルガル、ドラウ、モーロック）
- 天上語（エンジェル、善の来訪者）
- ドルイド語（ドルイドのみ）
- ドワーフ語（ドワーフ）
- 奈落語（デーモン、混沌にして悪の来訪者）
- ノーム語（ノーム）
- ノール語（ノール）
- ハーフリング語（ハーフリング）
- 風界語（飛行クリーチャー、風に関わりのあるクリーチャー）
- 森語（ケンタウロス、フェイ・クリーチャー、植物クリーチャー、ユニコーン）
- 竜語（ドラゴン、（爬虫類）の副種別の人型生物）

アクション：さまざま。普通の文章1ページぶんを解読するのは1分（連続する10ラウンド）を必要とする。偽造文書を作るには、1ページあたりざっと1〜1d4分かかる。〈言語学〉を用いて偽造書類を見破るには、1ページ吟味するのに1ラウンドを必要とする。

再挑戦：可。

特殊：この技能を使用するには修得している必要がある。もっとも、自分自身の種族によるボーナス言語の古語や慣れない表現を読み解こうとすることは常に可能である。加えて、偽造文書を見破る試みも、常に行うことができる。

〈交渉〉【魅】
Diplomacy

　この技能を使えば、君は自分の話に賛成するように他人を説得したり、意見の食い違いを解決したり、人々の間に埋もれている価値ある情報や噂を集めたりすることができる。この技能はまた、事態にふさわしい適切な礼儀作法や態度を使うことによって、対立を処理するためにも使われる。

判定：判定に成功すればNPCの最初の態度を変えることができる。この判定のDCはクリーチャーの君に対する最初の態度によって変化し、それはその者の【魅力】修正値によって修正される。成功した場合、そのキャラクターの君に対する態度は1段階改善される。判定結果がDCを5上回るごとに、そのキャラクターの君に対する態度はさらにもう1段階改善される。クリーチャーの態度はこのやり方では2段階を超えて変わることはない。もっとも、状況によってはGMはこのルールを無視することができる。4以下の差で判定に失敗した場合、そのキャラクターの君に対する態度は変化しない。5以上の差で失敗した場合、そのキャラクターの君に対する態度は1段階悪化する。

　君のいうことを理解しない相手や【知力】3以下のクリーチャーに対して〈交渉〉を使用することはできない。ふつう、戦闘中やすぐにも君や味方に害を与えるつもりのクリーチャーに対しては、〈交渉〉はあまり役に立たない。〈交渉〉による態度の変化は通常1d4時間持続するが、状況によってはそれよりも長く、あるいは短くなる可能性がある（GMの裁量による）。

最初の態度	〈交渉〉DC
敵対的	25＋クリーチャーの【魅力】修正値
非友好的	20＋クリーチャーの【魅力】修正値
中立的	15＋クリーチャーの【魅力】修正値
友好的	10＋クリーチャーの【魅力】修正値
協力的	0＋クリーチャーの【魅力】修正値

　クリーチャーの君に対する態度が少なくとも中立的であれば、君はそのクリーチャーに要請を行うことができる。これは1回の追加の〈交渉〉判定であり、DCを決定するのにそのクリーチャーの現在の態度を使用し、以下の修正値のうち1つを加える。そのクリーチャーの態度が協力的になっていれば、要請が本性に反していたり深刻な危険を招かない限り、そのクリー

チャーは判定なしでたいていの要請に従う。GM裁量によるが、その要請がクリーチャーの価値観や本性に反するなら、要請によっては自動的に失敗することもある。

要請内容	〈交渉〉DC修正値
簡単な助言や指示を与える	−5
詳しい助言を与える	+0
簡単な援助を与える	+0
ささいな秘密を明かす	+5
長々と、あるいはめんどうな援助を与える	+5
危険な援助を与える	+10
重要な秘密を明かす	+10以上
処罰されかねないような援助を与える	+15以上
追加の要請	要請1つにつき+5

情報収集：君は〈交渉〉を特定の話題や個人についての情報を集めるために使うことができる。そのためには、地元の酒場や市場、集会所で人々に聞き回るため、少なくとも1d4時間を過ごさなくてはならない。この判定のDCは求めている情報のあいまいさによるが、通常広く知られた事実や噂の場合で10となる。あいまいであったり、秘密の知識の場合、DCは20かそれ以上に増加する可能性がある。話題によっては、単に普通の人々が知らないだろうとGMが判断する可能性もある。

アクション：クリーチャーの態度に影響を与えるために〈交渉〉を使うには1分の間継続して話をする必要がある。クリーチャーに要請を行うには、要請の複雑さにもよるが、1ラウンド以上話をする必要がある。情報を集めるために〈交渉〉を使うには、噂や情報提供者を捜すのに1d4時間を必要とする。

再挑戦：〈交渉〉を使ってあるクリーチャーの態度に影響を与えることは、24時間の間に1回までしか行えない。要請が拒絶された場合、その結果がさらなる判定で変化することはない。もっとも、別の要請であれば成功する可能性はある。情報収集のための〈交渉〉判定は再挑戦できる。

特殊：《説得力》特技があるなら、〈交渉〉判定にボーナスを得る（第5章を参照）。

〈呪文学〉（【知】；修得時のみ）
Spellcraft

君は呪文の発動の業や魔法のアイテムの識別、魔法のアイテムの作成や発動中の呪文の識別を行うことに長けている。

判定：〈呪文学〉は、呪文の発動や魔法のアイテムの作成についての技術的な側面に関して、知識や技能が問題となる際に使用される。この技能はまた、**アイデンティファイ**や**ディテクト・マジック**といった呪文を使うことで、所持している魔法のアイテムの特性を識別する際にも用いられる。この判定のDCは作業によってさまざまである。

アクション：発動されようとしている呪文を識別するのはアクションではないが、君はその呪文が発動されるのをはっきりと見ることができなければならず、このため距離や不利な状況、その他の要因に関して、〈知覚〉判定と同様のペナルティを受ける。呪文書から呪文を学ぶのは呪文のレベルにつき1時間（0レベル呪文は30分）かかる。借りた呪文書から呪文を準備するのは、呪文の準備以上に時間がかかることはない。魔法のアイテムを作成するために〈呪文学〉判定を行うのは製作過程の一部である。魔法のアイテムの特性を識別する試みは、識別しようとするアイテム1個につき3ラウンドかかり、その品を徹底的に吟味できる状態である必要がある。

再挑戦：呪文の識別は再挑戦できない。呪文書や巻物から呪文を学ぶのに失敗した場合、君は再挑戦するまでに最低でも1週間待たなくてはならない。借りた呪文書から呪文を準備するのに失敗した場合、君は次の日まで再挑戦できない。**アイデンティファイ**や**ディテクト・マジック**を用いて魔法のアイテムの特性を識別する際には、アイテムの特性を突きとめようとすることができるのはアイテムごとに1日1回までである。再度試みても同じ結果がもたらされる。

特殊：専門家ウィザードは、自分の専門である系統の呪文の識別、学習、準備を行う際には+2のボーナスを得る。同様に、対立系統の呪文に関して同じような判定を行う際には−5のペナルティを被る。

エルフは、魔法のアイテムの特性を識別するための〈呪文学〉判定に+2の種族ボーナスを得る。

《魔法の才》特技があるなら、〈呪文学〉判定にボーナスを得る（第5章を参照）。

表4-4：〈呪文学〉DC

作業	〈呪文学〉DC
発動されようとしている呪文を識別する	15＋呪文レベル
呪文書や巻物から呪文を学ぶ	15＋呪文レベル
借りた呪文書から呪文を準備する	15＋呪文レベル
ディテクト・マジックを用いて魔法のアイテムの特性を識別する	15＋アイテムの術者レベル
巻物を解読する	20＋呪文レベル
魔法のアイテムを作成する	アイテムによりさまざま

〈職能〉(【判】；修得時のみ) Profession

君は特定の仕事に熟練している。〈芸能〉や〈製作〉や〈知識〉と同様、〈職能〉も実際にはいくつもの別個の技能である。君は複数の〈職能〉技能に別個にランクを割り振って取ることができる。〈製作〉技能が特定の品を作る才能を表しているのに対し、〈職能〉技能はそれほど専門化していない知識を広い範囲で必要とする職業の才を表す。一般的な〈職能〉技能には、建築家、パン屋、法律家、醸造家、肉屋、事務員、料理人、高級娼婦、御者、技師、農夫、漁師、賭博師、庭師、薬草商、宿屋の主人、司書、商人、産婆、粉ひき、鉱夫、荷かつぎ、船乗り、書記、羊飼い、厩舎の主人、軍人、革なめし工、わな猟師、木こりといったものがある。

判定： 仕事に打ち込んだ1週間につき、君は〈職能〉判定結果の半分に等しい枚数の金貨を稼げる。君は商売道具の使い方、職業に必要な日々の作業のやり方、未熟な助手の監督の仕方、よくある問題の取り扱い方を知っている。君はまた自分の〈職能〉に関する問題に答えることができる。簡単な問題はDC10であるが、より複雑な質問は15かそれ以上のDCとなる。

アクション： この技能の使用自体が何らかのアクションということはない。1回の判定は1週間の作業を表すことが多い。

再挑戦： 可能なことも不可能なこともある。収入を得るために〈職能〉技能を使う試みには、再挑戦することができない。君の判定の結果生じた1週間分の賃金は、どんな値であれ動かすことはできない（次の週の新たな収入を決めるため、1週間後に別の判定を行うことはできる）。一方、ある特定の作業を成し遂げる試みには、通常は再挑戦することができる。

未修得： 未修得の労働者や助手（つまり〈職能〉にランクのないキャラクター）は1日あたり平均で銀貨1枚を稼ぐ。

特殊： ノームは自分が選んだ〈製作〉または〈職能〉の技能1種類に＋2ボーナスを得る。

〈真意看破〉(【判】) Sense Motive

君は嘘や真意を見抜くことに長けている。

判定： 判定に成功すれば、君ははったりに引っかからないようにすることができる（〈はったり〉技能を参照）。また、この技能を使って、何かが起きていること（君の気づいていない妙な事態）に気づいたり、ある者が信用できそうか見定めたりすることもできる。

作業	〈真意看破〉DC
直感	20
心術感知	25または15
ひそかなメッセージの判別	さまざま

直感： 〈真意看破〉のこの用法は、人と接する際、直感的にその場の状況を判断することを表す。君は他人の行動から、何かが間違っているという感覚を得ることができる。たとえば、詐欺師と話をしている時などである。また、特定の人物が信頼できそうかどうかという感覚を得ることもできる。

心術感知： 君は、たとえ相手自身が気づいていない場合でも、相手の行動が心術の効果によって影響されているかどうか見破ることができる。通常、DCは25である。目標が支配されている場合（ドミネイト・パースンを参照）、目標の行動はおのずと限られたものになるため、DCは15まで下がる。

ひそかなメッセージの判別： 〈はったり〉技能でひそかに送られるメッセージに、〈真意看破〉で気づくことができる。この場合、〈真意看破〉で、メッセージを伝えている者の〈はったり〉と対抗判定を行うこと。そのメッセージに関する情報が1つ抜けているごとに、〈真意看破〉に－2のペナルティが付く。この判定に4以下の差で成功したなら、〈真意看破〉を行った者は何かひそかなメッセージが伝えられていると気づくが、具体的な内容はわからない。5以上の差で成功したなら、メッセージに気づき、内容も理解する。4以下の差で失敗したなら、ひそかな意思疎通が行われていることに気づかない。5以上の差で失敗したなら、何らかの誤った情報を得る。

アクション： 〈真意看破〉で情報を手に入れようとする場合、それには概して1分以上かかる。また、一晩を費やして周囲の人々の雰囲気や人間関係を知ろうとすることもできる。

再挑戦： 不可。ただし、自分に仕掛けられた〈はったり〉判定の1回1回に対しては、1回ずつ〈真意看破〉判定を行うことはできる。

特殊： レンジャーは"得意な敵"に対する〈真意看破〉判定にボーナスを得る。

《鋭敏感覚》特技があるなら、〈真意看破〉判定にボーナスを得る（第5章を参照）。

〈水泳〉【筋】；防具による判定ペナルティ
Swim

君は泳ぎ方を知っており、大荒れの水面でさえ泳ぐことができる。

判定：水の中にいる間は、1ラウンドに1回〈水泳〉判定を行うこと。成功すれば、君は全ラウンド・アクションとして半分の移動速度で泳ぐか、移動アクションとして移動速度の1/4で泳ぐことができる。4以内の差で失敗すれば、まったく進めなかったことになる。5以上の差で失敗すれば水面下に沈む。

水面下にいるなら、(〈水泳〉に失敗した場合も、意図的に水面下に潜った場合も)、息を止めねばならない。キャラクターは【耐久力】値の2倍に等しいラウンドの間、息を止めていられる。ただし、移動アクションかフリー・アクションしか行わずにいる場合に限る。標準アクションや全ラウンド・アクション（攻撃など）を1回取るたびに、息を止めていられる残り時間が1ラウンド短くなる（つまり、戦闘しているキャラクターは、通常の半分の時間しか息を止めていられない）。この期間が終わると、息を止めているには毎ラウンド1回、DC10の【耐久力】判定を行わねばならない。このDCは毎ラウンド1ずつ上昇する。失敗すればキャラクターは溺れ始める。〈水泳〉判定のDCは水の状態による。以下の表を参照。

水の状態	〈水泳〉DC
静かな水面	10
荒れた水面	15
大荒れの水面	20 *

*大荒れの水面では、たとえ他に脅威や気を散らすものが何もなくても、〈水泳〉判定時に"出目10"を選択できない。

1時間泳ぐごとに、DC20の〈水泳〉判定を行い、失敗すると疲労によって1d6ポイントの非致傷ダメージを受ける。

アクション：一度〈水泳〉判定に成功するごとに、移動アクションとして移動速度の1/4で泳ぐか、全ラウンド・アクションとして移動速度の1/2で泳ぐことができる。

特殊：水泳移動速度のあるクリーチャーは、そこにあるとおりの速度で、〈水泳〉判定なしに水中を移動できる。また、特定の行動を取ったり災害を避けたりするための〈水泳〉判定には＋8の種族ボーナスを得る。こうしたクリーチャーはどんな時でも〈水泳〉判定で"出目10"を選択できる。たとえ水泳中、気を散らすものや脅威になるものがあったとしてもである。また、こうしたクリーチャーは水泳中に"疾走"アクションを実行できるが、その場合はまっすぐに泳がねばならない。

《運動能力》特技があるなら、〈水泳〉判定にボーナスを得る（第5章を参照）。

〈製作〉【知】
Craft

君は防具や武器といった、特定のアイテム類を製作する技術を持っている。〈知識〉や〈職能〉や〈芸能〉と同様、〈製作〉も実際にはいくつもの別々の技能である。君は複数の〈製作〉技能に別個にランクを割り振って取ることができる。一般的な〈製作〉技能には、錬金術、防具、かご、本、弓、能書、大工、織物、衣類、ガラス、装身具、皮革、錠前、絵画、陶芸、彫刻、船、靴、石工、罠、武器といったものがある。

〈製作〉技能はもっぱら何かを作り出すためのものである。そうでない場合、その技能は〈製作〉ではなく〈職能〉に含まれるだろう。

判定：君はその手仕事を生業として、仕事に打ち込んだ1週間につき、判定結果の約半分に等しい枚数の金貨を稼ぎ、それなりの生活を送ることができる。君は商売道具の使い方、製作に必要な日々の作業のやり方、未熟な助手の監督のやり方、よくある問題の取り扱い方を知っている（未熟練の労働者や徒弟は、1日あたり平均で銀貨1枚を稼ぐ）。

しかし、〈製作〉技能の基本的な機能は、君が適切な種類のアイテムを作ることができるようになることにある。DCは作り出すアイテムの複雑さによる。DC、君の判定結果、そしてアイテムの価格によって、そのアイテムを作るのにどのくらい時間がかかるのかが決まる。同様に、アイテムの最終価値によって原材料費も決まる。

*ファブリケイト*の呪文を使って、〈製作〉判定を実際に行うことなく〈製作〉判定と同様の結果を達成することのできる場合もある。しかし、高度な職人芸が必要な作品を作るためにこの呪文を使う場合は、やはり適切な〈製作〉技能の判定が必要となる。

*アイアンウッド*の呪文の使用と組み合わせて木工関連の〈製作〉判定を行えば、鉄の強さを持つ木製のアイテムを作ることができる。

*マイナー・クリエイション*の呪文を使って複雑なアイテムを作成するためには、適切な〈製作〉判定に成功しなければならない。

どんな製作でも、成功率を最大にするには職人道具が必要である。間に合わせの道具で代用する場合、判定に－2の状況ペナルティが課される。逆に、高品質の職人道具を使えば、＋2の状況ボーナスが得られる。

アイテムを作るためにどのくらいの時間や金額がかかるか決定するには、以下の手順に従うこと。

1. アイテムの価格を銀貨で求める（1GP＝10SP）。
2. DCを表4-5の中から求める。
3. アイテムの価格の1/3を原材料費として支払う。
4. 1週間で成し遂げた仕事量を表すための技能判定を行う。
   判定に成功したら、判定の結果とDCを乗算する。結果×DCがアイテム価格を銀貨に換算した数値に達したなら、アイテムは完成する。この結果×DCがアイテム価格を銀貨に換算した数値の2倍か3倍に達した場合、1/2や1/3の時間で仕事を

表4-5：〈製作〉技能

アイテム	〈製作〉技能	〈製作〉DC
酸	錬金術	15
発煙棒、火おこし棒、錬金術師の火	錬金術	20
足留め袋、耐毒剤、陽光棒、雷石	錬金術	25
鎧、盾	防具	10＋ACボーナス
ロングボウ、ショートボウ、アロー	弓	12
コンポジット・ロングボウ、コンポジット・ショートボウ	弓	15
【筋力】等級の高いコンポジット・ロングボウやコンポジット・ショートボウ	弓	15＋(2×【筋力】等級)
機械的な罠	罠	さまざま＊
クロスボウ、ボルト	武器	15
単純近接武器、単純投擲武器	武器	12
軍用近接武器、軍用投擲武器	武器	15
特殊近接武器、特殊投擲武器	武器	18
非常に単純なアイテム（木のさじなど）	さまざま	5
標準的なアイテム（鉄製の鍋など）	さまざま	10
質のよいアイテム（鐘など）	さまざま	15
複雑または高級なアイテム（錠前など）	さまざま	20

＊罠の製作に関するルールは別にある（第13章を参照）。

終えたことになる。要するに価格のn倍であれば、1/nの時間で終わるのである。結果×DCがアイテム価格を銀貨に換算した数値に満たなかった場合、その数値は1週間で終了することができた作業量を示している。結果を記録し、次の週に再度判定を行うこと。以後、合計がアイテム価格を銀貨に換算した数値に達するまで、1週間ごとに作業を進めていく。

判定に4以下の差で失敗した場合、その週はまったく進展しなかったということになる。5以上の差で失敗した場合、原材料の半分が台無しになってしまい、元々の原材料費の半分を再び支払わなければならない。

1日単位での進展：週単位ではなく、1日単位で判定を行うこともできる。その場合、作業の進展（判定結果×DC）は1週間の日数で割り算する必要がある。

高品質のアイテムの作成：君は高品質のアイテムを作ることもできる。高品質のアイテムには武器もあれば、鎧、盾、道具もある——どれもみな、できばえが優れているため使用時にボーナスが付く。高品質のアイテムを作る際には、通常のアイテムに加えて、"高品質であるということ"そのものを、まるで別個のアイテムであるかのように作成することになる。"高品質であるということ"は、それ自体に価格（武器なら300GP、鎧や盾なら150GP。高品質の道具の価格については第6章を参照）と20の〈製作〉DCが決められている。基本となるアイテム自体と"高品質であるということ"の両方が完成すれば、高品質のアイテムのできあがりである。"高品質であるということ"を作る際に支払うコストは、原材料費と同様、上記に示した"高品質であるということ"の価格の1/3である。

アイテムの修理：君はアイテムを一から作る場合と同じDCでそのアイテムを修理できる。アイテムを修理するための費用

はそのアイテムの価格の1/5である。

アクション：この技能の使用自体が何らかのアクションだということはない。〈製作〉判定は日や週の単位で行われる（上記参照）。

再挑戦：可能だが、5以上の差で失敗するたびに、原材料の半分が台無しになってしまい、元々の原材料費の半分を再び支払わなければならない。

特殊：アイテムを製作する際、製作者は表にあるDCを自ら進んで＋10してもよい。そうするなら、より速やかにアイテムを完成させられる（作業の進展を計算する際、より高いDCを〈製作〉判定結果に乗算できるので）。DCを上昇させるかどうかは、その週なり日なりの判定を行う前に決定せねばならない。

〈製作：錬金術〉でアイテムを作るには、錬金術に用いるための器具を持っていなければならない。都市で作業を行う場合、アイテムを作るための材料費の一部として必要なものを買うことができるが、場所によっては錬金術に用いる品を手に入れるのが困難だったり不可能だったりすることもある。錬金術実験道具を購入し維持しているなら（その作業のための完璧な道具を持っているという有利な条件を満たすので）、〈製作：錬金術〉判定に＋2の状況ボーナスが得られるが、この技能で作るアイテムの価格は変わらない。

ノームは自分が選んだ〈製作〉または〈職能〉の判定1種類に＋2ボーナスを得る。

〈生存〉（【判】）
Survival

君は野外で生き延び、安全に通行することに長けている。君はまた、他の者が残した足跡や痕跡を辿ることに秀でている。

判定：君は野外で、自分と他の者たちの安全と食糧を確保できる。〈生存〉判定を要するさまざまな作業のDCは以下の表を参照。

〈生存〉DC	作業
10	野外で暮らす。狩猟や採集を行いつつ（食糧も水も補給の必要なく）、野外移動速度の半分まで移動する。判定結果が10を2上回るごとに、自分以外の者1人分の食糧と水を供給できる。
15	野外移動速度の半分までで移動しながら、悪天候に対するすべての頑健セーヴに＋2のボーナスを得る。移動しなければボーナスは＋4となる。判定結果が15を1上回るごとに、自分以外のキャラクター1人に同じボーナスを与えることができる。
15	道に迷わずにすむ、または、流砂のような自然災害を避ける。
15	今後24時間の天候を予測する。判定結果が15を5上回るごとに、さらに1日先の天候を予測する。

痕跡を辿る：痕跡を見つけたり、1マイルの間その痕跡を辿るためには、1回の〈生存〉判定が必要である。加えて、痕跡を辿るのが困難になるたびに、さらに〈生存〉判定を行わなければならない。この技能を修得していない場合、キャラクターは痕跡を見つけるために未修得で〈生存〉判定を行うことはできるが、DCが10以下でなければ痕跡を辿ることができない。このほかに、同様のDCで〈知覚〉技能を用いて足跡やそれに類するクリーチャーの通った跡を見つけることはできるが、痕跡を辿ることはできない。たとえ、他の誰かが痕跡を見つけていたとしてもである。

追跡の間は、通常の移動速度の半分で（あるいは判定に－5のペナルティを被って通常の移動速度で、もしくは－20のペナルティを被って通常の2倍の移動速度で）移動することができる。DCは表に示したように、地面の状態と主要な状況によって決まる。

地面	〈生存〉DC
非常に柔らかい地面	5
柔らかい地面	10
堅い地面	15
非常に堅い地面	20

非常に柔らかい地面：足跡が深く、はっきりと残るすべての地面（新雪、厚いほこり、湿った泥）。

柔らかい地面：圧力でへこむだけの柔らかさはあるが、湿った泥や新雪よりは堅い。そこにはほとんどのクリーチャーが足跡を残すが、その跡は浅い。

堅い地面：（芝生、野原、森など）ほとんどの一般的な野外の地面か、（厚い敷物や、非常に汚れていたり、ほこりの積もっている床など）きわめて柔らかかったり汚れていたりする屋内の床面。クリーチャーは何らかの痕跡（折れた枝や一房の毛）を残すが、足跡はたまにしか残さなかったり、足跡の一部しか残らなかったりする。

非常に堅い地面：裸岩や室内の床といった、まったく足跡を保持できないすべての地面。ほとんどの川底はこの分類に入る。というのも、残された足跡ははっきりしないものだったり、洗い流されてしまったりするからである。クリーチャーは痕跡（引きずった跡、ずれた小石）しか残さない。

状況	〈生存〉DC修正値
追跡される集団にいるクリーチャー3体ごとに	−1
追跡されるクリーチャーのサイズ：[1]	
極小	+8
微小	+4
超小型	+2
小型	+1
中型	+0
大型	−1
超大型	−2
巨大	−4
超巨大	−8
痕跡ができてから24時間ごとに	+1
痕跡ができてから雨が1時間降るごとに	+1
痕跡ができてから新雪が積もった	+10
貧弱な視界：[2]	
曇った夜、月のない夜	+6
月明かり	+3
霧または降雨	+3
追跡される一団が痕跡を隠している（移動速度の半分で移動しながら）	+5

1 さまざまなサイズのクリーチャーからなる集団の場合、最も大きなサイズ分類の修正値のみを適用すること。
2 この分類から最も大きな修正値のみを適用すること。

さらに上記の表に示したように、いくつかの修正が〈生存〉判定に適用される。

アクション：さまざま。1回の〈生存〉判定が数時間の活動を表すこともあれば、丸1日の活動を表すこともある。痕跡を発見するための〈生存〉判定は、判定1回につき、少なくとも1全ラウンド・アクションを要し、それ以上かかることもある。

再挑戦：可能なことも不可能なこともある。野外で暮らしたり、このページの最初の表にある頑健セーヴのボーナスを得るためには、24時間に1回のみ判定を行う。その判定の結果は、次の判定が行われる時まで適用される。道に迷わぬようにしたり、自然災害を避ける等、状況によって必要なときは、いつでも判定を行う。特定の状況で道に迷わないようにしたり、特定の自然災害を避けたりする場合、再挑戦は行えない。痕跡を発見する場合、失敗した判定に、屋外なら1時間、屋内なら10分間探した後、再挑戦できる。

特殊：〈生存〉を修得しているキャラクターは、自分から見て北がどちらにあたるか自動的に分かる。

レンジャーは"得意な敵"の痕跡を見つける際や痕跡を辿る際の〈生存〉判定にボーナスを得る。

《自力生存》特技があるなら、〈生存〉判定にボーナスを得る（第5章を参照）。

〈装置無力化〉 【敏】；防具による判定ペナルティ；修得時のみ
Disable Device

君は罠を解除し、錠前を開ける技術を持っている。加えて、この技能によって、君はカタパルトや馬車の車輪、扉といった単純な機械仕掛けに細工を施すことができる。

判定： 罠などの装置を無力化する際には、成功したかどうか君にわからないよう、〈装置無力化〉判定は秘密裏に行われる。

判定DCは装置がどれくらい厄介かによる。判定に成功すれば、装置は無力化される。判定に4以内の差で失敗したなら、君は失敗したが再挑戦できる。5以上の差で失敗したなら、何かまずいことが起こる。それが罠なら、君は罠の引き金を引いてしまう。装置に仕掛けをしようとしていた場合、君は装置が無効化されたと思いこむが、その装置は正常に機能する。

君はまた、たとえば鞍や馬車の車輪といった単純な装置を、しばらく正常に機能し、その後（通常は1d4ラウンドまたは1d4分使用した後）壊れたり外れ落ちたりするように仕掛けをすることもできる。

装置	時間	〈装置無力化〉DC *	例
簡単	1ラウンド	10	錠前を開かなくする、錠前を閉まらなくする
厄介	1d4ラウンド	15	馬車の車輪に仕掛けをする
難物	2d4ラウンド	20	罠を解除する、罠をもう一度作動するようにする
悪辣	2d4ラウンド	25	複雑な罠を解除する、機械仕掛けの装置にうまい仕掛けをする

*いじった形跡を一切残さないようにしたいなら、DCに5を加えること。

解錠： 錠前を解除するDCはその錠前の質によって異なる。盗賊道具一式がない場合、DCは10増加する。

錠前の質	〈装置無力化〉DC
単純	20
平均的	25
良い	30
高級	40

アクション： 〈装置無力化〉の所要時間は上記のように作業内容によって変わる。簡単な装置を無力化するには1ラウンドかかり、1回の全ラウンド・アクションである。厄介また難物な装置なら1d4ないし2d4ラウンドかかる。1個の錠前を解除する試みは、1回の全ラウンド・アクションである。

再挑戦： 可能なことも不可能なこともある。罠の解除は判定に4以下の差で失敗したときは再挑戦できる。解錠はいつでも再挑戦できる。

特殊： 《器用な指先》特技があるなら、〈装置無力化〉判定にボーナスを得る（第5章を参照）。

罠のDCを10以上上回ったローグは罠を調べ、それがどのように機能するのか理解し、解除せずに通り抜けることができる。この際、ローグは自分の味方がうまく迂回できるように罠に細工できる。

制限： ローグのように"罠探し"の能力を持つキャラクターは、魔法の罠を解除できる。魔法の罠は一般的に、作成に使用した呪文の呪文レベル＋25のDCを持っている。

グリフ・オヴ・ウォーディング、シンボル、テレポーテーション・サークル、ファイアー・トラップの呪文で作られた罠も、ローグは〈装置無力化〉で解除できる。しかし、スパイク・グロウスおよびスパイク・ストーンズで作られた魔法の障害には、〈装置無力化〉判定は通用しない。詳細は個々の呪文の説明を参照のこと。

〈脱出術〉 【敏】；防具による判定ペナルティ
Escape Artist

君は拘束から抜け出したり、組みつきから逃れたりするための訓練を積んでいる。

判定： さまざまな拘束から抜け出す際のDCは次の表を参照。

ロープ： 君の〈脱出術〉判定のDCは、縛り手の戦技ボーナス＋20に等しい。

枷および高品質の枷： 枷にはDCがあり、その数値は作りによって決まる（下表を参照）。

狭い場所： これは、頭は入るが肩は入らない場所を通り抜けるためのDCである。その場所が長いものであれば、君は複数回の判定を必要とするかもしれない。頭が入らない場所をむりやり通り抜けることはできない。

組みついている相手： 君は組みつきや押さえ込みから逃れるために、戦技判定の代わりに〈脱出術〉判定を行うことができる（第8章を参照）。

拘束	〈脱出術〉DC
ロープ／束縛	縛り手の戦技ボーナス＋20
ネット、アニメイト・ロープ、エンタングル、コマンド・プランツ、コントロール・プランツ	20
スネア呪文	23
枷	30
狭い場所	30
高品質の枷	35
組みついている相手	組みついている相手の戦技防御値

アクション： ロープ、枷、その他の拘束（組みついている相手は除く）から逃れる〈脱出術〉判定を行うには1分間の作業が必要である。ネット、アニメイト・ロープ、エンタングル、コマンド・プランツ、コントロール・プランツの呪文からの脱出は1回の全ラウンド・アクションである。組みつきや押さえ込みからの脱出は1回の標準アクションである。狭い場所をむりやり通り抜けるには少なくとも1分かかり、その場所の長さに

よってはもっとかかることもある。

再挑戦:可能なことも不可能なこともある。複数回の判定を行って狭い場所を通り抜けている場合、判定に失敗しても再度判定を行うことができる。状況が許せば君は何度でも判定でき、積極的に君と対抗するものがない限り"出目20"も選択できる。ロープや束縛からの脱出のためのDCが（20＋君の〈脱出術〉技能修正値）よりも高い場合、君は〈脱出術〉を用いて拘束から逃れることはできない。

特殊:《忍びの技》特技があるなら、〈脱出術〉判定にボーナスを得る（第5章を参照）。

〈知覚〉(【判】)
Perception

君は細かい点に気がつき、危険を知らせてくれる五感を持っている。〈知覚〉には五感すべて、すなわち視覚、聴覚、触覚、味覚、嗅覚が含まれる。

判定:〈知覚〉にはいくつもの使用法がある。もっとも一般的なものとしては、敵に気がつき、不意を討たれた状態となるのを避けるために行う、敵の〈隠密〉判定との対抗判定があげられる。成功した場合、君は敵に気づき、それに対応した反応を取ることができる。失敗した場合、君に気づかれないようにやり過ごしたり、君を攻撃したりというように、敵はさまざまな行動を取ることができる。

〈知覚〉はまた、周囲の微妙で細かい点に気がつくために用いられる。DCはそういった細かい点までの距離と周囲の状況、そしてそうしたものが目立つ度合いによってさまざまに変化する。次の表ではいくつかの指針を示す。

詳細	〈知覚〉DC
戦いの音を聞きつける	−10
腐敗した生ゴミの悪臭に気づく	−10
煙の臭いに気づく	0
会話の細部を聞き取る	0
目に見えるクリーチャーに気がつく	0
食糧がいたんでいるかどうかを判断する	5
歩いているクリーチャーの音を聞きつける	10
ささやきあっている会話の細部を聞き取る	15
平均的な隠し扉を発見する	15
錠前の中で鍵が回る音を聞きつける	20
平均的な秘密の扉を発見する	20
弓が引き絞られるのを聞きつける	25
君の足下でクリーチャーが穴を掘っているのを感じ取る	25
すりに気がつく	〈手先の早業〉との対抗判定
〈隠密〉を使っているクリーチャーに気がつく	〈隠密〉との対抗判定
隠された罠を発見する	罠によりさまざま
味でポーションの効果を識別する	15＋ポーションの術者レベル

〈知覚〉への修正	DC修正値
発生源や物体、クリーチャーから離れるごとに	＋1/10フィート
閉じた扉を1枚へだてるごとに	＋5
壁を1枚へだてるごとに	＋10／厚さ1フィート
有利な状況[1]	−2
不利な状況[1]	＋2
困難な状況[2]	＋5
判定を行うクリーチャーの注意がそれている	＋5
判定を行うクリーチャーが眠っている	＋10
クリーチャーや物体が不可視である	＋20

1 状況が有利であるか不利であるかは、判定を行うのに使う感覚による。たとえば、明るい光は視覚による判定のDCを下げるかもしれず、たいまつや月光程度の明かりではDCが上がるかもしれない。背景の雑音は聴覚による判定のDCを上げるかもしれず、悪臭がぶつかり合っていれば嗅覚による判定のDCを上げるかもしれない。
2 不利な状況であり、より程度のひどいもの。たとえば、視覚を使う際のろうそくほどの明かり、聴覚を使う際のドラゴンの咆哮、嗅覚を使う際のあたりに漂う強烈な悪臭など。

アクション：ほとんどの〈知覚〉判定は反射的対応であり、識別できる刺激への反応として行われる。意図して刺激を探すのは1回の移動アクションである。

再挑戦：可。刺激がそこにある限り、君は先ほどは気付けなかった何かを感じ取ろうと試みることができる。

特殊：エルフ、ハーフエルフ、ノーム、ハーフリングは〈知覚〉判定に＋2の種族ボーナスを得る。鋭敏嗅覚の特殊能力を持つクリーチャーは嗅覚で何か気付くための〈知覚〉判定に＋8のボーナスを持つ。振動感知の特殊能力を持つクリーチャーは地面に接しているクリーチャーに対する〈知覚〉判定に＋8のボーナスを持ち、振動感知の範囲の中においては自動的にそうした判定を行う。特殊能力の詳細については付録1を参照。

ホーク（鷹）やアウル（フクロウ）を使い魔に持っている呪文の使い手は〈知覚〉判定に＋3のボーナスを得る。

《鋭敏感覚》特技があるなら、〈知覚〉判定にボーナスを得る（第5章を参照）。

〈知識〉（【知】；修得時のみ）
Knowledge

君は特定の分野の学問を修めており、簡単なものから複雑な問題まで答えを導き出すことができる。〈製作〉や〈芸能〉や〈職能〉と同様、〈知識〉も実際にはいくつもの異なる専門分野をひとまとめにして呼ぶ名前である。以下に、典型的な学問分野を示す。なお、下線の付いているものはクリーチャーの種別である。

- 貴族（家柄、紋章、著名人、王族）
- 工学（建築、水道、橋、城塞）
- 次元界（内方次元界、外方次元界、アストラル界、エーテル界、来訪者、次元間魔法）
- 自然（動物、フェイ、人型怪物、植物、季節と周期、天候、蟲）
- 宗教（神々、神話的な歴史、宗教諸会派、聖印、アンデッド）
- 神秘学（古代の謎、魔術の諸流派、秘術的な象徴、人造、竜、魔獣）
- ダンジョン探検（異形、粘体、洞窟、地下探検）
- 地域（伝説、名士、住民、法律、しきたり、伝統、人型生物）
- 地理（諸国、地形、気候、民族）
- 歴史（戦争、植民地、移民、都市の設立）

判定：君の学問分野内の問題に答えを見出すのは、DC10（本当に簡単な問題）、15（基本的な問題）、20〜30（本当に難しい問題）である。

この技能はモンスターを見分け、その特殊能力や弱点を知るのにも役立つ。一般に、この種の判定のDCは（10＋モンスターの脅威度）に等しい。ゴブリンのような一般的なモンスターについては、この判定のDCは（5＋モンスターの脅威度）に等しい。タラスクのような特に稀なモンスターについては、この判定のDCは（15以上＋モンスターの脅威度）に等しい。判定に成功すればそのモンスターについてある程度の有益な情報を得ることができる。判定結果がDCを5上回るごとに、君はさらに何らかの有益な情報を思い出す。〈知識〉技能は、表4-6にあるような形で、特定の使用方法で使うこともできる。

アクション：通常なし。〈知識〉技能の使用自体がアクションを要することはほとんどないが、以下の"未修得"も参照のこと。

再挑戦：不可。この判定は君が何を知っているかを表すものであり、ある事項を再考したからといって、そもそも知らなかったことを知っていることにはできない。

未修得：君はDCが10を超える〈知識〉判定を行えない。その技能の内容を取り扱う大きな図書館を利用できる場合、こうした制限は取り除かれる。しかしながら、図書館を使っての判定には1d4時間かかる。特に見事な蔵書を持つ図書館であれば、取り扱う分野の〈知識〉判定にボーナスを与えることもありうる。

〈治療〉（【判】）
Heal

君はケガや病気の治療に長けている。

判定：〈治療〉判定のDCおよび効果は君のしようとする作業による。

作業	DC
応急手当	15
長期的な看護	15
まきびし、スパイク・グロウス、スパイク・ストーンズによる負傷の治療	15
傷の治療	20
毒の治療	毒のセーヴDC
病気の治療	病気のセーヴDC

応急手当：応急手当の通常の用法は、瀕死状態のキャラクターを救うことである。あるキャラクターのヒット・ポイントが負の値で、ヒット・ポイントを（1ラウンドにつき1ポイント、1時間につき1ポイント、あるいは1日につき1ポイント）失いつつあるなら、君はそのキャラクターを容態安定状態にできる。容態安定状態のキャラクターはヒット・ポイントが回復するわけではないが、それ以上ヒット・ポイントを失うことはなくなる。応急手当はまた、あるキャラクターが出血状態によって引き起こされる効果からヒット・ポイントを失うのも止める（出

表4-6：〈知識〉技能のDC

作業	〈知識〉技能	DC
ディテクト・マジックを使っている間オーラを識別する	神秘学	15＋呪文レベル
その場にある呪文の効果を識別する	神秘学	20＋呪文レベル
魔法によって生み出された材質を識別する	神秘学	20＋呪文レベル
今まさに君を目標とした呪文を識別する	神秘学	25＋呪文レベル
特定の物質構成要素を用いて発動された呪文を識別する	神秘学	20
地下における自然災害を識別する	ダンジョン探検	15＋自然災害の脅威度
鉱物、岩石、金属を識別する	ダンジョン探検	10
通路や床の傾きを知る	ダンジョン探検	15
地下の深さを知る	ダンジョン探検	20
建造物の危険箇所を識別する	工学	10
構造物の様式や年代を知る	工学	15
構造物の弱い箇所を見つける	工学	20
クリーチャーの民族性や訛りを識別する	地理	10
地域の地形的特徴を見分ける	地理	15
最も近い集落や有名な場所を知っている	地理	20
最近の、または歴史上の重要な出来事を知っている	歴史	10
特定の出来事が起こった大まかな日付を明らかにする	歴史	15
あまり知られていない、または古代の歴史上の出来事を知っている	歴史	20
地域の法律、統治者、評判のよい場所を知っている	地域	10
一般的な噂や土地の伝承を知っている	地域	15
隠された組織、支配者、または場所を知っている	地域	20
自然災害を識別する	自然	15＋自然災害の脅威度
一般的な動植物を識別する	自然	10
普通でない気象現象を識別する	自然	15
自然の中の不自然な特徴を見分ける	自然	20
現在の統治者とその紋章を知っている	貴族	10
適切な礼儀作法を知っている	貴族	15
継承順位を知っている	貴族	20
諸次元界の名称を知っている	次元界	10
現在の次元界を見分ける	次元界	15
クリーチャーの出身次元界を識別する	次元界	20
一般的な神々の印や聖職者を見分ける	宗教	10
一般的な神話や教義を知っている	宗教	15
あまり知られていない神々の印や聖職者を見分ける	宗教	20
モンスターの能力や弱点を識別する	さまざま	10＋モンスターの脅威度

血ダメージのルールに関しては付録2を参照）。

　長期的な看護：長期的な看護をするというのは、1日以上の期間、負傷した人物を治療することを意味する。〈治療〉判定に成功すれば、君は患者のヒット・ポイントや能力値ダメージで失った能力値を、通常の2倍の速さで回復させることができる。すなわち、ヒット・ポイントについて言えば、8時間以上休息した1日ごとに1レベルあたり2HP、完全に休息した1日ごとに1レベルあたり4HP、能力値について言えば、8時間以上休息した1日ごとに能力値2ポイント、完全に休息した1日ごとに能力値4ポイントである。

　君は同時に6人までの患者の世話ができる。若干のアイテムや消耗品（包帯、軟膏など）は必要になるが、これは人の住んでいる土地なら簡単に手に入る。長期的な看護をすることは治療者にとっては"軽度な活動"とみなされる。自分で自分に長期的な看護をすることはできない。

　まきびし、スパイク・グロウス、スパイク・ストーンズによる負傷の治療：まきびしを踏んで負傷したクリーチャーは、移動速度が通常の半分に下がる。〈治療〉判定に成功すれば、この移動ペナルティを取り除くことができる。

　スパイク・グロウスまたはスパイク・ストーンズの呪文によってダメージを受けたクリーチャーは、反応セーヴに成功しなければ移動速度が1/3に下がる負傷を負う。他のキャラクターが、10分間かけて犠牲者の負傷を手当てし、その呪文のセーヴDCに対して〈治療〉判定に成功すれば、このペナルティを取り除くことができる。

　傷の治療：傷の治療を行えば、君はダメージを受けたクリーチャーのヒット・ポイントを回復させることができる。傷の治療を行うことで、クリーチャーのレベルにつき1ポイントのヒット・ポイントが回復する。DCを5以上上回ったなら、この回復量に君の【判断力】修正値（もし正の値なら）を加えること。クリーチャーは、1日に1回まで、負傷から24時間以内に治療を受けた場合にのみこの利益を得る。この作業を行うには、

治療用具の使用回数を2回分費やさなくてはならない。治療用具がない場合、〈治療〉技能判定に、不足している治療用具1回分につき－2のペナルティを受ける。

毒の治療：毒の治療とは、毒を受け、その毒からさらにダメージを受けようと（あるいはその他の効果を被ろうと）している1人のキャラクターの世話をすることを意味する。毒を受けたキャラクターが毒に対するセーヴィング・スローをするたびに、君は〈治療〉判定を行う。君の〈治療〉判定の結果が毒のDCを上回った場合、そのキャラクターはその毒に対するセーヴィング・スローに＋4の技量ボーナスを得る。

病気の治療：病気の治療とは、病気にかかった1人のキャラクターを看護することを意味する。病気にかかったキャラクターが病気の効果に対するセーヴィング・スローをするたびに、君は〈治療〉判定を行う。君の〈治療〉判定の結果が病気のDCを上回った場合、そのキャラクターはその病気に対するセーヴィング・スローに＋4の技量ボーナスを得る。

アクション：応急手当、まきびし等による負傷の治療、毒の治療は標準アクションである。病気の治療、スパイク・グロウスやスパイク・ストーンズによる負傷の治療は10分間の作業を要する。傷の治療は1時間かかる。長期的な看護をするのは8時間かかる"軽度な活動"である。

再挑戦：可能なことも不可能なこともある。通常、〈治療〉判定に再挑戦することは最初の判定に失敗したとわかってからでなければない。応急手当は（対象がまだ生きているなら）常に再挑戦できる。

特殊：《自力生存》特技があるなら、〈治療〉判定にボーナスを得る（第5章を参照）。

治療用具があるなら、〈治療〉判定に＋2の状況ボーナスを得る。

〈手先の早業〉【敏】；防具による判定ペナルティ；修得時のみ
Sleight of Hand

君はポケットから中身をすり取ったり、隠した武器を抜いたり、気づかれずにさまざまな行動を取ることを可能にするだけの訓練を積んでいる。

判定：DC10の〈手先の早業〉判定で、硬貨サイズの装備中でない物品をくすねることができる。硬貨を消してしまうなどの簡単な早業の手品も、見物人がどこにその品が行ったか注意していない限り、DC10である。

厳重な監視下でこの技能を実行する時、君の技能判定は監視者の〈知覚〉判定との対抗になる。監視者の判定によってその行動自体が妨げられるわけではない。単に気づかれずに行うことができないというだけである。

小さな物品（"軽い武器"や、ダーツ、スリング、ハンド・クロスボウ等の容易に隠せる遠隔武器も含む）を体のどこかに隠すこともできる。その場合、君を観察する者や君を身体検査する者があればその〈知覚〉判定に、〈手先の早業〉で対抗すること。身体検査の場合、検査する者は〈知覚〉判定に＋4のボーナスを得る。こうした物品を見つけるのは隠すよりも簡単だからである。ダガーは大方の"軽い武器"よりも隠すのが簡単なので、武器を隠す際の〈手先の早業〉判定に＋2のボーナスが付く。非常に小さな物品、たとえば硬貨、シュリケン、指輪などを隠す場合には、〈手先の早業〉判定に＋4のボーナスが付く。厚着やかさばる衣類（外套など）を着ている場合、判定に＋2のボーナスが付く。

隠しておいた武器を抜くのは標準アクションであり、機会攻撃を誘発しない。

他のクリーチャーから何かを取ろうとするなら、君はそれを手に入れるにはDC20の〈手先の早業〉判定を行わねばならない。相手はその試みに気づくために、君が物を取るために行った〈手先の早業〉判定に対抗して〈知覚〉判定を行う。君が物を手に入れたかどうかに関わらず、相手の判定結果が君の判定結果を上回れば、相手はその試みに気づく。クリーチャーが君の存在に気づいている場合、君は戦闘中にこの技能を他のクリーチャーから物を取るためには使用できない。

〈手先の早業〉を用いて、ちょうど〈芸能〉技能を用いるのと同様に観客を楽しませることもできる。その場合、君は早業の手品、お手玉などなどの芸を見せることになる。

〈手先の早業〉	
DC	**作業**
10	硬貨サイズの物品をくすねる、硬貨を消してみせる
20	人から小さな物品を盗む

アクション：〈手先の早業〉判定はみな、普通は1回の標準アクションである。判定に－20のペナルティを付ければ、移動アクションで〈手先の早業〉判定を行える。

再挑戦：可。ただし最初の判定に失敗したり、試みに気づかれている場合、同じ対象に対する、あるいは同じ監視者に見張られている時の2回目の〈手先の早業〉の試みに対しては、DCは最初の試み＋10に上昇する。

未修得：未修得〈手先の早業〉判定は単に【敏捷力】判定である。実際の訓練を積んでいないので、DCが10を越える〈手先の早業〉判定には成功できない（ただし物品を体に隠す場合は除く）。

特殊：《器用な指先》特技があるなら、〈手先の早業〉判定にボーナスを得る（第5章を参照）。

〈登攀〉【筋】；防具による判定ペナルティ
Climb

君は、滑らかな市壁からごつごつした崖まで、垂直の表面を登る技術を持っている。

判定：〈登攀〉判定に成功すれば、坂や壁、その他の急斜面を（それどころか手がかりさえあれば天井すら）通常の移動速度の1/4で登ったり、降りたり、横切ったりすることができる。傾斜角60°未満のすべての傾斜は"坂"とみなされ、60°以上の険しい傾斜はすべて"壁"とみなされる。

〈登攀〉判定に4以下の差で失敗すると移動できなかったことになり、5以上の差で失敗すれば、すでに登っただけの高さか

ら落ちることになる。
　判定のDCは登攀の条件による。次の表を参照して、作業の内容からしかるべきDCを導き出すこと。

〈登攀〉DC	表面または活動の例
0	普通に歩いて登るには急すぎる傾斜。足を踏ん張る壁と、結び目のあるロープの組み合わせ。
5	足を踏ん張る壁とロープ。結び目のあるロープ。ロープ・トリック呪文のかかったロープ。
10	取りついたり上に立ったりできる出っぱりのある表面。たとえば、非常にでこぼこした壁や船の索具など。
15	（自然のものであれ、人工のものであれ）適度な手がかりや足がかりのある表面。たとえば、非常にでこぼこした自然石の表面や木、結び目のないロープなど。自分の手でぶらさがった状態から体を引き上げる。
20	わずかな手がかりや足がかりのある凹凸のある表面。たとえば、ダンジョンの典型的な壁。
25	ざらざらとした表面。たとえば、自然石の表面やレンガ造りの壁。
30	手がかりはあるが、足をかけるところのないオーバーハングや天井。
—	完全に滑らかで平らな垂直面（あるいは天井）を登ることはできない。

〈登攀〉DC修正値*	表面または活動の例
−10	煙突や岩の縦の裂け目、あるいはその他の、向き合った2つの面に足を踏ん張ることのできる場所を登る。
−5	直角に交わる2つの面に足を踏ん張ることのできるコーナー部を登る。
+5	表面がすべりやすい。

* これらの修正値は累積する。当てはまるものをすべて加算すること。

　登攀時には両手が自由でなければならない。ただし片方の手で壁にしがみつき、もう一方の手を使って動作要素のある呪文を発動したり、その他片手でできる作業をすることは可能である。登攀中は攻撃をよけるために動くことはできないので、ACへの【敏捷力】ボーナスを（もしあれば）失う。登攀中に盾を使うことはできない。登攀中にダメージを受けた場合、坂や壁のDCに対して〈登攀〉判定を行うこと。失敗すれば、君はその地点から落ち、落ちた高さに応じたダメージを被る。
　登攀速度の上昇：通常より速く登攀しようと試みることもできる。〈登攀〉判定に−5のペナルティを受けて判定に成功すれば、移動速度の1/4ではなく、半分で移動できる。
　自分で手がかりや足がかりを作る：壁にピトン（くさび）を

106

打ち込んで、手がかりや足がかりを作ることもできる。そうするにはピトン1本あたり1分かかり、5フィート（約150cm）ごとに1本のピトンが必要である。ピトンの打ち込まれた壁のDCは、手がかりや足がかりのあるすべての表面と同様、15である。これと同様、ハンドアックスやそれに類する道具を持った登り手は、氷壁に手がかりを刻むことができる。

落下中にしがみついたり踏みとどまったりする：落下中に"壁"にしがみつくのはほとんど不可能である。それでもなお、この難しい行為を試すなら〈登攀〉判定を行うこと（DCは壁のDC＋20）。"坂"で落下中に踏みとどまるのはそれよりかなり容易である（DC＝坂のDC＋10）。

落下するキャラクターをつかまえる：君の上や隣で登攀中だったキャラクターが落下し、かつ君の手が届く範囲にいるなら、君は相手をつかまえようとすることができる。そうするためには、落下するキャラクターに対して近接接触攻撃に成功する必要がある。このとき、落下するキャラクターはACへの【敏捷力】ボーナスを使わないことにしてもよい。接触攻撃に成功したなら、君は即座に〈登攀〉判定を行うこと（DC＝壁のDC＋10）。成功すれば、君は落下するキャラクターをつかまえることができた。ただし、相手の装備込みの総重量が君の重荷重の上限を超えていてはならない。もし超えていれば、君たちは自動的に落下する。4以下の差で失敗すれば、君は落下するキャラクターをつかまえることはできないが、自分自身は落ちずにすむ。5以上の差で失敗すれば、君は相手をつかまえることができず、自分も落ちる。

アクション：登攀は移動の一部である。そのため、普通は移動アクションの一部として処理され、1回の移動アクションの中で他の種類の移動と組み合わせて使うこともできる。登攀を含む移動アクション1回ごとに、別々の〈登攀〉判定が必要となる。"落下中にしがみついたり踏みとどまったりする"ことや、"落下するキャラクターをつかまえる"ことはアクションを要しない。

特殊：ロープを使えば、技能を使わず単に力だけでキャラクターを上に引き上げたり下に下ろしたりできる。あるキャラクターがどれだけの重さを引き上げることができるかは、最大荷重の2倍の数値を使うこと。

登攀移動速度のあるクリーチャーは、あらゆる〈登攀〉判定に＋8の種族ボーナスを得る。こうしたクリーチャーも、DC1以上の壁や坂に登る場合、〈登攀〉判定は必要だが、急いでいたり脅威が迫っていても、常に"出目10"を選択できる。登攀移動速度のあるキャラクターが"登攀速度の上昇"（上記参照）を試みる場合、1回の〈登攀〉判定を－5のペナルティを付けて行うこと。成功すれば登攀移動速度の2倍か地上移動速度か、どちらか低い方の速度で移動できる。こうしたクリーチャーは登攀中に攻撃されてもアーマー・クラスへの【敏捷力】ボーナスを（もしあっても）失わず、敵はそのクリーチャーを攻撃する際に特別なボーナスを得ることがない。しかし、こうしたクリーチャーも登攀中に"疾走"アクションをとることはできない。

《運動能力》特技があるなら、〈登攀〉判定にボーナスを得る（第5章を参照）。

〈動物使い〉【魅】；修得時のみ）
Handle Animal

君は動物と作業する訓練を受けており、動物に芸を教えたり、単純な指示に従わせたり、飼い慣らしたりできる。

判定：DCは君が試みる内容による。

作業	〈動物使い〉DC
動物を扱う	10
動物を"せき立てる"	25
動物に芸を仕込む	15か20 *
動物を特定用途のために訓練する	15か20 *
野生動物を育てる	15＋動物のHD

* 以下にある特定の芸や用途を参照。

動物を扱う：特定の動物に、すでに仕込まれている芸や仕事をさせる。その動物が傷ついているか、少しでも非致傷ダメージや能力値ダメージを受けているなら、DCは2増加する。君が判定に成功すれば、その動物は次のアクションで命じられた任務や芸を実行する。

動物を"せき立てる"：動物をせき立てるというのは、その動物が憶えてはいないが物理的には可能な芸や仕事をさせるということである。動物に強行軍をさせたり、睡眠から睡眠の間に合計1時間より長く走行させるのも、"せき立てる"うちに入る。その動物が傷ついているか、少しでも非致傷ダメージや能力値ダメージを受けているなら、DCは2増加する。君が判定に成功すれば、その動物は次のアクションで命じられた任務や芸を実行する。

動物に芸を仕込む：1体の動物に特定の1種類の芸を仕込むには、1週間の作業を行い、以下にそれぞれある通りのDCの〈動物使い〉判定に成功する必要がある。【知力】が1の動物は最大で3つまでの芸を憶えることができる。【知力】が2の動物は最大で6つまでの芸を憶えることができる。芸の種類（およびそのDC）には以下のようなものがあるが、必ずしも以下のものに限られるわけではない。

• 「後に続け」（DC15）：動物は君の後に従い、普通なら行かないような所にもついてくる。

• 「演技しろ」（DC15）：動物は後脚で立つ、横転する、吠えるなど、さまざまな簡単な演技をする。

• 「来い」（DC15）：動物は、普段なら来ないような状況でも、君のもとにやって来る。

• 「攻撃しろ」（DC20）：動物は明らかに敵とわかる相手を攻撃する。君は特定のクリーチャーを指し、動物にそのクリーチャーを攻撃するよう指示することもできる。通常、動物が攻撃する相手は人型生物、人形怪物、他の動物に限られる。動物にあらゆるクリーチャー（アンデッドや異形など、自然に反するクリーチャーも含む）を攻撃させるよう仕込むのは、芸2つ分に相当する。

• 「下がれ」（DC15）：動物は戦闘をやめたり、戦闘以外のことから離れて後ろに下がる。この芸を仕込まれていない動物は、

負傷や[恐怖]効果等によって敗走するか、相手を打ち負かすまで戦いつづける。
- 「調べろ」(DC15)：動物はあるエリアに移動し、何か明らかに生きているものや動いているものがないかと周囲を見回す。
- 「追跡しろ」(DC20)：動物は指示された匂いを追跡する。これを実行するには、その動物が"鋭敏嗅覚"の能力を持っている必要がある。
- 「取ってこい」(DC15)：動物は行って何かを取ってくる。君が特定の物体を指定しなかった場合、動物はランダムに何か物体を持ってくる。
- 「働け」(DC15)：動物は中荷重ないし重荷重相当の荷物を押したり牽いたりして運ぶ。
- 「番をしろ」(DC20)：動物は一箇所に留まり、他のものが近づいてくるのを防ぐ。
- 「待て」(DC15)：動物は一箇所に留まり、君が戻ってくるのを待つ。他のクリーチャーがやって来ても進んで攻撃をしかけることはないが、必要なら自分の身は守る。
- 「守れ」(DC20)：動物は以後、どんな命令も下さなくても君を守る（明らかな脅威がない場合、いつでも君の身を守れるように身構える）。また、他の特定のキャラクターを守るように命令することもできる。

動物を特定用途のために訓練する：動物に個々の芸を仕込むのではなく、単に1種類の一般的な用途のために訓練することもできる。事実上、動物の"用途"というのは、(番、重労働など)特定の使い道のために複数の芸をあらかじめ選択して組み合わせたものと言える。動物は、訓練パッケージ内のあらゆる芸の前提条件を満たしていなければならない。パッケージ内に4つ以上の芸が含まれる場合、その動物は【知力】が2以上なければならない。

1体の動物は1つの特定用途にしか訓練できない。ただし、その動物に余計に芸を憶えるだけの"あき"があるなら、その特定用途に含まれる芸のほかに、別の芸を仕込むことはできる。ある動物を特定用途のために訓練する場合には、個々の芸を教え込む時よりも判定回数が少なくてすむが、所要時間は変わらない。
- 演技 (DC15)：演技を見せるために訓練された動物は、以下の芸を仕込まれている：「後に続け」、「演技しろ」、「来い」、「取ってこい」、「待て」。1体の動物を演技用に訓練するには5週間かかる。
- 騎乗 (DC15)：騎手を乗せるように訓練された動物は、以下

の芸を仕込まれている：「後に続け」、「来い」、「待て」。1体の動物を騎乗用に訓練するには3週間かかる。

- 重労働（DC15）：重労働のために訓練された動物は、以下の芸を仕込まれている：「来い」、「働け」。1体の動物を重労働用に訓練するには2週間かかる。
- 狩猟（DC20）：狩猟用に訓練された動物は、以下の芸を仕込まれている：「後に続け」、「攻撃しろ」、「〜せ」、「調べろ」、「追跡しろ」、「取ってこい」。1体の動物を狩猟用に訓練するには6週間かかる。
- 戦闘（DC20）：戦闘に参加するよう訓練された動物は、以下の芸を仕込まれている：「攻撃しろ」、「下がれ」、「待て」。1体の動物を戦闘用に訓練するには3週間かかる。
- 戦闘騎乗（DC20）：騎手を乗せて戦うよう訓練された動物は、以下の芸を仕込まれている：「後に続け」、「来い」、「攻撃しろ」、「下がれ」、「番をしろ」、「守れ」。1体の動物を戦闘騎乗用に訓練するには6週間かかる。また、騎乗用に訓練された動物を戦闘騎乗用に格上げすることもできる。これには3週間かかり、DC20の〈動物使い〉判定に成功する必要がある。この場合、新しい用途と芸は、古い用途と芸に上書きされる。多くのホースとライディング・ドッグはこの方法で訓練されている。
- 番（DC20）：番をするよう訓練された動物は、以下の芸を仕込まれている：「攻撃しろ」、「下がれ」、「番をしろ」、「守れ」。1体の動物を番用に訓練するには4週間かかる。

野生動物を育てる：動物を育てるとは、野生のクリーチャーを飼い慣らすために子供の頃から育てることを指す。調教師は同じ種類のクリーチャーを同時に3体まで育てることができる。

飼い慣らすのに成功した動物は、育てるのと同時に芸を仕込むことができる。また、まず飼い慣らしておいた後で芸を仕込むこともできる。

アクション：さまざま。動物を扱うのは移動アクションであり、動物を"せき立てる"のは全ラウンド・アクションである。ドルイドやレンジャーが動物の相棒を扱うのはフリー・アクションであり、せき立てるのは移動アクションである。特定の概算期間が書いてある作業の場合、（扱う動物1体につき、1日に3時間の割合で時間を費やして）完遂を目指して作業をし、その期間の半分が経過した段階で実際に〈動物使い〉判定を行う。判定に失敗すれば、その動物を仕込んだり、育てたり、訓練する試みは失敗だったことになり、それ以上続ける必要はなくなる。判定に成功すれば、仕込み、飼育、訓練が完了するまで残りの期間を費やさねばならない。作業時間が中断されたり、作業を最後までやり通せなかったなら、その試みは自動的に失敗となる。

再挑戦：可能。ただし"野生動物を育てる"場合のみは不可。

特殊：【知力】が1か2で、かつクリーチャー種別が"動物"ではないクリーチャーに対して〈動物使い〉技能を用いることもできるが、DCは5増加する。こうしたクリーチャーにも、動物の場合と同様に憶えられる芸の数の限界がある。

ドルイドやレンジャーは、動物の相棒に関する〈動物使い〉判定に＋4の状況ボーナスを得る。

加えてドルイドやレンジャーの動物の相棒は1つ以上の追加の芸を知っている。これは芸の修得数の上限を勘定する際、勘定に入れない。また、この追加の芸には訓練時間も、仕込むための〈動物使い〉判定も不要である。

《動物の友》特技があるなら、〈動物使い〉判定にボーナスを得る（第5章を参照）。

未修得：〈動物使い〉にランクを割り振っていない場合でも、【魅力】判定で"動物を扱う"ことや飼い慣らされた動物を"せき立てる"ことはできるが、芸を仕込んだり訓練したり育てたりすることはできない。ドルイドやレンジャーは〈動物使い〉にランクを割り振っていなくとも、【魅力】判定で動物の相棒を"扱う"ことや"せき立てる"ことはできるが、他の飼い慣らされていない動物に芸を仕込んだり訓練したり育てたりすることはできない。

〈はったり〉　【魅】

Bluff

君はうまい嘘のつき方を知っている。

判定：〈はったり〉は相手の〈真意看破〉技能との対抗判定である。他人を騙すのに〈はったり〉を使い判定に成功した場合、君は自分の言うことを相手に真実だと思わせることができる。〈はったり〉判定は、嘘のもっともらしさによって修正を受ける。嘘をつこうと試みるクリーチャーの判定には以下の修正が適用される。嘘があまりに荒唐無稽であれば、（GMの裁量により）誰もそれを真に受けないことに注意すること。

状況	〈はったり〉修正値
対象が君を信じたがっている	＋5
その嘘は信じられるものである	＋0
その嘘はまゆつばものである	−5
その嘘にはかなり無理がある	−10
その嘘はおよそあり得ない	−20
目標が酔っているか弱っている	＋5
君が説得力のある証拠を持っている	最大で＋10

フェイント：君は戦闘中に〈はったり〉を使い、君の次の攻撃に対して、相手がACに【敏捷力】ボーナスを加えることができないようにすることができる。この判定のDCは（10＋相手の基本攻撃ボーナス＋相手の【判断力】修正値）である。相手が〈真意看破〉を修得しており、「10＋相手の〈真意看破〉ボーナス」の方が高いなら、DCはその値を用いる。戦闘におけるフェイントに関する内容については、第8章を参照のこと。

ひそかなメッセージ：〈はったり〉を使い、実際のメッセージを覆い隠すためにほのめかしを用いることで、他人に真の意味を理解されることなく、特定のキャラクターにひそかなメッセージを送ることができる。この判定のDCは、単純なメッセージなら15、複雑なメッセージであれば20である。成功した場合、理解できる言語で伝えているならば、目標は君の言いたいことを自動的に理解する。5以上の差で失敗した場合、間違ったメッ

セージを伝えてしまう。他のクリーチャーは、君の〈はったり〉に対する〈真意看破〉の対抗判定に成功すれば、メッセージを理解する。

アクション： 他人を欺く試みには最低でも1ラウンドかかる。嘘がこみいったものである場合、もっと時間がかかることもある（事例ごとにGMが判断する）。

戦闘におけるフェイントは1回の標準アクションである。

ひそかにメッセージを送るために〈はったり〉を用いると、そうせずに伝えるよりも2倍の時間がかかる。

再挑戦： 他人を欺くのに失敗し、同じ人物をもう一度欺こうとする試みは－10のペナルティを受ける。GMの判断によっては、試みること自体が不可能となる可能性もある。

誰かにフェイントをかけることは、失敗した場合でも自由に再挑戦できる。ひそかなメッセージも、一度失敗した場合でも再度伝えることはできる。

特殊： ヴァイパー（クサリヘビ）を使い魔に持っている呪文の使い手は〈はったり〉判定に＋3のボーナスを得る。

《欺きの名人》特技があるなら、〈はったり〉判定にボーナスを得る（第5章を参照）。

〈飛行〉 【敏】；防具による判定ペナルティ
Fly

君は、翼や魔法を使って飛ぶ技術を持っており、飛行中に大胆で複雑な動作を取ることができる。この技能が君に飛行能力を与えるわけではないことに注意すること。

判定： 通常、君が〈飛行〉判定を必要とするのは、複雑な動作を試みる際のみである。移動速度の半分を超える距離を移動している限り、飛行しているクリーチャーは自分のターンの終了時点で技能判定なしで飛行したままでいることができる。君はまた、移動速度5フィート分を消費することで最高45°までの方向転換を行うことができる。また、45°の角度で移動速度の半分で上昇したり、通常の移動速度で（角度を問わず）下降することができる。こうした制限は、君の現在のターンに行われる移動にのみ適用されることに注意すること。次のターンの開始時に、君は以前のターンとは違う方向に判定なしで移動することができる。こうしたルールに反する行動を行おうとすれば〈飛行〉判定が必要となる。こうした動作の難しさは下表に示

されているが、試みようとする動作によってさまざまである。

飛行の動作	〈飛行〉DC
移動速度の半分よりも少ない移動を行った後に飛行を維持する	10
ホバリング	15
移動速度のうち5フィート分を消費して45°を超えて方向転換する	15
移動速度のうち10フィート分を消費して180°方向転換する	20
45°を超える角度で上昇する	20

飛行中に攻撃を受ける： 飛行中、君は立ちすくみ状態とはみなされない。翼を用いて飛行している時にダメージを受けた場合、君はDC10の〈飛行〉判定を行わねばならず、失敗すると10フィート分の高度を失う。この降下は機会攻撃を誘発せず、クリーチャーの移動には含まれない。

飛行中の衝突： 翼を用いて飛行していて自分と同じかより大きなサイズの物体に衝突した場合、君は即座にDC25の〈飛行〉判定を行わねばならず、失敗すると地面に墜落して落下距離に応じたダメージを受ける。

落下ダメージを避ける： 飛行能力を持っている状態で落下した場合、君はダメージを無効化するためにDC10の〈飛行〉判定を行うことができる。君は〈飛行〉判定の失敗や衝突による落下の場合にはこの判定を行うことができない。

強い風： 強い風のさなかを飛行すると、表4-7にあるように〈飛行〉判定にペナルティを受ける。"釘付け状態"は、風が持続する限り、示されたサイズ以下のクリーチャーがDC20の〈飛行〉判定に成功しなければ移動できないことを意味する。"吹き飛ばされた状態"は、示されたサイズ以下のクリーチャーがDC25の〈飛行〉判定に成功しなければ2d6×10フィート吹き戻され、2d6ポイントの非致傷ダメージを受けることを意味する。この判定はクリーチャーが空中にあるなら毎ラウンド行わなければならない。"吹き飛ばされた"クリーチャーは、同時に"釘付け状態"であり、移動するにはDC20の〈飛行〉判定に成功しなければならない。

アクション： なし。〈飛行〉判定にはアクションを必要としない。他のアクションの一部であるか、状況に対する反射的対応である。

表4-7 〈飛行〉と風力効果

風力	風速	釘付け状態となるサイズ	吹き飛ばされた状態となるサイズ	〈飛行〉ペナルティ
微風	毎時0～10マイル	—	—	—
軟風	毎時11～20マイル	—	—	—
疾風	毎時21～30マイル	超小型	—	－2
強風	毎時31～50マイル	小型	超小型	－4
暴風	毎時51～74マイル	中型	小型	－8
台風	毎時75～174マイル	大型	中型	－12
竜巻	毎時175マイル以上	超大型	大型	－16

再挑戦：可能なことも不可能なこともある。君は次のラウンドも同じ動作をするために〈飛行〉判定を試みることができる。翼を用いていて〈飛行〉判定に5以上の差で失敗した場合、君は地面に墜落し、落ちた距離に応じたダメージを受ける（第13章を参照）。

特殊：バット（コウモリ）を使い魔に持っている呪文の使い手は〈飛行〉判定に＋3のボーナスを得る。

飛行移動速度を持つクリーチャーは〈飛行〉技能をクラス技能として扱う。〈飛行〉判定には、その機動性によるボーナス（またはペナルティ）を受ける：劣悪−8、貧弱−4、標準＋0、良好＋4、完璧＋8。機動性の記述のないクリーチャーは"標準"の機動性を持っているものとみなす。

中型より大きいクリーチャーや小さなクリーチャーは〈飛行〉判定にサイズ・ボーナスやサイズ・ペナルティを受ける：極小＋8、微小＋6、超小型＋4、小型＋2、大型−2、超大型−4、巨大−6、超巨大−8。

君は飛行や滑空など、飛行する手段を生まれつき持っていなければこの技能のランクを取ることができない。また、呪文あるいは他の特殊能力によって毎日利用できる飛行手段を持つクリーチャーは〈飛行〉にランクを割り振ることができる。《軽業師》特技があるなら、〈飛行〉判定にボーナスを得る（第5章を参照）。

〈変装〉【魅】
Disguise

君は自分の外見を変えることに長けている。

判定：君の〈変装〉判定の結果は、その変装がどれほど上手かを決めるものであり、他の者の〈知覚〉判定の結果との対抗判定である。君が注意を引くようなことをしなければ、他の者たちは〈知覚〉判定をすることもない。君が疑いを抱いている者たち（市門を通る一般人を監視している衛兵など）の注意にさらされた場合、そうした者は〈知覚〉判定で"出目10"を選択しているとみなされる。

複数の相手が〈知覚〉判定を行う場合でも、〈変装〉判定は1回の変装につき1回だけ行う。自分がどれだけうまくやったかわからないように、〈変装〉判定は秘密裏に行われる。

君の変装がどのくらいうまくできるかは、君がどのくらい外見を変化させようとしているかにもより変化する。〈変装〉は、自分の外見を実際よりもサイズ分類が1段階大きかったり小さかったりするクリーチャーに変えるために使うこともできる。こうした変装をまとったまま戦闘に入ったとしても、君の実際のサイズや間合いを変化させることはない。

変装	判定修正値
大きな変化を加えない	＋5
異なる性別に変装している [1]	−2
異なる種族に変装している [1]	−2
異なる年齢段階に変装している [1]	−2 [2]
異なるサイズ分類に変装している [1]	−10

[1] これらの修正は累積する。当てはまるものをすべて適用すること。
[2] キャラクターの実際の年齢段階と変装後の年齢段階（少年、青年、中年、老年、古希）が1段階違うごとに。

君が特定の個人になりすましているなら、その人物がどんな外見をしているか知っている者たちは、以下の表に従って〈知覚〉判定にボーナスを得る。そして、自動的に君に対して疑いを抱いているものとみなされ、常に対抗判定を行う。

親しさ	見ている者の〈知覚〉判定ボーナス
見覚えがある	＋4
知人、同僚	＋6
親しい友人	＋8
親友、恋人、肉親	＋10

1人の人物は君に出会ってすぐと、その後1時間ごとに再び見破るかどうかの〈知覚〉判定を行う。君が大人数の異なるクリーチャーと、それぞれ短時間ずつ何かということもなしに顔を合わせる場合、その集団の平均的な〈知覚〉ボーナスを用いて、1日あるいは1時間ごとに判定すること。

アクション：変装を行うには1d3×10分の作業が必要である。たとえばディスガイズ・セルフのような魔法を使えば、このアクションは呪文や効果を発動するために必要な時間までに減少する。

再挑戦：可能。キャラクターは失敗した変装をやり直すことができる。ただし、人々は一旦誰かが変装を試みたと知ったら、より疑い深くなるだろう。

特殊：君の姿を変える魔法、たとえばオルター・セルフ、シェイプチェンジ、ディスガイズ・セルフ、ポリモーフは、変装している者の〈変装〉判定に＋10のボーナスを与える（個々の呪文の説明を参照）。幻影を見通す占術魔法、たとえばトゥルー・シーイングなどは、魔法によらない変装を見破ることはできないが、魔法によって強化された変装の"魔法の部分"を見破ることはできる。

君がシミュレイクラムの呪文を発動する際には、その似姿がどのくらいよく似ているかを決定するために〈変装〉判定を行わなければならない。

《欺きの名人》特技があるなら、〈変装〉判定にボーナスを得る（第5章を参照）。

〈魔法装置使用〉（【魅】；修得時のみ）
Use Magic Device

たとえ全く使用方法を訓練していなくとも、君は魔法のアイテムを起動させることに長けている。

判定：君はこの技能を、呪文を読んだり、魔法のアイテムを起動させるために使用できる。この技能により、まるで自分が呪文能力や他のクラスの特徴を持っていたり、別の種族だったり、別の属性であるかのように魔法のアイテムを使用できる。

ワンドのようなアイテムを起動しようとする場合、そのたびごとに〈魔法装置使用〉判定を行う。属性その他、何らかの性質をずっと真似ているためにこの判定を用いる場合、うまく真似るための〈魔法装置使用〉判定を毎時間1回ずつ行わなければならない。

どんな性質を真似るかは意識して選ばなければならない。すなわち、真似るための〈魔法装置使用〉判定をする際には、自分が何を真似ようとしているのか知っていなければならない。各種作業における〈魔法装置使用〉判定のDCは以下の表を参照。

作業	〈魔法装置使用〉DC
やみくもに起動させる	25
書かれた呪文を解読する	25＋呪文レベル
巻物を使う	20＋術者レベル
ワンドを使う	20
クラスの特徴を真似る	20
能力値を真似る	本文参照
種族を真似る	25
属性を真似る	30

やみくもに起動させる：魔法のアイテムの中には、特別な言葉、思考、あるいは行動によって起動するものもある。君は起動の言葉、思考、行動を行わず、それを知りさえしないとしても、あたかもそれを用いたかのようにそうしたアイテムを起動させることができる。君は何かそれに相当するものを用いなければならない。君は何かを言ったり、アイテムを振り回したり、あるいは起動させるために他の何らかの試みを行わなければならない。以前に少なくとも一度そのアイテムを起動させたことがあれば、〈魔法装置使用〉判定に＋2のボーナスを得る。9以下の差で失敗した場合、その魔法装置を起動させることはできない。10以上の差で失敗した場合、君はミシャップ（事故）を起こす。ミシャップとは、魔法のエネルギーは解放されたものの、君が望んだとおりに機能しなかったことを意味する。よくあるミシャップとしては、アイテムが間違った目標に影響を及ぼしたり、制御されていない魔法エネルギーが解放されて君に2d6ポイントのダメージを与えたりすることなどが考えられる。通常でも自力では発動できないレベルの呪文を巻物から発動した場合にはミシャップの危険が伴うものだが、「やみくもに起動させる」によって同時に発生する可能性がある。

書かれた呪文を解読する：これは、書かれた呪文を〈呪文学〉技能で解読するのと同じように機能するが、DCが5高くなる。書かれた呪文を解読するには1分間の精神集中が必要である。

能力値を真似る：巻物から呪文を発動するには、しかるべき能力値（ウィザード呪文なら【知力】、クレリックやドルイド、レンジャーの呪文なら【判断力】、ソーサラーやバード、パラディンの呪文なら【魅力】）が高い必要がある。君の有効能力値（巻物から呪文を発動しようとする時に真似るクラスに応じた能力値）は（判定結果－15）となる。しかるべき能力値がすでに十分高い値なら、この判定を行う必要はない。

属性を真似る：魔法のアイテムの中には、君の属性しだいで有益な効果や有害な効果を持つものもある。君は、〈魔法装置使用〉によって自分があたかも特定の属性であるかのように、そうしたアイテムを使うことができる。一度に真似ることのできる属性は1つだけである。

クラスの特徴を真似る：時には、魔法のアイテムを起動させるためにクラスの特徴を用いる必要がある。こうした場合、真似たクラスにおける君の有効クラス・レベルは（判定結果－20）に等しい。この技能で別のクラスの特徴が使用できるようになるわけではない。あたかも君がそのクラスの特徴を持っているかのように、魔法のアイテムを起動させることができるようになるだけである。特徴を真似ようとしているクラスに属性の必要条件があるなら、君はそちらも同時に満たす必要がある。正直に満たしてもいいし、別個に"属性を真似る"ための〈魔法装置使用〉判定を行って真似てもよい（上記を参照）。

種族を真似る：魔法のアイテムの中には、特定の種族しか使用できなかったり、特定の種族の者が使うとうまく働くものもある。君は、あたかも自分が特定の種族であるかのように、そうしたアイテムを使うことができる。一度に真似ることのできる種族は1つだけである。

巻物を使う：通常、巻物から呪文を発動するには、その巻物の呪文が自分のクラス呪文リストになくてはならない。だが〈魔法装置使用〉を使えば、あたかもその呪文が自分のクラス呪文リストにあるかのように巻物を使える。判定DCは（20＋巻物から発動しようとする呪文の術者レベル）に等しい。加えて、巻物から呪文を発動するには、対応する能力値が最低限の値（10＋呪文レベル）を満たしている必要がある。能力値が足りないなら、別個に"能力値を真似る"ための〈魔法装置使用〉判定を行わねばならない。

"巻物を使う"用法は、他の呪文完成型の魔法のアイテムにも使える。

ワンド、スタッフ、その他の呪文解放型のアイテムを使う：通常、ワンドを使うには、そのワンドの呪文が自分のクラス呪文リストになければならない。だが〈魔法装置使用〉で"ワンドを使う"なら、特定の呪文が自分のクラス呪文リストにあるかのようにワンドを使うことができる。ロールに失敗してもチャージは消費しない。

アクション：なし。〈魔法装置使用〉判定は、魔法のアイテムを起動する際のアクション（もしあれば）の一部として行われる。

再挑戦：可。ただしアイテムを起動させようとして失敗した時、修正値を加える前の出目が1だったら、以後24時間の間、その

アイテムを再び起動させようとすることはできない。
特殊：〈魔法装置使用〉判定で"出目10"は選択できない。〈魔法装置使用〉に"援護"は行えない。アイテムの使用者だけが判定を行えるのである。
《魔法の才》特技があるなら、〈魔法装置使用〉判定にボーナスを得る（第5章を参照）。

5 特技

頭上から生臭い滴が降ってくるのに気づいて、ハルスクは顔を上げた。そのときはじめて、そこに巨大なコブラがいることに気がついた——眼前の魔物に気を取られている間に、蛇は音もなく忍び寄っていたのだ。

しかしハルスクは落ち着いてラークシャサの司祭に向き直った。

「あんたのペットのお相手はあとだ」

掲げられたクロスボウには、すでに祝福を受けた矢が番えられている。この至近距離で外すはずがない。注意深く狙いを定める。

「さあ子猫ちゃん、アーンしてごらん。ハルスクおじさんがおいしいお菓子をあげるぞ！」

君の種族やクラス、技能に結びつかない能力が存在する——著しく鋭い反射神経が危険により素早く対処することを可能としたり、魔法のアイテムを作成する能力や、近接武器による強力な一撃を繰り出すための鍛練、君に向かって放たれた矢をそらす妙技などがそれだ。これらの能力は特技と呼ばれる。一部の特技はあるタイプのキャラクターにとって、他のものよりも有用なものであり、また多くは取得する前に満たす必要がある特別な前提条件を有している。基本的に特技は君のキャラクターの種族やクラスとは異なる範疇の能力である。これらの多くはクラス能力を変更、または拡張したり、クラスの制限を和らげるものだが、君の判定にボーナスを適用したり、特技なしでは行えないアクションを使う能力を与えるものもある。

特技を選択することで、君は自分のキャラクターを君だけのユニークな存在にカスタマイズできる。

前提条件

いくつかの特技は前提条件を有している。君のキャラクターが特技を修得したり使用するためには、前提条件で挙げられている能力値やクラス特徴、特技、技能、基本攻撃ボーナスやその他指定された資質を持っていなくてはならない。キャラクターは、前提条件を満たしたのと同じレベルで特技を得ることができる。

キャラクターが前提条件を満たさなくなったら、特技を使用することはできなくなるが、特技そのものを失うわけではない。その後、彼が再び前提条件を満たしたなら、即座に特技を取り戻して十全に使うことができる。

特技の種類

特別なルールが適用されない特技は一般特技というグループに属する。その他、キャラクターが魔法のアイテムを作成できるようになる特技は全てアイテム作成特技に分類される。呪文修正特技は、術者に通常よりも効果の高い呪文を準備し、発動できる能力を与えるが、その呪文は本来よりも呪文レベルが高いものとして扱われる。

戦闘特技

戦闘特技と呼ばれる全ての特技は、ファイターのボーナス特技として修得できる。戦闘特技に分類されていても、他のクラスのキャラクターがその特技を修得することを制限することはなく、前提条件を満たしていれば修得できる。

クリティカル特技

クリティカル特技は、クリティカル・ヒットした相手に追加の状態を与えるようクリティカル・ヒットの効果を変更する特技である。《クリティカル体得》特技を修得していないキャラクターは、1回のクリティカル・ヒットに対して1種類のクリティカル特技の効果のみ適用できる。複数のクリティカル特技を修得しているキャラクターは、クリティカル・ヒットとなる

ことが確定した後に適用する特技を決定できる。

アイテム作成特技

アイテム作成特技は、キャラクターが特定の種類の魔法のアイテムを作成することを可能にする。アイテムの種類に関わらず、各種アイテム作成特技には共通する特徴がある。

原材料費：魔法のアイテム作成にかかる費用は、作成しようとするアイテムの基本価格の半分に等しい。

アイテム作成特技を使用するためには、研究室や魔法の作業場、特殊な道具などが使えることも必要である。キャラクターは特殊な状況でもない限り、たいていの場合は必要なものを手に入れることができる。

時間：魔法のアイテム作成にかかる時間は特技とそのアイテムの価格による。

アイテム価格：《スタッフ作成》、《ポーション作成》、《巻物作成》、《ワンド作成》によって作成されたアイテムは、呪文の効果をそのまま再現し、その威力はアイテムの術者レベルによって決まる。こうしたアイテムから発動した呪文は、そのレベルの術者が発動したかのような威力を持っている。これらのアイテムの価格（従って原材料費も）は術者レベルによって決定される。術者レベルの値は、アイテムを作成する術者が当該の呪文を発動できる最も高い値を超えてはならない。個々のアイテムの最終価格を求めるには、以下の通り、術者レベルと呪文レベルを乗算し、その結果に定数をさらに乗算すること：

巻物：基本価格＝呪文レベル×術者レベル×25GP
ポーション：基本価格＝呪文レベル×術者レベル×50GP
ワンド：基本価格＝呪文レベル×術者レベル×750GP

スタッフ：スタッフの価格はより複雑な方法で計算する。（第15章を参照）

この計算をする際には、0レベル呪文は呪文レベル1/2として扱う。

追加コスト：ポーションや巻物、ワンドに高価な物質構成要素が必要となる呪文を込める場合は、同等のコストを含めなければならない。ポーションや巻物の場合、作成者はアイテム作成時に必ず物質構成要素を消費しなければならない。ワンドの場合、作成者は50回分の物質構成要素を消費する必要がある。一部の魔法のアイテムは同様に物質要素に追加コストを要し、それぞれの説明文中に記述がある。

技能判定：魔法のアイテム作成を成功させるには、**5＋作成するアイテムの術者レベル**に等しいDCの〈呪文学〉判定に成功する必要がある。君は〈呪文学〉の代わりに作成するアイテムに関連した〈職能〉、または〈製作〉技能を使用してアイテム作成を行うこともできる。〈職能〉と〈製作〉判定による代替方法についての詳細は、第15章のp.602からp.607を参照のこと。作成者が急いでいたり、全ての前提条件を満たしていない場合、この判定のDCは上昇する。判定に失敗した場合、使用した原材料は失われ、5以上の差で失敗した場合は呪われたアイテムが完成する。詳細については第15章を参照のこと。

呪文修正特技

　魔法に関する知識が深まるとともに、術者は標準的な方法とわずかに異なるやり方で呪文を発動する方法を学ぶことができる。こうしたやり方で呪文を準備したり発動したりすることは通常よりも困難ではあるが、呪文修正特技を用いればとにかく可能になる。呪文修正特技を適用された呪文は、通常よりも高いレベルの呪文スロットを使用する。これによって呪文レベルを変えたり、セーヴのDCが上昇することはない。呪文修正特技を擬似呪文能力に適用することはできない。

ウィザードと信仰呪文の使い手：ウィザードと信仰呪文の使い手はあらかじめ呪文を準備しておかなければならない。呪文を準備する時点で、キャラクターはどの呪文に呪文修正特技を適用して準備するか選択を行う（そして適用した呪文は通常よりも高いレベルの呪文スロットを使用する）。

ソーサラーとバード：ソーサラーとバードは発動するときに呪文を選択する。彼らは呪文に呪文修正特技を適用するかどうかを、呪文を発動するときに選択できる。他の術者と同じように、強化された呪文はより高いレベルの呪文スロットを使用する。ソーサラーやバードは、あらかじめ修正した呪文を準備しておくわけではないため、その場で呪文修正特技を適用しなければならない。そのため、彼らが修正呪文（呪文修正特技で強化された呪文）を発動するには、通常の呪文を発動するより時間がかかる。ソーサラーやバードが通常の発動時間が1標準アクションである呪文を修正して発動する場合は、1全ラウンド・アクションかかる（これは発動時間が1ラウンドとなるわけではない）。呪文修正特技《呪文高速化》のみが唯一の例外であり、特技を使用した効果にあるとおりに発動できる。

　それより長い発動時間の呪文は、発動するために1全ラウンド・アクション余計にかかる。

任意発動と呪文修正特技：クレリックが任意発動するキュアあるいはインフリクト呪文やドルイドが発動する**サモン・ネイチャーズ・アライ**呪文も、呪文修正して発動できる。この場合も追加時間は必要になる。1標準アクションの修正呪文を任意発動するには1全ラウンド・アクションかかり、それより長い発動時間の呪文は、発動するために1全ラウンド・アクション余計にかかる。《呪文高速化》特技が適用された呪文のみが唯一の例外であり、1即行アクションで発動できる。

呪文修正特技が呪文に及ぼす影響：たとえ通常より高いレベルの呪文スロットを使用して準備し、発動するのだとしても、修正呪文はあらゆる面で呪文の本来のレベルであるものとして扱う。特技の説明に明記されていない限り、セーヴのDCは変化しない。

　これらの特技によって呪文を変化させることができるのは、特技を使用する術者が直接発動する場合だけである。術者は巻物やワンド、その他の品から発動する呪文を呪文修正特技によって変化させることはできない。

　呪文の構成要素をなくしてしまう呪文修正特技でも、機会攻撃範囲内で呪文を発動することで誘発される機会攻撃をなくすことはできない。《呪文高速化》を適用した呪文の発動は機会攻撃を誘発しない。

　呪文修正特技はすべての呪文に適用できるわけではない。変化させることのできない呪文については、各特技の説明を参照のこと。

1つの呪文に複数の呪文修正特技を適用する：術者は1つの呪文に複数の呪文修正特技を適用できる。レベルへの変化は累積する。1つの呪文に同じ呪文修正特技を2回以上適用することはできない。

魔法のアイテムと修正呪文：適切なアイテム作成特技があれば、修正呪文をポーションや巻物、ワンドに込めることができる。ポーションとワンドのレベル上限は、（呪文修正特技を適用した後の）最も高い呪文レベルに対して適用される。修正呪文が込められているアイテムを起動するキャラクターは、呪文修正特技を修得している必要はない。

修正呪文に対する呪文相殺：呪文修正特技によって強化されていても、カウンタースペルに対する抵抗力や別の呪文に対するカウンタースペルに用いることができるか、などといった点には影響を及ぼさない（第9章を参照）。

特技の説明

　特技は次のページの表5-1にまとめられている。この表には、参照しやすいよう簡略化した特技の前提条件や効果が記載されている。完全な内容を知るには各特技の説明を参照のこと。

　特技の説明はすべて、以下のフォーマットにしたがっている。

特技名：特技の名称の後に、もし存在するならばその特技が属しているサブカテゴリーが記載されている。そして、その後に特技で何ができるのか、簡単な説明が続いている。

前提条件：この特技を修得するために必要となる最低限の能力値、別の特技、最低限の基本攻撃ボーナス、最低限必要となる技能ランクやその他の条件。特技に前提条件がなければ、この項目はない。複数の前提条件を持つ特技もある。

利益：その特技によって、キャラクター（特技の説明の中では"君"と記載されている）ができるようになること。説明の中に記載がない限り、キャラクターが同じ特技を複数回修得してもその効果は累積しない。

通常：キャラクターがその特技を修得していない場合、行動にどんな制限を受けるか、あるいは限定されてしまうかを表している。特技を修得していないことで不利益がなければ、この項目は記載されない。

特殊：その特技に関する追加の特記事項。

《欺きの名人》
Deceitful

　君は虚言と変装によって他者を騙すことに熟達している。

利益：〈はったり〉および〈変装〉判定に＋2のボーナスを得る。どちらかの技能が10ランク以上あれば、その技能へのボーナスは＋4になる。

表5-1：特技

特技	前提条件	利益
《欺きの名人》	—	〈はったり〉および〈変装〉に＋2（10ランク到達で＋4）のボーナス。
《アンデッド威伏》	負のエネルギー放出（クラス特徴）	エネルギー放出をコントロール・アンデッドとして使用できる。
《アンデッド退散》	正のエネルギー放出（クラス特徴）	エネルギー放出を使用してアンデッドを逃走させる。
《イニシアチブ強化》*	—	イニシアチブ判定に＋4のボーナス。
《癒やしの手回数追加》	癒やしの手（クラス特徴）	1日に2回追加で癒やしの手を使用できる。
《運動能力》	—	〈水泳〉および〈登攀〉に＋2（10ランク到達で＋4）のボーナス。
《鋭敏感覚》	—	〈知覚〉および〈真意看破〉に＋2（10ランク到達で＋4）のボーナス。
《エネルギー放出回数追加》	エネルギー放出（クラス特徴）	1日に2回追加でエネルギー放出を使用できる。
《エネルギー放出強化》	エネルギー放出（クラス特徴）	エネルギー放出のDCに＋2のボーナス。
《エネルギー放出の一撃》*	エネルギー放出（クラス特徴）	エネルギー放出を君の攻撃を通して行う。
《エレメンタルへのエネルギー放出》	エネルギー放出（クラス特徴）	エネルギー放出でエレメンタルを傷付けたり癒やしたりできる。
《快速》	—	君の基本移動速度が5フィート増加する。
《回避》*	【敏】13	ACに＋1回避ボーナス。
《風の如き脚》*	【敏】15、《回避》、基本攻撃ボーナス＋6	君は移動することで20％の視認困難を得る。
《電光の如き脚》*	【敏】17、《風の如き脚》、基本攻撃ボーナス＋11	君は移動することで50％の視認困難を得る。
《強行突破》*	《回避》	移動した際の機会攻撃に対するACに＋4のボーナス。
《一撃離脱》*	《強行突破》、基本攻撃ボーナス＋4	近接攻撃の前後に移動できる。
《軽業師》	—	〈軽業〉および〈飛行〉判定に＋2（10ランク到達で＋4）のボーナス。
《頑健無比》	—	頑健セーヴに＋2のボーナス。
《頑健無比強化》	《頑健無比》	1日1回、頑健セーヴを振り直すことができる。
《騎乗戦闘》	〈騎乗〉1ランク	〈騎乗〉判定で乗騎に対する攻撃を避ける。
《駆け抜け攻撃》*	《騎乗戦闘》	騎乗している際の突撃の前後に移動できる。
《猛突撃》*	《駆け抜け攻撃》	騎乗している際の突撃時のダメージを2倍にする。
《騎射》*	《騎乗戦闘》	騎乗している際の遠隔攻撃へのペナルティを半減する。
《騎乗蹂躙》	《騎乗戦闘》	騎乗したまま対象に蹴散らしを行う。
《突き落とし》*	《騎乗戦闘》、《突き飛ばし強化》	相手を乗騎から叩き落とす。
《技能熟練》	—	1種類の技能に＋3のボーナス（10ランク到達で＋6のボーナス）。
《気の蓄積追加》	気の蓄積（クラス特徴）	君の気の蓄積が2ポイント増加する。
《強打》*	【筋】13、基本攻撃ボーナス＋1	近接攻撃の攻撃ボーナスを減らしダメージを増やす。
《蹴散らし強化》*	《強打》	蹴散らしに＋2ボーナス、機会攻撃を誘発しない。
《上級蹴散らし》*	《蹴散らし強化》、基本攻撃ボーナス＋6	蹴散らしに＋2ボーナス。機会攻撃を誘発する。
《突き飛ばし強化》*	《強打》	突き飛ばしに＋2ボーナス、機会攻撃を誘発しない。
《上級突き飛ばし》*	《突き飛ばし強化》、基本攻撃ボーナス＋6	突き飛ばしに＋2ボーナス、機会攻撃を誘発する。
《薙ぎ払い》*	《強打》	最初の攻撃が命中したら、追加攻撃を1回行う。
《薙ぎ払い強化》*	《薙ぎ払い》、基本攻撃ボーナス＋4	攻撃が命中するごとに、追加攻撃を1回行う。
《武器破壊強化》*	《強打》	武器破壊に＋2ボーナス、機会攻撃を誘発しない。
《上級武器破壊》*	《武器破壊強化》、基本攻撃ボーナス＋6	武器破壊に＋2ボーナス、ダメージを敵にも与える。
《器用な指先》	—	〈装置無力化〉および〈手先の早業〉に＋2（10ランク到達で＋4）のボーナス。
《近距離射撃》*	—	30フィート以内の標的への攻撃とダメージに＋1ボーナス。
《遠射》*	《近距離射撃》	距離によるペナルティを半減する。
《機動射撃》*	【敏】13、《強行突破》、《近距離射撃》、基本攻撃ボーナス＋4	移動中の任意の地点で遠隔攻撃を行う。
《精密射撃》*	《近距離射撃》	近接戦闘中の相手に対する遠隔攻撃にペナルティを受けない。
《精密射撃強化》*	【敏】19、《精密射撃》、基本攻撃ボーナス＋11	遠隔攻撃に対する遮蔽と視認困難による失敗確率がなくなる。
《針の目を通す狙い》*	《精密射撃強化》、基本攻撃ボーナス＋16	1回の遠隔攻撃に対する鎧ボーナスと盾ボーナスを無視する。
《速射》*	【敏】13、《近距離射撃》	追加の遠隔攻撃を1回行う。
《束ね射ち》*	【敏】17、《速射》、基本攻撃ボーナス＋6	同時に2本の矢を放つ。
《クリティカル強化》*	武器への《習熟》、基本攻撃ボーナス＋8	1種類の武器のクリティカル可能域が2倍になる。
《クリティカル熟練》*	基本攻撃ボーナス＋9	クリティカル確定ロールに＋4のボーナス。
《クリティカル体得》*	クリティカル特技2つ、ファイター・レベル14レベル	君のクリティカル・ヒットに2つの効果を適用できる。

特技 5

特技	前提条件	利益
《出血化クリティカル》*	《クリティカル熟練》、基本攻撃ボーナス+11	君のクリティカル・ヒットは相手に2d6ポイントの出血を与える。
《聴覚喪失化クリティカル》*	《クリティカル熟練》、基本攻撃ボーナス+13	君のクリティカル・ヒットは相手を聴覚喪失状態にする。
《疲労化クリティカル》*	《クリティカル熟練》、基本攻撃ボーナス+13	君のクリティカル・ヒットは相手を疲労状態にする。
《過労化クリティカル》*	《疲労化クリティカル》、基本攻撃ボーナス+15	君のクリティカル・ヒットは相手を過労状態にする。
《不調化クリティカル》*	《クリティカル熟練》、基本攻撃ボーナス+11	君のクリティカル・ヒットは相手を不調状態にする。
《盲目化クリティカル》*	《クリティカル熟練》、基本攻撃ボーナス+15	君のクリティカル・ヒットは相手を盲目状態にする。
《よろめき化クリティカル》*	《クリティカル熟練》、基本攻撃ボーナス+13	君のクリティカル・ヒットは相手をよろめき状態にする。
《朦朧化クリティカル》*	《よろめき化クリティカル》、基本攻撃ボーナス+17	君のクリティカル・ヒットは相手を朦朧状態にする。
《軍用武器習熟》*	—	1種類の軍用武器で行う攻撃にペナルティを受けない。
《軽妙なる戦術》*	—	戦技ボーナスを算出する際、【敏】修正値を用いる。
《激怒時間追加》	激怒（クラス特徴）	1日に6ラウンド追加で激怒が使用できる。
《化身時発動》	【判】13、自然の化身（クラス特徴）	自然の化身中に呪文を発動できる。
《高速装填》*	《武器習熟：クロスボウ》	クロスボウを素早く装填する。
《攻防一体》*	【知】13	攻撃ボーナスを減らしACを増やす。
《足払い強化》*	《攻防一体》	足払いに+2ボーナス、機会攻撃を誘発しない。
《上級足払い》*	《足払い強化》、基本攻撃ボーナス+6	足払いに+2ボーナス、機会攻撃を誘発する。
《大旋風》*	【敏】13、《攻防一体》、《一撃離脱》、基本攻撃ボーナス+4	間合い内にいるすべての敵にそれぞれ1回の近接攻撃をする。
《フェイント強化》*	《攻防一体》	フェイントが移動アクションになる。
《上級フェイント》*	《フェイント強化》、基本攻撃ボーナス+6	君がフェイントをかけた敵が1ラウンド【敏】ボーナスを失う。
《武器落とし強化》*	《攻防一体》	武器落としに+2ボーナス、機会攻撃を誘発しない。
《上級武器落とし》*	《武器落とし強化》、基本攻撃ボーナス+6	武器落としに+2ボーナス、武器が敵から離れた場所に落下する。
《渾身の一打》*	基本攻撃ボーナス+6	1回の攻撃で通常の2倍のダメージを与える。
《渾身の一打強化》*	《渾身の一打》、基本攻撃ボーナス+11	1回の攻撃で通常の3倍のダメージを与える。
《上級渾身の一打》*	《渾身の一打強化》、基本攻撃ボーナス+16	1回の攻撃で通常の4倍のダメージを与える。
《持久力》	—	非致傷ダメージを回避する判定に+4のボーナス。
《不屈の闘志》	《持久力》	0HPを下回っても気絶せず、自動的に容態安定化する。
《疾走》	—	通常の移動速度の5倍で疾走する。
《忍びの技》	—	〈隠密〉および〈脱出術〉に+2（10ランク達成で+4）のボーナス。
《慈悲追加》	慈悲（クラス特徴）	君の癒やしの手は追加で1つの慈悲の利益を受ける。
《呪芸時間追加》	バードの呪芸（クラス特徴）	1日に6ラウンド追加でバードの呪芸が使用できる。
《呪文熟練》	—	1つの系統のセーヴDCに+1のボーナス。
《上級呪文熟練》	《呪文熟練》	1つの系統のセーヴDCに+1のボーナス。
《呪文相殺強化》	—	同系統の呪文で呪文相殺ができる。
《呪文体得》	ウィザード1レベル	呪文書なしでいくつかの呪文を準備できる。
《上級使い魔》	使い魔を得る能力、特技参照	より強力な使い魔を得る。
《招来クリーチャー強化》	《呪文熟練：召喚術》	招来したクリーチャーの【筋】と【耐】に+4のボーナス。
《自力生存》	—	〈生存〉および〈治療〉に+2のボーナス。
《神速の反応》	—	反応セーヴに+2のボーナス。
《神速の反応強化》	《神速の反応》	1日1回、反応セーヴを振り直しできる。
《素手攻撃強化》*	—	常に武装しているものとして扱われる。
《蠍の型》*	《素手打撃強化》	対象の移動速度を5フィートに減らす。
《ゴルゴンの拳》*	《蠍の型》、基本攻撃ボーナス+6	移動速度が減少している相手をよろめき状態にする。
《メドゥサの怒り》*	《ゴルゴンの拳》、基本攻撃ボーナス+11	特定の状態の敵に2回の追加攻撃を行う。
《組みつき強化》*	【敏】13、《素手打撃強化》	組みつきに+2ボーナス、機会攻撃を誘発しない。
《上級組みつき》*	《組みつき強化》、基本攻撃ボーナス+6	組みつきに+2ボーナス、組みつきを移動アクションで維持する。
《朦朧化打撃》*	【敏】13、【判】13、《素手打撃強化》、基本攻撃ボーナス+8	素手打撃で相手を朦朧状態にする。
《矢止め》*	【敏】13、《素手打撃強化》	1ラウンドに1回遠隔攻撃を避ける。
《矢つかみ》*	【敏】15、《矢止め》	1ラウンドに1回遠隔攻撃をつかみ取る。
《素早い移動》	【敏】13	移動する際、移動困難地形を5フィートまで無視する。
《軽業移動》	【敏】15、《素早い移動》	移動する際、移動困難地形を15フィートまで無視する。
《説得力》	—	〈威圧〉および〈交渉〉に+2（10ランク達成で+4）のボーナス。
《選択的エネルギー放出》	【魅】13、エネルギー放出（クラス特徴）	エネルギー放出の効果を受ける対象を選択する。
《戦闘発動》	—	防御的発動で行う精神集中判定に+4のボーナス。

特技	前提条件	利益
《代用武器体得》＊	《代用武器の巧み》または《万能投擲術》、基本攻撃ボーナス＋8	代用武器による攻撃がより危険なものとなる。
《代用武器の巧み》＊	—	代用近接武器にペナルティを受けない。
《盾習熟》＊	—	盾を使用している際、攻撃ロールにペナルティを受けない。
《盾攻撃強化》＊	《盾習熟》	盾攻撃をする際、盾ボーナスを失わない。
《盾のぶちかまし》＊	《盾攻撃強化》、《二刀流》、基本攻撃ボーナス＋6	盾攻撃で突き飛ばしの効果を得る。
《盾攻撃の達人》＊	《盾のぶちかまし》、基本攻撃ボーナス＋11	盾攻撃に二刀流によるペナルティを受けない。
《盾熟練》＊	《盾習熟》、基本攻撃ボーナス＋1	盾を使用している際、君のACに＋1のボーナス。
《上級盾熟練》＊	《盾熟練》、ファイター8レベル	盾を使用している際、君のACに＋1のボーナス。
《タワー・シールド習熟》＊	《盾習熟》	タワー・シールドを使用している際、攻撃ロールにペナルティを受けない。
《単純武器習熟》＊	—	単純武器で行う攻撃にペナルティを受けない。
《致命的な狙い》＊	【敏捷力】13、基本攻撃ボーナス＋1	遠隔攻撃の攻撃ボーナスを減らし、ダメージを増やす。
《追加HP》	—	HP＋3、3を超える1ヒット・ダイスごとにHP＋1。
《追尾》＊	基本攻撃ボーナス＋1	割り込みアクションで5フィート・ステップする。
《抵抗破り》	—	呪文抵抗を打ち破る術者レベル判定に＋2のボーナス。
《上級抵抗破り》	《抵抗破り》	呪文抵抗を打ち破る術者レベル判定に＋2のボーナス。
《統率力》	キャラクター・レベル7	腹心と従者を得る。
《動物の友》	—	〈騎乗〉および〈動物使い〉判定に＋2（10ランク到達で＋4）のボーナス。
《特殊武器習熟》＊	基本攻撃ボーナス＋1	1種類の特殊武器で行う攻撃にペナルティを受けない。
《二刀流》＊	【敏】15	二刀流のペナルティを軽減する。
《二重斬り》＊	《二刀流》	副武器によるダメージ・ロールに【筋】修正値を加える。
《二刀のかきむしり》＊	《二重斬り》、《二刀流強化》、基本攻撃ボーナス＋11	君の武器が2つとも命中した敵を切り裂く。
《二刀の守り》＊	《二刀流》	二刀流の際、＋1の盾ボーナスを得る。
《二刀流強化》＊	【敏】17、《二刀流》、基本攻撃ボーナス＋6	副武器で2回目の追加攻撃を行う。
《上級二刀流》＊	【敏】19、《二刀流強化》、基本攻撃ボーナス＋11	副武器で3回目の追加攻撃を行う。
《鋼の意志》	—	意志セーヴに＋2のボーナス。
《鋼の意志強化》	《鋼の意志》	1日1回、意志セーヴを振り直しできる。
《発動妨害》＊	ファイター6レベル	君に隣接する敵は防御的発動のDCが上昇する。
《呪文潰し》＊	《発動妨害》、ファイター10レベル	呪文の発動に失敗した敵が機会攻撃を誘発する。
《早抜き》＊	基本攻撃ボーナス＋1	フリー・アクションで武器を抜く。
《反撃の構え》＊	基本攻撃ボーナス＋11	君を間合いの外から攻撃してきた敵を攻撃する。
《万能投擲術》＊	—	代用遠隔武器で行う攻撃にペナルティを受けない。
《秘術使いの鎧訓練》＊	《鎧習熟：軽装》、術者レベル3レベル	秘術呪文失敗確率が10％減少する。
《秘術使いの鎧体得》	《秘術使いの鎧訓練》、《鎧習熟：中装》、キャラクター・レベル7	秘術呪文失敗確率が20％減少する。
《秘術の打撃》＊	秘術呪文を発動する能力	武器が魔法の武器とみなされ、ダメージに＋1のボーナス。
《武器熟練》＊	武器への《習熟》、基本攻撃ボーナス＋1	1種類の武器で行う攻撃ロールに＋1のボーナス。
《威圧演舞》＊	《武器熟練》	30フィート以内にいる敵全員に〈威圧〉を行う。
《防御崩し》＊	《威圧演舞》、基本攻撃ボーナス＋6	特定の状態の敵を立ちすくみ状態にする。
《手ひどい一打》＊	《上級武器熟練》、《防御崩し》、基本攻撃ボーナス＋11	2倍のダメージと1ポイントの【耐】出血ダメージを与える。
《貫通打撃》＊	《武器熟練》、ファイター・レベル12レベル	5ポイントのダメージ減少を無視する。
《上級貫通打撃》＊	《貫通打撃》、ファイター・レベル16レベル	10ポイントのダメージ減少を無視する。
《上級武器熟練》＊	《武器熟練》、ファイター・レベル8レベル	1種類の武器で行う攻撃ロールに＋1のボーナス。
《武器開眼》＊	《武器熟練》、ファイター・レベル4レベル	1種類の武器で行うダメージ・ロールに＋2のボーナス。
《上級武器開眼》＊	《上級武器熟練》、《武器開眼》、ファイター・レベル12レベル	1種類の武器で行うダメージ・ロールに＋2のボーナス。
《武器の妙技》＊	—	軽い武器で行う攻撃ロールに、【筋】の代わりに【敏】を加える。
《物質要素省略》	—	物質要素なしで呪文を発動する。
《踏み込み》＊	基本攻撃ボーナス＋6	ACに－2のペナルティを受け、武器の間合いを増加させる。
《防御的戦闘訓練》＊	—	基本攻撃ボーナスではなくヒット・ダイス数から戦技防御値を算出する。
《魔法の才》	—	〈呪文学〉および〈魔法装置使用〉に＋2（10ランク到達で＋4）のボーナス。

特技 5

特技	前提条件	利益
《迎え討ち》*	―	追加の機会攻撃を行う。
《足止め》*	《迎え討ち》	すりぬけようとした敵の足を止める。
《無視界戦闘》*	―	視認困難による失敗確率を振り直す。
《名匠》	任意の〈製作〉または〈職能〉5ランク	〈製作〉、または〈職能〉判定に＋2のボーナス。術者でなくとも魔法のアイテムを作成できる。
《鎧習熟：軽装》*	―	軽装鎧を着ているとき、攻撃ロールにペナルティを受けない。
《鎧習熟：中装》*	《鎧習熟：軽装》	中装鎧を着ているとき、攻撃ロールにペナルティを受けない。
《鎧習熟：重装》*	《鎧習熟：中装》	重装鎧を着ているとき、攻撃ロールにペナルティを受けない。
《来訪者へのエネルギー放出》	エネルギー放出（クラス特徴）	エネルギー放出を用いて来訪者を癒したり傷つけることができる。
《腕力による威圧》*	―	〈威圧〉判定に【魅】修正値に加えて【筋】修正値を加える。

アイテム作成特技	前提条件	利益
《スタッフ作成》	術者レベル11	魔法のスタッフを作成する。
《その他の魔法のアイテム作成》	術者レベル3	その他の魔法のアイテムを作成する。
《ポーション作成》	術者レベル3	魔法のポーションを作成する。
《巻物作成》	術者レベル1	魔法の巻物を作成する。
《魔法の武器防具作成》	術者レベル5	魔法の武器、鎧、盾を作成する。
《魔法の指輪作成》	術者レベル7	魔法の指輪を作成する。
《ロッド作成》	術者レベル9	魔法のロッドを作成する。
《ワンド作成》	術者レベル5	魔法のワンドを作成する。

呪文修正特技	前提条件	利益
《呪文威力強化》	―	呪文の変数となっている効果は1/2だけ増加する。
《呪文威力最大化》	―	呪文の変数となっている効果は最大化する。
《呪文音声省略》	―	呪文を音声要素なしで発動する。
《呪文距離延長》	―	呪文の距離を2倍にする。
《呪文効果範囲拡大》	―	呪文の効果範囲を2倍にする。
《呪文高速化》	―	呪文を即行アクションで発動する。
《呪文持続時間延長》	―	呪文の持続時間を2倍にする。
《呪文動作省略》	―	呪文を動作要素なして発動する。
《呪文レベル上昇》	―	呪文を高いレベルで発動する。

*これらは戦闘特技であり、ファイターのボーナス特技として選択できる。

《足止め》（戦闘）
Stand Still

　君は君をすり抜けようとする敵の足を止めることができる。

前提条件：《迎え討ち》

利益：君の隣接したマスを通り抜けようとして機会攻撃を誘発した敵に対し、君は機会攻撃として戦技判定を行える。成功した場合、敵はそのターンの間移動を行うことができない。移動することはできないが、残りのアクションを取ることはできる。この特技は、君に隣接したマスから移動しようとして機会攻撃を誘発したクリーチャーにも適用できる。

《足払い強化》（戦闘）
Improved Trip

　君は相手を転ばせることに熟達している。

前提条件：【知力】13、《攻防一体》

利益：君が足払いの戦技を行う際、機会攻撃を誘発しない。加えて、君は敵への足払い判定に＋2のボーナスを得る。また、君は相手が試みる君への足払いに対する戦技防御値に＋2の

ボーナスを得る。

通常：君が足払いの戦技を行う際、機会攻撃を誘発する。

《アンデッド威伏》
Command Undead

　死霊術の穢れた力を用いることで、君はアンデッド・クリーチャーを支配し、しもべとすることができる。

前提条件：負のエネルギー放出能力

利益：標準アクションを使用して、負のエネルギー放出を1回ぶん消費することで、君は30フィート以内にいるアンデッド1体を隷属させることができる。これを受けたアンデッドは、効果を無効化するため意志セーヴを行う。この意志セーヴのDCは10＋君のクレリック・レベルの1/2＋君の【魅力】修正値に等しい。セーヴに失敗したアンデッドはコントロール・アンデッド呪文の対象となっているかのように君の支配下に入り、君の命令を己の全霊をもって遂行する。知性を有するアンデッドは君の支配に対抗するセーヴを毎日行う。支配下に置いたアンデッドのヒット・ダイスの総計が自分のクレリック・レベルを

超えない限り、君は何体でもアンデッドを支配できる。この方法でエネルギー放出を使用した場合、他の効果は発揮されない（近くにいるクリーチャーを傷付けたり、癒やしたりすることはない）。もしアンデッドが他のクリーチャーに支配されており、君の命令が矛盾を引き起こした場合は、対抗【魅力】判定を行わなければならない。

《アンデッド退散》
Turn Undead

高位の力を呼びだすことで、君が解放した神格の力からアンデッドを逃走させる。

前提条件： 正のエネルギー放出能力

利益： 標準アクションを使用して、正のエネルギー放出を1回分消費することで、君の30フィート以内にいるすべてのアンデッドを恐慌状態であるかのように逃走させる。これを受けたアンデッドは、効果を無効化するため意志セーヴを行う。この意志セーヴのDCは10＋君のクレリック・レベルの1/2＋君の【魅力】修正値に等しい。このセーヴに失敗したアンデッドは1分間逃走する。知性を有するアンデッドは効果を終了させるためのセーヴを毎ラウンド行う。この方法でエネルギー放出を使用した場合、他の効果は発揮されない（近くにいるクリーチャーを傷付けたり、癒やしたりすることはない）。

《威圧演武》（戦闘）
Dazzling Display

君が愛用の武器を振るうさまは敵に恐れを抱かせる。

前提条件： 《武器熟練》、選択した武器に対する《習熟》

利益： 《武器熟練》を修得している武器を手にしているとき、君は全ラウンド・アクションを使用することで、めざましく動く見事な演武を行う。君を見ることができる、30フィート以内にいるすべての敵の士気をくじくために〈威圧〉判定を行う。

《一撃離脱》（戦闘）
Spring Attack

君は巧みに敵へと近寄り、攻撃して、相手が反応する前に離脱できる。

前提条件： 【敏捷力】13、《回避》、《強行突破》、基本攻撃ボーナス＋4

利益： 全ラウンド・アクションを使用して、君は攻撃する相手から機会攻撃を誘発せずに自分の移動速度まで移動し、1回の近接攻撃を行える。君は攻撃の前後で移動できるが、攻撃の前に少なくとも10フィート移動しなくてはならず、移動距離の合計が自分の移動速度を越えてはなならない。君はこの能力を、君のターン開始時に隣接している敵を攻撃するために使用することはできない。

通常： 君は攻撃の前後両方で移動することはできない。

《イニシアチブ強化》（戦闘）
Improved Initiative

君は迫った危険に素早く反応できる。

利益： 君はイニシアチブ判定に＋4のボーナスを得る。

《癒しの手回数追加》
Extra Lay On Hands

君は癒しの手能力をより多くの回数使用できる。

前提条件： 癒しの手能力

利益： 君は癒しの手を1日につき2回多く行えるようになる。

特殊： 君は《癒しの手回数追加》特技を複数回修得できる。この効果は累積する。

《運動能力》
Athletic

君には生まれつき優れた運動能力が備わっている。

利益： 〈水泳〉および〈登攀〉判定に＋2のボーナスを得る。どちらかの技能が10ランク以上あれば、その技能へのボーナスは＋4になる。

《鋭敏感覚》
Alertness

君は他者であれば見落とすだろうことがらに気付くことが多々ある。

利益： 〈真意看破〉および〈知覚〉判定に＋2のボーナスを得る。どちらかの技能が10ランク以上あれば、その技能へのボーナスは＋4になる。

《エネルギー放出回数追加》
Extra Channel

君は通常より多く神格の力を伝えることができる。

前提条件： エネルギー放出能力

利益： 君はエネルギー放出を1日につき2回多く行えるようになる。

特殊： 正のエネルギー放出能力を持つパラディンがこの特技を修得した場合、癒しの手の能力を1日4回追加で使えるようになるが、それらの使用回数はエネルギー放出以外には使用できない。

《エネルギー放出強化》
Improved Channel

君のエネルギー放出は耐え難くなる。

前提条件： エネルギー放出能力

利益： 君のエネルギー放出能力の効果に抵抗するためのセーヴのDCが＋2される。

《エネルギー放出の一撃》（戦闘）
Channel Smite

君は神格の力を自分が手にした近接武器に向けることができる。

前提条件： エネルギー放出能力

利益： 君が近接攻撃ロールを行う前に、即行アクションを使用して1回分のエネルギー放出能力を消費することを選択できる。君が正のエネルギー放出を消費し、かつアンデッド・クリーチャーに攻撃が命中した場合、そのクリーチャーは正のエネル

ギー放出能力で与えるダメージに等しい追加ダメージを受ける。もし君が負のエネルギー放出を消費し、生きているクリーチャーに攻撃が命中した場合、そのクリーチャーは負のエネルギー放出能力で与えるダメージに等しい追加ダメージを受ける。対象は、通常どおり追加ダメージを半減させるための意志セーヴを行える。もし君の攻撃が外れた場合、エネルギー放出能力は何の効果も発揮せず消費される。

《エレメンタルへのエネルギー放出》
Elemental Channel
　風、地、水、火の中からエレメンタルの副種別を1つ選択する。君は神格の力を放つことにより、選択した副種別を有する来訪者を傷付けたり癒やしたりできる。
前提条件：エネルギー放出能力
利益：エネルギー放出の通常の効果の代わりに、選択したエレメンタルの副種別を持つ来訪者の傷を癒やすか、または傷付けることを選択できる。君はエネルギー放出を発動するたびにこの選択を行う必要がある。選択したエレメンタルの副種別を持つクリーチャーの傷を癒やすか、または傷付けることにした場合、君のエネルギー放出はそれ以外のクリーチャーには何の影響も及ぼさない。治癒あるいは与えるダメージ量や、ダメージを半減するためのセーヴDCは変化しない。
特殊：君はこの特技を複数回修得できる。効果は累積しない。この特技を修得するたびに、適用する新たなエレメンタルの副種別を選択する。

《遠射》（戦闘）
Far Shot
　君の超遠距離射撃はより正確さを増す。
前提条件：《近距離射撃》
利益：君が遠隔武器を使用しているとき、君と対象の間の距離が1射程単位離れるたびに－1のペナルティしか受けない。
通常：君は、君と対象の間の距離が1射程単位離れるたびに－2のペナルティを受ける。

《快速》
Fleet
　君は他者より素早い。
利益：君が鎧を着用していないか、あるいは軽装鎧を着用しているとき君の基本移動速度は5フィート増加する。君が中荷重、または重荷重である場合、この特技の利益は失われる。
特殊：君はこの特技を複数回修得できる。この効果は累積する。

《回避》（戦闘）
Dodge
　君の修練と反射速度は、相手からの攻撃に素早く反応し、避

けることを可能とした。
前提条件：【敏捷力】13
利益：君はACに＋1回避ボーナスを得る。君がACへの【敏捷力】修正値を失うような状態となった場合、この特技の利益も失う。

《駆け抜け攻撃》（戦闘）
Ride-By Attack
　騎乗して突撃する際、君は移動して敵を攻撃した後に移動を続けることができる。
前提条件：〈騎乗〉1ランク、《騎乗戦闘》
利益：君が騎乗して突撃アクションを使用する際、通常どおり突撃したときと同様に移動と攻撃を行い、そしてその後も移動できる（突撃の直線上をそのまま移動する）。そのラウンドにおける総移動距離は、乗騎の移動速度の2倍を超えてはならない。君と君の乗騎は、攻撃する相手からの機会攻撃を誘発しない。

《風の如き脚》（戦闘）
Wind Stance
　君の不規則な移動は、敵が君の居場所を特定することを困難にする。
前提条件：【敏捷力】15、《回避》、基本攻撃ボーナス＋6
利益：君がこのターンに10フィート以上移動した場合、君は1ラウンドの間、遠隔攻撃に対する20％視認困難を得る。

《軽業移動》
Acrobatic Steps
　君はたやすく障害物を踏破できる。
前提条件：【敏捷力】15、《素早い移動》
利益：君が移動する際は、1ラウンドに15フィートまでの移動困難な地形を通常の地形であるかのように扱う。この特技の効果は、《素早い移動》による効果と累積する（君は1ラウンドに合計20フィートまでの移動困難な地形を通常どおり移動できる）。

《軽業師》
Acrobatic
　君は素早い移動や跳躍、飛行する術に熟達している。
利益：〈軽業〉および〈飛行〉判定に＋2のボーナスを得る。どちらかの技能が10ランク以上あれば、その技能へのボーナスは＋4になる。

《過労化クリティカル》（戦闘、クリティカル）
Exhausting Critical
　君のクリティカル・ヒットは相手を過労状態にする。
前提条件：《クリティカル熟練》、《疲労化クリティカル》、基本攻撃ボーナス＋15
利益：君からクリティカル・ヒットを受けた相手は即座に過労状態となる。この特技は過労状態のクリーチャーに対しては効果がない。

特殊：君は《クリティカル体得》特技を修得していない限り、1回のクリティカル・ヒットに1つのクリティカル特技の効果しか適用できない。

《頑健無比》
Great Fortitude
　君は毒や病気、体調不良などに耐性を持っている。
利益：君はすべての頑健セーヴに＋2のボーナスを得る。

《頑健無比強化》
Improved Great Fortitude
　君は内に秘めた力で病気や毒などの酷い痛手に耐え抜くことができる。
前提条件：《頑健無比》
利益：1日1回、君は頑健セーヴを振り直せる。君はこの能力を使用するかを、判定の結果が明らかになる前に決定しなければならない。2回目の判定の結果の方が悪かったとしても、その結果を使用しなければならない。

《貫通打撃》（戦闘）
Penetrating Strike
　君の攻撃は特定のクリーチャーの防御を貫通できる。
前提条件：武器への《習熟》、《武器熟練》、ファイター12
利益：君が《武器熟練》で選択した武器で行う攻撃は、5ポイントまでのダメージ減少を無視する。この特技は（ダメージ減少10/－のような）種類が指定されていないダメージ減少には適用されない。

《騎射》（戦闘）
Mounted Archery
　君は騎乗したまま遠隔攻撃を行うことに熟達している。
前提条件：〈騎乗〉1ランク、《騎乗戦闘》
利益：乗騎中に遠隔武器を使用する際に受けるペナルティが半分になる。すなわち、君の乗騎が倍速移動しているなら－4ではなく－2に、乗騎が疾走しているなら－8ではなく－4となる。

《騎乗蹂躙》（戦闘）
Trample
　騎乗中、君は相手を追い詰め、君の乗騎で踏みつけることができる。
前提条件：〈騎乗〉1ランク以上、《騎乗戦闘》
利益：君が騎乗して蹴散らしを試みた対象は、君を避ける選択ができない。君の乗騎は、君が打ち倒した対象に蹄攻撃を1回行える。この攻撃ロールには、伏せ状態である相手に対する＋4のボーナスが付く。

《騎乗戦闘》（戦闘）
Mounted Combat
　君は乗騎を操りながら戦う達人である。
前提条件：〈騎乗〉1ランク

利益：1ラウンドに1回、戦闘の中で君の乗騎に攻撃が命中したとき、君は〈騎乗〉判定を(割り込みアクションとして)行い、命中を無効にできる。君の〈騎乗〉判定の結果が相手の攻撃ロールより大きければ命中は無効となる。

《機動射撃》（戦闘）
Shot on the Run

君は移動して遠隔武器で攻撃し、敵が反応する前に再び移動できる。

前提条件：【敏捷力】13、《回避》、《強行突破》、《近距離射撃》、基本攻撃ボーナス＋4

利益：全ラウンド・アクションを使用して、君は自分の移動速度までの距離を移動し、その移動中に任意の地点で1回の遠隔攻撃を行える。

通常：君は遠隔武器での攻撃の前後両方で移動することはできない。

《技能熟練》
Skill Focus

技能を選択する。君はその技能における最高の達人である。

前提条件：君は選択した技能に関する判定に＋3のボーナスを得る。その技能が10ランク以上あれば、ボーナスは＋6になる。

特殊：君はこの特技を複数回修得できる。効果は累積しない。この特技を修得するたびに、適用する新たな技能を選択する。

《気の蓄積追加》
Extra Ki

君は1日に他者よりも多くの回数、自分の気の蓄積を使用できる。

前提条件：気の蓄積能力

利益：君の気の蓄積は2増加する。

特殊：君は《気の蓄積追加》特技を複数回修得できる。この効果は累積する。

《強行突破》（戦闘）
Mobility

君は危険な近接戦闘の中を容易に突破できる。

前提条件：【敏捷力】13、《回避》

利益：君は機会攻撃範囲内から外へ、または範囲内を移動する際の機会攻撃に対する＋4回避ボーナスをACに得る。君がACへの【敏捷力】ボーナス（もしあれば）を失うような状況下では、回避ボーナスも失う。回避ボーナスはほとんどの種類のボーナスと異なり、すべて互いに累積する。

《強打》（戦闘）
Power Attack

君は力強さのために正確さを犠牲にし、並外れて致命的な近接攻撃を行える。

前提条件：【筋力】13、基本攻撃ボーナス＋1

利益：君はすべての近接ダメージ・ロールに＋2ボーナスを得るために、すべての近接攻撃ロールと戦技判定に－1ペナル

ティを受けることにしてもよい。君が両手武器を使用しているか、片手武器を両手で使用しているか、またはダメージ・ロールに【筋力】修正値の1.5倍を加算する主要肉体武器を利用して攻撃を行う場合、このダメージへのボーナスは半分だけ増加（＋50％）する。君が副武器か、二次的肉体武器を利用して攻撃を行う場合、このダメージへのボーナスは半分だけ減少（－50％）する。君の基本攻撃ボーナスが＋4に達したとき、およびその後＋4されるごとにペナルティは－1ずつ増加し、同時にダメージへのボーナスも＋2ずつ増加する。君は攻撃ロールを行う前にこの特技を使用するか決定しなければならず、効果は君の次のターンまで持続する。このダメージへのボーナスは接触攻撃やHPにダメージを与えないたぐいの効果には適用されない。

《器用な指先》
Deft Hands

君は非凡な手先の器用さを有している。

利益：〈装置無力化〉および〈手先の早業〉判定に＋2のボーナスを得る。どちらかの技能が10ランク以上あれば、その技能へのボーナスは＋4になる。

《近距離射撃》（戦闘）
Point-Blank Shot

君の近距離にいる対象へ行う遠隔攻撃は著しく精確だ。

利益：君は30フィート以内の距離で行う遠隔武器において、ロール判定とダメージ・ロールに＋1ボーナスを得る。

《組みつき強化》（戦闘）
Improved Grapple

君は相手に組みつくことに熟達している。

前提条件：【敏捷力】13、《素手打撃強化》

利益：君が組みつきの戦技を行う際、機会攻撃を誘発しない。加えて、君は敵への組みつき判定に＋2のボーナスを得る。また、君は相手が試みる君への組みつきに対する戦技防御値に＋2のボーナスを得る。

通常：君が組みつきの戦技を行う際、機会攻撃を誘発する。

《クリティカル強化》（戦闘）
Improved Critical

君が選択した武器で行う攻撃は極めて致死的だ。

前提条件：武器に対する《習熟》、基本攻撃ボーナス＋8

利益：武器を1つ選択する。君が選択した武器を使用する際、クリティカル可能域は2倍になる。

特殊：君は《クリティカル強化》を複数回修得できる。効果は累積しない。この特技を修得するたびに、適用する新たな武器を選択する。

この効果は武器のクリティカル可能域を広げるほかの効果とは一切累積しない。

《クリティカル熟練》（戦闘）
Critical Focus
　君は苦痛をもたらす術を学んでいる。

前提条件： 基本攻撃ボーナス＋9以上

利益： 君はクリティカルを確定ロールに＋4の状況ボーナスを得る。

《クリティカル体得》（戦闘）
Critical Mastery
　君のクリティカル・ヒットは2つの追加効果をもたらす。

前提条件： 《クリティカル熟練》、2つ以上のクリティカル特技、ファイター14レベル

利益： 君の攻撃がクリティカル・ヒットとなったとき、与えるダメージに加えて2つのクリティカル特技の効果を適用できる。

通常： 君はクリティカル・ヒットが与えるダメージに加えて、1つのクリティカル特技の効果しか適用できない。

《軍用武器習熟》（戦闘）
Martial Weapon Proficiency
　1種類の軍用武器を選択すること。君はその種類の武器を使った戦い方を理解する。

利益： 君は選択した武器で通常どおり（《習熟》していないことによるペナルティなしで）攻撃ロールを行える。

通常： 君が《習熟》していない武器を使用する際は、攻撃ロールに－4のペナルティを受ける。

特殊： バーバリアン、パラディン、ファイター、そしてレンジャーはすべての軍用武器に《習熟》している。この特技を修得する必要はない。

　君は《軍用武器習熟》を複数回修得できる。この特技を修得するたびに、適用する新たな武器を選択する

《軽妙なる戦術》（戦闘）
Agile Maneuvers
　君は戦技を試みる際に、腕力ではなく機敏さを活かす術を学んだ。

利益： 君は戦技ボーナス（第8章を参照のこと）を決定する際、基本攻撃ボーナスとサイズ修正値に【筋力】修正値ではなく【敏捷力】修正値を加算する。

通常： 君は戦技ボーナスを決定する際、基本攻撃ボーナスとサイズ修正値に【筋力】修正値を加算する。

《激怒時間追加》
Extra Rage
　君は激怒能力を通常より多く使用できる。

前提条件： "激怒"能力

利益： 君は激怒を1日につき追加で6ラウンド行える。

特殊： 君は《激怒時間追加》を複数回修得できる。この効果は累積する。

《化身時発動》
Natural Spell
　君は通常であれば呪文を発動できない形態をとっていても呪文を発動できる。

前提条件： 【判断力】13、"自然の化身"能力

利益： 君は自然の化身を使用している間、呪文の音声要素と動作要素を満たすことができる。君は様々な鳴き声と身ぶりを、通常の呪文の音声要素と動作要素の代わりとする。

　君は、所持している物質要素や焦点具が君の現在の形態に溶け込んでいたとしても使用できる。この特技は君がその形態では通常使用できない魔法のアイテムの使用を可能にしたり、自然の化身を使用している間に会話する能力を与えるものではない。

《蹴散らし強化》（戦闘）
Improved Overrun
　君は敵を跳ね飛ばすことに熟達している。

前提条件： 【筋力】13、《強打》、基本攻撃ボーナス＋1

利益： 君が蹴散らしの戦技を行う際、機会攻撃を誘発しない。加えて、君は敵への蹴散らし判定に＋2のボーナスを得る。また、君は相手が試みる君への蹴散らしに対する戦技防御値に＋2のボーナスを得る。君が蹴散らしを試みた対象は、君を避けることを選択できない。

通常： 君が蹴散らしの戦技を行う際、機会攻撃を誘発する。

《高速装填》（戦闘）
Rapid Reload
　1種類のクロスボウ（ヘヴィ、ハンド、またはライト）を選択する。君はその武器を素早く装填できる。

前提条件： （選択した種類のクロスボウに対する）《武器習熟》

利益： 君が選択した種類のクロスボウの装填に要する時間は、ハンドまたはライト・クロスボウはフリー・アクションに、ヘヴィ・クロスボウであれば移動アクションに短縮される。クロスボウの装填は、依然として機会攻撃を誘発する。

　君がこの特技でハンド、またはライト・クロスボウを選択した場合、君はその武器で全力攻撃アクションを行い、ボウを使っているかのように完全な攻撃回数で攻撃できる。

通常： この特技を修得していないキャラクターはハンドまたはライト・クロスボウの装填には移動アクションが必要であり、ヘヴィ・クロスボウの装填には全ラウンド・アクションが必要である。

特殊： 君は《高速装填》を複数回修得できる。この特技を修得するたびに、適用する新たなクロスボウの種類を1つ選択する。

《攻防一体》（戦闘）
Combat Expertise
　君は攻撃の確度を犠牲にして護りを固めることができる。

前提条件： 【知力】13

利益： 君はACへの＋1回避ボーナスを得るために、近接攻撃ロールと戦技判定に－1ペナルティを受けることにしてもよい。君

の基本攻撃ボーナスが＋4に達したとき、およびその後＋4さ
れるごとにペナルティは－1ずつ増加し、同時に回避ボーナス
も＋1ずつ増加する。この特技は、君が近接武器で攻撃を行うか、
または全力攻撃アクションを行うと宣言したときのみ使用でき
る。この特技の効果は、君の次のターンまで持続する。

《ゴルゴンの拳》（戦闘）
Gorgon's Fist
狙い澄ました一撃で、君は相手をよろめかせることができる。
前提条件：《蠍の型》、《素手打撃強化》、基本攻撃ボーナス＋6
利益：標準アクションを使用して、（《蠍の型》などのような効
果で）移動速度が減少している相手に1回の近接素手攻撃を行
う。攻撃が命中した場合、君は通常どおりダメージを与えたう
えで、相手は頑健セーヴ（DC10＋君のキャラクター・レベル
の1/2＋君の【判断力】修正値）を行う。この判定に成功しない
限り、相手は君の次のターンが終わるまでの間よろめき状態に
なる。この特技はよろめき状態の相手には何の効果もない。

《渾身の一打》（戦闘）
Vital Strike
君は一撃で通常よりはるかに多くのダメージを与える。
前提条件：基本攻撃ボーナス＋6
利益：攻撃アクションを使用する際、君は最も高い基本攻撃ボー
ナスを使用して、追加ダメージを与える攻撃を1回行える。そ
の攻撃による武器のダメージ・ダイスを2回振り、それを合計
した結果に【筋力】によるボーナスや（**フレイミング**のような）
武器の能力、急所攻撃のような精密性によるダメージ、その他
のダメージ・ボーナスを加算する。この追加武器ダメージ・ダ
イスはクリティカル・ヒットによって倍加することはなく、合
計値に加算されるのみとなる。

《渾身の一打強化》（戦闘）
Improved Vital Strike
君は一撃で膨大なダメージを与えることができる。
前提条件：《渾身の一打》、基本攻撃ボーナス－11
利益：攻撃アクションを使用する際、君は最も高い基本攻撃ボー
ナスを使用して、追加ダメージを加えた攻撃を1回行える。そ
の攻撃による武器のダメージ・ダイスを3回振り、それを合計
した結果に【筋力】によるボーナスや（**フレイミング**のような）
武器の能力、急所攻撃のような精密性によるダメージ、その他
のダメージ・ボーナスを加算する。この追加武器ダメージ・ダ
イスはクリティカル・ヒットによって倍加することはなく、合
計値に加算されるのみとなる。

《蠍の型》（戦闘）
Scorpion Style
君は素手攻撃によって相手の移動を大きく妨げることができ
る。
前提条件：《素手打撃強化》
利益：この特技を使用するには、君は1回の素手攻撃を標準ア

クションで行わなければならない。この素手攻撃が命中したら、
通常どおりダメージを与えるとともに、標的は頑健セーヴ
（DC10＋君のキャラクター・レベルの1/2＋君の【判断力】修
正値）に失敗すると、君の【判断力】修正値に等しいラウンド
の間、基本地上移動速度が5フィートに減少する。

《持久力》
Endurance
例え過酷な環境と長時間にわたる仕事であっても、君を疲労
させることはそうそうない。
利益：君は以下の判定に＋4のボーナスを得る。非致傷ダメー
ジに抵抗する際の〈水泳〉判定、疾走を続けるための【耐久力】
判定、強行軍による非致傷ダメージを受けないための【耐久力】
判定、息を止める際の【耐久力】判定、飢えや渇きによる非致
傷ダメージを受けないための【耐久力】判定、熱気や冷気環境
から非致傷ダメージを受けないための頑健セーヴ、窒息による
ダメージに抵抗するための頑健セーヴ。また、軽装鎧や中装鎧
を着たまま眠っても疲労状態にならない。
通常：中装以上の鎧を着て眠ったキャラクターは、翌日疲労状
態になる。

《疾走》
Run
君は速く走ることができる。
利益：疾走の際、君は鎧を着用していないか軽装鎧または中装
鎧を着ており、かつ中荷重以上ではない場合、通常移動速度の
5倍まで移動できる。重装鎧を着ているか重荷重である場合は、
通常の4倍まで移動できる。助走をつけてから跳躍を行う場合
（〈軽業〉技能の説明を参照）、君は〈軽業〉判定に＋4のボー
ナスを得る。疾走中、君はACへの【敏捷力】ボーナスを失わない。
通常：疾走の際、君は鎧を着用していないか軽装鎧または中装
鎧を着ており、かつ中荷重以上ではない場合は通常移動速度の
4倍まで、重装鎧を着ているか重荷重である場合は3倍まで移
動することができ、ACへの【敏捷力】ボーナスを失う。

《忍びの技》
Stealthy
君は望まぬ注意を引くことを避け、拘束から逃れることに長
けている。
利益：〈隠密〉および〈脱出術〉判定に＋2のボーナスを得る。
どちらかの技能が10ランク以上あれば、その技能へのボーナ
スは＋4になる。

《慈悲追加》
Extra Mercy
君の癒しの手能力に慈悲を追加できる。
前提条件："癒しの手"能力、"慈悲"能力
利益：君がレベルなどの条件を満たしている慈悲を追加で1つ
選択する。君が1体の対象のダメージを癒しの手を使用して回
復するとき、対象はこの慈悲による追加効果も受ける。

特殊：君はこの特技を複数回修得できる。この能力は累積しない。この特技を修得するたびに、新しい慈悲を選択すること。

《呪芸時間追加》
Extra Performance
君は通常より多くのバードの呪芸能力を使用できる。

前提条件："バードの呪芸"能力

利益：君はバードの呪芸能力を、1日につき6ラウンド追加で使用できる。

特殊：君は《呪芸時間追加》を複数回修得できる。この効果は累積する。

《出血化クリティカル》（戦闘、クリティカル）
Bleeding Critical
君のクリティカル・ヒットによって、相手はおびただしい量の血液をほとばしらせる。

前提条件：《クリティカル熟練》、基本攻撃ボーナス＋11

利益：君が斬撃武器または刺突武器を用いてクリティカル・ヒットを確定させた場合、クリティカル・ヒットによって与えられるダメージに加え、相手は2d6ポイントの出血ダメージ（付録2参照）を毎ラウンド自分のターンに受ける。出血ダメージはDC15の〈治療〉技能判定に成功するか、何らかの魔法的な治癒を受けることで終了させることができる。この特技の効果は累積する。

特殊：君は《クリティカル体得》特技を修得していない限り、1回のクリティカル・ヒットに1つのクリティカル特技の効果しか適用できない。

《呪文威力強化》（呪文修正）
Empower Spell
君は呪文の威力を増大させることで、より大きなダメージを与える。

利益：威力強化された呪文のすべての変数と数値的な効果は、ダイス・ロールへのボーナスも含めてすべて1/2だけ増加する。

セーヴや対抗判定には作用せず、ランダムな変数のない呪文にも影響しない。威力強化された呪文は、本来のレベルより2レベル高い呪文スロットを使用する。

《呪文威力最大化》（呪文修正）
Maximize Spell
君の呪文は起こりうる最大限の効果を発揮する。

利益：この特技が適用された呪文の変数と数値的な効果は、すべて最大値となる。

セーヴや対抗判定には作用せず、ランダムな変数のない呪文にも影響しない。威力最大化された呪文は、本来のレベルより3レベル高い呪文スロットを使用する。威力強化し、かつ威力最大化した呪文は、それぞれの特技から個別に利益を得る。すなわち、最大化された値に、通常どおりロールした結果の1/2を加算する。

《呪文音声省略》（呪文修正）
Silent Spell
君は物音をたてることなく呪文を発動できる。

利益：音声省略した呪文は音声要素なしで発動できる。音声要素が不要な呪文には適用できない。音声省略された呪文は、本来のレベルより1レベル高い呪文スロットを使用する。

特殊：バード呪文はこの特技で修正できない。

《呪文距離延長》（呪文修正）
Enlarge Spell
君は呪文の射程を伸ばすことができる。

利益：君は距離が近距離、中距離、長距離である呪文の距離を2倍にできる。距離延長された呪文は、近距離の呪文は距離が50フィート＋5フィート/レベルとなり、距離が中距離の呪文は200フィート＋20フィート/レベル、そして距離が遠距離の呪文は800フィート＋80フィート/レベルとなる。距離延長された呪文は、本来のレベルより1レベル高い呪文スロットを使用する。

距離が示されていない呪文や、近距離、中距離、長距離のいずれでもない呪文はこの特技の利益を受けられない。

《呪文効果範囲拡大》（呪文修正）
Widen Spell
君は発動した呪文の効果範囲を広げることができる。

利益：君は効果範囲が爆発、放射、拡散である呪文の範囲を拡大できる。その呪文の効果範囲の広さを示す数値は2倍になる。効果範囲拡大された呪文は、本来のレベルより3レベル高い呪文スロットを使用する。

呪文の効果範囲が上記の3種類以外の呪文には、この特技は適用できない。

《呪文高速化》（呪文修正）
Quicken Spell
君は通常かかる時間より少ない時間で呪文を発動できる。

利益：高速化された呪文の発動時間は即行アクションとなる。君は高速化した呪文を発動した同一ラウンド中に、別の呪文を発動するなど、別のアクションを行える。発動時間が1ラウンドを超えるか、1全ラウンド・アクションより長いの呪文は高速化できない。

高速化された呪文は、本来のレベルより4レベル高い呪文スロットを使用する。高速化された呪文を発動する際は、機会攻撃を誘発しない。

特殊：君はこの特技の効果を、発動時間が1全ラウンド・アクション以下のものであれば、準備無しに発動する呪文や任意発動に、発動時間を全ラウンド・アクションにすることなく適用できる。

《呪文持続時間延長》
Extend Spell
君は自分の呪文が終了するまでの時間を2倍にできる。

利益：持続時間延長された呪文は通常より2倍長く持続する。持続時間が"永続"、"瞬間"、"精神集中"の呪文はこの特技の影響を受けない。持続時間延長された呪文は、本来のレベルより1レベル高い呪文スロットを使用する。

《呪文熟練》
Spell Focus
魔法系統を1つ選択する。君が発動したその系統の呪文は、通常よりも耐え難くなる。

利益：君が選択した魔法系統の呪文を発動する場合、それに対して行われるすべてのセーヴDCが＋1上昇する。

特殊：君はこの特技を複数回修得できる。この効果は累積しない。この特技を修得するたびに、新たな魔法系統1つに適用される。

《呪文相殺強化》
Improved Counterspell
君は他者が発動した同種の呪文を相殺することに熟達している。

利益：呪文相殺を行う際、君は対象の呪文より1レベル以上高い呪文レベルの同系統の呪文を使用してもよい。

通常：この特技を修得していない場合、君は同じ呪文か、対象の呪文を相殺できるよう明記された特定の呪文でしでしか呪文を相殺できない。

《呪文体得》
Spell Mastery
君はごく一部の呪文を極めており、それらの呪文を呪文書を参照することなく準備できる。

前提条件：ウィザード1レベル

利益：この特技を修得するたびに、君がすでに知っている呪文の中から【知力】修正値に等しい数の呪文を選択する。以降、君は呪文書を参照せずにぞれらの呪文を準備できる。

通常：この特技を修得していない場合、**リード・マジック**を除くすべての呪文は準備するために呪文書を参照しなければならない。

《呪文潰し》（戦闘）
Spellbreaker
君は、自分の間合いの中にいるときに防御的発動を失敗した敵の術者を攻撃できる。

前提条件：《発動妨害》、ファイター10レベル

利益：君の機会攻撃範囲内にいる敵が防御的発動の判定に失敗したとき、君からの機会攻撃を誘発する。

通常：呪文の防御的発動に失敗した敵は機会攻撃を誘発しない。

《呪文動作省略》（呪文修正）
Still Spell
君は動くことなく呪文を発動できる。

利益：動作省略した呪文は動作要素なしで発動できる。動作要素が不要な呪文に適用することはできない。動作省略された呪文は、本来のレベルより1レベル高い呪文スロットを使用する。

《呪文レベル上昇》（呪文修正）
Heighten Spell
君は、呪文を通常より高いレベルの呪文であるかのように発動できる。

利益：呪文レベルを上昇した呪文は通常よりも高いレベルとなる（最大で9レベルまで）。他の呪文修正特技と異なり、《呪文レベル上昇》は修正した呪文の有効レベルを実際に上昇させる。呪文レベルに依存するすべての効果（セーヴのDCや**レッサー・グローブ・オヴ・インヴァルナラビリティ**を打ち破る能力など）は上昇後のレベルにしたがって決定される。呪文レベルを上昇した呪文においては、準備と発動の難しさが上昇後の呪文レベルと同等になる（訳注：つまり上昇後の呪文レベルのスロットを使用する）。

《上級足払い》（戦闘）
Greater Trip
君は自分が打ち倒した相手に追い討ちをかけることができる。

前提条件：【知力】13、《攻防一体》、《足払い強化》、基本攻撃ボーナス＋6

利益：君は敵に対する足払い判定に＋2のボーナスを得る。このボーナスは《足払い強化》によるボーナスと累積する。君が相手を足払いに成功した際、相手は機会攻撃を誘発する。

通常：クリーチャーは足払いされても機会攻撃を誘発しない。

《上級貫通打撃》（戦闘）
Greater Penetrating Strike
君の攻撃はよりほとんどの敵の防御を貫通する。

前提条件：《武器熟練》、《貫通打撃》、ファイター16レベル

利益：君が《武器熟練》を修得している武器で行う攻撃は、10ポイントまでのダメージ減少を無視するようになる。（ダメージ減少10/－などのような）種類が指定されていないダメージ減少については、無視できる量は5ポイントに減少する。

《上級組みつき》（戦闘）
Greater Grapple
君は生まれつき組みつき続ける天性を授かっている。

前提条件：【敏捷力】13、《素手打撃強化》、《組みつき強化》、基本攻撃ボーナス＋6

利益：君は敵に対する組みつき判定に＋2のボーナスを得る。このボーナスは《組みつき強化》によるボーナスと累積する。君がひとたびクリーチャーに組みついたなら、組みつきを移動アクションで維持できる。この特技によって、君はラウンドごとに（相手ごと移動したり、傷つけたり、押さえ込んだりするための）組みつき判定を2回行えるが、2回行わなくともよい。このうち1回でも成功すれば組みつきを維持できる。

通常：組みつきを維持するのは標準アクションである。

《上級蹴散らし》（戦闘）
Greater Overrun

君の危険に満ちた移動を、敵は身を投げ出して避けるほかなくなる。

前提条件：【筋力】13、《強打》、《蹴散らし強化》、基本攻撃ボーナス＋6

利益：君は敵に対する蹴散らし判定に＋2のボーナスを得る。このボーナスは《蹴散らし強化》によるボーナスと累積する。君の蹴散らしによって伏せ状態になった相手は、機会攻撃を誘発する。

通常：君の蹴散らしによって伏せ状態になったクリーチャーは、機会攻撃を誘発しない。

《上級渾身の一打》（戦闘）
Greater Vital Strike

君は一打で甚大なダメージを与えることができる。

前提条件：《渾身の一打》、《渾身の一打強化》、基本攻撃ボーナス＋16

利益：攻撃アクションを使用する際、君は最も高い基本攻撃ボーナスを使用して、追加ダメージを通常通り加えた攻撃を1回行える。その攻撃による武器のダメージ・ダイスを4回振り、それを合計した結果に【筋力】によるボーナスや、（フレイミングのような）武器の能力、急所攻撃のような精密性によるダメージ、その他のダメージ・ボーナスを加算する。この追加された武器ダメージ・ダイスはクリティカル・ヒットによって倍加することはなく、合計値に加算されるのみとなる。

《上級呪文熟練》
Greater Spell Focus

君がすでに《呪文熟練》特技を適用している魔法系統を1つ選択する。君が発動したその系統の呪文に耐えるのは、非常に難しくなる。

前提条件：《呪文熟練》

利益：君が選択した魔法系統の呪文を発動する場合、それに対して行われるすべてのセーヴのDCの難易度が＋1上昇する。このボーナスは《呪文熟練》によるボーナスと累積する。

特殊：君はこの特技を複数回修得できる。この効果は累積しない。この特技を修得するたびに、君がすでに《呪文熟練》特技を適用している新たな魔法系統1つに適用される。

《上級盾熟練》（戦闘）
Greater Shield Focus

君は自分の盾を使用して攻撃を逸らすことに熟達している。

前提条件：《盾習熟》、《盾熟練》、ファイター8レベル

利益：君が使用している盾によるACボーナスが1上昇する。このボーナスは《盾熟練》によるボーナスと累積する。

《上級使い魔》
Improved Familiar

この特技は、君がより強力な使い魔を手に入れることを可能

とするが、それは君が新たな使い魔を手に入れられるときに限られる。

前提条件：新たな使い魔を手に入れる能力、適切な属性と充分なレベル（下記参照）。

利益：使い魔を選択する際、後述の表に記載されたクリーチャーの中から選択できる（これらのクリーチャーについては"パスファインダーRPGベスティアリ"参照）。君と使い魔の属性軸（秩序 – 混沌、善 – 悪）のずれがそれぞれ1段階までであれば選択可能である。

《上級使い魔》のその他の点については、通常の使い魔と同じルールを使用するが、2点例外がある。クリーチャーの種別が動物以外である場合、その種別は変わらない。そして相手は君の次の1回の攻撃に対してだけでなく、君の次のターンの開始時までACへの【敏捷力】ボーナスを失う。使い魔が同じ種類のクリーチャーと会話する能力を得ることはない（しかしながら、彼らの多くはすでにコミュニケーションを取る能力を有している）。

使い魔	属性	秘術呪文術者レベル
セレスチャル・ホーク[1]	中立にして善	3レベル
ダイア・ラット	中立	3レベル
フィーンディッシュ・ヴァイパー[2]	中立にして悪	3レベル
エレメンタル、小型（各種）	中立	5レベル
スタージ	中立	5レベル
ホムンクルス[3]	どれでも	7レベル
インプ	秩序にして悪	7レベル
メフィット（各種）	中立	7レベル
スードゥドラゴン	中立にして善	7レベル
クアジット	混沌にして悪	7レベル

[1] または標準の使い魔表に記載された他の動物のセレスチャル版
[2] または標準の使い魔表に記載された他の動物のフィーンディッシュ版
[3] 主はまずホムンクルスを作成しなければならない

《上級突き飛ばし》（戦闘）
Greater Bull Rush

君の突き飛ばし攻撃は敵の体勢を崩す。

前提条件：【筋力】13、《強打》、《突き飛ばし強化》、基本攻撃ボーナス＋6

利益：君は敵に対する突き飛ばし判定に＋2のボーナスを得る。このボーナスは《突き飛ばし強化》によるボーナスと累積する。君が相手を突き飛ばしに成功した際、その移動は君を除く君の仲間全員からの機会攻撃を誘発する。

通常：突き飛ばしによって移動させられたクリーチャーは機会攻撃を誘発しない。

《上級抵抗破り》
Greater Spell Penetration

君の呪文は通常よりはるかにたやすく呪文抵抗を打ち破ることができる。

前提条件：《抵抗破り》

利益：君はクリーチャーの呪文抵抗を打ち破るための術者レベル判定（1d20＋術者レベル）に＋2のボーナスを得る。このボーナスは《抵抗破り》によるボーナスと累積する。

《上級二刀流》（戦闘）
Greater Two-Weapon Fighting
　君は信じがたいほど、2つの武器を同時に操って戦う術に熟達している。

前提条件：【敏捷力】19、《二刀流》、《二刀流強化》、基本攻撃ボーナス＋11

利益：君は－10のペナルティを受けてではあるが、副武器で3回目の追加攻撃を行えるようになる。

《上級フェイント》（戦闘）
Greater Feint
　君は君の攻撃に対して、敵から過剰な反応を引き出すことに熟達している。

前提条件：【知力】13、《攻防一体》、《フェイント強化》、基本攻撃ボーナス＋6

利益：君がフェイントを使用したとき、相手は君の次の1回の攻撃に対してだけでなく、君の次のターンの開始時までACへの【敏捷力】ボーナスを失う。

通常：君がフェイントをかけたクリーチャーが【敏捷力】ボーナスを失うのは、君の次の攻撃1回に対してのみである。

《上級武器落とし》（戦闘）
Greater Disarm
　君は敵が握ってる武器を遠くへ叩き飛ばすことができる。

前提条件：【知力】13、《攻防一体》、《武器落とし強化》、基本攻撃ボーナス＋6

利益：君は敵に対する武器落とし判定に＋2のボーナスを得る。このボーナスは《武器落とし強化》によるボーナスと累積する。君が相手に対する武器落としに成功した際、その武器は持ち主からランダムな方向へ15フィート離れた場所に落下する。

通常：武器落としされた武器や装備品は武器落としを受けたクリーチャーの足元に落下する。

《上級武器開眼》（戦闘）
Greater Weapon Specialization
　すでに《武器開眼》の対象として選択した1種類の武器（素手打撃や組みつきも含む）を選択する。選択した武器を用いた君の攻撃は、通常よりもさらに破壊的なものとなる。

前提条件：選択した武器に対する《習熟》、選択した武器に対する《武器熟練》、選択した武器に対する《武器開眼》、選択した武器に対する《上級武器熟練》、ファイター12レベル

利益：選択した武器を用いて行うすべてのダメージ・ロールに＋2のボーナスを得る。このボーナスは《武器開眼》によるボーナスを含む、その他のダメージ・ボーナスと累積する。

特殊：君は《上級武器開眼》を複数回修得できる。効果は累積しない。この特技を修得するたびに、適用する新たな武器を1種類選択する。

《上級武器熟練》（戦闘）
Greater Weapon Focus
　すでに《武器熟練》の対象として選択した1種類の武器（素手打撃や組みつきも含む）を選択する。君は選択した武器の扱いを極めている。

前提条件：選択した武器に対する《習熟》、選択した武器に対する《武器熟練》、ファイター8レベル

利益：選択した武器を用いて行うすべての攻撃ロールに＋1のボーナスを得る。このボーナスは《武器熟練》によるボーナスを含む、その他のボーナスと累積する。

特殊：君はこの特技を複数回修得できる。効果は累積しない。この特技を修得するたびに、適用する新たな武器を1種類選択する。

《上級武器破壊》（戦闘）
Greater Sunder
　君の破壊的な攻撃は武器や鎧を切り裂いてその持ち主に到達し、アイテムと所持者双方にダメージを与える一撃となる。

前提条件：【筋力】13、《強打》、《武器破壊強化》、基本攻撃ボーナス＋6

利益：君は武器破壊判定に＋2のボーナスを得る。このボーナスは《武器破壊強化》によるボーナスと累積する。君が武器破壊によって武器、盾、あるいは鎧を破壊した場合、超過したダメージはそのアイテムの着用者に適用される。君がアイテムに1HPを残すことにした場合は、着用者にはダメージは与えられない。

《招来クリーチャー強化》
Augment Summoning
　君が招来したクリーチャーはより強力で頑健だ。

前提条件：《呪文熟練：召喚術》

利益：君がなんらかのサモン呪文で召喚した各クリーチャーは、呪文の持続時間中【筋力】と【耐久力】に＋4の強化ボーナスを得る。

《自力生存》
Self-Sufficient
　君は野外で生き抜く術と、効果的な傷の治療法を知っている。

利益：〈生存〉および〈治療〉判定に＋2のボーナスを得る。どちらかの技能が10ランク以上あれば、その技能へのボーナスは＋4になる。

《神速の反応》
Lightning Reflexes
　君は常人より素早い反射神経を持っている。

利益：君はすべての反応セーヴに＋2のボーナスを得る。

《神速の反応強化》
Improved Lightning Reflexes
君には周囲で起きる危険を避ける才能がある。

前提条件：《神速の反応》

利益： 1日1回、君は反応セーヴを振り直せる。君はこの能力を使用するかを、判定の結果が明らかになる前に決定しなければならない。2回目の判定の結果の方が悪かったとしても、その結果を使用しなければならない。

《スタッフ作成》（アイテム作成）
Craft Staff
君は魔法のスタッフを作成できる。

前提条件： 術者レベル11

利益： 君は自分が前提条件を満たしているスタッフを作成できる。作成には、基本価格1,000GPごとに1日かかるスタッフを作成するためには、基本価格の半額を原材料費として消費しなければならない。新しく作成されたスタッフには、チャージが10回分ある。より詳しい情報は、第15章の魔法のアイテム作成ルールを参照のこと。

《素手打撃強化》（戦闘）
Improved Unarmed Strike
君は素手で戦うことに熟達している。

利益： 君は素手のときでも武装しているとみなされる——すなわち、君が武装した敵を素手で攻撃する際にも、機会攻撃を誘発しない。素手攻撃の際、致傷ダメージと非致傷ダメージのどちらを与えるかは君が選択できる。

通常： この特技を修得していない場合、君は素手攻撃の際は武装していないとみなされ、非致傷ダメージしか与えられない。

《素早い移動》 Nimble Moves
君は1つの障害物を簡単に乗り越えることができる。

前提条件：【敏捷力】13

利益： 君が移動する際は、1ラウンドに5フィートまでの移動困難な地形を通常の地形であるかのように扱う。この特技によって、君は移動困難な地形5フィート・ステップを行える。

《精密射撃》（戦闘）
Precise Shot
君は近接戦闘中の相手に遠隔攻撃を行う名手である。

前提条件：《近距離射撃》

利益： 近接戦闘に参加している相手に対して、通常受ける－4のペナルティを受けずに遠隔武器で射撃ないし投擲できる。

《精密射撃強化》（戦闘）
Improved Precise Shot
君の遠隔攻撃は完全視認困難と完全遮蔽以外を無視する。

前提条件：【敏捷力】19、《近距離射撃》、《精密射撃》、基本攻撃ボーナス＋11

利益： 君の遠隔攻撃は、標的が完全遮蔽以外の遮蔽によって与えられたACボーナス、および完全視認困難未満の視認困難によって与えられた失敗確率を無視する。完全遮蔽と完全視認困難による効果は君の遠隔攻撃に対して通常どおり適用される。

通常： 遮蔽と視認困難の効果に関する通常ルールは第8章を参照。

《説得力》
Persuasive
君は他者の態度を翻させることや威圧して自分の意に沿わせることに熟達している。

利益：〈威圧〉および〈交渉〉判定に＋2のボーナスを得る。どちらかの技能が10ランク以上あれば、その技能へのボーナスは＋4になる。

《選択的エネルギー放出》
Selective Channeling
君はエネルギー放出を使用した際に、誰に効果を及ぼすか選ぶことができる。

前提条件：【魅力】13、エネルギー放出能力

利益： 君がエネルギー放出を使用する際、君は【魅力】修正値の数まで効果範囲内にいる対象を選択できる。選択した対象は君のエネルギー放出の効果を受けない。

通常： 30フィート爆発の範囲内にいるすべての対象が君のエネルギー放出の効果を受ける。君が選択できるのは、自分がその影響を受けるか受けないかだけである。

《戦闘発動》
Combat Casting
君は危機迫り、集中できない状況下で呪文を発動することに熟達している。

利益： 君は防御的発動時、および組みつき状態で呪文を発動したり、擬似呪文能力を使用する際の精神集中判定に＋4ボーナスを得る。

《速射》（戦闘）
Rapid Shot
君は追加の遠隔攻撃を行える。

前提条件：【敏捷力】13、《近距離射撃》

利益： 遠隔武器で全力攻撃アクションを行う際、君は最も高い基本攻撃ボーナスを使用して1回の追加射撃を行える。《速射》を使用した場合、君のすべての攻撃ロールは－2のペナルティを受ける。

《その他の魔法のアイテム作成》（アイテム作成）
Craft Wondrous Item
君はその他の魔法のアイテムを作成できる。

前提条件： 術者レベル3以上

効果： 君は多種多様なその他の魔法のアイテムを作成できる。作成には、基本価格1,000GPごとに1日かかる。アイテムを作成するためには、基本価格の半額を原材料費として消費しなけ

特技 5

ればならない。より詳しい情報は、第15章の魔法のアイテム作成ルールを参照のこと。

　君は自分が作成できるものであれば、壊れたその他の魔法のアイテムを修理することもできる。そのためにはそのアイテムを作成する際に必要な原材料費と時間の半分が必要になる。

《大旋風》（戦闘）
Whirlwind Attack
　君は間合いの中にいるすべての敵に攻撃できる。
前提条件：【敏捷力】13、《回避》、《攻防一体》《強行突破》、《一撃離脱》、基本攻撃ボーナス＋4
利益：君が全力攻撃アクションを行う際、君は通常の攻撃をあきらめ、その代わりに最も高い基本攻撃ボーナスを使用して間合いの中にいる相手に一回ずつ近接攻撃を行える。君はそれぞれの相手ごとに個別に攻撃ロールを行わなければならない。
　君が《大旋風》特技を使用する場合、他の特技や呪文、能力による追加攻撃を行うことはできない。

《代用武器体得》（戦闘）
Improvised Weapon Mastery
　鋭い椅子の脚から小麦粉の袋まで、君は手近にあるすべての物体を危険な武器として転用できる。
前提条件：《代用武器の巧み》または《万能投擲術》、基本攻撃ボーナス＋8
利益：君は代用武器を使用することによるいかなるペナルティも受けない。代用武器によって与えるダメージ量が1段階上昇する（たとえば、1d4は1d6になる）。ただし、最大で1d8までである（両手で持つ代用武器の場合は2d6まで）。代用武器のクリティカル可能域は19〜20となり、クリティカル倍率は×2となる。

《代用武器の巧み》（戦闘）
Catch Off-Guard
　敵は君が型破りな即席の武器で繰り出した巧みな攻撃に驚愕する。
利益：君は近接代用武器を用いることによるペナルティを一切受けなくなる。武装していない相手は、君の近接代用武器による攻撃に対して立ちすくみ状態となる。
通常：君は代用武器で行う攻撃ロールに−4ペナルティを受ける。

《盾攻撃強化》（戦闘）
Improved Shield Bash
君は自分の身を護りつつ、盾を攻撃に使うこともできる。

前提条件：《盾習熟》

利益：君は盾攻撃を行う際、盾によるACへの盾ボーナスを受けつづけることができる。

通常：この特技を修得していない場合、盾攻撃を行うキャラクターは、自分の次のターンまで盾によるACへの盾ボーナスを失う（第6章参照）。

《盾攻撃の達人》（戦闘）
Shield Master
君は盾を用いた戦闘を極めており、動きを妨げられることがない。

前提条件：《盾攻撃強化》、《盾習熟》、《盾のぶちかまし》、《二刀流》、基本攻撃ボーナス＋11

利益：君は他に武器を持っているとき、盾で攻撃する際に攻撃ロールに二刀流によるペナルティを受けない。また、盾への強化ボーナスは、武器への強化ボーナスのように盾で行う攻撃とダメージ・ロールに加算される。

《盾習熟》（戦闘）
Shield Proficiency
君は適切な盾の使い方について訓練を積んでいる。

利益：君がタワー・シールド以外の盾を使用しているとき、防具による判定ペナルティは【敏捷力】と【筋力】に基づく技能判定にのみ適用される。

通常：君が《習熟》していない盾を使用しているとき、攻撃ロールと動作に関係するすべての技能判定に防具による判定ペナルティが適用される。

特殊：クレリック、ドルイド、バード、バーバリアン、パラディン、ファイター、レンジャーは自動的に《盾習熟》をボーナス特技として修得する。彼らはこの特技を選択する必要はない。

《盾熟練》（戦闘）
Shield Focus
君は自分の盾を使用して攻撃を逸らすことに熟達している。

前提条件：《盾習熟》、基本攻撃ボーナス＋1

利益：君が使用しているすべての盾によるACボーナスが1上昇する。

《盾のぶちかまし》（戦闘）
Shield Slam
適切な位置に構えた君の盾は、相手に宙を舞わせることができる。

前提条件：《盾攻撃強化》、《盾習熟》、《二刀流》、基本攻撃ボーナス＋6

利益：君の盾攻撃を受けた相手は、同時に君の攻撃ロールの結果を戦技判定の結果とみなした突き飛ばしを受ける（第8章参照）。この突き飛ばしは機会攻撃を誘発しない。壁やその他の表面によって後ろに下がることができない相手は、可能な限り移動した後で伏せ状態になる。君はこのターンに5フィート・ステップや移動アクションを行えるのであれば、相手と一緒に移動することを選択してもよい。

《束ね射ち》（戦闘）
Manyshot
君は1体の対象に対して複数の矢を射掛けることができる。

前提条件：【敏捷力】17、《近距離射撃》、《速射》、基本攻撃ボーナス＋6

利益：ボウで全力攻撃アクションを行う際、君は最初の攻撃で2本のアローを放つことができる。この攻撃が命中すると、両方のアローが当たったことになる。（急所攻撃のような）精密性によるダメージとクリティカル・ヒットのダメージはこの攻撃によるアローの一方にしか適用されない。コンポジット・ボウを使用したことによる【筋力】ボーナスや、レンジャーの得意な敵によるボーナスなどのその他のダメージ・ボーナスは両方の矢に適用される。ダメージ減少や抵抗は、それぞれの矢に個別に適用される。

《タワー・シールド習熟》（戦闘）
Tower Shield Proficiency
君はタワー・シールドの適切な使用法について訓練を積んだ。

前提条件：《盾習熟》

利益：君がタワー・シールドを使用しているとき、防具による判定ペナルティは【敏捷力】と【筋力】に基づく技能判定にのみ適用される。

通常：君が《習熟》していない盾を使用しているとき、攻撃ロールと〈騎乗〉を含む動作に関係するすべての技能判定に防具による判定ペナルティが適用される。

特殊：ファイターは自動的に《タワー・シールド習熟》をボーナス特技として修得する。彼らはこの特技を選択する必要はない。

《単純武器習熟》（戦闘）
Simple Weapon Proficiency
君は基本的な武器の使い方について訓練を受けた。

利益：君は単純武器を使用して、ペナルティなしで攻撃ロールを行える。

通常：君が《習熟》していない武器を使用する際は、攻撃ロールに－4のペナルティを受ける。

特殊：ウィザード、ドルイド、モンクを除くすべてのキャラクターは自動的にすべての単純武器へ《習熟》する。彼らはこの特技を選択する必要はない。

《致命的な狙い》（戦闘）
Deadly Aim
君は攻撃の成功率を犠牲にすることで、敵の急所めがけて極めて致命的な遠隔攻撃を的確に叩き込むことができる。

前提条件：【敏捷力】13、基本攻撃ボーナス＋1

利益：君はすべての遠隔ダメージ・ロールに＋2のボーナスを得るためにすべての遠隔攻撃ロールに－1ペナルティを受けることにしてもよい。君の基本攻撃ボーナスが＋4に達したとき、およびその後＋4されるごとにペナルティは－1ずつ増加し、同時にダメージ・ボーナスも＋2ずつ増加する。君は攻撃ロールを行う前にこの特技を使用するか決定しなければならず、効果は君の次のターンまで持続する。このダメージ・ボーナスは接触攻撃やHPにダメージを与えないたぐいの効果には適用されない。

《聴覚喪失化クリティカル》（戦闘、クリティカル）
Deafening Critical
君のクリティカル・ヒットによって、相手は聴覚を失う。

前提条件：《クリティカル熟練》、基本攻撃ボーナス＋13

利益：君からクリティカル・ヒットを受けた相手は永続的に聴覚喪失状態となる。頑健セーヴに成功することによって、この効果を1ラウンドに軽減できる。頑健セーヴのDCは10＋君の基本攻撃ボーナスと等しい。この特技は聴覚を持たないクリーチャーに対しては効果がない。聴覚喪失状態は**ヒール、リジェネレーション、リムーブ・デフネス**呪文やそれに類する能力で回復する。

特殊：君は《クリティカル体得》特技を修得していない限り、1回のクリティカル・ヒットに1つのクリティカル特技の効果しか適用できない。

《追加HP》
Toughness
君の体力はより強壮となる。

利益：君は＋3のHPを得る。3ヒット・ダイスを越える1ヒット・ダイスごとに追加で＋1のHPを得る。君のヒット・ダイスが3以上であれば、（レベルが上がるなどして）ヒット・ダイスを得るごとに＋1のHPを得る。

《追尾》（戦闘）
Step Up
君は敵が離れようとしたときに距離を詰めることができる。

前提条件：基本攻撃ボーナス＋1

利益：隣接した敵が5フィート・ステップを使用して君から離れようとしたとき、君も割り込みアクションを使用して、この能力を発動させた敵に隣接して移動が終わるように5フィート・ステップを行える。きみがこのステップを行った場合、君は自分の次のターンの間、5フィート・ステップを使用できない。もし自分の次のターンに移動を行った場合、君の移動できる距離の合計は5フィート減少する。

《突き落とし》（戦闘）
Unseat
君は騎乗している相手を突き落とすことに熟達している。

前提条件：【筋力】13、〈騎乗〉1ランク、《騎乗戦闘》、《強打》、《突き飛ばし強化》、基本攻撃ボーナス＋1

利益：ランスを持ち、騎乗して相手に突撃したとき、通常どおり攻撃を解決する。攻撃が命中した場合、君は通常のダメージに加えて、アクションを消費せずに即座に突き飛ばしを試みてもよい。成功したら、相手は乗騎から叩き落とされ、君から遠い方へ落下して乗騎に隣接するマスで伏せ状態になる。

《突き飛ばし強化》（戦闘）
Improved Bull Rush
君は敵を突き飛ばすことに熟達している。

前提条件：【筋力】13、《強打》、基本攻撃ボーナス＋1

利益：君が突き飛ばしの戦技を行う際、機会攻撃を誘発しない。加えて、君は敵への突き飛ばし判定に＋2のボーナスを得る。また、君は相手が試みる君への突き飛ばしに対する戦技防御値に＋2のボーナスを得る。

通常：君が突き飛ばしの戦技を行う際、機会攻撃を誘発する。

《抵抗破り》
Spell Penetration
君の呪文は通常よりたやすく呪文抵抗を打ち破る。

利益：君はクリーチャーの呪文抵抗を打ち破るための術者レベル判定（1d20＋術者レベル）に＋2のボーナスを得る。

《手ひどい一打》（戦闘）
Deadly Stroke
狙い澄ました一撃によって、君は多くの敵に迅速かつ苦痛に満ちた最期をもたらす。

前提条件：《威圧演舞》、《上級武器熟練》、《武器熟練》、《防御崩し》、選択した武器に対する《習熟》、基本攻撃ボーナス＋11

利益：朦朧状態または立ちすくみ状態にある相手に対し、標準アクションを使用して《上級武器熟練》を修得している武器による1回の攻撃を行う。命中したなら、君は通常の2倍のダメージを対象に与え、さらに対象は1ポイントの【耐久力】出血状態となる（付録2参照）。追加ダメージと出血ダメージには、クリティカル・ヒットによるダメージの倍加は適用されない。

《電光の如き脚》（戦闘）
Lightning Stance
君の移動速度は、君を攻撃する機会を捉えることをほぼ不可能にする。

前提条件：【敏捷力】17、《回避》、《風の如き脚》、基本攻撃ボーナス＋11

利益：君がターン中に2つのアクションを使用して移動するか、撤退アクションを行った場合、1ラウンドの間50％の視認困難を得る。

《統率力》
Leadership
君の大義の下には信奉者が集い、冒険に加わる仲間が増える。

前提条件：キャラクター・レベル7

利益：この特技は君の手助けとなる1人の忠実な腹心と、数名

の忠実な従者達をひきつける。腹心は通常クラス・レベルを持ったNPCであり、従者達はそれよりレベルの低いNPCとなる。君が得た腹心は何レベルなのか、何人の従者を付き従えているのかについては表5-2を参照のこと。

統率力修正値：いくつかの要素が君の統率力値に影響を及ぼし、その結果、基本値（キャラクター・レベル＋【魅力】修正値）から変化する。君の（君が腹心や従者として惹きつけたいと考える者たちから見た）評判によって、統率力値は増減する。

統率者の評判	統率力修正値
大きな信望	＋2
公正で寛大	＋1
特殊なパワー	＋1
失敗	－1
高慢	－1
残酷	－2

これ以外にも、君が腹心を惹きつけようとするときには以下の修正が適用される。

統率者が	統率力修正値
使い魔、特別な乗騎、動物の相棒を持っている	－2
異なる属性の腹心を募っている	－1
腹心の死の原因となった	－2*

*死んだ腹心の人数ごとに累積する

従者達は腹心とは異なる点に重きを置いている。君が従者達を惹きつけようとするときには以下の修正を使用する。

統率者が	統率力修正値
砦や活動の拠点、ギルド館などを所有している	＋2
あちこちと移動する	－1
他の従者達の死の原因となった	－1

統率力値：君の基本統率力値は、君のレベル＋【魅力】修正値に等しい。マイナスの【魅力】修正も考慮するため、この表では非常に低い値まで含まれているが、君が《統率力》特技を修得するためには7レベル以上でなくてはならない。前述のとおり、君の統率力値にはこれ以外の要素も影響を与える。

腹心のレベル：君はこのレベルまでの腹心を惹きつけることができる。君の統率力値とは関係なく、君は君自身のレベルより2レベル以上低い腹心だけを迎え入れることができる。腹心はそのレベルにおいて適切な装備を身につけている（第14章参照）。腹心はどのような種族でも、どのようなクラスであってもよい。腹心の属性は、君の属性と秩序／混沌軸と善／悪軸のどちらも対立するものであってはならず、自分と異なる属性の腹心を迎え入れる場合は君の統率力値に－1のペナルティを受ける。

腹心はパーティの経験値を決定する際にはパーティ・メンバーとして数えない。その代わりに、腹心のレベルを君のレベルで割り、それに君が得た経験値をかけた値が、腹心が得る経

表5-2：統率力

| 統率力値 | 腹心のレベル | レベルごとの従者の数 ||||||
		1	2	3	4	5	6
1以下	—	—	—	—	—	—	—
2	1	—	—	—	—	—	—
3	2	—	—	—	—	—	—
4	3	—	—	—	—	—	—
5	3	—	—	—	—	—	—
6	4	—	—	—	—	—	—
7	5	—	—	—	—	—	—
8	5	—	—	—	—	—	—
9	6	—	—	—	—	—	—
10	7	5	—	—	—	—	—
11	7	6	—	—	—	—	—
12	8	8	—	—	—	—	—
13	9	10	1	—	—	—	—
14	10	15	1	—	—	—	—
15	10	20	2	1	—	—	—
16	11	25	2	1	—	—	—
17	12	30	3	1	1	—	—
18	12	35	3	1	1	—	—
19	13	40	4	2	1	1	—
20	14	50	5	3	2	1	—
21	15	60	6	3	2	1	1
22	15	75	7	4	2	2	1
23	16	90	9	5	3	2	1
24	17	110	11	6	3	2	1
25以上	17	135	13	7	4	2	2

験値となる。

腹心が君より1レベル下のレベルになるために充分な経験点を得た場合、腹心は新たなレベルを得ることはなく、総合経験点は次のレベルに上がるために必要な値の－1点となる。

レベルごとの従者の数：君はここで示された人数まで、各レベルのキャラクターを率いることができる。従者達は一般に低レベルのNPCであること以外は、腹心と同様である。通常、君より5レベル以上下であるため、彼らが戦闘において有効な場面は極めて少ない。

従者は経験を得ることはなく、したがってレベルが上がることもない。君のレベルが上がった際、より多くの従者を獲得したか、その中に他の従者達よりレベルの高い者がいないかを決めるため、表5-2を参照のこと。腹心は経験点を得るため、君の腹心のレベルが上がったかどうかについて、表を参照する必要はない。

《動物の友》
Animal Affinity

君は動物や乗騎と共に働く技術を有している。

利益：〈騎乗〉および〈動物使い〉判定に＋2のボーナスを得る。どちらかの技能が10ランク以上あれば、その技能へのボーナスは＋4になる。

《特殊武器習熟》（戦闘）
Exotic Weapon Proficiency

ウィップやスパイクト・チェインのような特殊武器を1種類選択する。君は戦いの中でその特殊武器をどのように扱えばよいか理解しており、その特殊武器が可能とする特別な技や性質を利用できる。

前提条件：基本攻撃ボーナス＋1

利益：君はその武器で行う攻撃ロールを通常どおり行える。

通常：《習熟》していない武器を使用するキャラクターは攻撃ロールに－4のペナルティを受ける。

特殊：君は《特殊武器習熟》を複数回修得できる。修得するたびに新しい特殊武器1つに利益が適用される。

《薙ぎ払い》（戦闘）
Cleave

君は一薙ぎで、隣接する2体の敵を打ち据えることができる。

前提条件：【筋力】13、《強打》、基本攻撃ボーナス＋1

利益：標準アクションを使用して、君は最大基本攻撃ボーナスを使用し、間合いの中にいる敵に対して1回の攻撃を行う。その攻撃が命中した場合、通常どおりダメージを与えたうえで、最初の目標に隣接し、かつ自分の間合いにいる敵に対して（自分の最大基本攻撃ボーナスを使用した）追加攻撃を1回行える。この特技によって追加攻撃を行えるのはラウンドに1回だけである。この特技を使用したとき、君の次のターンまでACに－2のペナルティを受ける。

《薙ぎ払い強化》（戦闘）
Great Cleave

君は一薙ぎで、隣接する多数の敵を打ち据えることができる。

前提条件：【筋力】13、《強打》、《薙ぎ払い》、基本攻撃ボーナス＋4

利益：標準アクションを使用して、君の最大基本攻撃ボーナスを使用し、間合いの中にいる敵に対して1回の攻撃を行う。その攻撃が命中した場合、通常どおりダメージを与えたうえで、最初の目標に隣接し、かつ自分の間合いにいる敵に対して、最大の基本攻撃ボーナスを使用した追加攻撃を1回行える。間合い内に敵がいる限り、追加攻撃が命中した場合、君は攻撃が命中した敵に隣接する敵に対してさらに攻撃を続けることができる。君はこの攻撃アクションの中で、同じ敵を2回以上攻撃できない。この特技を使用したとき、君は次のターンまでACに－2のペナルティを受ける。

《二重斬り》（戦闘）
Double Slice

2本の武器を使用して攻撃する際、副武器の威力はより強力になる。

前提条件：【敏捷力】15、《二刀流》

利益：君は副武器で行うダメージ・ロールに、【筋力】ボーナスを加えることができる。

通常：君は通常であれば副武器で行うダメージ・ロールに、【筋力】ボーナスの半分しか加えることができない。

《二刀のかきむしり》（戦闘）
Two-Weapon Rend

2本の武器で同時に攻撃することにより、相手に酷い傷を負わせることができる。

前提条件：【敏捷力】17、《二重斬り》、《二刀流》、《二刀流強化》、基本攻撃ボーナス＋11

利益：君の主武器と副武器が両方とも相手に命中したら、君は追加で1d10【筋力】修正値の1.5倍の追加ダメージを与える。君がこの追加ダメージを与えることができるのは1ラウンドに1回だけである。

《二刀の守り》（戦闘）
Two-Weapon Defense

君は両手に持った武器で身を守ることに熟達している。

前提条件：【敏捷力】15、《二刀流》

利益：君が双頭武器か2つの武器を構えているとき（肉体武器と素手打撃は含まない）、君はACに＋1の盾ボーナスを得る。

君が防御的戦闘を行ったり防御専念アクションを行う際、この盾ボーナスは＋2に増加する。

《二刀流》（戦闘）
Two-Weapon Fighting

君は両手に1つずつ武器を持って戦える。君は毎ラウンド、第2の武器で1回の追加攻撃を行える。

前提条件：【敏捷力】15

利益：君の2つの武器を使用して戦う際の攻撃ロールへのペナルティが減少する。君の主武器へのペナルティは2、副武器へのペナルティは6軽減される。二刀流については第8章を参照のこと。

通常：君が主武器とは別に2つ目の武器を持った場合、その武器でラウンドごとに1回追加攻撃を行える。この戦い方は、君の主武器による通常の攻撃に－6のペナルティ、副武器で行う攻撃に－10のペナルティを受ける。君の副武器が軽い武器だった場合、ペナルティはそれぞれ2ずつ減少する。素手打撃は常に軽い武器として扱う。

《二刀流強化》（戦闘）
Improved Two-Weapon Fighting

君は2本の武器で戦うことに熟達している。

前提条件：【敏捷力】17、《二刀流》、基本攻撃ボーナス＋6

利益：副武器で行う通常の追加攻撃1回に加えて、－5のペナルティを受けて、2回目の追加攻撃を行える。

通常：この特技がなければ、君は副武器では1回の追加攻撃しかできない。

《鋼の意志》
Iron Will

君は精神的な効果に耐性を持っている。

利益：君はすべての意志セーヴに＋2のボーナスを得る。

《鋼の意志強化》
Improved Iron Will

君の明晰な思考は精神攻撃に耐え抜く力を与える。

前提条件：《鋼の意志》

利益：1日1回、君は意志セーヴを振り直すことができる。君はこの能力を使用するかを、判定の結果が明らかになる前に決定しなければならない。2回目の判定の結果の方が悪かったとしても、その結果を使用しなければならない。

《発動妨害》（戦闘）
Disruptive

君は、自分の近くで敵の術者が安穏と呪文を発動できないよう修練を積んだ。

前提条件：ファイター6レベル

利益：君の機会攻撃範囲内にいる敵が行う呪文の防御的発動のDCが＋4上昇する。この呪文の防御的発動に対するDCの上昇は、君が敵に気づいており、かつ機会攻撃を行える場合にのみ適用される。もし君が1ラウンドに1回しか機会攻撃を行うことができず、すでに機会攻撃を行ってしまっていたならば、このDCの上昇は適用されない。

《早抜き》（戦闘）
Quick Draw

君は大抵の者より素早く武器を抜き放つことができる。

前提条件：基本攻撃ボーナス＋1

利益：君は移動アクションではなく、フリー・アクションで武器を抜くことができる。君は隠しておいた武器（〈手先の早業〉技能を参照）を移動アクションで抜くことができる。

この特技を選択したキャラクターは（弓を使用しているキャラクターのように）自分のすべての攻撃回数を用いて投擲武器を使用できる。

この特技を使用しても、錬金術アイテムやポーション、巻物やワンドを素早く取り出すことはできない。

通常：この特技を修得していない場合、君が武器を抜くのは移動アクションか、もしくは（君の基本攻撃ボーナスが＋1以上であれば）移動に伴うフリー・アクションである。この特技を修得していない場合、君は隠しておいた武器を抜くのは標準アクションである。

《針の目を通す狙い》（戦闘）
Pinpoint Targeting

君は相手の鎧の弱点を狙うことができる。

前提条件：【敏捷力】19、《近距離射撃》、《精密射撃》、《精密射撃強化》、基本攻撃ボーナス＋16

利益：標準アクションを使用して、1回の遠隔攻撃を行う。標的は鎧、外皮、盾ボーナスをACに加えることができない。君が移動したラウンドは、この特技の利益を得られない。

《反撃の構え》（戦闘）
Strike Back

君は長いリーチを利用して攻撃してきた敵の四肢や武器が近付いてきたところを狙って攻撃できる。

前提条件：基本攻撃ボーナス＋11

利益：君は、たとえ敵が君の間合いの外にいたとしても、君に近接攻撃をしてきた敵に対して1回の近接攻撃を行うアクションを待機できる。

《万能投擲術》（戦闘）
Throw Anything

君は手近なものを投げることに慣れている。

利益：君は代用遠隔武器を使用することによるいかなるペナルティも受けない。君は飛散武器を投擲する際に＋1の状況ボーナスを得る。

通常：君は代用武器で行う攻撃ロールに－4ペナルティを受ける。

《秘術使いの鎧訓練》（戦闘）
Arcane Armor Training

君は鎧を着用したまま呪文を発動する術を学んだ。

前提条件：《鎧習熟：軽装》、術者レベル3

利益：即行アクションを使用することで、このラウンドに君が発動するすべての呪文に対する、着用している鎧による秘術呪文失敗確率を10％低減できる。

《秘術使いの鎧体得》（戦闘）
Arcane Armor Mastery

君は鎧を着用したまま呪文を発動する術をマスターした。

前提条件：《秘術使いの鎧訓練》、《鎧習熟：中装》、術者レベル7

利益：即行アクションを使用することで、このラウンドに君が発動するすべての呪文に対する、着用している鎧による秘術呪文失敗確率を20％低減できる。このボーナスは《秘術使いの鎧訓練》によって与えられるボーナスと置き換えられるため、累積しない。

《秘術の打撃》（戦闘）
Arcane Strike

君は己の秘術の力を引き出し、手にした武器を魔法の力で強化する。

前提条件：秘術呪文を発動できる能力

利益：即行アクションを使用して、力の断片を1つ以上の武器に吹き込む。1ラウンドの間、君の武器は追加で＋1のダメージを与えるようになり、ダメージ減少を突破する目的において魔法の武器として扱われる。このボーナスは君の術者ごとに＋1され、術者レベル20のときに最大の＋5となる。

《疲労化クリティカル》
Tiring Critical
　君のクリティカル・ヒットは相手を疲労状態にさせる。
前提条件：《クリティカル熟練》、基本攻撃ボーナス＋13
利益：君からクリティカル・ヒットを受けた相手は疲労状態となる。この特技は疲労状態、または過労状態のクリーチャーに対しては効果がない。
特殊：君は《クリティカル体得》特技を修得していない限り、1回のクリティカル・ヒットに1つのクリティカル特技の効果しか適用できない。

《フェイント強化》（戦闘）
Improved Feint
　君は戦闘中に相手の裏をかくことに熟達している。
前提条件：【知力】13、《攻防一体》
利益：君はフェイントのための〈はったり〉判定を移動アクションで行える。
通常：フェイントをかけるのは標準アクションである。

《武器落とし強化》（戦闘）
Improved Disarm
　君は敵が握っている武器を打ちすえることに熟達している。
前提条件：【知力】13、《攻防一体》
利益：君が武器落としの戦技を行う際、機会攻撃を誘発しない。加えて、君は敵への武器落とし判定に＋2のボーナスを得る。また、君は相手が試みる君への武器落としに対する戦技防御値に＋2のボーナスを得る。
通常：君が武器落としの戦技を行う際、機会攻撃を誘発する。

《武器開眼》（戦闘）
Weapon Specialization
　君は1種類の武器でダメージを与えることに熟達している。すでに《武器熟練》の対象として選択した1種類の武器（素手打撃や組みつきも含む）を選択する。君はその武器を用いることで追加ダメージを与える。
前提条件：選択した武器に対する《習熟》、選択した武器に対する《武器熟練》、ファイター4レベル
利益：選択した武器を用いて行うすべてのダメージ・ロールに＋2のボーナスを得る。
特殊：君はこの特技を複数回修得できる。効果は累積しない。この特技を修得するたびに、適用する新たな武器を選択する。

《武器熟練》（戦闘）
Weapon Focus
　1種類の武器を選択する。素手打撃や組みつき、君が術者であれば光線も、対象となる武器として選択できる。
前提条件：選択した武器に対する《習熟》、基本攻撃ボーナス＋1以上
利益：選択した武器を用いて行うすべての攻撃ロールに＋1のボーナスを得る。

特殊：君はこの特技を複数回修得できる。効果は累積しない。この特技を修得するたびに、適用する新たな武器を選択する。

《武器の妙技》（戦闘）
Weapon Finesse
　君は野蛮な腕力とは相反する、素早さを近接攻撃に活かす訓練を積んでいる。
利益：君のサイズ分類用に作成された軽い武器、エルブン・カーヴ・ブレード、レイピア、ウィップまたはスパイクト・チェインを使用する際、君は攻撃ロールに【筋力】修正値の代わりに【敏捷力】修正値を使用できる。君が盾を使用している場合、盾の防具による判定ペナルティは攻撃ロールにも適用される。
特殊：肉体武器は軽い武器として扱う。

《武器破壊強化》（戦闘）
Improved Sunder
　君は敵の武器や鎧にダメージを与えることに熟達している。
前提条件：【筋力】13、《強打》、基本攻撃ボーナス＋1
利益：君が武器破壊の戦技を行う際、機会攻撃を誘発しない。加えて、君はアイテムに対する武器破壊判定に＋2のボーナスを得る。また、君は相手が試みる君の装備品への武器破壊に対する戦技防御値に＋2のボーナスを得る。
通常：君が武器破壊の戦技を行う際、機会攻撃を誘発する。

《不屈の闘志》
Diehard
　君を殺すのは非常に難しい。重傷を負ったときに傷が自動的に安定化するだけでなく、死の淵に立ったときでも意識を失わず、行動し続ける。
前提条件：《持久力》
利益：HPの合計が0以下ではあるが死亡状態ではない場合、君は自動的に容態安定化状態となる。君は毎ラウンド追加でHPを失わないようにする【耐久力】判定を行う必要がない。君は瀕死状態ではなく、満身創痍状態として行動することを選択してもよい。君はHPがマイナスの値となったら即座にこの決定を行わなければならない（たとえ君のターンではなかったとしても）。もし君が満身創痍状態として行動することを選ばなかった場合、即座に気絶状態となる。
　この特技を使用する際、君はよろめき状態である。君は1回の移動アクションであれば、それ以上自分自身を傷付けることなく行えるが、なんらかの標準アクション（あるいは激しい行動と判断されるその他のアクション、これには《呪文高速化》した呪文の発動といった即行アクションも含まれる）を行えば、その行動が終わった後に1ポイントのダメージを受ける。君のHPのマイナス値が君の【耐久力】の値以上に達したら、君は直ちに死亡する。
通常：この特技を修得していないキャラクターは、HPがマイナスの値に達したら気絶状態かつ瀕死状態となる。

《不調化クリティカル》（戦闘、クリティカル）
Sickening Critical
君のクリティカル・ヒットは相手を不調状態にする。

前提条件：《クリティカル熟練》、基本攻撃ボーナス＋11

利益：君からクリティカル・ヒットを受けた相手は1分間不調状態となる。この特技の効果は累積しない。その代わり、追加で命中した場合は効果の持続時間を延長する。

特殊：君は《クリティカル体得》特技を修得していない限り、1回のクリティカル・ヒットに1つのクリティカル特技の効果しか適用できない。

《物質要素省略》
Eschew Materials
君は多くの呪文の発動に安価な物質要素を必要としない。

利益：君は価格が1GP以下の物質要素を必要とする呪文を、その物質要素なしで発動できる。呪文の発動は通常どおり機会攻撃を誘発する。1GPよりも高価な物質要素を必要とする呪文を発動するには、通常どおりその物質要素を手に持っていなければならない。

《踏み込み》（戦闘）
Lunge
君は通常であれば間合いの外となる敵を攻撃できる。

前提条件：基本攻撃ボーナス＋6

利益：君は自分の次のターンまでACに－2のペナルティを受けることによって、君のターンの終了時まで、自分の近接攻撃の間合いを5フィート伸ばすことができる。君はすべての攻撃を行う前にこの能力を使用するかどうか決めなくてはならない。

《防御崩し》（戦闘）
Shatter Defenses
君はすでに防御することも危うくなっている相手を選択した武器で攻撃することで、防御不能に追いやる術を身につけている。

前提条件：武器に対する《習熟》、《武器熟練》、《威圧演舞》、基本攻撃ボーナス＋6

利益：怯え状態、恐れ状態、恐慌状態のいずれかの相手に君の攻撃が命中したなら、その相手は命中したラウンドから次の君のターンの終わりまで、君の攻撃に対して立ちすくみ状態になる。これには君がこのラウンドに行う他の全ての攻撃も含まれる。

《防御的戦闘訓練》（戦闘）
Defensive Combat Training
君はあらゆる種類の戦技に対する身の護り方に卓越している。

利益：君は戦技防御値（第8章を参照）を求める際に、自分の総ヒット・ダイス数を基本攻撃ボーナスとして扱う。

《ポーション作成》（アイテム作成）
Brew Potion
君は魔法のポーションを作成できる。

前提条件：術者レベル3

利益：君は自分が知っている3レベル以下の呪文で、目標が1体あるいは複数のクリーチャー、または物体である呪文のポーションを作成できる。1つのポーションを作成するには、基本価格が250GP以下のものであれば2時間、そうでなければ基本価格1,000GPごとに1日かかる。君がポーションを作成する際は、当該の呪文を発動するのに充分かつ君の術者レベルより高くならないように術者レベルを設定する。ポーションを作成するためには、基本価格の半額を原材料費として消費しなければならない。より詳しい情報は、第15章の魔法のアイテム作成ルールを参照のこと。

ポーションを作成する際は、君が通常その呪文を発動する際に行う選択をすべてしておかなければならない。呪文の対象はポーションを飲んだ者となる。

《巻物作成》（アイテム作成）
Scribe Scroll
君は魔法の巻物を作成できる。

前提条件：術者レベル1

利益：君は自分が知っているどんな呪文の巻物も作成できる。1枚の巻物を作成するには、基本価格が250GP以下のものであれば2時間、そうでなければ基本価格1,000GPごとに1日かかる。君が巻物を作成する際は、当該の呪文を発動するのに充分かつ君の術者レベルより高くならないように術者レベルを設定する。巻物を作成するためには、基本価格の半額を原材料費として消費しなければならない。より詳しい情報は、第15章の魔法のアイテム作成ルールを参照のこと。

《魔法の才》
Magical Aptitude
君は呪文を発動したり魔法のアイテムを使うことに熟達している。

利益：〈呪文学〉および〈魔法装置使用〉判定に＋2のボーナスを得る。どちらかの技能が10ランク以上あれば、その技能へのボーナスは＋4になる。

《魔法の武器防具作成》（アイテム作成）
Craft Magic Arms and Armor
君は魔法の盾や武器、鎧を作成できる。

前提条件：術者レベル5

利益：君は魔法の盾や武器、鎧を作成できる。盾や武器、鎧を強化するには、強化する魔法的特徴の価格1,000GPごとに1日かかる。盾や武器、鎧を強化するためには、基本価格の半額を原材料費として消費しなければならない。より詳しい情報は、第15章の魔法のアイテム作成ルールを参照のこと。

強化しようとする盾や武器、鎧は高品質のアイテムでなくてはならない。この価格は上記の費用には含まれない。

君は自分が作成できるものであれば、壊れた魔法の盾や武器、鎧を修理することもできる。そのためにはそのアイテムを作成する際に必要な原材料費と時間の半分が必要になる。

《魔法の指輪作成》（アイテム作成）
Forge Ring

君は魔法の指輪を作成できる。

前提条件： 術者レベル7

利益： 君は魔法の指輪を作成することが出来る。指輪を作成するには、基本価格1,000GPごとに1日かかる。指輪を作成するためには、基本価格の半額を原材料費として消費しなければならない。より詳しい情報は、第15章の魔法のアイテム作成ルールを参照のこと。

君は自分が作成できるものであれば、壊れた指輪を修理することもできる。そのためには最初に指輪を作成する際に必要な原材料費と時間の半分が必要になる。

《迎え討ち》（戦闘）
Combat Reflexes

君は追加で機会攻撃を行える。

利益： 君は1ラウンドにつき【敏捷力】修正値に等しい回数の機会攻撃を追加で行える。この特技を修得している場合、立ちすくみ状態のときも機会攻撃を行える。

通常： この特技を修得していないキャラクターは、1ラウンドに1回しか機会攻撃を行うことができず、たちすくみ状態のときは機会攻撃を行えない。

特殊： 《迎え討ち》特技によって、ローグの追い討ち能力が1ラウンドに2回以上使用できるようにはならない。

《無視界戦闘》（戦闘）
Blind-Fight

君は明確に知覚することが出来ない相手を攻撃することに熟達している。

利益： 近接戦闘において、君が視認困難（8章を参照）によって失敗するたびに、実際には命中していたかどうか確認するための失敗確率の%ロールを1回だけ振り直せる。

不可視状態の攻撃者は、近接戦闘において君へ攻撃を命中させる際に優位を得ることはない。これは、君がACへの【敏捷力】ボーナスを失うことはなく、攻撃者は不可視状態であることによって通常得ることができる＋2のボーナスを得られないということだ。ただし、遠隔攻撃の場合は不可視状態の攻撃者へのボーナスは依然として適用される。

君は盲目状態である間、通常の移動速度で移動するために〈軽業〉技能判定をする必要はない。

通常： 不可視状態の攻撃者は君への攻撃ロールに対する修正値が通常どおり適用され、君はACへの【敏捷力】ボーナスを失う。暗闇、または視界が悪いことによる移動速度減少も適用される。

特殊： 《無視界戦闘》特技は、ブリンク呪文の影響下にあるキャラクターに対しては役に立たない。

《名匠》
Master Craftsman

君の卓抜した製作のわざは、単純な魔法のアイテムを作成することを可能にする。

前提条件： 何らかの〈製作〉、または〈職能〉技能5ランク

利益： 5ランク以上の〈製作〉、または〈職能〉技能を1つ選択する。君は選択した〈製作〉、または〈職能〉技能に＋2のボーナスを得る。君が選択した技能のランクを、《その他の魔法のアイテム作成》と《魔法の武器防具作成》特技の前提条件を満たすための術者レベルとして扱う。君は選択した技能のランクを術者レベルとして、これらの特技を使用して魔法のアイテムを作成できる。君は選択した技能を、アイテム作成の判定に使用しなければならない。呪文などの前提条件を満たしていないことによるアイテム作成のDC上昇は通常どおり発生する（第15章の魔法のアイテム作成ルールを参照のこと）。君はこの特技を呪文解放型や呪文完成型のアイテムの作成には使用できない。

通常： 術者のみが《その他の魔法のアイテム作成》と《魔法の武器防具作成》特技の前提条件を満たすことができる。

《メドゥサの怒り》（戦闘）
Medusa's Wrath

君は相手の混乱に乗じて何発もの拳をたたき込む。

前提条件： 《ゴルゴンの拳》、《素手打撃強化》、《蠍の型》、基本攻撃ボーナス＋11

利益： 全力攻撃アクションを使用して少なくとも1回の素手打撃を行う際、君は最も高い基本攻撃ボーナスを使用して、2回の素手打撃を追加で行える。この追加攻撃は気絶状態、幻惑状態、立ちすくみ状態、麻痺状態、朦朧状態、よろめき状態のいずれかの状態にあるクリーチャーに対して行われなければならない。

《猛突撃》（戦闘）
Spirited Charge

君の騎乗突撃はとてつもない量のダメージを与える。

前提条件： 〈騎乗〉1ランク、《騎乗戦闘》、《駆け抜け攻撃》

利益： 騎乗して突撃アクションを行ったとき、君は近接武器で2倍のダメージを与える（ランスであれば3倍のダメージとなる）。

《盲目化クリティカル》（戦闘、クリティカル）
Blinding Critical

君のクリティカル・ヒットは相手から視力を奪い去る。

前提条件： 《クリティカル熟練》、基本攻撃ボーナス＋15

利益： 君からクリティカル・ヒットを受けた相手は永続的に盲目状態となる。頑健セーヴに成功することによって、この効果を1d4ラウンドの間目が眩んだ状態に軽減できる。頑健セーヴのDCは10＋君の基本攻撃ボーナスと等しい。この特技は視覚に頼らずものを見ているクリーチャーや3つ以上の眼球でものを見ているクリーチャーに対しては効果がない（しかしながら、後者の場合は複数回のクリティカル・ヒットによって盲目状態

となるとGMが判断してもよい）。盲目状態は**ヒール、リジェ
ネレーション、リムーブ・ブラインドネス**呪文やそれに類する
能力で回復する。

特殊：君は《クリティカル体得》特技を修得していない限り、1
回のクリティカル・ヒットに1つのクリティカル特技の効果し
か適用できない。

《朦朧化クリティカル》（戦闘、クリティカル）
Stunning Critical

君のクリティカル・ヒットは相手を朦朧状態にする。

前提条件：《クリティカル熟練》、《よろめき化クリティカル》、
基本攻撃ボーナス＋17

利益：君からクリティカル・ヒットを受けた相手は1d4ラウン
ドの間朦朧状態となる。頑健セーヴに成功することによって、
この効果を1d4ラウンドの間よろめき状態に軽減できる。頑健
セーヴのDCは10＋君の基本攻撃ボーナスと等しい。この特技
の効果は累積しない。その代わり、追加で命中した場合は効果
の持続時間を延長する。

特殊：君は《クリティカル体得》特技を修得していない限り、1
回のクリティカル・ヒットに1つのクリティカル特技の効果し
か適用できない。

《朦朧化打撃》（戦闘）
Stunning Fist

君はどこを殴れば一時的に敵を朦朧とさせることができるの
か熟知している。

前提条件：【敏捷力】13、【判断力】13、《素手打撃強化》、基
本攻撃ボーナス＋8

利益：君は攻撃ロールを行う前にこの特技を使用するか決定し
なければならない（したがって、攻撃ロールが失敗した場合こ
の試みも失敗となる）。《朦朧化打撃》は通常どおりダメージを
与えたうえに、君の素手攻撃のダメージを受けた敵に頑健セー
ヴィング・スロー（DC10＋君のキャラクター・レベルの1/2
＋君の【判断力】修正値）を行わせる。相手がこのセーヴィング・
スローに失敗した場合、1ラウンドの間（君の次のターンの直
前まで）朦朧状態になる。朦朧状態となったキャラクターは手
に持っていたものをすべて落とし、アクションを行うことがで
きず、ACへの【敏捷力】ボーナスを失い、かつACへの－2ペナ
ルティを受ける。君は1日に朦朧化攻撃を4レベルにつき1回行
える（ただし、特殊の項を参照のこと）。だだし、1ラウンドに
2回以上使用することはできない。アンデッド、植物、人造、
粘体、非実体クリーチャー、そしてクリティカル・ヒットに完
全耐性を持つクリーチャーは朦朧状態になることはない。

特殊：モンクは前提条件を満たす必要はなく、1レベル時点で
《朦朧化打撃》をボーナス特技として得る。モンクは《朦朧化攻
撃》を1日にモンク・レベル回＋モンク以外のクラス・レベル4
につき1回まで行える。

《矢つかみ》（戦闘）
Snatch Arrows

矢や遠隔攻撃を脇に弾くのではなく、空中でつかみ取る。

前提条件：【敏捷力】15、《矢止め》、《素手打撃強化》

利益：《矢止め》特技を使用する際、武器をそらすだけではなく、
つかみ取ってもよい。投擲武器は即座に投げ返して（君のター
ンでないにも関わらず）元々の攻撃者へ攻撃することもできる
し、後で使用するために持ち続けてもよい。この特技を使うた
めには、君は少なくとも片手を自由（何も持たない状態）にし
ておかなければならない。

《矢止め》（戦闘）
Deflect Arrows

君はアローなどの発射体を打ち据えて進路を逸らし、君の体
に命中するのを防ぐ。

前提条件：【敏捷力】13、《素手打撃強化》

利益：この特技を使うためには、君は少なくとも片手を自由（何
も持たない状態）にしておかなければならない。1ラウンドに1
回、普通なら遠隔攻撃が君に命中するような時に、君はそれを
逸らしてダメージを受けないようにできる。君はその攻撃に気
付いておらねばならず、立ちすくみ状態であってはならない。
遠隔攻撃を逸らす試みはアクションとみなさない。例外的に大
きな遠隔武器（大岩や、バリスタのボルトなど）や、肉体武器
や呪文の効果による遠隔攻撃は逸らすことができない。

《鎧習熟：軽装》（戦闘）
Armor Proficiency, Light

君は軽装鎧を着用することに熟達している。

利益：君が《習熟》している種類の鎧を着用しているとき、そ
の鎧の防具による判定ペナルティは【敏捷力】と【筋力】に基づ
く技能判定にのみ適用される。

通常：《習熟》していない鎧を着用しているキャラクターは、
攻撃ロールと動作に関係するすべての技能判定にその防具によ
る判定ペナルティが適用される。

特殊：ウィザード、ソーサラー、モンクを除くすべてのキャラ
クターは自動的に《鎧習熟：軽装》をボーナス特技として修得
する。彼らはこの特技を選択する必要はない。

《鎧習熟：重装》（戦闘）
Armor Proficiency, Heavy

君は重装鎧を着用することに熟達している。

前提条件：《鎧習熟：軽装》、《鎧習熟：中装》

利益：《鎧習熟：軽装》を参照のこと。

通常：《鎧習熟：軽装》を参照のこと。

特殊：ファイターとパラディンは自動的に《鎧習熟：重装》をボー
ナス特技として修得する。彼らはこの特技を選択する必要はな
い。

特技 5

《鎧習熟：中装》（戦闘）
Armor Proficiency, Medium
　君は中装鎧を着用することに熟達している。
前提条件：《鎧習熟：軽装》
利益：《鎧習熟：軽装》を参照のこと。
通常：《鎧習熟：軽装》を参照のこと。
特殊：クレリック、ドルイド、バーバリアン、パラディン、ファイター、レンジャーは自動的に《鎧習熟：中装》をボーナス特技として修得する。彼らはこの特技を選択する必要はない。

《よろめき化クリティカル》（戦闘、クリティカル）
Staggering Critical
　君のクリティカル・ヒットは相手の動きを鈍くする。
前提条件：《クリティカル熟練》、基本攻撃ボーナス＋13
利益：君からクリティカル・ヒットを受けた相手は1d4＋1ラウンドの間よろめき状態となる。頑健セーヴに成功することによって、この効果の持続時間を1ラウンドに軽減できる。頑健セーヴのDCは10＋君の基本攻撃ボーナスと等しい。この特技の効果は累積しない。その代わり、追加で命中した場合は効果の持続時間を延長する。
特殊：君は《クリティカル体得》特技を修得していない限り、1回のクリティカル・ヒットに1つのクリティカル特技の効果しか適用できない。

《来訪者へのエネルギー放出》
Alignment Channel
　悪、混沌、善、または秩序の中から1つを選択する。君は神格の力を放って、選択した副種別を有する来訪者に影響を及ぼすことができる。
前提条件：エネルギー放出能力
利益：エネルギー放出の通常の効果の代わりに、選択した属性を副種別に持つ来訪者の傷を癒やすか、または傷付けることを選択できる。君はエネルギー放出を発動するたびにこの選択を行う必要がある。選択した属性を副種別に持つクリーチャーの傷を癒やすか、または傷付けることにした場合、君が発動したエネルギー放出はそれ以外の属性のクリーチャーには何の影響も及ぼさない。治癒あるいは与えるダメージ量や、ダメージを半減するためのセーヴDCは変化しない。
特殊：君はこの特技を複数回修得できる。効果は累積しない。この特技を修得するたびに、適用する新たな属性の副種別を選択する。君がエネルギー放出を発動するときには必ず、効果を及ぼす対象を選択しなければならない。

《ロッド作成》（アイテム作成）
Craft Rod
　君は魔法のロッドを作成できる。
前提条件：術者レベル9
効果：君は魔法のロッドを作成できる。ロッド作成には、基本価格1,000GPごとに1日かかる。ロッドを作成するためには、基本価格の半額を原材料費として消費しなければならない。より詳しい情報は、第15章の魔法のアイテム作成ルールを参照のこと。

《ワンド作成》（アイテム作成）
Craft Wand
　君は魔法のワンドを作成できる。
前提条件：術者レベル5
効果：君は自分が知っている4レベル以下の呪文のワンドを作成できる。ワンド作成には、基本価格1,000GPごとに1日かかる。ワンドを作成するためには、基本価格の半額を原材料費として消費しなければならない。新しく作成されたワンドには、チャージが50回分ある。より詳しい情報は、第15章の魔法のアイテム作成ルールを参照のこと。

《腕力による威圧》（戦闘）
Intimidating Prowess
　君の脅力は他者を威圧する。
利益：君は〈威圧〉技能判定に、【魅力】修正値に加えて【筋力】修正値も加算する。

143

6 裝備品

巨人たちは一歩ごとに、纏う鎧に叫ぶようなきしみを上げさせながら迫ってきた。手には山の頂を一薙ぎにできそうなほど巨大な刃を高く掲げている。彼らは目の前のちっぽけな敵に、文字通り雪崩のごとく襲い掛からんとしていた。

ヴァレロスは長い冒険の間に刃こぼれした剣を見やった。強大な敵を前に、その刃は情けないほど頼りなかった。

冒険の間、自分の剣に話しかけるなどしたこともなかったヴァレロスは、恐るべき強敵を目の前に、はじめて刃に向かってつぶやいた。

「さあ相棒、もう一働きを頼んだぜ。こいつらが片付いたらピッカピカに磨いてやるからな!」

良い装備を備えたキャラクターは、荒野で生き延びることから王の祝宴の場で感銘を与えることまで、どんな挑戦にでも挑むことができる。この章では、一般的なものから風変わりなものまで、武器から鎧、錬金術の品から高品質の道具、良質なワインから携帯食糧に至る、PCたちが購入し使うことのできるあらゆる種類の装備品を記載している。ここに記載されている装備品は多くの町や都市で比較的簡単に見つけ、購入することができるが、GMはより高額な品や風変わりな品の一部は入手に限りがあると考えるかもしれない。魔法のアイテムを購入するのはさらに難しい（第15章を参照）。

財産と金銭

キャラクターはそれぞれ、武器や鎧その他の装備を揃えるための金貨を持ってゲームを始める。冒険を通して得た富を使って、より上質の装備や魔法のアイテムを手に入れることができる。表6-1は、開始時に持っている金貨の枚数をクラスごとに示したものである。加えて、キャラクターはそれぞれ、10GP以下の衣服を一着持った状態でゲームを始める。2レベル以上のキャラクターについては、表12-4を参照のこと。

表6-1：キャラクターの開始時財産

クラス	開始時所持金	平均
ウィザード	2d6×10GP	70GP
クレリック	4d6×10GP	140GP
ソーサラー	2d6×10GP	70GP
ドルイド	2d6×10GP	70GP
バード	3d6×10GP	105GP
バーバリアン	3d6×10GP	105GP
パラディン	5d6×10GP	175GP
ファイター	5d6×10GP	175GP
モンク	1d6×10GP	35GP
レンジャー	5d6×10GP	175GP
ローグ	4d6×10GP	140GP

貨幣

もっとも一般的な貨幣は金貨（GP）である。金貨1枚が銀貨（SP）10枚に相当する。銀貨1枚は銅貨（CP）10枚に相当する。銅貨、銀貨、金貨に加えて、白金貨（PP）もあり、これは1枚が金貨10枚に相当する。

標準的な硬貨の重さは1枚で1/3オンス（1/50ポンド、9グラム）ほど。

表6-2：貨幣

交換価値	CP	SP	GP	PP
銅貨（CP）	1	1/10	1/100	1/1,000
銀貨（SP）	10	1	1/10	1/100
金貨（GP）	100	10	1	1/10
白金貨（PP）	1,000	100	10	1

その他の財産

商人たちはよく、通貨を使わず交易品どうしを交換して取引する。交易品の一部を表6-3に詳述する。

表6-3：交易品

価格	品物
1CP	大麦1ポンド
2CP	小麦粉1ポンド、またはニワトリ1羽
1SP	鉄1ポンド
5SP	タバコ1ポンド、または銅1ポンド
1GP	シナモン1ポンド、または山羊1頭
2GP	ショウガ1ポンド、またはコショウ1ポンド、または羊1頭
3GP	豚1頭
4GP	亜麻布1平方ヤード
5GP	塩1ポンド、または銀1ポンド
10GP	絹1平方ヤード、または雌牛1頭
15GP	サフラン1ポンド、またはクローブ（丁子）1ポンド、または去勢牛1頭
50GP	金1ポンド
500GP	白金1ポンド

宝物を売る

武器や鎧、装備や魔法のアイテムも含め、何かものを売るときは、おおむねリストにある値段の半値で売れる。キャラクターが製作したアイテムもこれに含まれる。

交易品は半値ルールの例外である。ここでいう交易品とは、たやすく現金同様に取引できる品である。

武器

ごく普通のロングソードからドワーヴン・アーグロシュといった風変わりなものまで、武器の形状や大きさは変化に富んでいる。

武器はすべてHPへのダメージを与える。このダメージは、武器の命中を受けたクリーチャーの現在HPから差し引かれる。攻撃のダイス・ロールが修正前に20であった（つまり、ダイスの目が実際に20であった）場合、クリティカル可能状態となる。なお、武器の中には20より小さい出目でクリティカル可能状態となるものもある。クリティカル可能状態となった場合には、元の攻撃ロールのものと同じ修正値を用いて再度攻撃ロールを行う。この2度目の攻撃ロールが目標のAC以上であった場合、攻撃はクリティカル・ヒットとなり、追加のダメージを与える。

武器は、複数の分類方法を組み合わせてグループ分けされている。分類には以下のようなものがある：使用に熟練するのにどんな技術が必要とされるか（単純、軍用、特殊）。白兵戦に役立つか（近接）それとも遠距離戦に役立つか（遠隔。これには投擲武器と射出武器がある）。持ち主から相対的にみてどれだけかさばるか（軽い、片手、両手）。サイズはどうか（小型用、中型用、大型用……）などである。

単純武器、軍用武器、特殊武器：ウィザード、ドルイド、モンクを除いて、キャラクターはみな、すべての単純武器に習熟している。バーバリアン、パラディン、ファイター、レンジャーはすべての単純武器と軍用武器に習熟している。その他のクラスのキャラクターは単純武器と、場合によっては軍用武器の一部、それどころか特殊武器の一部にも習熟していることがある。すべてのキャラクターは素手打撃と、種族によるあらゆる肉体武器に習熟している。習熟していない武器を使う場合、攻撃ロールに−4のペナルティを受ける。

近接武器と遠隔武器：近接武器は近接攻撃を行うのに使うが、中には投げて使えるものもある。遠隔武器とは、近接戦闘にはうまく使えない投擲武器や射出武器のことである。

間合いの長い武器：ウィップ、ギザーム、グレイヴ、ランサー、ランス、ロングスピアは"間合いの長い武器"である。"間合いの長い武器"とは、使用者に隣接していない目標を攻撃できる近接武器のことをいう。"間合いの長い武器"のほとんどは、使用者の生来の間合いを2倍にする。つまり、典型的な小型または中型のクリーチャーがこうした武器を使用すれば、10フィート離れたクリーチャーを攻撃することができるが、隣接するマス目のクリーチャーを攻撃することはできない。典型的な大型クリーチャーが、自分のサイズ分類に合った"間合いの長い武器"を使用すれば、15フィートか20フィート離れたクリーチャーを攻撃することができるが、隣接するマス目や10フィート離れたクリーチャーを攻撃することはできない。

双頭武器：オーク・ダブル・アックス、クオータースタッフ、ダイア・フレイル、ツーブレーデッド・ソード、ドワーヴン・アーグロシュ、ノーム・フックト・ハンマーは双頭武器である。これを使えば、ちょうど2本の武器を持って戦うのと同様に戦える。しかしそうする場合、2本の武器での戦闘に関する通常のペナルティもすべて受ける。ちょうど1本の片手武器と1本の軽い武器を持っているかのように扱う（p.210参照）。

また、双頭武器を両手で持って、片方の先だけを攻撃に使うこともできる。双頭武器を片手で使用しているキャラクターは、それを双頭武器として使うことはできず、1ラウンドあたりどちらか片方の先しか使えない。

投擲武器：クラブ、ジャヴェリン、シュリケン、ショートスピア、スピア、スローイング・アックス、ダーツ、ダガー、トライデント、ネット、ライト・ハンマーは投擲武器である。投擲武器のダメージには、使用者の【筋力】修正値が加えられる（飛散武器は除く）。本来投擲用に設計されていない武器（表6-5の射程単位の欄に数字のない近接武器）を投げることも可能ではある。その場合は攻撃ロールに−4のペナルティが付く。"軽い武器"や片手武器1つを投げるのは1標準アクション、両手武器1つを投げるのは1全ラウンド・アクションである。武器の種別に関わらず、こうした攻撃はダイスの目が20でクリティカル可能状態になり、クリティカル・ヒットになったなら2倍のダメージを与える。こうした武器の射程単位は10フィートである。

射出武器：ショートボウ、コンポジット・ショートボウ、スリング、ハーフリング・スリング・スタッフ、ハンド・クロスボウ、ブロウガン、ヘヴィ・クロスボウ、ライト・クロスボウ、リピーティング・クロスボウ、ロングボウ、コンポジット・ロングボウは射出武器である。ほとんどの射出武器は使用に両手を必要とする（個々の武器の説明を参照）。射出武器のダメージには、使用者の【筋力】ボーナスは加えられない（ただしスリング、特別に作られたコンポジット・ショートボウやコンポジット・ロングボウには加えられる）。一方、キャラクターに【筋力】ペナルティがあり、かつボウやスリングを使用している場合、ダメージ・ロールに【筋力】ペナルティが適用される。

矢弾：射出武器は何らかの矢弾を用いる。ボウならアロー、クロスボウならボルト、スリングやハーフリング・スリング・スタッフならスリング・ブリット、ブロウガンなら吹き矢を。ボウを用いている場合、キャラクターはフリー・アクションで矢弾を"抜く"ことができる。クロスボウやスリングは再装填に何らかのアクションを要する（武器の詳細に注記されている）。一般に、目標に命中した矢弾は壊れてしまうか、使い物にならなくなる。外れた矢弾は50％の確率で壊れるか失われる。

シュリケンは投擲武器ではあるが、"抜く"際や、高品質そのほかの特殊なシュリケンを作成する際や（p.155の高品質の武器を参照）、投げた後にどうなるかを決定する際には矢弾として扱う。

軽い近接武器、片手近接武器、両手近接武器：この分類は、その武器を戦闘で使用するのがどれだけ大変かを量る尺度である。この分類のあらわすのは、1個の近接武器を、その武器のサイズ分類に応じたキャラクターが使用する場合、それが"軽い武器"になるか、"片手武器"になるか、"両手武器"になるかということである。

軽い武器：軽い武器は片手で使える。"軽い武器"は副武器として使うのが片手武器に比べて簡単で、かつ組みつき状態でも使用できる（第8章参照）。使用者に【筋力】ボーナスがあって、軽い武器を主武器として使っているなら、その武器の近接攻撃でのダメージ・ロールに【筋力】修正値を加えること。使用者に【筋力】ボーナスがあって、軽い武器を副武器として使っているなら、その武器の近接攻撃でのダメージ・ロールに【筋力】修正値の1/2を加えること。軽い武器を両手で使ってもダメージは増えない。主武器として片手で持っている場合と同様に【筋力】ボーナスが適用されるのである。

素手打撃は常に"軽い武器"とみなされる。

片手武器：片手武器は主武器としても副武器としても、どちらの手でも使える。使用者に【筋力】ボーナスがあって、片手武器を片手で主武器として使っているなら、その武器の近接攻撃でのダメージ・ロールに【筋力】修正値を加えること。使用者に【筋力】ボーナスがあって、片手武器を副武器として使っているなら、その武器の近接攻撃でのダメージ・ロールに【筋力】修正値の1/2を加えること。近接戦闘で片手武器を両手で使っているなら、ダメージ・ロールに【筋力】修正値の1.5倍を加えること。

両手武器：両手近接武器を有効に使うには両手が要る。両手近接武器の近接攻撃のダメージ・ロールには、キャラクターの【筋力】ボーナスの1.5倍を加えること。

武器のサイズ：あらゆる武器にはサイズがある。この分類は、

その武器がどのサイズ分類のキャラクターのために作られているかを示すものである。

武器のサイズは、その武器の“物体としてのサイズ”とは一致しないことがあるので注意すること。武器のサイズは、“その武器がどんなサイズの使用者のために作られたか”によるのだ。大体において、軽い武器は、物体としてみた場合には、使用者よりもサイズ分類が2段階小さな物品である。片手武器は使用者よりもサイズ分類が1段階小さな物体である。両手武器は使用者とサイズ分類が同じ物品である。

サイズが合わない武器：自分とサイズが合わない武器はうまく使えない。“武器がどのサイズの使用者のために作られたか”と、“その武器を今どのサイズの使用者が使っているか”が、サイズ分類にして1段階違うごとに、攻撃ロールに−2のペナルティが付く。このペナルティは累積する。クリーチャーがその武器に習熟していない場合、これに加えてさらに−4の未習熟ペナルティがつく。

特定の武器を使うのがどれだけ大変かをあらわす尺度（つまりその武器が特定の使用者にとって軽い武器か、片手武器か、両手武器か）は“武器がどのサイズの使用者のために作られたか”と、“その武器を今どのサイズの使用者が使っているか”がサイズ分類にして1段階違うごとに、1段階変化する。たとえば、小型クリーチャーは中型サイズの片手武器を両手武器として使用できる。この置き換えによって武器の分類が軽い武器、片手武器、両手武器の3つ以外の何物かになってしまうようなら、そのクリーチャーはその武器をまったく使用できない。

代用武器：時として、武器として作られたわけではない物を戦闘に使うこともある。これら代用武器は武器として設計されたものではないので、戦闘で使う際には未習熟であるとみなされ、その物体による攻撃ロールに−4のペナルティを受ける。代用武器のサイズやダメージを決定する際には、武器リストの品々と比べて、サイズやダメージを与える力がどのくらいかを相対的に判断すること。代用武器はダイスの目が20でクリティカル可能状態になる。また、クリティカル・ヒットになったなら2倍のダメージを与える。代用投擲武器の射程単位は10フィートである。

武器のデータ

以下に武器の書式を示す。これらの要素は表6-5の縦列の見出しにもなっている。

価格：武器が金貨（GP）または銀貨（SP）何枚するか。この価格は鞘や矢筒など、各種付属品のぶんを含む。

表にある価格は小型用および中型用の武器のものであり、大型用ならば価格は2倍になる。

ダメージ：これらの欄の数字は、その武器で命中を与えた時に何ダメージを出せるかを示す。『ダメージ（小型用）』の欄が小型用武器のものであり、『ダメージ（中型用）』の欄が中型用武器のものである。ダメージの幅を表す種類が2通りある場合、その武器は双頭武器である。双頭武器の追加攻撃には後のほうのダメージの値を使う。表6-4には、超小型用や大型用の武器のダメージの値が示されている。

表6-4 超小型用・大型用武器のダメージ

中型用武器のダメージ	超小型用武器のダメージ	大型用武器のダメージ
1d2	—	1d3
1d3	1	1d4
1d4	1d2	1d6
1d6	1d3	1d8
1d8	1d4	2d6
1d10	1d6	2d8
1d12	1d8	3d6
2d4	1d4	2d6
2d6	1d8	3d6
2d8	1d10	3d8
2d10	2d6	4d8

クリティカル：この欄の記述は、その武器がクリティカル・ヒットのルールに関してどう処理されるかを示す。クリティカル・ヒットになったら、武器のダメージにすべての修正を加えたものを、武器のクリティカル倍率と同じ数値、つまり2、3、あるいは4回振って、全部の結果を合計する。

追加ダメージのうち、その武器の通常のダメージ以外のものは、クリティカル・ヒットが出た時には倍掛けしない。

×2：クリティカル・ヒットなら2倍ダメージ。

×3：クリティカル・ヒットなら3倍ダメージ。

×3／×4：この双頭武器の片方の先は、クリティカル・ヒットなら3倍ダメージ。もう一方の先はクリティカル・ヒットなら4倍ダメージ。

×4：クリティカル・ヒットなら4倍ダメージ。

19〜20／×2：この武器は修正値を加える前のダイスの目が20だけでなく、19か20でクリティカル可能状態に入る（この武器のクリティカル可能域は19〜20）。クリティカル・ヒットなら2倍ダメージ。

18〜20／×2：この武器は修正値を加える前のダイスの目が20だけでなく、18か19か20でクリティカル可能状態に入る（この武器のクリティカル可能域は18〜20）。クリティカル・ヒットなら2倍ダメージ。

射程単位：この距離より近くへの攻撃は、距離によるペナルティを受けない。この距離を超えると、射程単位ぶん（または追加の端数ぶん）遠ざかるたびに、攻撃に−2のペナルティが加算されてゆく。たとえば（射程単位10フィートの）ダガーを25フィート離れた目標に向かって投擲した場合は−4のペナルティを受ける。投擲武器の最大射程は5射程単位である。射出武器の最大射程は10射程単位である。

重量：この欄は中型用の武器の重量である。小型用の武器は数字を半分にし、大型用の武器は2倍にすること。武器の中には特殊な重量を持つものがある。武器の詳細を参照のこと。

タイプ：武器は与えるダメージのタイプで3種に分けられる。殴打、斬撃、刺突である。一部のモンスターには、特定の武器タイプの攻撃が効きにくかったり、まったく効かなかったりすることがある。

中には複数のタイプを持つダメージを与える武器もある。あ

る武器が2種類のタイプのダメージを与える場合、ダメージは一方のタイプのダメージが半分、もう一方のタイプのダメージが半分などというものではなく、すべてのダメージが両方のタイプであるとみなされる。したがって、クリーチャーがこうした武器のダメージを少しでも減らすには、両方のタイプのダメージを減らすことができねばならない。

　また、2種類のダメージのどちらか一方を選んで与えることができる武器もある。ダメージのタイプが重要になる場合、使用者がどのタイプのダメージを与えるかを選択すること。

特殊：一部の武器には、その武器の説明に加えて、特殊な機能がある。

　待機：突撃に対して待機アクションを取って待機武器を構えており、かつ首尾よく命中を与えたなら、突撃してくるキャラクターに対して2倍のダメージを与えられる（第8章を参照）。

　武器落とし：武器落とし武器を使えば、敵に武器落としをしかける際の戦技判定に＋2のボーナスを得る。

　双頭：双頭武器を使えば、ちょうど2本の武器を持って戦うのと同様に戦える。しかしそうする場合、2本の武器での戦闘に関する通常のペナルティもすべて受ける。ちょうど1本の片手武器と1本の軽い武器を持っているかのように扱う。君は双頭武器の一方の先を両手で使うことを選択できるが、このやり方で使う際は双頭武器として使うことはできず、毎ラウンドいずれか一方の先だけしか使えない。

　モンク用：モンク用の武器はモンクが連打を行う際に使用することができる（第3章を参照）。

　非致傷：こうした武器は非致傷ダメージを与える（第8章を参照）。

　間合い：間合いの長い武器を使用すると10フィート先の相手を攻撃できるが、隣接した敵を攻撃することはできない。

　足払い："足払い"の武器は足払い攻撃に使用できる。足払いをしかけていて、君の方が転倒しそうになったら、武器を落とせば転倒させられずにすむ。

武器の説明

　次のページの表6-5の武器についての詳細は以下を参照のこと。飛散武器についてはp.166の『特殊な物質やアイテム』を参照のこと。

アロー：アロー（弓の矢）は近接武器として使う場合、軽い代用武器とみなされ（攻撃ロールに－4のペナルティ）、同じサイズ用のダガーとしてダメージを与える（クリティカル倍率＝×2）。アローは20本入りの皮の矢筒に入った状態で手に入る。

ウィップ：ウィップ（むち）は鎧ボーナスが＋1以上あるクリーチャーや、外皮ボーナスが＋3以上あるクリーチャーに対してはダメージを与えられない。ウィップは間合いが15フィートの近接武器として扱うが、攻撃できるエリアに対して機会攻撃は行えない。また、他の間合いの長い武器と違って、間合い内ならどこにいる敵でも、たとえ隣接していようが攻撃できる。

　ウィップでの攻撃は、ちょうど遠隔武器での攻撃と同様に、機会攻撃を誘発する。

　《武器の妙技》の特技を使えば、キャラクターと同一サイズ用のウィップが"軽い武器"ではないにもかかわらず、攻撃ロールに、【筋力】修正値の代わりに【敏捷力】修正値を加えることができる。

エルヴン・カーヴ・ブレード：エルヴン・カーヴ・ブレード（エルフの曲刀）は基本的に長いシミターといった形状をしているが、刃はより薄く、とても珍しい武器である。エルヴン・カーヴ・ブレードはしなやかな金属であるため、敵からの武器破壊を受けた際には戦技防御値に＋2の状況ボーナスを得る。

　《武器の妙技》を使えば、キャラクターと同一サイズ用のエルヴン・カーヴ・ブレードが"軽い武器"ではないにもかかわらず、攻撃ロールに【筋力】修正値のかわりに【敏捷力】修正値を使える。

オーク・ダブル・アックス：オーク・ダブル・アックス（オークの双頭斧）は双頭武器であり、長い柄の両端に刃を持つ残酷な武器である。

カマ：カマの単純な柄には短く湾曲した刃がついており、**シックル**に似ている。

ガントレット：この金属の手袋は、素手打撃で非致傷ダメージではなく致傷ダメージを与えるようにする。ガントレット（篭手）での打撃は、それ以外の点では素手攻撃扱いである。表の価格と重量は片手ぶん。中装鎧や重装鎧（ブレストプレートを除く）には両手ぶんのガントレットが付いてくる。武器落としをしかけてガントレットを落とすよう仕向けることはできない。

ギザーム：ギザームは刃の付いた長さ8フィートの柄の先端に刃と鉤が付いている。

クオータースタッフ：クオータースタッフ（六尺棒）は約5フィートの長さを持つ木の棒である。

ククリ：ククリは1フィートほどの長さの湾曲した刃である。

グレイヴ：グレイヴ（薙刀）は約7フィートの長さの棒の先端に簡単な刃を付けたものである。

グレートソード：この巨大な両手用の剣は約5フィートの長さがある。

コンポジット・ショートボウ：1張りのボウ（弓）を使うには2本以上の手が必要で、これは弓のサイズに関係ない。コンポジット・ショートボウは騎乗しても使える。コンポジット・ボウ（複合弓）はみな、特定の【筋力】等級にあわせて作られている。つまり、弓の1張り1張りに、それぞれ特有の最低【筋力】修正値があって、うまく扱うにはこの値を満たしていなければならないのである。もし【筋力】ボーナスがその弓の【筋力】等級に満たない場合、うまく使えないので攻撃ロールに－2のペナルティを受ける。標準のコンポジット・ショートボウは、うまく扱うには【筋力】修正値が±0以上でなければならない。中にはもっと高い【筋力】等級で、キャラクターの人並みはずれた【筋力】を有効活用できるようにしたものもある。こうした弓は【筋力】ボーナスをダメージに加えることができる。（その弓の最大ボーナスまで）。弓で活用できる【筋力】修正値が＋1されるごとに、弓の価格は＋75GPされる。【筋力】が低くて能力値ペナルティがある場合、コンポジット・ショートボウ使用時のダメージ・ロールにそれを適用すること。《武器習熟》や《武器熟練》に類する特技に関しては、コンポジット・ショートボウ

表6-5：武器

単純武器	価格	ダメージ (小型用)	ダメージ (中型用)	クリティカル	射程単位	重量[1]	タイプ[2]	特殊
素手攻撃								
ガントレット	2GP	1d2	1d3	×2	—	1ポンド	殴打	—
素手打撃	—	1d2	1d3	×2	—	—	殴打	非致傷
軽い近接武器								
シックル	6GP	1d4	1d6	×2	—	2ポンド	斬撃	足払い
スパイクト・ガントレット	5GP	1d3	1d4	×2	—	1ポンド	刺突	—
ダガー	2GP	1d3	1d4	19～20／×2	10フィート	1ポンド	刺突または斬撃	—
パンチング・ダガー	2GP	1d3	1d4	×3	—	1ポンド	刺突	—
ライト・メイス	5GP	1d4	1d6	×2	—	4ポンド	殴打	—
片手近接武器								
クラブ	—	1d4	1d6	×2	10フィート	3ポンド	殴打	—
ショートスピア	1GP	1d4	1d6	×2	20フィート	3ポンド	刺突	—
ヘヴィ・メイス	12GP	1d6	1d8	×2	—	8ポンド	殴打	—
モーニングスター	8GP	1d6	1d8	×2	—	6ポンド	殴打および刺突	—
両手近接武器								
クオータースタッフ	—	1d4／1d4	1d6／1d6	×2	—	4ポンド	殴打	双頭、モンク用
スピア	2GP	1d6	1d8	×3	20フィート	6ポンド	刺突	待機
ロングスピア	5GP	1d6	1d8	×3	—	9ポンド	刺突	待機、間合い
遠隔武器								
ジャヴェリン	1GP	1d4	1d6	×2	30フィート	2ポンド	刺突	—
スリング	—	1d3	1d4	×2	50フィート	—	殴打	—
スリング・ブリット (10)	1SP	—	—	—	—	5ポンド	—	—
ダーツ	5SP	1d3	1d4	×2	20フィート	1/2ポンド	刺突	—
ブロウガン	2GP	1	1d2	×2	20フィート	1ポンド	刺突	—
吹き矢、ブロウガン用(10)	5SP	—	—	—	—	—	—	—
ヘヴィ・クロスボウ	50GP	1d8	1d10	19～20／×2	120フィート	8ポンド	刺突	—
クロスボウ・ボルト (10)	1GP	—	—	—	—	1ポンド	—	—
ライト・クロスボウ	35GP	1d6	1d8	19～20／×2	80フィート	4ポンド	刺突	—
クロスボウ・ボルト (10)	1GP	—	—	—	—	1ポンド	—	—

軍用武器	価格	ダメージ (小型用)	ダメージ (中型用)	クリティカル	射程単位	重量[1]	タイプ[2]	特殊
軽い近接武器								
ククリ	8GP	1d3	1d4	18～20／×2	—	2ポンド	斬撃	—
サップ	1GP	1d4	1d6	×2	—	2ポンド	殴打	非致傷
ショートソード	10GP	1d4	1d6	19～20／×2	—	2ポンド	刺突	—
スターナイフ	24GP	1d3	1d4	×3	20フィート	3ポンド	刺突	—
スパイクト・アーマー	特殊	1d4	1d6	×2	—	特殊	刺突	—
スパイクト・ライト・シールド	特殊	1d3	1d4	×2	—	特殊	刺突	—
スローイング・アックス	8GP	1d4	1d6	×2	10フィート	2ポンド	斬撃	—
ハンドアックス	6GP	1d4	1d6	×3	—	3ポンド	斬撃	—
ライト・シールド	特殊	1d2	1d3	×2	—	特殊	殴打	—
ライト・ハンマー	1GP	1d3	1d4	×2	20フィート	2ポンド	殴打	—
ライト・ピック	4GP	1d3	1d4	×4	—	3ポンド	刺突	—
片手近接武器								
ウォーハンマー	12GP	1d6	1d8	×3	—	5ポンド	殴打	—
シミター	15GP	1d4	1d6	18～20／×2	—	4ポンド	斬撃	—
スパイクト・ヘヴィ・シールド	特殊	1d4	1d6	×2	—	特殊	刺突	—
トライデント	15GP	1d6	1d8	×2	10フィート	4ポンド	刺突	待機
バトルアックス	10GP	1d6	1d8	×3	—	6ポンド	斬撃	—
フレイル	8GP	1d6	1d8	×2	—	5ポンド	殴打	武器落とし、足払い
ヘヴィ・シールド	特殊	1d3	1d4	×2	—	特殊	殴打	—
ヘヴィ・ピック	8GP	1d4	1d6	×4	—	6ポンド	刺突	—
レイピア	20GP	1d4	1d6	18～20／×2	—	2ポンド	刺突	—
ロングソード	15GP	1d6	1d8	19～20／×2	—	4ポンド	斬撃	—

軍用武器（続き）	価格	ダメージ（小型用）	ダメージ（中型用）	クリティカル	射程単位	重量[1]	タイプ[2]	特殊
両手近接武器								
ギザーム	9GP	1d6	2d4	×3	—	12ポンド	斬撃	間合い、足払い
グレイヴ	8GP	1d8	1d10	×3	—	10ポンド	斬撃	間合い
グレートアックス	20GP	1d10	1d12	×3	—	12ポンド	斬撃	—
グレートクラブ	5GP	1d8	1d10	×2	—	8ポンド	殴打	—
グレートソード	50GP	1d10	2d6	19～20／×2	—	8ポンド	斬撃	—
サイズ	18GP	1d6	2d4	×4	—	10ポンド	刺突または斬撃	足払い
ハルバード	10GP	1d8	1d10	×3	—	12ポンド	刺突または斬撃	待機、足払い
ファルシオン	75GP	1d6	2d4	18～20／×2	—	8ポンド	斬撃	—
ヘヴィ・フレイル	15GP	1d8	1d10	19～20／×2	—	10ポンド	殴打	武器落とし、足払い
ランサー	10GP	1d6	2d4	×3	—	12ポンド	刺突	武器落とし、間合い
ランス	10GP	1d6	1d8	×3	—	10ポンド	刺突	間合い
遠隔武器								
ショートボウ	30GP	1d4	1d6	×3	60フィート	2ポンド	刺突	
アロー（20）	1GP	—	—	—	—	3ポンド	—	
コンポジット・ショートボウ	75GP	1d4	1d6	×3	70フィート	2ポンド	刺突	
アロー（20）	1GP	—	—	—	—	3ポンド	—	
ロングボウ	75GP	1d6	1d8	×3	100フィート	3ポンド	刺突	
アロー（20）	1GP	—	—	—	—	3ポンド	—	
コンポジット・ロングボウ	100GP	1d6	1d8	×3	110フィート	3ポンド	刺突	
アロー（20）	1GP	—	—	—	—	3ポンド	—	

特殊武器	価格	ダメージ（小型用）	ダメージ（中型用）	クリティカル	射程単位	重量[1]	タイプ[2]	特殊
軽い近接武器								
カマ	2GP	1d4	1d6	×2	—	2ポンド	斬撃	モンク用、足払い
サイ	1GP	1d3	1d4	×2	—	1ポンド	殴打	武器落とし、モンク用
シャンガム	3GP	1d4	1d6	×2	—	1ポンド	刺突	モンク用
ヌンチャク	2GP	1d4	1d6	×2	—	2ポンド	殴打	武器落とし、モンク用
片手近接武器								
ウィップ	1GP	1d2	1d3	×2	—	2ポンド	斬撃	武器落とし、非致傷、間合い、足払い
ドワーヴン・ウォーアックス	30GP	1d8	1d10	×3	—	8ポンド	斬撃	
バスタード・ソード	35GP	1d8	1d10	19～20／×2	—	6ポンド	斬撃	
両手近接武器								
エルヴン・カーヴ・ブレード	80GP	1d8	1d10	18～20／×2	—	7ポンド	斬撃	
オーク・ダブル・アックス	60GP	1d6／1d6	1d8／1d8	×3	—	15ポンド	斬撃	双頭
スパイクト・チェイン	25GP	1d6	2d4	×2	—	10ポンド	刺突	武器落とし、足払い
ダイア・フレイル	90GP	1d6／1d6	1d8／1d8	×2	—	10ポンド	殴打	武器落とし、双頭、足払い
ツーブレーデッド・ソード	100GP	1d6／1d6	1d8／1d8	19～20／×2	—	10ポンド	斬撃	双頭
ドワーヴン・アーグロシュ	50GP	1d6／1d4	1d8／1d6	×3	—	12ポンド	刺突または斬撃	待機、双頭
ノーム・フックト・ハンマー	20GP	1d6／1d4	1d8／1d6	×3／×4	—	6ポンド	殴打または刺突	双頭、足払い
遠隔武器								
シュリケン（5）	1GP	1	1d2	×2	10フィート	1/2ポンド	刺突	モンク用
ネット	20GP	—	—	—	10フィート	6ポンド	—	
ハーフリング・スリング・スタッフ	20GP	1d6	1d8	×3	80フィート	3ポンド	殴打	
スリング・ブリット（10）	1SP	—	—	—	—	5ポンド	—	
ハンド・クロスボウ	100GP	1d3	1d4	19～20／×2	30フィート	2ポンド	刺突	
ボルト（10）	1GP	—	—	—	—	1ポンド	—	
ボーラ	5GP	1d3	1d4	×2	10フィート	2ポンド	殴打	非致傷、足払い
リピーティング・ヘヴィ・クロスボウ	400GP	1d8	1d10	19～20／×2	120フィート	12ポンド	刺突	
ボルト（5）	1GP	—	—	—	—	1ポンド	—	
リピーティング・ライト・クロスボウ	250GP	1d6	1d8	19～20／×2	80フィート	6ポンド	刺突	
ボルト（5）	1GP	—	—	—	—	1ポンド	—	

1 表の重量は中型用の武器の重量である。小型用の武器は重量が1/2になり、大型用の武器は重量が2倍になる。
2 2つのタイプが書いてある場合、「～および～」とあるなら、その武器は両方のタイプのダメージを与える。「～または～」とあるなら、その武器はどちらか片方のタイプのダメージを与える（どちらにするかは使用者が選択）。

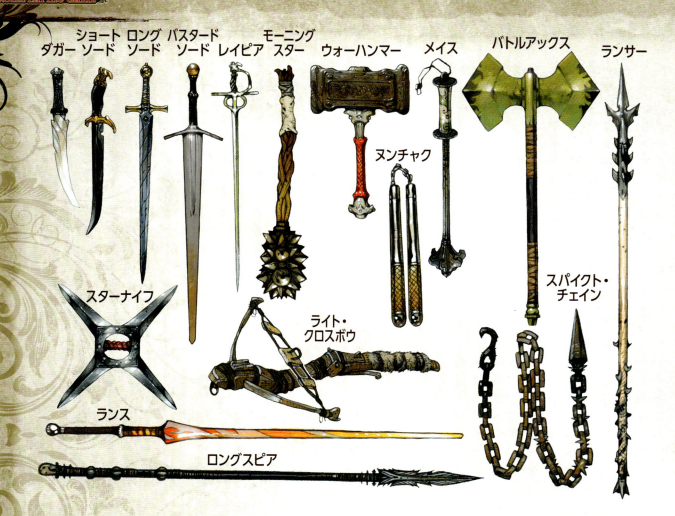

はショートボウとして扱う。

コンポジット・ロングボウ：1張りのボウ（弓）を使うには2本以上の手が必要で、これは弓のサイズに関係ない。この弓は騎乗しても使える。コンポジット・ボウ（複合弓）はみな、特定の【筋力】等級にあわせて作られている。つまり、弓の1張り1張りに、それぞれ特有の最低【筋力】修正値があって、うまく扱うにはこの値を満たしていなければならないのである。もし【筋力】ボーナスがその弓の【筋力】等級に満たない場合、うまく使えないので攻撃ロールに－2のペナルティを受ける。標準のコンポジット・ロングボウは、うまく扱うには【筋力】修正値が±0以上でなければならない。中にはもっと高い【筋力】等級で、キャラクターの人並みはずれた【筋力】を有効活用できるようにしたものもある。こうした弓は【筋力】ボーナスをダメージに加えることができる。（その弓の最大ボーナスまで）。弓に乗せられる【筋力】修正値が＋1されるごとに、弓の価格は＋100GPされる。【筋力】が低くて能力値ペナルティがある場合、コンポジット・ロングボウ使用時のダメージ・ロールにそれを適用すること。《武器習熟》やそれに類する特技に関しては、コンポジット・ロングボウはロングボウとして扱う。

サイ：サイは、敵の武器を捕らえるための1対の突起が金属のスパイクの両側を挟み込んでいるといったものである。敵に武器破壊をしかける際の戦技判定に＋2のボーナスを得る。サイは尖ってはいるが、主に敵を殴打し武装解除するために使われる。

ジャヴェリン：ジャヴェリン（投げ槍）は細い投擲用の槍である。なにぶん近接戦闘用にはできていないので、近接武器として使う場合、どんなキャラクターもこの武器には未習熟として扱われ、攻撃ロールに－4のペナルティを受ける。

シャンガム：この武器は敵を突き刺すための尖った先端をもった棒であり、手に持って使う。

シュリケン：シュリケンは鋭い縁を持った金属の小片であり、投擲するように設計されている。シュリケンは近接武器としては使えない。シュリケンは投擲武器ではあるが、"抜く"際や、高品質その他の特殊なバージョンを作成する際や、投げた後にどうなるかを決定する際には矢弾として扱う。

ショートスピア：ショートスピア（短槍）は約3フィートの長さがあり、投擲武器とするのに適している。

ショートソード：この剣は約2フィートの長さがある。

ショートボウ：ショートボウは約3フィートほどの大きさで、1本の木でできている。1張りのボウ（弓）を使うには2本の手が必要で、これは弓のサイズに関係ない。ショートボウは騎乗しても使える。【筋力】が低くて能力値ペナルティがある場合、

装備品 6

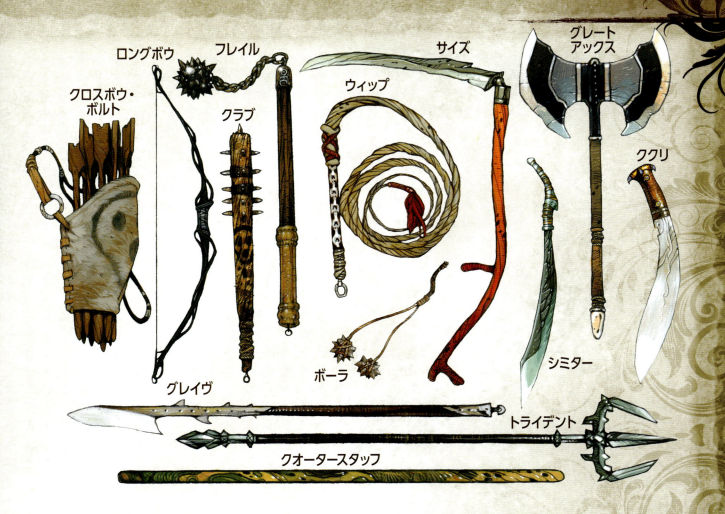

ショートボウ使用時のダメージ・ロールにそれを適用すること。【筋力】の能力値ボーナスがある場合、コンポジット・ショートボウを使うならダメージにボーナスを加えられる（コンポジット・ショートボウ参照）が、通常のショートボウを使う際には加えられない。

スターナイフ： 中心の金属の輪から先が細くなっている刃が羅針盤の円盤のように四方に広がっている。使用者はスターナイフで刺したり、投擲したりすることができる。

素手打撃： 中型サイズのキャラクターは、素手打撃で1d3ポイントの非致傷ダメージを与える。小型サイズのキャラクターは1d2ポイントの非致傷ダメージを与える。モンクや《素手打撃強化》特技のあるキャラクターは、素手打撃で非致傷ダメージを与えることも、致傷ダメージを与えることもできる。どちらにするかはそのキャラクターが選択できる。素手打撃のダメージは、武器ダメージにボーナスを付ける効果に関しては、武器攻撃であるとして扱う。

素手打撃は常に"軽い武器"として扱う。したがって、《武器の妙技》の特技を用いれば素手での攻撃ロールに【筋力】修正値の代わりに【敏捷力】修正値を使える。素手打撃は肉体攻撃としては扱わない（第8章を参照）。

スパイクト・アーマー： 鎧にスパイク（棘）を植え付け、組みつきまたは近接攻撃で相手にダメージを与えられるようにすることができる。詳しくは『防具』の項を参照。

スパイクト・ガントレット： 表の価格と重量は片手ぶんのものである。スパイクト・ガントレット（棘つき篭手）での打撃は武器攻撃とみなされる。武器落としをしかけてスパイクト・ガントレットを落とすことはできない。

スパイクト・チェイン： スパイクト・チェイン（棘つき鎖）は約4フィートの長さがあり、危険な棘で覆われている。《武器の妙技》を使えば、キャラクターと同一サイズ用のスパイクト・チェインが"軽い武器"ではないにもかかわらず、攻撃ロールに、【筋力】修正値のかわりに【敏捷力】修正値を使える。

スパイクト・ヘヴィ・シールド、スパイクト・ライト・シールド： スパイクト・シールド（棘つき盾）も、防御ではなく攻撃に使うこともできる。詳細はp.150を参照のこと。

スピア： スピアは5フィートの長さがあり、投擲することもできる。

スリング： スリングは皮製のカップが1対の紐に取り付けられただけのものである。スリングを使う場合、投擲武器と同様にダメージに【筋力】修正値を加えること。スリングを使って弾を投げるのは片手でできるが、スリングに弾を装填するのは片手ではできない。スリングに1発の弾を装填するのは1移動ア

153

クションであり、2本の手を必要とし、機会攻撃を誘発する。

スリングで普通の石を投げることもできるが、石はブリットほど重くも丸くもない。このため、あたかもスリングが本来より1段階小さいサイズ用のものであるかのようにダメージが減少し、かつ、攻撃ロールには−1のペナルティが付く。

スリング・ブリット：ブリット（投石器の弾）は金属の球であり、スリングかハーフリング・スリング・スタッフで用いるために設計されている。10個入りの皮袋に入った状態で手に入る。

ダイア・フレイル：ダイア・フレイル（双頭からざお）は、長い柄の両端からぶら下がる2つの棘つき鉄球でできている。

ダガー：ダガー（短剣）は約1フィートの長さの刃である。ダガーを体に隠す際の〈手先の早業〉判定には＋2のボーナスが付く（第4章を参照）。

ツーブレーデッド・ソード：ツーブレーデッド・ソード（双頭剣）は双頭武器である——対なす刃が中央の短い柄から正反対の方向に伸び、優雅かつ危険な立ち回りを可能にする。

トライデント：トライデント（三叉矛）は4フィートの柄の先端に三叉の矛先を持つ。この武器は投げても使える。

ドワーヴン・アーグロシュ：ドワーヴン・アーグロシュ（ドワーフの槍斧）は双頭武器である——長い柄の両端には斧の頭と槍の穂先を持っている。ドワーヴン・アーグロシュの斧の頭のほうは斬撃武器で、1d8ダメージを与える。槍の穂先のほうは刺突武器で、1d6ダメージを与える。どちらの先を主武器として使ってもよい。もう一方が副武器となる。突撃してくるキャラクターに対してアーグロシュを使う際は、ダメージを与えるのは槍の穂先のほうである。ドワーフはドワーヴン・アーグロシュを軍用武器として扱う。

ドワーヴン・ウォーアックス：ドワーヴン・ウォーアックス（ドワーフの戦斧）は、太いにぎりの先に装飾のある大きな斧頭を持っており、あまりにも大きいので、片手で使うには特別な訓練が要る。そのため特殊武器扱いになる。中型サイズのキャラクターは、ドワーヴン・ウォーアックスを両手で持つなら軍用武器として使える。大型サイズのキャラクターはこれを片手で軍用武器として使える。ドワーフはドワーヴン・ウォーアックスを片手でも軍用武器として扱える。

ヌンチャク：ヌンチャクは、短めの縄か鎖でつながっている2本の木製か金属製の棒でできている。

ネット：ネットは相手をからめとるのに使われる。ネットを投げる際には、目標に対して遠隔接触攻撃を行う。ネットの最大射程は10フィートである。命中したら相手は"絡みつかれた状態"になる。絡みつかれた状態のクリーチャーは、攻撃ロールに−2、【敏捷力】に−4のペナルティを受ける。加えて、半分の移動速度でしか移動できず、突撃や疾走はできない。君がネットの引き綱を手に持っており、【筋力】対抗ロールに成功したなら、引き綱をうまく操っていることになり、絡みつかれた状態のクリーチャーは引き綱の長さの範囲内でしか動けない。絡みつかれた状態のクリーチャーが呪文を発動するには、DC15＋呪文レベルの精神集中判定に成功せねばならず、失敗すれば呪文は発動できない。

絡みつかれた状態のクリーチャーは、1全ラウンド・アクショ

ンで〈脱出術〉判定（DC20）に成功すれば脱出できる。ネットは5HPを持ち、またDC25の【筋力】判定で引きちぎることもできる（これも1全ラウンド・アクション）。ネットは使用者とのサイズ分類の差が1段階以内の相手に対してのみ使える。

ネットをうまく投げるには、前もって畳んでおかなければならない。特定の戦闘ではじめてネットを投げる時は、通常の遠隔接触攻撃ロールを行う。一度投げてしまってネットがほどけたなら、以後はそのネットでの攻撃ロールに−4のペナルティを受ける。畳むのには、ネットに習熟している者なら2ラウンド、習熟していない者なら倍の4ラウンドかかる。

ノーム・フックト・ハンマー：ノーム・フックト・ハンマー（ノームの鉤かなづち）は双頭武器である——柄の一方は金槌の頭を持ち、反対側は長く湾曲した鉤状になっている、という工夫に富んだものだ。金槌の頭のほうは殴打武器で、1d6ダメージを与える（クリティカル×3）。鉤のほうは刺突武器で、1d4ダメージを与える（クリティカル×4）。どちらの先を主要武器として使ってもよい。ノームはノーム・フックト・ハンマーを軍用武器として扱う。

ハーフリング・スリング・スタッフ：ハーフリング・スリング・スタッフは特別に設計されたスリングを短い棒に取り付けて作られており、熟練した者が使えば破壊的な効果をもたらす。ハーフリング・スリング・スタッフを使う場合、投擲武器と同様にダメージに【筋力】修正値を加えること。ハーフリング・スリング・スタッフを使って弾を投げるのは片手でできるが、ハーフリング・スリング・スタッフに弾を装填するのは片手ではできない。ハーフリング・スリング・スタッフに1発の弾を装填するのは1移動アクションであり、2本の手を必要とし、機会攻撃を誘発する。

ハーフリング・スリング・スタッフで普通の石を投げることもできるが、石はブリットほど重くも丸くもない。このため、あたかもハーフリング・スリング・スタッフが本来より1段階小さいサイズ用のものであるかのようにダメージが減少し、かつ、攻撃ロールには−1のペナルティが付く。

ハーフリング・スリング・スタッフは単純武器として使うことができ、そのサイズのクラブに等しい殴打ダメージを与える。ハーフリングはハーフリング・スリング・スタッフを軍用武器として扱う。

バスタード・ソード：バスタード・ソード（片手半剣）は約4フィートの長さがある。なにぶん大きいので、特殊な訓練を受けていないと片手では使えない。そのため特殊武器扱いになる。両手で持つなら軍用武器として使える。

ハルバード：ハルバード（槍斧）は長さ5フィートのスピアに似ているが、先端近くに小さな斧のような形状の頭を持っている。

パンチング・ダガー：パンチング・ダガーの刃は、持った時に拳から突き出すように、水平な柄に取り付けられている。

ハンド・クロスボウ：ハンド・クロスボウ（片手弩）の弦は手で引ける。これにボルトを1本装填するのは1移動アクションであり、機会攻撃を誘発する。

ハンド・クロスボウは片手で何のペナルティもなく射撃でき

るが、片手で装填することはできない。ハンド・クロスボウを両手に1挺ずつ持って射撃することもできるが、その場合、攻撃ロールには2つの武器で攻撃する場合と同様のペナルティを受ける（p.210参照）。

フレイル：フレイル（からざお）は、柄に繋がれた頑丈な鎖と棘つき金属球でできている。

ブロウガン：通常、ブロウガン（吹き矢）は離れた場所から、相手を衰弱させる（しかし死に至らしめるほどではない）毒を与えるために使われる。ほとんど音を立てずに発射できる。毒のリストについてはp.611を参照のこと。

ヘヴィ・クロスボウ：ヘヴィ・クロスボウ（重弩）の弦は小さな巻き上げ器で引く。これにボルトを1本装填するのは1全ラウンド・アクションであり、機会攻撃を誘発する。

通常、ヘヴィ・クロスボウを扱うには両手が要る。ヘヴィ・クロスボウを片手で撃つ（−4のペナルティをつけて）ことはできるが、片手でボルトを装填することはできない。ヘヴィ・クロスボウを両手に1挺ずつ持って射撃することもできるが、その場合、攻撃ロールには2つの武器で攻撃する場合と同様のペナルティを受ける（p.210参照）。このペナルティは片手で撃つことによる−4のペナルティと累積する。

ヘヴィ・シールド、ライト・シールド：盾を防御ではなく攻撃に使うこともできる。詳細はp.150を参照のこと。

ヘヴィ・フレイル：フレイルに似ているが、ヘヴィ・フレイルはより長い柄とより大きな金属球を持つ。

ヘヴィ・メイス：ヘヴィ・メイスは普通のメイスよりも大きな頭部と長い柄を持っている。

ボーラ：ボーラは細いロープか紐でつながれた2個の重りである。君は敵1体に対してこの武器を遠隔足払い攻撃に使える。ボーラを使って足払いをしかける場合、君の方が足払いをしかえされることはない。

ボルト：クロスボウ・ボルト（弩の矢）は近接武器として使う場合、軽い代用武器とみなされ（攻撃ロールに−4のペナルティ）、同じサイズ用のダガーとしてダメージを与える（クリティカル倍率＝×2）。ボルトは10本入り（リピーティング・クロスボウ用なら5本入り）のケースまたは矢筒に入った状態で手に入る。

モーニングスター：モーニングスターは、長い柄の先端に棘つきの金属球を取り付けたものである。

ライト・クロスボウ：ライト・クロスボウ（軽弩）の弦はレバーで引く。これにボルトを1本装填するのは1回の移動アクションであり、機会攻撃を誘発する。

通常、ライト・クロスボウを扱うには両手が要る。ライト・クロスボウを片手で撃つ（−2のペナルティをつけて）ことはできるが、片手でボルトを装填することはできない。ライト・クロスボウを両手に1挺ずつ持って射撃することもできるが、その場合、攻撃ロールには2つの武器で攻撃する場合と同様のペナルティが入る（p.210参照）。このペナルティは片手で撃つことによる−2のペナルティと累積する。

ライト・メイス：メイス（鎚矛）は木製か金属製の単純な柄と、そこに取り付けられた飾りのある頭部からできている。

ランサー：外見はトライデントに似ている。ランサーの先端には、短く曲がった1対の刃に両側を挟まれた1本の槍部がある。

ランス：ランス（馬上槍）は突撃する乗騎の上で使えば2倍ダメージを与える。ランスは両手武器だが、騎乗時には片手で使える。

リピーティング・クロスボウ：リピーティング・クロスボウ（連弩）には（ヘヴィかライトかに関わらず）5本のクロスボウ用ボルトが装填される。ボルトのある間は再装填レバーを引くだけで（1フリー・アクションで）再装填が可能である。ボルト5本入りの弾倉を新たに装填するのは1全ラウンド・アクションであり、機会攻撃を誘発する。

リピーティング・クロスボウは片手で射撃することも、両手に1挺ずつ持って射撃することもできる。その場合、リピーティング・ヘヴィ・クロスボウならヘヴィ・クロスボウと同様に、リピーティング・ライト・クロスボウならライト・クロスボウと同様に処理すること。しかし再装填レバーを使うためにはリピーティング・クロスボウを両手で保持せねばならず、新しい弾倉を装填するにも両手を使わねばならない。

レイピア：《武器の妙技》の特技を用いれば、キャラクターと同一サイズ用のレイピア（細剣）が"軽い武器"ではないにもかかわらず、攻撃ロールに、【筋力】修正値の代わりに【敏捷力】修正値を加えることができる。レイピアを【筋力】ボーナスの1.5倍をダメージに加えることができるように両手で持つことはできない。

ロングスピア：ロングスピア（長槍）は約8フィートの長さがある。

ロングソード：この剣は約3.5フィートの長さがある。

ロングボウ：ロングボウ（長弓）はほぼ5フィートほどの大きさを持ち、慎重に曲げられた1本の頑丈な木でできている。1張りのボウ（弓）を使うには2本の手が必要で、これは弓のサイズに関係ない。ロングボウは騎乗して使うにはかさばりすぎる。【筋力】が低くて能力値ペナルティがある場合、ロングボウ使用時のダメージ・ロールにペナルティを加算すること。【筋力】の能力値ボーナスがある場合、コンポジット・ロングボウを使うならダメージにボーナスを加えられる（コンポジット・ロングボウを参照）が、通常のロングボウを使う際には加えられない。

高品質の武器

高品質の武器というのは、通常の武器だができばえが見事なものである。これを使用すれば、攻撃ロールに＋1の強化ボーナスが付く。

武器を製作した後で"高品質"という特性を付け加えることはできない。はじめから高品質の武器として製作せねばならないのである（〈製作〉技能を参照）。高品質という特性は、通常の武器の価格に300GPを加える。アローなどの矢弾なら、1本あたり6GPを加える。双頭武器に高品質の特性を付けると通常の2倍の値段がかかる（＋600GP）。

高品質の矢弾は一度使うといたんでしまう（事実上、破壊されて使えなくなる）。高品質の矢弾の強化ボーナスは、その矢

弾を発射する射出武器の強化ボーナスとは一切累積しない。

あらゆる魔法の武器は、自動的に高品質の武器とみなされる。高品質化によりもたらされる強化ボーナスは、武器の魔法によりもたらされる強化ボーナスとは累積しない。

一部の鎧や盾は武器として使えるが、高品質の鎧や盾を、攻撃ロールに強化ボーナスが付くように作ることはできない。代わりに、高品質の鎧や盾は"防具による判定ペナルティ"を減らすのである。

防具

大部分の者たちにとっては、防具は世界に荒ぶる脅威や危険から自分を守る最も単純な方法である。キャラクターの多くは最も単純な鎧しか身につけられず、盾を使うことができる者はさらに少ない。より重い防具をうまく着こなすために防具の習熟系特技を取ることができるが、大方のクラスは自分に一番合った防具に習熟している。

以下に防具の書式を示す。これらの要素は表6-6の縦列の見出しにもなっている。

価格: 表中に金貨で表された価格は小型ないし中型の人型生物用のものである。その他のクリーチャー用の防具については表6-7を参照。

鎧ボーナス/盾ボーナス: 鎧はACに鎧ボーナスを与え、盾はACに盾ボーナスを与える。鎧の鎧ボーナスは、鎧ボーナスを与えるその他の効果とは累積しない。これと同様、盾の盾ボーナスは、盾ボーナスを与えるその他の効果とは累積しない。

【敏捷力】ボーナス上限: この値は、その種類の鎧が許容するACへの【敏捷力】ボーナスの上限である。着用者のACを決定する際、この数値を超える【敏捷力】ボーナスはこの数値まで下がってしまう。重い鎧ほど動きをさまたげ、打撃をかわす能力を落とす。この制限により、他の【敏捷力】に基づく能力が減少することはない。

たとえ防具によりキャラクターの【敏捷力】ボーナスが0になっても、ACへの【敏捷力】ボーナスを失ったものとして扱われるわけではない。

ACに適用される【敏捷力】ボーナス上限は、キャラクターにかかる負荷(持ち運んでいる装備品の総重量。防具も含む)によっても制限される。

盾: タワー・シールドを除き、盾は【敏捷力】ボーナス上限に影響しない。

防具による判定ペナルティ: レザー・アーマー(革鎧)よりも重い防具と盾はどれも、【筋力】と【敏捷力】に基づく技能を使うキャラクターの能力を落とす。"防具による判定ペナルティ"は【筋力】と【敏捷力】に基づく技能判定のすべてに適用される。キャラクターの負荷によっても防具による判定ペナルティがかかることがある。

盾: 鎧を着け盾を使っている場合、鎧と盾の両方の"防具による判定ペナルティ"が適用される。

つけている防具に習熟していないなら: 使用に習熟していない防具をつけている場合、攻撃ロール、【筋力】と【敏捷力】に

基づく能力値判定と技能判定に、その防具の"防具による判定ペナルティ"が適用される。鎧に未習熟であることのペナルティと盾に未習熟であることのペナルティは累積する。

鎧を着て眠る時は: 中装鎧や重装鎧を着たまま寝たら、翌日は自動的に疲労状態になる。【筋力】と【敏捷力】に−2のペナルティを受け、突撃や疾走ができなくなる。軽装鎧を着たまま寝ても疲労状態にはならない。

秘術呪文失敗確率: 防具は動作要素のある秘術呪文を発動する際の術者の身振りを妨げる。秘術呪文の使い手は、防具をつけている場合、秘術呪文失敗の可能性に直面することになる。バードは軽装鎧を着ていたり盾を使っていてもバード呪文には秘術呪文失敗確率の影響を受けない。

防具を着けて秘術呪文を発動するには: 防具を着けて秘術呪文を発動する場合、秘術呪文失敗ロールを行わねばならない。表6-6の秘術呪文失敗確率の欄にあるのが、呪文が失敗して失われる確率(%)である。ただし呪文に動作要素がないなら、秘術呪文失敗ロールなしで発動できる。

盾: 鎧を着て盾を使っている場合、両方の秘術呪文失敗確率を足して、合計の失敗確率を求める。

移動速度: 中装鎧や重装鎧を着ていると移動が遅くなる。表6-6の移動速度の欄の数字が、その鎧を着ているときの移動速度である。人間、エルフ、ハーフエルフ、ハーフオークは荷重なしの時の移動速度が30フィートである。これらの種族は前者の数字を使う。ドワーフ、ノーム、ハーフリングは荷重なしの時の移動速度が20フィートである。これらの種族は後者の数字を使う。ドワーフの地上での移動速度は中装鎧・重装鎧着用時や、中荷重・重荷重時にも20フィートのままであることに注意。

盾: 盾は移動速度に影響しない。

重量: この欄は中型サイズのクリーチャー用の防具の重量である。小型サイズのキャラクター用なら重量が1/2になり、大型サイズのキャラクター用なら重量が2倍になる。

防具の説明

表6-6にある各種防具の特定の利益や付属品について、以下に説明する。

アーマー・スパイク: 鎧にスパイク(棘)を付けることもできる。スパイクつきの鎧を着て組みつき攻撃に成功すれば追加刺突ダメージを与える(表6-5のスパイクト・アーマーを参照)。スパイクは軍用武器として扱う。その使用に習熟していないなら、スパイクつきの鎧を使う際、組みつき判定に−4のペナルティを受ける。また、スパイクで通常の近接攻撃(または副武器による攻撃)を行うこともできる。この場合、スパイクは"軽い武器"とみなす。君が既にアーマー・スパイク以外の副武器で攻撃を行っていたならば、それに加えてアーマー・スパイクで追加攻撃を行うことはできない。逆もまた同様である。鎧に強化ボーナスがあっても、スパイクの効果は増えない。ただしスパイク自体を魔法の武器にすることはできる。

シールド・スパイク: このスパイク(棘)はシールドを軍用刺突武器にし、盾攻撃のダメージをあたかもサイズ分類が1段階

装備品 6

表6-6：鎧と盾

防具	価格	鎧ボーナス／盾ボーナス	【敏捷力】ボーナス上限	防具による判定ペナルティ	秘術呪文失敗確率	移動速度30フィート	移動速度20フィート	重量[1]
軽装鎧								
パデッド	5GP	+1	+8	0	5%	30フィート	20フィート	10ポンド
レザー・アーマー	10GP	+2	+6	0	10%	30フィート	20フィート	15ポンド
スタデッド・レザー	25GP	+3	+5	−1	15%	30フィート	20フィート	20ポンド
チェイン・シャツ	100GP	+4	+4	−2	20%	30フィート	20フィート	25ポンド
中装鎧								
ハイド・アーマー	15GP	+4	+4	−3	20%	20フィート	15フィート	25ポンド
スケイル・メイル	50GP	+5	+3	−4	25%	20フィート	15フィート	30ポンド
チェインメイル	150GP	+6	+2	−5	30%	20フィート	15フィート	40ポンド
プレストプレート	200GP	+6	+3	−4	25%	20フィート	15フィート	30ポンド
重装鎧								
スプリント・メイル	200GP	+7	+0	−7	40%	20フィート[2]	15フィート[2]	45ポンド
バンデッド・メイル	250GP	+7	+1	−6	35%	20フィート[2]	15フィート[2]	35ポンド
ハーフプレート	600GP	+8	+0	−7	40%	20フィート[2]	15フィート[2]	50ポンド
フル・プレート	1,500GP	+9	+1	−6	35%	20フィート[2]	15フィート[2]	50ポンド
盾								
バックラー	5GP	+1	—	−1	6%	—	—	5ポンド
木製ライト・シールド	3GP	+1	—	−1	5%	—	—	5ポンド
鋼鉄製ライト・シールド	9GP	+1	—	−1	5%	—	—	6ポンド
木製ヘヴィ・シールド	7GP	+2	—	−2	15%	—	—	10ポンド
鋼鉄製ヘヴィ・シールド	20GP	+2	—	−2	15%	—	—	15ポンド
タワー・シールド	30GP	+4[3]	+2	−10	50%	—	—	45ポンド
その他								
アーマー・スパイク	+50GP	—	—	—	—	—	—	+10ポンド
ロックト・ガントレット	8GP	—	—	特殊	該当なし[4]	—	—	+5ポンド
シールド・スパイク	+10GP	—	—	—	—	—	—	+5ポンド

1 表の重量は中型サイズのキャラクター用のもの。小型サイズのキャラクター用の防具は重量が半分、大型サイズのキャラクター用の防具は重量が2倍になる。
2 重装鎧を着て疾走する場合、移動速度の4倍ではなく、3倍しか動けない。
3 タワー・シールドはACへのボーナスではなく、遮蔽を与えることもできる。本文参照。
4 呪文を発動する際、手が自由でないものとして扱われる。

大きいクリーチャー用のシールドであるかのように増やす（表6-5の『スパイクト・シールド』を参照）。バックラーやタワー・シールドにスパイクを付けることはできない。そのほかの点では、スパイクト・シールドでの攻撃は盾攻撃と同様に扱う。

スパイクト・シールドの盾ボーナスに対する強化ボーナスがあっても、それによって盾攻撃が強くなることはない。ただしスパイクト・シールドを魔法の武器にすることはできる。

スケイル・メイル：スケイル・メイル（札鎧）は互いに重なり合う数十もの金属の板でできている。この鎧にはガントレット（篭手）が付いている。

スタデッド・レザー：レザー・アーマーに似ているが、この鎧は小さな金属鋲で補強されている。

スプリント・メイル：スプリント・メイルはバンデッド・メイルのような何条もの金属製の細帯でできている。この鎧にはガントレット（篭手）が付いている。

タワー・シールド：この巨大な木製の盾は、持ち手の背丈と同じほどの高さがある。ふだんは持ち手のACに、示されているとおりの盾ボーナスを与える。しかし、1回の標準アクションとして、そうでなく自分の次のターンの開始時まで完全遮蔽と

して使うこともできる。このやり方でタワー・シールドを使う際には、持ち手は自分のマスの1辺を選ばなくてはならない。その1辺は持ち手のみを目標とする攻撃に対し、堅固な壁として扱われる。持ち手はこの1辺を通過する攻撃に対しては完全遮蔽を得、この辺を通過しない攻撃に対しては遮蔽を得ない（第8章を参照）。なおタワー・シールドも、目標型呪文に対する遮蔽は提供してくれない。というのも、呪文の使い手は、君の持っている盾を目標にすることで、君に対して呪文を発動することができるのである。タワー・シールドは盾攻撃には使えない。また、盾を持っている手は、それ以外のことには一切使えない。

戦闘でタワー・シールドを使っていると、盾があまりにかさばるので、攻撃ロールに−2のペナルティが付く。

チェイン・シャツ：チェイン・シャツは連結した無数の金属環でできており、胴体を覆う。

チェインメイル：チェイン・シャツとは異なり、チェインメイルは使用者の脚と腕をも覆う。この鎧にはガントレット（篭手）が付いている。

ハーフプレート：ハーフプレートにはフル・プレートとチェイ

ンメイルの要素が組み合わせられており、ガントレット(篭手)と兜が付いている。

ハイド・アーマー：ハイド・アーマー（獣皮鎧）は厚い皮を持つ獣の皮をなめし、保存加工したものからできている。

バックラー：この小さな金属製の盾はストラップで前腕に着用して使う。つけていてもボウ（弓）やクロスボウ（弩）はペナルティなしで使える。また、バックラーを付けた手で武器を使用することもできる（副武器を持つことも、両手武器に添えることもできる）が、そうしている間は攻撃ロールに－１のペナルティを受ける。このペナルティは二刀流ペナルティに加算される。そしていかなる場合にも、バックラーを付けた手で武器を使ったなら、次の自分のターンまでバックラーのACボーナス

を失う。盾を付けた手を使って動作要素のある呪文を発動することもできるが、次の自分のターンまでバックラーのACボーナスを失う。バックラーでは盾攻撃はできない。

パデッド：この鎧は少々重い詰め物をした布でできており、最小限の防護のみを与える。

バンデッド・メイル：バンデッド・メイルは互いに重なり合いながら表面を覆う何条もの金属製の細帯を、革の裏打ちに固定したものである。この鎧にはガントレット（篭手）が付いている。

フル・プレート：この金属の鎧にはガントレット（篭手）、じょうぶな革のブーツ、面頬のついた兜、鎧の下に着る分厚い詰め物が付いている。フル・プレートは腕のいい鎧鍛冶が一領一領、持ち主の体に合うように作るものと決まっている。とはいえ、

分捕った鎧を新しい持ち主に合うようにしつらえなおすことはでき、これには200～800（2d4×100）GPかかる。

ブレストプレート：ブレストプレートは単一の成型した金属からなり、胴体のみを覆う。

木製ヘヴィ・シールド、鋼鉄製ヘヴィ・シールド：シールド（盾）は前腕を盾のストラップに通した上で、持ち手を手で持つ。ヘヴィ・シールドはなにしろ重いので、盾を持つ手では他には何もできない。

　木製と鋼鉄製：盾は木製でも金属製でも基本的な防御能力（＝盾ボーナス）は同じだが、一部の呪文や効果でどうなるかが違う。

　盾攻撃：盾を使い、敵を殴ることもできる。盾攻撃のダメージは表6-5の『ヘヴィ・シールド』を参照。この方法で使う場合、ヘヴィ・シールドは軍用殴打武器とみなす。攻撃ペナルティに関しては片手武器として扱う。盾を武器として攻撃に使った場合、その盾のACボーナスは、そのキャラクターの次のターンまでなくなる。盾に強化ボーナスがあっても、それによって盾攻撃が強くなることはない。ただし盾を魔法の武器にすることはできる。

木製ライト・シールド、鋼鉄製ライト・シールド：シールド（盾）は前腕を盾のストラップに通した上で、持ち手を手で持つ。ライト・シールド（小盾）は重さが軽いので、盾を持つ手で他のものも持てる（が、武器を使うことはできない）。

　木製と鋼鉄製：盾は木製でも金属製でも基本的な防御能力（盾ボーナス）は同じだが、一部の呪文や効果でどうなるかが違う。

　盾攻撃：盾を使い、敵を殴ることもできる。盾攻撃のダメージは表6-5の『ライト・シールド』を参照。この方法で使う場合、ライト・シールドは軍用殴打武器とみなす。攻撃ペナルティに関しては"軽い武器"として扱う。盾を武器として攻撃に使った場合、その盾のACボーナスは、そのキャラクターの次のターンまでなくなる。盾に強化ボーナスがあっても、それによって盾攻撃が強くなることはない。ただし盾を魔法の武器にすることはできる。

レザー・アーマー：レザー・アーマー（革鎧）は注意深く縫い合わされた硬化させた革でできている。

ロックト・ガントレット：この篭手には小さな鎖や留め金が付いていて、これに武器を取り付けて簡単には落ちないようにすることができる。戦闘中、武器落としを避けるための戦技防御値に＋10のボーナスを与える。ロックト・ガントレット（留め金つき篭手）に1個の武器を付けたり外したりするのは1全ラウンド・アクションで、機会攻撃を誘発する。

　価格はロックト・ガントレット1つ（片手分）あたりの値段である。また、重量はブレストプレートや軽装鎧を着ているか、そもそも鎧を着ていない時のみ適用する。それ以外の場合は、ロックト・ガントレットはもともと鎧の一部になっている篭手の代わりに付ける（そのため、重量は加算しない）。

　篭手に武器を固定している間は、この篭手をはめた手は、呪文を発動したり技能を用いたりするのには使えない（もう一方の手が自由であるなら、動作要素のある呪文を発動することができる）。

通常のガントレット（篭手）と同様、ロックト・ガントレットでも、素手打撃で非致傷ダメージではなく致傷ダメージを及ぼすことができる。

高品質の防具

　武器と同様、鎧や盾も高品質版のものを買ったり製作したりできる。この見事なつくりの品々は、普通の鎧や盾と同じように機能するが、ただ"防具による判定ペナルティ"が1少ない。

　高品質の鎧や盾の価格は、同じ種類の通常の鎧や盾の価格に150GPを加えたものである。

　鎧や盾が高品質だからといって、攻撃ロールやダメージ・ロールにボーナスが付くことはない。たとえその鎧や盾を武器として使ってもである。

　魔法の鎧や盾は自動的に高品質のものとみなされる。

　防具を製作した後でそれに"高品質"という特性を付け加えることはできない。はじめから高品質の防具として製作しなければならないのである。

標準的でないクリーチャー用の防具

　飛び抜けて大きいクリーチャーや小さいクリーチャー用の防具、（ホースのような）人型生物以外のクリーチャー用の防具は、表6-6にあるものとは価格も重量も違う。表6-7のしかるべき横列を参照して、価格と重量の項にある倍数を、その防具の価格と重量に掛け合わせること。

表6-7：標準的でないクリーチャー用の防具

サイズ	人型		非人型	
	価格	重量	価格	重量
超小型以下*	×1/2	×1/10	×1	×1/10
小型	×1	×1/2	×2	×1/2
中型	×1	×1	×2	×1
大型	×2	×2	×4	×2
超大型	×4	×5	×8	×5
巨大	×8	×8	×16	×8
超巨大	×16	×12	×32	×12

* 鎧ボーナスを1/2にすること。

鎧の着脱

　鎧を着るのにかかる時間は、鎧のタイプによって違う（表6-8を参照）。

着る：この欄は、その鎧を着るのにかかる時間を示す（1分＝10ラウンド）。盾を準備する（盾に腕を通す）のは1移動アクションですむ。

急いで着る：この欄は、鎧を急いで着る時にかかる時間を示す。急いで着た鎧は、"防具による判定ペナルティ"も鎧ボーナスも普通より1ポイント悪くなる。

脱ぐ：この欄は、鎧を脱ぐのにかかる時間を示す。盾を腕から外して落とすのは1移動アクションですむ。

表6-8：鎧の着脱

鎧のタイプ	着る	急いで着る	脱ぐ
盾（どれでも）	1移動アクション	—	1移動アクション
パデッド、レザー・アーマー、ハイド・、スタデッド・レザー、チェイン・シャツ	1分[1]	5ラウンド	1分[1]
ブレストプレート、スケイル・メイル、チェインメイル、バンデッド・メイル、スプリント・メイル	4分[1]	1分	1分[1]
ハーフプレート、フル・プレート	4分[2]	4分[1]	1d4＋1分[1]

1 他人の助けがあるなら時間を半分にすること。何も他のことをしていないキャラクターが1人いれば、隣接するキャラクター1～2人を助けることができる。2人のキャラクターがお互い同時に鎧を着るのを助け合うことはできない。
2 この種の鎧を普通に着るには他人の助けが要る。助けなしでは"急いで着る"ことしかできない。

特殊な素材

武器と防具は特殊な性質を備えた素材で作ることができる。複数の特殊な素材を使って武器や防具を作っても、もっとも主要な素材の利点だけが得られる。しかし、それぞれの先端が別の特殊な素材からできた双頭武器を作ることはできる。

以下に記す特殊な素材はゲーム的な効果が決められている。クリーチャーには特殊なタイプのダメージ（悪属性の武器、殴打武器など）以外のすべてに対するダメージ抵抗を持っているものがいる。特定の素材からなる武器への脆弱性を持つものもいる。キャラクターたちは最もよく遭遇するクリーチャーの種類によって、いくつかの異なる種類の武器を持ち運ぶかもしれない。

アダマンティン： 天から落ちてきた岩から掘り出されたこの超硬度の金属は、武器や防具の品質を向上させる。アダマンティン製の武器は、武器破壊や物体を攻撃するときに20未満の硬度を無視する能力を持つ（第7章を参照）。アダマンティン製の鎧は、軽装鎧なら1／－、中装鎧なら2／－、重装鎧なら3／－のダメージ減少を着用者に与える。アダマンティンは非常に高価であり、アダマンティン製の武器防具は常に高品質である。その高品質コストは以下に示す価格に含まれる。結果として、アダマンティン製の武器と矢弾は攻撃ロールに＋1の強化ボーナスがあり、アダマンティン製の鎧の鎧による判定ペナルティは通常に比べて1少なくなる。金属部分のないアイテムはアダマンティンで作ることはできない。アローをアダマンティンで作ることはできるが、クオータースタッフはできない。

アダマンティン製の武器や鎧は、通常の鋼鉄製の武器や鎧にくらべてヒット・ポイントが3分の1だけ多い。アダマンティンは厚み1インチごとに40のヒット・ポイントと硬度20を持つ。

アダマンティン製のアイテムの種類	アイテム価格修正
矢弾	＋60GP／発
軽装鎧	＋5,000GP
中装鎧	＋10,000GP
重装鎧	＋15,000GP
武器	＋3,000GP

ダークウッド： この珍しい魔法の木は通常の木と同じくらい硬いが、非常に軽い。ダークウッドで作られた木製またはほぼ木製のアイテム（ボウやスピアなど）は高品質とみなされ、重さは通常の半分である。通常は木製でない、または一部にしか木が使われていないアイテム（バトルアックスやメイスなど）はダークウッドで作ることはできないか、ダークウッドによる特殊な利益を得ることができない。ダークウッド製の盾は、普通のものに比べて判定ペナルティが2だけ減少する。ダークウッド製のアイテムは本来の重量によって価格が決められ、1ポンドごとに10GPを高品質版の価格に加えたものになる。

ダークウッドは厚み1インチごとに10のヒット・ポイントと硬度5を持つ。

冷たい鉄： 地下深くで採掘され、デーモンやフェイに対する有効性が知られているこの鉄は、その繊細な性質を損なわないために低温で鍛造される。冷たい鉄製の武器は、通常の品を作るのに比べて2倍のコストがかかる。これには高品質であることのコストは含まれない。また、冷たい鉄製の武器に魔法的な強化を施すときは、その価格が2,000GP増加する。この増加は能力を加えるごとでなく、初めてアイテムが強化される場合のみ適用される。

金属部分がないアイテムは冷たい鉄で作ることはできない。アローを冷たい鉄で作ることはできるが、クオータースタッフを作ることはできない。双頭武器の一方だけを冷たい鉄にするなら、通常の品の1.5倍のコストとなる。

冷たい鉄は厚み1インチごとに30のヒット・ポイントと硬度10を持つ。

ドラゴンハイド： 鎧職人は高品質の鎧や盾を製造するときにドラゴンの皮革を使うことができる。1匹のドラゴンから、そのドラゴンよりサイズが1つ小さいクリーチャーに合わせた高品質なハイド・アーマーを作るのに十分な皮革が取れる。適したうろこや皮革の部位を選ぶ必要があるため、高品質バンデッド・メイルなら2サイズ、高品質ハーフプレートなら3サイズ、高品質ブレストプレートか高品質フル・プレートなら4サイズ小さなクリーチャーに合わせたものしか作ることができない。どの場合でもドラゴンが大型サイズ以上なら、鎧に加えて高品質なライト・シールドかヘヴィ・シールドを1つ作るのに十分な皮革が取れる。あるエネルギー種別に対する完全耐性を持つドラゴンから取れたドラゴンハイドからできた防具は同様に完全耐性を持つが、これは着用者にいかなる保護も与えない。後か

ら鎧や盾にそのエネルギー種別から保護する能力を与える場合、それらの保護を加えるコストは25％減る。

ドラゴンハイド製の防具は金属が使われていないため、ドルイドはペナルティなしでこれらを着用できる。

ドラゴンハイド製の防具のコストは、同じ種類の一般的な高品質の防具の2倍であるが、通常の防具よりも作成に時間がかかるということはない（すべての〈製作〉の結果を2倍にすること）。

ドラゴンハイドは厚み1インチごとに10のヒット・ポイントと硬度10を持つ。一般的なドラゴンの皮革は1/2から1インチの厚みがある。

ミスラル：ミスラルとは銀に似た光沢のある非常に珍しい金属であり、鋼鉄と同じほど硬いがそれよりも軽い。これは鋼鉄の代わりとして鎧を作るのに素晴らしく適した材料であり、同様に時折他のアイテムにも使われる。ほとんどのミスラル製の鎧は、移動速度や他の制限を考える際に通常のものより1段階軽いとみなされる。重装鎧は中装鎧、中装鎧は軽装鎧として扱われるが、軽装鎧は軽装鎧のままとみなされる。この軽減は鎧の習熟には適用されない。つまり、ミスラル製フル・プレートを装備したキャラクターは、攻撃ロールや運動を必要とする技能判定に判定ペナルティが適用されるのを防ぐために、重装鎧へ習熟していなければならない。ミスラル製の鎧や盾は、秘術呪文失敗確率が10％減少し、【敏捷度】ボーナス上限は2増加し、防具による判定ペナルティは3減少する（最低0）。

ミスラルから作られたアイテムは、他の金属で作られたものに比べて半分の重さしかない。武器の場合、この軽さは武器のサイズ分類や扱いやすさ（軽い武器か、片手武器か、両手武器か）を変えない。主要な素材が金属ではないアイテムは、部分的にミスラルが使われていても意味のある効果はない（ロングソードをミスラル製武器にすることはできるが、クオータースタッフでは行えない）。ミスラル製の武器は、ダメージ減少を克服する際に銀製の武器とみなされる。

ミスラル製の武器や防具は常に高品質である。高品質のためのコストは以下に示した価格に含まれている。

ミスラルは厚み1インチごとに30のヒット・ポイントと硬度15を持つ。

ミスラル製のアイテムの種類	アイテム価格修正
軽装鎧	＋1,000GP
中装鎧	＋4,000GP
重装鎧	＋9,000GP
盾	＋1,000GP
その他のアイテム	＋500GP／ポンド

錬金術銀：冶金術と錬金術を組み合わせた複雑な手順で銀を鋼鉄に融合させたこれらの武器は、ライカンスロープのようなクリーチャーのダメージ減少を克服することができる。

錬金術銀の斬撃武器や刺突武器では、命中した攻撃のダメージ・ロールに−1のペナルティを受ける（最低1ダメージ）。錬金術銀は非金属製のアイテムに適用できず、アダマンティンや冷たい鉄、ミスラルなどの希少金属と組み合わせることもできない。

錬金術銀は厚み1インチごとに10のヒット・ポイントと硬度8を持つ。

錬金術銀製のアイテムの種類	アイテム価格修正
矢弾	＋2GP
軽い武器	＋20GP
片手武器または双頭武器の片方	＋90GP
両手武器または双頭武器の両方	＋180GP

品物とサービス

キャラクターは武器と防具のほかに、長い旅で体を維持するための糧食から無数の状況で役立つロープまで、多種多様な装備を持ち運んでいる。冒険者が持つほとんどの一般装備は、表6-9にまとめられている。

冒険用具

表6-9には幾つかの冒険用装備が載せられており、使用者は様々な恩恵を受ける。

麻のロープ：このロープは2HPを有する。DC23の【筋力】判定で引きちぎることができる。

油：1パイントの油はランプやランタンで6時間燃える。使用者は油のビンを飛散武器として使うこともできる。錬金術師の火と同様のルールを使用する（表6-9の特殊な物質やアイテムの項参照）が、導火線をつけるのに1全ラウンド・アクションがかかる。それが投擲されたとき、うまく火がつく可能性は50％である。

また、1パイントの油を地面に撒くと5フィート平方の範囲を覆い、表面が滑りやすくなる。これに点火すると、油は2ラウンドの間燃えて、範囲内のクリーチャーに1d3の［火炎］ダメージを与える。

インク：黒以外の色のインクは価格が2倍になる。

枷（通常と高品質）：枷は中型のクリーチャーを拘束することができる。枷をかけられたクリーチャーは抜け出すのに〈脱出術〉判定を行うことができる（DC30、高品質ならばDC35）。枷を破壊するには【筋力】判定が必要になる（DC26、高品質ならばDC28）。枷は硬度10と10HPを持つ。

大部分の枷には錠前がついており、枷の価格に望む品質の錠前の価格を加える。

同じコストで小型クリーチャー用の枷を買うことができる。大型クリーチャー用の枷は10倍のコストがかかり、超大型用では100倍となる。巨大、超巨大、超小型、微小、極小サイズのクリーチャーは特別製の枷を必要とし、少なくとも100倍のコストがかかる。

金槌：金槌が戦闘に使われる場合は片手代用武器とみなし、同じサイズのスパイクト・ガントレットと同じ殴打ダメージを与える。

かなてこ：かなてこは扉や宝箱を無理やり開ける際の【筋力】

判定に+2の状況ボーナスを与える。戦闘に使われる場合は片手代用武器とみなし、同じサイズのクラブと同じ殴打ダメージを与える。

絹のロープ：このロープは4HPを有する。DC24の【筋力】判定で引きちぎることができる。

鎖：鎖は硬度10と5HPを持つ。引きちぎるには【筋力】判定でDC26が必要になる。

携行用破城槌：この鉄で覆われた木杭は、使用者が扉を破壊する際の【筋力】判定に+2の状況ボーナスを与える。また、2人目が手伝うことができ、判定なしで使用者へのボーナスを2増やせる。

小型望遠鏡：小型望遠鏡を使用すると2倍の大きさで物が見える。目標が可視状態ならば、使用者が〈知覚〉判定に受けるペナルティは、目標との距離が20フィート離れるごとに−1となる。

小ビン：小ビンはガラスや鋼鉄で作られており、1オンスの液体が入る。

シャベル：シャベルが戦闘に使われる場合は片手代用武器とみなし、同じサイズのクラブと同じ殴打ダメージを与える。

錠前：錠前を開ける〈装置無力化〉判定のDCは、錠前の品質による。単純（DC20）、平均的（DC25）、良い（DC30）、素晴らしい（DC40）となる。

たいまつ：たいまつは1時間燃え続け、半径20フィートに通常の光を発し、そのさらに外側20フィートの範囲の光量（p.178を参照）を1段階引き上げる（暗闇は薄暗い光に、薄暗い光は通常の光に）。たいまつは通常の光または明るい光の光量をあげることはできない。たいまつが戦闘に使われる場合は片手代用武器とみなし、同じサイズのガントレットと同じ殴打ダメージに加えて1ポイントの［火炎］ダメージを与える。

つるはし（鉱夫用）：鉱夫用つるはしが戦闘に使われる場合は両手代用武器とみなし、同じサイズのヘヴィ・ピックと同じ刺突ダメージを与える。

陶器のつぼ：ありふれた陶器のつぼで、栓がついている。1ガロン（約4リットル）の液体が入る。

火打ち石と打ち金：火打ち石と打ち金でたいまつに火をつけるのは1全ラウンド・アクションであり、それ以外に火をつけるには少なくともそれ以上の時間がかかる。

ひっかけ鉤：ひっかけ鉤は射程単位10フィートの投擲武器として扱われ、投げるには遠隔攻撃ロールを要求する。開けた場所にある物体に引っ掛ける場合はAC5である。

普通のランプ：ランプは小さな範囲を照らし、半径15フィートに通常の光を提供し、そのさらに外側15フィートの範囲の光量（p.178を参照）を1段階引き上げる（暗闇は薄暗い光に、

装備品 6

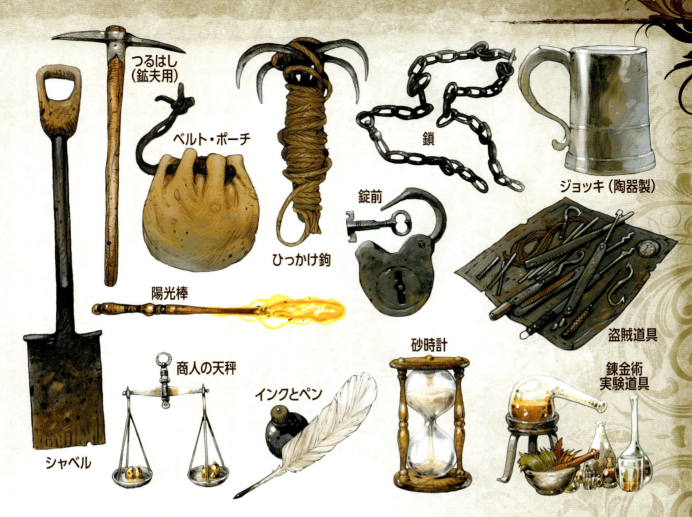

薄暗い光は通常の光に)。ランプは通常の光または明るい光の光量をあげることはできない。ランプは1パイントの油で6時間燃え、片手で持ち運べる。

まきびし：まきびしとは、必ず一片が上を向いて転がるように作られた四又の金属スパイクである。これらは敵が踏んだり、少なくとも迂回することを強制させるために地面に撒き散らされる。1袋2ポンドのまきびしは5フィート平方の範囲を覆う。

　クリーチャーがまきびしに覆われた範囲に移動する（またはその範囲で1ラウンド経過する）たびにそれらを踏む危険がある。そのクリーチャーへまきびしの攻撃ロールを行う（基本攻撃ボーナスは＋0）。この攻撃に対して盾ボーナス、鎧ボーナス、反発ボーナスは計算されない。靴その他の履物を履いている場合はACに＋2の鎧ボーナスを受ける。攻撃が成功したならまきびしを踏んだことになり、1ポイントのダメージを与える。さらに、足が傷つけられたことで移動速度が半分に減少する。この移動ペナルティは、DC15の〈治療〉判定に成功するか、少なくとも1ポイント魔法的な治癒を受けるまで、24時間の間続く。突撃しているか疾走しているクリーチャーがまきびしを踏んだ場合、即座に停止しなければならない。半分以下の移動速度で慎重に進むことで、まきびしの範囲を問題なく進める。

　まきびしは普通でないクリーチャーに効果がない場合がある。

水時計：この大きくてかさばる装置は、最後にセットされてから1日に30分以内のずれで正確に時間を計る。計測には水が必要で、水滴の落ちる速度が調節されているために計測中は動かすことができない。

ランタン（覆い付き）：覆い付きランタンは半径30フィートの範囲に通常の光を発し、そのさらに外側30フィートの範囲の光量（p.178を参照）を1段階引き上げる（暗闇は薄暗い光に、薄暗い光は通常の光に）。覆い付きランタンは通常の光または明るい光の光量をあげることはできない。ランタンは1パイントの油で6時間燃え、片手で持ち運べる。

ランタン（投光式）：投光式ランタンは60フィート円錐形の範囲に通常の光を提供し、それより先の120フィート円錐形までの範囲の光量（p.178を参照）を1段階引き上げる（暗闇は薄暗い光に、薄暗い光は通常の光に）。投光式ランタンは通常の光または明るい光の光量をあげることはできない。ランタンは1パイントの油で6時間燃え、片手で持ち運べる。

ろうそく：ろうそくは小さな範囲を薄暗く照らし、半径5フィートの範囲の光量（p.178を参照）を1段階引き上げる（暗闇は薄暗い光に、薄暗い光は通常の光に）。ろうそくは通常の光より光量をあげることはできない。ろうそくは1時間燃える。

表6-9：道具とサービス

冒険用具

アイテム	価格	重量
10フィートの梯子	2SP	20ポンド
10フィートの棒	5CP	8ポンド
油（1パイントビン）	1SP	1ポンド
インク（1オンスビン）	8GP	—
印章指輪	5GP	—
大金槌	1GP	10ポンド
鏡（小さな鋼鉄製のもの）	10GP	0.5ポンド
かご（空）	4SP	1ポンド
枷	15GP	2ポンド
枷（高品質）	50GP	2ポンド
滑車	5GP	5ポンド
金槌	5SP	2ポンド
かなてこ	2GP	5ポンド
紙（1枚）	4SP	—
魚網（25平方フィート）	4GP	5ポンド
鎖（10フィート）	30GP	2ポンド
携行用破城槌	10GP	20ポンド
携帯用寝具	1SP	5ポンド[1]
小型望遠鏡	1,000GP	1ポンド
小ビン（インク／ポーション用）	1GP	—
シャベルや鋤	2GP	8ポンド
錠前		
単純	20GP	1ポンド
平均的	40GP	1ポンド
良い	80GP	1ポンド
素晴らしい	150GP	1ポンド
ずだ袋（空）	1SP	0.5ポンド[1]
砂時計	25GP	1ポンド
背負い袋（空）	2GP	2ポンド[1]
石鹸（1ポンド）	5SP	1ポンド
たいまつ	1CP	1ポンド
宝箱（空）	2GP	25ポンド
樽（空）	2GP	30ポンド
地図／巻物入れ	1GP	0.5ポンド
チョーク（1本）	1CP	—
釣り針	1SP	—
つるはし（鉱夫用）	3GP	10ポンド
テント	10GP	20ポンド[1]
砥石	2CP	1ポンド
陶器のつぼ	3CP	9ポンド
鍋（鉄製）	8SP	4ポンド
縫い針	5SP	—
バケツ（空）	5SP	2ポンド
火打ち石と打ち金	1GP	—
ひっかけ鉤	1GP	4ポンド
ピトン	1SP	0.5ポンド
ビン（空）	3CP	1.5ポンド
封蝋	1GP	1ポンド
冬用毛布	5SP	3ポンド[1]
ベル	1GP	—
ベルト・ポーチ（空）	1GP	0.5ポンド[1]
ペン	1SP	—
保存食（1日分）	5SP	1ポンド[1]
帆布（1平方ヤード）	1SP	1ポンド
ボトル（ガラス製）	2GP	1ポンド
薪（1日分）	1CP	20ポンド
まきびし	1GP	2ポンド
マグカップ／ジョッキ（陶器製）	2CP	1ポンド
水差し（陶器製）	2CP	5ポンド
水時計	1,000GP	200ポンド
水袋	1GP	4ポンド[1]
羊皮紙（1枚）	2SP	—
呼子	8SP	—
ランタン（覆い付き）	7GP	2ポンド
ランタン（投光式）	12GP	3ポンド
ランプ（普通）	1SP	1ポンド
ろうそく	1CP	—
ロープ（麻・50フィート）	1GP	10ポンド
ロープ（絹・50フィート）	10GP	5ポンド

特殊な物質やアイテム

アイテム	価格	重量
足留め袋	50GP	4ポンド
消えずのたいまつ	110GP	1ポンド
強酸（ビン）	10GP	1ポンド
聖水（ビン）	25GP	1ポンド
耐毒剤（小ビン）	50GP	—
発煙棒	20GP	0.5ポンド
火おこし棒	1GP	—
陽光棒	2GP	1ポンド
雷石	30GP	1ポンド
錬金術師の火（ビン）	20GP	1ポンド

各種道具と技能用具

アイテム	価格	重量
ウィザードの呪文書（白紙）	15GP	3ポンド
楽器（高品質）	100GP	3ポンド[1]
楽器（通常）	5GP	3ポンド
高品質の道具類	50GP	1ポンド
呪文構成要素ポーチ	5GP	2ポンド
商人の天秤	2GP	1ポンド
職人道具	5GP	5ポンド
職人道具（高品質）	55GP	5ポンド
聖印（銀製）	25GP	1ポンド
聖印（木製）	1GP	—
治療用具	50GP	1ポンド
盗賊道具	30GP	1ポンド
盗賊道具（高品質）	100GP	2ポンド
登攀用具	80GP	5ポンド[1]
ホーリーとヤドリギ	—	—
変装用具	50GP	8ポンド[1]
虫眼鏡	100GP	—
錬金術実験道具	200GP	40ポンド

164

装備品 6

衣服

アイテム	価格	重量
王族の服	200GP	15ポンド[1]
学者の服	5GP	6ポンド[1]
貴族の服	75GP	10ポンド[1]
クレリックの法服	5GP	6ポンド[1]
芸人の服	3GP	4ポンド[1]
職人の服	1GP	4ポンド[1]
旅人の服	1GP	5ポンド[1]
廷臣の服	30GP	6ポンド[1]
貧農の服	1SP	2ポンド[1]
防寒服	8GP	7ポンド[1]
冒険家の服	10GP	8ポンド[1]
モンクの服	5GP	2ポンド[1]

食物、飲料、宿泊

アイテム	価格	重量
エール		
1ガロン	2SP	8ポンド
1杯	4CP	1ポンド
宴会（1人当たり）	10GP	—
食事（1日当たり）		
上等	5SP	—
普通	3SP	—
粗末	1SP	—
チーズ一塊	1SP	0.5ポンド
肉一塊	3SP	0.5ポンド
パン1本	2CP	0.5ポンド
宿屋（1日当たり）		
上等	2GP	—
普通	5SP	—
粗末	2SP	—
ワイン		
普通（ピッチャー）	2SP	6ポンド
上等（ボトル）	10GP	1.5ポンド

乗騎関連

アイテム	価格	重量
厩での世話（1日当たり）	5SP	—
鞍		
軍用鞍	20GP	30ポンド
乗用鞍	10GP	25ポンド
荷駄用鞍	5GP	15ポンド
鞍袋	4GP	8ポンド
飼料（1日当たり）	5CP	10ポンド
特殊な鞍		
軍用鞍	60GP	40ポンド
乗用鞍	30GP	30ポンド
荷駄用鞍	15GP	20ポンド
バーディング		
中型のクリーチャー用	×2[2]	×1[2]
大型のクリーチャー用	×4[2]	×2[2]

はみとくつわ	2GP	1ポンド
ドンキー（ロバ）かミュール（ラバ）	8GP	—
ホース（馬）		
ヘヴィ・ホース	200GP	—
ヘヴィ・ホース（戦闘訓練済み）	300GP	—
ポニー	30GP	—
ポニー（戦闘訓練済み）	45GP	—
ライト・ホース	75GP	—
ライト・ホース（戦闘訓練済み）	110GP	—
ライディング・ドッグ	150GP	—
番犬	25GP	—

移動手段

アイテム	価格	重量
ガレー船	30,000GP	—
キールボート	3,000GP	—
軍船	25,000GP	—
こぎ舟	50GP	100ポンド
オール	2GP	10ポンド
そり	20GP	300ポンド
二輪馬車	15GP	200ポンド
帆船	10,000GP	—
四輪馬車	35GP	400ポンド
屋根つき四輪馬車	100GP	600ポンド
ロングシップ	10,000GP	—

呪文とサービス

サービス	価格
街道または市門の通行料	1CP
呪文	術者レベル×呪文レベル×10GP[3]
専門訓練を受けた雇い人	1日3SP
専門訓練を受けていない雇い人	1日1SP
乗合馬車	1マイルあたり3CP
配達人	1マイルあたり2CP
船賃	1マイルあたり1SP

— 重量はない、または重量に意味がない

1 これらのアイテムは小型用の場合は重量が4分の1になる。小型用の容器も同様に通常の4分の1しか運べない。

2 中型の人型生物用の鎧に掛ける。

3 追加コストは各呪文の詳細参照。追加コストを加えた合計コストが3,000GPを超える場合は、一般的には利用できない。価格を計算するときは0レベル呪文は1/2レベルとみなす。

特殊な物質やアイテム

　これらの物質のうち、消えずのたいまつと聖水以外のアイテムは〈製作：錬金術〉によって製造することができる。

足留め袋：足留め袋は、タール、樹脂などの粘性の物質で満たされた小さな袋である。足留め袋をクリーチャーに投擲した場合（射程単位10フィートの遠隔接触攻撃として扱う）、袋は破れて粘液が飛び出る。目標は絡みつかれた状態になり、粘液は空気にさらされて強固に硬化する。絡みつかれた状態のクリーチャーは攻撃ロールに−2、【敏捷力】に−4のペナルティを受け、さらにDC15の反応セーヴに成功しなければ床に接着されて移動できなくなる。セーヴに成功しても半分の移動速度でしか移動できない。超大型かそれ以上の大きさのクリーチャーは足留め袋に影響されない。飛行しているクリーチャーは床に貼りつくことはないが、DC15の反応セーヴに失敗すると（飛行に翼を使うなら）飛行できなくなり、地面に落ちる。足留め袋は水中で機能しない。

　床に接着された（または飛行できない）クリーチャーはDC17の【筋力】判定に成功するか、斬撃武器で粘体に15ポイントのダメージを与えることで自由になれる。自身から粘体をこすり落とそうとしたり、他のクリーチャーがそれを手伝ったりするには攻撃ロールは必要ない。粘体には自動的に命中し、どれだけこすり取れたかを確認するためにダメージ・ロールを行う。自由になったクリーチャーは半分の速度で移動できる（飛行を含む）。絡みつかれた状態のクリーチャーが呪文を発動しようとする場合、DC15＋呪文レベルの精神集中判定に成功しなければ呪文を発動できない。粘体は2d4ラウンドの後にもろくなり、ひび割れ砕け、その効果を失う。貼りついたクリーチャーに**ユニヴァーサル・ソルヴェント**を使用すれば、錬金術の粘体は即座に溶ける。

消えずのたいまつ：これは普通のたいまつに**コンティニュアル・フレイム**呪文をかけたものであり、消えることがない。通常のたいまつと同様の明かりを提供するが、熱を発しておらず、武器として使われた場合にも［火炎］ダメージを与えられない。

強酸：この酸の入ったビンを飛散武器として投げられる（p.210を参照）。この攻撃は射程単位10フィートの遠隔接触攻撃として扱う。直接命中した場合は1d6ポイントの［強酸］ダメージを与える。酸が命中した場所から5フィート以内のすべてのクリーチャーは、飛沫により1ポイントの［強酸］ダメージを受ける。

聖水：聖水はアンデッドや悪の来訪者に対して酸と同様のダメージを与える。聖水の入ったビンは飛散武器として投擲できる。

　この攻撃は射程単位10フィートの遠隔接触攻撃として扱う。実体のあるクリーチャーに対して投げた場合はビンは壊れて聖水を撒き散らすが、非実体のクリーチャーに対して使用するなら、ビンを開けて目標に聖水を振り掛けなければならない。つまり、非実体のクリーチャーには隣接している場合のみ聖水をかけられる。これは機会攻撃を誘発しない遠隔接触攻撃として扱う。

　聖水のビンがアンデッドや悪の来訪者に直接命中した場合は2d4ポイントのダメージを与える。命中した場所から5フィート以内にいるその種のクリーチャーは、飛沫により1ポイントのダメージを受ける。

　善の神格の寺院は、原価で聖水を売っている（利益を得ていない）。聖水は**ブレス・ウォーター**の呪文により作られる。

耐毒剤：耐毒剤の小ビンを飲むと、1時間の間、毒に対する頑健セーヴに＋5の錬金術ボーナスを受ける。

発煙棒：この錬金術で作られた木の棒は、燃やされるとすぐに濃く不透明な煙を出す。この煙は一辺10フィート立方の範囲を満たす（**フォッグ・クラウド**の呪文と同様に扱うが、軟風以上の風により1ラウンドで吹き飛ばされる）。この棒は1ラウンドで燃え尽き、煙は1分後に自然に消える。

火おこし棒：小さな棒の端に錬金術製の物質がつけられており、荒い表面にこすり付けられると火がつく。火おこし棒で炎を作るのは、火打ち石と打ち金（または虫眼鏡）で火口に火をつけるよりもずっと速い。火おこし棒でたいまつに火をつけるのは（1全ラウンド・アクションではなく）標準アクションで、それ以外に火をつけるのは少なくとも標準アクションである。

陽光棒：この長さ1フィートで先端に金の小片がついた鉄の棒は、標準アクションで叩くことで明るく輝きだす。半径30フィートに通常の光を発し、そのさらに外側30フィートの範囲の光量を1段階引き上げる（暗闇は薄暗い光に、薄暗い光は通常の光に）。陽光棒は通常の光または明るい光の光量をあげることはできない。この棒は6時間輝き、その後は先端の金が燃え尽きて役に立たない。

雷石：射程単位20フィートの遠隔攻撃としてこの石を投擲できる。この石が硬い表面にぶつかったとき（または強く叩かれたとき）、耳をつんざくような爆発音を響かせる。これは［音波］攻撃として扱い、半径10フィート拡散内のすべてのクリーチャーは、DC15の頑健セーヴに成功しなければ1時間聴覚喪失状態になる。聴覚喪失状態のクリーチャーは明らかな影響に加え、イニシアチブ判定に−4のペナルティと、音声要素を持つ呪文を発動するときに20％の確率で失敗して呪文を失う可能性がある。

　特定の目標に命中させる必要はなく、単に5フィート平方の特定のマスを狙うことができる。目標のマスのACは5とみなす。

錬金術師の火：この錬金術師の火のビンは飛散武器として投げられる（p.210を参照）。この攻撃は射程単位10フィートの遠隔接触攻撃として扱う。

　直接命中した場合は1d6ポイントの［火炎］ダメージを与える。命中した場所から5フィート以内のすべてのクリーチャーは、飛沫により1ポイントの［火炎］ダメージを受ける。命中した次のラウンドにも、対象は1d6ポイントの追加ダメージを受ける。望むなら、対象は1全ラウンド・アクションを消費して、追加ダメージを受ける前に炎を消そうと試みることができる。炎を消すのはDC15の反応セーヴである。地面を転がることでセーヴに＋2のボーナスを得る。池に飛び込んだり魔法で炎を消せば、自動的に消える。

各種道具と技能用具

これらのアイテムは特定の技能やクラス能力を使用するのに特に有用である。

ウィザードの呪文書: 呪文書は100ページの羊皮紙がつづられており、各呪文は呪文レベルごとに1ページを占める（0レベル呪文は1つにつき1ページ）。

楽器（通常品または高品質）: 高品質の楽器を使用した〈芸能〉判定に＋2のボーナスを与える。

高品質の道具類: この良くできたアイテムは作業のための申し分のない道具であり、関連した技能判定（もしあれば）に＋2の状況ボーナスを与える。複数の高品質のアイテムによるボーナスは累積しない。

呪文構成要素ポーチ: 呪文構成要素ポーチを所持している呪文の使い手は、特に高価な物質要素や信仰焦点具、ポーチに収まらないような焦点具を除いた、すべての物質構成要素と焦点具を持っているとみなされる。

商人の天秤: 商人の天秤は、貴金属でできた品などの重さによって価値が決まる品への〈鑑定〉判定に＋2の状況ボーナスを与える。

職人道具: これらの特別な道具はあらゆる製作を行うための道具を含んでいる。これらなしで、多少なりと作業をするならば、間に合わせの道具を使わなければならず、〈製作〉技能に−2のペナルティがかかる。

職人道具（高品質）: これらの道具は職人道具と同じように使えるが、作業するのに申し分のない道具であるため、これらを使った〈製作〉判定に＋2の状況ボーナスを得られる。

聖印（木製または銀製）: 聖印は正のエネルギーを集中させるため、善のクレリックやパラディン（または善の呪文や正のエネルギー放出を使う中立のクレリック）に用いられている。それぞれの宗教は固有の聖印を持つ。

邪印: 邪印は負のエネルギーを集中させ、悪のクレリック（または悪の呪文や負のエネルギー放出を使う中立のクレリック）に使われていること以外は聖印と同様である。

治療用具: これは包帯と薬草などのセットであり、〈治療〉判定に＋2の状況ボーナスを与える。治療用具は10回の使用で失われる。

盗賊道具: このキットは開錠道具やその他の〈装置無力化〉に必要な道具が含まれている。これらの道具がない場合、間に合わせの道具を使わなければならず、〈装置無力化〉判定に−2の状況ペナルティを受ける。

盗賊道具（高品質）: このキットはより良い道具や追加の道具が含まれており、〈装置無力化〉判定に＋2の状況ボーナスを与える。

登攀用具: これらはアイゼン（滑り止め用の靴底スパイク）、ピトン、ロープなどの道具のセットであり、〈登攀〉判定に＋2の状況ボーナスを与える。

ホーリーとヤドリギ: ドルイドは一般的に、呪文を発動するときにこれらの植物を信仰焦点具として使う。

変装用具: 変装に適した道具類であり、〈変装〉判定に＋2の状況ボーナスを与える。変装用具は10回の使用で失われる。

虫眼鏡: この単純なレンズを使うと小さな物をより詳しく観察することができる。また、火打ち石と打ち金の代用として火をつけることもできる。虫眼鏡で火をつけるには、太陽光のように焦点に集まる明るい光と火口が必要で、少なくとも1全ラウンド・アクションがかかる。虫眼鏡は小さな品や細かい装飾をされた品への〈鑑定〉判定に＋2の状況ボーナスを与える。

錬金術実験道具: 錬金術のアイテムを製造するために使われるもので、〈製作：錬金術〉判定に＋2の状況ボーナスを与える。〈製作：錬金術〉に関するコストには影響しない。〈製作：錬金術〉技能を持つキャラクターは十分な道具を持っているとみなされ、これがなくても＋2ボーナスは得られないだけで技能を問題なく使用できる。

衣服

すべてのキャラクターはプレイの開始時に、10GP以下の衣服一式を所持している。他の衣服は通常通り購入できる。

王族の服: これは衣服のみであり、王杓や王冠、指輪などの装飾品は含んでいない。宝石や金、絹、毛皮で仰々しく飾り立てられている。

学者の服: 学者にうってつけの衣服で、ローブ、ベルト、帽子、柔らかい靴、そして大抵は外套を含んでいる。

貴族の服: これらの衣服は特に高価で派手にデザインされており、貴金属と宝石が織り込まれている。貴族に見せかけるには印章指輪と宝石（少なくとも100GPの価値がある）などのアクセサリーもつける必要がある。

クレリックの法服: これらの衣服は、冒険のためではなく、聖職者の職務を行うためのものである。クレリックの法服は一般的にカソック、ストール、サープリスを含む。

芸人の服: この派手な——もしくはけばけばしい——衣服は娯楽のためのものである。これらの一式は奇抜に見えるが、軽業、舞踏、綱渡りなどや、（観客が怒りだしたときの）疾走の際には実用的でもある。

職人の服: この衣服はボタンつきのシャツ、締め紐付きのスカートまたはズボン、靴、それと大抵は帽子からなる一揃いである。また、道具を持ち運ぶためのベルトまたは革や布のエプロンがつく場合もある。

旅人の服: この衣服はブーツ、羊毛のスカートまたはズボン、丈夫なベルト、シャツ（大抵はベストまたはジャケットつき）と大きなフードつきの外套からなる。

廷臣の服: この装飾を施された衣服は、宮廷で現在流行している様式に合わせてあつらえてある。平凡な服装で貴族や廷臣に影響を与えようとするのは困難である（それらの人物に対する【魅力】基準の技能判定に−2のペナルティ）。宝石類（追加で50GPのコストがかかる）をつけずにこの衣服を着ていても、場違いな一般人に見えてしまう。

貧農の服: この衣服はだぶだぶのシャツとズボン、またはスカート、もしくは薄い上着からなる。履物としては布を巻きつけている。

防寒服: この服は羊毛のコート、麻のシャツ、羊毛の帽子、厚手の外套、厚手のズボンまたはスカート、それにブーツを含む。

これらの衣服は寒冷にさらされたことへの頑健セーヴに＋5の状況ボーナスを与える。

冒険家の服：この一揃いの衣服は、何が起こるか皆目分らない冒険に乗り出す人のためのものである。丈夫なブーツ、革のズボンまたはスカート、ベルト、シャツ（たいていはベストやジャケットつき）、手袋と外套が含まれている。革のスカートよりは布スカートの上に革のオーバーチュニックを着る方を選ぶかもしれない。これらの衣服は多くのポケットがついている（特に外套には）。必要に応じてスカーフやつばの広い帽子などの追加のアクセサリーも含まれている。

モンクの服：このシンプルな衣服はサンダル、ゆったりしたズボンとシャツ、それらを結ぶ飾り帯からなる。この衣服は動きやすさを最大限に発揮するように設計されており、良質の生地で作られている。折り目に隠されたポケットには小さな武器を隠すことができ、飾り帯は短いロープとして役立つほど丈夫にできている。

食物、飲料、宿泊

これらの価格は平均的な都市で食事や宿泊するときのものである。

食事：粗末な食事はパン、カブの焼いたの、タマネギ、水程度のものが出される。普通の食事はパン、鶏のシチュー、ニンジン、水でうすめたエールかワイン程度だろう。上等な食事はパンとパイ、牛肉とえんどう豆、エールかワインというほどのものが出る。

宿：宿の宿泊設備が粗末なら、暖炉のそばの床に場所を与えられる。宿泊設備が普通なら、一段高い、暖房した床に場所がもらえ、毛布と枕を使える。宿泊設備が上等なら、小さな個室に寝台が一つ、いくばくかの快適な設備、すみには覆いをした便器がある。

乗騎関連

これらは大部分の都市で入手できる乗騎である。一部の市場ではその環境に合わせて、キャメル（ラクダ）やグリフィンなどの追加クリーチャーを扱っている場合がある。それらの追加の選択肢についてはGM判断による。また、そうしたクリーチャーのについてのルールは**パスファインダーRPGベスティアリ**に記載されている。

軍用鞍：この鞍は騎乗者を固定し、鞍にとどまることに関する〈騎乗〉判定に＋2の状況ボーナスを与える。軍用鞍の上で気絶した場合、鞍にとどまっていられる可能性が75％ある。

乗用鞍：乗用鞍の上で気絶した場合、鞍にとどまっていられる可能性が50％ある。

荷駄用鞍：荷駄用鞍は騎乗者ではなく装備や必需品を固定する。これには乗騎が運べるのと同じ量の装備品を保持できる。

飼料：ホースやポニー、ドンキー、ミュールは自分で草を探して食べるが、彼らに飼料を与えるほうが好ましい。ライディング・ドッグを飼っているなら肉を与える必要がある。

特殊な鞍：特殊な鞍は普通でない乗騎用に設計されている。特殊な鞍には軍用、荷駄用、乗用の種類がある。

バーディング（中型、大型クリーチャー用）：バーディングは馬や他の乗騎用の鎧の一種で、頭、首、胸、胴体と場合によっては脚部を覆う。中装または重装のバーディングは軽装のものより防御に優れるが、移動速度を犠牲にする。バーディングは表6-6にあるどのような種類の鎧でもありうる。

馬などの人型生物でない大型クリーチャー用の鎧は、人間など中型の人型クリーチャー用の鎧の4倍のコストが必要で、重量は2倍となる（表6-7を参照）。ポニーなどの中型乗騎用のバーディングは、コストは2倍で済み、重さは中型の人型用と同じである。以下の表で示したように、中装または重装バーディングを着けた乗騎は移動速度が落ちる。

飛行できる乗騎は中装または重装バーディングを装備すると飛行できない。

装備したバーディングを外すには、表6-8に示された時間の5倍がかかる。バーディングを着けた動物は騎乗者と通常の鞍袋以外の荷物を運ぶことはできない。

	基本移動速度		
バーディング	40フィート	50フィート	60フィート
中装	30フィート	35フィート	40フィート
重装	30フィート*	35フィート*	40フィート*

* 重装バーディングを着けた乗騎は、通常の移動速度の4倍ではなく3倍でしか疾走できない

ドンキー（ロバ）またはミュール（ラバ）：ドンキーとミュールは危険に面しても鈍感で、頑丈かつ健脚であり、膨大な距離で重い荷物を運ぶことができる。馬とは異なり、ドンキーやミュールはダンジョンやその他の恐ろしい場所へ入るのにも同意する（意欲的にではないが）。

ホース（馬）：ホース（馬）はエルフ、ドワーフ、人間、ハーフエルフ、ハーフオークに適した乗騎である。ポニーは馬よりも小さく、ノームやハーフリングが乗るのに適している。

戦闘訓練を受けた馬には戦闘でも危険なしで乗ることができる。戦闘訓練を受けた馬やポニーに可能な芸のリストは、〈動物使い〉技能を参照すること。

ライディング・ドッグ：この中型の犬は、小型の人型生物を乗せるために特に訓練されており、戦闘訓練を受けた馬と同様、勇敢に戦う。背丈が小さいため、ライディング・ドッグから落ちてもダメージを受けない。

移動手段

リストにある価格は乗り物を購入する場合のものである。これらの価格は一般に乗組員や動物を除外している。

ガレー船：これは左右それぞれに70本のオールを備えた3本マストの船で、全部で200人の乗組員を必要とする。ガレー船は全長130フィート、幅20フィートで、150トンの貨物または250人の兵士を運ぶことができる。8,000GPを追加すれば、衝角に加えて船首、船尾と中央部に砲座を備えた櫓をつけることができる。この船は海岸に沿ってしか航行できず、遠洋に航海することはできない。オールで漕ぐか帆を上げていれば時速約

4マイルで移動できる。

キールボート：全長50〜75フィート、幅15〜20フィートのこの船は、1本マストに横帆が1つ付いており、補助に数本のオールを備えている。8〜15人の乗組員がおり、40〜50トンの貨物または100人の兵士を運ぶことができる。この船は遠洋航海することもでき、平底船のため川を下ることもできる。時速約1マイルで移動できる。

軍船：この全長100フィートの船は1本のマストがついているが、オールで漕いで進むこともできる。60人から80人の漕ぎ手としての乗組員がいる。この船は160人の兵士を運べるが、それほどの多人数のための必需品を載せる余地がないため、長距離を輸送することはできない。遠洋航海能力はなく、沿岸を離れらない。貨物のためには使われない。オールで漕ぐか帆を上げていれば時速約2.5マイルで移動できる。

こぎ舟：2本のオールがついた全長8〜12フィートのこのボートは2人または3人の（中型サイズの）乗客を運べる。時速約1.5マイルで移動できる。

そり：これは雪や氷上での移動に使うための荷車である。2頭のホース（または他の荷役獣）で牽くことが多い。牽引に必要な馬具も付いてくる。

二輪馬車：二つの車輪のついた車で、1頭の馬（または他の荷役獣）で牽く。牽引に必要な馬具も付いてくる。

帆船：この大きな外洋航海用の船は、全長75〜90フィート、幅20フィートで、20人の乗組員がいる。この船は150トンの貨物を運べる。2本のマストに横帆がついており、遠洋航海することができる。時速約2マイルで移動できる。

四輪馬車：これは4つの車輪のついた屋根のない車で、重い荷物を輸送するために使う。2頭のホース（または他の荷役獣）で牽くことが多い。牽引に必要な馬具も付いてくる。

屋根付き四輪馬車：4つの車輪のついた密閉式の四輪馬車で、乗客を4人まで乗せられる。加えて御者2人が乗る。2頭のホース（または他の荷役獣）で牽引することが多い。牽引に必要な馬具も付いてくる。

ロングシップ：全長75フィート、40本のオールを備えたこの船は、全部で50人の乗組員を必要とする。1本マストに横帆1枚で、50トンの貨物または120人の兵士を運ぶことができる。ロングシップは遠洋航海をすることができる。オールで漕ぐか帆を上げていれば時速約3マイルで移動できる。

呪文とサービス

時として、問題を解決する一番の方法は、他人を雇って仕事をさせることである。

街道または市門の通行料：よく手入れされ、警備されているような道を通る際には、警備と維持のための通行料を求められる場合がある。時折、市壁で守られた大きな都市では、出入りするとき（または入るときのみ）に通行料が請求されることもある。

呪文：上記の価格は、呪文の使い手に呪文を発動してもらうためにかかる代金である。この代金は呪文の使い手を訪問し、彼の都合に合わせて発動してもらう場合のものである（通常は呪文を準備する必要があるため、少なくとも24時間後）。術者をどこかへ連れていってそこで呪文をかけてもらう場合、術者と交渉する必要があり、返ってくる答えは基本的に「否」である。

この価格は高価な物質要素を必要としない呪文の場合である。呪文が物質要素を必要とするなら、そのコストを価格に加える。焦点具（信仰焦点具を除く）を必要とするなら、そのコストの1/10を加える。

さらに、呪文が危険な結果をもたらす場合があるなら、術者は依頼者がそのような結果に対処でき、代金を支払うという証しを要求する（これはそうした不確かな呪文を発動するのに使い手が同意したと仮定している）。術者とキャラクターを遠距離に運ぶような呪文の場合、たとえ依頼者が術者とともに帰らないとしても、おそらく呪文2回分の代金を払わなければならないだろう。

そのうえ、発動するための十分なレベルを持った呪文の使い手がすべての町や村にいるわけではない。一般的に、1レベル呪文を発動できる呪文の使い手をほぼ確実に見つけるためには、小さな町（あるいはより大きな集落）に行く必要がある。2レベル呪文では大きな町、3または4レベル呪文では小さな都市、5または6レベル呪文では大きな都市、7または8レベル呪文では巨大都市。巨大都市でさえ、9レベル呪文を発動できる呪文の使い手が住んでいるとは限らない。

専門訓練を受けた雇い人：上記の価格は、傭兵、石工、職人、料理人、書記、御者やその他の専門訓練を受けた人を雇う典型的な日給である。この価格は最低賃金であり、もっと高い価格を要求される場合が多い。

専門訓練を受けていない雇い人：上記の価格は、肉体労働者、女中、その他の単純な仕事をする雇い人の典型的な日給である。

乗合馬車：上記の価格は、人々（そして軽い荷物）を町から町へと運ぶ乗合馬車に乗るためのものである。市内の移動に使う場合は、どこへ行くにしても大抵銅貨1枚で足りる。

配達人：これには馬に乗った配達人と、徒歩の飛脚が含まれている。届け先の場所に行くついでがある人に頼めば、半額で引き受けてくれることもある。

船賃：旅客用の船というものはめったにないが、貨物輸送のついでに乗客を数名乗せられるようになっている船は多い。サイズ分類が大型以上のクリーチャーや、その他なんらかの理由で船に乗せるのが難しいクリーチャーの場合、船賃は表の価格の2倍になる。

7 補足ルール

猫ほどの大きさのゴキブリにダガーを投げつけながら、メリシエルは呪いの言葉を吐いた。前方ではヴァレロスが腰までの深さの水を決然と押し渡っている──水中に何がいるかは考えたくもないし、自分のブーツに染み込んできたものの正体を知りたいとも思わない。臭いから察するに、この不潔な湿地帯には、朽ち果てた船なんかより、はるかにロクでもない何かがいるに違いない。彼女はうんざりと尋ねた。
「ねえ、ヴァル。私たち、どうしてこんなことしなきゃいけないのか、もう一度教えてくれない？」「メリシエル、何か問題でもあるのか？」ヴァレロスがこちらに向かってくる3匹のワーラットを見ながら答えた。「正義の味方って呼ばれるのが嫌なのか？」

この章では属性、キャラクターの年齢、荷重などのさまざまな事柄についてのルールが示されており、加えて、長距離移動、光源、物体を破壊するためのルールなど、探検に必要なものも含まれている。

属性

クリーチャーの大ざっぱな倫理観や人生観を表すものが"属性"である。"属性"には"秩序にして善"、"中立にして善"、"混沌にして善"、"秩序にして中立"、"真なる中立"、"混沌にして中立"、"秩序にして悪"、"中立にして悪"、"混沌にして悪"の9種がある。

属性は君のキャラクターの人となりを考える上での1つの道具にすぎない。決してキャラクターをしばりつける拘束着ではないのである。どの属性も、幅広いさまざまな性格や人生哲学を表している。たとえば同じ属性のキャラクターが2人いても、互いに大いに性格が異なるということもあり得る。もっと言えば、まったく矛盾のない人間は世に稀なものだ。

すべてのクリーチャーは1つの属性を持っている。属性は一部の呪文や魔法のアイテムの有効性に関わる。

動物など、道義的な判断ができないクリーチャーは、"真なる中立"である。恐ろしい毒蛇や人食い虎も、道義に照らして正しい行いや間違った行いをする能力がそもそもないのだから、"真なる中立"である。犬がよく言うことをきき、猫がきままでも、秩序や混沌に属すると言えるほどの道義的な能力はない。

善と悪

善のキャラクターやクリーチャーは罪なき生命を守る。悪のキャラクターやクリーチャーは、楽しみや利益のために罪なき生命を堕落させ、あるいは滅ぼす。

"善"とは思いやり、生命を尊ぶこと、知性ある存在の尊厳を重んじることを意味する。善のキャラクターは自分を犠牲にしても他人を助ける。

"悪"とは他者を傷つけ、おさえつけ、殺すことを意味する。悪のクリーチャーの中には、一片の慈悲も持たず、自分の都合で平然と他者を殺すものもいる。また、進んで悪をなし、楽しみのためや、悪の神や悪の主君への忠義だてのために殺すものもいる。

中立の人々は善悪に関し、罪なきものを殺すのは気がとがめるものの、他人を助けために自分が損をすると断言できるほど献身的ではない。

秩序と混沌

秩序のキャラクターは真実を告げ、約束を守り、権威を重んじ、伝統を尊び、務めを怠ったものを裁く。混沌のキャラクターはもっぱら自分の良心に従い、あれをしろこれをしろと言われるのを嫌い、伝統よりも新しい考えを好み、約束は守りたければ守る。

"秩序"とは名誉、信義、権威に対する服従、信頼性を意味する。悪いほうに転べば、偏狭、旧弊の墨守、独断、融通のきかなさ

などを意味することもある。進んで秩序に従う者は、ただ秩序ある行いによってのみ、人々が信用しあい、「みんなもやるべきことをやってくれるだろう」と信じて正しい判断を下す、そんな世の中を作り出すことができるのだと主張する。

"混沌"とは自由、融通、柔軟を意味する。悪いほうに転べば、無分別、正当な権威に対する軽蔑、勝手なふるまい、無責任などを意味することもある。進んで混沌の行いをなす者は、皆が拘束を受けず自由であってはじめて人々は自分自身を十分に表現でき、1人1人が本来持っている力をふるうので世の中のためにもなるのだと述べている。

秩序と混沌の間である中立の人々は、権威には一応の敬意を抱いており、特にこれに従おうとか叛こうという衝動はない。元来誠実ではあるが、時として人に嘘をつき欺こうという思いに駆られることもある。

属性段階

時おりルールで、属性を扱う際に、"段階"について言及することがある。この場合、"段階"とは、下記の表にて、2つの属性間で属性が移行した回数について言及している。斜め方向にある"段階"は2段階と数えることに注意すること。例えば、"秩序にして中立"のキャラクターは"秩序にして善"からは1段階離れており、"混沌にして悪"からは3段階離れている。クレリックの属性は仕える神格の属性から1段階以内にある属性でなければならない。

	秩序	中立	混沌
善	秩序にして善	中立にして善	混沌にして善
中立	秩序にして中立	真なる中立	混沌にして中立
悪	秩序にして悪	中立にして悪	混沌にして悪

9つの属性

"秩序―中立―混沌"の要素と、"善―中立―悪"の要素を組み合わせると、以下に挙げる9つの属性になる。それぞれの説明文は、その属性の典型的なキャラクターについて述べたものである。個人個人は下記の標準とは違うことがあるし、同じキャラクターでもその日その日で、属性通りにふるまったり、そうでもなかったりすることがある。結局のところ、以下の説明はロールプレイの絶対的な台本としてではなく、あくまで大ざっぱな指針でしかないのである。

最初の6つの属性、"秩序にして善"から"混沌にして中立"までがPC用の標準的な属性である。3つの悪の属性はモンスターや敵役用である。GMの許可があれば、プレイヤーは自分のPCに悪属性をあてがってもよいが、その種のキャラクターはしばしば、善属性や中立属性のパーティー・メンバーとの仲違いやいさかいのもとになる。GMは許可する前に悪属性のPCがキャンペーンにどのような影響をおよぼすか慎重に考慮しておくことが奨励される。

秩序にして善："秩序にして善"のキャラクターは、人々が"善良な人物"に期待し要求する通りにふるまう。悪との戦いに身を捧げる覚悟もできていれば、情け容赦なく戦う訓練もできて

いる。真実を告げ、約定を守り、困っている者を助け、不正に反対する意見を堂々と述べる。"秩序にして善"のキャラクターは、罪ある者が罰されずにいるのを見るのを嫌う。

"秩序にして善"は、名誉と同情心を併せ持つのだ。

中立にして善："中立にして善"のキャラクターは、ひとりの善良な人間としてできる限りのことをする。他人の為に尽くす。王や為政者と力を合わせることもあるが、そういった人々にとりたてて恩義を感じているわけではない。

"中立にして善"とは、秩序をむやみに好んだりむやみに嫌ったりすることなく善行を為す、ということを意味する。

混沌にして善："混沌にして善"のキャラクターは、他人が自分に何を期待するかにはお構いなしで、もっぱら己の良心に従って行動する。基本的に我が道を行くが、その本質は優しさと親切心にある。善や正義がこの世にあることを信じているが、法や規則はあまり好きでない。人が他人を脅して言うことをきかせようとするのは我慢がならない。こうしたキャラクターは自分自身の道義のものさしに従うのであり、このものさしは善ではあるが、社会のものさしとは必ずしも合致しない。

"混沌にして善"は、良い心根と自由な魂を併せ持つのだ。

秩序にして中立："秩序にして中立"のキャラクターは、法や習わしや己を律する掟に従って行動する。秩序と組織こそ最上のものとみなす。自分の規範を信じ、己の決めごとやしきたりに従って生きている場合もあるだろうし、万人のための規範を信じ、組織のしっかりした、強い政府を好む場合もあるだろう。

"秩序にして中立"とは、君は善や悪に偏りすぎず、それでいて信用できて高潔である、ということを意味する。

真なる中立："真なる中立"のキャラクターは、いい考えだと思ったことをやる。善と悪、秩序と混沌に関して、特にどちらかに強く心惹かれることはないため、真なる中立と呼ばれる。ほとんどの場合、中立というのは確固たる信念や偏向がないという意味で、進んで中立であろうとしているという意味ではない。こうしたキャラクターも、善のほうが悪より良いものだとは考えている。たいていの人は、悪い隣人や支配者よりは、善い隣人や支配者を望むものだからだ。とはいえ、みずから進んで抽象的、普遍的な善などというものを支持しようとはしない。

一方、"真なる中立"のキャラクターの中には、哲学として進んで中立にくみする者たちもいる。彼らは善や悪、秩序や混沌は偏見であり危険なゆきすぎであるとみなす。長い目で見れば、中立の中道こそ最善の、最もつりあいのとれた道であると説く。

"真なる中立"とは、君はどんな状況でもごく自然に、偏見や衝動に囚われずにふるまうことを意味する。

混沌にして中立："混沌にして中立"のキャラクターは、気まぐれのままに動く、徹底した個人主義者である。自分が縛られず自由であることは大事だが、進んで他人の自由を守ってやろうとはしない。彼は権力を避け、あれをするなこれをするなと言われるのには我慢がならず、古いしきたりには歯向かう。とはいえ"混沌にして中立"のキャラクターは、無秩序を求める戦いの一環として、組織と見るやぶち壊す、というわけではない。そんなことをするには、善（と人々を解放する願い）や悪（と自分と違う連中をひどい目にあわせる魂胆）につき動かされていなければならないだろう。"混沌にして中立"のキャラクターは何をするかわからないこともあるが、まったくでたらめに行動しているわけではない。橋を渡らねばならないのに橋から飛び降りるということはないのである。

"混沌にして中立"は、世の中の決まりにも囚われず、慈善家の理想にも入れ揚げない、まったくの自由を表している。

秩序にして悪："秩序にして悪"の悪党は、自分の行動規範の枠内で、欲しいものを順序立てて手に入れ、そのために誰を犠牲にしようと意に介さない。伝統、忠義、規則は気にするが、自由、尊厳、人命は気にしない。事を運ぶにあたって掟には従う

が、そこに慈悲や同情を差し挟むことはない。位階の中に身を
おくのが居心地よく、支配するのも好きだが、他人に仕える用
意もある。他人を行為によってではなく、種族、宗教、生まれ
た土地、階級によって見下す。法や約定を破るのは好まない。

　それを好まないのは1つには性格のため、いま1つには彼を
道義的に非難する輩から身を守るのに社会秩序を利用している
ためである。"秩序にして悪"の悪党の中には、特定のタブーを
持っている者もいる。たとえば血も涙もない殺しはやらない(部
下にやらせる)、子供に危害を加えない (なるべくなら) などで
ある。彼らは、こうした心の呵責を有していることで、節操の
ない悪党どもより一段上にあると思っている。

　"秩序にして悪"の人々やクリーチャーの中には、ちょうど"秩
序にして善"の聖戦士が善に身を捧げるように、熱意をもって
悪に身を捧げる者もいる。自分のために平気で他人を傷つける
だけでなく、悪をひろめること自体を喜びとしているのだ。加
えて、悪をなすことが悪の神や悪の主君に対する義務だと考え
ている場合もある。

　"秩序にして悪"は、筋道立てて、意識して事を運び、往々に
して首尾よく事をしおおせる悪を表している。

中立にして悪： "中立にして悪"の悪党は、罰せられずにやって
のけられることなら何でもやる。純粋かつ単純に一身これ私欲
である。利益や楽しみや都合のために人を殺し、相手のために
一滴の涙も流さない。秩序を愛する気持ちは皆目なく、法や伝
統や掟に従うことでより善良になったり高貴になったりするな
どという幻想は薬にしたくもない。その一方、"混沌にして悪"
の悪党とちがって、じっとしているのが苦手でもなく、もめご
とを好むわけでもない。

　"中立にして悪"の悪党の中には、悪を理想として掲げ、悪の
ために悪をなすものもいる。こんな悪党どもは往々にして、悪
の神や秘密結社に仕える。

　"中立にして悪"は、名誉も変革も求めない、純然たる悪を表
している。

混沌にして悪： "混沌にして悪"の悪党は、己の欲望、憎悪、破
壊衝動の駆り立てるままにどんなことでもする。気短で獰猛、
気まぐれ次第で乱暴をし、何をしでかすかわからない。単に欲
しいものを手に入れようとしているだけの時でも無慈悲で暴力
的である。これが悪と混沌を広めることに加担していようもの
なら、さらに手に負えなくなるだろう。幸い彼らの立てる計画
は運まかせで、企みに加わる者たちや従える集団はさほど組織
立ったものではない。"混沌にして悪"の人々は力尽くで従わせ
ないと協力しないのが普通で、頭目が頭目でいられるのは、追
い落としや暗殺の企てを阻みきれる間だけである。

　"混沌にして悪"は、単に美と生命を破壊するだけでなく、美
と生命の基礎となる秩序そのものを破壊する存在である。

属性の変更

　属性とは、NPC、国家、宗教、組織、モンスター、さらに
は魔法のアイテムの普段のふるまいを略述するために使われる
道具、利便性の高い省略表記である。

　第3章"クラス"に収録される一部のキャラクター・クラスには、
特定の属性に属してはいない者に対して及ぶ影響が列記されて
おり、また呪文や魔法のアイテムの中には属性に応じて目標に
異なる効果を及ぼすものもある。しかし通常のプレイ中には、
それを超えて誰かが彼の属性から外れた振る舞いをしているか
どうかなどということまで気にする必要はない。最終的にGM
が前述の説明文なりGM自身の意見や解釈なりに基づいて、そ
れぞれが指定の属性に従っているかどうかの判断を下す──
GMが努める必要があるのは、"混沌にして中立"や"混沌にし
て悪"といった属性間の相違点を構成することごとについて首
尾一貫していることだけだ。属性を測る厳密な公式などありは
しない。ヒット・ポイントや技能ランクやアーマー・クラスと
異なり、属性はもっぱらGMが管理する区分けである。

　プレイヤーにはプレイヤーのしたいように遊ばせるのが一番
だ。そのプレイヤーが君、つまりGMがその属性にはふさわし
くないと思えるやり方でロールプレイしているのなら、その行
動は属性から外れているとそのプレイヤーに伝え、どうしてそ
うするのか聞いてみること。ただしその時は友好的に。プレイ
ヤーが属性を変更したがるなら、そうさせるといい──多く
の場合、この種の変更は性格の変化以外には大した影響はなく、
ことによると、君にとっては変更された属性が、そのキャラク
ターをより正確に略述されるようになったほか、何も変わらな
いということさえありうる。場合によっては、属性を変更する
ことでキャラクターの能力に影響があることもある。詳細につ
いては第3章の各クラスの説明を参照すること。不本意な要因
や一時的な人格の齟齬により引き起こされた属性の変更によっ
て受けた損害から回復するために**アトーンメント**呪文が必要に
なるかもしれない。

　自分のキャラクターに頻繁に属性を変えさせているプレイ
ヤーは、おそらく"混沌にして中立"のキャラクターでプレイす
るのがよいだろう。

その他の個人データ

　この節ではキャラクターの開始時の年齢、身長、体重を決め
る。キャラクターの種族やクラスがこの種の特徴に影響を及ぼ
す。以下の特徴に一致しないキャラクターを作成する時はGM
に相談すること。

年齢

　年齢は選んで決めてもいいし、ランダムに決めてもいい。選
んで決める場合、キャラクターの種族とクラスから割り出され
る最低年齢以上にすること(表7-1参照)。選んで決めるのでな
ければ、表7-1のキャラクターのクラスの欄に書かれたダイス
でロールし、その結果をキャラクターの種族の最低成年年齢に
加えて、キャラクターが何歳なのか決定する。

　キャラクターが年齢を重ねるにつれ、肉体的な能力値は減り、
精神的な能力値は増す (表7-2参照)。年齢の各段階での効果は
累積する。ただし、どの能力も年齢によって1より下になるこ
とはない。

補足ルール 7

キャラクターが古希に達したなら、GMは秘かに"寿命"（表7-2参照）をロールして、その結果を記録しておくこと。この数字はプレイヤーには知らせずにおく。キャラクターが寿命に達したなら、老齢によってそこから1年のうちのどこかの時点で死ぬ。

寿命はプレイヤー・キャラクター用のものである。世の多くの人は、疫病や伝染病や事故や暴力によって、古希に達する前に死ぬ。

身長と体重

キャラクターの身長を決めるには、表7-3に書かれた修正ダイスをロールして、キャラクターの種族と性別による基本身長にロールの結果をインチ単位で加えること（12インチ＝1フィート）。キャラクターの体重を決めるには、修正ダイスの結果に体重修正を掛けて、その結果をキャラクターの種族と性別による基本体重に加えること。

運搬能力

運搬能力のルールは、キャラクターの装備がどれだけキャラクターの移動力を落とすかを決定する。負荷には2つの部分がある。鎧による負荷と総重量による負荷である。

鎧による負荷： キャラクターの鎧はアーマー・クラスへの【敏捷力】ボーナス上限、防具による判定ペナルティ、移動速度、疾走時の移動速度を決定する(表6-6参照)。キャラクターの【筋力】が弱かったり、たくさんの装備品を運んでいたりしない限りは、これだけのことを知っておけば充分である。持ち物があるからといって、鎧で落ちた以上に移動速度が落ちることはない。

しかしキャラクターの【筋力】が弱かったり、たくさんの装備品を運んでいたりするなら、その時は重量から負荷を割り出す必要がある。特に重いものを運ぼうという時には重量の計算が重要になる。

重量による負荷： 装備がキャラクターの移動速度を（すでに鎧で落ちている以上に）落とすほど重いかどうかを見るには、そのキャラクターの持っているあらゆるアイテム（武器、防具、装備など）の重量を合計すること(第6章の適切な表を参照すること)。その上で表7-4で、合計重量とキャラクターの【筋力】を見比べる。キャラクターの運搬能力に対し、くだんの重量がどの程度の重さであるかによって、軽荷重、中荷重、重荷重のいずれかになる。

表7-1：開始時年齢ランダム決定表

種族	成年	ソーサラー、バーバリアン、ローグ	バード、パラディン、ファイター、レンジャー	ウィザード、クレリック、ドルイド、モンク
人間	15歳	+1d4	+1d6	+2d6
エルフ	110歳	+4d6	+6d6	+10d6
ドワーフ	40歳	+3d6	+5d6	+7d6
ノーム	40歳	+4d6	+6d6	+9d6
ハーフエルフ	20歳	+1d6	+2d6	+3d6
ハーフオーク	14歳	+1d4	+1d6	+2d6
ハーフリング	20歳	+2d4	+3d6	+4d6

防具と同様、荷重によってもアーマー・クラスへの【敏捷力】ボーナス上限、（防具による判定ペナルティと同様の）判定ペナルティ、移動速度、疾走時に移動速度の何倍まで移動できるかが決まる。表7-5を参照すること。鎧によって制限を受ける能力や技能に関しては、中荷重は中装鎧相当、重荷重は重装鎧相当として扱う。軽荷重はキャラクターへの負荷にはならない。

キャラクターが鎧を着ている場合、鎧によるペナルティと荷重によるペナルティのうち、影響が大きい側の数字だけを使うこと。ペナルティは累積しない。

持ち上げと押し引き： キャラクターは最大荷重までの重さのものを頭上に持ち上げることができる。キャラクターの最大荷重は、表7-4の重荷重の列のキャラクターの【筋力】の欄に書かれている大きい方の数字の重量のことである。

また、最大荷重の2倍までのものを地面から持ち上げることができるが、これを持ったままでは、よろよろ歩くことができるだけである。この超過荷重状態では、キャラクターはアーマー・クラスへの【敏捷力】ボーナスを失い、1ラウンドあたり（1回の全ラウンド・アクションでやっと）5フィートしか動けない。

キャラクターはおおむね、最大荷重の5倍までのものを地面に付けたまま押し引きできる。有利な状況ではこの数字は倍になり、不利な状況では半分以下になる。

表7-2：年齢効果

種族	中年[1]	老年[2]	古希[3]	寿命
人間	35歳	53歳	70歳	70+2d20歳
エルフ	175歳	263歳	350歳	350+4d%歳
ドワーフ	125歳	188歳	250歳	250+2d%歳
ノーム	100歳	150歳	200歳	200+3d%歳
ハーフエルフ	62歳	93歳	125歳	125+3d20歳
ハーフオーク	30歳	45歳	60歳	60+2d10歳
ハーフリング	50歳	75歳	100歳	100+5d20歳

[1]：【筋力】【耐久力】【敏捷力】−1、【知力】【判断力】【魅力】＋1。
[2]：【筋力】【耐久力】【敏捷力】−2、【知力】【判断力】【魅力】＋1。
[3]：【筋力】【耐久力】【敏捷力】−3、【知力】【判断力】【魅力】＋1。

表7-3：身長体重ランダム決定表

種族	基本身長	基本体重	修正	体重修正
人間、男	4フィート10インチ	120ポンド	2d10	×5ポンド
人間、女	4フィート 5インチ	85ポンド	2d10	×5ポンド
ドワーフ、男	3フィート 9インチ	150ポンド	2d4	×7ポンド
ドワーフ、女	3フィート 7インチ	120ポンド	2d4	×7ポンド
エルフ、男	5フィート 4インチ	100ポンド	2d8	×3ポンド
エルフ、女	5フィート 4インチ	90ポンド	2d6	×3ポンド
ノーム、男	3フィート 0インチ	35ポンド	2d4	×1ポンド
ノーム、女	2フィート10インチ	30ポンド	2d4	×1ポンド
ハーフエルフ、男	5フィート 2インチ	110ポンド	2d8	×5ポンド
ハーフエルフ、女	5フィート 0インチ	90ポンド	2d8	×5ポンド
ハーフオーク、男	4フィート10インチ	150ポンド	2d12	×7ポンド
ハーフオーク、女	4フィート 5インチ	110ポンド	2d12	×7ポンド
ハーフリング、男	2フィート 8インチ	30ポンド	2d4	×1ポンド
ハーフリング、女	2フィート 6インチ	25ポンド	2d4	×1ポンド

もっと大きなクリーチャー、小さなクリーチャー：表7-4にある数字は、二足歩行の中型クリーチャー用のものである。もっと大きなクリーチャーは、もっと多くの荷物を運べるが、それがどれだけかはサイズ分類による：大型（×2）、超大型（×4）、巨大（×8）、超巨大（×16）。もっと小さなクリーチャーは、もっと少ない荷物しか運べず、それがどれだけかはサイズ分類による：小型（×3/4）、超小型（×1/2）、微小（×1/4）、極小（×1/8）。

四足歩行クリーチャーは、二足歩行クリーチャーよりも重い荷物を運べる。表7-4のクリーチャーの【筋力】に応じた数字に、先述の倍数ではなく、以下の倍数を掛け合わせること：極小（×1/4）、微小（×1/2）、超小型（×3/4）、小型（×1）、中型（×3/2）、大型（×3）、超大型（×6）、巨大（×12）、超巨大（×24）。

規格外の【筋力】：【筋力】が表7-4の範囲にないほど高い場合、【筋力】20～29の欄から、1の位が同じものを選ぶ。その数字を、クリーチャーの【筋力】がその数字を10上回るごとに4倍する。

その他の移動速度に関する鎧と負荷

下記の表は基本移動速度5フィートから120フィートまで（5フィート単位で）のすべての移動速度に関して、低下した移動速度を記したものである。

基本移動速度	低下した移動速度	基本移動速度	低下した移動速度
5フィート	5フィート	65フィート	45フィート
10フィート～15フィート	10フィート	70フィート～75フィート	50フィート
20フィート	15フィート	80フィート	55フィート
25フィート～30フィート	20フィート	85フィート～90フィート	60フィート
35フィート	25フィート	95フィート	65フィート
40フィート～45フィート	30フィート	100フィート～105フィート	70フィート
50フィート	35フィート	110フィート	75フィート
55フィート～60フィート	40フィート	115フィート～120フィート	80フィート

移動

ゲーム中には3通りの移動スケールがある。

- **戦術移動**……戦闘時に使う。単位はフィート（または5フィートのマス）／ラウンド。
- **区域移動**……一定区画を探索するときに使う。単位はフィート／分。
- **野外移動**……ある土地から他の土地へ移動する時に使う。単位はマイル／時またはマイル／日。

移動モード：各種移動スケール内で移動するにあたって、クリーチャーは普通は歩行、速歩、疾走のどれかを行う。

*歩行：*歩行は急いでおらず、しかし行くあてのある移動をあらわす。負荷のかかっていない成年の人間の場合で3マイル／時。

*速歩：*速歩は急ぎ足で、負荷のかかっていない人間の場合で6マイル／時程度の移動である。2倍移動アクションがこの"速歩"にあたる。

*疾走（×3）：*標準移動速度の3倍が、重装鎧を着たキャラクターの疾走時の速度である。フル・プレートを着た人間が7マイル／時で移動するのもこの"疾走"にあたる。

*疾走（×4）：*標準移動速度の4倍が、中装鎧、軽装鎧、鎧なしのキャラクターの疾走時の速度である。負荷のかかっていない人間が12マイル／時、チェインメイルを着た人間が9マイル／時で移動するのもこの"疾走"にあたる。

詳細については表7-6を参照すること。

戦術移動

戦闘時には戦術移動速度を用いる。キャラクターは戦闘中、おおむね歩行ではなく、速歩か疾走を行う。キャラクターが移動速度ぶん動いた上で何らかのアクションを行う場合、そのキャラクターのラウンドの半分は"速歩"で移動し、もう半分で別のことをしているのである。

移動の障害：移動困難な地形、障害物、視界の悪さが移動の障害となることもある（表7-7参照）。移動の障害がある場合、移動で踏み込む1マス1マスを、それぞれ2マスとして数えることが多い。これにより、1回の移動で動ける距離は事実上半分になる。

2つ以上の状況が当てはまる場合、すべてのコストを掛け合わせる。これは倍数の適用に関する通常のルールの例外である。

場合によっては、移動の障害があまりに大きく、5フィート（1マス）すら移動できない計算になってしまうこともあるだろう。その場合は、1回の全ラウンド・アクションでどちらの方向にも（斜め方向にも）5フィート（1マス）だけ移動できる。この行動は5フィート・ステップのように見えるが、実際には5フィート・ステップではないので、通常通り機会攻撃を誘発する。このルールを利用して移動不可能な地形を移動したり、麻痺状態などであらゆる移動が禁止されている時に移動したりすることはできない。

疾走や突撃を行う際には、その移動経路中に1つでも移動の障害となるマスがあってはならない。

区域移動

区画を探索中のキャラクターは、分単位での区域移動を行う。

歩行：キャラクターは区域スケール上で何ら問題なく歩行できる。

速歩：キャラクターは区域スケール上で何ら問題なく速歩できる。時間単位の移動については次項『野外移動』を参照。

疾走：キャラクターは区域スケール上で自分の【耐久力】に等しいラウンドの間休みなしに疾走できる。長時間の疾走に関するルールは第8章を参照。

野外移動

キャラクターたちが野を越え山を越え長い道のりを旅する時には、"野外移動"を行うことになる。野外移動は時間単位か日単位で行われる。1日というのは、実際には8時間移動することをあらわす。手こぎ式の船の場合、1日というのは10時間こぎ進むことをあらわす。帆走式の船なら24時間である。

歩行：旅の間は1日に8時間、何ら問題なく歩行できる。これより長く歩いていると疲れることがある（後述の『強行軍』参照）。

速歩：速歩は1時間、問題なく行える。睡眠をはさまずにもう1時間速歩すれば1ポイントの非致傷ダメージを受ける。さらに1時間速歩するごとに、先に受けた2倍のダメージを受ける。速歩によって1ポイントでも非致傷ダメージを受けたキャラクターは疲労状態になる。

疲労状態のキャラクターは疾走や突撃が行えず、【筋力】と【敏捷力】に−2のペナルティを受ける。この非致傷ダメージを取り除けば、疲労状態からも回復する。

疾走：長い間疾走を続けることは不可能である。疾走と休息をくりかえすと、結果的に速歩と変わりない速さとなる。

地形：移動する地形は、1時間、あるいは1日でどれだけの距離を移動できるかに関わる（表7-8参照）。"街道"とは、まっすぐで広く舗装された道路を指す。"道"というのは普通は舗装されていない土の道を指す。"踏み分け道"も道と同じようなものだが、一列縦隊でしか通れず、乗り物に乗って旅するパーティーは踏み分け道の利益を受けられない。"道のない土地"というのは、まったく道のない原野を指す。

強行軍：通常、「1日歩く」ということは、歩行で1日8時間移動することを意味する。昼間のうち、残りの時間には、キャンプを設営したり撤去したり、休息したり食事をしたりする。

1日8時間を超える歩行移動を行うことを強行軍という。8時間を超えて1時間歩くごとに、【耐久力】判定を行う（難易度10＋追加1時間ごとに2）。判定に失敗したら1d6ポイントの非致傷ダメージを受ける。強行軍によって1ポイントでも非致傷ダメージを受けたキャラクターは疲労状態になる。この非致傷ダメージを取り除けば、疲労状態からも回復する。自分にむち打ってあまりに無茶な行軍を続け、結果として意識を失ってしまうということもあり得る。

騎乗移動：騎手を乗せた乗騎は"速歩"速度で移動できる。ただしこのとき乗騎が受けるダメージは非致傷ダメージではなく致傷ダメージである。

表7-4：運搬能力

【筋力】	軽荷重	中荷重	重荷重
1	3ポンド以下	4〜6ポンド	7〜10ポンド
2	6ポンド以下	7〜13ポンド	14〜20ポンド
3	10ポンド以下	11〜20ポンド	21〜30ポンド
4	13ポンド以下	14〜26ポンド	27〜40ポンド
5	16ポンド以下	17〜33ポンド	34〜50ポンド
6	20ポンド以下	21〜40ポンド	41〜60ポンド
7	23ポンド以下	24〜46ポンド	47〜70ポンド
8	26ポンド以下	27〜53ポンド	54〜80ポンド
9	30ポンド以下	31〜60ポンド	61〜90ポンド
10	33ポンド以下	34〜66ポンド	67〜100ポンド
11	38ポンド以下	39〜76ポンド	77〜115ポンド
12	43ポンド以下	44〜86ポンド	87〜130ポンド
13	50ポンド以下	51〜100ポンド	101〜150ポンド
14	58ポンド以下	59〜116ポンド	117〜175ポンド
15	66ポンド以下	67〜133ポンド	134〜200ポンド
16	76ポンド以下	77〜153ポンド	154〜230ポンド
17	86ポンド以下	87〜173ポンド	174〜260ポンド
18	100ポンド以下	101〜200ポンド	201〜300ポンド
19	116ポンド以下	117〜233ポンド	234〜350ポンド
20	133ポンド以下	134〜266ポンド	267〜400ポンド
21	153ポンド以下	154〜306ポンド	307〜460ポンド
22	173ポンド以下	174〜346ポンド	347〜520ポンド
23	200ポンド以下	201〜400ポンド	401〜600ポンド
24	233ポンド以下	234〜466ポンド	467〜700ポンド
25	266ポンド以下	267〜533ポンド	534〜800ポンド
26	306ポンド以下	307〜613ポンド	614〜920ポンド
27	346ポンド以下	347〜693ポンド	694〜1,040ポンド
28	400ポンド以下	401〜800ポンド	801〜1,200ポンド
29	466ポンド以下	467〜933ポンド	934〜1,400ポンド
+10	×4	×4	×4

表7-5：荷重の影響

荷重	【敏捷力】ボーナス上限	判定ペナルティ	移動速度（30フィート）	（20フィート）	疾走
中荷重	+3	−3	20フィート	15フィート	×4
重荷重	+1	−6	20フィート	15フィート	×3

乗騎に強行軍をさせることもできるが、このとき乗騎の【耐久力】判定は自動的に失敗し、同様に致傷ダメージを受ける。長時間の速歩や強行軍によって1ポイントでもダメージを受けた乗騎は疲労状態になる。

騎乗移動の速度や、動物に牽引される乗り物の速度は表7-9参照。

水上移動：水上用の乗り物の速度は表7-9参照。

逃走と追走

ラウンド単位の移動では、単にマス目を数えるだけの場合、足の遅いキャラクターが足の速いキャラクターの本気の追走から逃れるのは不可能だ。

表7-6：移動と距離

移動速度	15フィート	20フィート	30フィート	40フィート
1ラウンド（戦術移動）*				
歩行	15フィート	20フィート	30フィート	40フィート
速歩	30フィート	40フィート	60フィート	80フィート
疾走（×3）	45フィート	60フィート	90フィート	120フィート
疾走（×4）	60フィート	80フィート	120フィート	160フィート
1分（区域移動）				
歩行	150フィート	200フィート	300フィート	400フィート
速歩	300フィート	400フィート	600フィート	800フィート
疾走（×3）	450フィート	600フィート	900フィート	1,200フィート
疾走（×4）	600フィート	800フィート	1,200フィート	1,600フィート
1時間（野外移動）				
歩行	1.5マイル	2マイル	3マイル	4マイル
速歩	3マイル	4マイル	6マイル	8マイル
疾走	—	—	—	—
1日（野外移動）				
歩行	12マイル	16マイル	24マイル	32マイル
速歩	—	—	—	—
疾走	—	—	—	—

*戦術移動はフィート単位ではなく、バトル・グリッド上のマス目の数
（1マス＝5フィート）で計算されることも多い。

表7-7：移動の障害

状況	追加移動コスト
移動困難な地形	×2
障害物*	×2
視界の悪さ	×2
通行不可能	—

*技能判定が必要な場合もある

表7-8：地形と野外移動

地形	街道	道、踏み分け道	道のない土地
砂砂漠	×1	×1/2	×1/2
森林	×1	×1	×1/2
丘陵	×1	×3/4	×1/2
ジャングル	×1	×3/4	×1/4
ムア*	×1	×1	×3/4
山岳	×3/4	×3/4	×1/2
平地	×1	×1	×3/4
沼地	×1	×3/4	×1/2
ツンドラ、凍土	×1	×3/4	×3/4

*訳注：イングランドやスコットランドに多い、ヒースの生えた水はけの
悪い原野。

同様に、足の速いキャラクターは足の遅いキャラクターから
必ず、なんの問題もなく逃げられる。

関係する2体のキャラクターの移動速度が等しい場合、追跡
劇を解決する簡単な方法がある。一方のキャラクターが他方の
キャラクターを追っていて、両者が同じ移動速度で移動してお

り、かつ追跡劇が少なくとも数ラウンド続く場合、対抗【敏捷
力】判定を行い追跡劇のラウンド中どちらが速かったかを決め
るのである。追われている方のクリーチャーが勝ったら、その
クリーチャーが逃げ切る。追っている方が勝ったら、逃げるク
リーチャーに追いつける。

時として野外で追跡劇が発生し、両者がお互いを時おり遠目
にとらえるだけで、追跡劇が数日の間続くこともある。長期に
渡る追跡劇の場合、パーティーの全員が対抗【耐久力】判定を
行って、どちらのパーティーがより長くペースを維持できたか
決める。追われている方のクリーチャーが高い結果をロールし
たら、そのクリーチャーが逃げ切る。そうでなければ、スタミ
ナが長持ちした追跡者が獲物に追いつく。

探検

視界と照明、そして物を壊す方法に関するルールよりも冒険
者の成功に寄与するルールなど、なかなかあるものではない。
以下には各々に関するルールを述べる。

視界と光源

ドワーフやハーフオークには暗視の能力があるが、第2章に
収録されている他の種族は、物を見るために光を必要とする。
光源が照らす半径と、その光の持続時間については表7-10を参
照すること。"低照度"の欄は、光源に照らされている半径の外
側の、明度が1段階高くなる範囲（例えば、"暗闇"から"薄暗い光"
に）を示している。

明るい光の範囲内では、全キャラクターがはっきり物をみる
ことができる。"光に過敏"や"光による盲目化"を持つものなど、
クリーチャーの中には、明るい光の範囲内にいるとペナルティ
を受けるものもいる。明るい光の範囲内では、クリーチャーは
不可視状態であるか遮蔽を得ていない限り〈隠密〉を行えない。
"明るい光の範囲"には、直射日光の当たる屋外とデイライト呪
文の効果範囲内が含まれる。

通常の光は明るい光とまったく同じように働くが、"光に過
敏"や"光による盲目化"を持つキャラクターはペナルティを受
けない。"通常の光の範囲"には、日中の林冠の下の木漏れ日、
松明から20フィート以内、ライト呪文の効果範囲内が含まれる。

薄暗い光の範囲内では、キャラクターは物をぼんやりと見る
ことができる。この範囲にいるクリーチャーは、暗視能力や闇
を見通す能力を持っていない相手に対して、視認困難（戦闘時
に20％の失敗確率）を得る。薄暗い光の範囲内にいるクリー
チャーは、身を隠すために〈隠密〉判定を行える。"薄暗い光の
範囲"には、空に月が出ている夜の屋外、満天の星明り、松明
から20〜40フィートの間の範囲が含まれる。

暗闇の範囲内では、暗視能力のないクリーチャーは事実上、
盲目状態となる。盲目状態のキャラクターは、物が見えないと
いう明白な効果に加えて、戦闘において50％の失敗確率が付
く（あらゆる相手が完全視認困難を得る）。また、アーマー・
クラスへの【敏捷力】ボーナスがあればそれを失い、アーマー・
クラスに−2のペナルティを受け、視覚による〈知覚〉判定に

補足ルール 7

−4のペナルティを受け、【筋力】や【敏捷力】に基づくほとんどの技能判定にも−4のペナルティを受ける。"暗闇の範囲"には、明かりの灯っていないダンジョンの部屋、ほとんどの洞窟、月が出ていない曇りの夜の屋外が含まれる。

　夜目能力を持つキャラクター（エルフ、ノーム、ハーフエルフ）は光源から表にある距離の2倍までの距離にあるものを見てとれる。これらの種族のキャラクターに関しては、事実上、"明るい光"、"通常の光"、"薄暗い光"の距離を2倍として扱うこと。

　暗視能力を持つキャラクター（ドワーフ、ハーフオーク）は、光に照らされた区画と、60フィート以内の暗闇の区画が、どちらも普通に見通せる。暗視を持つキャラクターから60フィート以内では、クリーチャーは不可視状態であるか遮蔽を得ていない限り〈隠密〉で隠れることができない。

壊して押し入る

　物体を壊そうと試みる場合、キャラクターには2つの選択肢がある。武器で攻撃して壊すか、単に腕力でぶち壊すかである。

物体への攻撃

　相手の武器や盾を斬撃武器や殴打武器で攻撃して破壊するには、特殊攻撃である"武器破壊"を行うこと（第8章参照）。物体への攻撃も武器破壊とほぼ同様に処理するが、戦技判定が物体のアーマー・クラスとの対抗判定になるところが異なる。一般に、物体への攻撃は斬撃武器か殴打武器でのみ行える。

アーマー・クラス：物体にはクリーチャーよりも簡単に攻撃を命中させることができる。普通、物体は動かないからだ。反面、物体の中には、一撃一撃のダメージを少しずつ減少させてしまうような頑丈なものも多い。

　物体のアーマー・クラスは（10＋物体のサイズ修正（表7-11参照）＋物体の【敏捷力】修正値）である。非自律行動物体はもともと【敏捷力】が0なので【敏捷力】修正値は−5であり、さらにアーマー・クラスに−2のペナルティが付く。そのうえ、1回の全ラウンド・アクションを使って、"よく狙って攻撃"するなら、近接武器での攻撃は自動的に命中し、遠隔武器での攻撃には攻撃ロールに＋5のボーナスが付く。

硬度：物体にはそれぞれ"硬度"がある。これはその物体がどれだけダメージに耐性があるかを数値で表したものだ。物体がダメージを受けた時には常に、その物体の硬度をダメージから差し引く。物体のヒット・ポイントを減少させるのは、硬度を超えた分のダメージだけである（表7-12、表7-13、表7-14参照）。

ヒット・ポイント：物体の合計ヒット・ポイントは、材質と大きさで決まる（表7-12、表7-13、表7-14参照）。合計ヒット・

表7-9：乗騎と乗り物

乗騎／乗り物	1時間	1日
乗用動物（荷重）		
ライト・ホース	5マイル	40マイル
ライト・ホース（175〜525ポンド）*1	3と1/2マイル	28マイル
ヘヴィ・ホース	5マイル	40マイル
ヘヴィ・ホース（229〜690ポンド）*1	3と1/2マイル	28マイル
ポニー	4マイル	32マイル
ポニー（151〜450ポンド）*1	3マイル	24マイル
ライディング・ドッグ	4マイル	32マイル
ライディング・ドッグ（101〜300ポンド）*1	3マイル	24マイル
二輪馬車、四輪馬車	2マイル	16マイル
船		
いかだ、平底船（竿か綱で引く）*2	1/2マイル	5マイル
キールボート（オールで漕ぐ）*2	1マイル	10マイル
こぎ船（オールで漕ぐ）*2	1と1/2マイル	15マイル
帆船（帆走）	2マイル	48マイル
軍船（帆・オール併用）	2と1/2マイル	60マイル
ロングシップ（帆・オール併用）	3マイル	72マイル
ガレー船（オール・帆併用）	4マイル	96マイル

*1：ホース等の四足獣は、通常のキャラクターよりも沢山の荷物を運べる。詳しくはp171『運搬能力』を参照。
*2：いかだ、平底船、キールボート、こぎ船は湖や川で用いられる。流れに乗って川を下る際には河流の速度（標準3マイル／時）を乗り物の速度に加えること。さらに、誰かが舵を取ることができるのなら、こぎ進めている10時間以外の14時間の間も流れに乗って進むことができるため、1日の移動距離に42マイルを加えることができる。これらの船は、河流が速い場合、流れに逆らって河をこぎ昇ることはできないが、荷運び用の獣に河辺を歩かせ、船を上流へ牽いてゆくことはできる。

表7-10：光源と照明

アイテム	通常	低照度	持続時間
覆い付きランタン	30フィート	60フィート	6時間／パイント
消えずの松明	20フィート	40フィート	永続
松明	20フィート	40フィート	1時間
投光式ランタン	60フィート円錐形	120フィート円錐形	6時間／パイント
普通のランプ	15フィート	30フィート	6時間／パイント
陽光棒	30フィート	60フィート	6時間
ろうそく	なし*1	5フィート	1時間

呪文	通常	低照度	持続時間
コンティニュアル・フレイム	20フィート	40フィート	永続
ダンシング・ライツ（松明形態）	各20フィート	各40フィート	1分
デイライト	60フィート*2	120フィート	10分／レベル
ライト	20フィート	40フィート	10分／レベル

*1：ろうそくは明るい照明を発せず、ただ薄暗い光のみを発する。
*2：デイライト呪文の明かりは"明るい光"である。

表7-11：物体のサイズとアーマー・クラス

サイズ	アーマー・クラス修正値
超巨大	−8
巨大	−4
超大型	−2
大型	−1
中型	+0
小型	+1
超小型	+2
微小	+4
極小	+8

ポイントの半分以上のダメージを受けた物体は破損状態（巻末付録2参照）となる。物体のヒット・ポイントが0になると、壊れて使い物にならなくなってしまう。

非常に大きな物体は、部位ごとに個別のヒット・ポイントを持つ。

エネルギー攻撃：エネルギー攻撃はほとんどの物体に半分のダメージを与える。物体の硬度を適用する前にダメージを半分にすること。GMの裁量において、エネルギーの種類によっては特定の物体に対してとても効果的であるとしてもよい。

たとえば、［火炎］は羊皮紙、布、その他のたやすく燃えるものに対して完全なダメージを与えるということにしてもよい。同様に、［音波］はガラスや結晶質の物体に対して完全なダメージを与えるとしてもよい。

遠隔武器によるダメージ：物体は遠隔武器からは半分のダメージしか受けない（p.476にある攻城兵器やそれに類する物は除く）。物体の硬度を適用する前にダメージを半分にすること。

効果的でない武器：ある種の武器ではある種の物体に効果的にダメージを与えられない。例えば、ピックやハンマーなどのように石を破壊するためにデザインされているのでない限り、ほとんどの近接武器は石製の壁や扉には大して効果がない。

完全耐性：物体は非致傷ダメージおよびクリティカル・ヒットに完全耐性がある。

魔法の鎧、盾、武器：強化ボーナスが+1あるごとに、鎧や武器や盾の硬度は+2され、ヒット・ポイントは+10される。

特定の攻撃に対する脆弱性：ある種の攻撃はある種の物体に対して特に効果的である。そのような場合、攻撃は通常の2倍のダメージを与え、さらに物体の硬度を無視してもよい。

ダメージを受けた物体：ダメージを受けた物体は、アイテムのヒット・ポイントが0になるまでは、破損状態ではあるが機能し、ヒット・ポイントが0になったとたん破壊状態となる。

ダメージを受けているが破壊状態となってはいない物体は〈製作〉技能やいくつかの呪文で修理できる。

セーヴィング・スロー：魔法のものでなく、かつ装備中でないアイテムはセーヴィング・スローを行えない。セーヴィング・スローに自動的に失敗したものとして扱われ、セーヴィング・スローに成功すると抵抗したり無効化したりできる呪文などの攻撃の効果を常に完全に受ける。キャラクターが装備中の（つまり握っていたり、触れていたり、着ていたりする）アイテムはキャラクター当人と同様に（キャラクターのセーヴィング・スローを用いて）セーヴィング・スローを行う。

魔法のアイテムは常にセーヴィング・スローを行える。魔法

表7-12：一般的な鎧、武器、盾の硬度とヒット・ポイント

武器または防具	硬度[1]	ヒット・ポイント[2,3]
軽い刀剣	10	2
片手刀剣	10	5
両手刀剣	10	10
軽い金属製柄付武器	10	10
片手金属製柄付武器	10	20
軽い柄付武器	5	2
片手柄付武器	5	5
両手柄付武器	5	10
射出武器	5	5
鎧	特殊[4]	鎧ボーナス×5
バックラー	10	5
木製ライト・シールド	5	7
木製ヘヴィ・シールド	5	15
金属製ライト・シールド	10	10
金属製ヘヴィ・シールド	10	20
タワー・シールド	5	20

*1：魔法のアイテムの強化ボーナス＋1ごとに＋2。
*2：ヒット・ポイントの値は中型サイズの鎧、武器、盾のもの。サイズ
　　分類が中型よりも1段階小さくなるごとに半分にし、1段階大きくな
　　るごとに2倍すること。
*3：魔法のアイテムの強化ボーナス＋1ごとに＋10。
*4：材質によって異なる。表7-13を参照。

表7-13：材質の硬度とヒット・ポイント

材質	硬度	ヒット・ポイント
ガラス	1	1／厚さ1インチごと
紙、布	0	2／厚さ1インチごと
ロープ	0	2／厚さ1インチごと
氷	0	3／厚さ1インチごと
皮、革	2	5／厚さ1インチごと
木	5	10／厚さ1インチごと
石	8	15／厚さ1インチごと
鉄、鋼	10	30／厚さ1インチごと
ミスラル	15	30／厚さ1インチごと
アダマンティン	20	40／厚さ1インチごと

表7-14：物体の硬度とヒット・ポイント

物体	硬度	ヒット・ポイント	破壊難易度
ロープ（直径1インチ）	0	2	23
普通の木製の扉	5	10	13
小型の箱	5	1	17
上質な木製の扉	5	15	18
宝箱	5	15	23
頑丈な木製の扉	5	20	23
石造りの壁（厚さ1フィート）	8	90	35
岩壁（厚さ3フィート）	8	540	50
鎖	10	5	26
枷	10	10	26
高品質の枷	10	10	28
鉄製の扉（厚さ2インチ）	10	60	28

表7-15：アイテムを破壊または引きちぎる難易度

【筋力】判定の対象	難易度
普通の扉を打ち壊す	13
上質な扉を打ち壊す	18
頑丈な扉を打ち壊す	23
ロープによる縛めを引きちぎる	23
鉄の棒を曲げる	24
かんぬきのかかった扉を打ち壊す	25
鎖による縛めを引きちぎる	26
鉄製の扉を打ち壊す	28

状況	難易度調整*
ホールド・ポータル	＋5
アーケイン・ロック	＋10

*両方がかかっている場合、大きな方の数値だけを使用すること。

のアイテムの頑健、反応、意志セーヴ・ボーナスは2＋その術
者レベルの半分である。装備中の魔法のアイテムは、所持者か
アイテム自身のセーヴィング・スローのどちらか高い方を使用
する。

アニメイテッド・オブジェクト：アニメイテッド・オブジェ
クトは、クリーチャーとしてアーマー・クラスを算出する。非
自律行動物体としては扱わない。

アイテムの破壊

通常にダメージを与えるのではなく、急激な力を加えて何か
を壊そうとする場合、成功したかどうか見るには【筋力】判定
を行う（"武器破壊"特殊攻撃などの場合と違い、攻撃ロールと
ダメージ・ロールを行うのではない）。硬度はアイテムを破壊
する際の難易度には影響しないため、難易度は材質よりむしろ
構造によって決まる。破壊する際の一般的な難易度に関しては
表7-15を参照すること。

アイテムがヒット・ポイントを半分以上失っていたら、その
アイテムは破損状態（巻末付録2参照）となり、それを破壊す
る難易度は2低下する。

中型より大きなクリーチャーや小さなクリーチャーは、扉を
打ち破る際の【筋力】判定に以下のようなサイズ・ボーナスや
サイズ・ペナルティを受ける：極小－16、微小－12、超小型
－8、小型－4、大型＋4、超大型＋8、巨大＋12、超巨大＋16。

また、かなてこや携行型破城槌は、キャラクターが扉を打ち
破る際の成功率を上昇させる（第6章参照）。

8 戦闘

風化して脆くなった礫を雨のように降らせながら、黒曜石の鱗持つ龍は古代の石階を叩き潰した。

緋の外套に身を包んだ龍の乗り手は、長く彼女の主人の不興を買ってきた成り上がりどもにとどめを刺そうと、油断なく構える。

気力は既に限界に達しつつあった。それでもシーラ、エズレン、ハルスク、そしてレムは、武器を構えなおし、呪文を準備する。

これまで無数の敵を打ち倒し、誰もが不可能と思うような試練に耐えてきた彼らだったが、真なる龍などという恐るべき代物に直面するのは初めてのことだった。

しかしそのとき、彼ら全員が理解していた。これはシンプルな問題に過ぎないということを——勝利か、死か。目の前にあるのは、ただそれだけだ。

モンスターの支配する野蛮な世界では、鋭利な剣と頑丈な盾は言葉よりはるかに勝る交渉の手段となる。戦闘はパスファインダーRPGの基幹を占める部分である。この重要なプロセスについてのルールを以下に示す。

戦闘の手順

戦闘は一定の手順の繰り返しによって解決される。一区切りの時間単位である"ラウンド"を繰り返し、各ラウンドにおいては各人が順番に自分の"ターン(手番)"を行っていくのだ。戦闘は以下の手順に従って行われる。

1. 戦闘の開始時に、戦闘の参加者は全員イニシアチブ判定を行う。
2. どのキャラクターが敵に気付いているかを判断する。それらのキャラクターは不意討ちラウンド中に行動できる。すべてのキャラクターが敵に気付いているのであれば、通常ラウンドを開始する。より詳しい情報については、『不意討ち』を参照すること。
3. 不意討ちラウンドが(もしあれば)終了した後で、すべての者が、この戦闘における最初の通常ラウンドを開始する。
4. それぞれがイニシアチブ順に(高い方から低い方へ)行動を行う。
5. 全員が1回ずつターンを行ったら、次のラウンドを開始して、最もイニシアチブの高い参加者から再び行動する。戦闘が終了するまでステップ4とステップ5を繰り返す。

戦闘ラウンド

各ラウンドはゲーム内の時間では6秒に当たる。戦闘の10ラウンドは1分に相当する。1ラウンドの間に、戦闘に参加している各人は1回ずつ行動の機会がある。

各ラウンドの処理は、まずイニシアチブの一番高い者から始め、イニシアチブ順に進めていく。あるキャラクターのターンが来たら、キャラクターは自身のラウンド全体ぶんの行動をそこで実行する(例外についてはp.186の『機会攻撃』やp.210の『イニシアチブ変更アクション』を参照)。

本ルールで"1全ラウンド"とあった場合、通常、あるラウンドの特定のイニシアチブの数値(イニシアチブ・カウント)から、次のラウンドの同じイニシアチブ・カウントまでの長さの時間を表す。一定のラウンド数持続する効果は、その効果が開始したのと同じ数値のイニシアチブ・カウントの直前まで続く。

イニシアチブ

戦闘の開始時に、戦闘に参加している者はそれぞれイニシアチブ判定を行う。イニシアチブ判定は【敏捷力】判定である。各キャラクターはこのロールに自らの【敏捷力】修正値に加え、特技、呪文、その他の効果による修正を適用する。各キャラクターは結果の高い者から順に自分のターンの行動を処理する。以降、毎ラウンド、キャラクターたちはこの順番で行動する(ただし、いずれかのキャラクターが自分のイニシアチブを変更するアクションを取った場合には順番が変わる;p.210『イニシ

アチブ変更アクション』を参照)。

2名以上のイニシアチブ判定の結果が同じだった場合、イニシアチブ修正値の合計が高い方から順に行動する。イニシアチブ修正値も同じ場合には、同値の者同士で再びロールを行い、どちらが先に動くのかを決定する。

立ちすくみ状態:戦闘の開始時、君の行動の機会がまだない段階(具体的には、イニシアチブ順に従って、自分の最初のターンを迎える前)には、君は立ちすくみ状態にある。立ちすくみ状態では、君は【敏捷力】ボーナスを(もしあっても)ACに適用できない。バーバリアンやローグが一定のレベルで修得する変則的能力の"直感回避"があれば、立ちすくみ状態になることはない。"直感回避"があるキャラクターはACへの【敏捷力】ボーナスを失わず、戦闘の最初のラウンド自身が行動する前でも機会攻撃を行えるのである。立ちすくみ状態のキャラクターは、《迎え討ち》特技を修得していない限り、機会攻撃を行えない。

行動不能な場合:君がアクションを行えない場合でも、君はその遭遇の間、ずっとイニシアチブ値を保持している。

不意討ち

戦闘が始まった時、君が敵に気付いておらず、敵が君に気付いていたら、君は不意討ちを受ける。

一方の陣営の全員が敵の存在に気付いている場合もあれば、全員が気付いていない場合もあり、一部のものだけが気付いている場合もある。また敵も味方もそれぞれ一部だけが相手の存在に気付いており、残りの者は気付いていないという場合もあるだろう。

敵に気付いているかどうかを決めるために、GMが〈知覚〉やその他の判定を要求する場合がある。

不意討ちラウンド:戦闘に参加している者たちの全員ではなく一部だけが敵に気付いているなら、通常ラウンドの前に1ラウンドの不意討ちラウンドが発生する。不意討ちラウンドには、敵に気付いた状態で戦闘を開始した者だけが、イニシアチブの高い順に、それぞれ標準アクションまたは移動アクションを行う。また、不意討ちラウンド中にはフリー・アクションを行うこともできる。もしだれも不意を討たれないか、あるいは全員が不意を討たれたなら、不意討ちラウンドは発生しない。

敵に気付いていない参加者:戦闘の開始時に敵に気付いていない者は、不意討ちラウンドに行動することができない。敵に気付いていない者は、まだ行動していないので、立ちすくみ状態にある。このため、ACに対する【敏捷力】ボーナスを失う。

戦闘に関わる数値

この項ではまず、戦闘における勝敗に影響するさまざまな数値について簡単にまとめ、次にそれらの使い方について解説を加える。

攻撃ロール

攻撃ロールは、君があるラウンド内の自分のターンに、敵に攻撃を加えようと試みる行為を表している。攻撃ロールを行う際には、1d20をロールして君の攻撃ボーナスを加える（このロールにはこれ以外の修正値が加わることもある）。結果が目標のAC以上であったなら、攻撃は命中してダメージを与える。

自動失敗と自動成功：攻撃ロールで1d20のダイスの目が1であれば、常に失敗である。ダイスの目が20であったなら、常に命中である。1d20のダイスの目が20であれば、クリティカル可能状態にもなる（p.188『攻撃アクション』を参照）。

攻撃ボーナス

近接武器に関する攻撃ボーナス：

基本攻撃ボーナス＋【筋力】修正値＋サイズ修正値

遠隔武器に関する攻撃ボーナス：

基本攻撃ボーナス＋【敏捷力】修正値＋サイズ修正値＋射程ペナルティ

アーマー・クラス

君のアーマー・クラス（AC）は、敵が君に有効な攻撃を加えダメージを与えるのがどれくらい難しいのかを表している。敵は、君に攻撃を命中させるには、攻撃ロールの結果でこの値以上を出さなければならない。ACは以下のようにして算出される：

10＋鎧ボーナス＋盾ボーナス＋【敏捷力】修正値＋その他の修正値

鎧は【敏捷力】ボーナスを制限する。そのため、鎧を着ていると、ACに君の【敏捷力】ボーナスの値を完全に適用することができないかもしれない（表6-6参照）。

【敏捷力】ボーナスが（あっても）適用できない場合もある。攻撃に反応できない状況では【敏捷力】ボーナスをACに足すことはできない。もともと【敏捷力】ボーナスがないならACは変化しない（【敏捷力】修正値が負の値［＝ペナルティ］の場合は常に適用される）。

その他の修正値：他にもさまざまな要素が君のACを修正する。

強化ボーナス：防具への強化ボーナスによって、鎧ボーナスや盾ボーナスが向上する。

反発ボーナス：魔法による反発効果が攻撃を退け、ACを向上させる。

外皮ボーナス：君の種族が強靭な皮や鱗、分厚い皮膚に覆われているなら、それによってACが向上する。

回避ボーナス：回避ボーナスは能動的に攻撃を避ける能力を

表8-1：サイズ修正値

サイズ	サイズ修正値
超巨大	−8
巨大	−4
超大型	−2
大型	−1
中型	±0
小型	+1
超小型	+2
微小	+4
極小	+8

表している。どんなものであれ【敏捷力】ボーナスが適用できなくなる状況では、回避ボーナスも適用できなくなる（ただし、鎧を着用しても、【敏捷力】ボーナスとは異なりこの回避ボーナスが制限されることはない）。他の多くのボーナスと違って、回避ボーナスは互いに累積する。

サイズ修正値：サイズによって、ACにボーナスやペナルティが適用される。表8-1を参照。

接触攻撃：攻撃の中には防具（鎧、盾、外皮）をまったく無視するものがある。このような攻撃で完全な効果を及ぼすには、攻撃者はただ敵に触れるだけでよい。こうした場合、攻撃側は接触攻撃ロール（近接接触攻撃ロールまたは遠隔接触攻撃ロール）を行う。接触攻撃の目標となった場合、君のACに鎧ボーナス、盾ボーナス、外皮ボーナスは含まれない。これら以外のすべての修正値、たとえばサイズ修正値、【敏捷力】修正値、反発ボーナスなどは、あれば通常どおり適用される。一部のクリーチャーは非実体の接触攻撃の能力を有する。この攻撃は鎧や盾などの物体をすり抜けて無視する。非実体の接触攻撃は、遮蔽によるボーナスも無視することを除けば、通常の接触攻撃と同様に働く。非実体接触攻撃は**メイジ・アーマー**や**ブレイサーズ・オヴ・アーマー**などの［力場］効果による鎧ボーナスを無視することはできない。

ダメージ

攻撃が成功したら、ダメージを与える。与えるダメージの量は、使用した武器の種類によって決まる。

ダメージは目標の"現在のHP"を減少させる。

最低ダメージ：ペナルティを適用した結果、ダメージが1を下回った場合でも、命中した攻撃は1ポイントの非致傷ダメージ（p.198参照）を与える。

【筋力】ボーナス：近接武器または投擲武器（スリングを含む）を命中させた場合、ダメージに【筋力】修正値を加える。コンポジット・ボウ以外のボウによる攻撃では、【筋力】ペナルティを適用するが、【筋力】ボーナスは適用しない。

副武器：利き手に持った主武器ではなく、別の手に持った副武器でダメージを与える場合、【筋力】ボーナスの1/2だけを加える。【筋力】ペナルティは、ペナルティそのままの値を適用する（『二刀流』によって追加攻撃を行った際に適用される）。それ以外の、高い基本攻撃ボーナスなどによる複数回の攻撃を左

右の手に持った武器を使い分けて行う場合には、どちらも副武器とはみなされず、完全な【筋力】ボーナスが適用される）。

1本の武器を両手で持って使う：両手で持って使っている武器でダメージを与える場合、【筋力】ボーナスの1.5倍を加える（【筋力】ペナルティは1.5倍にはしない）。ただし、"軽い武器"を両手で持って使っている場合には、このような通常より多い【筋力】ボーナスを加えることはできない。

ダメージへの倍数の適用：クリティカル・ヒットが起きた時など、何らかの理由でダメージに倍数を適用することがある。この場合、ダメージを（修正値も込みで）複数回ロールして、結果を足し合わせること。

注：ダメージに対して倍数を複数回適用する場合、それぞれの倍数を、まだ倍数を適用されていない元のダメージに対して、適用する。したがって、ダメージを2倍にする効果が2度適用される場合、合計で通常のダメージの3倍になる。

例外：武器の通常ダメージ以外の追加ダメージ・ダイスに対し、倍数が適用されることはない。

能力値ダメージ：クリーチャーや魔法的効果の中には、一時的な能力値ダメージや永続的な能力値ダメージ（能力値の減少）を与えるものがある。能力値ダメージに関するルールについてはp.617を参照。

ヒット・ポイント

ヒット・ポイント（HP）の合計が0になったなら、君は満身創痍状態となる。−1になったなら、瀕死状態だ。【耐久力】の値と同じだけHPが0を下回ったのであれば、君は死亡状態となる。p.197の『負傷と死』により詳しい情報が記載されている。

機会攻撃

時として、近接戦闘中の者が隙を作ったり、危険を顧みない行動をすることがある。このような場合、近くにいる者は防御の隙をついて、アクションを使わずに攻撃することができる。これを"機会攻撃"という。機会攻撃がどのように行われるかについては、図『機会攻撃』の例を参照のこと。

機会攻撃範囲のマス目：君は自分のターンでなくても、自分が近接攻撃を行える範囲を機会攻撃範囲に収めている。一般に、君の接敵面に隣接するすべてのマス目（斜め隣も含む）がこれに該当する。機会攻撃範囲のマス目にいるときに特定のアクションを行った敵は、君からの1回の機会攻撃を誘発する。君が武器を持っていない場合、ふつうはいずれのマス目も機会攻撃範囲に収めないため、機会攻撃を行うことはできない。

間合いの長い武器：中型サイズ以下のほとんどのクリーチャーは5フィートの間合いしか持っていない。これはつまり、5フィート（1マス）以内にいる敵に対してしか近接攻撃を行えないことを意味する。しかし、小型サイズあるいは中型サイズのクリーチャーが間合いのある武器を使用した場合には、通常よりも多くのマス目を機会攻撃範囲に収める。また、大型サイズ以上のクリーチャーのほとんどは、10フィート以上の"生来の間合い"を持っている。

機会攻撃の誘発：機会攻撃を誘発するアクションには2種類ある。

1つは機会攻撃範囲のマス目から移動して出ること。もう1つは機会攻撃範囲のマス目で特定のアクションを行うことである。

移動：機会攻撃範囲のマス目から移動して出ると、通常、そこを機会攻撃範囲に収めている敵からの機会攻撃を誘発する。この攻撃を避けるための代表的な手段が2つある。1つは"5フィート・ステップ"、もう1つは"撤退アクション"である。

注意がそれる行動をとる：アクションの中には、機会攻撃範囲のマス目にいるときに行うと、君が戦闘から注意をそらしてしまうことで機会攻撃を誘発するものがある。表8-2には、機会攻撃を誘発するさまざまな行動が記載されている。

通常なら機会攻撃を誘発するアクションであっても、例外となるケースが多いので気をつけること。

機会攻撃を行う：機会攻撃は1回の近接攻撃であり、ほとんどのキャラクターはこれを1ラウンドに1回しか行うことはできない。機会攻撃は、望まないなら行わなくてもよい。機会攻撃は、たとえそのラウンドですでに攻撃を行っていても、通常の攻撃ボーナスの値で行う。

機会攻撃は、ラウンド中のアクションの通常の流れに"割り込んで"行われる。機会攻撃が誘発されたら、即座に機会攻撃を解決する。その後で、次のキャラクターのターンを解決する（あるいは、機会攻撃があるキャラクターのターンの途中で誘発されたのなら、進行中のターンを最後まで終える）。

《迎え討ち》による追加の機会攻撃：君が《迎え討ち》の特技を持っているなら、自分の【敏捷力】ボーナスを1ラウンドに行える機会攻撃の回数に加えることができる。ただしこの特技を持っていたとしても、1回の機会につき1回の機会攻撃しか行えない点は変わらない。しかし、もし同一の敵が君から2回の機会攻撃を誘発したなら、君はそれぞれ別に1回ずつの機会攻撃を行うことができる（なぜなら、それぞれが別々の機会だからである）。特定の敵の機会攻撃範囲のあるマス目からまず移動し、それと同じラウンドに、さらに同じ敵の機会攻撃範囲の別のマス目から移動して出たとしても、それぞれを、その敵に対する複数の機会であるとは見なさない。これらの機会攻撃は、常に君の通常の攻撃ボーナスを用いて行われる。

移動速度

移動速度は、君が1ラウンドにそれだけの距離を移動して、なおかつ攻撃や呪文の発動といった何らかの行動ができるということを示している。君の移動速度は主に、種族と、着用している鎧の種類によって決まる。

ドワーフ、ノーム、ハーフリングの移動速度は20フィート（4マス）である。中装鎧か重装鎧を着ているなら15フィート（3マス）となる（ドワーフは例外で、どんな種類の鎧を着ていても20フィート移動できる）。

人間、エルフ、ハーフエルフ、ハーフオーク、ほとんどの人型生物のモンスターの移動速度は30フィート（6マス）である。中装鎧や重装鎧を着ているなら20フィート（4マス）となる。

あるラウンドに2回の移動アクションを使用するなら、移動速度の2倍までの距離を移動することができる（"倍速移動"と呼ばれることもある）。1つのラウンドをまるまる、全力で"疾走"

戦闘 8

機会攻撃
　この戦闘では、ヴァレロスとシオニが、オーガとその相棒のゴブリンを相手に戦っている。
#1：ヴァレロスは、オーガ（10フィートの間合いを持つ）やゴブリンの機会攻撃範囲のマス目を避けて、この経路で機会攻撃を誘発せずに安全に近づくことができる。
#2：ヴァレロスがこの経路で近づくと、オーガとゴブリンの両方の機会攻撃範囲のマス目を通るため、2回の機会攻撃を誘発する。
#3：シオニは撤退アクションを使用して離れる。その結果、彼女の最初のマス目の移動は機会攻撃を誘発しない。そのため、彼女はゴブリンから安全に離れることができる。しかし彼女が次のマス目を移動する際には、彼女はオーガ（彼は10フィートの間合いを持つ）からの機会攻撃を誘発する。かわりに、彼女は移動を5フィート・ステップだけにすることができる。その場合は、彼女はあらゆる機会攻撃を誘発しない（移動・撤退と5フィート・ステップは同じラウンドに行えない点に注意）。

することに費やしたら、移動速度の4倍まで（重装鎧を着ている場合は3倍まで）の距離を移動することができる。

セーヴィング・スロー

　特殊な手段や魔法で攻撃された場合、その効果を無効にしたり緩和するためにセーヴィング・スロー（セーヴ）を行えることが多い。攻撃ロールと同様、セーヴの場合も1d20をロールして、クラスとレベル、能力値に応じたボーナスを加える（3章『クラス』を参照）。セーヴィング・スロー修正値は以下の通り：

基本セーヴ・ボーナス＋能力修正値

セーヴィング・スローの種類：セーヴィング・スローには、頑健、反応、意志の3種類がある。
　頑健：このセーヴは物理的な苦痛や、生命力や身体の健康を害そうとする攻撃に耐える能力を表す。頑健セーヴには【耐久力】修正値を用いる。
　反応：このセーヴは範囲攻撃をかわしたり、予期しない状況に対応する能力を示す。反応セーヴには【敏捷力】修正値を用いる。

　意志：このセーヴは、精神的な作用や、さまざまな魔法の効果などに耐える能力を示す。意志セーヴには【判断力】修正値を用いる。
セーヴィング・スローの難易度：セーヴのDCは、攻撃そのものによって決定される。
自動失敗と自動成功：セーヴの際、1d20のダイスの目が1であれば、必ず失敗となる（そして露出しているアイテムにダメージを受ける可能性がある；p.225『セーヴ後にアイテムが助かったかどうか』を参照）。1d20のダイスの目が20であれば、必ず成功となる。

戦闘中のアクション

剣を振るうことから呪文を発動することまで、1ターン中に君のキャラクターが行い得るアクションは多岐に渡る。

アクションの種類

アクションの種類は、6秒の戦闘ラウンドの枠組みの中で、そのアクションを行うのにどれくらいの時間がかかるのか、また移動をどう扱うのかを示した分類である。アクションの種類は6つ：標準アクション、移動アクション、全ラウンド・アクション、即行アクション、割り込みアクション、フリー・アクションである。

通常ラウンド中には、君は標準アクションと移動アクションを行うか、あるいは全ラウンド・アクションを行うことができる。それに加えて、君は1回の即行アクションと、何回かのフリー・アクションを行うことができる。君はいつでも標準アクションの代わりに移動アクションを行うことができる。

特定の状況下（たとえば不意討ちラウンド中）では、君は移動アクションか標準アクションのいずれかしか行うことができない場合がある。

標準アクション：最もよく用いられるのは攻撃や呪文の発動だが、標準アクションとしてさまざまな行動ができる。標準アクションで行うことができる他の行動については表8-2を参照のこと。

移動アクション：移動アクションで、君は自分の移動速度分の移動を行うか、同程度の時間で行うことのできる何らかのアクションを1回行うことができる。移動アクションで行うことができる他の行動については表8-2を参照のこと。

君は標準アクションを移動アクションに置き換えることができる。もし君があるラウンド中に、物理的に距離を移動しないのであれば（移動する代わりに、移動アクションで他の行動をした場合によく起こる）、君は5フィート・ステップを行うことができる。これを行うタイミングは他のアクションの前、途中、後のいずれでもよい。

全ラウンド・アクション：全ラウンド・アクションを行うということは、君はそのラウンドの全労力をそのアクションにつぎこむことを意味する。全ラウンド・アクションを行う場合、可能な移動は5フィート・ステップだけである。これは全ラウンド・アクションの前、途中、後のいずれでも行える。加えて、何回かのフリー・アクションと1回の即行アクション（後述）を行うことができる。全ラウンド・アクションの一覧については表8-2を参照のこと。

全ラウンド・アクションの中には、そのターンの5フィート・ステップが行えないものもある。

全ラウンド・アクションの中には、君が自らのターンに1回の標準アクションしか行えないような制限を受けている状況に限り、標準アクションとして行うことができるものがある。どういったアクションがこれに当てはまるのかは、個々のアクションの解説を参照のこと。

フリー・アクション：フリー・アクションにはごくわずかな時間と労力しかかからない。君は他のアクションを普通に行いながら、1回以上のフリー・アクションを行うことができる。しかしGMは実際にどの程度のことが自由に行えるかを、適切に制限するべきである（1ラウンドが6秒である点に注意すること）。

即行アクション：即行アクションは非常に短い時間しか要しないが、フリー・アクションに比べ労力を要する行動を表す。君は1ターンに1回だけ即行アクションを行うことができる。

割り込みアクション：割り込みアクションは即行アクションに似ているが、割り込みアクションはいつでも——たとえ君のターン中でなくても——行うことができる。

アクションではない行動：さまざまな行動の中には、些細なものなのでフリー・アクションとしてすら扱われないものがある。これらの行動には文字通り時間を要さず、何か他の行動に付随するものでしかないとみなされる。たとえば「矢をつがえる」という行動は、弓での攻撃の一部である。

行動の制限：特定の状況下では、君はまる1ラウンド分のアクションを行えないことがある。このような場合、君の行動は制限され、1回の標準アクションまたは1回の移動アクションしか行うことはできない（これに加えて、通常通りフリー・アクションと即行アクションを行うことができる）。君は全ラウンド・アクションを行うことができない（ただし、1回の標準アクションを使用して"全ラウンド・アクションを開始または完了する"ことができる。下記参照）。

標準アクション

移動を別にすると、キャラクターがとる一般的な行動のほとんどは標準アクションに分類される。

攻撃

1回の攻撃は1回の標準アクションで行われる。

近接攻撃：通常の近接武器を使用して、自分から5フィート以内の好きな敵を攻撃できる（5フィート以内にいる敵は君に隣接しているものとみなされる）。武器の説明にある通り、近接武器の中には間合いの長いものもある。一般的な"間合いの長い武器"では、10フィート離れた敵を攻撃できるが、かわりに隣接する（つまり5フィート以内の）敵を攻撃できない。

素手攻撃：ダメージを与えるためにパンチ、キック、頭突きなどで攻撃する行為は、近接武器による攻撃とほとんど同様だが、次のような相違点がある。

機会攻撃：素手で攻撃を行うと、攻撃の対象となるキャラクターが武装していた場合には、相手からの機会攻撃を誘発する。機会攻撃は君の攻撃より前に行われる。素手攻撃は自分が攻撃する相手以外の敵からは機会攻撃を誘発しない。また、相手が武装していない場合も機会攻撃を誘発しない。

武装していないキャラクターは機会攻撃を行えない（例外として下記の『"武装している"とみなされる素手攻撃』を参照）。

"武装している"とみなされる素手攻撃：時に、キャラクターあるいはクリーチャーの素手攻撃が、武器による攻撃とみなされることがある。モンク、《素手打撃強化》の特技を修得して

表8-2：戦闘中のアクション

標準アクション	機会攻撃[1]
攻撃（近接）	無
攻撃（遠隔）	有
攻撃（素手）	有
ポーションかオイル以外の魔法のアイテムを1つ起動する	無
援護	有／無[2]
呪文の発動（発動時間が1標準アクションのもの）	有
エネルギー放出	無
持続中の呪文を維持するために精神集中を行う	無
呪文を1つ解除する	無
隠しておいた武器を1つ抜く（〈手先の早業〉参照）	無
ポーションを1本飲むかオイルを1つ塗る	有
組みつきから脱出する	無
フェイント	無
火おこし棒で松明に火をつける	有
呪文抵抗を非作動状態にする	無
巻物を読む	有
待機（標準アクションを待ち構える）	無
瀕死状態の仲間を容態安定化する（〈治療〉参照）	有
防御専念	無
変則的能力を使用する	無
1アクションを要する技能を使用する	ふつうは有
擬似呪文能力を使用する	有
超常能力を使用する	無

移動アクション	機会攻撃[1]
移動	有
恐れ状態になった乗騎を制御する	有
持続中の呪文を向ける／向け直す	無
武器を1つ抜く[3]	無
ハンド・クロスボウ／ライト・クロスボウ1つを装填する	有
扉を開ける／閉める	無
馬に乗る／降りる	無
重い物体を1つ動かす	有
アイテムを1つ拾う	有
武器を1つ鞘に収める	有
伏せ状態から立ち上がる	有
盾を1枚準備する／使わない状態にする[3]	無
しまってあるアイテムを1つ取り出す	有

全ラウンド・アクション	機会攻撃[1]
全力攻撃	無
突撃[4]	無
とどめの一撃	有
ネットから脱出する	有
消火する	無
松明をつける	有
ヘヴィ・クロスボウ／リピーティング・クロスボウを装填する	有
ロックト・ガントレットに武器をロックする／解除する	有
飛散武器を投擲する準備を行う	有
疾走	有
1ラウンドを要する技能を使用する	ふつうは有
最大6人までの仲間に対し接触呪文を使用する	有
撤退[5]	無

フリー・アクション	機会攻撃[1]
呪文の集中を中止する	無
アイテムを1つ落とす	無
床に伏せる	無
呪文の発動のために呪文構成要素を用意する[5]	無
話す	無

即行アクション	機会攻撃[1]
高速化した呪文の発動	無

割り込みアクション	機会攻撃[1]
フェザー・フォールの発動	無

アクションではない行動	機会攻撃[1]
行動遅延	無
5フィート・ステップ	無

アクション種別が不定なもの	機会攻撃[1]
戦技の使用[6]	有
特技の使用[7]	さまざま

1　アクションの種類に関わらず、通常、君が敵の機会攻撃範囲のマス目から移動して離れたら、敵の機会攻撃を誘発する。この欄の内容は、その行動に付随する移動ではなく、行動自体が機会攻撃を誘発するかどうかを示している。

2　誰かの機会攻撃を誘発する行動に対して援護を行った場合、君の援護するという行動も機会攻撃を誘発する。

3　基本攻撃ボーナスが＋1以上なら、君はこれらの行動1回を通常の移動1回と組み合わせて、同時に行うことができる。《二刀流》特技を持っているなら、軽い武器か片手武器を2つ同時に、通常1つの武器を抜くのと同じ時間で準備できる。

4　君がそのラウンドに1回のアクションしか行えないよう制限されているなら、標準アクションとして行うことができる。

5　その構成要素が特に大きかったり扱いにくいものだったりする場合を除く。

6　一部の戦技は1回の近接攻撃と置き換えられるものであり、1回のアクションではない。近接攻撃と同様、攻撃アクションや突撃アクションでは1回だけ行うことができ、全力攻撃アクションでは複数回行うこともできる。また、機会攻撃として行うこともできる。その他の戦技は個別のアクションとして行われる。

7　個々の効果に関しては各特技の解説を参照。

いるキャラクター、接触呪文による攻撃を行う呪文の使い手、物理的な肉体武器を持つクリーチャー（『肉体攻撃』を参照）といったものはみな、いずれも武装しているとみなされる。

武装しているかどうかは、攻撃と防御の両方に意味を持つことに注意（キャラクターは機会攻撃を行うことができる）。

素手打撃のダメージ： 中型サイズのキャラクターによる素手打撃は1d3ポイントの殴打ダメージ（通常通り君の【筋力】修正値が加わる）を与える。小型サイズのキャラクターによる素手打撃は1d2ポイントの殴打ダメージを与える。大型サイズのキャラクターによる素手打撃は1d4ポイントの殴打ダメージを与える。素手打撃のダメージは非致傷ダメージである。（二刀流の攻撃ペナルティなどを考える際には）素手打撃は"軽い武器"とみなす。

致傷ダメージを与える： 君は攻撃ロールを行う前に、自分の素手打撃で致傷ダメージを与えると宣言することができるが、攻撃ロールには−4のペナルティを受ける。君が《素手打撃強化》特技を持っているなら、攻撃ロールにペナルティを受けることなく素手攻撃で致傷ダメージを与えることができる。

遠隔攻撃： 君は遠隔武器を使用して、その武器の最大射程内で、かつ視線の通るマス目にいる好きな目標に対し、矢弾を射出したり武器を投擲したりできる。投擲武器の最大射程は射程単位の5倍である。射出武器の最大射程は射程単位の10倍である。遠隔武器の中には最大射程がもっと短いものもあり、その場合は個々の説明文に記載がある。

肉体攻撃： 爪や噛みつきといった肉体武器での攻撃は、間合い（通常は5フィート）に収めている好きなクリーチャーに対して行うことのできる近接攻撃である。これらの攻撃には最大の攻撃ボーナスを使用することができ、種類に応じたダメージを与える（通常通り君の【筋力】ボーナスが加わる）。基本攻撃ボーナスが高くとも、肉体武器による追加攻撃を行うことはできない。そのかわりに、君は複数の腕や、攻撃能力を持つ身体の一部（種族や攻撃を可能にする能力に記載される）を使用して、追加攻撃を行う（この場合でも、複数回攻撃には全ラウンド・アクションが必要になる点に注意）。君が1つの肉体攻撃しか持っていない（1回の噛みつきなど。2回の爪攻撃は複数回攻撃に含める）なら、その攻撃によるダメージ・ロールに【筋力】ボーナスの1.5倍を加える。

肉体攻撃には、尾や翼のような二次的肉体攻撃と記載のあるものがある。二次的肉体攻撃による攻撃には基本攻撃ボーナスから5を引いた値を使用する。これらの攻撃は種類に応じたダメージを与えるが、ダメージ・ロールには【筋力】修正値の半分しか加えない。

それぞれの攻撃に異なる肢を使用するのであれば、近接武器による攻撃や素手攻撃と組み合わせて肉体武器による攻撃が可能である。例えば、爪による攻撃に使用した手で、同時にロングソードを使用した攻撃を行うことはできない。こうした形で追加攻撃を行う場合、すべての肉体武器は二次的肉体攻撃として扱われる。そのため、これらの攻撃に使用する基本攻撃ボーナスは−5され、ダメージ・ロールには【筋力】修正値の1/2だけを加える。《二刀流》や《複数回攻撃》（パスファインダー

RPGベスティアリ参照）といった特技は、これらのペナルティを軽減する。

複数回攻撃： 1ラウンドに複数回の攻撃を行うことのできるキャラクターが2回以上の攻撃を行うには、全力攻撃アクションを選択しなければならない（『全ラウンド・アクション』を参照）。

近接戦闘中の敵に遠隔攻撃を行う： 君の仲間のキャラクターと近接戦闘を行っている目標に対して遠隔武器を使用する場合、攻撃ロールに−4のペナルティを受ける。2人のキャラクターが近接戦闘を行っているとみなされるのは、両者が敵同士で、かつ一方でも相手を機会攻撃範囲に収めている場合である（気絶状態であるなど、何らかの理由で動くことができないキャラクターは、実際に攻撃を受けていないなら近接戦闘を行っているとはみなされない）。

ただし目標（目標が大きい場合にはそのうち狙っている部分）が、君の仲間のうち最も近くにいる者から10フィート以上離れていれば、たとえ目標のクリーチャーが仲間と近接戦闘を行っていても、−4のペナルティを受けない。

目標のサイズが近接戦闘中の君の仲間より2段階大きい場合、ペナルティは−2に減少する。目標が近接攻撃を行っている君の仲間より3段階大きいなら、ペナルティはなくなる。

《精密射撃》： 《精密射撃》の特技を持っていれば、このペナルティを受けずに済む。

標準アクションとして防御的戦闘を行う： 攻撃を行う際、防御的戦闘を選択することができる。そうすれば、次の君のターン開始まで、君はすべての攻撃に−4のペナルティを受け、ACに＋2のボーナスを得る。

クリティカル・ヒット： 攻撃を行った際、1d20のダイスの目が20なら、目標のACに関わらず命中し、また同時にクリティカル可能状態となって、攻撃がクリティカル・ヒットとなる可能性がある。実際にクリティカル・ヒットかを判定するため、君は即座にクリティカル確定ロールを行う。たった今行った攻撃ロールとまったく同じ修正値を用いてもう一度攻撃ロールを行う。このクリティカル確定ロールでも目標のACに対して命中したら、この攻撃はクリティカル・ヒットとなる（クリティカル・ロールでは、普通に命中するだけの値が出さえすればよい。もう一度20の目を出す必要はない）。クリティカル確定ロールが失敗なら、攻撃は（クリティカルではない）通常の命中となる。

クリティカル・ヒットになったら、通常のボーナスをすべて適用したダメージのロールを複数回行い、その値をすべて加算して合計ダメージを算出する。特に明記されていなければ、クリティカル可能域は20であり、クリティカル倍率は×2である。

例外： （ローグの急所攻撃のクラス特徴のような）精密性によるダメージや、（フレイミング能力のような）特別な武器の特性による追加のダメージ・ダイスは、クリティカル・ヒットによる倍率が適用されない。

クリティカル可能域が広がる場合： クリティカル可能域が20だけではない場合もある。より低いダイスの目でもクリティカル可能域に入ることができるのである。このような場合でも、

戦闘 8

20以外のダイスの目は自動命中とはならない点に注意する。命中しなかった攻撃ロールでは、ダイスの目がいくつであってもクリティカル可能状態とはならない。

クリティカル倍率が増える場合：一部の武器は、クリティカル・ヒットで2倍より大きなダメージを与える（6章参照）。

呪文とクリティカル・ヒット：攻撃ロールを要する呪文ではクリティカル・ヒットが起こりうる。攻撃ロールを必要としない呪文ではクリティカル・ヒットは起こらない。能力値ダメージや能力値吸収（付録1参照）を引き起こす呪文の場合、クリティカル・ヒットの際にはその能力値ダメージや能力値吸収が2倍になる。

魔法のアイテムの起動

一部の魔法のアイテムは起動を必要とする。ポーション、巻物、ワンド、ロッド、スタッフなどがそれにあたる。特に明記されていない限り、魔法のアイテム1つを起動する行動は標準アクションである。

呪文完成型アイテム：呪文完成型のアイテム（p.500参照）の起動は呪文の発動と同等である。起動には精神集中が必要であり、機会攻撃を誘発する。精神集中が失敗したら呪文は失われる。また、呪文の発動と同様に、君はアイテムの防御的発動を試みることができる。

呪文解放型、合言葉型、単純使用型のアイテム：これらの種類のアイテムの起動には精神集中が不要であり、機会攻撃も誘発しない。

呪文の発動

ほとんどの呪文は発動に標準アクションを要する。君はこのような呪文1つを、移動アクションを行う前か後に発動することができる。

注：君は呪文の発動中にもACに対する【敏捷力】ボーナスを保持している。

構成要素：音声要素（"音声"と略する）のある呪文を発動するには、君のキャラクターは、はっきりとした声で発音しなければならない。口を封じられているか、**サイレンス**の呪文の効果範囲にいるなら、音声要素のある呪文を発動することはできない。聴覚喪失状態の呪文の使い手は、音声要素のある呪文を発動しようとする場合、20％の確率で呪文を失敗して失ってしまう。

191

動作要素（"動作"と略する）のある呪文を発動するには、少なくとも1本の手で自由に手ぶりができなくてはならない。縛られている状態、組みつき状態、両手がふさがっていたり使用中の場合には、動作要素のある呪文を発動することはできない。

物質要素（"物質"と略する）、焦点具（"焦点"と略する）、信仰焦点具（"信仰"と略する）のいずれかがある呪文を発動するには、呪文の解説で指定された物質を持っていなければならない。特に厄介な構成要素でない限り、これらの物質を用意する行動はフリー・アクションである。呪文構成要素ポーチを持っていれば、物質要素と焦点具のうち、特に価格が記載されていない物を持っているとみなされる。

精神集中：呪文を発動するには精神集中をしなければならない。精神集中ができない状況では、呪文を発動することはできない。呪文の発動を開始したものの、途中で何かが精神集中を妨げた場合、精神集中判定に成功しなければ呪文を失ってしまう。判定のDCは、精神集中を妨げた原因に応じて決まる（9章参照）。判定に失敗したら、呪文は効果を発揮せず立ち消えてしまう。あらかじめ呪文を準備する術者の場合には、準備していた呪文が失われる。準備せずにその場で呪文を発動する術者の場合は、発動が成功しなかったにも関わらず、1日の呪文の使用回数に数える。

呪文を維持するための精神集中：一部の呪文は、維持するために継続的な精神集中を必要とする。呪文を維持するために精神集中を行う行動は、標準アクションであり、機会攻撃を誘発しない。呪文を発動する際に精神集中を乱す可能性のある事柄は、維持のための精神集中も乱す可能性がある。精神集中に失敗したなら、呪文は終了する。

発動時間：ほとんどの呪文の発動時間は1標準アクションである。これにより発動した呪文は即座に効果を発揮する。

機会攻撃：一般に、呪文を発動した場合、君を機会攻撃範囲に収めている敵からの機会攻撃を誘発する。機会攻撃によってダメージを受けたら、君は精神集中判定（DC10＋受けたダメージ＋呪文レベル）に成功しなければ、呪文を失ってしまう。発動に即行アクションしか必要としない呪文は、機会攻撃を誘発しない。

防御的発動：機会攻撃を誘発しないように呪文の発動を試みることを、"防御的発動"と呼ぶ。その場合、きちんと発動するには精神集中判定（DC15＋呪文レベルの2倍）が必要となる。失敗したら呪文を失ってしまう。

戦闘における接触呪文：距離が"接触"となっている呪文は多い。これらの呪文を使う場合、君はまず呪文の発動を行ってから、対象に接触する。呪文を発動したのと同じラウンドに、君はフリー・アクションとして接触する（あるいは接触しようとする）ことができる。移動は呪文を発動する前、目標に接触した後、あるいは発動と接触の間のいずれかに行える。仲間に対して接触するか、あるいは自分自身に呪文を使用するのであれば、自動的に行うことができる。しかし敵に接触するためには、攻撃ロールに成功しなければならない。

接触攻撃：接触呪文を帯びて敵に接触する攻撃は武器による攻撃として扱われるため、機会攻撃を誘発しない。しかし、呪文を発動する行為自体は機会攻撃を誘発する。接触攻撃には、近接接触攻撃と遠隔接触攻撃の2種類がある。どちらの攻撃でもダメージを与える呪文ならクリティカル・ヒットが起こり得る。接触攻撃に対する敵のACは、鎧ボーナス、盾ボーナス、外皮ボーナスを含まない。サイズ修正値、【敏捷力】修正値、および反発ボーナス（もしあれば）は通常通り適用される。

チャージの保持：呪文を発動したラウンドにチャージを消費しないなら、君はいつまででも、呪文のチャージを保持できる。接触攻撃は以後のラウンドで行える。チャージを保持しているとき、何か、あるいは誰かに接触したならば、たとえ意図的でなくても、チャージを消費してしまう。新たに他の呪文を発動したなら、チャージ保持中の接触呪文は失われる。標準アクションで1人の仲間に接触するか、全ラウンド・アクションで最大で6人の仲間に接触できる。また別の選択肢として、チャージ保持中に通常の素手攻撃（あるいは肉体武器による攻撃）を行うことができる。この場合、君は武装しているとはみなされず、通常素手で攻撃する場合と同様に機会攻撃を誘発してしまう。君の素手攻撃や肉体武器による攻撃が機会攻撃を誘発しないのであれば、こういった攻撃でも機会攻撃は誘発しない。攻撃が命中したら、素手攻撃あるいは肉体武器による通常のダメージを与え、呪文のチャージ消費が行われる。攻撃が失敗したなら、君はチャージを保持し続ける。

戦闘における遠隔接触攻撃：呪文の中には、呪文の発動の一部として遠隔接触攻撃を行うものがある。この遠隔接触攻撃は呪文の発動の一部であり、別のアクションを必要としない。防御的発動を行ったとしても、遠隔接触攻撃は機会攻撃を誘発する。特に記載のない限り、遠隔接触攻撃は以降のターンまで保持しておくことはできない。

呪文の解除：持続中の呪文を解除する行動は機会攻撃を誘発しない標準アクションである。

全ラウンド・アクションを開始または完了する

"全ラウンド・アクションを開始する"という標準アクションによって、君は全ラウンド・アクションを開始し、次のラウンドにもう1回標準アクションを消費して、これを完了することができる。君はこのアクションを使用して、全力攻撃、突撃、疾走、撤退の各アクションを開始したり完了することはできない。

防御専念

標準アクションとして、防御に専念することができる。君は1ラウンドの間、ACに＋4の回避ボーナスを得る。君のACの上昇はこの行動の開始時点から始まる。防御専念は、防御的戦闘や《攻防一体》特技の利益と組み合わせることはできない。防御専念を行っている間は、機会攻撃を行うことはできない。

特殊能力の使用

特殊能力の使用は標準アクションである場合が多い。しかし標準アクションか、全ラウンド・アクションであるか、あるいはアクションでないかは、それぞれの能力ごとに定められている。

擬似呪文能力（擬呪）：擬似呪文能力の使用は呪文の発動のように働く。つまり精神集中を必要とし、機会攻撃を誘発する。擬似呪文能力は妨害される場合がある。精神集中に失敗したら、能力の使用は失敗するが、能力を使った回数に数える。擬似呪文能力は、その能力の解説に特に記載がない限り、1標準アクションの発動時間を持つ。

*擬似呪文能力の防御的発動：*呪文を発動する場合と同じように、擬似呪文能力の防御的発動を試みることができる。精神集中判定（DC15＋呪文レベルの2倍）に失敗したら、能力を使うことはできないが、能力を使った回数に数える。

超常能力（超常）：超常能力の使用は通常、標準アクションである（各能力の説明で特に記載のある場合はこの限りではない）。超常能力の使用は妨害されず、精神集中を必要とせず、機会攻撃を誘発しない。

変則的能力（変則）：通常、変則的能力のほとんどは反射的かつ自動的に発揮されるものであり、アクションではない。アクション扱いとなる変則的能力は一般に、標準アクションであり、妨害されることがなく、精神集中を必要とせず、機会攻撃を誘発しない。

移動アクション

一部の移動に関係した技能を除き、ほとんどの移動アクションは判定を必要としない。

移動

移動アクションのうちもっとも単純なのが、君の移動速度分までの距離を移動する行動である。君のターンにこの種の移動アクションを行ったら、君はそのターンに5フィート・ステップを行うことはできない。

登攀（移動速度の1/4の距離まで）や水泳（移動速度の1/4の距離まで）といった標準的でない移動形態のほとんどもこの分類に含まれる。

登攀速度の上昇：〈登攀〉判定に−5のペナルティを受けて、移動アクションとして、自らの移動速度の1/2の距離を登攀することができる。

這い進む：君は移動アクションとして5フィート這い進むことができる。這い進む行動は、這い進む経路上のいずれかで君を機会攻撃範囲に収めるすべての攻撃者から機会攻撃を誘発する。這い進んでいるクリーチャーは伏せ状態として扱われ、立ち上がるには機会攻撃を誘発する移動アクションを要する。

呪文を向ける／向け直す

呪文の中には、呪文を発動した後で、効果を新たな目標や範囲に向け直すことができるものがある。1つの呪文を向け直す行動は移動アクションであり、機会攻撃を誘発せず、精神集中も必要としない。

武器を1つ抜く／鞘に収める

戦闘で使用できるように武器を抜いたり、その手を自由に使えるように武器を1つしまうといった行動は、それぞれ移動ア

クションを要する。このアクションは、簡単に手に届く位置で運搬している、ワンドのような武器に似た物体に関しても適用される。もし君が武器や武器に似た物体を袋にしまっていたり、簡単に手の届かない位置で運搬していたら、このアクションは"しまってあるアイテムを1つ取り出す"アクションとして扱う。

君の基本攻撃ボーナスが＋1以上であるなら、通常移動を行いながら、1つの武器をフリー・アクションで抜くことができる。《二刀流》特技を持っているなら、軽い武器か片手武器を2つ同時に、通常1つの武器を抜くのと同じ時間で準備することができる。

遠隔武器と共に使用するために矢弾（アロー、ボルト、スリング・ブリット、シュリケンなど）を抜く（取り出す）行動はフリー・アクションである。

アイテムを取り扱う

ほとんどの場合、アイテムを1つ動かしたり取り扱ったりする行動は移動アクションである。

これには、しまってあるアイテムを1つ取り出す、アイテムを1つしまう、アイテムを1つ拾う、重い物体を1つ動かす、扉を開くなどの行動が含まれる。この種の行動の例、および個々の行動が機会攻撃を誘発するかについては、表8-2を参照。

乗騎に乗る／降りる

乗騎に乗ったり降りたりする行為はそれぞれ移動アクションである。

素早く乗り降りする：君はDC20の〈騎乗〉に成功することにより、フリー・アクションで乗騎に乗るか降りることができる。判定に失敗したら、乗ったり降りたりする行動は移動アクションとなる。そのラウンド中に移動アクションとして乗ったり降りたりできる状況でなければ、素早く乗り降りすることを試みることができない。

盾を1枚準備する／使わない状態にする

盾ボーナスを得るために1枚の盾のストラップに腕を通して準備する行為や、1枚の盾のストラップから腕を抜いて盾を外し、その腕を他の目的に使用できるようにする行為は、それぞれ移動アクションを要する。基本攻撃ボーナスが＋1以上であるなら、通常移動を行いながら、1枚の盾を準備したり使えない状態にする行為をフリー・アクションで行うことができる。

運搬している（が着用していない）盾を落とす行為はフリー・アクションである。

立ち上がる

伏せ状態の姿勢から立ち上がる行動は移動アクションを要し、機会攻撃を誘発する。

全ラウンド・アクション

全ラウンド・アクションを行うには、1ラウンド全体が必要である。そのため、標準アクションや移動アクションと組み合わせることはできない。しかし、全ラウンド・アクション自体

にマス目の移動を何も含んでいなければ、5フィート・ステップと組み合わせることはできる。

全力攻撃

　基本攻撃ボーナスが高かったり（3章『基本攻撃ボーナス』参照）、2つの武器や双頭武器で二刀流で戦っていたり、その他何らかの理由があって、1ラウンドあたりの攻撃回数が2回以上である場合、追加攻撃を行うためには全ラウンド・アクションを使わなければならない。各攻撃の目標を前もって決めておく必要はない。先に行った攻撃の結果を見てから、次の攻撃の目標を決めればよい。

　全力攻撃中に行える移動は5フィート・ステップだけである。ステップは攻撃の前、後、あるいは攻撃と攻撃の間のいずれかで行える。

　基本攻撃ボーナスの値が高いことで複数回攻撃が可能となっている場合には、ボーナスの高い順に攻撃を行わなくてはならない。2つの武器を使用している場合には、どちらの武器で先に攻撃してもかまわない。双頭武器を使用している場合には、武器のどちらの端で先に攻撃してもかまわない。

攻撃アクションか全力攻撃アクションかを選択する：そのラウンドの移動アクションを行う前なら、最初の攻撃の後、その結果を見て、残りの攻撃を行うか移動アクションを行うかを決めてもよい。すでに5フィート・ステップを行っていた場合には、移動アクションを使用して現在のマス目から移動することはできない。しかし、別の種類の（マス目の移動を伴わない）移動アクションを行うことはできる。

全ラウンド・アクションとして防御的戦闘を行う：全力攻撃を行う際、防御的戦闘を選択することができる。そうすれば、君は次の君のターン開始まですべての攻撃に－4のペナルティを受け、ACに＋2の回避ボーナスを得る。

呪文の発動

　発動時間が1ラウンドの呪文の発動は全ラウンド・アクションである。呪文の発動を開始したラウンドの次のラウンドの君のターンの開始時に呪文が効果を発揮する。そのターンには、呪文が完成した後で、通常通りに行動することができる。

　発動に1分かかる呪文は、1分後の自分のターンの直前に効果を発揮する（君はそれまでの10ラウンドの間、ずっと全ラウンド・アクションで呪文の発動を行っている）。これらのアクションは途切れずに連続して行わねばならず、途中で邪魔が入ってはならない。さもなければ、呪文は自動的に失敗する。

　発動時間が1ラウンドかそれ以上かかる呪文を開始したら、詠唱や身振りや精神集中を、最初のラウンドから（少なくとも）次のラウンドの自分のターンの直前まで継続しなければならない。呪文を開始してから完了するまでの間に精神集中に失敗したら、その呪文は失われてしまう。

　1ラウンド以上にわたって呪文の発動を継続しなければならない場合でも、機会攻撃を誘発するのは呪文の発動を開始したときだけである。呪文の発動を行っている間、君は周囲のいかなるマス目も機会攻撃範囲に収めない。

　このアクションはこれ以外の点では、『標準アクション』の項にある『呪文の発動』と同様である。

修正呪文の発動：ソーサラーとバードは修正呪文（呪文修正特技によって強化された呪文）の発動に通常の呪文より長い時間を要する。その呪文の通常の発動時間が1標準アクションなら、ソーサラーやバードの場合、修正呪文の発動時間は全ラウンド・アクションとなる（《呪文高速化》の特技で修正された特技は例外で、発動時間は即行アクションである）。これは発動時間が"1ラウンド"の呪文とは異なるので注意すること。この種の呪文は発動を開始したのと同じターンに効果を発揮し、次のラウンドまで詠唱や身振り、精神集中を続ける必要がない。発動時間がもっと長い呪文の場合、修正呪文の発動には追加で1回全ラウンド・アクションを要する。

　クレリックやドルイドがキュアやインフリクト、サモンの呪文の修正版を任意発動する場合、通常より長い時間を要する。通常の発動時間が1標準アクションである呪文の修正版を任意発動する場合、発動時間は全ラウンド・アクションである。発動時間がもっと長い呪文の場合、修正呪文の発動には追加で1回全ラウンド・アクションを要する。

移動困難な地形で5フィート移動する

　移動に大きな支障がある状況で、5フィート（1マス）移動するだけの移動速度すらないことがある。こういった場合、全ラウンド・アクションを使用して、好きな方向に5フィート（1マス）移動することができる。この移動は斜め方向でも構わない。見かけ上は5フィート・ステップに似ているが、同じものではなく、通常通りに機会攻撃を誘発する。

疾走

　全ラウンド・アクションとして疾走を行える。その際、さらに5フィート・ステップを行うことはできない。疾走するなら、直線状に通常の移動速度の4倍（重装鎧を着ているなら3倍）までの距離を移動することができる。《疾走》特技がない限り、ACへの【敏捷力】ボーナスを失う。

　【耐久力】の値に等しいラウンド数までは疾走することができるが、その後も疾走を続けたいなら、【耐久力】判定（DC10）に成功しなくてはならない。疾走を続ける限り、毎ラウンド判定を行わねばならず、そのDCは判定に成功するごとに1ずつ上昇していく。この判定に失敗したら、疾走を止めなければならない。限界まで疾走したキャラクターは、1分間（10ラウンド）休憩しなければ、再び疾走することはできない。休憩している間、キャラクターは通常の移動アクションより早く移動することはできない。

　君は移動困難な地形を疾走することはできない。また移動する先を見ることができない場合にも疾走は行えない。

　疾走は荷重のない状態のキャラクターでおよそ時速13マイル（約21km）である。

特殊能力の使用

　特殊能力の使用は通常標準アクションである。しかし、中に

は全ラウンド・アクションを要するものもあり、それは個々の
能力の説明に明記されている。

撤退

　近接戦闘からの撤退は全ラウンド・アクションである。撤退
する場合、君は自らの移動速度の2倍までの距離を移動できる。
君が移動を開始したマス目は、君が見ることのできるすべての
敵から機会攻撃範囲に収められていないものとみなされる。そ
のため、君がそのマス目から移動して出る際には、君から見え
ている敵からの機会攻撃を誘発しない。不可視状態の敵は依然
として君に対して機会攻撃を得る。君は盲目状態にある場合、
戦闘からの撤退を行えない。君は撤退を行うのと同じラウンド
には5フィート・ステップを行うことができない。

　撤退の過程において、君が機会攻撃範囲のマス目（君が移動
を開始したマス目以外のもの）から移動したら、敵は通常通り
に機会攻撃を得る。

　君は専用の移動速度を有しない移動形態で撤退することはで
きない（例えば、水泳移動速度が無ければ〈水泳〉移動による
撤退はできない）。

　アクションの名称は"撤退"であるが、君がこれによって完全
に戦闘から逃れ去るわけではないのに注意。

行動の制限と撤退：君が各ラウンドに標準アクションだけしか
行えないような制限を受けていた場合には、標準アクションと
して撤退を行うことができる。この場合、君は最大で自らの移
動速度分の移動を行える。

フリー・アクション

　フリー・アクションにはまったく時間を要さないが、君が1
ターンに行うことのできる回数に制限はあるかもしれない。フ
リー・アクションはめったに機会攻撃を誘発しない。以下によ
く用いられるフリー・アクションの例をいくつか挙げる。

呪文の集中を中止する

　君はフリー・アクションとして、呪文1つの集中を中止する
ことができる。

アイテムを1つ落とす

　アイテムを1つ、君の接敵面か隣接するマス目に落とす行為
はフリー・アクションである。

伏せる

　自分の接敵面で伏せ状態になる行動はフリー・アクションで
ある。

話す

　原則的に、何かを話す行為はフリー・アクションであり、し
かも君のターンでなくても行うことができる。しかし原則とし
て、1〜2分ほどを越えて話す行動は、フリー・アクションの
範疇を超えている。

即行アクション

　即行アクションは非常に短い時間しか必要としないが、フ
リー・アクションに比べると多くの労力を要するものである。
君は他のアクションを行う能力に影響を与えずに、1ターンに
つき1回の即行アクションを行うことができる。この点におい
て即行アクションはフリー・アクションに似ている。しかし君
は、他にどんなアクションを行うかに関わらず、1ターンにつ
き1回の即行アクションしか行うことはできない。君が通常な
らフリー・アクションを行えるときであればいつでも、即行ア
クションを行うことができる。一般に、即行アクションには呪
文の発動、特技の起動、魔法のアイテムの起動が含まれる。

高速化した呪文の発動

　高速化した呪文（《呪文高速化》特技を参照）1つか、あるい
は発動時間が"1フリー・アクション"もしくは"1即行アクショ
ン"の呪文1つを、即行アクションとして発動することができる。
特定の1ラウンドにはこのような呪文を1つだけしか発動する
ことができないが、このような呪文は通常の1ラウンドに1つ
という呪文の制限には数えられない。即行アクションとして呪
文を発動する行為は、機会攻撃を誘発しない。

割り込みアクション

　割り込みアクションは即行アクションに似ており、非常に短
い時間しか必要としないが、フリー・アクションより多くの労
力を要する行動を表す。しかし即行アクションと異なり、割り
込みアクションはいつでも──たとえ君のターン中でなくても
──行うことができる。**フェザー・フォール**呪文の発動は割り
込みアクションである。というのも、この呪文はいつでも発動
できるからである。

　君のターン中に割り込みアクションを使用するなら、それは
即行アクションと同じであり、そのターンの即行アクションと
して数える。君が割り込みアクションを、君のターン中でない
時に使用したら、君の次のターン終了後まで、次の割り込みア
クションや即行アクションを行うことができない（君のターン
でない時に割り込みアクションを行うことは、君の次のターン
での即行アクションを利用してしまったのと同じ結果になる）。
また君は、立ちすくみ状態にある間は割り込みアクションを使
用することはできない。

その他のアクション

　以下のアクションは達成するために必要な時間が一定ではな
かったり、他のアクションとは違った働き方をする。

5フィート・ステップを行う

　君は他の種類の移動を一切行わないラウンドであれば、5
フィート・ステップを行うことができる。5フィート・ステッ
プは機会攻撃を誘発しない。1ラウンドに2回以上の5フィート・
ステップを行うことはできない。またそのラウンドにこれ以外
で実際に僅かな距離でも移動するのであれば、5フィート・ス
テップを行うことはできない。

君はそのラウンドに行う他のアクションの前、途中、あるいは後に5フィート・ステップを行うことができる。

君は、移動困難な地形や暗闇のために移動に支障があると、5フィート・ステップはできない。移動速度が5フィート以下のクリーチャーは5フィート・ステップを行うことはできない。それほど移動速度の遅いクリーチャーにとっては、5フィートの移動すら移動アクションを要するからである。

君は専用の移動速度を有しない移動形態で5フィート・ステップを行うことはできない(例えば、水泳移動速度が無ければ〈水泳〉移動による5フィート・ステップはできない)。

特技の使用

特技の中には戦闘中、特殊なアクションを取ることを可能にするものがある。また、それ自体はアクションを必要としないものの、もともと行うことのできるなんらかの行動を試みる際に、利点を与えてくれるものがある。戦闘ルール内で使用するためのものではない特技もある。個々の特技の説明に、その特技に関して君が必要とする情報が記載されている。

技能の使用

ほとんどの技能の使用は標準アクションであるが、中には移動アクションのもの、全ラウンド・アクションのもの、フリー・アクションのもの、あるいはその他のものもある。

4章の個々の技能の説明に、その技能の使用にどのアクションが必要か記載されている。

負傷と死

ヒット・ポイント（HP）は君を殺すのがどれほど困難かを示す値だ。君のキャラクターは、どれだけHPを失っても、HPが0以下に低下するまで、行動に支障をきたさない。

ヒット・ポイントを失う

致傷ダメージを受けてHPを失うというのが、キャラクターが負傷するもっとも一般的な形態である。

ヒット・ポイントが表しているもの：HPはゲームの世界における2つの事象を表している：物理的に痛めつけられながらも動き続ける能力と、致命的な一撃を軽い傷で済ませる能力である。

ヒット・ポイント・ダメージの効果：現在のHPが0以下になるまでは、ダメージは特に行動を阻害しない。HPが0で満身創痍状態となる。

HPが-1以下になり、しかし【耐久力】の負の値よりも大きいならば、気絶状態かつ瀕死状態となる。

HPが【耐久力】の負の値以下となったなら、死亡状態となる（例えば、君の【耐久力】の値が10なら、HPが-10になったとき、死亡状態となる）。

大規模ダメージ（選択ルール）：1回の攻撃で最大HPの半分（最小でも50ポイントのダメージ）以上の大量のダメージを受け、なおかつそれによって死亡しなかった場合、君は頑健セーヴ（DC15）を行う。このセーヴに失敗したら、現在のHPに関わらず死亡する。複数回攻撃によって最大HPの半分以上のダメージを受けたとしても、各攻撃のダメージがどれも最大HPの総量の半分（最小でも50）以上の値でなければ、大規模ダメージのルールは適用されない。

満身創痍状態（0ヒット・ポイント）

現在のHPがちょうど0になったら、満身創痍状態となる。

よろめき状態となり、各ラウンド、移動アクションか標準アクションしか行うことはできなくなる（どちらか一方だけであり、全ラウンド・アクションは行えない）。移動アクションならそれ以上自らの体を傷つけずに行えるが、何らかの標準アクション（あるいはそれ以外でも、なんらかの厳しいアクション）を行えば、行動後に1ポイントのダメージを受ける。この行動で自分のHPが上昇したのでない限り、HPは-1になり、瀕死状態になる。

治療によってHPが1以上に上昇したら、まるでHPが0以下に落ちたことがないかのように、再び支障なく行動できるようになる。

瀕死状態から回復した場合にも、満身創痍状態となる。この場合は回復の途上にあり、HPが0より低い場合もあり得る（『容態安定状態のキャラクターと回復』を参照）。

瀕死状態（ヒット・ポイントが-1以下）

キャラクターの現在のHPが-1以下になったが、【耐久力】の負の値よりも大きいならば、瀕死状態となる（例えば、君の【耐久力】の値が10なら、HPが-1から-9までの範囲に低下したら瀕死状態となる）。

瀕死状態のキャラクターは即座に気絶状態となり、何のアクションも取ることはできない。

瀕死状態のキャラクターは各ラウンドの終了時にHPを1ポイント失う。これはキャラクターが死亡状態となるか容態安定状態となるまで続く。

死亡状態

キャラクターの現在のHPが【耐久力】の負の値以下（訳注：例えば、君の【耐久力】の値が10なら、HPが-10以下）になるか、大規模ダメージを受けてセーヴに失敗したら、死亡状態となる。キャラクターは能力値ダメージや能力値吸収によって、【耐久力】が0に下がることによっても死亡する（付録1参照）。

レイズ・デッドやリザレクションのような強力な魔法によって、死亡状態のキャラクターを生き返らせることができる。詳しい内容については9章を参照のこと。

容態安定状態のキャラクターと回復

HPが負の値にまで減少した（が、まだ死亡状態にない）次のターンと、それ以降の各ターンに、【耐久力】判定（DC10）を行い、キャラクターが容態安定状態となったかを決める。この判定には現在のHPに等しいペナルティを受ける。既に容態安定状態のキャラクターはこの判定を行う必要はない。ダイスの目が20であったら、この判定は自動的に成功する。判定に失敗したらHPを1ポイントを失う。気絶状態や瀕死状態のキャラクターは、自分の行動するイニシアチブ・カウントを変更するような特殊なアクションを一切行うことができない。

アシッド・アローや出血状態のような持続ダメージを受けているキャラクターは、容態安定化のための【耐久力】判定に自動的に失敗する。このようなキャラクターは持続ダメージに加えて、ラウンドごとにHPを1ポイント失う。

君はDC15の〈治療〉に成功することで、瀕死状態のキャラクターを容態安定状態にし、それ以上HPを失わないようにすることができる。

なんらかの治癒によって瀕死状態のキャラクターのダメージが1ポイントでも癒されたら、容態安定状態となり、それ以上HPを失わない。

治癒によって瀕死状態のキャラクターのHPが0に上昇したなら、キャラクターは意識を取り戻し満身創痍状態となる。治癒によってHPが1以上に上昇したなら、まるでHPが0以下に落ちたことがないかのように、再び支障なく行動できるようになる。呪文の使い手はHPが0未満になる以前のままの呪文発動能力を有する。

容態安定状態のキャラクターは、手当を受けたり魔法的な治療を受けたのであればやがて意識を取り戻して自然にヒット・ポイントを回復する。しかし、手当をしてくれるものがいない場合には、引き続き命の危険にさらされており、死んでしまう場合もある。

手当てを受けた回復：手当の1時間後、瀕死状態のキャラクター

は容態安定状態となり、【耐久力】判定（DC10）を行って成功したら意識を取り戻す。この判定には現在のHPに等しいペナルティを受ける。意識を取り戻したHPが負の値のキャラクターは満身創痍状態として扱う（p.197参照）。意識が戻らなかったなら、1時間ごとに意識を取り戻すための判定を繰り返す。ダイスの目が20であったならこの判定は自動的に成功する。たとえ気絶状態が続いていても、HPは自然治癒する。HPが1以上に回復した時点で自動的に意識を取り戻す。

手当のない回復：酷い傷を負ったキャラクターを1人で放置すれば通常は死亡する。しかし、わずかだが自力で回復する可能性もある。そのようなキャラクターも手当てを受けた回復と同様に扱う。しかし、意識を取り戻すための【耐久力】判定に失敗するごとにHPを1ポイント失う。この状態ではHPの自然治癒は起こらない。ひとたび意識を取り戻したなら、1日に一度、8時間の休息の後で【耐久力】判定（DC10）を行い、成功すればHPの自然治癒が始まる。この判定にはHPの値に等しいペナルティを受ける。この判定に失敗するとHPを1ポイントを失うが、これにより気絶状態となることはない。一度この判定に成功したら、自然治癒が始まり、それ以上HPを失う危険はなくなる。

治癒

ダメージを受けた後、君は失ったHPを自然治癒や魔法の治癒によって回復することができる。いずれの場合でも、治癒によって最大HPを超える値になることはない。

自然治癒：1晩休息（最低でも8時間の睡眠）すると、キャラクター・レベル1につきHPを1ポイント回復する。休息の途中で明らかな邪魔があれば、その晩は治癒しない。

きちんとベッドに入ってまる1昼夜休息すれば、キャラクター・レベルの2倍のHPを回復することができる。

魔法による治癒：さまざまな能力や呪文によりHPを回復することができる。

治癒の限界：失った値より多くのHPを回復することはできない。魔法の治癒は現在のHPを最大HPより高い値にすることはない。

能力値ダメージの治癒：一時的能力値ダメージは1晩の休息（8時間）につき、影響を受けている各能力値がすべて1ポイントずつ回復する。きちんとベッドに入ってまる1昼夜（24時間）休息すれば、影響を受けている能力値がすべて2ポイントずつ回復する。

一時的ヒット・ポイント

効果としてキャラクターに一時的HPを与えるものがある。一時的HPは現在のHPに追加で加えられるものであり、ダメージを受けたときには、先に一時的HPから減少させる。一時的HPを超えたダメージは通常通り現在のHPに適用される。一時的HPを与える効果が終了するか解呪されたら、残っていた一時的HPは失われる。一時的HPに受けていたダメージが現在のHPに移されることはない。

失われた一時的HPは、たとえ魔法を用いても、本物のHPのように回復させることはできない。

【耐久力】の上昇と現在HP：たとえ一時的にでも、キャラクターの【耐久力】が上昇したら、HPも増える（実効上、最大HPと現在HPが上昇する）。しかしこれは一時的HPとは異なるものだ。これによって増えたHPは回復可能であり、一時的HPのように本来のHPより先に失われることもない。

非致傷ダメージ

非致傷ダメージは、キャラクターの命に危険を及ぼさない程度の傷を表している。通常ダメージとは異なり、非致傷ダメージは休息により速やかに回復する。

非致傷ダメージの考え方：一部の攻撃は非致傷ダメージを与える。その他の効果、たとえば高温や疲労も非致傷ダメージを与える。非致傷ダメージを受けたら、その合計を記録すること。決して非致傷ダメージを現在のHPから減らしてはならない。これは"本物の"ダメージではないのだ。代わりに、非致傷ダメージが現在のHPと同じになったら、君はよろめき状態（後述）になってしまう。非致傷ダメージが現在のHPを超えたら、君は気絶状態になる。

致傷ダメージを与える武器で非致傷ダメージを与える：致傷ダメージを与える近接武器を用いて、代わりに非致傷ダメージを与えることができる。ただし、攻撃ロールに−4のペナルティを受ける。

非致傷ダメージを与える武器で致傷ダメージを与える：素手攻撃を含めた非致傷ダメージを与える武器を用いて、代わりに致傷ダメージを与えることができる。ただし、攻撃ロールに−4のペナルティを受ける。

よろめき状態と気絶状態：受けた非致傷ダメージが現在のHPとちょうど同じになったら、君はよろめき状態になる。君はラウンドごとに移動アクションか標準アクションしかとれなくなる（これに加えて、フリー・アクション、割り込みアクション、及び即行アクションを取ることはできる）。現在のHPが再び非致傷ダメージより大きくなれば、君はよろめき状態から回復する。

受けた非致傷ダメージが現在のHPより大きくなったら、君は気絶状態となる。気絶状態の間、君は無防備状態でもある（p.622参照）。

気絶状態となった呪文の使い手は、気絶状態になる以前のままの呪文発動能力を有する。（気絶状態の間は発動できないが、例えばソーサラーなら、1日の呪文数の残り回数は気絶状態となる以前と変わらない）。

非致傷ダメージが（現在のHPではなく）最大HPに等しくなったなら、以降の非致傷ダメージは致傷ダメージとして扱われる。再生能力を持つクリーチャーには、このルールは適用されない。再生能力を持つクリーチャーが追加の非致傷ダメージを受けたとしても、単に気絶状態の時間が伸びるだけである。

非致傷ダメージの治癒：非致傷ダメージは、1時間毎にキャラクター・レベル1につき1ポイントずつ回復する。HPへのダメージを回復する呪文や能力を使えば、HPの回復と同ポイントの非致傷ダメージを同時に回復できる。

戦術移動

ヴァレロス

オーガ

#1 #2 #3,4 #5,6 #7,8,9

#1 #2 #3 #4

戦術移動

ヴァレロスの1マス目の移動は5フィート（1マス）のコストが必要になる。2マス目の移動もまた5フィートのコストがかかるが、3マス目の移動（2回目の斜め方向の移動）は10フィートのコストが必要となる。4マス目の移動で彼は移動困難な地形へと進入したので、ここでも10フィートのコストがかかる。この時点（#6）までで、ヴァレロスは30フィートぶんを移動し、移動アクションを終了する。最後の1マスの移動は、斜め方向に移動困難な地形へ進入するので、15フィートのコストが必要である。ヴァレロスはこの位置まで移動するために、このターンの標準アクションを消費しなければならない。

大型サイズのオーガの移動コストは合計20フィート（4マス）分の移動となる。オーガは角を斜めに横切ってこの位置に移動することはできずここに示すように角を回り込んで移動しなければならない。

移動、位置取り、距離

　ミニチュアは30mmスケール——つまり身長6フィート（約180cm）の人間のミニチュアが約30mmの大きさとなっている。バトル・グリッド上のマス目は1インチ（2.54cm）幅で、これが5フィート四方の範囲を表している。

戦術移動

　移動速度は種族と着ている鎧（表8-3を参照）によって決定される。鎧を着ていないときの移動速度を基本移動速度と呼ぶ。

荷重：宝物や、大量の装備、倒れた仲間などを運んでおり、荷重がかかっているキャラクターは通常より動きが遅くなる場合がある（7章参照）。

移動の支障：移動困難な地形、障害物、劣悪な視界などは移動の支障になることがある。

戦闘中の移動：通常、君は1ラウンドの間に（1回の移動アクションと1回の標準アクションを使って）移動速度分の移動を行った上で何かを行うことができる。

　移動以外に何も行わないなら（つまりそのラウンドの君のアクションを両方とも移動速度分の移動を行うのに費やしたら）、移動速度の2倍を移動できる。

　そのラウンド全体を疾走に費やしたら、移動速度の4倍（重装鎧を着ているなら移動速度の3倍）を移動できる。1全ラウンドを要する行為を行うなら、5フィート・ステップしか行えない。

移動速度へのボーナス：バーバリアンは移動速度に＋10フィートのボーナスを得る（重装鎧を着ていない場合のみ）。経験を積んだモンクも移動速度が速い（防具を身につけていない場合のみ）。加えて、さまざまな呪文や魔法のアイテムがキャラクターの移動速度に作用する。常に、まずキャラクターの基本移動速度に修正値を適用してから、鎧や荷重による調整を行うこと。またキャラクターの移動速度に対して同種のボーナスが複数あっても累積はしない点に注意。

距離の数え方

　原則として、距離は1マスを5フィートとして数える。

斜め方向：距離を数える際、斜め方向の最初の1回目は1マス分と数え、2回目は2マス分、3回目は1マス分、4回目は2マス分、と数えていく。

　君は壁などの角を超えて斜めに移動することができない（たとえ5フィート・ステップを使用してもこれはできない）。君は敵を含め、クリーチャーのマスを超えて斜めに移動することができる。

表8-3：戦術移動速度

種族	鎧なしか軽装鎧	中装鎧か重装鎧
人間、エルフ、ハーフエルフ、ハーフオーク	30フィート（6マス）	20フィート（4マス）
ドワーフ	20フィート（4マス）	20フィート（4マス）
ハーフリング、ノーム	20フィート（4マス）	15フィート（3マス）

また君は穴のような通行不能な障害物を越えて斜めに移動することができる。

最も近いクリーチャー：特定の場所から最も近いマス目や最も近いクリーチャーを判断する必要があるとき、もし2つ以上のマス目やクリーチャーが同じ距離にあったら、ダイスをロールして、どちらが最も近いかをランダムに決定すること。

マス目の通過

ほとんどの環境において、君は何もいないマス目を難なく通り抜けることができる。しかし、移動困難地形や呪文等の効果によって、移動が妨げられる場合がある。

仲間：突撃を行っている場合を除いて、君は仲間のクリーチャーがいるマス目を通過して移動することができる。仲間のクリーチャーが占めているマスを通過して移動する際、そのキャラクターは君に対して遮蔽を提供しない（p.202参照）。

敵：敵が無防備状態である場合を除いて、君は敵がいるマス目を通過して移動することはできない。敵が無防備状態ならばペナルティを受けることもなく通過できる。極めて大きいものなど一部のクリーチャーは、無防備状態であっても障害物となる場合がある。この場合、通過する1マスごとに2マスと数える。

移動の終了：君は無防備状態にあるもの以外のクリーチャーがいるマス目で移動を終了することはできない。

蹴散らし：君は移動の途中で敵がいるマス目を通過しようと試みることができる（p.208参照）。

〈軽業〉移動：訓練を積んでいるキャラクターは、敵がいるマス目を〈軽業〉技能を使用して通過しようと試みることができる（〈軽業〉参照）。

非常に小さなクリーチャー：極小サイズ、微小サイズ、超小型サイズのいずれかであるクリーチャーは、何かがいるマス目に入ったり通過することができる。これを行う際には機会攻撃を誘発する。

サイズ分類が3段階以上異なるクリーチャーが占めているマス目：すべてのクリーチャーは、自分よりもサイズ分類が3段階以上大きいクリーチャーのいるマス目を通過することができる。

大きなクリーチャーは、自分よりもサイズ分類が3段階以上小さなクリーチャーのいるマス目を通過することができる。他のクリーチャーがいるマス目を通過する行為は、そのクリーチャーからの機会攻撃を誘発する。

特別な例外：クリーチャーの中にはこれらのルールが適用されないものもいる。〈軽業〉技能や類似した特殊能力を使用してさえ、そのマス目が完全にいっぱいになるクリーチャーの占めているマス目を通過することはできない。

地形と障害物

絡み合った植物から瓦礫まで、さまざまな移動を妨げる地形がある。

移動困難な地形：濃い下生え、でこぼこな床、急勾配の廊下などといった移動困難な地形は移動の支障になる。移動困難な地形は1マスで2マス分の移動と数える。移動困難なマス目への斜め方向の移動は3マスと数える。移動困難な地形を通って疾走や突撃を行うことはできない。

君が異なった種類の地形のある複数のマス目を占める場合、それらのマス目にある最も移動困難な地形が許す速度での移動しか行えない。

飛行クリーチャーや非実体クリーチャーにとっては、移動困難な地形は移動の支障とはならない。

障害物：移動困難な地形と同様、障害物も移動を妨げる。障害物が完全に移動を阻むわけではない場合、障害物のあるマス目や、マス目とマス目の間にある障害物を、それぞれ2マス分の移動と数える。君はこの障害を超えるためのコストを、反対側にあるマス目に移動するのに必要なコストに加えて支払う。もし君が障害を超える分と反対側のマス目に移動する分を合わせただけの移動を行えないならば、君は障害を超えることはできない。障害物の中には、越えるのに技能判定を必要とするものもある。

一方で、障害物の中には、移動を完全に遮るものもある。キャラクターはこの種の障害物を通過することはできない。

飛行クリーチャーや非実体クリーチャーはほとんどの障害物を避けることができる。

無理矢理入り込む：時として、君が占める接敵面よりも幅の狭い範囲に無理矢理入り込まなければならない場合もあるだろう。君は、君の通常の接敵面と比べて少なくとも半分の幅がある場所に“無理矢理入り込む”ことによって通過したり進入することができる。狭い場所の通過や進入は、1マスの移動を2マス分と数える。加えて狭い場所に無理矢理入り込んでいる間、君は攻撃ロールとACに−4のペナルティを受ける。

大型サイズのクリーチャー（通常は4マスの接敵面を占める）が1マス幅の場所に無理矢理入り込む場合、そのクリーチャーのミニチュアは合計2マスを占めるようになる。置き方としては、2つのマス目の間にある辺を中心とするように配置すること。より大きなクリーチャーに関しても、同様に無理矢理入り込んでいる範囲での中心を定めること。

クリーチャーは無理矢理入り込んでいる間に別のクリーチャーのいるマス目を通過できるが、他者がいるマス目で移動を終えることはできない。

自分の接敵面の半分より幅の狭い場所に無理矢理入り込んで

進入したり通過するには、〈脱出術〉判定が必要である。狭い場所に〈脱出術〉を用いて無理矢理入り込んでいる間は、攻撃を行うことができず、ACに−4のペナルティを受け、ACに対する【敏捷力】ボーナスを失う。

移動に関する特殊ルール

以下のルールは移動に関する特殊な状況をカバーする。

意図せずルール上許されない場所で移動を終える：時としてキャラクターは、ルール上留まることのできない場所で移動を終えることがある。このような場合には、君のミニチュアを、ルール上許された場所のうち、最後に占めていた位置か、あるいは、より近い位置にルール上許される位置があれば、その最も近い場所に置く。

2倍の移動コスト：なんらかの理由で移動に支障があるなら、通常、君の移動に要するコストは2倍になる。たとえば、移動困難な地形を通過する移動は1マスごとに2マスと数え、同様の地形を通過する斜め移動は3マスと数える（これは、通常なら斜め方向に2マス移動した場合と同じ値である）。

移動コストが2重に2倍となった場合には、1マスを4マスと数える（斜め方向の1マスは6マスと数える）。移動コストが3重に2倍となった場合には、マスを8マスと数える（斜め方向の1マスは12マスと数える）。これは2重に2倍になった場合には3倍になるというルールの例外である。

最低移動距離：移動にどれほどペナルティが課せられていても、君は全ラウンド・アクションで、斜め方向を含む好きな方向に5フィート（1マス）の移動を行うことができる。このルールを利用して通行不能な地形を通過して移動したり、すべての移動が禁止されているにも関わらず移動を行ったりすることはできない。この移動は通常通りに機会攻撃を誘発する（動く距離は同じでも、これは5フィート・ステップではない）。

大きな／小さなサイズのクリーチャーの戦闘

超小型サイズ以下、あるいは大型サイズ以上クリーチャーには、位置に関して特殊なルールが適用される。

超小型サイズ、微小サイズ、極小サイズのクリーチャー：非常に小さなクリーチャーの接敵面は1マスより小さい。したがって、このようなクリーチャーは1つのマス目に2体以上入ることができる。超小型サイズのクリーチャーは通常、2と1/2フィート四方の接敵面を占め、そのため1つのマス目に4体入ることができる。微小サイズであれば25体、極小サイズであれば100体のクリーチャーが1マスの中に入ることができる。接敵面が1マスより小さなクリーチャーは通常、生来の間合いが0フィートである。これは隣接するマス目に届かないことを意味する。こういったクリーチャーが近接攻撃を行うには、敵のマス目に入り込まねばならない。これは敵からの機会攻撃を誘発する。君は必要なら自身のマス目を攻撃することができるため、このような小さなクリーチャーを通常通りに攻撃することができる。こういった小さなクリーチャーは生来の間合いを持たないため、周囲のマス目を機会攻撃範囲に収めない。また、

表8-4：クリーチャーのサイズ分類と大きさ

クリーチャーのサイズ	接敵面★	生来の間合い★
極小	1/2フィート	0
微小	1フィート	0
超小型	2と1/2フィート	0
小型	5フィート	5フィート
中型	5フィート	5フィート
大型（立ち）	10フィート	10フィート
大型（伏せ）	10フィート	5フィート
超大型（立ち）	15フィート	15フィート
超大型（伏せ）	15フィート	10フィート
巨大（立ち）	20フィート	20フィート
巨大（伏せ）	20フィート	15フィート
超巨大（立ち）	30フィート	30フィート
超巨大（伏せ）	30フィート	20フィート

★ これらの値は記載されたサイズのクリーチャーの典型的な値。例外は存在する。

表8-5：攻撃ロールの修正値

攻撃側が	近接	遠隔
目が眩んだ状態	−1	−1
絡みつかれた状態	−2[1]	−2[1]
防御側を挟撃している	+2	—
不可視状態	+2[2]	+2[2]
高い場所にいる	+1	+0
伏せ状態	−4	—[3]
怯え状態または恐れ状態	−2	−2
狭い場所に無理矢理入り込んでいる	−4	−4

1 絡みつかれた状態のキャラクターは【敏捷力】にも−4のペナルティを受け、それが攻撃ロールに作用する場合もある。
2 防御側はACへの【敏捷力】ボーナスを失う。
3 ほとんどの遠隔武器は攻撃側が伏せ状態だと使用できないが、クロスボウとシュリケンは伏せ状態でもペナルティなしで使用できる。

表8-6：アーマー・クラスへの修正

防御側が	近接	遠隔
遮蔽の後ろにいる	+4	+4
盲目状態	−2[1]	−2[1]
視認困難であるか不可視状態	視認困難の項を参照	
戦慄状態	−2[1]	−2[1]
絡みつかれた状態	+0[2]	+0[2]
立ちすくみ状態	+0[1]	+0[1]
組みつき状態（しかし攻撃側はそうではない）	+0	+0
無防備状態	−4[3]	+0[3]
膝をついているか座っている	−2	2
押さえ込まれた状態	−4[3]	+0[3]
伏せ状態	−4	+4
狭い場所に無理矢理入り込んでいる	−4	−4
朦朧状態	−2[1]	−2[1]

1 防御側はACへの【敏捷力】ボーナスを失う。
2 絡みつかれた状態のクリーチャーは【敏捷力】に−4のペナルティを被る。
3 防御側はACに【敏捷力】ボーナスを加えられない。

遮蔽

#1：ヴァレロスはオーガに隣接しており、彼の攻撃を妨害するものはない。オーガはヴァレロスに対して遮蔽を得ていない。

#2：メリシエルはオーガに隣接しているが、彼女の接敵面の角とオーガの接敵面の角を結ぶ線が壁を通過している。オーガは彼女からの近接攻撃に対して遮蔽を得ている。しかしオーガが攻撃する際、メリシエルはオーガからの遮蔽を得ていない。これはオーガが生来の間合いを持っているためである（そのため、オーガの攻撃は遠隔攻撃と同じように扱う）。

#3：キーラは遠隔攻撃を行う。遮蔽について考える際、彼女の接敵面の角の1つを選ぶ。（オーガの接敵面と選択した角とを結ぶ）線の一部が堅い壁を通過するため、オーガは遮蔽を得ていることになる。

#4：シオニも遠隔攻撃を行う。彼女の接敵面から引いた線によると、彼女はオーガを半分を超えて見えている。これにより、オーガは（通常の遮蔽ではなく）部分遮蔽を得る。

こういった小さなクリーチャーは挟撃を行うこともできない。

大型サイズ、超大型サイズ、巨大サイズ、超巨大サイズのクリーチャー：非常に大きなクリーチャーは1マスより広い接敵面を占める。

接敵面が1マスより大きなクリーチャーは、一般に10フィート以上の生来の間合いを持っており、隣接するマス目にいない目標にも攻撃が届く。

間合いのある武器を使用する場合とは異なり、通常（5フィート）よりも長い生来の間合いを持つクリーチャーは、隣接するマス目も機会攻撃範囲に収める。通常よりも長い生来の間合いを持つクリーチャーは、君が接近してゆけば、通常、君に対して機会攻撃を得る。なぜなら、君が攻撃を行う前に、そのクリーチャーの間合いに入り、その中で移動しなければならないからだ。君が5フィート・ステップを用いる場合はこの機会攻撃を避けられる。

大型サイズ以上のクリーチャーが間合いのある武器を使用した場合、生来の間合いの2倍までの距離に攻撃することができるが、生来の間合いの範囲に攻撃を行うことはできない。

戦闘における修正値

さまざまな要素や状態が攻撃ロールに影響する。その多くは攻撃ロールやACにペナルティやボーナスを与える。

遮蔽

目標が君の遠隔攻撃に対して遮蔽を得ているかどうかを判断するには、まず君の接敵面の角の1つを選択する。その角から目標の接敵面のそれぞれの角を結ぶ線が、どれか1本でも、効果線を遮ったり遮蔽を与えるようなマス目や辺を通過していたり、他のクリーチャーがいるマス目を通過していたら、目標は遮蔽を得る（ACに＋4）。

隣接している敵に対して近接攻撃を行う場合は、君の接敵面の角と目標の接敵面の角をつなぐ線が1本でも壁（低い壁も含む）を通過していたら、目標は遮蔽を得る。君と隣接していない敵に対して近接攻撃を行う場合（間合いの長い武器を使用する場合など）には、遠隔攻撃に関する遮蔽のルールを用いて遮蔽の有無を判断する。

低い障害物と遮蔽：低い障害物（君の身長の半分以下の高さの壁など）は遮蔽を提供するが、遮蔽を得ることができるのは壁

から30フィート（6マス）以内にいるクリーチャーのみである。攻撃側の方が防御側よりも障害物に近い位置にいるなら、攻撃側は遮蔽を無視することができる。

遮蔽と機会攻撃：君は、君に対して遮蔽を得ている敵に対しては、機会攻撃を行うことができない。

遮蔽と反応セーヴ：遮蔽は君に対し、反応セーヴに＋2のボーナスを与える。これは、君から見て遮蔽の反対側を起点とするか、あるいは遮蔽の反対側で爆発した攻撃に対してのみ有効である。拡散効果は角を回り込んで広がるため、遮蔽ボーナスを無効化することに注意。

遮蔽と〈隠密〉判定：君は遮蔽を使用して〈隠密〉判定を行うことができる。遮蔽がない場合、通常君は〈隠密〉判定を行うために視認困難（後述参照）を必要とする。

柔らかい遮蔽：敵味方問わず、クリーチャーは君に遠隔攻撃に対する遮蔽を提供し、ACに＋4のボーナスを与える。しかし、このような"柔らかい遮蔽"は反応セーヴへのボーナスはなく、〈隠密〉判定を可能にしてはくれない。

大きなクリーチャーと遮蔽：接敵面が5フィート（1マス）より大きなクリーチャーは、近接攻撃に対する遮蔽を判断する際、より小さなクリーチャーとは少し異なる。こういったクリーチャーは、敵がそのクリーチャーの近接攻撃に対して遮蔽を得ているかを判断する際、接敵面のうち好きな1マスを選んで使用できる。同様に、こういったクリーチャーに対して近接攻撃を行う際、君はそのクリーチャーの接敵面のうち好きな1マスを選んで、君の近接攻撃に対して遮蔽を得ているかどうかを判断できる。

部分遮蔽：クリーチャーが遮蔽を得ているが見えている部分がその半分を超えている場合、遮蔽が提供するボーナスはACに＋2、反応セーヴに＋1に減少する。部分遮蔽の適用はGMの判断に従うこと。

完全遮蔽：君と目標との間に効果線が通っていない（君のマスから目標のマスに向けて、壁を通らない線を1本も引くことができない）場合、目標は君に対して完全遮蔽を得ているものと判断される。君は完全遮蔽を持つ目標に対して攻撃を行うことができない。

良好な遮蔽：矢狭間の背後にいる目標に対して攻撃を行う場合など、一部の状況では、遮蔽はACや反応セーヴに通常より大きなボーナスを与えるとしてもよい。こういった状況では、ACと反応セーヴのボーナスを2倍（AC＋8、反応セーヴ＋4）にしてもよい。このような良好な遮蔽を得ているクリーチャーは、反応セーヴへのボーナスが適用できる攻撃に対し"身かわし強化"の利益を得る。加えて、良好な遮蔽は〈隠密〉に＋10のボーナスを与える。

視認困難

目標が君の遠隔攻撃に対して視認困難を得ているかどうかを判断するには、まず君の接敵面の角の1つを選択すること。その角から目標の接敵面のいずれかの角を結ぶ線が、どれか1本でも、視認困難を提供するようなマス目や境界線を通過していたら、目標は視認困難を得る。

隣接する目標に対して近接攻撃を行う場合、目標の接敵面が、視認困難を与えるような効果の中に完全に入っていたならば、目標は視認困難を得る。君に隣接していない敵に対して近接攻撃を行う場合には、遠隔攻撃に関する視認困難のルールを用いて判断する。

加えて、一部の魔法的効果は、攻撃側と防御側の間に視認困難なマス目などが存在するかに関わらず、あらゆる攻撃に対して視認困難を提供する。

視認困難失敗確率：防御側が視認困難だと、攻撃側が攻撃ロールを成功させても、視認困難により防御側に当たらない可能性が20％ある。攻撃を通常通り処理し、攻撃側が攻撃を命中させたら、防御側は攻撃を受けるのを避けるために、失敗確率のd%をロールしなければならない。複数の状況による視認困難があっても、累積はしない。

視認困難と〈隠密〉判定：君は視認困難を利用して〈隠密〉判定を行うことができる。視認困難がない場合、通常君は〈隠密〉判定を行うために遮蔽を必要とする。

完全視認困難：目標への効果線は通っているが、視線は通っていない場合、目標は君に対して完全視認困難を持っている。君は完全視認困難を持つ相手を攻撃することはできないが、目標がいると見当をつけたマス目を攻撃することはできる。完全視認困難を持つ敵がいるマスに対して行った攻撃は成功しても、（通常の視認困難なら20％のところ）50％の失敗確率がある。

君は完全視認困難を持つ敵に対しては、例えその敵がいるマス目を1つまたは複数知っていたとしても、機会攻撃を行うことはできない。

視認困難の無視：視認困難は常に有効というわけではない。たとえば、薄暗い範囲や暗闇は、暗視を持つ敵に対しては視認困難を提供しない。夜目を持つキャラクターであれば光源が同じでも通常のキャラクターより遠くまではっきりと見ることができる。**インビジビリティ**等による不可視状態は完全視認困難を与えるが、視覚を持つ敵は〈知覚〉判定を行って不可視状態のキャラクターのいる位置を知ることができる。不可視状態のキャラクターは〈隠密〉判定に、移動しているなら＋20、移動していないなら＋40のボーナスを得る（敵は君を見ることができないが、その他の視覚的な情報や聴覚から君のいる位置を推察できるかもしれない）。

視認困難を段階分けする：特定の状況がより重度の、あるいはより軽度の視認困難を提供することもある。その場合、状況に応じて失敗確率を調整する。

挟撃

近接攻撃を行う際、攻撃対象が君以外の相手（仲間）の機会攻撃範囲に収められており、その相手が君から見て攻撃対象の反対側の辺もしくは角の先にいたなら、君は攻撃に＋2の挟撃ボーナスを得る。

2人のキャラクターが特定の敵を挟んで挟撃しているかどうか判断に迷った場合、2体のクリーチャーの中心点をつなぐ想像上の線を引くこと。この線が敵の接敵面の2つの向かい合う辺（その辺の端を含む）を通過するなら、敵を挟撃している。

挟撃

#1：ヴァレロスとキーラはオーガを挟撃している。彼らを線で結ぶと、その線はオーガの接敵面の2つの向き合った辺を通過するからである。ヴァレロスとキーラは、どちらもオーガに対する攻撃ロールに＋2のボーナスを得る。

#2：メリシエルはオーガを挟撃していない。彼女とヴァレロス、彼女とキーラとを結ぶ線は、いずれもオーガの接敵面の向き合った2辺を通過していないからである。メリシエルはシオニと（挟撃を判断するために）線を結ぶことはできない。シオニはオーガと隣接しておらず、オーガを機会攻撃範囲に収めていないからである。

#3：ゴブリンとオーガはシオニを挟撃している。彼らの間に引いた線はシオニのマスの向き合った辺を通過しているからである。もしオーガがシオニに届く間合いを持っていなければ、オーガとゴブリンは彼女を挟撃していない。

例外：挟撃を行おうとするクリーチャーが複数のマスを占める場合、占めているマスのうちいずれかが挟撃の条件を満たしていれば、挟撃ボーナスを得られる。

攻撃側が挟撃ボーナスを受ける助けになるのは、防御側を機会攻撃範囲に収めているクリーチャーのみである。

間合いが0フィートのクリーチャーは敵を挟撃できない。

無防備状態の敵

無防備状態の敵とは、縛られていたり、眠っていたり、麻痺状態、気絶状態など、とにかく君のなすがままな相手のことである。

通常攻撃：無防備状態のキャラクターは近接攻撃に対するACに－4のペナルティを受ける。加えて、無防備状態のキャラクターの【敏捷力】は0となり、近接攻撃、遠隔攻撃に関わらず、ACに－5のペナルティを受ける（合計すると、近接攻撃に－9、遠隔攻撃に－5のペナルティとなる）。無防備状態のキャラクターは立ちすくみ状態としても扱う。

とどめの一撃：全ラウンド・アクションとして、近接武器を使用して無防備状態の敵にとどめの一撃を加えることができる。目標に隣接しているのなら、ボウやクロスボウも使うことができる。

攻撃は自動的に命中し、クリティカル・ヒットとなる。対象はダメージに耐えて生き残ったとしても、頑健セーヴ（DC10＋受けたダメージ）に成功しなければ死亡する。ローグはとどめの一撃を加える際、無防備状態の敵に急所攻撃の追加ダメージをも与える。

とどめの一撃を加える行為は、攻撃者を機会攻撃範囲に収めている敵からの機会攻撃を誘発する。

クリティカル・ヒットに完全耐性を持つクリーチャーに対してはとどめの一撃を行えない。君は完全視認困難を持つクリーチャーに対してもとどめの一撃を行うことができるが、これには2回の連続した全ラウンド・アクションを要する（相手のいるマス目を特定した上で、1回目のアクションで敵を"見つけ"、2回目でとどめの一撃を行う）。

特殊攻撃

このセクションでは、通常の攻撃、呪文の発動、クラスの能力の使用以外の、戦闘中に行うさまざまな行動について解説する。特殊攻撃には他のアクション（攻撃など）の一部であったり、

機会攻撃として行われるものもある。

援護

　近接戦闘において、君は敵の気をそらしたり邪魔をすることで、仲間1人の攻撃か防御を手助けすることができる。もし君が、仲間の1人と近接戦闘を行っている敵に対して近接攻撃を行える位置にいるなら、標準アクション1回を用いて仲間1人の援護を試みられる。AC10に対する近接攻撃ロールを1回行うこと。成功すれば、その仲間は、その敵に対する次の攻撃ロールに＋2のボーナスか、もしくはその敵から受ける次の攻撃に対してACに＋2のボーナスを得る（どちらにするかは君が決める）。ただしいずれの場合も、君の次のターンの開始時点より前に行われたものでなければならない。複数のキャラクターが同じ仲間を援護することができ、同様のボーナスは累積する。

　このアクションは、他の方法で仲間1人を手助けするためにも使用できる。たとえば、仲間が呪文の影響下にある場合や、他のキャラクターの技能判定を補助する場合に使用できる。

突撃

　突撃は特殊な全ラウンド・アクションであり、突撃をすれば、移動速度の2倍までの移動をしたうえで攻撃をすることができる。ただし、突撃の際の移動には厳しい制約がある。

突撃における移動：移動は攻撃の後ではなく攻撃の前に行わなければならない。少なくとも10フィート（2マス）は移動せねばならず、最大で移動速度の2倍までの距離を移動できる。移動は対象に向けて一直線に行わねばならない。この移動の距離が君の移動速度以下で、かつ君の基本攻撃ボーナスが＋1以上ならば、君は突撃をしながら武器を1つ抜いてもよい。

　敵までの経路は開けていなければならず、何かによって移動が遅くなってはならない（移動困難な地形や障害物があってはならない）。君はその敵を攻撃することのできる最も近い場所に移動しなければならない。その場所が何者かに占められていたり、何かでふさがっていた場合には突撃は行えない。突撃を行うクリーチャーのスタート時の接敵面と移動先の接敵面を結ぶいずれかの線が、移動を阻むマス目や移動を遅くするマス目、クリーチャー（仲間を含む）のいるマス目を通過しているなら、突撃は行えない。無防備状態のクリーチャーは突撃を妨げない。

　君のターンの開始時に敵への視線が通っていなければ、突撃することができない。

　君は突撃を行うラウンドには5フィート・ステップを行うことができない。

　君が自らのターンに標準アクションしか行えないような制限を受けている状況でも、突撃を行うことはできる。ただし、その際の移動は（通常の移動速度の2倍ではなく）君の移動速度分の距離までとなる。また、この場合には《早抜き》特技がなければ武器を抜くことはできない。君がこの選択肢を利用できるのは、君のターンに標準アクションしか行えないような制限を受けている場合のみである。

突撃時の攻撃：移動の後、1回の近接攻撃を行うことができる。君は攻撃ロールには＋2のボーナスを得られるが、次の君のターンの開始までACに－2のペナルティを受ける。

　突撃するキャラクターは突き飛ばしの試みにおける戦技判定に＋2のボーナスを得る（p.208『突き飛ばし』参照）。

　君が十分に高い基本攻撃ボーナスを持っていたり複数の武器を使用していて追加攻撃を行うことができたとしても、突撃の際には1回の攻撃しか行えない。

ランスと突撃攻撃：騎乗したキャラクターがランスを突撃に用いたなら、通常の2倍のダメージを与える。

突撃に対して待機した武器：スピア、トライデント、その他"待機"の特性を有する武器は、待機アクションで（固定して）突撃してくるキャラクターに対する攻撃に使用した場合、2倍のダメージを与える。

戦技

　戦闘において、君は突き飛ばし、武器落とし、組みつき、蹴散らし、武器破壊、足払いといった、敵を妨害したり無力化することさえできる技術、すなわち戦技を試みることができる。これらの戦技はそれぞれに異なった結果をもたらすが、成否の決定には、すべて同様の処理を用いる。

戦技ボーナス：個々のキャラクターやクリーチャーは、戦技を行う技術を表す戦技ボーナス（CMB）を有する。CMBは以下の式を使用して計算する：

CMB＝基本攻撃ボーナス＋【筋力】修正値＋特別サイズ修正値

　超小型以下のサイズのクリーチャーはCMBを計算する際、【筋力】修正値の代わりに【敏捷力】修正値を用いる。CMBに付く"特別サイズ修正値"は以下の通り：極小−8、微小−4、超小型−2、小型−1、中型＋0、大型＋1、超大型＋2、巨大＋4、超巨大＋8。特技や能力の中には、特定の戦技を使用する際にCMBにボーナスを与えるものがある。

戦技を使う：戦技を使用する際、君は試みる戦技ごとに決まったアクションを使用しなければならない。多くの戦技は攻撃アクションの一部、全力攻撃アクションの一部、機会攻撃の一部として（近接攻撃と置き換えて）使用することができる。それ以外のものは特定のアクションを必要とする。特に記載のない限り、戦技の試みはその戦技の目標から機会攻撃を誘発する。その機会攻撃が命中したら、君はそのダメージを通常通り受け、そのダメージと等しいペナルティを戦技の攻撃ロールに受ける。目標が動けなくされていたり、気絶状態、その他対応できない状態であったら、戦技は自動的に成功する（攻撃ロールにおいて、ダイスの目が20であったかのように扱う）。目標が朦朧状態であったなら、戦技を試みる際の攻撃ロールに＋4のボーナスを得る。

　戦技を試みる際、通常の攻撃ボーナスの代わりにCMBを攻撃ロールに加える。呪文、特技、その他の効果から現在攻撃ロー

ルに受けているあらゆるボーナスをこの攻撃ロールに加えること。ただし戦技に使用する武器や攻撃に適用できるボーナスでなければならない。戦技における難易度（DC）は目標の戦技防御値となる。戦技の試みは攻撃ロールであり、視認困難や通常攻撃ロールに適用されるペナルティも適用される。

戦技防御値：個々のキャラクターやクリーチャーは、戦技に抵抗する能力を表す戦技防御値（CMD）を持つ。クリーチャーのCMDは以下の式を使用して計算する：

戦技防御値＝10＋基本攻撃ボーナス＋【筋力】修正値
＋【敏捷力】修正値＋特別サイズ修正値

CMDへの"特別サイズ修正値"は以下の通り：極小−8、微小−4、超小型−2、小型−1、中型＋0、大型＋二、超大型＋2、巨大＋4、超巨大＋8。特技や能力の中には、特定の戦技に抵抗する際にCMDにボーナスを与えるものがある。また、ACに適用されるボーナスのうち、回避ボーナス、幸運ボーナス、士気ボーナス、状況ボーナス、清浄ボーナス、洞察ボーナス、反発ボーナス、不浄ボーナスが、CMDに適用される。ACに適用されるすべてのペナルティがCMDにも適用される。立ちすくみ状態のクリーチャーはCMDに【敏捷力】ボーナスを加えることができない。

成否の決定：攻撃ロールの結果が目標のCMD以上なら、その戦技は成功し記載された効果を発揮する。戦技の中には突き飛ばしのように、攻撃ロールの結果が目標のCMDをどれだけ上回ったかによって成功にいくつかの段階があるものも存在する。戦技の試みで攻撃ロールの1d20のダイスの出目が20だった場合には常に成功となる（組みつきからの脱出は除く）。出目が1だった場合には常に失敗となる。

足払い

君は1回の近接攻撃を置き換えて敵に足払いを試みることができる。君は自分よりサイズ分類が1段階大きい敵か、それより小さい敵に対してしか足払いを行えない。《足払い強化》の特技か同様の能力を持っていなければ、足払いの試みは戦技の目標からの機会攻撃を誘発する。

攻撃が目標のCMDを上回ったなら、目標は伏せ状態となる。10以上の差で失敗したら、代わりに君が伏せ状態となる。目標が3つ以上の脚を持っていたら、2つを上回る脚1つごとに、目標の足払いに対するCMDに＋2すること。粘体、脚のないクリーチャー、飛行しているクリーチャーなど、足払いされないクリーチャーもいる。

組みつき

標準アクションとして敵に組みついて、その敵ができることを制限しようとすることができる。《組みつき強化》の特技や"つかみ"能力、あるいは同様の能力を持っていない限り、組みつきはその目標からの機会攻撃を誘発する。2本の手が空いていない人型生物が組みつきを試みる場合、戦技ロールに−4のペナルティを受ける。成功したなら攻撃者と目標の双方が組みつき状態（付録参照）となる。隣接していない敵に対する組みつきに成

功したら、目標を隣接した何にも占められていないマス目に移動させる（移動先として適切なマス目がない場合、組みつきは失敗する）。双方のクリーチャーが組みつき状態となるが、組みつきを開始したクリーチャーはフリー・アクションとして組みつきを解除して、攻撃側、防御側双方の組みつき状態を解くことができる。組みつきを解除しないなら、毎ラウンド、標準アクションとして、組みつき状態を維持するために判定を行わなければならない。目標が"組みつきから逃れよう"としていない場合、次のラウンド以降、組みつきを維持するための判定に＋5の状況ボーナスを得る。判定に成功したら、組みつきを続けた上で以下のアクションから1つを（組みつきを持続するために使用した標準アクションの一部として）行うことができる。

移動：君と目標を君の移動速度の半分まで移動することができる。移動の最後に目標を君に隣接したマスに配置すること。ウォール・オヴ・ファイアーや落とし穴の上といった危険な場所に敵を動かそうとするなら、目標は＋4のボーナスを得て組みつきから逃れる試みを直ちに行うことができる。

ダメージを与える：君は目標に対し素手攻撃、肉体武器による攻撃、アーマー・スパイクや軽い武器、片手武器による攻撃と同等のダメージを与えることができる。このダメージは致傷ダメージでも非致傷ダメージでもよい。

押さえ込む：君は目標を押さえ込まれた状態（付録2参照）にすることができる。目標を押さえ込んだとしても、君は組みつき状態のままだが、ACへの【敏捷力】ボーナスを失う。

縛り上げる：目標を押さえ込んでいるなら（あるいは目標が拘束されていたり気絶状態なら）、君はロープを使用して目標を縛り上げることができる。これは押さえ込みの効果と同様だが、脱出のためのDCは、CMDの代わりに（20＋君のCMB）となる。ロープで縛ったら、以降のラウンドで押さえ込みを維持するための判定を行う必要はなくなる。目標と組みついている場合でもロープで縛りあげることは可能だが、戦技判定に−10のペナルティを受ける。もし束縛から脱出するためのDCが（20＋対象のCMB）よりも高くなったなら、たとえダイスの目が20であったとしても、目標はその束縛から脱出することはできない。

君が組みつかれた場合：君が組みつかれたら、君は機会攻撃を誘発しない標準アクションとして戦技判定（DCは相手のCMDに等しい）か〈脱出術〉判定（DCは相手のCMDに等しい）を行い、"組みつきから逃れよう"と試みることができる。この判定に成功したら、君は組みつきから抜け出し通常通り行動することができる。あるいは、成功した際に、君が組みついた側となり、相手に組みつくことができる（相手は戦技判定を行わずに組みつきから脱出することができなくなり、君は戦技判定を行わずに組みつきから脱出できるようになる）。組みつきから逃れたり組みつきを返そうと試みる代わりに、両手を必要としないアクションを行うこともできる。両手を必要としないアクションとは、呪文の発動、軽い武器か片手武器で間合い内にいるクリーチャー（君に組みついているクリーチャーも含む）への1回の攻撃や全力攻撃などである。その他の詳細については付録の"組みつき状態"を参照すること。君が押さえ込まれた状態なら、君のアクションは非常に制限される。詳細については

付録2の"押さえ込まれた状態"を参照すること。

複数のクリーチャー：1体の目標に対し、複数のクリーチャーで組みつきを試みることができる。最初に組みつきを行うクリーチャー1体だけが判定を行う。この判定には、組みつきを支援するクリーチャーごとに＋2のボーナスを得られる（援護アクションを使用する）。複数のクリーチャーが組みつきから逃れる試みを支援することもできる。この場合も、支援するクリーチャーごとに＋2のボーナスを戦技判定に得られる（援護アクションを使用する）。

蹴散らし

　君は移動の途中で行う標準アクションとして、あるいは突撃の一部として、目標を蹴散らし、目標の占めているマス目を通過しようと試みることができる。君は自分より1段階大きいかそれより小さいサイズの相手にのみ蹴散らしを行うことができる。《蹴散らし強化》の特技や同様の能力を持っていないなら、蹴散らしはこの戦技の目標からの機会攻撃を誘発する。蹴散らしの試みが失敗したら、目標の直前（君が来た方向）のマス目で移動を終了する。もし目標の直前のマス目が他のクリーチャーに占められていたら、さらに手前で最も近い、何にも占められていないマス目で移動を終了する。

　目標を蹴散らそうと試みる際、目標は君を機会攻撃することなく避け、君を通り抜けさせることを選択することもできる。目標が君を避けなかったなら、通常通り戦技判定を行う。戦技判定に成功したら、君は目標の接敵面をすり抜けて移動する。戦技判定が目標のCMDを5以上上回ったら、君は目標の接敵面を通過し、目標を伏せ状態にする。目標が3つ以上の脚をもつ場合、2つを超える脚1つごとに、目標の蹴散らしに対するCMDを＋2すること。

突き飛ばし

　突き飛ばしは標準アクションとして行うか、突撃アクションの一部として近接攻撃の代わりに行うことができる。突き飛ばしを試みられるのは、自分より1段階サイズの大きい相手までである。突き飛ばしは、敵を何も害することなしに、君から敵に向かって真っすぐ押して移動する試みである。《突き飛ばし強化》の特技か同様の能力を持っていない限り、突き飛ばしはその目標からの機会攻撃を誘発する。

　攻撃が成功したら、目標を5フィート押して移動する。攻撃ロールが目標のCMDを5上回るごとに、5フィート押して移動する距離を追加できる。君が望むなら目標とともに移動できるが、そのターンの行動として可能な移動速度を超えては移動できない。攻撃が失敗したら、移動は目標の前で終了する。

　突き飛ばしにより移動された敵は、君が《上級突き飛ばし》特技を持っているのでなければ、この移動により機会攻撃を誘発することはない。君は突き飛ばしによってクリーチャーを固体や障害物で占められたマスに移動させることはできない。突き飛ばしの経路に他のクリーチャーがいた場合、君は直ちにそのクリーチャーに対して突き飛ばしの戦技判定を行わなければならない。この判定には突き飛ばすクリーチャーが追加される

ごとに－4のペナルティを受ける。成功したら、君はそれらのクリーチャーを、最も低い結果から求められる距離まで移動させることができる。例えば、ファイターが突き飛ばしであるゴブリンを15フィート押したが、その5フィート後方に別のゴブリンがいたとする。ファイターは1体目のゴブリンを5フィート押した後で、2体目のゴブリンに対してもう一度戦技判定を行わねばならない。その結果、2体目のゴブリンを20フィート押す結果となったなら、ファイターはゴブリン2体両方をさらに10フィート（最初のゴブリンが合計で15フィート移動するまで）押し続けることができる。

武器落とし

　武器落としは近接攻撃の代わりに試みることができる。《武器落とし強化》の特技か同様の能力を持っていない限り、武器落としはその目標からの機会攻撃を誘発する。素手攻撃による武器落としの試みは、攻撃に－4のペナルティを受ける。

　攻撃が成功したなら、目標が手で持っているアイテム1つを選択し（たとえそのアイテムが両手で保持されていたとしても）それを落とす。攻撃ロールの結果が目標のCMDを10以上上回ったなら、目標がそれぞれの手で持っているアイテムを落とす（対象が2つ以上の手を持っている場合でも、最大で2つまで）。攻撃が10以上の差で失敗したら、君は武器落としの試みに使用した武器を落とす。武器を使用せずに武器落としに成功したら、落としたアイテムを君の手に保持してもよい。

武器破壊

　君は1回の近接攻撃を置き換えて、攻撃アクションの一部として敵が所持しているか身につけているアイテム1つを破壊しようと試みることができる。《武器破壊強化》や同様の能力を持っていなければ、アイテムを破壊しようとする試みは戦技の目標から機会攻撃を誘発する。

　攻撃が成功したら、君は通常通りアイテムにダメージを与える。物体の硬度を超えたダメージが物体のHPを減少させる。HPの総量が半分以下になったなら、その物体は破損状態となる（付録2参照）。君の与えるダメージが物体のHPを0以下まで減少させるなら、君はその物体を破壊することを選択できる。破壊することを選択しなければ、物体はHPが1だけ残った状態であり、依然として破損状態のままである。

フェイント

　フェイントは標準アクションである。フェイントには〈はったり〉判定を行う。この判定のDCは（10＋目標の基本攻撃ボーナス＋目標の【判断力】修正値）である。目標が〈真意看破〉技能を修得している場合、DCは（10＋目標の〈真意看破〉ボーナス）と前述の値のいずれか高い方となる。成功すると、君が目標に行う次の近接攻撃において、目標はACに【敏捷力】ボーナスを（もしあれば）加えることができない。この攻撃は次の君のターンの終了時までに行われなければならない。

　人型生物でないクリーチャーに対するフェイントは、－4のペナルティを受ける。【知力】が動物並み（1または2）のクリー

チャーに対しては、−8のペナルティを受ける。【知力】を持たないクリーチャーに対しては、フェイントを行うことはできない。フェイントは機会攻撃を誘発しない。

フェイントを移動アクションで行う：《フェイント強化》の特技を持っていれば、フェイントの試みを移動アクションで行うことができる。

騎乗戦闘

　このルールは戦闘時に馬に乗ることを扱うルールであるが、グリフィンやドラゴンといった一般的ではない乗騎についても適用できる。

戦闘時の乗騎：ホース、ポニー、ライディング・ドッグには戦闘用乗騎として訓練を受けているものがいる。戦闘騎乗の訓練（〈動物使い〉技能を参照）を受けていない乗騎は戦闘中、恐れ状態となってしまう。下馬するのでなければ、君はそうした乗騎を制御するためだけに、毎ラウンド、移動アクションとして〈騎乗〉判定（DC20）を行わねばならない。成功すれば、君はこの移動アクションの後に標準アクションを取ることができる。失敗すれば、この移動アクションは全ラウンド・アクションだったとみなされ、君は自分の次のターンまで他に何もすることができない。

　乗騎は、君のイニシアチブに、君の指示に従って行動する。君は乗騎の移動速度で移動するが、移動するには乗騎のアクションを用いる。

　ホースは大型サイズのクリーチャーであり（ポニーは違う）、よって10フィート四方の接敵面を占める。処理を単純にするため、君は戦闘中、乗騎と接敵面を共有しているとみなす。

騎乗中の戦闘：〈騎乗〉判定（DC5）に成功すれば、君は乗騎を膝で操ることができる。これにより、騎乗中に両手を用いて攻撃したり防御したりすることができる。この判定はフリー・アクションである。

　君が自分の乗騎より小さな、徒歩のクリーチャーを攻撃する場合、君は高い位置にいることで、近接攻撃に+1のボーナスを得る。乗騎が5フィートを超えて移動する場合、君は1回の近接攻撃しか行うことができない。基本的に、君は攻撃する前に、乗騎が敵の所に辿り着くまで待たなければならないのだ。そのため全力攻撃を行うことはできない。乗騎が全力で移動している場合でも、君は騎乗中に行う近接攻撃に関して何もペナルティを受けない。

　君の乗騎が突撃するなら、君もまた突撃に伴うACへのペナルティを受ける。君が突撃の終了時に攻撃を行なうなら、君は突撃によって得られるボーナスを受ける。馬上で突撃する場合、君はランスで2倍のダメージを与える（『突撃』を参照）。

　君は乗騎が倍速移動を行っている間に遠隔武器を使用することができるが、攻撃ロールには−4のペナルティを受ける。君は乗騎が疾走（移動速度の4倍）している間に遠隔攻撃を使用することもできるが、攻撃ロールには−8のペナルティを受ける。どちらの場合も、君は乗騎が移動の半分を完了した時点で攻撃ロールを行う。君は遠隔武器を用いて、乗騎が移動している間に全力攻撃アクションを行うこともできる。同様に、君は通常通り移動アクションを行うことができる。

騎乗中の呪文発動：乗騎が君の発動の前か後のどちらかに通常の移動（移動速度）までの距離を移動する場合、君は通常通り呪文を発動することができる。乗騎を呪文発動の前と後の両方で移動させるなら、君は乗騎の移動中に呪文を発動することになり、激しい揺れのため精神集中判定（DC10＋呪文レベル）を行わねばならず、失敗するとその呪文を失う。乗騎が疾走（移動速度の4倍）しているなら、君は乗騎が移動速度の2倍を移動した時点で呪文を発動することができるが、非常に激しい揺れのために精神集中判定はさらに難しくなる（DC15＋呪文レベル）。

戦闘中に乗騎が倒れた場合：君が騎乗している間に乗騎が倒れた場合、君は軟着陸するために〈騎乗〉判定（DC15）を行わねばならない。この判定に失敗すると、1d6ポイントのダメージを受ける。

君が倒れた場合：君が気絶状態となった場合、君は50％の確率で鞍の上に留まる（軍用鞍に乗っているなら75％）。留まれなければ君は落下し、1d6ポイントのダメージを受ける。君が操らなくなれば、その乗騎は戦闘を避ける。

飛散武器の投擲

　飛散武器は衝撃によって壊れ、内容物を目標とその周囲のクリーチャーや物体に飛び散らしたり、浴びせる遠隔武器である。飛散武器による攻撃を行う場合、目標に対して遠隔接触攻撃を行う。飛散武器の投擲には武器の習熟を必要としないため、－4の未習熟ペナルティを受けることはない。命中した場合には、目標に直撃ダメージを与え、目標から5フィート以内のすべてのクリーチャーに飛散ダメージを与える。目標が大型サイズかそれより大きい場合は、目標の占めるマス目の1つを選択し、そのマス目から5フィート以内のクリーチャーが飛散ダメージを受ける。飛散武器では（ログの急所攻撃のクラス特徴のような）精密性によるダメージを与えることはできない。

　君はまたマス目の特定の交点を目標とすることもできる。これはAC5に対する遠隔攻撃として扱う。しかしマス目の交点を目標とした場合、隣接するマス目にいるすべてのクリーチャーが飛散ダメージを受けるが、直撃ダメージを受けるクリーチャーはいなくなる。大型サイズのクリーチャーが占めているマス目の中央の交点のような、クリーチャーが占めている交点を目標とすることはできない。このような場合はクリーチャーを狙うこととなる。

　目標を外したら（それがクリーチャーであれ交点であれ）、1d8をロールする。

　1の目が君のいる方向で、2から8に向かって時計回りに目標のクリーチャーか交点を一周する。

　これによって、投擲がどの方向にそれたのかを決定する。

　次にその投擲が射程単位の何倍の距離を狙っていたかを調べ、決定された方向に向かってその倍率と同じ数のマス目を数える。武器の落下地点が決まったなら、そのマス目とそこに隣接するマス目のすべてのクリーチャーに飛散ダメージを与える。

二刀流

　主武器を持つ手とは別の手で2つ目の武器を振るうなら、追加攻撃を1ラウンドにつき1回行うことができる。この方法で戦うなら、主武器での攻撃に－6のペナルティを受け、別の手の副武器での攻撃に－10のペナルティを受ける。君はこのペナルティを以下の2つの方法で軽減することができる。1つ目の方法として、副武器が軽い武器なら、ペナルティはそれぞれ2ずつ軽減される。素手攻撃は常に軽い武器とみなされる。2つ目の方法として、《二刀流》の特技は主武器のペナルティを2、副武器のペナルティを6軽減する。

　これらの要素の影響は表8-7にまとめている。

双頭武器：双頭武器を用いれば、まるで2つの武器で戦っているかのように片側を副武器として1回の追加攻撃を行うことができる。ペナルティは、副武器が軽い武器である場合と同じように適用される。

投擲武器：両方の手で武器を投擲する場合にも、同様のルールが適用される。ダーツやシュリケンは、この方法で用いる場合、軽い武器として扱う。ボーラ、ジャヴェリン、ネット、スリングは片手武器として扱う。

表8-7：二刀流のペナルティ

状況	主武器	副武器
通常のペナルティ	－6	－10
副武器が軽い武器	－4	－8
《二刀流》あり	－4	－4
副武器が軽い武器で《二刀流》あり	－2	－2

イニシアチブ変更アクション

　ここに挙げるのは、君のイニシアチブ順を変更することによって、戦闘中に行動するタイミングを変える方法である。

行動遅延

　行動遅延を選択すると、取りあえず何のアクションも行わず、自分で決めたイニシアチブ・カウントになったら通常通り行動する。行動遅延を行うなら、自発的に自分のイニシアチブの結果を下げる。これは残りの戦闘の間ずっと適用される。以後そのラウンドの、新しく決めた（これまでより低い）イニシアチブ・カウントに、通常どおりに行動できる。君はこの新しいイニシアチブ・カウントをあらかじめ宣言しておいても良いし、ただ単にそのラウンド、好ましいタイミングが来るまで待って行動を行うことにして、その段階で自分の新たなイニシアチブ・カウントの値に訂正してもよい。

　成り行きを見守るために費やした時間を取り戻すことはできない。また、誰か他の人のアクションを中断させて割り込むことはできない（それには"待機"アクションを用いる）。

行動遅延とイニシアチブの推移：君のイニシアチブ・カウントは遅延していたアクションを取った時のカウントに変更される。もし遅延していたアクションを行わないまま、次にアクションを行う機会が来てしまったなら、遅延アクションでは何も行われなかったことになる（もう一度遅延アクションを取ることは可能である）。

　遅延した行動を次のラウンドの自分の本来のターンが来る前に行ったら、君のイニシアチブ・カウントは新たにその時の値に上昇するが、そのラウンドの元々のイニシアチブ・カウントでは行動を行うことはできない。

待機

　待機アクションは、何らかのアクションを準備しておき、自分のターンが終わってから、次の自分のターンが始まるまでの間に行うというものである。待機は機会攻撃を誘発しない標準アクションである（待機したアクション自体は機会攻撃を誘発する場合がある）。

アクションを待機させる：待機できるのは1回の標準アクション、1回の移動アクション、1回の即行アクション、1回のフリー・アクションのいずれかである。これを行う場合、自分が行うアクションとそれを行う条件を指定する。その後、君の次のアクションまでの間であればいつでも、指定した状況への対応として待機しておいたアクションを行うことができる。このアク

ションは、引き金となったアクションより先に行われる。引き金となったアクションが他のクリーチャーの行動の一部であった場合、君はそのキャラクターの行動に割り込む。君が待機しておいたアクションを終えた後、割り込まれたキャラクターがまだ行動の残りを行えるなら、その行動を再開する。君のイニシアチブ・カウントは変更される。残りの戦闘の間、君のイニシアチブ・カウントは待機しておいたアクションを行ったときのカウントとなり、その引き金となった行動をしたキャラクターの直前に行動する。

　君は待機しておいたアクションの一部として5フィート・ステップを行うことができる。ただし、君がそのラウンド、それ以外にまったく移動していない場合に限られる。

待機によるイニチアチブ・カウントの推移：君のイニシアチブ・カウントは、待機していたアクションを取ったときのカウントに変更される。もし待機していたアクションを行わないまま、次のアクションを行う機会が来てしまったなら、待機アクションでは何も行われない（もう1度同じ待機アクションを取ることはできるが）。待機していたアクションをラウンドが変わった後、自分の本来のターンが来る前の時点で行ったなら、君のイニシアチブは新たにその時点の値に上昇するが、そのラウンドの元々のイニシアチブ・カウントで行動を行うことはできない。

呪文の使い手の精神集中を乱す：「彼女が呪文を発動し始めたら」というような条件で、呪文の使い手に対して1回の攻撃を待機させることができる。呪文の使い手にダメージを与えたら、相手は発動しようとした呪文を失う可能性がある（精神集中判定の結果による）。

呪文相殺の待機：1人の呪文の使い手に対して呪文相殺を待機することができる（条件は「彼女が呪文を発動し始めたら」となる）。この場合、呪文の使い手が呪文の発動を開始した時点で、〈呪文学〉（DC15＋呪文レベル）により、その内容を識別する試みを行える。識別に成功し、かつ同じ呪文を発動できる状態にある（呪文を準備するキャラクターの場合、準備もしてある）なら、その呪文を呪文相殺として発動し、自動的に相手の呪文を打ち消すことができる。相殺呪文は片方が信仰呪文でもう一方が秘術呪文であっても問題なく行える。

　呪文の使い手は**ディスペル・マジック**を相殺呪文として使用することもできるが、こちらは必ず上手くゆくとは限らない。

突撃に対して武器を待機する："待機"の特性を有する武器を用いることで、突撃を迎え討つために待機することができる。このタイプの武器を待機しておき、突撃してくるキャラクターに対する攻撃が命中したなら、その攻撃は2倍のダメージを与える。

9 魔法

ヴァンパイアの一団を前にしてなお、シーラは挑戦的な姿勢を崩さなかった。彼女は最初に飛びかかってきた不死者を、一刀のもとに真っ二つに斬り捨てた。しかし、倒れた1体と入れ替わるように、次なる2体が襲いかかってくる。

悪いことに、あたりに漂う忌まわしきオーラが濃くなっているのを彼女は感じていた。

「エズレン、あなたの分が残るかしらね」

彼女が背後に向かってつぶやいたと同時に、老ウィザードが呪文の詠唱を終えた。

突如高熱が迸り、不浄な者どもを飲み込んだ。苦痛の悲鳴とともに、ヴァンパイアたちは気が狂ったように浄化の炎から逃げ去っていく。

エズレンはにやりと頬を歪めた。

「お気に召したかな？」

微かな明かりを作り出すものから、大地を砕き引き裂くものまで、呪文は計り知れぬ力の源である。呪文は1回限りの魔法的な効果である。呪文には2種類ある。ウィザードやソーサラー、バードが使用する秘術呪文と、クレリックやドルイド、一定以上のレベルのパラディンやレンジャーが使用する信仰呪文である。呪文の使い手には、限られた修得呪文のリストから呪文を選択する者もいれば、幅広い選択肢から利用できる者もいる。

多くの呪文の使い手は、呪文書からであれ祈りを通じてであれ、事前に呪文を準備する。しかし、一部の呪文の使い手は事前の準備なしに呪文を発動する。このようにキャラクターが呪文を修得し、準備する方法は異なるが、発動に関してはどの呪文も同じように行う。

呪文の発動

呪文が秘術呪文でも信仰呪文でも、またキャラクターが呪文を事前に準備する場合もその場で選ぶ場合も、呪文の発動は同じように行われる。

呪文の選択

まず、どの呪文を発動するか選択する。君がウィザード、クレリック、ドルイド、あるいは一定以上のレベルのパラディンかレンジャーなら、その日に事前に準備しておいた呪文のうち、まだ使用していないものから選択する（『ウィザード呪文を準備する』および『信仰呪文を準備する』を参照）。

君がソーサラーかバードなら、その呪文レベル以上の呪文を発動できるのであれば、修得している呪文からどの呪文を選択してもよい。

呪文を発動するには、術者は話すことができ（その呪文に音声要素がある場合）、身振りを行うことができ（その呪文に動作要素がある場合）、物質要素や焦点具を（必要なら）取り扱うことができなければならない。更に、術者は呪文の発動のために精神集中をしなければならない。

呪文に複数のバージョンがある場合（エンデュア・エレメンツなど）、術者は発動時にどのバージョンを使用するか選択する。呪文を準備するときに（あるいはソーサラーやバードならば修得時に）呪文のバージョンを特定する必要はない。

準備した呪文を発動すると、術者は再び準備するまでその呪文を使用することはできない（同一の呪文を複数回準備していれば、その回数だけ使用できる）。術者がソーサラーかバードなら、呪文を発動すると、それはその呪文レベルの1日の使用回数にカウントされるが、その回数上限に達するまで同じ呪文を何度でも発動できる。

精神集中

呪文を発動するには、術者は精神集中をしなければならない。発動中に何かが術者の集中を乱した場合、術者は精神集中判定をしなければならず、失敗すると呪文は失われる。精神集中判定を行う際、術者は1d20をロールし、術者レベルと、ボーナス呪文を決定する際に使用する能力値ボーナスを加える。つま

りクレリック、ドルイド、レンジャーは術者の【判断力】修正値を、バード、パラディン、ソーサラーは術者の【魅力】修正値を、そしてウィザードは術者の【知力】修正値を加える。妨害が気の散るものであるほど、そして発動中の呪文が高い呪文レベルのものであるほどDCは上がる（表9-1参照）。術者が判定に失敗すると、その呪文はあたかも発動してしまったが効果がなかったかのように失われる。

負傷： 呪文の発動中に負傷すると、術者は精神集中判定（DC10＋受けたダメージ＋発動中の呪文の呪文レベル）を行わなければならない。この判定に失敗すると、発動中の呪文は効果をあらわすことなく失われる。（発動時間が1全ラウンド以上の呪文で）術者が呪文の発動を開始してから完了するまでの間に行われた、あるいは（呪文の発動が誘発した機会攻撃や、呪文の発動を条件とした待機アクションによる攻撃のような）呪文の発動に応じて行われた攻撃では、その負傷による妨害が起こる。

アシッド・アローや溶岩の池にいることなどによって術者が持続ダメージを受けている場合、そのダメージの半分が呪文発動中に発生したとみなす。術者は精神集中判定（DC10＋持続ダメージによる直近のダメージの半分＋発動中の呪文の呪文のレベル）を行わなければならない。直近に受けたダメージがその効果の与える最後のダメージだった場合、そのダメージは終了しており、それが術者の集中を乱すことはない。

呪文： 呪文を発動中の術者が別の呪文の作用を受けた場合、術者は精神集中判定を行わなければならず、失敗すると発動しようとしていた呪文は失われる。術者に作用する呪文がダメージを与えるものであれば、DCは（10＋受けたダメージ＋発動中の呪文の呪文レベル）である。

呪文がその他の何らかの方法で術者を妨害したり、気を散らしたりするものであれば、DCは（その呪文のセーヴDC＋発動中の呪文の呪文レベル）である。セーヴを行うことのできない呪文の場合、その呪文にセーヴがあった場合のセーヴDC（10＋呪文レベル＋術者の能力修正値）を用いる。

組みつき／押さえ込まれた状態： 組みつき状態あるいは押さえこまれた状態で呪文を発動することは難しく、精神集中判定（DC10＋組みつきの相手のCMB＋発動中の呪文の呪文レベル）を必要とする。押さえこまれているクリーチャーが発動できるのは動作要素のない呪文のみである。

激しい揺れ： 術者が移動中の馬や揺れる馬車、荒れた水面上のボートに乗っていたり、嵐に揉まれる船内にいたり、同様の激しさで揺さぶられている場合、術者は精神集中判定（DC10＋発動中の呪文の呪文レベル）を行わなければならず、失敗すると呪文は失われる。

非常に激しい揺れ： 術者が早駆けする馬に乗っていたり、馬車に乗って非常に激しく揺られていたり、急流や嵐の中でボートに乗っていたり、嵐に揉まれる船の甲板にいたり、同様の激しさで揺さぶられている場合、術者は精神集中判定（DC15＋発動中の呪文の呪文レベル）を行わなければならず、失敗すると呪文は失われる。地震によるものなどで揺れが極めて激しい場合、精神集中判定のDCは（20＋発動中の呪文の呪文レベル）となる。

表9-1：精神集中判定のDC

状況	精神集中判定のDC
防御的発動	15＋呪文レベルの2倍
負傷した	10＋受けたダメージ＋呪文レベル
持続ダメージを受けた	10＋持続ダメージによる直近のダメージの半分＋呪文レベル
ダメージを与えない呪文の効果を受けた	受けた呪文のセーヴDC＋呪文レベル
組みつき状態／押さえ込まれた状態である	10＋組みつき相手のCMB＋呪文レベル
激しい揺れ	10＋呪文レベル
非常に激しい揺れ	15＋呪文レベル
極めて激しい揺れ	20＋呪文レベル
みぞれや雨を伴う風の中にいる	5＋呪文レベル
雹や砂礫が舞う風の中にいる	10＋呪文レベル
呪文によって引き起こされた天候	各呪文を参照
絡みつかれた状態である	15＋呪文レベル

悪天候：悪天候の中で呪文を発動しようとするなら、精神集中判定を行わなければならない。目を開けていられないほどの雨やみぞれを伴う強い風の中にいる場合、DCは（5＋発動中の呪文の呪文レベル）である。雹や砂ぼこり、石くれが舞う激しい風の中にいる場合、DCは（10＋発動中の呪文の呪文レベル）である。いずれの場合も、精神集中判定に失敗すると術者は呪文を失う。天候が呪文によって引き起こされたものであれば、前記の『呪文』の項のルールを使用すること。

防御的発動：機会攻撃を誘発することなく呪文を発動したいなら、術者は精神集中判定（DC15＋発動中の呪文の呪文レベルの2倍）に成功する必要がある。失敗すれば呪文を失う。

絡みつかれた状態：ネットや足留め袋に絡みつかれていたり、同様の効果を持つ呪文が作用しているときに呪文を発動したいなら、術者は精神集中判定（DC15＋発動中の呪文の呪文レベル）を行わなければならない。失敗すれば呪文を失う。

呪文相殺

どの呪文も相殺呪文として発動することができる。そうすることで、その呪文のエネルギーを用い、他のキャラクターが同じ呪文を発動するのを妨害できる。呪文相殺に一方の呪文が信仰呪文で、もう一方が秘術呪文であっても効果がある。

呪文相殺の仕組み：呪文相殺を使用するには、術者は特定の敵を相殺呪文の目標として選ばなければならない。術者は待機アクションとしてこれを行う（『戦闘』p.211参照）。これにより術者は敵が呪文を発動しようとするまで自分のアクションの完了を遅らせることができる。待機は標準アクションなので、術者は待機アクションを取った上で自分の移動速度で移動できる。

相殺呪文の目標が呪文を発動しようとしたら、〈呪文学〉判定（DC15＋その呪文の呪文レベル）を行うこと。この判定はフリー・アクションである。この判定に成功すれば、術者は敵の呪文を正確に識別し、その相殺を試みることができる。判定に失敗すれば識別も相殺もできない。

このアクションを完成させるには、術者は次に適切な呪文を発動しなければならない。一般則として、呪文はまったく同じ呪文しか相殺できない。術者が同じ呪文を発動可能で、その呪文を準備していたなら（あるいはしかるべき呪文レベルの使用できるスロットがあれば）、相殺呪文の効果を生み出すようにそれを発動する。目標が"距離"内にいれば、どちらの呪文も自動的にお互いを無効化し、それ以外の効果をあらわすことはない。

修正呪文の相殺：ある呪文を相殺することができるかどうかを判断する際に、呪文修正特技は考慮に入れない。

特例：呪文の中には、別の特定の呪文を相殺できるものがある。

まったく正反対の効果を持つ呪文の場合が多い。

相殺呪文としてのディスペル・マジック：通常、ディスペル・マジックをその他の呪文に対する相殺呪文として使用することができる。この場合、相手の発動しようとしている呪文を識別する必要はない。しかし、**ディスペル・マジック**は常に相殺呪文として働くとは限らない（この呪文の解説を参照）。

術者レベル

呪文の威力はしばしば術者レベルに基づいている。術者レベルは大抵の場合、術者がその呪文を発動するクラスのクラス・レベルと等しい。

術者は通常より低い術者レベルで呪文を発動することもできるが、術者レベルはその呪文を発動するのに十分なレベルでなければならないし、術者レベルに基づくすべての要素は同一の術者レベルに基づいて計算しなければならない。

クラスの特徴やその他の特殊能力によって術者レベルが変化する場合、その変化は（距離、持続時間、与えられるダメージなど）術者レベルに基づく効果だけでなく、目標の呪文抵抗を克服する際の術者レベル判定や解呪判定（解呪判定と判定のDCの両方）に使用される術者レベルにも適用される。

呪文の失敗

呪文の条件を満たさない状況で呪文を発動しようとした場合、発動は失敗し呪文は無駄になってしまう（例えば、"目標"が人型生物の呪文を来訪者に使用した場合、呪文は失敗する）。

呪文は術者の精神集中が途切れると失敗し、また動作要素のある呪文の発動時に鎧を着ていた場合も失敗する可能性がある。

呪文の結果

どのクリーチャー（または物体や範囲）に作用するか、そして（セーヴが可能な場合）そのクリーチャーのセーヴの成否がわかったら、術者は呪文の与える結果を適用できる。

特殊な呪文効果

特殊な呪文の効果の多くは、その呪文の系統にしたがって取り扱われる。その他にも、系統をまたがる特殊な特徴もある。

攻撃：呪文の中には、攻撃について触れているものがある。攻撃的な戦闘中の行動はすべて、それが敵にダメージを与えないものであっても攻撃とみなされる。エネルギー放出も、範囲内のクリーチャーを傷つける場合には攻撃として扱われる。敵がセーヴで抵抗する呪文はすべて、ダメージを与える呪文も、それ以外で対象に害があったり行動を妨げる呪文も攻撃となる。**サモン・モンスター**やそれに類する呪文は攻撃とはならない。というのも、これらの呪文自体は誰に害を与えるものではないからである。

ボーナスの種類：通常、ボーナスには種類があって、呪文がどのようにボーナスを与えるかを表している。ボーナスの種類に関する重要な点は、通常、同じボーナス2つは累積しないということである。高い方のボーナスだけが有効になる。ただし、回避ボーナスとほとんどの状況ボーナス、種族ボーナスは例外

である（『呪文の効果を組み合わせる』を参照）。同様の原理はペナルティにも適用される――同種のペナルティを2つ以上受けたキャラクターには、最もひどいペナルティのみが適用される。しかし、ほとんどのペナルティには種類がなく、それらは常に累積する。種類の無いボーナスは常に累積するが、同じボーナス源から与えられるボーナスは累積しない。

死者を生き返らせる：いくつかの呪文には、殺されたキャラクターを生き返らせる力がある。

生きているクリーチャーが死ぬと、その魂は肉体を離れて、物質界を去り、アストラル界を旅して、そのクリーチャーの信仰する神格が住む次元界へと向かう。もしそのクリーチャーが神格を信仰していなかった場合、その魂は対応する属性の次元界へと向かう。誰かを死から蘇らせるということは、魔法によってその魂を呼び戻して、肉体に返すことを意味する。次元界に関する詳しい情報は13章を参照すること。

負のレベル：生き返ったクリーチャーは通常、1以上の永久的な負のレベルを得る（付録1参照）。この負のレベルは、**レストレーション**などの呪文により取り除かれるまで、ほとんどすべての判定にペナルティを与える。死亡時にそのキャラクターが1レベルであれば、負のレベルを得る代わりに【耐久力】を2ポイント失う。

蘇生の妨害：敵はキャラクターが死から蘇るのを難しくするために手を打つ場合がある。死体を隠しておけば、殺されたキャラクターを生き返らせるために**レイズ・デッド**や**リザレクション**を使用するのを妨害できる。**トラップ・ザ・ソウル**を使えば、まずその魂を解放しない限り、あらゆる蘇生が妨害される。

当人の意志に反する蘇生：魂が望まなければ、生き返らせることはできない。魂は自分を生き返らせようとするキャラクターの名前、属性、（もしいるなら）守護神格を知ることができ、それに基づいて蘇ることを拒否する場合がある。

魔法効果を組み合わせる

呪文や魔法効果は、同じ効果範囲や同じ対象に別の呪文や魔法効果がいくつ働いていようと、通常は記述通りの効果をあらわす。特殊な場合を除けば、呪文が他の呪文の働きに影響することはない。呪文が他の呪文に特別な影響を及ぼす場合、必ずその呪文の解説にその効果についての説明がある。その他にも、同じ場所で複数の呪文や魔法効果が働いている場合に適用される一般的なルールがいくつかある。

累積する効果：攻撃ロール、ダメージ・ロール、セーヴ、その他の特性にボーナスやペナルティを与える呪文は通常、同じ呪文とは累積しない。より一般的なルールとして、同じ種類のボーナスは、違う呪文によるものであっても累積しない（一方が呪文以外の効果によるものでも同様である；前述の『ボーナスの種類』を参照）。

種類の異なるボーナス：異なる2つの呪文によるボーナスやペナルティは、その種類が異なっていれば累積する。種類の名前のないボーナスはどんなボーナスとも累積する。

威力の異なる同名の効果：同一の呪文が2つ以上、異なる威力で同じ範囲あるいは目標に働いている場合、最も高い効果の

もののみが適用される。

異なる結果の同じ効果：同じ呪文が同じ対象に2回以上かけられた場合、異なる効果を生み出すことがある。通常は、最後の呪文が他の呪文に優先される。以前の呪文が実際に除去されたり解除されたわけではないが、それらの効果は最後の呪文が持続する限り無意味なものになる。

ある効果によって別の効果が無意味になる：ときには、ある呪文のために、それ以降にかけられた呪文が無意味になってしまうこともある。呪文は双方とも依然として効果を表しているが、何らかの理由で一方の呪文が他方を無意味にしてしまうのである。

複数の精神制御効果：精神制御を可能にする複数の魔法効果は、互いを無意味にしてしまうことがある。例えば、対象から動く能力を奪ってしまうような呪文である。通常、対象が行動する能力を奪わない精神制御は互いに干渉しない。1体のクリーチャーが2体以上のクリーチャーに精神制御されている場合、全力を尽くして（それぞれの効果に可能な限度まで）両方のクリーチャーに従おうとする。精神制御されているクリーチャーが矛盾する命令を同時に受けた場合、制御しようとする者たちは対抗【魅力】判定を行い、そのクリーチャーがどの命令に従うかを決定すること。

正反対の効果を持つ呪文：正反対の効果を持つ呪文は通常通り適用される。すべてのボーナスやペナルティや変化は適用された順番に発生する。呪文の一部にはお互いを完全に無効化あるいは相殺してしまうものもある。これは特殊な効果であり、個々の呪文の解説に記載されている。

瞬間的な効果：持続時間が"瞬間"の呪文が2つ以上、同じ目標に作用する場合、累積して働く。

呪文の解説

各呪文の解説文は標準化された形式で記載されている。各情報の分類については、以下で定義し、説明する。

名称

どの呪文の解説でも、最初の行には、一般に知られるその呪文の名称が書かれている。

系統（副系統）

呪文の名称の下には、その呪文が属している魔法系統を（もしあれば副系統も）記載した行が来る。

ほとんどの呪文は8つの魔法系統の1つに属している。魔法系統とは、似たように働く、関連のある呪文をまとめたものである。少数の呪文（アーケイン・マーク、ウィッシュ、パーマネンシイ、プレスティディジテイションおよびリミテッド・ウィッシュ）は総合術と呼ばれ、どの系統にも属していない。

幻術

幻術呪文は他者の知覚や精神を欺く。人々がそこにないものを見たり、そこにあるものを見なかったり、幻の音を聞いたり、実在しない出来事を思い出したりする。

虚像：虚像呪文は偽りの感覚刺激を作り出す。虚像を知覚する者たちは皆、同じ虚像を知覚するのであり、その虚像をそれぞれ少しずつ違った独自の感じ方で知覚することはない。個々人に与えられる精神的な内容ではないのである。虚像は既にあるものを別のものに見せかけることはできない。その呪文の説明に特に記載のない限り、音響効果を含む虚像は意味のある明瞭な会話を真似ることはできない。意味のある明瞭な会話を真似ることが可能な場合、それは術者の話せる言語のものでなければならない。自分が話せない言語を真似ようとした場合、でたらめなものになる。同様に、術者は自分がどんなふうに見えるか知らないもののコピー映像を作り出すこともできない（また、自分が経験したことのない他の感覚のコピーを作り出すこともできない）。

虚像と幻覚は実在のものではないため、他の種類の幻術のように実際の効果を生み出すことはできない。これらは物体やクリーチャーにダメージを与えたり、重量を支えたり、栄養を与えたり、防御を提供することはできない。したがって、これらの呪文は敵をまごつかせたりするのに役立つが、直接攻撃の役には立たない。

虚像のACは（10＋その虚像のサイズ修正）である。

幻覚：幻覚呪文は対象がどう知覚されるかということを変化させ、視覚、触覚、味覚、嗅覚、聴覚にとって対象が別もののように知覚されるようにしたり、消え失せてしまったように感じさせることすらできる。

操影：操影呪文は他の次元界のエネルギーから半ば実在するものを作り出す。こうした幻術には現実の効果がある。操影の幻術からダメージを受けた場合、そのダメージは現実のものである。

紋様：紋様呪文は虚像と同様、他者が見ることのできるイメージを作り出す。しかし、紋様はそれを見たり、その文様に捕らわれた者たちの精神に作用することもできる。すべての紋様は［精神作用］呪文である。

惑乱：惑乱呪文は、通常、術者と呪文の対象にしか知覚できない精神的なイメージを作り出す。このイメージは完全に対象の精神の中にある。個々人に与えられる精神的な印象であって、すべては対象の頭の中だけにあり、いつわりの画像のように対象が実際に見ているものではない。第三者がその場の光景を見たり調べたりしても、この幻に気付くことはない。すべての惑乱は［精神作用］呪文である。

セーヴィング・スローと幻術（看破）：幻術効果と遭遇したクリーチャーは通常、それを慎重に調べるか、何らかの形でやり取りがなければ、それが幻かどうか気づくためのセーヴを行うことはできない。

幻術に対してセーヴに成功すると、それが偽りだと分かるが、虚像と惑乱は透明な輪郭として残る。

セーヴに失敗した場合、そのキャラクターは何かがおかしいと気づくことに失敗したことになる。幻術が現実でないという議論の余地のない証拠に出会ったキャラクターはセーヴを行う必要がない。観察者が幻術を看破するのに成功し、その事実を

他の者たちに伝えた場合、そうした者たちは＋4のボーナスを得てセーヴを行うことができる。

召喚術

召喚術の各呪文は5つある副系統のいずれかに属している。召喚術はクリーチャーや物体を長距離にわたって転送する（瞬間移動）、他の次元界から術者の次元界へクリーチャーを転送する（招請）、物体、クリーチャー、あるいはある種のエネルギーを術者の元へ実体化させる（招来）、物体や効果をその場で作り出す（創造）、あるいは癒す（治癒）の5つである。術者が召喚したクリーチャーは、通常、術者の命令に従う（常に従うとは限らないが）。

召喚術呪文で生み出されたり、術者の元に転送されたクリーチャーや物体は、他のクリーチャーや物体の内部に出現させることはできないし、空中に浮かせて出現させることもできない。そうしたものは、それを支えることのできる表面の上の、何もない場所に出現させなければならない。

クリーチャーや物体は呪文の"距離"内に出現させなければならないが、出現後も"距離"内に留まらなければならないということはない。

瞬間移動： 瞬間移動呪文は、1体（1個）以上のクリーチャーや物体を非常に長い距離に渡って転送する。この種の呪文の中で最も強力なものは、次元界間の壁すら超える。招来呪文と異なり、こうした転送は（特記ない限り）片道のものであり、解呪されることはない。

瞬間移動はアストラル界を通過する一瞬の旅行である。アストラル移動を妨げるものは何であれ、瞬間移動を妨げる。

招請： 招請呪文はクリーチャーを他の次元界から術者のいる次元界へと転送する。呪文はそのクリーチャーに出身次元界へと戻る1回限りの能力を与えるが、それが可能な状況を制限してしまう場合もある。招請されたクリーチャーは殺されれば本当に死んでしまう。招来呪文（下記参照）によって呼び出されたクリーチャーのように、消えて再構成されるわけではない。招請呪文の持続時間は瞬間である。したがって、招請されたクリーチャーが解呪されることはない。

招来： 招来呪文はクリーチャーや物体を、術者の指定した場所に即座に呼び出す。呪文の持続時間が終了するか解呪されれば、招来されたクリーチャーは本来いた場所へと即座に送り返されるが、招来された物体は呪文の解説に特に記載のない限り、送り返されることはない。招来されたクリーチャーは殺されたり、HPが0以下になれば消える。これは実際に死んだのではない。こうしたクリーチャーが姿を取り戻すには24時間かかり、その間、再び招来することはできない。

クリーチャーを招来した呪文の持続時間が終了し、クリーチャーが消え失せた場合、そのクリーチャーが発動した呪文はすべて終了する。招来されたクリーチャーは生得の招来能力を持っていたとしても使用することはできない。

創造： 創造呪文は物質を操って、術者の指定した場所に物体やクリーチャーを作り出す。呪文の持続時間が瞬間ではない場合は、魔法が創造物をまとめ上げており、呪文が終了すれば生み出したクリーチャーや物体は跡形もなく消え失せる。呪文の持続時間が瞬間であれば、創造された物体やクリーチャーは魔法によって組み立てられただけである。そうしたものは持続時間による制約なく存在し続け、存在するのに魔法が必要ということはない。

治癒： 信仰呪文の召喚術の中にはクリーチャーを癒したり、生き返らせるものすらある。

死霊術

死霊術呪文は死の力や不死なる存在、生命力を操る。アンデッド・クリーチャーに関係のある呪文がこの系統のかなりの部分を占めている。

心術

心術呪文は他者の精神に作用し、その行動に影響を与えたり操ったりできる。

すべての心術呪文は［精神作用］呪文である。心術呪文には2種類の副系統があり、術者は対象のクリーチャーに影響を及ぼすことができる。

強制： 強制呪文は、対象に特定の行動をさせたり、対象の精神の働き方を変えたりする。強制呪文の一部は対象に取らせる行動あるいは対象に及ぼす効果が決まっているが、その他に術者がその呪文を発動する時に対象の行動を決定できるものや、術者が対象の継続的な制御を得るものもある。

魅惑： 魅惑呪文は対象の術者への見方を変える。典型的には、対象に術者が仲の良い友人だと思い込ませる。

占術

占術呪文によって、術者は忘れられて久しい秘密を知ったり、未来を予言したり、隠されたものを見つけたり、人を欺く呪文を見破ったりできる。

多くの占術呪文は円錐形の効果範囲を持つ。この効果範囲は術者とともに移動し、術者の望む方向へと伸びる。この円錐形は術者が1ラウンドの間に見渡すことができる範囲を示している。術者が同じ範囲を複数ラウンドにわたって調べた場合、術者はしばしば追加情報を得ることができるが、その内容については各呪文の解説に記載されている。

念視： 念視呪文は、術者に情報を送る不可視の魔法的感知器官を作り出す。特に記載のない限り、この感知器官は術者の持つ知覚能力と同じ知覚力を持つ。これには、術者を目標とした呪文や効果も含まれるが、術者から放射される呪文や効果によるものは含まれない。この感知器官は術者のものではあるが、術者から分離した、独立の感覚器官として扱われるため、術者が盲目状態や聴覚喪失状態、その他の知覚に障害を負った場合でも、通常通り機能する。

〈知覚〉判定（DC20＋呪文レベル）に成功したクリーチャーは、この感知器官に気づくことができる。この感知器官は、持続中の呪文として解呪することができる。

鉛の薄膜や魔法による防護は念視呪文を遮断し、術者は呪文がそのように遮断されたことを感知する。

変成術

変成術はクリーチャーや物体、状況の性質を変化させる。

ポリモーフ： ポリモーフ呪文は目標の肉体を、別のクリーチャーの形態に変化させる。ポリモーフ呪文によりあるクリーチャーの姿をしている間、〈変装〉判定に＋10のボーナスを得るが、そのクリーチャーのすべての肉体能力や特殊能力を得ることはできない。各ポリモーフ呪文に応じて、対象は特定の種類のクリーチャーの形態をとることができ、それにより能力値や外皮へのボーナスを得る。加えて、それぞれのポリモーフ呪文は移動の形態、抵抗、知覚能力を含むいくつかの利益をもたらす場合がある。選択した形態が、各呪文の説明文に記載された能力や、同じ種類でより優れた能力を本来備えている場合、対象は各呪文の説明文に記載された利益を得る。選択した形態が同じ種類のより劣った能力を本来備えている場合、呪文の利益としてその劣った能力を得る。基本移動速度は選択した形態のものに変更される。選択した形態に水泳移動速度や穴掘り移動速度がある場合、水泳や穴掘りをしている間、呼吸する能力を得る。獲得した能力のDCは、この形態に変化させたポリモーフ呪文のセーヴDCに等しい。

これらの利益に加えて、選択した形態のクリーチャーが持つすべての肉体攻撃とそれらに対する習熟を獲得する。これらの攻撃は対象の基本攻撃ボーナスに基づき、【筋力】か【敏捷力】（いずれか適当な方）の修正値を加える。ダメージ・ボーナスには【筋力】修正値を使用する。

ポリモーフ呪文によりサイズが変更された場合、サイズ修正値が変更される。これによって、AC、攻撃ボーナス、戦技ボーナス、〈隠密〉技能修正値が変更される。特に呪文の説明に記載のない限り、この変更によって能力値が変更されることはない。

特に記載のない限り、ポリモーフ呪文は特定の個人に変化するために使用することはできない。大方の細部を操作することはできるが、外見は常にその種類のクリーチャーの一般的な個体となる。ポリモーフ呪文はテンプレートが適用された形態や、あるクリーチャーのより優れたバージョンの形態となるためには使用できない。

種別がエレメンタル、植物、動物、魔獣、蟲または竜であるクリーチャーの形態をとるためにポリモーフ呪文が使用された場合、装備品は身体に溶け込んでしまう。一定のボーナスを提供し起動する必要がないアイテムは、このように溶け込んでし

まっても機能を保ち続ける（鎧ボーナスと盾ボーナスは例外で、働かなくなる）。起動する必要があるアイテムは上記の形態をとっている間は使用することができない。これらの形態をとっている間、《物質要素省略》あるいは《化身時発動》がなければ）物質要素を必要とするいかなる呪文も使用することはできない。竜のような、動きや会話に支障のない形態を選んでいるならば、動作要素や音声要素を必要とする呪文のみ使用することができる。元の形態と異なる形態に変化した場合、他のポリモーフ呪文も上記の制約を与える可能性がある（GMの判断に従うこと）。新たな形態が装備品を身体に溶け込ませるものでないなら、装備品のサイズは新しいサイズに見合ったものに変更される。

　ポリモーフ呪文の影響を受けている間、元の形態が持つ変則的能力や超常能力（超感覚、鋭敏嗅覚、暗視など）、肉体攻撃や移動の種類は失われる。形態に依存するクラス特徴も同じように失うが、（爪を生やすソーサラーのような）特徴を加えるものは機能し続ける。これらのほとんどは明らかだが、GMは最終的に、どの能力が形態に依存しており、新しい形態になった時にどの能力が失われるかについて判断する決定権を持つ。新たな形態がこれらの能力を有するものである場合、ポリモーフ後にそれらを取り戻してもよい。

　一度に1つのポリモーフ呪文の影響しか受けることはない。新しいポリモーフ呪文が発動した（あるいは、自然の化身のようなポリモーフ効果を起動した）場合、元々効果を及ぼしていた呪文を置き換えてその効果が適用されるかどうかを決定することができる。加えて、ポリモーフ呪文の影響を受けている間、サイズを変更する呪文の影響を受けない。

　ポリモーフ呪文が小型より小さい、あるいは中型より大きいクリーチャーに使用された場合、ポリモーフ呪文によるボーナスを適用する前に、以下の表を使用して小型か中型のいずれかに能力値を調整すること。

クリーチャーの元のサイズ	【筋】	【敏】	【耐】	調整後のサイズ
極小	+6	-6	—	小型
微小	+6	-4	—	小型
超小型	+4	-2	—	小型
大型	-4	+2	-2	中型
超大型	-8	+4	-4	中型
巨大	-12	+4	-6	中型
超巨大	-16	+4	-8	中型

防御術

　防御術は防御的な呪文である。物理的あるいは魔法的な障壁を作ったり、魔法的あるいは物理的能力を無効化したり、侵入者を傷つけたり、対象を他の次元界へと追放したりする。

　防御術呪文が別の防御術呪文から10フィート以内で24時間以上稼働している場合、魔法の場が互いに干渉し、わずかに視認できるエネルギーの"ちらつき"が発生する。こうした呪文を〈知覚〉で発見する際のDCは4低下する。

　防御術が特定の種類のクリーチャーを寄せ付けない障壁を作り出した場合、その障壁を使って、そうしたクリーチャーを押しやることはできない。もし術者がそうしたクリーチャーにその障壁を押し付けた場合、障壁に対して圧力がかかることを感じる。それでも押し続けた場合、その呪文は終了する。

力術

　力術呪文は魔法的なエネルギーを操作したり、望む結果を生み出すために目に見えない源から力を引き出したりする。事実上、力術は魔法の力で無から有を作り出す。この種の呪文の多くは華々しい効果を生み出し、大量のダメージを与えることができる。

[補足説明]

　補足説明がある場合、それは系統や副系統と同じ行に記載される。補足説明は一定の方法で呪文を更に分類するものである。中には複数の補足説明がある呪文もある。

　補足説明には、[悪]、[音波]、[火炎]、[風]、[強酸]、[恐怖]、[言語依存]、[混沌]、[精神作用]、[善]、[即死]、[地]、[秩序]、[光]、[氷雪]、[水]、[闇]、[雷撃]、[力場]がある。

　こうした補足説明のほとんどは、それ自体にゲーム上の効果はないが、その呪文が他の呪文や特殊能力、珍しいクリーチャー、属性などとどのように相互作用するのか決定する。

　[言語依存]の呪文は意志疎通の媒体として術者の理解できる言語を使用する。目標が[言語依存]の呪文を発動した術者の言うことを理解できなかったり、術者の声が聞き取れなかった場合には、呪文は失敗する。

　[精神作用]の呪文は【知力】が1以上のクリーチャーにしか効果がない。

呪文レベル

　呪文の解説の次の行には、呪文のレベルが記載されている。これは0から9までの数値で、その呪文のもつ相対的な力を表している。この数値の前に、その呪文を発動できるクラス名が記載されている。呪文レベルは、その呪文の効果に対してセーヴできるなら、そのDCに影響する。

構成要素

　呪文の構成要素とは、その呪文を発動するために術者がやらなければならないこと、持っていなければならないものである。各呪文の構成要素の項に、その呪文にはどのタイプの構成要素があるかが略記されている。物質要素と焦点具の具体的な内容は説明文の最後に記載されている。通常、術者が構成要素について意識する必要はないが、何らかの理由で構成要素を使えない時や、物質要素や焦点具が高価なものである場合には重要となる。

音声要素（音声）： 音声要素とは、口にすべき詠唱である。音声要素を満たすには、術者ははっきりとした声で話すことができなければならない。**サイレンス**の呪文や猿ぐつわは詠唱を（したがって呪文も）阻害する。聴覚喪失状態の呪文の使い手は、音声要素のある呪文を発動しようとすると20％の確率で失敗する。

動作要素（動作）：動作要素とは、手の慎重かつ正確な動きである。動作要素を満たすには、少なくとも1本の手が自由でなければならない。

物質要素（物質）：物質要素とは、発動過程で呪文のエネルギーによって消滅してしまう物質や物体のことである。物質要素の価格が記載されていない場合、その価格は無視できる。価格の無視できる物質要素については、わざわざ記録しないこと。呪文構成要素ポーチを持っている限り、必要な物はすべて持っているものとみなす。

焦点具（焦点）：焦点具要素とは、ある種の小道具である。物質要素と異なり、焦点具は呪文発動時に消費されることはなく、再使用できる。物質要素と同じく、価格について特に記載がなければ、焦点具の価格は無視できる。価格の無視できる焦点具要素は呪文構成要素ポーチに入っているものとみなす。

信仰焦点具（信仰）：信仰焦点具要素とは、霊的に重要なアイテムである。クレリックやパラディンの信仰焦点具はそのキャラクターの信仰に相応しい聖印である。ドルイドやレンジャーの信仰焦点具はホーリーの小枝やその他の神聖な植物である。

構成要素の項に"焦点／信仰"あるいは"物質／信仰"とあれば、その呪文の秘術呪文版には焦点具要素や物質要素（"／"より前のもの）が必要で、信仰呪文版には信仰焦点具要素（"／"より後ろのもの）が必要である。

発動時間

ほとんどの呪文の発動時間は1標準アクションである。その他に1ラウンド以上かかるものもあれば、即行アクションしか必要としないものもいくつかある。

発動に1ラウンドかかる呪文の発動は1全ラウンド・アクションである。その呪文は、術者が発動を開始した次のラウンドの、術者のターンの開始直前に効果をあらわす。呪文が完成した後は、術者は通常通り行動できる。

発動するのに1分かかる呪文は、1分後の術者のターンの直前に効果をあらわす（その10ラウンドの間の毎ラウンド、術者は上記の1ラウンドかかる発動時間の時と同様に、全ラウンド・アクションとして呪文の発動を行う）。こうしたアクションは連続していなければならず、中断されてはならない。中断された場合、その呪文は自動的に失敗する。

発動に1ラウンド以上かかる呪文の発動を開始したら、術者は現在のラウンドから（少なくとも）次のラウンドの自分のターンの直前まで精神集中を続けなければならない。発動が完了するまでに精神集中に失敗したら、術者は呪文を失う。

発動時間が1即行アクションの呪文は通常の"呪文は1ラウンドに1つ"という制限にカウントされない。しかし、その種の呪文は1ラウンドに1しか発動できない。発動時間が1即行アクションの呪文を発動しても、機会攻撃は誘発しない。

術者は呪文が効果をあらわす時点で、呪文について（距離、目標、効果範囲、効果、バージョンなどの）必要な決定をすべて行う。

距離

呪文の"距離"はその呪文がどこまで届くかを表している。これは呪文の解説の"距離"の項に記載されている。呪文の"距離"はその呪文の効果が発生しうる最大の術者からの距離であると同時に、術者が呪文の起点として指定できる最大の術者からの距離でもある。もし呪文の効果範囲の一部でもこの距離を超えるようであれば、その部分は無駄になってしまう。標準的な"距離"には以下のものがある。

自身：呪文は術者自身にのみ作用する。

接触：作用させるためには、術者がクリーチャーや物体に触れなければならない。ダメージを与える接触呪文は、武器と同様、クリティカル・ヒットする可能性がある。接触呪文は攻撃ロールのd20のダイスの目が20でクリティカル可能状態になり、クリティカル・ヒットになれば2倍のダメージを与える。接触呪文の中には、術者が複数の目標に接触できるものがある。術者は発動の一部として、間合い内にいる同意する目標6体までに接触することができるが、術者がその呪文の発動を完了したのと同じラウンド中に目標全員に触れなければならない。その呪文が複数ラウンドをまたいで複数の目標に触れることを許すものである場合、6体までのクリーチャーに接触するのは全ラウンド・アクションである。

近距離：呪文は術者から25フィートまで届く。最大距離は、術者レベル2レベルごとに5フィートずつ長くなる。

中距離：呪文は（100フィート＋術者レベル毎に10フィート）まで届く。

長距離：呪文は（400フィート＋術者レベル毎に40フィート）まで届く。

無限：呪文は同じ次元界ならどこまででも届く。

フィート単位で示される距離：一部の呪文は標準的な"距離"の分類ではなく、フィート単位で示される"距離"を有する。

呪文の狙いをつける

術者は、呪文のタイプにもよるが、呪文が誰に作用するか、あるいは呪文の効果がどこを起点にするかを選択しなければならない。呪文の解説の次の項目では、呪文の目標、効果、効果範囲を定義している。

目標：呪文の中には"目標"の項のあるものがある。これらの呪文は、対象がクリーチャーか物体かなどは呪文ごとに決まっているが、それらに向けて直接発動する。術者は目標を見るか、触れるかできなければならず、その目標を特定して選択する必要がある。ただし、術者は呪文の発動を完了させるまで目標を選ぶ必要はない。

呪文の目標が自分自身であれば（呪文の解説で"目標"に"術者"とあれば）、術者はセーヴを行うことはできないし、呪文抵抗も適用されない。こうした呪文の場合、セーヴと呪文抵抗の項は省略されている。

呪文の中には、同意する目標にしか発動できないものもある。自分が同意する目標であると宣言することは、いつでも（立ちすくみ状態であったり、自分のターンでない時でも）可能である。気絶状態のクリーチャーは自動的に"同意する"とみなされるが、

（縛られていたり、押さえ込まれた状態、組みつき状態、戦慄状態、麻痺状態、朦朧状態の者のように）動けなかったり無防備状態だが意識のあるクリーチャーは、自動的に“同意する”とはみなされない。

呪文の中には、術者が発動後に新たな目標や効果範囲に効果を向け直すことのできるものもある。呪文を向け直すのは、機会攻撃を誘発しない移動アクションである。

効果：呪文の中には、既に存在するものに作用するのではなく、なにかを創造したり召喚したりするものもある。

術者は目で見るか定義することで、そうしたものが現れる場所を指定しなければならない。呪文の“距離”によってどれだけ遠くに出現させられるかが決まるが、効果が移動できるものの場合、出現した後は呪文の“距離”に関係なく移動することができる。

拡散：特に雲や霧のような一部の効果には、起点（マス目の交点でなければならない）から拡散するものがある。この効果は曲がり角の向こうや、術者から見えない範囲にまで広がり得る。その呪文の効果が回り込む部分についてはそれに沿って距離を測定すること。拡散効果の広がる距離を測定する際、壁があれば、それを回り込むように測定し、壁を突き抜けるように測定してはならない。移動の場合と同様に、曲がり角を斜めに計測しないこと。この種類の効果の場合、術者は起点を指定しなければならないが、効果範囲の全体に対して術者からの効果線（下記参照）が通っている必要はない。

光線（レイ）：効果の中には光線であるものもある。術者は遠隔武器を扱っているかのように光線の狙いを定めるが、たいていの場合、通常の遠隔攻撃ではなく遠隔接触攻撃を行う。遠隔武器と同様、術者は暗闇の中や不可視のクリーチャーに向けて、当たれば幸運とばかりに発射することもできる。目標型呪文とは異なり、命中させようとするクリーチャーが見えている必要はない。しかし、途中にクリーチャーや障害物があれば、それは術者の視線を遮ったり、術者が狙っているクリーチャーに遮蔽を提供する場合もある。

光線呪文に持続時間があれば、それは呪文の引き起こす効果の持続時間であって、光線自体が存続する時間ではない。

光線呪文がダメージを与えるものであれば、武器と同様にクリティカル・ヒットになる可能性がある。光線呪文は攻撃ロールの1d20のダイスの目が20でクリティカル可能状態になり、クリティカル・ヒットになれば2倍のダメージを与える。

範囲：呪文の中には、ある範囲に作用するものもある。呪文の解説で効果範囲が特別に決まっていることもあるが、たいていは、以下の分類の1つに入る。

呪文の効果範囲の形状に関係なく、術者は呪文がどこを起点とするのかを選択するが、それ以外にその呪文がどのクリーチャーや物体に作用するかを制御することはない。呪文の起点は常にマス目の交点となる。あるクリーチャーが呪文の効果範囲内にいるかどうか調べる際には、キャラクターを移動させる時や、遠隔攻撃の射程を調べる際と同様に、起点からマス目まで距離を計測すること。マスの中心から隣のマスの中心へと計測するのではなく、交点から交点へと計測するところだけ異

なっている。

マス目を斜め方向に数えることもできるが、その場合、マス目2つごとに、1マスぶん余分に2マスぶんの距離と数えることに注意。マスの起点から遠い方の辺が呪文の効果範囲内にあれば、そのマス目の中のものは呪文の効果範囲内にある。しかし、呪文の効果範囲がそのマスの起点から近い方の辺にしか触れていなかったなら、そのマスの中のものはその呪文の作用を受けない。

爆発、放射、拡散：効果範囲に作用する呪文のほとんどは、爆発か放射か拡散として機能する。どの場合も、術者は呪文の起点を選び、その地点から効果範囲を計測する。

爆発呪文は効果範囲内に収めたあらゆるものに作用する。これには術者が見ることのできないクリーチャーも含まれる。起点に対して完全遮蔽を得ているクリーチャーには作用できない（つまり、この効果は壁を回り込んだ先に及ぶことはない）。爆発の基本的な形状は球形だが、爆発呪文の中には円錐形と記載されているものもある。爆発呪文の範囲には、呪文の効果が起点からどれだけ遠くまで広がるかが明記されている。

放射呪文は爆発呪文と同じように機能するが、呪文の持続時間の間じゅう、起点から効果が放たれ続ける。ほとんどの放射は円錐形か球形である。

拡散呪文は爆発と同様に広がるが、壁を回り込む。術者が起点を選び、呪文はすべての方向に記載された距離だけ広がる。回り込む部分を考慮に入れて呪文の効果が覆う範囲を決めること。

円錐形、円筒形、直線状、球形：効果範囲に作用する呪文のほとんどは、特定の形状を有する。

円錐形呪文は術者から術者の指定した方向に向けた四分円（円を4等分した扇型）に発せられる。この効果範囲は術者のいるマスのいずれかの角から発し、進むにつれて広がってゆく。円錐形呪文のほとんどは爆発か放射（上記参照）であり、したがって回り込むことはない。

円筒形呪文を発動する際には、術者は呪文の起点を選ぶ。起点は水平な円の中心点となり、呪文はこの円からなだれ落ち、円筒形の範囲を満たす。円筒形呪文は範囲内にあるすべての障害物を無視する。

直線状呪文は術者から術者の指定した方向に向けて直線状に発せられる。この効果範囲は術者のいるマスのいずれかの角から発し、呪文の“距離”限界に達するか、効果線を遮る障壁にぶつかるまで伸びる。直線状呪文は、その直線が通り抜けるマスにいるすべてのクリーチャーに作用する。

球形呪文は起点から広がり、球形の範囲を満たす。球形呪文は爆発でも放射でも拡散でもあり得る。

クリーチャー：この種の呪文は、クリーチャーに（目標型呪文のように）直接作用するが、術者の選んだ個々の目標に作用するのではなく、いずれかの形状の効果範囲内にいるクリーチャーすべてに作用する。その範囲の形状は球形の爆発や円錐形の爆発である。

多くの呪文が“生きているクリーチャー”に作用する。これはアンデッドと人造以外のすべてのクリーチャーを指す。呪文の

範囲にいたが呪文の対象とならない種類のクリーチャーは、作用を受けたクリーチャーの数に数えない。

物体：この種の呪文は、術者が選んだ効果範囲内の物体に作用する（クリーチャーの項と同様だが、クリーチャーの代わりに物体に作用する）。

その他：効果範囲が独特な呪文もあり、その場合、効果範囲はその呪文の説明文中に明記されている。

（自在）：効果範囲や効果の記載の最後に"〔自在〕"とあれば、術者は呪文の形状を変えることができる。自在な効果や自在な効果範囲は縦、横、奥行きのいずれも10フィート以上にしなければならない。効果や効果範囲の多くは、不規則な形状を形作るのに便利なよう立方体単位で指定される。3次元的な大きさが特に必要になるのは、空中や水中で呪文の効果や効果範囲を明確にする場合である。

効果線：効果線とは、呪文が作用するかどうかを示す、遮られていない直線の経路である。固体の障壁があれば効果線は妨害されてしまう。これは遠隔武器を使う際の視線のようなものだが、効果線は視線とは違って、霧や闇など通常の視覚を制限する要素に遮られることはない。

呪文の目標や、呪文の効果を発生させたい場所、呪文の起点に対して、術者からの効果線が遮られることなく通っていなければならない。

爆発、円錐形、円筒形、放射の呪文の場合、呪文は起点（球形の爆発の中心点、円錐形の爆発の開始点、円筒形の円、放射の起点）から効果線が通っている効果範囲、クリーチャー、物体にのみ作用する。

1平方フィート以上の穴が開いている固体の障壁は呪文の効果線を遮らない。そのような開口部があれば、壁のうちその周囲長さ5フィートの部分を、呪文の効果線が通っているかを調べる際に固体の障壁とはみなさない。

持続時間

呪文の持続時間の項に、その呪文の魔法エネルギーがどれだけ持続するかが記載されている。

期間で示される持続時間：持続時間の多くはラウンド、分、時間、その他の単位で示されている。この期間が過ぎれば、魔法は消え、呪文は終了する。持続時間が一定でない場合、持続時間はGMが密かにロールして決め、術者は呪文がいつ終了するかを知ることはない。

瞬間：この呪文のエネルギーは発動した瞬間に現れ、そして消える。ただし、呪文の結果は長時間持続する場合がある。

永続：エネルギーは効果が続く限り持続する。これは、この呪文はディスペル・マジックによる解呪が有効であるということである。

精神集中：呪文は術者が精神集中をしている限り持続する。呪文の維持のための精神集中は標準アクションであり、機会攻撃を誘発しない。呪文発動時に精神集中を破る恐れのあるものはすべて、呪文維持の精神集中を途切れさせる可能性があり、そうなると呪文は終了してしまう。p.214の『精神集中』を参照すること。

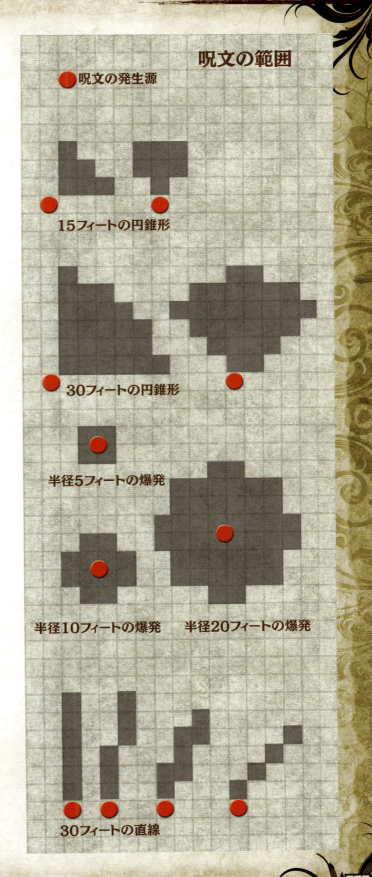

表9-2：魔法攻撃の作用を受けるアイテム

順番*	アイテム
1	盾
2	鎧
3	魔法のヘルメット（兜）、ハット（帽子）、ヘッドバンド（額環）
4	手に持ったアイテム（武器、ワンドなどを含む）
5	魔法のクローク（外套）
6	背負ったり、鞘に収めるなどした武器
7	魔法のブレイサー（腕甲）
8	魔法の衣服
9	魔法の装身具（指輪を含む）
10	それ以外

*作用を受ける可能性の高い順

　呪文に精神集中しながら他の呪文を発動することはできない。一部の呪文は、術者が精神集中を止めてからも短時間、呪文が持続する。

対象、効果、効果範囲：呪文が直接クリーチャーに作用するものであれば、その結果は呪文の持続時間の間、対象についてまわる。呪文が効果を生み出すものであれば、その効果は持続時間が切れるまで継続する。その効果は移動するかもしれないし、その場を動かないかもしれない。そうした効果は持続時間が切れるまでに破壊されることもある。効果範囲に作用する呪文なら、その効果は呪文の持続時間が切れるまでその範囲に留まる。

　クリーチャーはその範囲に入ればその呪文の対象となり、離れれば対象ではなくなる。

接触呪文とチャージの保持：ほとんどの場合、近接接触呪文を発動したラウンドにチャージを消費しなければ、術者は無期限に呪文のチャージを保持する（チャージ消費を遅らせる）ことができる。術者はチャージが消費されるまで毎ラウンド接触攻撃を行うことができる。術者が別の呪文を発動すれば、その接触呪文は失われてしまう。

　接触呪文の中には、術者が複数の目標に接触できるものもある。この種の呪文では、チャージを保持しておくことはできない。術者が呪文の発動を完了したラウンド中に呪文の目標全員に触れなければならない。

チャージ消費：いくつかの呪文は、一定の期間か、作動するかチャージが消費されるまでのいずれかの期間だけ持続する。

（解除可）：持続時間の項が"（解除可）"で終わっていたら、その呪文は術者が意のままに解除できる。術者は呪文の効果からその呪文の"距離"以内にいなければならず、解除の言葉を口にしなければならない。この言葉は通常、呪文の音声要素を修正したものとなる。その呪文に音声要素がない場合、術者は身振りでその呪文を解除する。呪文の解除は機会攻撃を誘発しない標準アクションである。

　精神集中によって維持する呪文はその性質から解除可能であり、そうした呪文を解除するにはアクションは必要なく、呪文を終わらせるには術者が自分のターンに精神集中を止めるだけでよい。

セーヴィング・スロー

　通常、有害な呪文に対して目標はセーヴィング・スロー（セーヴ）を行うことができ、成功すれば呪文の効果の一部あるいは全部を免れることができる。呪文の解説にあるセーヴィング・スローの項では、その呪文に対してどのタイプのセーヴができるのかが明記され、その呪文に対してセーヴに成功するとどのような効果があるのかが説明されている。

無効：その呪文は、セーヴに成功した対象に対して何の効果もない。

不完全：その呪文は、対象にある効果を及ぼす。セーヴに成功すれば、それより弱い何らかの効果が与えられる。

半減：その呪文はダメージを与える。セーヴに成功すれば、受けるダメージは半分（切り捨て）となる。

不可：セーヴは行えない。

看破：セーヴに成功すれば、対象はその呪文の効果を無視できる。

（物体）：この呪文は物体に対して発動することができる。物体は魔法の力を持っているか、呪文に抵抗しようとするクリーチャーが装備中（手に持っている、着用している、握りしめているなど）である場合にのみ、セーヴを行うことができる。後者の場合、物体はそれ自体のセーヴ・ボーナスの方が大きくない限り、そのクリーチャーのボーナスを使用する。この注記があるからといって、この呪文が物体だけを対象とするのではない。この種の呪文の中には、クリーチャーも物体も対象にできるものもある。魔法のアイテムのセーヴ・ボーナスは（2＋そのアイテムの術者レベルの半分）である。

（無害）：この呪文は通常、有益であって害はないが、目標クリーチャーはセーヴを試みてもよい。

セーヴィング・スロー難易度：呪文に対するセーヴのDCは（10＋呪文レベル＋術者の関連能力値ボーナス）である。関連能力値はウィザードの場合は【知力】、ソーサラー、バード、パラディンの場合は【魅力】、クレリック、ドルイド、レンジャーの場合は【判断力】である。同じ呪文でも、クラスによって呪文レベルが変わることもある。常に術者のクラスに対応した呪文レベルを使用すること。

セーヴィング・スローに成功する：明らかな物理的効果のない呪文に対するセーヴに成功したクリーチャーは敵対的な力や"うずき"を感じるが、その攻撃の性質を正確に推測することはできない。同様に、目標型呪文に対してクリーチャーがセーヴに成功した場合、術者はその呪文が失敗したことを感知する。クリーチャーが効果型および効果範囲型呪文に対してセーヴに成功した場合、術者がそれを感知することはない。

自動失敗と自動成功：セーヴで1d20のダイスの目が1だった場合は常に失敗となり、その呪文にアイテムがさらされてダメージを受ける可能性がある（後述の『セーヴ後にアイテムが助かったかどうか』参照）。1d20のダイスの目が20だった場合は常に成功となる。

自発的にセーヴを取りやめる：クリーチャーは自発的にセーヴをせず、呪文の結果を進んで受け入れることもできる。魔法に特別な抵抗力を持つキャラクターも、望めばそれを抑えることができる。

セーヴ後にアイテムが助かったかどうか：呪文の説明文で特に記載がない限り、クリーチャーが運搬あるいは着用しているすべてのアイテムは魔法による攻撃を免れたとみなす。しかし、クリーチャーのセーヴのダイスの目が1だった場合、アイテムが魔法にさらされて害を受ける（その攻撃が物体に害を与えるものであれば）。『表9-2：魔法攻撃の作用を受けるアイテム』を参照すること。そのクリーチャーが運搬または着用している物体のうち、どの4つがもっとも呪文の作用を受ける可能性があるかを調べ、その中からランダムにロールして決定する。ランダムに決定されたアイテムはその攻撃に対してセーヴを行わなければならず、その攻撃によるダメージを何であれ受ける。

クリーチャーが運搬あるいは着用しているわけでもなく、魔法のものでないアイテムは、セーヴを行うことはできない。単に相応のダメージを受けるだけである。

呪文抵抗

呪文抵抗は特殊な防御能力である。呪文抵抗を有するクリーチャーに呪文が抵抗されたら、そのクリーチャーに呪文を作用させるためには、術者は術者レベル判定（1d20＋術者レベル）でそのクリーチャーの呪文抵抗以上の値を出さなければならない。防御側の呪文抵抗値は魔法攻撃に対するACのようなものである。この術者レベル判定には、術者レベルに対するすべての修正を含めること。

呪文抵抗が、ある呪文からクリーチャーを守るかどうかについては、各呪文の呪文抵抗の項と説明文に記載がある。多くの場合、呪文抵抗は抵抗するクリーチャーが呪文の目標になった場合にのみ適用され、抵抗するクリーチャーが既に効果を表している呪文に遭遇した場合には適用されない。

"物体"と"無害"の記載はセーヴの場合と同じ意味を表している。"無害"と記載のある呪文の効果を上記の術者レベル判定なしで受けるためには、呪文抵抗を有するクリーチャーは自発的に抵抗を止める必要がある（標準アクション）。

説明文

呪文の解説のうち、この部分は、その呪文が何をし、どのように働くかを詳しく説明する。これ以前の項目で"本文参照"とあれば、その説明はここにある。

秘術呪文

ウィザード、ソーサラー、バードは秘術呪文を発動する。信仰呪文と比べると、秘術呪文はより劇的な効果のものが多い。

呪文スロット: さまざまなクラスの表を見れば、キャラクターが1日に各レベルの呪文をいくつ発動できるかが判る。1日に使用できる各呪文を入れる、この"空き"のことを"呪文スロット"と呼ぶ。低いレベルの呪文を高いレベルのスロットに入れることもできる。呪文の使い手の能力値が足りず、能力値がもっと高ければ使えたはずの高レベルの呪文が使えない状態でも、スロット自体は得られる。しかし、その場合には、より低いレベルの呪文しか入れることができない。

ウィザード呪文を準備する

ウィザードのレベルによって、そのウィザードが準備し使用できる呪文数は制限される。【知力】が高ければ、ウィザードはいくつか余分に呪文を準備できるようになる。ウィザードは同じ呪文を2回以上準備できるが、その呪文1回1回が1日の呪文数にカウントされる。呪文を準備するには、ウィザードには少なくとも（10＋その呪文の呪文レベル）の【知力】がなければならない。

休息: その日の呪文を準備するには、ウィザードはまず8時間眠らなければならない。ウィザードはその間、ずっと熟睡状態でなければならないというわけではないが、休息時間の間は移動も戦闘も呪文の発動も技能の使用も会話も、その他の肉体的精神的な努力を必要とするいかなる作業も控えなければならない。ウィザードの休息が中断されたら、中断1回ごとにそのウィザードが頭をはっきりさせるために休息しなければならない合計時間に1時間が加算される。また、呪文を準備する直前、少なくとも1時間は中断されることなく休息を取らなければならない。キャラクターが何らかの理由で眠る必要がない場合でも、呪文を準備する前に8時間、安静にして休息しなければならない。

最近発動した呪文による制限／休息の中断: ウィザードがごく最近呪文を発動した場合、力が流出してしまうため、新たに呪文を準備する能力が下がってしまう。ウィザードがその日の呪文を準備する際に、その直前8時間以内に発動した呪文はすべてその日の呪文数から差し引かされてしまう。

準備時の環境: 呪文を準備するためには、ウィザードにはきちんと精神集中できるだけの平穏さ、静寂さ、快適さが必要である。ウィザードの周囲の環境が贅沢なものである必要はないが、気を散らすものがあってはならない。荒れ模様の天気にさらされていれば必要な精神集中は妨げられるし、学習中に負傷したりセーヴに失敗しても集中は妨げられる。また、ウィザードは学習に必要な自分の呪文書が手元になければならず、読むための十分な明りが必要である。大きな例外が1つある。ウィザードは呪文書なしで**リード・マジック**を準備できる。

呪文準備時間: 休憩した後、その日の呪文を準備するにはウィザードは呪文書を熟読しなければならない。キャラクターがすべての呪文を準備しようとするなら、それには1時間かかる。

1日の呪文数のうち一部だけを準備しようとするならその割合に比例して短い時間で済むが、常に少なくとも15分はかかる。これは適切な精神状態となるのに必要な最短の時間である。

呪文の選択と準備: 呪文書から呪文を準備するまで、ウィザードが発動できる呪文はすでに前日に準備してあって、まだ使っていない呪文だけである。学習時間の間、ウィザードはどの呪文を準備するか選択する。すでに（前日の）呪文を準備しており、まだ発動していない場合、ウィザードはその一部または全部を破棄して、新たな呪文のための余地を作ることができる。

その日の呪文を準備する際に、ウィザードは呪文スロットをいくつか空けたままにしておくこともできる。その後、その日のうちに、ウィザードは時間と状況が許せば、望むだけ何度でも準備のプロセスを繰り返すことができる。ただし、以前準備した呪文を破棄して別の呪文に置き換えたり、それまでに発動したために空いたスロットに呪文を準備することはできない。こうした準備には、安静にして精神的な活力を高める必要がある。その日の初めに行った準備と同様に、この準備には少なくとも15分がかかり、ウィザードが1日の呪文数の1/4より多くの呪文を準備するならそれより長い時間がかかる。

準備した呪文の保持: ウィザードが呪文を準備してしまうと、決められた構成要素を用いて呪文を完成させるか、あるいは破棄するまで、ほとんど発動寸前の状態でウィザードの精神の中に留まる。魔法のアイテムの効果やモンスターの特殊攻撃など、一部の出来事によって準備した呪文がキャラクターの精神から消されてしまう場合もある。

死と準備した呪文の保持: 呪文の使い手が死んだ場合、その精神に蓄えられていた準備した呪文はすべて消えてしまう。**レイズ・デッド**、**リザレクション**、**トゥルー・リザレクション**などの強力な魔法は、キャラクターを生き返らせるために必要な、失われたエネルギーを回復させることができる。

秘術魔法の文書

秘術呪文を文字の形で記録するために、キャラクターは呪文に関わる魔法の諸力を書き記す複雑な表記法を使用する。書き手は、母国語や出身文化圏がどのようなものであっても、同じシステムを用いる。しかし、個々のキャラクターはこのシステムを独自の方法で用いる。他人の書いた魔法の文書は最も強力なウィザードにとってさえ、学習と解読に時間をかけなければ理解できないものである。

（他人の呪文書や巻物に書かれた呪文などの）秘術魔法の文書を解読するには、キャラクターは〈呪文学〉（DC20＋呪文レベル）に成功しなければならない。この技能判定に失敗した場合、そのキャラクターは次の日まで、再度その呪文を読もうと試みることはできない。**リード・マジック**呪文を使用すれば、技能判定なしで自動的に魔法の文書を解読できる。その魔法の文書を作成した人がその場にいて読み手を助けてくれる場合も、自動的に成功する。

キャラクターがある魔法の文書を解読したら、そのキャラクターはその文書を再び解読する必要はない。魔法の文書を解読すれば、読み手は呪文を識別し、その効果がどんなものかがだ

いたい判る（呪文の解説にある情報を得る）。魔法の文書が巻物で、読み手が秘術呪文の使い手なら、そのキャラクターはその巻物を使おうと試みることができる。

ウィザード呪文と借りた呪文書

ウィザードは、既に知っており自分の呪文書に記録してある呪文を準備するために、借りた呪文書を使用できるが、準備が成功するかは確実ではない。まず、ウィザードはその呪文書を解読しなければならない（上記の『秘術呪文の文書』を参照）。他人の呪文書にある呪文を解読したら、その呪文を準備するために読み手は〈呪文学〉判定（DC15＋呪文レベル）を行わなければならない。判定に成功したら、ウィザードはその呪文を準備できる。以前にその呪文を準備したことが何度あろうと、借りた呪文書で呪文を準備する場合、その都度判定を行わなければならない。判定が失敗なら、そのウィザードは次の日になるまで同じ書物から再びその呪文を準備しようとすることはできない。ただし、前述のように、その呪文書を解読するための判定を繰り返す必要はない。

ウィザードの呪文書に呪文を追加する

ウィザードはいくつかの方法で自分の呪文書に新たな呪文を書き加えることができる。ウィザードはウィザード呪文リストに含まれる呪文しか学ぶことはできない。

レベル上昇時に獲得する呪文：ウィザードは冒険の合間に、ある程度の時間を割いて呪文の研究を行っている。ウィザードのクラス・レベルが上がるたびに、ウィザードは自分の選んだ2つの呪文を獲得し、呪文書に書き加えることができる。対価なしで得られるこの2つの呪文は、そのウィザードが発動できるレベルのものでなければならない。

他人の呪文書や巻物から写した呪文：ウィザードは、魔法の巻物や他のウィザードの呪文書に新たな呪文を見つけた時に、その呪文を自分の呪文書に書き加えることもできる。呪文の出所に関わらず、ウィザードはまずその魔法の文書を解読しなければならない（上記の『秘術魔法の文書』を参照）。次に、ウィザードはその呪文の学習に1時間を費やさなければならない。その終わりに、そのキャラクターは〈呪文学〉判定（DC15＋呪文レベル）を行わなければならない。魔法の系統に専門化しているウィザードは、その新しい呪文が自分の専門系統のものであれば、この〈呪文学〉判定に＋2のボーナスを得る。判定に成功すれば、ウィザードはその呪文を理解し、その呪文を自分の呪文書に書き写すことができる（下記の『呪文書に新たな呪文を書く』を参照）。この作業によって、コピー元の呪文書が害を受けることはないが、コピー元が魔法の巻物の場合、書き写すのに成功した呪文は巻物から消えてしまう。

判定に失敗すれば、そのウィザードはその呪文を理解したり書き写したりすることはできない。1週間が経過するまでは、その呪文を再び学んだり書き写そうと試みることはできない。判定が失敗だった場合、書き写そうとしていた呪文が巻物から消えることはない。

ほとんどの場合、ウィザードが自分の呪文書の呪文を書き写す権利を他のウィザードに与える際には、料金を取る。この料金は通常、呪文を呪文書に記録するための費用の半分である（『呪文書に新たな呪文を書く』を参照）。珍しい、あるいは独自の呪文はより高い価格となるかもしれない。

独自の研究：ウィザードは呪文を独自に研究することもでき、既に存在する呪文を再現したり、まったく新しい呪文を作り出したりできる。新しい呪文の研究にかかる費用と時間はGMの決定に従うが、最低でも1週間はかかり、研究する呪文の呪文レベル毎に少なくとも1,000GPが必要となる。また、この研究には、複数回の〈呪文学〉と〈知識：神秘学〉の判定が必要になるだろう。

呪文書に新たな呪文を書く

新たな呪文を理解したら、ウィザードはその呪文を自分の呪文書に記録できる。

時間：この作業には、呪文レベル毎に1時間かかる。キャントリップ（0レベル呪文）の場合、記録には30分かかる。

呪文書のスペース：呪文は呪文レベル毎に呪文書の1ページを必要とする。キャントリップでも1ページは必要とする。1冊の呪文書は100ページある。

材料と費用：呪文書に呪文を書き込む際の費用は呪文レベルで決まり、以下の表に記載の通りである。レベル上昇時に得られる呪文については、上記の時間もかからず、費用も支払わなくてよいことに注意。

呪文レベル	記入コスト	呪文レベル	記入コスト
0	5GP	5	250GP
1	10GP	6	360GP
2	40GP	7	490GP
3	90GP	8	640GP
4	160GP	9	810GP

呪文書の作り直しと複製

ウィザードは失った呪文書を、呪文を学ぶ際と同じ手順で作り直すことができる。すでに準備した呪文があるなら、ウィザードはそれらの呪文を呪文書に書き込むのと同じだけの費用で新たな呪文書に直接書き込むことができる。この作業によって、準備していた呪文はまるで発動してしまったようにウィザードの精神から消え去ってしまう。呪文を準備していなかったら、借りた呪文書から呪文を準備し、その後に新たな呪文書に書き込むこともできる。

既にある呪文書の複製を作るのは、作り直すのと同じ手順を踏むが、作業はもっと簡単である。呪文ごとの必要時間と費用は半分になる。

呪文書の売却

獲得した呪文書は、その呪文書を購入する際の価格と、書き込まれている呪文を記入するのに要する費用の半分の価格で売却することができる。

ソーサラーとバード

　ソーサラーとバードは秘術呪文を使用するが、呪文書を持たず、呪文を準備することもない。ソーサラーやバードのクラス・レベルによって、発動することのできる呪文数に制限がある（各クラスの解説を参照）。【魅力】が高ければ、ソーサラーやバードはいくつか余分に呪文を発動できるようになる。これらのクラスの者は呪文を発動するために少なくとも（10＋呪文レベル）の【魅力】がなければならない。

その日の呪文の用意：毎日、ソーサラーとバードは呪文を発動するために意識を集中しなければならない。ソーサラーとバードは（ウィザードと同様に）8時間休息する必要があり、その後、15分を費やして精神集中する（精神集中の際、バードは歌ったり、朗誦したり、何らかの楽器を演奏しなければならない）。この間、ソーサラーやバードはその日に使用できる呪文を発動する心構えを行う。こうしたリフレッシュの機会がなければ、そのキャラクターは前日に使ってしまった呪文スロットを回復させることはできない。

最近発動した呪文による制限：リフレッシュの直前8時間以内に発動した呪文は、ソーサラーやバードのその日の呪文数から差し引かれる。

ソーサラーやバードのレパートリーに呪文を追加する：ソーサラーとバードはクラス・レベルが上昇する際に呪文を修得し、それ以外の方法で呪文を修得することはない。レベルが上昇したら、表3-6や表3-10の呪文数を参照して、キャラクターがそれぞれのクラスのリストにある呪文をいくつ知っていることになるのか調べること。GMの許可があれば、ソーサラーとバードは冒険を通じて見つけた通常と異なる呪文を選ぶこともできる。

信仰呪文

　クレリック、ドルイド、一定以上のレベルのパラディンやレンジャーは信仰呪文を発動できる。秘術呪文と違い、信仰呪文は信仰の源から力を引き出す。クレリックは諸神格や信仰の諸力から呪文の力を得る。自然の持つ信仰の力がドルイドとレンジャーの呪文に力を与える。秩序と善の信仰の力がパラディンの呪文に力を与える。信仰呪文は治癒と守りに重きを置いており、秘術呪文と比べると派手でもないし、破壊的でもない。

信仰呪文を準備する

　信仰呪文の使い手はウィザードとほぼ同じやり方で呪文を準備するが、いくつかの違いがある。ほとんどの信仰呪文に関係する能力値は【判断力】である（パラディンは【魅力】である）。信仰呪文を準備するためには、キャラクターは（10＋呪文レベル）の【判断力】（パラディンは【魅力】）がなくてはならない。同様に、ボーナス呪文数も【判断力】（パラディンは【魅力】）に基づいている。

時間帯：信仰呪文の使い手は、ウィザードと同様に呪文をあらかじめ選択して準備する。しかしウィザードとは異なり、信仰呪文の使い手が呪文を準備するためには休息期間を必要としない。その代わり、キャラクターは1日の特定の時間帯を選んで祈り、呪文を授かる。こうした時間は多くの場合、何らかの日課に関係している。何らかの事情によりキャラクターが決められた時間に祈ることができなかったら、可能になり次第すぐに祈らなければならない。この最初の機会に祈らなかったなら、呪文を準備するのに次の日まで待たなければならない。

呪文の選択と準備：信仰呪文の使い手は、1日の特定の時間帯に祈り、瞑想することで、あらかじめ呪文を選んで準備する。呪文を準備するために必要な時間はウィザードと同じである（1時間）。準備を行うために比較的平穏な環境が必要なのも同じである。信仰呪文の使い手は呪文を準備する際、いくつかの呪文スロットを空けたままにしておくことができる。その日のうちに、望むだけ何度でも準備のプロセスを繰り返すことができる。ただし、以前準備した呪文を破棄して別の呪文に置き換えたり、それまでに発動したために空いたスロットに呪文を準備したりすることはできない。その日の最初のものと同様、この準備には少なくとも15分がかかり、1日の呪文数の1/4より多くの呪文を準備するならそれより長い時間がかかる。

　信仰呪文の使い手は呪文書を必要としない。しかし、信仰呪文の使い手の呪文の選択は自分のクラスのリストにある呪文に限られる。クレリック、ドルイド、パラディン、レンジャーにはそれぞれの呪文リストがある。クレリックの場合、キャラクター作成時に選択した2つの領域も利用できる。それぞれの領域はいくつかの特殊能力とボーナス呪文を与える。

呪文スロット：キャラクター・クラスの表を見れば、キャラクターが1日に各レベルの呪文をいくつ発動できるかが判る。1日に使用できる各呪文を入れる、この"空き"のことを"呪文スロット"と呼ぶ。低いレベルの呪文を高いレベルのスロットに入れることもできる。呪文の使い手の能力値が足りず、能力値がもっと高ければ使えたはずの高レベルの呪文が使えない状態でも、スロット自体は得られる。しかし、その場合にはより低いレベルの呪文しか入れることができない。

最近発動した呪文による制限：秘術呪文と同様に、準備の直前8時間以内に発動した呪文は、その日準備できる呪文数にから差し引かれる。

キュア系およびインフリクト系呪文の任意発動：善のクレリック（や善の神格のクレリック）は、準備していた呪文の代わりに、呪文レベルが同等以下の**キュア系**呪文を任意発動できる。ただし、領域呪文の代わりとして任意発動することはできない。悪のクレリック（や悪の神格のクレリック）は準備していた（領域呪文でない）呪文の代わりに、呪文レベルが同等以下の**インフリクト系**呪文を任意発動できる。中立の神格の中立のクレリックは、キャラクター作成時に、善のクレリックのように**キュア系**呪文を任意発動するか、あるいは悪のクレリックのように**インフリクト系**呪文を任意発動するかを選択する。**キュア系**か**インフリクト系**の呪文に置き換えられた信仰エネルギーは、初めから準備されていたかのように、それらの呪文へと変換される。

サモン・ネイチャーズ・アライ系呪文の任意発動：ドルイドは準備した呪文の代わりに、呪文レベルが同等以下の**サモン・ネイチャーズ・アライ**呪文を任意発動できる。**サモン・ネイ**

チャーズ・アライの呪文で置き換えられた呪文の信仰エネルギーは、それらの呪文がはじめから準備されていたかのように、それらの呪文へと変換される。

信仰魔法の文書

　信仰呪文は秘術呪文と同様、書き写したり、解読したりできる（『秘術呪文の文書』参照）。〈呪文学〉判定に成功することで、信仰魔法の文書を解読し、識別することができる。しかし、その呪文（の信仰呪文バージョン）が自分のクラスの呪文リストにあるキャラクターにしか、巻物から信仰呪文を発動することはできない。

新たな信仰呪文

　信仰呪文の使い手は以下の方法で新たな呪文を獲得する。
レベル上昇時に獲得する呪文：信仰呪文を発動できるキャラクターは、冒険の合間に信仰魔法の研究にある程度の時間を割いている。そうしたキャラクターが成長して新たな呪文レベルの信仰呪文が使えるようになるたびに、その呪文レベルの新たな呪文をすべて自動的に修得する。
独自の研究：信仰呪文の使い手は秘術呪文の使い手と同じように、呪文を独自に研究することもできる。そうした呪文は作成者だけが準備し、発動することができる。ただし、作成者が他人と共有しようと思えば別である。

特殊能力

　さまざまなクラスやクリーチャーが特殊能力を獲得する。それらの多くは呪文のような効果を有する。
擬似呪文能力：通常、擬似呪文能力は同名の呪文と同様に働く。擬似呪文能力には音声要素も動作要素も物質要素もないし、焦点具も必要ない。使い手はその能力を精神的に起動する。例えその能力が動作要素のある秘術呪文に似ていたとしても、防具が擬似呪文能力の使用に影響することはない。

　擬似呪文能力はその能力や呪文の解説に特に記載がない限り、1標準アクションの発動時間を有する。それ以外では、擬似呪文能力は呪文とまったく同様に働く。

　擬似呪文能力は呪文抵抗の対象となり、ディスペル・マジックによって解呪される。魔法が抑止されたり無効化される範囲では擬似呪文能力は働かない。擬似呪文能力は呪文の相殺のために使用することはできず、相殺されることもない。

　キャラクター・クラスが実際の呪文に基づかない擬似呪文能力を与える場合、その能力の有効呪文レベルは、そのキャラクターがその能力を与えられたクラス・レベルの時点で発動することのできる、そのクラスの呪文の最高レベルに等しい。
超常能力：超常能力は戦闘中に中断させられることはなく、通常は機会攻撃を誘発しない。超常能力は呪文抵抗や呪文相殺の対象とはならず、ディスペル・マジックによって解呪されることもない。しかし、超常能力も、魔法が抑止されたり無効化される範囲では働かない。
変則的能力：変則的能力は呪文とは違って戦闘中に中断させられることはなく、通常は機会攻撃を誘発しない。魔法を無効化したり停止させる効果や範囲は変則的能力には影響しない。これらの能力は解呪の対象にはならず、アンティマジック・フィールド内でも通常通り機能する。実のところ、変則的能力は物理法則を破っていることがあったとしても、魔法ではないのである。
通常能力：この分類には、キャラクターが身体のつくりのおかげで持っている能力が含まれる。変則的能力でも超常能力でも擬似呪文能力でもないものは通常能力である。

10 呪文

顔に触手を生やした犬どもが再度押し寄せてきた。声ひとつ漏らさない、死んだ目をした犬どもを、キーラの必殺のシミターが堤防のごとく食い止める。この世ならぬ者どもはすでに油断したヴァレロスを打ち倒し、呪いを生み出す何かに用いるべく、どこかに引きずっていこうとしている。

シオニは状況を打破する糸口はないか考えを巡らせた。この恐るべき者どもの正体は？　どこから来た？　目的は？

あれこれ考えたあげく、女ソーサラーは彼女の知るもっとも確かな手段に行き着いた。

今まで相対してきた奴らと同じ。みんな焼き尽くしてしまえばいいんだわ。

各呪文名に（物）（焦）と表記されている場合は、その呪文の発動に呪文構成要素ポーチに通常は含まれない物質や焦点具が必要であることを示す。

並び方： 呪文は基本的に五十音順で並んでいるが、レッサー、グレーター、マスなどの形容詞が最初についている場合は二番目の語句の順で並んでいる。

ヒット・ダイス： "ヒット・ダイス（HD）"という単語は、特定のヒット・ダイスのクリーチャーに影響を及ぼす効果に関しては"キャラクター・レベル"と同義で扱う。クラスではなく種族ヒット・ダイスのみを持つクリーチャーは、そのヒット・ダイスと等しいキャラクター・レベルを持っているものとして扱う。

術者レベル： 呪文の効力は術者レベルに依存することが多い。"術者レベル"とある場合は、その呪文を発動するときの術者のクラス・レベルと定義される。クラスを持たないクリーチャーは、特記がない限りそのヒット・ダイスと等しい術者レベルを持つ。呪文の概略での"レベル"は術者レベルのことを示す。

クリーチャーとキャラクター： "クリーチャー"と"キャラクター"の語句は呪文の概略では同義として扱う。

ウィザード／ソーサラー呪文

0レベル・ウィザード／ソーサラー呪文（キャントリップ）

幻術

ゴースト・サウンド： 幻の音。

召喚術

アシッド・スプラッシュ： 酸の球体で1d3の［強酸］ダメージを与える。

死霊術

タッチ・オヴ・ファティーグ： 近接接触攻撃で疲労状態にする。
ディスラプト・アンデッド： アンデッドに1d6ダメージを与える。
ブリード： 容態安定状態の対象を瀕死状態にする。

心術

デイズ： 4HD以下の人型生物は次のアクションを失う。

占術

ディテクト・ポイズン： 1体のクリーチャーか小さな物体1つの毒を感知する。
ディテクト・マジック： 60フィート以内の呪文や魔法のアイテムを感知する。
リード・マジック： 巻物や呪文書を読む。

総合術

アーケイン・マーク： 個人をあらわすルーンを物体やクリーチャーに刻む（可視／不可視）。
プレスティディジテイション： ちょっとした奇術を行う。

変成術

オープン／クローズ： 小さなものや軽いものを開け閉めする。
メイジ・ハンド： 5ポンドの念動力。
メッセージ： 遠く離れた相手と囁きで会話。
メンディング： 物体1個の小さな破損を修理する。

防御術

レジスタンス： 対象はセーヴィング・スローに＋1を得る。

力術

ダンシング・ライツ： 松明やその他の明かりを作り出す。
フレア： クリーチャー1体を目が眩んだ状態にする（攻撃ロールに－1）。
ライト： 物体を松明のように輝かせる。
レイ・オヴ・フロスト： 光線で1d3の［氷雪］ダメージを与える。

1レベル・ウィザード／ソーサラー呪文

幻術

ヴェントリロキズム： 1分／レベルの間、声を放つ。
カラー・スプレー： 弱いクリーチャーを気絶状態や盲目状態や朦朧状態にする。
サイレント・イメージ： 術者の望むちょっとした幻影を作り出す。
ディスガイズ・セルフ： 術者の外見を変える。
マジック・オーラ： 物体の魔法のオーラを変化させる。

召喚術

アンシーン・サーヴァント： 不可視の力場が術者の命令に従う。
オブスキュアリング・ミスト： 術者の周囲を霧で覆う。
グリース： 一辺10フィートの正方形の範囲か1つの物体を滑りやすくする。
サモン・モンスターⅠ： 他次元界のクリーチャーを召喚し、術者のために戦わせる。
マウント： 2時間／レベルの間、乗用馬を呼び出す。
メイジ・アーマー： ＋4の鎧ボーナスを与える。

死霊術

コーズ・フィアー： 5HD以下のクリーチャー1体を、1d4ラウンドの間、逃走させる。
チル・タッチ： 1回／レベルの接触で1d6ダメージと可能なら1【筋力】ダメージ。
レイ・オヴ・エンフィーブルメント： 光線で1d6＋1／2レベルの【筋力】ペナルティ。

心術

スリープ： 4HD分のクリーチャーを魔法の眠りに落とす。
チャーム・パースン： 1人の人物を術者の友とする。
ヒプノティズム： 2d4HD分のクリーチャーを恍惚状態にする。

占術

アイデンティファイ： 魔法のアイテムの性質を明らかにする際

に＋10のボーナス。
コンプリヘンド・ランゲージズ：すべての言語を理解する。
ディテクト・アンデッド：60フィート以内のアンデッドを感知する。
ディテクト・シークレット・ドアーズ：60フィート以内の隠し扉を感知する。
トゥルー・ストライク：術者の次の攻撃ロールに＋20。

変成術
アニメイト・ロープ：ロープ1本を術者の命ずるままに動かす。
イレイズ：通常の文字や魔法的な文字を消し去る。
エクスペディシャス・リトリート：術者の移動速度が30フィート上昇する。
エンラージ・パースン：人型クリーチャーを2倍のサイズにする。
ジャンプ：対象は〈軽業〉判定に幾つかのボーナスを得る。
フェザー・フォール：物体やクリーチャーはゆっくりと落下する。
マジック・ウェポン：武器は＋1ボーナスを得る。
リデュース・パースン：人型クリーチャーを半分のサイズにする。

防御術
アラーム：効果範囲を2時間／レベルの間監視する。
エンデュア・エレメンツ：熱くても寒くても快適に過ごせる。
シールド：不可視の円盤でACに＋4、さらにマジック・ミサイルを防ぐ。
プロテクション・フロム・イーヴル／グッド／ケイオス／ロー：選択した属性に対してACとセーヴに＋2、その他の防御効果。
ホールド・ポータル：扉を閉めて固定する。

力術
ショッキング・グラスプ：近接接触攻撃で1d6／レベルの［雷撃］ダメージ（最大5d6）。
バーニング・ハンズ：1d4／レベルの［火炎］ダメージ（最大5d4）。
フローティング・ディスク：100ポンド／レベルを保持する直径3フィートの水平な円盤を作る。
マジック・ミサイル：1d4＋1ダメージ、1を超える2レベルごとに1本増える（最大5本）。

2レベル・ウィザード／ソーサラー呪文
幻術
インヴィジビリティ：対象は1分／レベルか、あるいは攻撃するまで不可視状態となる。
ヒプノティック・パターン：（2d4＋レベル）HD分のクリーチャーを恍惚状態にする。
ファントム・トラップ（物）：物体を罠があるように思わせる。
ブラー：対象に対する攻撃は20％の確率で失敗する。
マイナー・イメージ：サイレント・イメージと同様だが、音声が加わる。
マジック・マウス（物）：作動したときに1度だけしゃべる。
ミスディレクション：1体のクリーチャーや1個の物体に対す

る占術に偽の情報を与える。
ミラー・イメージ：術者とそっくりな囮を作り出す（1d4＋1体／3レベル、最大8体）。

召喚術
アシッド・アロー：遠隔接触攻撃で2d4の［強酸］ダメージを1＋1ラウンド／3レベルの間与える。
ウェブ：敵を捕らえ移動を阻害する粘着質の蜘蛛の糸で半径20フィート拡散の範囲を覆う。
グリッターダスト：クリーチャーを盲目状態にし、不可視状態のクリーチャーの姿を浮き出させる。
サモン・スウォーム：バット・スウォーム、ラット・スウォーム、もしくはスパイダー・スウォームを召喚する。
サモン・モンスターⅡ：他次元界のクリーチャーを召喚し、術者のために戦わせる。
フォッグ・クラウド：霧で視界をさえぎる。

死霊術
グール・タッチ：対象を麻痺状態にし、さらに周囲を不調状態にする悪臭を放つようにする。
コマンド・アンデッド：アンデッド・クリーチャーを術者の命令に従わせる。
スケアー：6HD未満のクリーチャーを恐れ状態にする。
スペクトラル・ハンド：接触攻撃を運ぶ非実体のゆらめく手を作る。
フォールス・ライフ：1d10＋1／レベル（最大＋10）の一時的ヒット・ポイントを得る。
ブラインドネス／デフネス：対象を盲目状態か聴覚喪失状態にする。

心術
タッチ・オヴ・イディオシー：目標は【知力】【判断力】【魅力】に1d6ペナルティを受ける。
デイズ・モンスター：6HD以下の生きているクリーチャーは次のアクションを失う。
ヒディアス・ラフター：対象は1ラウンド／レベルの間、アクションを失う。

占術
シー・インヴィジビリティ：不可視状態のクリーチャーや物体を見ることができる。
ディテクト・ソウツ：表面的な思考を"立ち聞き"できるようになる。
ロケート・オブジェクト：物品（個々のものや特定のもの）のある方向を感知する。

変成術
アウルズ・ウィズダム：対象は1分／レベルの間、【判断力】に＋4を得る。
イーグルズ・スプレンダー：対象は1分／レベルの間、【魅力】

に＋4を得る。

ウィスパリング・ウィンド：1マイル／レベルまで短い伝言を送る。

オルター・セルフ：小型あるいは中型サイズの人型生物1体の姿をとる。

キャッツ・グレイス：対象は1分／レベルの間、【敏捷力】に＋4を得る。

スパイダー・クライム：壁や天井を歩く能力を与える。

ダークヴィジョン：完全な暗闇でも60フィート見える。

ノック：施錠された、または魔法的に封印された扉を開く。

パイロテクニクス：火をまぶしい光か息の詰まる煙に変える。

フォクセス・カニング：対象は1分／レベルの間、【知力】に＋4を得る。

ブルズ・ストレンクス：対象は1分／レベルの間、【筋力】に＋4を得る。

ベアズ・エンデュアランス：対象は1分／レベルの間、【耐久力】に＋4を得る。

メイク・ホウル：物体を修理する。

レヴィテート：対象は術者の示したほうに上下する。

ロープ・トリック：8体までのクリーチャーを別次元に隠す。

防御術

アーケイン・ロック（物）：門や箱を魔術的に閉ざす。

オブスキュア・オブジェクト：念視から物体を隠す。

プロテクション・フロム・アローズ：目標は遠隔攻撃に対してDR10／魔法を得る。

レジスト・エナジー：特定のエネルギー種別のダメージをそれぞれ10ポイント（またはそれ以上）無効化する。

力術

ガスト・オヴ・ウィンド：小さなクリーチャーを吹き飛ばしたり打ち倒す風。

コンティニュアル・フレイム（物）：熱のない永続的な光を作る。

シャター：[音波]振動で物体や結晶質のクリーチャーにダメージを与える。

スコーチング・レイ：遠隔接触攻撃で4d6の［火炎］ダメージを与える。光線は3レベルごとに1本増える（最大3本）。

ダークネス：半径20フィートの超自然的な闇。

フレイミング・スフィアー：転がる炎の玉が3d6の［火炎］ダメージを与える。

3レベル・ウィザード／ソーサラー呪文

幻術

イリューソリイ・スクリプト（物）：意図した相手しか解読できない文字。

インヴィジビリティ・スフィアー：10フィート以内の全員を不可視状態にする。

ディスプレイスメント：対象に対する攻撃は50％の確率で失敗する。

メジャー・イメージ：サイレント・イメージと同じだが、音声・匂い・温度の効果が加わる。

召喚術

サモン・モンスターⅢ：他次元界のクリーチャーを召喚し、術者のために戦わせる。

スティンキング・クラウド：吐き気がする状態にする蒸気、1ラウンド／レベル。

スリート・ストーム：視覚と移動を妨げる。

セピア・スネーク・シジル（物）：読んだものを動けなくする蛇の形をした文字の印を作り出す。

ファントム・スティード：魔法のホース（馬）が1時間／レベルの間、現われる。

死霊術

ヴァンピリック・タッチ：接触攻撃で1d6／2レベルのダメージ、術者は与えたダメージと同量の一時的HPを得る。

ジェントル・リポウズ：死体1つを保存する。

ホールト・アンデッド：1ラウンド／レベルの間、アンデッドを身動きできなくする。

レイ・オヴ・イグゾースチョン：対象を過労状態にする光線。

心術

サジェスチョン：対象が命じられたように行動するよう強制する。

ディープ・スランバー：10HDのクリーチャーを眠りに落とす。

ヒロイズム：攻撃ロール、セーヴ、技能判定に＋2を与える。

ホールド・パースン：1ラウンド／レベルの間、1体の人型生物を麻痺状態にする。

レイジ：対象は【筋力】と【耐久力】に＋2、意志セーヴに＋1、ACに−2を得る。

占術

アーケイン・サイト：術者は魔法的なオーラが見えるようになる。

クレアオーディエンス／クレアヴォイアンス：1分／レベルの間、離れた場所のできごとを見るか聞くかする。

タンズ：すべての言語を話し、理解する。

変成術

ウォーター・ブリージング：対象は水中で呼吸できるようになる。

ガシアス・フォーム：対象は非物質状態になり、ゆっくりと飛行できる。

キーン・エッジ：武器のクリティカル可能域を2倍にする。

シークレット・ページ：1ページを変化させ、本当の内容を隠す。

シュリンク・アイテム：対象は16分の1のサイズに縮む。

スロー：1体／レベルの対象は1ラウンドに1アクションしかとれず、AC、反応セーヴ、および攻撃ロールに−1される。

ビースト・シェイプⅠ：術者は小型か中型の動物の姿といくつかの能力を得る。

フライ：対象は60フィートの飛行移動速度を得る。

ブリンク：1ラウンド／レベルの間、術者はランダムに姿を消したり現わしたりする。

フレイム・アロー：矢弾は追加で＋1d6ポイントの［火炎］ダメージを与える。

ヘイスト：1体／レベルのクリーチャーは素早く動けるようになり、攻撃ロール、AC、反応セーヴに＋1を得る。

グレーター・マジック・ウェポン：武器は－1/4レベル（最大＋5）のボーナスを得る。

防御術

エクスプローシヴ・ルーンズ：読まれたときに6d6ダメージを与える。

ディスペル・マジック：1つの魔法の呪文や効果を打ち消す。

ノンディテクション（物）：対象を占術、念視から隠す。

プロテクション・フロム・エナジー：1種類のエネルギーのダメージを12ポイント／レベルだけ吸収する。

マジック・サークル・アゲンスト・イーヴル／グッド／ケイオス／ロー：10分／レベルの間、半径10フィートにプロテクション呪文と同様の効果。

力術

ウィンド・ウォール：矢弾、小さなクリーチャー、ガス類を防ぐ。

タイニイ・ハット：10体のクリーチャーの入れる避難所を作る。

デイライト：半径60フィートの明るい光。

ファイアーボール：半径20フィートに1d6ポイント／レベルの［火炎］ダメージ（最大10d6）。

ライトニング・ボルト：1d6ポイント／レベルの［雷撃］ダメージ（最大10d6）。

4レベル・ウィザード／ソーサラー呪文

幻術

イリューソリイ・ウォール：実物のような壁、床、立方体だが、通り抜けられる。

グレーター・インヴィジビリティ：インヴィジビリティと同様だが、対象は攻撃しても不可視状態のままでいることができる。

シャドウ・カンジュレーション：4レベル未満の召喚術を真似るが、その術は20％だけ実在する。

ハリューサナトリ・テレイン：1種類の地形を別の地形に見せかける（平原を森林に、など）。

ファンタズマル・キラー：恐ろしい幻影が対象を殺す、もしくは3d6のダメージを与える。

レインボー・パターン：光が24HDぶんのクリーチャーを恍惚状態にする。

召喚術

サモン・モンスターIV：他次元界のクリーチャーを召喚し、術者のために戦わせる。

セキュアー・シェルター：頑丈な小屋を作り出す。

ソリッド・フォッグ：視界を妨げ、移動を遅くさせる霧。

ディメンジョン・ドア：術者を短距離だけ瞬間移動させる。

ブラック・テンタクルズ：触手が20フィート拡散の範囲内のクリーチャーすべてに組みつく。

マイナー・クリエイション：布や木製品1つを作り出す。

死霊術

アニメイト・デッド（物）：死体からスケルトンやゾンビなどのアンデッドを作り出す。

エナヴェイション：対象は1d4の負のレベルを負う。

コンテイジョン：対象は選択した病気にかかる。

ビストウ・カース：能力値1つに－6；攻撃ロール、セーヴ、判定に－4；すべての行動に50％の失敗確率、のいずれか。

フィアー：円錐内の対象は1ラウンド／レベルの間逃げ出す。

心術

レッサー・ギアス：7HD以下の対象に命令を出す。

クラッシング・ディスペア：対象は攻撃ロール、ダメージ・ロール、セーヴ、判定に－2を被る。

コンフュージョン：1ラウンド／レベルの間、対象に変な行動を取らせる。

チャーム・モンスター：術者が味方であるとモンスターに信じ込ませる。

占術

アーケイン・アイ：1ラウンドに30フィート移動する不可視の浮遊する眼。

スクライング（焦）：離れた対象を観察する。

ディテクト・スクライング：魔法による立ち聞きを術者に警告する。

ロケート・クリーチャー：よく知っているクリーチャーの方向を指し示す。

変成術

エレメンタル・ボディI：術者は小型のエレメンタルに変身する。

マス・エンラージ・パースン：1体／レベルの人型クリーチャーを2倍のサイズにする。

ストーン・シェイプ：石をどんな形にでも造形する。

ニーモニック・エンハンサー：ウィザードのみ。追加で呪文を準備するか発動した呪文をそのまま保持できる。

ビースト・シェイプII：術者は超小型か大型の動物の姿といくつかの能力を得る。

マス・リデュース・パースン：リデュース・パースンと同様だが、1体／レベルの人型クリーチャーに発動する。

防御術

レッサー・グローブ・オヴ・インヴァルナラビリティ：1から3レベルの呪文の効果を防ぐ。

ストーンスキン（物）：DR10／アダマンティンを与える。

ディメンジョナル・アンカー：次元間の移動を妨げる。

ファイアー・トラップ（物）：物体が開かれたときに1d4＋1／レベルの［火炎］ダメージを与える。

リムーヴ・カース：物体や人を呪いから解放する。

力術

アイス・ストーム：直径40フィートの円筒形の範囲にひょうで5d6ダメージの[氷雪]を与える。

ウォール・オヴ・アイス：氷で壁や半球状のドームを作る。

ウォール・オヴ・ファイアー：10フィート以内に2d4、20フィート以内に1d4ポイントの[火炎]ダメージを与える。壁を抜けた相手には2d6＋1／レベルのダメージ。

シャウト：円錐形の範囲内の全員を聴覚喪失状態にし、5d6ポイントの[音波]ダメージを与える。

ファイアー・シールド：術者を攻撃したクリーチャーは[火炎]か[氷雪]ダメージを受ける。また、術者は熱か冷気から守られる。

リジリアント・スフィアー：力の球体が罠から対象を守る。

5レベル・ウィザード／ソーサラー呪文

幻術

シーミング：1人／2レベルの人物の外見を変える。

シャドウ・エヴォケーション：5レベル未満の力術を真似るが、その術は20％だけ実在する。

ドリーム：眠っている者にメッセージを伝える。

ナイトメア：1d10のダメージを与え、疲労状態にする夢を送り出す。

パーシステント・イメージ：メジャー・イメージと同様だが、精神集中を必要としない。

フォールス・ヴィジョン（物）：念視を幻術によって欺く。

ミラージュ・アーケイナ：ハリューサナトリ・テレインと同様だが、建物が加わる。

召喚術

ウォール・オヴ・ストーン：自由な形の石の壁を作り出す。

クラウドキル：3HD以下は即死；4～6HDはセーヴ可の即死；それ以上なら【耐久力】ダメージ。

サモン・モンスターV：他次元界のクリーチャーを召喚し、術者のために戦わせる。

シークレット・チェスト（焦）：高価な箱をエーテル界に隠す。術者は自由に取り出せる。

テレポート：術者は100マイル／レベルまでの距離に即座に移動する。

レッサー・プレイナー・バインディング：6HD以下の別の次元界のクリーチャーを、仕事が終わるまで捕らえる。

メイジズ・フェイスフル・ハウンド：幻の犬が場所を守り、侵入者を攻撃する。

メジャー・クリエイション：マイナー・クリエイションと同様だが、石や金属でも作り出せる。

死霊術

ウェイヴズ・オヴ・ファティーグ：数体の対象が疲労状態になる。

シンボル・オヴ・ペイン（物）：トリガーを設定されたルーンが近くのクリーチャーに苦痛を与える。

ブライト：植物1つを枯らすか、植物クリーチャーに1d6／レベルのダメージを与える。

マジック・ジャー（焦）：別のクリーチャーに憑依できる。

心術

シンボル・オヴ・スリープ（物）：トリガーを設定されたルーンが近くのクリーチャーを深く眠らせる。

ドミネイト・パースン：人型生物をテレパシーによって操る。

フィーブルマインド：対象の【知力】と【魅力】は1に落ちる。

ホールド・モンスター：ホールド・パースンと同様だが、どんなクリーチャーに対しても使用できる。

マインド・フォッグ：霧の中の対象は【判断力】と意志セーヴに－10される。

占術

コンタクト・アザー・プレイン：術者は別次元の存在に質問できる。

テレパシック・ボンド：仲間たちとリンクし、意思疎通ができる。

プライング・アイズ：1d4＋1／レベルの浮遊する眼が偵察する。

総合術

パーマネンシイ（物）：特定の呪文を永続化する。

変成術

アニマル・グロウス：動物1体のサイズを2倍にする。

エレメンタル・ボディII：術者は中型のエレメンタルに変身する。

オーヴァーランド・フライト：術者は40フィートの飛行移動速度で、長距離を速歩で移動できる。

テレキネシス：物体を動かしたり、クリーチャーに攻撃したり、物体やクリーチャーを投げたりできる。

トランスミュート・マッド・トゥ・ロック：一辺10フィート／レベルの立体2つまでの泥を石に変える。

トランスミュート・ロック・トゥ・マッド：一辺10フィート／レベルの立体2つまでの石を泥に変える。

パスウォール：木や石の壁に抜け道を作る。

ビースト・シェイプIII：術者は微小か超大型の動物の姿、または小型か中型の魔獣の姿になる。

ファブリケイト（物）：原料を完成したアイテムに変える。

プラント・シェイプI：術者は小型か中型の植物に変身する。

ベイルフル・ポリモーフ：対象を無害な動物に変える。

ポリモーフ：同意した対象を変身させる。

防御術

ディスミサル：クリーチャーを元の次元界に強制的に戻す。

ブレイク・エンチャントメント：対象を心術、変成術、呪いから解放する。

メイジズ・プライヴェイト・サンクタム：24時間、対象エリアが見られたり念視されるのを妨げる。

力術

インターポージング・ハンド：敵1体との間に巨大な手が遮蔽を作る。

ウォール・オヴ・フォース：ダメージに耐性を持つ壁。

コーン・オヴ・コールド：1d6／レベルの［氷雪］ダメージ。

センディング：短い伝言をどこにでも即座に送る。

6レベル・ウィザード／ソーサラー呪文

幻術

ヴェイル：クリーチャーの一団の外見を変える。

シャドウ・ウォーク：影の中に入り込み、素早く旅をする。

パーマネント・イメージ：映像、音響、匂い、温度を含む永続的な幻。

プログラムド・イメージ（物）：メジャー・イメージと同様だが、できごとによって作用するようにできる。

ミスリード：術者を不可視状態とし、術者にそっくりな幻を作り出す。

召喚術

アシッド・フォッグ：霧が［強酸］ダメージを与える。

ウォール・オヴ・アイアン（物）：30ヒット・ポイント／4レベルの壁。敵の上に倒すこともできる。

サモン・モンスターVI：他次元界のクリーチャーを召喚し、術者のために戦わせる。

プレイナー・バインディング：レッサー・プレイナー・バインディングと同様だが、最大12HDの来訪者に効果がある。

死霊術

アイバイト：対象は恐慌状態か、不調状態か、昏睡状態となる。

アンデス・トゥ・デス（物）：1d4／レベルのHD分のアンデッドを滅ぼす（最大20d4）。

クリエイト・アンデッド（物）：死体をグール、ガスト、ミイラ、モーグとして蘇らせる。

サークル・オヴ・デス（物）：1d4／レベルまでのHDのクリーチャーを殺す。

シンボル・オヴ・フィアー（物）：トリガーを設定されたルーンが近くのクリーチャーを恐慌状態にする。

心術

ギアス／クエスト：レッサー・ギアスと同様だが、どんなクリーチャーに対しても使用できる。

マス・サジェスチョン：サジェスチョンと同様だが、1体／レベルの対象に効果がある。

シンボル・オヴ・パースウェイジョン（物）：トリガーを設定されたルーンが近くのクリーチャーを魅了する。

グレーター・ヒロイズム：攻撃ロール、セーヴ、技能判定に＋4のボーナスを与え、［恐怖］への完全耐性と一時的HPを与える。

占術

アナライズ・ドゥウェオマー（焦）：対象の魔法的性質を明らかにする。

トゥルー・シーイング（物）：術者は本当に存在するものすべてが見える。

レジェンド・ローア（物焦）：人物、場所、物品に関する物語を知る。

変成術

マス・アウルズ・ウィズダム：1体／レベルの対象にアウルズ・ウィズダムをかける。

マス・イーグルズ・スプレンダー：1体／レベルの対象にイーグルズ・スプレンダーをかける。

エレメンタル・ボディIII：術者は大型のエレメンタルに変身する。

マス・キャッツ・グレイス：1体／レベルの対象にキャッツ・グレイスをかける。

コントロール・ウォーター：水量を上下できる。

ストーン・トゥ・フレッシュ：石化したクリーチャーを元に戻す。

ディスインテグレイト：クリーチャーか物体1つを塵に分解する。

トランスフォーメーション（物）：術者は戦闘用の複数のボーナスを得る。

ビースト・シェイプIV：術者は微小から超大型の動物の姿、または超小型から大型の魔獣の姿になる。

マス・フォクセス・カニング：1体／レベルの対象にフォクセス・カニングをかける。

フォーム・オヴ・ザ・ドラゴンI：術者は中型のドラゴンに変身する。

フレッシュ・トゥ・ストーン：対象のクリーチャーを石像に変える。

プラント・シェイプII：術者は大型の植物クリーチャーに変身する。

マス・ブルズ・ストレンクス：1体／レベルの対象にブルズ・ストレンクスをかける。

マス・ベアズ・エンデュアランス：1体／レベルの対象にベアズ・エンデュアランスをかける。

ムーヴ・アース：溝を掘り、丘を造る。

メイジズ・ルークブレーション：ウィザードのみ。5レベル以下の呪文を再び準備する。

防御術

アンティマジック・フィールド：10フィート以内の魔法を無効化する。

ガーズ・アンド・ウォーズ：多くの魔法的効果でエリアを守る。

グローブ・オヴ・インヴァルナラビリティ：レッサー・グローブ・オヴ・インヴァルナラビリティと同様だが、4レベルまでの呪文の効果を防ぐ。

グレーター・ディスペル・マジック：ディスペル・マジックと同様だが、複数の対象に影響を及ぼすことができる。

リパルション（焦）：クリーチャーは術者に近づけない。

力術

コンティンジェンシィ（焦）：他の呪文に発動のトリガーを設

定する。

チェイン・ライトニング：1d6／レベルのダメージと、1発／レベルの副次雷撃。

フォースフル・ハンド：巨大な手がクリーチャーを押しのける。

フリージング・スフィアー：水を凍らせるか、［氷雪］ダメージを与える。

7レベル・ウィザード／ソーサラー呪文
幻術
マス・インヴィジビリティ：範囲内の対象すべてにインヴィジビリティをかける。

シミュレイクラム（物）：クリーチャーとそっくりな複製を作る。

グレーター・シャドウ・カンジュレーション：シャドウ・カンジュレーションと同様だが、6レベルまでの召喚術を真似し、60％だけ実在する。

プロジェクト・イメージ（物）：術者とそっくりな幻を作り、しゃべらせたり、呪文を発動させたりできる。

召喚術
インスタント・サモンズ（物）：準備しておいた物体を術者の手元に呼び出す。

サモン・モンスターⅦ：他次元界のクリーチャーを召喚し、術者のために戦わせる。

グレーター・テレポート：テレポートと同様だが、距離に制限がなく、目的地以外の場所に着くこともない。

テレポート・オブジェクト：テレポートと同様だが、接触した物体に影響する。

フェイズ・ドア：障壁を通して不可視の抜け道を作る。

プレイン・シフト（焦）：8体までの対象が別の次元界に移動する。

メイジズ・マグニフィシャント・マンション（焦）：扉が別次元の邸宅に繋がる。

死霊術
ウェイヴズ・オヴ・イグゾースチョン：複数の対象は過労状態になる。

コントロール・アンデッド：術者の支配下にいる間、アンデッドは術者を攻撃しない。

シンボル・オヴ・ウィークネス（物）：トリガーを設定されたルーンが近くのクリーチャーを弱体化する。

フィンガー・オヴ・デス：1つの目標に10／レベルのダメージを与える。

心術
インサニティ：対象は永続的な混乱状態になる。

シンボル・オヴ・スタニング（物）：トリガーを設定されたルーンが近くのクリーチャーを朦朧状態にする。

パワー・ワード・ブラインド：200HP以下のクリーチャーを盲目状態にする。

マス・ホールド・パースン：30フィート以内の全てのクリーチャーにホールド・パースンをかける。

占術
グレーター・アーケイン・サイト：アーケイン・サイトと同様だが、クリーチャーや物体にどんな魔法効果がかかっているかが分かる。

ヴィジョン（物）：レジェンド・ローアと同様だが、素早く発動できる。

グレーター・スクライング：スクライングと同様だが、素早く発動でき、長く持続する。

総合術
リミテッド・ウィッシュ（物）：制限内で現実を変える。

変成術
イセリアル・ジョーント：術者は1ラウンド／レベルの間エーテル状態になる。

エレメンタル・ボディⅣ：術者は超大型のエレメンタルに変身する。

コントロール・ウェザー：局地的な天気を変える。

ジャイアント・フォームⅠ：術者は大型の巨人に変身する。

スタチュー：対象は自由に石像に変身できる。

フォーム・オヴ・ザ・ドラゴンⅡ：術者は大型のドラゴンに変身する。

プラント・シェイプⅢ：術者は超大型の植物に変身する。

グレーター・ポリモーフ：同意した対象をより強力な姿に変身させる。

リヴァース・グラヴィティ：物体やクリーチャーは上に落ちる。

防御術
シクウェスター：対象は視覚や念視に対して不可視状態になるが、クリーチャーなら昏睡状態になる。

スペル・ターニング（物）：1d4＋6レベルまでの呪文を術者に反射する。

バニッシュメント：2HD／レベルの別次元のクリーチャーを消滅させる。

力術
グラスピング・ハンド：巨大な手が遮蔽をつくり、押しのけ、組みつきをする。

ディレイド・ブラスト・ファイアーボール：1d6／レベルの［火炎］ダメージを与えるが、術者は最大5ラウンドまで爆発をとどめておける。

フォースケージ（物）：内部を隔離する檻または立方体。

プリズマティック・スプレー：さまざまな効果を与える光線。

メイジズ・ソード（焦）：浮遊する魔法の剣が敵を攻撃する。

8レベル・ウィザード／ソーサラー呪文
幻術
グレーター・シャドウ・エヴォケーション：シャドウ・エヴォケーションと同様だが、7レベルまでの力術を真似し、60％だけ実在する。

呪文 10

シンティレイティング・パターン：ねじれた色の文様が混乱状態や、朦朧状態や、気絶状態にする。

スクリーン：幻影でエリアを視覚や念視から隠す。

召喚術

インセンディエリ・クラウド：雲が毎ラウンド6d6ポイントの[火炎]ダメージを与える。

サモン・モンスターⅧ：他次元界のクリーチャーを召喚し、術者のために戦わせる。

トラップ・ザ・ソウル（物）：対象を宝石の中に閉じ込める。

グレーター・プレイナー・バインディング：レッサー・プレイナー・バインディングと同様だが、18HDまでの来訪者に効果がある。

メイズ：対象を異次元の迷宮に閉じ込める。

死霊術

クリエイト・グレーター・アンデッド（物）：シャドウ、レイス、スペクター、ディヴァウラーを作る。

クローン（物焦）：本体が死んだとき、複製の体で復活する。

シンボル・オヴ・デス（物）：トリガーを設定されたルーンが近くのクリーチャーを殺す。

ホリッド・ウィルティング：30フィート以内の対象に1d6／レベルのダメージを与える。

心術

アンティパシー：物体か場所が特定のクリーチャーを追い返すようにする。

イレジスティブル・ダンス：対象を踊らせる。

シンパシー（物）：物体か場所が特定のクリーチャーを惹きつけるようにする。

シンボル・オヴ・インサニティ（物）：トリガーを設定されたルーンが近くのクリーチャーを狂気に陥らせる。

マス・チャーム・モンスター：30フィート以内の対象すべてにチャーム・モンスターをかける。

ディマンド：センディングと同様だが、術者はサジェスチョンを送ることができる。

バインディング（物）：クリーチャーを閉じ込める多数の効果。

パワー・ワード・スタン：150HP以下のクリーチャーを朦朧状態にする。

占術

ディサーン・ロケーション：クリーチャーか物体の正確な場所を明らかにする。

グレーター・プライング・アイズ：プライング・アイズと同様だが、眼はトゥルー・シーイングの能力を持つ。

モーメント・オヴ・プレシャンス：術者は1回の攻撃ロールか判定かセーヴに＋1／レベルの洞察ボーナスを得る。

変成術

アイアン・ボディ：術者の体は生ける鉄の塊になる。

ジャイアント・フォームⅡ：術者は超大型の巨人に変身する。

テンポラル・ステイシス（物）：対象を仮死状態にする。

フォーム・オヴ・ザ・ドラゴンⅢ：術者は超大型のドラゴンに変身する。

ポリモーフ・エニィ・オブジェクト：対象をあらゆるものに変える。

防御術

ディメンジョナル・ロック：1日／レベルの間、瞬間移動や次元間の移動を妨げる。

プリズマティック・ウォール：色彩によって多くの効果を持つ壁。

プロテクション・フロム・スペルズ（物焦）：＋8の抵抗ボーナスを与える。

マインド・ブランク：対象は精神的／感情的な魔法や念視から守られる。

力術

クレンチト・フィスト：巨大な手が遮蔽をあたえ、押しのけ、術者の敵を攻撃する。

サンバースト：10フィート以内のすべてのクリーチャーを盲目状態にし、6d6のダメージを与える。

グレーター・シャウト：破壊的な叫びが10d6ポイントの[音波]ダメージを与え、クリーチャーを朦朧状態にする。

テレキネティック・スフィアー：リジリアント・スフィアーと同様だが、術者は球体を念動で動かせる。

ポーラー・レイ：遠隔接触攻撃で1d6／レベルの[氷雪]ダメージを与え、さらに【敏捷力】を1d4ポイント吸収する。

9レベル・ウィザード／ソーサラー呪文

幻術

ウィアード：30フィート以内のすべてにファンタズマル・キラーをかける。

シェイズ：シャドウ・カンジュレーションと同様だが、8レベルまでの召喚術を真似し、80％だけ実在する。

召喚術

ゲート（物）：移動や召喚するために2つの次元界を繋ぐ。

サモン・モンスターⅨ：他次元界のクリーチャーを召喚し、術者のために戦わせる。

テレポーテーション・サークル（物）：サークル内のクリーチャーを瞬間移動させる。

レフュージ（物）：持ち主を術者の住居に転移させる効果を持つアイテムを作る。

死霊術

アストラル・プロジェクション（物）：術者と仲間をアストラル界に投射する。

ウェイル・オヴ・ザ・バンシー：1体／レベルのクリーチャーに10／レベルのダメージを与える。

エナジー・ドレイン：対象は2d4の負のレベルを負う。

ソウル・バインド（焦）：蘇生を防ぐために死んだばかりの魂を捕らえる。

心術

ドミネイト・モンスター：ドミネイト・パースンと同様だが、どんなクリーチャーにも効果がある。

パワー・ワード・キル：100HP以下のクリーチャーを殺す。

マス・ホールド・モンスター：30フィート以内のすべてにホールド・モンスターをかける。

占術

フォアサイト："第六感"が差し迫った危険を警告する。

総合術

ウィッシュ（物）：リミテッド・ウィッシュと同様だが、より制限が少ない。

変成術

イセリアルネス：仲間とともにエーテル界に移動する。

シェイプチェンジ（焦）：術者は特定のクリーチャーに変身し、毎ラウンド姿を変えることができる。

タイム・ストップ：術者は1d4＋1ラウンドの間自由に動ける。

防御術

インプリズンメント：対象を大地の下に葬る。

フリーダム：インプリズンメントや他の効果からクリーチャーを解放する。

プリズマティック・スフィアー：プリズマティック・ウォールと同様だが、周囲すべてを覆う。

メイジズ・ディスジャンクション：魔法を解呪し、魔法のアイテムを分解する。

力術

クラッシング・ハンド：巨大な手が遮蔽を与え、押しのけ、術者の敵を粉砕する。

メテオ・スウォーム：4つの爆発する球体がそれぞれ6d6の［火炎］ダメージを与える。

クレリック呪文

0レベル・クレリック呪文（オリソン）

ヴァーチュー：対象は1ポイントの一時的HPを得る。

ガイダンス：1回の攻撃ロールかセーヴィング・スローか技能判定に＋1。

クリエイト・ウォーター：2ガロン／レベルの純水を作る（1ガロン≒3.8リットル）。

スティビライズ：瀕死状態のクリーチャーを容態安定状態にする。

ディテクト・ポイズン：1体のクリーチャーか小さな物体1つの毒を感知する。

ディテクト・マジック：60フィート以内の呪文や魔法のアイテムを感知する。

ピュアリファイ・フード・アンド・ドリンク：1立方フィート／レベルの食料か水を浄化する。

ブリード：容態安定状態の対象を瀕死状態にする。

メンディング：物体1個の小さな破損を修理する。

ライト：物体を松明のように輝かせる。

リード・マジック：巻物や呪文書を読む。

レジスタンス：対象はセーヴィング・スローに＋1を得る。

1レベル・クレリック呪文

インフリクト・ライト・ウーンズ：近接接触攻撃で1d8＋1／レベルのダメージを与える（最大＋5）。

エンデュア・エレメンツ：熱くても寒くても快適に過ごせる。

エントロピック・シールド：術者への遠隔攻撃は20％の失敗確率を受ける。

オブスキュアリング・ミスト：術者の周囲を霧で覆う。

カース・ウォーター（物）：邪水を作る。

キュア・ライト・ウーンズ：1d8＋1／レベル（最大＋5）のダメージを癒す。

コーズ・フィアー：5HD以下のクリーチャー1体を、1d4ラウンドの間、逃走させる。

コマンド：対象1体は1ラウンド選択した命令に従う。

コンプリヘンド・ランゲージズ：すべての言語を理解する。

サモン・モンスターⅠ：他次元界のクリーチャーを召喚し、術者のために戦わせる。

サンクチュアリ：敵は術者を攻撃できず、術者も敵を攻撃できない。

シールド・オヴ・フェイス：＋2反発ボーナスを与えるオーラ。6レベルごとにさらに＋1。

ディヴァイン・フェイヴァー：術者は攻撃ロールとダメージに＋1／3レベルのボーナスを得る。

ディテクト・アンデッド：60フィート以内のアンデッドを感知する。

イーヴル／グッド／ケイオス／ロー：選択した属性のクリーチャーか呪文か物体が分かる。

デスウォッチ：30フィート以内の対象がどれだけ死に近づいているかが分かる。

ドゥーム：対象1体は怯え状態となる。

ハイド・フロム・アンデッド：アンデッドは1体／レベルの対象を感知できない。

ブレス：味方は攻撃ロールに＋1、［恐怖］に対するセーヴに＋1を得る。

ブレス・ウォーター（物）：聖水を作る。

プロテクション・フロム・イーヴル／グッド／ケイオス／ロー：選択した属性に対してACとセーヴに＋2、その他の防御効果。

ベイン：敵の攻撃ロールと［恐怖］に対するセーヴに－1ペナルティを与える。

マジック・ウェポン：武器は＋1ボーナスを得る。

マジック・ストーン：3個の石が攻撃ロールに＋1され、1d6＋1のダメージを与えるようになる。

リムーヴ・フィアー：1体＋1体／4レベルの対象の恐れ状態を抑止するか、［恐怖］に対するセーヴに＋4する。

2レベル・クレリック呪文

アウルズ・ウィズダム：対象は1分／レベルの間、【判断力】に＋4を得る。

アライン・ウェポン：武器は［善］［悪］［秩序］［混沌］のどれかの属性を持つ。

アンディテクタブル・アラインメント：24時間の間、属性を隠す。

イーグルズ・スプレンダー：対象は1分／レベルの間、【魅力】に＋4を得る。

インフリクト・モデレット・ウーンズ：近接接触攻撃で2d8＋1／レベルのダメージを与える（最大＋10）。

エイド：攻撃ロールと［恐怖］に対するセーヴに＋1、1d8＋1／レベルの一時的HP（最大＋10）。

エンスロール：100フィート＋10フィート／レベル内の全員をうっとりとさせる。

オーギュリー（物焦）：行動が良いか悪いかを知る。

カーム・エモーションズ：クリーチャーを静め、感情効果を無効化する。

キュア・モデレット・ウーンズ：2d8＋1／レベル（最大＋10）のダメージを癒す。

コンセクレイト（物）：エリアを正のエネルギーで満たし、アンデッドを弱める。

サイレンス：半径20フィートの音を消す。

サウンド・バースト：半径10フィートの対象に1d8の［音波］ダメージを与え、朦朧状態にする。

サモン・モンスターII：他次元界のクリーチャーを召喚し、術者のために戦わせる。

シールド・アザー（焦）：対象へのダメージの半分を術者が被る。

ジェントル・リポウズ：死体1つを保存する。

シャター：［音波］振動で物体や結晶質のクリーチャーにダメージを与える。

ステイタス：仲間の位置と状態を把握する。

スピリチュアル・ウェポン：魔法の武器が単独で攻撃する。

ゾーン・オヴ・トゥルース：範囲内の対象は嘘をつくことができない。

ダークネス：半径20フィートの超自然的な闇。

ディセクレイト：負のエネルギーでエリアを満たし、アンデッドを強める。

ディレイ・ポイズン：1時間／レベルの間、毒が対象に害を与えるのを止める。

デス・ネル：瀕死状態のクリーチャーを殺す。術者は1d8の一時的HP、【筋力】に＋2、術者レベルに＋1される。

ファインド・トラップス：ローグのように罠に気づける。

ブルズ・ストレンクス：対象は1分／レベルの間、【筋力】に＋4を得る。

ベアズ・エンデュアランス：対象は1分／レベルの間、【耐久力】に＋4を得る。

ホールド・パースン：1ラウンド／レベルの間、1体の人型生物を麻痺状態にする。

メイク・ホウル：物体を修理する。

リムーヴ・パラリシス：クリーチャーを麻痺状態かスローの効果から解放する。

レジスト・エナジー：特定のエネルギー種別のダメージをそれぞれ10ポイント（またはそれ以上）無効化する。

レッサー・レストレーション：魔法による能力値ペナルティを解呪するか、1d4ポイントの能力値ダメージを回復させる。

3レベル・クレリック呪文

アニメイト・デッド（物）：死体からスケルトンやゾンビなどのアンデッドを作り出す。

インヴィジビリティ・パージ：5フィート／レベルの範囲内の不可視状態を解呪する。

インフリクト・シリアス・ウーンズ：近接接触攻撃で3d8＋1／レベルのダメージを与える（最大＋15）。

ウィンド・ウォール：矢弾、小さなクリーチャー、ガス類を防ぐ。

ウォーター・ウォーク：対象は水が固体であるかのように水上を歩ける。

ウォーター・ブリージング：対象は水中で呼吸できるようになる。

オブスキュア・オブジェクト：念視から物体を隠す。

キュア・シリアス・ウーンズ：3d8＋1／レベル（最大＋15）のダメージを癒す。

クリエイト・フード・アンド・ウォーター：3人（または馬1頭）／レベルに十分な食事。

グリフ・オヴ・ウォーディング（物）：通る者を傷つける刻文。

コンテイジョン：対象は選択した病気にかかる。

コンティニュアル・フレイム（物）：熱のない永続的な光を作る。

サモン・モンスターIII：他次元界のクリーチャーを召喚し、術者のために戦わせる。

シアリング・ライト：1d8／2レベルのダメージを与える光線。アンデッドに対しては1d6／レベル。

ストーン・シェイプ：石をどんな形にでも造形する。

スピーク・ウィズ・デッド：死体に1個／2レベルの質問に答えさせる。

ディーパー・ダークネス：半径60フィートを超自然的な闇で覆う。

ディスペル・マジック：1つの魔法の呪文や効果を打ち消す。

デイライト：半径60フィートの明るい光。

ビストウ・カース：能力値1つに－6；攻撃ロール、セーヴ、判定に－4；すべての行動に50％の失敗確率、のいずれか。

ブラインドネス／デフネス：対象を盲目状態か聴覚喪失状態にする。

プレアー：多くのロールに仲間に＋1ボーナス、敵は－1ペナルティを受ける。

プロテクション・フロム・エナジー：1種類のエネルギーのダメージを12ポイント／レベルだけ吸収する。

ヘルピング・ハンド：術者を対象へと導く幽霊のような手。

マジック・ヴェストメント：鎧か盾に＋1／4レベルの強化ボー

ナスを与える。

マジック・サークル・アゲンスト・イーヴル/グッド/ケイオス/ロー：10分/レベルの間、半径10フィートにプロテクション呪文と同様の効果。

メルド・イントゥ・ストーン：術者と所持品が石と融合する。

リムーヴ・カース：物体や人を呪いから解放する。

リムーヴ・ディジーズ：対象にかかっている病気をすべて治す。

リムーヴ・ブラインドネス/デフネス：通常あるいは魔法的な盲目状態や聴覚喪失状態を癒す。

ロケート・オブジェクト：物品（個々のものや特定のもの）のある方向を感知する。

4レベル・クレリック呪文

アンホーリィ・ブライト：[善]のクリーチャーに1d8/2レベルのダメージを与え、不調効果を与える。

インビュー・ウィズ・スペル・アビリティ：対象に術者の呪文を移す。

インフリクト・クリティカル・ウーンズ：近接接触攻撃で4d8+1/レベルのダメージを与える（最大+20）。

エア・ウォーク：対象は空気の一部が固体であるかのように空中を歩ける（45度の角度で昇り降りできる）。

オーダーズ・ラス：[混沌]のクリーチャーに1d8/2レベルのダメージを与え、幻惑効果を与える。

キュア・クリティカル・ウーンズ：4d8+1/レベル（最大+20）のダメージを癒す。

ケイオス・ハンマー：[秩序]のクリーチャーに1d8/2レベルのダメージを与え、減速効果を与える。

コントロール・ウォーター：水量を上下できる。

サモン・モンスターⅣ：他次元界のクリーチャーを召喚し、術者のために戦わせる。

ジャイアント・ヴァーミン：ムカデ、サソリまたはクモを巨大な虫に変える。

スペル・イミュニティ：対象は1つ/4レベルの特定の呪文に完全耐性を持つ。

センディング：短い伝言をどこにでも即座に送る。

タンズ：すべての言語を話し、理解する。

ディヴァイン・パワー：攻撃にいくつかのボーナスと1ポイント/レベルの一時的HPを得る。

ディヴィネーション（物）：特定の行動に対して有用な助言を受ける。

ディサーン・ライズ：故意の嘘を明らかにする。

ディスミサル：クリーチャーを元の次元界に強制的に戻す。

ディメンジョナル・アンカー：次元間の移動を妨げる。

デス・ウォード：[即死]呪文や負のエネルギーに対するいくつかのボーナスを得る。

ニュートラライズ・ポイズン：対象の毒を解毒するか、対象が持つ毒を中和する。

フリーダム・オヴ・ムーヴメント：対象は移動への妨害効果を無視して通常通り移動できる。

レッサー・プレイナー・アライ（物）：6HDまでの別次元界の

クリーチャーと取引する。

ポイズン：近接接触攻撃で1d3の【耐久力】ダメージを6ラウンドまで毎ラウンド与える。

ホーリィ・スマイト：[悪]のクリーチャーに1d8/2レベルのダメージを与え、盲目効果を与える。

グレーター・マジック・ウェポン：武器は+1/4レベル（最大+5）のボーナスを得る。

リペル・ヴァーミン：昆虫、スパイダー、その他の蟲は10フィートから近づいてこない。

レストレーション（物）：レベルと能力値吸収を治す。

5レベル・クレリック呪文

アトーンメント（物焦）：対象から悪しき行いの負担を取り除き、魔法による属性変化を戻す。

アンハロウ（物）：指定した土地を邪悪な土地にする。

インセクト・プレイグ：ワスプ・スウォームがクリーチャーを攻撃する。

マス・インフリクト・ライト・ウーンズ：1体/レベルの対象に1d8+1/レベルのダメージを与える。

ウォール・オヴ・ストーン：自由な形の石の壁を作り出す。

マス・キュア・ライト・ウーンズ：1体/レベルの対象のダメージを1d8+1/レベルだけ癒す。

グレーター・コマンド：1体/レベルの対象にコマンドをかける。

コミューン（物）：神格が1個/レベルの質問にはい、いいえで答える。

サモン・モンスターⅤ：他次元界のクリーチャーを召喚し、術者のために戦わせる。

シンボル・オヴ・スリープ（物）：トリガーを設定されたルーンが近くのクリーチャーを深く眠らせる。

シンボル・オヴ・ペイン（物）：トリガーを設定されたルーンが近くのクリーチャーに苦痛を与える。

スクライング（焦）：離れた対象を観察する。

スペル・レジスタンス：対象は呪文抵抗12+1/レベルを得る。

スレイ・リヴィング：近接接触攻撃で12d6+1/レベルのダメージを与える。

ディスペル・ケイオス/イーヴル/グッド/ロー：攻撃に対して+4ボーナス。

ディスラプティング・ウェポン：近接武器がアンデッドを破壊する。

トゥルー・シーイング（物）：術者は本当に存在するものすべてが見える。

ハロウ（物）：指定した土地を神聖な土地とする。

ブレイク・エンチャントメント：対象を心術、変成術、呪いから解放する。

フレイム・ストライク：聖なる炎が敵を打ち、1d6/レベルのダメージ。

プレイン・シフト（焦）：8体までの対象が別の次元界に移動する。

ブレス・オヴ・ライフ：5d8+1/レベルのダメージを癒し、殺されたばかりのクリーチャーを復活させる。

マーク・オヴ・ジャスティス：対象が特定の行為を行うと呪い

が降りかかる。

ライチャス・マイト：術者のサイズが大きくなり、戦闘用のボーナスを幾つか得る。

レイズ・デッド（物）：1日／レベル前までに死んだ対象を生き返らせる。

6レベル・クレリック呪文

マス・アウルズ・ウィズダム：1体／レベルの対象にアウルズ・ウィズダムをかける。

アニメイト・オブジェクツ：物体が術者の敵を攻撃する。

アンティライフ・シェル：半径10フィートの領域が生きているクリーチャーを弾く。

アンデス・トゥ・デス（物）：1d4／レベルまでのHDのアンデッドを滅ぼす（最大20d4）。

マス・イーグルズ・スプレンダー：1体／レベルの対象にイーグルズ・スプレンダーをかける。

マス・インフリクト・モデレット・ウーンズ：1体／レベルの対象に2d8＋1／レベルのダメージを与える。

ウィンド・ウォーク：術者と仲間は気体となって高速で飛行する。

ギアス／クエスト：レッサー・ギアスと同様だが、どんなクリーチャーに対しても使用できる。

マス・キュア・モデレット・ウーンズ：1体／レベルの対象のダメージを2d8＋1／レベルだけ癒す。

クリエイト・アンデッド（物）：死体をグール、ガスト、ミイラ、モーグとして蘇らせる。

グレーター・グリフ・オヴ・ウォーディング：グリフ・オヴ・ウォーディングと同様だが、最大10d8のダメージか6レベル呪文を込めることができる。

サモン・モンスターⅥ：他次元界のクリーチャーを召喚し、術者のために戦わせる。

シンボル・オヴ・パースウェイジョン（物）：トリガーを設定されたルーンが近くのクリーチャーを魅了する。

シンボル・オヴ・フィアー（物）：トリガーを設定されたルーンが近くのクリーチャーを恐慌状態にする。

グレーター・ディスペル・マジック：ディスペル・マジックと同様だが、複数の対象に影響を及ぼすことができる。

ハーム：対象に10／レベルのダメージを与える。

バニッシュメント：2HD／レベルの別次元のクリーチャーを消滅させる。

ヒール：10／レベルのダメージを癒し、すべての病気と精神的状態を治す。

ヒーローズ・フィースト：幾つかの戦闘用ボーナスを与える食事を1体／レベルのクリーチャー分だけ作る。

ファインド・ザ・パス：ある場所への最も直接的な道を示す。

フォービダンス（物）：次元間の移動を妨げ、違う属性のクリーチャーにダメージを与える。

マス・ブルズ・ストレンクス：1体／レベルの対象にブルズ・ストレンクスをかける。

ブレード・バリアー：刃の壁が1d6／レベルのダメージを与える。

マス・ベアズ・エンデュアランス：1体／レベルの対象にベアズ・エンデュアランスをかける。

プレイナー・アライ（物）：レッサー・プレイナー・アライと同様だが、最大12HDの来訪者。

ワード・オヴ・リコール：術者は指定した場所に瞬間移動する。

7レベル・クレリック呪文

イセリアル・ジョーント：術者は1ラウンド／レベルの間エーテル状態になる。

マス・インフリクト・シリアス・ウーンズ：1体／レベルの対象に3d8＋1／レベルのダメージを与える。

マス・キュア・シリアス・ウーンズ：1体／レベルの対象のダメージを3d8＋1／レベルだけ癒す。

コントロール・ウェザー：局地的な天気を変える。

サモン・モンスターⅦ：他次元界のクリーチャーを召喚し、術者のために戦わせる。

シンボル・オヴ・ウィークネス（物）：トリガーを設定されたルーンが近くのクリーチャーを弱体化する。

シンボル・オヴ・スタニング（物）：トリガーを設定されたルーンが近くのクリーチャーを朦朧状態にする。

グレーター・スクライング：スクライングと同様だが、素早く発動でき、長く持続する。

ディクタム：秩序でない対象を即死、麻痺、よろめき、もしくは聴覚喪失状態にする。

ディストラクション（焦）：対象を殺し、死体を消滅させる。

ブラスフェミイ：悪でない対象を即死、麻痺、弱体化、幻惑状態にする。

ホーリィ・ワード：善でない対象を即死、麻痺、盲目、聴覚喪失状態にする。

リザレクション（物）：死者を完全に蘇らせる。

リジェネレイト：対象の失われた四肢を再生し、4d8＋1／レベルのダメージを癒す（最大＋35）。

リパルション（焦）：クリーチャーは術者に近づけない。

グレーター・レストレーション（物）：レストレーションと同様だが、すべてのレベルと能力値ダメージを癒す。

レフュージ（物）：持ち主を術者の住居に転移させる効果を持つアイテムを作る。

ワード・オヴ・ケイオス：混沌でない対象を即死、混乱、朦朧、聴覚喪失状態にする。

8レベル・クレリック呪文

アースクウェイク：半径80フィートの範囲に激しい振動を起こす。

アンティマジック・フィールド：10フィート以内の魔法を無効化する。

アンホーリィ・オーラ（焦）：ACに＋4、セーヴに＋4、善の呪文に対する呪文抵抗25を得る。

マス・インフリクト・クリティカル・ウーンズ：1体／レベルの対象に4d8＋1／レベルのダメージを与える。

マス・キュア・クリティカル・ウーンズ：1体／レベルの対象のダメージを4d8＋1／レベルだけ癒す。

クリエイト・グレーター・アンデッド（物）：シャドウ、レイス、スペクター、ディヴァウラーを作る。

クローク・オヴ・ケイオス（焦）：ACに＋4、セーヴに＋4、秩序の呪文に対する呪文抵抗25を得る。

サモン・モンスターⅧ：他次元界のクリーチャーを召喚し、術者のために戦わせる。

シールド・オヴ・ロー（焦）：ACに＋4、セーヴに＋4、混沌の呪文に対する呪文抵抗25を得る。

シンボル・オヴ・インサニティ（物）：トリガーを設定されたルーンが近くのクリーチャーを狂気に陥らせる。

シンボル・オヴ・デス（物）：トリガーを設定されたルーンが近くのクリーチャーを殺す。

グレーター・スペル・イミュニティ：スペル・イミュニティと同様だが、8レベル呪文まで効果がある。

ディサーン・ロケーション：クリーチャーか物体の正確な場所を明らかにする。

ディメンジョナル・ロック：1日／レベルの間、瞬間移動や次元間の移動を妨げる。

ファイアー・ストーム：1d6／レベルの［火炎］ダメージ。

グレーター・プレイナー・アライ（物）：レッサー・プレイナー・アライと同様だが、最大18HDの来訪者。

ホーリィ・オーラ（焦）：ACに＋4、セーヴに＋4、悪の呪文に対する呪文抵抗25を得る。

9レベル・クレリック呪文

アストラル・プロジェクション（物）：術者と仲間をアストラル界に投射する。

イセリアルネス：仲間とともにエーテル界に移動する。

インプロージョン：1ラウンドに1体のクリーチャーに対して10／レベルのダメージを与える。

エナジー・ドレイン：対象は2d4の負のレベルを負う。

ゲート（物）：移動や召喚するために2つの次元界を繋ぐ。

サモン・モンスターⅨ：他次元界のクリーチャーを召喚し、術者のために戦わせる。

ストーム・オヴ・ヴェンジャンス：嵐が酸と雷と電を降らす。

ソウル・バインド（焦）：蘇生を防ぐために死んだばかりの魂を捕らえる。

トゥルー・リザレクション（物）：リザレクションと同様だが、体を必要としない。

マス・ヒール：1体／レベルの対象にヒールをかける。

ミラクル：神格の介入を願う。

ドルイド呪文

0レベル・ドルイド呪文（オリソン）

ヴァーチュー：対象は1ポイントの一時的HPを得る。

ガイダンス：1回の攻撃ロールかセーヴィング・ローか技能判定に＋1。

クリエイト・ウォーター：2ガロン／レベルの純水を作る（1ガロン≒3.8リットル）。

ステイビライズ：瀕死状態のクリーチャーを容態安定状態にする。

ディテクト・ポイズン：1体のクリーチャーか小さな物体1つの毒を感知する。

ディテクト・マジック：60フィート以内の呪文や魔法のアイテムを感知する。

ノウ・ディレクション：術者は北が分かる。

ピュアリファイ・フード・アンド・ドリンク：1立方フィート／レベルの食料か水を浄化する。

フレア：クリーチャー1体を目が眩んだ状態にする（攻撃ロールに－1）。

メンディング：物体1個の小さな破損を修理する。

ライト：物体を松明のように輝かせる。

リード・マジック：巻物や呪文書を読む。

レジスタンス：対象はセーヴィング・スローに＋1を得る。

1レベル・ドルイド呪文

エンタングル：半径40フィート以内の全員に植物がからみつく。

エンデュア・エレメンツ：熱くても寒くても快適に過ごせる。

オブスキュアリング・ミスト：術者の周囲を霧で覆う。

カーム・アニマルズ：合計HDが2d4＋レベルまでの動物たちを落ち着かせる。

キュア・ライト・ウーンズ：1d8＋1／レベル（最大＋5）のダメージを癒す。

グッドベリー：それぞれが1HPを回復させるベリーを2d4個作る（24時間で最大8HPまで）。

サモン・ネイチャーズ・アライⅠ：クリーチャーを召喚し、術者のために戦わせる。

シャレイリ：1分／レベルの間、クラブやクオータースタッフは＋1武器になり2d6ダメージを与える。

ジャンプ：対象は〈軽業〉判定に幾つかのボーナスを得る。

スピーク・ウィズ・アニマルズ：術者は動物と意思疎通できる。

チャーム・アニマル：動物1体を術者の友とする。

ディテクト・アニマルズ・オア・プランツ：動物や植物を感知する。

ディテクト・スネアーズ・アンド・ピッツ：自然な、もしくは原始的な罠を感知する。

ハイド・フロム・アニマルズ：動物は1体／レベルの対象を感知できない。

パス・ウィズアウト・トレイス：1体／レベルの対象は痕跡を残さなくなる。

フェアリー・ファイアー：対象の輪郭が光り、ブラー呪文や視認困難、その他の効果を妨げる。

プロデュース・フレイム：接触か投擲で1d6＋1／レベルのダメージを与える炎。

マジック・ストーン：3個の石が攻撃ロールに＋1され、1d6＋1のダメージを与えるようになる。

マジック・ファング：対象の肉体武器1つの攻撃とダメージに＋1ボーナス。

ロングストライダー：術者の移動速度が10フィート上昇する。

2レベル・ドルイド呪文

アウルズ・ウィズダム：対象は1分／レベルの間、【判断力】に＋4を得る。

アニマル・トランス：2d6HDの動物を恍惚状態にする。

アニマル・メッセンジャー：超小型の動物を特定の場所に送る。

ウォープ・ウッド：木を曲げる。

ウッド・シェイプ：木製品の形を術者が望むように変える。

ガスト・オヴ・ウィンド：小さなクリーチャーを吹き飛ばしたり打ち倒す風。

キャッツ・グレイス：対象は1分／レベルの間、【敏捷力】に＋4を得る。

サモン・スウォーム：バット・スウォーム、ラット・スウォーム、もしくはスパイダー・スウォームを召喚する。

サモン・ネイチャーズ・アライII：クリーチャーを召喚し、術者のために戦わせる。

スパイダー・クライム：壁や天井を歩く能力を与える。

ソフン・アース・アンド・ストーン：石を粘土に変える、または土を砂や泥に変える。

チル・メタル：金属を冷却し、触れたものにダメージを与える。

ツリー・シェイプ：1時間／レベルの間、術者は完全に木のようになる。

ディレイ・ポイズン：1時間／レベルの間、毒が対象に害を与えるのを止める。

バークスキン：外皮に＋2（またはそれ以上）の強化ボーナスを与える。

ヒート・メタル：金属を加熱し、接触したものにダメージを与える。

ファイアー・トラップ (物)：物体が開かれたときに1d4＋1／レベルの［火炎］ダメージを与える。

フォッグ・クラウド：霧で視界をさえぎる。

ブルズ・ストレンクス：対象は1分／レベルの間、【筋力】に＋4を得る。

フレイミング・スフィアー：転がる炎の玉が3d6の［火炎］ダメージを与える。

フレイム・ブレード：近接接触攻撃で1d8＋1／2レベルの［火炎］ダメージを与える。

ベアズ・エンデュアランス：対象は1分／レベルの間、【耐久力】に＋4を得る。

ホールド・アニマル：動物を1ラウンド／レベルの間麻痺状態にする。

リデュース・アニマル：同意した動物1体を縮小する。

レジスト・エナジー：特定のエネルギー種別のダメージをそれぞれ10ポイント（またはそれ以上）無効化する。

レッサー・レストレーション：魔法による能力値ペナルティを解呪するか、1d4ポイントの能力値ダメージを回復させる。

3レベル・ドルイド呪文

ウィンド・ウォール：矢弾、小さなクリーチャー、ガス類を防ぐ。

ウォーター・ブリージング：対象は水中で呼吸できるようになる。

キュア・モデレット・ウーンズ：2d8＋1／レベル（最大＋10）のダメージを癒す。

クウェンチ：火を消す。

コール・ライトニング：空から雷を呼び落とす。1本のボルトにつき3d6の［雷撃］ダメージ。

コンテイジョン：対象は選択した病気にかかる。

サモン・ネイチャーズ・アライIII：クリーチャーを召喚し、術者のために戦わせる。

ストーン・シェイプ：石をどんな形にでも造形する。

スネア：魔法のブービートラップを仕掛ける。

スパイク・グロウス：範囲内のクリーチャーは1d4ダメージを受け、減速状態になる。

スピーク・ウィズ・プランツ：術者は植物や植物クリーチャーと会話できる。

スリート・ストーム：視覚と移動を妨げる。

ディミニッシュ・プランツ：通常の植物のサイズを縮めたり成長を阻害したりする。

デイライト：半径60フィートの明るい光。

ドミネイト・アニマル：動物1体は術者の無音かつ精神的な命令に従う。

ニュートラライズ・ポイズン：対象の毒を解毒するか、対象が持つ毒を中和する。

プラント・グロウス：植物を成長させ、収穫を増す。

プロテクション・フロム・エナジー：1種類のエネルギーのダメージを12ポイント／レベルだけ吸収する。

ポイズン：近接接触攻撃で1d3の【耐久力】ダメージを6ラウンドまで毎ラウンド与える。

グレーター・マジック・ファング：肉体武器1つに＋1／4レベルの強化ボーナス（最大＋5）。

メルド・イントゥ・ストーン：術者と所持品が石と融合する。

リムーヴ・ディジーズ：対象にかかっている病気をすべて治す。

4レベル・ドルイド呪文

アイス・ストーム：直径40フィートの円筒形の範囲にひょうで5d6の［氷雪］ダメージを与える。

アンティプラント・シェル：動く植物を寄せ付けない。

エア・ウォーク：対象は空気の一部が固体であるかのように空中を歩ける（45度の角度で昇り降りできる）。

キュア・シリアス・ウーンズ：3d8＋1／レベル（最大＋15）のダメージを癒す。

コマンド・プランツ：植物クリーチャーの行動を制御する。

コントロール・ウォーター：水量を上下できる。

サモン・ネイチャーズ・アライIV：クリーチャーを召喚し、術者のために戦わせる。

ジャイアント・ヴァーミン：ムカデ、サソリまたはクモを巨大な虫に変える。

スクライング (焦)：離れた対象を観察する。

スパイク・ストーンズ：範囲内のクリーチャーは1d8ダメージを受け、減速状態になる。

ディスペル・マジック：1つの魔法の呪文や効果を打ち消す。

ブライト：植物1つを枯らすか、植物クリーチャーに1d6／レ

ベルのダメージを与える。

フリーダム・オヴ・ムーヴメント：対象は移動への妨害効果を無視して通常通り移動できる。

フレイム・ストライク：聖なる炎が敵を打ち、1d6／レベルの［火炎］ダメージ。

ラスティング・グラスプ：接触した鉄や合金を腐食させる。

リインカーネイト：死亡した目標をランダムな種族で復活させる。

リペル・ヴァーミン：昆虫、スパイダー、その他の蟲は10フィートから近づいてこない。

5レベル・ドルイド呪文

アウェイクン (物)：動物か植物が人間のような自我を得る。

アトーンメント (物焦)：対象から悪しき行いの負担を取り除き、魔法による属性変化を戻す。

アニマル・グロウス：動物1体のサイズを2倍にする。

アンハロウ (物)：指定した土地を邪悪な土地にする。

インセクト・プレイグ：ワスプ・スウォームがクリーチャーを攻撃する。

ウォール・オヴ・ソーンズ：通り抜けようとするものにダメージを与える。

ウォール・オヴ・ファイアー：10フィート以内に2d4、20フィート以内に1d4ポイントの［火炎］ダメージを与える。壁を抜けた相手には2d6＋1／レベルのダメージ。

キュア・クリティカル・ウーンズ：4d8＋1／レベル（最大＋20）のダメージを癒す。

コール・ライトニング・ストーム：コール・ライトニングと同様だが、5d6の［雷撃］ダメージを与える。

コミューン・ウィズ・ネイチャー：1マイル／レベルの地形について知る。

コントロール・ウィンズ：風の強さと方向を変える。

サモン・ネイチャーズ・アライV：クリーチャーを召喚し、術者のために戦わせる。

ストーンスキン (物)：DR10／アダマンティンを与える。

ツリー・ストライド：1つの木から離れた別の木に移動する。

デス・ウォード：［即死］呪文や負のエネルギーに対するいくつかのボーナスを得る。

トランスミュート・マッド・トゥ・ロック：一辺10フィート／レベルの立体2つまでの泥を石に変える。

トランスミュート・ロック・トゥ・マッド：一辺10フィート／レベルの立体2つまでの石を泥に変える。

ハロウ (物)：指定した土地を神聖な土地とする。

ベイルフル・ポリモーフ：対象を無害な動物に変える。

6レベル・ドルイド呪文

アイアンウッド：金属と同じ強度を持った魔法の木。

マス・アウルズ・ウィズダム：1体／レベルの対象にアウルズ・ウィズダムをかける。

アンティライフ・シェル：半径10フィートの領域が生きているクリーチャーを弾く。

ウォール・オヴ・ストーン：自由な形の石の壁を作り出す。

マス・キャッツ・グレイス：1体／レベルの対象にキャッツ・グレイスをかける。

マス・キュア・ライト・ウーンズ：1体／レベルの対象のダメージを1d8＋1／レベルだけ癒す。

グレーター・ディスペル・マジック：ディスペル・マジックと同様だが、複数の対象に影響を及ぼすことができる。

サモン・ネイチャーズ・アライⅥ：クリーチャーを召喚し、術者のために戦わせる。

ストーン・テル：自然石か加工された石と会話する。

スペルスタッフ：木製のクオータースタッフに呪文を1つ蓄える。

トランスポート・ヴァイア・プランツ：1つの植物から同種のものに瞬間移動する。

ファイアー・シーズ：ドングリやホーリーの実を爆弾や手榴弾に変える。

ファインド・ザ・パス：ある場所への最も直接的な道を示す。

マス・ブルズ・ストレンクス：1体／レベルの対象にブルズ・ストレンクスをかける。

マス・ベアズ・エンデュアランス：1体／レベルの対象にベアズ・エンデュアランスをかける。

ムーヴ・アース：溝を掘り、丘を造る。

ライヴオーク：樫の木がトリエント・ガーディアンになる。

リペル・ウッド：木製品を押しのける。

7レベル・ドルイド呪文

アニメイト・プランツ：1つ以上の植物を動かし、術者のために戦わせる。

ウィンド・ウォーク：術者と仲間は気体となって高速で飛行する。

マス・キュア・モデレット・ウーンズ：1体／レベルの対象のダメージを2d8＋1／レベルだけ癒す。

クリーピング・ドゥーム：センチピード（ムカデ）のスウォームが術者の命令で攻撃する。

グレーター・スクライング：スクライングと同様だが、素早く発動でき、長く持続する。

コントロール・ウェザー：局地的な天気を変える。

サモン・ネイチャーズ・アライⅦ：クリーチャーを召喚し、術者のために戦わせる。

サンビーム：複数のビームが4d6のダメージを与え、盲目状態にする。

チェンジスタッフ：術者のスタッフが命令に従うトリエントになる。

トゥルー・シーイング (物)：術者は本当に存在するものすべてが見える。

トランスミュート・メタル・トゥ・ウッド：半径40フィート以内の金属を木に変える。

ヒール：10／レベルのダメージを癒し、すべての病気と精神的状態を治す。

ファイアー・ストーム：1d6／レベルの［火炎］ダメージ。

8レベル・ドルイド呪文

アースクウェイク：半径80フィートの範囲に激しい振動を起

こす。

アニマル・シェイプス：1体／レベルの仲間を選択した動物に変身させる。

マス・キュア・シリアス・ウーンズ：1体／レベルの対象のダメージを3d8＋1／レベルだけ癒す。

コントロール・プランツ：1体かそれ以上の植物クリーチャーの行動を操る。

サモン・ネイチャーズ・アライⅧ：クリーチャーを召喚し、術者のために戦わせる。

サンバースト：10フィート以内のすべてのクリーチャーを盲目状態にし、6d6のダメージを与える。

フィンガー・オヴ・デス：1つの目標に10／レベルのダメージを与える。

リヴァース・グラヴィティ：物体やクリーチャーは上に落ちる。

リペル・メタル・オア・ストーン：金属や石を押しのける。

ワード・オヴ・リコール：術者は指定した場所に瞬間移動する。

ワールウィンド：竜巻がダメージを与え、クリーチャーを持ち上げる。

9レベル・ドルイド呪文

アンティパシー：物体か場所が特定のクリーチャーを追い返すようにする。

エレメンタル・スウォーム：複数のエレメンタルを召喚する。

マス・キュア・クリティカル・ウーンズ：1体／レベルの対象のダメージを4d8＋1／レベルだけ癒す。

サモン・ネイチャーズ・アライⅨ：クリーチャーを召喚し、術者のために戦わせる。

シェイプチェンジ（焦）：術者は特定のクリーチャーに変身し、毎ラウンド姿を変えることができる。

シャンブラー：1d4＋2体のシャンブリング・マウンドを作り、術者のために戦わせる。

シンパシー（物）：物体か場所が特定のクリーチャーを惹きつけるようにする。

ストーム・オヴ・ヴェンジャンス：嵐が酸と雷と雹を降らす。

フォアサイト："第六感"が差し迫った危険を警告する。

リジェネレイト：対象の失われた四肢を再生し、4d8＋1／レベルのダメージを癒す（最大＋35）。

バード呪文

0レベル・バード呪文（キャントリップ）

オープン／クローズ：小さなものや軽いものを開け閉めする。

ゴースト・サウンド：幻の音。

サモン・インストゥルメント：楽器を1つ招来する。

ダンシング・ライツ：松明やその他の明かりを作り出す。

デイズ：4HD以下の人型生物は次のアクションを失う。

ディテクト・マジック：60フィート以内の呪文や魔法のアイテムを感知する。

ノウ・ディレクション：術者は北が分かる。

フレア：クリーチャー1体を目が眩んだ状態にする（攻撃ロー

ルに−1）。

プレスティディジテイション：ちょっとした奇術を行う。

メイジ・ハンド：5ポンドの念動力。

メッセージ：遠く離れた相手と囁きで会話。

メンディング：物体1個の小さな破損を修理する。

ライト：物体を松明のように輝かせる。

ララバイ：対象に眠気を催させる。〈知覚〉の判定に−5、スリープに対する意志セーヴに−2。

リード・マジック：巻物や呪文書を読む。

レジスタンス：対象はセーヴィング・スローに＋1を得る。

1レベル・バード呪文

アイデンティファイ：魔法のアイテムの性質を明らかにする際に＋10のボーナス。

アニメイト・ロープ：ロープ1本を術者の命ずるままに動かす。

アラーム：効果範囲を2時間／レベルの間監視する。

アンシーン・サーヴァント：不可視の力場が術者の命令に従う。

アンディテクタブル・アラインメント：24時間の間、属性を隠す。

イレイズ：通常の文字や魔法的な文字を消し去る。

ヴェントリロキズム：1分／レベルの間、声を放つ。

エクスペディシャス・リトリート：術者の移動速度が30フィート上昇する。

オブスキュア・オブジェクト：念視から物体を隠す。

キュア・ライト・ウーンズ：1d8＋1／レベル（最大＋5）のダメージを癒す。

グリース：一辺10フィートの正方形の範囲か1つの物体を滑りやすくする。

コーズ・フィアー：5HD以下のクリーチャー1体を、1d4ラウンドの間、逃走させる。

コンプリヘンド・ランゲージズ：すべての言語を理解する。

レッサー・コンフュージョン：1体のクリーチャーを1ラウンドの間、混乱状態にする。

サイレント・イメージ：術者の望むちょっとした幻影を作り出す。

サモン・モンスターⅠ：他次元界のクリーチャーを召喚し、術者のために戦わせる。

スリープ：4HD分のクリーチャーを魔法の眠りに落とす。

チャーム・パースン：1人の人物を術者の友とする。

ディスガイズ・セルフ：術者の外見を変える。

ディテクト・シークレット・ドアーズ：60フィート以内の隠し扉を感知する。

ヒディアス・ラフター：対象は1ラウンド／レベルの間、アクションを失う。

ヒプノティズム：2d4HDのクリーチャーを恍惚状態にする。

フェザー・フォール：物体やクリーチャーはゆっくりと落下する。

マジック・オーラ：物体の魔法のオーラを変化させる。

マジック・マウス（物）：作動したときに1度だけしゃべる。

リムーヴ・フィアー：1体＋1体／4レベルの対象の恐れ状態を抑止するか、[恐怖]に対するセーヴに＋4する。

2レベル・バード呪文

アニマル・トランス：2d6HDの動物を恍惚状態にする。

アニマル・メッセンジャー：超小型の動物を特定の場所に送る。

イーグルズ・スプレンダー：対象は1分／レベルの間、【魅力】に＋4を得る。

インヴィジビリティ：対象は1分／レベルか、あるいは攻撃するまで不可視状態となる。

ウィスパリング・ウィンド：1マイル／レベルまで短い伝言を送る。

エンスロール：100フィート＋10フィート／レベル内の全員をうっとりとさせる。

オルター・セルフ：小型あるいは中型サイズの人型生物1体の姿をとる。

カーム・エモーションズ：クリーチャーを静め、感情効果を無効化する。

キャッツ・グレイス：対象は1分／レベルの間、【敏捷力】に＋4を得る。

キュア・モデレット・ウーンズ：2d8＋1／レベル（最大＋10）のダメージを癒す。

グリッターダスト：クリーチャーを盲目状態にし、不可視状態のクリーチャーの姿を浮き出させる。

サイレンス：半径20フィートの音を消す。

サウンド・バースト：半径10フィートの対象に1d8の［音波］ダメージを与え、朦朧状態にする。

サジェスチョン：対象が命じられたように行動するよう強制する。

サモン・スウォーム：バット・スウォーム、ラット・スウォーム、もしくはスパイダー・スウォームを召喚する。

サモン・モンスターⅡ：他次元界のクリーチャーを召喚し、術者のために戦わせる。

シャター：［音波］振動で物体や結晶質のクリーチャーにダメージを与える。

スケアー：6HD未満のクリーチャーを恐れ状態にする。

ダークネス：半径20フィートの超自然的な闇。

タンズ：すべての言語を話し、理解する。

デイズ・モンスター：6HD以下の生きているクリーチャーは次のアクションを失う。

ディテクト・ソウツ："表面的な思考を"立ち聞き"できるようになる。

ディレイ・ポイズン：1時間／レベルの間、毒が対象に害を与えるのを止める。

パイロテクニクス：火をまぶしい光か息の詰まる煙に変える。

ヒプノティック・パターン：(2d4＋レベル) HDのクリーチャーを恍惚状態にする。

ヒロイズム：攻撃ロール、セーヴ、技能判定に＋2を与える。

フォクセス・カニング：対象は1分／レベルの間、【知力】に＋4を得る。

ブラー：対象に対する攻撃は20％の確率で失敗する。

ブラインドネス／デフネス：対象を盲目状態か聴覚喪失状態にする。

ホールド・パースン：1ラウンド／レベルの間、1体の人型生物を麻痺状態にする。

マイナー・イメージ：サイレント・イメージと同様だが、音声が加わる。

ミスディレクション：1体のクリーチャーや1個の物体に対する占術に偽の情報を与える。

ミラー・イメージ：術者とそっくりな囮を作り出す（1d4＋1体／3レベル、最大8体）。

レイジ：対象は【筋力】と【耐久力】に＋2、意志セーヴに＋1、ACに－2を得る。

ロケート・オブジェクト：物品（個々のものや特定ののもの）のある方向を感知する。

3レベル・バード呪文

イリューソリイ・スクリプト（物）：意図した相手しか解読できない文字。

インヴィジビリティ・スフィアー：10フィート以内の全員を不可視状態にする。

ガシアス・フォーム：対象は非物質状態になり、ゆっくりと飛行できる。

レッサー・ギアス：7HD以下の対象に命令を出す。

キュア・シリアス・ウーンズ：3d8＋1／レベル（最大＋15）のダメージを癒す。

グッド・ホープ：対象は攻撃ロール、ダメージ・ロール、セーヴ、判定に＋2を得る。

クラッシング・ディスペア：対象は攻撃ロール、ダメージ・ロール、セーヴ、判定に－2を被る。

グリブネス：術者は〈はったり〉判定に＋20のボーナスを得、術者の嘘は魔法による探知を免れることができる。

クレアオーディエンス／クレアヴォイアンス：1分／レベルの間、離れた場所のできごとを見るか聞くかする。

コンフュージョン：1ラウンド／レベルの間、対象に変な行動を取らせる。

サモン・モンスターⅢ：他次元界のクリーチャーを召喚し、術者のために戦わせる。

シー・インヴィジビリティ：不可視状態のクリーチャーや物体を見ることができる。

シークレット・ページ：1ページを変化させ、本当の内容を隠す。

スカルプト・サウンド：新たな音を作り出すか、既存の音を変化させる。

スクライング（焦）：離れた対象を観察する。

スピーク・ウィズ・アニマルズ：術者は動物と意思疎通できる。

スロー：1体／レベルの対象は1ラウンドに1アクションしかとれず、AC、反応セーヴ、および攻撃ロールに－1される。

セピア・スネーク・シジル（物）：読んだものを動けなくする蛇の形をした文字の印を作り出す。

タイニイ・ハット：10体のクリーチャーの入れる避難所を作る。

チャーム・モンスター：術者が味方であるとモンスターに信じ込ませる。

ディープ・スランバー：10HD分のクリーチャーを眠らせる。

ディスプレイスメント：対象に対する攻撃は50％の確率で失敗する。

ディスペル・マジック：1つの魔法の呪文や効果を打ち消す。

デイライト：半径60フィートの明るい光。

ファントム・スティード：魔法のホース（馬）が1時間／レベルの間、現われる。

フィアー：円錐内の対象は1ラウンド／レベルの間逃げ出す。

ブリンク：1ラウンド／レベルの間、術者はランダムに姿を消したり現わしたりする。

ヘイスト：1体／レベルのクリーチャーは素早く動けるようになり、攻撃ロール、AC、反応セーヴに＋1を得る。

メジャー・イメージ：サイレント・イメージと同じだが、音声・匂い・温度の効果が加わる。

リムーヴ・カース：物体や人を呪いから解放する。

4レベル・バード呪文

グレーター・インヴィジビリティ：インヴィジビリティと同様だが、対象は攻撃しても不可視状態のままでいることができる。

キュア・クリティカル・ウーンズ：4d8＋1／レベル（最大＋20）のダメージを癒す。

サモン・モンスターIV：他次元界のクリーチャーを召喚し、術者のために戦わせる。

シャウト：円錐形の範囲内の全員を聴覚喪失状態にし、5d6ポイントの［音波］ダメージを与える。

シャドウ・カンジュレーション：4レベル未満の召喚術を真似るが、その術は20％だけ実在する。

スピーク・ウィズ・プランツ：術者は植物や植物クリーチャーを会話できる。

セキュアー・シェルター：頑丈な小屋を作り出す。

ゾーン・オヴ・サイレンス：会話を立ち聞きされぬようにする。

ディテクト・スクライング：魔法による立ち聞きを術者に警告する。

ディメンジョン・ドア：術者を短距離だけ瞬間移動させる。

ドミネイト・パースン：人型生物をテレパシーによって操る。

ニュートラライズ・ポイズン：対象の毒を解毒するか、対象が持つ毒を中和する。

ハリューサナトリ・テレイン：1種類の地形を別の地形に見せかける（平原を森林に、など）。

フリーダム・オヴ・ムーヴメント：対象は移動への妨害効果を無視して通常通り移動できる。

ブレイク・エンチャントメント：対象を心術、変成術、呪いから解放する。

ホールド・モンスター：ホールド・パースンと同様だが、どんなクリーチャーに対しても使用できる。

モディファイ・メモリー：対象の記憶を5分間ぶん変更する。

リペル・ヴァーミン：昆虫、スパイダー、その他の蟲は10フィートから近づいてこない。

レインボー・パターン：光が24HDぶんのクリーチャーを恍惚状態にする。

レジェンド・ローア（物焦）：人物、場所、物品に関する物語を知る。

ロケート・クリーチャー：よく知っているクリーチャーの方向を指し示す。

5レベル・バード呪文

マス・キュア・ライト・ウーンズ：1体／レベルの対象のダメージを1d8＋1／レベルだけ癒す。

マス・サジェスチョン：サジェスチョンと同様だが、1体／レベルの対象に効果がある。

サモン・モンスターV：他次元界のクリーチャーを召喚し、術者のために戦わせる。

シーミング：1人／2レベルの人物の外見を変える。

シャドウ・ウォーク：影の中に入り込み、素早く旅をする。

シャドウ・エヴォケーション：5レベル未満の力術を真似るが、その術は20％だけ実在する。

ソング・オヴ・ディスコード：目標を互いに戦わせる。

グレーター・ディスペル・マジック：ディスペル・マジックと同様だが、複数の対象に影響を及ぼすことができる。

ドリーム：眠っている者にメッセージを伝える。

ナイトメア：1d10のダメージを与え、疲労状態にする夢を送り出す。

パーシステント・イメージ：メジャー・イメージと同様だが、精神集中を必要としない。

グレーター・ヒロイズム：攻撃ロール、セーヴ、技能判定に＋4のボーナスを与え、［恐怖］への完全耐性と一時的HPを与える。

フォールス・ヴィジョン（物）：念視を幻術によって欺く。

マインド・フォッグ：霧の中の対象は【判断力】と意志セーヴに－10される。

ミスリード：術者を不可視状態とし、術者にそっくりな幻を作り出す。

ミラージュ・アーケイナ：ハリューサナトリ・テレインと同様だが、建物が加わる。

6レベル・バード呪文

アイバイト：対象は恐慌状態か、不調状態か、昏睡状態となる。

アナライズ・ドゥウェオマー（焦）：対象の魔法的性質を明らかにする。

アニメイト・オブジェクツ：物体が術者の敵を攻撃する。

マス・イーグルズ・スプレンダー：1体／レベルの対象にイーグルズ・スプレンダーをかける。

イレジスティブル・ダンス：対象を踊らせる。

ヴェイル：クリーチャーの一団の外見を変える。

ギアス／クエスト：レッサー・ギアスと同様だが、どんなクリーチャーに対しても使用できる。

マス・キャッツ・グレイス：1体／レベルの対象にキャッツ・グレイスをかける。

マス・キュア・モデレット・ウーンズ：1体／レベルの対象のダメージを2d8＋1／レベルだけ癒す。

サモン・モンスターVI：他次元界のクリーチャーを召喚し、術者のために戦わせる。

グレーター・シャウト：破壊的な叫びが10d6ポイントの［音波］ダメージを与え、クリーチャーを朦朧状態にする。

グレーター・スクライング：スクライングと同様だが、素早く発動でき、長く持続する。

シンパセティック・ヴァイブレーション：自立している構造物に2d10ポイント／ラウンドのダメージを与える。

マス・チャーム・モンスター：30フィート以内の対象すべてにチャーム・モンスターをかける。

パーマネント・イメージ：映像、音響、匂い、温度を含む永続的な幻。

ヒーローズ・フィースト：幾つかの戦闘用ボーナスを与える食事を1体／レベルのクリーチャー分だけ作る。

ファインド・ザ・パス：ある場所への最も直接的な道を示す。

マス・フォクセス・カニング：1体／レベルの対象にフォクセス・カニングをかける。

プログラムド・イメージ（物）：メジャー・イメージと同様だが、できごとによって作用するようにできる。

プロジェクト・イメージ（物）：術者とそっくりな幻を作り、しゃべらせたり、呪文を発動させたりできる。

パラディン呪文

1レベル・パラディン呪文

ヴァーチュー：対象は1ポイントの一時的HPを得る。

エンデュア・エレメンツ：熱くても寒くても快適に過ごせる。

キュア・ライト・ウーンズ：1d8＋1／レベル（最大＋5）のダメージを癒す。

クリエイト・ウォーター：2ガロン／レベルの純水を作る（1ガロン≒3.8リットル）。

ディヴァイン・フェイヴァー：術者は攻撃ロールとダメージに＋1／3レベルのボーナスを得る。

ディテクト・アンデッド：60フィート以内のアンデッドを感知する。

ディテクト・ポイズン：1体のクリーチャーか小さな物体1つの毒を感知する。

ブレス：味方は攻撃ロールに＋1、［恐怖］に対するセーヴに＋1を得る。

ブレス・ウェポン：武器は悪の敵を確実に捉える。

ブレス・ウォーター（物）：聖水を作る。

プロテクション・フロム・イーヴル／ケイオス：ACとセーヴに＋2し、選択した属性に対する追加の防御効果を得る。

マジック・ウェポン：武器は＋1ボーナスを得る。

リード・マジック：巻物や呪文書を読む。

レジスタンス：対象はセーヴィング・スローに＋1を得る。

レッサー・レストレーション：魔法による能力値ペナルティを解呪するか、1d4ポイントの能力値ダメージを回復させる。

2レベル・パラディン呪文

アウルズ・ウィズダム：対象は1分／レベルの間、【判断力】に＋4を得る。

アンディテクタブル・アラインメント：24時間の間、属性を隠す。

イーグルズ・スプレンダー：対象は1分／レベルの間、【魅力】に＋4を得る。

シールド・アザー（焦）：対象へのダメージの半分を術者が被る。

ゾーン・オヴ・トゥルース：範囲内の対象は嘘をつくことができない。

ディレイ・ポイズン：1時間／レベルの間、毒が対象に害を与えるのを止める。

ブルズ・ストレンクス：対象は1分／レベルの間、【筋力】に＋4を得る。

リムーヴ・パラリシス：クリーチャーを麻痺状態かスローの効果から解放する。

レジスト・エナジー：特定のエネルギー種別のダメージをそれぞれ10ポイント（またはそれ以上）無効化する。

3レベル・パラディン呪文

キュア・モデレット・ウーンズ：2d8＋1／レベル（最大＋10）のダメージを癒す。

ディサーン・ライズ：故意の嘘を明らかにする。

ディスペル・マジック：1つの魔法の呪文や効果を打ち消す。

デイライト：半径60フィートの明るい光。

ヒール・マウント：ホースあるいは他の特別な乗騎にヒールと同様に機能する。

プレアー：多くのロールに仲間は＋1ボーナス、敵は－1ペナルティを受ける。

グレーター・マジック・ウェポン：武器は＋1／4レベル（最大＋5）のボーナスを得る。

マジック・サークル・アゲンスト・イーヴル／ケイオス：プロテクション・フロム・イーヴル／ケイオスと同様だが、半径10フィートで10分／レベル。

リムーヴ・カース：物体や人を呪いから解放する。

リムーヴ・ブラインドネス／デフネス：通常あるいは魔法的な盲目状態や聴覚喪失状態を癒す。

4レベル・パラディン呪文

キュア・シリアス・ウーンズ：3d8＋1／レベル（最大＋15）のダメージを癒す。

ディスペル・イーヴル：悪のクリーチャーによる攻撃に対して＋4のボーナス。

ディスペル・ケイオス：混沌のクリーチャーによる攻撃に対して＋4のボーナス。

デス・ウォード：［即死］呪文や負のエネルギーに対するいくつかのボーナスを得る。

ニュートラライズ・ポイズン：対象の毒を解毒するか、対象が持つ毒を中和する。

ブレイク・エンチャントメント：対象を心術、変成術、呪いから解放する。

ホーリィ・ソード：武器は悪に対して＋5の武器になり、＋2d6の追加ダメージを与える。

マーク・オヴ・ジャスティス：対象が特定の行為を行うと呪いが降りかかる。

レストレーション（物）：レベルと能力値吸収を治す。

レンジャー呪文

1レベル・レンジャー呪文

アニマル・メッセンジャー：超小型の動物を特定の場所に送る。

アラーム：効果範囲を2時間／レベルの間監視する。

エンタングル：半径40フィート以内の全員に植物がからみつく。

エンデュア・エレメンツ：熱くても寒くても快適に過ごせる。

カーム・アニマルズ：合計HDが2d4＋レベルまでの動物たちを落ち着かせる。

サモン・ネイチャーズ・アライⅠ：クリーチャーを召喚し、術者のために戦わせる。

ジャンプ：対象は〈軽業〉判定に幾つかのボーナスを得る。

スピーク・ウィズ・アニマルズ：術者は動物と意思疎通できる。

チャーム・アニマル：動物1体を術者の友とする。

ディテクト・アニマルズ・オア・プランツ：動物や植物を感知する。

ディテクト・スネアーズ・アンド・ピッツ：自然な、もしくは原始的な罠を感知する。

ディテクト・ポイズン：1体のクリーチャーか小さな物体1つの毒を感知する。

ディレイ・ポイズン：1時間／レベルの間、毒が対象に害を与えるのを止める。

ハイド・フロム・アニマルズ：動物は1体／レベルの対象を感知できない。

パス・ウィズアウト・トレイス：1体／レベルの対象は痕跡を残さなくなる。

マジック・ファング：対象の肉体武器1つの攻撃とダメージに＋1ボーナス。

リード・マジック：巻物や呪文書を読む。

レジスト・エナジー：特定のエネルギー種別のダメージをそれぞれ10ポイント（またはそれ以上）無効化する。

ロングストライダー：術者の移動速度が10フィート上昇する。

2レベル・レンジャー呪文

アウルズ・ウィズダム：対象は1分／レベルの間、【判断力】に＋4を得る。

ウィンド・ウォール：矢弾、小さなクリーチャー、ガス類を防ぐ。

キャッツ・グレイス：対象は1分／レベルの間、【敏捷力】に＋4を得る。

キュア・ライト・ウーンズ：1d8＋1／レベル（最大＋5）のダメージを癒す。

サモン・ネイチャーズ・アライⅡ：クリーチャーを召喚し、術者のために戦わせる。

スネア：魔法のブービートラップを仕掛ける。

スパイク・グロウス：範囲内のクリーチャーは1d4ダメージを受け、減速状態になる。

スピーク・ウィズ・プランツ：術者は植物や植物クリーチャーを会話できる。

バークスキン：外皮に＋2（またはそれ以上）の強化ボーナスを与える。

プロテクション・フロム・エナジー：1種類のエネルギーのダメージを12ポイント／レベルだけ吸収する。

ベアズ・エンデュアランス：対象は1分／レベルの間、【耐久力】に＋4を得る。

ホールド・アニマル：動物を1ラウンド／レベルの間麻痺状態にする。

3レベル・レンジャー呪文

ウォーター・ウォーク：対象は水が固体であるかのように水面を歩ける。

キュア・モデレット・ウーンズ：2d8＋1／レベル（最大＋10）のダメージを癒す。

コマンド・プランツ：植物クリーチャーの行動を制御する。

サモン・ネイチャーズ・アライⅢ：クリーチャーを召喚し、術者のために戦わせる。

ダークヴィジョン：完全な暗闇でも60フィート見える。

ツリー・シェイプ：1時間／レベルの間、術者は完全に木のようになる。

ディミニッシュ・プランツ：通常の植物のサイズを縮めたり成長を阻害したりする。

ニュートラライズ・ポイズン：対象の毒を解毒するか、対象が持つ毒を中和する。

プラント・グロウス：植物を成長させ、収穫を増す。

グレーター・マジック・ファング：肉体武器1つに＋1／4レベルの強化ボーナス（最大＋5）。

リデュース・アニマル：同意した動物1体を縮小する。

リムーヴ・ディジーズ：対象にかかっている病気をすべて治す。

リペル・ヴァーミン：昆虫、スパイダー、その他の蟲は10フィートから近づいてこない。

4レベル・レンジャー呪文

アニマル・グロウス：動物1体のサイズを2倍にする。

キュア・シリアス・ウーンズ：3d8＋1／レベル（最大＋15）のダメージを癒す。

コミューン・ウィズ・ネイチャー：1マイル／レベルの地形について知る。

サモン・ネイチャーズ・アライⅣ：クリーチャーを召喚し、術者のために戦わせる。

ツリー・ストライド：1つの木から離れた別の木に移動する。

ノンディテクション（物）：対象を占術、念視から隠す。

フリーダム・オヴ・ムーヴメント：対象は移動への妨害効果を無視して通常通り移動できる。

呪文の解説

　本書では各呪文の解説は50音順に並べられているが、グレーター・アーケイン・サイト、マス・キュア・ライト・ウーンズのような形容詞のついた呪文は、ベースとなる呪文のあとに記載がある。

たとえば先の例なら、それぞれ**アーケイン・サイト**、**キュア・ライト・ウーンズ**の項の後に続けて記載がある。

アーケイン・アイ
Arcane Eye／秘術の眼

系統：占術（念視）；**呪文レベル**：ウィザード／ソーサラー4
発動時間：10分
構成要素：音声、動作、物質（バット（コウモリ）の毛皮ひと切れ）
距離：無限
効果：魔法的感知器官
持続時間：1分／レベル（解除可）
セーヴィング・スロー：不可；**呪文抵抗**：不可

　術者に視覚的情報を送る、不可視の魔法的感知器官を作り出す。術者は自分が見ることのできる地点ならどこにでも**アーケイン・アイ**を作り出すことができるが、それ以降は、まったく不自由なく視線外へと移動させることができる。**アーケイン・アイ**は、人間がするように前方（主に床）を見ながらなら1ラウンドに30フィート（1分に300フィート）、前方の床だけでなく壁と天井も調べながら移動するなら1ラウンドに10フィート（1分に100フィート）の速度で移動でき、術者がその場所にいるのとまったく同じように物を見ることができる。

　生み出された目は呪文が持続する限り、どんな方向にも移動させられる。その目の移動は固体障壁によって妨げられるが、直径1インチ以上の穴や空間があれば、そこを通り抜けることができる。ただし**ゲート**や同様の魔法のポータル（転移門）を使ったとしても、他の次元界に入ることはできない。

　アーケイン・アイを使うためには、術者は精神集中しなければならない。術者が精神集中しなければ、その目は再び精神集中するまで活動を停止してしまう。

アーケイン・サイト
Arcane Sight／秘術視覚

系統：占術；**呪文レベル**：ウィザード／ソーサラー3
発動時間：1標準アクション
構成要素：音声、動作
距離：自身
目標：術者
持続時間：1分／レベル（解除可）

　この呪文を使用すると、術者の目が青く輝き、120フィート以内の魔法のオーラを見ることができるようになる。この効果は**ディテクト・マジック**の呪文のものと同様だが、**アーケイン・サイト**には精神集中が必要なく、オーラの位置や強度ももっと素早く認識できる。

　術者は自分の視界内のすべての魔法のオーラの位置と強度が判る。**ディテクト・マジック**呪文の解説にあるように、オーラの強度は呪文の機能するレベルやアイテムの術者レベルによって決まる。オーラをまとったアイテムやクリーチャーが視線の通るところにいた場合、術者は〈呪文学〉判定を行うことができ、成功すれば、それぞれの対象に働いている魔法の系統を知ることができる（オーラ1つにつき1回の判定；DC15＋呪文レベル、

あるいは15＋呪文でない効果の術者レベルの半分）。

　術者が標準アクションとして120フィート以内の特定のクリーチャーに精神を集中した場合、そのクリーチャーが呪文発動能力や擬似呪文能力を持っているかどうか、それは秘術呪文か信仰呪文か（擬似呪文能力は秘術呪文としてみなされる）、そして、そのクリーチャーが現時点で使用できるもっとも強力な呪文や擬似呪文能力の強さが判る。

　ディテクト・マジックのように、この呪文は魔法のアイテムの特性を知るために使用することもできるが、アーティファクトには使用できない。

　アーケイン・サイトは**パーマネンシイ**呪文で永続化させることができる。

グレーター・アーケイン・サイト
Arcane Sight, Greater／上級秘術視覚

系統：占術；**呪文レベル**：ウィザード／ソーサラー7

　この呪文は**アーケイン・サイト**と同様に働くが、術者は自動的に、目にした個体や物体にどの呪文や魔法効果が稼働しているかを知ることができる。

　アーケイン・サイトと異なり、この呪文は**パーマネンシイ**呪文で永続化させることができない。

アーケイン・マーク
Arcane Mark／秘術印

系統：総合術；**呪文レベル**：ウィザード／ソーサラー0
発動時間：1標準アクション
構成要素：音声、動作
距離：接触
効果：自分のルーンや印を1つ、そのすべてが1平方フィート内に収まっていなければならない
持続時間：永続
セーヴィング・スロー：不可；**呪文抵抗**：不可

　術者はこの呪文で自分のルーンや印を刻むことができる。ルーンや印は6文字以内でなければならない。書いた文字は可視状態にも不可視状態にもできる。**アーケイン・マーク**呪文を使えば、印をつける素材に傷をつけることなく、どんな物質にも（石や金属にでも）ルーンを刻むことができる。不可視の印にした場合、**ディテクト・マジック**の呪文を使うと光って可視状態になる（必ずしも理解できるわけではないが）。

　シー・インヴィジビリティ、**トゥルー・シーイング**、**ジェム・オヴ・シーイング**、**ローブ・オヴ・アイズ**やそれに類するものを使えば、不可視の**アーケイン・マーク**を見ることができる。**リード・マジック**呪文は、文字が単語を成していれば、それを明らかにする。印を解呪することはできないが、術者によって、あるいは**イレイズ**の呪文によって除去できる。

　アーケイン・マークを生きている存在に記した場合、その効果はゆっくりとかすれてゆき、約1ヶ月で消えてしまう。

　インスタント・サモンズをかける場合、同じ物体にあらかじめ**アーケイン・マーク**をかけておかねばならない（詳細は該当の呪文の解説を参照）。

呪文 10

アーケイン・ロック
Arcane Lock／秘術錠

系統：防御術；**呪文レベル**：ウィザード／ソーサラー2
発動時間：1標準アクション
構成要素：音声、動作、物質（25GPの価値がある金粉）
距離：接触
目標：接触した、30平方フィート／レベルまでのサイズの扉、箱、戸口
持続時間：永続
セーヴィング・スロー：不可；**呪文抵抗**：不可

　この呪文は扉、箱、あるいは門1つに対して発動し、それを魔法によって施錠する。術者は呪文に作用を及ぼすことなく、自分のかけた**アーケイン・ロック**を自由に通行できる。鍵に呪文がかかっている間、その鍵の開錠（〈装置無力化〉で判定）DCは10増加する。鍵を持たない対象には、この呪文は〈装置無力化〉DC20の技能判定でしか開かない鍵を創り出す。この呪文で保護された扉や物体を開くには、それを破壊するか、ディスペル・マジックないしノックの呪文を成功させるしかない。この呪文の作用している扉や門を破壊して開ける場合、通常のDCに＋10すること。ノック呪文は**アーケイン・ロック**を除去するのではなく、10分間抑止するだけである。

アースクウェイク
Earthquake／地震

系統：力術［地］；**呪文レベル**：クレリック8、ドルイド8
発動時間：1標準アクション
構成要素：音声、動作、信仰
距離：長距離（400フィート＋40フィート／レベル）
効果：範囲半径80フィートの拡散（自在）
持続時間：1ラウンド
セーヴィング・スロー：本文参照；**呪文抵抗**：不可

　アースクウェイクを発動すると、激しいが極めて局所的な地震が大地を引き裂く。この呪文により作りだされた強力な衝撃波はクリーチャーを打ち倒し、建造物を崩壊させ、地面に地割れを作るが、それだけではない。この効果は1ラウンド持続し、その間、その地面の上にいたクリーチャーは移動することも攻撃することもできない。その地面の上にいた呪文の使い手は精神集中判定（DC20＋呪文レベル）を行わなければならず、失敗すると発動しようとしていた呪文を失う。地震は効果範囲内の地形、植物、建造物、クリーチャーのすべてに作用する。アースクウェイク呪文の個々の効果は呪文が発動された地形の性質によって異なる。

　洞窟、洞穴、トンネル：天井が崩れ、落盤に巻き込まれたク

リーチャーは8d6ポイントのダメージを被り（反応・半減、DC15）、瓦礫の下に押さえ込まれる（後述）。非常に大きな空洞の天井に**アースクウェイク**をかけた場合、実際の効果範囲の真下以外にいる者にも破片や瓦礫が落ちてくる危険がある。

崖：崖は崩落して、土砂崩れが起こり、土石流は垂直方向の落下と同じ距離を水平方向にも移動する。高さ100フィートの崖の天辺に**アースクウェイク**をかけた場合、崖の真下から100フィート離れた位置まで土砂が流れ、その経路にいたすべてのクリーチャーは8d6ポイントの殴打ダメージを被り（反応・半減、DC15）、瓦礫の下に押さえ込まれる（後述）。

平地：効果範囲内に立っていたすべてのクリーチャーは反応セーヴ（DC15）を行わなければならず、失敗すると倒れてしまう。地面には地割れが生じ、その地面の上にいたクリーチャーはそれぞれ25％の確率で地割れの1つに落ち込んでしまう（地割れを避けるには反応セーヴ、DC20）。地割れは40フィートの深さで、呪文が終了するときにすべて閉じられる。捕まったクリーチャーは雪崩の埋没域に空気なしで閉じ込められたかのように扱う（詳細は13章参照）。

建造物：開けた地面の上に建っていた建造物はすべて100ポイントのダメージを受ける。これは一般的な木造や石造の建造物を倒壊させてしまうように充分なダメージではあるものの、切り出した石材や強化した石造りの建造物を倒壊させてしまうほどではない。このダメージを硬度によって減らすことはできず、通常の物体へのダメージのように半減することもない。倒壊した建造物の中にいたすべてのクリーチャーは8d6ポイントの殴打ダメージを被り（反応・半減、DC15）、瓦礫の下に押さえ込まれる（後述）。

川、湖、沼：水底に地割れが開き、水を吸い込んで、効果範囲内をぬかるみとしてしまう。沼地や湿地は呪文の持続時間の間、クリーチャーや建造物を吸い込む流砂のごときものとなる。効果範囲内のクリーチャーはそれぞれ反応セーヴ（DC15）を行わなければならず、失敗すると泥と流砂に呑み込まれてしまう。そして呪文の終了時には周囲の水が押し寄せ、泥にはまった者は溺れてしまうだろう。

瓦礫の下に押さえ込まれる：瓦礫の下に押さえ込まれたクリーチャーは、押さえ込まれている間、毎分1d6ポイントの非致傷ダメージを受ける。押さえ込まれたクリーチャーが気絶状態となったなら、それ以降、解放されるか死ぬまで毎分、DC15の【耐久力】判定を行わなければならず、失敗すると1d6ポイントの致傷ダメージを受ける。

アイアンウッド

Ironwood／鉄木

系統：変成術；**呪文レベル**：ドルイド6
発動時間：1分／生成する**アイアンウッド**1ポンド
構成要素：音声、動作、物質（変質させる木材）
距離：0フィート
効果：5ポンド／レベルまでの**アイアンウッド**製の物体1つ
持続時間：1日／レベル（解除可）
セーヴィング・スロー：不可；**呪文抵抗**：不可

アイアンウッドとは、ドルイドが通常の木材をもとに作り出す魔法の物質である。ほとんどすべての点で自然の木材と変りないが、ただ強靭なこと、重いこと、火に耐えることは鋼にひとしい。**アイアンウッド**には金属や鉄に作用する呪文は効かない。木材に作用する呪文は作用するが、**アイアンウッド**が燃えることはない。この呪文を**ウッド・シェイプ**や、木材を使う〈製作〉判定と組み合わせて使えば、鋼鉄製のアイテムと同様に機能する木製のアイテムを作り出せる。これにより、通常の鋼鉄製のプレート・アーマーやソードと同様に強靭な木製のプレート・アーマーや木製のソードを作ることができ、これらのアイテムはドルイドでも自由に使える。

さらに、この呪文で通常生成できる半分の量の**アイアンウッド**しか生成しないなら、その際に作る武器、盾、鎧は＋1の強化ボーナスを持つ魔法のアイテムとして扱われる。

アイアン・ボディ

Iron Body／鋼鉄の体

系統：変成術；**呪文レベル**：ウィザード／ソーサラー8
発動時間：1標準アクション
構成要素：音声、動作、物質／信仰（アイアン・ゴーレムか英雄の鎧か戦争機械に由来する、小さな鉄のかけら）
距離：自身
目標：術者
持続時間：1分／レベル（解除可）

術者の体は命ある鋼鉄に変じ、さまざまの強い抵抗力と能力を得る。術者は“ダメージ減少15／アダマンティン”を得る。また、溺れ、クリティカル・ヒット、聴覚喪失状態、[雷撃]、毒、能力値ダメージ、病気、盲目状態、朦朧状態、その他術者の生理機能や呼吸作用に作用する呪文や攻撃すべてに完全耐性を得る。というのも、呪文の持続時間中、術者には生理機能も呼吸作用もないからである。また、[強酸]や[火炎]からは半分のダメージしか受けない。ただし、アイアン・ゴーレムに作用するすべての特殊攻撃は効くようになる（パスファインダーRPGベスティアリ参照）。

術者は【筋力】に＋6の強化ボーナスを得、【敏捷力】に－6のペナルティを受ける（ただし【敏捷力】は1までしか下がらない）。移動速度は通常の半分になる。また、フル・プレート・アーマーを着ているかのように、秘術呪文失敗確率35％、防具による判定ペナルティ－6を被る。物を飲むことはできず（したがってポーションも使えず）、管楽器を吹くこともできない。

術者の素手攻撃は術者のサイズ分類に合ったクラブと同様のダメージを与える（小型サイズのキャラクターなら1d4ポイント、中型なら1d6ポイントのダメージ）。また、素手攻撃を行う際にも武装しているものとみなされる。

術者の体重は10倍になり、石のように水に沈むようになる。とはいえ術者は深海の空気の欠如にも耐えうる——少なくとも呪文が切れるまでは。

アイス・ストーム
Ice Storm／氷の嵐

系統：力術［氷雪］；**呪文レベル**：ウィザード／ソーサラー4、ドルイド4
発動時間：1標準アクション
構成要素：音声、動作、物質／信仰（塵と水）
距離：長距離（400フィート＋40フィート／レベル）
効果範囲：円筒形（半径20フィート、高さ40フィート）
持続時間：1ラウンド／レベル（解除可）
セーヴィング・スロー：不可；**呪文抵抗**：可

　呪文の発動時にすさまじい魔法によるひょうが降り注ぎ、効果範囲内のクリーチャーに3d6の段打ダメージ、2d6の［氷雪］ダメージを与える。このダメージは発動時の1回のみである。この呪文の残りの持続時間は、激しい雪とみぞれが範囲内に降りそそぐ。範囲内のクリーチャーは〈知覚〉判定に－4のペナルティを受け、また移動困難な地形とみなされる。持続時間が終了すると、雪とひょうは消えうせ、（与えたダメージを除いて）後には何の影響も残さない。

アイデンティファイ
Identify／識別

系統：占術；**呪文レベル**：ウィザード／ソーサラー1、バード1
発動時間：1標準アクション
構成要素：音声、動作、物質（アウル（フクロウ）の羽根でかき混ぜた葡萄酒）
距離：60フィート
効果範囲：範囲円錐形の放射
持続時間：3ラウンド／レベル（解除可）
セーヴィング・スロー：不可；**呪文抵抗**：不可

　この呪文はディテクト・マジックと同様に働くが、術者が持つ魔法のアイテムの特性と起動語を識別するための〈呪文学〉判定に＋10の強化ボーナスを得る。この呪文はアーティファクトを識別できない。

アイバイト
Eyebite／魔眼

系統：死霊術；**呪文レベル**：ウィザード／ソーサラー6、バード6
発動時間：1標準アクション
構成要素：音声、動作
距離：近距離（25フィート＋5フィート／2レベル）
目標：生きているクリーチャー1体
持続時間：1ラウンド／レベル
セーヴィング・スロー：頑健・無効；**呪文抵抗**：可

　毎ラウンド、術者は生きているクリーチャー1体を目標とし、力の波動で撃つことができる。目標のHDによって、この攻撃は最大3つの効果を及ぼす。

HD	効果
10以上	不調状態
5〜9	恐慌状態、不調状態
4以下	昏睡状態、恐慌状態、不調状態

これらの効果は累積し、同時に発生する。

　不調状態：突然の苦痛と発熱が対象の肉体を襲う。この呪文が作用したクリーチャーは術者レベルごとに10分の間、不調状態となる。この効果はリムーヴ・ディジーズやヒールの呪文で取り除くことはできないが、リムーヴ・カースは有効である。

　恐慌状態：対象は1d4ラウンドの間、恐慌状態となる。恐慌状態でなくなった後も、そのクリーチャーは術者レベルごとに10分の間、怯え状態となり、その間に術者と対面するようなことがあれば再び自動的に恐慌状態となる。これは［恐怖］効果である。

　昏睡状態：対象は術者レベルごとに10分の間、昏睡する。この間、この効果を解呪する以外の手段では目覚めさせることはできない。この効果はスリープ効果ではなく、したがって、エルフはこれに対して完全耐性を持たない。

　術者は2ラウンド目以降毎ラウンド、即行アクションを費やして1体の敵を目標とすることができる。

アウェイクン
Awaken／覚醒

系統：変成術；**呪文レベル**：ドルイド5
発動時間：24時間
構成要素：音声、動作、物質（2,000GP以上の価値あるハーブとオイル）、信仰
距離：接触
目標：接触した動物1体あるいは樹木1本
持続時間：瞬間
セーヴィング・スロー：意志・無効；**呪文抵抗**：可

　術者は樹木や動物に人間のような自我を覚醒させる。覚醒させるために術者は意志セーヴ（DC10＋その動物の現時点でのHDあるいは覚醒後に樹木が持つことになるHD）に成功しなければならない。アウェイクンをかけられた動物や樹木は術者に友好的に接する。術者は覚醒させたクリーチャーとの間に特別な共感や関係を持つわけではないが、術者が望みを伝えれば、彼らは特定の作業や尽力をしてくれる。

　もし既に他のアウェイクンをかけられているクリーチャーにもう一度アウェイクンを使用した場合、彼らは術者に友好的ではあるが、それが彼らにとって重要でなければ術者のために作業に従事することはない。

　アウェイクンをかけられた樹木は、種別が植物で、【知力】、【判断力】、【魅力】をすべて3d6で決めることを除けば、アニメイテッド・オブジェクトと同じデータを有する（パスファインダーRPGベスティアリ参照）。アウェイクンをかけられた植物は枝や根や茎や蔓などを動かす能力と、人間と同様の感覚機能を獲得する。

　アウェイクンをかけられた動物は、3d6の【知力】と＋1d3の【魅力】、＋2HDを獲得する。種別は"魔獣（動物の変性種）"となる。アウェイクンをかけられた動物は、動物の相棒、使い魔、特別な乗騎となることはできない。

　アウェイクンをかけられた樹木や動物は、術者が知っている言語1つを話せる。加えて、（もしあれば）【知力】ボーナス1ポ

イントごとに術者の知っている言語1つを追加で話せるように
なる。
　この呪文は【知力】2を超える動物や植物には効果がない。

アウルズ・ウィズダム
Owl's Wisdom／フクロウの判断力

系統：変成術；**呪文レベル**：ウィザード／ソーサラー2、クレリック2、ドルイド2、パラディン2、レンジャー2
発動時間：1標準アクション
構成要素：音声、動作、物質／信仰（アウル（フクロウ）の羽根複数か糞1つまみ）
距離：接触
目標：接触したクリーチャー1体
持続時間：1分／レベル
セーヴィング・スロー：意志・無効（無害）；**呪文抵抗**：可

　この変成術の影響を受けたクリーチャーはより賢明となる。この呪文は【判断力】に＋4の強化ボーナスを与え、それによって通常通り、【判断力】に関連する技能判定に利益を与える。クレリック、ドルイド、レンジャー（およびその他の【判断力】に基づいて呪文を使用する呪文の使い手）がアウルズ・ウィズダムの影響を受けても、高い【判断力】を持つことによるボーナス呪文数が増えることはないが、彼らが発動する呪文のセーヴDCは上昇する。

マス・アウルズ・ウィズダム
Owl's Wisdom, Mass／集団フクロウの判断力

系統：変成術；**呪文レベル**：ウィザード／ソーサラー6、クレリック6、ドルイド6
距離：近距離（25フィート＋5フィート／2レベル）
目標：クリーチャー1体／レベル、ただしそのうちのどの2体をとっても30フィート以内の距離に収まっていなければならない

　マス・アウルズ・ウィズダムはアウルズ・ウィズダムと同様に機能するが、複数のクリーチャーに作用する。

アシッド・アロー
Acid Arrow／酸の矢

系統：召喚術（創造）［強酸］；**呪文レベル**：ウィザード／ソーサラー2
発動時間：1標準アクション
構成要素：音声、動作、物質（ルバーブ（ダイオウ）の葉の粉末と、アダー（クサリヘビの一種）の胃袋）、焦点（ダーツ1本）
距離：長距離（400フィート＋40フィート／レベル）
効果：酸の矢1本
持続時間：1ラウンド＋1ラウンド／3レベル
セーヴィング・スロー：不可；**呪文抵抗**：不可

　酸の矢が術者の手から飛び出し、目標に向かって飛ぶ。目標に命中させるためには、術者が遠隔接触攻撃に成功しなければならない。この矢は2d4ポイントの［強酸］ダメージを与える。飛散ダメージはない。3レベルごとに、この酸は、中和されな

いかぎり、1ラウンドずつ多くその場に留まり、毎ラウンド2d4ポイントのダメージを与え続ける（最大で18レベルなら6ラウンド持続する）。

アシッド・スプラッシュ
Acid Splash／酸の飛沫

系統：召喚術（創造）［強酸］；**呪文レベル**：ウィザード／ソーサラー0
発動時間：1標準アクション
構成要素：音声、動作
距離：近距離（25フィート＋5フィート／2レベル）
効果：酸の球体1個
持続時間：瞬間
セーヴィング・スロー：不可；**呪文抵抗**：不可

　術者は目標に、小さな酸の球体を撃ちだす。目標に命中させるためには、術者が遠隔接触攻撃に成功しなければならない。この球体は1d3ポイントの［強酸］ダメージを与える。酸は1ラウンド後に消失する。

アシッド・フォッグ
Acid Fog／酸の霧

系統：召喚術（創造）［強酸］；**呪文レベル**：ウィザード／ソーサラー6
発動時間：1標準アクション
構成要素：音声、動作、物質（エンドウ豆の粉末と、動物の蹄）
距離：中距離（100フィート＋10フィート／レベル）
効果：半径20フィート、高さ20フィートに拡散する霧
持続時間：1ラウンド／レベル
セーヴィング・スロー：不可；**呪文抵抗**：不可

　この呪文はソリッド・フォッグ呪文によるものに似た渦巻く濃密な蒸気を作り出す。クリーチャーの移動速度を低下させ、視覚を妨げる効果に加えて、この呪文の蒸気は強酸になっている。呪文を発動した時点から毎ラウンド、術者のターンに、この霧はその中のクリーチャーと物体それぞれに、2d6ポイントの［強酸］ダメージを与える。

アストラル・プロジェクション
Astral Projection／アストラル投射

系統：死霊術；**呪文レベル**：ウィザード／ソーサラー9、クレリック9
発動時間：30分
構成要素：音声、動作、物質（1,000GPの赤褐色のジルコン）
距離：接触
目標：術者に加えて、接触した同意するクリーチャーを術者レベル2レベルごとに1体
持続時間：本文参照
セーヴィング・スロー：不可；**呪文抵抗**：可

　この呪文を用いれば、術者は自分の物質的肉体から霊体を解き放ち、アストラル体を他の次元界に完全に投射してしまうことができる。術者は他の同意するクリーチャーのアストラル形態を一緒に連れていくことができる。ただし、そうした対象は、

呪文の発動時点で術者と円を描くようにつながっていなければならない。このような同行者たちは術者に従属した存在であり、常に術者と一緒に行動しなければならない。旅の途中で術者に何かが起これば、それがどこであれ、同行者たちは術者が置き去りにした場所で立ち往生してしまう。

術者は物質的肉体を活動停止状態で物質界に残し、自分のアストラル体をアストラル界に投射する。この呪文は、術者自身と術者が着用あるいは運搬しているすべてのもののアストラル的複製をアストラル界に投射する。アストラル界は他の諸次元界と接しているため、術者はアストラル状態で思いのままにそれらの次元界へと旅することができる。そうした次元界の1つに入るために術者がアストラル界を離れると、入ることにした次元界に新たな肉体（と装備）が形成される。

アストラル界にいる間、術者のアストラル体は物質界の肉体と1本の銀色の紐のような非実体のシルヴァー・コード（魂の緒）で常につながっている。シルヴァー・コードが切れると術者はアストラル界的にも物質界的にも死んでしまう。幸いにも、シルヴァー・コードを破壊できるものは滅多に存在しない。別の次元界に第2の肉体が形成されている間も、新たな肉体には不可視状態のシルヴァー・コードが付いたままになっている。第2の肉体やアストラル形態が殺されたとしても、コードが物質界で休眠している術者の肉体に戻り、活動停止状態から醒めるだけである。しかしこの衝撃的な出来事によって、術者は恒久的に負のレベルを2レベル得る。アストラル投射された者たちはアストラル界で活動できるものの、その行動はアストラル界に存在するクリーチャーにしか作用しない。他の次元の存在に作用を及ぼすには、その次元界に肉体を物質化せねばならないのだ。

術者とその同行者たちがアストラル界を旅していられる時間に制限はない。術者が自分と同行者の霊体を肉体に戻すことを選択するまで、肉体は活動停止状態で待ち続ける。呪文は術者が終了を望むか、何らかの外部的要因—肉体かアストラル形態のどちらかにディスペル・マジックをかけられたり、シルヴァー・コードを破壊されたり、物質界で術者の肉体が破壊されたり（この場合、術者は死亡する）など—で終了させられるまで続く。

呪文の終了時、術者のアストラル体とその装備品は消えうせる。

アトーンメント

Atonement／贖罪

系統：防御術；**呪文レベル**：クレリック5、ドルイド5
発動時間：1時間
構成要素：音声、動作、物質（焼香）、焦点（500GP以上の価値がある数珠か祈祷用具1セット）、信仰
距離：接触
目標：接触した生きているクリーチャー1体
持続時間：瞬間
セーヴィング・スロー：不可；**呪文抵抗**：可

この呪文は対象から悪しき行いや犯罪による良心の呵責を取り除く。贖罪を求めるクリーチャーは心から悔い改め、自分の犯した罪を償うことを望んでいなければならない。贖罪を求めるクリーチャーが過失や、何らかの形で強制されて悪事を犯したのなら、術者が代償を支払わずともアトーンメントは通常通り効果を発揮する。しかしながら、贖罪による救済を求めるクリーチャーが、それと知りつつ故意に悪事や犯罪に手を染めていた場合、良心の呵責を取り除くには、術者が対象のことを神格にとりなさなければならない（これには術者が2,500GPの貴重な香や供物を消費する必要がある）。アトーンメントは選択したバージョンによって、いくつかの用法から1つを目的に発動する事ができる。

魔法による属性変化を戻す：クリーチャーの属性が魔法によって変化させられていた場合、アトーンメントによって属性を本来の状態に戻せる。これには追加のコストは必要ない。

クラスを復帰させる：属性制限を破ることによりクラスの特徴を失ったパラディンまたはその他のクラスは、この呪文でクラス特徴を復帰できる。

クレリックあるいはドルイドの呪文行使能力を回復する：神格の怒りを買って呪文発動能力を失ったクレリックやドルイドは、同じ神格に使えるほかのクレリックや他のドルイドにアトーンメントをかけてもらうことで能力を回復できる。その罪が故意によるものだった場合、この呪文を発動するクレリックは神格へのとりなしの為に2,500GPの貴重な香や供物を消費する。

救済あるいは誘惑：術者はこの呪文を対立する属性のクリーチャーにかけ、術者と同じ属性に変わる機会を提供できる。呪文の対象となる者は、呪文の発動の最初から最後までその場にいなければならない。呪文の発動が完了した時点で、対象者は本来の属性のままでいるか、術者の申し出でを受け入れ術者と同じ属性になるかを、自由意志で選択する。これまでの属性を捨てることに同意していない対象に、脅迫や強要、魔法的影響力を用いて、申し出を受け入れさせることはできない。この用途で使われた場合、来訪者や、本質的に属性変更が起こり得ないクリーチャーには効果がない。

上記では"邪悪な行い"について記述されているが、アトーンメント呪文は悪、善、混沌、秩序のいずれであれ、属性に反する行為を行ったクリーチャーならばどんなものにでも使用することができる。

注：通常、属性の変更はプレイヤーに委ねられている。アトーンメントを使えば、キャラクターの属性が突然かつ徹底的に、心の底から変わってしまう現象に妥当な説明をつけることができる。

アナライズ・ドゥウェオマー

Analyze Dweomer／魔力分析

系統：占術；**呪文レベル**：ウィザード／ソーサラー6、バード6
発動時間：1標準アクション
構成要素：音声、動作、焦点（1,500GPの価値のある、ルビーと金のレンズ）
距離：近距離（25フィート＋5フィート／2レベル）
目標：術者レベルごとに物体1つあるいはクリーチャー1体

持続時間：1ラウンド／レベル（解除可）
セーヴィング・スロー：不可あるいは意志・無効、本文参照；
呪文抵抗：不可

　術者は魔法的なオーラを観察することができる。毎ラウンド、術者は自分が見ることのできる1体のクリーチャーか1個の物体を調べることができる。この行為はフリー・アクションである。魔法のアイテムの場合、その機能（呪いの効果を含む）、（必要なら）起動方法、（チャージのあるものなら）残りチャージ数が判る。稼動中の呪文がかかっている物体やクリーチャーの場合、各呪文とその効果、術者レベルが判る。

　装備中の物体は、装備しているものがそう望めば、この効果に抵抗するために意志セーヴを試みることができる。このセーヴが成功であれば、術者はその物体に関して、見た目で判る以上の情報は一切得られない。セーヴに成功した物体に対しては、24時間の間、他のいかなる**アナライズ・ドゥウェオマー**呪文も作用しない。

　アーティファクトに対して使用された場合、**アナライズ・ドゥウェオマー**は機能しない。

アニマル・グロウス
Animal Growth／動物巨大化

系統：変成術；**呪文レベル**：ウィザード／ソーサラー5、ドルイド5、レンジャー4
発動時間：1標準アクション
構成要素：音声、動作
距離：中距離（100フィート＋10フィート／レベル）
目標：動物1体（巨大以下のサイズであること）
持続時間：1分／レベル
セーヴィング・スロー：頑健・無効；**呪文抵抗**：可

　目標の動物は通常の2倍のサイズ、通常の8倍の重量へと巨大化する。この変化によって、動物のサイズ分類が1段階大きくなり、【筋力】に＋8のサイズ・ボーナス、【耐久力】に＋4のサイズ・ボーナス（したがって、HDごとに追加の2ヒット・ポイント）を与え、【敏捷力】に－2のサイズ・ペナルティがつく。クリーチャーの既存の外皮ボーナスは2上昇する。サイズの変化は、動物のACと攻撃ロールへの修正値、基本ダメージに作用する。動物の接敵面と間合いも変化するが、移動力は変化しない。望むだけの拡大に充分な空間が無い場合、クリーチャーはその空間で広がれる最も大きなサイズになり、その過程で囲いを破ってしまうかどうか（巨大化後の【筋力】を用いて）【筋力】判定を行う。この判定に失敗した場合、周囲を取り囲む物質によって害を受けることなく閉じ込められてしまう――この呪文を使って、クリーチャーを巨大化させて押しつぶす事はできないのだ。

　クリーチャーが着用するか運搬しているすべての装備もこの呪文によって巨大化するが、巨大化してもそれらのアイテムの魔法的な性質は変化しない。巨大化したクリーチャーの所持から離れたアイテムは、ただちに本来のサイズに戻る。

　この呪文は、巨大化した動物たちに術者が命令したり影響力を及ぼしたりできるような効果を授けるものではない。

　サイズを拡大する複数の魔法効果は累積しない。

アニマル・シェイプス
Animal Shapes／集団動物化

系統：変成術（ポリモーフ）；**呪文レベル**：ドルイド8
発動時間：1標準アクション
構成要素：音声、動作、信仰
距離：近距離（25フィート＋5フィート／2レベル）
目標：同意するクリーチャー1体／レベルまで、ただしそのうちのどの2体をとっても30フィート以内の距離に収まっていなければならない
持続時間：1時間／レベル（解除可）
セーヴィング・スロー：不可、本文参照；**呪文抵抗**：可（無害）

　術者レベルごとに1体までの同意したクリーチャーは、**ビースト・シェイプIII**と同様に術者が選んだ動物に変身する。この呪文は同意していないクリーチャーには一切影響しない。すべてのクリーチャーは同じ動物の姿をとらなければならない。この変身は呪文が終了するか、術者が対象すべての変身を解除するまで続く。さらに、個々の対象は全ラウンド・アクションによって元の姿へ戻ることもでき、そうした場合その個体のみ呪文が終了する。

アニマル・トランス
Animal Trance／動物恍惚化

系統：心術（強制）［音波、精神作用］；**呪文レベル**：ドルイド2、バード2
発動時間：1標準アクション
構成要素：音声、動作
距離：近距離（25フィート＋5フィート／2レベル）
目標：複数の、動物か【知力】が1か2の魔獣
持続時間：精神集中
セーヴィング・スロー：意志・無効；**呪文抵抗**：可

　術者は身振りや音楽（あるいは歌や詠唱）で動物や魔獣の心を動かし、術者を見つめる以外に何もできなくしてしまう。この呪文によって恍惚状態にすることができるのは【知力】が1か2のクリーチャーだけである。2d6をロールし、恍惚状態にできるクリーチャーのHDの合計数を決定する。目標は最も近くにいるものから順番に、作用を及ぼすことのできるものが距離内にいなくなるまで選択していく。

アニマル・メッセンジャー
Animal Messenger／動物の伝令使

系統：心術（強制）［精神作用］；**呪文レベル**：ドルイド2、バード2、レンジャー1
発動時間：1分
構成要素：音声、動作、物質（その動物が好む食べ物少々）
距離：近距離（25フィート＋5フィート／2レベル）
目標：超小型サイズの動物1体
持続時間：1日／レベル
セーヴィング・スロー：不可；本文参照；**呪文抵抗**：可

　超小型サイズの動物1匹に、術者が指示した場所に行くよう強制する。この呪文の最も一般的な使用法は、その動物に同盟者

たちのもとへ伝言を運ばせることである。その動物は、術者以外の誰かに飼い慣らされたり調教されたものであってはならない。そうしたクリーチャーには使い魔や動物の相棒が含まれる。

目標となる動物の好む類の食べ物を囮に使い、術者は動物を呼び寄せる。するとその動物は近寄って来て、術者の指示を待つ。術者はよく知っている場所か、目印になる地形を動物の精神に強く印象づけることができる。動物は術者の知識を頼りに動くのであり、自分で行き先を探すことはできないため、指示は単純明快なものでなければならない。術者は伝令動物に小さなアイテムやメモのようなものを結びつけることができる。そうすると、動物は指示された場所に向かい、呪文の持続時間が尽きるまでそこで待ち、その後、通常の活動を再開する。

待っている間、伝令動物は術者以外の者が近づいて、運んできた巻物や小物を取り外すことを許す。この呪文は、意図した受取人に伝令動物と交信したり、結びつけた伝言を読むための特殊能力を授けるわけではない（たとえば、伝言が受取人の知らない言語で書かれていた場合、それを読むことはできない）。

アニメイト・オブジェクツ
Animate Objects／物体操り

系統：変成術；**呪文レベル**：クレリック6、バード6
発動時間：1標準アクション
構成要素：音声、動作
距離：中距離（100フィート＋10フィート／レベル）
目標：小型サイズの物体1個／術者レベル；本文参照
持続時間：1ラウンド／レベル
セーヴィング・スロー：不可；**呪文抵抗**：不可

術者は自律行動能力を持たない物体に自分で動く力とかりそめの生命を与える。これによって自律行動能力を与えられた物体（アニメイテッド・オブジェクト）は、術者が最初に指示したものに（それがどんな者や物であろうと）攻撃を仕掛ける。

自律行動能力を与える物体は、魔法の力を持たない材質であればよい。術者はサイズが小型以下の物体か、それより大きな物体であれば以下に示す割合で小型以下の物体に相当する量だけ、自律行動させることができる。中型サイズの物体は小型サイズ以下の物体2個、大型サイズの物体は4個、超大型サイズの物体は8個、巨大サイズの物体は16個、超巨大サイズの物体は32個として計算する。術者は稼動中の呪文を"向け直す"かのように、物体が攻撃すべき1つあるいは複数の目標を移動アクションとして変更することができる。アニメイテッド・オブジェクトに関する詳細はパスファインダーRPGベスティアリを参照すること。

この呪文はクリーチャーが運搬あるいは着用している物体に効果を及ぼすことはできない。

アニメイト・オブジェクツはパーマネンシイ呪文で永続化させることができる。

アニメイト・デッド
Animate Dead／死体操り

系統：死霊術［悪］；**呪文レベル**：ウィザード／ソーサラー4、

クレリック3
発動時間：1標準アクション
構成要素：音声、動作、物質（アンデッドのヒット・ダイスごとに少なくとも25GPの価値があるオニキス（縞瑪瑙）1個）
距離：接触
目標：接触した死体1つ以上
持続時間：瞬間
セーヴィング・スロー：不可；**呪文抵抗**：不可

この呪文は死骸を、術者の言葉による命令に従うアンデッド（スケルトンかゾンビ）に変える（パスファインダーRPGベスティアリ参照）。

アンデッドは術者に付き従ったり、一定区域に留まって、その場所に入ってくるすべてのクリーチャー（あるいは特定の種類のクリーチャー）を攻撃したりできる。アンデッドは破壊されるまで自律行動し続ける。一度破壊されたスケルトンやゾンビには、二度と自律行動能力を与えることはできない。

術者が1回のアニメイト・デッドで作り出せるアンデッドのHDの合計は、アンデッドの種類に関係なく、術者レベルの2倍までである。ディセクレイト呪文はこの上限を2倍にしてくれる。

作り出されたアンデッドは、無期限で術者の制御下に置かれる。しかし、何回この呪文を使おうと、制御できるのは術者レベルごとに4HDぶんのアンデッド・クリーチャーだけである。この数を超えた場合、新たに作り出されたクリーチャーすべてが術者の制御下に入り、以前にかけた呪文で作られたアンデッドのうちで上限を超えたぶんは術者の制御を離れる。どのクリーチャーを解放するかは術者が選ぶ。《アンデッド威伏》の特技を通して支配したアンデッドはこの上限に数えない。

スケルトン：スケルトンはほとんど欠損のない死体や白骨からのみ作ることができる。死体には骨がなければならない。死体からスケルトンが作られた場合、その肉は骨からはがれ落ちてしまう。

ゾンビ：ゾンビはほとんど欠損のない死体からのみ作ることができる。ゾンビにするクリーチャーは解剖学的組織構造を持っていなければならない。

アニメイト・プランツ
Animate Plants／植物操り

系統：変成術；**呪文レベル**：ドルイド7
発動時間：1標準アクション
構成要素：音声
距離：近距離（25フィート＋5フィート／2レベル）
目標：大型サイズの植物を術者レベル3レベルごとに1体、あるいは距離内のすべての植物；本文参照
持続時間：1ラウンド／レベル、あるいは1時間／レベル；本文参照
セーヴィング・スロー：不可；**呪文抵抗**：不可

術者は自律行動をしない植物に自分で動く力とかりそめの生命を与える。これによって自律行動能力を得た植物は、同じサイズのアニメイテッド・オブジェクトであるかのように、術者が最初に指示したものに（それがどんな者や物であろうと）攻

撃を仕掛ける。術者はサイズが大型以下の植物（木など）か、それより大きな植物を以下に示す割合で大型以下の植物に相当する数だけ、自律行動させることができる。超大型サイズの植物は大型サイズ以下の植物2個、巨大サイズの植物は4個、超巨大サイズの物体は8個として計算する。術者は稼動中の呪文を"向け直す"かのように、植物が攻撃すべき1つあるいは複数の目標を移動アクションとして変更することができる。

アニメイテッド・オブジェクトのデータを使用すること。ただし、サイズが中型以下の植物は硬度を持っていることはない（パスファインダーRPGベスティアリ参照）。

アニメイト・プランツは植物クリーチャーに作用を及ぼすことも、命を持たぬ植物性の材質に作用を及ぼすこともできない。

からみつき：自律行動能力を与えるのではなく、距離内のすべての植物にある程度の動く力を与えることもでき、そうすると、植物は範囲内のクリーチャーにからみつくことができる。この呪文をこうして使用すると、エンタングル呪文の効果を真似ることができる。呪文抵抗を持っていても、そのクリーチャーがからみつきから逃れることはできない。この効果は、術者レベルごとに1時間持続する。

アニメイト・ロープ

Animate Rope／ロープ操り

系統：変成術；**呪文レベル**：ウィザード／ソーサラー1、バード1
発動時間：1標準アクション
構成要素：音声、動作
距離：中距離（100フィート＋10フィート／レベル）
目標：長さ50フィート＋5フィート／レベルまでの、ロープ状の物体1つ；本文参照
持続時間：1ラウンド／レベル
セーヴィング・スロー：不可；**呪文抵抗**：不可

術者は、生命を持たないロープ状の物体に自律行動能力を与えることができる。最大長は、ロープの直径が1インチであることを想定している。ロープの直径が1インチ増すごとに最大長は50％短くなり、直径が半分になるごとに50％長くなる。

与えることのできる命令は「巻け」（きちんと円形に重なるように巻いた形になる）「巻いて結べ」「輪になれ」「輪になって結べ」「縛って結べ」そして上記すべての逆（「ほどけ」など）である。命令は1ラウンドに1つ、稼動中の呪文を"向け直す"かのように、移動アクションとして与えることができる。

ロープが縛り上げることができるのは、1フィート以内にいるクリーチャーか物体だけなので（蛇のように這って行けるわけではない）、意図した目標の近くにロープを投げてやる必要がある。そのためには遠隔接触攻撃ロールを行わねばならない（ロープの射程単位は10フィート）。一般的な直径1インチの麻のロープはヒット・ポイント2、AC10で、引きちぎるにはDC23の【筋力】判定に成功する必要がある。ロープはいかなる種類のダメージも与えないが、敵の足下に張っておいて足払いをかけたり、反応セーヴィング・スローに失敗した1体の敵にからみつかせることができる。呪文を使えるクリーチャーがこの呪文で縛られている場合、呪文を発動するにはDC15＋呪

文レベルの精神集中判定を行わねばならない。絡みつかれた状態のクリーチャーは、DC20の〈脱出術〉判定に成功すれば束縛から抜け出すことができる。

ロープ自体やロープの結び目は魔法的なものではない。

この呪文はクリーチャーが運搬あるいは着用している物体に効果を及ぼすことはできない。

アラーム

Alarm／警報

系統：防御術；**呪文レベル**：ウィザード／ソーサラー1、バード1、レンジャー1
発動時間：1標準アクション
構成要素：音声、動作、焦点／信仰（非常に小さなベル1つと、非常に細い銀の針金1本）
距離：近距離（25フィート＋5フィート／2レベル）
効果範囲：空間上の1点を中心とした半径20フィートの放射
持続時間：2時間／レベル（解除可）
セーヴィング・スロー：不可；**呪文抵抗**：不可

この呪文は精神的な警報ないし音声による警報を発する。ひとたび呪文の効果を適当な場所にかけたら、それ以降、サイズが超小型以上のクリーチャーが警戒範囲に侵入したり接触したりするたびに精神的な警報ないし音声による警報を発する。術者が発動時に決めた合言葉を話せるクリーチャーはアラームを始動させることはない。術者は発動の時点で、アラームを精神的なものか音声のどちらにするか選択する。

精神的アラーム：精神的警報は、術者が警戒範囲から1マイル以内にいれば、術者に（術者だけに）警報を発する。術者は心の中で一度"ピン"という信号を感じる。これは術者を通常の睡眠状態から目覚めさせるが、それ以外の点で精神集中の妨げになることはない。サイレンスの呪文は精神的警報に対しては何の効果もない。

音声によるアラーム：音声によるアラームは、警戒範囲から60フィート以内にいるすべての者にはっきりと聞こえるハンドベルの音を発する。音の届く距離は、間に閉じた扉を1枚はさむごとに10フィート、頑丈な壁を1枚はさむごとに20フィート短くなる。

静かな状況でなら、ベルの音は180フィート先まではかすかに聞こえる。音は1ラウンドの間鳴り続ける。サイレンス呪文の効果範囲にいるクリーチャーは、鐘の音を聞くことができない。

エーテル状態やアストラル状態のクリーチャーはアラームを作動させることはない。

アラームはパーマネンシイ呪文で永続化させることができる。

アライン・ウェポン

Align Weapon／属性武器

系統：変成術［本文参照］；**呪文レベル**：クレリック2
発動時間：1標準アクション
構成要素：音声、動作、信仰
距離：接触
目標：接触した武器1本あるいは矢弾50本（発動時には矢弾が

全部触れ合っていること）

持続時間：1分／レベル

セーヴィング・スロー：意志・無効（無害、物体）；**呪文抵抗**：可（無害、物体）

　この呪文は術者の選択により、武器に善、悪、秩序、混沌のいずれかの属性を付加する。属性の付加された武器はある種のクリーチャーのダメージ減少を無視することができる。この呪文は、すでに属性を持っている武器に対しては効果がない。

　この呪文を、素手打撃などの肉体武器に対して発動することはできない。武器を善、悪、秩序、混沌の属性にする場合、**アライン・ウェポン**はそれぞれ［善］、［悪］、［秩序］、［混沌］の呪文となる。

アンシーン・サーヴァント
Unseen Servant／見えざる従者

系統：召喚術（創造）；**呪文レベル**：ウィザード／ソーサラー1、バード1

発動時間：1標準アクション

構成要素：音声、動作、物質（糸切れと木片）

距離：近距離（25フィート＋5フィート／2レベル）

効果：不可視で精神も姿形もない従者1体

持続時間：1時間／レベル

セーヴィング・スロー：不可；**呪文抵抗**：不可

　この術によって作り出される"見えざる従者"は、不可視で精神も姿形も持たぬ力場であり、術者の命令に従って単純な作業を行う。走って行って物を取ってきたり、たてつけの悪くない扉を開けたり、椅子を押さえたり、掃除したり、つくろいものをしたりできる。この従者は一度に1つの作業しかできないが、同じ作業を何度も繰り返すように命じられればそうする。そのため、術者は距離内にいる限り、"従者"に掃除をするよう命じておいてから別のことに注意を向けるといったことができる。この従者は通常の扉、ひきだし、フタなどしか開けることができない。有効【筋力】は2である（したがって、20ポンドの重さのものを持ち上げたり、100ポンドの重さのものを押し引きすることができる）。罠などを作動させることはできるが、20ポンド相当の力しか出せないので、ある種の踏み板などの装置を作動させるには足りない。また、DCが10を超える技能判定や、未修得では使えない技能を要求する仕事は一切できない。この従者は飛行や登攀ができず、泳ぐことすらできない（が、水上を歩くことはできる）。基本移動速度は15フィートである。

　いかなる方法でも、この従者が攻撃することはできない。決して攻撃ロールを行うことはできないのだ。この従者を殺すことはできないが、範囲攻撃から6ポイントのダメージを被れば消えてしまう（この従者は攻撃に対してセーヴを行うことはできない）。（術者のその時点での位置から測って）呪文の距離外に送り出そうとした場合、従者は消滅する。

アンディテクタブル・アラインメント
Undetectable Alignment／属性感知妨害

系統：防御術；**呪文レベル**：クレリック2、バード1、パラディン2

発動時間：1標準アクション

構成要素：音声、動作

距離：近距離（25フィート＋5フィート／2レベル）

目標：クリーチャー1体あるいは物体1個

持続時間：24時間

セーヴィング・スロー：意志・無効（物体）；**呪文抵抗**：可（物体）

　アンディテクタブル・アラインメントは物体1個あるいはクリーチャー1体の属性を、あらゆる形の占術から隠す。

アンティパシー
Antipathy／反感

系統：心術（強制）［精神作用］；**呪文レベル**：ウィザード／ソーサラー8、ドルイド9

発動時間：1時間

構成要素：音声、動作、物質／信仰（酢に浸したミョウバンの塊）

距離：近距離（25フィート＋5フィート／2レベル）

目標：場所（一辺10フィートの立方体の区画1個ぶん／レベルまで）1つあるいは物体1つ

持続時間：2時間／レベル（解除可）

セーヴィング・スロー：意志・不完全；**呪文抵抗**：可

　術者は、1つの物体か場所から、術者が定義した特定の種類の知的クリーチャーか、特定の属性のクリーチャーを追い払う魔法的な波動を放射させる。作用を及ぼす特定の種類のクリーチャーは、具体的に名称を指定しなければならず、副種別では十分具体的とは言えない。同様に、属性の場合も具体的に指定しなければならない。

　指定された種類あるいは属性のクリーチャーは、この呪文の作用が及ぶ場所を立ち去ったり、物体を避けたいという衝動に駆られる。

　呪文が持続している間、衝動の強制力のために、その場所や物体を放棄し、避けるようになり、自発的に戻って来ることができなくなる。セーヴィング・スローに成功したクリーチャーは、その場所に留まったり物体に触ったりできるが、そのことによって非常な不快感を味わう。この不快感に気を取られるため、クリーチャーの【敏捷力】は4ポイント低下する。

　アンティパシーは**シンパシー**を相殺し、解呪する。

アンティプラント・シェル
Antiplant Shell／対植物防護殻

系統：防御術；**呪文レベル**：ドルイド4

発動時間：1標準アクション

構成要素：音声、動作、信仰

距離：10フィート

効果範囲：術者を中心とした半径10フィートの放射

持続時間：1分／レベル（解除可）

セーヴィング・スロー：不可；**呪文抵抗**：可

　アンティプラント・シェルの呪文は、不可視で移動可能な障壁を作り出し、防護殻の中にいるすべてのクリーチャーを、植物クリーチャーや自律行動能力を与えられた植物の攻撃から守

る。多くの防御術呪文と同じく、呪文が寄せ付けないクリーチャーに障壁を無理矢理押しつけると、この障壁は崩壊してしまう。

アンティマジック・フィールド
Antimagic Field／アンティマジックの場

系統：防御術；**呪文レベル**：ウィザード／ソーサラー6、クレリック8
発動時間：1標準アクション
構成要素：音声、動作、物質／信仰（鉄の粉末か、鉄のやすり屑をひとつまみ）
距離：10フィート
効果範囲：術者を中心とした半径10フィートの放射
持続時間：10分／レベル（解除可）
セーヴィング・スロー：不可；**呪文抵抗**：本文参照

　術者を不可視の障壁が取り巻き、術者とともに移動する。障壁内の空間は、呪文、擬似呪文能力、超常能力を含むほとんどの魔法効果を遮断する。同様に、障壁内にある魔法のアイテムや呪文はすべて機能を停止する。

　アンティマジック・フィールドは、その内部で使用されたり、内部に持ち込まれたり、効果範囲内へと発動されたすべての呪文や魔法的効果を抑止するが、解呪してしまうわけではない。**アンティマジック・フィールド**内で抑止されている間も、呪文の持続時間は経過し続けている。

　招来されたあらゆるクリーチャーは**アンティマジック・フィールド**内に入ると消滅してしまう。フィールドがなくなれば、彼らは消滅したのと同じ場所に再出現する。消滅している間にも、そのクリーチャーを維持している召喚術の持続時間は通常通り経過し続ける。呪文抵抗を持つ招来されたクリーチャーがすでに存在しているところに**アンティマジック・フィールド**をかけた場合、術者はそのクリーチャーの呪文抵抗に対して術者レベル判定（1d20＋術者レベル）を行い、成功すればクリーチャーを消滅させる事ができる。（持続時間が“瞬間”の召喚術による効果に対しては、**アンティマジック・フィールド**は作用しない。というのも、そこにあるのは結果だけだからである）。

　通常のクリーチャーや、魔法のかかっていない遠隔武器やその矢弾は効果範囲に入ることができる。また、魔法の剣は効果範囲内では魔法の武器としては機能しないが、それでも剣であることに変わりはない（しかも高品質の剣だ）。この呪文はゴーレムなど、創造過程で魔法により力を吹き込まれはしたが、その後は自力で存在している人造クリーチャーに対しては効果がない（招来されたものでなければ。招来されたものは他の招来されたクリーチャーと同様に扱われる）。同じように、アンデッド、エレメンタル、来訪者は招来されたものでない限り、この呪文の作用を受けない。しかし、こうしたクリーチャーの擬似呪文能力や超常能力は、フィールドによって一時的に無効化される。**ディスペル・マジック**では、このフィールドを除去できない。

　2つ以上の**アンティマジック・フィールド**が同一の空間を占めても、フィールド同士はお互いに影響しない。**ウォール・オヴ・フォース**、**プリズマティック・ウォール**、**プリズマティック・スフィア**のような呪文には**アンティマジック・フィール**

ドは作用せず残り続ける。アーティファクトや神格には、このような定命の存在の魔法は作用しない。

　クリーチャーが障壁によって取り囲まれた範囲より大きい場合、障壁の外にはみ出した部分にはフィールドは作用しない。

アンティライフ・シェル
Antilife Shell／対生命体防御殻

系統：防御術；**呪文レベル**：クレリック6、ドルイド6
発動時間：1ラウンド
構成要素：音声、動作、信仰
距離：10フィート
効果範囲：術者を中心とした半径10フィートの放射
持続時間：1分／レベル（解除可）
セーヴィング・スロー：不可；**呪文抵抗**：可

　ほとんどの種別の生きているクリーチャーの侵入を阻む、移動可能な半球状のエネルギー・フィールドを発生させる。

　この効果は、異形、植物、人怪、動物、粘体、人型生物、フェイ、魔獣、蟲、竜を締め出すが、アンデッド、人造、来訪者には効果がない。

　この呪文は防御的用途でのみ使用でき、攻撃的用途には使えない。この呪文が寄せつけないクリーチャーに対して、防御術による障壁を無理やり押し付けると、障壁は崩壊してしまう。

アンデス・トゥ・デス
Undeath to Death／アンデッド殺しの魔法円

系統：死霊術；**呪文レベル**：ウィザード／ソーサラー6、クレリック6
構成要素：音声、動作、物質／信仰（500GPの価値のあるダイアモンドの粉末）
効果範囲：半径40フィートの爆発内にいる複数のアンデッド・クリーチャー
セーヴィング・スロー：意志・無効

　この呪文は上記のアンデッド・クリーチャーを滅ぼすことを除き、**サークル・オヴ・デス**と同様に働く。

アンハロウ
Unhallow／不浄の地

系統：力術［悪］；**呪文レベル**：クレリック5、ドルイド5
発動時間：24時間
構成要素：音声、動作、物質（少なくとも（1,000GP＋**アンハロウ**化された場所に定着させる呪文のレベルごとに1,000GP）の価値がある薬草、油、お香）
距離：接触
効果範囲：接触した地点から半径40フィートの放射
持続時間：瞬間
セーヴィング・スロー：本文参照；**呪文抵抗**：本文参照

　アンハロウは特定の敷地、建物、建造物1つを不浄の土地とする。これには大きな効果が3つある。

　第一に、この敷地や建造物は**マジック・サークル・アゲンスト・グッド**の効果によって守られる。

　第二に、効果範囲内では、負のエネルギー放出に抵抗するた

262

めのDCは＋4の不浄ボーナスを得て上昇し、正のエネルギー
に抵抗するDCは4減少する。呪文抵抗はこの効果に対しては
適用されない。なお、この条項はドルイド版の**アンハロウ**には
適用されない。

　最後に、術者は**アンハロウ**をかけた敷地に1つの呪文の効果
を定着させることができる。この効果は、その呪文の通常の持
続時間や効果や範囲に関わらず、1年間持続し、敷地全域にわ
たって効果がある。術者は呪文の効果がすべてのクリーチャー
に及ぶことにしてもよいし、術者と信仰や属性を同じくするク
リーチャーだけに及ぶことにしてもよいし、術者とは違う特定
の信仰や属性のクリーチャーだけに及ぶことにしてもよい。1
年が過ぎるとこの効果は切れるが、単に**アンハロウ**を再び発動
すれば更新したり、別の効果に変更したりできる。

　アンハロウをかけた敷地に定着させることのできる呪文効果
は**インヴィジビリティ・パージ、エイド、エンデュア・エレメ
ンツ、コーズ・フィアー、サイレンス、ゾーン・オヴ・トゥルー
ス、ダークネス、タンズ、ディーパー・ダークネス、ディサー
ン・ライズ、ディスペル・マジック、ディテクト・グッド、ディ
テクト・マジック、ディメンジョナル・アンカー、デイライト、
デス・ウォード、フリーダム・オヴ・ムーヴメント、ブレス、
プロテクション・フロム・エナジー、ベイン、リムーヴ・フィ
アー、レジスト・エナジー**である。

　これらの呪文の効果に対してはセーヴィング・スローや呪文
抵抗が適用されることがある。詳しくは各呪文の説明を参照。

　1つの場所には同時に1つの**アンハロウ**（およびそれに伴う呪
文効果）しかかけることはできない。

　アンハロウは**ハロウ**を相殺するが、解呪はしない。

アンホーリィ・オーラ
Unholy Aura／不浄のオーラ

系統：防御術［悪］；**呪文レベル**：クレリック8
発動時間：1標準アクション
構成要素：音声、動作、焦点（500GPの価値のある小さな聖遺
物入れ）
距離：20フィート
目標：術者を中心とした半径20フィートの爆発内にいるクリー
チャー1体／レベル
持続時間：1ラウンド／レベル（解除可）
セーヴィング・スロー：本文参照；**呪文抵抗**：可（無害）

　悪意ある闇が対象の周囲を取り巻いて攻撃から守り、善の属
性のクリーチャーの発動した呪文に対する抵抗力を与え、対象
に攻撃を命中させた善の属性のクリーチャーを衰弱させる。こ
の防御術呪文には4つの効果がある。

　第一に、この呪文によって守られたクリーチャーはACに＋4
の反発ボーナスと、セーヴに＋4の抵抗ボーナスを得る。**プロ
テクション・フロム・グッド**の効果と異なり、この利益は善の
属性のクリーチャーによる攻撃に対してだけではなく、すべて
の攻撃に対して適用される。

　第二に、この呪文によって守られたクリーチャーは［善］の
呪文や善の属性のクリーチャーの発動した呪文に対して呪文抵

抗25を得る。

　第三に、この防御術呪文は**プロテクション・フロム・グッド**
と同様に、憑依および精神的な影響から受け手を保護する。

　最後に、善の属性のクリーチャーがこの呪文によって守られ
たクリーチャーに対する近接攻撃に成功した場合、その攻撃者
は1d6ポイントの【筋力】ダメージを被る（頑健・無効）。

アンホーリィ・ブライト
Unholy Blight／不浄の影

系統：力術［悪］；**呪文レベル**：クレリック4
発動時間：1標準アクション
構成要素：音声、動作
距離：中距離（100フィート＋10フィート／レベル）
効果範囲：半径20フィートの拡散
持続時間：瞬間（1d4ラウンド）；本文参照
セーヴィング・スロー：意志・不完全；**呪文抵抗**：可

　術者は不浄の力を呼び起こして敵を討つ。この力は冷たく
甘ったるい匂いのする、油じみた闇の雲の形をとる。この呪文
によって害を被るのは、属性が善か中立（つまり悪以外）のク
リーチャーだけである。

　この呪文は善の属性のクリーチャーに対して、術者レベル2
レベルごとに1d8（最大5d8）ポイントのダメージを与え、1d4
ラウンドの間、不調状態にする。善の来訪者に対しては、術者
レベルごとに1d6（最大10d6）ポイントのダメージを与え、
1d4ラウンドの間、不調状態にする。意志セーヴに成功すれば、
ダメージは半減し、不調状態にもならない。この不調効果を**リ
ムーヴ・ディジーズ**や**ヒール**によって無効化することはできな
いが、**リムーヴ・カース**は効果がある。

　悪の属性でも善の属性でもないクリーチャーは、半分のダ
メージしか受けず、不調状態にもならない。そうしたクリー
チャーは、意志セーヴに成功すれば、ダメージをさらに半減さ
せて1/4にすることができる。

イーグルズ・スプレンダー
Eagle's Splendor／鷲の魅力

系統：変成術；**呪文レベル**：ウィザード／ソーサラー2、クレリッ
ク2、バード2、パラディン2
発動時間：1標準アクション
構成要素：音声、動作、物質／信仰（イーグル（鷲）の羽根か糞）
距離：接触
目標：接触したクリーチャー1体
持続時間：1分／レベル
セーヴィング・スロー：意志・無効（無害）；**呪文抵抗**：可

　この変成術の影響を受けたクリーチャーは落ち着きが出、意
見をはっきりと述べられるようになり、また、人格的にも説得
力が高められる。この呪文は【魅力】に＋4の強化ボーナスを
与え、それによって通常通り、【魅力】に関連する技能判定、
その他で【魅力】修正値を使用する際に利益を与える。ソーサ
ラー、バード、パラディン（およびその他の【魅力】に基づい
て呪文を使用する呪文の使い手）がこの呪文の作用を受けても、

高い【魅力】を持つことによるボーナス呪文数が増えることはないが、彼らがこの呪文の影響下にある間に発動した呪文のセーヴDCは上昇する。

マス・イーグルズ・スプレンダー
Eagle's Splendor, Mass／集団鷲の魅力

系統：変成術；**呪文レベル**：ウィザード／ソーサラー6、クレリック6、バード6
距離：近距離（25フィート＋5フィート／2レベル）
目標：クリーチャー1体／レベル、ただしそのうちのどの2体をとっても30フィート以内の距離に収まっていなければならない

マス・イーグルズ・スプレンダーは**イーグルズ・スプレンダー**と同様に機能するが、複数のクリーチャーに作用する。

イセリアル・ジョーント
Ethereal Jaunt／エーテル移動

系統：変成術；**呪文レベル**：ウィザード／ソーサラー7、クレリック7
発動時間：1標準アクション
構成要素：音声、動作
距離：自身
目標：術者
持続時間：1ラウンド／レベル（解除可）

術者は装備品ともどもエーテル化する。呪文の持続時間の間、術者はエーテル界に行く。エーテル界とは物質界と重なりあって存在する別の次元界である。呪文が切れると、術者は物質状態に戻る。

エーテル状態のクリーチャーは不可視かつ非物質的な状態であり、上や下を含めてどの方向へ移動することもできる（通常の移動速度の半分だが）。非物質的なクリーチャーなので、術者は生きているクリーチャーを含め、固体の中を通り抜けて移動できる。エーテル状態のクリーチャーは物質界のものごとを見たり聞いたりできるが、すべては灰色で、確たる実体を持たないように見える。物質界を視覚と聴覚で知覚できる範囲は60フィートに制限される。

［力場］効果と防御術効果はエーテル状態のクリーチャーに通常通り作用する。こうした効果は物質界からエーテル界に及んでいるのだが、エーテル界から物質界に影響が及ぶことはない。エーテル状態のクリーチャーは物質界のクリーチャーを攻撃することができず、エーテル状態の時に発動した呪文は他のエーテル状態の存在にしか作用しない。物質界のクリーチャーや物体の中には、エーテル界に影響を及ぼす攻撃手段や効果を有するものもある。

他のエーテル状態のクリーチャーやエーテルの物体は、術者にとってまるで実体があるかのように扱うこと。

術者が物質界の物体（壁など）の中にいる時に呪文を終わらせ、物質状態に戻った場合、術者は最寄りの何もない空間に移され、そのように移動した5フィートごとに1d6ポイントのダメージを被る。

イセリアルネス
Etherealness／エーテル化

系統：変成術；**呪文レベル**：ウィザード／ソーサラー9、クレリック9
距離：接触；本文参照
目標：術者および接触した他のクリーチャー1体／3レベル
持続時間：1分／レベル（解除可）
呪文抵抗：可

イセリアル・ジョーントと同様だが、術者と手をつなぐことで加わった複数の同意するクリーチャーが（装備品ともども）エーテル化する。術者は自分以外に術者レベル3レベルごとに1体のクリーチャーをエーテル界に連れて行くことができる。一度エーテル化したら、対象たちが一緒にいる必要はない。

呪文が切れたら、この呪文の作用を受けてエーテル界にいたクリーチャーは全員、物質状態に戻る。

イリューソリイ・ウォール
Illusory Wall／幻の壁

系統：幻術（虚像）；**呪文レベル**：ウィザード／ソーサラー4
発動時間：1標準アクション
構成要素：音声、動作
距離：近距離（25フィート＋5フィート／2レベル）
効果：1フィート×10フィート×10フィートの幻影1つ
持続時間：永続
セーヴィング・スロー：意志・看破（やりとりがあった場合）；
呪文抵抗：不可

この呪文は壁、床、天井、その他類似の表面の幻を作り出す。見た目、完全に本物に見えるが、実体を有する物体は幻の面を苦もなく通り抜ける。落とし穴、罠、普通の扉などを隠すためにこの呪文が使われている場合、視覚を必要としない探知能力はどれも通常通りに効く。じかに触ったり物に触ったりすれば、幻の面の正体はわかるが、幻が消えてなくなるわけではない。術者は**イリューソリイ・ウォール**を透かし見ることができるが、他のクリーチャーは意志セーヴに成功したとしても向こう側は見えない（ただし実物でないことは分かる）。

イリューソリイ・スクリプト
Illusory Script／幻の文

系統：幻術（惑乱）［精神作用］；**呪文レベル**：ウィザード／ソーサラー3、バード3
発動時間：ページごとに1分
構成要素：音声、動作、物質（50GP以上かかる、鉛入りインク）
距離：接触
目標：接触した重量10ポンド以内の物体1つ
持続時間：1日／レベル（解除可）
セーヴィング・スロー：意志・無効；本文参照；**呪文抵抗**：可

術者は羊皮紙、紙など、物を書きつけるものに指示その他の情報を書き込む。その**イリューソリイ・スクリプト**（幻の文）は、ある種の外国語、あるいは魔法の文のように見える。術者が呪文の発動時に指定した人（々）にしか、この文は読めない。他の者たちには一切理解不能である。

264

読む資格のないクリーチャーが文を読もうとした場合、強力な幻の影響を呼びさまし、セーヴィング・スローを行わねばならなくなる。セーヴィング・スローに成功すればクリーチャーは目をそらすことができ、少々頭がぼんやりした感じがするだけですむ。失敗すれば、そのクリーチャーは術者が呪文発動の時点で文章に埋めこんでおいた示唆に従うことになる。この示唆は30分間しか効果がない。典型的な示唆には「本を閉じて立ち去れ」「このノートの存在を忘れよ」等がある。ディスペル・マジックで解呪に成功したら、イリューソリイ・スクリプトも、その中にこめられた秘密の文面も消えてしまう。秘密の文面を読むには、トゥルー・シーイングの呪文と、コンプリヘンド・ランゲージズかリード・マジックの呪文を組み合わせればよい。

イレイズ
Erase／消去

系統：変成術；**呪文レベル**：ウィザード／ソーサラー1、バード1
発動時間：1標準アクション
構成要素：音声、動作
距離：近距離（25フィート＋5フィート／2レベル）
目標：巻物1つあるいは書物2ページぶん
持続時間：瞬間
セーヴィング・スロー：本文参照；**呪文抵抗**：不可

　イレイズは巻物1つや、紙や羊皮紙やそれに類する表面2ページぶんから魔法の文字や魔法のものでない文字を取り除く。この呪文でアーケイン・マーク、エクスプローシヴ・ルーンズ、グリフ・オヴ・ウォーディング、セピア・スネーク・シジルを除去することができるが、イリューソリイ・スクリプトやシンボル系呪文を取り除くことはできない。魔法の力を持たない書物は術者がそれに接触し、他の誰もそれを手にしていない場合、自動的に消去される。そうでない場合、魔法の力を持たない書物が消去される確率は90％である。

　魔法の書物を消去するためには接触しなければならず、術者がDC15の術者レベル判定（1d20＋術者レベル）に成功しなければならない。この判定では、ダイスの目が1であった場合は常に失敗である。エクスプローシヴ・ルーンズ、グリフ・オヴ・ウォーディング、セピア・スネーク・シジルを消去するのに失敗した場合、術者はかわりにその書かれたものを誤って作動させてしまう。

イレジスティブル・ダンス
Irresistible Dance／我慢できぬ踊り

系統：心術（強制）［精神作用］；**呪文レベル**：ウィザード／ソーサラー8、バード6
発動時間：1標準アクション
構成要素：音声
距離：接触
目標：接触した生きているクリーチャー1体
持続時間：1d4＋1ラウンド
セーヴィング・スロー：意志・不完全；**呪文抵抗**：可

　対象は踊りたいという我慢できない衝動に駆られ、すり足を

し、タップを踏みつつ踊り出してしまう。この呪文の効果によって、対象はその場で陽気に跳ね回る以外一切の行動をとることができなくなる。この効果により、ACに−4のペナルティ、反応セーヴには−10のペナルティが科され、目標が持っている盾からACボーナスを受けていれば、それも無効化される。踊っている対象は毎ラウンド、自分のターンに機会攻撃を誘発する。意志セーヴに成功することで、この効果の持続時間は1ラウンドに軽減される。

インヴィジビリティ
Invisibility／不可視化

系統：幻術（幻覚）；**呪文レベル**：ウィザード／ソーサラー2、バード2
発動時間：1標準アクション
構成要素：音声、動作、物質／信仰（1本のまつ毛をゴムに封入したもの）
距離：自身あるいは接触
目標：術者あるいはクリーチャー1体あるいは重量が100ポンド／レベル以内の物体1つ
持続時間：1分／レベル（解除可）
セーヴィング・スロー：意志・無効（無害）あるいは意志・無効（無害、物体）；**呪文抵抗**：可（無害）あるいは可（無害、物体）

　術者が接触したクリーチャーあるいは物体は人々の視界から消える。呪文の受け手が装備を持っているクリーチャーの場合、装備もまた消える。術者が誰か他人に呪文をかける場合、対象の姿は術者やその仲間にも見えなくなる。もっとも、もとから不可視のものを見る能力があったり、魔法を使って不可視のものを見る能力を得たりすれば話は別である。

　不可視化したクリーチャーが地面に下ろした物や落とした物は、目に見えるようになる。拾った物は服の中に押し込んだり、着用しているポーチの中に入れたりすれば不可視になる。光は決して不可視にはならないが、光源は不可視になり得る（結果として、光源の見当たらない光があるという状態になる）。対象が運搬している物体の一部が本体から10フィート以上離れている場合、その部分は見える。

　もちろん、この呪文が対象の立てる音まで消してくれるわけではない。それに、その他の条件によって、この呪文のかかった者が探知可能になることもあるだろう（たとえば水の中を泳いでいたり、泥んこに足跡を残している場合など）。判定が必要な場合、静止している不可視のクリーチャーは〈隠密〉判定に＋40のボーナスを得る。クリーチャーが動いている場合は、このボーナスは＋20に減る。この呪文は対象が何らかのクリーチャーを攻撃した瞬間に解ける。ここでいう“攻撃”には、敵を目標とした呪文や、呪文の効果範囲や効果内に敵を含む呪文も入る。誰が“敵”であるかは、不可視化したキャラクターの認識による。誰も装備中でない物体に対して何らかの行動をしても、それで呪文が解けることはない。また、間接的に害をなすことは“攻撃”ではない。従って、不可視化した存在は扉を開け、話をし、物を食べ、階段を登り、怪物を召喚して攻撃を行わせ、敵が吊り橋を渡っている最中に橋を支えるロープを切り落とし、遠くから罠を作動させ、落とし格子を上げて猛犬をけしかけて

も差し支えない。しかし、不可視化した存在が直接攻撃を行えば、本体も装備も即座に目に見えるようになる。**ブレス**など、もっぱら味方に作用を及ぼし、敵には作用を及ぼさない呪文は、たとえ敵を効果範囲に収めていても、"攻撃"とは見なされないので注意。

インヴィジビリティはパーマネンシイの呪文によって、物体に対してのみその効果を永続化させることができる。

グレーター・インヴィジビリティ
Invisibility, Greater／上級不可視化

系統：幻術（幻覚）；**呪文レベル**：ウィザード／ソーサラー4、バード4
構成要素：音声、動作
目標：術者、あるいは接触したクリーチャー1体
持続時間：1ラウンド／レベル（解除可）
セーヴィング・スロー：意志・無効（無害）

インヴィジビリティと同様だが、対象が攻撃を行っても呪文は終了しない。

マス・インヴィジビリティ
Invisibility, Mass／集団不可視化

系統：幻術（幻覚）；**呪文レベル**：ウィザード／ソーサラー7
距離：長距離（400フィート＋40フィート／レベル）
目標：クリーチャー何体でも、ただしそのうちのどの2体をとっても180フィート以内の距離に収まっていなければならない

インヴィジビリティと同様だが、効果は集団と共に移動し、この集団のうち誰か1体でも攻撃すれば切れてしまう。この集団の構成員は互いを見ることができない。どの個体でも、最も近くにいる他の構成員から180フィートより離れてしまった場合、呪文は切れる。2体の個体のみが効果を受けており、一方の個体がもう一方の個体から離れた場合、離れた方の個体が不可視状態を失う。両方が互いから離れた場合、その間の距離が180フィートを超えた時点で両者とも見えるようになる。

インヴィジビリティ・スフィアー
Invisibility Sphere／不可視球

系統：幻術（幻覚）；**呪文レベル**：ウィザード／ソーサラー3、バード3
構成要素：音声、動作、物質
効果範囲：接触したクリーチャーを中心にした半径10フィートの放射

インヴィジビリティと同様だが、この呪文は呪文の発動時に受け手の10フィート以内にいた全クリーチャーを不可視状態とする。効果の中心点は受け手とともに動く。

この呪文が作用している者たちには、呪文が作用していない場合と同様に、お互いの姿および自分の姿が見える。この呪文の作用を受けているクリーチャーが効果範囲外に出たら目に見えるようになるが、呪文発動より後に効果範囲に入ったクリーチャーが不可視状態となることはない。作用を受けているクリーチャーのうち、中心となる受け手以外のものが攻撃を行えば、そのクリーチャーの不可視化だけが無効化される。受け手本人が攻撃を行えば、**インヴィジビリティ・スフィアー**自体が

終了する。

インヴィジビリティ・パージ
Invisibility Purge／不可視破り

系統：力術；**呪文レベル**：クレリック3
発動時間：1標準アクション
構成要素：音声、動作
距離：自身
目標：術者
持続時間：1分／レベル（解除可）

術者の体の周囲、半径5フィート／術者レベルを力が球状に取り巻く。この力はあらゆる不可視状態を無効化する。

不可視のもの一切が、この圏内では目に見えるようになるのである。

インサニティ
Insanity／狂気

系統：心術（強制）［精神作用］；**呪文レベル**：ウィザード／ソーサラー7
発動時間：1標準アクション
構成要素：音声、動作
距離：中距離（100フィート＋10フィート／レベル）
目標：生きているクリーチャー1体
持続時間：瞬間
セーヴィング・スロー：意志・無効；**呪文抵抗**：可

この心術が作用したクリーチャーは、以後ずっと**コンフュージョン**の呪文と同様の影響を受ける。

インサニティは**リムーヴ・カース**では除去できない。**ウィッシュ**、**グレーター・レストレーション**、**ヒール**、**ミラクル**、**リミテッド・ウィッシュ**なら、術にかかったクリーチャーを元に戻せる。

インスタント・サモンズ
Instant Summons／瞬間招来術

系統：召喚術（招来）；**呪文レベル**：ウィザード／ソーサラー7
発動時間：1標準アクション
構成要素：音声、動作、物質（価値1,000GPのサファイア）
距離：本文参照
目標：10ポンドまでか、縦・横・奥行きの中で最も長い一辺が6フィートまでの物体1つ
持続時間：チャージ消費（効果発揮）するまで永続
セーヴィング・スロー：不可；**呪文抵抗**：不可

術者は生命を持たないアイテムを、事実上どこからでも自分の手の中に直接出現させることができる。

まず、術者は自分の**アーケイン・マーク**をそのアイテムに付けておく。それからこの呪文を発動すると、1,000GP以上の価値のあるサファイアの表面に、魔法の力によって、くだんのアイテムの名前が不可視状態で記される。以後、術者はそのアイテムを、特別な合言葉（呪文を発動した際に術者が決める）を唱え、そのサファイアを打ち砕くことで招来できる。アイテム

は瞬時に術者の手中に現れる。サファイアをこのように使用できるのは術者本人だけである。

くだんのアイテムを他のクリーチャーが所持している場合、呪文は働かない。ただし、術者は招来を行った際に今の持ち主が誰で、そのクリーチャーがだいたいどこにいるかを知ることができる。

サファイアの上に書いたアイテムの名前は不可視状態である。また、術者本人以外には、**リード・マジック**呪文を使わない限り読めない。

くだんのアイテムは他の次元界からでも招来できるが、これも他のクリーチャーがそのアイテムを所有していない場合に限る。

インセクト・プレイグ

Insect Plague／虫害

系統：召喚術（招来）；**呪文レベル**：クレリック5、ドルイド5
発動時間：1ラウンド
構成要素：音声、動作、信仰
距離：長距離（400フィート＋40フィート／レベル）
効果：3レベルごとに1つのワスプ（スズメバチ）スウォーム。それぞれのスウォームは少なくとも1つの他のスウォームと隣接していなければならない
持続時間：1分／レベル
セーヴィング・スロー：不可；**呪文抵抗**：不可

　術者は複数のワスプ・スウォーム（3レベルごとに1つ、最大は18レベルでの6つ）を招来する。これらのスウォームは互いに少なくとも1つのスウォームと隣接していなければならない（すなわち、これらのスウォームは1つの連続した範囲を占有するのである）。術者は他のクリーチャーによって占められた範囲にもワスプ・スウォームを招来することができる。それぞれのスウォームは占有する範囲のクリーチャーすべてに攻撃を仕掛ける。招来された後、スウォームはそこにとどまり続け、逃げるクリーチャーを追い続けようとはしない。

インセンディエリ・クラウド

Incendiary Cloud／焼夷煙

系統：召喚術（創造）［火炎］；**呪文レベル**：ウィザード／ソーサラー8
発動時間：1標準アクション
構成要素：音声、動作
距離：中距離（100フィート＋10フィート／レベル）
効果範囲：半径20フィート、高さ20フィートに拡散する雲
持続時間：1ラウンド／レベル（解除可）
セーヴィング・スロー：反応・半減；本文参照；**呪文抵抗**：不可
　インセンディエリ・クラウドの呪文で生み出されるのは、濁り渦まく煙の雲で、その中を白熱の炎が飛びかう。煙は**フォッグ・クラウド**と同様にあらゆる視覚をぼやけさせる。加えて白熱の炎が、煙の中のあらゆるものに、毎ラウンド術者のターンに6d6ポイントの［火炎］ダメージを与える。煙の中にいる目標はみな毎ラウンド反応セーヴを行い、成功すればそのラウンドのダメージを半減することができる。

クラウドキルの呪文と同様、煙は毎ラウンド10フィートずつ術者から離れるように移動する。毎ラウンド、術者が呪文を発動した地点から見て10フィート違い位置に新たな起点を定め、そこから雲の新たな拡散範囲を決定すること。術者は精神集中によって煙を毎ラウンド60フィートまで動かすことができる。煙のうち、術者の最大距離より遠くに出てしまった部分は消えて無害になり、それ以後、煙の拡散範囲は消えたぶんだけ減る。

フォッグ・クラウドと同様、この煙は風にあうと吹き散らされてしまう。また、この呪文は水中では発動できない。

インターポージング・ハンド

Interposing Hand／立ちふさがる手

系統：力術［力場］；**呪文レベル**：ウィザード／ソーサラー5
発動時間：1標準アクション
構成要素：音声、動作、焦点（柔らかい手袋片手ぶん）
距離：中距離（100フィート＋10フィート／レベル）
効果：10フィートの手
持続時間：1ラウンド／レベル（解除可）
セーヴィング・スロー：不可；**呪文抵抗**：可

　インターポージング・ハンドはサイズが大型の魔法の手を作り出し、術者と敵1体の間に出現させる。手だけを切り取ったようなこの浮遊体は、両者の間に留まるように移動し、術者がどこへ移動しようと、敵がどのように回り込もうとしようと、その敵に対する遮蔽（＋4AC）を術者に提供する。どんなことをしようと、この手を欺くことはできない——暗闇の中であろうと、**インヴィジビリティ**で不可視状態になっていようと**ポリモーフ**しようと、その他どのように隠れたり変装したりしようと、手は術者が選んだ敵の前に立ちはだかる。ただし、手は相手を追いかけたりはしない。

　インターポージング・ハンドは指を伸ばした状態で縦横10フィートの大きさがある。手はダメージを受けていない状態の術者と同じヒット・ポイントを持ち、ACは20（－1サイズ、＋11外皮）である。手は通常のクリーチャーと同様にダメージを受けるが、ダメージを及ぼさない魔法効果のほとんどから作用を受けない。

　手が敵の機会攻撃を誘発することはない。**ウォール・オヴ・フォース**を押し通ったり、**アンティマジック・フィールド**の中に入ったりすることはできないが、**プリズマティック・ウォール**や**プリズマティック・スフィアー**の効果はすべて受ける。手のセーヴィング・スローは術者と同じである。

　ディスインテグレイトをかけるか、**ディスペル・マジック**に成功すれば、手を破壊できる。

　体重2,000ポンド以下のクリーチャーが手を押しのけようとした場合、移動速度が通常の半分になる。手は体重が2,000ポンドより重い敵の移動速度を遅くすることはできないが、それでもその攻撃には作用を及ぼすことができる。

　この呪文を別の目標に向け直すには、1移動アクションを要する。

インビュー・ウィズ・スペル・アビリティ
Imbue with Spell Ability／呪文能力付与
系統：力術；**呪文レベル**：クレリック4
発動時間：10分
構成要素：音声、動作、信仰
距離：接触
目標：接触したクリーチャー1体；本文参照
持続時間：チャージ消費（使用する）まで永続（解除可）
セーヴィング・スロー：意志・無効（無害）；**呪文抵抗**：可（無害）

術者は自分が現在準備している呪文の一部と、その呪文を発動する能力とを他のクリーチャーへ移す。【知力】5以上、【判断力】9以上のクリーチャーだけが、この賜物を受け取れる。他人に送れるのはクレリックの召喚術（治癒）、占術、防御術の呪文のみである。対象が受け取れる呪文の数とレベルは対象のHDによる。インビュー・ウィズ・スペル・アビリティを複数回かけても、この限界は超えられない。

受け手のHD	付与される呪文
2以下	1レベル呪文1個
3〜4	1レベル呪文2個まで
5以上	1レベル呪文2個までと2レベル呪文1個

送った呪文の、数値が変わる部分（距離、持続時間、効果範囲など）は、受け手のレベルではなく術者のレベルで決まる。

一旦他のキャラクターにインビュー・ウィズ・スペル・アビリティをかけてしまったなら、受け手が送られた呪文を使いきるか殺されるまで、あるいは術者がインビュー・ウィズ・スペル・アビリティ呪文を解除するまで、術者は新しい4レベル呪文1つを準備できなくなる。他人に贈った呪文の使われ方に関しては、依然として術者がその崇める神格やその他の信仰対象に対して責任を取らねばならない。もし術者の4レベル呪文の上限が減って、現在稼動中のインビュー・ウィズ・スペル・アビリティ呪文の個数より減ったら、一番最近に付与した呪文から順に解呪されてゆく。

音声要素のある呪文を発動するには、受け手が口をきけねばならない。動作要素のある呪文を発動するには、受け手が自由に動けなければならない。物質要素や焦点具の要る呪文を発動するには、受け手がその物質や焦点具を持っておらねばならない。

インフリクト・クリティカル・ウーンズ
Inflict Critical Wounds／致命傷付与
系統：死霊術；**呪文レベル**：クレリック4

インフリクト・ライト・ウーンズと同様だが、4d8＋術者レベルごとに1（最大＋20）ポイントのダメージを与える。

マス・インフリクト・クリティカル・ウーンズ
Inflict Critical Wounds, Mass／集団致命傷付与
系統：死霊術；**呪文レベル**：クレリック8

マス・インフリクト・ライト・ウーンズと同様だが、4d8＋術者レベルごとに1（最大＋40）ポイントのダメージを与える。

インフリクト・シリアス・ウーンズ
Inflict Serious Wounds／重傷付与
系統：死霊術；**呪文レベル**：クレリック3

インフリクト・ライト・ウーンズと同様だが、3d8＋術者レベルごとに1（最大＋15）ポイントのダメージを与える。

マス・インフリクト・シリアス・ウーンズ
Inflict Serious Wounds, Mass／集団重傷付与
系統：死霊術；**呪文レベル**：クレリック7

マス・インフリクト・ライト・ウーンズと同様だが、3d8＋術者レベルごとに1（最大＋35）ポイントのダメージを与える。

インフリクト・モデレット・ウーンズ
Inflict Moderate Wounds／中傷付与
系統：死霊術；**呪文レベル**：クレリック2

インフリクト・ライト・ウーンズと同様だが、2d8＋術者レベルごとに1（最大＋10）ポイントのダメージを与える。

マス・インフリクト・モデレット・ウーンズ
Inflict Moderate Wounds, Mass／集団中傷付与
系統：死霊術；**呪文レベル**：クレリック6

マス・インフリクト・ライト・ウーンズと同様だが、2d8＋術者レベルごとに1（最大＋30）ポイントのダメージを与える。

インフリクト・ライト・ウーンズ
Inflict Light Wounds／軽傷付与
系統：死霊術；**呪文レベル**：クレリック1
発動時間：1標準アクション
構成要素：音声、動作
距離：接触
目標：接触したクリーチャー1体
持続時間：瞬間
セーヴィング・スロー：意志・半減；**呪文抵抗**：可

1体のクリーチャーに手を触れることで、負のエネルギーを流しこみ、1d8＋術者レベルごとに1（最大＋5）ポイントのダメージを与える。

アンデッドは負のエネルギーによって活動しているため、この呪文はアンデッドに害を与えるのではなく、かえって同量のダメージを回復させる。

マス・インフリクト・ライト・ウーンズ
Inflict Light Wounds, Mass／集団軽傷付与
系統：死霊術；**呪文レベル**：クレリック5
発動時間：1標準アクション
構成要素：音声、動作
距離：近距離（25フィート＋5フィート／2レベル）
目標：クリーチャー1体／レベル、ただしそのうちのどの2体をとっても30フィート以内の距離に収まっていなければならない
持続時間：瞬間
セーヴィング・スロー：意志・半減；**呪文抵抗**：可

268

呪文の起点から全方向に負のエネルギーが拡散し、1d8＋術者レベルごとに1（最大＋25）ポイントのダメージを近くの生きているクリーチャーに与える。

他のインフリクト呪文と同様、**マス・インフリクト・ライト・ウーンズ**は範囲内のアンデッドには害を与えずに同量のダメージを回復させる。**インフリクト**呪文を任意発動することのできるクレリックは、同様に**マス・インフリクト**呪文を任意発動できる。

インプリズンメント
Imprisonment／幽閉

系統：防御術；**呪文レベル**：ウィザード／ソーサラー9
発動時間：1標準アクション
構成要素：音声、動作
距離：接触
目標：接触したクリーチャー1体
持続時間：瞬間
セーヴィング・スロー：意志・無効、本文参照；**呪文抵抗**：可

　インプリズンメントを発動して目標に接触すれば、相手は活動停止状態となり（**テンポラル・ステイシス**呪文を参照）、小さな球体に封じこめられて地下深くに葬られる。**インプリズンメント**がなされた現場で**フリーダム**の呪文が発動されない限り、対象はずっとそこに閉じこめられたままである。**クリスタル・ボール**、**ロケート・オブジェクト**の呪文、それに類する占術では、クリーチャーが**インプリズンメント**にかかっていることはわからないが、**ディサーン・ロケーション**ならわかる。**ウィッシュ**や**ミラクル**の呪文は対象を解放はしないが、どこに埋葬されているかを突き止めることはできる。もしも術者が目標の名前、そして生涯に関して何がしかのことを知っている場合、目標はセーヴに−4のペナルティを受ける。

インプロージョン
Implosion／内破

系統：力術；**呪文レベル**：クレリック9
発動時間：1標準アクション
構成要素：音声、動作
距離：近距離（25フィート＋5フィート／2レベル）
目標：実体クリーチャー1体／ラウンド
持続時間：精神集中（1ラウンド／2レベルまで）
セーヴィング・スロー：頑健・無効；**呪文抵抗**：可

　この呪文は実体クリーチャーの体内に破壊的な共鳴振動をもたらす。術者が精神集中しているラウンド（最初のラウンドを含む）ごとに、1体のクリーチャーを内側へ向けて破裂させ、術者レベルごとに10ポイントのダメージを与えることができる。術者が精神集中をやめると呪文は即座に終了するが、既に生じた内部破裂はそのままである。術者は、この呪文の発動1回につき、1体のクリーチャーは一度しか狙えない。**インプロージョン**はガス状のクリーチャーや非実体クリーチャーには効果がない。

ヴァーチュー
Virtue／功徳

系統：変成術；**呪文レベル**：クレリック0、ドルイド0、パラディン1
発動時間：1標準アクション
構成要素：音声、動作、信仰
距離：接触
目標：接触したクリーチャー
持続時間：1分
セーヴィング・スロー：不可；**呪文抵抗**：可（無害）

　術者はクリーチャー1体に触れることで生命の小さなうねりをふき込み、これにより対象は1ポイントの一時的ヒット・ポイントを得る。

ヴァンピリック・タッチ
Vampiric Touch／ヴァンパイアの接触

系統：死霊術；**呪文レベル**：ウィザード／ソーサラー3
発動時間：1標準アクション
構成要素：音声、動作
距離：接触
目標：接触した生きているクリーチャー
持続時間：瞬間／1時間；本文参照
セーヴィング・スロー：不可；**呪文抵抗**：可

　術者は近接接触攻撃に成功しなければならない。術者の接触は、術者レベル2レベルごとに1d6（最大10d6）ポイントのダメージを与える。かつ、術者は自分が与えたダメージに等しい一時的ヒット・ポイントを得る。ただし、術者は対象のその時点でのヒット・ポイント＋対象の【耐久力】（対象を死亡させるのに充分なダメージ）までの一時的ヒット・ポイントしか得ることはできない。この一時的ヒット・ポイントは1時間後に消える。

ウィアード
Weird／不吉な運命

系統：幻術（惑乱）［恐怖、精神作用］；**呪文レベル**：ウィザード／ソーサラー9
目標：任意の数のクリーチャー、ただしどの2体をとっても30フィート以内の距離に収まっていなければならない

　この呪文は**ファンタズマル・キラー**の呪文と同様に働くが、複数の目標に影響を及ぼすことができる。対象になったクリーチャーのみが攻撃する幻影のクリーチャーを見ることができ、術者は攻撃者を影の像として見る。

　目標が頑健セーヴに成功した場合、3d6のダメージを受け、1ラウンドの間朦朧状態になり、さらに1d4の【筋力】ダメージを受ける。

ヴィジョン
Vision／幻視

系統：占術；**呪文レベル**：ウィザード／ソーサラー7
発動時間：1標準アクション

　レジェンド・ロアーと同様だが、**ヴィジョン**は素早く効果を現し、術者に負担を強いる。術者はある人物、場所、物品につ

いて知りたいことを1つ決め、しかる後にこの呪文を発動する。その人物や物品が手近にあったり、その場所にいる場合、術者はDC20の術者レベル判定（1d20＋術者レベル；最大＋25）に成功すればそれについての幻視を得る。その人物、物体、物品についての詳しい情報を知っているだけであれば、DCは25で、得られる情報も不完全である。噂に聞いたことがあるだけであれば、DCは30で、得られる情報もあいまいである。 この呪文が終了したら、術者は疲労状態になる。

ウィスパリング・ウィンド
Whispering Wind／囁きの風

系統：変成術［風］；**呪文レベル**：ウィザード／ソーサラー2、バード2
発動時間：1標準アクション
構成要素：音声、動作
距離：1マイル／レベル
効果範囲：半径10フィートの拡散
持続時間：1時間／レベル以下、または放出するまで（目的地に到達する）
セーヴィング・スロー：不可；**呪文抵抗**：不可

　術者は指定した場所にメッセージや音を風に乗せて送る。**ウィスパリング・ウィンド**は、その場所への道を見つけられるならば、術者に馴染みがあり範囲内の特定の場所へ移動する。**ウィスパリング・ウィンド**は、その場所に到着するまでは微風のように穏やかで気づかれず、到着したらメッセージや音を静かに囁く。その音を聞く誰かがいるかどうかは関係ないことに注意。風はその後消える。

　術者は呪文を準備する際、日本語にして75文字までの伝言を込めるか、その他の音1ラウンド分を運ばせるか、単に空中のかすかなそよぎのように見せかけることができる。術者は**ウィスパリング・ウィンド**の移動速度を、遅くは1マイル／時間から速くは1マイル／10分までの速度で飛ばすことができる。

　この呪文が目的地にたどり着くと、**ウィスパリング・ウィンド**は伝言が届けられるまでその場に留まり、渦を巻く。**マジック・マウス**と同様に、**ウィスパリング・ウィンド**は音声要素を担当したり、合言葉を使ったり、魔法の効果を起動させることはできない。

ウィッシュ
Wish／望み

系統：総合術；**呪文レベル**：ウィザード／ソーサラー9
発動時間：1標準アクション
構成要素：音声、動作、物質（25,000GPの価値があるダイヤモンド）
距離：本文参照
目標、効果あるいは効果範囲：本文参照
持続時間：本文参照
セーヴィング・スロー：不可、本文参照；**呪文抵抗**：可

　ウィッシュはウィザードやソーサラーが使うことのできる最も強力な呪文である。高らかに呪文を唱えるだけで、術者は己の望むように現実を改変できる。しかし、たとえ**ウィッシュ**の呪文であっても制限はある。**ウィッシュ**の呪文1つで以下のう

ちの1つが可能となる。

- 術者にとって対立系統の呪文でなければ、8レベル以下のいかなるウィザード／ソーサラー呪文でも再現できる。

- 術者にとって対立系統の呪文でなければ、7レベル以下のいかなるウィザード／ソーサラー呪文でない呪文でも再現できる。

- 術者にとって対立系統の呪文も含む、7レベル以下のいかなるウィザード／ソーサラー呪文でも再現できる。

- 術者にとって対立系統の呪文も含む、6レベル以下のいかなるウィザード／ソーサラー呪文でない呪文でも再現できる。

- **インサニティ**や**ギアス／クエスト**のような、他の多くの呪文の有害な効果を元に戻す。

- 1体のクリーチャーの1つの能力値に＋1の体得ボーナスを与える。連続して即座に2～5回の**ウィッシュ**呪文を発動することで、1体のクリーチャーの1つの能力値に＋2～＋5の体得ボーナスを与えることができる（＋2体得ボーナスなら2回の**ウィッシュ**、＋3体得ボーナスなら3回の**ウィッシュ**というように）。体得ボーナスを与える場合、持続時間は"瞬間"となり、従って、解呪することはできない。**注**：1つの能力値に対しては、体得ボーナスは＋5までしか上げることはできない。また、1つの能力値に対する体得ボーナスは累積しないため、最も高いもののみが適用される。

- 負傷や肉体的な障害を取り除く。術者は1回の**ウィッシュ**でレベルごとに1体のクリーチャーを救うことができ、すべての対象の同一の肉体的な傷害が癒される。たとえば、術者はパーティー全員のすべてのダメージを回復させるか、パーティー全員からすべての毒の影響を取り除くことができるが、1回の**ウィッシュ**で両方を同時に行うことはできない。

- 死者を生き返らせる。**ウィッシュ**によって**リザレクション**の呪文を再現することで、死亡状態のクリーチャー1体を生き返らせることができる。死体が失われてしまった死亡状態のクリーチャーも生き返らせることができるが、これには**ウィッシュ**の呪文2回が必要となる。1回は肉体を作り出すため、もう1回はそれに再び命を与えるためである。生き返ったキャラクターは永続的な負のレベルを1レベル負うが、**ウィッシュ**であってもこれを防ぐことはできない。

- 別の場所へ運ぶ。**ウィッシュ**によって、術者レベルごとに1体のクリーチャーをいかなる次元界のいかなる場所からでも、どこか別の場所（いかなる次元界でもかまわない）へと、その土地土地の状況に左右されずに運ぶ事ができる。同意しない目標は意志セーヴに成功すればこれを無効化できる。また、呪文抵抗があれば、それも適用できる。

- 不幸な出来事をやり直す。**ウィッシュ**によって、最近のできごと1つをやり直すことができる。直前のラウンド内（術者の前回のターンも含む）に行われたいずれかのロールを振り直させ、新しい結果に合わせて現実が改変されるのである。たとえば、**ウィッシュ**によって、敵の成功したセーヴ、敵の成功したクリティカル・ヒット（攻撃ロールかクリティカル・ロールのどちらか）、味方の失敗したセーヴなどをやり直す

ことができるのである。ただし、振り直しても元々のロールと同じ結果になったり、もっと悪い結果になったりすることもある。同意しない目標は意志セーヴに成功すればこれを無効化できる。また、呪文抵抗があれば、それも適用される。

術者は上記のものより強力な効果を望むこともできるが、それは危険を伴う（そうした**ウィッシュ**は、GMによって、術者の意図が曲解され、字句通りではあるものの、望まぬ方向に望みをかなえたり、部分的にしか望みをかなえなかったりするのである）。

ウィッシュによる再現呪文に対しては、セーヴと呪文抵抗を通常通り行うことができる（ただし、セーヴDCは9レベル呪文のものとなる）。

10,000GP以上の費用がかかる物質要素のある呪文を再現する場合、その物質要素は術者が用意しなければならない（この呪文用の25,000GPのダイヤモンドに加えて）。

ウィンド・ウォーク
Wind Walk／風乗り

系統：変成術［風］；**呪文レベル**：クレリック6、ドルイド7
発動時間：1標準アクション
構成要素：音声、動作、信仰
距離：接触
目標：術者および接触したクリーチャー1体／3レベル
持続時間：1時間／レベル（解除可）；本文参照
セーヴィング・スロー：不可および意志・無効（無害）；**呪文抵抗**：不可および可（無害）

術者は自分の肉体の構成物質を（ちょうど**ガシアス・フォーム**呪文と同様に）雲のような気体に変え、空中をかなりの速度で移動できる。術者は自分と一緒に他のクリーチャーにも影響を与えることができ、それぞれが独立に行動できる。

通常、空中歩行者の移動速度は10フィートで飛行機動性は"完璧"。対象が望むなら、魔法の風が最大で600フィート／ラウンド（60マイル／時）までの望みの速度で運んでくれるが、このとき飛行機動性は"貧弱"になる。空中歩行者は不可視ではなく、ぼんやりとかすんだ半透明の姿となる。全身白い装束をまとえば、80％の確率で雲、霧、蒸気などと間違えられるだろう。

空中歩行者は回数無制限で肉体を持った姿に戻ることができ、その後に再び雲の姿を取ることもできる。雲の姿になったり元の姿に戻ったりするには、どちらでも1回につき5ラウンドかかる。姿を変えるのに要した時間は、肉体を持った姿でいた時間と同様、呪文の持続時間に勘定する。術者はこの呪文を解除し、即座に終了させることができる。また、術者は1体の空中歩行者にだけ中断を行い、他のものはそのままにしておくこともできる。

呪文の持続時間の最後の1分になると、雲の姿の空中歩行者は自動的に60フィート／ラウンドの速度で降下する（計600フィート）。ただし、空中歩行者が望むなら、それより速く降下することもできる。この降下が始まれば、呪文が切れかけているという警告になる。

ウィンド・ウォール
Wind Wall／風の壁

系統：力術［風］；**呪文レベル**：ウィザード／ソーサラー3、クレリック3、ドルイド3、レンジャー2
発動時間：1標準アクション
構成要素：音声、動作、物質／信仰（小さな扇と珍しい種類の羽根）
距離：中距離（100フィート＋10フィート／レベル）
効果：長さ10フィート／レベル、高さ5フィート／レベルまでの壁（自在）
持続時間：1ラウンド／レベル
セーヴィング・スロー：不可；本文参照；**呪文抵抗**：可

風でできた不可視の垂直なカーテンが現れる。厚さ2フィートで、かなりの風力を持っている。イーグル（鷲）よりも小さな鳥を吹き飛ばしたり、気が付いていない人物の手から紙やそれに類する物体をもぎ取ったりするほどの激しい風である（反応セーヴに成功すれば、クリーチャーはその物体をしっかりにぎりしめておくことができる）。サイズ分類が超小型または小型の飛行クリーチャーは、この壁を通り抜けることができない。固定していない物体や布製の服は、**ウィンド・ウォール**に捕まった場合、吹き上げられてしまう。アローとボルトは上方へそらされ、はずれてしまう。それ以外の遠隔武器でこの壁を通るものは30％の失敗確率がある（巨人の投げる大岩や攻城兵器の弾、その他の重量のある遠隔武器は影響を受けない）。気体、ほとんどのガス状のブレス攻撃、**ガシアス・フォーム**中のクリーチャーはこの壁を通り抜けることはできない（ただし、非実体クリーチャーに対しては障害とはならない）。

この壁は垂直でなければならないが、地面の上に連続した経路を描く限り、術者はその形を好きなように変えることができる。ある地点を囲むように円筒状や四角柱状の**ウィンド・ウォール**を作り出すこともできる。

ウェイヴズ・オヴ・イグゾースチョン
Waves of Exhaustion／過労の波

系統：死霊術；**呪文レベル**：ウィザード／ソーサラー7
発動時間：1標準アクション
構成要素：音声、動作
距離：60フィート
効果範囲：円錐形の爆発
持続時間：瞬間
セーヴィング・スロー：不可；**呪文抵抗**：可

負のエネルギーの大波が、呪文の範囲内の生きているクリーチャー全員を過労状態にする。すでに過労状態にあるクリーチャーには何の効果もない。

ウェイヴズ・オヴ・ファティーグ
Waves of Fatigue／疲労の波

系統：死霊術；**呪文レベル**：ウィザード／ソーサラー5
発動時間：1標準アクション
構成要素：音声、動作

距離：30フィート
効果範囲：円錐形の爆発
持続時間：瞬間
セーヴィング・スロー：不可；呪文抵抗：可

　負のエネルギーの大波が、呪文の範囲内の生きているクリーチャー全員を疲労状態にする。すでに疲労状態にあるクリーチャーには何の効果もない。

ヴェイル
Veil／覆面

系統：幻術（幻覚）；呪文レベル：ウィザード／ソーサラー6、バード6
発動時間：1標準アクション
構成要素：音声、動作
距離：長距離（400フィート＋40フィート／レベル）
目標：1体以上のクリーチャー、ただしそのうちのどの2体をとっても30フィート以内の距離に収まっていなければならない
持続時間：精神集中＋1時間／レベル（解除可）
セーヴィング・スロー：意志・無効；本文参照；呪文抵抗：可；本文参照

　術者は即座に対象の外見を変え、その外見を呪文の持続時間の間じゅう維持できる。術者は対象を望み通りの姿に見せかけることができる。対象は、外見も雰囲気も匂いも、呪文が見せかけようとするクリーチャーと同様のものとなる。影響を受けたクリーチャーは、殺されれば本来の姿に戻る。特定の個人や個体の外見を写し取ろうとするなら、術者は〈変装〉判定に成功しなければならない。この呪文はこの判定に＋10のボーナスを与える。

　同意しない目標は意志セーヴに成功するか呪文抵抗により、この呪文の効果を無効にすることができる。対象と何らかのやりとりをしたものは、幻覚を見抜くために意志・看破のセーヴを試みることができるが、この場合呪文抵抗は役に立たない。

ウェイル・オヴ・ザ・バンシー
Wail of the Banshee／バンシーの慟哭

系統：死霊術［音波、即死］；呪文レベル：ウィザード／ソーサラー9
発動時間：1標準アクション
構成要素：音声
距離：近距離（25フィート＋5フィート／2レベル）
目標：半径40フィートの拡散内の生きているクリーチャー1体／レベル
持続時間：瞬間
セーヴィング・スロー：頑健・無効；呪文抵抗：可

　この呪文を発動したとき、術者は魂を縮み上がらせる恐ろしい叫びを発し、それを聞いたクリーチャーを殺す（術者を除く）。この呪文は最大で術者レベルごとに1体のクリーチャーに影響し、術者レベルごとに10ポイントのダメージを与える。起点にもっとも近いクリーチャーが最初にこの効果を受ける。

ウェブ
Web／クモの巣

系統：召喚術（創造）；呪文レベル：ウィザード／ソーサラー2
発動時間：1標準アクション
構成要素：音声、動作、物質（クモの巣）
距離：中距離（100フィート＋10フィート／レベル）
効果：半径20フィートに拡散する網
持続時間：10分／レベル（解除可）
セーヴィング・スロー：反応・無効、本文参照；呪文抵抗：不可

　ウェブは何層にも重なった、強靭な粘着性の糸の塊を作り出す。この糸は捕らわれたものを絡めとる。この糸の塊はクモの巣に似ているが、ずっと大きく強靭である。この網は2つ以上の相対する固定点に固定しなければならない。そうしないと網は崩れ落ち、消滅してしまう。網の中に捕らわれたクリーチャーは、粘着性の繊維によって“組みつき状態”になる。網に捕らわれたクリーチャーを攻撃しても、攻撃した側のクリーチャーが“組みつき状態”になることはない。

　呪文発動時に効果範囲内に居たものは全員、反応セーヴを行わなければならない。このセーヴに成功すれば、そのクリーチャーは網の中にはいるがそれ以外の影響は受けない。セーヴが失敗なら、そのクリーチャーは“組みつき状態”になるが、1標準アクションを費やして呪文のDCで戦技判定または〈脱出術〉判定に成功すれば、糸から身をふりほどくことができる。網の範囲すべては移動困難な地形である。網の範囲を通り抜けようとする者は移動アクションの一部として、呪文のDCに対して戦技判定または〈脱出術〉判定を行う。失敗した場合その移動を失い、網に進入した最初のマスで“組みつき状態”になる。

　敵との間に網が5フィート以上あるなら、遮蔽が与えられる。敵との間に網が20フィート以上あるならば、完全遮蔽を与える。

　ウェブの糸は可燃性である。フレイミング武器はブラシでクモの糸を払うように、簡単に糸を切り払うことができる。どんな火でもこの網に火をつけ、1ラウンドに一辺5フィートのマスを焼き払うことができる。燃えている網の中のクリーチャーはみな、炎により2d4ポイントの［火炎］ダメージを受ける。

　ウェブはパーマネンシイ呪文で永続化させることができる。永続化した網がダメージを受けたが破壊されるに至らなかった場合、それは10分で元通りになる。

ヴェントリロキズム
Ventriloquism／腹話術

系統：幻術（虚像）；呪文レベル：ウィザード／ソーサラー1、バード1
発動時間：1標準アクション
構成要素：音声、焦点（円錐状に巻いた羊皮紙）
距離：近距離（25フィート＋5フィート／2レベル）
効果：理解できる音、たいていは話し言葉
持続時間：1分／レベル（解除可）
セーヴィング・スロー：意志・看破（やりとりがあった場合）；呪文抵抗：不可

　術者は自分の声（および自分が普通に口から出せるあらゆる音）を、どこか別の場所から出てきたかのように見せかけるこ

とができる。術者は自分の知っているどんな言語で話すこともできる。こうした声や音については、それを聞いてセーヴに成功したものは誰でもその音が幻術によるものであることに気付く（その場合でも、聞こえはする）。

ウォーター・ウォーク
Water Walk／水上歩行

系統：変成術［水］；**呪文レベル**：クレリック3、レンジャー3
発動時間：1標準アクション
構成要素：音声、動作、信仰
距離：接触
目標：接触したクリーチャー1体／レベル
持続時間：10分／レベル（解除可）
セーヴィング・スロー：意志・無効（無害）；**呪文抵抗**：可（無害）

　この変成術の対象となったクリーチャーはどんな液体の上でも、まるでそこが固い地面の上でもあるかのように歩くことができる。対象の足は液体の表面から1〜2インチ上に浮くため、油、氷、泥、流れる水、雪、流砂、さらには溶岩の上ですら渡ることができる。溶岩の上を渡るクリーチャーは熱によるダメージは被る。対象は液体の表面を、普通の地面でもあるかのように歩いたり、疾走したり、突撃したり、あるいはその他の方法で移動できる。

　呪文が水中で（あるいは対象が部分的、あるいは完全に液体の中に沈んでいる時に）発動された場合、対象は水面に立った状態になるまで、60フィート／ラウンドの速度で水面へ向かって運ばれる。

ウォーター・ブリージング
Water Breathing／水中呼吸

系統：変成術；**呪文レベル**：ウィザード／ソーサラー3、クレリック3、ドルイド3
発動時間：1標準アクション
構成要素：音声、動作、物質／信仰（短い葦か1本の藁）
距離：接触
目標：接触した生きているクリーチャー
持続時間：2時間／レベル；本文参照
セーヴィング・スロー：意志・無効（無害）；**呪文抵抗**：可（無害）

　この変成術の対象となったクリーチャーは水中で自由に呼吸できるようになる。術者が接触した全てのクリーチャーの間で持続時間を等分すること。この呪文によって、クリーチャーが空気を呼吸できなくなる事はない。

ウォープ・ウッド
Warp Wood／木材歪曲

系統：変成術；**呪文レベル**：ドルイド2
発動時間：1標準アクション
構成要素：音声、動作
距離：近距離（25フィート＋5フィート／2レベル）
目標：小型サイズの木製の物体1個／レベル、その全てが半径20フィート以内に収まっていなければならない
持続時間：瞬間
セーヴィング・スロー：意志・無効（物体）；**呪文抵抗**：可（物体）

　術者は木材を曲げ、歪めて、その真っ直ぐさ、形、強度を恒久的に駄目にしてしまうことができる。歪曲した扉は勢いよく開く（あるいは、たてつけが悪くなって、【筋力】判定をしないと開かないようになってしまう。どちらになるかは術者が決定する）。小船や船は勢いよく水漏れがする。歪んだ遠隔武器は使いものにならなくなる。歪んだ近接武器は攻撃ロールに−4のペナルティがつく。

　術者レベル1につき、サイズ分類が小型以下の物体1個相当のものを歪曲できる。中型の物体は小型の物体2個相当、大型の物体は4個相当、超大型の物体は8個相当、巨大サイズの物体は16個相当、超大型サイズの物体は32個相当である。

　また、術者はこの呪文で木材の歪みをなおす（実質的には本来の形へと“歪め”なおすのである）ことができる。一方、メイク・ホウルの呪文は歪曲したアイテムを修理する役には立たない。

　術者は複数のウォープ・ウッド呪文を連続して発動することにより、1回の呪文では歪曲できないような大きな物体でも歪曲する（または歪みをなおす）ことができる。物体は、完全に歪曲されきってしまうまでは、何ら悪影響を被らない。

ウォール・オヴ・アイアン
Wall of Iron／鉄の壁

系統：召喚術（創造）；**呪文レベル**：ウィザード／ソーサラー6
発動時間：1標準アクション
構成要素：音声、動作、物質（鉄板の小片と50GP相当の金粉）
距離：中距離（100フィート＋10フィート／レベル）
効果：一辺5フィートの正方形の区画1個分／レベルまでの面積を持つ鉄の壁；本文参照
持続時間：瞬間
セーヴィング・スロー：本文参照；**呪文抵抗**：不可

　平坦で垂直な鉄の壁が出現する。この壁は、面積が充分であれば周囲の命を持たぬ物質の間に入りこむ。クリーチャーや他の物体がすでに存在する場所へ召喚することはできない。壁は常に平坦な板でなければならないが、縁の形は入り込める場所にはまり込むように自在に変えることができる。

　ウォール・オヴ・アイアンは術者レベル4レベルごとに1インチの厚さがある。厚さを半分にすることで、壁の面積を2倍にすることができる。壁の一辺5フィートの正方形のエリア1個ぶんは厚さ1インチごとに30ヒット・ポイントと硬度10を持つ。ヒット・ポイントが0になった部分は穴が開く。クリーチャーが一撃で壁を打ち破ろうとした場合、【筋力】判定のDCは25＋厚さ1インチごとに2である。

　術者が望めば、壁を平坦な床面の上に垂直に立ってはいるが、その床面とはくっついていない状態で作り出すこともできる。この場合、壁を押して倒すと、クリーチャーを下敷きにすることができる。どちらにも押さないのであれば、壁がどちらか一方に倒れる確率は五分五分である。放っておいてランダムに倒すのではなく、どちらか一方に倒れるようにクリーチャーが壁を押すこともできる。壁を押すには、クリーチャーは【筋力】

判定（DC40）に成功しなければならない。倒れてくる壁から逃れる余地のあるクリーチャーは、反応セーヴに成功することで逃れることができる。サイズ分類が大型以下のクリーチャーでこの反応セーヴに失敗したものは、壁から逃れる間に10d6ポイントのダメージを被る。この壁ではサイズ分類が超大型以上のクリーチャーを下敷きにすることはできない。

　この呪文によって作られたものであろうとなかろうと、鉄の壁はサビ、穿孔、その他の自然現象の影響を受ける。この呪文によって作られた鉄は他の物品の製作する際に使用するには適していないため、売ることができない。

ウォール・オヴ・アイス
Wall of Ice／氷の壁

系統：力術［氷雪］；**呪文レベル**：ウィザード／ソーサラー4
発動時間：1標準アクション
構成要素：音声、動作、物質（石英か水晶の小片）
距離：中距離（100フィート＋10フィート／レベル）
効果：一辺10フィートの正方形の区画1個分／レベルまでの固定された氷の平板、あるいは半径3フィート＋1フィート／レベルまでの氷の半球
持続時間：1分／レベル
セーヴィング・スロー：反応・無効；本文参照；**呪文抵抗**：可

　この呪文は固定された氷の平板か、氷の半球のいずれか一方を作り出す。どちらのバージョンにするかは術者が選べる。**ウォール・オヴ・アイス**は実体のある物体やクリーチャーの存在するエリアに作ることはできない。作成時には、この壁の表面は滑らかで切れ目のないものでなくてはならない。作成時にこの壁に隣接する場所にいたクリーチャーは、壁の発生を中断させるために反応セーヴを試みることができる。このセーヴに成功すると呪文は自動的に失敗する。火は**ウォール・オヴ・アイス**を融かすことができ、（通常であれば物体には半分のダメージしか与えられないが）そのままのダメージを壁に与える。**ウォール・オヴ・アイス**を短時間で融かした場合、大きな蒸気の雲ができて、10分間持続する。

　氷の平板：硬く強靭な氷の薄板が出現する。この壁は術者のレベルごとに1インチの厚さがある。この壁は術者のレベルごとに一辺10フィートの正方形のエリアまでの広さを持つ（従って、10レベル・ウィザードは長さ100フィート高さ10フィートの**ウォール・オヴ・アイス**や、長さ50フィート高さ20フィートの壁、そのほか表面積が1,000平方フィート以内なら好きな長さと高さの組み合わせで壁を作ることができる）。この平板は、固定されている限りどんな方向を向いていても構わない。垂直の壁なら床にだけ固定すればよいが、水平な壁や傾いた壁は両側で固定しなければならない。

　壁の10フィート四方の区画はそれぞれ、厚さ1インチごとに3ヒット・ポイントを持つ。クリーチャーは自動的に壁に攻撃を命中させることができる。ヒット・ポイントが0になった部分は穴が開く。クリーチャーが一撃で壁を打ち破ろうとした場合、【筋力】判定のDCは15＋術者レベルである。

　氷が打ち破られた場合でも、凍えるような空気の薄膜が残る。

その中に踏み込んだクリーチャー（壁を打ち破ったクリーチャーも含む）は1d6＋術者レベルごとに1ポイントの［氷雪］ダメージを被る（セーヴ不可）。

　半球：この壁は半径が最大で3フィート＋術者レベルごとに1フィートの半球の形状をとる。**半球**は氷の平板の形状と打ち破りにくさは同程度だが、裂け目を通るものにダメージを与えることはない。

ウォール・オヴ・ストーン
Wall of Stone／石の壁

系統：召喚術（創造）［地］；**呪文レベル**：ウィザード／ソーサラー5、クレリック5、ドルイド6
発動時間：1標準アクション
構成要素：音声、動作、物質／信仰（花崗岩の小さな塊）
距離：中距離（100フィート＋10フィート／レベル）
効果：一辺5フィートの正方形の区画1個分／レベルまでの面積を持つ石の壁（自在）
持続時間：瞬間
セーヴィング・スロー：本文参照；**呪文抵抗**：不可

　この呪文は周囲の岩壁に溶け込む石の壁を作り出す。**ウォール・オヴ・ストーン**は術者レベル4レベルごとに1インチの厚さがあり、レベルごとに一辺5フィートの正方形の区画1個分までから成る。術者は厚さを半分にすることで、壁の面積を2倍にすることができる。クリーチャーや他の物体がすでに存在する場所へ召喚することはできない。

　ウォール・オヴ・アイアンとは異なり、術者は**ウォール・オヴ・ストーン**を望むほとんどどんな形にも作り出すことができる。作り出す壁が垂直である必要も、固い基礎の上に立てる必要もない。ただし、すでに存在している石に溶け込ませ、しっかりと支えさせなければならない。たとえば、裂け目に石橋をかけたり斜路として使うこともできる。そのように使う際には、土台と土台の間が20フィートを超えるなら、壁をアーチ状にし、控え壁をつけなければならない。これが必要な場合、壁の面積は半分になってしまう。壁は同様に面積を半分にすることで狭間や胸壁を持つように作り出すこともできる。

　この呪文によって作られたものであろうとなかろうと、石の壁は**ディスインテグレイト**の呪文や、砕いたり削ったりなどの通常の方法で破壊できる。一辺5フィートの正方形の区画1つ1つは厚さ1インチごとに15ヒット・ポイントと硬度8を持つ。ヒット・ポイントが0になった部分は穴が開く。クリーチャーが一撃で壁を打ち破ろうとした場合、【筋力】判定のDCは20＋厚さ1インチごとに2である。

　クリーチャーを閉じ込めるような形で作り出す場合、動く相手を**ウォール・オヴ・ストーン**の中、あるいは下に閉じ込めることも（難しくはあるが）可能である。クリーチャーは反応セーヴに成功すれば閉じ込められずにすむ。

ウォール・オヴ・ソーンズ
Wall of Thorns／イバラの壁

系統：召喚術（創造）；**呪文レベル**：ドルイド5

呪文 10

発動時間：1標準アクション
構成要素：音声、動作
距離：中距離（100フィート＋10フィート／レベル）
効果：一辺10フィートの立方体の区画1個ぶん／レベルまでのイバラの壁（自在）
持続時間：10分／レベル（解除可）
セーヴィング・スロー：不可；呪文抵抗：不可

　ウォール・オヴ・ソーンズの呪文は、非常に強靱かつしなやかな、もつれ合ったイバラの障壁を作り出す。イバラには人の指ほどの長さの鋭いトゲが生えている。ウォール・オヴ・ソーンズに押し入ったり、その中を移動しようとするクリーチャーは1ラウンド移動するごとに（25－そのクリーチャーのAC）に等しい刺突ダメージを被る。この計算をする際には、ACへの【敏捷力】ボーナスと回避ボーナスはカウントされない（【敏捷力】ボーナスと回避ボーナス抜きでACが25以上のクリーチャーは、この壁に触れてもダメージを受けない）。

　術者は壁を厚さ5フィートまで薄くすることができ、そうすれば10フィート×10フィート×5フィートのブロックが術者レベル×2個から成る壁を作り出すことができる。こうしてもトゲによって与えられるダメージに変化はないが、無理矢理通り抜けようとするクリーチャーが壁を通り抜けるのにかかる時間はそれだけ短くなる。

　クリーチャーはゆっくりと壁を通り抜けようとすることもできる。全ラウンド・アクションで【筋力】判定を行うこと。判定結果が20よりも5高いごとに、クリーチャーは5フィート進むことができる（ただし、最大でもそのクリーチャーの地上での移動速度までしか移動できない）。もちろん、イバラの中を移動したり通り抜けようとしたりすれば、上記のダメージを被る。イバラの中に捕らわれたクリーチャーは、それ以上ダメージを受けぬよう、動かずにいることもできる。

　呪文発動時に呪文の範囲内にいたクリーチャーはすべて、壁の中へ移動しようとした場合と同様にダメージを被った上、中に捕らわれてしまう。抜け出すためには、押し通ろうとしても良いし、呪文が切れるまで待つこともできる。草の密生したエリアを移動を阻害されることなく通り抜ける能力を持つクリーチャーは、ダメージを受けることなく通常の移動速度でウォール・オヴ・ソーンズを通り抜けることができる。

　ウォール・オヴ・ソーンズは刃のある武器を使ってゆっくり作業することで穴を開けることができる。壁を叩き切ると、10分作業をするごとに奥行き1フィートの安全な通路を作ることができる。普通の火では壁を焼き損なうことはできないが、魔法の火は10分で壁を焼きはらう。

275

ウォール・オヴ・ファイアー
Wall of Fire／火の壁

系統：力術［火炎］；**呪文レベル**：ウィザード／ソーサラー4、ドルイド5

発動時間：1標準アクション

構成要素：音声、動作、物質／信仰（ひとかけらの燐）

距離：中距離（100フィート＋10フィート／レベル）

効果：20フィート／術者レベルまでの不透明な炎の幕、あるいは半径5フィート／術者レベル2レベルまでの火の輪；どちらの場合も、高さは20フィート

持続時間：精神集中＋1ラウンド／レベル

セーヴィング・スロー：不可；**呪文抵抗**：可

　その場を動かずに燃え盛る、ゆらめく青い火のカーテンが出現する。術者の選んだ壁の片面からは熱波が吹き出し、10フィート以内のクリーチャーに2d4ポイントの［火炎］ダメージ、それより離れてはいるが20フィート以内のクリーチャーには1d4ポイントの［火炎］ダメージを与える。このダメージは火の壁が出現した時と、各ラウンドの術者のターンごとに、上記範囲内の全クリーチャーに与えられる。さらに、火の壁を通りぬけようとしたクリーチャーは2d6＋術者レベルごとに1（最大＋20）ポイントの［火炎］ダメージを被る。火の壁はアンデッド・クリーチャーには2倍のダメージを与える。

　術者がクリーチャーのいる場所に出現するよう壁を呼び出したら、各クリーチャーは壁を通り抜けた場合と同様のダメージを被る。火の壁の長さ5フィートの部分が1ラウンドに20ポイント以上の［氷雪］ダメージを被ったなら、その部分は消火されてしまう（通常の物体の場合のように、［氷雪］ダメージを2で割らぬこと）。

　ウォール・オヴ・ファイアーは**パーマネンシイ**呪文で永続化できる。永続化した**ウォール・オヴ・ファイアー**が［氷雪］ダメージによって消火されてしまった場合、それは10分の間非稼動状態となり、その後元通りの勢いに戻る。

ウォール・オヴ・フォース
Wall of Force／力場の壁

系統：力術［力場］；**呪文レベル**：ウィザード／ソーサラー5

発動時間：1標準アクション

構成要素：音声、動作、物質（水晶の粉末）

距離：近距離（25フィート＋5フィート／2レベル）

効果：一辺10フィートの正方形の区画1個分／レベルまでの面積を持つ壁

持続時間：1ラウンド／レベル（解除可）

セーヴィング・スロー：不可；**呪文抵抗**：不可

　ウォール・オヴ・フォースは純粋な力場でできた不可視の壁を作り出す。壁は動かすことはできず、容易には破壊されない。**ウォール・オヴ・フォース**は**ディスペル・マジック**に対する完全耐性を持つが、**メイジズ・ディスジャンクション**はこの壁を解呪することができる。**ウォール・オヴ・フォース**は呪文によって通常どおりダメージを受けるが、**ディスインテグレイト**は自動的にこの壁を破壊してしまう。武器や超常能力によってダ

メージを与えることができるが、**ウォール・オヴ・フォース**は硬度が30あり、術者レベルごとに20ヒット・ポイントを持つ。**スフィアー・オヴ・アナイアレイション**、**ロッド・オヴ・キャンセレイション**で接触するとこの壁を即座に破壊してしまう。

　呪文やブレス攻撃はどちらの方向へ向けてでもこの壁を通り抜けることはできないが、**ディメンジョン・ドア**や**テレポート**およびそれに類する効果によって壁の向こうへ行くことはできる。この壁は肉体のあるクリーチャーだけでなく、エーテル状態のクリーチャーの通行も妨げる（ただし、エーテル状態のクリーチャーは通常、壁の上や下の床や天井を通り抜けることで、この壁を迂回できる）。凝視攻撃は**ウォール・オヴ・フォース**を通して影響を与えることができる。

　術者は力場の壁を、術者レベルごとに一辺10フィートの正方形の区画1個ぶんまでの面積がある平坦で垂直な板状のものとして形成できる。形成の際、その表面は連続的で切れ目のないものでなくてはならない。その表面が物体やクリーチャーによって中断されるようなら、呪文は失敗する。

　ウォール・オヴ・フォースは**パーマネンシイ**呪文で永続化できる。

ウッド・シェイプ
Wood Shape／木材形成

系統：変成術；**呪文レベル**：ドルイド2

発動時間：1標準アクション

構成要素：音声、動作、信仰

距離：接触

目標：接触した、10立方フィート＋1立方フィート／レベルまでの木材一塊

持続時間：瞬間

セーヴィング・スロー：意志・無効（物体）；**呪文抵抗**：可（物体）

　ウッド・シェイプによって、術者はすでにある木材一塊を、自分の目的にかなう好きな形に変えることができる。粗雑な箱や扉などを作れはするものの、細かな細工を行うことはできない。動く部分のあるすべての仕掛けは、まるで機能しない確率が30％ある。

エア・ウォーク
Air Walk／空歩き

系統：変成術［風］；**呪文レベル**：クレリック4、ドルイド4

発動時間：1標準アクション

構成要素：音声、動作、信仰

距離：接触

目標：接触した（サイズが巨大以下の）クリーチャー

持続時間：10分／レベル

セーヴィング・スロー：不可；**呪文抵抗**：可（無害）

　対象は、まるで堅い地面を歩くかのように、空気を踏みしめて歩くことができる。上方向に移動するのは坂道を登る要領だ。上昇および下降の際は最大45度までの角度で、対象の通常移動速度の半分で移動できる。

　疾風（時速21マイル以上）は、対象を押し流したり、押し留

めたりする。毎ラウンド、クリーチャーのターンの終わりに、風は風速毎時5マイルごとに5フィートずつ対象を押し流していく。極めて強い風や荒れ狂う風にさらされた場合、そのクリーチャーが移動に関するコントロールを失ったり、風に翻弄されて物理的ダメージを負うなどといった追加ペナルティの対象となることがある。

　対象が空中にいる間に呪文の持続時間が切れた場合、魔法はゆっくりと効力を失う。対象は1d6ラウンドの間、1ラウンドに60フィートずつ降下する。この時間内に地面につけば、安全に着地できる。そうでなければ、残りの距離を落下し、10フィート落下するごとに1d6ポイントのダメージを受ける。呪文を解呪すれば呪文は実質上終了するため、エア・ウォーク呪文が解呪された場合も、対象は上記のようにして落下する。ただし、アンティマジック・フィールドによって無効化された場合はその限りではない。

　術者は特別な訓練を受けた乗騎にエア・ウォークをかけ、それを空中で乗り回すことができる。1週間の作業とDC25の〈動物使い〉判定によって、乗騎にエア・ウォークを使った移動（これは“芸”1つぶんと見なされる；〈動物使い〉を参照）を仕込むことができる。

エイド
Aid／助力

系統：心術（強制）［精神作用］；**呪文レベル**：クレリック2
発動時間：1標準アクション
構成要素：音声、動作、信仰
距離：接触
目標：接触した生きているクリーチャー
持続時間：1分／レベル
セーヴィング・スロー：不可；**呪文抵抗**：可（無害）

　エイドは目標に、攻撃ロールと［恐怖］効果に対するセーヴに＋1の士気ボーナスを与え、加えて（1d8＋術者レベル）ポイント（最大で、術者レベル10における1d8＋10ポイントまで）の一時的ヒット・ポイントを与える。

エクスプローシヴ・ルーンズ
Explosive Runes／爆発のルーン

系統：防御術［力場］；**呪文レベル**：ウィザード／ソーサラー3
発動時間：1標準アクション
構成要素：音声、動作
距離：接触
目標：重量10ポンド未満の接触した物体1つ
持続時間：チャージ消費するまで永続（解除可）
セーヴィング・スロー：本文参照；**呪文抵抗**：可

　術者は本や地図、巻物、それに類する文字情報が含まれた物体にこれらの神秘のルーンを描く。このエクスプローシヴ・ルーンズは読むと爆発し、6d6ポイントの［力場］ダメージを与える。エクスプローシヴ・ルーンズのすぐそば（ルーンを読める近さ）にいた者はセーヴィング・スローなしでこのダメージを被る。それ以外でエクスプローシヴ・ルーンズから10フィート以内にいたクリーチャーは皆、反応セーヴに成功すればダメージを半減させることができる。エクスプローシヴ・ルーンズの描かれていた物体もダメージを被る（セーヴィング・スローなし）。

　この呪文を発動した術者と、術者が特別に指示を与えたキャラクターは、エクスプローシヴ・ルーンズに守られた文書をエクスプローシヴ・ルーンズを作動させずに読むことができる。同様に、術者は望めばいつでもエクスプローシヴ・ルーンズを取り除くことができる。術者以外のクリーチャーはイレイズかディスペル・マジックの呪文に成功すればルーンを取り除くことができる。ただし、エクスプローシヴ・ルーンズの解呪や消去を試みて失敗した場合、爆発を引き起こしてしまう。

　エクスプローシヴ・ルーンズのような魔法の罠を発見し、無力化するのは困難である。クラス特徴である罠探しの能力を持つキャラクター（だけ）はエクスプローシヴ・ルーンズを解除するのに〈装置無力化〉を使用することができる。〈知覚〉を用いて魔法の罠を探したり、〈装置無力化〉を用いて魔法の罠を解除するDCは25＋呪文レベルであり、エクスプローシヴ・ルーンズの場合は28である。

エクスペディシャス・リトリート
Expeditious Retreat／迅速な退却

系統：変成術；**呪文レベル**：ウィザード／ソーサラー1、バード1
発動時間：1標準アクション
構成要素：音声、動作
距離：自身
目標：術者
持続時間：1分／レベル（解除可）

　この呪文は術者の地上での基本移動速度を30フィート上昇させる。この上昇ぶんは強化ボーナスと見なす。それ以外の移動方法（穴掘り、登攀、飛行、水泳）には効果はない。移動速度を上昇させるすべての効果と同様、この呪文は跳躍距離にも作用する（〈軽業〉技能を参照）。

エナヴェイション
Enervation／気力吸収

系統：死霊術；**呪文レベル**：ウィザード／ソーサラー4
発動時間：1標準アクション
構成要素：音声、動作
距離：近距離（25フィート＋5フィート／2レベル）
効果：負のエネルギーの光線
持続時間：瞬間
セーヴィング・スロー：不可；**呪文抵抗**：可

　術者は指を向けて、負のエネルギーの黒い光線を放つ。命中すれば、この光線は生きているクリーチャーの生命力を抑止する。命中させるためには、術者は遠隔接触攻撃を行わなければならない。命中した場合、対象は1d4レベルぶんの一時的な負のレベルを得る（付録1を参照）。負のレベルは累積する。

　対象が生き残った場合、対象は術者の術者レベルに等しい時間数の後（最長15時間後）に、失ったレベルを回復する。通常、

負のレベルは恒久的な負のレベルになる可能性があるが、**エナヴェイション**の負のレベルはそうできるほど長くは持続しないのだ。

この光線がアンデッド・クリーチャーに命中した場合、そのクリーチャーは1時間の間、1d4×5ポイントの一時的ヒット・ポイントを得る。

エナジー・ドレイン
Energy Drain／生命力吸収

系統：死霊術；**呪文レベル**：ウィザード／ソーサラー9、クレリック9

セーヴィング・スロー：頑健・不完全；エナヴェイションの本文参照

この呪文は**エナヴェイション**と同様に働くが、命中したクリーチャーは2d4の一時的な負のレベルを得る。これらを得た24時間後に、目標は負のレベルごとに頑健セーヴィング・スロー（DC＝エナジー・ドレインの呪文セーヴDC）を行わなくてはならない。成功したなら負のレベルは取り除かれる。失敗した場合、その負のレベルは永続化される。

この光線がアンデッド・クリーチャーに命中した場合、そのクリーチャーは1時間の間、2d4×5ポイントの一時的ヒット・ポイントを得る。

エレメンタル・スウォーム
Elemental Swarm／エレメンタルの群れ

系統：召喚術（招来）［本文参照］；**呪文レベル**：ドルイド9

発動時間：10分

構成要素：音声、動作

距離：中距離（100フィート＋10フィート／レベル）

効果：招来されたクリーチャー2体以上、ただしそのうちのどの2体をとっても30フィート以内の距離に収まっていなければならない

持続時間：10分／レベル（解除可）

セーヴィング・スロー：不可；**呪文抵抗**：不可

この呪文は元素界へのポータル（転移門）を開き、そこからエレメンタルを招来する。ドルイドは任意の元素界（地、水、火、風）を選ぶことができるが、クレリックは自分の領域に合致した元素界へのポータルを開く。

呪文が完成すると、2d4体の大型エレメンタルが現れる。10分後、1d4体の超大型エレメンタルが現れる。そのさらに10分後、1体のグレーター・エレメンタルが現れる。それぞれのエレメンタルはHDごとに最大ヒット・ポイントを有する。一度現れると、エレメンタルは呪文の持続時間の間、術者の命令に従う。

エレメンタルははっきりと術者に従い、たとえ他の誰かが彼らを制御した場合でも、術者を攻撃することはない。エレメンタルへの制御を維持するのに術者が精神を集中する必要はない。術者はいつでもエレメンタルを単体で、あるいはまとめて退去させることができる。

地、水、火、風のクリーチャーを招来するために招来呪文を使用すると、招来呪文はその属性を持つ呪文となる。

エレメンタル・ボディⅠ
Elemental Body Ⅰ／精霊の体Ⅰ

系統：変成術（ポリモーフ）；**呪文レベル**：ウィザード／ソーサラー4

発動時間：1標準アクション

構成要素：音声、動作、物質（術者が変わろうと考えるエレメンタルの要素）

距離：自身

目標：術者

持続時間：1分／レベル（解除可）

この呪文を発動したとき、術者は小型のアース、ウォーター、エア、またはファイアー・エレメンタルの姿をとることができる（パスファインダーRPGベスティアリを参照）。術者は変身したエレメンタルの種類に応じた能力を得る。着火、渦潮変化、竜巻変化などのサイズに依存した能力は、術者が変身したエレメンタルのサイズを用いて効果を決定する。

アース・エレメンタル：小型のアース・エレメンタルに変身したなら、【筋力】に＋2のサイズ・ボーナスと＋4の外皮ボーナスを得る。また、暗視60フィート、地潜りの能力を得る。

ウォーター・エレメンタル：小型のウォーター・エレメンタルに変身したなら、【耐久力】に＋2のサイズ・ボーナスと＋4の外皮ボーナスを得る。また、水泳移動速度60フィート、暗視60フィート、渦潮変化の能力、水中呼吸の能力を得る。

エア・エレメンタル：小型のエア・エレメンタルに変身したなら、【敏捷力】に＋2のサイズ・ボーナスと＋2の外皮ボーナスを得る。また、飛行移動速度60フィート（完璧）と暗視60フィート、竜巻変化の能力を得る。

ファイアー・エレメンタル：小型のファイアー・エレメンタルに変身したなら、【敏捷力】に＋2のサイズ・ボーナスと＋2の外皮ボーナスを得る。また、暗視60フィート、［火炎］への抵抗20、［氷雪］への脆弱性と着火の能力を得る。

エレメンタル・ボディⅡ
Elemental Body Ⅱ／精霊の体Ⅱ

系統：変成術（ポリモーフ）；**呪文レベル**：ウィザード／ソーサラー5

この呪文は**エレメンタル・ボディⅠ**と同様に働くが、中型のアース、ウォーター、エア、またはファイアー・エレメンタルにも変身できる。術者は変身したエレメンタルの種類に応じた能力を得る。

アース・エレメンタル：エレメンタル・ボディⅠと同様だが、【筋力】に＋4のサイズ・ボーナスと＋5の外皮ボーナスを得る。

ウォーター・エレメンタル：エレメンタル・ボディⅠと同様だが、【耐久力】に＋4のサイズ・ボーナスと＋5の外皮ボーナスを得る。

エア・エレメンタル：エレメンタル・ボディⅠと同様だが、【敏捷力】に＋4のサイズ・ボーナスと＋3の外皮ボーナスを得る。

ファイアー・エレメンタル：エレメンタル・ボディⅠと同様

だが、【敏捷力】に＋4のサイズ・ボーナスと＋3の外皮ボーナスを得る。

エレメンタル・ボディⅢ
Elemental Body Ⅲ／精霊の体 Ⅲ

系統：変成術（ポリモーフ）；**呪文レベル**：ウィザード／ソーサラー6

　エレメンタル・ボディⅡと同様に働くが、大型のアース、ウォーター、エア、またはファイアー・エレメンタルにも変身できる。術者は変身したエレメンタルの種類に応じた能力を得る。また、エレメンタルの姿の間、出血ダメージ、クリティカル・ヒットと急所攻撃に完全耐性を得る。

　アース・エレメンタル：エレメンタル・ボディⅠと同様だが、【筋力】に＋6のサイズ・ボーナス、【敏捷力】に－2のペナルティ、【耐久力】に＋2のサイズ・ボーナス、＋6の外皮ボーナスを得る。

　ウォーター・エレメンタル：エレメンタル・ボディⅠと同様だが、【筋力】に＋2のサイズ・ボーナス、【敏捷力】に－2のペナルティ、【耐久力】に＋6のサイズ・ボーナス、＋6の外皮ボーナスを得る。

　エア・エレメンタル：エレメンタル・ボディⅠと同様だが、【筋力】に＋2のサイズ・ボーナス、【敏捷力】に＋4のサイズ・ボーナス、＋4の外皮ボーナスを得る。

　ファイアー・エレメンタル：エレメンタル・ボディⅠと同様だが、【敏捷力】に＋4のサイズ・ボーナス、【耐久力】に＋2のサイズ・ボーナス、＋4の外皮ボーナスを得る。

エレメンタル・ボディⅣ
Elemental Body Ⅳ／精霊の体 Ⅳ

系統：変成術（ポリモーフ）；**呪文レベル**：ウィザード／ソーサラー7

　エレメンタル・ボディⅢと同様に働くが、超大型のアース、ウォーター、エア、またはファイアー・エレメンタルにも変身できる。術者は変身したエレメンタルの種類に応じた能力を得る。また、エレメンタルの姿の間、出血ダメージ、クリティカル・ヒットと急所攻撃への完全耐性、ダメージ減少5／―を得る。

　アース・エレメンタル：エレメンタル・ボディⅠと同様だが、【筋力】に＋8のサイズ・ボーナス、【敏捷力】に－2のペナルティ、【耐久力】に＋4のサイズ・ボーナス、＋6の外皮ボーナスを得る。

　ウォーター・エレメンタル：エレメンタル・ボディⅠと同様だが、【筋力】に＋4のサイズ・ボーナス、【敏捷力】に－2のペナルティ、【耐久力】に＋8のサイズ・ボーナス、＋6の外皮ボーナスを得る。また、水泳移動速度120フィートを得る。

　エア・エレメンタル：エレメンタル・ボディⅠと同様だが、【筋力】に＋4のサイズ・ボーナス、【敏捷力】に＋6のサイズ・ボーナス、＋4の外皮ボーナスを得る。また、飛行移動速度120フィート（完璧）を得る。

　ファイアー・エレメンタル：エレメンタル・ボディⅠと同様だが、【敏捷力】に＋6のサイズ・ボーナス、【耐久力】に＋4のサイズ・ボーナス、＋4の外皮ボーナスを得る。

エンスロール
Enthrall／恍惚境

系統：心術（魅惑）［音波、言語依存、精神作用］；**呪文レベル**：クレリック2、バード2
発動時間：1ラウンド
構成要素：音声、動作
距離：中距離（100フィート＋10フィート／レベル）
目標：クリーチャー何体でも
持続時間：1時間以内
セーヴィング・スロー：意志・無効；本文参照；**呪文抵抗**：可

　クリーチャーの一団の注意を惹くことができたなら、術者はこの呪文を使って、魅了されたクリーチャーたちを束縛することができる。この呪文を発動するためには、術者は1全ラウンドの間、中断することなくしゃべるか歌うかしなくてはならない。その後、作用を受けた者たちは周囲の状況を無視してわき目もふらず術者に注目し続ける。この呪文の影響下にある間、彼らは友好的な態度をとっているものと見なされる。術者の属する種族や宗教と非友好的な種族や宗教のクリーチャーで、呪文が作用する可能性のあるものはセーヴィング・スローに＋4のボーナスを得る。

　HDが4以上か【判断力】が16以上の目標は周囲の状況に気付いており、中立的な態度をとる。そうしたクリーチャーは、自分たちに敵対するような行動を目撃した場合、新たなセーヴィング・スローを行うことができる。

　この効果は術者がしゃべり続けたり歌い続けたりしている限り、最長で1時間まで持続する。術者の言葉によって魅了された者たちは、術者がしゃべったり歌ったりしている間と、それが終わってから話題や歌のよしあしについて話し合う1d3ラウンドの間、アクションをとることができない。この演説や歌唱の間に範囲内に入った者もセーヴに成功しなければならず、失敗すると魅了される。術者が精神集中を失ったり、演説や歌唱以外のことを行った場合、演説や歌唱は終了する（この場合でも1d3ラウンドの遅れは出る）。

　魅了されていない者たちが術者に対して非友好的あるいは敵対的な態度である場合、その者たちは、嘲ったりヤジったりして呪文を終わらせるためにまとまって【魅力】判定を行うことができる。この判定にはその集団の中で最も高い【魅力】を持つクリーチャーの【魅力】ボーナスを使用すること。それ以外のものたちは【魅力】判定を行って、それを助けることができる。この判定の結果が術者の【魅力】判定の結果より高ければ、ヤジによって呪文は終了してしまう。こうした試みは、呪文が1回使用されるごとに1回しか行うことはできない。

　聴衆のうち誰か1人でも攻撃されたり、明白に敵対的な行為の対象となったりすれば、呪文は終了し、それまで魅了されていた者たちは即座に術者に対して非友好的となる。HDが4以上か【判断力】が16以上のクリーチャーは敵対的となる。

エンタングル
Entangle／からみつき

系統：変成術；**呪文レベル**：ドルイド1、レンジャー1
発動時間：1標準アクション
構成要素：音声、動作、信仰
距離：長距離（400フィート＋40フィート／レベル）
効果範囲：半径40フィートの拡散内の植物
持続時間：1分／レベル（解除可）
セーヴィング・スロー：反応・不完全；本文参照；**呪文抵抗**：不可

　この呪文は範囲内の敵や領域に侵入した敵に、丈の高い芝生や雑草、他の植物をからみつかせる。反応セーヴに失敗したクリーチャーは絡みつかれた状態になる。セーヴに成功したクリーチャーは通常通り移動できるが、まだ範囲内に残っているのなら術者のターンの終わりに再びセーヴをしなければならない。範囲内に移動したクリーチャーは即座にセーヴを行わなければならず、失敗したなら移動は終了し、絡みつかれた状態になる。絡みつかれた状態のクリーチャーは移動アクションを消費して【筋力】判定か〈脱出術〉判定で脱出を試みることができる。この判定のDCはこの呪文のセーヴDCに等しい。これらの効果が続く限り、範囲内は移動困難な地形と見なされる。

　範囲内の植物がとげを持っているなら、エンタングルへのセーヴに失敗したり脱出判定に失敗したりするたびに1ポイントのダメージを受ける。GMの判断で特定の植物による他の効果が可能になるかもしれない。

エンデュア・エレメンツ
Endure Elements／寒暑に耐える

系統：防御術；**呪文レベル**：ウィザード／ソーサラー1、クレリック1、ドルイド1、パラディン1、レンジャー1
発動時間：1標準アクション
構成要素：音声、動作
距離：接触
目標：接触したクリーチャー
持続時間：24時間
セーヴィング・スロー：意志・無効（無害）；**呪文抵抗**：可（無害）

　エンデュア・エレメンツで守られたクリーチャーは、熱気や冷気の環境から害を受けない。華氏−50度〜140度（−46℃〜60℃）の状況下では、頑健セーヴを行うことなく、快適に過ごすことができる。クリーチャーの装備も同じく守られる。

　エンデュア・エレメンツは［火炎］や［氷雪］のダメージからの防護を提供しないし、煙、空気の欠如などといった、熱気や冷気以外の環境による危険に対する防護も与えてくれない。

エントロピック・シールド
Entropic Shield／エントロピーの盾

系統：防御術；**呪文レベル**：クレリック1
発動時間：1標準アクション
構成要素：音声、動作
距離：自身
目標：術者
持続時間：1分／レベル（解除可）

　魔法の場が術者の周囲に現れ、無秩序に湧き上がる数多の色で輝く。この場は飛んでくるアロー、光線、その他の遠隔攻撃をそらす。術者に対して向けられた、攻撃ロールが必要な遠隔攻撃には、どれも20％の失敗確率がある（視認困難と同様の効果）。それ以外の、単に離れたところから効果がある攻撃には作用しない。

エンラージ・パースン
Enlarge Person／人物拡大

系統：変成術；**呪文レベル**：ウィザード／ソーサラー1
発動時間：1ラウンド
構成要素：音声、動作、物質（鉄粉）
距離：近距離（25フィート＋5フィート／2レベル）
目標：人型生物1体
持続時間：1分／レベル（解除可）
セーヴィング・スロー：頑健・無効；**呪文抵抗**：可

　この呪文は人型生物1体を即座に拡大し、身長を2倍、体重を8倍にする。こうして拡大することで、そのクリーチャーのサイズ分類は1段階大きなものとなる。目標はサイズの増加によって、【筋力】に＋2サイズ・ボーナスを得、【敏捷力】に−2サイズ・ペナルティ（最低でも1まで）、攻撃ロールとACに−1のペナルティを受ける。

　大型サイズになった人型生物は、接敵面10フィート、生来の間合い10フィートとなる。この呪文によって、目標の移動速度が変化することはない。

　望むだけの拡大に充分な空間がない場合、クリーチャーはその空間で広がれる最も大きなサイズになり、その過程で周囲を取り囲む物質を突き破るために（上昇後の【筋力】を使用して）【筋力】判定を行うことができる。この判定に失敗した場合、周囲を取り囲む物質によって害を受けることなく閉じ込められる――この呪文を使い、クリーチャーを巨大化させて潰すことはできないのだ。

　クリーチャーが着用するか運搬しているすべての装備もこの呪文によって拡大される。この呪文の作用を受けた近接武器はダメージが上昇する（p.146を参照）。その他の魔法的な特質には、この呪文は作用しない。巨大化したクリーチャーの身から離れた巨大化したアイテム（矢弾や投擲武器を含む）は即座に本来のサイズに戻る。従って、投擲武器や投射武器は通常通りのダメージを与えるというわけである。巨大化したアイテムの魔法的な特質はこの呪文によって上昇しない。

　サイズを拡大する複数の魔法効果は累積しない。

　エンラージ・パースンはリデュース・パースンを相殺し、解呪する。

　エンラージ・パースンはパーマネンシイ呪文で永続化させることができる。

マス・エンラージ・パースン
Enlarge Person, Mass／集団人物拡大

系統：変成術；**呪文レベル**：ウィザード／ソーサラー4
目標：人型生物1体／レベル、ただしそのうちのどの2体をとっても30フィート以内の距離に収まっていなければならない

　マス・エンラージ・パースンはエンラージ・パースンと同様に機能するが、複数のクリーチャーに作用する。

オーヴァーランド・フライト
Overland Flight／長距離飛行

系統：変成術；**呪文レベル**：ウィザード／ソーサラー5
構成要素：音声、動作
距離：自身
目標：術者
持続時間：1時間／レベル

　フライ呪文と同様だが、術者は〈飛行〉技能の判定に術者レベルの半分のボーナスを得て、40フィート（中装鎧や重装鎧を着ている場合や、中荷重や重荷重を運搬している場合は30フィート）の移動速度で飛行できる。この呪文を"野外移動"に使用する場合、術者は非致傷ダメージを被ることなく"速歩"相当の移動を行うことができる（それでも"強行軍"を行えば【耐久力】判定が必要となる）。従って、術者は8時間の飛行で64マイル（移動速度30フィートなら48マイル）を移動できる。

オーギュリイ
Augury／吉凶占断

系統：占術；**呪文レベル**：クレリック2
発動時間：1分
構成要素：音声、動作、物質（25GP以上の価値ある香）、焦点（25GP以上の価値ある印をつけた棒や骨1セット）
距離：自身
目標：術者
持続時間：瞬間

　オーギュリイは術者に、ある特定の行動がごく近い未来においてよい結果をもたらすか、悪い結果をもたらすかを告げてくれる。

　役に立つ返答を得られる基本確率は（70％＋術者レベルごとに1％、最大90％）である。このロールはGMが密かに行う。その質問が簡潔で素直なものであれば、結果は自動的に成功となる。質問が曖昧で不明瞭なら、成功の可能性は無い。オーギュリイに成功したなら、術者は以下の4つの中から1つの結果を得る。

- "吉"（その行動が恐らくよい結果をもたらす場合）
- "凶"（悪い結果になる場合）
- "吉にして凶"（両方がある場合）
- "いずれでもなし"（行動は特によい結果にも悪い結果にもならない場合）

　呪文が失敗した場合、術者は"いずれでもなし"の結果を得る。

"いずれでもなし"の結果を得たクレリックにそれがオーギュリイの成功によるものか失敗によるものかを知るすべは無い。

　オーギュリイが見ることのできる未来は、ほんの30分程度先まででしかない。それ以上未来に起こるかもしれないできごとは、オーギュリイの結果に作用を及ぼさない。従って、その結果には、やろうと思っている行動の長期的な成り行きが考慮されていないことがある。同一人物が同一の問題について使用したオーギュリイには、すべて最初にオーギュリイをかけた時と同じダイスの結果を適用する。

オーダーズ・ラス
Order's Wrath／秩序の怒り

系統：力術［秩序］；**呪文レベル**：クレリック4
発動時間：1標準アクション
構成要素：音声、動作
距離：中距離（100フィート＋10フィート／レベル）
効果範囲：一辺30フィートの立方体の範囲を満たす爆発内の秩序の属性でないクリーチャー
持続時間：瞬間（1ラウンド）；本文参照
セーヴィング・スロー：意志・不完全；本文参照；**呪文抵抗**：可

　術者は秩序の力を呼び降ろして敵を討つ。この力は、エネルギーによる三次元の格子の形をとる。この呪文によって害を被るのは、属性が混沌か中立（秩序以外）のクリーチャーだけである。

　この呪文は混沌の属性のクリーチャーに対して、術者レベル2レベルごとに1d8（最大5d8）ポイントのダメージ（混沌の来訪者に対しては術者レベルごとに1d6、最大10d6ポイントのダメージ）を与え、1ラウンドの間、幻惑状態にする。意志セーヴに成功すれば、ダメージを半減させ、幻惑効果を無効化することができる。

　混沌の属性でも秩序の属性でもないクリーチャーにはダメージは半分しか与えられず、幻惑効果もない。そうしたクリーチャーは意志セーヴに成功すれば、ダメージをさらに半減させる（ロールの1/4に下げる）ことができる。

オープン／クローズ
Open/Close／開閉

系統：変成術；**呪文レベル**：ウィザード／ソーサラー0、バード0
発動時間：1標準アクション
構成要素：音声、動作、焦点（真鍮製の鍵）
距離：近距離（25フィート＋5フィート／2レベル）
目標：開閉可能な重さ30ポンドまでの物体、あるいは戸口
持続時間：瞬間
セーヴィング・スロー：意志・無効（物体）；**呪文抵抗**：可（物体）

　術者は扉、宝箱、箱、窓、袋、ポーチ、ビン、樽、その他の容器を開け閉めできる（どちらにするかは術者が選択する）。もし何か（扉のかんぬきや宝箱の錠前など）がこの動きに抵抗するなら、呪文は失敗する。さらに、この呪文は重量30ポン

ド以下のものしか開閉できない。従って、大柄なクリーチャー用の扉や宝箱などには、この呪文は作用しない。

オブスキュア・オブジェクト
Obscure Object／物体隠匿

系統：防御術；**呪文レベル**：ウィザード／ソーサラー2、クレリック3、バード1
発動時間：1標準アクション
構成要素：音声、動作、物質／信仰（カメレオンの皮膚）
距離：接触
目標：100ポンド／レベルまでの接触した物体1個
持続時間：8時間（解除可）
セーヴィング・スロー：意志・無効（物体）；**呪文抵抗**：可（物体）

この呪文は、スクライング呪文やクリスタル・ボールなどといった占術（念視）効果によって在り処を探られないように、物体を隠す。そうした試みは（占術効果がその物体を目標とするものであれば）自動的に失敗し、（占術効果が最寄りの場所や物体や人物を目標とするものであれば）その物体を知覚することに失敗する。

オブスキュアリング・ミスト
Obscuring Mist／覆い隠す霧

系統：召喚術（創造）；**呪文レベル**：ウィザード／ソーサラー1、クレリック1、ドルイド1
発動時間：1標準アクション
構成要素：音声、動作
距離：20フィート
効果：術者から半径20フィート、高さ20フィートに拡散する雲
持続時間：1分／レベル（解除可）
セーヴィング・スロー：不可；**呪文抵抗**：不可

霧のような蒸気が術者の周囲に立ちこめる。この蒸気は動かすことはできない。この蒸気は5フィートを超えるすべての視覚（暗視も含む）を曇らせる。5フィート離れたクリーチャーは視認困難（攻撃に20％の失敗確率がある）となる。それよりさらに遠く離れたクリーチャーは完全視認困難（50％の失敗確率があり、さらに攻撃側は目標の位置を視覚によって知ることはできない）となる。

ガスト・オヴ・ウィンド呪文などによる軟風（時速11マイル以上）は4ラウンドでこの霧を吹き散らすことができる。疾風（時速21マイル以上）は1ラウンドでこの霧を吹き散らすことができる。ファイアーボール、フレイム・ストライクあるいはそれに類する呪文は、炸裂あるいは火炎呪文の効果範囲内の霧を焼き払う。ウォール・オヴ・ファイアーは、ダメージを与える範囲内にある霧を焼き払う。

この呪文は水の中では機能しない。

オルター・セルフ
Alter Self／自己変身

系統：変成術（ポリモーフ）；**呪文レベル**：ウィザード／ソーサラー2、バード2
発動時間：1標準アクション
構成要素：音声、動作、物質（なろうとしているクリーチャーの一部）
距離：自身
目標：術者
持続時間：1分／レベル（解除可）

この呪文を発動したとき、術者は好きな小型か中型の人型生物クリーチャーの姿をとることができる。もし術者の変身した姿が以下の能力を持っているならば、その能力を得る。これにより得られる能力は暗視60フィート、夜目、鋭敏嗅覚、水泳速度30フィートである。

小型：術者が小型の人型生物の姿をとるならば、【敏捷力】に＋2のサイズ・ボーナスを得る。
中型：術者が中型の人型生物の姿をとるならば、【筋力】に＋2のサイズ・ボーナスを得る。

ガーズ・アンド・ウォーズ
Guards and Wards／守りと見張り

系統：防御術；**呪文レベル**：ウィザード／ソーサラー6
発動時間：30分
構成要素：音声、動作、物質（火のついた香、少量の硫黄と油、結び目をつけた紐、血液少量）、焦点（小さな銀のロッド）
距離：この呪文によって守る範囲の中ならどこでも
効果範囲：200平方フィート／レベルまで（自在）
持続時間：2時間／レベル（解除可）
セーヴィング・スロー：本文参照；**呪文抵抗**：本文参照

この強力な呪文は、基本的には術者の拠点または要塞を、複数の魔法的な守りと効果によって、守るためのものである。術者レベルごとに200平方フィートの面積を守る。この呪文によって守られた範囲の高さは最大20フィートまでで、形は自由に設定できる。何階もある建物を守る場合、効果範囲を各階に分けて配置することもできる。この呪文を発動するには、術者はこれから呪文で守る範囲内のどこかにいなければならない。この呪文は、守る範囲内に次のような魔法効果を生み出す。

アーケイン・ロック：呪文で守られた範囲内の扉はすべてアーケイン・ロックのかかった状態になる。**セーヴィング・スロー**：不可。**呪文抵抗**：不可。

霧：霧があらゆる通路を満たし、全員の視界が5フィートになる（暗視能力を持っていても）。5フィート以内のクリーチャーは視認困難（攻撃に20％の失敗確率が付く）。それより先のクリーチャーは完全視認困難（50％の失敗確率が付く。また、攻撃時に視覚によって目標の位置をつきとめることはできない）。**セーヴィング・スロー**：不可。**呪文抵抗**：不可。

蜘蛛の巣：すべての階段を上から下まで蜘蛛の巣が覆う。巣を形成する糸はウェブの呪文で出てくるものに似ているが、ただガーズ・アンド・ウォーズの呪文が続く限り、糸を燃やしても引きちぎっても10分後には元通りになってしまう。**セーヴィング・スロー**：反応・無効、ウェブの項を参照。**呪文抵抗**：不可。

混乱：どちらに行くかという選択肢がある場合（たとえば通

路が交差している場合、脇道がある場合など）、ちょっとした混乱型の効果が働いて、侵入者たちは50％の確率で、実際に選んだ道とはちょうど逆の方向へ進んでいるものと思い込む。この効果は［精神作用］に分類される。**セーヴィング・スロー**：不可。**呪文抵抗**：可。

扉の消失：術者レベルごとに1つの扉がサイレント・イメージで覆われ、何の変哲もない壁のように見える。**セーヴィング・スロー**：意志・看破（やりとりがあった場合）。**呪文抵抗**：不可。

以上の効果に加えて、次の5つの魔法効果の中から1つを選んで配置できる。

1. ダンシング・ライツを4つの通路に配置。この光の動きについて単純なプログラムを組み、ガーズ・アンド・ウォーズの呪文の続く限り、これを繰り返させることができる。**セーヴィング・スロー**：不可。**呪文抵抗**：不可。

2. マジック・マウスを2箇所に配置。**セーヴィング・スロー**：不可。**呪文抵抗**：不可。

3. スティンキング・クラウドを2箇所に配置。この蒸気は術者の指定した箇所に出現する。ガーズ・アンド・ウォーズの呪文の続く限り、風に吹き散らされても10分後に元通りになる。**セーヴィング・スロー**：頑健・無効、スティンキング・クラウドの項を参照。**呪文抵抗**：不可。

4. ガスト・オヴ・ウィンドを1つの通路あるいは部屋に配置。**セーヴィング・スロー**：頑健・無効。**呪文抵抗**：可。

5. サジェスチョンを1箇所に配置。一辺5フィートの正方形までの範囲を1箇所選ぶこと。この範囲内に入ったり範囲内を通過したクリーチャーは、みな精神的にサジェスチョンの効果を受ける。**セーヴィング・スロー**：意志・無効。**呪文抵抗**：可。

この呪文によって守られた範囲はすべて、強力な防御術の魔力を放っている。ディスペル・マジックを特定の効果に対して発動し、解呪に成功した場合、なくなるのにその特定の効果だけである。メイジズ・ディスジャンクションに成功すれば、ガーズ・アンド・ウォーズの全効果が消え失せる。

カース・ウォーター
Curse Water／水穢し

系統：死霊術［悪］；**呪文レベル**：クレリック1
発動時間：1分
構成要素：音声、動作、物質（25GP相当の銀の粉末5ポンド）
距離：接触
目標：接触したビンの水
持続時間：瞬間
セーヴィング・スロー：意志・無効（物体）；**呪文抵抗**：可（物体）

この呪文は、ビン1本（1パイント＝0.473リットル）の水に負のエネルギーを吹き込み、邪水に変える（6章参照）。聖水がアンデッドや悪の来訪者にダメージを与えるように、邪水は善の来訪者にダメージを与える。

カーム・アニマルズ
Calm Animals／動物なだめ

系統：心術（強制）［精神作用］；**呪文レベル**：ドルイド1、レンジャー1
発動時間：1標準アクション
構成要素：音声、動作
距離：近距離（25フィート＋5フィート／2レベル）
目標：互いに30フィート以内の距離にいる動物複数体
持続時間：1分／レベル
セーヴィング・スロー：意志・無効；**呪文抵抗**：可

この呪文は動物をなだめ、おとなしくさせ、従順かつ無害にする。普通の（【知力】1か2の）動物だけが、この呪文の作用を受ける。対象はすべてが同じ種で、そのうちのどの2体をとっても30フィート以内の距離に収まっていなければならない。術者が作用を及ぼせる最大ヒット・ダイス数は2d4＋術者レベルに等しい。

作用を受けたクリーチャーは、現在位置に留まり、攻撃したり逃げたりしない。しかし無防備状態ではなく、攻撃されれば普通に自分の身を守ろうとする。どんなものであれ脅威にさらされると、その脅威にさらされたクリーチャーにかかっていた呪文は破れてしまう。

カーム・エモーションズ
Calm Emotions／感情沈静化

系統：心術（強制）［精神作用］；**呪文レベル**：クレリック2、バード2
発動時間：1標準アクション
構成要素：音声、動作、信仰
距離：中距離（100フィート＋10フィート／レベル）
効果範囲：半径20フィートの拡散内のクリーチャー
持続時間：精神集中、1ラウンド／レベルまで（解除可）
セーヴィング・スロー：意志・無効；**呪文抵抗**：可

この呪文は興奮したクリーチャーを沈静化する。術者は作用を及ぼしたクリーチャーに何ら制御を及ぼせるわけではないが、怒り狂ったクリーチャーたちが争うのをやめさせたり、喜びに浮かれた者の頭を冷やしたりできる。作用を受けたクリーチャーは暴力的行動がとれなくなったり（ただし自分の身を守ることはできる）、破壊的行動がとれなくなったりする。沈静化したクリーチャーの1体に対して攻撃的な行動やダメージが加えられた場合、沈静化したクリーチャーすべてにかかっていたカーム・エモーションズが即座に破れてしまう。

この呪文はグッド・ホープ、ブレス、レイジといった呪文によって与えられた士気ボーナスを自動的に抑止する（解呪するわけではない）。また、バードの"勇気鼓舞の呪芸"や、バーバリアンの激怒を無効化する。また、あらゆる［恐怖］効果を抑止し、すべての目標から混乱状態を取り除く。この呪文が持続している間、抑止された呪文や、状態、効果は効果を発揮しない。元々クリーチャーにかかっていた呪文や効果は、それまでに持続時間が尽きていなければカーム・エモーションズ呪文が終了すると再びクリーチャーに影響を及ぼす。

ガイダンス

Guidance／導き

系統：占術；**呪文レベル**：クレリック0、ドルイド0
発動時間：1標準アクション
構成要素：音声、動作
距離：接触
目標：接触したクリーチャー1体
持続時間：1分あるいはチャージ消費（効果発揮）するまで
セーヴィング・スロー：意志・無効（無害）；**呪文抵抗**：可

　この呪文は対象にほんの小さな信仰の導きを与える。対象のクリーチャーは1回だけ攻撃ロール、セーヴィング・スロー、技能判定のいずれかに＋1の技量ボーナスを得る。このボーナスを付けるかどうかは、必ずロールを行う前に宣言すること。

ガシアス・フォーム

Gaseous Form／ガス化

系統：変成術；**呪文レベル**：ウィザード／ソーサラー3、バード3
発動時間：1標準アクション
構成要素：動作、物質／信仰（薄織一切れと煙一筋）
距離：接触
目標：接触した同意する実体クリーチャー1体
持続時間：2分／レベル（解除可）
セーヴィング・スロー：不可；**呪文抵抗**：不可

　対象は装備ごと霧のように半透明で非物質的な存在になる。物質的な防具（外皮を含む）は無意味になるが、サイズ・ボーナス、【敏捷力】ボーナス、反発ボーナス、（メイジ・アーマーのような）［力場］効果による鎧ボーナスは適用される。また、対象は“ダメージ減少10／魔法”を得て、毒や急所攻撃、クリティカル・ヒットには完全耐性を持つようになる。対象はガス化時には攻撃を行えず、また音声要素、動作要素、物質要素、焦点具を要する呪文も使えない。対象があらかじめ《呪文音声省略》、《呪文動作省略》、《物質要素省略》を使って準備していた呪文は、このルールの範疇外であることに注意。対象はガス化時には超常能力を失う。対象が接触呪文をこれから使う状態にしていたなら、ガシアス・フォームの呪文が発効したとたん、くだんの接触呪文は影響を及ぼすことなくチャージ消費される。

　ガス化したクリーチャーは地上を走ることはできないが、移動速度10フィートで飛ぶことができ、すべての〈飛行〉技能判定は自動的に成功する。呪文が続いている限り、着用しているものや手に持っているものと一緒に、小さな穴や狭い開口部、はてはわずかな隙間まで通り抜けることができる。ガス化したクリーチャーは風の影響を受ける。水その他の液体に入ることはできない。また、ガス化したクリーチャーはたとえガス化していた際に所持していたとしても、その持っていた物体を操作したり、アイテムを起動したりすることはできない。継続的に稼動しているアイテムは稼動状態のままだが、中にはその効果が無意味になってしまうアイテムもあるだろう。

ガスト・オヴ・ウィンド

Gust of Wind／爆風

系統：力術［風］；**呪文レベル**：ウィザード／ソーサラー2、ドルイド2
発動時間：1標準アクション
構成要素：音声、動作
距離：60フィート
効果：術者から距離限界まで放射する直線状の強風
持続時間：1ラウンド
セーヴィング・スロー：頑健・無効；**呪文抵抗**：可

　この呪文は、術者から発し、その径路上にいるすべてのクリーチャーに作用する強風（ほぼ毎時50マイル）を作り出す。効果範囲内にいる飛行中のクリーチャーは〈飛行〉技能判定に－4のペナルティをこうむる。飛行中の超小型サイズ以下のクリーチャーはDC25の〈飛行〉技能判定を行わなければならず、失敗した場合、2d6×10フィート吹き戻され、2d6ポイントのダメージを負う。飛行中の小型サイズ以下のクリーチャーは、風の力に逆らって前に進むために、DC20の〈飛行〉技能判定を行わなければならない。

　地面にいる超小型サイズ以下のクリーチャーは“打ち倒された状態”となり、1d4×10フィート転がされ、10フィート転がされるごとに1d4ポイントの非致傷ダメージを被る。

　小型サイズのクリーチャーは風の力に倒されて“伏せ状態”となる。

　中型サイズ以下のクリーチャーは、DC15の【筋力】判定に成功しない限り、風の力に逆らって前に進むことができない。

　大型サイズ以上のクリーチャーはガスト・オヴ・ウィンドの影響下の中でも通常通り移動できる。

　この呪文はその距離限界を超えてクリーチャーを動かすことはできない。

　サイズに関わらず、ガスト・オヴ・ウィンドの効果範囲内にいるクリーチャーはみな、遠隔攻撃と〈知覚〉の判定に－4のペナルティを被る。

　この爆風にあっては、ろうそく、松明などのような覆いのない炎は自動的に消えてしまう。ランタンのような覆いのある炎も激しくはためき、50％の確率で消える。

　加えて、ガスト・オヴ・ウィンドは、突然の爆風のせいで起こりそうなことなら、何でも起こす可能性がある。砂やほこりを痛いほど飛ばしたり、大きな火をあおり立てたり、品のいい日よけやカーテンを吹きあおってめちゃくちゃにしたり、小さなボートをくつがえしたり、ガスや蒸気を効果範囲の向こう端まで吹き飛ばしたり。

　ガスト・オヴ・ウィンドはパーマネンシイ呪文で永続化させることができる。

カラー・スプレー

Color Spray／色しぶき

系統：幻術（紋様）［精神作用］；**呪文レベル**：ウィザード／ソーサラー1
発動時間：1標準アクション

構成要素：音声、動作、物質（赤、黄、青に染めた粉末か砂をひとつまみずつ）
距離：15フィート
効果範囲：円錐形の爆発
持続時間：瞬間；本文参照
セーヴィング・スロー：意志・無効；呪文抵抗：可

　けばけばしくも鮮烈な色彩が術者の手から前方に向かって円錐形に飛び出し、クリーチャーを朦朧状態に（そして恐らくは盲目状態にも）し、気絶状態にしてしまうことさえある。円錐形内のクリーチャーはそれぞれのヒット・ダイスに応じた作用を受ける。

　2HD以下：クリーチャーは2d4ラウンドの間、気絶状態かつ盲目状態かつ朦朧状態となり、その後1d4ラウンドの間、盲目状態かつ朦朧状態となり、さらにその後1ラウンドの間、朦朧状態となる（気絶状態になるのは生きているクリーチャーだけである）。

　3～4HD：クリーチャーは1d4ラウンドの間、盲目状態かつ朦朧状態となり、その後1ラウンドの間、朦朧状態となる。

　5HD以上：クリーチャーは1ラウンドの間、朦朧状態となる。
　視覚を持たない（または失っている）クリーチャーには、**カラー・スプレー**は作用しない。

ギアス／クエスト
Geas/Quest／制約・探索

系統：心術（強制）［言語依存、精神作用］；**呪文レベル**：ウィザード／ソーサラー6、クレリック6、バード6
発動時間：10分
目標：生きているクリーチャー1体
セーヴィング・スロー：不可；**呪文抵抗**：可

　この呪文は**レッサー・ギアス**と同様に働くが、あらゆるヒット・ダイスのクリーチャーに効果があり、セーヴィング・スローを行えない。

　24時間の間、**ギアス／クエスト**に従えなかった場合、対象は各能力値に−3のペナルティを受ける。このペナルティは毎日−3ずつ累積していき、最大で−12にまでなる。この効果によって能力値が1未満に下がることはない。この能力値ペナルティは、対象が**ギアス／クエスト**に従うのを再開してから24時間後に消える。

　リムーヴ・カースで**ギアス／クエスト**を終わらせるには、**リムーヴ・カース**を使う者の術者レベルが**ギアス／クエスト**を使った者の術者レベルより2レベル以上高くなければならない。**ブレイク・エンチャントメント**は**ギアス／クエスト**には効かない。**ウィッシュ**、**ミラクル**、**リミテッド・ウィッシュ**は効く。

　ウィザード、ソーサラー、バードは通常この呪文を**ギアス**と呼ぶ。クレリックは同じ呪文のことを**クエスト**と呼ぶ。

レッサー・ギアス
Geas, Lesser／初級制約

系統：心術（強制）［言語依存、精神作用］；**呪文レベル**：ウィザード／ソーサラー4、バード3

発動時間：1ラウンド
構成要素：音声
距離：近距離（25フィート＋5フィート／2レベル）
目標：7HDまでの生きているクリーチャー1体
持続時間：1日／レベルあるいはチャージ消費（制約を完了させる）まで（解除可）
セーヴィング・スロー：意志・無効；**呪文抵抗**：可

　レッサー・ギアスはクリーチャーに、術者の望む通り、何らかの仕事を成し遂げたり、何らかの行動（あるいは一連の行動）をしないようにしたりさせる魔法の命令を与える。このクリーチャーは7HD以下でなければならず、また、術者の言うことを理解することができなければならない。**ギアス**はクリーチャーに自殺したり、確実な死をもたらす行動をするよう強制することはできないが、それ以外ならほとんどどんな行動でも取らせることができる。

　ギアスをかけられたクリーチャーは、どれだけ長くかかろうと、その制約が完了するまで与えられた指示に従わねばならない。

　その指示が対象自身の行動のみでは完了できない指示であった場合、この呪文は最大で術者レベルごとに1日の間、効果が持続する。頭のいい対象はある種の指示を出し抜くことができる。

　24時間の間、**レッサー・ギアス**に従えなかった場合、対象は各能力値に−2のペナルティを被る。このペナルティは毎日−2ずつ累積していき、最大で−8にまでなる。この効果によって能力値が1未満に下がることはない。この能力値ペナルティは、対象が**レッサー・ギアス**に従うのを再開してから24時間後に消える。

　レッサー・ギアス（およびすべての能力値ペナルティ）は**ウィッシュ**や**ブレイク・エンチャントメント**、**ミラクル**、**リミテッド・ウィッシュ**、**リムーヴ・カース**によって終了させることができる。**ディスペル・マジック**は**レッサー・ギアス**には作用しない。

キーン・エッジ
Keen Edge／鋭き刃

系統：変成術；**呪文レベル**：ウィザード／ソーサラー3
発動時間：1標準アクション
構成要素：音声、動作
距離：近距離（25フィート＋5フィート／2レベル）
目標：武器1つ、あるいは射出武器の矢弾50本（発動時に矢弾全部がひとまとまりになっていること）
持続時間：10分／レベル
セーヴィング・スロー：意志・無効（無害、物体）；**呪文抵抗**：可（無害、物体）

　この呪文は武器を魔法の力によって鋭くし、決定的な一撃を与える能力を上昇させる。この変成術呪文によって、その武器のクリティカル可能域が2倍になるのである。クリティカル可能域が20のものは19～20になる。クリティカル可能域が19～20のものは17～20になる。クリティカル可能域が18～20のものは15～20になる。この呪文は刺突武器か斬撃武器にしかかけること

はできない。アローやクロスボウ・ボルトにかけた場合、特定の矢1本に対する**キーン・エッジ**は、意図した目標に当たったかどうかに関わらず、1回使用すれば切れてしまう。シュリケンはこの呪文に関して投擲武器ではなく矢弾として扱う。

　武器のクリティカル可能域を強化させる複数の効果（**キーン**の特殊能力を持つ武器や《クリティカル強化》の特技など）は累積しない。術者はこの呪文を爪などの肉体武器に対して使用することはできない。

キャッツ・グレイス
Cat's Grace／猫の敏捷力

系統：変成術；**呪文レベル**：ウィザード／ソーサラー2、ドルイド2、バード2、レンジャー2
発動時間：1標準アクション
構成要素：音声、動作、物質（猫の毛ひとつまみ）
距離：接触
目標：接触したクリーチャー1体
持続時間：1分／レベル
セーヴィング・スロー：意志・無効（無害）；**呪文抵抗**：可

　この呪文の影響を受けたクリーチャーは、より機敏かつ軽やかで調和のとれた動きができるようになる。この呪文は【敏捷力】に+4の強化ボーナスを与え、それによって通常通り、ACや反応セーヴ、その他で【敏捷力】修正値を使用する際に利益を与える。

マス・キャッツ・グレイス
Cat's Grace, Mass／集団猫の敏捷力

系統：変成術；**呪文レベル**：ウィザード／ソーサラー6、ドルイド6、バード6
距離：近距離（25フィート+5フィート／2レベル）
目標：クリーチャー1体／レベル、ただしそのうちのどの2体をとっても30フィート以内の距離に収まっていなければならない

　マス・キャッツ・グレイスは**キャッツ・グレイス**と同様に機能するが、複数のクリーチャーに作用する。

キュア・クリティカル・ウーンズ
Cure Critical Wounds／致命傷治療

系統：召喚術（治癒）；**呪文レベル**：クレリック4、ドルイド5、バード4

　キュア・ライト・ウーンズと同様だが、この呪文は4d8+1／術者レベル（最大+20）ポイントのダメージを回復させる。

マス・キュア・クリティカル・ウーンズ
Cure Critical Wounds, Mass／集団致命傷治療

系統：召喚術（治癒）；**呪文レベル**：クレリック8、ドルイド9

　マス・キュア・ライト・ウーンズと同様だが、この呪文は4d8+1／術者レベル（最大+40）ポイントのダメージを回復させる。

キュア・シリアス・ウーンズ
Cure Serious Wounds／重傷治療

系統：召喚術（治癒）；**呪文レベル**：クレリック3、ドルイド4、バード3、パラディン4、レンジャー4

　キュア・ライト・ウーンズと同様だが、この呪文は3d8+1／術者レベル（最大+15）ポイントのダメージを回復させる。

マス・キュア・シリアス・ウーンズ
Cure Serious Wounds, Mass／集団重傷治療

系統：召喚術（治癒）；**呪文レベル**：クレリック7、ドルイド8

　マス・キュア・ライト・ウーンズと同様だが、この呪文は3d8+1／術者レベル（最大+35）ポイントのダメージを回復させる。

キュア・モデレット・ウーンズ
Cure Moderate Wounds／中傷治療

系統：召喚術（治癒）；**呪文レベル**：クレリック2、ドルイド3、バード2、パラディン3、レンジャー3

　キュア・ライト・ウーンズと同様だが、この呪文は2d8+1／術者レベル（最大+10）ポイントのダメージを回復させる。

マス・キュア・モデレット・ウーンズ
Cure Moderate Wounds, Mass／集団中傷治療

系統：召喚術（治癒）；**呪文レベル**：クレリック6、ドルイド7、バード6

　マス・キュア・ライト・ウーンズと同様だが、この呪文は2d8+1／術者レベル（最大+30）ポイントのダメージを回復させる。

キュア・ライト・ウーンズ
Cure Light Wounds／軽傷治療

系統：召喚術（治癒）；**呪文レベル**：クレリック1、ドルイド1、バード1、パラディン1、レンジャー2
発動時間：1標準アクション
構成要素：音声、動作
距離：接触
目標：接触したクリーチャー1体
持続時間：瞬間
セーヴィング・スロー：意志・半減（無害）；本文参照；**呪文抵抗**：可（無害）；本文参照

　術者は1体の生きているクリーチャーに手を当て、正のエネルギーを注ぎ込むことで、1d8+1／術者レベル（最大+5）ポイントのダメージを回復させる。アンデッドは負のエネルギーによって活動しているため、この呪文をアンデッドに対して使うと、傷を治療するのでなく逆にダメージを与える。アンデッド・クリーチャーは呪文抵抗を適用でき、また、意志セーヴを試み、成功すればダメージを半減させることができる。

マス・キュア・ライト・ウーンズ
Cure Light Wounds, Mass／集団軽傷治療

系統：召喚術（治癒）；**呪文レベル**：クレリック5、ドルイド6、バード5
発動時間：1標準アクション
構成要素：音声、動作

距離：近距離（25フィート＋5フィート／2レベル）

目標：クリーチャー1体／レベル、ただしそのうちのどの2体をとっても30フィート以内の距離に収まっていなければならない

持続時間：瞬間

セーヴィング・スロー：意志・半減（無害）あるいは意志・半減；本文参照；**呪文抵抗**：可（無害）あるいは可：本文参照

　術者は正のエネルギーを注ぎ込み、選択したクリーチャーそれぞれに対して1d8＋1／術者レベル（最大＋25）ポイントのダメージを回復させる。他の**キュア**呪文と同様、**マス・キュア・ライト・ウーンズ**は範囲内のアンデッドを回復させるのではなく、逆にダメージを与える。作用を受けたアンデッドはそれぞれ意志セーヴを試み、成功すればダメージを半減させることができる。

クウェンチ

Quench／消火

系統：変成術；**呪文レベル**：ドルイド3

発動時間：1標準アクション

構成要素：音声、動作、信仰

距離：中距離（100フィート＋10フィート／レベル）

効果範囲あるいは目標：20フィート立方の区画1個ぶん／レベル（自在）、あるいは火に関わりのある魔法のアイテム1つ

持続時間：瞬間

セーヴィング・スロー：不可あるいは意志・無効（物体）；**呪文抵抗**：不可あるいは可（物体）

　クウェンチはしばしば、山火事やその他の大火事を消し止めるために使用される。この呪文は、効果範囲内にある魔法の力を持たない火をすべて消火する。また、効果範囲内にある［火炎］の呪文を解呪するが、術者は解呪しようとする呪文それぞれに対して解呪判定（1d20＋術者レベルごとに1、最大＋15）に成功しなければならない。そうした呪文を解呪するためのDCは（11＋その［火炎］の呪文の術者レベル）である。

　クウェンチ呪文の効果範囲内にいる（火）の副種別を持つクリーチャーはそれぞれ、術者レベルごとに1d6（最大10d6、セーヴ不可）ポイントのダメージを被る。

　あるいは、術者は火を生み出したり操ったりする魔法のアイテム1つを目標としてこの呪文を使用することもできる。そのアイテムは、意志セーヴに成功しない限り、火に関わりのあるすべての魔法能力を1d4時間の間、失ってしまう。アーティファクトはこの呪文の効果に対して完全耐性がある。

グール・タッチ

Ghoul Touch／食屍鬼の接触

系統：死霊術；**呪文レベル**：ウィザード／ソーサラー2

発動時間：1標準アクション

構成要素：音声、動作、物質（グールから取った布、あるいはグールのすみかから取った土）

距離：接触

目標：接触した生きている人型生物1体

持続時間：1d6＋2ラウンド

セーヴィング・スロー：頑健・無効；**呪文抵抗**：可

　術者はこの呪文で体に負のエネルギーを宿し、近接接触攻撃に成功すれば、生きている人型生物1体を麻痺状態にすることができる。

　麻痺した対象から半径10フィートの拡散内にいる、すべての生きているクリーチャー（術者除く）は対象の放つ腐肉の匂いにより不調状態に陥る（頑健・無効）。**ニュートラライズ・ポイズン**の呪文はクリーチャーの不調状態を取り除く。また、この匂いは、毒に対して完全耐性を有するクリーチャーには作用しない。これは［毒］効果である。

グッド・ホープ

Good Hope／良き希望

系統：心術（強制）［精神作用］；**呪文レベル**：バード3

発動時間：1標準アクション

構成要素：音声、動作

距離：中距離（100フィート＋10フィート／レベル）

目標：生きているクリーチャー1体／レベル、ただしそのうちのどの2体をとっても30フィート以内の距離に収まっていなければならない

持続時間：1分／レベル

セーヴィング・スロー：意志・無効（無害）；**呪文抵抗**：可（無害）

　この呪文は対象に強い希望を注ぎ込む。作用を受けたクリーチャーは攻撃ロール、セーヴィング・スロー、能力値判定、技能判定、武器によるダメージ・ロールに＋2の士気ボーナスを得る。

　グッド・ホープは**クラッシング・ディスペア**を相殺し、解呪する。

グッドベリー

Goodberry／良き漿果（しょうか）

系統：変成術；**呪文レベル**：ドルイド1

発動時間：1標準アクション

構成要素：音声、動作、信仰

距離：接触

目標：接触した2d4個の新鮮なベリー

持続時間：1日／レベル

セーヴィング・スロー：不可；**呪文抵抗**：可

　摘みたてのベリー（ストロベリー、ブルーベリー、ラズベリーなどの漿果）にグッドベリーの呪文をかけると、うち2d4個が魔法のものになる。術者（および3レベル以上のドルイド全員）には、どのベリーが呪文の作用を受けたかが即座にわかる。魔法のベリー1粒で、中型サイズのクリーチャーの普通の食事一食ぶんになる。また、食べればダメージが1ポイント治る。ただし、これによる治癒は、どの24時間をとっても8ポイントが上限である。

クラウドキル
Cloudkill／殺戮の雲

系統：召喚術（創造）；**呪文レベル**：ウィザード／ソーサラー5
発動時間：1標準アクション
構成要素：音声、動作
距離：中距離（100フィート＋10フィート／レベル）
効果：半径20フィート、高さ20フィートに拡散する雲
持続時間：1分／レベル
セーヴィング・スロー：頑健・不完全；本文参照；**呪文抵抗**：不可

　この呪文は**フォッグ・クラウド**のように、ひとかたまりの雲塊を作り出すが、その蒸気は黄緑色で毒性がある。雲は3HD以下のあらゆる生きているクリーチャーを殺してしまう（セーヴ不可）。4〜6HDの生きているクリーチャーは頑健セーヴに成功しなければ死亡する（セーヴに成功した場合、この雲の中にいる間毎ラウンド、術者のターンに1d4ポイントの【耐久力】ダメージを受ける）。

　HDが6以上の生きているクリーチャーはこの雲の中にいる間毎ラウンド、術者のターンに1d4ポイントの【耐久力】ダメージを受ける（頑健セーヴに成功すれば、このダメージは半減する）。息を止めても何ら助けにはならないが、毒への完全耐性を持つクリーチャーには、この呪文は作用しない。

　フォッグ・クラウドと異なり、**クラウドキル**は地表面に沿って漂いながら、毎ラウンド10フィートずつ術者から離れるように移動する。

　毎ラウンド、術者が呪文を発動した際の起点から見て10フィート遠い位置に新たな起点を定め、そこから雲の新たな拡散範囲を求めること。

　この蒸気は空気より重いため、地面の一番低い方へと漂って行き、地下室や下水口の中にまで流れ込む。この蒸気を液体にしみ込ませたり、水中でこの呪文を発動することはできない。

グラスピング・ハンド
Grasping Hand／つかみかかる手

系統：力術［力場］；**呪文レベル**：ウィザード／ソーサラー7

　この呪文は**インターポージング・ハンド**と同様だが、術者が選んだ敵1体に組みつかせることができる。**グラスピング・ハンド**は毎ラウンド1回の組みつき攻撃を行う。この攻撃は機会攻撃を誘発しない。この組みつきの戦技ボーナスと戦技防御値は術者レベルを基本攻撃ボーナスとして用い、【筋力】31による＋10、サイズが大型であることによる＋1がつく。【敏捷力】は10であり、戦技防御値には影響しない。組みつきに成功しても対象を傷つけることはできない。この呪文を別の目標に向けるには移動アクションが必要となる。組みつきの代わりに、**グラスピング・ハンド**は突き飛ばし攻撃を同じボーナスで行うことができる。あるいは**インターポージング・ハンド**と同様に、対象との間に立ちふさがることもできる。

クラッシング・ディスペア
Crushing Despair／圧し拉ぐ絶望

系統：心術（強制）［精神作用］；**呪文レベル**：ウィザード／ソーサラー4、バード3
発動時間：1標準アクション
構成要素：音声、動作、物質
距離：30フィート
効果範囲：円錐形の爆発
持続時間：1分／レベル
セーヴィング・スロー：意志・無効；**呪文抵抗**：可

　不可視の円錐形範囲内を絶望が覆い、対象は圧倒的な悲しみに包まれる。作用を受けたクリーチャーは攻撃ロール、セーヴィング・スロー、能力値判定、技能判定、武器によるダメージ・ロールに−2のペナルティを受ける。

　クラッシング・ディスペアは**グッド・ホープ**を相殺し、解呪する。

クラッシング・ハンド
Crushing Hand／押し潰す手

系統：力術［力場］；**呪文レベル**：ウィザード／ソーサラー9

　この呪文は**インターポージング・ハンド**と同様だが、**グラスピング・ハンド**のように対象1体に対して組みつきを行わせることもできる。この組みつきの戦技ボーナスと戦技防御値は術者レベルを基本攻撃ボーナスとして用い、【筋力】35による＋12、サイズが大型であることによる＋1がつく。【敏捷力】は10なので戦技防御値には影響しない。**クラッシング・ハンド**は組みつきに成功した場合、対象に2d6＋12のダメージを与える。また、組みつきの代わりに、**フォースフル・ハンド**のように対象1体に対して突き飛ばしを同じボーナスで行うこともできる。あるいは**インターポージング・ハンド**と同様に、対象との間に立ちふさがることもできる。

グリース
Grease／脂

系統：召喚術（創造）；**呪文レベル**：ウィザード／ソーサラー1、バード1
発動時間：1標準アクション
構成要素：音声、動作、物質（バター）
距離：近距離（25フィート＋5フィート／2レベル）
目標：物体1つ、あるいは一辺10フィートの正方形
持続時間：1分／レベル（解除可）
セーヴィング・スロー：本文参照；**呪文抵抗**：不可

　グリースの呪文は固体の表面をすべりやすい脂の層で覆う。呪文発動時に範囲内にいたクリーチャーはみな、反応セーヴを行い、失敗するとすべて転倒する。脂で覆われた範囲では、DC10の〈軽業〉判定に成功することで、通常の半分の移動速度で歩いたり通り抜けたりできる。失敗すればそのラウンドは移動できない（反応セーヴを行い失敗すれば転倒）。また、5以上の差で失敗したならばやはり転倒する（〈軽業〉参照）。自分のターンに移動しないクリーチャーはこの判定を行う必要はなく、立ちすくみ状態であるともみなされない。

この呪文はアイテム1つを脂で覆うのにも使える。使用されていない物体は自動的にこの呪文の影響を受ける。クリーチャーが持っていたり装備していたりする物体は、所持者が反応セーヴに成功すれば影響を受けずにすむ。最初のセーヴィング・スローに失敗したなら、クリーチャーは即座にそのアイテムを取り落とす。脂で覆われた物を拾ったり使おうとするなら、毎ラウンドセーヴィング・スローを行わなければならない。脂で覆われた鎧や衣服を着ているクリーチャーは、〈脱出術〉判定、組みつきから脱出するための戦技判定、組みつきを避けるための戦技防御値に＋10の状況ボーナスを得る。

クリーピング・ドゥーム
Creeping Doom／這い寄る破滅

系統：召喚術（招来）；**呪文レベル**：ドルイド7
発動時間：1標準アクション
構成要素：音声、動作
距離：近距離（25フィート＋5フィート／2レベル）／100フィート；本文参照
効果：蟲のスウォーム4群
持続時間：1ラウンド／レベル
セーヴィング・スロー：頑健・不完全、本文参照；**呪文抵抗**：不可

　この呪文は噛みつきと突き刺しを行う大規模な蟲のスウォームを4つ召喚する。これらのスウォームは互いに隣接して現れるが、独立して動くように指示できる。これらは以下の調整を受けたセンチピード・スウォーム（パスファインダーRPGベスティアリ参照）とみなす。それぞれヒット・ポイント60を持ち、群がり攻撃によって4d6ポイントのダメージを与える。この攻撃による毒と気を散らす効果へ抵抗するセーヴは、この呪文のセーヴDCに等しい。複数の群れに捕まっても、ダメージとセーヴは一度のみである。

　術者はスウォームを、他のクリーチャーと同じエリアに招来することもできる。1回の標準アクションを使用することで、術者はスウォームに対して、自分から100フィート以内にいるいずれかの対象に向かって移動するよう命令することができる（一度に何群にでも命令できる）。自分から100フィートより離れたところへ移動するよう命令することはできず、術者がスウォームから100フィートより離れたところへ移動した場合、そのスウォームはその場所に留まり、自分と同じエリアにいるクリーチャーを攻撃する（術者が100フィート以内に戻れば、再び命令を出すことができるようになる）。

クリエイト・アンデッド
Create Undead／アンデッド創造

系統：死霊術［悪］；**呪文レベル**：ウィザード／ソーサラー6、クレリック6
発動時間：1時間
構成要素：音声、動作、物質（墓場の泥土を詰めた陶器の壷1つと、創造するアンデッドのHDごとに少なくとも50GPの価値があるブラック・オニキス）

距離：近距離（25フィート＋5フィート／2レベル）
目標：死体1つ
持続時間：瞬間
セーヴィング・スロー：不可；**呪文抵抗**：不可

　アニメイト・デッドよりさらに強力なこの悪の呪文により、術者はもっと強力な種類のアンデッド（グール、ガスト、ミイラ、モーグ：パスファインダーRPGベスティアリ参照）を創造するために、死んだ肉体に負のエネルギーを注ぎ込むことができる。術者が作り出せるアンデッドの種類は、以下の表に示すように、術者レベルによって決まる。

術者レベル	創造されるアンデッド
11以下	グール
12〜14	ガスト
15〜17	ミイラ
18以上	モーグ

　望むなら、術者は自分のレベルで作れる上限より弱いアンデッドを創造することもできる。創造されたアンデッドは自動的に創造者の制御下に入るわけではない。術者がアンデッドを支配できるなら、アンデッド・クリーチャーを創造した際に支配を試みることもできる。

　この呪文は夜間に発動せねばならない。

クリエイト・グレーター・アンデッド
Create Greater Undead／上級アンデッド創造

系統：死霊術［悪］；**呪文レベル**：ウィザード／ソーサラー8、クレリック8

　クリエイト・アンデッドと同様だが、この呪文は、より強力で知性の高いアンデッド（シャドウ、レイス、スペクター、ディヴァウラー：パスファインダーRPGベスティアリ参照）を創造できるようになる。作り出されるアンデッドの種類は、以下の表に示すように、術者レベルによって決まる。

術者レベル	創造されるアンデッド
15以下	シャドウ
16〜17	レイス
18〜19	スペクター
20以上	ディヴァウラー

クリエイト・ウォーター
Create Water／水の創造

系統：召喚術（創造）［水］；**呪文レベル**：クレリック0、ドルイド0、パラディン1
発動時間：1標準アクション
構成要素：音声、動作
距離：近距離（25フィート＋5フィート／2レベル）
効果：2ガロン（7.6リットル）／レベルまでの水
持続時間：瞬間
セーヴィング・スロー：不可；**呪文抵抗**：不可

　この呪文はきれいな雨水に似た、有害なものを含まない飲用

に適した水を作り出す。水を作り出す場所は実際に出てくる水が入るだけの小さな場所でも、出てくる水の体積より3倍も広いところでも構わない——土砂降りの雨のように降らせたり、たくさんの小さな容器を満たしたりできるだろう。この水は飲みきらなくても、1日後に消えてなくなる。

注：召喚術呪文は、物質や物体をクリーチャーの体内に作り出すことはできない。水の重さは1ガロン（約3.8リットル）につきおよそ8ポンド（約3.6kg）である。1立方フィートの水（約28リットル）はほぼ8ガロンに相当し、約60ポンド（約27kg）の重さがある。

クリエイト・フード・アンド・ウォーター
Create Food and Water／食料と水の創造

系統：召喚術（創造）；**呪文レベル**：クレリック3
発動時間：10分
構成要素：音声、動作
距離：近距離（25フィート＋5フィート／2レベル）
効果：人間3人／レベルあるいは馬1頭／レベルを24時間養うことができる食料と水
持続時間：24時間；本文参照
セーヴィング・スロー：不可；**呪文抵抗**：不可

　この呪文の生み出す食料は、術者が選んだ何か簡素な食事——味こそ薄いが栄養は満点——である。こうして生み出された食料は24時間後に腐敗し、食べられなくなってしまうが、ピュアリファイ・フード・アンド・ドリンク呪文をかければさらに24時間鮮度を保つことができる。この呪文で作られた水は清浄な雨水と同じである。食料の場合と違い、この水が悪くなることはない。

グリッターダスト
Glitterdust／きらめく微塵

系統：召喚術（創造）；**呪文レベル**：ウィザード／ソーサラー2、バード2
発動時間：1標準アクション
構成要素：音声、動作、物質（雲母の粉末）
距離：中距離（100フィート＋10フィート／レベル）
効果範囲：10フィート拡散内のクリーチャーや物体
持続時間：1ラウンド／レベル
セーヴィング・スロー：意志・無効（盲目効果のみ）；**呪文抵抗**：不可

　金色の微塵が雲となって効果範囲内のあらゆる者と物を覆い、持続時間中はクリーチャーを盲目状態にし、また不可視状態のものの輪郭を目に見えるようにする。範囲内のあらゆるものはこの塵に覆われる。この塵は取り除けず、呪文が切れるまではきらきらと光りつづける。毎ラウンド、盲目状態のクリーチャーのターンの終わりに、盲目効果を終了させる新たなセーヴィング・スローを試みることができる。

　この塵に覆われたクリーチャーは〈隠密〉の判定に－40のペナルティを負う。

グリフ・オヴ・ウォーディング
Glyph of Warding／守りの秘文

系統：防御術；**呪文レベル**：クレリック3
発動時間：10分
構成要素：音声、動作、物質（200GP相当のダイアモンドの粉末）
距離：接触
目標あるいは効果範囲：接触した物体、あるいは5平方フィート／レベル
持続時間：チャージ消費するまで永続（解除可）
セーヴィング・スロー：本文参照；**呪文抵抗**：不可（物体）および可；本文参照

　この力ある銘刻は、秘文に守られた物体や範囲に入ったり、通過したり、開けたりした者に害を与える。グリフ・オヴ・ウォーディングによる秘文1つで、1つの橋や通路や入口を守ったり、1つの箱や櫃に罠を仕掛けたりすることができる。

　術者は守りの秘文の諸条件すべてを設定する。合言葉（術者が呪文発動時に設定）を言わずにこの呪文によって守られた範囲に踏み込んだり、守られた物体を開いたりしたクリーチャーが秘文に隠された魔法の対象となる、というのが典型的である。合言葉に替えて、あるいは合言葉に加えて、秘文は肉体的な特性（身長、体重など）やクリーチャーの種別、副種別、種に合わせて仕掛けることもできる。また善、悪、秩序、混沌といった属性に合わせて仕掛けたり、術者と同じ宗教の者は見逃すように仕掛けたりすることもできる。しかし、クラス、ヒット・ダイス、レベルに合わせて仕掛けることはできない。秘文は不可視のクリーチャーに対しても通常働くが、エーテル状態で通り抜けるものに対しては作動しない。1つの範囲に複数の秘文を発動することはできない。しかし、たとえば1つの箪笥に3つの独立した引き出しがある場合、それぞれの引き出しを別々の秘文で守ることはできる。

　この呪文を発動する際、術者は守りの印形のまわりに、かすかに光る網目模様を描く。秘文の効果範囲は、術者に可能な最大面積以内ならどんなふうな形に配置してもよい。呪文が完成したら、秘文も網目模様もほぼ不可視になる。

　物理的、魔術的な探りを入れるなどの手段によって秘文に作用を及ぼしたり、避けて通ったりすることはできない。しかし秘文を解呪することはできる。ノンディテクション、ポリモーフ、ミスリード（その他これらに類する魔法効果）で秘文を欺くこともできるが、魔法的な手段によらない変装などでは欺くことはできない。リード・マジックを使った上で〈知識：神秘学〉判定（DC13）に成功すれば、グリフ・オヴ・ウォーディングを識別できる。識別することで秘文が作動することはない。識別に成功した者には、秘文の基本的な性質（どの秘文か、どんな種類のダメージを及ぼすか、何の呪文がこめられているか）がわかる。

　注：グリフ・オヴ・ウォーディングのような魔法の罠を発見し、無力化するのは困難である。"罠探し"のクラス特徴を持っているキャラクターだけはグリフ・オヴ・ウォーディングの発見に〈知覚〉を、解除に〈装置無力化〉を使うことができる。どちらの場合もDCは25＋呪文レベルであり、グリフ・オヴ・

ウォーディングの場合は28である。

選択したバージョンによって、秘文は侵入者にダメージを与えたり、何らかの呪文を起動させたりする。

呪文の秘文：術者は敵に害を与える呪文で、自分が知っており、かつ3レベル以下のものを何か1つ、秘文の中に仕掛けておける。その呪文のレベルに依存する特徴はすべて、呪文発動時の術者のレベルによって決まる。呪文に目標がある場合、侵入者が目標になる。呪文に効果範囲や無定型の効果（雲など）がある場合、効果範囲や効果は侵入者が中心になる。呪文がクリーチャーを招来する場合、それはできるだけ侵入者の近くに現れて攻撃する。セーヴィング・スローと呪文抵抗はすべて通常通りに行われるが、そのDCは**グリフ・オヴ・ウォーディング**に仕掛けられた呪文のレベルによって決まる。

爆発の秘文：侵入者とその5フィート以内にいる者に対して、爆発が術者レベル2レベルごとに1d8ダメージ（最大5d8）を与える。ダメージは［音波］［火炎］［強酸］［氷雪］［雷撃］のいずれかである（術者が呪文発動時に選択）。作用を受けた者は反応セーヴに成功すればダメージを半分にできる。この効果に対して呪文抵抗は適用される。

グレーター・グリフ・オヴ・ウォーディング
Glyph of Warding, Greater／上級守りの秘文

系統：防御術；**呪文レベル**：クレリック6

グリフ・オヴ・ウォーディングと同様だが、6レベル以下の呪文1個を保持できる。さらに、**グレーター・グリフ・オヴ・ウォーディング**による爆発は最大10d8ポイントのダメージを与える。

リード・マジックを使った上で〈呪文学〉判定（DC16）に成功すれば、**グレーター・グリフ・オヴ・ウォーディング**を識別できる。

物質要素：術者は香によって秘文を描く。香は前もって400GP以上のダイアモンドの粉末と混ぜておかねばならない。

グリブネス
Glibness／巧言

系統：変成術；**呪文レベル**：バード3
発動時間：1標準アクション
構成要素：動作
距離：自身
目標：術者
持続時間：10分／レベル（解除可）

術者のスピーチはより流暢で説得力を持つようになり、聴衆は術者の言うことを信じやすくなる。術者は他者に自分の言葉が真実であると信じさせるために行う〈はったり〉の判定に＋20のボーナスを得る。このボーナスは他の形での〈はったり〉技能の使用、すなわち戦闘時のフェイント、〈隠密〉を行うための隙を作ること、符丁を使ってひそかにメッセージをやりとりすることなどには使えない。

魔法効果により術者の嘘が見破られたり、真実を話すことを強いられるような場合、その効果を使用する術者は、（15＋グ

リブネスをかけた術者の術者レベル）をDCとした術者レベル判定（1d20＋術者レベル）に成功しなければならない。失敗したならばその効果は失敗し、嘘を見抜くことも、真実だけを話すように強制することもできない。

クレアオーディエンス／クレアヴォイアンス
Clairaudience/Clairvoyance／透視・透聴

系統：占術（念視）；**呪文レベル**：ウィザード／ソーサラー3、バード3
発動時間：10分
構成要素：音声、動作、焦点／信仰（小さな角笛1つあるいはガラス細工の目1つ）
距離：長距離（400フィート＋40フィート／レベル）
効果：魔法的感知器官
持続時間：1分／レベル（解除可）
セーヴィング・スロー：不可；**呪文抵抗**：不可

クレアオーディエンス／クレアヴォイアンスは特定の場所に不可視の魔法的感知器官を作り出し、術者はその場にいるのとほとんど同じように見たり聞いたり（術者がどちらかを選択）できるようになる。視線や効果線が通っている必要はないが、知っている場所――術者に馴染みのある場所や、明確な位置――でなければならない。一度場所を選択してしまえば、魔法的感知器官は移動しないが、術者が望むならぐるりとまわして全方向を見ることができる。他の念視呪文と異なり、この呪文を通じて魔法的あるいは超常的に強化された感覚を働かせることはできない。選択した場所に魔法的な暗闇があれば、術者には何も見えない。そこが自然の暗闇に閉ざされていた場合、術者はこの呪文効果の中心から周囲半径10フィートの範囲を見ることができる。**クレアオーディエンス／クレアヴォイアンス**は術者が現在いる次元界においてのみ機能する。

グレーター・（呪文名）

グレーター（Greater／上級）で始まる呪文は、すべてその呪文名の50音順で並べられている。したがって呪文の解説は、その呪文の元になった呪文の近くで探し出せる。呪文系列の中に基本となる呪文のグレーター版がある呪文は、アーケイン・サイト、インヴィジビリティ、グリフ・オヴ・ウォーディング、コマンド、シャウト、シャドウ・エヴォケーション、シャドウ・カンジュレーション、スクライング、ディスペル・マジック、テレポート、プライング・アイズ、プレイナー・アライ、プレイナー・バインディング、ポリモーフ、マジック・ウェポン、マジック・ファング、レストレーションである。

クレンチト・フィスト
Clenched Fist／握り拳

系統：力術［力場］；**呪文レベル**：ウィザード／ソーサラー8
構成要素：音声、動作、焦点／信仰（革の手袋片手ぶん）

インターポージング・ハンドと同様だが、この手は術者の選択した敵1体との間に立ちふさがり、突き飛ばし、攻撃することもできる。この浮遊する手は60フィートまで移動し、同一

ラウンドに攻撃することができる。この手は術者の指示によって動くため、不可視状態だったり視認困難なクリーチャーを感知したり攻撃したりする能力は術者と変わらない。

　この手は毎ラウンド1回攻撃し、攻撃ボーナスは術者レベル＋術者の【知力】／【判断力】／【魅力】修正値（それぞれウィザード／クレリック／ソーサラーの場合）で、手の【筋力】(33)による＋11、サイズが大型であることによる−1がつく。手は毎回の攻撃で1d8＋11ポイントのダメージを与え、さらに命中を受けたクリーチャーは（この呪文のセーヴDCに対して）頑健セーヴを行い、失敗すると1ラウンドの間、朦朧状態となる。この呪文を別の目標に向け直すには、1移動アクションを要する。

　クレンチト・フィストはインターポージング・ハンドと同様に間に立ちふさがることも、**フォースフル・ハンド**と同様に敵を突き飛ばすこともできる。この突き飛ばしの戦技ボーナスは術者レベルを基本攻撃ボーナスとして用い、【筋力】による＋11、大型であることによる＋1がつく。

クローク・オヴ・ケイオス
Cloak of Chaos／混沌の衣

系統：防御術［混沌］；**呪文レベル**：クレリック8
発動時間：1標準アクション
構成要素：音声、動作、焦点（500GPの価値がある小さな聖遺物入れ）
距離：20フィート
目標：術者を中心とした半径20フィートの爆発内にいるクリーチャー1体／レベル
持続時間：1ラウンド／レベル（解除可）
セーヴィング・スロー：本文参照；**呪文抵抗**：可（無害）

　ランダムな色彩の模様が対象を覆って攻撃から守り、秩序の属性のクリーチャーの発動した呪文に対する抵抗力を与え、対象に攻撃を当てた秩序の属性のクリーチャーを混乱状態にする。この防御術呪文には4つの効果がある。

　第一に、この呪文によって守られたクリーチャーはACに＋4の反発ボーナスと、セーヴに＋4の抵抗ボーナスを得る。**プロテクション・フロム・ロー**と異なり、この呪文の利益は秩序の属性のクリーチャーによる攻撃に対してだけではなく、すべての攻撃に対して適用される。

　第二に、この呪文によって守られたクリーチャーは［秩序］の呪文や秩序の属性のクリーチャーが発動した呪文に対して呪文抵抗25を得る。

　第三に、この防御術呪文は**プロテクション・フロム・ロー**と同様に、憑依および精神的な影響を防御する。

　最後に、秩序の属性のクリーチャーがこの呪文によって守られたクリーチャーに対する近接攻撃に成功した場合、その攻撃者は1ラウンドの間、混乱状態になる（コンフュージョン呪文と同様に意志セーヴに成功すれば無効化できるが、セーヴは**クローク・オヴ・ケイオス**のセーヴDCに対して行うこと）。

グローブ・オヴ・インヴァルナラビリティ
Globe of Invulnerability／耐魔法球

系統：防御術；**呪文レベル**：ウィザード／ソーサラー6

　レッサー・グローブ・オヴ・インヴァルナラビリティと同様だが、4レベル呪文や4レベル相当の擬似呪文能力をも排除する。

レッサー・グローブ・オヴ・インヴァルナラビリティ
Globe of Invulnerability, Lesser／下級耐魔法球

系統：防御術；**呪文レベル**：ウィザード／ソーサラー4
発動時間：1標準アクション
構成要素：音声、動作、物質（ガラスか水晶のビーズ）
距離：10フィート
効果範囲：術者を中心とした半径10フィートの球形の放射
持続時間：1ラウンド／レベル（解除可）
セーヴィング・スロー：不可；**呪文抵抗**：不可

　移動せず、かすかにゆらめく魔法の球体が術者を取り巻き、3レベル以下のすべての呪文の効果を排除する。そうした呪文の効果範囲あるいは効果には**レッサー・グローブ・オヴ・インヴァルナラビリティ**の効果範囲は含まれない。そうした呪文は球体の内部にいる目標に作用を及ぼすことができない。これには擬似呪文能力や魔法装置からの呪文や擬似呪文効果も含まれる。ただし、どんな種類の呪文でも、この魔法の球体の向こう側へ、あるいは球体の中から外へかけることはできる。4レベル以上の呪文、および、この呪文が発動された時点ですでに効果をあらわしている呪文には、この球体は作用しない。この球体は**ディスペル・マジック**で除去できる。球体から一時的に離れ、再び戻ることはペナルティなく行うことができる。

　呪文の効果は、その効果が球体の効果範囲と重ならないかぎり中断されず、重なった場合でも、単に一時的に効果が抑止されるだけで解呪されるのではないことに注意。

　同じ呪文でもとのキャラクター・クラスでかけているかでレベルが違う場合、**レッサー・グローブ・オヴ・インヴァルナラビリティ**がその呪文を停止させるかどうか決める際には、その呪文の使い手のクラスに対応する呪文レベルを使用すること。

クローン
Clone／クローン

系統：死霊術；**呪文レベル**：ウィザード／ソーサラー8
発動時間：10分
構成要素：音声、動作、物質（1,000GPの価値があるさまざまな研究資材）、焦点（特別な研究設備、500GP）
距離：0フィート
効果：クローン1体
持続時間：瞬間
セーヴィング・スロー：不可；**呪文抵抗**：不可

　この呪文は1体のクリーチャーの不活性な複製を作り出す。複製元となった個体が殺されると、その魂は即座にこのクローンに移され、代わりの肉体を得る（魂が自由な状態で、生き返ることを望んでいるなら）。

　複製元の死体がまだ残っているなら、それは不活性な物体と

なり、以後は生き返らせることができなくなる。複製元のクリーチャーの本来の寿命が尽きてしまった（自然死した）場合は、クローン化の試みはすべて失敗する。

　複製を造るためには、術者は複製元のクリーチャーの生きている身体から採った肉片（毛髪や爪、鱗の類ではいけない）を、少なくとも1立方インチぶん用意しなければならない。肉片は新鮮である必要はないが、防腐されていなければならない（ジェントル・リポウズ呪文を使うなどして）。一度呪文を発動させたら、複製は2d4ヶ月かけて研究室で培養せねばならない。

　クローンが完成したら、複製元のクリーチャーがすでに死んでいれば、その魂はただちにそのクローンに入る。そのクローンは複製元と肉体的に同一で、複製元と同じ人格と記憶を有する。見方を変えると、このクローンはまるで複製元のキャラクターが生命力吸収を受け、永続的な負のレベルを2レベル得て復活したかのように扱われる。対象が1レベルであったなら、代わりに2ポイントの【耐久力】吸収を受ける（これによって【耐久力】が0以下になるならクローンによって復活することはできない）。複製元のクリーチャーから肉片を採った後で永続的な負のレベルを得たなら、クローンも同様に負のレベルを得ている。

　この呪文が複製するのは肉体と精神のみであり、装備は含まない。複製元が生きていたり、魂が戻れない状況にある間も、複製は成長することができる。しかしこの体は魂の無い不活性な肉の塊に過ぎず、保護されなければ腐っていくほかない。

ケイオス・ハンマー
Chaos Hammer／混沌の鉄槌

系統：力術［混沌］；**呪文レベル**：クレリック4
発動時間：1標準アクション
構成要素：音声、動作
距離：中距離（100フィート＋10フィート／レベル）
効果範囲：半径20フィートの爆発
持続時間：瞬間（1d6ラウンド）；本文参照
セーヴィング・スロー：意志・不完全；本文参照；**呪文抵抗**：可

　術者は混沌の力を解き放って敵を討つ。混沌の力は多彩な色を放ちながら跳びはね、踊り回るエネルギーの爆発となって現れる。この呪文によって害を被るのは、秩序か中立（混沌以外）の属性のクリーチャーだけである。

　この呪文は秩序の属性のクリーチャーに対して、術者レベル2レベルごとに1d8（最大5d8）ポイントのダメージ（秩序の属性の来訪者に対しては術者レベルごとに1d6（最大10d6）ポイントのダメージ）を与え、1d6ラウンドの間、減速状態にする（スロー呪文参照）。意志セーヴに成功すれば、ダメージを半減し、減速効果を無効化する。

　秩序の属性でも混沌の属性でもないクリーチャーにはダメージは半分しか与えられず、減速効果もない。そうしたクリーチャーは意志セーヴに成功すれば、ダメージをさらに半減させる（1/4に下げる）ことができる。

ゲート
Gate／次元門

系統：召喚術（招請または創造）；**呪文レベル**：ウィザード／ソーサラー9、クレリック9
発動時間：1標準アクション
構成要素：音声、動作、物質（本文参照）
距離：中距離（100フィート＋10フィート／レベル）
効果：本文参照
持続時間：瞬間、または精神集中（1ラウンド／レベルまで）；本文参照
セーヴィング・スロー：不可；**呪文抵抗**：不可

　ゲートの呪文を発動すると2つの効果がある。第一に、術者の次元界と望みの次元界との間を接続し、2つの次元界をどちらからどちらへ向かっても旅することができるようにする。

　第二に、ゲートを通じて特定の存在あるいは特定種類の存在を招請することができる。ゲート自体は丸い輪あるいは円盤で、直径は5～20フィート（術者が決定）、出現時に術者が望む方向を向いている（垂直になって術者のほうを向いているのが典型）。これが術者の名指した次元界に通じる二次元の窓なのである。この中へ入ったものはすべて、即座に向こう側の次元界に転移する。

　ゲートには表裏の別がある。表側からゲートに入ったクリーチャーは他の次元界に飛ぶが、裏側からゲートに入ってもそうはならない。

　次元界移動：ゲートは次元界移動の一手法としては、おおむねプレイン・シフトの呪文と同じように作用する。ただしゲートは正確に術者の望む地点に口を開く（これは創造効果である）。神格など、特定の次元界を支配する存在は、望むなら自分のいるところや自分の領地にゲートが開くのを止められる。次元界移動を行うものたちは、術者と手をつないでいる必要はない。入口の中に踏み込むことにした者はみな移送される。ゲートを同じ次元界の別の地点に向けて開くことはできない。この呪文は次元界と次元界の間の移動のためにしか作動しないのである。

　術者はごく短い間（術者レベルにつき1ラウンド以内）しかゲートを開いておけない。また、ゲートを開いておくには精神集中が必要で、精神集中が切れれば次元界の間の接続も切れる。

　クリーチャーの招請：ゲート呪文の第二の効果は、他次元界のクリーチャーを呼び出して術者を手伝わせることである（招請効果）。特定の存在あるいは特定種類の存在の名を呼ぶことで、ゲートをそのクリーチャーのすぐそばに開き、相手の望むと望まざるとに関わらず引きずりこむことができる。神格や唯一無二の存在はゲートを通って来るように強制されることはないが、自ら望むなら来ることもできる。呪文をこのように使った場合、できたゲートは呼び出されたクリーチャーを移送するのに充分な時間だけ開いている。この用法は、呼び出したクリーチャーに支払われるべきすべてのコストに加えて、珍しい香と供物10,000GPの物質コストを必要とする。

　特定の個体ではなく、クリーチャーの種類をあげて呼ぶ場合、クリーチャー1体を呼ぶこともできれば、複数のクリーチャーを呼ぶこともできる。どちらの場合でも、合計HDは術者レベ

ルの2倍以下でなければならない。1体の場合、HDが術者レベル以下なら制御できる。HDが術者レベルより大きいなら制御できない。神格や唯一無二の存在はいかなる場合にも制御できない。制御されていない存在は好きなようにふるまうので、このようなクリーチャーを招請するのはかなり危険である。制御されていない存在はいつでも出身次元界に戻ることができる。

より長期の仕事や自発的な仕事を望むなら、その見返りに公正な取引を申し出る必要がある。要求する仕事内容は、約束する利益や報酬と比べて納得のいくものでなければならない。適切な報酬については**レッサー・プレイナー・アライ**の呪文参照。まずいことに、一部のクリーチャーは金ではなく"家畜"で報酬を受け取ろうとするが、これは時として揉めごとの種になる。仕事が終わるやいなや、くだんの存在は術者のそばに現れ、術者はその時その場所で即、約束した報酬を払わねばならない。これがすむとクリーチャーは即座に解放され、出身次元界に戻ることができるようになる。

約束を一字一句違えずに守ることができなければ、最上の場合でも術者はくだんのクリーチャー、あるいはその主君のために仕事をしなければならなくなる。最悪の場合、くだんのクリーチャーやその同族が術者を攻撃することもある。

注：地、水、火、風、善、悪、秩序、混沌のクリーチャーを招請するために使用すると、**ゲート**呪文はその種類の呪文となる。

コーズ・フィアー
Cause Fear／恐怖の喚起

系統：死霊術［恐怖、精神作用］；**呪文レベル**：ウィザード／ソーサラー1、クレリック1、バード1
発動時間：1標準アクション
構成要素：音声、動作
距離：近距離（25フィート＋5フィート／2レベル）
目標：5HD以下の生きているクリーチャー1体
持続時間：1d4ラウンドあるいは1ラウンド；本文参照
セーヴィング・スロー：意志・不完全；**呪文抵抗**：可

作用を受けたクリーチャーは恐れ状態となる。意志セーヴに成功すれば、対象は1ラウンドの間、怯え状態になるだけで済む。6HD以上のクリーチャーは、この効果に完全耐性を持つ。**コーズ・フィアー**は**リムーヴ・フィアー**を相殺し、解呪する。

ゴースト・サウンド
Ghost Sound／幻の音

系統：幻術（虚像）；**呪文レベル**：ウィザード／ソーサラー0、バード0
発動時間：1標準アクション
構成要素：音声、動作、物質（羊毛ひとつまみ、あるいは蝋の小さなかたまり一個）
距離：近距離（25フィート＋5フィート／2レベル）
効果：実体のない音
持続時間：1ラウンド／レベル（解除可）
セーヴィング・スロー：意志・看破；**呪文抵抗**：不可

ゴースト・サウンドを使えば、術者はある程度の音量の音を作り出すことができ、音を高めるのも静めるのも近づかせるの

も一箇所に留まらせるのも自由である。術者は呪文の発動時にどんな種類の音を出すかを決める。それ以後に音の基本的な性格を変えることはできない。

音量は術者のレベルに従い、術者レベルごとに、通常の人間4人ぶんの音を出せる（最大40人ぶん）。これにより話し声、歌声、叫び声、歩いたり行進したり走ったりする足音を作り出せる。**ゴースト・サウンド**呪文の生み出す音は、音量上限以内なら事実上どんな種類の音でもよい。たとえば、ラット（ネズミ）の群が走り回りちゅうちゅう鳴く声は、おおむね8人の人間が走り叫ぶのに相当する。ライオンの咆える声は人間16人ぶん、ドラゴンの咆哮は32人ぶんに相当する。**ゴースト・サウンド**を聞いたものは、看破するための意志セーヴを行う。

ゴースト・サウンドは**サイレント・イメージ**の効果を高めるのにも役立つ。

ゴースト・サウンドは**パーマネンシイ**呪文で永続化させることができる。

コール・ライトニング
Call Lightning／落雷

系統：力術［雷撃］；**呪文レベル**：ドルイド3
発動時間：1ラウンド
構成要素：音声、動作
距離：中距離（100フィート＋10フィート／レベル）
効果：長さ30フィートの垂直に落ちる雷1本以上
持続時間：1分／レベル
セーヴィング・スロー：反応・半減；**呪文抵抗**：可

呪文が完成した直後と、それ以降の各ラウンドに1回、術者は幅5フィート、長さ30フィートで3d6ポイントの［雷撃］ダメージを与える垂直に落ちる雷を呼び降ろすことができる。雷はそれがどんな場所であれ、呪文の距離内（その時点で術者のいる位置から測る）にある、術者が選択した目標地点へ真上から垂直に落ちる。目標となったマスにいたクリーチャーと、落雷の通り道にいたすべてのクリーチャーに作用する。

落雷はすぐさま起こさねばならないわけではない。その前に他のアクションや、呪文の発動さえ行って構わない。ただし、第1ラウンド以降の各ラウンドでは、雷を落とすために術者が標準アクション（呪文に精神集中する）を使用せねばならない。術者は合計で、術者レベルに等しい本数（最大10本）の雷を落とすことができる。

術者が屋外の嵐の吹きすさぶエリアにいる場合——雨が降り注ぎ、暗雲が立ちこめ、風が吹き荒れ、蒸し暑く、視界の悪い状況で、竜巻（ジンやサイズが大型以上のエア・エレメンタルが起こすものも含む）であっても構わない——落雷はそれぞれ3d6ではなく3d10の［雷撃］ダメージを与える。

この呪文は屋内や地下でも機能するが、水中では機能しない。

コール・ライトニング・ストーム
Call Lightning Storm／雷嵐

系統：力術［雷撃］；**呪文レベル**：ドルイド5
距離：長距離（400フィート＋40フィート／レベル）

この呪文はコール・ライトニングと同様だが、落雷はそれぞれ5d6（屋外の嵐の中で発動したなら5d10）ポイントのダメージを与え、最大15本まで雷を落とすことができる。

コーン・オヴ・コールド
Cone of Cold／冷気放射

系統：力術［氷雪］；**呪文レベル**：ウィザード／ソーサラー5
発動時間：1標準アクション
構成要素：音声、動作、物質（小さな円錐形の水晶かガラス1つ）
距離：60フィート
効果範囲：円錐形の爆発
持続時間：瞬間
セーヴィング・スロー：反応・半減；**呪文抵抗**：可

コーン・オヴ・コールドは、術者の手を起点に広がる円錐形の範囲に強烈な冷気を発生させる。それは熱を奪い去り、術者レベルごとに1d6（最大15d6）ポイントの［氷雪］ダメージを与える。

コマンド
Command／命令

系統：心術（強制）［言語依存、精神作用］；**呪文レベル**：クレリック1
発動時間：1標準アクション
構成要素：音声
距離：近距離（25フィート＋5フィート／2レベル）
目標：生きているクリーチャー1体
持続時間：1ラウンド
セーヴィング・スロー：意志・無効；**呪文抵抗**：可

術者が対象に1つの命令を下すと、対象はなるべく早い機会に、全力でそれを遂行する。術者は下すべき命令を以下のリストから選ぶ。

来い：対象は自分のターンに、1ラウンドの間、可能な限り速い速度でできるだけまっすぐ術者の方へと近付く。そのクリーチャーは自分のターンの間、移動以外のことは行えず、この移動は通常通り機会攻撃を誘発する。

落とせ：対象は自分のターンに、持っているものを落とす。落としたアイテムを拾うことは、次のターンになるまでできない。

倒れろ：対象は自分のターンに地面に倒れ、1ラウンドの間、伏せ状態となる。伏せ状態でも通常通り行動できるが、それによるペナルティは受ける。

逃げろ：対象は自分のターンに、1ラウンドの間、可能な限り速い速度で術者から離れる方向へ移動する。そのクリーチャーは自分のターンの間、移動以外のことは行えず、この移動は通常通り機会攻撃を誘発する。

止まれ：対象は1ラウンドの間、その場に立ち尽くす。対象はいかなるアクションもとれないが、無防備状態とはみなされない。

対象が直後の自分のターンに術者の下した命令を実行できない場合、呪文は自動的に失敗する。

グレーター・コマンド
Command, Greater／上級命令

系統：心術（強制）［言語依存、精神作用］；**呪文レベル**：クレリック5
目標：クリーチャー1体／レベル、ただしそのうちのどの2体をとっても30フィート以内の距離に収まっていなければならない
持続時間：1ラウンド／レベル

コマンドと同様だが、レベルごとに1体までのクリーチャーに作用を及ぼすことができ、対象は2ラウンド以上、最初に命じられた行動をとりつづける。命令を受けたクリーチャーはそれぞれ、2度目以降のアクションをとるたび、その開始時にもう一度意志セーヴを行って、呪文から逃れようとすることができる。すべてのクリーチャーに対して同じ命令を下さなければならない。

コマンド・アンデッド
Command Undead／アンデッドへの命令

系統：死霊術；**呪文レベル**：ウィザード／ソーサラー2
発動時間：1標準アクション
構成要素：音声、動作、物質（生肉一切れと骨一かけら）
距離：近距離（25フィート＋5フィート／2レベル）
目標：アンデッド・クリーチャー1体
持続時間：1日／レベル
セーヴィング・スロー：意志・無効；本文参照；**呪文抵抗**：可

この呪文によって、術者は1体のアンデッド・クリーチャーをある程度制御することができる。知性があれば、対象は術者の言葉や行動を最も好意的な見方で解釈する（対象の態度は友好的であるとみなすこと）。呪文が持続する間、対象は術者を攻撃しない。術者は対象に命令することはできるが、対象が通常しないであろうことをさせるためには【魅力】の対抗判定に勝利しなければならない。再挑戦はできない。影響を受けた知性あるアンデッドは自殺的だったり明らかに危害を受けるような命令には従わない。しかし、極めて危険なことでもやってみるだけの価値はあると説得することができるかもしれない。

知性のないアンデッド・クリーチャーはこの呪文に対してセーヴィング・スローを行えない。知性なき存在を操る際には、術者は「こっちへ来い」、「あそこへ行け」、「戦え」、「そこに立っていろ」などといった基本的な命令しか伝えることができない。知性のないアンデッドは自殺的だったり明らかに危害を受けるような命令に抵抗しない。

いかなるものであれ、術者と術者の仲間であることが明らかな者たちが（知性のあるなしに関わらず）命令下にあるアンデッドを脅かす行動をとった場合、呪文は破れてしまう。

命令はテレパシーによって与えられるものではない。アンデッド・クリーチャーが術者の言うことを聞けなければならない。

コマンド・プランツ
Command Plants／植物への命令

系統：変成術；**呪文レベル**：ドルイド4、レンジャー3
発動時間：1標準アクション
構成要素：音声

距離：近距離（25フィート＋5フィート／2レベル）
目標：2HD／レベルぶんまでの植物クリーチャー、ただしそのうちのどの2体をとっても30フィート以内の距離に収まっていなければならない
持続時間：1日／レベル
セーヴィング・スロー：意志・無効；**呪文抵抗**：可

　この呪文によって、術者は1体以上の植物クリーチャーをある程度制御することができる。作用を受けた植物クリーチャーは術者の言うことを理解し、術者の言葉や行動を最も好意的な見方で解釈する（対象の態度は友好的であるとみなすこと）。呪文が持続する間、対象は術者を攻撃しない。術者は対象に命令しようとすることはできるが、対象が通常しないであろうことをさせるためには【魅力】の対抗判定に勝利しなければならない（再挑戦はできない）。命令を受けた植物クリーチャーは自殺的だったり明らかに危害を受けるような命令には従わない。しかし、極めて危険なことでもやってみるだけの価値はあると説得することができるかもしれない。

　術者は、レベルやHDの合計が術者レベルの2倍以下ならば、複数の植物クリーチャーに作用を及ぼすことができる。

コミューン
Commune／交神

系統：占術；**呪文レベル**：クレリック5
発動時間：10分
構成要素：音声、動作、物質（聖水（あるいは邪水）と500GPの価値のある香）、信仰
距離：自身
目標：術者
持続時間：1ラウンド／レベル

　術者は自分の神格、あるいはその代理人と交信し、単純な「然り」か「否」で答えられる質問をすることができる（特定の神格を持たないクレリックは、似通った哲学を有する神格と交信する）。術者はそうした質問を術者レベルごとに1つ行うことができる。与えられる回答は、その存在の知識が及ぶ限りでは正しいものだ。「定かならず」というのも、ひとつの正当な答えである。外方次元界の力ある存在といえど、必ずしも全知ではないのだから。一言での回答では誤解や神格の利害に反する結果を招く恐れがある場合、GMは代わりに短文（日本語で15文字以内）の回答を与えるべきである。

　呪文は、せいぜいキャラクターの決断を補助する情報を提供する程度のものでしかない。交信を受けた存在は自分の目的に都合がよくなるように回答を組み立てる。術者がぐずぐずしていたり、回答について議論したり、何かしら別のことを始めてしまったら、呪文は終了する。

コミューン・ウィズ・ネイチャー
Commune with Nature／自然との交信

系統：占術；**呪文レベル**：ドルイド5、レンジャー4
発動時間：10分
構成要素：音声、動作

距離：自身
目標：術者
持続時間：瞬間

　術者は自然とひとつになることで周辺地域に関する知識を獲得する。術者は即座に、以下の事項に関する事実を3つまで識ることができる：地質、地形、植物、鉱物、水域、住民、大体どんな動物がどれだけ住んでいるか、森に住むクリーチャーの存在、自然ならざる強力なクリーチャーの存在、さらには自然環境の概要も知ることができる。

　野外環境では、この呪文は術者レベルごとに半径1マイルの範囲に作用する。自然の地下環境——鍾乳洞や洞窟など——では、呪文は力が衰え、範囲は術者レベルごとに100フィートに制限される。この呪文は、かつては自然の環境だったが今では建造物や定住地になった場所（ダンジョンや街の中）では機能しない。

コンセクレイト
Consecrate／聖別

系統：力術［善］；**呪文レベル**：クレリック2
発動時間：1標準アクション
構成要素：音声、動作、物質（聖水1ビンと25GP相当の銀粉）、信仰
距離：近距離（25フィート＋5フィート／2レベル）
効果範囲：半径20フィートの放射
持続時間：2時間／レベル
セーヴィング・スロー：不可；**呪文抵抗**：不可

　この呪文は効果範囲を祝福し、正のエネルギーで満たす。効果範囲内で正のエネルギー放出に抵抗する際のDCは＋3の清浄ボーナスを得る。**コンセクレイト**の効果範囲に入ったアンデッドはそれぞれ軽度の損耗を被り、攻撃ロール、ダメージ・ロール、セーヴに−1のペナルティを被る。**コンセクレイト**の範囲の内側でアンデッド・クリーチャーを創造したり、効果範囲内へとアンデッド・クリーチャーを招来したりすることはできない。聖別された範囲内に祭壇や社などの、術者の崇める神格やパンテオン、属性を同じくする高位の力に捧げられた恒久的な施設がある場合、上記の修正値は2倍となる（正のエネルギー放出のDCに＋6の清浄ボーナス、範囲内のアンデッドに−2のペナルティ）。

　術者は自分の守護者でない神格を祀った同様の施設のある範囲を聖別することはできない。その代わり、**コンセクレイト**呪文は効果範囲に呪いをかけ、それらの神格や力とのつながりを断つ。この第二の用法を使用した場合、上に挙げたアンデッドに関するボーナスやペナルティは与えられない。

　コンセクレイトはディセクレイトを相殺し、解呪する。

コンタクト・アザー・プレイン
Contact Other Plane／他の次元界との交信

系統：占術；**呪文レベル**：ウィザード／ソーサラー5
発動時間：10分
構成要素：音声
距離：自身

コンタクト・アザー・プレイン

交信した次元界	【知】／【魅】減少の回避	正答	不知	嘘	でたらめ
元素界	DC7／1週間	01～34	35～62	63～83	84～100
正／負のエネルギー界	DC3／1週間	01～39	40～65	66～86	87～100
アストラル界	DC9／1週間	01～44	45～67	68～88	89～100
外方次元界、半神格	DC10／2週間	01～49	50～70	71～91	92～100
外方次元界、下級神格	DC12／3週間	01～60	61～75	76～95	96～100
外方次元界、中級神格*	DC14／4週間	01～73	74～81	82～98	99～100
外方次元界、上級神格	DC16／5週間	01～88	89～90	91～99	100

* Pathfinder Chronicles setting（未訳）の外方次元界と交信している場合、この表の中級神格の行を用いること。

目標：術者

持続時間：精神集中

　術者は自分の精神を他の次元界（元素界やさらに遠方の隔絶した次元界）へ送り、その土地の諸力から助言と情報を得る。起こり得る経緯と試みの結果については表参照。諸力は術者の理解できる言葉で応答してくれるが、彼らはそのような交信を不快に感じるため、術者の質問に対してそっけない返答しかしてくれない。すべての質問に「然り」「否」「ありうる」「ありえぬ」「無意味」などのような1語で回答する。

　1ラウンドに1つの割合で質問をするために、術者は呪文を維持することに精神集中せねばならない（標準アクション）。力ある存在はそのラウンドのうちに質問に答えてくれる。術者は、術者レベル2レベルごとに1つの質問をすることができる。

　より離れた次元界の意識と接触すれば、正解を正しく答えてくれるチャンスが増えるが、同時に異なる精神構造に圧倒され【知力】や【魅力】が減少する可能性も増す。外方次元界にまで達すると、あとは交信した神格の力次第で効果が決まる（表からランダムに得られた結果は、GMの判断による変更や、個々の神格の個性などによって左右される）。めったにないことだが、この占術はある種の神格や勢力の行為により妨害されることがありうる。

　【知】／【魅】減少の回避：【知力】と【魅力】の減少を回避するには、術者はこのDCに対して【知力】判定に成功しなければならない。判定に失敗した場合、術者の【知力】と【魅力】の能力値は、ここに示された期間中8に下がり、秘術呪文を発動することができなくなってしまう。術者はこの判定に出目10を使用することはできない。術者の【知力】と【魅力】が減少した場合、その効果は最初の質問をした直後に起こるため、何も回答を得ることはできない。接触に成功したならd%をロールし、術者が得た回答の種類を決める。

　正答：術者は真実の答えを1語で受け取る。この方法で答えられない質問だった場合はでたらめな答えになる。

　不知：その存在は、それについては知らないと術者に伝える。

　嘘：その存在は術者に対して故意に嘘をつく。

　でたらめ：その存在は嘘をつこうとするが、そもそも答えを知らないので、適当な答えをでっちあげる。

コンテイジョン

Contagion／伝染病

系統：死霊術［悪］；**呪文レベル**：ウィザード／ソーサラー4、クレリック3、ドルイド3

発動時間：1標準アクション

構成要素：音声、動作

距離：接触

目標：接触した生きているクリーチャー1体

持続時間：瞬間

セーヴィング・スロー：頑健・無効；**呪文抵抗**：可

　対象は以下の病気のうちの1つにかかる：赤腫れ病、狂笑熱、失明病、焼脳病、腺ペスト、震え病、溶死病。その病気は即座に発症する（潜伏期間なし）。発症後の効果を決定する際には、病気の一覧にある頻度とセーヴDCを使用すること。これらの病気の詳細な情報については、p.614参照。

コンティニュアル・フレイム

Continual Flame／尽きせぬ炎

系統：力術［光］；**呪文レベル**：ウィザード／ソーサラー2、クレリック3

発動時間：1標準アクション

構成要素：音声、動作、物質（50GP相当のルビーの粉末）

距離：接触

目標：接触した物体1つ

効果：魔法の熱なき炎

持続時間：永続

セーヴィング・スロー：不可；**呪文抵抗**：不可

　術者が接触した物体1つから、松明と同じ明るさの炎が発生する。炎は普通の火のように見えるが、熱を発せず、酸素も消費しない。**コンティニュアル・フレイム**の炎は覆ったり隠したりできるが、覆うことや水に濡れることで消えたりはしない。［光］呪文は同レベル以下の［闇］呪文を相殺し、解呪する。

コンティンジェンシィ

Contingency／もしもの備え

系統：力術；**呪文レベル**：ウィザード／ソーサラー6

発動時間：少なくとも10分；本文参照

構成要素：音声、動作、物質（水銀と、呪文を使うクリーチャーのまつ毛1本）、焦点（1,500GP相当の価値のある象牙で作られ

た術者自身の小像）

距離：自身

目標：術者

持続時間：1日／レベル（解除可）、あるいはチャージ消費（作動）するまで

　術者は自分自身にもう1つ他の呪文をかけ、**コンティンジェンシィ**の発動時点で定めておいた条件が満たされれば、その呪文の効果が現れるようにしておくことができる。**コンティンジェンシィ**呪文および併用した呪文の発動は同時に行う。10分という発動時間は、両方の発動にかかる最短時間である。併用した呪文の発動時間が10分より長い場合、そちらの発動時間を用いること。術者は**コンティンジェンシィ**の発動時点で併用した呪文に関するすべてのコストを払わねばならない。

　コンティンジェンシィを用いて効果を現すようにできるのは、術者自身に作用する呪文で、呪文レベルが術者レベルの1/3以下（端数切り捨て、最高で呪文レベル6まで）のものに限られる。

　呪文が効果を現すのに必要な条件は明確でなければならないが、大まかなもので構わない。いずれにせよ、あらかじめ定めておいた状況が発生した時点で、**コンティンジェンシィ**は併用した呪文の効果を即座に発揮させ、その呪文は即座に"発動"される。あらかじめ定めておいた条件が判りにくかったり複雑なものだった場合、いざという時に組み合わせた呪文全体（**コンティンジェンシィ**と併用した魔法）が機能してくれないことがある。併用した呪文は、術者が望むか望まないかに関わりなく、定められた条件に基づいてのみ効果を現すのだ。

　術者は複数の**コンティンジェンシィ**を同時に用いることはできない。2つ目を発動した場合、先にかけた方は解呪される（まだ稼動中ならば）。

コントロール・アンデッド
Control Undead／アンデッド制御

系統：死霊術；**呪文レベル**：ウィザード／ソーサラー7

発動時間：1標準アクション

構成要素：音声、動作、物質（骨のかけら1つと、生の肉片1つ）

距離：近距離（25フィート＋5フィート／2レベル）

目標：2HD／レベル相当までのアンデッド・クリーチャー、ただしそのうちのどの2体をとっても30フィート以内の距離に収まっていなければならない

持続時間：1分／レベル

セーヴィング・スロー：意志・無効；**呪文抵抗**：可

　この呪文で術者は短時間、アンデッド・クリーチャーを制御できるようになる。術者はアンデッドに声で命令を下し、術者がどんな言語で話そうと、アンデッドはそれを理解する。声で意思疎通することが不可能な場合でも、制御下にあるアンデッドが術者を攻撃することはない。呪文が切れれば、対象は通常の行動様式を取り戻す。

　知性あるアンデッドは、術者が彼らを制御していたことを憶えており、呪文の効果が終わった後に復讐を試みる可能性がある。

コントロール・ウィンズ
Control Winds／風の制御

系統：変成術［風］；**呪文レベル**：ドルイド5

発動時間：1標準アクション

構成要素：音声、動作

距離：40フィート／レベル

効果範囲：半径40フィート／レベル、高さ40フィートの円筒形

持続時間：10分／レベル

セーヴィング・スロー：頑健・無効；**呪文抵抗**：不可

　術者は自分の周囲の風の力を変化させる。術者は特定の向きや吹き方で風を吹かせたり、風力を増減させたりすることができる。新たな風向きと風力は、呪文が終了するか、術者自身が精神集中をして変化させるまで持続する。望むなら、術者は効果範囲の中心に、直径80フィートまで風の穏やかな"目"を作ることができる。また、術者は自分の上限より狭い円筒形の範囲に効果を制限することもできる。

　風向き：術者は呪文の効果範囲内に起こす風の基本的な吹き方を以下の4つの中から1つ選択できる。

- 吹き下ろす風。中心から外側に向け、全方向に同じ強さで吹かせる。
- 吹き上がる風。外緑部から中心に向け、全方向から同じ強さで吹き寄せ、中心の目に当たる直前で上に向きを変える。
- 旋回する風。中心の周囲に円を描くようにして、時計回りか反時計回りに吹かせる。
- 突風。一方の端から反対側に向け、効果範囲全体を横切るように一方向に吹かせる。

　風力：術者レベル3レベルごとに、術者は風力を1段階増減できる。毎ラウンド術者のターンに風の中のクリーチャーは頑健セーヴを行い、失敗すると風の吹いている範囲内にいる場合の効果を被る。詳細は13章参照。

　疾風（時速21マイル以上）では船での帆走が難しくなる。

　強風（時速31マイル以上）は小船や建物にダメージを与える。

　暴風（時速51マイル以上）は、ほとんどの飛行クリーチャーを墜落させ、小さな木々を根本から倒し、簡単な造りの木製建造物を倒壊させ、屋根を引きはがし、船舶を危険に陥らせる。

　台風クラスの風（時速75マイル以上）は木製建築物を破壊し、大きな木々を根本から倒し、ほとんどの船を浸水沈没させる。

　竜巻（時速175マイル以上）は、補強構造のないあらゆる建物を破壊し、大きな木々も多くが根本から倒されてしまう。

コントロール・ウェザー
Control Weather／天候制御

系統：変成術；**呪文レベル**：ウィザード／ソーサラー7、クレリック7、ドルイド7

発動時間：10分；本文参照

構成要素：音声、動作

距離：2マイル

効果範囲：術者を中心とした半径2マイルの円；本文参照

持続時間：4d12時間；本文参照

セーヴィング・スロー：不可；**呪文抵抗**：不可

術者は現在いる地域の天候を変えることができる。この呪文の発動には10分かかり、効果がはっきりと現れるまでにさらに10分かかる。術者は、自分がいる地域の気候と季節に応じた天候を生じさせることができる。また、穏やかで自然な天候にもできる。

季節	起こせる天候
春	竜巻、雷雨、みぞれを伴う嵐、曇天
夏	豪雨、熱波、ひょうを伴う嵐
秋	曇天か寒冷、濃霧、みぞれ
冬	凍寒、吹雪、雪解け
晩冬あるいは早春	台風級の風、あるいは時ならぬ春

術者は風向きや風力といった、天候の大まかな傾向を制御できる。しかし天候の個々の現象——たとえば、どこに雷が落ちるかや、どこをどう竜巻が通って行くか——までは制御できない。この天候は術者が放置しておけば持続時間中ずっと続くが、標準アクションを1回使えば新たな天候を指定することもできる（完全にその状態になるのは10分後である）。両立し得ない天候を同時に起こすのは不可能である。

コントロール・ウェザーは、気象現象を発生させるだけでなく取り除くこともできる（自然発生したものか否かに関わらず）。

ドルイドがこの呪文を発動した場合、持続時間が2倍になり、半径3マイルの円形の範囲に作用する。

コントロール・ウォーター
Control Water／水位制御

系統：変成術［水］；**呪文レベル**：ウィザード／ソーサラー6、クレリック4、ドルイド4
発動時間：1標準アクション
構成要素：音声、動作、物質／信仰（**水位上昇**では水を1滴、**水位低下**では埃をひとつまみ）
距離：長距離（400フィート＋40フィート／レベル）
効果範囲：体積10フィート／レベル×10フィート／レベル×2フィート／レベルの水（自在）
持続時間：10分／レベル（解除可）
セーヴィング・スロー：不可；本文参照；**呪文抵抗**：不可

この呪文は2つの異なる用法があり、異なる手段で水を制御する。1つ目のバージョンは水を蒸発させたり地面の中へ染み込ませたりして水位を下げる。もう1つのバージョンは水を急増させて水位を上げ、結果として水深を増し、周囲に氾濫を引き起こすこともあり得る。

水位低下：これは水や同様の液体の水位を術者レベルごとに2フィート低下させる（最低でも深さ1インチぶんの液体は残る）。水面の沈下は、1辺の長さが術者レベル×10フィートまでの四角形の内側に起こる。この呪文を、深い大洋のような非常に広く深い水塊で使用すると渦巻きが発生する。渦巻きは船や同様の乗り物を水位の低い方へと吸い寄せることで危険な状態に陥らせ、持続時間中通常の移動では抜け出すことができないようにしてしまう。ウォーター・エレメンタルなどの水に関わりのあるクリーチャーに対して発動した場合、この呪文は**スロー**呪文として機能する（意志・無効）。それ以外のクリーチャーに対しては効果がない。

水位上昇：水位低下バージョンが水位を下げるのと同じように、こちらは水や同様の液体の水位を上昇させる。これによって持ち上げられたボートは、呪文が作り出した隆起の側面を滑り落ちていく。この呪文が作用した範囲に川岸や海岸、その他の陸地が含まれていた場合、水は陸地にあふれ出す。

どちらのバージョンでも平面的な効果範囲を変えるために、片方の軸を半分に、もう片方を2倍にすることができる。

コントロール・プランツ
Control Plants／植物制御

系統：変成術；**呪文レベル**：ドルイド8
発動時間：1標準アクション
構成要素：音声、動作、信仰
距離：近距離（25フィート＋5フィート／2レベル）
目標：2HD／レベル相当までの植物クリーチャー、ただしそのうちのどの2体をとっても30フィート以内の距離に収まっていなければならない
持続時間：1分／レベル
セーヴィング・スロー：意志・無効；**呪文抵抗**：不可

この呪文で術者は短時間、1体以上の植物クリーチャーの行動を制御することができるようになる。術者はクリーチャーに声で命令を下し、術者がどんな言語で話そうと、クリーチャーはそれを理解する。声で意思疎通することが不可能な場合でも、制御下にある植物が術者を攻撃することはない。呪文が切れれば、対象は通常の行動様式を取り戻す。

自殺的あるいは自己破壊的な命令は単に無視される。

コンフュージョン
Confusion／精神混乱

系統：心術（強制）［精神作用］；**呪文レベル**：ウィザード／ソーサラー4、バード3
発動時間：1標準アクション
構成要素：音声、動作、物質／信仰（3個のナッツ（クルミ、ドングリなどの堅果）の殻）
距離：中距離（100フィート＋10フィート／レベル）
目標：半径15フィートの爆発内の全クリーチャー
持続時間：1ラウンド／レベル
セーヴィング・スロー：意志・無効；**呪文抵抗**：可

この呪文により目標は混乱状態となり、自分の行動を自分で決めることができなくなる。毎ラウンド、対象それぞれのターンの開始時に以下の表でロールを行い、対象がそのラウンドに何をするか決定すること。

d%	行動
01〜25	通常通りに行動する。
26〜50	何もせず、辻褄の合わぬことをぺちゃくちゃとしゃべる。
51〜75	手に持っているアイテムで自分に1d8＋【筋力】修正値のダメージを与える。
76〜100	最寄りのクリーチャーを攻撃する（最寄りのクリーチャーを決める上では、使い魔は対象の"自分"の一部であるとみなす）。

混乱状態のキャラクターが表で指示された行動を実行できない場合、そのキャラクターは何もせず、辻褄の合わぬことをぺちゃくちゃとしゃべる。混乱状態のキャラクターを攻撃しても、攻撃側は何ら特別な利点を得るわけではない。攻撃されれば、混乱状態のキャラクターは次のターン（そのターンもまだ混乱状態であったなら）、自動的にその攻撃者を攻撃する。混乱状態のキャラクターは、（直前のアクションで攻撃したか、直前に攻撃されたかして）すでに攻撃すると決めているクリーチャー以外に対しては、機会攻撃を行わないことに注意。

レッサー・コンフュージョン
Confusion, Lesser／下級精神混乱

系統：心術（強制）［精神作用］；**呪文レベル**：バード1
発動時間：1標準アクション
構成要素：音声、動作、信仰
距離：近距離（25フィート＋5フィート／2レベル）
目標：生きているクリーチャー1体
持続時間：1ラウンド
セーヴィング・スロー：意志・無効；**呪文抵抗**：可

　この呪文は1体のクリーチャーを1ラウンドの間、混乱状態にする。

コンプリヘンド・ランゲージズ
Comprehend Languages／言語理解

系統：占術；**呪文レベル**：ウィザード／ソーサラー1、クレリック1、バード1
発動時間：1標準アクション
構成要素：音声、動作、物質／信仰（ひとつまみの塩と煤）
距離：自身
目標：術者
持続時間：10分／レベル

　術者はクリーチャーが話す言葉を理解するか、理解できない言語で書かれた文を読むことができる。読む能力が授かったからといっても、それはただ字義通りの意味がわかるだけであって、必ずしも内容に関する洞察を授けてくれるわけではない。この呪文によって、術者は未知の言語を理解ないし読解できるようになるが、話したり書いたりできるようにはならない。

　文書は1分につき1ページ（日本語で750文字）の速度で読むことができる。魔法の文書は、それが魔法的なものであることだけはわかるが、読むことはできない。この呪文はある種の防護魔法（イリューソリイ・スクリプトやシークレット・ページ呪文など）により妨げられることがある。呪文は暗号を解読し

たり、一見普通の文章の中に隠されたメッセージを明らかにしてくれるわけではない。

　コンプリヘンド・ランゲージズはパーマネンシイ呪文で永続化させることができる。

サークル・オヴ・デス
Circle of Death／死の魔法円

系統：死霊術［即死］；**呪文レベル**：ウィザード／ソーサラー6
発動時間：1標準アクション
構成要素：音声、動作、物質（500GPの価値があるブラック・パール（黒真珠）1個を砕いた粉末）
距離：中距離（100フィート＋10フィート／レベル）
効果範囲：半径40フィートの爆発内にいる生きているクリーチャー数体
持続時間：瞬間
セーヴィング・スロー：頑健・無効；**呪文抵抗**：可

　サークル・オヴ・デスは生きているクリーチャーの生命力を消し去り、即死させる。この呪文は術者レベルごとに1d4HD（最大20d4）相当の生きているクリーチャーを抹殺する。最もヒット・ダイスの低いクリーチャーから順に作用していく；ヒット・ダイスが同じクリーチャーについては、爆発の起点に近いものから作用する。ヒット・ダイスが9以上のクリーチャーには作用せず、クリーチャー1体に作用するのに足りなかったぶんのヒット・ダイス数は無駄になってしまう。

サイレンス
Silence／静寂

系統：幻術（幻覚）；**呪文レベル**：クレリック2、バード2
発動時間：1ラウンド
構成要素：音声、動作
距離：長距離（400フィート＋40フィート／レベル）
効果範囲：クリーチャー、物体、空間の一点を中心とした半径20フィートの放射
持続時間：1ラウンド／レベル（解除可）
セーヴィング・スロー：意志・無効（本文参照）あるいは不可（物体）；**呪文抵抗**：可（本文参照）あるいは不可（物体）

　この呪文を発動すると、完璧な静寂が作用範囲を包む。すべての音は消える。会話は不可能で、音声要素のある呪文は発動できず、いかなる音も範囲内から発生することも、範囲内に入ってくることも、範囲内を通り抜けることもない。この呪文は空間の一点にかけることができるが、動かせる物体にかけたのでなければ、効果範囲を動かすことはできない。呪文はクリーチャーを中心にかけることもでき、その場合、その効果はクリーチャーから発することとなり、クリーチャーが移動するのに伴って移動する。同意しないクリーチャーは呪文を無効化するために意志セーヴを試みたり、あるならば呪文抵抗を使うことができる。魔法のアイテムやクリーチャーが所持しているアイテムのうち、音を発するものは、セーヴと呪文抵抗を行うことができる。クリーチャーが所持していないアイテムと空間の一点は行うことができない。サイレンス呪文の効果範囲にいるク

リーチャーは、[音波]や[言語依存]の攻撃、呪文、効果に完全耐性を得る。

サイレント・イメージ

Silent Image／音なき幻像

系統：幻術（虚像）；**呪文レベル**：ウィザード／ソーサラー1、バード1

発動時間：1標準アクション

構成要素：音声、動作、焦点（羊毛少し）

距離：長距離（400フィート＋40フィート／レベル）

効果：一辺10フィートの立方体の区画4＋1個／レベル分までしか広がれない視覚的な虚像（自在）

持続時間：精神集中

セーヴィング・スロー：意志・看破（やりとりがあった場合）；

呪文抵抗：不可

　この呪文は術者の思い描いた、物体、クリーチャー、集団の視覚的な幻影を作り出す。この幻術が音や匂い、手触りや温度感覚を作り出すことはない。術者は効果の大きさ制限内であれば、イメージを動かすことができる。

サウンド・バースト

Sound Burst／音響炸裂

系統：力術［音波］；**呪文レベル**：クレリック2、バード2

発動時間：1標準アクション

構成要素：音声、動作、焦点／信仰（小さな楽器）

距離：近距離（25フィート＋5フィート／2レベル）

効果範囲　半径10フィートの拡散

持続時間：瞬間

セーヴィング・スロー：頑健・不完全；**呪文抵抗**：可

　術者は効果範囲に強烈かつ不快な音を炸裂させる。範囲内のクリーチャーは1d8ポイントの［音波］ダメージを被り、頑健セーヴに成功しなければ、1ラウンドの間、朦朧状態となる。もともと聴覚喪失状態のクリーチャーは朦朧状態になることはないが、ダメージは受ける。

サジェスチョン

Suggestion／示唆

系統：心術（強制）［言語依存、精神作用］；**呪文レベル**：ウィザード／ソーサラー3、バード2

発動時間：1標準アクション

構成要素：音声、物質（蛇の舌と、蜂の巣）

距離：近距離（25フィート＋5フィート／2レベル）

目標：生きているクリーチャー1体

持続時間：1時間／レベルあるいは完了するまで

セーヴィング・スロー：意志・無効；**呪文抵抗**：可

　術者は、どのように行動すべきかを（1、2文以内で）示唆することで、目標クリーチャーの行動に影響を与える。**サジェスチョン**の内容は、その行動がもっともらしく聞こえるような形で告げてやらねばならない。明らかに相手の害となる行動は、この呪文の効果を自動的に無効化する。

示唆した行動内容は、持続時間が終わるまで続くことがある。示唆した行動が短時間で完了してしまった場合、呪文は対象が要求されたことをやり終えた時点で終了する。術者は持続時間中に特殊な行動を喚起する条件を指定することもできる。呪文が切れるまでに条件が満たされなかった場合、その行動は行われない。

　サジェスチョンの内容が非常にもっともらしければ、セーヴに（−1、−2のような）ペナルティがつく。

マス・サジェスチョン

Suggestion, Mass／集団示唆

系統：心術（強制）［言語依存、精神作用］；**呪文レベル**：ウィザード／ソーサラー6、バード5

距離：中距離（100フィート＋10フィート／レベル）

目標：生きているクリーチャー1体／レベル、ただしそのうちのどの2体をとっても30フィート以内の距離に収まっていなければならない

　この呪文は**サジェスチョン**と同様に機能するが、複数のクリーチャーに作用する。すべてのクリーチャーに同一の内容の**サジェスチョン**がなされる。

サモン・インストゥルメント

Summon Instrument／楽器招来

系統：召喚術（招来）；**呪文レベル**：バード0

発動時間：1ラウンド

構成要素：音声、動作

距離：0フィート

効果：招来された手持ち式の楽器1つ

持続時間：1分／レベル（解除可）

セーヴィング・スロー：不可；**呪文抵抗**：不可

　この呪文は術者の選んだ手持ち式の楽器を1つ招来する。楽器は術者の手の中か足元に出現する（どちらにするかは術者が選択）。楽器はその種類の典型的なものである。1回の呪文発動では1個の楽器だけが招来され、その楽器は術者にしか鳴らせない。両手で持ちきれない大きさの楽器を招来することはできない。招来した楽器は呪文の終了時に消えてなくなる。

サモン・スウォーム

Summon Swarm／群れの招来

系統：召喚術（招来）；**呪文レベル**：ウィザード／ソーサラー2、ドルイド2、バード2

発動時間：1ラウンド

構成要素：音声、動作、物質／信仰（真四角の赤い布）

距離：近距離（25フィート＋5フィート／2レベル）

効果：バットかスパイダーかラットのスウォーム1つ

持続時間：精神集中＋2ラウンド

セーヴィング・スロー：不可；**呪文抵抗**：不可

　術者はバット・スウォーム、スパイダー・スウォーム、ラット・スウォームのいずれか（術者が選択）を招来する。スウォームはそのエリア内にいる他のすべてのクリーチャーを攻撃する。

術者は、スウォームが他のクリーチャーと重なるようにスウォームを招来してもよい。もしスウォームのエリア内に生きているクリーチャーがいなければ、スウォームは一番近いクリーチャーを全力で攻撃し追跡する。術者がスウォームの目標や移動方向を決められるわけではない。

サモン・ネイチャーズ・アライI
Summon Nature's Ally I／自然の友招来I

系統：召喚術（招来）；**呪文レベル**：ドルイド1、レンジャー1
発動時間：1ラウンド
構成要素：音声、動作、信仰
距離：近距離（25フィート＋5フィート／2レベル）
効果：招来されたクリーチャー1体
持続時間：1ラウンド／レベル（解除可）
セーヴィング・スロー：不可；**呪文抵抗**：不可

この呪文は自然のクリーチャー（一般的に動物、フェイ、魔獣、エレメンタルの副種別の来訪者、巨人など）を1体招来する。そのクリーチャーは、術者のターンに術者の指定した場所に現れ、即座に行動する。このクリーチャーは術者の敵を最善を尽くして攻撃する。もし術者がこのクリーチャーと意思疎通できるなら、攻撃を控えさせたり、特定の敵を攻撃させたり、他の行動をとるよう指図することができる。

招来されたモンスターは、他のクリーチャーを招来したり、その他の手段で召喚したりすることはできない。また、瞬間移動や次元間移動の能力を用いることもできない。クリーチャーは、そのクリーチャーの生存できる環境にしか招来できない。この呪文で呼び出されたクリーチャーは高価な物質要素を必要とする呪文やそういった呪文を複製する擬似呪文能力（ウィッシュなど）を使用することはできない。

この呪文は表10-1の1レベルに記されているクリーチャーの中から1体を召喚する。どのクリーチャーを招来するかは術者が選択でき、この呪文を発動するごとに別のクリーチャーを選択しても良い。表の中のクリーチャーは特記ないかぎり中立である。

招来されたクリーチャーが属性を持っていたりエレメンタルの副種別を持っているなら、招来する呪文もその種別であるとみなされる。この呪文で招来された、属性の副種別を持たないすべてのクリーチャーは、本来の属性とは関わりなく術者と同じ属性を持っている。これらのクリーチャーを招来する呪文も、術者と同じ属性の呪文だとみなされる。

サモン・ネイチャーズ・アライII
Summon Nature's Ally II／自然の友招来II

系統：召喚術（招来）［本文参照］；**呪文レベル**：ドルイド2、レンジャー2

サモン・ネイチャーズ・アライIと同様だが、2レベルのクリーチャーを1体招来するか、1レベルの同種のクリーチャーを1d3体招来する。

サモン・ネイチャーズ・アライIII
Summon Nature's Ally III／自然の友招来III

系統：召喚術（招来）［本文参照］；**呪文レベル**：ドルイド3、レンジャー3

サモン・ネイチャーズ・アライIと同様だが、3レベルのクリーチャーを1体招来するか、2レベルの同種のクリーチャーを1d3体招来するか、1レベルの同種のクリーチャーを1d4＋1体招来することができる。

サモン・ネイチャーズ・アライIV
Summon Nature's Ally IV／自然の友招来IV

系統：召喚術（招来）［本文参照］；**呪文レベル**：ドルイド4、レンジャー4

サモン・ネイチャーズ・アライIと同様だが、4レベルのクリーチャーを1体招来するか、3レベルの同種のクリーチャーを1d3体招来するか、それより低いレベルの同種のクリーチャーを1d4＋1体招来することができる。

サモン・ネイチャーズ・アライV
Summon Nature's Ally V／自然の友招来V

系統：召喚術（招来）［本文参照］；**呪文レベル**：ドルイド5

サモン・ネイチャーズ・アライIと同様だが、5レベルのクリーチャーを1体招来するか、4レベルの同種のクリーチャーを1d3体招来するか、それより低いレベルの同種のクリーチャーを1d4＋1体招来することができる。

サモン・ネイチャーズ・アライVI
Summon Nature's Ally VI／自然の友招来VI

系統：召喚術（招来）［本文参照］；**呪文レベル**：ドルイド6

サモン・ネイチャーズ・アライIと同様だが、6レベルのクリーチャーを1体招来するか、5レベルの同種のクリーチャーを1d3体招来するか、それより低いレベルの同種のクリーチャーを1d4＋1体招来することができる。

サモン・ネイチャーズ・アライVII
Summon Nature's Ally VII／自然の友招来VII

系統：召喚術（招来）［本文参照］；**呪文レベル**：ドルイド7

サモン・ネイチャーズ・アライIと同様だが、7レベルのクリーチャーを1体招来するか、6レベルの同種のクリーチャーを1d3体招来するか、それより低いレベルの同種のクリーチャーを1d4＋1体招来することができる。

サモン・ネイチャーズ・アライVIII
Summon Nature's Ally VIII／自然の友招来VIII

系統：召喚術（招来）［本文参照］；**呪文レベル**：ドルイド8

サモン・ネイチャーズ・アライIと同様だが、8レベルのクリーチャーを1体招来するか、7レベルの同種のクリーチャーを1d3体招来するか、それより低いレベルの同種のクリーチャーを1d4＋1体招来することができる。

呪文 10

サモン・ネイチャーズ・アライIX
Summon Nature's Ally IX／自然の友招来IX

系統：召喚術（招来）［本文参照］；**呪文レベル**：ドルイド9

　サモン・ネイチャーズ・アライIと同様だが、9レベルのクリーチャーを1体招来するか、8レベルの同種のクリーチャーを1d3体招来するか、それより低いレベルの同種のクリーチャーを1d4＋1体招来することができる。

サモン・モンスターI
Summon Monster I／怪物招来I

系統：召喚術（招来）［本文参照］；**呪文レベル**：ウィザード／ソーサラー1、クレリック1、バード1
発動時間：1ラウンド
構成要素：音声、動作、焦点／信仰（小さな鞄と小さなろうそく）
距離：近距離（25フィート＋5フィート／2レベル）
効果：招来されたクリーチャー1体
持続時間：1ラウンド／レベル（解除可）
セーヴィング・スロー：不可；**呪文抵抗**：不可

　この呪文は他次元界クリーチャー（来訪者、エレメンタル、他の次元界出身の魔獣のいずれかであることが多い）を1体招来する。そのクリーチャーは、術者のターンに術者の指定した場所に現れ、即座に行動する。このクリーチャーは術者の敵を最善を尽くして攻撃する。もし術者がこの来訪者と意思疎通できるなら、攻撃を控えさせたり、特定の敵を攻撃させたり、他の行動をとるよう指図することができる。この呪文は表10-2の1レベルのリストからクリーチャーを1体召喚する。どのクリーチャーを招来するかは術者が選び、この呪文を発動するたびに異なるものを選択することができる。

　招来されたモンスターは、他のクリーチャーを招来したり、その他の手段で召喚したりすることはできない。また、瞬間移動や次元間移動の能力を用いることもできない。クリーチャーは、そのクリーチャーの生存できる環境にしか招来できない。この呪文で呼び出されたクリーチャーは高価な物質要素を必要とする呪文やそういった呪文を複製する擬似呪文能力（**ウィッシュ**など）を使用することはできない。

　招来されたクリーチャーが属性を持っていたりエレメンタルの副種別を持っているなら、招来する呪文もその種別であるとみなされる。表10-2で“*”でマークされたクリーチャーは、術者が善の属性ならばセレスチャル種テンプレートを、術者が悪の属性ならばフィーンディッシュ種テンプレートが適用される。術者の属性が中立ならばどちらのテンプレートを適用するかを選択することができる。“*”でマークされたクリーチャーは、本来の属性とは関わりなく常に術者と同じ属性である。これらのクリーチャーを呼び出すとき、招来する呪文も術者と同じ属性の種別になる。

サモン・モンスターII
Summon Monster II／怪物招来II

系統：召喚術（招来）［本文参照］；**呪文レベル**：ウィザード／ソーサラー2、クレリック2、バード2

　サモン・モンスターIと同様だが、2レベルのリストから来訪者を1体招来するか、1レベルのリストから同種の来訪者を1d3体招来することができる。

サモン・モンスターIII
Summon Monster III／怪物招来III

系統：召喚術（招来）［本文参照］；**呪文レベル**：ウィザード／ソーサラー3、クレリック3、バード3

　サモン・モンスターIと同様だが、3レベルのリストから来訪者を1体招来するか、2レベルのリストから同種の来訪者を1d3体招来するか、1レベルのリストから同種の来訪者を1d4＋1体招来することができる。

サモン・モンスターIV
Summon Monster IV／怪物招来IV

系統：召喚術（招来）［本文参照］；**呪文レベル**：ウィザード／ソーサラー4、クレリック4、バード4

　サモン・モンスターIと同様だが、4レベルのリストから来訪者を1体招来するか、3レベルのリストから同種の来訪者を1d3体招来するか、それより低いレベルのリストから同種の来訪者を1d4＋1体招来することができる。

サモン・モンスターV
Summon Monster V／怪物招来V

系統：召喚術（招来）［本文参照］；**呪文レベル**：ウィザード／ソーサラー5、クレリック5、バード5

　サモン・モンスターIと同様だが、5レベルのリストから来訪者を1体招来するか、4レベルのリストから同種の来訪者を1d3体招来するか、それより低いレベルのリストから同種の来訪者を1d4＋1体招来することができる。

サモン・モンスターVI
Summon Monster VI／怪物招来VI

系統：召喚術（招来）［本文参照］；**呪文レベル**：ウィザード／ソーサラー6、クレリック6、バード6

　サモン・モンスターIと同様だが、6レベルのリストから来訪者を1体招来するか、5レベルのリストから同種の来訪者を1d3体招来するか、それより低いレベルのリストから同種の来訪者を1d4＋1体招来することができる。

サモン・モンスターVII
Summon Monster VII／怪物招来 VII

系統：召喚術（招来）［本文参照］；**呪文レベル**：ウィザード／ソーサラー7、クレリック7

　サモン・モンスターIと同様だが、7レベルのリストから来訪者を1体招来するか、6レベルのリストから同種の来訪者を1d3体招来するか、それより低いレベルのリストから同種の来訪者を1d4＋1体招来することができる。

表10-1：サモン・ネイチャーズ・アライ

1レベル	副種別
イーグル	—
ヴァイパー（蛇）	—
ジャイアント・センチピード	—
ダイア・ラット	—
スタージ	—
ドッグ	—
ドルフィン	—
ファイアー・ビートル	—
ポイズン・フロッグ	—
ポニー（馬）	—
マイト（グレムリン）	—

2レベル	副種別
ウルフ	—
エレメンタル（小型）	エレメンタル
オクトパス	—
ゴブリン・ドッグ	—
ジャイアント・アント（ワーカー）	—
ジャイアント・スパイダー	—
ジャイアント・フロッグ	—
スクウィッド	—
ハイエナ	—
ホース	—

3レベル	副種別
ウルヴァリン	—
エイプ	—
エレクトリック・イール	—
オーロックス（ハード・アニマル）	—
クロコダイル	—
コンストリクター（蛇）	—
ジャイアント・アント（ソルジャー）	—
ジャイアント・クラブ	—
シャーク	—
ダイア・バット	—
チーター	—
ボア	—
モニター・リザード	—
レパード（キャット）	—

4レベル	副種別
アウルベア	—
エレメンタル（中型）	エレメンタル
グリズリー・ベア	—
グリフィン	—
サテュロス	—
ジャイアント・アント（ドローン）	—
ジャイアント・スコーピオン	—
ジャイアント・スタッグ・ビートル	—
ジャイアント・ワスプ	—
ダイア・ウルフ	—
ダイア・エイプ	—
ダイア・ボア	—
タイガー	—
ディノニクス（恐竜）	—
バイソン（ハード・アニマル）	—
プテラノドン（恐竜）	—
メフィット（どれでも）	エレメンタル
ライオン	—
ライナセラス	—

5レベル	副種別
アンキロサウルス（恐竜）	—
ウーリー・ライナセラス	—
エティン	—
エレメンタル（大型）	エレメンタル
オルカ（ドルフィン）	—
ギラロン	—
サイクロプス	—
ジャイアント・モーレイ・イール	—
ダイア・ライオン	—
マンティコア	—

6レベル	副種別
エラスモサウルス（恐竜）	—
エレファント	—
エレメンタル（超大型）	エレメンタル
ジャイアント・オクトパス	—
ステゴサウルス（恐竜）	—
ストーン・ジャイアント	土
ダイア・タイガー	—
ダイア・ベア	—
トリケラトプス（恐竜）	—
ヒル・ジャイアント	—
ブレイ	—

7レベル	副種別
エレメンタル（グレーター）	エレメンタル
ジャイアント・スクウィッド	—
ダイア・クロコダイル	—
ダイア・シャーク	—
ティラノサウルス（恐竜）	—
ファイアー・ジャイアント	火
ブラキオサウルス（恐竜）	—
フロスト・ジャイアント	冷気
マストドン（エレファント）	—
ロック	—

8レベル	副種別
エレメンタル（エルダー）	エレメンタル
クラウド・ジャイアント	風
パープル・ワーム	—

9レベル	副種別
ストーム・ジャイアント	—
ピクシー（イレジスティブル・ダンスと睡眠のアローを持つ）	—

表10-2：サモン・モンスター

1レベル	副種別
イーグル*	―
ヴァイパー（蛇）*	―
ダイア・ラット*	―
ドッグ*	―
ドルフィン*	―
ファイアー・ビートル*	―
ポイズン・フロッグ*	―
ポニー（馬）*	―

2レベル	副種別
ウルフ*	―
エレメンタル（小型）	エレメンタル
オクトパス*	―
ゴブリン・ドッグ*	―
ジャイアント・アント（ワーカー）*	―
ジャイアント・スパイダー*	―
ジャイアント・センチピード*	―
ジャイアント・フロッグ*	―
スクウィッド*	―
ハイエナ*	―
ホース*	―
レムレー（デヴィル）	悪、秩序

3レベル	副種別
ウルヴァリン*	―
エイプ*	―
エレクトリック・イール*	―
オーロックス（ハード・アニマル）*	―
クロコダイル*	―
コンストリクター（蛇）*	―
ジャイアント・アント（ソルジャー）*	―
シャーク*	―
ダイア・バット*	―
チーター*	―
ドレッチ（デーモン）	混沌、悪
ボア*	―
モニター・リザード*	―
ランタン・アルコン	善、秩序
レパード（キャット）*	―

4レベル	副種別
エレメンタル（中型）	エレメンタル
グリズリー・ベア*	―
ジャイアント・アント（ドローン）*	―
ジャイアント・スコーピオン*	―
ジャイアント・ワスプ*	―
ダイア・ウルフ*	―
ダイア・エイプ*	―
ダイア・ボア*	―
ディノニクス（恐竜）*	―
バイソン（ハード・アニマル）*	―
ハウンド・アルコン	善、秩序
プテラノドン（恐竜）*	―

	副種別
ヘル・ハウンド	悪、秩序
メフィット（どれでも）	エレメンタル
ライオン*	―
ライナセラス*	―

5レベル	副種別
アンキロサウルス（恐竜）*	―
ウーリー・ライナセラス*	―
エレメンタル（大型）	エレメンタル
オルカ（ドルフィン）*	―
キュトン	悪、秩序
サラマンダー	悪
ジャイアント・モーレイ・イール*	―
ジル	悪、秩序
ダイア・ライオン*	―
ババウ（デーモン）	混沌、悪
ビアデッド・デヴィル	悪、秩序
ブララニ・アザータ	混沌、善

6レベル	副種別
インヴィジブル・ストーカー	風
エラスモサウルス（恐竜）*	―
エリニュス（デヴィル）	悪、秩序
エレファント*	―
エレメンタル（超大型）	エレメンタル
サキュバス（デーモン）	混沌、悪
ジャイアント・オクトパス*	―
シャドウ・デーモン	混沌、悪
ダイア・タイガー*	―
ダイア・ベア*	―
トリケラトプス（恐竜）*	―
リレンド・アザータ	混沌、善

7レベル	副種別
ヴロック（デーモン）	混沌、悪
エレメンタル（グレーター）	エレメンタル
ジャイアント・スクウィッド*	―
ダイア・クロコダイル*	―
ダイア・シャーク*	―
ティラノサウルス（恐竜）*	―
ブラキオサウルス（恐竜）*	―
ベビリス	混沌、悪
ボーン・デヴィル	悪、秩序
マストドン（象）*	―
ロック*	―

8レベル	副種別
エレメンタル（エルダー）	エレメンタル
バーブド・デヴィル	悪、秩序
ヘズロウ（デーモン）	混沌、悪

表10-2：サモン・モンスター（続き）

9レベル	副種別
アストラル・デーヴァ（エンジェル）	善
ガエル・アザータ	混沌、善
グラブレズゥ（デーモン）	混沌、悪
アイス・デヴィル	悪、秩序
ナルフェシュネー（デーモン）	混沌、悪
トランペット・アルコン	善、秩序

*：このクリーチャーは術者の属性が善ならばセレスチャル種テンプレートを、悪ならばフィーンディッシュ種テンプレートを持って召喚される。属性が中立ならばどちらかを選択できる。

サモン・モンスターVIII
Summon Monster VIII／怪物招来 VIII

系統：召喚術（招来）［本文参照］；**呪文レベル**：ウィザード／ソーサラー8、クレリック8

サモン・モンスターIと同様だが、8レベルのリストから来訪者を1体招来するか、7レベルのリストから同種の来訪者を1d3体招来するか、それより低いレベルのリストから同種の来訪者を1d4＋1体招来することができる。

サモン・モンスターIX
Summon Monster IX／怪物招来 IX

系統：召喚術（招来）［本文参照］；**呪文レベル**：ウィザード／ソーサラー9、クレリック9

サモン・モンスターIと同様だが、9レベルのリストから来訪者を1体招来するか、8レベルのリストから同種の来訪者を1d3体招来するか、それより低いレベルのリストから同種の来訪者を1d4＋1体招来することができる。

サンクチュアリ
Sanctuary／聖域

系統：防御術；**呪文レベル**：クレリック1
発動時間：1標準アクション
構成要素：音声、動作、信仰
距離：接触
目標：接触したクリーチャー
持続時間：1ラウンド／レベル
セーヴィング・スロー：意志・無効；**呪文抵抗**：不可

この呪文によって守られたクリーチャーに対して、目標型呪文も含め、直接攻撃しようとした敵は意志セーヴを行わなければならない。このセーヴに成功すれば、その敵は通常通り攻撃することができ、今回のこの呪文の発動による作用を受けない。セーヴに失敗した場合、敵はその攻撃をやり遂げることができず、その攻撃者のアクションのうちその部分は失われ、さらにその攻撃者は呪文の効果時間の間、この呪文によって守られたクリーチャーを直接攻撃することができなくなる。この呪文の対象を攻撃しようとしない者は作用を受けない。この呪文は、対象クリーチャーを効果型呪文の効果範囲による攻撃や作用から守るものではない。対象が攻撃すれば呪文の効果は切れてしまうが、攻撃的でない呪文を使ったり、その他の行動をとることはできる。

サンバースト
Sunburst／陽光爆発

系統：力術［光］；**呪文レベル**：ウィザード／ソーサラー8、ドルイド8
発動時間：1標準アクション
構成要素：音声、動作、物質／信仰（サンストーン（日長石）と火元）
距離：長距離（400フィート＋40フィート／レベル）
効果範囲：半径80フィートの爆発
持続時間：瞬間
セーヴィング・スロー：反応・不完全；本文参照；**呪文抵抗**：可

サンバーストは術者の選んだ地点から音もなく炸裂する焼け付くような熱と輝きを待った光球を作り出す。この球体の中にいるすべてのクリーチャーは盲目状態となり、6d6ポイントのダメージを被る。太陽光によって害を受けたり、太陽光になじみがないクリーチャーは、2倍のダメージを被る。反応セーヴに成功すれば盲目状態を無効化し、ダメージを半減させることができる。

この光球に捕らえられたアンデッド・クリーチャーは術者レベルごとに1d6（最大25d6）ポイントのダメージを被る（反応セーヴに成功すれば半分のダメージ）。さらに、強い光によって特別な害を受けるようなアンデッド・クリーチャーは、セーヴに失敗すると、この爆発によって破壊されてしまう。

この呪文によって生み出される紫外線は粘体、スライム、ファンガス、モールド系のクリーチャーに、アンデッド・クリーチャーと同様のダメージを与える。

サンバーストは効果範囲内の9レベル未満の［闇］の呪文をすべて解呪する。

サンビーム
Sunbeam／太陽ビーム

系統：力術［光］；**呪文レベル**：ドルイド7
発動時間：1標準アクション
構成要素：音声、動作、信仰
距離：60フィート
効果範囲：術者の手を起点とした直線
持続時間：1ラウンド／レベル、あるいはすべての光線を射ち尽くしてしまうまで
セーヴィング・スロー：反応・無効および半減；本文参照；**呪文抵抗**：可

この呪文の持続時間の間、術者は毎ラウンド、標準アクションを使って目も眩むばかりの激しい光のビームを呼び出すことができる。術者は術者レベル3ごとに1本（18レベルで最大の6本）のビームを前方に射ち出すことができる。持続時間が切れるか、決められた本数のビームをすべて射ち尽くしてしまうと、呪文は終了する。

ビームの範囲内にいたすべてのクリーチャーは盲目状態とな

呪文 10

り、4d6ポイントのダメージを被る。太陽光によって害を受けたり、太陽光になじみがないクリーチャーは、2倍のダメージを被る。反応セーヴに成功すれば盲目状態を無効化し、ダメージを半減させることができる。

　この光線に捕らえられたアンデッド・クリーチャーは術者レベルごとに1d6（最大20d6）ポイントのダメージを被る（反応セーヴに成功すれば半分のダメージ）。さらに、強い光によって特別な害を受けるようなアンデッド・クリーチャーは、セーヴに失敗すると、この光線によって破壊されてしまう。

　この呪文によって生み出される紫外線は粘体、スライム、ファンガス、モールド系のクリーチャーに、アンデッド・クリーチャーと同様のダメージを与える。

シアリング・ライト
Searing Light／焼けつく光

系統：力術；呪文レベル：クレリック3
発動時間：1標準アクション
構成要素：音声、動作
距離：中距離（100フィート＋10フィート／レベル）
効果：光線
持続時間：瞬間
セーヴィング・スロー：不可；呪文抵抗：可

　聖なる力を太陽光線のように収束させることで、術者は開いた掌からきらめく光を撃ち出す。目標に当てるためには、術者は遠隔接触攻撃に成功しなければならない。この光線が当たったクリーチャーは術者レベル2レベルごとに1d8（最大5d8）ポイントのダメージを被る。アンデッド・クリーチャーは術者レベルごとに1d6（最大10d6）ポイントのダメージを被り、ヴァンパイアのように明るい光に特に弱いアンデッド・クリーチャーは術者レベルごとに1d8（最大10d8）ポイントのダメージを被る。人造クリーチャーや非自律行動物体は術者レベル2レベルごとに1d6（最大5d6）ポイントのダメージしか被らない。

シー・インヴィジビリティ
See Invisibility／不可視視認

系統：占術；呪文レベル：ウィザード／ソーサラー2、バード3
発動時間：1標準アクション
構成要素：音声、動作、物質（滑石と銀粉）
距離：自身
目標：術者
持続時間：10分／レベル（解除可）

　術者は自分の視覚範囲内にあるすべての不可視状態の物体や

307

存在を、エーテル状態のものも含めて、それらがあたかも通常通り可視状態であるかのように見ることができる。そうしたクリーチャーは、術者にとって半透明の姿として見え、可視状態のクリーチャー、不可視状態のクリーチャー、エーテル状態のクリーチャーの違いは簡単に識別できる。

　この呪文では、不可視状態になるために用いた手段を知ることはできない。幻術を見破ったり、不透明な物体を透かして見ることはできない。単に隠れていたり、視認困難であったり、その他の理由で見るのが難しいクリーチャーを発見することもできない。

　シー・インヴィジビリティはパーマネンシイ呪文によって永続化できる。

シークレット・チェスト
Secret Chest／秘密の宝箱

系統：召喚術（招来）；**呪文レベル**：ウィザード／ソーサラー5
発動時間：10分
構成要素：音声、動作、焦点（宝箱とそのレプリカ）
距離：本文参照
目標：宝箱1つと1立方フィート／術者レベルまでの品物
持続時間：60日あるいはチャージ消費する（呼び戻す）まで
セーヴィング・スロー：不可；**呪文抵抗**：不可

　術者は60日までの間、宝箱をエーテル界に隠し、好きな時にそれを取り戻すことができる。この宝箱の中には術者レベルごとに1立方フィートまでのものを入れることができるが、これは宝箱の大きさ（約3フィート×2フィート×2フィート）には関係ない。生きているクリーチャーが箱の中に入った場合、75％の確率で呪文は単に失敗する。一旦宝箱を隠した後では、術者は精神集中することでそれを取り戻すことができ（1標準アクション）、宝箱は術者のすぐ脇に現れる。

　この宝箱は名工の手によって術者のために造られた、極めてできのよい高価なものでなければならず、その価格は5,000GP未満であることはない。宝箱を造ったら、術者は宝箱の完璧な複製となる、（まったく同じ材質で隅々までそっくりな）小さなレプリカを作らなければならない（このレプリカには50GPかかる）。この宝箱自身は魔法の力を持たず、通常の宝箱と同様に錠前や守りの魔法を付けることができる。

　宝箱を隠す際には、術者は宝箱とレプリカの両方に触れながら呪文を発動する。すると、宝箱はエーテル界へと消え去る。術者が宝箱を呼び戻すにはレプリカが必要である。60日を超えると以後1日ごとに、宝箱が失われてしまい、取り戻すことのできなくなる可能性が5％ずつ累積していく。宝箱のレプリカをなくしたり壊してしまった場合、ウィッシュ呪文を使っても、大きい方の宝箱を呼び戻す方法はない。ただし、それを探しに他の次元界へと探検に行くことはできる。

　宝箱の中の生き物は通常通り食べ、眠り、歳をとる。したがって、食糧や空気、水、その他生きるのに必要なものが尽きれば死んでしまう。

シークレット・ページ
Secret Page／秘密のページ

系統：変成術；**呪文レベル**：ウィザード／ソーサラー3、バード3
発動時間：10分
構成要素：音声、動作、物質（錬の鱗の粉末とウィル・オ・ウィスプのエキス）
距離：接触
目標：大きさ3平方フィートまでの、接触した1ページ
持続時間：永続
セーヴィング・スロー：不可；**呪文抵抗**：不可

　シークレット・ページは1ページの内容を変化させ、まったく別の内容に見せかける。呪文の文章を変化させて、それと同等以下のレベルの、術者の修得している呪文に見せても良い。巻物の呪文を別の呪文に変えるために使うことはできないが、巻物を隠すのには使える。エクスプローシヴ・ルーンズやセピア・スネーク・シジルをシークレット・ページに仕掛けることもできる。

　コンプリヘンド・ランゲージズ呪文だけでは、シークレット・ページの内容を知ることはできない。術者は特別の言葉を口にすることで本来の内容を現すことができる。その後、術者は実際のページの内容を詳しく読み、再びシークレット・ページ形態に戻すことができる。これは意図するだけで回数無制限に行うことができる。また、術者は特別の言葉を2回繰り返すことでこの呪文を除去することもできる。ディテクト・マジック呪文ではそのページに希薄な魔法がかかっていることが判るが、その真の内容は判らない。トゥルー・シーイングでは隠されたものの存在は判るが、コンプリヘンド・ランゲージズと組み合わせて発動するのでなければ、内容までは判らない。シークレット・ページを解呪することはできるし、隠された文字や絵をイレイズ呪文によって破壊することもできる。

シーミング
Seeming／見せかけの姿

系統：幻術（幻覚）；**呪文レベル**：ウィザード／ソーサラー5、バード5
発動時間：1標準アクション
構成要素：音声、動作
距離：近距離（25フィート＋5フィート／2レベル）
目標：クリーチャー1体／2レベル、ただしそのうちのどの2体をとっても30フィート以内の距離に収まっていなければならない
持続時間：12時間（解除可）
セーヴィング・スロー：意志・無効あるいは意志・看破（やりとりがあった場合）；**呪文抵抗**：可あるいは不可；本文参照

　ディスガイズ・セルフと同様だが、術者は他の人々の外見も変えることができる。作用を受けたクリーチャーは、殺されれば本来の姿を取り戻す。同意しない目標は意志セーヴに成功するか、呪文抵抗でこの呪文の効果を無効化できる。

シールド
Shield／盾

系統：防御術［力場］；**呪文レベル**：ウィザード／ソーサラー1
発動時間：1標準アクション
構成要素：音声、動作
距離：自身
目標：術者
持続時間：1分／レベル（解除可）

　シールドは術者の正面を浮遊する、力場でできた不可視の盾を作り出す。この盾は術者に向けられた**マジック・ミサイル**の攻撃を無効化し、また術者のACに＋4の盾ボーナスを与える。この効果は［力場］効果であるので、ボーナスは非実体接触攻撃に対しても適用される。この**シールド**は防具による判定ペナルティも秘術呪文失敗率もない。

シールド・アザー
Shield Other／他者の守護

系統：防御術；**呪文レベル**：クレリック2、パラディン2
発動時間：1標準アクション
構成要素：音声、動作、焦点（術者と対象がはめているそれぞれ50GPの価値のある白金製の指輪一対）
距離：近距離（25フィート＋5フィート／2レベル）
目標：クリーチャー1体
持続時間：1時間／レベル（解除可）
セーヴィング・スロー：意志・無効（無害）；**呪文抵抗**：可（無害）

　この呪文は対象を守り、術者と対象の間に不思議なつながりを作り出すことで、対象の負傷の一部が術者に移されるようにする。対象はACに＋1の反発ボーナスと、セーヴに＋1の抵抗ボーナスを得る。さらに、対象はヒット・ポイントにダメージを与えるすべての負傷と攻撃（特殊能力によって与えられたものも含む）から半分のダメージしか被らない。この呪文によって守られたクリーチャーが被らなかったぶんのダメージは術者が被ることになる。［魅惑］効果や能力値ダメージ、生命力吸収、［即死］効果などのようなヒット・ポイントへのダメージに関係のない形態の害には作用しない。対象の【耐久力】が低下することでヒット・ポイントが減少した場合、これはヒット・ポイントへのダメージではないので、術者との間で分配されない。呪文の効果が終了した時点で、それ以降のダメージはもはや対象と術者の間で分配されないが、すでに分配されたダメージが対象に割り当て直されることはない。

　術者と呪文の対象が互いに呪文の距離外へ移動した場合、呪文は終了する。

シールド・オヴ・フェイス
Shield of Faith／信仰の盾

系統：防御術；**呪文レベル**：クレリック1
発動時間：1標準アクション
構成要素：音声、動作、物質（聖句の一片が書かれた羊皮紙）
距離：接触
目標：接触したクリーチャー1体
持続時間：1分／レベル
セーヴィング・スロー：意志・無効（無害）；**呪文抵抗**：可（無害）

　この呪文は対象の周囲に、ちらちらと輝き攻撃を防いだり、そらしたりする魔法のフィールドを作り出す。この呪文は対象のACに＋2反発ボーナスを与え、さらに術者レベル6レベルごとに＋1がボーナスに追加される（18レベル時に、最大＋5の反発ボーナス）。

シールド・オヴ・ロー
Shield of Law／秩序の盾

系統：防御術［秩序］；**呪文レベル**：クレリック8
発動時間：1標準アクション
構成要素：音声、動作、焦点（500GPの価値のある聖遺物入れ）
距離：20フィート
目標：術者を中心とした半径20フィートの爆発内にいるクリーチャー1体／レベル
持続時間：1ラウンド／レベル（解除可）
セーヴィング・スロー：本文参照；**呪文抵抗**：可（無害）

　おぼろげな青い輝きが対象を取り巻いて攻撃から守り、混沌の属性のクリーチャーの発動した呪文に対する抵抗力を与え、対象に攻撃を命中させた混沌の属性のクリーチャーを減速状態にする。この防御術呪文には4つの効果がある。

　第一に、この呪文によって守られたクリーチャーはACに＋4の反発ボーナスと、セーヴに＋4の抵抗ボーナスを得る。**プロテクション・フロム・ケイオス**の効果と異なり、この利益は混沌の属性のクリーチャーによる攻撃に対してだけではなく、すべての攻撃に対して適用される。

　第二に、この呪文によって守られたクリーチャーは［混沌］の呪文や混沌の属性のクリーチャーの発動した呪文に対して呪文抵抗25を得る。

　第三に、この防御術呪文は**プロテクション・フロム・ケイオス**と同様に、憑依および精神的な影響から術者を保護する。

　最後に、混沌の属性のクリーチャーがこの呪文によって守られたクリーチャーに対する近接攻撃に成功した場合、その攻撃者は減速状態になる（**スロー**呪文と同様に意志セーヴに成功すれば無効化できるが、**シールド・オヴ・ロー**のセーヴDCに対して行うこと）。

シェイズ
Shades／高位影の召喚術

系統：幻術（擬影）；**呪文レベル**：ウィザード／ソーサラー9

　シャドウ・カンジュレーションと同様だが、8レベル以下の召喚呪文を真似ることができる。この幻の召喚術は、信じない者に対しては4/5（80％）のダメージを与え、ダメージを与えない効果であれば信じない者に対して80％の確率で効果を及ぼす。

シェイプチェンジ
Shapechange／変幻自在

系統：変成術（ポリモーフ）；**呪文レベル**：ウィザード／ソー

サラー9、ドルイド9
発動時間：1標準アクション
構成要素：音声、動作、焦点（1,500GPの価値のあるジェイド（翡翠）のサークレット）
距離：自身
目標：術者
持続時間：10分／レベル（解除可）

　この呪文により、術者は多種多様なクリーチャーの姿をとることができる。この呪文は術者が選んだ種別により、**オルター・セルフ、ビースト・シェイプIV、エレメンタル・ボディIV、フォーム・オヴ・ザ・ドラゴンIII、ジャイアント・フォームII、プラント・シェイプIII**のいずれかと同様に働く。また、1ラウンドに1回フリー・アクションで別の姿に変わることができる。この変身は一定のアクションの直前か直後に瞬間的に起こり、アクションの途中で起こることはない。

ジェントル・リポウズ
Gentle Repose／安らかな眠り

系統：死霊術；**呪文レベル**：ウィザード／ソーサラー3、クレリック2
発動時間：1標準アクション
構成要素：音声、動作、物質／信仰（塩と、死体の目1つにつき銅貨1つ）
距離：接触
目標：接触した死体1つ
持続時間：1日／レベル
セーヴィング・スロー：意志・無効（物体）；**呪文抵抗**：可（物体）

　クリーチャー1体の死体を腐敗しないように保存する。これにより、そのクリーチャーを死から生き返らせる際の時間制限を延長できる（**レイズ・デッド**参照）。この呪文の影響下にあった時間は、生き返りの時間制限に数えない。加えて、この呪文をかけておけば、死んだ友の（腐敗していく）死骸を運ぶことの不快感も軽減される。

　この呪文は、切り離された手足などに対しても効く。

シクウェスター
Sequester／隔離

系統：防御術；**呪文レベル**：ウィザード／ソーサラー7
発動時間：1標準アクション
構成要素：音声、動作、物質（バジリスクのまつ毛とゴム）
距離：接触
目標：接触した同意するクリーチャー1体あるいは（一辺2フィートの立方体の区画1個ぶん／レベルまでの）物体1つ
持続時間：1日／レベル（解除可）
セーヴィング・スロー：不可あるいは意志・無効（物体）；**呪文抵抗**：不可あるいは可（物体）

　発動されたとき、この呪文は対象を見たり場所を調べたりする占術呪文を妨害し、さらに対象を不可視状態にする（**インヴィジビリティ**呪文と同様）。この呪文は対象が触知的な方法や特定の装置を使うことで発見されるのを防ぐものではない。シクウェスターが作用しているクリーチャーは、呪文が終わるまで昏睡し、実質的に活動停止状態となる。

　注：意志セーヴに成功すれば、装備中の物体や魔法の力を有する物体は隔離されずにすむ。隔離されたクリーチャーや物体を見たり、占術呪文で探知しようとする時にはセーヴは行わない。

シミュレイクラム
Simulacrum／似姿

系統：幻術（操影）；**呪文レベル**：ウィザード／ソーサラー7
発動時間：12時間
構成要素：音声、動作、物質（氷でできた対象の彫像と、似姿のHDごとに500GPの価値のあるルビーの粉末）
距離：0フィート
効果複製クリーチャー1体
持続時間：瞬間
セーヴィング・スロー：不可；**呪文抵抗**：不可

　シミュレイクラムはどんなクリーチャーであれ、そのクリーチャーにそっくりな幻を作り出す。複製されたクリーチャーは半ば実在のものであり、氷と雪から作り出される。複製はオリジナルとまったく同じように見えるが、この似姿は、本来のクリーチャーの持つレベルもしくはヒット・ダイスの半分しか持たない（そしてそのレベルもしくはヒット・ダイスに対応するヒット・ポイント、特技、技能ランク、クリーチャーの特殊能力を持つ）。術者は自分の術者レベルの2倍より高いレベルもしくはヒット・ダイスを持つクリーチャーの似姿を作り出すことはできない。術者は似姿がどれくらい似ているか決めるため、呪文発動時に〈変装〉判定を行わなければならない。オリジナルのことをよく知っているクリーチャーは〈知覚〉判定（術者の〈変装〉技能との対抗判定）、もしくはDC20の〈真意看破〉判定に成功すれば偽物であることが分かる。

　この似姿は常に術者の完全な命令下にある。テレパシー的なつながりは存在しないので、その他の何らかの方法で命令しなければならない。似姿はそれ以上強力になる能力を持たない。レベルや能力を成長させることはできないのだ。ヒット・ポイントが0になったり、破壊されたりすれば似姿は雪に戻り、即座に融けて無に帰す。複雑な工程に少なくとも24時間かけ、ヒット・ポイント1点につき100GPを費やし、完全に装備の調った魔法の研究室があれば、似姿へのダメージを修復できる。

ジャイアント・ヴァーミン
Giant Vermin／蟲類巨大化

系統：変成術；**呪文レベル**：クレリック4、ドルイド4
発動時間：1標準アクション
構成要素：音声、動作、信仰
距離：近距離（25フィート＋5フィート／2レベル）
目標：1体以上の蟲、ただしそのうちのどの2体をとっても30フィート以内の距離に収まっていなければならない
持続時間：1分／レベル
セーヴィング・スロー：不可；**呪文抵抗**：可

　いくつもの通常サイズのセンチピード、スパイダー、スコー

ピオンのいずれかをジャイアント版に変化させる（パスファインダーRPGベスティアリ参照）。1種類の蟲のみが変化させられる（したがって呪文を1回発動することでセンチピードとスパイダーの両方に作用を及ぼすことはできない）。この呪文の影響を受ける蟲の数は、後述の表の通り、術者レベルに依存する。

　この呪文で作り出された巨大蟲は術者を傷つけようとしないが、この種のクリーチャーを術者がどの程度制御しているかというと、ごく簡単な命令を出せる程度である（「攻撃しろ」「止まれ」「防御しろ」など）。特定のクリーチャーがやって来たら攻撃しろとか、特定の事態に備えろといった命令は、蟲には複雑すぎて理解できない。他の命令を受けていない限り、巨大蟲は手近のものを何でも攻撃する。

術者レベル	センチピード（ムカデ）	スパイダー（蜘蛛）	スコーピオン（サソリ）
9以下	3	1	2
10〜13	4	2	3
14〜17	6	3	4
18〜19	8	4	5
20以上	12	6	8

ジャイアント・フォームI
Giant Form I／巨人変化I

系統：変成術（ポリモーフ）；**呪文レベル**：ウィザード／ソーサラー7
発動時間：1標準アクション
構成要素：音声、動作、物質（取ろうとする形態のクリーチャーの一部）
距離：自身
目標：術者
持続時間：1分／レベル（解除可）

　この呪文をかけたとき、術者は巨人の副種別を持つあらゆる大型の人型生物クリーチャーの姿を取ることができる（パスファインダーRPGベスティアリ参照）。いったん術者が変身したなら、以下の能力を得る：【筋力】に＋6のサイズ・ボーナス、【敏捷力】に－2のペナルティ、【耐久力】に＋4のサイズ・ボーナス、＋4の外皮ボーナス、夜目。また、変身した姿に以下の能力があるならば、術者も同様に得る：暗視60フィート、かきむしり（2d6ダメージ）、再生5、岩つかみと岩投げ（距離60フィート、2d6ダメージ）。そのクリーチャーが元素に対する完全耐性か抵抗をもつならば、術者はそれに対する抵抗20を得る。同様に元素への脆弱性を持つなら、その脆弱性を得る。

ジャイアント・フォームII
Giant Form II／巨人変化II

系統：変成術（ポリモーフ）；**呪文レベル**：ウィザード／ソーサラー8

　この呪文はジャイアント・フォームIと同様に働くが、巨人の副種別を持つあらゆる超大型クリーチャーの姿を取れる。術者は以下の能力を得る：【筋力】に＋8、【敏捷力】に－2のペナ

ルティ、【耐久力】に＋6のサイズ・ボーナス、＋6の外皮ボーナス、夜目、移動速度に＋10フィートの強化ボーナス。また、変身した姿に以下の能力があるならば、術者も同様に得る：水泳移動速度60フィート、暗視60フィート、かきむしり（2d8ダメージ）、再生5、岩つかみと岩投げ（距離120フィート、2d10ダメージ）。そのクリーチャーが元素に対する完全耐性か抵抗をもつならば、術者はその完全耐性や抵抗を得る。同様に元素への脆弱性を持つなら、その脆弱性を得る。

シャウト
Shout／絶叫

系統：力術［音波］；**呪文レベル**：ウィザード／ソーサラー4、バード4
発動時間：1標準アクション
構成要素：音声
距離：30フィート
効果範囲：円錐形の爆発
持続時間：瞬間
セーヴィング・スロー：頑健・不完全または反応・無効（物体）；本文参照；**呪文抵抗**：可（物体）

　術者は耳をつんざくような叫びをあげ、効果範囲内にいるクリーチャーを聴覚喪失状態にし、ダメージを与える。範囲内のすべてのクリーチャーは2d6ラウンドの間、聴覚喪失状態となり、5d6ポイントの［音波］ダメージを被る。セーヴに成功すれば聴覚喪失状態になるのを無効化し、ダメージを半減させることができる。この音にさらされた脆い物体や結晶質の物体、結晶質のクリーチャーは術者レベルごとに1d6（最大15d6）ポイントの［音波］ダメージを被る。作用を受けたクリーチャーは頑健セーヴを行うことができ、成功すればダメージを半減する。また、脆い物体を待ったクリーチャーは反応セーヴに成功すればその物体へのダメージを無効化できる。シャウト呪文の効果はサイレンス呪文の範囲内に入ったり、通り抜けたりすることはできない。

グレーター・シャウト
Shout, Greater／上級絶叫

系統：力術［音波］；**呪文レベル**：ウィザード／ソーサラー8、バード6
構成要素：音声、動作、焦点（金属、もしくは象牙で作られた角笛）
距離：60フィート
セーヴィング・スロー：頑健・不完全または反応・無効（物体）；本文参照

　この呪文はシャウト呪文と同様だが、その円錐形の爆発は10d6ポイントの［音波］ダメージを与える（もしくは、脆い物体や結晶質の物体、結晶質のクリーチャーに対して術者レベルごとに1d6（最大20d6）ポイントの［音波］ダメージ）。さらに、クリーチャーは1ラウンド朦朧状態、4d6ラウンド聴覚喪失状態となる。円錐形の効果範囲内にいるクリーチャーは皆、頑健セーヴに成功することで朦朧効果を無効化し、ダメージと聴覚

喪失状態の持続時間を半減できる。また、脆い物体を手に持っているクリーチャーは反応セーヴに成功すればその物体へのダメージを無効化できる。

シャター
Shatter／破砕

系統：力術［音波］；**呪文レベル**：ウィザード／ソーサラー2、クレリック2、バード2
発動時間：1標準アクション
構成要素：音声、動作、物質／信仰（雲母のかけら）
距離：近距離（25フィート＋5フィート／2レベル）
効果範囲あるいは目標：半径5フィートの拡散；あるいは固体の物体1つ、あるいは結晶質のクリーチャー1体
持続時間：瞬間
セーヴィング・スロー：意志・無効（物体）；意志・無効（物体）あるいは頑健・半減、本文参照；**呪文抵抗**：可

シャターは大きな騒音を鳴り響かせ、もろくて魔法の力を持たない複数の物体を砕くか、魔法の力を持たない固体の物体を1つ壊すか、結晶質のクリーチャーにダメージを与える。

範囲攻撃として使用した場合、**シャター**は水晶やガラスや陶器や磁器でできた魔法の力を持たない物体を破壊する（小ビン、ビン、陶器のつぼ、窓、鏡など）。起点から半径5フィート以内にあるその種の装備中でない物体はすべてこの呪文によってバラバラに砕かれてしまう。術者のレベルごとに1ポンドまでの重量の物体にしか作用しないが、それより軽くてその種の材質でできた物体はすべて破砕されてしまう。

また、術者は固体の魔法的ではない物体1つを目標として**シャター**をかけることができる。この場合、目標の材質は関係なく、術者レベルごとに10ポンドの重量のものまで破砕できる。結晶質のクリーチャー（重量制限はなし）を目標とした場合、**シャター**は術者レベルごとに1d6（最大10d6）ポイントの［音波］ダメージを与える。このダメージは頑健セーヴで半減させることができる。

シャドウ・ウォーク
Shadow Walk／影界旅行

系統：幻術（操影）；**呪文レベル**：ウィザード／ソーサラー6、バード5
発動時間：1標準アクション
構成要素：音声、動作
距離：接触
目標：接触したクリーチャー1体／レベルまで
持続時間：1時間／レベル（解除可）
セーヴィング・スロー：意志・無効；**呪文抵抗**：可

シャドウ・ウォーク呪文を使うためには、術者は薄明かりの範囲にいなければならない。術者と術者が接触したクリーチャーは影界と境を接する物質界の縁へと、渦巻く影の道を通って運ばれる。この呪文の効果はおおむね幻に属するものだが、影の道そのものは半ば実体である。術者は自分と一緒に1体以上のクリーチャーを（レベルによる上限に従って）連れて行くことができるが、その全員が互いに接触していなければならない。

影の世界では、術者は1時間に50マイルの速度で移動することができ、影界との境では通常通り移動していながら、物質界では相対的にもっと速く移動することになる。したがって、術者は影界に入り込み、望むだけの距離を移動し、その後、物質界に戻ることで、素早く旅をすることができる。

影界と物質界の間では現実がぼやけているため、術者はこの移動の間に通り過ぎる地形や地域について詳しいことを知ることも、自分の旅がどこで終わるのかを正確に予知することもできない。距離を正確に判断することは不可能であり、この呪文は事実上、偵察やスパイに対しては役に立たない。さらに、この呪文の効果が終了した時点で、術者は意図した終点から水平方向にランダムな方向に1d10×100フィート放り出される。これによって固体の中に入ってしまうような場合、術者は同じ方向に1d10×1,000フィート放り出される。それでも固体の中に入ってしまう場合、術者（と術者と一緒にいるすべてのクリーチャー）は最寄りの開けた空間に放り出されるが、こうした活動による無理がたたって疲労状態となってしまう（セーヴ不可）。

シャドウ・ウォークを使って、影界と境を接する他の次元界へと旅をすることもできるが、そうするためには影界の中を移動して他の次元界との境界へと向かわねばならない。影界の中を移動するには1d4時間かかる。

シャドウ・ウォークが発動された時に術者が接触していたクリーチャーも影界との境へ移される。

彼らは術者について行くか、影界へとさまよい出るか、物質界へとよろめき出るかを選ぶことができる（彼らが迷子になったり、術者に捨てられた場合、後者の2つのどちらかが起こる可能性が50％ずつある）。術者に従って影界に行くことに同意しないクリーチャーは意志セーヴィング・スローをすることができ、成功すればこの効果を無効化することができる。

シャドウ・エヴォケーション
Shadow Evocation／影の力術

系統：幻術（操影）；**呪文レベル**：ウィザード／ソーサラー5、バード5
発動時間：1標準アクション
構成要素：音声、動作
距離：本文参照
効果：本文参照
持続時間：本文参照
セーヴィング・スロー：意志・看破（やりとりがあった場合）；**呪文抵抗**：可

術者は影界からエネルギーを引き出し、ウィザードとソーサラーの4レベル以下の力術呪文の半ば実在する幻術版を発動する。**ライトニング・ボルト**のようなダメージを与える呪文は、作用を受けたクリーチャーが意志セーヴに成功しない限り通常の効果がある。看破したクリーチャーはその攻撃からそれぞれ1/5のダメージしか受けない。看破された攻撃にダメージ以外

の特殊な効果がある場合、その効果は（そうすることが適切なら）1/5の強度であるか、20%の確率でしか発生しないかである。**シャドウ・エヴォケーション**であると気付かれた場合、ダメージ呪文は1/5（20%）のダメージしか与えない。看破するためのセーヴの結果いかんに関わらず、作用を受けたクリーチャーは模擬した呪文が本来セーヴ（あるいは呪文抵抗）可能なものであればそのセーヴ（あるいは呪文抵抗）を行うことができるが、セーヴDCはその呪文の本来のレベルではなく、**シャドウ・エヴォケーション**のレベル（5レベル）によって決まる。

ダメージを与えない効果は、看破した者以外に対しては通常の効果がある。看破した者に対しては、効果はない。

物体はこの呪文に対して、自動的に意志セーヴに成功する。

グレーター・シャドウ・エヴォケーション
Shadow Evocation, Greater／上級影の力術

系統：幻術（操影）；**呪文レベル**：ウィザード／ソーサラー8

シャドウ・エヴォケーションと同様だが、術者はウィザード／ソーサラーの7レベル以下の力術呪文の半ば実在する幻術版を発動する。**グレーター・シャドウ・エヴォケーション**であると気付かれた場合、その効果は（そうすることが適切なら）3/5の強度であるか、60%の確率でしか発生しない。

シャドウ・カンジュレーション
Shadow Conjuration／影の召喚術

系統：幻術（操影）；**呪文レベル**：ウィザード／ソーサラー4、バード4

発動時間：1標準アクション

構成要素：音声、動作

距離：本文参照

効果：本文参照

持続時間：本文参照

セーヴィング・スロー：意志・看破（やりとりがあった場合）；さまざま；本文参照；**呪文抵抗**：不可；本文参照

術者は影界の物質を用いて、1体以上のクリーチャー、物体、集団の半ば実在する幻を作り出す。**シャドウ・カンジュレーション**はウィザードとソーサラーの3レベル以下の召喚術（招来）あるいは召喚術（創造）呪文を真似る。

シャドウ・カンジュレーションは実際には本物の1/5（20%）の強度しかないが、**シャドウ・カンジュレーション**が本物であると信じたクリーチャーは完全な強度の作用を受ける。呪文とやりとりのあったクリーチャーはすべて、その正体に気付くために意志セーヴを行うことができる。

ダメージを与える呪文は、作用を受けたクリーチャーが意志セーヴに成功しない限り通常の効果がある。看破したクリーチャーはその攻撃からそれぞれ1/5（20%）のダメージしか受けない。看破された攻撃にダメージ以外の特殊な効果がある場合、その効果は20%の確率でしか発生しない。看破するためのセーヴの結果いかんに関わらず、作用を受けたクリーチャーは模擬した呪文が本来セーヴ可能なものであればそのセーヴを行うことができるが、セーヴDCはその呪文の本来のレベルではなく、**シャドウ・カンジュレーション**のレベル（4レベル）

によって決まる。さらに、**シャドウ・カンジュレーション**の模擬した呪文が本来呪文抵抗可能なものであるか否かに関わらず、**シャドウ・カンジュレーション**によって生み出された効果に対しては呪文抵抗が可能である。看破した者に対しては20%の確率で効果を及ぼす。

影のクリーチャーは（正体が影だと気付かれたかどうかに関わらず）同種の通常のクリーチャーの1/5しかヒット・ポイントを持たない。それらは通常通りのダメージを与え、通常の能力と弱点のすべてを備えている。しかし、その正体が影だと気付いたクリーチャーに対しては、影のクリーチャーのダメージは通常の1/5（20%）となり、致傷ダメージを与えないすべての特殊能力は20%の確率でしか効果がない（使うたびに、そして作用を及ぼすクリーチャー1体ごとに別々にロールすること）。さらに、影のクリーチャーのACボーナスは1/5しかない。

セーヴに成功したクリーチャーには、**シャドウ・カンジュレーション**はぼんやりとした影のようなかたちの上に透き通ったイメージが重ねあわせられているかのように見える。物体はこの呪文に対して、自動的に意志セーヴに成功する。

グレーター・シャドウ・カンジュレーション
Shadow Conjuration, Greater／上級影の召喚術

系統：幻術（操影）；**呪文レベル**：ウィザード／ソーサラー7

シャドウ・カンジュレーションと同様だが、ウィザード／ソーサラーの6レベル以下の召喚術（招来）か召喚術（創造）を真似る。この幻の召喚術は、信じない者に対しては3/5（60%）のダメージを与え、ダメージを与えない効果であれば信じない者に対して60%の確率で効果を及ぼす。

シャレイリ
Shillelagh／梶棒

系統：変成術；**呪文レベル**：ドルイド1

発動時間：1標準アクション

構成要素：音声、動作、信仰

距離：接触

目標：接触した、魔法の力を持たないオーク製のクラブかクオータースタッフ1本

持続時間：1分／レベル

セーヴィング・スロー：意志・無効（物体）；**呪文抵抗**：可（物体）

術者の持つ魔法の力を持たないクラブやクオータースタッフは、攻撃とダメージのロールに＋1の強化ボーナスを持つ武器となる。クオータースタッフでは武器の両端にこの強化ボーナスが与えられる。これらの武器のダメージは、武器本来のサイズ分類よりも2段階大きなもの（小型サイズのクラブまたはクオータースタッフは1d8ポイント、中型サイズなら2d6、大型サイズなら3d6のダメージを与えるように変化する）に強化ボーナスの＋1を加えたものとしてダメージを与える。この呪文の効果は、その武器が術者によって用いられている際にのみ働く。術者が振るわない場合、この武器はこの呪文が作用していないかのように扱われる。

ジャンプ

Jump／跳躍

系統：変成術；**呪文レベル**：ウィザード／ソーサラー1、ドルイド1、レンジャー1

発動時間：1標準アクション

構成要素：音声、動作、物質（バッタの後ろ脚）

距離：接触

目標：接触したクリーチャー1体

持続時間：1分／レベル（解除可）

セーヴィング・スロー：意志・無効（無害）；**呪文抵抗**：可

　対象は高跳び、または幅跳びを行う際の〈軽業〉判定に＋10の強化ボーナスを得る。この強化ボーナスは術者レベルが5レベルに達すると＋20へ、9レベルに達すると＋30（最大値）に上昇する。

シャンブラー

Shambler／よろめき歩くもの

系統：召喚術（創造）；**呪文レベル**：ドルイド9

発動時間：1標準アクション

構成要素：音声、動作

距離：中距離（100フィート＋10フィート／レベル）

効果：シャンブリング・マウンド3体以上、ただしそのうちのどの2体をとっても30フィート以内の距離に収まっていなければならない；本文参照

持続時間：7日あるいは7ヶ月（解除可）；本文参照

セーヴィング・スロー：不可；**呪文抵抗**：不可

　シャンブラー呪文はそれぞれアドヴァンスト・テンプレートを適用したシャンブリング・マウンドを1d4＋2体作り出す（パスファインダーRPGベスティアリ参照）。このシャンブラーたちは自発的に戦闘で術者を助けたり、特定の使命を果たしたり、番人を務めたりする。シャンブラーたちは術者が解除しない限り、7日の間、術者のそばに付き従う。ただし、シャンブラーたちが警備任務のためにだけ作り出された場合、呪文の持続時間は7ヶ月となる。この場合、シャンブラーたちには特定の敷地や場所を守るよう命じることしかできない。警備任務のために呼び出されたシャンブラーたちは、最初に現れた地点から測って呪文の"距離"より外へと移動することはできない。術者は一度にシャンブラー呪文の効果を1つだけ発揮することができる。前の呪文の効果が残っている間に新しく発動したなら、前の呪文は解呪される。シャンブラーによって招来された場所の地形が雨の多い土地や沼地や湿気の多い土地である場合にのみ、シャンブリング・マウンドは通常と同様に［火炎］への抵抗力を持つ。

シュリンク・アイテム

Shrink Item／アイテム縮小

系統：変成術；**呪文レベル**：ウィザード／ソーサラー3

発動時間：1標準アクション

構成要素：音声、動作

距離：接触

目標：接触した、2立方フィート／レベルまでの物体1つ

持続時間：1日／レベル；本文参照

セーヴィング・スロー：意志・無効（物体）；**呪文抵抗**：可（物体）

　術者は魔法の力を持たないアイテム1つを（それが大きさ制限内のものであれば）高さ・幅・奥行きともに本来の大きさの1/16に縮小できる（体積や重量は本来の約1/4,000となる）。この変化は実質的には物体のサイズ分類を4段階小さくする。あるいは、術者の選択で、縮小後の材質を布のようなものに変えることもできる。シュリンク・アイテムの呪文によって変化した物体は、固い表面に投げつけるか、この呪文をかけたものが言葉を唱えるかするだけで本来の材質と大きさを取り戻す。燃えている火とその燃料でさえ、この呪文で縮小できる。縮小された物体を本来の大きさと材質に戻せば、呪文は終了する。

　シュリンク・アイテムはパーマネンシイの呪文によって、効果を永続化させることができる。シュリンク・アイテムを永続化した場合、作用を受けた物体は回数無制限に縮小したり元に戻したりすることができるようになるが、そうできるのは本来呪文を発動した術者だけである。

ショッキング・グラスプ

Shocking Grasp／電撃の手

系統：力術［雷撃］；**呪文レベル**：ウィザード／ソーサラー1

発動時間：1標準アクション

構成要素：音声、動作

距離：接触

目標：接触したクリーチャー1体あるいは物体1つ

持続時間：瞬間

セーヴィング・スロー：不可；**呪文抵抗**：可

　術者は近接接触攻撃が成功すると、術者レベルごとに1d6（最大5d6）ポイントの［雷撃］ダメージを与えることができる。敵が金属製の鎧をまとっている（あるいは、金属製の武器を運搬したり、敵自体が金属製であったりなどの）場合、雷撃を与える時に術者は攻撃ロールに＋3のボーナスを得る。

シンティレイティング・パターン

Scintillating Pattern／きらめく色彩の紋様

系統：幻術（紋様）［精神作用］；**呪文レベル**：ウィザード／ソーサラー8

発動時間：1標準アクション

構成要素：音声、動作、物質（水晶のプリズム）

距離：近距離（25フィート＋5フィート／2レベル）

効果：半径20フィートに拡散する色とりどりの光

持続時間：精神集中＋2ラウンド

セーヴィング・スロー：不可；**呪文抵抗**：可

　ぴかぴか光る色の捻れた紋様が空中を漂い、中にいるクリーチャーに作用を及ぼす。この呪文は、合計で術者レベル（最大で20）に等しいヒット・ダイス分のクリーチャーに作用する。最初に最もヒット・ダイスの低いクリーチャーに作用し、同じヒット・ダイスのクリーチャーの中では、まず呪文の起点に最も近いものに作用する。1体のクリーチャーに作用を及ぼすの

に充分でなかったヒット・ダイス分は無駄になってしまう。この呪文は各対象に、ヒット・ダイスに従って作用する。

6以下：1d4ラウンドの間、気絶状態となり、その後さらに1d4ラウンドの間、朦朧状態となり、その後さらに1d4ラウンドの間、混乱状態となる（生きていないクリーチャーの場合、気絶状態は朦朧状態として扱うこと）。

7～12：1d4ラウンドの間、朦朧状態となり、その後さらに1d4ラウンドの間、混乱状態となる。

13以上：1d4ラウンドの間、混乱状態となる。

シンティレイティング・パターンは視覚を持たないクリーチャーには作用しない。

シンパシー
Sympathy／共感

系統：心術（強制）［精神作用］；**呪文レベル**：ウィザード／ソーサラー8、ドルイド9
発動時間：1時間
構成要素：音声、動作、物質（磨り潰した真珠1,500GPぶんと蜂蜜一滴）
距離：近距離（25フィート＋5フィート／2レベル）
目標：場所（10立方フィート／レベルまで）1つあるいは物体1つ
持続時間：2時間／レベル（解除可）
セーヴィング・スロー：意志・無効；本文参照；**呪文抵抗**：可

術者は、1つの物体か場所から、術者が定義した特定の種類の知的クリーチャーか、特定の属性のクリーチャーを惹きつける魔法的な波動を放射させる。作用を及ぼす特定の種類のクリーチャーは、具体的に名称を指定しなければならず、副種別では具体的とは言えない。同様に、属性の場合も具体的に指定しなければならない。

指定された種類あるいは属性のクリーチャーは、この呪文の作用が及ぶ場所を気に入って入りたくなったり、物体に触れたり手に入れたくなったりする。その場所に留まったり、その物体に触れたいという衝動は圧倒的なものである。セーヴィング・スローに成功したクリーチャーは、この心術効果から解放されるが、1d6×10分後にさらにもう1度セーヴを行わなければならない。このセーヴに失敗すれば、影響を受けたクリーチャーはその場所や物体のところへ戻ろうとする。

シンパシーは**アンティパシー**を相殺し、解呪する。

シンパセティック・ヴァイブレーション
Sympathetic Vibration／共振

系統：力術［音波］；**呪文レベル**：バード6
発動時間：10分
構成要素：音声、動作、焦点（音叉1つ）
距離：接触
目標：支えなしで立っている構造物1つ
持続時間：最大1ラウンド／レベル
セーヴィング・スロー：不可；本文参照；**呪文抵抗**：可

術者は支えなしで立っている構造物に同調し、その構造物の内部に、ダメージを与える振動を発生させることができる。一旦振動が始まると、それは目標の構造物に対して、1ラウンドあたり2d10ポイントのダメージを与える。このダメージは硬度を無視する。術者は発動の時点で呪文の持続時間を制限できる。制限しなかった場合、呪文は術者レベルごとに1ラウンド持続する。呪文を"支えなしで立っている構造物"でないものに対して発動した場合、周囲の石が効果を拡散させてしまいダメージは生じない。

シンパセティック・ヴァイブレーションは（人造を含む）クリーチャーには作用しない。構造物は"装備中の物体"ではないので、セーヴィング・スローを行って呪文の効果に抵抗することはできない。

シンボル・オヴ・インサニティ
Symbol of Insanity／狂気の印形

系統：心術（強制）［精神作用］；**呪文レベル**：ウィザード／ソーサラー8、クレリック8
構成要素：音声、動作、物質（水銀、燐、加えて5,000GPの価値があるダイアモンドとオパールの粉末）
セーヴィング・スロー：意志・無効

この呪文は**シンボル・オヴ・デス**と同様に作用するが、ただ**シンボル・オヴ・インサニティ**の60フィート以内の全クリーチャーは（死亡するのではなく）恒久的な狂気に陥る（**インサニティ**呪文と同様）。

シンボル・オヴ・デスと違って、**シンボル・オヴ・インサニティ**にはHP上限はない。一旦作動したなら、単に術者レベル×10分間稼動しつづける。

注：シンボルのような魔法の罠を発見し、無力化するのは困難である。シンボルを発見するのに〈知覚〉技能を使用することは誰でも可能だが、シンボルを解除するのに〈装置無力化〉を使うことができるのは"罠探し"のクラス特徴を持っているキャラクターのみである。どちらの場合もDCは25＋呪文レベルであり、**シンボル・オヴ・インサニティ**の場合は33である。

シンボル・オヴ・ウィークネス
Symbol of Weakness／弱体の印形

系統：死霊術；**呪文レベル**：ウィザード／ソーサラー7、クレリック7
構成要素：音声、動作、物質（水銀、燐、加えて5,000GPの価値があるダイアモンドとオパールの粉末）
セーヴィング・スロー：頑健・無効

この呪文は**シンボル・オヴ・デス**と同様に作用するが、ただ**シンボル・オヴ・ウィークネス**の60フィート以内の全クリーチャーは（死亡するのではなく）体から力が抜けてゆき、3d6ポイントの【筋力】ダメージを被る。

シンボル・オヴ・デスと違って、**シンボル・オヴ・ウィークネス**にはHP上限はない。一旦作動したなら、単に術者レベル×10分間稼動しつづける。クリーチャーはこの**シンボル**1つにつき1度しか影響を受けない。

注：シンボルのような魔法の罠を発見し、無力化するのは困難である。シンボルを発見するのに〈知覚〉技能を使用するこ

とは誰でも可能だが、シンボルを解除するのに〈装置無力化〉を使うことができるのは"罠探し"のクラス特徴を持っているキャラクターのみである。どちらの場合もDCは25＋呪文レベルであり、シンボル・オヴ・ウィークネスの場合は32である。

シンボル・オヴ・スタニング
Symbol of Stunning／朦朧の印形

系統：心術（強制）[精神作用]；**呪文レベル**：ウィザード／ソーサラー7、クレリック7
構成要素：音声、動作、物質（水銀、燐、加えて5,000GPの価値があるダイアモンドとオパールの粉末）
セーヴィング・スロー：意志・無効

　この呪文はシンボル・オヴ・デスと同様に作用するが、ただしシンボル・オヴ・スタニングの60フィート以内の全クリーチャーは（死亡するのではなく）1d6ラウンドの間、朦朧状態になる。

　注：シンボルのような魔法の罠を発見し、無力化するのは困難である。シンボルを発見するのに〈知覚〉技能を使用することは誰でも可能だが、シンボルを解除するのに〈装置無力化〉を使うことができるのは"罠探し"のクラス特徴を持っているキャラクターのみである。どちらの場合もDCは25＋呪文レベルであり、シンボル・オヴ・スタニングの場合は32である。

シンボル・オヴ・スリープ
Symbol of Sleep／睡眠の印形

系統：心術（強制）[精神作用]；**呪文レベル**：ウィザード／ソーサラー5、クレリック5
構成要素：音声、動作、物質（水銀、燐、加えて1,000GPの価値があるダイアモンドとオパールの粉末）
セーヴィング・スロー：意志・無効

　この呪文はシンボル・オヴ・デスと同様に作用するが、ただしシンボル・オヴ・スリープの60フィート以内のHDが10以下の全クリーチャーは（死亡するのではなく）3d6×10分間、深い眠りにおちる。スリープ呪文の場合と違って、眠っているクリーチャーはこの期間が終わるまでは魔法以外の手段では目覚めることがない。

　シンボル・オヴ・デスと違って、シンボル・オヴ・スリープにはHP上限はない。一旦作動したなら、単に術者レベル×10分間稼動しつづける。

　注：シンボルのような魔法の罠を発見し、無力化するのは困難である。シンボルを発見するのに〈知覚〉技能を使用することは誰でも可能だが、シンボルを解除するのに〈装置無力化〉を使うことができるのは"罠探し"のクラス特徴を持っているキャラクターのみである。どちらの場合もDCは25＋呪文レベルであり、シンボル・オヴ・スリープの場合は30である。

シンボル・オヴ・デス
Symbol of Death／即死の印形

系統：死霊術[即死]；**呪文レベル**：ウィザード／ソーサラー8、クレリック8
発動時間：10分
構成要素：音声、動作、物質（水銀、燐、加えて5,000GPの価値があるダイアモンドとオパールの粉末）
距離：0フィート；本文参照
効果：印形1つ
持続時間：本文参照
セーヴィング・スロー：頑健・無効；**呪文抵抗**：可

　この呪文によって、術者は強力なルーンを何らかの表面の上に描くことができる。シンボル・オヴ・デスは作動したなら半径60フィートの爆発内の（ヒット・ポイントの合計が150点までの）1体以上のクリーチャーを殺す。シンボル・オヴ・デスはまず最も近くにいるクリーチャーに作用し、作用を及ぼすにはヒット・ポイントの多すぎるクリーチャーがいれば無視して次に進む。作動すると、このシンボルは稼動状態となって輝き、術者レベル×10分間または150ヒット・ポイントぶんのクリーチャーに作用するまで（どちらか早いほう）持続する。シンボル・オヴ・デスが稼動している間に効果範囲に入ったクリーチャーは、シンボルの作動開始時点で効果範囲内にいたかどうかに関係なく、シンボルの効果にさらされる。クリーチャーは、効果範囲内に留まっている限り、このシンボルに対して1回セーヴを行うだけでよい。ただし1度効果範囲から出て、稼動中にまた戻ってきた場合、再度セーヴを行わねばならない。

　作動するまでは、シンボル・オヴ・デスは非稼動状態である（それでも60フィートの距離では見えるし読める）。効果を現すためには、シンボル・オヴ・デスは常に目立つ場所にはっきりと見えるように設置しておかなければならない。ルーンを覆ったり隠したりすれば、シンボルは効果がなくなってしまう（ただし、クリーチャーが覆いを取った時には、シンボルは通常に機能する）。

　普通、シンボルはクリーチャーが以下のいずれか1つ以上のこと（術者が選ぶ）を行った場合に作動する。すなわち、ルーンを読む、ルーンに触れる、ルーンの上を通り過ぎる、ルーンを描いた戸口を通り抜ける、である。いずれの場合にも、シンボルを作動させるためには、クリーチャーはルーンから60フィート以内にいなければならない（たとえ1つ以上の条件に合致していようと、である。たとえば60フィートよりも遠くからルーンを読んでもシンボルは作動しない）。一旦呪文を発動してしまったなら、そのシンボル・オヴ・デスの作動条件を変更することはできない。

　なお、ここでルーンを"読む"というのは、ルーンを調べたり、正体を見極めようとしたり、意味を推測しようとするすべての試みを指す。触れると作動するルーンの場合、シンボルの効き目をなくそうとして覆いになるものを投げかけると作動してしまう。シンボル・オヴ・デスを攻撃に使うことはできない。たとえば、ルーンに触れると作動するシンボル・オヴ・デスをアイテムに描き、そのアイテムでクリーチャーに接触しても、シンボルが作動することはない。これと同様、シンボル・オヴ・デスを武器に描き、武器が敵に命中を与えた際に作動するようにしておくなどということはできない。

　術者は独自の特殊な作動条件を設定することもできる。これ

316

は術者の望みしだいで、どれだけ単純にも複雑にもできる。**シンボル**を作動させる特殊な条件はクリーチャーの名前、身元、属性に基づいて設定できるが、それ以外は識別可能な行動や特性に基づいたものでなければならない。レベルやクラス、HD、ヒット・ポイントなどのつかみどころのないものは不適当である。

シンボル・オヴ・デスを描く際に、術者は合言葉を指定し、それを使ったクリーチャーは**シンボル**を作動させないようにすることができる。合言葉を使った者は、ルーンから60フィート以内に留まっている限り、そのルーンの効果に対する完全耐性を有する。一度効果範囲から出て、作動中にまた戻ってくる場合には、再び合言葉を使わねばならない。

術者はまた、**シンボル・オヴ・デス**にクリーチャーを何体でも同調させることができるが、そうすると発動時間が延びてしまう。1～2体のクリーチャーを同調させるのにかかる時間は無視できるほどだが、小さな集団（10体まで）を同調させるには1時間かかり、大きな集団（25体まで）を同調させるには1日かかる。これより大人数の集団を同調させるには、25体ごとに24時間ずつ必要になる。特定の**シンボル・オヴ・デス**に同調したクリーチャーは、その**シンボル**を作動させることはなく、その**シンボル**の効果に対する完全耐性を有する（たとえ作動開始時点で効果範囲内にいても）。術者は自分の描いた**シンボル・オヴ・デス**には自動的に同調したものとみなされるので、常にその**シンボル**の効果を無視でき、うっかり作動させてしまうこともない。

リード・マジックを使えば、〈呪文学〉判定（DC10＋**シンボル**の呪文レベル）に成功することで**シンボル・オヴ・デス**を識別できる。むろん、その**シンボル**が“ルーンを読む”ことで作動するようになっていた場合、この作業によって**シンボル**が起動する。

シンボル・オヴ・デスは、そのルーン単体を目標とした**ディスペル・マジック**に成功すれば取り除くことができる。**イレイズ**呪文は**シンボル・オヴ・デス**には効果がない。**シンボル**が刻み込まれた表面を破壊すれば、**シンボル**を破壊できるが、その効果も作動させてしまう。

シンボル・オヴ・デスは**パーマネンシイ**呪文で永続化できる。永続化した**シンボル・オヴ・デス**が、〈装置無力化〉等によって無力化されるか、影響を及ぼせるヒット・ポイント上限まで作用を及ぼしてしまったなら、その**シンボル**は10分間非稼動状態となるが、その後は元通り、普通に作動するようになる。

注：**シンボル**のような魔法の罠を発見し、無力化するのは困難である。**シンボル**を発見するのに〈知覚〉技能を使用することは誰でも可能だが、**シンボル**を解除するのに〈装置無力化〉を使うことができるのは“罠探し”のクラス特徴を持っているキャラクターのみである。どちらの場合もDCは25＋呪文レベルであり、**シンボル・オヴ・デス**の場合は33である。

シンボル・オヴ・パースウェイジョン
Symbol of Persuasion／説得の印形

系統：心術（魅惑）［精神作用］；**呪文レベル**：ウィザード／ソーサラー6、クレリック6
構成要素：音声、動作、物質（水銀、燐、加えて5,000GPの価値があるダイアモンドとオパールの粉末）
セーヴィング・スロー：意志・無効

この呪文は**シンボル・オヴ・デス**と同様に作用するが、ただ**シンボル・オヴ・パースウェイジョン**の60フィート以内の全クリーチャーは（死亡するのではなく）術者レベル×1時間の間、（**チャーム・モンスター**呪文のように）術者に魅惑される。

シンボル・オヴ・デスと違って、**シンボル・オヴ・パースウェイジョン**にはHP上限はない。一旦作動したなら、単に術者レベル×10分間作動しつづける。

注：**シンボル**のような魔法の罠を発見し、無力化するのは困難である。**シンボル**を発見するのに〈知覚〉技能を使用することは誰でも可能だが、**シンボル**を解除するのに〈装置無力化〉を使うことができるのは“罠探し”のクラス特徴を持っているキャラクターのみである。どちらの場合もDCは25＋呪文レベルであり、**シンボル・オヴ・パースウェイジョン**の場合は31である。

シンボル・オヴ・フィアー
Symbol of Fear／恐怖の印形

系統：死霊術［恐怖、精神作用］；**呪文レベル**：ウィザード／ソーサラー6、クレリック6
構成要素：音声、動作、物質（水銀、燐、加えて1,000GPの価値があるダイアモンドとオパールの粉末）
セーヴィング・スロー：意志・無効

この呪文は**シンボル・オヴ・デス**と同様に作用するが、ただ**シンボル・オヴ・フィアー**の60フィート以内の全クリーチャーは（死亡するのではなく）術者レベルに等しいラウンド数だけ恐慌状態になる。

注：**シンボル**のような魔法の罠を発見し、無力化するのは困難である。**シンボル**を発見するのに〈知覚〉技能を使用することは誰でも可能だが、**シンボル**を解除するのに〈装置無力化〉を使うことができるのは“罠探し”のクラス特徴を持っているキャラクターのみである。どちらの場合もDCは25＋呪文レベルであり、**シンボル・オヴ・フィアー**の場合は31である。

シンボル・オヴ・ペイン
Symbol of Pain／苦痛の印形

系統：死霊術［悪］；**呪文レベル**：ウィザード／ソーサラー5、クレリック5
構成要素：音声、動作、物質（水銀、燐、加えて1,000GPの価値があるダイアモンドとオパールの粉末）

この呪文は**シンボル・オヴ・デス**と同様に作用するが、ただ**シンボル・オヴ・ペイン**の60フィート以内の全クリーチャーは（死亡するのではなく）すさまじい苦痛に襲われ、攻撃ロール、技能判定、能力値判定に−4のペナルティを被る。この効果は、クリーチャーが**シンボル**の60フィート以内から出た後も1時間にわたって持続する。

シンボル・オヴ・デスと違って、**シンボル・オヴ・ペイン**に

は HP 上限はない。一旦作動したなら、単に術者レベル×10分間稼動しつづける。

注：シンボルのような魔法の罠を発見し、無力化するのは困難である。**シンボル**を発見するのに〈知覚〉技能を使用することは誰でも可能だが、**シンボル**を解除するのに〈装置無力化〉を使うことができるのは"罠探し"のクラス特徴を持っているキャラクターのみである。どちらの場合もDCは25＋呪文レベルであり、**シンボル・オヴ・ペイン**の場合は30である。

スカルプト・サウンド

Sculpt Sound／音声変調

系統：変成術；**呪文レベル：**バード3
発動時間：1標準アクション
構成要素：音声、動作
距離：近距離（25フィート＋5フィート／2レベル）
目標：クリーチャーか物体1体（1つ）／レベル、ただしそのうちのどの2つをとっても30フィート以内の距離に収まっていなければならない
持続時間：1時間／レベル（解除可）
セーヴィング・スロー：意志・無効（物体）；**呪文抵抗：**可（物体）

術者はクリーチャーや物体の立てる音を変化させることができる。術者は音のないところに音を生み出したり、音を消したり、音を他の音に変えたりできる。作用を受けるクリーチャーや物体には、すべて同じ変化を与えるのでなければならない。一度変化させてしまったら、その内容を変更することはできない。術者は音質を変化させることができるが、自分のよく知らない言葉を作り出すことはできない。

声をひどく変化させられてしまった呪文の使い手は、音声要素のある呪文を発動することができない。

スクライング

Scrying／念視

系統：占術（念視）；**呪文レベル：**ウィザード／ソーサラー4、クレリック5、ドルイド4、バード3
発動時間：1時間
構成要素：音声、動作、物質／信仰（水鏡）、焦点（1,000GPの価値のある銀の鏡）
距離：本文参照
効果：魔法的感知器官
持続時間：1分／レベル
セーヴィング・スロー：意志・無効；**呪文抵抗：**可

術者は、どんなに離れたところからでも、クリーチャーのことを観察することができる。対象が意志セーヴに成功すれば、呪文は失敗する。このセーヴのDCは、術者の対象に対する知識と、術者がそのクリーチャーに対してどんな種類の物理的なつながりを持っているか（そもそもそんなものがあるのか）による。さらに、対象が他の次元界にいれば、対象は意志セーヴに＋5のボーナスを得る。

知識	意志セーヴ修正値
なし＊	＋10
間接（対象について聞いたことがある）	＋5
直接（対象に会ったことがある）	±0
親密（対象のことをよく知っている）	−5

＊ 術者は自分の知らないクリーチャーに対しては何らかのつながり（下記参照）を持っていなければならない。

つながり	意志セーヴ修正値
似顔絵や肖像	−2
所有物や衣服	−4
肉体の一部、髪の毛、爪など	−10

このセーヴが失敗であれば、術者は対象とその周囲（対象からすべての方向におよそ10フィート）を見聞きすることができる。対象が移動すれば、感知器官は150フィートまでの移動速度でそれについて行く。

すべての占術（念視）呪文と同様、この感知器官は魔法効果も含め、術者の視覚能力をすべて備えている。さらに、以下の呪文は術者レベルごとに5％の確率で、この感知器官を通じてうまく働く可能性がある：ディテクト・イーヴル、ディテクト・グッド、ディテクト・ケイオス、ディテクト・マジック、ディテクト・ロー、メッセージ。

セーヴが成功であれば、少なくとも24時間の間、術者が同じ対象を再び念視しようとすることはできない。

グレーター・スクライング

Scrying, Greater／上級念視

系統：占術（念視）；**呪文レベル：**ウィザード／ソーサラー7、クレリック7、ドルイド7、バード6
発動時間：1標準アクション
構成要素：音声、動作
持続時間：1時間／レベル

スクライングと同様だが、上記のような違いがある。また以下の呪文はすべて、感知器官を通じて確実に機能する：タンズ、ディテクト・イーヴル、ディテクト・グッド、ディテクト・ケイオス、ディテクト・マジック、ディテクト・ロー、メッセージ、リード・マジック。

スクリーン

Screen／銀幕

系統：幻術（幻覚）；**呪文レベル：**ウィザード／ソーサラー8
発動時間：10分
構成要素：音声、動作
距離：近距離（25フィート＋5フィート／2レベル）
効果範囲：一辺30フィートの立方体の区画1個ぶん／レベル（自在）
持続時間：24時間
セーヴィング・スロー：不可あるいは意志・看破（やりとりがあった場合）；本文参照；**呪文抵抗：**不可

この呪文は念視や観察に対する強力な防御を作り出す。呪文の発動時に、術者は呪文の効果範囲内で何が観察され、何が観

察されないかを指定する。作り出される幻については漠然としか指示することはできない。一度条件を設定したら、変更することはできない。効果範囲を念視しようとする試みは、セーヴの余地なく自動的に術者の指定したイメージを検知する。映像と音は作り出された幻に合致している。直接観察した場合、看破する原因となるようなものがその光景にあれば、（通常の幻術と同様に）セーヴを行うことができる。幻術の影響を受けている者たちが効果範囲内に入った場合でも、幻によって隠されている者たちが彼らの通り道から離れるようにしていれば、幻が打ち消されることもないし、必ずしもセーヴができるとも限らない。

スケアー
Scare／畏怖

系統：死霊術［恐怖、精神作用］；**呪文レベル**：ウィザード／ソーサラー2、バード2
発動時間：1標準アクション
構成要素：音声、動作、物質（アンデッド・クリーチャーからとった骨）
距離：中距離（100フィート＋10フィート／レベル）
目標：生きているクリーチャー1体／3レベル、ただしそのうちのどの2体をとっても30フィート以内の距離に収まっていなければならない
持続時間：1ラウンド／レベルあるいは1ラウンド；コーズ・フィアーの本文参照
セーヴィング・スロー：意志・不完全；**呪文抵抗**：可

　コーズ・フィアーと同様だが、この呪文は目標となった6HD未満のすべてのクリーチャーを恐れ状態にすることができる。

スコーチング・レイ
Scorching Ray／灼熱の光線

系統：力術［火炎］；**呪文レベル**：ウィザード／ソーサラー2
発動時間：1標準アクション
構成要素：音声、動作
距離：近距離（25フィート＋5フィート／2レベル）
効果：光線1本以上
持続時間：瞬間
セーヴィング・スロー：不可；**呪文抵抗**：可

　術者は敵を火の灼熱ビームで撃つ。術者は光線1本に加え、3レベルを超える4レベルごとに追加で1本の光線（11レベルで最大3本の光線となる）を撃ち出すことができる。光線はそれぞれ、命中させるために遠隔接触攻撃を行う必要があり、当たれば4d6ポイントの［火炎］ダメージを与える。光線を複数本撃ち出せる場合、同一の目標に対して使用することも、別々の目標に対して使用することもできるが、すべての光線は互いに30フィート以内の距離に収まっている目標に対して使用しなければならず、同時に撃ち出さねばならない。

スタチュー
Statue／石像変化

系統：変成術；**呪文レベル**：ウィザード／ソーサラー7
発動時間：1ラウンド
構成要素：音声、動作、物質（石灰、砂、そして一滴の水を、鉄の釘でかき混ぜる）
距離：接触
目標：接触したクリーチャー1体
持続時間：1時間／レベル（解除可）
セーヴィング・スロー：意志・無効（無害）；**呪文抵抗**：可（無害）

　スタチュー呪文は対象を、着用していたり運搬しているすべての衣類や装備とともに、頑丈な石に変える。石像の姿では、対象は8の硬度を得る。対象のヒット・ポイントは元の値のままである。対象は通常通り見、聞き、匂いを嗅ぐことができるが、飲み食いしたり息をしたりする必要はない。触覚で感じ取れるのは、その肉体を構成する花崗岩のように硬い物質に作用を及ぼせるような感覚に制限される。ちょっと欠けたくらいならスリ傷ができたようなものだが、像の腕の1本が折れて取れてしまったなら深刻なダメージとして感じられる。

　スタチュー呪文の影響下にあるものは、呪文の持続時間内なら、望めば本来の姿に戻り、行動し、さらに（フリー・アクションで）即座に像の姿に戻ることができる。

ステイタス
Status／状態確認

系統：占術；**呪文レベル**：クレリック2
発動時間：1標準アクション
構成要素：音声、動作
距離：接触
目標：接触したクリーチャー1体／3レベル
持続時間：1時間／レベル
セーヴィング・スロー：意志・無効（無害）；**呪文抵抗**：可（無害）

　術者がこれから仲間と別行動するかもしれず、そうなっても仲間を見失わぬようにする必要があれば、ステイタスによって、その仲間の相対的な位置とだいたいの状態を精神的に把握しておくことができる。術者はそのクリーチャーへの方向と距離、そのクリーチャーに作用している状態（まったく傷を負っていない、負傷している、満身創痍状態、よろめき状態、気絶状態、瀕死状態、吐き気がする状態、恐慌状態、朦朧状態、毒に冒されている、病気にかかっている、混乱状態など）を知る。一度呪文が対象に対して発動されると、対象と術者の間の距離は、全員が同じ次元界にいる限り影響しない。対象がその次元界を離れるか死亡したなら、その対象に対しては呪文は機能を停止する。

ステイビライズ
Stabilize／安定化

系統：召喚術（治癒）；**呪文レベル**：クレリック0、ドルイド0
発動時間：1標準アクション
構成要素：音声、動作

距離：近距離（25フィート＋5フィート／2レベル）
目標：生きているクリーチャー1体
持続時間：瞬間
セーヴィング・スロー：意志・半減（無害）；本文参照；**呪文**
抵抗：可（無害）；本文参照

　ヒット・ポイントが－1以下の生きているクリーチャーを対象として発動する。そのクリーチャーは自動的に容態安定化に成功し、それ以上ヒット・ポイントが減ることはない。そのクリーチャーが後でダメージを加えられたなら、通常通りに瀕死状態になる。

スティンキング・クラウド
Stinking Cloud／悪臭の雲

系統：召喚術（創造）；**呪文レベル**：ウィザード／ソーサラー3
発動時間：1標準アクション
構成要素：音声、動作、物質（腐った卵か、ザゼンソウの葉）
距離：中距離（100フィート＋10フィート／レベル）
効果：半径20フィートに拡散する雲、高さ20フィート
持続時間：1ラウンド／レベル
セーヴィング・スロー：頑健・無効；本文参照；**呪文抵抗**：不可

　スティンキング・クラウドが作り出す霧の塊は、フォッグ・クラウドのものに似ているが、その蒸気が吐き気を催させる点が異なる。この雲の中にいる生きているクリーチャーは“吐き気がする状態”になる。この状態はクリーチャーが雲の中にいる間と、雲から離れた後1d4＋1ラウンド（吐き気がする状態のクリーチャー1体1体に対して別々にロールすること）の間持続する。セーヴに成功したが、雲の中に留まったクリーチャーは、毎ラウンド、術者のターンにセーヴし続けなければならない。これは[毒]効果である。
　スティンキング・クラウドはパーマネンシイ呪文で永続化できる。永続化されたスティンキング・クラウドは、風で吹き払われても、10分後には元通りになる。

ストーム・オヴ・ヴェンジャンス
Storm of Vengeance／天罰の嵐

系統：召喚術（招来）；**呪文レベル**：クレリック9、ドルイド9
発動時間：1ラウンド
構成要素：音声、動作
距離：長距離（400フィート＋40フィート／レベル）
効果：半径360フィートの嵐雲
持続時間：精神集中（最大10ラウンド）（解除可）
セーヴィング・スロー：本文参照；**呪文抵抗**：可

　術者は巨大な嵐の黒雲を空に作り出す。その雲の下にいるすべてのクリーチャーは頑健セーヴを行い、失敗したならば1d4×10分の間聴覚喪失状態になる。術者が精神集中を続けるラウンドごとに、呪文は以下のような追加効果を生み出す。それぞれの効果は術者のターンの間に発生する。
　2ラウンド目：範囲内に酸の雨が降り、1d6ポイントの[強酸]ダメージを与える。セーヴ不可。

　3ラウンド目：術者は雲から6本の稲妻を呼び降ろす。術者はこれらの稲妻がどこに当たるか決定する。1つの目標に対しては1本の稲妻しか向けられない。それぞれの稲妻は10d6ポイントの[雷撃]ダメージを与える。稲妻に打たれたクリーチャーはダメージを半減させるために反応セーヴを試みることができる。
　4ラウンド目：範囲内にひょうが降り、5d6ポイントの[殴打]ダメージを与える（セーヴ不可）。
　5〜10ラウンド目：豪雨と荒れ狂う風が視界を低下させる。この雨は暗視能力も含め、5フィートを超えるすべての視界を曇らせる。5フィート離れたクリーチャーは視認困難（攻撃に20％の失敗確率がつく）。それより離れたクリーチャーは完全視認困難（攻撃に50％の失敗確率がつき、攻撃者は視覚で目標の位置をつきとめることができない）。移動速度は3/4に下がる。
　嵐の範囲内での遠隔攻撃は不可能である。範囲内で発動される呪文は術者が（ストーム・オヴ・ヴェンジャンスのセーヴDC＋術者が発動しようとしている呪文のレベル）に等しいDCの精神集中判定に成功しない限り、中断される。

ストーン・シェイプ
Stone Shape／石材形成

系統：変成術[地]；**呪文レベル**：ウィザード／ソーサラー4、クレリック3、ドルイド3
発動時間：1標準アクション
構成要素：音声、動作、物質／信仰（柔らかい粘土）
距離：接触
目標：10立方フィート＋1立方フィート／レベルまでの接触した石あるいは石製の物体1つ
持続時間：瞬間
セーヴィング・スロー：不可；**呪文抵抗**：不可

　術者はすでにある石の塊を、自分の目的にかなう好きな形に変えることができる。ストーン・シェイプによって粗雑な箱や扉などを作れはするものの、細かな細工を行うことはできない。動く部分のあるすべての仕掛けは、30％の確率で実際には機能しない。

ストーン・テル
Stone Tell／石の語り

系統：占術；**呪文レベル**：ドルイド6
発動時間：10分
構成要素：音声、動作、信仰
距離：自身
目標：術者
持続時間：1分／レベル

　術者は石と会話する能力を得る。石は誰が、あるいは何が自分に触れたかを術者に語り、また、自分の後ろや下に何が潜んでいるか、隠されているかを明かしてくれる。石は尋ねられればすべてを包み隠さず説明してくれる。ただし、石のものの見方、知覚力、知識のため、術者が求めているような詳細情報が

得られないこともある。術者は自然石とも加工された石とも話すことができる。

ストーン・トゥ・フレッシュ
Stone to Flesh／石を肉に

系統：変成術；**呪文レベル**：ウィザード／ソーサラー6
発動時間：1標準アクション
構成要素：音声、動作、物質（土を混ぜた血一滴）
距離：中距離（100フィート＋10フィート／レベル）
目標：石化されたクリーチャー1体、あるいは、直径1～3フィートで長さ10フィートまでの円柱内の石 1つ
持続時間：瞬間
セーヴィング・スロー：頑健・無効（物体）：本文参照；**呪文抵抗**：可

　この呪文は石化されたクリーチャーを通常の状態へと戻し、生命と装備を元通りにする。この変化の過程を生き延びるため、そのクリーチャーは頑健セーヴ（DC15）に成功しなければならない。石化されたクリーチャーであれば、サイズに関係なくどんなクリーチャーでも回復させることができる。また、この呪文は石の塊を肉のような物質に変えることもできる。そうした肉塊は、生命力や魔法エネルギーが得られない限り、自力で動くこともなく、生きるに必要な生命力も持たない。たとえば、動く石の像にこの呪文をかければ動く肉の像になるが、普通の像は同じ形の肉の塊になるだけである。術者は、直径が1フィートから3フィートで長さが10フィートまでの円柱内に収まる物体や、より大きな石塊のうちその大きさまでの部分に作用を及ぼすことができる。

ストーンスキン
Stoneskin／石の皮膚

系統：防御術；**呪文レベル**：ウィザード／ソーサラー4、ドルイド5
発動時間：1標準アクション
構成要素：音声、動作、物質（花崗岩と、250GPの価値のあるダイアモンドの粉末）
距離：接触
目標：接触したクリーチャー1体
持続時間：10分／レベル、あるいはチャージ消費まで
セーヴィング・スロー：意志・無効（無害）；**呪文抵抗**：可（無害）

　この呪文によって守られたクリーチャーは打ち身、切り傷、刺し傷、ひっかき傷に対する抵抗力を得る。対象はDR10／アダマンティンを得る。ダメージを受けるたびに最初の10ポイントのダメージを無視する。ただしアダマンティン製の武器はこのダメージ減少を無視する。合計で術者レベル×10ポイント（最大150ポイント）のダメージを防いでしまうと、この呪文はチャージ消費される。

スネア
Snare／輪縄

系統：変成術；**呪文レベル**：ドルイド3、レンジャー2

発動時間：3ラウンド
構成要素：音声、動作、信仰
距離：接触
目標：接触した、魔法の力を持たないつるやロープ、紐でできた直径2フィート＋2フィート／レベルの輪1つ
持続時間：作動するか破壊されるまで
セーヴィング・スロー：不可；**呪文抵抗**：不可

　この呪文を使えば、術者は魔法の罠として働く輪縄を作ることができる。輪縄はしなやかなつるや紐、ロープなどから作ることができる。術者がそれにスネアをかけると、紐状の物体は周りの風景に溶け込んでしまう（“罠探し”能力を持ったキャラクターは発見するのにDC23で〈知覚〉判定を行うことができる）。輪縄の一方の端は輪になっていて、その中に足を踏み入れたクリーチャーの1本かそれ以上の足のまわりを縛る。

　強靭でしなやかな木が近くにあれば、この罠をそれに結びつけることができる。呪文の効果により、輪が作動する時にその木は一旦曲がって再び真っ直ぐとなり、罠にかかったクリーチャーに1d6ポイントのダメージを与え、縛った手足でそのクリーチャーを地面から引き上げる。そのような木がない場合、紐状の物体はクリーチャーのまわりにからみつき、ダメージを与えずに、そのクリーチャーを絡みつかれた状態にする。

　この罠は魔法の罠である。これから脱出するためには、罠にかかったクリーチャーは、全ラウンド・アクションである〈脱出術〉判定（DC23）か【筋力】判定（DC23）に成功しなければならない。この輪縄は5ヒット・ポイントあり、ACは7である。この罠から脱出するのに成功すれば、輪は壊れ、呪文は終了する。

スパイク・グロウス
Spike Growth／トゲある植物

系統：変成術；**呪文レベル**：ドルイド3、レンジャー2
発動時間：1標準アクション
構成要素：音声、動作、信仰
距離：中距離（100フィート＋10フィート／レベル）
効果範囲 一辺20フィートの正方形の範囲1個ぶん／レベル
持続時間：1時間／レベル（解除可）
セーヴィング・スロー：反応・不完全；**呪文抵抗**：可

　呪文の効果範囲内の地面を覆う植物はすべて、その姿を変えることなく非常に硬くなり、鋭い先端を持つようになる。

　剥き出しの土ばかりの場所では、根や支根が同じようにふるまう。一般的に、**スパイク・グロウス**は、水面、氷、積雪、砂砂漠、剥き出しの岩を除くありとあらゆる屋外の場所で発動させることができる。呪文の効果範囲の中に足を踏み入れたり、そこを通って移動しようとするクリーチャーは、トゲの生えた範囲を移動する5フィートごとに1d4ポイントのダメージを被る。

　この呪文によってダメージを受けたクリーチャーは反応セーヴにも成功しなければならず、失敗すれば足や脚部にけがを負い、移動速度が1/2だけ低下する。この移動速度ペナルティは24時間経つか、けがをしたクリーチャーがキュア系呪文を受

ける（同時に失ったヒット・ポイントも回復する）まで持続する。他のキャラクターが10分かけて傷の手当てをし、呪文のセーヴDCに対して〈治療〉判定に成功すればこのペナルティを取り除くことができる。

　魔法の罠を発見するのは困難である。"罠探し"を持つキャラクターはスパイク・グロウスを発見するのに〈知覚〉技能を使うことができる。DCは25＋呪文レベルであり、スパイク・グロウスの場合は28（レンジャーにより発動された場合は27）である。スパイク・グロウスは〈装置無力化〉技能では無力化することはできない。

スパイク・ストーンズ
Spike Stones／トゲある岩石

系統：変成術［地］；**呪文レベル**：ドルイド4
発動時間：1標準アクション
構成要素：音声、動作、信仰
距離：中距離（100フィート＋10フィート／レベル）
効果範囲　一辺20フィートの正方形の範囲1個ぶん／レベル
持続時間：1時間／レベル（解除可）
セーヴィング・スロー：反応・不完全；**呪文抵抗**：可

　岩だらけの地面や石の床、その他それに類する表面に長く鋭いトゲが生える。このトゲは背景に溶け込んでおり、見つけにくい。

　スパイク・ストーンズは範囲内での移動を妨げ、ダメージを与える。呪文の効果範囲の中に足を踏み入れたり、そこを通って徒歩で移動しようとするクリーチャーは、半分の移動速度で移動する。さらに、トゲの生えた範囲を移動する5フィートごとに1d8ポイントのダメージを被る。

　この呪文によってダメージを受けたクリーチャーは反応セーヴにも成功しなければならず、失敗すれば足や脚部にけがを負い、移動速度が24時間の間1/2に低下する。この移動ペナルティは、けがをしたクリーチャーがキュア系呪文を受けるまで持続する（同時に失ったヒット・ポイントも回復する）。他のキャラクターが10分かけて傷の手当てをし、呪文のセーヴDCに対して〈治療〉判定に成功した場合もこのペナルティを取り除くことができる。

　スパイク・ストーンズのような魔法の罠を発見するのは困難である。"罠探し"を持つキャラクターはスパイク・ストーンズを発見するのに〈知覚〉技能を使うことができる。DCは25＋呪文レベルであり、スパイク・ストーンズの場合は29である。スパイク・ストーンズは〈装置無力化〉技能では無力化することのできない魔法の罠である。

スパイダー・クライム
Spider Climb／クモ渡り

系統：変成術；**呪文レベル**：ウィザード／ソーサラー2、ドルイド2
発動時間：1標準アクション
構成要素：音声、動作、物質（生きているクモ）
距離：接触
目標：接触したクリーチャー1体
持続時間：10分／レベル
セーヴィング・スロー：意志・無効（無害）；**呪文抵抗**：可（無害）

　対象はクモのように垂直な面を登ったり、さらには天井をつたって移動することすらできる。この呪文が作用しているクリーチャーがこの方法で登攀するには、両手に何も持っていない状況でなければならない。対象は20フィートの登攀移動速度と、〈登攀〉技能判定に＋8の種族ボーナスを得る。さらに、垂直な面や水平な面（たとえ逆さまにであろうと）を渡るのに〈登攀〉判定を行う必要がない。スパイダー・クライムを行っているクリーチャーは登攀中でもアーマー・クラスへの【敏捷力】ボーナスを（もしもあるのならば）失わない。さらに、攻撃を行う相手は攻撃する対象が登攀していることに関して得られる特別なボーナスを何も得られない。対象は登攀中は疾走アクションを取れない。

スピーク・ウィズ・アニマルズ
Speak with Animals／動物との会話

系統：占術；**呪文レベル**：ドルイド1、バード3、レンジャー1
発動時間：1標準アクション
構成要素：音声、動作
距離：自身
目標：術者
持続時間：1分／レベル

　術者は動物に質問をし、その動物から答えを得ることができるが、この呪文によって動物が通常より友好的になることはない。用心深くてずる賢い動物は簡潔にしか答えなかったり、言い抜けようとしたりし、頭の悪い動物は意味のないコメントしかしないこともある。動物が友好的ならば、その動物は術者のために何かしてくれるかもしれない。

スピーク・ウィズ・デッド
Speak with Dead／死者との会話

系統：死霊術［言語依存］；**呪文レベル**：クレリック3
発動時間：10分
構成要素：音声、動作、信仰
距離：10フィート
目標：死んでいるクリーチャー1体
持続時間：1分／レベル
セーヴィング・スロー：意志・無効；本文参照；**呪文抵抗**：不可

　術者は1つの死体に生命のようなものを与え、質問に答えさせることができる。術者は術者レベル2レベルごとに1つまでの質問をすることができる。死体の知識は生前知っていたことに限定されるが、これには話す言語も含まれる。そのクリーチャーが特に術者と対立する立場だったなら、答えは短く、不可解だったり似たことを繰り返したりする。

　死んだクリーチャーの属性が術者と異なっていたなら、死体は生きているかのように意志セーヴで抵抗できる。成功したな

らば、死体は術者の質問に答えることを拒否するか、〈はったり〉を用いてだまそうとすることができる。魂は生きているときに知っていたことを話せるだけである。その死の後に起こったいかなることに対する質問にも答えることができない。

　その死体が1週間以内に**スピーク・ウィズ・デッド**の対象となったことがあるなら、新たな呪文は失敗する。術者はこの呪文をどれだけ長い間死んでいた死体に対して使用することもできるが、回答を得るためには、その死体はほとんど損なわれていないものでなければならない。損傷を受けた死体は部分的な答えや、部分的に正しい答えを返してくるかもしれないが、そもそも話すためには少なくとも口がなくてにならない。アンデッド・クリーチャーに変えられたことのある死体に対しては、この呪文は作用しない。

スピーク・ウィズ・プランツ
Speak with Plants／植物との会話

系統：占術；**呪文レベル**：ドルイド3、バード4、レンジャー2
発動時間：1標準アクション
構成要素：音声、動作
距離：自身
目標：術者
持続時間：1分／レベル

　術者は、普通の植物と植物クリーチャーと意志の疎通を行い、質問をして、答えを得ることができる。普通の植物の周囲に対する知覚力は限られたものであるため、クリーチャーについて詳しく描写したり（そもそも知覚したり）、自分のごく近辺以外で起こった事件についての質問に答えることはできないだろう。　この呪文によって植物が通常より友好的になったり協力的になったりすることはない。そのうえ、用心深くてずる賢い植物クリーチャーは簡潔にしか答えなかったり、言い抜けようとしたりし、頭の悪いものは意味のないコメントしかしないこともある。植物クリーチャーが友好的ならば、その植物クリーチャーは術者のために何かしてくれるかもしれない。

スピリチュアル・ウェポン
Spiritual Weapon／心霊武器

系統：力術［力場］；**呪文レベル**：クレリック2
発動時間：1標準アクション
構成要素：音声、動作、信仰
距離：中距離（100フィート＋10フィート／レベル）
効果：力場でできた魔法の武器1つ
持続時間：1ラウンド／レベル（解除可）
セーヴィング・スロー：不可；**呪文抵抗**：可

　力場でできた武器が出現し、術者の指示に従って離れた敵を攻撃し、命中するたびに1d8＋（術者レベル3ごとに＋1、15レベル時の＋5最大）ポイントの［力場］ダメージを与える。この武器は、術者の信じる神格の好む武器や、術者にとって霊的に重要であったり象徴的な意義のある武器（下記参照）の形をとり、形をとった実際の武器と同じクリティカル可能域とクリティカル倍率を持つ。この武器は術者の指定した敵を攻撃する。

呪文の発動したラウンドにまず1回攻撃し、その後も毎ラウンド、術者のターンに、指定した敵を攻撃する。攻撃ボーナスには術者の基本攻撃ボーナスを使用し（そのため2ラウンド目以降は毎ラウンド、複数回攻撃ができる可能性がある）、加えて術者の【判断力】修正値を攻撃ボーナスとして加えることができる。この武器は武器としてではなく呪文として攻撃するため、たとえばダメージ減少能力を有するクリーチャーをも傷つけることができる。また、［力場］効果なので、非実体クリーチャーを攻撃する際、相手が非実体であることによるダメージの減少を無視できる。この武器は常に術者のいる方向から攻撃する。この武器が挟撃ボーナスを得ることはなく、他の戦闘参加者に挟撃ボーナスを与えることもない。術者の特技や、戦闘時の特殊なアクションはこの武器に作用しない。この武器が呪文の距離外に行ってしまったり、術者の視界の外へ出たり、術者が指示を出さない場合、武器は術者の元へ戻り、その場に浮遊する。

　2ラウンド目以降、術者は移動アクションを用いて、この武器を新しい目標に“向け直す”ことができる。そうしない場合、武器は以前のラウンドの目標を攻撃し続ける。武器の目標を変更したラウンドには、武器は1回の攻撃しか行うことができない。以後のラウンドでその目標を攻撃する場合、術者の基本攻撃ボーナスが複数回攻撃可能なものであるなら、この武器は複数回攻撃を行うことができる。**スピリチュアル・ウェポン**が遠隔武器の場合も、その武器の通常の射程単位ではなく、この呪文の距離を用いること。**スピリチュアル・ウェポン**が遠隔武器の場合も、目標の変更はやはり移動アクションである。

　スピリチュアル・ウェポンを物理的な手段で攻撃したり、ダメージを与えることはできない。ただし**ディスペル・マジック**、**ディスインテグレイト**、**スフィアー・オヴ・アニヒレイション**、**ロッド・オヴ・キャンセレイション**は**スピリチュアル・ウェポン**に作用を及ぼすことができる。接触攻撃に対する**スピリチュアル・ウェポン**のACは12（10＋超小型の物体であることによる＋2のサイズ・ボーナス）である。

　攻撃されたクリーチャーが呪文抵抗を持っているなら、術者は**スピリチュアル・ウェポン**が初めて敵に打撃を与えた時点で、呪文抵抗に対する術者レベル判定（1d20＋術者レベル）を行う。呪文抵抗を破ることができなかったなら、呪文は解呪される。そうでない場合、武器はそのクリーチャーに対して、呪文の持続時間の間、通常の完全な効果を発揮する。

　術者の得る武器は、しばしば術者の信ずる神格が個人的に帯びている武器の力場による複製である。信ずる神格のいないクレリックはその属性に基づいた武器を得る。信ずる神格のいない真なる中立のクレリックは、少なくともその時点でだいたいどの属性に従って行動しているかによって、いずれかの属性の**スピリチュアル・ウェポン**を作り出すことができる。それぞれの属性の武器は以下の通りである：善（ウォーハンマー）、悪（ライト・フレイル）、秩序（ロングソード）、混沌（バトルアックス）。

スペクトラル・ハンド
Spectral Hand／霊体の手

系統：死霊術；**呪文レベル**：ウィザード／ソーサラー2

発動時間：1標準アクション
構成要素：音声、動作
距離：中距離（100フィート＋10フィート／レベル）
効果：霊体の手1つ
持続時間：1分／レベル（解除可）
セーヴィング・スロー：不可；**呪文抵抗**：不可

　術者の生命力で作られた亡霊のような手が現れ、術者の望むように移動するため、術者は低レベルの接触距離呪文を遠くへ送り出すことができる。呪文を発動した時点で、術者は1d4ポイントのヒット・ポイントを失うが、これは呪文の終了時に（解呪された場合でも）戻ってくる。ただし、手が破壊された場合は戻ってこない（このヒット・ポイントは通常通り回復させることができる）。呪文が持続する限り、術者が発動した4レベル以下の接触距離呪文ならどれでも、**スペクトラル・ハンド**によって送り出すことができる。この呪文によって、術者には近接接触攻撃ロールに＋2のボーナスが与えられ、この手による攻撃は通常通り、1回の攻撃に数えられる。手は常に術者のいる方向から攻撃する。手はクリーチャーと違って、目標を挟撃することができない。呪文を送り出すのを済ませたり、手が呪文の距離外へ行ってしまったり、術者の視界の外へ出たりした場合、手は術者の元へ戻り、その場に浮遊する。

　手は非実体であり、したがって、通常の武器ではダメージを与えられない。手は身かわし強化の能力（反応セーヴに失敗すると半分のダメージ、成功するとダメージなし）、術者と同じセーヴ・ボーナス、少なくとも22のAC（＋8サイズ、＋4外皮）を持っている。術者の【知力】修正値が、それがあたかも手の【敏捷力】修正値であるかのように、手のACに適用される。手は1～4のヒット・ポイントを持っており、これは作成時に術者の失ったポイント数と同じである。

スペル・イミュニティ
Spell Immunity／呪文に対する完全耐性

系統：防御術；**呪文レベル**：クレリック4
発動時間：1標準アクション
構成要素：音声、動作、信仰
距離：接触
目標：接触したクリーチャー1体
持続時間：10分／レベル
セーヴィング・スロー：意志・無効（無害）；**呪文抵抗**：可（無害）

　この呪文によって守られたクリーチャーは、術者の術者レベル4レベルごとに特定の呪文1つに対する完全耐性を得る。これらの呪文は4レベル以下のものでなければならない。この呪文によって守られたクリーチャーは実質的に、特定の呪文に対して絶対に失敗することのない呪文抵抗を持っているようなものである。当然のことながら、この呪文に対する完全耐性は、呪文抵抗の適用されない呪文からクリーチャーを守ってはくれない。**スペル・イミュニティ**は呪文、魔法のアイテムの擬似呪文効果、クリーチャーの生得の擬似呪文能力から対象を守る。ブレス攻撃や凝視攻撃のような超常能力や変則的能力からは守ってくれない。

特定の呪文から守るだけであって、呪文の特定領域や特定系統、効果の似通った呪文のグループから守ってくれるわけではない。1体のクリーチャーに対しては、同時に1つの**スペル・イミュニティ**または**グレーター・スペル・イミュニティ**しか効果を現さない。

グレーター・スペル・イミュニティ
Spell Immunity, Greater／上級呪文に対する完全耐性

系統：防御術；**呪文レベル**：クレリック8

　この呪文は8レベル以下の呪文に対しても働く事を除けば**スペル・イミュニティ**と同様である。1体のクリーチャーに対しては、同時に1つの**スペル・イミュニティ**または**グレーター・スペル・イミュニティ**しか効果を現さない。

スペル・ターニング
Spell Turning／呪文反射

系統：防御術；**呪文レベル**：ウィザード／ソーサラー7
発動時間：1標準アクション
構成要素：音声、動作、物質／信仰（小さな銀の鏡）
距離：自身
目標：術者
持続時間：消費されるまで、あるいは10分／レベル

　術者を目標とした呪文（および擬似呪文効果）はその呪文を本来発動した者へと跳ね返る。この防御術は術者を目標とした呪文のみを跳ね返す。効果型呪文や効果範囲型呪文には作用しない。**スペル・ターニング**は接触距離呪文に影響を及ぼすこともない。**スペル・ターニング**は呪文レベル7～10（1d4＋6）レベルぶんに作用することができる。正確なレベル数は密かにロールする。

　跳ね返せる残りレベル数が少なければ、呪文が部分的にしか跳ね返されないこともある。術者に向けてやって来る呪文の呪文レベルから、残りレベル数を引く。その差をその呪文本来の呪文レベルで割り、効果のうちどれだけの割合が防御を通り抜けたか調べること。ダメージを与える呪文の場合、術者とやって来る呪文の使い手がそれぞれの割合でダメージを被る。ダメージを与える呪文でない場合、術者とやって来る呪文の使い手がそれぞれの割合に応じた確率で呪文の作用を受ける。

　術者と呪文を使ってくる攻撃者の両方が作動中の**スペル・ターニング**効果で守られている場合、共鳴場が発生してしまう。結果を決めるため、ランダムにロールすること。

d%	効果
01～70	呪文は効果を現さずに消えてしまう。
71～80	呪文は両者に等しく、完全な作用を発揮する。
81～97	どちらの反射効果も1d4分の間、機能しなくなってしまう。
98～100	両者とも他の次元界への裂け目に落ちてしまう。

スペル・レジスタンス
Spell Resistance／呪文抵抗

系統：防御術；**呪文レベル**：クレリック5

発動時間：1標準アクション
構成要素：音声、動作、信仰
距離：接触
目標：接触したクリーチャー1体
持続時間：1分／レベル
セーヴィング・スロー：意志・無効（無害）；呪文抵抗：可（無害）

　対象は12＋術者レベルに等しい呪文抵抗を得る。

スペルスタッフ
Spellstaff／呪文杖

系統：変成術；呪文レベル：ドルイド6
発動時間：10分
構成要素：音声、動作、焦点（呪文を蓄える杖）
距離：接触
目標：接触した木製のクオータースタッフ1本
持続時間：チャージ消費（効果発揮）するまで永続（解除可）
セーヴィング・スロー：意志・無効（物質）；呪文抵抗：可（物体）

　術者は自分が普通に発動できる呪文を1つ、木製のクオータースタッフに蓄えることができる。杖にはそうした呪文を同時に1つしか蓄えておくことはできず、また、同時に2本以上のスペルスタッフを持つこともできない。術者は杖に蓄えた呪文を、あたかも自分が準備しておいた呪文であるかのように発動することができるが、それは術者が1日に使える通常の呪文数には数えられない。呪文を発動するのに必要な物質要素があれば、術者はその呪文をスペルスタッフに蓄える時に、それを消費する。

スリート・ストーム
Sleet Storm／みぞれ混じりの嵐

系統：召喚術（創造）［氷雪］；呪文レベル：ウィザード／ソーサラー3、ドルイド3
発動時間：1標準アクション
構成要素：音声、動作、物質／信仰（塵と水）
距離：長距離（400フィート＋40フィート／レベル）
効果範囲：円筒形（半径40フィート、高さ20フィート）
持続時間：1ラウンド／レベル
セーヴィング・スロー：不可；呪文抵抗：不可

　激しいみぞれが内部でのすべての視覚を（暗視すら）妨げ、範囲内の地面を凍り付かせる。範囲内を歩いて通り抜けようとしたり、移動するクリーチャーはDC10の〈軽業〉判定に成功することで通常の移動速度の半分の移動速度で移動できる。失敗したならそのラウンドに移動することはできず、5以上の差で失敗したなら転んでしまう（詳細は〈軽業〉技能の項を参照）。
　このみぞれは松明や小さな炎を消してしまう。

スリープ
Sleep／睡眠

系統：心術（強制）［精神作用］；呪文レベル：ウィザード／ソーサラー1、バード1
発動時間：1ラウンド

構成要素：音声、動作、物質（細かい砂、バラの花びら、あるいは生きているコオロギ）
距離：中距離（100フィート＋10フィート／レベル）
効果範囲：半径10フィート爆発内の1体以上の生きているクリーチャー
持続時間：1分／レベル
セーヴィング・スロー：意志・無効；呪文抵抗：可

　スリープの呪文は4ヒット・ダイス（HD）分のクリーチャーを魔法による深い睡眠に陥らせる。まず最もHDの低いクリーチャーに作用する。同じヒット・ダイスのクリーチャーの中では、まず呪文の起点に最も近いものに作用する。1体のクリーチャーに作用を及ぼすのに充分でないヒット・ダイスは失われる。眠っているクリーチャーは無防備状態である。頬を叩いたり、傷つけたりすれば、この呪文が作用しているクリーチャーを目覚めさせることができるが、普通の雑音では目覚めさせることはできない。クリーチャーを目覚めさせるのは標準アクションである（援護アクションの応用である）。気絶状態のクリーチャーや、人造クリーチャー、アンデッド・クリーチャーはスリープの目標とはならない。

スレイ・リヴィング
Slay Living／生者抹殺

系統：死霊術［即死］；呪文レベル：クレリック5
発動時間：1標準アクション
構成要素：音声、動作
距離：接触
効果：接触した生きているクリーチャー1体
持続時間：瞬間
セーヴィング・スロー：頑健・不完全；呪文抵抗：可

　術者は生きているクリーチャー一体を殺そうと試みることができる。この呪文を発動したとき、術者の手は不気味な暗い炎に包まれる。目標に近接接触攻撃を行い、成功したならば12d6＋1／術者レベルのダメージを与える。目標が頑健セーヴィング・スローに成功したなら、代わりに3d6＋1／術者レベルのダメージを与える。このセーヴに成功してもダメージにより死ぬ可能性がある。

スロー
Slow／減速

系統：変成術；呪文レベル：ウィザード／ソーサラー3、バード3
発動時間：1標準アクション
構成要素：音声、動作、物質（糖蜜一滴）
距離：近距離（25フィート＋5フィート／2レベル）
目標：クリーチャー1体／レベル、ただしそのうちのどの2体をとっても30フィート以内の距離に収まっていなければならない
持続時間：1ラウンド／レベル
セーヴィング・スロー：意志・無効；呪文抵抗：可

　この呪文が作用したクリーチャーはきわめてゆっくりとした

速度で移動し、攻撃する。この呪文の影響を受けたクリーチャーはよろめき状態となり、毎ターン、1回の移動アクションか標準アクションのみしか行えず、両方を行うことができなくなる（全ラウンド・アクションを取ることもできなくなる）。さらに、そのクリーチャーはAC、近接攻撃ロール、反応セーヴに−1のペナルティを被る。減速状態のクリーチャーは通常の移動速度の半分の移動速度（端数は5フィート単位に切り下げ）で移動する。これは通常の移動速度の減少と同様に、クリーチャーの跳躍できる距離に作用する。

複数の**スロー**呪文の効果は累積しない。**スロー**は**ヘイスト**を相殺し解呪する。

セキュアー・シェルター
Secure Shelter／安全な宿

系統：召喚術（創造）；**呪文レベル**：ウィザード／ソーサラー4、バード4

発動時間：10分

構成要素：音声、動作、物質（石の破片、砂、水一滴、および木片）

距離：近距離（25フィート＋5フィート／2レベル）

効果：一辺20フィートの正方形の建造物1つ

持続時間：2時間／レベル（解除可）

セーヴィング・スロー：不可；**呪文抵抗**：不可

術者は、この呪文を発動したあたり一帯でありふれた材料でできた頑丈なコテージかロッジを召喚する。床は平坦できれいに仕上げられており、乾燥している。この宿は頑丈な扉が1つ、よろい戸のついた窓が2つ、小さな暖炉が1つついた普通のコテージにそっくりである。

この宿は普通の住まいと同じように暖める必要があり、あまりにも暑ければ宿と宿泊客に悪影響が及ぶ。しかし、それ以外ではこの宿はかなりの安全を提供する——この宿はどんな材料でできているかに関わらず、通常の石造りの建物と同じくらい頑丈である。石造りであるかのように炎と火に耐える。普通の矢弾は通さない（ただし、攻城兵器や巨人が投げたものは別である）。

扉とよろい戸、煙突は侵入対策ができている。扉とよろい戸には**アーケイン・ロック**がかかっており、煙突のてっぺんには鉄格子がはまっている上に煙道は狭く作られている。さらに、この3つのエリアは**アラーム**呪文によって守られる。最後に、この宿の持続時間中、**アンシーン・サーヴァント**が1体召喚され、術者の世話をしてくれる。

セキュアー・シェルターには粗雑な家具が備え付けられている——8人ぶんの寝台、架台式テーブル1台、背もたれも肘掛もない椅子が8脚、書き物机が1つである。

セピア・スネーク・シジル
Sepia Snake Sigil／セピア色の蛇の印

系統：召喚術（創造）［力場］；**呪文レベル**：ウィザード／ソーサラー3、バード3

発動時間：10分

構成要素：音声、動作、物質（500GPの価値のあるアンバー（琥珀）の粉末、蛇の鱗1枚）

距離：接触

目標：接触した本あるいは書き物1部

持続時間：永続あるいはチャージ消費（作動）するまで；解放されるまであるいは1d4日＋1日／レベル；本文参照

セーヴィング・スロー：反応・無効；**呪文抵抗**：不可

術者は書き物1つの文章の中に小さな印を現すことができる。この印を含む文章は少なくとも75文字の長さがなくてはならない。誰かが印を含む文章を読むと、**セピア・スネーク・シジル**が現れ、大型のセピア・サーペントに変化し、印と読んだ者の間に効果線が通っていれば読んだ者に打ちかかる。

この呪文が作動するには、呪文のかかった文章を目にしただけでは充分ではない。対象が意図的に文章を読まなくてはならないのである。目標は蛇の攻撃をよけるためにセーヴを行うことができる。それに成功すれば、セピア色の蛇は焦げ茶色の煙と大きな音と共に茶色の閃光を放って消滅する。セーヴに失敗すると、目標は揺らめく琥珀色の力場に呑み込まれ、術者の命令によるか、あるいは（1d4＋術者レベルごとに1）日が経過するかして解き放たれるまで身動きできなくなる。

琥珀色の力場に捕らわれている間、対象は歳をとらず、息もせず、空腹になることも、眠ることも、呪文を回復することもない。対象は外界を知覚することなく、活動停止状態で保存される。この力場は肉体的な怪我に対する防御を提供しないため、対象は外力によってダメージを負うことが（そして恐らくは殺されることすら）ある。しかし、呪文が切れるまで、瀕死状態の対象がヒット・ポイントを失ったり容態安定状態になったりすることはない。

隠された印が通常の観察によって見つけ出されることはなく、**ディテクト・マジック**では文章全体が魔法の力を帯びていると判るだけである。

ディスペル・マジックは印を取り除くことができる。**イレイズ**呪文はそのページの文章を丸ごと破壊する。

セピア・スネーク・シジルは、**シークレット・ページ**のような文章を隠したり内容を変えてしまう呪文と組み合わせて発動することができる。

センディング
Sending／送信

系統：力術；**呪文レベル**：ウィザード／ソーサラー5、クレリック4

発動時間：10分

構成要素：音声、動作、物質／信仰（良質の銅線）

距離：本文参照

目標：クリーチャー1体

持続時間：1ラウンド；本文参照

セーヴィング・スロー：不可；**呪文抵抗**：不可

術者は自分のよく知っている特定のクリーチャーとコンタクトを取り、その対象に75文字以内の伝言を送る。対象も術者を知っていれば、誰が伝言を送ってきたのか気付く。対象は即

座に同様の方法で回答することができる。たとえ対象が【知力】が1しかないクリーチャーでもセンディングを理解することはできるが、対象が伝言に対応する能力は、通常通りその【知力】によって制限される。**センディング**を受け取ったからといって、対象がどのようなかたちであれ、それに従う義務はない。

対象のクリーチャーが術者と同じ次元界にいない場合、**センディング**が届かない可能性が5%ある（他の次元界の局地的な状況によって、この可能性がかなり悪化することもある）。

ソウル・バインド
Soul Bind／霊魂捕縛

系統：死霊術；**呪文レベル**：ウィザード／ソーサラー9、クレリック9
発動時間：1標準アクション
構成要素：音声、動作、焦点（本文参照）
距離：近距離（25フィート＋5フィート／2レベル）
目標：死体1つ
持続時間：永続
セーヴィング・スロー：意志・無効；**呪文抵抗**：不可

術者は最近死んだばかりの死体から魂を引き出し、黒いサファイアの中に閉じこめる。対象は術者レベルごとに1ラウンド以内に死んだものでなければならない。一度宝石の中に捕らわれてしまうと、魂は**クローン、リインカーネイト、レイズ・デッド、リザレクション、トゥルー・リザレクション**どころか**ウィッシュ**や**ミラクル**ですら生き返らせることはできない。宝石を破壊するか、宝石にかけられた呪文を解呪することによってのみ、魂を解放できる（そうしたとしてもやはり死んだままではあるが）。

この呪文の焦点具は、少なくとも、魂を捕らえようとするクリーチャーの持つヒット・ダイスごとに1,000GPの価値のある黒いサファイアである。宝石が充分な価値のないものであれば、捕縛を試みた時に砕け散ってしまう。（キャラクターはレベルやヒット・ダイスといった考え方はしないが、特定の個人や個体を捕らえるために必要な宝石の価値については調査できる）。

ゾーン・オヴ・サイレンス
Zone of Silence／沈黙の場

系統：幻術（幻覚）；**呪文レベル**：バード4
発動時間：1ラウンド
構成要素：音声、動作
距離：自身
効果範囲 術者を中心とした半径5フィートの放射
持続時間：1時間／レベル（解除可）

術者はこの呪文で自分の間近の音波を操作し、自分と効果範囲内の者たちは普通に会話できるが、外の者には中の話し声も物音も聞こえないようにしてしまう。これにより、[言語依存]や[音波]の呪文効果も外には及ばなくなる。この効果は術者を中心としてあらわれ、術者が移動すると一緒に移動する。効果範囲の中に入った者は、即座に呪文の効果を受ける。効果範囲から出たものは、もはや作用を受けなくなる。なお、外の者

がDC20の〈言語学〉判定に成功して唇を読めば、中で何を言っているかは読み取ることができることに注意すること。

ゾーン・オヴ・トゥルース
Zone of Truth／真実の場

系統：心術（強制）[精神作用]；**呪文レベル**：クレリック2、パラディン2
発動時間：1標準アクション
構成要素：音声、動作、信仰
距離：近距離（25フィート＋5フィート／2レベル）
効果範囲 半径20フィートの放射
持続時間：1分／レベル
セーヴィング・スロー：意志・無効；**呪文抵抗**：可

放射範囲内のクリーチャー（あるいはそこに入ったクリーチャー）は意図的かつ故意の嘘を一切つくことができない。呪文発動時、あるいは初めて効果範囲内に入った時に、呪文の作用対象となる可能性のあるクリーチャーは効果を受けないためのセーヴを行うことができる。作用を受けたクリーチャーは自分がそうした心術効果の影響下にあることに気付く。したがって、彼らは普段なら嘘を答えるような質問には答えないようにしたり、あるいは、真実すれすれに留まれる範囲で受け答えしたりするかもしれない。効果範囲を離れたクリーチャーは、好きなように自由に話すことができる。

ソフン・アース・アンド・ストーン
Soften Earth and Stone／土石軟化

系統：変成術[地]；**呪文レベル**：ドルイド2
発動時間：1標準アクション
構成要素：音声、動作、信仰
距離：近距離（25フィート＋5フィート／2レベル）
効果範囲 一辺10フィートの正方形の範囲1個ぶん／レベル；本文参照
持続時間：瞬間
セーヴィング・スロー：不可；**呪文抵抗**：不可

この呪文が発動すると、呪文の範囲内にある天然の剥き出しの土や石はすべて柔らかくなる。湿った土は泥に、乾いた土はゆるい砂や土に、石は簡単に形を変えたり引きちぎったりできる柔らかい粘土となる。その場所での地面の堅さや弾性にもよるが、術者は一辺10フィートの正方形の範囲の深さ1～4フィートまでに影響を及ぼすことができる。魔法の力があったり、魔法がかけられていたり、化粧板で覆われていたり、加工されている石には影響を及ぼすことはできない。土や石でできたクリーチャーは影響を受けない。

泥の中のクリーチャーは反応セーヴに成功しなければならず、失敗すると1d2ラウンドの間、足をとられ、移動したり、攻撃したり、呪文を発動することができない。セーヴに成功したクリーチャーは泥の中を半分の移動速度で移動できるが、走ったり突撃したりすることはできない。ゆるくなった土は泥に比べれば厄介ではないが、その範囲内のすべてのクリーチャーは移動速度が通常の半分に落ち、その表面上を走ったり突撃したり

することはできない。粘土になった石は移動を妨げないが、キャラクターはそれ以前作用を及ぼせなかった石を切ったり形を変えたり、掘ったりすることができるようになる。

　この呪文は加工した石に作用を及ぼすことはできないが、洞窟の天井や、崖などの垂直の表面に影響を及ぼすことはできる。普通、そんなことをすればゆるんだ物質が壁面や天井からはげ落ち、中規模な崩落や地すべりが発生する。（埋没域を伴わない落盤として扱う。13章参照）。

　建造物（城壁や塔など）の立っている下の地面を柔らかくすることで地盤沈下を引き起こし、そうした建造物にある程度のダメージを与えることができる。しかし、この呪文ではちゃんと建設された建造物にはダメージを与えられるくらいで、破壊することまではできないだろう。

ソリッド・フォッグ
Solid Fog／粘霧

系統：召喚術（創造）；**呪文レベル**：ウィザード／ソーサラー4
構成要素：音声、動作、物質（乾燥させた豆と動物の蹄）
持続時間：1分／レベル
呪文抵抗：不可

　この呪文は**フォッグ・クラウド**と同様に働くが、視界をさえぎることに加えて移動を妨げるほどに濃い。**ソリッド・フォッグ**の中にいるクリーチャーは半分の移動速度でしか動けず、すべての近接攻撃ロールと近接ダメージロールに－2のペナルティを受ける。この霧は遠隔武器攻撃を事実上役立たずにする（ただし、魔法の光線やそれに類するものは除く）。**ソリッド・フォッグ**の中に落下したクリーチャーや物体は落下速度が低下するため、そのクリーチャーや物体が通過する霧の10フィートごとに落下ダメージが1d6ずつ低下する。クリーチャーは**ソリッド・フォッグ**の中にいる間は5フィート・ステップを行えない。移動速度を遅くしたり攻撃ペナルティを与える同様の効果と**ソリッド・フォッグ**は互いに累積しない。

　通常の霧とは異なり、強風（風速31マイル／時以上）のみがこの霧を吹き払うことができ、それには1ラウンドかかる。

　ソリッド・フォッグは**パーマネンシイ**呪文で永続化できる。永続化された**ソリッド・フォッグ**は、風で吹き払われても、10分後には元通りになる。

ソング・オヴ・ディスコード
Song of Discord／不和の歌

系統：心術（強制）［精神作用、音波］；**呪文レベル**：バード5
発動時間：1標準アクション
構成要素：音声、動作
距離：中距離（100フィート＋10フィート／レベル）
効果範囲　半径20フィート範囲内のクリーチャー
持続時間：1ラウンド／レベル
セーヴィング・スロー：意志・無効；**呪文抵抗**：可

　この呪文は効果範囲内のクリーチャーを自分の敵ではなくお互いを攻撃しあうようにしむける。作用を受けたクリーチャーは毎ラウンド50％の確率で最も近くにいる目標を攻撃する（作

用を受けたクリーチャーの行動を、おのおの、毎ラウンド自分のターンのはじめに決定すること）。自分に最も近い目標を攻撃せずにすんだクリーチャーはそのラウンドは自由に行動できる。**ソング・オヴ・ディスコード**によって仲間を攻撃することを強いられたクリーチャーは自分が行える手段すべてを用いる。最も致命的な呪文を選び、最も危険な戦術を取る。しかし、すでに気絶状態になって倒れた対象を傷つけようとはしない。

ダークヴィジョン
Darkvision／暗視

系統：変成術；**呪文レベル**：ウィザード／ソーサラー2、レンジャー3
発動時間：1標準アクション
構成要素：音声、動作、物質（乾しニンジンひとつまみかアゲート（瑪瑙）1つ）
距離：接触
目標：接触したクリーチャー1体
持続時間：1時間／レベル
セーヴィング・スロー：意志・無効（無害）；**呪文抵抗**：可（無害）

　対象は完全な暗闇の中でも60フィートまで見通す能力を得る。暗視は白黒でしか見えないが、それ以外は通常の視覚と同様である。

　ダークヴィジョンは**パーマネンシイ**呪文で永続化させることができる。

ダークネス
Darkness／暗闇

系統：力術［闇］；**呪文レベル**：ウィザード／ソーサラー2、クレリック2、バード2
発動時間：1標準アクション
構成要素：音声、物質／信仰（バット（コウモリ）の毛皮一切れと、石炭ひとかけら）
距離：接触
目標：接触した物体1つ
持続時間：1分／レベル（解除可）
セーヴィング・スロー：不可；**呪文抵抗**：不可

　この呪文を使えば、物体は半径20フィートに闇を放つようになる。この闇はその領域の明度を1段階ずつ落とし、明るい光は通常の光に、通常の光は薄暗い光に、薄暗い光は暗闇になる。この呪文はもともと暗闇だった領域では影響しない。光への脆弱性や過敏を持つクリーチャーは、通常の光ではペナルティを受けない。すべてのクリーチャーは、薄暗い光で視認困難（20％の失敗確率）を受ける。すべてのクリーチャーは、暗闇で完全視認困難（50％の失敗確率）を受ける。暗視を持つクリーチャーは薄暗い光または暗闇でもペナルティなしで見ることができる。松明やランタンなどの非魔法的な光源は、**ダークネス**の領域では明度を上昇させることができない。**ダークネス**より高い呪文レベルの魔法的な光源だけが明度を上昇させることができる。

　ダークネスを小さな物体にかけ、光を遮る覆いの内側や下に

置いた場合、この呪文の効果はその覆いを取り去るまで遮られる。

　この呪文は別の**ダークネス**と累積しない。**ダークネス**は自分と同じか低いレベルの［光］呪文をどれでも相殺し、解呪する。

タイニイ・ハット
Tiny Hut／小さな小屋

系統：力術［力場］；**呪文レベル**：ウィザード／ソーサラー3、バード3
発動時間：1標準アクション
構成要素：音声、動作、物質（小さな水晶球）
距離：20フィート
効果：術者の位置を中心とした半径20フィートの球体
持続時間：2時間／レベル（解除可）
セーヴィング・スロー：不可；**呪文抵抗**：不可

　術者は自分の周囲に不透明な力場でできた好きな色の球体を作り出す。この球体は動かすことはできない。球体の半分は地上に投射され、下半分は地中に潜っている。この力場の中には、術者と共に9体までの中型サイズのクリーチャーが入れる余地がある；そうしたクリーチャーは特にこの“小屋”に悪影響を与えることなく、出入りできる。しかし、術者自身がこの小屋から出た場合、呪文は終了する。

　この小屋内の温度は、外気温が華氏0度〜100度（摂氏−17.8度〜37.8度）の間なら華氏70度（摂氏21度）である。外気温が華氏0度から下がったり100度から上がったりすれば、内部の気温も1度に対して1度の割合で上下する。この小屋はまた、雨、埃、砂嵐などの自然力からも守ってくれる。この小屋は台風（風速毎時75マイル以上）より風力の弱いすべての風に耐えるが、台風以上の風力を持つ風には破壊されてしまう。

　この小屋の内部は半球形である。術者は命ずるだけで、思いのままにぼんやりと光るようにしたり、光を消したりできる。この力場は外からは不透明だが、中からは透明である。外から中にいる者を見ることはできない（完全視認困難である）が、矢弾や武器、ほとんどの呪文の効果はこの小屋に悪影響を与えることなく通り抜ける。

タイム・ストップ
Time Stop／時間停止

系統：変成術；**呪文レベル**：ウィザード／ソーサラー9
発動時間：1標準アクション
構成要素：音声
距離：自身
目標：術者
持続時間：1d4＋1ラウンド（見かけ上の時間）；本文参照

　この呪文を使うと、術者以外の全員にとって時間が流れを止めたように見える。実際には術者の速度がとてつもなく上がるため他のすべてのクリーチャーが凍りついたように見えるのだが、そのクリーチャーたちも本当はそれぞれの通常の速度で動いているのである。術者は見かけ上の時間で1d4＋1ラウンドの間、自由に行動できる。通常および魔法による［火炎］、［氷雪］、ガスなどは術者に害を与える。**タイム・ストップ**が効果を現している間、他のクリーチャーは術者の攻撃や呪文によって一切影響を受けない。術者は他のクリーチャーを攻撃や呪文の目標とすることはできないのである。しかし、効果範囲に作用し、持続時間が**タイム・ストップ**の残り時間よりも長い呪文は、**タイム・ストップ**の効果が終わったときには、他のクリーチャーに対して通常の効果をあらわす。呪文の使い手は**タイム・ストップ**による追加の時間を使って自分の防御を固めたり、味方を招来したり、戦闘から遁走することが多い。

　術者は、通常の時間の中に捕らわれているクリーチャーが手に持っていたり、着用していたり、運搬しているアイテムを、動かしたり、害を与えたりすることはできない。ただし、他のクリーチャーが所持していないアイテムには作用を及ぼすことができる。

　タイム・ストップが持続している間、術者を感知することはできない。術者は**タイム・ストップ**の効果を受けている間は、**アンティマジック・フィールド**の呪文によって守られたエリアに入ることはできない。

タッチ・オヴ・イディオシー
Touch of Idiocy／愚昧の接触

系統：心術（強制）［精神作用］；**呪文レベル**：ウィザード／ソーサラー2
発動時間：1標準アクション
構成要素：音声、動作
距離：接触
目標：接触した生きているクリーチャー1体
持続時間：10分／レベル
セーヴィング・スロー：不可；**呪文抵抗**：可

　術者は接触によって目標の精神機能を低下させる。近接接触攻撃に成功すれば、目標の【知力】、【判断力】、【魅力】値にそれぞれ1d6のペナルティを与える。このペナルティによって能力値が1未満になることはない。

　この呪文の効果により、目標がその呪文の一部ないし全部を発動できなくなる可能性がある。対応する能力値が、そのレベルの呪文を発動するのに必要な最低数値に達しなくなったなら、そういうことが起きる。

タッチ・オヴ・ファティーグ
Touch of Fatigue／疲労の接触

系統：死霊術；**呪文レベル**：ウィザード／ソーサラー0
発動時間：1標準アクション
構成要素：音声、動作、物質（一滴の汗）
距離：接触
目標：接触したクリーチャー1体
持続時間：1ラウンド／レベル
セーヴィング・スロー：頑健・無効；**呪文抵抗**：可

　術者は接触によって負のエネルギーを注入し、目標を疲労させる。目標に命中させるには接触攻撃に成功する必要がある。対象は即刻、疲労状態になり、その効果は呪文の持続時間の間

続く。

　この呪文はすでに疲労状態のクリーチャーには何の効果もない。通常の疲労と違って、この呪文の効果は呪文の持続時間が終わると同時に終わる。

ダンシング・ライツ
Dancing Lights／踊る灯

系統：力術［光］；**呪文レベル**：ウィザード／ソーサラー0、バード0
発動時間：1標準アクション
構成要素：音声、動作
距離：中距離（100フィート＋10フィート／レベル）
効果：光4つまで、すべてが半径10フィート以内の距離に収まっていなければならない
持続時間：1分（解除可）
セーヴィング・スロー：不可；**呪文抵抗**：不可

　選んだバージョンによって、術者は最大4つまでのランタンか松明に似た（それ相当の照明を投げかける）光か、最大4つまでの白熱した光の球体（ウィル・オ・ウィスプのように見える）か、かすかに光る、おぼろげな人型をしたもの1つのいずれかを作り出す。**ダンシング・ライツ**で作り出した光は互いに半径10フィートの範囲内に留まらねばならないが、それ以外は術者の望む通りに移動させることができる（精神集中は不要）。前進させたり後退させたり、上昇させたり下降させたり、直進させたり角を曲がらせたりすることができる。これらの光は毎ラウンド、100フィートまで移動させられる。術者と光との間隔が呪文の距離を超えた場合、光は消えてしまう。

　術者が保持して動かすことができる**ダンシング・ライツ**呪文は一度に1つだけである。まだこの呪文が持続しているときにもう一度発動したなら、先に発動していた呪文は終了する。この呪文を永続化した場合、この制限には数えない。

　ダンシング・ライツはパーマネンシイ呪文で永続化させることができる。

タンズ
Tongues／言語会話

系統：占術；**呪文レベル**：ウィザード／ソーサラー3、クレリック4、バード2
発動時間：1標準アクション
構成要素：音声、物質／信仰（粘土製のジッグラトの模型）
距離：接触
目標：接触したクリーチャー1体
持続時間：10分／レベル
セーヴィング・スロー：意志・無効（無害）；**呪文抵抗**：不可

　この呪文は接触したクリーチャーに、知性あるクリーチャーの言語であれば種族語であろうと地方的な方言であろうとどんな言語でも話し、理解する能力を与える。対象は同時に1つの言語しか話せないが、同時に複数の言語を理解することはできる。**タンズ**によって対象が、会話能力を持たないクリーチャーと話すことができるようになったりはしない。対象は声が届けば相手に自分の言っていることを理解させることができる。この呪文には、話しかけられたクリーチャーが対象と会話したくなるような作用は一切ない。

　タンズはパーマネンシイ呪文によって永続化できる。

チェイン・ライトニング
Chain Lightning／連鎖雷撃

系統：力術［雷撃］；**呪文レベル**：ウィザード／ソーサラー6
発動時間：1標準アクション
構成要素：音声、動作、焦点（毛皮の一切れ。アンバー（琥珀）かガラスを1かけら、あるいは水晶のロッド1本。銀の留め針を術者レベルにつき1本）
距離：長距離（400フィート＋40フィート／レベル）
目標：主目標1つに加え、副次目標1つ／レベル（いずれも主目標から30フィート以内にいなければならない）
持続時間：瞬間
セーヴィング・スロー：反応・半減；**呪文抵抗**：可

　この呪文は放電現象を発生させ、術者の指先から一条の雷撃として放つものである。ライトニング・ボルトと異なり、**チェイン・ライトニング**は最初1つの物体あるいは1体のクリーチャーに命中し、そこから他の目標へと向けて飛んでゆく。

　雷撃は主要目標に対し、術者レベルごとに1d6（最大20d6）ポイントの［雷撃］ダメージを与える。最初の雷撃が命中した後、術者のレベルに等しい数（最大20まで）の副次目標に電弧を飛ばすことができる。副次的雷撃はそれぞれ1つずつ目標に命中し、主要雷撃と同じだけのダメージを与える。

　各目標は反応セーヴを試みることができ、成功すればダメージを半分にできる。副次雷撃がダメージを半減させるためのセーヴDCは、主要雷撃のダメージを半減させるDCより2少ない。術者は副次目標を自由に選択できるが、それはすべて主要目標から30フィート以内にいなければならない。また、1つの目標に命中させられるのは1回だけである。術者は作用を及ぼす副次目標の数を最大数より少なくすることができる。

チェンジスタッフ
Changestaff／杖変化

系統：変成術；**呪文レベル**：ドルイド7
発動時間：1ラウンド
構成要素：音声、動作、焦点（28日かけて彫刻を施し磨き上げられたクオータースタッフ）
距離：接触
目標：術者が接触したスタッフ（杖）1つ
持続時間：1時間／レベル（解除可）
セーヴィング・スロー：不可；**呪文抵抗**：不可

　術者は特別に用意したクオータースタッフを超大型サイズ（身長約24フィート）のトリエント（パスファインダーRPGベスティアリを参照）に似たクリーチャーに変える。術者が杖の先端を地面に突き立て、特別な合言葉を唱えて呪文発動を完結させると、術者の杖は見かけ上も戦闘能力もまったくトリエントと同じクリーチャーに変わる。このスタッフ・トリエントは

330

呪文 10

術者を守り、口頭による命令に従う。しかし、これは実際にはトリエントではないので、本物のトリエントと会話したり、木々を操ったりすることはできない。ヒット・ポイントが0以下に減少した場合、スタッフ・トリエントは粉々になって崩れ落ち、杖は壊れてしまう。そのように壊れたのでなければ、呪文の持続時間が切れた時点（あるいは解除した時点）で杖はもとの姿に戻り、この呪文を次に発動する際の焦点具として使うことができる。スタッフ・トリエントは、常に完全な状態で現れる。前回現れた時にどれだけ傷を負っていても関係ない。

チャーム・アニマル
Charm Animal／動物魅惑

系統：心術（魅惑）［精神作用］；**呪文レベル**：ドルイド1、レンジャー1
目標：動物1体

　チャーム・パースンと同様だが、クリーチャー種別が"動物"のクリーチャーに作用する。

チャーム・パースン
Charm Person／人物魅惑

系統：心術（魅惑）［精神作用］；**呪文レベル**：ウィザード／ソーサラー1、バード1
発動時間：1標準アクション
構成要素：音声、動作
距離：近距離（25フィート＋5フィート／2レベル）
目標：人物生物1体
持続時間：1時間／レベル
セーヴィング・スロー：意志・無効；**呪文抵抗**：可

　この魅惑呪文は人型生物1体に、術者を信頼できる友人や仲間であると思わせる（この目標の態度は友好的であるとみなすこと）。そのクリーチャーが術者やその仲間によって現在脅されたり攻撃されたりしている最中なら、セーヴィング・スローには＋5のボーナスがつく。

　この呪文は、術者が魅惑した人物をロボットのように操れるようにするものではない。しかしその人物は術者の言葉や行動を最も好意的な見方で解釈する。術者は対象に命令しようとすることはできるが、その人物が通常しないであろうことをさせ

るためには【魅力】の対抗判定に勝利しなければならない（再挑戦はできない）。作用を受けたクリーチャーは自殺的だったり明らかに危害を受けるような命令には従わない。しかし、極めて危険なことを行う価値があると納得させることはできる可能性がある。いかなるものであれ、術者と術者の仲間であることが明らかな者たちが魅惑された人物を脅かす行動をとった場合、呪文は破れてしまう。術者が命令を伝えるためには、その人物が知っている言葉を話せるか、さもなくば身ぶり手ぶりに熟達していなければならない。

チャーム・モンスター
Charm Monster／怪物魅惑

系統：心術（魅惑）［精神作用］；**呪文レベル**：ウィザード／ソーサラー4、バード3
目標：生きているクリーチャー1体
持続時間：1日／レベル

　チャーム・パースンと同様だが、この効果はクリーチャーの種別やサイズに制限されない。

マス・チャーム・モンスター
Charm Monster, Mass／集団怪物魅惑

系統：心術（魅惑）［精神作用］；**呪文レベル**：ウィザード／ソーサラー8、バード6
構成要素：音声
目標：クリーチャー1体以上、ただしそのうちのどの2体をとっても30フィート以内の距離に収まっていなければならない
持続時間：1日／レベル

　チャーム・モンスターと同様だが、マス・チャーム・モンスターはHDの合計が術者レベルの2倍までのクリーチャー複数体か、あるいは、HDに関わらず少なくとも1体のクリーチャーに作用する。術者が作用を及ぼせるより多くの対象候補がいた場合、術者はこれ以上選んだら合計HDがレベルによる制限を超えてしまうというところまで、一度に1体ずつ対象を選ばなければならない。

チル・タッチ
Chill Touch／負力の接触

系統：死霊術；**呪文レベル**：ウィザード／ソーサラー1
発動時間：1標準アクション
構成要素：音声、動作
距離：接触
目標：接触したクリーチャー1体以上（1体／レベルまで）
持続時間：瞬間
セーヴィング・スロー：頑健・不完全あるいは意志・無効；本文参照；**呪文抵抗**：可

　術者の手が青いエネルギーで輝き、触れれば生きているクリーチャーの生命力を破砕する。1回接触するごとに流れ込む負のエネルギーが1d6ポイントのダメージを与える。接触されたクリーチャーは、頑健セーヴィング・スローに成功しない限り、1ポイントの【筋力】ダメージも受ける。術者はこの近接

接触攻撃を術者レベルごとに1回まで行うことができる。
　術者が接触したアンデッド・クリーチャーはいずれのダメージも受けないが、意志セーヴィング・スローに成功しなければならず、失敗すると1d4ラウンド＋術者レベルごとに1ラウンドの間、恐慌状態になったかのように逃走する。

チル・メタル
Chill Metal／金属冷却

系統：変成術［氷雪］；**呪文レベル**：ドルイド2
発動時間：1標準アクション
構成要素：音声、動作、信仰
距離：近距離（25フィート＋5フィート／2レベル）
目標：クリーチャー1体／2レベルの金属製装備品、ただしそのうちのどの2体をとっても30フィート以内の距離に収まっていなければならない。あるいは、重量25ポンド／レベルの金属、ただしそのうちのいずれもが他のすべてから30フィートの距離内に収まっていなければならない。
持続時間：7ラウンド
セーヴィング・スロー：意志・無効（物体）；**呪文抵抗**：可（物体）

　チル・メタルは金属を極度に冷たくする。装備中でなく、魔法の力もない金属はセーヴィング・スローを行うことができない。魔法の力のある金属は呪文に対抗してセーヴィング・スローを行うことができる。クリーチャーが所持しているアイテムは、アイテム自身のセーヴの方が高くない限り、クリーチャーのセーヴィング・スローを用いる。

　装備を冷却されたクリーチャーは、［氷雪］ダメージを受ける。鎧、盾、武器が作用を受けた場合、クリーチャーは全ダメージを受ける。そのようなアイテムを身につけていなかったり、使用していない場合、クリーチャーは最低限のダメージしか受けない（1ポイントか2ポイント；表を参照）。

　呪文をかけた最初のラウンド、金属は非常に冷たくなり、接触すると不快ではあるがダメージは与えない。呪文の持続時間の最後のラウンドにおける効果も同じである。2ラウンド目（と最後から2番目のラウンド）には、氷のような氷雪が苦痛とダメージを与える。第3、第4、第5ラウンドには、金属は凍てつく冷気を帯び、下記の表のようにさらなるダメージを与える。

ラウンド	金属の温度	ダメージ
1	冷たい	なし
2	氷のよう	1d4ポイント
3〜5	凍てつく	2d4ポイント
6	氷のよう	1d4ポイント
7	冷たい	なし

　どんなものであれ、クリーチャーにダメージを与えるような強度の熱は、この呪文による［氷雪］ダメージを1ポイント対1ポイントの割合で無効化する（逆も同様）。水中ではダメージを与えることはないが、冷却された金属の周囲が瞬時に凍りつき、何もしなければ浮かびあがる。

　チル・メタルはヒート・メタルを相殺し、解呪する。

呪文 10

ツリー・シェイプ
Tree Shape／木の姿

系統：変成術；**呪文レベル**：ドルイド2、レンジャー3
発動時間：1標準アクション
構成要素：音声、動作、信仰
距離：自身
目標：術者
持続時間：1時間／レベル（解除可）

　この呪文は、術者に、小さな生きている立ち木や潅木、あるいは枝のほとんどない枯れた大木の幹の姿をとる能力を与える。木の正確な種類と外観は、術者が任意に決める。どれほど綿密に調査しても、その木が本当は魔法で隠れているクリーチャーであるとは分からない。通常のどんな検査を行っても、術者は実際に木や潅木であるとみなされる。ただし、**ディテクト・マジック**の呪文を使えば、この木に微弱な変成術がかかっていることが分かる。木の姿でいる間、術者は自分の本来の姿でいる場合と同様に周囲で起こるすべてのことを観察することができ、術者のヒット・ポイントとセーヴ・ボーナスは作用を受けない。術者はACに＋10の外皮ボーナスを得るが、有効【敏捷力】値は0、移動速度は0フィートになってしまう。木の姿でいる間、術者はクリティカル・ヒットに対する完全耐性を得る。運搬していたり着用していたすべての衣服と装備は術者と共に変化する。　術者は（標準アクションではなく）フリー・アクションで**ツリー・シェイプ**を解除できる。

ツリー・ストライド
Tree Stride／木々渡り

系統：召喚術（瞬間移動）；**呪文レベル**：ドルイド5、レンジャー4
発動時間：1標準アクション
構成要素：音声、動作、信仰
距離：自身
目標：術者
持続時間：1時間／レベルあるいは回数消費まで；本文参照

　この呪文を発動したとき、術者は木の中に溶けるように入り込む能力を得る。一度木の中に入ったなら、その木から別の木に瞬間移動することができる。術者が入る木々は同種のものであり、すべて生きており、かつ少なくとも術者と同じだけの胴回りのあるものでなければならない。たとえば、オークの木へと移動すれば、術者は直ちに転送距離（以下参照）内のすべてのオークの木の位置を知ることができ、そのうちの1本へと渡るか、それとも単に今入って来たばかりの木から外に出るのかを選ぶことができる。術者は以下の表に示された転送距離内の同種の木になら、どれに渡ることもできる。

木の種類	転送距離
イチイ、オーク（カシやナラ）、トネリコ	3,000フィート
ニレ、ボダイジュ	2,000フィート
その他の落葉樹	1,500フィート
すべての針葉樹	1,000フィート

　術者はレベルごとに1回まで、木から木へと渡ることができる（1つの木から次の木へ渡るのを"1回"と数える）。呪文は持続時間が切れるか、術者が木から出るまで続く。オークの木の生い茂った森では、10レベル・ドルイドは10ラウンドの間に10回の転移を行い、そうすることで30,000フィート（約6マイル）まで移動できる。1回の転移は全ラウンド・アクションである。

　術者は望むなら転移せずに木の中に留まることもできるが、呪文が切れれば外へと排出される。隠れている木が切り倒されたり燃やされた場合、そのプロセスが完了するまでに外に出なければ、術者は死んでしまう。

ディーパー・ダークネス
Deeper Darkness／深闇

系統：力術［闇］；**呪文レベル**：クレリック3
持続時間：10分／レベル（解除可）

　この呪文は**ダークネス**と同様に働くが、半径60フィートの領域に闇を放ち、明度を二段階下げる点で異なる。明るい光は薄暗い光となり、通常の光は暗闇になる。薄暗い光と暗闇の領域は超自然的であり、通常の暗闇と同様だが、暗視を持っていてもこの領域では見通すことができない。

　この呪文は他の**ディーパー・ダークネス**と累積しない。ディーパー・ダークネスは自分と同じか、自分より低いレベルの［光］呪文をどれでも相殺し、解呪する。

ディープ・スランバー
Deep Slumber／深きまどろみ

系統：心術（強制）［精神作用］；**呪文レベル**：ウィザード／ソーサラー3、バード3
距離：近距離（25フィート＋5フィート／2レベル）

　スリープと同様だが、この呪文は10HDぶんの対象に作用する。

ディヴァイン・パワー
Divine Power／信仰の力

系統：力術；**呪文レベル**：クレリック4
発動時間：1標準アクション
構成要素：音声、動作、信仰
距離：自身
目標：術者
持続時間：1ラウンド／レベル

　術者は守護神格の力を呼び降ろして、自分の身に、戦闘に使う力と技を得る。術者は攻撃ロール、武器のダメージ・ロール、【筋力】判定、【筋力】にかかわる技能判定に術者レベル3レベルごとに＋1（最大＋6）の幸運ボーナスを得る。さらに術者は、術者レベルごとに1ポイントの一時的ヒット・ポイントを得る。術者が全力攻撃アクションをとるときはいつでも、最大の基本攻撃ボーナスに適切な修正を加えた1回の追加攻撃を得る。この追加攻撃は類似した効果（**ヘイスト**や、**スピード**の特殊能力を持つ武器など）とは累積しない。

ディヴァイン・フェイヴァー
Divine Favor／神寵

系統：力術；**呪文レベル**：クレリック1、パラディン1
発動時間：1標準アクション
構成要素：音声、動作、信仰
距離：自身
目標：術者
持続時間：1分

術者は神格の力と知恵を呼び降ろし、攻撃ロールと武器のダメージ・ロールに、術者レベル3レベルごとに+1の幸運ボーナスを得る（最低でも+1、最高で+3のボーナスが付く）。このボーナスは呪文によるダメージには適用されない。

ディヴィネーション
Divination／神託

系統：占術；**呪文レベル**：クレリック4
発動時間：10分
構成要素：音声、動作、物質（25GPの価値のある香とふさわしい捧げ物）
距離：自身
目標：術者
持続時間：瞬間

ディヴィネーション呪文はオーギュリーに似ているが、さらに強力である。この呪文を使えば、術者はこれから1週間以内に達成しようとする目的、起きるできごと、やる活動について質問をし、有益な助言を得ることができる。この呪文より与えられた助言は短いフレーズ1つだけの簡潔なものか、さもなくば謎歌か言葉にならない前兆のようなかたちをとる。術者の属するパーティが情報に従って行動しなかったなら、状況が変化し、それにともなって神託の情報が役に立たなくなる可能性もある。

ディヴィネーションの内容が正しい可能性は基本的に70%+術者レベルごとに1%（最大で90%）である。ダイス・ロールの結果失敗したら、術者には呪文が失敗したことがわかる。ただし、誤情報を与える特定の魔術が働いている場合は除く。

オーギュリーと同様、同じ事柄について同じ術者が何度もディヴィネーションを使っても、ダイスの目は1回目のディヴィネーションと同じだったものとして扱われ、返ってくる答も毎回同じになる。

ディクタム
Dictum／法の言説

系統：力術［音波、秩序］；**呪文レベル**：クレリック7
発動時間：1標準アクション
構成要素：音声
距離：40フィート
効果範囲：術者を中心とした半径40フィートの拡散内の秩序属性でないクリーチャー
持続時間：瞬間
セーヴィング・スロー：不可あるいは意志・無効；本文参照；**呪文抵抗**：可

ディクタム呪文の効果範囲内にいる、属性が"秩序"でないクリーチャーは以下のような有害な効果を被る。

HD	効果
術者レベルに等しい	聴覚喪失
術者レベル-1以下	よろめき、聴覚喪失
術者レベル-5以下	麻痺、よろめき、聴覚喪失
術者レベル-10以下	死、麻痺、よろめき、聴覚喪失

これらの効果は累積し、同時に発生する。意志セーヴに成功したなら、この効果を軽減したり無効化できる。複数の影響を受けるクリーチャーも意志セーヴを1回だけ行い、この結果をすべての効果に適用する。

聴覚喪失：クリーチャーは1d4ラウンドの間、聴覚喪失状態となる。セーヴ：無効。

よろめき：クリーチャーは2d4ラウンドの間、よろめき状態となる。セーヴ：よろめき状態の効果は1d4ラウンドに軽減される。

麻痺：クリーチャーは1d10分間、麻痺状態かつ無防備状態となる。セーヴ：この効果は1ラウンドに軽減される。

死：生きているクリーチャーは死亡する。アンデッド・クリーチャーは破壊される。セーヴ：無効。セーヴに成功した場合、対象のクリーチャーは代わりに3d6+術者レベルごとに1（最大+25）ポイントのダメージを受ける。

これに加えて、術者がこの呪文を発動した際に自分の出身次元界にいた場合、効果範囲内にいて属性が"秩序"でない他次元界クリーチャーは直ちに各自の出身次元界に退去させられる。このように退去させられたクリーチャーは少なくとも24時間の間、戻ってくることはできない。この効果はそのクリーチャーが**ディクタム**の呪言を耳にしたかどうかに関わらず発生する。この退去効果に対しては意志セーヴを（-4のペナルティを受けて）行い、成功すれば無効化することができる。

HDが術者レベルを超えるクリーチャーには**ディクタム**は作用しない。

ディサーン・ライズ
Discern Lies／嘘発見

系統：占術；**呪文レベル**：クレリック4、パラディン3
発動時間：1標準アクション
構成要素：音声、動作、信仰
距離：近距離（25フィート+5フィート／2レベル）
目標：クリーチャー1体／レベル、ただしそのうちのどの2体をとっても30フィート以内の距離に収まっていなければならない
持続時間：精神集中、1ラウンド／レベルまで
セーヴィング・スロー：意志・無効；**呪文抵抗**：不可

毎ラウンド、術者は目標1体に精神を集中する（この対象は距離内にいなければならない）。術者は目標が意図的かつ故意の嘘をつけば、嘘によって引き起こされた対象のオーラの乱れを識別することで、それが判る。この呪文は真実を明らかにす

ることはなく、意図せずに間違ったことを言ってもそれを指摘することはなく、また、必ずしも言い逃れを見抜くこともない。

術者は毎ラウンド異なった目標に精神を集中することもできる。

ディサーン・ロケーション
Discern Location／位置同定

系統：占術；**呪文レベル**：ウィザード／ソーサラー8、クレリック8

発動時間：10分

構成要素：音声、動作、信仰

距離：無限

目標：クリーチャー1体あるいは物体1つ

持続時間：瞬間

セーヴィング・スロー：不可；**呪文抵抗**：不可

　ディサーン・ロケーション呪文はクリーチャーや物体の位置を知る最も強力な手段のひとつである。この呪文によって術者は個体1体あるいは物体1つの正確な位置を知ることができ、これを妨害できるものは**マインド・ブランク**呪文や神格の直接介入以外にはない。ディサーン・ロケーションは念視や位置確認を妨げる通常の手段を回避する。この呪文は対象のクリーチャーや物体のある場所（土地、名前、店名、建物名など）、共同体、郡県（あるいはそれに類する政治的区分）、国、大陸、次元界の名前を明らかにする。

　この呪文でクリーチャーを捜すためには、術者はそのクリーチャーを見たことがあるか、かつてそのクリーチャーのものであった何らかのアイテムを持っていなければならない。物体を捜すためには、術者は少なくとも一度はその物体に触れたことがなければならない。

デイズ
Daze／幻惑

系統：心術（強制）［精神作用］；**呪文レベル**：ウィザード／ソーサラー0、バード0

発動時間：1標準アクション

構成要素：音声、動作、物質（羊毛かそれに似た物質ひとつまみ）

距離：近距離（25フィート＋5フィート／2レベル）

目標：4HD以下の人型生物1体

持続時間：1ラウンド

セーヴィング・スロー：意志・無効；**呪文抵抗**：可

　この呪文は、ヒット・ダイス（HD）が4以下の人型生物1体の精神を曇らせ、アクションをとれないようにする。HDが5以上の人型生物は影響を受けない。幻惑状態となった対象は朦朧状態ではなく、したがって、呪文の対象を攻撃する場合に特別な利益は得られない。この呪文によって幻惑状態になったクリーチャーは、1分間この呪文の効果に完全耐性を得る。

デイズ・モンスター
Daze Monster／怪物幻惑

系統：心術（強制）［精神作用］；**呪文レベル**：ウィザード／ソー

サラー2、バード2

距離：中距離（100フィート＋10フィート／レベル）

目標：6HD以下の生きているクリーチャー1体

　デイズと同様だが、この呪文はどんな種別のものでも、生きているクリーチャー1体に効果がある。HDが7以上のクリーチャーは影響を受けない。

ディスインテグレイト
Disintegrate／分解

系統：変成術；**呪文レベル**：ウィザード／ソーサラー6

発動時間：1標準アクション

構成要素：音声、動作、物質／信仰（天然磁石と塵ひとつまみ）

距離：中距離（100フィート＋10フィート／レベル）

効果：光線

持続時間：瞬間

セーヴィング・スロー：頑健・不完全（物体）；**呪文抵抗**：可

　細い緑色の光線が術者の伸ばした指から放たれる。命中させるには、術者は遠隔接触攻撃に成功しなければならない。光線が命中したクリーチャーは術者レベルごとに2d6（最大40d6）ポイントのダメージを受ける。この呪文によってヒット・ポイントが0以下になったクリーチャーは完全に分解され、あとにはわずかな細かい塵しか残らない。そのクリーチャーの装備には作用しない。

　物体に対して使用された場合、光線は生命を持たぬ物質のうち、一辺10フィートの立方体1個ぶんまでの部分しか分解しない。したがって、この呪文は非常に大きな物体や建築物を目標とした場合、その一部しか分解しないことになる。この光線は（**ウォール・オヴ・フォース**や**フォースフル・ハンド**など）完全に力場でできた物体にすら作用を及ぼすことができるが、**アンティマジック・フィールド**や**グローブ・オヴ・インヴァルナラビリティ**などのような魔法的効果を分解することはできない。

　頑健セーヴに成功したクリーチャーや物体には不完全にしか作用せず、5d6ポイントのダメージを与えるだけである。このダメージによってクリーチャーや物体のヒット・ポイントが0以下になったなら、その対象は完全に分解される。

　この呪文が作用するのは、最初に命中したクリーチャーや物体のみである。この光線は発動1回ごとに1つの目標にしか作用しない。

ディスガイズ・セルフ
Disguise Self／変装

系統：幻術（幻覚）；**呪文レベル**：ウィザード／ソーサラー1、バード1

発動時間：1標準アクション

構成要素：音声、動作

距離：自身

目標：術者

持続時間：10分／レベル（解除可）

　術者は自分の外見を——服、鎧、武器や装備に至るまで——変えることができる。術者は身長を1フィート高いようにも低

いようにも、痩せているようにも太っているようにも、その中間にも見せかけることもできる。術者はクリーチャーの種別を変えるほどの外見の変化は起こせない（異なる副種別に見せかけることはできる）。それ以外の点で、どの程度外見を変化させるかは術者の自由である。ほくろや顎髭のような、ちょっとした特徴を付け加えたり目立たなくしたり、あるいはまったくの別人や異なる性別であるような外見にすることもできる。

　この呪文は、選んだ姿が持つ能力や、独特な話し方や身振りまでは与えてくれない。術者自身や装備の触覚的特性（手触り）や聴覚的特性（音声）は変わらない。この呪文を変装用の姿を作り出すのに使った場合、〈変装〉判定に＋10のボーナスを得る。この幻覚とやりとりをしたクリーチャーは、それが幻術であると見破るための意志セーヴを行うことができる。

ディストラクション
Destruction／破壊

系統：死霊術［即死］；**呪文レベル**：クレリック7
発動時間：1標準アクション
構成要素：音声、動作、焦点（価格500GPの聖印あるいは邪印）
距離：近距離（25フィート＋5フィート／2レベル）
目標：クリーチャー1体
持続時間：瞬間
セーヴィング・スロー：頑健・不完全；**呪文抵抗**：可

　この呪文は対象へ即座に術者レベルごとに10ポイントのダメージを与える。呪文により対象が殺された場合、聖なる（または不浄の）火で屍を完全に消滅させる（ただし、装備品や所持品は消滅しない）。頑健セーヴィング・スローに成功すれば、目標は10d6ポイントのダメージを被るだけですむ。この呪文に対するセーヴに失敗した（そして絶命した）キャラクターを生き返らせる方法は、**トゥルー・リザレクション**を使うか、慎重に文言を考えた**ウィッシュ**のあとで**リザレクション**を使うか、**ミラクル**を使うかのいずれかしかない。

ディスプレイスメント
Displacement／所くらまし

系統：幻術（幻覚）；**呪文レベル**：ウィザード／ソーサラー3、バード3
発動時間：1標準アクション
構成要素：音声、物質（小さな革の輪っか）
距離：接触
目標：接触したクリーチャー1体
持続時間：1ラウンド／レベル（解除可）
セーヴィング・スロー：意志・無効（無害）；**呪文抵抗**：可（無害）

　この呪文の対象は、本来いる位置から約2フィート離れたところにいるように見える。これによってそのクリーチャーは完全視認困難であるかのように扱われ、対象に対する攻撃には50％の失敗確率が付く。

　実際の完全視認困難とは違い、**ディスプレイスメント**は敵が対象を目標にすること自体を妨げるものではない。**トゥルー・シーイング**は対象の本当の位置を明らかにし、失敗確率を無効

にする。

ディスペル・イーヴル
Dispel Evil／悪解呪

系統：防御術［善］；**呪文レベル**：クレリック5、パラディン4
発動時間：1標準アクション
構成要素：音声、動作、信仰
距離：接触
目標：術者および術者が接触した、他の次元界からやって来た悪のクリーチャー1体、あるいは、術者および術者が接触したクリーチャーや物体にかけられた心術呪文あるいは［悪］の呪文1つ
持続時間：1ラウンド／レベルあるいはチャージ消費するまでのどちらか早い方
セーヴィング・スロー：本文参照；**呪文抵抗**：本文参照

　輝く白い聖なるエネルギーが術者を取り巻く。このエネルギーには3つの効果がある。

　第一に、術者は悪のクリーチャーからの攻撃に対して、ACに＋4の反発ボーナスを得る。

　第二に、他の次元界からやって来た悪のクリーチャーに対して近接接触攻撃に成功すると、術者はそのクリーチャーをその出身次元界に送り返すことができる。対象となったクリーチャーは意志セーヴに成功すればこの効果を無効化できる（これには呪文抵抗も有効）。このように使用した場合、この呪文はチャージ消費され、終了する。

　第三に、接触することで、術者は悪のクリーチャーの発動した心術呪文1つ、あるいは発動問わず［悪］の呪文どれか1つを自動的に解呪できる。**ディスペル・マジック**で解呪できない呪文は**ディスペル・イーヴル**でも解呪できない。この効果に対しては、セーヴィング・スローも呪文抵抗も適用されない。このように使用した場合、この呪文はチャージ消費され、終了する。

ディスペル・グッド
Dispel Good／善解呪

系統：防御術［悪］；**呪文レベル**：クレリック5

　ディスペル・イーヴルと同様だが、術者は暗黒のゆらめく不浄のエネルギーに取り巻かれ、また、悪のクリーチャーや呪文ではなく、善のクリーチャーや呪文に作用する。

ディスペル・ケイオス
Dispel Chaos／混沌解呪

系統：防御術［秩序］；**呪文レベル**：クレリック5、パラディン4

　ディスペル・イーヴルと同様だが、術者は定常的な青い秩序のエネルギーに取り巻かれ、また、悪のクリーチャーや呪文ではなく、混沌のクリーチャーや呪文に作用する。

ディスペル・マジック
Dispel Magic／魔法解呪

系統：防御術；**呪文レベル**：ウィザード／ソーサラー3、クレリッ

ク3、ドルイド4、バード3、パラディン3
発動時間：1標準アクション
構成要素：音声、動作
距離：中距離（100フィート＋10フィート／レベル）
目標あるいは効果範囲：呪文の使い手1体、クリーチャー1体、あるいは物体1つ
持続時間：瞬間
セーヴィング・スロー：不可；**呪文抵抗**：不可

　ディスペル・マジックを使えば、クリーチャー1体や物体1つにかかっている現在継続中の呪文を終了させたり、魔法のアイテムの魔法能力を一時的に抑止したり、他の呪文の使い手の呪文を相殺したりできる。解呪された呪文は、ちょうど持続時間が切れたかのように終了する。一部の呪文は、その呪文の解説にある通り、ディスペル・マジックでは打ち消せない。ディスペル・マジックは擬似呪文効果を呪文と同様に解呪できるが、相殺することはできない。持続時間が"瞬間"となっている呪文の効果を解呪することはできない。というのも、その魔法の効果はディスペル・マジックが効果を発するより前に、とっくに終わっているからである。

　術者はディスペル・マジックを以下の2つの用法のうち、どれか1つで使用できる。すなわち、目標型解呪、呪文相殺である。

　目標型解呪：物体1つ、クリーチャー1体または呪文1つをディスペル・マジックの対象とする。術者は1回の解呪判定（1d20＋術者レベル）を行い、その結果を対象にかかっている呪文の中で術者レベルが最も高いものと比較する（DC＝11＋呪文の術者レベル）。成功したらその呪文は終了する。失敗したなら、同じ結果を次に高い呪文の術者レベルと比較する。対象に影響を及ぼしている呪文を1つ解呪するか、すべての呪文の解呪に失敗するまでこの手順を繰り返す。

　たとえば、7レベルの術者がディスペル・マジックを発動し、対象のクリーチャーには**ストーンスキン**（術者レベル12）と**フライ**（術者レベル6）がかかっていたとする。術者レベル判定の結果が19だったなら、**ストーンスキン**の解呪には足りない（23以上が必要）が、**フライ**を終了させるには十分である（17以上が必要）。解呪判定で23以上の結果を出したなら、**ストーンスキン**を解呪し、**フライ**はそのまま残る。解呪判定が16以下だったなら、どの呪文にも影響はない。

　術者はディスペル・マジックを目標にかかっている特定の呪文や空間にかかっている呪文（**ウォール・オヴ・ファイアー**など）を解呪するのに使用することもできる。術者は対象の特定の呪文の名前を知っていなければならない。術者レベル判定の結果がその呪文のDC以上ならば、その呪文は終了する。対象とした呪文を解呪するのに足りないならば、他のいかなる呪文や効果も解呪されない。

　継続中の呪文の結果として存在する物体やクリーチャー（たとえば**サモン・モンスター**で招来されたクリーチャー）を目標にする場合、その物体なりクリーチャーなりを召喚した呪文に対して解呪判定を行うことになる。

　目標とした物体が魔法のアイテムなら、術者はそのアイテムの術者レベルに対して解呪判定を行う（DC＝11＋アイテムの

術者レベル）。これに成功すれば、そのアイテムの魔法の力は1d4ラウンドの間、すべて抑止される。その期間が過ぎればアイテムは魔法の特性を取り戻す。力を抑止されたアイテムは、その期間中は魔法の力を持たぬものとして扱われる。他の次元の開口部（たとえば**バッグ・オヴ・ホールディング**など）は一時的に閉じてしまう。魔法のアイテムの物理的な特性は変わらない。たとえば魔法のソード（剣）は力を抑止されてもやはりソードなのである（実のところ高品質のソードである）。アーティファクトや神格には、このような定命の者の術は作用しない。

　術者が自分で発動した呪文に対しては、解呪判定は自動的に成功する。

　呪文相殺：このバージョンで使用した場合、ディスペル・マジックは呪文の使い手1体を目標にして、相殺呪文として発動される。しかし真の呪文相殺と違い、ディスペル・マジックは機能しない場合もある。相手の呪文を相殺できるかどうかを調べるため、術者は解呪判定を行わなければならない。

グレーター・ディスペル・マジック
Dispel Magic, Greater／上級魔法解呪

系統：防御術；**呪文レベル**：ウィザード／ソーサラー6、クレリック6、ドルイド6、バード5
目標あるいは効果範囲：呪文の使い手1体、クリーチャー1体、あるいは物体1つ；あるいは半径20フィートの爆発

　この呪文はディスペル・マジックと同様に働くが、対象にかかっている複数の呪文を解呪できたり複数のクリーチャーを対象とできる点で異なる。

　術者は3つの用法のうちどれか1つを選んで使用できる。すなわち、目標型解呪、効果範囲型解呪、呪文相殺である。

　目標型解呪：これはディスペル・マジックの目標型解呪と同様だが、術者レベル4ごとに1つの呪文を解呪できる。もっとも高いレベルの呪文から比較し、低レベルの呪文へ移っていく。

　また、**グレーター・ディスペル・マジック**は、**リムーヴ・カース**で取り除けるどんな効果でも解呪できる可能性がある（たとえ**ディスペル・マジック**で解呪できない効果であってもである）。この判定のDCは、呪いのDCに等しい。

　効果範囲型解呪：このバージョンで使用した場合、グレーター・ディスペル・マジックは半径20フィート以内の爆発内あらゆるものに作用する。解呪判定を1回だけ行い、その結果を範囲内のすべてのクリーチャーへディスペル・マジックをかけたように適用する。効果範囲内にあって、かつ1つ以上の呪文の目標となっている物体1つ1つについても、クリーチャーに対するのと同じように解呪判定を行う。効果範囲型解呪は魔法のアイテムには作用しない。

　継続中の効果範囲型呪文や効果型呪文で、その起点が**グレーター・ディスペル・マジック**呪文の効果範囲内にあるものについては、その呪文を解呪するための解呪判定を行うことができる。継続中の呪文で、効果範囲がディスペル・マジック呪文の効果範囲と重複するものについては、解呪判定を行い、成功すれば効果が切れる。ただし、効果が切れるのは重複する範囲内

だけである。
　継続中の呪文の効果である物体やクリーチャー（たとえば**サモン・モンスター**で招来されたクリーチャー）がディスペル・マジックの効果範囲内にいたら、解呪判定を行うことができ、成功すればその物体なりクリーチャーなりを召喚した呪文は終了し、招来されたものは来たところに戻る。これはその物体なりクリーチャーなりを目標としている1つの呪文に対する解呪の試みに加えて行われる。
　術者が自分で発動した呪文に対しては、解呪判定は自動的に成功したことにしてもよい。
　呪文相殺：ディスペル・マジックと同様に働くが、他の術者の呪文を打ち消すための解呪判定に＋4のボーナスを得る。

ディスペル・ロー
Dispel Law／秩序解呪

系統：防御術［混沌］；**呪文レベル**：クレリック5
　ディスペル・イーヴルと同様だが、術者は明滅する黄色い混沌のエネルギーに取り巻かれ、また、悪のクリーチャーや呪文ではなく、秩序のクリーチャーや呪文に作用する。

ディスミサル
Dismissal／送還

系統：防御術；**呪文レベル**：ウィザード／ソーサラー5、クレリック4
発動時間：1標準アクション
構成要素：音声、動作、信仰
距離：近距離（25フィート＋5フィート／2レベル）
目標：他次元界クリーチャー1体
持続時間：瞬間
セーヴィング・スロー：意志・無効；本文参照；**呪文抵抗**：可
　この呪文は、意志セーヴに失敗した他次元界クリーチャー1体を、それが本来属する次元界へと強制送還する。呪文が成功すれば、そのクリーチャーは即座に送還されるが、その際、対象を出身次元界以外の次元界へと送り込んでしまう可能性が20％ある。

ディスラプティング・ウェポン
Disrupting Weapon／アンデッド破砕武器

系統：変成術；**呪文レベル**：クレリック5
発動時間：1標準アクション
構成要素：音声、動作
距離：接触
目標：近接武器1つ
持続時間：1ラウンド／レベル
セーヴィング・スロー：意志・無効（無害、物体）；本文参照；
呪文抵抗：可（無害、物体）
　この呪文を使用すると、近接武器をアンデッドにとって致命的なものにすることができる。術者の術者レベル以下のHDしか持たぬアンデッド・クリーチャーが戦闘中にこの武器で命中を受けた場合、意志セーヴに失敗すると完全に破壊されてしま

う。この破壊効果に対しては、呪文抵抗は適用されない。

ディスラプト・アンデッド
Disrupt Undead／アンデッド破砕光線

系統：死霊術；**呪文レベル**：ウィザード／ソーサラー0
発動時間：1標準アクション
構成要素：音声、動作
距離：近距離（25フィート＋5フィート／2レベル）
効果：光線
持続時間：瞬間
セーヴィング・スロー：不可；**呪文抵抗**：可
　術者は正のエネルギー光線を放つ。命中させるには遠隔接触攻撃ロールに成功しなければならず、光線がアンデッド・クリーチャーに命中すれば、1d6ポイントのダメージを与える。

ディセクレイト
Desecrate／冒涜

系統：力術［悪］；**呪文レベル**：クレリック2
発動時間：1標準アクション
構成要素：音声、動作、物質（邪水1ビンと25GP相当（5ポンド）の銀粉。これらすべてを効果範囲の周囲に振りまかねばならない）、信仰
距離：近距離（25フィート＋5フィート／2レベル）
効果範囲：半径20フィートの放射
持続時間：2時間／レベル
セーヴィング・スロー：不可；**呪文抵抗**：可
　この呪文は効果範囲を負のエネルギーで満たす。効果範囲内で負のエネルギー放出に抵抗する際に用いるDCは＋3の不浄ボーナスを得る。ディセクレイトの効果範囲に入ったアンデッド・クリーチャーはそれぞれ、すべての攻撃ロール、ダメージ・ロール、セーヴィング・スローに＋1の不浄ボーナスを得る。効果範囲の内側で創造されたり、効果範囲内へと招来されたアンデッド・クリーチャーはHDごとに＋1のヒット・ポイントを得る。
　ディセクレイトされた範囲内に祭壇や社などの、術者の崇める神格や属性を同じくする高位の力に捧げられた恒久的な施設がある場合、上記の修正値は2倍となる（負のエネルギー放出のDCに＋6の不浄ボーナス、範囲内で創造されたアンデッドに＋2の不浄ボーナスとHDごとに＋2ヒット・ポイント）。
　さらに、この範囲内でアニメイト・デッドを発動した者は、通常の2倍（すなわち、術者レベルごとに2HDではなく、術者レベルごとに4HD）のアンデッドを創造することができる。
　効果範囲内に祭壇や社などの、術者の守護者でない神格やパンテオン、高位の力の恒久的な施設がある場合、**ディセクレイト**呪文は効果範囲に呪いをかけ、それらの神格や力とのつながりを断つ。この第二の用法を使用した場合、上に挙げたアンデッドへのボーナスやペナルティは与えられない。
　ディセクレイトはコンセクレイトを相殺し、解呪する。

338

ディテクト・アニマルズ・オア・プランツ
Detect Animals or Plants／動植物の感知

系統：占術；**呪文レベル**：ドルイド1、レンジャー1
発動時間：1標準アクション
構成要素：音声、動作
距離：長距離（400フィート＋40フィート／レベル）
効果範囲：円錐形の放射
持続時間：精神集中、10分／レベルまで（解除可）
セーヴィング・スロー：不可；**呪文抵抗**：不可

　術者は自分が向いている方向に自分から放射する円錐形の範囲内にいる、特定の種類の動物あるいは植物を感知できる。この呪文を使用する際に、術者は動物や植物の種類1つを思い浮かべなければならないが、動物や植物の種類は毎ラウンド変更できる。明らかになる情報の量は、術者がどれだけ長い間、特定の範囲を探すか、あるいは、特定の種類の動物や植物に専念するかによる。

　1ラウンド目：範囲内にその種の動植物が存在するかしないか。

　2ラウンド目：範囲内にその種の個体が何体おり、その中で最も健康的な個体の状態はどうか。

　3ラウンド目：範囲内に存在する各個体の状態（下記参照）と位置。ある動物や植物が術者の視線内になければ、術者にはその方向は判るが、正確な位置は判らない。

　状態：この呪文では、以下のような状態分類が用いられる：
正常：少なくとも本来のヒット・ポイントの90％あり、病気にもかかっていない。
まずまず：本来のヒット・ポイントの30％から90％が残っている。
低調：本来のヒット・ポイントの30％までしかないか、病気にかかっているか、衰弱させるような負傷を負っている。
劣悪：ヒット・ポイントが0以下か、能力値を5以下に減少された病気にかかっているか、身体障害を負っている。

　クリーチャーの状態が複数の分類にまたがる場合、この呪文はそのうちの悪い方を示す。

　毎ラウンド、術者は向きを変えて、新たな範囲にある動植物を感知できる。この呪文は障壁を貫通するが、厚さ1フィートの石、厚さ1インチの一般的な金属、鉛の薄膜、厚さ3フィートの木や土はこの呪文を遮る。

ディテクト・アンデッド
Detect Undead／アンデッドの感知

系統：占術；**呪文レベル**：ウィザード／ソーサラー1、クレリック1、パラディン1
発動時間：1標準アクション
構成要素：音声、動作、物質／信仰（墓場から採った土）
距離：60フィート
効果範囲：円錐形の放射
持続時間：精神集中、1分／レベルまで（解除可）
セーヴィング・スロー：不可；**呪文抵抗**：不可

　術者はアンデッド・クリーチャーを取り巻くオーラを感知できる。明らかになる情報の量は、術者がどれだけ長い間、特定の範囲を観察するかによる。

　1ラウンド目：アンデッドのオーラが存在するかしないか。

　2ラウンド目：効果範囲内のアンデッドのオーラの数と、その中で最も強いアンデッドのオーラの強度。術者の属性が善で、最も強いアンデッドのオーラの強度が“圧倒的”（下記参照）であり、そのアンデッドのHDが術者のキャラクター・レベルの2倍以上ある場合、術者は1ラウンドの間、朦朧状態となり、呪文は終了する。

　3ラウンド目：各アンデッドのオーラの強度と位置。あるオーラが術者の視線内になければ、術者にはその方向は判るが、正確な位置は判らない。

　オーラ強度：アンデッドのオーラの強度は、以下の表にあるように、そのアンデッド・クリーチャーのHDによって決まる。

　残留オーラ：本来のオーラ源が破壊された後には、アンデッドのオーラが残留する。ディテクト・アンデッドを発動し、アンデッドのオーラが残留している場所に向けた場合、オーラの強度は“希薄”（“微弱”よりさらに弱い）であると認識される。オーラがどれだけ“希薄”レベルで残留するかは、以下の表にあるように、本来のオーラ源の強度による。

ヒット・ダイス	オーラ強度	残留オーラの持続期間
1以下	微弱	1d6ラウンド
2～4	中程度	1d6分
5～10	強力	1d6×10分
11以上	圧倒的	1d6日

　毎ラウンド、術者は向きを変えて、新たな範囲にあるアンデッドを感知できる。この呪文は障壁を貫通するが、厚さ1フィートの石、厚さ1インチの一般的な金属、鉛の薄膜、厚さ3フィートの木や土はこの呪文を遮る。

ディテクト・イーヴル
Detect Evil／悪の感知

系統：占術；**呪文レベル**：クレリック1
発動時間：1標準アクション
構成要素：音声、動作、信仰
距離：60フィート
効果範囲：円錐形の放射
持続時間：精神集中、10分／レベルまで（解除可）
セーヴィング・スロー：不可；**呪文抵抗**：不可

　術者は悪の存在を感じ取ることができる。明らかになる情報の量は、術者がどれだけ長い間、特定の範囲や対象を観察するかによる。

　1ラウンド目：悪が存在するかしないか。

　2ラウンド目：範囲内の悪のオーラの数（クリーチャー、物体、呪文）と、その中で最も強い悪のオーラの強度。術者の属性が善で、最も強い悪のオーラの強度が“圧倒的”（下記参照）であり、そのオーラの源のHDやレベルが術者のキャラクター・レベルの少なくとも2倍あった場合、術者は1ラウンドの間、朦朧状

態となり、この呪文は終了する。

3ラウンド目：各オーラの強度と位置。あるオーラが術者の視線内になければ、術者にはその方向は判るが、正確な位置は判らない。

オーラ強度：悪のオーラの強度は、術者が感知しようとしている悪のクリーチャーや物体の種別、そのHD、術者レベル、（クレリックの場合）クラス・レベルに依存する。上記の表を参照のこと。オーラの強度が複数の強度分類にまたがる場合、この呪文はそのうちの強い方を示す。

残留オーラ：本来のオーラ源が（呪文の場合）消散したり、（クリーチャーや魔法のアイテムの場合）破壊された後には、悪のオーラが残留する。ディテクト・イーヴルを発動し、悪のオーラが残留している場所に向けた場合、オーラの強度は"希薄"（"微弱"よりさらに弱い）であると認識される。オーラがどれだけ"希薄"レベルで残留するかは本来のオーラ源の強度による。

本来の強度	残留オーラの持続期間
微弱	1d6ラウンド
中程度	1d6分
強力	1d6×10分
圧倒的	1d6日

　動物、罠、毒、その他の危険となり得るものは悪ではなく、この呪文がそうしたものを感知することはない。活発に悪の意志を持っているクリーチャーは、この呪文における悪属性のクリーチャーに含める。

　毎ラウンド、術者は向きを変えて、新たな範囲にある悪を感知できる。この呪文は障壁を貫通するが、厚さ1フィートの石、厚さ1インチの一般的な金属、鉛の薄膜、厚さ3フィートの木や土はこの呪文を遮る。

ディテクト・グッド
Detect Good／善の感知

系統：占術；**呪文レベル**：クレリック1

　ディテクト・イーヴルと同様だが、この呪文は善のクリーチャー、善の神格のクレリックやパラディン、[善]の呪文、善の魔法のアイテムのオーラを感知する。術者が悪の属性を持

つ場合、"圧倒的"な善のオーラにあうと打ちのめされる。

ディテクト・ケイオス
Detect Chaos／混沌の感知

系統：占術；**呪文レベル**：クレリック1

　ディテクト・イーヴルと同様だが、この呪文は混沌のクリーチャー、混沌の神格のクレリック、[混沌]の呪文、混沌の魔法のアイテムのオーラを感知する。術者が秩序の属性を持つ場合、"圧倒的"な混沌のオーラにあうと打ちのめされる。

ディテクト・シークレット・ドアーズ
Detect Secret Doors／隠し扉の感知

系統：占術；**呪文レベル**：ウィザード／ソーサラー1、バード1
発動時間：1標準アクション
構成要素：音声、動作
距離：60フィート
効果範囲：円錐形の放射
持続時間：精神集中、1分／レベルまで（解除可）
セーヴィング・スロー：不可；**呪文抵抗**：不可

　術者は秘密の扉や区画、物入れなどを感知できる。この呪文では、発見されないことを目的に作られた通路、扉、開口部しか感知できない。明らかになる情報の量は、術者がどれだけ長い間、特定の範囲や対象を観察するかによる。

　1ラウンド目：隠し扉が存在するかしないか。

　2ラウンド目：隠し扉の数と、それぞれの位置。あるオーラが術者の視線内になければ、術者にはその方向は判るが、正確な位置は判らない。

　以後1ラウンド毎に：術者が詳しく調べた特定の隠し扉1つのメカニズムか作動方法。毎ラウンド、術者は向きを変えて、新たな範囲にある隠し扉を感知できる。この呪文は障壁を貫通するが、厚さ1フィートの石、厚さ1インチの一般的な金属、鉛の薄膜、厚さ3フィートの木や土はこの呪文を遮る。

ディテクト・スクライング
Detect Scrying／念視の感知

系統：占術；**呪文レベル**：ウィザード／ソーサラー4、バード4
発動時間：1標準アクション

ディテクト・イーヴル／グッド／ケイオス／ロー

クリーチャー／物体		オーラのパワー			
	なし	微弱	中程度	強力	圧倒的
該当する属性のクリーチャー[1]（HD）	4以下	5～10	11～25	26～50	51以上
該当する属性のアンデッド（HD）	—	2以下	3～8	9～20	21以上
該当する属性の来訪者（HD）	—	1以下	2～4	5～10	11以上
該当する属性の神格のクレリック[2]（クラス・レベル）	—	1	2～4	5～10	11以上
該当する属性の魔法のアイテムや呪文（術者レベル）	5以下	6～10	11～15	16～20	21以上
外方次元界、中級神格*	DC14／4週間	01～73	74～81	82～98	99～100
外方次元界、上級神格	DC16／5週間	01～88	89～90	91～99	100

1 この表に独自の項目があるアンデッドと来訪者を除く。
2 クレリックでないキャラクターの中には、同等の強度のオーラを放っているものもいる。これが当てはまるかどうかは、クラスの解説に記載がある。

構成要素：音声、動作、物質（鏡のかけらと、真鍮製のラッパ状補聴器のミニチュア）
距離：40フィート
効果範囲：術者を中心とした半径40フィートの放射
持続時間：24時間
セーヴィング・スロー：不可；**呪文抵抗**：不可

　術者は占術（念視）呪文や効果によって自分を観察しようとする試みがあれば、即座にそれに気付く。この呪文の効果範囲は術者から放射され、術者とともに移動する。術者は呪文の効果範囲内にあるすべての魔法的感知器官の位置を知ることができる。

　念視の試みが効果範囲内から行われたものであれば、術者はその位置も知ることができる。そうでない場合、術者と念視者は直ちに対抗術者レベル判定（1d20＋術者レベル）を行う。術者の結果が念視者の結果以上であれば、術者は念視者の視覚的なイメージと、念視者のいる方向、術者からの距離を正確に感知できる。

ディテクト・スネアーズ・アンド・ピッツ
Detect Snares and Pits／引っかけ罠や落とし穴の感知

系統：占術；**呪文レベル**：ドルイド1、レンジャー1
発動時間：1標準アクション
構成要素：音声、動作
距離：60フィート
効果範囲：円錐形の放射
持続時間：精神集中、10分／レベルまで（解除可）
セーヴィング・スロー：不可；**呪文抵抗**：不可

　術者は単純な落とし穴、上からものが落ちてくる罠、足を引っかける罠、また、自然界の材料で作られた機械的な罠を感知できる。この呪文は、落とし戸に隠された落とし穴などのような複雑な罠を感知することはできない。

　ディテクト・スネアーズ・アンド・ピッツはある種の自然界の危険を感知する。流砂（足を引っかける罠として感知される）、底なし沼（落とし穴）、自然の岩の危険な壁面（上からものが落ちてくる罠）などである。それ以外の危険となり得る状況を明らかにすることはない。この呪文は魔法の罠を感知しないし（ただし、落とし穴、上からものが落ちてくる罠、足を引っかける罠として機能する呪文は別である；**スネア**呪文を参照）、複雑な機構の罠、すでに安全になっていたり作動しないようになっている罠も感知しない。

　明らかになる情報の量は、術者がどれだけ長い間、特定の範囲を観察するかによる。

　1ラウンド目：危険が存在するかしないか。
　2ラウンド目：危険の数と、それぞれの位置。ある危険が術者の視線内になければ、術者にはその方向は判るが、正確な位置は判らない。
　以後1ラウンド毎に：術者が詳しく調べた特定の危険1つの大まかな種類と作動条件が判る。

　毎ラウンド、術者は向きを変えて、新たな範囲を調査できる。この呪文は障壁を貫通するが、厚さ1フィートの石、厚さ1イ

ンチの一般的な金属、鉛の薄膜、厚さ3フィートの木や土はこの呪文を遮る。

ディテクト・ソウツ
Detect Thoughts／思考の感知

系統：占術［精神作用］；**呪文レベル**：ウィザード／ソーサラー2、バード2
発動時間：1標準アクション
構成要素：音声、動作、焦点／信仰（銅貨1枚）
距離：60フィート
効果範囲：円錐形の放射
持続時間：精神集中、1分／レベルまで（解除可）
セーヴィング・スロー：意志・無効、本文参照；**呪文抵抗**：不可

　術者は表面的な思考を感知できる。明らかになる情報の量は、術者がどれだけ長い間、特定の範囲や対象を観察するかによる。

　1ラウンド目：【知力】1以上で意識のあるクリーチャーの）思考が存在するかしないか。
　2ラウンド目：思考している精神の数と、それぞれの【知力】値。最も高い【知力】が26以上である場合（さらにそれが術者自身の【知力】より10ポイント以上高い場合）、術者は1ラウンドの間、朦朧状態となり、呪文は終了する。術者がクリーチャーの思考を感知していても、その持ち主であるクリーチャーを見ることができない場合、その位置は判らない。
　3ラウンド目：効果範囲内のいずれかの精神の表面的な思考。目標が意志セーヴに成功すれば、術者はその思考を読むことができず、再挑戦するためにはもう一度ディテクト・ソウツを発動しなおさなければならない。動物並の【知力】（1か2）のクリーチャーは単純に本能的な思考を持つ。

　毎ラウンド、術者は向きを変えて、新たな範囲にある思考を感知できる。この呪文は障壁を貫通するが、厚さ1フィートの石、厚さ1インチの一般的な金属、鉛の薄膜、厚さ3フィートの木や土はこの呪文を遮る。

ディテクト・ポイズン
Detect Poison／毒の感知

系統：占術；**呪文レベル**：ウィザード／ソーサラー0、クレリック0、ドルイド0、パラディン1、レンジャー1
発動時間：1標準アクション
構成要素：音声、動作
距離：近距離（25フィート＋5フィート／2レベル）
効果範囲：クリーチャー1体、物体1つ、あるいは一辺5フィートの立方体の範囲
持続時間：瞬間
セーヴィング・スロー：不可；**呪文抵抗**：不可

　術者はクリーチャー1体、物体1つ、あるいは効果範囲が毒におかされているか、あるいは毒を持っているかどうか知ることができる。術者はDC20の【判断力】判定に成功すれば、毒の正確な種類を識別できる。〈製作：錬金術〉技能を持つキャラクターは、【判断力】判定に失敗した場合にDC20の〈製作：

錬金術〉判定を試みることもできるし、逆に【判断力】判定に先だって〈製作：錬金術〉判定を試みることもできる。この呪文は障壁を貫通するが、厚さ1フィートの石、厚さ1インチの一般的な金属、鉛の薄膜、厚さ3フィートの木や土はこの呪文を遮る。

ディテクト・マジック
Detect Magic／魔法の感知

系統：占術；**呪文レベル**：ウィザード／ソーサラー0、クレリック0、ドルイド0、バード0
発動時間：1標準アクション
構成要素：音声、動作
距離：60フィート
効果範囲：円錐形の放射
持続時間：精神集中、1分／レベルまで（解除可）
セーヴィング・スロー：不可；**呪文抵抗**：不可

　術者は魔法のオーラを感知する。明らかになる情報の量は、術者がどれだけ長い間、特定の範囲や対象を観察するかによる。

　1ラウンド目：魔法のオーラが存在するかしないか。

　2ラウンド目：異なる魔法のオーラの数と、その中で最も強いオーラの強度。

　3ラウンド目：各オーラの強度と位置。オーラをまとったアイテムやクリーチャーが術者の視線内にあれば、術者はそれぞれのオーラに関わる魔法の系統を識別するために〈知識：神秘学〉判定を行うことができる（オーラ1つごとに1回の判定を行うこと）。DCは15＋呪文レベルか、呪文以外の効果の場合、15＋術者レベルの半分である）。アイテムよりオーラが発せられている場合、アイテムの特性を識別しようとすることが可能になる（〈呪文学〉参照）。

　魔法的なエリアや複数の種類の魔法、強力かつ局所的な魔法の放射によって、弱いオーラが歪められたり、隠されてしまうこともある。

　オーラ強度：オーラの強度は、呪文の機能している呪文レベルやアイテムの術者レベルによる。以下の表を参照。オーラの強度が複数の強度分類にまたがる場合、**ディテクト・マジック**はそのうちの強い方を示す。

　残留オーラ：本来のオーラ源が（呪文の場合）消散したり、（魔法のアイテムの場合）破壊された後には、魔法のオーラが残留する。**ディテクト・マジック**を発動し、魔法のオーラが残留している場所に向けた場合、オーラの強度は"希薄"（"微弱"よりさらに弱い）であると認識される。オーラがどれだけ"希薄"レベルで残留するかは本来のオーラ源の強度による。

本来の強度	残留オーラの持続期間
微弱	1d6ラウンド
中程度	1d6分
強力	1d6×10分
圧倒的	1d6日

　来訪者やエレメンタルそれ自体は魔法的なものではないが、そうしたクリーチャーが招来されたものであった場合、招来に用いられた召喚術呪文は感知される。毎ラウンド、術者は向きを変えて、新たな範囲にある魔法を感知できる。この呪文は障壁を貫通するが、厚さ1フィートの石、厚さ1インチの一般的な金属、鉛の薄膜、厚さ3フィートの木や土はこの呪文を遮る。

　ディテクト・マジックは**パーマネンシイ**呪文で永続化させることができる。

ディテクト・ロー
Detect Law／秩序の感知

系統：占術；**呪文レベル**：クレリック1

　ディテクト・イーヴルと同様だが、この呪文は秩序のクリーチャー、秩序の神格のクレリック、［秩序］の呪文、秩序の魔法のアイテムのオーラを感知する。術者が混沌の属性を持つ場合、"圧倒的"な秩序のオーラにあうと打ちのめされる。

ディマンド
Demand／要求

系統：心術（強制）［精神作用］；**呪文レベル**：ウィザード／ソーサラー8
セーヴィング・スロー：意志・不完全；**呪文抵抗**：可

　センディングと同様だが、この伝言には**サジェスチョン**を込めることもでき（**サジェスチョン**呪文を参照）、対象はその示唆を実行するために最善を尽くす。意志セーヴに成功すれば**サジェスチョン**効果を無効化できるが、伝言自体は無効化されない。受け取った場合、**ディマンド**はクリーチャーの【知力】が1しかなくても理解される。**ディマンド**が届いた時点で、対象にとって周囲の状況に照らして伝言内容が不可能だったり意味のないものであれば、伝言自体は理解されるが、**サジェスチョン**は効力を表さない。

　ディマンドによるクリーチャーへの伝言は日本語にして75文字以内でなければならず、**サジェスチョン**の内容を含んでいなければならない。クリーチャーは即座に短い返事を送り返すこともできる。

ディテクト・マジック

呪文や物体	微弱	中程度	強力	圧倒的
		オーラのパワー		
機能している呪文（呪文レベル）	3以下	4～6	7～9	10以上（神格級）
魔法のアイテム（術者レベル）	5以下	6～11	12～20	21以上（アーティファクト）

342

ディミニッシュ・プランツ
Diminish Plants／植物縮小

系統：変成術；**呪文レベル**：ドルイド3、レンジャー3
発動時間：1標準アクション
構成要素：音声、動作、信仰
距離：本文参照
目標あるいは効果範囲：本文参照
持続時間：瞬間
セーヴィング・スロー：不可；**呪文抵抗**：不可

　この呪文には2つのバージョンがある。
　剪定：呪文のこのバージョンは、長距離（400フィート＋40フィート／レベル）内の通常の草木（草、イバラ、藪、つる植物、生垣、アザミ、木、つたなど）を本来の大きさのおよそ1/3に縮め、からみついたり繁茂したりしないようにする。作用を受けた植物は注意深く剪定され、刈り込まれたかのように見える。このバージョンのディミニッシュ・プランツはエンタングル、プラント・グロウス、ウォール・オヴ・ソーンズなど植物を成長させる呪文や効果を自動的に解呪する。
　術者の選択で、範囲を半径100フィートの円にしたり、半径150フィートの半円にしたり、半径200フィートの四分円にすることもできる。術者は効果範囲内のいくつかのエリアに作用しないよう指定することもできる。
　成長阻害：呪文のこのバージョンは0.5マイルの距離内のすべての普通の植物を目標とし、次の年の収穫量を通常より1/3だけ少なくする。
　この呪文は植物クリーチャーには効果がない。

ディメンジョナル・アンカー
Dimensional Anchor／次元間移動拘束

系統：防御術；**呪文レベル**：ウィザード／ソーサラー4、クレリック4
発動時間：1標準アクション
構成要素：音声、動作
距離：中距離（100フィート＋10フィート／レベル）
効果：光線
持続時間：1分／レベル
セーヴィング・スロー：不可；**呪文抵抗**：可（物体）

　緑色の光線が術者の手から放たれる。目標に命中させるには、術者は遠隔接触攻撃を行わなければならない。光線が命中したクリーチャーや物体はきらめくエメラルド色の場に包まれ、肉体ごと他の次元界へ移動することがまったくできなくなる。ディメンジョナル・アンカーによって禁じられる移動形態にはアストラル・プロジェクション、イセリアル・ジョーント、イセリアルネス、ゲート、シャドウ・ウォーク、ディメンジョン・ドア、テレポート、ブリンク、プレイン・シフト、メイズおよびそれに類する擬似呪文能力が含まれる。この呪文は持続時間の間、ゲートやテレポーテーション・サークルの使用も妨げる。
　ディメンジョナル・アンカーは、呪文発動時にすでにエーテル状態やアストラル形態であったクリーチャーの移動を妨げることはないし、他の次元界を知覚したり攻撃したりする能力を

遮ることもない。また、招来されたクリーチャーが招来呪文の終了時に消えぬようにすることもできない。

ディメンジョナル・ロック
Dimensional Lock／次元間移動拘束の場

系統：防御術；**呪文レベル**：ウィザード／ソーサラー8、クレリック8
発動時間：1標準アクション
構成要素：音声、動作
距離：中距離（100フィート＋10フィート／レベル）
効果範囲：空間上の1点を中心とした半径20フィートの放射
持続時間：1日／レベル
セーヴィング・スロー：不可；**呪文抵抗**：可

　その中では肉体ごと他の次元界へ移動することがまったくできなくなる、きらめくエメラルド色の場を作り出す。ディメンジョナル・ロックによって禁じられる移動形態にはアストラル・プロジェクション、イセリアル・ジョーント、イセリアルネス、ゲート、シャドウ・ウォーク、ディメンジョン・ドア、テレポート、ブリンク、プレイン・シフト、メイズおよびそれに類する擬似呪文能力が含まれる。ディメンジョナル・ロックが形成されてしまうと、効果範囲内への、あるいは効果範囲内からの次元間移動は不可能となる。
　ディメンジョナル・ロックは、呪文発動時にすでにエーテル状態やアストラル形態であったクリーチャーの移動を妨げることはないし、（バジリスクの凝視などの）他の次元界を知覚したり攻撃したりする能力を遮ることもない。また、招来されたクリーチャーが招来呪文の終了時に消えぬようにすることもできない。

ディメンジョン・ドア
Dimension Door／次元扉

系統：召喚術（瞬間移動）；**呪文レベル**：ウィザード／ソーサラー4、バード4
発動時間：1標準アクション
構成要素：音声
距離：長距離（400フィート＋40フィート／レベル）
目標：術者および接触した物体あるいは接触した同意するクリーチャー複数
持続時間：瞬間
セーヴィング・スロー：不可および意志・無効（物体）；**呪文抵抗**：不可および可（物体）

　術者は自分自身を現在の位置から距離内の任意の場所へと瞬時に転送する。術者は常に望んだ場所へと正確に到着する。単に場所を思い浮かべても、方向を指定してもよい。この呪文を使用した後、術者は自分の次のターンまで、これ以外のアクションをとることはできない。術者は自分の最大荷重を超えない重量であれば、物体を一緒に運ぶことができる。また、サイズが中型以下の同意するクリーチャー（とそのクリーチャーが運搬する最大荷重までの装備品や物体）相当を、術者レベル3レベルごとに1体ぶんまで一緒に運ぶこともできる。大型クリ

チャー1体は中型クリーチャー2体相当、超大型クリーチャー1体は大型クリーチャー2体相当、というように換算する。転送されるクリーチャーはすべて互いに接触していなければならず、また、そのうち少なくとも1体が術者と接触していなければならない。

すでに固体が占めている場所に到着した場合、術者および一緒に転送されたクリーチャーはそれぞれ1d6ポイントのダメージを受け、意図した出現場所から100フィート以内にある適切な表面の上の何もないランダムな場所に放り出される。

100フィート以内に開けた空間がなければ、術者および一緒に転送されたクリーチャーはそれぞれさらに2d6ポイントのダメージを受け、1,000フィート以内の開けた空間に放り出される。1,000フィート以内に開けた空間がなければ、術者および一緒に転送されたクリーチャーはそれぞれさらに4d6ポイントのダメージを受け、呪文は単に失敗となる。

デイライト
Daylight／陽光

系統：力術［光］；**呪文レベル**：ウィザード／ソーサラー3、クレリック3、ドルイド3、バード3、パラディン3
発動時間：1標準アクション
構成要素：音声、動作
距離：接触
目標：接触した物体1つ
持続時間：10分／レベル（解除可）
セーヴィング・スロー：不可；**呪文抵抗**：不可

この呪文を発動して接触した物体は、半径60フィートの領域に明るい光を発する。さらに半径120フィートまでの領域で1段階ずつ明度を上昇させる（暗闇から薄暗い光に、薄暗い光から通常の光に、通常の光から明るい光に）。60フィートの領域内では、光への過敏や脆弱性を持つクリーチャーはペナルティを受ける。この名前にもかかわらず、この呪文は太陽の光でダメージを受けたり滅ぼされるクリーチャーに対しては日光として扱われない。

デイライトを小さな物体にかけ、光を遮る覆いの内側や下に置いた場合、この呪文の効果はその覆いを取り去るまで遮られる。

魔法の暗闇の範囲内に持ち込まれた**デイライト**は（逆にデイライトの範囲内に持ち込まれた魔法の暗闇も）一時的に無効化され、この2つの呪文が重複したエリアでは、それら2つの呪文以外の光源（あるいは闇）が支配的となる。

デイライトは自分と同じか、自分より低いレベルの［闇］呪文（ダークネスなど）をどれでも相殺し、解呪する。

ディレイ・ポイズン
Delay Poison／毒物遅延

系統：召喚術（治癒）；**呪文レベル**：クレリック2、ドルイド2、バード2、パラディン2、レンジャー1
発動時間：1標準アクション
構成要素：音声、動作、信仰
距離：接触

目標：接触したクリーチャー1体
持続時間：1時間／レベル
セーヴィング・スロー：頑健・無効（無害）；**呪文抵抗**：可（無害）

対象は毒への一時的な完全耐性を得る。対象の体内のすべての毒や、呪文の持続時間の間に対象がさらされたすべての毒は、呪文の持続時間が終わるまで対象に作用しない。**ディレイ・ポイズン**は毒がすでに与えているダメージを治癒することはない。

ディレイド・ブラスト・ファイアーボール
Delayed Blast Fireball／遅発火球

系統：力術［火炎］；**呪文レベル**：ウィザード／ソーサラー7
持続時間：5ラウンド以下；本文参照

ファイアーボールと同様だが、この呪文はそれより強力であり、発動してから5ラウンドまでの間に炸裂させることができる。この火球の炸裂は、術者レベルごとに1d6（最大20d6）ポイントの［火炎］ダメージを与える。**ディレイド・ブラスト・ファイアーボール**によって生み出される輝く珠は、術者が望めばすぐに炸裂させることもできるし、術者は炸裂を5ラウンドまで遅らせることもできる。術者は呪文完成時にどれだけ遅らせるかを選択し、一度設定したら変更することはできない。ただし誰かがこの珠に触れれば別である。術者が遅らせることにした場合、輝く珠は炸裂するまで、目標地点に留まる。クリーチャーはこの珠を拾い上げ、投擲武器として投げつけることができる（射程単位10フィート）。クリーチャーが炸裂する時点から1ラウンド以内にこの珠に触れて動かした場合、そのクリーチャーが触れている間に炸裂してしまう可能性が25％ある。

デス・ウォード
Death Ward／死からの守り

系統：死霊術；**呪文レベル**：クレリック4、ドルイド5、パラディン4
発動時間：1標準アクション
構成要素：音声、動作、信仰
距離：接触
目標：接触した生きているクリーチャー1体
持続時間：1分／レベル
セーヴィング・スロー：意志・無効（無害）；**呪文抵抗**：可（無害）

目標はすべての［即死］呪文や魔法的な［即死］効果へのセーヴに＋4の士気ボーナスを得る。たとえ通常はできなくても、その［即死］効果に抵抗するためにセーヴをすることができる。加えて、目標は生命力吸収やその他の負のエネルギー効果（負のエネルギー放出を含む）への完全耐性を持つ。

この呪文は既に持っていた負のレベルを取り除くことはできないが、呪文の持続時間が続く限り負のレベルによるペナルティを無視する。

デス・ウォードはたとえ結果的に死んでしまうような場合であっても、それ以外の攻撃に対しては防護を与えない。

デス・ネル

Death Knell／弔鐘

系統：死霊術［悪、即死］；**呪文レベル**：クレリック2
発動時間：1標準アクション
構成要素：音声、動作
距離：接触
目標：接触した生きているクリーチャー1体
持続時間：瞬間／対象のHDごとに10分；本文参照
セーヴィング・スロー：意志・無効；**呪文抵抗**：可

　術者はクリーチャーの衰えゆく生命力を奪いそれを使って自分の力を増すことができる。この呪文を発動したら、術者はヒット・ポイントが−1以下の生きているクリーチャーに接触する。対象がセーヴィング・スローに失敗したら、対象は死に、術者は1d8の一時的ヒット・ポイントと【筋力】への＋2の強化ボーナスを得る。さらに、術者の有効術者レベルは＋1上昇し、術者レベルによって決まる呪文の効果が増強される。これによって有効術者レベルが上昇しても、普段より多くの呪文を準備／使用できるようにはならない。この効果は対象となったクリーチャーのHDごとに10分間持続する。

デスウォッチ

Deathwatch／臨終の看取り

系統：死霊術；**呪文レベル**：クレリック1
発動時間：1標準アクション
構成要素：音声、動作
距離：30フィート
効果範囲：円錐形の放射
持続時間：10分／レベル
セーヴィング・スロー：不可；**呪文抵抗**：不可

　死霊術の力によって、術者は呪文の距離内にいる、死の淵に近いクリーチャーの状態を知ることができる。術者は効果範囲内にいる各クリーチャーが死亡状態であるか、死にかけているか（生きてはいるが傷ついており、ヒット・ポイントが3点以下しか残っていないか）、死を寄せつけずにいるか（生きており、ヒット・ポイントが4点以上あるか）、健康であるか、アンデッドであるか、生きているわけでも死んでいるわけでもないか（人造クリーチャーなど）が即座に判る。**デスウォッチ**は、クリーチャーが呪文や能力によって死んだふりをしていても、すべて見抜く。

テレキネシス

Telekinesis／念動力

系統：変成術；**呪文レベル**：ウィザード／ソーサラー5
発動時間：1標準アクション
構成要素：音声、動作
距離：長距離（400フィート＋40フィート／レベル）
目標：本文参照
持続時間：精神集中（1ラウンド／レベルまで）あるいは瞬間；本文参照
セーヴィング・スロー：意志・無効（物体）あるいは不可；本文参照；**呪文抵抗**：可（物体）；本文参照

　術者は精神集中することで物体やクリーチャーを動かすことができる。選択したバージョンによって、穏やかで持続的な力を及ぼすことも、一瞬荒々しく押す力を1回だけ及ぼすこともできる。

　持続的な力：持続的な力は術者レベル×25ポンド（最大で15レベル時の375ポンド）までの物体を20フィート／ラウンドまでの速度で動かすことができる。クリーチャーは自分の所持している物体に対する効果を意志セーヴに成功することや呪文抵抗で無効化できる。

　このバージョンは術者レベルごとに1ラウンドまで持続するが、術者が精神集中を解けば切れてしまう。重量は垂直にも水平にもその両方（＝斜め）にも動かすことができる。物体を距離外へと動かすことはできない。物体を距離外へ押し出せば、呪文は終了する。いかなる理由であれ、術者が精神集中を解けば、物体はそこで落ちるか止まるかする。

　念動力によって、物体を片手で扱っているかのように操作できる。たとえば、必要な力が重量制限以内のものであれば、レバーやロープを引っ張ったり、鍵を回したり、物体を回転させることができる。また、単純な結び目をほどくこともできるが、こうした細かい作業にはDC15に対する【知力】判定が必要となる。

　戦技：持続的な力を与えるかわりに、1ラウンドに1回、術者はテレキネシスを使って突き飛ばし、武器落とし、組みつき（押さえ込みを含む）、足払いを試みることもできる。これらの行動は通常通りに解決するが、行動によって機会攻撃を誘発することはない。術者は戦技ボーナスのかわりに術者レベルを用い、【筋力】修正値や【敏捷力】修正値の代わりにウィザードなら【知力】修正値、ソーサラーなら【魅力】修正値を加える。これらの行動に対して相手がセーヴを行うことはできないが、相手の呪文抵抗は有効である。この呪文をこのバージョンで使った場合、呪文は術者レベル×1ラウンド持続するが、術者の精神集中が途切れれば終了する。

　激しく押す力：また、呪文のエネルギーを1ラウンドで使い切ってしまうこともできる。術者は距離内にあって、すべてが互いに10フィート以内にある物体やクリーチャー（総数は術者レベルごとに1つ、最大で15まで）を、そのすべてから10フィート／レベル以内にある目標めがけて投げつけることができる。術者は術者レベルごとに25ポンド（最大で15レベル時の375ポンド）までの合計重量を投げつけることができる。

　アイテムを目標に命中させるためには、術者は（投げつけるクリーチャーや物体1つにつき1回ずつ）攻撃ロールに成功しなければならない。この時、ウィザードなら術者の基本攻撃ボーナス＋【知力】修正値、ソーサラーなら基本攻撃ボーナス＋【魅力】修正値を用いる。武器は通常通りダメージを与える（【筋力】ボーナスは適用されない。アローやボルトをこうやって使う場合、同サイズのダガーと同じダメージを与えることに注意）。それ以外の物体は（あまり危険でないものなら）25ポンドにつき1ポイントから（硬くて密度の高い物体なら）25ポンドにつき1d6ポイントまでのダメージを与える。目標から外れたクリーチャーや物体は、目標に隣接したマスに着弾する。

呪文の重量制限内のクリーチャーを投げつけることもできるが、クリーチャーは意志セーヴ（あるいは呪文抵抗）に成功すれば効果を無効化できる。これは、自分の持っている物体がこの呪文の目標となったクリーチャーも同様である。

念動力によってクリーチャーが固い表面に投げつけられた場合、10フィート落下したかのようにダメージ（1d6ポイント）を被る。

テレキネティック・スフィアー
Telekinetic Sphere／念動球

系統：力術［力場］；**呪文レベル**：ウィザード／ソーサラー8
発動時間：1標準アクション
構成要素：音声、動作、物質（球状の水晶と小さな一対の磁石）
距離：近距離（25フィート＋5フィート／2レベル）
効果：クリーチャーや物体を中心とした、直径1フィート／レベルの球体
持続時間：1分／レベル（解除可）
セーヴィング・スロー：反応・無効（物体）；**呪文抵抗**：可（物体）

リジリアント・スフィアーと同様だが、この呪文により作られた球体の中に捕えられたクリーチャーや物体はほとんど重量がなくなる。テレキネティック・スフィアーに包み込まれたものはすべて、通常の重量の1/16の重さしかなくなる。術者は念動力によって球体の中にあるものなら何でも、通常重量が5,000ポンド以下までならば持ち上げることができる。念動力によってコントロールできる範囲は、球体が中身を包み込むのに成功した後では、最大で術者から中距離にあたる距離（100フィート＋10フィート／レベル）まで広がる。

術者は球体に精神を集中することで、球体内の合計重量5,000ポンド以下の物体やクリーチャーといっしょに、球体を移動させることができる。術者は呪文を発動した後のラウンドに、球体を動かし始めることができる。そのために精神集中した（1標準アクション）場合、術者は球体を1ラウンドに30フィートまで移動させることができる。術者が精神集中を止めれば、球体はそのラウンドは（水平な平面上にあれば）移動しないか、（空中にあれば）平面に達するまでその落下速度で落下する。術者は自分の次のターンか、呪文の持続時間内のそれ以降のターンに、精神集中を再開できる。

球体は毎ラウンド60フィートの速度でしか落下せず、これは球体の中身にダメージを与えるほどの速度ではない。

術者は自分が球体の中にいる場合でも、球体を念動力で動かすことができる。

テレパシック・ボンド
Telepathic Bond／テレパシー結合

系統：占術；**呪文レベル**：ウィザード／ソーサラー5
発動時間：1標準アクション
構成要素：音声、動作、物質（異なる2種類のクリーチャーの卵のかけら2つ）
距離：近距離（25フィート＋5フィート／2レベル）
目標：術者および同意するクリーチャー1体／3レベル、ただ

しそのうちのどの2体をとっても30フィート以内の距離に収まっていなければならない
持続時間：10分／レベル（解除可）
セーヴィング・スロー：不可；**呪文抵抗**：不可

術者は自分と何体かの同意するクリーチャー間をテレパシーによって結合するが、対象はいずれも【知力】が3以上でなければならない。リンク内の各クリーチャーは、同じリンクの中にいる他のすべてのクリーチャーと結合されている。クリーチャー同士は、どの言語を話すかに関係なく、リンクを通してテレパシーによる意思疎通が可能である。この結合の結果として、特殊な力や影響が及ぼされることはない。一度リンクが結ばれたなら、この呪文はどれだけ距離があろうと機能する（ただし、他の次元界へは通じない）。

望むなら、術者は形成するリンクから自分を除外することができる。この決定は発動時に行わなければならない。

テレパシック・ボンドはパーマネンシイ呪文で永続化することができるが、パーマネンシイを1回使用するごとに2体のクリーチャーだけを結合することができる。

テレポーテーション・サークル
Teleportation Circle／瞬間移動陣

系統：召喚術（瞬間移動）；**呪文レベル**：ウィザード／ソーサラー9
発動時間：10分
構成要素：音声、物質（1,000GPの価値のある魔法陣を覆うアンバー（琥珀）の粉末）
距離：0フィート
効果：作動させたものを瞬間移動させる半径5フィートの魔法陣
持続時間：10分／レベル（解除可）
セーヴィング・スロー：不可；**呪文抵抗**：可

術者は、上に立ったクリーチャーを指定した場所へとグレーター・テレポートの呪文と同様に瞬間移動させる魔法陣を、床やその他の水平な表面の上に描く。一度魔法陣の目的地を指定したなら、変更はできない。クリーチャーを固体の中や、術者がよく知らずはっきりとした描写も手に入れていない場所、あるいは他の次元界へ瞬間移動させるように魔法陣を設定しようとするなら、呪文は失敗する。

魔法陣自体は巧妙で、あることに気付くのはまず不可能である。クリーチャーが誤って作動させないようにしたければ、何らかの方法で魔法陣を目立たせる必要がある。

テレポーテーション・サークルはパーマネンシイ呪文で永続化することができる。永続化したテレポーテーション・サークルを〈装置無力化〉で解除した場合、10分間、非稼動状態となるが、その後は、通常通り作動可能となる。

テレポーテーション・サークルのような魔法の罠を発見し、無力化するのは困難である。罠探しのクラス特徴を持つキャラクター（だけ）は魔法陣を（発見するのに〈知覚〉技能を、）解除するのに〈装置無力化〉を使うことができる。どちらの場合もDCは25＋呪文レベルであり、テレポーテーション・サークルの場合は34である。

テレポート

Teleport／瞬間移動

系統：召喚術(瞬間移動)；**呪文レベル**：ウィザード／ソーサラー5
発動時間：1標準アクション
構成要素：音声
距離：自身および接触
目標：術者および接触した物体か接触した同意するクリーチャー複数
持続時間：瞬間
セーヴィング・スロー：不可および意志・無効(物体)；**呪文抵抗**：不可および可(物体)

　この呪文は術者を指定した目的地へと瞬時に転送する。距離は最大で術者レベル×100マイルまでであり、次元界間の移動は不可能である。術者は合計重量が自分の最大過重までの物品を運んでゆくことができる。また、術者レベル3レベルごとに1体の、同意する中型または小型サイズのクリーチャー(と、その最大過重までの物品)、ないしそれに相当するものを連れてゆくことができる。大型クリーチャーは中型クリーチャー2体相当、超大型クリーチャーは中型クリーチャー4体相当、等々と勘定する。移送される全クリーチャーは互いに接触しており、うち1体以上が術者と接触していなければならない。距離が"自分"で目標が"術者"の呪文がすべてそうであるように、術者がセーヴィング・スローを行う必要はないし、呪文抵抗も適用されない。物体では他の人物が持っていたり、使用している(装備中の)物体のみがセーヴィング・スローと呪文抵抗を得る。

　術者は目的地の位置と見た目について、ある程度はっきりとした知識がなくてはならない。術者の思い浮かべるイメージがはっきりしたものであればあるほど、瞬間移動がうまくいく可能性も上昇する。強い物理的・魔法的なエネルギーの渦巻く範囲では、瞬間移動が危険になったり不可能となることさえある。

　瞬間移動がどれだけうまくいったか調べるには、d%をロールして、この呪文の最後にある表を参照すること。表の用語の定義については、以下の情報を参照のこと。

　精通度："よく慣れ親しんでいる"は術者がかなり頻繁に行ったことがあり、我が家も同然に感じている場所である。"念入りに調べた"は、術者が今現在肉眼で見ることのできる場所であるか、または術者がたびたび訪れた場所であり、術者のよく知っている場所である。"何度か来たことがある"は何度か来たことがあるにはあるが、さほど詳しくは知らない場所である。"一度見たことがある"は術者が**スクライング**などの魔法なり何なりで一度だけ見たことのある場所である。

　"偽の目的地"というのは、そんな目的地が本当は存在しない場合か、術者が本来精通していたが、徹底的に変ってしまったせいで、もはや精通しているとは言いがたい場合である。偽の目的地へ瞬間移動する場合、d%をロールするのではなく、1d20+80をロールして表から結果を求めること。というのも、術者が到着したいと望む、あるいは目的地を外れる際の基準となるような真の行き先など存在しないからである。

　目的地に到着する：術者は望んだ場所に現れる。

　目的地を外れる：術者は目的地からランダムな方向にランダムな距離だけ離れた場所に安全に到着する。目的地から外れた距離は、移動しようとした距離のd%である。目的地を外れた方向はランダムに決定する。

　似通った場所：術者は目的地と見た目や雰囲気が似通った場所に到着する。たいてい、術者は距離内にある最寄りの似通った場所に現れる。呪文の距離内にそのような場所がなければ、呪文は単に失敗する。

　大失敗：術者および術者と共に瞬間移動するものは"ごちゃまぜ"になってしまう。各人は1d10ポイントのダメージを被り、術者はどこに到着したか決定するために表で再ロールを行う。この再ロールの際は1d20+80をロールすること。"大失敗"が出るたびにキャラクターたちはさらにダメージを被り、再ロールし続けなければならない。

精通度	目的地に到着する	目的地を外れる	似通った場所	大失敗
よく慣れ親しんでいる	01～97	98～99	100	—
念入りに調べた	01～94	95～97	98～99	100
何度か来たことがある	01～88	89～94	95～98	99～100
一度見たことがある	01～76	77～88	89～96	97～100
偽の目的地	—	—	81～92	93～100

グレーター・テレポート

Teleport, Greater／上級瞬間移動

系統：召喚術(瞬間移動)；**呪文レベル**：ウィザード／ソーサラー7

　この呪文は**テレポート**と同様に作用するが、距離の制限がなく、目的地を外れる可能性もない。加えて、術者は目標地点を見たことがなくてもよい。ただし、その場合は信頼できる描写を手に入れていなければならない(誰かから詳しい描写を聞いた、非常に正確な地図を手に入れたなど)。不充分な情報や紛らわしい情報しかないのに瞬間移動しようとするなら、術者は姿を消した後、単に元の場所に再び現れるだけである。この呪文で次元間移動はできない。

テレポート・オブジェクト

Teleport Object／物体瞬間移動

系統：召喚術(瞬間移動)；**呪文レベル**：ウィザード／ソーサラー7
距離：接触
目標：重量50ポンド／レベルまで、体積3立方フィート／レベルまでの接触した物体1つ
持続時間：瞬間
セーヴィング・スロー：意志・無効(物体)；**呪文抵抗**：可(物体)

　この呪文は**テレポート**と同様に作用するが、ただ術者ではなく1個の物体を瞬間移動させる。クリーチャーや魔法の力を瞬間移動させることはできない。

　望むなら目標の物体をエーテル界の離れた場所に移すこともできる。この場合、物体の瞬間移動元の地点には、物体を取り戻すまでは、かすかに魔法の力が残る。その地点を目標とした**ディスペル・マジック**に成功すれば、消えたアイテムはエーテル界から元の場所に戻ってくる。

テンポラル・ステイシス
Temporal Stasis／かりそめの停滞

系統：変成術；**呪文レベル**：ウィザード／ソーサラー8
発動時間：1標準アクション
構成要素：音声、動作、物質（5,000GPの価値のある粉末状のダイアモンド、エメラルド、ルビー、サファイアの粉）
距離：接触
目標：接触したクリーチャー1体
持続時間：永続
セーヴィング・スロー：頑健・無効；**呪文抵抗**：可

　術者は近接接触攻撃に成功しなければならない。術者は対象を活動停止状態にする。このクリーチャーにとって時間は流れを止め、諸々の状態はその時点のままに固定化される。このクリーチャーは歳をとらない。その肉体の機能は事実上停止し、いかなる力や効果もこのクリーチャーを害することはできない。この状態は魔法が（**ディスペル・マジック**呪文に成功する、**フリーダム**呪文をかけるなどで）取り除かれるまで持続する。

ドゥーム
Doom／災難

系統：死霊術［恐怖、精神作用］；**呪文レベル**：クレリック1
発動時間：1標準アクション
構成要素：音声、動作、信仰
距離：中距離（100フィート＋10フィート／レベル）
目標：生きているクリーチャー1体
持続時間：1分／レベル
セーヴィング・スロー：意志・無効；**呪文抵抗**：可

　この呪文は対象1体の心に、恐ろしい脅威の感覚を植えつけ、怯え状態にする。

トゥルー・シーイング
True Seeing／真実の目

系統：占術；**呪文レベル**：ウィザード／ソーサラー6、クレリック5、ドルイド7
発動時間：1標準アクション
構成要素：音声、動作、物質（250GPの価値のある眼軟膏）
距離：接触
目標：接触したクリーチャー1体
持続時間：1分／レベル
セーヴィング・スロー：意志・無効（無害）；**呪文抵抗**：可（無害）

　術者は対象に、ありとあらゆるものの真の姿を見ぬく能力を与える。対象は通常の闇と魔法の闇を見通し、魔法によって隠された隠し扉に気付き、**ブラー**や**ディスプレイスメント**の影響下にあるクリーチャーや物体の正確な位置を知り、不可視状態のクリーチャーや物体を通常通り見ることができ、幻術を見破り、変身・変化・変成させられたものの真の姿を見抜く。さらに対象は視覚をエーテル界に合わせることもできる（ただし異次元空間を覗くことはできない）。**トゥルー・シーイング**によって与えられる視力で見える範囲は120フィートである。

トゥルー・シーイングで固体の向こう側を見通すことはできない。エックス線視力やそれに類する能力を与えるわけではないのだ。霧などによる視認困難を解消することもない。**トゥルー・シーイング**は見る者が、魔法によらない変装を見破ったり、単に隠れているだけのクリーチャーを見つけたり、魔法によらない手段で隠された隠し扉に気付いたりする助けにはならない。さらに、既知の魔法によってこの呪文の効果をこれ以上強化することはできない。したがって、**クリスタル・ボール**を通じて、あるいは、**クレアオーディエンス／クレアヴォイアンス**と組み合わせて**トゥルー・シーイング**を使うことはできない。

トゥルー・ストライク
True Strike／百発百中

系統：占術；**呪文レベル**：ウィザード／ソーサラー1
発動時間：1標準アクション
構成要素：音声、焦点（弓術の的をかたどった小さな木製のレプリカ）
距離：自身
目標：術者
持続時間：本文参照

　術者は自分の次の攻撃の間に、直後の未来に対する一時的かつ直観的な洞察力を得る。術者の次の1回の攻撃ロールは（次のラウンドが終了する前に行われれば）＋20の洞察ボーナスを得る。さらに、術者は視認困難な目標に対する攻撃に適用される失敗確率の作用を受けない。

トゥルー・リザレクション
True Resurrection／完全蘇生

系統：召喚術（治癒）；**呪文レベル**：クレリック9
発動時間：10分
構成要素：音声、動作、物質（25,000GPの価値のあるダイアモンド）、信仰

　レイズ・デッドと同様だが、クレリックは術者レベル×10年前までに死んだクリーチャーを蘇生させることができる。この呪文は肉体が完全に破壊されたクリーチャーでも、術者が何らかの方法で死者を正確に指定できるなら（死者の生まれた日時と場所、あるいは死んだ日時と場所を列挙するのが一般的な方法である）、生き返らせることができる。

　呪文が完成すれば、クリーチャーは即座に、負のレベルを被ったり（または【耐久力】ポイントを失ったり）、死亡したときに維持していた準備したすべての呪文を失ったりすることなく、ヒット・ポイントも気力も健康も完全に回復する。

　術者は［即死］効果によって殺された者や、アンデッド・クリーチャーにされ、しかる後に滅ぼされた者をも生き返らせることができる。また、エレメンタルや来訪者を蘇生させることすらできる。だが人造クリーチャーやアンデッド・クリーチャーを蘇生させることはできない。

　トゥルー・リザレクションでも老衰によって死亡したクリーチャーを生き返らせることはできない。

ドミネイト・アニマル
Dominate Animal／動物支配

系統：心術（強制）［精神作用］；**呪文レベル**：ドルイド3
発動時間：1ラウンド
構成要素：音声、動作
距離：近距離（25フィート＋5フィート／2レベル）
目標：動物1体
持続時間：1ラウンド／レベル
セーヴィング・スロー：意志・無効；**呪文抵抗**：可

　この呪文により、術者は動物1体に心術をかけ、単純な命令（「攻撃せよ」「とってこい」「走れ」等）により指図できるようになる。自殺的あるいは自滅的な命令（ドミネイト・アニマルの効果を受けた動物よりサイズ分類が2段階以上大きいクリーチャーを攻撃しろというのも含む）は単に無視される。

　ドミネイト・アニマルは術者と対象のクリーチャーの間に精神的なつながりを作り出す。対象の動物がこの呪文の距離内にある限り、言葉を発することなく心の中で命じるだけで指図できる。対象の動物を制御するには、相手が見えている必要はない。術者はその動物の見ているものが直接見えたり、聞いているものが直接聞こえたりするわけではないが、相手がどんな目にあっているかはわかる。術者は術者自身の知力をもとにして動物に指図を与えているのだから、くだんの動物は、普通なら理解もできないような行動まで実行できるようになる。たとえば前足や口で物体を操作することも可能である。普通、術者は動物の制御だけに精神集中している必要はないが、その動物が普通ではできないようなことをやらせる場合、精神集中が必要になる。指示内容を変更したり、支配しているクリーチャーに新たな命令を与えることは、"呪文を向け直す"のに相当し、したがって移動アクションである。

ドミネイト・パースン
Dominate Person／人物支配

系統：心術（強制）［精神作用］；**呪文レベル**：ウィザード／ソーサラー5、バード4
発動時間：1ラウンド
構成要素：音声、動作
距離：近距離（25フィート＋5フィート／2レベル）
目標：人型生物1体
持続時間：1日／レベル
セーヴィング・スロー：意志・無効；**呪文抵抗**：可

　術者は対象の精神との間に作り出すテレパシー的なつながりを通じて、あらゆる人型生物の行動を制御できる。

　術者と対象が同じ言語を知っているなら、術者は相手を、相手の能力の範囲内でおおむね自分の望む通りに行動させることができる。同じ言語を1つも知らないなら、ごく初歩的な命令を与えることしかできない。「あっちへ行け」「こっちへ来い」「じっと立っていろ」「戦え」等である。術者には対象がどんな目にあっているかはわかるが、対象の見ているものが直接見えたり、聞いているものが直接聞こえたりするわけではないし、対象が術者に対してテレパシーによって意思疎通できるわけで

もない。

　いったん術者が支配したクリーチャーに命令を下すと、そのクリーチャーは日々の生存に必要なもの（睡眠、食事など）を除く他のありとあらゆる活動に優先して、その命令を遂行しようと試み続ける。このように活動パターンが狭まるため、（DC25ではなく）DC15に対する〈真意看破〉判定に成功すれば、対象の行動が心術効果の影響下にあると知ることができる（〈真意看破〉技能の解説を参照）。

　命令内容を変更したり、支配しているクリーチャーに新たな命令を与えることは移動アクションである。

　呪文に精神を集中（標準アクション）することで、術者は対象がすべての知覚を用いて感じ取り、解釈した感覚を受け取ることができるが、それでも、対象は術者と意思疎通を行うことはできない。術者は実際に対象の目を通して見るわけではないので、自分自身がその場所にいるほど鮮明に知覚できるわけではないが、それでも何が起こっているのかについて、かなりの情報を得ることができる。

　対象はこの制御に逆らおうとするし、自分の本性に反する行動をするように強制された対象は＋2のボーナスを得て、改めてセーヴィング・スローを行うことができる。明らかに自殺的な命令は実行されない。一度制御が確立してしまえば、術者と対象が同じ次元界にいる限り、対象を制御できる距離は無限である。対象を操るには、相手が見えている必要はない。

　術者が毎日少なくとも1ラウンドをこの呪文への精神集中に費やさなければ、対象は支配を脱するための、新たなセーヴィング・スローを行うことができる。

　対象にプロテクション・フロム・イーヴルやそれに類する呪文がかかれば、術者は対象を操ることも、テレパシー的なつながりを使用することもできなくなる。ただし、そうした効果によって自動的に解呪されるわけでもない。

ドミネイト・モンスター
Dominate Monster／怪物支配

系統：心術（強制）［精神作用］；**呪文レベル**：ウィザード／ソーサラー9
目標：クリーチャー1体

　ドミネイト・パースンと同様だが、この呪文はクリーチャーの種別によって制限されない。

トラップ・ザ・ソウル
Trap the Soul／魂の牢獄

系統：召喚術（招来）；**呪文レベル**：ウィザード／ソーサラー8
発動時間：1標準アクションあるいは本文参照
構成要素：音声、動作、物質（捕らえようとするクリーチャーのヒット・ダイスごとに1,000GPの価値のある宝石1つ）
距離：近距離（25フィート＋5フィート／2レベル）
目標：クリーチャー1体
持続時間：永続；本文参照
セーヴィング・スロー：本文参照；**呪文抵抗**：可；本文参照

　トラップ・ザ・ソウルは1体のクリーチャーの生命力とその

物質的肉体を宝石の中に閉じ込める。宝石は捕らわれた存在を宝石が壊れるまで永久にその中に閉じ込める。宝石が壊れると、生命力は解放され、その肉体も再構成される。捕らわれたクリーチャーが他の次元界からやって来た強力なクリーチャーである場合、これを解放する者は、クリーチャーに対して、解放の代償として1つの奉仕を解放直後に行うことを要求することができる。そうでない場合、捕らわれていた宝石が壊れれば、クリーチャーは解放される。

　どちらのバージョンを選ぶかによって、この呪文は以下の2つのうちどちらかの方法で作動する。

　呪文完成型：第一に、この呪文は標準アクションとして最後の言葉を唱えることで、あたかも術者が対象に通常通り呪文を発動したかのように完成させることができる。この場合、対象は効果を免れるために呪文抵抗（あれば）と意志セーヴを行うことができる。クリーチャーの名前も唱えられた場合、呪文抵抗はあっても無視され、セーヴDCは2上昇する。セーヴか呪文抵抗のいずれかに成功すれば、宝石は砕け散る。

　作動体型：第二の方法はさらに油断ならないものである。というのも、こちらは対象を欺いて呪文の最後の言葉を彫り込んだ作動体となる物体を受け取らせ、自動的にそのクリーチャーの魂を宝石の中に捕らえてしまうものだからである。この方法を使うには、宝石に呪文をかける際にクリーチャーの名前と作動させるための言葉の両方を作動体となる物体に彫り込んでおかなければならない。**シンパシー**の呪文を作動体となる物体にかけておくこともできる。対象が作動体となる物体を拾い上げたり受け取ったなら即座に、その生命力は呪文抵抗やセーヴの恩恵を得られずに自動的に宝石の中へと捕らえられてしまう。

トランスフォーメーション
Transformation／資質変換

系統：変成術；**呪文レベル**：ウィザード／ソーサラー6
発動時間：1標準アクション
構成要素：音声、動作、物質（術者が飲む**ポーション・オヴ・ブルズ・ストレンクス**。このポーションの効果は呪文の効果に含まれている）
距離：自身
目標：術者
持続時間：1ラウンド／レベル

　術者はより強く、より頑丈で、より素早く、より戦闘の技量に長けた戦闘マシンとなる。術者の思考傾向も変わって戦闘を楽しむようになり、呪文は魔法のアイテムから発動することすら不可能になる。

　術者は【筋力】と【敏捷力】と【耐久力】への＋4の強化ボーナス、ACへの＋4の外皮ボーナス、頑健セーヴへの＋5の技量ボーナス、すべての単純武器と軍用武器への習熟を得る。基本攻撃ボーナスは術者のキャラクター・レベルに等しくなる（これにより複数回攻撃が可能になることもある）。

　一方、術者は呪文発動能力を失う。呪文解放型や呪文完成型の魔法のアイテムを使用する能力までも失う。それはあたかも、一切の呪文がもはや術者のクラスの呪文リストに入っていないかのようである。

トランスポート・ヴァイア・プランツ
Transport via Plants／植物渡り

系統：召喚術（瞬間移動）；**呪文レベル**：ドルイド6
発動時間：1標準アクション
構成要素：音声、動作
距離：無限
目標：術者、および接触した物体または他の接触した同意するクリーチャー複数
持続時間：1ラウンド
セーヴィング・スロー：不可；**呪文抵抗**：不可

　術者は（術者と同じサイズ分類以上の）普通の植物の中へ入り、同じ種類の別の植物へと、その2つの植物の間の距離がどれだけあろうと1ラウンドで跳び越えて行ける。その植物は生きているものでなければならない。行き先となる植物は術者のよく知っているものである必要はない。特定の種類の行き先植物の位置についてよく知らない場合、術者は単に方向と距離を指定すればよく、**トランスポート・ヴァイア・プランツ**の呪文は術者を指定した場所に可能な限り近いところに連れて行く。特定の行き先植物を指定したが、その植物が生きているものでなかった場合、呪文は失敗し、術者は入口植物から排出される。

　術者は合計重量が自分の最大過重までの物品を運んでゆくことができる。また、術者レベル3レベルごとに1体の、同意する中型または小型サイズのクリーチャー（と、その最大過重までの物品）、ないしそれに相当するもの（後述）を連れてゆくことができる。大型クリーチャーは中型クリーチャー2体相当、超大型クリーチャーは中型クリーチャー4体相当、等々と勘定する。この呪文により移送される全クリーチャーは互いの体に接触しており、うち1体以上が術者と接触していなければならない。

　この呪文を使って植物クリーチャーから植物クリーチャーへの移動を行うことはできない。

　中に入っている間に植物が破壊された場合、術者は死ぬ。術者といっしょに旅しているクリーチャーがいた場合、みな死ぬ。そして死体や運んでいた物品はみな植物の外に排出される。

トランスミュート・マッド・トゥ・ロック
Transmute Mud to Rock／泥を岩に

系統：変成術［地］；**呪文レベル**：ウィザード／ソーサラー5、ドルイド5
発動時間：1標準アクション
構成要素：音声、動作、物質／信仰（砂、石灰、水）
距離：中距離（100フィート＋10フィート／レベル）
効果範囲：一辺10フィートの立方体2個ぶん／レベルまで（自在）
持続時間：永続
セーヴィング・スロー：本文参照；**呪文抵抗**：不可

　この呪文は通常の泥や流砂を、それがどれほどの深さであろうと、永久に柔らかい石（砂岩かそれに類する鉱物）へと変える。

　泥の中にいたクリーチャーは効果範囲が固化して石となる前

に脱出するために反応セーヴを行うことができる。

　トランスミュート・マッド・トゥ・ロックはトランスミュート・ロック・トゥ・マッドを相殺し、解呪する。

トランスミュート・メタル・トゥ・ウッド
Transmute Metal to Wood／金属を木に

系統：変成術；**呪文レベル**：ドルイド7
発動時間：1標準アクション
構成要素：音声、動作、信仰
距離：長距離（400フィート＋40フィート／レベル）
効果範囲：半径40フィートの爆発内の金属製の物体すべて
持続時間：瞬間
セーヴィング・スロー：不可；**呪文抵抗**：可〔物体；本文参照〕

　この呪文により、術者は効果範囲内のすべての金属製の物体を木製のものに変えることができる。クリーチャーが運搬している武器、防具、その他の金属製の物体も作用を受ける。金属製の魔法の物体は事実上、この呪文に対して20＋術者レベルの呪文抵抗を有する。アーティファクトを変成することはできない。金属から木に変えられてしまった武器は攻撃とダメージのロールに−2のペナルティを被る。金属から木に変えられてしまった鎧はACへのボーナスが2減少する。この呪文によって変化した武器は攻撃ロールで出目が1か2であれば砕け、壊れてしまう。この呪文によって変化した鎧は攻撃ロールの出目が19か20で命中を受けた場合、そのたびごとにACボーナスをさらに1点ずつ失う。

　ウィッシュ、ミラクル、リミテッド・ウィッシュなどの呪文やそれに類する魔法のみが変成された物体を金属の状態へと戻すことができる。

トランスミュート・ロック・トゥ・マッド
Transmute Rock to Mud／岩を泥に

系統：変成術［地］；**呪文レベル**：ウィザード／ソーサラー5、ドルイド5
発動時間：1標準アクション
構成要素：音声、動作、物質／信仰（土と水）
距離：中距離（100フィート＋10フィート／レベル）
効果範囲：一辺10フィートの立方体2個ぶん／レベルまで（自在）
持続時間：永続；本文参照
セーヴィング・スロー：本文参照；**呪文抵抗**：不可

　この呪文はありとあらゆる種類の（切り出されたり加工されたりしていない）自然の岩を、同じ体積の泥に変える。この呪文は、魔法の石や魔法のかかった石には作用しない。できた泥の深さが10フィートを超えることはない。空中浮揚や飛行などで泥から離れるすべを持たないクリーチャーは腰か胸の深さまで沈み、移動速度は5フィートに下がり、攻撃コールとACに−2のペナルティを被る。立ち木やそれに準ずるものを泥の上に倒せば、その上に上がったクリーチャーは沈まずにすむ。泥の底に足をついて歩けるだけの大きさのあるクリーチャーは、泥に覆われた範囲を移動速度5フィートで渡ることができる。

　トランスミュート・ロック・トゥ・マッドが洞窟やトンネル

の天井にかけられた場合、泥は床に落下し、深さ5フィートのぬかるみとなる。落ちてくる泥と、その後に発生する落盤のため、対象となった範囲の真下にいたものはすべて8d6ポイントの殴打ダメージを被る。反応セーヴに成功したものはその半分のダメージを被る。

　城や大きな石造りの建物はたいていこの呪文の効果を受けない。というのも、トランスミュート・ロック・トゥ・マッドは加工された石には効果がないし、そうした建物の基礎を掘り崩すほど深くまでは届かないからである。しかし、小さな建物や建造物はしばしば浅い基礎の上に立っており、この呪文で損害を与えたり、部分的に倒壊させたりできる。

　泥はディスペル・マジックに成功するか、トランスミュート・マッド・トゥ・ロックの呪文で材質を元に戻すまでそのままである（材質が元に戻ったとしても、形まで元に戻るとは限らない）。水分が蒸発するので、何日かたてば泥から普通の土になる。正確にどのくらいかかるかは、太陽や風にどのくらいあたるか、自然の水はけがどの程度かによる。

　トランスミュート・ロック・トゥ・マッドはトランスミュート・マッド・トゥ・ロックを相殺し、解呪する。

ドリーム
Dream／夢のたより

系統：幻術（惑乱）［精神作用］；**呪文レベル**：ウィザード／ソーサラー5、バード5
発動時間：1分
構成要素：音声、動作
距離：無限
目標：接触した生きているクリーチャー1体
持続時間：本文参照
セーヴィング・スロー：不可；**呪文抵抗**：可

　術者、あるいは術者が接触した使者は、他の者に夢のかたちで伝言を送ることができる。呪文の開始時点で、術者は夢の受け手を名前か、誰を指すのかはっきりわかる称号を挙げて指定しなければならない。次に使者はトランス状態に入り、受け手の夢のなかに現れて伝言を届ける。伝言はどれだけ長くても構わず、受け手は目を覚ました後も伝言を完全に憶えている。この通信は一方通行である。受け手は質問をしたり、情報提供したりできず、また、使者が受け手の夢を観察して情報を得るなどということもできない。

　伝言を届けてしまったら、使者の精神は即座に元の肉体に戻る。この呪文の持続時間は、使者が受け手の夢のなかに入り、伝言を届けるのにかかる時間である。

　呪文の開始時点で夢の受け手が起きていたら、使者は目を覚まして呪文を終わりにするか、トランス状態のままでいるかを選ぶことができる。使者は受け手が眠るまでトランス状態のままでいて、相手が眠ったら通常通りに夢の中に入って伝言を届けることができる。トランス状態にある使者に何らかの邪魔が入ったら、使者は目を覚まし、呪文は終了する。

　眠らないクリーチャーや、夢を見ることのないクリーチャーに、この呪文を使って接触することはできない。

トランス状態にある間、使者は自分の肉体の周囲の環境やそこで行われている活動には気付かない。トランス状態にある間は、肉体的にも精神的にも無防備である（たとえば、セーヴィング・スローには必ず失敗する）。

ナイトメア
Nightmare／悪夢

系統：幻術（惑乱）［悪、精神作用］；**呪文レベル**：ウィザード／ソーサラー5、バード5
発動時間：10分
構成要素：音声、動作
距離：無限
目標：生きているクリーチャー1体
持続時間：瞬間
セーヴィング・スロー：意志・無効；本文参照；**呪文抵抗**：可

術者は、名前を挙げるかその他の方法で指定した特定のクリーチャーに対して、見るも恐ろしく取り乱すような幻の映像を送り込む。

悪夢は安らかな眠りを妨げ、1d10ポイントのダメージを与える。悪夢のため、対象は疲労状態になり、それから24時間の間、秘術呪文を回復することができない。

セーヴのDCは術者が持つ目標に対する知識と（もしあれば）物理的なつながりの度合いに依存する。

知識	意志セーヴ修正値
なし*	＋10
間接（対象について聞いたことがある）	＋5
直接（対象に会ったことがある）	±0
親密（対象のことをよく知っている）	−5

*術者は自分の知らないクリーチャーに対しては何らかのつながりを持っていなければならない。

つながり	意志セーヴ修正値
似顔絵や肖像	−2
所有物や衣服	−4
肉体の一部、髪の毛、爪など	−10

術者がこの呪文を発動している間に、対象に**ディスペル・イーヴル**が発動された場合、**ナイトメア**は解呪され、術者は**ディスペル・イーヴル**の術者レベルごとに10分の間、朦朧状態となる。

呪文の開始時点で対象が目覚めていた場合、術者は発動を止める（呪文を終了させる）か、対象が眠るまでトランス状態に入るかを選ぶことができる。後者の場合、対象が眠れば術者はその知らせを受け、呪文の発動を完了できる。術者がトランス状態になっている間に邪魔された場合、術者は呪文を発動している最中にそうされたように、精神集中判定を行う必要があり失敗したなら呪文は終了する。

トランス状態に入ることを選んだ場合、術者はトランス中に、周囲の状況や周りで行われている活動を知覚することはできない。

トランス中、術者は肉体的にも精神的にも身を守ることができない。（たとえば、術者は常に反応セーヴィング・スロー、

意志セーヴィング・スローに失敗する）。

眠らないクリーチャー（来訪者のような）や夢を見ないクリーチャーはこの呪文に対して完全耐性を持つ。

ニーモニック・エンハンサー
Mnemonic Enhancer／記憶力増強術

系統：変成術；**呪文レベル**：ウィザード4
発動時間：10分
構成要素：音声、動作、物質（一片の糸と、スクウィッド（イカ）の分泌物にブラック・ドラゴンの血を混ぜて作ったインク）、焦点（50GPの価値がある象牙の刻板）
距離：自身
目標：術者
持続時間：瞬間

この呪文を発動すると、術者は追加呪文を準備したり、最近発動した呪文を忘れずにおくことができる。呪文発動時に、2つあるバージョンのうち1つを選ぶこと。

準備する：術者は追加で3レベルぶんまでの呪文を準備できる。この場合、キャントリップは1/2レベルとして計算する。術者はこれらの呪文を通常通り準備し、発動する。

忘れずにおく：術者はニーモニック・エンハンサーを発動し始める1ラウンド前までに発動した3レベル以下の呪文をどれでも1つ忘れずにおくことができる。これによって、直前に発動した呪文が術者の精神の中に回復するのである。

どちらの場合も、準備したり忘れずにおいた呪文は（発動しなければ）24時間後に消え去ってしまう。

ニュートラライズ・ポイズン
Neutralize Poison／毒の中和

系統：召喚術（治癒）；**呪文レベル**：クレリック4、ドルイド3、バード4、パラディン4、レンジャー3
発動時間：1標準アクション
構成要素：音声、動作、物質／信仰（木炭）
距離：接触
目標：接触したクリーチャー1体、もしくは1立方フィート／レベルまでの物体1つ
持続時間：瞬間あるいは10分／レベル；本文参照
セーヴィング・スロー：意志・無効（無害、物体）；**呪文抵抗**：可（無害、物体）

術者は接触したクリーチャーや物体の内部にあるどんな毒でも解毒する。対象がクリーチャーなら、対象に影響しているそれぞれの毒のDCに対して術者レベル判定を行う（1d20＋術者レベル）。成功したならば毒は中和される。治療されたクリーチャーがそれ以上毒によるダメージや効果を受けることはなく、どんなものであれ一時的な効果も消える。しかし、この呪文は、ヒット・ポイントへのダメージや能力値ダメージ、自然と消え失せることのない効果など、瞬間的な効果を逆転させることはない。

この呪文は、術者の選択で、10分／術者レベルの間、毒のあるクリーチャーや物体の毒を中和することもできる。クリー

チャーに対して発動されたなら、意志セーヴによって抵抗することができる。

ノウ・ディレクション
Know Direction／方位認識

系統：占術；**呪文レベル**：ドルイド0、バード0
発動時間：1標準アクション
構成要素：音声、動作
距離：自身
目標：術者
持続時間：瞬間

呪文を発動すると、術者は即座に、自分の現在位置から見てどちらが北であるかを知ることができる。この呪文は“北”の存在するどのような環境下でも効果があるが、他の次元界では働かない。呪文を発動した瞬間においては、北がどちらかという術者の知識は正確だが、方角を定めておく助けになる何らかの参照点を見つけることができなければ、すぐにもまた迷ってしまうことがあるということに注意。

ノック
Knock／解錠

系統：変成術；**呪文レベル**：ウィザード／ソーサラー2
発動時間：1標準アクション
構成要素：音声
距離：中距離（100フィート＋10フィート／レベル）
目標：10平方フィート／レベルまでの面積の扉や箱や宝箱1つ
持続時間：瞬間；本文参照
セーヴィング・スロー：不可；**呪文抵抗**：不可

ノックはつっかえていたり、かんぬきがかかっていたり、鍵をかけられている扉や、**ホールド・ポータル**や**アーケイン・ロック**で閉ざされたものを開ける。術者がこの呪文を発動したとき、＋10のボーナスを得て術者レベル判定を行う。成功したならば、ノックはこれらの閉鎖を2つまで開ける。この呪文は隠し扉や、鍵がかかっていたり、仕掛けで開いたりする小箱や宝箱も開ける。また、ゆるくなった溶接部や枷、鎖なども（何かを収容するために閉じていることが役に立つものならば）開けてしまう。**アーケイン・ロック**がかかった扉を開けるために使用した場合、この呪文は**アーケイン・ロック**を除去するのではなく、10分間だけ機能を停止させるだけである。それ以外はどのような場合でも扉が自動的に再び施錠されたり、たてつけが悪くなったりするようなことはない。ノックはかんぬきのかけられた門やそれに類する障害物（落とし格子など）を持ち上げることはなく、ロープやつたなどに作用を及ぼすこともない。効果が面積によって制限されていることに注意。1つの呪文で、戸口を通ることを妨げる2つまでの手段を解除できる。

ノンディテクション
Nondetection／占術妨害

系統：防御術；**呪文レベル**：ウィザード／ソーサラー3、レンジャー4
発動時間：1標準アクション
構成要素：音声、動作、物質（50GP相当のダイアモンド粉末）
距離：接触
目標：接触したクリーチャー1体か物体1つ
持続時間：1時間／レベル
セーヴィング・スロー：意志・無効（無害、物体）；**呪文抵抗**：可（無害、物体）

この呪文によって守られたクリーチャーや物体は、**クレアオーディエンス／クレアヴォイアンス**や**ロケート・オブジェクト**、ディテクト系呪文のような占術呪文によって感知されにくくなる。ノンディテクションは**クリスタル・ボール**のような魔法のアイテムによる位置の特定も妨害する。この呪文によって守られたクリーチャーやアイテムに対して占術が試みられた場合、その占術の使い手は、DC11＋**ノンディテクション**を発動した者の術者レベルに対して術者レベル判定（1d20＋術者レベル）に成功しなければならない。術者が**ノンディテクション**を自分自身か、現在自分が所持しているアイテムにかけた場合、DCは15＋術者レベルとなる。

クリーチャーにかけた場合、**ノンディテクション**はそのクリーチャー自身だけでなく、そのクリーチャーの装備も守る。

バークスキン
Barkskin／樹皮の肌

系統：変成術；**呪文レベル**：ドルイド2、レンジャー2
発動時間：1標準アクション
構成要素：音声、動作、信仰
距離：接触
目標：接触した生きているクリーチャー1体
持続時間：10分／レベル
セーヴィング・スロー：不可；**呪文抵抗**：可（無害）

バークスキンはクリーチャーの皮膚を頑丈にする。この効果はそのクリーチャーがすでに有している外皮ボーナスに、＋2の強化ボーナスを与える。この強化ボーナスは術者レベルが3レベルを超える3レベルごとに1上昇し、術者レベル12で最大の＋5となる。

バークスキンの与える強化ボーナスは目標の外皮ボーナスと累積するが、他の外皮への強化ボーナスとは累積しない。外皮のないクリーチャーは、±0の外皮ボーナスを持つものとして扱う。

パーシステント・イメージ
Persistent Image／自動虚像

系統：幻術（虚像）；**呪文レベル**：ウィザード／ソーサラー5、バード5
持続時間：1分／レベル（解除可）

サイレント・イメージと同様だが、この虚像は視覚、聴覚、嗅覚、温度の要素を含んでおり、また、この虚像は術者の決めた筋書きに従ってふるまう。この虚像は、術者が精神集中していなくても、その筋書きに従ってふるまう。術者が望めば、この幻術に他人が理解できる言葉を含めることもできる。

バーニング・ハンズ

Burning Hands／火炎掌

系統：力術［火炎］；**呪文レベル**：ウィザード／ソーサラー1
発動時間：1標準アクション
構成要素：音声、動作
距離：15フィート
効果範囲：円錐形の爆発
持続時間：瞬間
セーヴィング・スロー：反応・半減；**呪文抵抗**：可

　術者の指先から灼熱の炎が円錐形に放たれる。この炎の効果範囲にいるすべてのクリーチャーは、術者レベルごとに1d4（最大5d4）ポイントの［火炎］ダメージを受ける。炎が接触した場合、可燃物は発火する。キャラクターは1回の全ラウンド・アクションによって、火のついたアイテムを消火できる。

パーマネンシイ

Permanency／永続化

系統：総合術；**呪文レベル**：ウィザード／ソーサラー5
発動時間：2ラウンド
構成要素：音声、動作、物質（下記の表を参照）
距離：本文参照
目標：本文参照
持続時間：永続；本文参照
セーヴィング・スロー：不可；**呪文抵抗**：不可

　この呪文は他の特定の呪文の持続時間を永続にする。術者は最初に永続化する呪文を発動し、その後に続けてパーマネンシイ呪文を発動する。

　呪文ごとに値は異なるが、術者の術者レベルは最低術者レベル以上でなければならず、また、物質要素として、特定の価値に相当するダイアモンドの粉末を消費しなければならない。

　術者は自分自身に対して、以下の呪文を永続化することができる。

呪文	最低術者レベル	GP費用
アーケイン・サイト	11	7,500GP
コンプリヘンド・ランゲージズ	9	2,500GP
シー・インヴィジビリティ	10	5,000GP
ダークヴィジョン	10	5,000GP
タンズ	11	7,500GP
ディテクト・マジック	9	2,500GP
リード・マジック	9	2,500GP

　術者はこれらの呪文を他のクリーチャーに発動することはできない。このようにパーマネンシイを使用した場合、この呪文を発動した時点での術者より術者レベルの高い呪文の使い手でなければ、解呪することができない。

　自分自身に使う以外にも、パーマネンシイを使って以下の呪文を自分自身や他のクリーチャー、物体（目標として適切なもの）に対して永続化することができる。

呪文	最低術者レベル	GP費用
エンラージ・パースン	9	2,500GP
テレパシック・ボンド*	13	12,500GP
マジック・ファング	9	2,500GP
グレーター・マジック・ファング	11	7,500GP
リデュース・パースン	9	2,500GP
レジスタンス	9	2,500GP

*パーマネンシイの使用1回では、2体のクリーチャー間をつなぐことしかできない。

　加えて、以下の呪文は物体や場所にのみ使用して永続化することができる。

呪文	最低術者レベル	GP費用
アニメイト・オブジェクツ	14	15,000GP
アラーム	9	2,500GP
インヴィジビリティ	10	5,000GP
ウェブ	10	5,000GP
ウォール・オヴ・ファイアー	12	10,000GP
ウォール・オヴ・フォース	13	12,500GP
ガスト・オヴ・ウィンド	11	7,500GP
ゴースト・サウンド	9	2,500GP
シュリンク・アイテム	11	7,500GP
シンボル・オヴ・インサニティ	16	20,000GP
シンボル・オヴ・ウィークネス	15	17,500GP
シンボル・オヴ・スタニング	15	17,500GP
シンボル・オヴ・スリープ	16	20,000GP
シンボル・オヴ・デス	16	20,000GP
シンボル・オヴ・パースウェイジョン	14	15,000GP
シンボル・オヴ・フィアー	14	15,000GP
シンボル・オヴ・ペイン	13	12,500GP
スティンキング・クラウド	11	7,500GP
ソリッド・フォッグ	12	10,000GP
ダンシング・ライツ	9	2,500GP
テレポーテーション・サークル	17	22,500GP
フェイズ・ドア	15	17,500GP
プリズマティック・ウォール	16	20,000GP
プリズマティック・スフィアー	17	22,500GP
マジック・マウス	10	5,000GP
メイジズ・プライヴェト・サンクタム	13	12,500GP

　術者以外の目標に対して使用した呪文は、ディスペル・マジックに通常通り解呪される。GMは他の呪文を永続化できるようにしてもよい。

パーマネント・イメージ

Permanent Image／永続する幻像

系統：幻術（虚像）；**呪文レベル**：ウィザード／ソーサラー6、バード6
効果：一辺20フィートの立方体＋一辺10フィートの立方体の区画1個ぶん／レベルまで広げられる虚像（自在）
持続時間：永続（解除可）

　サイレント・イメージと同様だが、この虚像は視覚、聴覚、嗅覚、温度の要素を含んでおり、また、この呪文は永続する。

精神集中することで、術者は距離の制限内であれば幻を動かすことができるが、術者が精神集中していない間は静止している。

ハーム
Harm／大致傷

系統：死霊術；**呪文レベル**：クレリック6
発動時間：1標準アクション
構成要素：音声、動作
距離：接触
目標：接触したクリーチャー1体
持続時間：瞬間
セーヴィング・スロー：意志・半減；本文参照；**呪文抵抗**：可

　対象を負のエネルギーで満たし、術者レベルにつき10ポイントのダメージを与える（最大は15レベルにおける150ポイント）。クリーチャーがセーヴに成功したら、ハームはこの半分のダメージしか与えない。ハームは目標のHPを1未満に減少させることはない。

　アンデッド・クリーチャーに対しては、ハームはヒールの効果を及ぼす。

ハイド・フロム・アニマルズ
Hide from Animals／対動物潜伏

系統：防御術；**呪文レベル**：ドルイド1、レンジャー1
発動時間：1標準アクション
構成要素：動作、信仰
距離：接触
目標：接触したクリーチャー1体／レベル
持続時間：10分／レベル（解除可）
セーヴィング・スロー：意志・無効（無害）；**呪文抵抗**：可

　動物は、この呪文で守られたクリーチャーに気づけなくなる。非視覚的感知や擬似視覚、鋭敏嗅覚、振動感知などの変則的能力、超常能力による知覚方法ですら、この呪文で守られたクリーチャーを発見したり、位置を特定することはできない。動物は単にこの呪文で守られたクリーチャーがその場にいないかのように行動する。この呪文で守られたクリーチャーのうち1体が、動物に触ったり、他のクリーチャーを攻撃（呪文によるものも含む）したら、全員ぶんの呪文が終了する。

ハイド・フロム・アンデッド
Hide from Undead／対アンデッド潜伏

系統：防御術；**呪文レベル**：クレリック1
発動時間：1標準アクション
構成要素：音声、動作、信仰
距離：接触
目標：接触したクリーチャー1体／レベル
持続時間：10分／レベル（解除可）
セーヴィング・スロー：意志・無効（無害）；本文参照；**呪文抵抗**：可

　アンデッドは、この呪文で守られたクリーチャーを視覚、聴覚、嗅覚によって知覚できなくなる。非視覚的感知や擬似視覚、鋭敏嗅覚、振動感知などの変則的能力、超常能力による知覚方法ですら、この呪文で守られたクリーチャーを発見したり、位置を特定することはできない。知性を持たないアンデッド（スケルトンやゾンビ）は自動的にこの呪文の作用を受け、この呪文で守られたクリーチャーがその場にいないかのように行動する。知性のあるアンデッドはそれぞれ、この呪文に対する意志セーヴを一度だけ行う。失敗すれば、この呪文で守られたすべてのクリーチャーを見ることができない。しかし、見えない敵がいると信じるに足る理由があれば、相手を探し出そうとしたり、攻撃しようとすることはできる。この呪文で守られたクリーチャーのうち1体が、正のエネルギー放出やアンデッド退散、アンデッド威伏を試みたり、アンデッドに触ったり、他のクリーチャーを攻撃（呪文によるものも含む）したら、全員ぶんの呪文が終了する。

パイロテクニクス
Pyrotechnics／火炎使い

系統：変成術；**呪文レベル**：ウィザード／ソーサラー2、バード2
発動時間：1標準アクション
構成要素：音声、動作、物質（火元1つ）
距離：長距離（400フィート＋40フィート／レベル）
目標：一辺20フィートの立方体までの大きさの火元1つ
持続時間：1d4＋1ラウンド、あるいはクリーチャーが煙雲を離れてから1d4＋1ラウンド；本文参照
セーヴィング・スロー：意志・無効あるいは頑健・無効；本文参照；**呪文抵抗**：可あるいは不可；本文参照

　この呪文は火を、目もくらむ花火の爆発か、あるいは息苦しい濃密な煙雲の、いずれか術者が選んだものに変化させる。この呪文は火元1つを利用し、それは即座に消えてしまう。その火が一辺20フィートを超える大きなものだった場合、その一部だけが消える。魔法的な火は消えないが、火に基づくクリーチャーが火元として使われた場合、術者レベルごとに1ポイントのダメージを受ける。

　花火：この花火は閃光を放つ瞬間的な炎の爆発で、空中に色とりどりに輝く光が放たれる。この効果は火元から120フィート以内のクリーチャーを1d4＋1ラウンドの間、盲目状態にする（意志・無効）。この効果を及ぼすには、クリーチャーから火元への視線が通っていなければならない。呪文抵抗によって盲目状態を避けられる可能性がある。

　煙雲：煙が火元からもうもうと吹き出し、すべての方向に20フィート拡散する息を詰まらせる煙雲となって、術者レベルごとに1ラウンド持続する。暗視も含めてどんな視覚を用いても、この雲の中では役に立たず、雲の向こう側を見通すこともできない。この雲の中にいる者は全員、【筋力】および【敏捷力】に−4のペナルティを受ける（頑健・無効）。この効果は、雲が消散するかそのクリーチャーが雲の範囲を離れてから、1d4＋1ラウンド持続する。呪文抵抗は適用されない。

バインディング

Binding／拘束

系統：心術（強制）［精神作用］；**呪文レベル**：ウィザード／ソーサラー8

発動時間：1分

構成要素：音声、動作、物質（目標のヒット・ダイスごとに500GP相当のオパール、加えて下記で指定されたその他の構成要素）

距離：近距離（25フィート＋5フィート／2レベル）

目標：生きているクリーチャー1体

持続時間：本文参照（解除可）

セーヴィング・スロー：意志・無効；本文参照；**呪文抵抗**：可

　バインディング呪文は、クリーチャーを捕らえる魔法の拘束具を作り出す。目標がこれに対して最初のセーヴを行えるのは、目標のヒット・ダイスが術者レベルの半分以上ある場合だけである。

　術者は6人までの助手に呪文の補佐をさせることができる。助手の1人がサジェスチョンを発動するごとに、発動するバインディングの術者レベルが1上昇する。助手の1人がドミネイト・アニマル、ドミネイト・パースン、またはドミネイト・モンスターのいずれかを発動するごとに、（バインディング呪文の目標がこれらの補助呪文の目標として適切なものであれば）発動するバインディングの術者レベルが、その助手の術者レベルの3分の1だけ上昇する。助手の呪文は単にバインディング呪文の術者レベルを上昇させるためのものであり、それらに対するセーヴや呪文抵抗を行う意味はない。術者の術者レベルにより、目標が最初に意志セーヴをできるかどうかと、どれだけの時間バインディングが持続するかが決まる。バインディング呪文はどれも"解除可"である。

　どのバージョンのバインディングを発動したかに関係なく、術者はある特定の解放条件が満たされた時に、呪文の効果が終了し、クリーチャーを解放するよう設定できる。そうした条件は術者の望む通りに、単純にも複雑にもできる。ただし、その条件は実現の可能性がある合理的なものでなければならない。条件はクリーチャーの名前、身元、属性に基づいて設定できるが、それ以外は識別可能な行動や特性に基づいたものでなければならない。レベルやクラス、ヒット・ダイス、ヒット・ポイントなどのつかみどころのないものは不適当である。一度呪文が発動したら、解放条件は変更できない。解放条件を設定することにより、セーヴDCは2上昇する（セーヴが可能ならば）。

　6つあるバージョンのうち、最初の3つのバージョンのバインディング（持続時間に制限があるもの）を発動する場合、追加でバインディングを発動することによって効果を延長できる（持続時間は重複するからである）。その場合、術者の術者レベルが高いため最初のセーヴを行えなかった場合でも、目標は最初にかけた呪文の効果時間が終了した時点でセーヴを行うことができる。クリーチャーがセーヴに成功したら、そのクリーチャーにかかっているすべてのバインディング呪文が打ち破られる。

　バインディング呪文には6つのバージョンがある。この呪文を発動する際は、以下のバージョンから1つを選択すること。

　拘禁：対象は、術者を除いた対象に近寄るすべてのクリーチャーに作用するアンティパシー呪文を発生させる拘束具によって、拘束される。持続時間は術者レベルごとに1年である。この形式のバインディングの対象は、呪文をかけられた時点でいた場所に拘禁される。このバージョンの発動には対象に3回り以上巻きつけられる長さの鎖が必要となる。

　まどろみ：このバージョンは、術者レベルごとに1年の間、対象を昏睡状態にする。対象はまどろみの間、飲食物をとる必要がなく、加齢することもない。この形式は若干抵抗しやすいため、セーヴDCを1下げること。このバージョンの発動には1瓶の砂またはバラの花びらが必要とされる。これは睡眠効果である。

　まどろみの拘束：拘禁とまどろみを組み合わせたもので、術者レベルごとに1ヶ月持続する。セーヴDCを2下げること。このバージョンの発動には長い鎖と、1瓶の砂またはバラの花びらの、両方が必要となる。

　隔絶された牢獄：対象は、いかなる方法でも抜け出すことのできない幽閉空間の中に、転送されるか何らかの手段で送り込まれる。この呪文は永続である。セーヴDCを3下げること。このバージョンの発動には100GP相当の小さな金の檻が必要とされ、発動の過程で消費される。

　変質：対象は頭部ないし顔を除きガシアス・フォームによるもののようにガス化される。対象は壺などの容器の中に囚われ、無害化される。術者は容器を透き通ったものにしてもよい。クリーチャーは周囲を知覚でき、話すこともできるが、容器を出ることも、攻撃することも、あらゆるパワーや能力を使うこともできない。このバインディングは永続である。変質されている間、対象は呼吸や飲食の必要はなく、加齢することもない。セーヴDCを4下げること。

　縮小化封印：対象は身長1インチ以下に縮小され、何らかの宝石や壺などの物体の中に閉じ込められる。このバインディングは永続である。縮小化封印されている間、対象は呼吸や飲食の必要はなく、加齢することもない。セーヴDCを4下げること。

　ディスペル・マジックや同様の効果ではバインディング呪文を解呪することはできないが、アンティマジック・フィールドやメイジズ・ディスジャンクションは通常通り作用する。拘束されている他次元界クリーチャーが、ディスミサルやバニッシュメント、またはそれに類する効果によって出身次元界に送り返されることはない。

パス・ウィズアウト・トレイス

Pass without Trace／跡を残さぬ移動

系統：変成術；**呪文レベル**：ドルイド1、レンジャー1

発動時間：1標準アクション

構成要素：音声、動作、信仰

距離：接触

目標：接触したクリーチャー1体／レベル

持続時間：1時間／レベル（解除可）

セーヴィング・スロー：意志・無効（無害）；**呪文抵抗**：可（無

害)

　この呪文の対象は、移動している間、足跡も臭跡も残さない。魔法以外の手段で対象を追跡することは不可能である。

パスウォール

Passwall／壁抜け

系統：変成術；**呪文レベル**：ウィザード／ソーサラー5
発動時間：1標準アクション
構成要素：音声、動作、物質（ゴマ）
距離：接触
効果：5フィート×8フィートの開口部、奥行き10フィート＋術者レベルが9レベルを超える3レベルごとに5フィート
持続時間：1時間／レベル（解除可）
セーヴィング・スロー：不可；**呪文抵抗**：不可

　術者は木製の壁、漆喰壁、石壁を通り抜ける通路を作り出すが、金属やその他のより硬い材質の壁を通り抜ける通路を作ることはできない。この通路の奥行きは10フィート＋術者レベルが9レベルを超える3レベルごとに5フィートである（12レベルで15フィート、15レベルで20フィート、18レベルで最大の25フィートとなる）。壁の厚さが通路の深さを超える場合、1回のパスウォールではその壁にくぼみや長さの足りないトンネルを作り出すだけである。パスウォール呪文を何回か使用することで、非常に厚い壁に穴を開ける連続した通路を作り出すことができる。パスウォールが終了すると、その通路の中にいたクリーチャーは最寄りの出口へと排出される。誰かがパスウォールを解呪したり、術者が解除した場合、その通路の中にいたクリーチャーは遠い方の出口（そうしたものが存在する場合）か、1つしかない出口（出口が1つしかない場合）から排出される。

バニッシュメント

Banishment／放逐

系統：防御術；**呪文レベル**：ウィザード／ソーサラー7、クレリック6
発動時間：1標準アクション
構成要素：音声、動作、焦点（本文参照）
距離：近距離（25フィート＋5フィート／2レベル）
目標：他次元界クリーチャー1体以上、ただしそのうちのどの2体をとっても30フィート以内の距離に収まっていなければならない
持続時間：瞬間
セーヴィング・スロー：意志・無効；**呪文抵抗**：可

　バニッシュメント呪文は、ディスミサル呪文の強力なバージョンである。術者はこの呪文で他次元界クリーチャーを自分の出身次元界から強制的に退去させることができる。術者レベルごとに2ヒット・ダイスぶんまでのクリーチャーを放逐することができる。

　術者は、目標が嫌い、恐れ、その他何らかの形で対立する物体や物質少なくとも1つをつきつけることで、呪文の成功率を高めることができる。そうした物体や物質1つごとに、術者は目標の呪文抵抗（あれば）を克服するための術者レベル判定に＋1のボーナスを得て、セーヴのDCを2上昇させることができる。

　ある種の希少なアイテムは通常の2倍の効能があることにしてもよい（1つにつき呪文抵抗を克服するための術者レベル判定に＋2のボーナスを得て、呪文のセーヴDCを4上昇させる）。

ハリューサナトリ・テレイン

Hallucinatory Terrain／幻の地形

系統：幻術（幻覚）；**呪文レベル**：ウィザード／ソーサラー4、バード4
発動時間：10分
構成要素：音声、動作、物質（石、小枝、緑の葉）
距離：長距離（400フィート＋40フィート／レベル）
効果範囲：一辺30フィートの立方体の区画1個ぶん／レベル（自在）
持続時間：2時間／レベル（解除可）
セーヴィング・スロー：意志・看破（やりとりがあった場合）；**呪文抵抗**：不可

　術者は自然の地形を、何か別種の自然地形のような外見、音、匂いがするものにしてしまう。範囲内の建築物、装備品、クリーチャーが見えなくなったり、外見が変わることはない。

ハロウ

Hallow／清浄の地

系統：力術［善］；**呪文レベル**：クレリック5、ドルイド5
発動時間：24時間
構成要素：音声、動作、物質（少なくとも（1,000GP＋ハロウ化された場所に定着させる呪文のレベルごとに1,000GP）の価値がある薬草、油、お香）、信仰
距離：接触
効果範囲：接触した地点から半径40フィートの放射
持続時間：瞬間
セーヴィング・スロー：本文参照；**呪文抵抗**：本文参照

　ハロウは特定の敷地、建物、または建造物を清浄な土地とする。これには主要な効果が4つある。

　第一に、この敷地はマジック・サークル・アゲンスト・イーヴルの効果によって守られる。

　第二に、効果範囲内では正のエネルギー放出に抵抗する際のDCは＋4の清浄ボーナスを得て上昇し、負のエネルギーに抵抗する際のDCは4減少する。呪文抵抗はこの効果に対しては適用されない。この項目はドルイド版のこの呪文には適用されない。

　第三に、ハロウのかかった敷地内に埋葬された死体は、アンデッド・クリーチャーにすることができない。

　最後に、術者はハロウをかけた敷地に、1つの呪文の効果を定着させることができる。この呪文の効果は、その呪文の通常の持続時間や効果や範囲に関わらず、1年間持続し、敷地全域に効果がある。術者は呪文の効果がすべてのクリーチャーに及ぶことにしても、信仰または属性を術者と同じくするクリーチャーだけに及ぶことにしても、術者とは違う特定の信仰や属

性のクリーチャーだけに及ぶことにしてもよい。1年が過ぎると この効果は切れるが、単に**ハロウ**を再び発動すれば、更新したり別の効果に変更できる。

ハロウのかかった場所に定着させることのできる呪文効果は**インヴィジビリティ・パージ、エイド、エンデュア・エレメンツ、コーズ・フィアー、サイレンス、ゾーン・オヴ・トゥルース、ダークネス、タンズ、ディーパー・ダークネス、ディサーン・ライズ、ディスペル・マジック、ディテクト・イーヴル、ディテクト・マジック、ディメンジョナル・アンカー、デイライト、デス・ウォード、フリーダム・オヴ・ムーヴメント、ブレス、プロテクション・フロム・エナジー、ベイン、リムーヴ・フィアー、レジスト・エナジー**である。これらの呪文の効果に対してセーヴおよび呪文抵抗が適用されることがある（詳しくは各呪文の説明を参照）。

1つの場所には同時に1つの**ハロウ**（およびそれに伴う呪文効果）しかかけることができない。**ハロウ**は**アンハロウ**を相殺するが、解呪はしない。

パワー・ワード・キル
Power Word Kill／力の言葉：死

系統：心術（強制）［精神作用、即死］；**呪文レベル**：ウィザード／ソーサラー9
発動時間：1標準アクション
構成要素：音声
距離：近距離（25フィート＋5フィート／2レベル）
目標：HPが100ポイント以下の生きているクリーチャー1体
持続時間：瞬間
セーヴィング・スロー：不可；**呪文抵抗**：可

術者が力ある言葉を一言発するだけで、術者の選んだ1体のクリーチャーを、そのクリーチャーがこの言葉を聞くことができるかどうかに関わらず、即座に殺すことができる。その時点で101ポイント以上のHPを持つクリーチャーには**パワー・ワード・キル**は作用しない。

パワー・ワード・スタン
Power Word Stun／力の言葉：朦朧

系統：心術（強制）［精神作用］；**呪文レベル**：ウィザード／ソーサラー8
発動時間：1標準アクション
構成要素：音声
距離：近距離（25フィート＋5フィート／2レベル）
目標：HPが150ポイント以下のクリーチャー1体
持続時間：本文参照
セーヴィング・スロー：不可；**呪文抵抗**：可

術者が力ある言葉を一言発するだけで、術者の選んだ1体のクリーチャーを、そのクリーチャーがこの言葉を聞くことができるかどうかに関わらず、即座に朦朧状態にすることができる。この呪文の持続時間は、目標のその時点での現在HPの値による。その時点で151ポイント以上のHPを持つクリーチャーには**パワー・ワード・スタン**は作用しない。

現在HPの値	持続時間
50以下	4d4ラウンド
51〜100	2d4ラウンド
101〜150	1d4ラウンド

パワー・ワード・ブラインド
Power Word Blind／力の言葉：盲目化

系統：心術（強制）［精神作用］；**呪文レベル**：ウィザード／ソーサラー7
発動時間：1標準アクション
構成要素：音声
距離：近距離（25フィート＋5フィート／2レベル）
目標：HPが200ポイント以下のクリーチャー1体
持続時間：本文参照
セーヴィング・スロー：不可；**呪文抵抗**：可

術者が力ある言葉を一言発するだけで、1体のクリーチャーを、そのクリーチャーがこの言葉を聞くことができるかどうかに関わらず、盲目状態にすることができる。この呪文の持続時間は、目標のその時点での現在HPの値による。その時点で201ポイント以上のHPを持つクリーチャーには作用しない。

現在HPの値	持続時間
50以下	永続
51〜100	1d4＋1分
101〜200	1d4＋1ラウンド

ビースト・シェイプ I
Beast Shape I／獣化 I

系統：変成術（ポリモーフ）；**呪文レベル**：ウィザード／ソーサラー3
発動時間：1標準アクション
構成要素：音声、動作、物質（変身対象クリーチャーの一部）
距離：自身
目標：術者
持続時間：1分／レベル（解除可）

この呪文を発動したとき、術者は小型または中型で種別が動物の任意のクリーチャー（パスファインダーRPGベスティアリ参照）の姿をとることができる。術者は、変身対象が持つ能力のうち、以下を得る：登攀移動速度30フィート、飛行移動速度30フィート（標準）、水泳移動速度30フィート、暗視60フィート、夜目、鋭敏嗅覚。

小型の動物：小型サイズの動物に変身したなら、【敏捷力】に＋2のサイズ・ボーナスとACに＋1の外皮ボーナスを得る。

中型の動物：中型サイズの動物に変身したなら、【筋力】に＋2のサイズ・ボーナスとACに＋2の外皮ボーナスを得る。

ビースト・シェイプ II
Beast Shape II／獣化 II

系統：変成術（ポリモーフ）；**呪文レベル**：ウィザード／ソーサラー4

この呪文は**ビースト・シェイプI**と同様に働くが、術者は超小型または大型で種別が動物のクリーチャーの姿をとることもできる。術者は、変身対象が持つ能力のうち、以下を得る：登攀移動速度60フィート、飛行移動速度60フィート（良好）、水泳移動速度60フィート、暗視60フィート、夜目、鋭敏嗅覚、つかみ、飛びかかり、足払い。

超小型の動物：超小型サイズの動物に変身したなら、【筋力】に−2のペナルティ、【敏捷力】に＋4のサイズ・ボーナス、ACに＋1の外皮ボーナスを得る。

大型の動物：大型サイズの動物に変身したなら、【筋力】に＋4のサイズ・ボーナス、【敏捷力】に−2のペナルティ、ACに＋4の外皮ボーナスを得る。

ビースト・シェイプⅢ
Beast Shape Ⅲ／獣化 Ⅲ

系統：変成術（ポリモーフ）；**呪文レベル**：ウィザード／ソーサラー5

この呪文は**ビースト・シェイプII**と同様に働くが、術者は微小か超大型で種別が動物のクリーチャー、または小型か中型で種別が魔獣クリーチャーの姿をとることもできる。術者は、変身対象が持つ能力のうち、以下を得る：穴掘り移動速度30フィート、登攀移動速度90フィート、飛行移動速度90フィート（良好）、水泳移動速度90フィート、非視覚的感知30フィート、暗視60フィート、夜目、鋭敏嗅覚、締めつけ、凶暴性、つかみ、噴射移動、毒、飛びかかり、引っかき、蹂躙、足払い、蜘蛛の糸。

微小の動物：微小サイズの動物に変身したなら、【筋力】に−4のペナルティ、【敏捷力】に＋6のサイズ・ボーナス、ACに＋1の外皮ボーナスを得る。

超大型の動物：超大型サイズの動物に変身したなら、【筋力】に＋6のサイズ・ボーナス、【敏捷力】に−4のペナルティ、ACに＋6の外皮ボーナスを得る。

小型の魔獣：小型サイズの魔獣に変身したなら、【敏捷力】に＋4のサイズ・ボーナス、ACに＋2の外皮ボーナスを得る。

中型の魔獣：中型サイズの魔獣に変身したなら、【筋力】に＋4のサイズ・ボーナスとACに＋4の外皮ボーナスを得る。

ビースト・シェイプⅣ
Beast ShapeⅣ／獣化 Ⅳ

系統：変成術（ポリモーフ）；**呪文レベル**：ウィザード／ソーサラー6

この呪文は**ビースト・シェイプⅢ**と同様に働くが、術者は超小型または大型で種別が魔獣クリーチャーの姿をとることもできる。術者は、変身対象が持つ能力のうち、以下を得る：穴掘り移動速度60フィート、登攀移動速度90フィート、飛行移動速度120フィート（良好）、水泳移動速度120フィート、非視覚的感知60フィート、暗視90フィート、夜目、鋭敏嗅覚、振動感知60フィート、ブレス攻撃、締めつけ、凶暴性、つかみ、噴射移動、毒、飛びかかり、引っかき、かきむしり、雄たけび、スパイク、蹂躙、足払い、蜘蛛の糸。変身したクリーチャーが

元素への抵抗または完全耐性を持つなら、術者はそれに対する抵抗20を得る。また、元素への脆弱性を持つなら、術者はそれに対する脆弱性を得る。

超小型の魔獣：超小型サイズの魔獣に変身したなら、【筋力】に−2のペナルティ、【敏捷力】に＋8のサイズ・ボーナス、ACに＋3の外皮ボーナスを得る。

大型の魔獣：大型サイズの魔獣に変身したなら、【筋力】に＋6のサイズ・ボーナス、【敏捷力】に−2のペナルティ、ACに＋6の外皮ボーナスを得る。

ヒート・メタル
Heat Metal／金属加熱

系統：変成術［火炎］；**呪文レベル**：ドルイド2
発動時間：1標準アクション
構成要素：音声、動作、信仰
距離：近距離（25フィート＋5フィート／2レベル）
目標：クリーチャー1体／2レベルの金属製装備品、ただしそのうちのどの2体をとっても30フィート以内の距離に収まっていなければならない；あるいは、重量25ポンド／レベルの金属、ただしそのすべてが30フィートの円に収まっていなければならない
持続時間：7ラウンド
セーヴィング・スロー：意志・無効（物体）；**呪文抵抗**：可（物体）

ヒート・メタル呪文は金属製の物体を赤熱する。誰も保持していない、魔法の力のない金属はセーヴを行うことができない。魔法の力のある金属は呪文に対してセーヴを行うことができる。クリーチャーが所持しているアイテムは、アイテム自身のものの方が高くない限り、クリーチャーのセーヴ・ボーナスを用いる。

装備を熱せられたクリーチャーは［火炎］ダメージを受ける。装備している鎧や盾、武器が作用を受けた場合、クリーチャーは完全なダメージを受ける。そうしたアイテムを装備していない場合、クリーチャーは最小のダメージしか受けない（1ポイントまたは2ポイント；表を参照）。

呪文をかけた最初のラウンド、金属は暖かくなり接触すると不快ではあるが、ダメージは与えない。呪文の持続時間の最後のラウンドの効果も同じである。2ラウンド目（と最後から2番目のラウンド）には、熱が苦痛とダメージを与える。第3、第4、第5ラウンドには、焼けつく熱が下記の表のようにさらなるダメージを与える。

ラウンド	金属の温度	ダメージ
1	暖かい	なし
2	熱い	1d4ポイント
3〜5	焼けつく	2d4ポイント
6	熱い	1d4ポイント
7	暖かい	なし

どんなものであれ、クリーチャーにダメージを与えるような強さの冷気は、この呪文による［火炎］ダメージを1ポイント

対1ポイントの割合で無効化する（逆も同様）。水中にいる対象にかけた場合、**ヒート・メタル**のダメージは1/2になり、周囲の水は沸き立つ。

ヒート・メタルは**チル・メタル**を相殺し、解呪する。

ヒール
Heal／大治癒

系統：召喚術（治癒）；**呪文レベル**：クレリック6、ドルイド7
発動時間：1標準アクション
構成要素：音声、動作
距離：接触
目標：接触したクリーチャー1体
持続時間：瞬間
セーヴィング・スロー：意志・無効（無害）；**呪文抵抗**：可（無害）

　ヒールを使えば、クリーチャー1体の体を正のエネルギーで満たし、傷や苦悩をぬぐい去ることができる。この呪文は目標に作用を及ぼしている以下の不利な状態すべてを即座に終了させる：過労状態、幻惑状態、混乱状態、（**フィーブルマインド**のような）知能低下、聴覚喪失状態、毒、能力値ダメージ、吐き気がする状態、（**インサニティ**のような）狂気、病気、疲労状態、不調状態、目が眩んだ状態、盲目状態、朦朧状態。また、この呪文は術者レベルあたり10ポイントのダメージを回復させる（最大は15レベルにおける150ポイント）。

　ヒールによって、負のレベルを取り除くこと、恒久的に吸収された能力値を回復させることはできない。

　アンデッド・クリーチャーに対しては、**ヒール**は**ハーム**の効果を及ぼす。

マス・ヒール
Heal, Mass／集団大治癒

系統：召喚術（治癒）；**呪文レベル**：クレリック9
距離：近距離（25フィート＋5フィート／2レベル）
目標：1体以上のクリーチャー、ただしそのうちのどの2体をとっても30フィート以内の距離に収まっていなければならない

　この呪文は上記の点以外は**ヒール**と同様である。それぞれのクリーチャーが治癒されるHPの値は最大250ポイントである。

ヒール・マウント
Heal Mount／乗騎治癒

系統：召喚術（治癒）；**呪文レベル**：パラディン3
発動時間：1標準アクション
構成要素：音声、動作
距離：接触
目標：接触した術者の乗騎1体
持続時間：瞬間
セーヴィング・スロー：意志・無効（無害）；**呪文抵抗**：可（無害）

　この呪文は**ヒール**と同様に機能するが、呪文を使用したパラディンの特別な乗騎（普通はホース）にのみ作用する。

ヒーローズ・フィースト
Heroes' Feast／英雄達の饗宴

系統：召喚術（創造）；**呪文レベル**：クレリック6、バード6
発動時間：10分
構成要素：音声、動作、信仰
距離：近距離（25フィート＋5フィート／2レベル）
効果：クリーチャー1体／レベルぶんのごちそう
持続時間：1時間＋12時間；本文参照
セーヴィング・スロー：不可；**呪文抵抗**：不可

　術者は、豪華なテーブルも椅子もあれば給仕もあり、食べ物と飲み物もある、すばらしいごちそうを生み出す。ごちそうを食べ終えるには1時間かかり、有利な効果はこの時間が過ぎてから初めて働きだす。饗宴に参加した者は、あらゆる不調状態、吐き気状態が回復し、**ニュートラライズ・ポイズン**と**リムーヴ・ディジーズ**の利益を得て、ごちそうの一部であるネクタル（神酒）のような飲み物を飲めば1d8＋1/2術者レベル（最大＋10）ポイントの一時的HPを得る。アムブロジア（神饌）のような食べ物は、食べた者に12時間持続する攻撃ロールと意志セーヴへの＋1士気ボーナスおよび毒と［恐怖］に対するセーヴへの＋4士気ボーナスを与える。

　饗宴が何らかの理由で中断されたら、呪文は台なしになり、呪文の効果はすべて無効化される。

ビストウ・カース
Bestow Curse／呪詛

系統：死霊術；**呪文レベル**：ウィザード／ソーサラー4、クレリック3
発動時間：1標準アクション
構成要素：音声、動作
距離：接触
目標：接触したクリーチャー1体
持続時間：永続
セーヴィング・スロー：意志・無効；**呪文抵抗**：可

　術者は対象に呪いをかける。下記の効果から1つを選択すること。

- 能力値1つを－6減少させる（最低値は1）。
- 攻撃ロール、セーヴ、能力値判定、技能判定に－4のペナルティ。
- 毎ターン、目標は50％の確率で通常通り行動できるが、50％の確率でまったく行動できない。

　術者は自分なりの呪いを考案することもできるが、上に挙げたものより強力であってはならない。

　この呪文によってかけられた呪いを解呪することはできないが、**ウィッシュ**、**ブレイク・エンチャントメント**、**ミラクル**、**リミテッド・ウィッシュ**、**リムーヴ・カース**の呪文で除去することができる。

　ビストウ・カースは**リムーヴ・カース**を相殺する。

360

ヒディアス・ラフター
Hideous Laughter／大爆笑

系統：心術（強制）［精神作用］；**呪文レベル：**ウィザード／ソーサラー2、バード1

発動時間：1標準アクション

構成要素：音声、動作、物質（非常に小さなフルーツタルトと羽根）

距離：近距離（25フィート＋5フィート／2レベル）

目標：クリーチャー1体；本文参照

持続時間：1ラウンド／レベル

セーヴィング・スロー：意志・無効；**呪文抵抗：**可

　この呪文は対象を抑え切れない笑いで苦しめる。対象は狂ったように爆笑して倒れこみ、伏せ状態となる。笑っている間、対象はいかなるアクションもとれないが、無防備状態ではない。対象のクリーチャーの次のターンに、効果を終了させる新たなセーヴを試みることができる。セーヴに成功した場合、効果は終了し、対象のクリーチャーはそのターンに全ラウンド・アクションを費やしたように扱われる。

　【知力】2以下のクリーチャーには作用しない。術者とクリーチャー種別が異なるクリーチャーは、ユーモアがうまく伝わらないため、セーヴに＋4のボーナスを得る。

ヒプノティズム
Hypnotism／催眠術

系統：心術（強制）［精神作用］；**呪文レベル：**ウィザード／ソーサラー1、バード1

発動時間：1ラウンド

構成要素：音声、動作

距離：近距離（25フィート＋5フィート／2レベル）

効果範囲：生きているクリーチャー数体、ただしそのうちのどの2体をとっても30フィート以内の距離に収まっていなければならない

持続時間：2d4ラウンド（解除可）

セーヴィング・スロー：意志・無効；**呪文抵抗：**可

　術者の身振りと単調な詠唱によって、近くのクリーチャーは立ち止まり、術者をぼんやりとながめて、恍惚状態となってしまう。さらに、術者は相手がうっとりと見入っているのにつけこんで、自分のほのめかしや頼みごとをもっともらしく見せかけることができる。2d4をロールして、合計何ヒット・ダイスまでのクリーチャーに作用を及ぼすか決定すること。ヒット・ダイスの小さいクリーチャーから順に作用する。作用を受けるのは術者を視覚か聴覚でとらえることのできるクリーチャーのみである。ただし、術者の言っていることを理解しなくても恍惚状態となる可能性がある。

　この呪文を戦闘中に使う場合、目標はセーヴに＋2のボーナスを得る。逆にこの呪文を用いて、その時点で戦闘に参加していないクリーチャー1体だけに作用を及ぼそうとする場合、目標はセーヴに－2のペナルティを受ける。

　対象がこの呪文によって恍惚状態になっている間は、態度が本来より2段階友好的であるように反応する。これにより、術者はそのクリーチャーに対して1つの頼みごとができる（ただし術者はそのクリーチャーと意思疎通ができる必要がある）。頼みごとは短く、理に叶ったものでなければならない。呪文の持続時間が終わってからも、その特定の頼みごとに関してだけは、対象は術者に対して2段階友好的なままである。

　セーヴに失敗したクリーチャーは、術者の術にかかったことを憶えていない。

ヒプノティック・パターン
Hypnotic Pattern／催眠紋様

系統：幻術（紋様）［精神作用］；**呪文レベル：**ウィザード／ソーサラー2、バード2

発動時間：1標準アクション

構成要素：音声（バードのみ）、動作、物質（線香または水晶のロッド）；本文参照

距離：中距離（100フィート＋10フィート／レベル）

効果：半径10フィートの拡散内の多彩の光

持続時間：精神集中＋2ラウンド

セーヴィング・スロー：意志・無効；**呪文抵抗：**可

　刻々と移り変わる捉えがたい色彩が、ねじれた模様になって空中に編み上げられ、範囲内のクリーチャーを恍惚状態にする。2d4＋術者レベルごとに1（最大＋10）をロールして、合計何ヒット・ダイスまでのクリーチャーに作用を及ぼすか決定すること。ヒット・ダイスの小さいクリーチャーから順に作用する。ヒット・ダイスが同じなら、呪文の起点に近いものから順に作用する。クリーチャー1体のヒット・ダイスに満たないぶんが余ったら、それは作用を及ぼすことなく失われてしまう。作用を受けたクリーチャーは色彩の紋様によって恍惚状態となる。視覚を持たないクリーチャーには作用しない。

　ウィザードやソーサラーはこの呪文を発動するのに音声を発する必要はないが、バードは音声要素として芸能を行わなければならない。

ピュアリファイ・フード・アンド・ドリンク
Purify Food and Drink／食糧および水浄化

系統：変成術；**呪文レベル：**クレリック0、ドルイド0

発動時間：1標準アクション

構成要素：音声、動作

距離：10フィート

目標：1立方フィート／レベルの汚染された食糧と水

持続時間：瞬間

セーヴィング・スロー：意志・無効（物体）；**呪文抵抗：**可（物体）

　この呪文は、いたんでいたり、腐っていたり、病気だったり、有毒だったり、その他何らかのかたちで汚染された食糧と水を、きれいで飲食に適したものにする。この呪文をかけたからといって、それ以降、自然に腐敗しなくなることはない。邪水やそれに類する食糧や飲み物はピュアリファイ・フード・アンド・ドリンクをかければ効果が失われるが、この呪文はいかなる種類のクリーチャーに対しても効果はなく、魔法のポーションに

対しても効果はない。水の重さは1ガロンにつきおよそ8ポンド（約3.6kg）である。1立方フィートの水はほぼ8ガロンに相当し、約60ポンド（約27kg）の重さがある。

ヒロイズム
Heroism／勇壮

系統：心術（強制）[精神作用]；**呪文レベル**：ウィザード／ソーサラー3、バード2
発動時間：1標準アクション
構成要素：音声、動作
距離：接触
目標：接触したクリーチャー1体
持続時間：10分／レベル
セーヴィング・スロー：意志・無効（無害）；**呪文抵抗**：可（無害）

この呪文は1体のクリーチャーに戦場での大いなる勇気と高い士気を与える。目標は攻撃ロール、セーヴ、技能判定に＋2の士気ボーナスを得る。

グレーター・ヒロイズム
Heroism, Greater／上級勇壮

系統：心術（強制）[精神作用]；**呪文レベル**：ウィザード／ソーサラー6、バード5
持続時間：1分／レベル

この呪文は**ヒロイズム**と同様に働くが、目標となったクリーチャーは攻撃ロール、セーヴ、技能判定に＋4の士気ボーナス、[恐怖]効果に対する完全耐性、そして術者の術者レベルに等しい一時的HP（最大20ポイント）を得る。

ファイアー・シーズ
Fire Seeds／火の実

系統：召喚術（創造）[火炎]；**呪文レベル**：ドルイド6
発動時間：1標準アクション
構成要素：音声、動作、物質（ドングリあるいはホーリーの実）
距離：接触
目標：ドングリ4つまで、あるいはホーリーの実8つまで
持続時間：10分／レベルあるいは使用するまで
セーヴィング・スロー：不可あるいは反応・半減；本文参照；**呪文抵抗**：不可

選んだバージョンによって、術者はドングリを自分や他のキャラクターが投げられる飛散武器にしたり、ホーリー（ヒイラギ）の実を合言葉で爆発する爆弾にすることができる。

ドングリ手榴弾：4つのドングリを特殊な投擲飛散武器に変える。ドングリ手榴弾の射程単位は20フィートである。意図する目標に命中させるには遠隔接触攻撃が必要である。ドングリは合計で、術者レベルごとに1d4（最大20d4）ポイントの[火炎]ダメージを与えることができる。これは術者が望むように複数のドングリの間で分割できるが、ドングリは1つあたり10d4ポイントを超えるダメージを与えることはできない。

それぞれのドングリ手榴弾は固い表面に当たれば爆発する。

通常の[火炎]ダメージに加えて、爆発に隣接しているすべてのクリーチャーはダメージのダイス1つごとに1ポイントの[火炎]ダメージを受ける。この爆発は、目標に隣接するすべての可燃性の物質に火をつける。

ホーリーの実爆弾：8つのホーリーの実を特殊な爆弾に変える。ホーリーの実は通常、手で設置する。投擲武器として使うには軽すぎるのである（5フィートしか投げられない）。術者が200フィート以内にいて合言葉を唱えれば、それぞれのホーリーの実は即座に発火し、半径5フィートの爆発内のすべてのクリーチャーに1d8＋術者レベルごとに1ポイントの[火炎]ダメージを与え、5フィート以内のすべての可燃物に火をつける。範囲内のクリーチャーは反応セーヴに成功すれば半分のダメージしか受けない。

ファイアー・シールド
Fire Shield／火の盾

系統：力術[火炎あるいは氷雪]；**呪文レベル**：ウィザード／ソーサラー4
発動時間：1標準アクション
構成要素：音声、動作、物質／信仰（ウォーム・シールドの場合、燐。チル・シールドの場合、ホタルかツチボタル1匹）
距離：自身
目標：術者
持続時間：1ラウンド／レベル（解除可）

この呪文は術者を炎で取り巻き、術者を近接戦闘で攻撃したクリーチャーにダメージを与える。またこの炎は、術者が**ファイアー・シールド**の炎を暖かいものにしたか冷たいものにしたかにより、術者を[氷雪]に基づく攻撃、あるいは[火炎]に基づく攻撃のいずれかから守る（どちらにするかは術者が選択する）。

自分の肉体や手に持った武器で術者に打撃を与えたクリーチャーは通常通りにダメージを与えるが、同時に、自分も1d6＋術者レベルごとに1（最大＋15）ポイントのダメージを受ける。このダメージは[氷雪]ダメージか（チル・シールドを選択した場合）、[火炎]ダメージ（ウォーム・シールドを選択した場合）である。攻撃側が呪文抵抗を持っているなら、それはこの効果に適用される。間合いの長い武器を使っているクリーチャーは、術者を攻撃してもこのダメージの対象とはならない。

この呪文を発動すると術者は炎に包まれるように見えるが、その炎は希薄でかぼそく、10フィート内の明るさを1段階（最大でも通常の明るさ）上昇する。炎の色は、チル・シールドなら青か緑、ウォーム・シールドなら紫か赤である。各バージョンの特殊能力は以下の通りである。

ウォーム・シールド（暖かい火の盾）：この炎は触れれば暖かい。術者は[氷雪]に基づく攻撃からは半分のダメージしか受けない。その攻撃が反応セーヴでダメージを半減させられるものなら、セーヴに成功すれば術者はダメージをまったく受けない。

チル・シールド（冷たい火の盾）：この炎は触れれば冷たい。術者は[火炎]に基づく攻撃からは半分のダメージしか受けない。

その攻撃が反応セーヴでダメージを半減させられるものなら、セーヴに成功すれば術者はダメージをまったく受けない。

ファイアー・ストーム
Fire Storm／火炎嵐

系統：力術［火炎］；**呪文レベル**：クレリック8、ドルイド7
発動時間：1標準アクション
構成要素：音声、動作
距離：中距離（100フィート＋10フィート／レベル）
効果範囲：一辺10フィートの立方体の区画2個ぶん／レベル（自在）
持続時間：瞬間
セーヴィング・スロー：反応・半減；**呪文抵抗**：可

ファイアー・ストーム呪文を発動すると、効果範囲全体が轟音をあげる炎に包まれて一掃される。術者が望めば、荒れ狂う炎は効果範囲内の自然の植物や地表を覆う植物、植物クリーチャーにダメージを与えないようにすることもできる。効果範囲内にいるそれ以外のクリーチャーは術者レベルごとに1d6（最大20d6）ポイントの［火炎］ダメージを受ける。反応セーヴに失敗したクリーチャーは着火し、炎が消されるまで毎ラウンド4d6ポイントの［火炎］ダメージを受ける。炎を消すには全ラウンド・アクションでDC20の反応セーヴに成功しなければならない。

ファイアー・トラップ
Fire Trap／火の罠

系統：防御術［火炎］；**呪文レベル**：ウィザード／ソーサラー4、ドルイド2
発動時間：10分
構成要素：音声、動作、物質（25GP相当の金粉）
距離：接触
目標：接触した物体1つ
持続時間：チャージ消費するまで永続（解除可）
セーヴィング・スロー：反応・半減；本文参照；**呪文抵抗**：可

ファイアー・トラップは、その守っているアイテムを侵入者が開けた時に炎の爆発を生み出す。ファイアー・トラップ呪文は開けたり閉めたりすることのできるアイテムなら何でも守ることができる。

ファイアー・トラップの発動時に、術者は物体の1点を呪文の中心点として選ぶ。術者以外の誰かがその物体を開けると、呪文の中心点から半径5フィート以内の範囲を炎が包み込む。この炎は1d4＋術者レベルごとに1（最大＋20）ポイントの［火炎］ダメージを与える。この罠で守られているアイテムがこの爆発によって被害を受けることはない。

ファイアー・トラップのかかったアイテムにはこれ以外の施錠や守りの呪文を設置することはできない。ノック呪文でファイアー・トラップを回避することはできない。ディスペル・マジック呪文に失敗しても、この呪文が爆発することはない。水中では、この呪文は半分のダメージしか与えず、大きな蒸気の雲を作り出す。

術者はファイアー・トラップの仕掛けられたアイテムを、作動させることなく使用できる。発動時に特別にその物体に同調させた者も同様である。ファイアー・トラップの仕掛けられたアイテムに他人を“同調させる”ためには、通常、術者とその者が共有する合言葉を必要とする。

ファイアー・トラップのような魔法の罠を発見し、無力化するのは困難である。“罠探し”を有するクリーチャーは、〈知覚〉を使用してファイアー・トラップを発見し、〈装置無力化〉を使用してファイアー・トラップを解除することができる。どちらの場合もDCは25＋呪文レベルである（ドルイドのファイアー・トラップの場合は27、秘術呪文バージョンの場合は29である）。

ファイアーボール
Fireball／火球

系統：力術［火炎］；**呪文レベル**：ウィザード／ソーサラー3
発動時間：1標準アクション
構成要素：音声、動作、物質（硫黄とバット（コウモリ）の糞化石をこねた玉）
距離：長距離（400フィート＋40フィート／レベル）
効果範囲：半径20フィートの拡散
持続時間：瞬間
セーヴィング・スロー：反応・半減；**呪文抵抗**：可

ファイアーボールの呪文は、低い轟音とともに火炎による焼けつく爆発を作りだし、効果範囲内のすべてのクリーチャーに術者レベルごとに1d6（最大10d6）ポイントの［火炎］ダメージを与える。誰も保持していない物体もこのダメージを受ける。この炸裂では圧力はほとんど生じない。

術者は指を向け、ファイアーボールの炸裂する距離（水平距離と高度）を決定する。指先から輝く豆粒ほどの大きさの玉が飛び出し、あらかじめ決めた距離に達する前に実体のある物体やしっかりした障壁にぶつからない限り、目標地点でファイアーボールとなって炸裂する。目標地点に達する前にぶつかった場合、そこで炸裂する。矢狭間など細い隙間の向こう側へ玉を送り込もうとするなら、術者は遠隔接触攻撃でその開口部に“命中”させなければならない。失敗すれば玉は周囲の壁にぶつかり、意図したより早く炸裂してしまう。

ファイアーボールは可燃物を発火させ、効果範囲内の物体にダメージを与える。金、銀、銅、青銅、鉛などの融点の低い金属を融かすことができる。ファイアーボールを遮る障壁がダメージによって破壊されたり、穴が開いた場合、ファイアーボールは効果範囲が許す限りその障壁の向こうまで広がって行く。障壁を突き抜けられなければ、他の呪文の効果と同様、そこで止まる。

ファインド・ザ・パス
Find the Path／経路発見

系統：占術；**呪文レベル**：クレリック6、ドルイド6、バード6
発動時間：3ラウンド
構成要素：音声、動作、焦点（占術道具一式）

距離：自身あるいは接触

目標：術者あるいは接触したクリーチャー1体

持続時間：10分／レベル

セーヴィング・スロー：不可あるいは意志・無効（無害）；**呪文抵抗**：不可あるいは可（無害）

　この呪文の受け手は、著名な、あるいは目立った特定の目的地（街、牢獄、湖、ダンジョンなど）に通じる最短かつ最も直接の経路を発見できる。その場所は著名な、あるいは目立つものでさえあれば、野外でも、地下でも構わない。たとえば狩人の小屋は目的地として不十分だが、伐採キャンプなら十分である。**ファインド・ザ・パス**は場所に対して働くのであって、場所の中にある物体やクリーチャーには働かない。その場所は、呪文発動時に対象のいる次元界でなければならない。

　この呪文によって、対象は最終的に自分を目的地へと導く正しい方向を知覚できる。呪文は適宜、たどるべき正確な道や、とるべき肉体的な行動を示してくれる。たとえば、対象は洞窟の分かれ道でどちらを通るべきかが分かるようになる。この呪文は、目的地に着くか持続時間が切れると終了する。**ファインド・ザ・パス**は対象およびその同行者を、目的地を『メイズの外』と指定することで、**メイズ**呪文の効果からわずか1ラウンドで解放する。この占術は受け手に合わせて効果を与え、その仲間は影響しない。また、この呪文で示された道を進むときに対象を妨害する可能性のあるクリーチャー（ガーディアンを含む）の行動を考慮したり予測することはない。

ファインド・トラップス
Find Traps／罠発見

系統：占術；**呪文レベル**：クレリック2

発動時間：1標準アクション

構成要素：音声、動作

距離：自身

目標：術者

持続時間：1分／レベル

　術者は罠の働きに関する直観的な洞察力を得る。術者は呪文の効果中に罠を発見するために行う〈知覚〉に、術者レベルの半分（最大＋10）の洞察ボーナスを得る。術者は、能動的に罠を探していない場合でも、術者の10フィート以内の罠を感知するための〈知覚〉判定を行うことができる。**ファインド・トラップス**では、発見した罠を無力化する能力は得られないことに注意。

ファブリケイト
Fabricate／加工

系統：変成術；**呪文レベル**：ウィザード／ソーサラー5

発動時間：本文参照

構成要素：音声、動作、物質（作ろうとするアイテムの製作に必要な原材料と同額の、元となる材料）

距離：近距離（25フィート＋5フィート／2レベル）

目標：10立方フィート／レベルまで；本文参照

持続時間：瞬間

セーヴィング・スロー：不可；**呪文抵抗**：不可

　術者は1種類の素材を同じ材質の完成品に変える。**ファブリケイト**呪文ではクリーチャーや魔法のアイテムを作り出したり、変形することはできない。この呪文によって作られたアイテムの質は、新たな製品の材料として使われた素材の質に比例する。鉱物を加工する場合、目標は10立方フィート／レベルではなく、1立方フィート／レベルに減少する。

　高度な職人芸を要求される品に加工するには、術者は適切な〈製作〉判定を行わなければならない。

　発動には、この呪文が作用する材料10立方フィートごとに1ラウンドが必要である。

ファンタズマル・キラー
Phantasmal Killer／幻の殺し屋

系統：幻術（惑乱）［恐怖、精神作用］；**呪文レベル**：ウィザード／ソーサラー4

発動時間：1標準アクション

構成要素：音声、動作

距離：中距離（100フィート＋10フィート／レベル）

目標：生きているクリーチャー1体

持続時間：瞬間

セーヴィング・スロー：意志・看破、その後、頑健・不完全；本文参照；**呪文抵抗**：可

　術者は、対象の潜在意識に潜む恐怖を、表層意識が思い描ける形、すなわち最も恐ろしげな獣にすることで、その対象が想像できる最も恐ろしいクリーチャーの幻を作り出す。**ファンタズマル・キラー**を見ることができるのは、呪文の対象のみである。術者には朧げな姿しか見えない。目標はまず、そのイメージが現実でないことに気付くために意志セーヴを行うことができる。このセーヴに失敗したら、幻は対象に触れ、対象は頑健セーヴに成功しなければならず、失敗すれば恐怖のあまり死ぬ。頑健セーヴに成功した場合でも、対象は3d6ポイントのダメージを受ける。

　ファンタズマル・キラーの攻撃の対象が看破に成功し、かつ、テレパシー能力を持っているか**ヘルム・オヴ・テレパシー**を着用していた場合、獣は術者に向かってくる。この場合、術者はそれを看破しなければならず、失敗すれば、死をもたらす［恐怖］攻撃を受けてしまう。

ファントム・スティード
Phantom Steed／幻の乗馬

系統：召喚術（創造）；**呪文レベル**：ウィザード／ソーサラー3、バード3 **発動時間**：10分

構成要素：音声、動作

距離：0フィート

効果：半ば実在する馬のようなクリーチャー1体

持続時間：1時間／レベル（解除可）

セーヴィング・スロー：不可；**呪文抵抗**：不可

　術者は大型サイズで半ば実在する馬のようなクリーチャーを1体召喚する（配色は術者が自由にカスタマイズできる）。この幻の馬は術者のみか、術者が別の人物のために特別に作り出し

た場合その人物1人のみが、騎乗することができる。幻の馬は黒い頭と体、灰色のたてがみと尻尾、音を立てない煙で彩られた実体のない蹄を持っている。鞍、はみ、手綱に見えるものを着けている。この馬が戦うことはないが、動物はこれを避け、これと戦うことを拒む。

この馬はAC18（－1サイズ、＋4外皮、＋5【敏】）で、HPは（7＋術者レベルごとに1）ポイントである。HPをすべて失えば、幻の乗馬は消滅する。幻の乗馬の移動速度は術者レベル2レベルごとに20フィート（最大で10レベル時に100フィート）である。幻の乗馬は騎乗者の重量に加え、術者レベルごとに10ポンドまでを載せることができる。

この馬は、術者レベルに従って特定の能力を手に入れる。幻の乗馬の能力には、それより低い術者レベルの幻の乗馬の能力をすべて含む。

8レベル：この馬は砂や泥や沼がちな地面の上でも、何の困難もなく、移動速度を落とさずに走ることができる。

10レベル：この馬は回数無制限で**ウォーター・ウォーク**を使用することができる（同名の呪文と同様、この能力の起動にはアクションを必要としない）。

12レベル：この馬は回数無制限で一度に1ラウンドの間、**エア・ウォーク**を使用することができる（同名の呪文と同様、この能力の起動にはアクションを必要としない）。1ラウンド後、乗馬は地面に落下する。

14レベル：この馬は、〈飛行〉に術者レベルに等しいボーナスを得て、その移動速度で飛行できる。

ファントム・トラップ
Phantom Trap／幻の罠

系統：幻術（幻覚）；**呪文レベル**：ウィザード／ソーサラー2
発動時間：1標準アクション
構成要素：音声、動作、物質（50GP相当の特別な粉末）
距離：接触
目標：接触した物体1つ
持続時間：永続（解除可）
セーヴィング・スロー：不可；**呪文抵抗**：不可

この呪文は、罠を探知し得る者に対し、錠前やその他の小さな機構に罠がかかっているように見せかけるものである。術者は錠前や蝶番、留め金、コルク栓、蓋、つめ直装置など、小さな機構や装置であればどんなものにもこの呪文を設置できる。罠を探知することができるか、罠を探知できるようにする呪文や装置を使うキャラクターは、本当の罠が存在すると確信する。もちろん、この効果は幻であって、その罠を“作動”させても何も起こらない。この呪文の主な目的は、盗人を脅して追い払ったり、貴重な時間を浪費させたりすることにある。

この呪文を発動する時点で50フィート以内に別の**ファントム・トラップ**が稼動中であった場合、発動は失敗する。

フィアー
Fear／恐怖

系統：死霊術［恐怖、精神作用］；**呪文レベル**：ウィザード／ソー

サラー4、バード3
発動時間：1標準アクション
構成要素：音声、動作、物質（メンドリの心臓か白い羽根）
距離：30フィート
効果範囲：円錐形の爆発
持続時間：1ラウンド／レベルあるいは1ラウンド；本文参照
セーヴィング・スロー：意志・不完全；**呪文抵抗**：可

不可視の恐怖が円錐形に放たれ、効果範囲内の生きているクリーチャーは意志セーヴに成功しない限り恐慌状態となる。追いつめられれば、恐慌状態のクリーチャーは戦慄状態になる。意志セーヴに成功した場合、そのクリーチャーは1ラウンドの間、怯え状態となる。

フィーブルマインド
Feeblemind／知能低下

系統：心術（強制）［精神作用］；**呪文レベル**：ウィザード／ソーサラー5
発動時間：1標準アクション
構成要素：音声、動作、物質（粘土、水晶、またはガラスの玉一握り）
距離：中距離（100フィート＋10フィート／レベル）
目標：クリーチャー1体
持続時間：瞬間
セーヴィング・スロー：意志・無効；本文参照；**呪文抵抗**：可

目標クリーチャーの【知力】と【魅力】はどちらも1に下がる。作用を受けたクリーチャーは、【知力】や【魅力】に基づく技能の使用や呪文の発動、言語を理解したり意味のある会話をすることはできない。それでも、そのクリーチャーは誰が味方なのかは判るため、味方について行ったり、味方を守ることすらできる。対象は、**フィーブルマインド**の効果を打ち消すために**ウィッシュ**、**ヒール**、**ミラクル**、**リミテッド・ウィッシュ**の呪文が使用されるまでこの状態のままである。ソーサラーやウィザードのように、秘術呪文を発動するクリーチャーはセーヴに－4のペナルティを受ける。

フィンガー・オヴ・デス
Finger of Death／死神の指

系統：死霊術［即死］；**呪文レベル**：ウィザード／ソーサラー7、ドルイド8
発動時間：1標準アクション
構成要素：音声、動作
距離：近距離（25フィート＋5フィート／2レベル）
目標：クリーチャー1体
持続時間：瞬間
セーヴィング・スロー：頑健・不完全；**呪文抵抗**：可

この呪文は即座に術者レベルごとに10ポイントのダメージを与える。目標の頑健セーヴが成功した場合、代わりに3d6＋術者レベルごとに1ポイントのダメージを与える。セーヴに成功しても、対象がダメージによって死ぬ場合もある。

フェアリー・ファイアー
Faerie Fire／妖精の火

系統：力術［光］；**呪文レベル**：ドルイド1
発動時間：1標準アクション
構成要素：音声、動作、信仰
距離：長距離（400フィート＋40フィート／レベル）
効果範囲：半径5フィートの爆発内のクリーチャーおよび物体
持続時間：1分／レベル（解除可）
セーヴィング・スロー：不可；**呪文抵抗**：可

　青白い輝きが対象を包み込み、対象の輪郭を浮き出させる。包み込まれた対象はろうそくと同様の光を放つ。**フェアリー・ファイアー**によって包み込まれたクリーチャーは〈隠密〉に－20のペナルティを受ける。包み込まれたクリーチャーは、通常の暗闇（ただし、2レベル以上の魔法的［闇］効果は通常通り機能する）、ブラー、ディスプレイスメント、インヴィジビリティ、またはそれに類する効果による視認困難の利益を得ることができない。この明かりはぼんやりとしたものであり、アンデッドや光への脆弱性を持つ闇の中に住むクリーチャーに特別の効果はない。**フェアリー・ファイアー**は術者の発動時の選択によって、青にも緑にも紫にもすることができる。**フェアリー・ファイアー**は、このようにして包み込んだ物体やクリーチャーにいかなる害も与えない。

フェイズ・ドア
Phase Door／位相の扉

系統：召喚術（創造）；**呪文レベル**：ウィザード／ソーサラー7
発動時間：1標準アクション
構成要素：音声
距離：接触
効果：5フィート×8フィート、深さ10フィート＋5フィート／3レベルのエーテルの開口部
持続時間：使用回数1回／2レベル
セーヴィング・スロー：不可；**呪文抵抗**：不可

　この呪文は木製の壁、漆喰壁、石壁を通り抜けるエーテルの通路を作り出すが、その他の物質に通路を作ることはできない。**フェイズ・ドア**は術者以外のすべてのクリーチャーにとって不可視状態かつ進入不可能で、この通路は術者だけが使用できる。**フェイズ・ドア**に入ると術者の姿は消え、出れば姿が現れる。術者が望めば、術者は他の（サイズ分類が中型以下の）クリーチャー1体を連れて扉を通ることができる。これは扉を2回ぶん使用したことになる。光や音、呪文の効果は扉を通り抜けることはできず、術者が扉を"使用"せずにその向こう側を見通すこともできない。この呪文によって脱出することはできるが、**フェイズ・スパイダー**など、クリーチャーの中には簡単に追いかけることができるものもいる。**トゥルー・シーイング**やそれに類する魔法を使えば、**フェイズ・ドア**があることは判るが、使用できるようにはならない。

　フェイズ・ドアは**ディスペル・マジック**の対象となる。解呪された時点で誰かが通路の中にいた場合、その人物は**パスウォール**効果の内部にいた場合と同様に、安全に排出される。

術者は、扉に何らかの作動条件を設定することで、他のクリーチャーがその**フェイズ・ドア**を使えるようにできる。そうした条件は術者の望むように、どれだけ単純にも複雑にもできる。条件はクリーチャーの名前、身元、属性に基づいて設定できるが、それ以外は識別可能な行動や特性に基づいたものでなければならない。レベルやクラス、ヒット・ダイス、HPなどのつかみどころのないものは不適当である。

　フェイズ・ドアは**パーマネンシイ**呪文によって永続化できる。

フェザー・フォール
Feather Fall／軟着陸

系統：変成術；**呪文レベル**：ウィザード／ソーサラー1、バード1
発動時間：1割り込みアクション
構成要素：音声
距離：近距離（25フィート＋5フィート／2レベル）
目標：サイズが中型以下の自由落下する物体かクリーチャー1体（1個）／レベル、ただしそのうちのどの2体をとっても20フィート以内の距離に収まっていなければならない
持続時間：1ラウンド／レベル、または着地まで
セーヴィング・スロー：意志・無効（無害）あるいは意志・無効（物体）；**呪文抵抗**：可（物体）

　この呪文が作用したクリーチャーや物体はゆっくりと落下する。目標の落下速度は即座に毎ラウンド60フィート（ほんの数フィートの高さから落ちて着地した時の速度に相当）に低下し、呪文の効果がある間に着地すれば対象はダメージを受けない。呪文の持続時間が切れれば、通常の落下速度での落下が再開する。

　この呪文はサイズが中型以下のクリーチャー（最大荷重までの装備や運搬している物体を含む）や物体1体（1個）以上、またはそれに相当するより大きなクリーチャーや物体に作用する。大型サイズのクリーチャーや物体は中型サイズのクリーチャーや物体2体（2個）ぶん、超大型サイズのクリーチャーや物体は中型サイズのクリーチャーや物体4体（4個）ぶん、のように換算する。

　この呪文は遠隔武器に対しては特別な効果はない。ただし、それが非常に長い距離を落下してきたものなら別である。落下するアイテムにこの呪文をかけた場合、その物体は重量に基づくダメージが通常の半分となり、落下距離によるボーナスもなくなる。

　フェザー・フォールは自由落下する物体にしか働かない。この呪文は振り下ろされる剣や、突撃したり飛行するクリーチャーには作用しない。

フォアサイト
Foresight／予知

系統：占術；**呪文レベル**：ウィザード／ソーサラー9、ドルイド9
発動時間：1標準アクション
構成要素：音声、動作、物質／信仰（ハチドリの羽根）

距離：自身あるいは接触

目標：本文参照 **持続時間**：10分／レベル

セーヴィング・スロー：不可あるいは意志・無効（無害）；**呪文抵抗**：不可あるいは可（無害）

　この呪文は術者に、自分や他人に関する強力な第六感を与える。呪文が発動されると即座に、術者は呪文の対象に及ぶ差し迫った危険や害についての警告を受ける。術者は不意討ちを受けることも、立ちすくみ状態になることもない。さらに、この呪文は術者に、身を守るためにどんなアクションをとるのが一番よいかを教えてくれるため、術者はACと反応セーヴに＋2の洞察ボーナスを得る。術者がACへの【敏捷力】ボーナスを失うような場合には、この洞察ボーナスも失われる。

　他のクリーチャーがこの呪文の対象である場合、術者がそのクリーチャーについての警告を受け取る。その警告を役立てるためには、術者は自分の知ったことをそのクリーチャーに伝えなければならない。そうした警告がなければ、そのクリーチャーは予期せぬ攻撃を受けてしまうだろう。術者が遅滞なく警告に従って行動するなら、呪文の対象に何らかの危険が及ぶ前に、警告を叫ぶ、相手の体を引き戻す、（適切な呪文を用いて）テレパシーで伝えるなどができるだろう。しかし、対象はACと反応セーヴに洞察ボーナスを得ることはできない。

フォースケージ
Forcecage／力場の檻

系統：力術［力場］；**呪文レベル**：ウィザード／ソーサラー7

発動時間：1標準アクション

構成要素：音声、動作、物質（500GP相当のルビーの粉末）

距離：近距離（25フィート＋5フィート／2レベル）

効果範囲：檻（一辺20フィートの立方体）あるいは窓のない牢獄（一辺10フィートの立方体）

持続時間：1ラウンド／レベル（解除可）

セーヴィング・スロー：反応・無効；**呪文抵抗**：不可

　この呪文は力場でできた、動かすことができない不可視の立方体の牢獄を作り出す。術者の選択により、格子か、あるいは隙間のない壁で構成されている。

　効果範囲内のクリーチャーは、中に収まるには大きすぎるのでなければ、牢獄の中に閉じ込められてしまう。クリーチャーが大きすぎた場合、この呪文は自動的に失敗する。（瞬間移動）呪文やその他のアストラル界移動を使えば脱出することができるが、力場の壁や格子はエーテル界にも広がっているため、エーテル界移動を妨げる。

　フォースケージは**ウォール・オヴ・フォース**のように**ディスペル・マジック**に抵抗するが、**メイジズ・ディスジャンクション**は依然として機能する。**フォースケージ**の壁は呪文によって通常通りダメージを受けるが、**ディスインテグレイト**をかけられた場合は自動的に破壊される。同様に武器や超常能力によってもダメージを受けるが、硬度30と術者レベルにつき20ポイントのHPを持つ。**スフィアー・オヴ・アニヒレイション**や**ロッド・オヴ・キャンセレイション**と接触した場合は即座に破壊される。

檻：この形式で発動された場合は、檻は一辺20フィートの立方体で、（**ウォール・オヴ・フォース**の呪文と似た）力場の帯が鉄格子の代わりにはまっている。この板は幅半インチで、格子と格子の間には幅半インチの隙間がある。こうした小さな隙間を通り抜けることのできるクリーチャーはこの檻から逃れることができるが、そうでないものは檻の中に閉じ込められたままである。檻の中のクリーチャーを武器で攻撃することは、その武器が檻の隙間を通り抜けることができない限り不可能である。そのような武器（アローや同様の遠隔攻撃を含む）に対しても、檻の中にいるクリーチャーは遮蔽を得る。すべての呪文とブレス攻撃は格子の隙間を通り抜けることができる。

窓のない牢獄：この形式で発動された場合、この牢獄は一辺10フィートの立方体で、出口も入口もない。隙間のない力場の壁が6つの面を構成している。

フォースフル・ハンド
Forceful Hand／力強き手

系統：力術［力場］；**呪文レベル**：ウィザード／ソーサラー6

発動時間：1標準アクション

構成要素：音声、動作、焦点（柔らかい手袋片手ぶん）

距離：中距離（100フィート＋10フィート／レベル）

効果：10フィートの手

持続時間：1ラウンド／レベル（解除可）

セーヴィング・スロー：不可；**呪文抵抗**：可

　この呪文は**インターポージング・ハンド**と同様だが、術者が選んだ敵1体を追いかけ、突き飛ばすこともできる。**フォースフル・ハンド**は毎ラウンド1回の突き飛ばし攻撃を行う。この攻撃は機会攻撃を誘発しない。この突き飛ばしの戦技ボーナスは術者レベルを基本攻撃ボーナスとして用い、【筋力】27による＋8ボーナス、サイズが大型であることによる＋1ボーナスがつく。この手は常に敵とともに移動し可能な限り遠ざけるように動く。この目的で動くときの移動距離に制限はない。新しい目標に向けるためには移動アクションを要する。敵は突き飛ばし判定に成功して**フォースフル・ハンド**と共に動かなければ術者に近づくことができない。代わりに、**フォースフル・ハンド**は**インターポージング・ハンド**のように敵との間に立ちはだかることもできる。

フォービダンス
Forbiddance／立入禁止

系統：防御術；**呪文レベル**：クレリック6

発動時間：6ラウンド

構成要素：音声、動作、物質（聖水、1,500GP＋一辺60フィートの立方体の区画1個ごとに1,500GP相当のお香）、信仰

距離：中距離（100フィート＋10フィート／レベル）

効果範囲：一辺60フィートの立方体の区画1個ぶん／レベル（自在）

持続時間：永続

セーヴィング・スロー：本文参照；**呪文抵抗**：可

　フォービダンスは効果範囲外から効果範囲内へ、および効果

範囲内から効果範囲内への次元間移動をすべて妨げる。こうした次元間移動にはすべての瞬間移動呪文（ディメンジョン・ドアやテレポートなど）、**プレイン・シフト**、アストラル界移動、エーテル界移動、すべての招来呪文が含まれる。こうした効果は単に自動的に失敗する。

さらにこの呪文は、侵入しようとするクリーチャーの属性が術者のものと異なっている場合、そのクリーチャーにダメージを与える。この呪文によって守られた範囲に侵入しようとしたものに及ぶ効果は、そのクリーチャーと術者との属性の違いによって決まる（後述）。呪文発動時に効果範囲内にいたクリーチャーは、一度外へ出て再び入ろうとしない限り、ダメージを受けない。ただし、一度外へ出て再び入った場合、再侵入の際に通常通り作用を受ける。

まったく同じ属性：影響なし。そのクリーチャーは自由に出入りできる（ただし次元移動はできない）。

秩序／混沌か善／悪の軸のどちらか一方が違う属性：クリーチャーは6d6ポイントのダメージを受ける。意志セーヴに成功すればダメージは半減する。呪文抵抗も適用される。

秩序／混沌と善／悪の軸の両方が違う属性：クリーチャーは12d6ポイントのダメージを受ける。意志セーヴに成功すればダメージは半減する。呪文抵抗も適用される。

術者の選択で、この防御術呪文に合言葉を設定することもできる。その場合、術者と属性の違うクリーチャーは効果範囲内に入る際に合言葉を口にすることで、ダメージを避けることができる。術者は呪文の発動時にこのオプション（と合言葉）を選択しなければならない。合言葉を加えるには、少なくとも1,000GP＋一辺60フィートの立方体の区画1個ごとに1,000GP相当の珍しい香を追加で燃やす必要がある。

解呪しようとする者のレベルが**フォービダンス**の術者の術者レベル以上でなければ、**ディスペル・マジック**でこの呪文を解呪することはできない。

術者は複数の**フォービダンス**効果を重なり合うように発動することはできない。そのようにした場合、後から発動した方の効果は、以前からある効果との境界で止まってしまう。

フォーム・オヴ・ザ・ドラゴン I
Form of the Dragon I／ドラゴンの姿 I

系統：変成術（ポリモーフ）；**呪文レベル**：ウィザード／ソーサラー6
発動時間：1標準アクション
構成要素：音声、動作、物質（変身対象の種類のドラゴンのうろこ）
距離：自身
目標：術者
持続時間：1分／レベル（解除可）
セーヴィング・スロー：本文参照；**呪文抵抗**：不可

術者は中型のクロマティック種（通常色）かメタリック種（金属色）のドラゴン（パスファインダーRPGベスティアリ参照）に変身する。術者は【筋力】に＋4のサイズ・ボーナス、【耐久力】に＋2のサイズ・ボーナス、ACに＋4の外皮ボーナス、飛行移動速度60フィート（貧弱）、暗視60フィート、ブレス攻撃、元素1つに対する抵抗を得る。また、肉体武器として噛みつき（1d8）、爪攻撃（1d6）2回、翼攻撃（1d4）2回を得る。ブレス攻撃と抵抗はドラゴンの種類によって異なり、下記の通りである。ブレス攻撃はこの呪文の発動一度につき1回だけ行える。すべてのブレス攻撃は6d8ポイントのダメージを与え、反応セーヴで半減される。加えて、ドラゴンの種類によって、下記の通り追加の特殊能力がある。

グリーン・ドラゴン：30フィートの円錐形の［強酸］、［強酸］抵抗20、水泳移動速度40フィート

ブラック・ドラゴン：60フィートの直線状の［強酸］、［強酸］抵抗20、水泳移動速度60フィート

ブルー・ドラゴン：60フィートの直線状の［雷撃］、［雷撃］抵抗20、穴掘り20フィート

ホワイト・ドラゴン：30フィートの円錐形の［氷雪］、［氷雪］抵抗20、水泳移動速度60フィート、［火炎］への脆弱性

レッド・ドラゴン：30フィートの円錐形の［火炎］、［火炎］抵抗30、［氷雪］への脆弱性

カッパー・ドラゴン：60フィートの直線状の［強酸］、［強酸］抵抗20、スパイダー・クライム（常時）

ゴールド・ドラゴン：30フィートの円錐形の［火炎］、［火炎］抵抗20、水泳移動速度60フィート

シルヴァー・ドラゴン：30フィートの円錐形の［氷雪］、［氷雪］抵抗30、［火炎］への脆弱性

ブラス・ドラゴン：60フィートの直線状の［火炎］、［火炎］抵抗20、穴掘り30フィート、［氷雪］への脆弱性

ブロンズ・ドラゴン：60フィートの直線状の［雷撃］、［雷撃］抵抗20、水泳移動速度60フィート

フォーム・オヴ・ザ・ドラゴン II
Form of the Dragon II／ドラゴンの姿 II

系統：変成術（ポリモーフ）；**呪文レベル**：ウィザード／ソーサラー7

この呪文は**フォーム・オヴ・ザ・ドラゴン I**と同様に働くが、大型サイズのドラゴンの姿をとることもできる。術者は【筋力】に＋6のサイズ・ボーナス、【耐久力】に＋4のサイズ・ボーナス、ACに＋6の外皮ボーナス、飛行移動速度90フィート（貧弱）、暗視60フィート、ブレス攻撃、ダメージ減少5／魔法、元素1つに対する抵抗を得る。また、噛みつき（2d6）、爪攻撃（1d8）2回、翼攻撃2回（1d6）、尾の打撃（1d8）を得る。ブレス攻撃はこの呪文の発動一度につき2回だけ行えるが、その間に1d4ラウンド待たなければならない。すべてのブレス攻撃は8d8ポイントのダメージを与え、反応セーヴで半減される。直線状のブレス攻撃は80フィート、円錐状のブレス攻撃は40フィートまで効果範囲が増加する。

フォーム・オヴ・ザ・ドラゴン III
Form of the Dragon III／ドラゴンの姿 III

系統：変成術（ポリモーフ）；**呪文レベル**：ウィザード／ソーサラー8

この呪文は**フォーム・オヴ・ザ・ドラゴンII**と同様に働くが、超大型サイズのドラゴンの姿をとることもできる。術者は【筋力】に＋10のサイズ・ボーナス、【耐久力】に＋8のサイズ・ボーナス、ACに＋8の外皮ボーナス、飛行移動速度120フィート（貧弱）、非視覚的感知60フィート、暗視120フィート、ブレス攻撃、ダメージ減少10／魔法、"畏怖すべき存在"の特殊能力（DCはこの呪文のセーヴDCと等しい）、元素1つに対する完全耐性（**フォーム・オヴ・ザ・ドラゴンI**で得た抵抗と同じ種類）を得る。また、噛みつき（2d8）、爪攻撃（2d6）2回、翼攻撃（1d8）2回、尾の打撃（2d6）を得る。ブレス攻撃は何回でも行えるが、発動の間に1d4ラウンド待たなければならない。すべてのブレス攻撃は12d8ポイントのダメージを与え、反応セーヴで半減される。直線状のブレス攻撃は100フィート、円錐状のブレス攻撃は50フィートまで効果範囲が増加する。

フォールス・ヴィジョン
False Vision／偽の映像

系統：幻術（幻覚）；**呪文レベル**：ウィザード／ソーサラー5、バード5
発動時間：1標準アクション
構成要素：音声、動作、物質（250GP相当のジェイド（翡翠）を砕いたもの）
距離：接触
効果範囲：半径40フィートの放射
持続時間：1時間／レベル（解除可）
セーヴィング・スロー：不可；**呪文抵抗**：不可

　この呪文は巧妙な幻を作りだし、この呪文の効果範囲内にあるものを観察しようと占術（念視）呪文が使用された場合、その呪文は術者が発動時に指定した（**メジャー・イメージ**呪文と同様の）偽りのイメージを知覚する。持続時間中、術者は精神集中することで、イメージを自由に変化させることができる。術者が精神集中していないと、イメージは静止したままとなる。

フォールス・ライフ
False Life／偽りの生命

系統：死霊術；**呪文レベル**：ウィザード／ソーサラー2
発動時間：1標準アクション
構成要素：音声、動作、物質（一滴の血液）
距離：自身
目標：術者
持続時間：1時間／レベルあるいはチャージ消費まで；本文参照

　術者は反生命の力を利用し、死を回避する限定的な能力を得る。この呪文が効果を及ぼしている間、術者は1d10＋術者レベル（最大＋10）の一時的HPを得る。

フォクセス・カニング
Fox's Cunning／狐の奸知

系統：変成術；**呪文レベル**：ウィザード／ソーサラー2、バード2

発動時間：1標準アクション
構成要素：音声、動作、物質／信仰（フォックス（狐）の毛または糞）
距離：接触
目標：接触したクリーチャー1体
持続時間：1分／レベル
セーヴィング・スロー：意志・無効（無害）；**呪文抵抗**：可

　目標は頭が良くなる。この呪文は【知力】に＋4の強化ボーナスを与え、【知力】に基づく技能判定、および他の【知力】修正値を用いる事柄に通常通りの利益を与える。この呪文の作用を受けたウィザード（および他の【知力】に基づいて呪文を発動する呪文の使い手）が上昇した【知力】によって追加のボーナス呪文を得ることはないが、この呪文の作用を受けている間に発動した呪文のDCは上昇する。この呪文によって追加の技能ランクを得ることはない。

マス・フォクセス・カニング
Fox's Cunning, Mass／集団狐の奸知

系統：変成術；**呪文レベル**：ウィザード／ソーサラー6、バード6
距離：近距離（25フィート＋5フィート／2レベル）
目標：クリーチャー1体／レベル、ただしそのうちのどの2体をとっても30フィート以内の距離に収まっていなければならない

　この呪文は複数のクリーチャーに作用する以外は**フォクセス・カニング**と同様に機能する。

フォッグ・クラウド
Fog Cloud／濃霧

系統：召喚術（創造）；**呪文レベル**：ウィザード／ソーサラー2、ドルイド2
発動時間：1標準アクション
構成要素：音声、動作
距離：中距離（100フィート＋10フィート／レベル）
効果：半径20フィートに拡散する霧
持続時間：10分／レベル
セーヴィング・スロー：不可；**呪文抵抗**：不可

　術者の指定した地点から霧が発生し、渦巻く。この霧は5フィートを超える、暗視含むすべての視覚を曇らせる。5フィート以内のクリーチャーは視認困難（攻撃に20%の失敗確率がある）となる。それ以上遠く離れたクリーチャーは完全視認困難（50%の失敗確率があり、さらに攻撃者は目標の位置を視覚によって知ることはできない）となる。

　軟風（時速11マイル以上）は4ラウンドでこの霧を吹き散らす。疾風（時速21マイル以上）は1ラウンドでこの霧を吹き散らす。

　この呪文は水中では働かない。

ブラー
Blur／かすみ

系統：幻術（幻覚）；**呪文レベル**：ウィザード／ソーサラー2、バー

ド2

発動時間：1標準アクション
構成要素：音声
距離：接触
目標：接触したクリーチャー1体
持続時間：1分／レベル（解除可）
セーヴィング・スロー：意志・無効（無害）；**呪文抵抗**：可（無害）

　対象の輪郭がぼんやりとかすみ、絶えず位置を変え揺れ動いて見えるようになる。このような視覚の歪みのため、対象は視認困難（失敗確率20％）を得る。

　シー・インヴィジビリティ呪文では**ブラー**の効果に対抗できないが、**トゥルー・シーイング**呪文なら影響がなくなる。

　対象を見ることができないクリーチャーは、呪文の効果を無視する（ただし目に見えない敵と戦う場合には、それ自体によるペナルティがある）。

フライ
Fly／飛行

系統：変成術；**呪文レベル**：ウィザード／ソーサラー3
発動時間：1標準アクション
構成要素：音声、動作、焦点（翼の羽根1枚）
距離：接触
目標：接触したクリーチャー1体
持続時間：1分／レベル
セーヴィング・スロー：意志・無効（無害）；**呪文抵抗**：可（無害）

　対象は移動速度60フィート（対象が中装鎧や重装鎧を着ている場合や、中荷重や重荷重の場合は40フィート）で飛行できる。対象は半分の速度で上昇したり、2倍の速度で降下することができ、飛行の機動性は良好である。**フライ**呪文の利用には歩くのと同じくらいの精神集中しか必要としないため、対象は通常通り攻撃したり呪文を発動できる。**フライ**呪文の対象は突撃はできるが疾走はできないし、最大荷重＋着用している鎧の重さを上回る重量を持って飛行することもできない。対象は〈飛行〉に術者レベルの1/2のボーナスを得る。

　対象が飛行している最中に呪文の持続時間が切れた場合、魔法はゆっくりと効力を失う。対象は1d6ラウンドの間、1ラウンドに60フィートずつ降下する。この時間内に地面につけば、安全に着地できる。そうでなければ、残りの距離を落下することになり、10フィートの落下ごとに1d6ポイントのダメージを受ける。呪文の解呪は実質上、呪文を終了するため、**フライ**呪文が解呪された場合も、対象は上記のようにして安全に落下する。ただし、**アンティマジック・フィールド**によって無効化された場合はその限りではない。

ブライト
Blight／枯死

系統：死霊術；**呪文レベル**：ドルイド4、ウィザード／ソーサラー5
発動時間：1標準アクション

構成要素：音声、動作、信仰
距離：接触
目標：接触した植物1体
持続時間：瞬間
セーヴィング・スロー：頑健・半減；本文参照；**呪文抵抗**：可

　この呪文は、どんなサイズのものであれ1株の植物を枯らす。この呪文の作用を受けた植物クリーチャーは術者レベルごとに1d6（最大15d6）ポイントのダメージを受ける。植物クリーチャーはこのダメージを半減させるために頑健セーヴを試みることができる。クリーチャーでない植物はセーヴを行うことができず、直ちに枯死する。

　この呪文は土壌や周囲の植物に一切影響を与えない。

プライング・アイズ
Prying Eyes／詮索する目

系統：占術；**呪文レベル**：ウィザード／ソーサラー5
発動時間：1分
構成要素：音声、動作、物質（水晶製のビー玉ひとつかみ）
距離：1マイル
効果：浮遊する目10個以上
持続時間：1時間／レベル；本文参照（解除可）
セーヴィング・スロー：不可；**呪文抵抗**：不可

　術者は（1d4＋術者レベル）個の、半ば実体があって目に見える魔法の球体（"目"と呼ぶ）を作り出す。これらの目は発動時に術者が命じたとおり動き回り、周囲を偵察し、戻ってくる。これらの目はすべての方向を120フィートまで見ることができる（通常の視覚のみ）。

　それぞれの目は非常に壊れやすいが、小さく、発見することは難しい。1つ1つの目は極小サイズの人造で、小さなリンゴほどの大きさである。HPは1、ACは18（サイズによる＋8ボーナス）で、〈飛行〉に＋20のボーナスを得て速度30フィートで飛行し、〈隠密〉に＋16のボーナスがある。この目は術者レベルに等しい（最大＋15）〈知覚〉修正値を持ち、幻術や闇、霧、その他の、術者が周囲についての視覚情報を得る際に作用する因子から影響を受ける。闇の中を移動する目は、触覚によって方向を定めなければならない。

　目を作り出した時に、術者はそれらに従わせたい指示を日本語にして75文字までの命令で指定しなければならない。術者の持っているすべての知識は目も同様に持っている。

　見つけたものを報告するためには、目は術者の手に戻らなければならない。それぞれの目は、存在している間に見たすべてのことを術者の精神の中に再現する。1つの目が1時間の間に記録した映像を再現するのには1ラウンドしかかからない。見つけたものを伝えると、その目は消滅する。

　術者から1マイルを超えて離れてしまった場合、目は即座に消滅する。しかし、術者と目とのつながりからは、目が距離外にさまよい出てしまったために破壊されたのか、それとも何か他のできごとのために破壊されたのか、術者には判らない。

　目は術者レベルごとに1時間までか、術者の元に戻るまで存在する。**ディスペル・マジック**で目を破壊することができる。効

果範囲型解呪の範囲内に入った目の1つ1つに対して別々にロールすること。もちろん、目が闇の中に送り込まれた場合、壁やそれに類する障害物にぶつかって壊れてしまう可能性がある。

グレーター・プライング・アイズ
Prying Eyes, Greater／上級詮索する目

系統：占術；**呪文レベル**：ウィザード／ソーサラー8

プライング・アイズと同様だが、目は有効距離120フィートのトゥルー・シーイングを有しているかのように、目にしたすべての真の姿を見抜くことができる。したがって、暗い場所を通常の速度で移動することができる。また、グレーター・プライング・アイズの最大〈知覚〉修正値は＋15ではなく、＋25である。

ブラインドネス／デフネス
Blindness/Deafness／視覚・聴覚剥奪

系統：死霊術；**呪文レベル**：ウィザード／ソーサラー2、クレリック3、バード2
発動時間：1標準アクション
構成要素：音声
距離：中距離（100フィート＋10フィート／レベル）
目標：生きているクリーチャー1体
持続時間：永続（解除可）
セーヴィング・スロー：頑健・無効；**呪文抵抗**：可

術者は反生命の力を呼び起こし、対象を盲目状態あるいは聴覚喪失状態にすることができる（どちらかは術者が選択する）。

ブラスフェミイ
Blasphemy／冒涜の声

系統：力術［悪、音波］；**呪文レベル**：クレリック7
発動時間：1標準アクション
構成要素：音声
距離：40フィート
効果範囲：術者を中心とした半径40フィートの拡散内の悪属性でないクリーチャー
持続時間：瞬間
セーヴィング・スロー：意志・不完全；本文参照；**呪文抵抗**：可

ブラスフェミイ呪文の効果範囲内にいる、属性が"悪"でないクリーチャーは以下の効果を受ける。

ヒット・ダイス	効果
術者レベルに等しい	幻惑
術者レベル－1以下	衰弱、幻惑
術者レベル－5以下	麻痺、衰弱、幻惑
術者レベル－10以下	死、麻痺、衰弱、幻惑

これらの効果は累積し、同時に発生する。意志セーヴに成功することでこれらの効果を減少または無効化することができる。複数の効果を受けても一度しかセーヴを行えず、その結果をすべての効果に対して適用する。

幻惑：クリーチャーは1ラウンドの間アクションを取れなくなるが、しかし身を守ることは通常通りにできる。**セーヴ**：無効。

衰弱：2d4ラウンドの間、クリーチャーの【筋力】が2d6ポイント低下する。**セーヴ**：半減。

麻痺：クリーチャーは1d10分間、麻痺状態となって無防備状態となる。**セーヴ**：麻痺状態の効果は1ラウンドになる。

死：生きているクリーチャーは死亡する。アンデッド・クリーチャーは破壊される。**セーヴ**：無効。セーヴに成功した場合、対象のクリーチャーは代わりに3d6＋術者レベルごとに1ポイント（最大25ポイント）のダメージを受ける。

これらに加えて、術者がこの呪文を発動した時点で自分の出身次元界にいた場合、効果範囲内にいて属性が"悪"でない他次元界クリーチャーは、直ちに各自の出身次元界に退去させられる。このように退去させられたクリーチャーは少なくとも24時間の間、戻ってくることができない。この効果は、そのクリーチャーがブラスフェミイを耳にしたかどうかに関わらず発生する。この退去効果に対しては意志セーヴを（－4のペナルティを受けて）行い、成功すれば無効化することができる。

ヒット・ダイスが術者レベルを超えるクリーチャーには、ブラスフェミイは作用しない。

ブラック・テンタクルズ
Black Tentacles／黒い触手

系統：召喚術（創造）；**呪文レベル**：ウィザード／ソーサラー4
発動時間：1標準アクション
構成要素：音声、動作、物質（オクトパス（タコ）かスクウィッド（イカ）の触手）
距離：中距離（100フィート＋10フィート／レベル）
効果範囲：半径20フィートの拡散
持続時間：1ラウンド／レベル（解除可）
セーヴィング・スロー：不可；**呪文抵抗**：不可

この呪文は一面に弾力を持った黒い触手を出現させ、触手は床から範囲内のすべてのクリーチャーに手を伸ばす。

範囲内のすべてのクリーチャーは、毎ラウンド術者のターンの開始時に、組みつきの戦技判定の対象となる。これにはブラック・テンタクルズを発動したラウンドも含む。効果範囲に進入したクリーチャーも自動的に攻撃される。触手は機会攻撃を誘発しない。触手の戦技ボーナスは、術者レベルを基本攻撃ボーナスとして用い、【筋力】による＋4ボーナスと＋1のサイズ・ボーナスを得る。各ラウンドに1回だけこの判定を行い、この結果を範囲内のすべてのクリーチャーに適用する。

触手の組みつきが成功した敵は1d6＋4ポイントのダメージを受け、組みつき状態になる。組みつかれた敵は最初に組みつきから脱出しなければ移動できない。まず組みつきを解除しない限り、他のあらゆる移動も禁止される。ブラック・テンタクルズは既に組みつきに成功している敵への組みつき判定に＋5のボーナスを得るが、敵を動かすことも押さえ込むこともできない。毎ラウンド組みつき判定が成功するたびに1d6＋4ポイントのダメージを与える。組みつきから脱出するためのブラッ

ク・テンタクルズの戦技防御値は、10＋戦技ボーナスに等しい。

この呪文によって作られた触手はダメージを受けないが、通常通り解呪される。呪文の効果が続く限り、効果範囲内は移動困難な地形だとみなされる。

プラント・グロウス
Plant Growth／植物巨大化

系統：変成術；**呪文レベル**：ドルイド3、レンジャー3
発動時間：1標準アクション
構成要素：音声、動作、信仰
距離：本文参照
目標あるいは効果範囲：本文参照
持続時間：瞬間
セーヴィング・スロー：不可；**呪文抵抗**：不可

　プラント・グロウスは選択したバージョンによって、異なる効果を及ぼす。

　繁茂：この効果は、長距離（400フィート＋40フィート／術者レベル）内の通常の草木（草、イバラ、藪、つる植物、アザミ、樹木、つたなど）を厚く繁茂させる。植物はもつれ合って茂みやジャングルを形成し、クリーチャーが進むには切り払ったり、押し入ったりしなければならない。移動速度は5フィート、サイズが大型以上のクリーチャーなら10フィートに低下する。この呪文が効果を現すには、効果範囲内に藪や木がなければならない。エンタングルやウォール・オヴ・ソーンズなど、すでに植物を強化する呪文や効果の影響を受けている範囲にこの呪文を発動した場合、それらの呪文のDCは4上昇する。このボーナスは**プラント・グロウス**の発動後、1日の間持続する。

　術者の選択で、効果範囲を半径100フィートの円にしたり、半径150フィートの半円にしたり、半径200フィートの四分円にすることもできる。

　術者は、効果範囲内のいくつかの場所に作用しないよう指定することもできる。

　豊穣：この効果は、0.5マイルの距離内の植物を目標とし、次の年の収穫量を通常より1/3だけ多くする。

　プラント・グロウスはディミニッシュ・プランツを相殺する。

　この呪文は植物クリーチャーには効果がない。

プラント・シェイプI
Plant Shape I／植物の姿I

系統：変成術（ポリモーフ）；**呪文レベル**：ウィザード／ソーサラー5
発動時間：1標準アクション
構成要素：音声、動作、物質（変身対象クリーチャーの一部）
距離：自身
目標：術者
持続時間：1分／レベル（解除可）

　この呪文を発動したとき、術者は小型か中型で種別が植物の任意のクリーチャー（パスファインダーRPGベスティアリ参照）の姿をとることができる。術者は、変身対象が持つ能力のうち、以下を得る：暗視60フィート、夜目、締めつけ、つかみ、

毒。変身対象が移動能力を持ってない場合、術者の移動速度は5フィートになり、他のすべての移動能力を失う。変身後の姿が元素に対する脆弱性を持っている場合、術者はその脆弱性を得る。

　小型の植物：小型サイズの植物に変身したなら、【耐久力】に＋2のサイズ・ボーナス、ACに＋2の外皮ボーナスを得る。

　中型の植物：中型サイズの植物に変身したなら、【筋力】に＋2のサイズ・ボーナス、【耐久力】に＋2のサイズ・ボーナス、ACに＋2の外皮ボーナスを得る。

プラント・シェイプII
Plant Shape II／植物の姿II

系統：変成術（ポリモーフ）；**呪文レベル**：ウィザード／ソーサラー6

　プラント・シェイプIと同様に働くが、術者は大型で種別が植物のクリーチャーの姿をとることもできる。変身したクリーチャーが元素への抵抗または完全耐性を持つなら、術者はそれに対する抵抗20を得る。また、元素への脆弱性を持つなら、術者はそれに対する脆弱性を得る。

　大型の植物：大型サイズの植物に変身したなら、【筋力】に＋4のサイズ・ボーナス、【耐久力】に＋2のサイズ・ボーナス、ACに＋4の外皮ボーナスを得る。

プラント・シェイプIII
Plant Shape III／植物の姿III

系統：変成術（ポリモーフ）；**呪文レベル**：ウィザード／ソーサラー7

　プラント・シェイプIIと同様に働くが、術者は超大型で種別が植物のクリーチャーの姿をとることもできる。術者は、変身対象が持つ能力のうち、以下を得る：ダメージ減少、再生5、蹂躙。

　超大型の植物：超大型サイズの植物に変身したなら、【筋力】に＋8のサイズ・ボーナス、【敏捷力】に－2のペナルティ、【耐久力】に＋4のサイズ・ボーナス、ACに＋6の外皮ボーナスを得る。

フリージング・スフィアー
Freezing Sphere／氷結の球体

系統：力術［氷雪］；**呪文レベル**：ウィザード／ソーサラー6
発動時間：1標準アクション
構成要素：音声、動作、焦点（小さな水晶の球体）
距離：長距離（400フィート＋40フィート／レベル）
目標、効果あるいは効果範囲：本文参照
持続時間：瞬間あるいは1ラウンド／レベル；本文参照
セーヴィング・スロー：反応・半減、本文参照；**呪文抵抗**：可

　フリージング・スフィアーは冷気エネルギーからなる凍てつく球体を作り出し、術者はそれを指先から放ち、術者の選んだ場所へと飛ばす。球体はその場所で半径40フィートの爆発となって炸裂し、その範囲内のすべてのクリーチャーに術者レベルごとに1d6（最大15d6）ポイントの［氷雪］ダメージを与える。

（水）の副種別を持つクリーチャーは術者レベルごとに1d8（最大15d8）ポイントの［氷雪］ダメージを受け、1d4ラウンドの間よろめき状態になる。

　フリージング・スフィアーが水塊や主に水から成る液体（これには水に関わりのあるクリーチャーは含まれない）に当たった場合、半径40フィートの液体を、深さ6インチまで凍らせる。この氷は術者レベルごとに1ラウンドの間、持続する。目標になった水の表面で泳いでいたクリーチャーは、氷に閉じ込められる。その状態から自由になろうとする試みは1回の全ラウンド・アクションである。閉じ込められたクリーチャーが自由になるには、DC25の【筋力】判定か〈脱出術〉判定に成功しなければならない。

　呪文発動完了後、術者は望むなら、球体を発射しないでおくことができる。これは、術者がチャージ保持している接触呪文として扱う。術者はレベルごとに1ラウンドまでチャージを保持することができ、この期間の後、**フリージング・スフィアー**は術者を中心に爆発する（この場合、術者はこの効果に抵抗するためにセーヴを行うことはできない）。発動した以降のラウンドに球体を放つのは1標準アクションである。

フリーダム
Freedom／解放

系統：防御術；**呪文レベル**：ウィザード／ソーサラー9
発動時間：1標準アクション
構成要素：音声、動作
距離：近距離（25フィート＋5フィート／2レベル）あるいは本文参照
目標：クリーチャー1体
持続時間：瞬間
セーヴィング・スロー：意志・無効（無害）；**呪文抵抗**：可

　対象は移動を束縛する呪文や効果から解放される。そうした呪文や効果には**インプリズンメント、ウェブ、エンタングル、スリープ、スロー、テンポラル・ステイシス、バインディング、メイズ**、押さえ込み、組みつき、石化、麻痺、朦朧状態が含まれる。クリーチャーを**インプリズンメント**または**メイズ**から解放するには、術者はその者の名前と素性を知っていなければならず、その人物が生き埋めにされた、もしくは**メイズ**に追いやられた場所でこの呪文を発動しなければならない。

フリーダム・オヴ・ムーヴメント
Freedom of Movement／移動の自由

系統：防御術；**呪文レベル**：クレリック4、ドルイド4、バード4、レンジャー4
発動時間：1標準アクション
構成要素：音声、動作、物質（目標に結びつけた革ひも）、信仰
距離：自身あるいは接触
目標：術者あるいは接触したクリーチャー1体
持続時間：10分／レベル
セーヴィング・スロー：意志・無効（無害）；**呪文抵抗**：可（無害）

　この呪文によって、術者か接触したクリーチャーは、呪文の持続時間中、普通なら移動を阻害する魔術の影響下にあってさえも、通常通り移動し攻撃することができるようになる。そうした呪文や効果には**ウェブ、スロー、ソリッド・フォッグ**、麻痺が含まれる。対象への組みつきの戦技判定はすべて自動的に失敗する。目標は組みつきや押さえ込みから逃れるための戦技判定や〈脱出術〉判定に自動的に成功する。

　この呪文はまた、水中でも通常通り移動し、アックスやソードのような斬撃武器、フレイルやハンマーやメイスのような殴打武器でさえも、投擲するのではなく手に持って振るう限りは通常通り攻撃できるようにしてくれる。ただし、**フリーダム・オヴ・ムーヴメント**は水中での呼吸能力を与えるものではない。

ブリード
Bleed／流血

系統：死霊術；**呪文レベル**：クレリック0、ウィザード／ソーサラー0
発動時間：1標準アクション
構成要素：音声、動作
距離：近距離（25フィート＋5フィート／2レベル）
目標：生きているクリーチャー1体
持続時間：瞬間
セーヴィング・スロー：意志・無効；**呪文抵抗**：可

　HPが−1以下だが容態安定状態の生きているクリーチャーを、再び瀕死状態にする。この呪文はHPが−1以下の生きているクリーチャーを対象に発動する。そのクリーチャーは瀕死状態になり、それにより1ラウンドに1ポイントのダメージを受ける。この呪文の後は、通常通り容態安定化することができる。瀕死状態のクリーチャーに対して発動した場合、1ポイントのダメージを与える。

プリズマティック・ウォール
Prismatic Wall／虹色の壁

系統：防御術；**呪文レベル**：ウィザード／ソーサラー8
発動時間：1標準アクション
構成要素：音声、動作
距離：近距離（25フィート＋5フィート／2レベル）
効果：幅4フィート／レベル×高さ2フィート／レベルの壁
持続時間：10分／レベル（解除可）
セーヴィング・スロー：本文参照；**呪文抵抗**：本文参照

　プリズマティック・ウォールは不透明な垂直の壁を作り出す。この壁は多彩な色に輝く光の平面であり、術者をあらゆる攻撃から守る。この壁は七色の光を放ち、そのそれぞれの色が独自の能力と用途を持っている。この壁は動かすことはできない。術者はこの壁を通り抜けたり、その近くにいても害を受けることはない。術者を除き、壁から20フィート以内にいる8HD未満のすべてのクリーチャーは、壁を見た場合、色彩によって2d4ラウンドの間、盲目状態となる。

　この壁の最大サイズは、術者レベルごとに幅4フィート、術

プリズマティック・ウォール

順番	色	色の効果	無効化方法
1	赤	魔法の力のない遠隔武器を止める。20ポイントの［火炎］ダメージを与える（反応・半減）。	コーン・オヴ・コールド
2	橙	魔法の遠隔武器を止める。40ポイントの［強酸］ダメージを与える（反応・半減）。	ガスト・オヴ・ウィンド
3	黄	毒、ガス、石化を止める。80ポイントの［雷撃］ダメージを与える（反応・半減）。	ディスインテグレイト
4	緑	ブレス攻撃を止める。毒（頻度：1／ラウンド（6ラウンド持続）、初期効果：即死、副次効果：1【耐】／ラウンド、治癒：頑健セーヴに2回連続成功）。	パスウォール
5	青	占術と精神攻撃を止める。石化（頑健・無効）。	マジック・ミサイル
6	藍	すべての呪文を止める。意志セーヴに失敗すると狂気に陥る（インサニティ呪文と同様）。	デイライト
7	紫	エネルギーの場がすべての物体と効果を破壊する。★ クリーチャーは他の次元界へ転送される（意志・無効）。	ディスペル・マジック、あるいはグレーター・ディスペル・マジック

★紫の効果は他の6色の効果を重複した冗長なものにしてしまうが、魔法のアイテムの中に一度に1つの色の効果しか生み出さないものがあったり、呪文抵抗によって他の色の効果が及ばなくなることがある（解説参照）ため、他の6色の効果がここに含まれている。

者レベルごとに高さ2フィートである。すでにクリーチャーのいる場所に出現させようとプリズマティック・ウォール呪文を発動した場合、呪文は中断され、無駄になってしまう。

壁の色にはそれぞれ特殊な効果がある。壁の7つの色とその現れる順番、術者を攻撃しようとしたり壁を通り抜けようとするクリーチャーに与える効果、その色を無効化するために必要な魔法は表の通りである。

壁は1色ずつ表に示した順番で、特定の呪文を壁に発動することで破壊できる。しかし、2番目の色に作用を及ぼすためには、まず1番目の色を破壊しておかねばならず、これは他の色についても同様である。ロッド・オヴ・キャンセレイションやメイジズ・ディスジャンクション呪文はプリズマティック・ウォールを破壊するが、アンティマジック・フィールドでは突き破ることはできない。ディスペル・マジックとグレーター・ディスペル・マジックは、他の色がすべて破壊された後に使うことしかできない。呪文抵抗はプリズマティック・ウォールに対しても効果があるが、存在する色それぞれについて、術者レベル判定を繰り返さなければならない。

プリズマティック・ウォールはパーマネンシイ呪文で永続化させることができる。

プリズマティック・スフィアー
Prismatic Sphere／虹色球

系統：防御術；**呪文レベル**：ウィザード／ソーサラー9
構成要素：音声
距離：10フィート
効果：術者を中心にした半径10フィートの球体

プリズマティック・ウォールと同様だが、術者は自分を取り巻きあらゆる攻撃から守ってくれる、多彩な色に輝く不透明な動かすことのできない球体を呼び出す。この球体は可視光のスペクトルのすべての色で輝く。

球体が8HD未満のクリーチャーを盲目状態にする効果は2d4×10分間持続する。

術者はプリズマティック・スフィアーの内外へと移動したり、その近くにいても害を受けずにすむ。しかし、術者が内部にいる場合、この球体を通過して何かを（呪文も含む）投射しようとする試みはすべて妨げられる。術者を攻撃しようとしたり、球体を通りぬけようとするクリーチャーはそれぞれの色の効果を、一度に1つずつ受ける。

術者が球体の中心となるため、通常、下半分は術者の立っている床面でふさがっている。そのため、たいていは球体の上半分の半球のみが存在する。

球体の各色には、プリズマティック・ウォールの色と同様の効果がある。

プリズマティック・スフィアーはパーマネンシイ呪文で永続化させることができる。

プリズマティック・スプレー
Prismatic Spray／虹色のスプレー

系統：力術；**呪文レベル**：ウィザード／ソーサラー7
発動時間：1標準アクション
構成要素：音声、動作
距離：60フィート
効果範囲：円錐形の爆発
持続時間：瞬間
セーヴィング・スロー：本文参照；**呪文抵抗**：可

この呪文を使うと、色とりどりの輝くビームが7つ、術者の手から放たれる。それぞれのビームには異なる能力がある。呪文の効果範囲内にいる8HD以下のクリーチャーは自動的に2d4ラウンドの間、盲目状態となる。効果範囲内のクリーチャーにはそれぞれランダムに1つ以上のビームが当たり、そうしたビームには追加効果がある。

1d8	ビームの色	効果
1	赤	20ポイントの［火炎］ダメージ（反応・半減）
2	橙	40ポイントの［強酸］ダメージ（反応・半減）
3	黄	80ポイントの［雷撃］ダメージ（反応・半減）
4	緑	毒（頻度：1／ラウンド（6ラウンド持続）；初期効果：即死；副次効果：1【耐】／ラウンド；治癒：頑健セーヴに2回連続成功）★
5	青	フレッシュ・トゥ・ストーン（頑健・無効）
6	藍	インサニティ呪文と同様の狂気（意志・無効）
7	紫	他の次元界へ転送される（意志・無効）
8	2つの光線に打たれる	さらに2回ロールする。"8"の目が出ても無視する。

★p.557の『毒』を参照。

ブリンク

Blink／明滅

系統：変成術；**呪文レベル**：ウィザード／ソーサラー3、バード3
発動時間：1標準アクション
構成要素：音声、動作
距離：自身
目標：術者
持続時間：1ラウンド／レベル（解除可）

術者は物質界とエーテル界を"明滅"するように素早く行き来し、ランダムに実体化して現れたり消えたりしているように見える。**ブリンク**には以下のような複数の効果がある。

術者に対する物理的攻撃は50％の失敗確率を受ける。術者は単に不可視状態なのではなくエーテル状態であるため、敵が《無視界戦闘》の特技を持っていても、役には立たない。攻撃がエーテル状態のクリーチャーに命中させられるものであれば、失敗確率は（視認困難による）20％となる。

攻撃側が不可視状態のクリーチャーを見ることができる場合も、失敗確率は20％となる（攻撃側がエーテル状態のクリーチャーを見、なおかつ攻撃を命中させられるなら、失敗確率はない）。同様の理由で、術者の攻撃も20％の失敗確率をうける。なぜなら、時として術者がちょうど攻撃しようとしたその時にエーテル状態になってしまうことがあるためである。

攻撃側が不可視状態かつエーテル状態のクリーチャーを目標にできるのでない限り、**ブリンク**中の術者に個人を目標とする呪文を使用しても、50％の確率で失敗する。同様の理由で、術者自身の呪文も20％の確率でちょうどエーテル界にいる時に発動してしまう。その場合、たいていの呪文は物質界に作用を及ぼすことはできない（ただしエーテル界にある対象には影響する）。

ブリンク中、術者は効果範囲攻撃から半分のダメージしか受けない（エーテル界にまで影響の及ぶものからはすべてのダメージを受ける）。術者は部分的にしか可視状態ではないが、不可視状態とはみなされないため、術者の攻撃に対して対象はACに【敏】ボーナスを加えることができる。術者は不可視状態を知覚できない敵への攻撃ロールに＋2ボーナスを得ることはできる。

術者は物質界にいる間しか落下しないため、落下によるダメージを半分しか受けない。

ブリンク中、術者は固体を通り抜けることができる（しかし見通すことはできない）。固体を5フィート通り抜けるごとに50％の確率で途中で物質化してしまう。そうなった場合、術者は最短距離にある開けた空間に弾き出され、その際に移動した5フィートごとに1d6ポイントのダメージを受ける。

約半分の時間をエーテル界で過ごすため、術者はエーテル状態のクリーチャーを見ることができ、攻撃することもできる。術者は、物質界のクリーチャーに対するのと概ね同じようにエーテル状態のクリーチャーとやりとりをすることができる。

エーテル状態のクリーチャーは不可視状態かつ非実体状態で、上下を含むあらゆる方向に移動できる。非実体クリーチャーであるため、術者は生きているクリーチャーを含む固体を通り抜けて移動できる。

エーテル状態のクリーチャーは物質界の様子を見聞きできるが、すべてが灰色で実体がないような見え方をする。エーテル界から物質界を見聞きする際の視覚と聴覚は60フィートまでに制限される。

［力場］効果と防御術の効果は、通常通り術者に作用する。これらの効果は物質界からエーテル界へと及んでいるが、エーテル界から物質界へと及ぶことはない。エーテル状態のクリーチャーは物質状態のクリーチャーを攻撃できないし、エーテル状態の時に発動した呪文はエーテル界の事物に対してしか影響を与えない。ある種の物質界のクリーチャーや物体はエーテル界に攻撃を行ったり効果を及ぼすことができる。術者以外のエーテル状態のクリーチャーやエーテル界の物体は、実体があるかのように扱う。

ブルズ・ストレングス

Bull's Strength／雄牛の筋力

系統：変成術；**呪文レベル**：ウィザード／ソーサラー2、クレリック2、ドルイド2、パラディン2
発動時間：1標準アクション
構成要素：音声、動作、物質／信仰（雄牛の毛を数本、あるいは糞をひとつまみ）
距離：接触
目標：接触したクリーチャー1体
持続時間：1分／レベル
セーヴィング・スロー：意志・無効（無害）；**呪文抵抗**：可（無害）

対象の力が強くなる。この呪文は【筋力】に＋4の強化ボーナスを与え、近接攻撃ロールと近接攻撃のダメージ・ロール、およびその他の【筋力】修正値を用いる事柄に利益を与える。

マス・ブルズ・ストレングス

Bull's Strength, Mass／集団雄牛の筋力

系統：変成術；**呪文レベル**：ウィザード／ソーサラー6、クレリック6、ドルイド6
距離：近距離（25フィート＋5フィート／2レベル）
目標：クリーチャー1体／レベル、ただしそのうちのどの2体をとっても30フィート以内の距離に収まっていなければならない

この呪文は複数のクリーチャーに作用する以外は**ブルズ・ストレングス**と同様に機能する。

フレア

Flare／閃光

系統：力術［光］；**呪文レベル**：ウィザード／ソーサラー0、ドルイド0、バード0
発動時間：1標準アクション
構成要素：音声
距離：近距離（25フィート＋5フィート／2レベル）

効果：光の爆発
持続時間：瞬間
セーヴィング・スロー：頑健・無効；**呪文抵抗**：可

　このキャントリップは光の爆発を作り出す。術者がクリーチャー1体の目の前で光を炸裂させた場合、そのクリーチャーは頑健セーヴに失敗すると、1分の間、目が眩んだ状態となる。すでに目が眩んだ状態のクリーチャーや、視覚を持たないクリーチャーには**フレア**は作用しない。

プレアー
Prayer／祈祷

系統：心術（強制）［精神作用］；**呪文レベル**：クレリック3、パラディン3
発動時間：1標準アクション
構成要素：音声、動作、信仰
距離：40フィート
効果範囲：術者を中心とした半径40フィートの爆発内の味方と敵すべて
持続時間：1ラウンド／レベル
セーヴィング・スロー：不可；**呪文抵抗**：可

　術者は自分と自分の味方に特別な恩恵をもたらし、敵には不遇をもたらす。術者と術者の味方は攻撃ロール、武器のダメージ・ロール、セーヴ、技能判定に＋1の幸運ボーナスを得て、敵は同じロールに－1のペナルティを受ける。

ブレイク・エンチャントメント
Break Enchantment／魔力破り

系統：防御術；**呪文レベル**：ウィザード／ソーサラー5、クレリック5、バード4、パラディン4
発動時間：1分
構成要素：音声、動作
距離：近距離（25フィート＋5フィート／2レベル）
目標：クリーチャー1体／レベルまで、ただしそのうちのどの2体をとっても30フィート以内の距離に収まっていなければならない
持続時間：瞬間
セーヴィング・スロー：本文参照；**呪文抵抗**：不可

　この呪文は心術、変成術、呪いから犠牲者を解放する。ブレイク・エンチャントメントは持続時間が瞬間の効果さえ逆転させることができる。こうした効果1つごとに、術者はDC（11＋効果の術者レベル）に対して術者レベル判定（1d20＋術者レベル、最大＋15）を行う。成功すれば、そのクリーチャーはその呪文、呪い、または効果から解放される。呪われた魔法のアイテムに対するDCは、呪いのDCと同じ値である。
　ディスペル・マジックまたは**ストーン・トゥ・フレッシュ**で解呪できない呪文の場合、呪文レベルが5以下の呪文のみ**ブレイク・エンチャントメント**で解呪できる。
　効果が永続的な魔法のアイテムによるものだった場合、**ブレイク・エンチャントメント**は被害者をアイテムの効果から解放するだけで、アイテムから呪いを除去することはない。

プレイナー・アライ
Planar Ally／他次元界クリーチャーの友

系統：召喚術（招請）［レッサー・プレイナー・アライの本文参照］；**呪文レベル**：クレリック6
構成要素：音声、動作、物質（1,250GP相当の捧げもの、加えて報酬）、信仰
効果：合計ヒット・ダイスが12までの招請した来訪者1体か2体、出現時には30フィート以内の距離に収まっていなければならない

　レッサー・プレイナー・アライと同様だが、術者はヒット・ダイスが12以下のクリーチャー1体か、ヒット・ダイスの合計が12以下の同種のクリーチャー2体を招請することができる。クリーチャーたちは全体として、術者への協力に同意し、その見返りに報酬を要求する。

グレーター・プレイナー・アライ
Planar Ally, Greater／上級他次元界クリーチャーの友

系統：召喚術（招請）［レッサー・プレイナー・アライの本文参照］；**呪文レベル**：クレリック8
構成要素：音声、動作、物質（2,500GP相当の捧げもの、加えて報酬）、信仰
効果：合計ヒット・ダイスが18までの招請した来訪者3体以内、出現時にはそのうちのどの2体をとっても30フィート以内の距離に収まっていなければならない

　レッサー・プレイナー・アライと同様だが、術者はヒット・ダイスが18以下のクリーチャー1体か、ヒット・ダイスの合計が18以下の同種のクリーチャー3体までを招請することができる。クリーチャーたちは全体として、術者への協力に同意し、その見返りに報酬を要求する。

レッサー・プレイナー・アライ
Planar Ally, Lesser／初級他次元界クリーチャーの友

系統：召喚術（招請）［本文参照］；**呪文レベル**：クレリック4
発動時間：10分
構成要素：音声、動作、物質（500GP相当の捧げもの、加えて報酬、本文参照）、信仰
距離：近距離（25フィート＋5フィート／2レベル）
効果：ヒット・ダイスが6までの招請した来訪者1体
持続時間：瞬間
セーヴィング・スロー：不可；**呪文抵抗**：不可

　この呪文を発動することで、術者は己の信ずる神格に願って、神格の選んだ（ヒット・ダイスが6以下の）来訪者1体を自分の元へ送ってもらう。術者が特定の神格を信仰していない場合、この呪文は、術者と信条とする属性を同じくするクリーチャーが応えてくれる、一般的な請願となる。術者が特定のクリーチャーの名前を知っている場合、術者は呪文発動の間にその名を唱えることで、その個体を呼び求めることもできる（それでも結局、違うクリーチャーが来てしまうことはある）。
　術者はそのクリーチャーに、自分のために1つの仕事をしてくれるよう頼むことができ、そのクリーチャーは見返りに報酬

を要求する。この仕事は単純なものから複雑なものまであり得る。招請したクリーチャーと役務の契約を結ぶには、術者がそのクリーチャーと意思疎通できなくてはならない。

　招請したクリーチャーは、自分がする役務に報酬を要求する。この報酬は、そのクリーチャーと関わりのある寺院に金銭や魔法のアイテムを寄付することから、直接そのクリーチャーに贈り物を与えることや、その他、術者が行う何らかのアクションでそのクリーチャーの属性や目的に合致したもので、さまざまな形をとり得る。いずれにせよ、この報酬は、そのクリーチャーが役務を行うのに同意する前に支払わねばならない。契約には少なくとも1ラウンドかかるため、そのクリーチャーが行うアクションはどんなものであれ、到着した次のラウンド以降に始まる。

　術者レベルごとに1分までしかかからない仕事の場合、招請したクリーチャーのヒット・ダイスごとに100GPの報酬が必要である。術者レベルごとに1時間までかかる仕事の場合、クリーチャーはヒット・ダイスごとに500GPの報酬を要求する。術者レベルごとに1日までの長期にわたる仕事の場合、ヒット・ダイスごとに1,000GPの報酬を要求する。

　危険のない仕事であれば上記の額の半分しか要求しないが、特に危険な仕事の場合、これより高額の報酬を要求することもある。自殺的と感じる仕事を受け入れるクリーチャーはまずいない（招来されたクリーチャーと異なり、招請されたクリーチャーは実際に死んでしまうことに注意）。しかし、その仕事が招請されたクリーチャーの価値観や信念に非常に合致する場合、返礼を半額にしたり、まったく要求しないことにしてもよい。

　仕事が終わるか、契約期間が終了すれば、クリーチャーは（適切かつ可能ならば、術者に報告を行った後）出身次元界に戻る。

　注：術者が地、水、火、風、善、悪、秩序または混沌の副種別を有するクリーチャーを招請するために使用すると、招請呪文はその種類の補足説明の呪文となる。

プレイナー・バインディング
Planar Binding／他次元界クリーチャー拘束

系統：召喚術（招請）［レッサー・プレイナー・バインディングの本文参照］；**呪文レベル**：ウィザード／ソーサラー6
構成要素：音声、動作
目標：合計ヒット・ダイスが12までのエレメンタルあるいは来訪者3体以内、出現時にはそのうちのどの2体をとっても30

フィート以内の距離に収まっていなければならない

　レッサー・プレイナー・バインディングと同様だが、術者はヒット・ダイスが12以下のクリーチャー1体か、ヒット・ダイスの合計が12以下の同種のクリーチャー3体までを招請することができる。クリーチャーはそれぞれセーヴを行うことができ、それぞれ独立に逃れようと試み、術者はそれぞれ別々に手助けしてくれるよう説得しなければならない。

グレーター・プレイナー・バインディング
Planar Binding, Greater／上級他次元界クリーチャー拘束

系統：召喚術（招請）［レッサー・プレイナー・バインディングの本文参照］；**呪文レベル**：ウィザード／ソーサラー8

構成要素：音声、動作

目標：合計ヒット・ダイスが18までのエレメンタルあるいは来訪者3体以内、出現時にはそのうちのどの2体をとっても30フィート以内の距離に収まっていなければならない

　レッサー・プレイナー・バインディングと同様だが、術者はヒット・ダイスが18以下のクリーチャー1体か、ヒット・ダイスの合計が18以下の同種のクリーチャー3体までを招請することができる。クリーチャーはそれぞれセーヴを行うことができ、それぞれ独立に逃れようと試み、術者はそれぞれ別々に手助けしてくれるよう説得しなければならない。

レッサー・プレイナー・バインディング
Planar Binding, Lesser／初級他次元界クリーチャー拘束

系統：召喚術（招請）［本文参照］；**呪文レベル**：ウィザード／ソーサラー5

発動時間：10分

構成要素：音声、動作

距離：近距離（25フィート＋5フィート／2レベル）；本文参照

目標：ヒット・ダイスが6までのエレメンタルあるいは来訪者1体

持続時間：瞬間

セーヴィング・スロー：意志・無効；**呪文抵抗**：不可および可；本文参照

　この呪文の発動は危険な行為の試みである。特別に用意した罠の中へ別の次元界からクリーチャーを招き寄せるのであり、罠は呪文の距離内になければならない。招請されたクリーチャーは自由と引き替えに1つの仕事を行うことに同意するまで、この罠の中に捕らわれたままとなる。

　罠を作るには、術者は内向きの効果を持たせたマジック・サークル呪文を使用しなければならない。術者は拘束しようとするクリーチャーの種類を知り、それを宣言しなければならない。特定の個体を招請しようとするなら、術者は呪文発動の際にその個体の正しい名前を使用しなければならない。

　目標のクリーチャーは意志セーヴを行うことができる。このセーヴに成功すれば、クリーチャーは呪文に抵抗する。このセーヴに失敗すると、クリーチャーは即座に罠へと引き寄せられる（呪文抵抗によってクリーチャーが招請されないことはない）。そのクリーチャーは術者の術者レベル判定に対して呪文抵抗に成功するか、異次元移動をするか、【魅力】判定（DC15＋術者レベルの半分＋術者の【魅力】修正値）に成功すれば、この罠から逃れることができる。捕らわれたクリーチャーは毎日それぞれの方法を1回ずつ試すことができる。脱出することができれば、そのクリーチャーは逃げるか、術者を攻撃するかする。クリーチャーにディメンジョナル・アンカーを発動すれば、異次元移動による脱出を妨げることができる。術者はこの罠をより厳重なものとするために招請の魔法陣（マジック・サークル・アゲンスト・イーヴルを参照）を用いることもできる。

　クリーチャーが罠から脱出できない場合、術者は望むだけ長い間、そのクリーチャーを拘束しておくことができる。術者はクリーチャーに、やらせたい仕事の内容を説明し、恐らくは何らかの報酬を持ちかけることで1つの仕事をむりやりやらせようとすることができる。術者はクリーチャーの【魅力】判定と対抗して【魅力】判定を行う。この判定には、仕事と報酬の内容に基づいて±0〜＋6のボーナスがある。クリーチャーがこの対抗判定に勝ったら、クリーチャーはその仕事をすることを拒否する。24時間ごとに新しい申し出や贈賄などを行ったり、古い申し出を繰り返したりできる。こうした過程は、クリーチャーが仕事することを約束するか、脱出するか、あるいは術者が他のいずれかの呪文でそのクリーチャーを追い払おうと決心するまで何度でも行うことができる。不可能な要求や理不尽な命令にクリーチャーが同意することはない。術者が【魅力】判定のダイスの目で1を出してしまった場合、クリーチャーは呪文の効果から解き放たれ、逃げるか術者を攻撃することができる。

　要求した仕事が完遂されたら、クリーチャーは術者に報告するだけで、即座に自分のいたところへと送り返される。そのクリーチャーが後日、復讐しようとすることもある。クリーチャー自身の行動のみでは完了できない終わりのない仕事を術者が割り当てた場合、この呪文は最大で術者レベルごとに1日の間、効果が持続し、クリーチャーは直ちに自由になる機会を得る（罠にかかった時と同様の抵抗する機会を得る）。抜け目のない対象はある種の指示を出し抜くことができることに注意。

　注：術者が地、水、火、風、善、悪、秩序または混沌の副種別を有するクリーチャーを招請するために使用すると、招請呪文はその種類の補足説明の呪文となる。

フレイミング・スフィアー
Flaming Sphere／火炎の球

系統：力術［火炎］；**呪文レベル**：ウィザード／ソーサラー2、ドルイド2

発動時間：1標準アクション

構成要素：音声、動作、物質／信仰（獣脂、硫黄、鉄粉）

距離：中距離（100フィート＋10フィート／レベル）

効果：直径5フィートの球形

持続時間：1ラウンド／レベル

セーヴィング・スロー：反応・無効；**呪文抵抗**：可

　燃え上がる炎の球体が術者の指し示す方向へ転がって行き、当たればその相手を焼き焦がす。この球体は1ラウンドに30

フィート移動する。また、この移動の一部として、30フィートまで跳び上がって目標にぶつかることができる。クリーチャーの接敵面に球体が入り込んだ場合、そのラウンドの間は移動を止め、そのクリーチャーに3d6ポイントの[火炎]ダメージを与えるが、反応セーヴに成功することでこのダメージを無効化できる。**フレイミング・スフィアー**は高さ4フィート未満の障害物を乗り越えることができる。この球体は触れた可燃物を発火させ、松明と同じ範囲を照らす。

術者が積極的に指示する限り、球体は移動する（術者にとっては移動アクションとなる）。そうしない場合、動かずその場に留まって燃え続ける。その大きさの普通の火を消せる手段ならどんなものでも、この球体の火も消すことができる。球体の表面はスポンジのように押せばへこむ程度の柔らかさなので、炎によるダメージ以外のダメージを与えることはない。同意しないクリーチャーをむりやり押しのけたり、大きな障害物を倒したりすることはできない。**フレイミング・スフィアー**は呪文の距離外へ出ると消滅してしまう。

フレイム・アロー
Flame Arrow／炎の矢

系統：変成術[火炎]；**呪文レベル**：ウィザード／ソーサラー3
発動時間：1標準アクション
構成要素：音声、動作、物質（油一滴と火打ち石のかけら）
距離：近距離（25フィート＋5フィート／2レベル）
目標：矢弾50個、ただし発動時にはそれらの矢弾すべてが一緒になっていなければならない
持続時間：10分／レベル
セーヴィング・スロー：不可；**呪文抵抗**：不可

この呪文は術者が（アローやクロスボウ・ボルト、シュリケン、スリング・ブリットなどの）矢弾を炎の矢弾に変えることができるようにする。命中すれば、矢弾は目標に追加で1d6ポイントの[火炎]ダメージを与える。炎をまとった矢弾は可燃物や燃えやすい構造物を簡単に発火させることができるが、命中したクリーチャーに着火することはない。

フレイム・ストライク
Flame Strike／業火の一撃

系統：力術[火炎]；**呪文レベル**：クレリック5、ドルイド4
発動時間：1標準アクション
構成要素：音声、動作、信仰
距離：中距離（100フィート＋10フィート／レベル）
効果範囲：円筒形（半径10フィート、高さ40フィート）
持続時間：瞬間
セーヴィング・スロー：反応・半減；**呪文抵抗**：可

フレイム・ストライクは信仰の力を帯びた垂直の炎の柱を呼び出す。この呪文は術者レベルごとに1d6（最大15d6）ポイントのダメージを与える。このダメージの半分は[火炎]ダメージだが、残りは信仰の力から直接与えられたものであるため、後者のダメージが[火炎]攻撃への抵抗によって減少することはない。

フレイム・ブレード
Flame Blade／炎の刃

系統：力術[火炎]；**呪文レベル**：ドルイド2
発動時間：1標準アクション
構成要素：音声、動作、信仰
距離：0フィート
効果：剣のようなビーム
持続時間：1分／レベル（解除可）
セーヴィング・スロー：不可；**呪文抵抗**：可

術者の手から灼熱の炎が噴きだし、長さ3フィートの輝くビームとなる。術者は剣に似たこのビームをシミターであるかのように振るうことができる。**フレイム・ブレード**による攻撃は近接接触攻撃である。この刃は1d8＋術者レベル2レベルごとに1（最大＋10）ポイントの[火炎]ダメージを与える。この刃は実体がないため、術者の【筋力】修正値はこのダメージに適用されない。**フレイム・ブレード**は羊皮紙や藁、乾いた木の棒や布のような可燃物を発火させることができる。

プレイン・シフト
Plane Shift／次元界転移

系統：召喚術（瞬間移動）；**呪文レベル**：ウィザード／ソーサラー7、クレリック5
発動時間：1標準アクション
構成要素：音声、動作、焦点（移動先の次元界向けに調整した二股の金属棒）
距離：接触
目標：接触したクリーチャー、あるいは、互いに手をつないだ同意するクリーチャー8体まで
持続時間：瞬間
セーヴィング・スロー：意志・無効；**呪文抵抗**：可

術者は自分自身や、他の何体かのクリーチャーを他の次元界や異次元に移動させる。何人かの同意する人物が手をつないで輪を作るなら、**プレイン・シフト**は同時に8人までに作用することができる。意図した次元界上の特定の到着地点へ正確に転移することはまず不可能である。術者は物質界から他のどの次元界へも行くことができるが、意図した目的地から5〜500（5d%）マイルのところに現れる。**プレイン・シフト**はクリーチャーを瞬時に転移し、終了する。帰ろうとするなら、そのクリーチャーは別の方法を見つける必要がある（**プレイン・シフト**の再度の発動を含む）。

ブレード・バリアー
Blade Barrier／刃の障壁

系統：力術[力場]；**呪文レベル**：クレリック6
発動時間：1標準アクション
構成要素：音声、動作
距離：中距離（100フィート＋10フィート／レベル）
効果：多数の旋回する刃でできた長さ20フィート／レベルまでの壁、あるいは多数の旋回する刃でできた半径5フィート／2レベルまでの環状の壁；どちらも高さ20フィート

持続時間：1分／レベル（解除可）

セーヴィング・スロー：反応・半減あるいは反応・無効；本文参照；**呪文抵抗**：可

　純粋な力場から成る多数の旋回する刃でできた、移動しない垂直のカーテンが発生する。この壁を通り抜けたクリーチャーは術者レベルごとに1d6（最大15d6）ポイントのダメージを受ける。反応セーヴに成功すればこのダメージを半減できる。

　すでにクリーチャーのいる場所にこの障壁を呼び出した場合、そうしたクリーチャーは壁を通り抜けた場合と同様に、それぞれダメージを受ける。そうしたクリーチャーはそれぞれ、反応セーヴに成功することで、壁を避け（いずれか好きな側に抜け）、ダメージを受けずに済ませることができる。

　ブレード・バリアーは、それを通り抜けて為される攻撃に対して、遮蔽（ACに＋4のボーナス、反応セーヴに＋2のボーナス）を提供する。

ブレス
Bless／祝福

系統：心術（強制）［精神作用］；**呪文レベル**：クレリック1、パラディン1

発動時間：1標準アクション

構成要素：音声、動作、信仰

距離：50フィート

効果範囲：術者、および術者を中心にした50フィートの爆発内にいるすべての味方

持続時間：1分／レベル

セーヴィング・スロー：不可；**呪文抵抗**：可（無害）

　ブレスは術者の味方の心を勇気で満たす。味方はそれぞれ、攻撃ロールと［恐怖］効果に対するセーヴに＋1の士気ボーナスを得る。

　ブレスはベインを相殺し、解呪する。

ブレス・ウェポン
Bless Weapon／武器祝福

系統：変成術；**呪文レベル**：パラディン1

発動時間：1標準アクション

構成要素：音声、動作

距離：接触

目標：接触した武器1つ

持続時間：1分／レベル

セーヴィング・スロー：不可；**呪文抵抗**：不可

　この変成術は1つの武器を、悪の属性を持つ敵に対して正確無比な一撃を与えられるものにする。悪の属性のクリーチャーのダメージ減少を無視したり、悪の属性の非実体クリーチャーに命中させたりする際に、この武器は＋1の強化ボーナスを持つものとして扱われる（実際の強化ボーナスを与えるわけではない）。加えて、武器は善属性となり、ある種のクリーチャーのダメージ減少を無視することができる（この効果は、その武器が持つ他のすべての属性を上書きし、抑止する）。1本ずつならアローやボルトに効果を及ぼすこともできるが、この呪文

の効果を受けた射出武器（ボウなど）から撃ち出される矢弾には呪文の恩恵は与えられない。

　加えて、悪の属性を持つ敵に対するクリティカル確定ロールはすべて自動的に成功となる。したがって、クリティカル可能状態となった攻撃は、すべてクリティカル・ヒットとなる。この効果は、**キーン**能力を持つ武器や**ヴォーパル**能力を持つソードなど、クリティカル・ヒットに関係のある魔法効果をすでに持っている武器には適用されない。

ブレス・ウォーター
Bless Water／水の祝福

系統：変成術［善］；**呪文レベル**：クレリック1、パラディン1

発動時間：1分

構成要素：音声、動作、物質（銀の粉末5ポンドぶん（25GP相当））

距離：接触

目標：接触したビンの水

持続時間：瞬間

セーヴィング・スロー：意志・無効（物体）；**呪文抵抗**：可（物体）

　この変成術は、ビン1本（1パイント＝0.473リットル）の水に正のエネルギーを吹き込み、聖水（p.166参照）に変える。

ブレス・オヴ・ライフ
Breath of Life／命の息吹

系統：召喚術（治癒）；**呪文レベル**：クレリック5

発動時間：1標準アクション

構成要素：音声、動作

距離：接触

目標：接触したクリーチャー1体

持続時間：瞬間

セーヴィング・スロー：意志・無効（無害）または意志・半減、本文参照；**呪文抵抗**：可（無害）または可、本文参照

　この呪文は5d8＋1／術者レベル（最大＋25）ポイントのダメージを回復させる。

　他のダメージを回復させる呪文とは異なり、この呪文によって死亡した直後のクリーチャーを蘇生することができる。死亡状態となって1ラウンド以内にクリーチャーに発動した場合、この呪文による回復をそのクリーチャーに適用する。回復後のHPが【耐久力】の負の値を上回ったなら、そのクリーチャーは蘇生され、容態安定状態となる。回復後のHPが【耐久力】の負の値と同じか下回ったなら、そのクリーチャーは死亡したままである。**ブレス・オヴ・ライフ**によって蘇生されたクリーチャーは、1日の間、一時的な負のレベルを1レベル得る。

　［即死］効果によって殺されたクリーチャーを**ブレス・オヴ・ライフ**で蘇生することはできない。

　他の治癒呪文のように、**ブレス・オヴ・ライフ**はアンデッドに対して回復するのではなくダメージを与え、それらを生き返らせることはできない。

プレスティディジテイション
Prestidigitation／奇術

系統：総合術；**呪文レベル**：ウィザード／ソーサラー0、バード0

発動時間：1標準アクション

構成要素：音声、動作

距離：10フィート

目標、効果あるいは効果範囲：本文参照

持続時間：1時間

セーヴィング・スロー：本文参照；**呪文抵抗**：不可

　プレスティディジテイションは、初心者の呪文の使い手が練習のために使う簡単な技である。一度発動すると、術者はプレスティディジテイション呪文によって1時間の間、簡単な魔法の効果を起こすことができるようになる。この効果は簡単なもので、厳しい制限がある。プレスティディジテイションによって1ポンドの物質をゆっくりと持ち上げることができる。毎ラウンド、一辺1フィートの立方体に収まるアイテムに色をつけたり、きれいにしたり、汚したりできる。1ポンドの命を持たない物質を冷やしたり、暖めたり、匂いをつけたりできる。ダメージを与えたり、呪文の使い手の精神集中に作用を及ぼすことはできない。プレスティディジテイションは小さな物体を作り出すことができるが、それらは粗雑で作り物めいて見える。プレスティディジテイション呪文によって作り出された物質は極めて壊れやすく、道具、武器、あるいは呪文の構成要素として使うことはできない。最後に、プレスティディジテイションは他のいかなる呪文の効果を再現する力も持たない。物体に対する（単に移動させたり、きれいにしたり、汚したりする以上の）いかなる実際の変化も、1時間しか持続しない。

フレッシュ・トゥ・ストーン
Flesh to Stone／肉を石に

系統：変成術；**呪文レベル**：ウィザード／ソーサラー6

発動時間：1標準アクション

構成要素：音声、動作、物質（石灰、水、土）

距離：中距離（100フィート＋10フィート／レベル）

目標：クリーチャー1体

持続時間：瞬間

セーヴィング・スロー：頑健・無効；**呪文抵抗**：可

　対象と対象が運搬している所持品はすべて、意識を持たず自ら動くこともない石像に変わる。この呪文によって作られた石像が壊されたりダメージを受けた場合、その対象は（石像から本来の状態に戻ることがあれば）同様のダメージや身体の欠損を受ける。クリーチャーは死亡状態ではないが、**デスウォッチ**のような呪文で見た場合、生きているようには見えない。

　この呪文は肉の体を持つクリーチャーにのみ作用する。

フローティング・ディスク／浮遊盤
Floating Disk／浮遊盤

系統：力術［力場］；**呪文レベル**：ウィザード／ソーサラー1

発動時間：1標準アクション

構成要素：音声、動作、物質（水銀一滴）

距離：近距離（25フィート＋5フィート／2レベル）

効果：直径3フィートの円盤状の力場

持続時間：1時間／レベル

セーヴィング・スロー：不可；**呪文抵抗**：不可

　術者はわずかにくぼんだ円盤状の力場を作り出す。この円盤は術者に付き従い、荷物を運んでくれる。この円盤は直径3フィートで、中央部の深さは1インチである。術者レベルごとに100ポンドの重量を運ぶことができる。液体を運ぶために使えば、2ガロン（7.57リットル）の容量がある。この円盤は常に地上約3フィートのところに浮かび、水平を保つ。呪文の距離内で水平に浮遊し、毎ラウンド、術者の通常の移動速度までの速度で術者に付き従う。特に指定されない限り、それ自身と術者の間に常に5フィートの間隔を保つ。呪文の持続時間が切れれば円盤は消滅する。また、円盤は術者が呪文の距離外に移動した場合や、円盤を下の床面から3フィートより離そうとした場合も消滅してしまう。円盤が消滅すると、それが支えていたものはすべて下の床に落下する。

プログラムド・イメージ
Programmed Image／条件作動虚像

系統：幻術（虚像）；**呪文レベル**：ウィザード／ソーサラー6、バード6

構成要素：音声、動作、焦点（羊毛と25GP相当のジェイド（翡翠）の粉末）

効果：一辺20フィートの立方体＋一辺10フィートの立方体の区画1個ぶん／レベルまで広げられる視覚的な虚像（自在）

持続時間：作動するまでは永続、作動後は1ラウンド／レベル

　サイレント・イメージと同様だが、この呪文の虚像は特定の条件がみたされた時に起動する。この虚像は視覚、聴覚、嗅覚、温度の要素を含んでおり、他人が理解できる言葉を含めることもできる。

　術者は呪文の発動時に作動条件（特別な言葉でもよい）を設定する。この幻術を作動させるできごとは、術者の望むようにどれだけ漠然としたものにも限定された詳細なものにもできるが、聴覚、触覚、嗅覚、または視覚に基づくものでなくてはならない。作動条件は属性のような、通常は明白に知覚できない性質に基づくものであってはならない。このような作動条件についての詳細は**マジック・マウス**を参照。

プロジェクト・イメージ
Project Image／幻像投影

系統：幻術（操影）；**呪文レベル**：ウィザード／ソーサラー7、バード6

発動時間：1標準アクション

構成要素：音声、動作、物質（5GP相当の術者自身の小さなレプリカ）

距離：中距離（100フィート＋10フィート／レベル）

効果：影でできた複製1体

持続時間：1ラウンド／レベル（解除可）

セーヴィング・スロー：意志・看破（やりとりがあった場合）；
呪文抵抗：不可

　術者は影界から引き出したエネルギーを用いて、半ば実在する術者自身の幻を作り出すことができる。この投影幻像は術者とまったく同じ外見、声、匂いを持っているが、実体はない。この投影幻像は、術者が違う行動をするよう指示しない限り（移動アクション）、術者の行動（会話も含む）を真似る。

　術者はあたかも自分が投影幻像の立っている場所にいるかのように、その目を通して見たり、その耳を通して聞くことができる。そして自分のターンの間に、フリー・アクションにより、自分の目や耳で見聞きするようにしたり、逆に幻像の目や耳を通して見聞きするように切り替えることができる。幻像の知覚を使用している間、術者自身の肉体は盲目状態かつ聴覚喪失状態であるとみなされる。

　術者が望めば、自分が発動する距離が“接触”かそれ以上の呪文を、自分ではなく投影幻像を起点として発動することができる。幻術呪文をのぞけば、投影幻像が自分自身に呪文を発動することはできない。投影幻像を起点にした場合でも、呪文は他の目標に対して通常通り作用する。

　物体は意志セーヴに成功したかのように、投影幻像の作用を受ける。術者は常に投影幻像との間に効果線を維持していなければならない。効果線が遮られれば、呪文は終了する。術者が**ディメンジョン・ドア、テレポート、プレイン・シフト**、あるいはそれに類する一瞬であっても効果線を切ってしまう呪文を使用した場合、この呪文は終了する。

プロテクション・フロム・アローズ
Protection from Arrows／矢弾からの保護

系統：防御術；**呪文レベル**：ウィザード／ソーサラー2
発動時間：1標準アクション
構成要素：音声、動作、焦点（亀の甲羅ひとかけら）
距離：接触
目標：接触したクリーチャー1体
持続時間：1時間／レベル、あるいはチャージ消費まで
セーヴィング・スロー：意志・無効（無害）；**呪文抵抗**：可（無害）

　この呪文によって守られたクリーチャーは遠隔武器への抵抗力を得る。対象は遠隔武器に対する“ダメージ減少10／魔法”を得る。この呪文によって、同様のダメージ減少を持つクリーチャーに対してダメージ減少を無視してダメージを与える能力を得ることはない。合計で術者レベルごとに10（最大100）ポイントのダメージを防いでしまうと、この呪文はチャージ消費される。

プロテクション・フロム・イーヴル
Protection from Evil／悪からの保護

系統：防御術［善］；**呪文レベル**：ウィザード／ソーサラー1、クレリック1、パラディン1
発動時間：1標準アクション
構成要素：音声、動作、物質／信仰
距離：接触
目標：接触したクリーチャー1体
持続時間：1分／レベル（解除可）
セーヴィング・スロー：意志・無効（無害）；**呪文抵抗**：不可；本文参照

　この呪文は、悪のクリーチャーによる攻撃、精神制御、招来されたクリーチャーから対象を守る。この呪文は対象の周囲1フィートの距離に魔法の障壁を作り出す。この障壁は対象と共に移動し、主な効果が3つある。

　第一に、対象はACに＋2の反発ボーナス、セーヴに＋2の抵抗ボーナスを得る。この2つのボーナスは、悪のクリーチャーが行った攻撃や悪のクリーチャーが生み出した効果に対して適用される。

　第二に、目標はクリーチャーに取り憑いたり精神支配を行う呪文や効果（心術（強制）や心術（魅惑）のうち、**チャーム・パースン、コマンド、ドミネイト・パースン**などを含む）に対抗するセーヴをもう一度即座に行うことができる（最初にセーヴが可能な効果ならば）。このセーヴは一度目と同じDCを用いるが、＋2の士気ボーナスを得る。セーヴに成功したなら、それらの効果はこの呪文が続く限り抑止される。この呪文の持続時間が終わったとき、それらの効果は再開する。また、目標は、この呪文の影響下にある限り、取り憑いたり精神支配を行おうとする新たな試みに対して完全耐性を持つ。この呪文は（**ゴースト**や**マジック・ジャー**を使用している術者などが）命そのものをコントロールすることは妨げないが、目標の肉体をコントロールすることは防ぐ。この第二の効果は、悪のクリーチャーや物体による呪文や効果にのみ働く。これはGM判断による。

　第三に、この呪文は招来されたクリーチャーによる肉体的な接触を妨げる。このため、そうしたクリーチャーの肉体武器による攻撃は失敗し、そうした攻撃に対象への接触が必要であれば、そうしたクリーチャーはひるんで後ずさる。招来された悪ではないクリーチャーはこの効果に対して完全耐性がある。この呪文によって守られたクリーチャーが招来されたクリーチャーを攻撃したり、障壁を押しつけようとした場合、招来されたクリーチャーからの肉体的な接触に対する防御は終了する。呪文抵抗によって、他のクリーチャーはこの防御を無視しこの呪文に守られたクリーチャーに触れることができる可能性がある。

プロテクション・フロム・エナジー
Protection from Energy／エネルギーからの保護

系統：防御術；**呪文レベル**：ウィザード／ソーサラー3、クレリック3、ドルイド3、レンジャー2
発動時間：1標準アクション
構成要素：音声、動作、信仰
距離：接触
目標：接触したクリーチャー1体
持続時間：10分／レベル、あるいはチャージ消費まで
セーヴィング・スロー：頑健・無効（無害）；**呪文抵抗**：可（無害）

プロテクション・フロム・エナジーは、術者が発動時に選択した1種類のエネルギー（[音波]、[火炎]、[強酸]、[雷撃]、または[氷雪]）に対する一時的な完全耐性を与える。術者レベルごとに12ポイント（最大で10レベルにおける120ポイント）のエネルギー・ダメージを軽減したら、この呪文はチャージ消費される。

　プロテクション・フロム・エナジーはレジスト・エナジーと重複してしまう（つまり、効果が累積しない）。あるキャラクターがプロテクション・フロム・エナジーとレジスト・エナジーによって守られている場合、力を使い尽くすまではプロテクション・フロム・エナジーがダメージを軽減する。

プロテクション・フロム・グッド
Protection from Good／善からの保護

系統：防御術[悪]；**呪文レベル**：ウィザード／ソーサラー1、クレリック1

　プロテクション・フロム・イーヴルと同様だが、反発ボーナスと抵抗ボーナスは善のクリーチャーからの攻撃に適用される。対象は善のクリーチャーによる支配に対してもう一度セーヴを行うことができ、招来された善のクリーチャーは対象に接触できない。

プロテクション・フロム・ケイオス
Protection from Chaos／混沌からの保護

系統：防御術[秩序]；**呪文レベル**：ウィザード／ソーサラー1、クレリック1、パラディン1

　プロテクション・フロム・イーヴルと同様だが、反発ボーナスと抵抗ボーナスは混沌のクリーチャーからの攻撃に適用される。対象は混沌のクリーチャーによる支配に対してもう一度セーヴを行うことができ、招来された混沌のクリーチャーは対象に接触できない。

プロテクション・フロム・スペルズ
Protection from Spells／呪文よりの保護

系統：防御術；**呪文レベル**：ウィザード／ソーサラー8
発動時間：1標準アクション
構成要素：音声、動作、物質（500GP相当のダイアモンド）、焦点（対象1体ごとに1,000GP相当のダイアモンド1つ。各対象は呪文の持続時間の間、この宝石を持っていなければならない。対象が宝石を失った場合、この呪文はその対象には作用しなくなる）
距離：接触
目標：接触したクリーチャー1体／4レベルまで
持続時間：10分／レベル
セーヴィング・スロー：意志・無効（無害）；**呪文抵抗**：可（無害）

　対象は呪文および擬似呪文能力に対するセーヴに＋8の抵抗ボーナスを得る（しかし、超常能力や変則的能力に対するボーナスを得ることはない）。

プロテクション・フロム・ロー
Protection from Law／秩序からの保護

系統：防御術[混沌]；**呪文レベル**：ウィザード／ソーサラー1、クレリック1

　プロテクション・フロム・イーヴルと同様だが、反発ボーナスと抵抗ボーナスは秩序のクリーチャーからの攻撃に適用される。対象は秩序のクリーチャーによる支配に対してもう一度セーヴを行うことができ、招来された秩序のクリーチャーは対象に接触できない。

プロデュース・フレイム
Produce Flame／火炎作成

系統：力術[火炎]；**呪文レベル**：ドルイド1
発動時間：1標準アクション
構成要素：音声、動作
距離：0フィート
効果：術者の掌の中の炎
持続時間：1分／レベル（解除可）
セーヴィング・スロー：不可；**呪文抵抗**：可

　松明と同じ明るさの炎が術者の開いた手の中に現れる。この炎は術者にも術者の装備にも害を与えることはない。

　照明となるのに加え、この炎は投げたり、敵に触れて使用することもできる。術者は敵に近接接触攻撃で命中させ、1d6＋術者レベルごとに1（最大＋5）ポイントの[火炎]ダメージを与えることができる。または、術者はこの炎を投擲武器として120フィートの距離まで投げることができる。その場合、術者は（射程ペナルティなしで）遠隔接触攻撃によって攻撃し、近接攻撃の時と同様のダメージを与える。術者がこの炎を投げると、即座に新しい炎が術者の手の中に現れる。一回攻撃するごとに残り持続時間が1分ずつ減ってゆく。攻撃することで残り持続時間が0分以下になれば、この呪文はその攻撃を解決した後に終了する。

　この呪文は水の中では働かない。

ベアズ・エンデュアランス
Bear's Endurance／熊の耐久力

系統：変成術；**呪文レベル**：ウィザード／ソーサラー2、クレリック2、ドルイド2、レンジャー2
発動時間：1標準アクション
構成要素：音声、動作、物質／信仰（ベア（熊）の少々の毛、または一摘みの糞）
距離：接触
目標：接触したクリーチャー1体
持続時間：1分／レベル
セーヴィング・スロー：意志・無効（無害）；**呪文抵抗**：可

　この呪文の作用を受けたクリーチャーは高い生命力とスタミナを得る。この呪文は対象に【耐久力】への＋4強化ボーナスを与え、それによってHP、頑健セーヴ、【耐久力】判定などに通常通りの利益を与える。【耐久力】の値が一時的に上昇したことで得られるHPは一時的HPではない。こうしたHPは対象

の【耐久力】が本来の値に戻る際に失われる。一時的HPのように優先して失われることはない。

マス・ベアズ・エンデュアランス
Bear's Endurance, Mass／集団熊の耐久力
系統：変成術；**呪文レベル**：ウィザード／ソーサラー6、クレリック6、ドルイド6
距離：近距離（25フィート＋5フィート／2レベル）
目標：クリーチャー1体／レベル、ただしそのうちのどの2体をとっても30フィート以内の距離に収まっていなければならない

　マス・ベアズ・エンデュアランスはベアズ・エンデュアランスと同様に機能するが、複数のクリーチャーに作用する。

ヘイスト
Haste／加速
系統：変成術；**呪文レベル**：ウィザード／ソーサラー3、バード3
発動時間：1標準アクション
構成要素：音声、動作、物質（甘草の根を削ったもの）
距離：近距離（25フィート＋5フィート／2レベル）
目標：クリーチャー1体／レベル、ただしそのうちのどの2体をとっても30フィート以内の距離に収まっていなければならない
持続時間：1ラウンド／レベル
セーヴィング・スロー：頑健・無効（無害）；**呪文抵抗**：可（無害）

　この変成術をかけられたクリーチャーは、通常より速く動き速く行動する。この速さの上昇には複数の効果がある。

　全力攻撃アクションを行う場合、**ヘイスト**の対象となったクリーチャーは、1つの肉体武器または人工的武器による追加攻撃を1回行うことができる。この攻撃にはそのクリーチャーの最大の基本攻撃ボーナスを用い、現在の状況で適用されるすべての修正を適用する（この効果は、**スピード**能力のある武器など、同様の効果をもたらす他の効果とは累積しない。また、この効果は追加のアクションを与えるものではない。したがって、2度目の呪文を発動するなど、この呪文の効果を利用してあるラウンドに追加のアクションを行うことはできない）。

　この呪文の対象となったクリーチャーは、攻撃ロールに＋1のボーナスを、またACと反応セーヴに＋1の回避ボーナスを受ける。ACへの【敏捷力】ボーナスが失われる状況では、これらの回避ボーナスも失われる。

　この呪文の対象となったクリーチャーのすべての移動速度（これには地上の移動および、穴掘り、登攀、飛行、水泳が含まれる）は、対象の持つそれぞれの移動方法の通常の移動速度の2倍までを上限に、30フィート増加する。この移動速度の増加は強化ボーナスである。通常の移動速度の増加と同様に、クリーチャーの跳躍距離に作用する。複数回の**ヘイスト**の効果は累積しない。**ヘイスト**は**スロー**を相殺し、解呪する。

ベイルフル・ポリモーフ
Baleful Polymorph／有害な変身
系統：変成術（ポリモーフ）；**呪文レベル**：ウィザード／ソーサラー5、ドルイド5
発動時間：1標準アクション
構成要素：音声、動作
距離：近距離（25フィート＋5フィート／2レベル）
目標：クリーチャー1体
持続時間：永続
セーヴィング・スロー：頑健・無効、意志・不完全；本文参照；
呪文抵抗：可

　ビースト・シェイプ*III*のように働くが、セーヴに失敗した対象は小型以下のサイズの1HD以下の動物に変身する。地上で水棲生物に変身するなど、変身そのものが致命的な結果になるなら、対象はセーヴに＋4ボーナスを得る。

　この呪文が成功した時、対象はもう一度意志セーヴを行う。この二度目のセーヴに失敗したら、対象は変則的能力、超常能力、擬似呪文能力、呪文発動能力を（もし元からあれば）失い、自身のものの代わりに新しい種族の属性、特殊能力、【知力】、【判断力】、【魅力】の能力値を得る。対象はクラスとレベル（およびヒット・ダイス）と、それらに由来する利益（基本攻撃ボーナス、基本セーヴ・ボーナス、HPなど）を有している。そして変則的能力でも超常能力でも擬似呪文能力でもない（呪文発動能力以外の）クラス特徴も有する。

　対象がベイルフル・ポリモーフへの抵抗に失敗した時点で、対象に効果を及ぼしていたポリモーフ効果は失われる。**ベイルフル・ポリモーフ**の効果が続く限り、対象は他のポリモーフの呪文や効果で新たな姿をとることはできない。非実体あるいはガス状のクリーチャーはベイルフル・ポリモーフに完全耐性があり、（変身生物）の副種別を持つクリーチャーは標準アクションで本来の姿に戻ることができる。

ベイン
Bane／破滅の予感
系統：心術（強制）［恐怖、精神作用］；**呪文レベル**：クレリック1
発動時間：1標準アクション
構成要素：音声、動作、信仰
距離：50フィート
効果範囲：術者を中心とした半径50フィートの爆発
持続時間：1分／レベル
セーヴィング・スロー：意志・無効；**呪文抵抗**：可

　ベインは術者の敵の心を恐怖と疑念で満たす。作用を受けたクリーチャーはそれぞれ攻撃ロールに－1のペナルティと、［恐怖］効果に対するセーヴに－1のペナルティを受ける。**ベイン**は**ブレス**を相殺し、解呪する。

ヘルピング・ハンド
Helping Hand／導きの手
系統：力術；**呪文レベル**：クレリック3

発動時間：1標準アクション
構成要素：音声、動作、信仰
距離：5マイル
効果：おぼろげな手
持続時間：1時間／レベル
セーヴィング・スロー：不可；**呪文抵抗**：不可

　手のおぼろげな幻影を作り出す。術者は手を送り出して、5マイル以内のクリーチャー1体を見つけさせることができる。その後、手はそのクリーチャーに手招きして、相手がついてくるなら術者のところまで案内する。

　この呪文を発動するとき、術者は人物1人（あるいはクリーチャー1体）を、肉体的特徴を説明して特定する。特徴の説明に種族、性別、外見などを含めてよいが、レベル、属性、クラスなどのつかみどころのない要素を含めてはならない。説明が終わると、手は説明にあった対象を探しに高速で向かう。対象を探し当てるのにかかる時間は、以下の表にあるように、対象がどれだけ離れているかによる。

距離	位置を掴むのにかかる時間
〜100フィート	1ラウンド
1,000フィート	1分
1マイル	10分
2マイル	1時間
3マイル	2時間
4マイル	3時間
5マイル	4時間

　手が対象を探し当てたら、ついてくるようにと対象に手招きする。相手がついてくるなら、手は術者のいる方角を指し、最も逸れることなく通りやすい道を通って対象を導いてゆく。手は対象の10フィート前に浮かび、先に立って毎ラウンド240フィートまでの任意の速度で動きつづける。手は対象を術者のところまで案内し終えたら消える。

　対象は手についてくるように強要されるわけでも、何か特定の方法で術者に向かって進ませられるわけでもない。相手がついてこないことにしたら、手は呪文の持続時間の間、対象に手招きし続け、その後消える。対象が術者の方へ向かっている途中に呪文が切れたら、手は消える。対象は自力で術者の居場所をつきとめねばならなくなるだろう。

　術者が手に対して行った説明に合致する対象が5マイル以内に2体以上いたら、手が探し当てるのは一番近いクリーチャーである。そのクリーチャーが手についてこなくても、手は次の対象を探しには行かない。

　4時間の捜索を終えて、5マイル以内で説明に合致する対象を見つけられなかったら、手は術者のところに戻ってきて、手のひらを上に向けてみせて（そんなクリーチャーは見つかりませんでしたということを示して）消える。

　おぼろげな手には物理的な形態があるわけではない。これが見えるのは術者と、術者の説明に合致する対象だけである。手は戦闘には参加できないし、対象を見つけ出して術者のところへ呼び招く以外のことは一切できない。固体を通り抜けること

はできないが、小さな裂け目や隙間を通り抜けることはできる。手は、術者が呪文を発動して手が現れた場所から5マイルまでの範囲しか動けない。

ポイズン
Poison／毒

系統：死霊術；**呪文レベル**：クレリック4、ドルイド3
発動時間：1標準アクション
構成要素：音声、動作、信仰
距離：接触
目標：接触した生きているクリーチャー1体
持続時間：瞬間；本文参照
セーヴィング・スロー：頑健・無効；本文参照；**呪文抵抗**：可

　自然界の捕食者の持つ毒の力を呼び起こして、術者は近接接触攻撃に成功することで、対象を恐るべき毒で侵すことができる。この毒は毎ラウンド1d3ポイントの【耐久力】ダメージを6ラウンドまで与える。毒に侵されたクリーチャーは毎ラウンド頑健セーヴを行い、成功すればそのラウンドのダメージを無効化して効果を終了させることができる。

ポーラー・レイ
Polar Ray／極寒光線

系統：力術［氷雪］；**呪文レベル**：ウィザード／ソーサラー8
発動時間：1標準アクション
構成要素：音声、動作、焦点（白い陶器製の円錐形か多角柱）
距離：中距離（100フィート＋10フィート／レベル）
効果：光線
持続時間：瞬間
セーヴィング・スロー：不可；**呪文抵抗**：可

　凍てつく空気と氷から成る青白い光線が術者の手から放たれる。目標にダメージを与えるためには、術者はこの光線で遠隔接触攻撃に成功しなければならない。この光線は術者レベルごとに1d6（最大25d6）ポイントの［氷雪］ダメージを与え、【敏捷力】を1d4ポイント吸収する。

ホーリィ・オーラ
Holy Aura／聖なるオーラ

系統：防御術［善］；**呪文レベル**：クレリック8
発動時間：1標準アクション
構成要素：音声、動作、焦点（500GP相当の小さな聖遺物入れ）
距離：20フィート
目標：術者を中心とした半径20フィートの爆発内にいるクリーチャー1体／レベル
持続時間：1ラウンド／レベル（解除可）
セーヴィング・スロー：本文参照；**呪文抵抗**：可（無害）

　きらめく聖なる輝きが対象を包んで攻撃から守り、悪の属性のクリーチャーの発動した呪文に対する抵抗力を与え、対象に攻撃を当てた悪の属性のクリーチャーを盲目状態にする。この防御術呪文には4つの効果がある。

　第一に、この呪文によって守られたクリーチャーは、ACに

＋4の反発ボーナスと、セーヴに＋4の抵抗ボーナスを得る。**プロテクション・フロム・イーヴル**とは異なり、この利益は悪の属性のクリーチャーによる攻撃に対してだけではなく、すべての攻撃に対して適用される。

第二に、この呪文によって守られたクリーチャーは、［悪］の呪文や悪の属性のクリーチャーの発動した呪文に対して呪文抵抗25を得る。

第三に、この防御術呪文は対象を、**プロテクション・フロム・イーヴル**と同様に、憑依および精神的な影響から保護する。

最後に、悪の属性のクリーチャーが**ホーリィ・オーラ**に守られたクリーチャーに対する近接攻撃に成功した場合、攻撃者は盲目状態になる（**ブラインドネス／デフネス**呪文と同様に頑健セーヴに成功すれば無効化できるが、**ホーリィ・オーラ**のセーヴDCに対して行う）。

ホーリィ・スマイト
Holy Smite／聖なる打撃

系統：力術［善］；**呪文レベル**：クレリック4
発動時間：1標準アクション
構成要素：音声、動作
距離：中距離（100フィート＋10フィート／レベル）
効果範囲：半径20フィートの爆発
持続時間：瞬間（1ラウンド）；本文参照
セーヴィング・スロー：意志・不完全；本文参照；**呪文抵抗**：可

術者は聖なる力を呼び降ろして敵を討つ。この呪文によって害を被るのは、悪か中立の属性のクリーチャーだけである。この呪文は善のクリーチャーには作用しない。

この呪文は効果範囲内の悪の属性のクリーチャーに対して、術者レベル2レベルごとに1d8（最大5d8）ポイント、悪属性の来訪者に対しては、術者レベル1ごとに1d6（最大10d6）ポイントのダメージを与え、1ラウンドの間、盲目状態にする。意志セーヴに成功すれば、ダメージは半減し、盲目効果は無効化される。

善の属性でも悪の属性でもないクリーチャーにはダメージは半分しか与えられず、盲目効果もない。そうしたクリーチャーは意志セーヴに成功すれば、ダメージをさらに半減させる（ロールの1/4に下げる）ことができる。

ホーリィ・ソード
Holy Sword／聖なる剣

系統：力術［善］；**呪文レベル**：パラディン4
発動時間：1標準アクション
構成要素：音声、動作
距離：接触
目標：接触した近接武器1つ
持続時間：1ラウンド／レベル
セーヴィング・スロー：不可；**呪文抵抗**：不可

この呪文を使えば、聖なる力を剣など、選んだ近接武器に宿すことができる。その武器はホーリィ能力を持つ＋5の武器（攻撃およびダメージ・ロールに＋5の強化ボーナス、悪属性の相手に＋2d6ダメージ）として働く。またマジック・サークル・アゲンスト・イーヴルの効果を発する（同名の呪文と同じ効果）。**マジック・サークル**が切れたら、剣は術者のターンにフリー・アクションで新しい**マジック・サークル**を張る。剣が術者の手を離れたなら、その1ラウンド後にこの呪文は自動的に打ち消される。**ホーリィ・ソード**のかかった武器を一度に2本以上持つことはできない。

この呪文を魔法の武器にかけた場合、呪文の効果は武器が本来有する力に優先する。持続時間中は武器本来の強化ボーナスや魔法のパワーは無効になる。この呪文は**ブレス・ウェポン**その他、武器に何らかの修正を与える呪文と効果は累積しない。

この呪文はアーティファクトに効果を及ぼさない。高品質の武器による攻撃へのボーナスは、攻撃への強化ボーナスとは累積しないことに注意。

ホーリィ・ワード
Holy Word／聖なる言葉

系統：力術［音波、善］；**呪文レベル**：クレリック7
発動時間：1標準アクション
構成要素：音声
距離：40フィート
効果範囲：術者を中心とした半径40フィートの拡散内の善属性でないクリーチャー
持続時間：瞬間
セーヴィング・スロー：意志・無効；本文参照；**呪文抵抗**：可

ホーリィ・ワードの効果範囲内にいるクリーチャーはすべて、以下の有害な効果を受ける。

HD	効果
術者レベルに等しい	聴覚喪失
術者レベル−1以下	盲目、聴覚喪失
術者レベル−5以下	麻痺、盲目、聴覚喪失
術者レベル−10以下	死、麻痺、盲目、聴覚喪失

これらの効果は累積し、同時に発生する。意志セーヴに成功したなら、この効果を軽減したり無効化できる。複数の影響を受けるクリーチャーも意志セーヴは1回のみ行い、この結果をすべての効果に適用する。

聴覚喪失：クリーチャーは1d4ラウンドの間、聴覚喪失状態となる。セーヴ：無効。

盲目：クリーチャーは2d4ラウンドの間、盲目状態となる。セーヴ：盲目状態の効果は1d4ラウンドに軽減する。

麻痺：クリーチャーは1d10分間、麻痺状態かつ無防備状態となる。セーヴ：麻痺状態の効果は1ラウンドに軽減する。

死：生きているクリーチャーは死亡する。アンデッド・クリーチャーは破壊される。セーヴ：無効。セーヴに成功した場合、対象のクリーチャーは代わりに3d6＋術者レベルごとに1ポイント（最大＋25）のダメージを受ける。

さらに、この呪文を発動した時点で術者が自分の出身次元界にいる場合、効果範囲内にいて属性が"善"でない他次元界ク

リーチャーは直ちにそれぞれの出身次元界に退去させられる。このように退去させられたクリーチャーは少なくとも24時間の間、戻ってくることはできない。この効果は、そのクリーチャーが**ホーリィ・ワード**の呪言を耳にしたかどうかに関わらず発生する。また、この呪文の退去させる効果には意志セーヴ（－4のペナルティが課せられる）が行え、成功すれば無効化できる。

ヒット・ダイスが術者の術者レベルより高いクリーチャーには、**ホーリィ・ワード**は作用しない。

ホールド・アニマル
Hold Animal／動物金縛り

系統：心術（強制）［精神作用］；**呪文レベル**：ドルイド2、レンジャー2
構成要素：音声、動作
目標：動物1体

ホールド・パースンと同様だが、この呪文は人型生物ではなく動物に作用する。

ホールト・アンデッド
Halt Undead／アンデッド金縛り

系統：死霊術；**呪文レベル**：ウィザード／ソーサラー3
発動時間：1標準アクション
構成要素：音声、動作、物質（硫黄あるいにニンニクの粉ひとつまみ）
距離：中距離（100フィート＋10フィート／レベル）
目標：アンデッド3体まで、ただしそのうちのどの2体をとっても30フィート以内の距離に収まっていなければならない
持続時間：1ラウンド／レベル
セーヴィング・スロー：意志・無効；本文参照；**呪文抵抗**：可

この呪文は3体までのアンデッド・クリーチャーを身動きできなくする。知性のないアンデッドはセーヴを行うことができない。知性のあるアンデッドはセーヴを行うことができる。呪文が効けば、持続時間中、アンデッドは動けなくなる（生きているクリーチャーが**ホールド・パースン**の影響を受けた場合と同様）。**ホールト・アンデッド**のかかったクリーチャーたちが攻撃されたりダメージを受けたりすれば、呪文の効果は解ける。

ホールド・パースン
Hold Person／対人金縛り

系統：心術（強制）［精神作用］；**呪文レベル**：ウィザード／ソーサラー3、クレリック2、バード2
発動時間：1標準アクション
構成要素：音声、動作、焦点／信仰（小さくまっすぐな鉄片）
距離：中距離（100フィート＋10フィート／レベル）
目標：人型生物1体
持続時間：1ラウンド／レベル（解除可）；本文参照
セーヴィング・スロー：意志・無効；本文参照；**呪文抵抗**：可

対象はその場で動きを止め、麻痺状態で立ちつくす。意識はあり、普通に息もしているが、行動は一切とれず口をきくこと

すらできない。毎ラウンド自分のターンに、対象は効果を終わらせるために新たなセーヴを行うことができる。これは全ラウンド・アクションであり、機会攻撃を誘発しない。翼で空を飛ぶクリーチャーが麻痺状態になったなら、羽ばたくことができなくなり、落下する。水泳中のクリーチャーは泳げなくなり、溺れる可能性がある。

マス・ホールド・パースン
Hold Person, Mass／集団対人金縛り

系統：心術（強制）［精神作用］；**呪文レベル**：ウィザード／ソーサラー7
目標：1体以上の人型生物クリーチャー、ただしそのうちのどの2体をとっても30フィート以内の距離に収まっていなければならない

この呪文は上記以外では**ホールド・パースン**と同様である。

ホールド・ポータル
Hold Portal／戸口閉ざし

系統：防御術；**呪文レベル**：ウィザード／ソーサラー1
発動時間：1標準アクション
構成要素：音声
距離：中距離（100フィート＋10フィート／レベル）
目標：20平方フィート／レベルまでの戸口1つ
持続時間：1分／レベル（解除可）
セーヴィング・スロー：不可；**呪文抵抗**：不可

この呪文は木や金属、石でできた扉、門、窓、雨戸やよろい戸など1つを、魔法の力で閉ざす。しっかり戸を閉めて普通に鍵をかけたのと同じように、この魔法は作用する。ノック呪文を使ったり、**ディスペル・マジック**に成功すれば、**ホールド・ポータル**を無効化できる。

この呪文が作用している戸口を力でこじ開ける場合、（通常のDC＋5）にすること。

ホールド・モンスター
Hold Monster／怪物金縛り

系統：心術（強制）［精神作用］；**呪文レベル**：ウィザード／ソーサラー5、バード4
構成要素：音声、動作、物質／信仰（硬い金属の棒あるいはロッド。長さ1インチ強（約3cm）の釘ほどの小さなものでもよい）
目標：生きているクリーチャー1体

ホールド・パースンと同様だが、この呪文は対象が意志セーヴに失敗すれば、生きているクリーチャーならどんなものに対しても作用する。

マス・ホールド・モンスター
Hold Monster, Mass／集団怪物金縛り

系統：心術（強制）［精神作用］；**呪文レベル**：ウィザード／ソーサラー9
目標：1体以上のクリーチャー、ただしそのうちのどの2体をとっても30フィート以内の距離に収まっていなければならな

い

ホールド・パースンと同様だが、この呪文は複数のクリーチャーに作用し、対象が意志セーヴに失敗すれば、生きているクリーチャーならどんなものでも麻痺状態にする。

ホリッド・ウィルティング
Horrid Wilting／恐るべき枯渇

系統：死霊術；**呪文レベル**：ウィザード／ソーサラー8
発動時間：1標準アクション
構成要素：音声、動作、物質／信仰（海綿一切れ）
距離：長距離（400フィート＋40フィート／レベル）
目標：1体以上の生きているクリーチャー、ただしそのうちのどの2体をとっても60フィート以内の距離に収まっていなければならない
持続時間：瞬間
セーヴィング・スロー：頑健・半減；**呪文抵抗**：可

目標の生きているクリーチャーたちの体から水分が蒸発し、肉はしぼみひびが入り、そして塵へと砕ける。この呪文は術者レベルにつき1d6（最大20d6）のダメージを与える。この呪文はウォーター・エレメンタルや植物クリーチャーには特に破壊的な効果を及ぼし、代わりに術者レベルごとに1d8ポイント（最大20d8）のダメージを与える。

ポリモーフ
Polymorph／変身

系統：変成術（ポリモーフ）；**呪文レベル**：ウィザード／ソーサラー5
発動時間：1標準アクション
構成要素：音声、動作、物質（変身対象クリーチャーの一部）
距離：接触
目標：接触した生きているクリーチャー1体
持続時間：1分／レベル（解除可）
セーヴィング・スロー：意志・無効（無害）；**呪文抵抗**：不可（無害）

この呪文は同意したクリーチャーを術者が選択した動物、人型生物またはエレメンタルの姿に変身させる。同意していないクリーチャーに対しては何の効果もない。また、目標となったクリーチャーが変身する姿に影響を及ぼすこともできない（望みを言葉で術者に伝えることは別として）。

この呪文は、種別が動物のクリーチャーに変身させる場合はビースト・シェイプIIと同様に、エレメンタルの場合はエレメンタル・ボディIと同様に、人型生物の場合はオルター・セルフと同様に働く。目標は全ラウンド・アクションとして元の姿に戻ることができ、その場合呪文は終了する。

グレーター・ポリモーフ
Polymorph, Greater／上級変身

系統：変成術（ポリモーフ）；**呪文レベル**：ウィザード／ソーサラー7

この呪文はポリモーフと同様に働くが、目標をドラゴンや魔

獣、植物クリーチャーの姿に変えることもできる。この呪文は、種別が動物か魔獣のクリーチャーに変身させる場合はビースト・シェイプIVと同様に、エレメンタルの場合はエレメンタル・ボディIIIと同様に、人型生物の場合はオルター・セルフと同様に、植物の場合はプラント・シェイプIIと同様に、ドラゴンの場合はフォーム・オヴ・ザ・ドラゴンIと同様に働く。目標は全ラウンド・アクションとして元の姿に戻ることができ、その場合呪文は終了する。

ポリモーフ・エニィ・オブジェクト
Polymorph Any Object／物体変身

系統：変成術（ポリモーフ）；**呪文レベル**：ウィザード／ソーサラー8
発動時間：1標準アクション
構成要素：音声、動作、物質／信仰（水銀、ゴム糊、煙）
距離：近距離（25フィート＋5フィート／2レベル）
目標：クリーチャー1体、あるいは100立方フィート／レベルまでの魔法の力を持たない物体1つ
持続時間：本文参照
セーヴィング・スロー：頑健・無効（物体）；本文参照；**呪文抵抗**：可（物体）

グレーター・ポリモーフと同様だが、この呪文は1つの物体か、あるいは1体のクリーチャーを他のものへと変える。術者はこの呪文であらゆる種類の物体やクリーチャーの姿を変えることができる――生きているものを生きているものに、という制限すらない。この呪文の持続時間は、本来の状態から変化後の状態になるのにどれだけ激しい変化があったかによる。以下のガイドラインを用いて持続時間を決定する。

変化した対象が…	持続時間係数の増加*
同じ界（動物、植物、鉱物）	＋5
同じ綱（哺乳類、菌類、金属など）	＋2
同じサイズ	＋2
関係がある（枝を木に、ウルフの毛皮をウルフに、など）	＋2
【知力】が上がっていない	＋2

* 適用されるものをすべて加えること。合計値を以下の表で参照すること。

係数	持続時間	例
0	20分	小石を人間に
2	1時間	人形を人間に
4	3時間	人間を人形に
5	12時間	リザード（トカゲ）をマンティコアに
6	2日	羊を羊毛のコートに
7	1週間	シュリュー（トガリネズミ）をマンティコアに
9+	永続	マンティコアをシュリュー（トガリネズミ）に

目標が肉体的能力値（【筋力】、【敏捷力】、または【耐久力】）を有していなければ、この呪文によって有していない各能力値の基本の値として10を得る。精神的能力値（【知力】、【判断力】、または【魅力】）を有していなければ、この呪文によって有していない各能力値の基本の値として5を得る。新たな姿にダメー

ジが与えられれば、ポリモーフされたクリーチャーが負傷した
り死ぬことになる。一般的に、ダメージは新たな姿が物理的な
力によって変化させられた時に発生する。魔法の力を持たない
物体をこの呪文で魔法のアイテムにすることはできない。この
呪文は魔法のアイテムには作用しない。

　この呪文で銅、銀、宝石、絹、黄金、白金、ミスラル、アダ
マンティンなど、素材自体の価値が高い物質を作り出すことは
できない。また、ある種のクリーチャーのダメージ減少を無視
する冷たい鉄の特別な性質を再現することもできない。

　この呪文はベイルフル・ポリモーフ、グレーター・ポリモー
フ、フレッシュ・トゥ・ストーン、ストーン・トゥ・フレッシュ、
トランスミュート・マッド・トゥ・ロック、トランスミュート・
メタル・トゥ・ウッド、トランスミュート・ロック・トゥ・マッ
ドの効果を再現するために使用することもできる。

マーク・オヴ・ジャスティス
Mark of Justice／正義の印

系統：死霊術；**呪文レベル**：クレリック5、パラディン4
発動時間：10分
構成要素：音声、動作、信仰
距離：接触
目標：接触したクリーチャー1体
持続時間：永続；本文参照
セーヴィング・スロー：不可；**呪文抵抗**：可

　術者は対象に印を描き、その印が起動する原因となる対象の
行為を宣言する。起動すると、印は対象に呪いをかける。普通
は印を起動する望ましくない行為の種類を術者が指定するのだ
が、術者は自分の好きなようにどんな行為でも選ぶことができ
る。印の効果はビストウ・カースの効果とまったく同一である。

　この呪文を発動するには10分かかり、目標に印を描くこと
が必要なので、術者はこの呪文を同意する者か拘束した者にし
かかけることができない。

　ビストウ・カースと同様に、マーク・オヴ・ジャスティスは
解呪することができないが、ウィッシュやブレイク・エンチャ
ントメント、ミラクル、リミテッド・ウィッシュ、リムーヴ・
カースの呪文で取り除くことができる。ただし、リムーヴ・カー
スの場合、その呪文の使い手の術者レベルが、マーク・オヴ・
ジャスティスを発動した者の（発動時点での）術者レベル以上
でなければならない。この制限は印が起動しているか否かに関
わらず適用される。

マイナー・イメージ
Minor Image／初級幻像

系統：幻術（虚像）；**呪文レベル**：ウィザード／ソーサラー2、バー
ド2
持続時間：精神集中＋2ラウンド

　サイレント・イメージと同様だが、この呪文にはちょっとし
た音を含めることができる。ただし、他人が理解できるような
セリフをしゃべらせることはできない。

マイナー・クリエイション
Minor Creation／初級創造術

系統：召喚術（創造）；**呪文レベル**：ウィザード／ソーサラー4
発動時間：1分
構成要素：音声、動作、物質（マイナー・クリエイションで作
り出そうとしているアイテムと同じ材質ひとかけら）
距離：0フィート
効果：1立方フィート／レベルまでの、生命のない植物性の材
質でできた、装備中でなく魔法の力もない物体
持続時間：1時間／レベル（解除可）
セーヴィング・スロー：不可；**呪文抵抗**：不可

　術者は、生命を持たない植物性の材質でできた、魔法の力も
なく装備中でもない物体を1つ作り出す。作り出すアイテムの
体積は、術者レベルごとに1立方フィートまでである。複雑な
アイテムを作るには、術者は適切な〈製作〉技能判定に成功し
なければならない。

　こうして作り出した物体を呪文の物質要素として使用した場
合、その呪文は失敗する。

マインド・フォッグ
Mind Fog／心の霧

系統：心術（強制）［精神作用］；**呪文レベル**：ウィザード／ソー
サラー5、バード5
発動時間：1標準アクション
構成要素：音声、動作
距離：中距離（100フィート＋10フィート／レベル）
効果：高さ20フィート、20フィート半径に拡散する霧
持続時間：30分および2d6ラウンド；本文参照
セーヴィング・スロー：意志・無効；**呪文抵抗**：可

　マインド・フォッグは薄い霧の塊を生み出し、その中に入っ
てしまったものの精神抵抗を弱める。マインド・フォッグ内の
クリーチャーはすべての【判断力】判定と意志セーヴに−10の
ペナルティを被る（この霧に対するセーヴに成功したクリー
チャーは作用を受けず、霧の中に留まった場合でもさらなる
セーヴを行う必要はない）。作用を受けたクリーチャーはこの
霧の中にいる間と、その後2d6ラウンドの間、このペナルティ
を被る。霧自体は動かすことはできず、30分間（あるいは風に
よって吹き払われるまで）持続する。

　軟風（毎時11マイル以上）はこの霧を4ラウンドで、疾風（毎
時21マイル以上）はこの霧を1ラウンドで吹き散らしてしまう。

　この霧は薄い霧であり、視覚をひどく妨げるということはな
い。

マインド・ブランク
Mind Blank／空白の心

系統：防御術；**呪文レベル**：ウィザード／ソーサラー8
発動時間：1標準アクション
構成要素：音声、動作
距離：近距離（25フィート＋5フィート／2レベル）
目標：クリーチャー1体

持続時間：24時間

セーヴィング・スロー：意志・無効（無害）；**呪文抵抗**：可（無害）

　対象は占術魔法（ディテクト・イーヴル、ロケート・クリーチャー、スクライング、シー・インヴィジビリティなど）を通して対象の情報を得ようとするありとあらゆる種類の装置と呪文から守られる。さらに、すべての［精神作用］呪文と効果に対するセーヴィング・スローに＋8の抵抗ボーナスを与える。マインド・ブランクはウィッシュやミラクルやリミテッド・ウィッシュですら、対象についての情報を得ようとして使用された場合は妨害してしまう。アーケイン・アイのように、クリーチャーのいるエリアを調査する念視の場合、呪文は働くが、対象のクリーチャーが単に感知されなくなる。この呪文の対象を特定して目標にしようとする念視はまったく働かない。

マウント
Mount／乗馬

系統：召喚術（招来）；**呪文レベル**：ウィザード／ソーサラー1

発動時間：1ラウンド

構成要素：音声、動作、物質（少量の馬の毛）

距離：近距離（25フィート＋5フィート／2レベル）

効果：乗馬1体

持続時間：2時間／レベル（解除可）

セーヴィング・スロー：不可；**呪文抵抗**：不可

　術者は乗馬として役立つホースかポニー（術者が選ぶ）を招来する（パスファインダーRPGベスティアリを参照）。この乗馬は自発的かつ申し分なく役に立ってくれる。この乗馬ははみ、手綱、そして乗用鞍を着けて現れる。

マジック・ヴェストメント
Magic Vestment／魔法の装束

系統：変成術；**呪文レベル**：クレリック3

発動時間：1標準アクション

構成要素：音声、動作、信仰

距離：接触

目標：接触した鎧あるいは盾1つ

持続時間：1時間／レベル

セーヴィング・スロー：意志・無効（無害、物体）；**呪文抵抗**：可（無害、物体）

　術者は接触した鎧一式か盾に、術者レベル4レベルごとに＋1（20レベルで最大＋5）の強化ボーナスを与える。

　この呪文を使用する上では、普通の服はまったくACボーナスを与えない鎧一式とみなされる。

マジック・ウェポン
Magic Weapon／魔法の武器

系統：変成術；**呪文レベル**：ウィザード／ソーサラー1、クレリック1、パラディン1

発動時間：1標準アクション

構成要素：音声、動作、信仰

距離：接触

目標：接触した武器1つ

持続時間：1分／レベル

セーヴィング・スロー：意志・無効（無害、物体）；**呪文抵抗**：可（無害、物体）

　マジック・ウェポンは武器に対して、攻撃およびダメージのロールに＋1の強化ボーナスを与える。この強化ボーナスは高品質の武器による攻撃ロールへの＋1のボーナスと累積しない。

　この呪文を素手打撃のような肉体武器に対して発動することはできない（その代わりとしてはマジック・ファングを参照せよ）。モンクの素手打撃は武器とみなすため、この呪文によって強化できる。

グレーター・マジック・ウェポン
Magic Weapon, Greater／上級魔法の武器

系統：変成術；**呪文レベル**：ウィザード／ソーサラー3、クレリック4、パラディン3

発動時間：1標準アクション

構成要素：音声、動作、物質／信仰（石灰と炭の粉）

距離：近距離（25フィート＋5フィート／2レベル）

目標：武器1つ、あるいは投射武器の矢弾50本（発動時には矢弾全部がひとつになっていること）

持続時間：1時間／レベル

セーヴィング・スロー：意志・無効（無害、物体）；**呪文抵抗**：可（無害、物体）

　この呪文はマジック・ウェポンと同様に働くが、武器の攻撃ロールとダメージ・ロールに、術者レベル4レベルごとに＋1（最大＋5）の強化ボーナスを与える。このボーナスでは魔法以外のダメージ減少を無視することはできない。

　この呪文は、武器1つではなく、50本までのアロー、ボルト、あるいはブリットに作用を及ぼすこともできる。この時矢弾はすべて同じ種類のものでなければならず、ひとまとめになっていないといけない（同じ矢筒に入れるなど）。矢弾は一旦使ってしまうとこの変成術の効果が切れるが、投擲武器の場合には切れない。シュリケンはこの呪文に関して投擲武器ではなく矢弾として扱う。

マジック・オーラ
Magic Aura／魔法のオーラ

系統：幻術（幻覚）；**呪文レベル**：ウィザード／ソーサラー1、バード1

発動時間：1標準アクション

構成要素：音声、動作、焦点（小さな四角い絹布。オーラを与えようとする物体の上を通らせる）

距離：接触

目標：接触した、重量5ポンド／レベルまでの物体1つ

持続時間：1日／レベル（解除可）

セーヴィング・スロー：不可；本文参照；**呪文抵抗**：不可

　術者はディテクト系呪文（やそれに類する呪文）が、アイテムのオーラを、それが魔法のアイテムでないか、術者が指定し

たタイプの魔法のアイテムであるか、または術者が指定した呪文の対象であるかのように感知してしまうようしむけることができる。**マジック・オーラ**を帯びた物体に**アイデンティファイ**がかけられたり、あるいはそれに類する方法で調べられた場合、識別した者は意志セーヴに成功すればそのオーラが偽物であると気付き、その物体の本当の性質を知ることができる。失敗した場合、識別した者はこのオーラを信じ込み、どれだけテストをしても真の魔法が何なのか知ることはない。

目標となったアイテムの本来のオーラが極めて強力なもの（たとえば、アーティファクト）であった場合、**マジック・オーラ**は効果がない。

注：魔法の武器、盾、鎧は高品質のアイテムでなければならない。したがって、たとえば、平凡な剣が魔法のオーラを帯びていたら、疑ってしかるべきである。

マジック・サークル・アゲンスト・イーヴル
Magic Circle against Evil／対悪防御円

系統：防御術［善］；**呪文レベル**：ウィザード／ソーサラー3、クレリック3、パラディン3
発動時間：1標準アクション
構成要素：音声、動作、物質／信仰（銀粉で描いた直径3フィートの円）
距離：接触
効果範囲：接触したクリーチャーから半径10フィートに放射
持続時間：10分／レベル
セーヴィング・スロー：意志・無効（無害）；**呪文抵抗**：不可；本文参照

効果範囲内のクリーチャーは皆、**プロテクション・フロム・イーヴル**の効果を受け、さらに悪属性の召来されたクリーチャーはこの範囲の中に侵入することができない。範囲内のクリーチャー、または範囲内に進入したクリーチャーは、一度だけこのコントロールする効果への抵抗を試みられる。成功したなら、範囲内にとどまる限りその効果は抑制される。一度範囲を出て、戻ってきたクリーチャーは保護されない。クリーチャーを寄せ付けぬためには、（**プロテクション・フロム・イーヴル**の3番目の機能と同様に）術者はそのクリーチャーの呪文抵抗を克服しなければならないが、反発ボーナス、抵抗ボーナス、精神制御からの防護は敵の呪文抵抗に関係なく適用される。

この呪文には、術者が発動時に選ぶことのできる特別の機能がある。**マジック・サークル・アゲンスト・イーヴル**は外向きではなく、内向きの効果を持たせることができる。そうした場合、招請された善でないクリーチャー（**グレーター・プレイナー・バインディング**、**プレイナー・バインディング**、**レッサー・プレイナー・バインディング**などの呪文によって招請されたものなど）を術者レベルにつき最大24時間の間、拘束する。ただし、術者はクリーチャーを招請する呪文を**マジック・サークル**の発動から1ラウンド以内に発動しなければならない。このクリーチャーは防御円の境界を横切ることができない。大きすぎてこの呪文の効果範囲内に収まらないクリーチャーがこの呪文の対象となった場合、この呪文はそのクリーチャーに対してのみ通常の**プロテクション・フロム・イーヴル**として働く。

しかし、**マジック・サークル**は望ましい罠というにはほど遠い。呪文発動の過程でまかれた銀粉の輪が破られれば、効果は即座に終了してしまう。捕われたクリーチャーは直接間接を問わず、この輪を乱すことはできないが、他のクリーチャーがそうすることはできる。招請されたクリーチャーに呪文抵抗があれば、そのクリーチャーは毎日1回ずつ、罠に挑むことができる。術者がその呪文抵抗を克服できなければ、そのクリーチャーは輪を破り、自由となる。何らかの手段で次元移動のできるクリーチャーは、その手段を使って輪を離れることができる（次元移動とは、**アストラル・プロジェクション**、**イセリアルネス**、**ゲート**、**シャドウ・ウォーク**、**ディメンジョン・ドア**、**テレポート**、**ブリンク**、**プレイン・シフト**およびそれに類する能力である）。術者は**ディメンジョナル・アンカー**の呪文を発動することで、そのクリーチャーの次元移動による脱出を妨げることができるが、そのクリーチャーが行動する前にこの呪文を発動しなければならない。成功すれば、アンカー効果は**マジック・サークル**が持続する限り持続する。クリーチャーは**マジック・サークル**を横切ることはできないが、そのクリーチャーの遠隔攻撃（遠隔武器、呪文、魔法能力など）は横切ることができる。クリーチャーは輪そのものを除けば、遠隔攻撃が届くものならどんな目標でも攻撃できる。

術者は特別な魔法陣（ある地点を囲む2次元図形で、切れ目がなく、さまざまな魔法の紋章で強化されている）を用いることで、罠をさらに厳重なものにできる。この魔法陣を手で描くのに10分かかり、〈呪文学〉判定（DC20）が必要である。術者はこの判定の成否は分からない。この判定が失敗であれば、魔法陣は効果がない。この作業を完成させるのに時間的なプレッシャーがなければ、この魔法陣を描く際に"出目10"にできる。この作業には丸々10分かかる。時間がまったく関係なければ、術者はこの作業に3時間と20分をかけて"出目20"にできる。

魔法陣が成功であれば、術者は招来呪文を発動する前のラウンドの間に、**マジック・サークル**に**ディメンジョナル・アンカー**呪文をかけることができる。アンカーは術者レベルごとに24時間の間、招来されたクリーチャーを**マジック・サークル**に捕らえることができる。クリーチャーは魔法陣と共に準備された**マジック・サークル**に対しては自分の呪文抵抗を使用することはできず、クリーチャーの能力や攻撃が魔法陣を横切ることもできない。クリーチャーが罠から自由になろうと【魅力】判定を試みた場合（**レッサー・プレイナー・バインディング**呪文を参照）、DCは5上がる。魔法陣が乱された場合（魔法陣を横切るように薬を1本置くだけでもそうなる）、クリーチャーは即座に解放される。クリーチャーは上記のように直接間接を問わず自分自身で魔法陣を乱すことはできない。

この呪文は**プロテクション・フロム・イーヴル**とは累積せず、その逆も同様である。

マジック・サークル・アゲンスト・グッド
Magic Circle against Good／対善防御円

系統：防御術［悪］；**呪文レベル**：ウィザード／ソーサラー3、

クレリック3

マジック・サークル・アゲンスト・イーヴルと同様だが、プロテクション・フロム・イーヴルではなく、プロテクション・フロム・グッドの効果があり、悪属性でない招請されたクリーチャーを閉じ込めることができる。

マジック・サークル・アゲンスト・ケイオス
Magic Circle against Chaos／対混沌防御円

系統：防御術［秩序］；**呪文レベル**：ウィザード／ソーサラー3、クレリック3、パラディン3

マジック・サークル・アゲンスト・イーヴルと同様だが、プロテクション・フロム・イーヴルではなく、プロテクション・フロム・ケイオスの効果があり、秩序属性でない招請されたクリーチャーを閉じ込めることができる。

マジック・サークル・アゲンスト・ロー
Magic Circle against Law／対秩序防御円

系統：防御術［混沌］；**呪文レベル**：ウィザード／ソーサラー3、クレリック3

マジック・サークル・アゲンスト・イーヴルと同様だが、プロテクション・フロム・イーヴルではなく、プロテクション・フロム・ローの効果があり、混沌属性でない招請されたクリーチャーを閉じ込めることができる。

マジック・ジャー
Magic Jar／魔法の壺

系統：死霊術；**呪文レベル**：ウィザード／ソーサラー5
発動時間：1標準アクション
構成要素：音声、動作、焦点（少なくとも100GPの価値のある宝石や水晶）
距離：中距離（100フィート＋10フィート／レベル）
目標：クリーチャー1体
持続時間：1時間／レベル、あるいは術者が自分の肉体に戻るまで
セーヴィング・スロー：意志・無効；本文参照；**呪文抵抗**：可

マジック・ジャーを使用することで、術者は自分の魂を宝石か大きな水晶（これを**マジック・ジャー**、すなわち"**魔法の壺**"と呼ぶ）の中に入れ、己の肉体を魂の抜けた状態にする。次に、術者は近くにいるクリーチャーの魂を**マジック・ジャー**の中に閉じ込め、その肉体のコントロールを奪おうとすることができる。術者は壺の中へと戻り（壺に捕らわれていた魂は元の肉体へと戻る）、また別の肉体に憑依しようとすることができる。術者の魂が術者本来の肉体に戻れば（壺は空っぽになる）、呪文は終了する。この呪文を使用するには、**マジック・ジャー**が呪文の距離内にあり、術者がその在処を知っていなければならないが、視線や効果線が通っている必要はない。発動時に術者の魂が**マジック・ジャー**に入ると、術者の肉体は誰が見ても死亡状態同然となる。

マジック・ジャーの中にいる間、術者は（同じ次元界内の）術者レベルごとに10フィート以内の生命力を感知し、攻撃できる。壺からそのクリーチャーへの効果線が通っている必要がある。しかし、術者はそのクリーチャーの正確なクリーチャー種別や位置を知ることはできない。一団の生命力の中では、術者はその一団の中でHDに4以上の差があるものがいるならそれを感知し、どの生命力が正あるいは負のエネルギーを持っているか知ることができる（アンデッド・クリーチャーは負のエネルギーによって動いている。知性あるアンデッド・クリーチャーのみが魂を持っているか、それ自体が魂であるかする）。

術者は強い方のクリーチャーでも弱い方のクリーチャーでも乗っ取ることができるが、強い方あるいは弱い方のどのクリーチャーに憑依するかはランダムに決定される。

肉体に憑依する試みは全ラウンド・アクションである。この試みは**プロテクション・フロム・イーヴル**やそれに類する防御によって防がれてしまう。術者は対象が意志セーヴに成功しない限り、その肉体に憑依し、そのクリーチャーの魂を**マジック・ジャー**に閉じ込める。宿主への憑依に失敗すると、術者の生命力は**マジック・ジャー**の中に留まり、目標はそれ以降、術者が再びその肉体に憑依しようとした場合のセーヴィング・スローに自動的に成功する。

憑依に成功すると、術者の生命力は宿主の肉体を占領し、宿主の生命力は**マジック・ジャー**の中に閉じ込められる。術者の【知力】、【判断力】、【魅力】、レベル、クラス、基本攻撃ボーナス、基本セーヴ・ボーナス、属性、精神能力は保たれる。肉体には【筋力】、【敏捷力】、【耐久力】、ヒット・ポイント、通常能力と自動的に働く能力が残る。肉体に余分な手足があっても、術者が通常より多くの攻撃（あるいは、より効果的な2つの武器での攻撃）ができるようになるわけではない。術者はその肉体の変則的能力や超常能力を起動させようとすることはできない。そのクリーチャーの呪文や擬似呪文能力は肉体には残らない。

術者は**マジック・ジャー**が距離内にあれば、標準アクションとして自由に宿主から**マジック・ジャー**へと移動できる。そうした場合、閉じ込められていた魂は元の肉体へと戻される。術者が壺から自分自身の肉体へと移動すると、呪文は終了する。

宿主の肉体が殺されると、術者は**マジック・ジャー**が距離内にあればそこに戻り、宿主の生命力は逝去する（つまり、死亡状態となる）。宿主の肉体が呪文の距離外で殺された場合、術者と宿主の両方が死ぬ。行くべき場所のない生命力はどれも殺されたものとして扱う。

術者が**マジック・ジャー**の中にいる間に呪文が終了した場合、術者は自分の肉体に戻る（あるいは、術者の肉体が距離外にあったり、破壊された場合は死ぬ）。術者が宿主の中にいる間に呪文が終了した場合、術者は自分の肉体に戻り（あるいは、術者の肉体がその時点での宿主の肉体の位置から距離外にあった場合は死ぬ）、**マジック・ジャー**の中に閉じ込められていた魂はその肉体に戻る（距離外にあった場合は死ぬ）。壺を壊せば呪文は終了し、また、**マジック・ジャー**か宿主のどちらに対して解呪を行っても、この呪文を解呪できる。

マジック・ストーン
Magic Stone／魔法の石

系統：変成術；**呪文レベル**：クレリック1、ドルイド1
発動時間：1標準アクション
構成要素：音声、動作、信仰
距離：接触
目標：接触した3個までの小石
持続時間：30分あるいはチャージ消費（効果発揮）するまで
セーヴィング・スロー：意志・無効（無害、物体）；**呪文抵抗**：可（無害、物体）

　術者はスリング・ブリットまでの大きさの石最大3個を変成させ、投擲したりスリングで射出した時に強力な打撃を与えるようにすることができる。投擲した場合、この石の射程単位は20フィートとなる。スリングで射出した場合はスリング・ブリットと同様に扱うこと（射程単位は50フィート）。呪文によって、この石には攻撃とダメージのロールに＋1の強化ボーナスが与えられる。この石を使用する者は通常の遠隔攻撃を行う。命中した1個1個のマジック・ストーンは（強化ボーナスも含めて）1d6＋1ポイントのダメージを与える。アンデッド・クリーチャーに対しては、2d6＋2ポイントのダメージを与える。

マジック・ファング
Magic Fang／魔法の牙

系統：変成術；**呪文レベル**：ドルイド1、レンジャー1
発動時間：1標準アクション
構成要素：音声、動作、信仰
距離：接触
目標：接触した生きているクリーチャー 1体
持続時間：1分／レベル
セーヴィング・スロー：意志・無効（無害）；**呪文抵抗**：可（無害）

　マジック・ファングは対象の肉体武器1つ、または素手打撃による攻撃ロールとダメージ・ロールに＋1の強化ボーナスを与える。この呪文は、叩きつけ攻撃、拳、噛みつき、その他の肉体武器に効果がある。この呪文によって、素手打撃のダメージが非致傷ダメージから致傷ダメージに変わることはない。

　マジック・ファングはパーマネンシイの呪文によって、効果を永続化させることができる。

グレーター・マジック・ファング
Magic Fang, Greater／上級魔法の牙

系統：変成術；**呪文レベル**：ドルイド3、レンジャー3
距離：近距離（25フィート＋5フィート／2レベル）
目標：生きているクリーチャー1体
持続時間：1時間／レベル

　マジック・ファングと同様だが、攻撃ロールとダメージ・ロールへの強化ボーナスは、術者レベル4レベルごとに＋1（最大＋5）である。このボーナスでは魔法以外のダメージ減少を無視することはできない。

　また別の用法として、術者は対象となるクリーチャーのすべての肉体武器に（術者レベルに関係なく）＋1の強化ボーナスを付与することもできる。

　グレーター・マジック・ファングはパーマネンシイの呪文によって、効果を永続化させることができる。

マジック・マウス
Magic Mouth／魔法の口

系統：幻術（幻覚）；**呪文レベル**：ウィザード／ソーサラー2、バード1
発動時間：1標準アクション
構成要素：音声、動作、物質（ハチの巣の小さなかけらと10GPの価値があるジェイド（翡翠）の粉末）
距離：近距離（25フィート＋5フィート／2レベル）
目標：クリーチャー1体あるいは物体1つ
持続時間：チャージ消費（作動）するまで永続
セーヴィング・スロー：意志・無効（物体）；**呪文抵抗**：可（物体）

　この呪文は選んだ物体やクリーチャーに、次に特定のできごとが起こった時に突然出現し、伝言を話す魔法の口を作り出す。この伝言は長さが日本語にして75文字以内でなければならず、術者の知っているどの言語でもよく、10分間の長さにわたって届けることができる。この口は音声要素を担当したり、合言葉を使ったり、魔法の効果を起動させることはできない。ただし、この口は発音される言葉に従って動く。たとえば、像に設置したのならば、像の口が実際に動き、しゃべっているように見えることだろう。マジック・マウスは木や岩や、その他どんな物体やクリーチャーにも設置できる。

　この呪文は、呪文に設定された術者の指示に従って、特定の条件が満たされた時に機能する。この指示は術者の望むように漠然としたものにも限定されたものにもできるが、視覚的・聴覚的な作動条件しか使うことができない。その条件が満たされたようだとなれば作動する。変装や幻術でこれを欺くことができる。通常の暗闇では視覚的な条件が作動しなくなることはないが、魔法のダークネスやインヴィジビリティに隠されていれば作動しない。音のしない移動や魔法のサイレンスを使ったりすれば、聴覚的な条件の作動を防ぐことができる。聴覚的な作動条件は一般的なタイプの音や特定の音や話された言葉で作動するようにできる。視覚的あるいは聴覚的な行動なら、それを作動条件とすることができることに注意。マジック・マウスは服装で識別できるのでもない限り、属性、レベル、HD、クラスを識別することはできない。

　作動条件の距離制限は術者レベルごとに15フィートであり、したがって、6レベルの術者は90フィートまで先の作動条件に反応するようマジック・マウスに指示できる。距離に関係なく、マジック・マウスは視覚的・聴覚的な作動条件と視線が通っていたり、聞こえる範囲内の行動にしか反応しない。

　マジック・マウスはパーマネンシイの呪文によって、効果を永続化させることができる。

マジック・ミサイル

Magic Missile／魔法の矢

系統：力術［力場］；**呪文レベル**：ウィザード／ソーサラー1
発動時間：1標準アクション
構成要素：音声、動作
距離：中距離（100フィート＋10フィート／レベル）
目標：5体までのクリーチャー、ただしそのうちのどの2体をとっても15フィート以内の距離に収まっていなければならない
持続時間：瞬間
セーヴィング・スロー：不可；**呪文抵抗**：可

　魔法エネルギーでできた矢が術者の指先から飛び出し、外れることなく目標に当たる。この矢は1d4＋1ポイントの［力場］ダメージを与える。

　この矢は、たとえ目標が接近戦闘中であっても、完全遮蔽や完全視認困難でない限り、外れることなく命中する。クリーチャーの特定部位を選んで命中させることはできない。この呪文によって物体にダメージを与えることはできない。

　術者レベルが1レベルを超えるレベル2レベルごとに、術者は追加の矢を1本得る。術者は3レベルで2本、5レベルで3本、7レベルで4本、そして9レベル以上で最大5本の矢を得る。複数の矢を発射した場合、術者は1体のクリーチャーでも複数体のクリーチャーでも攻撃できる。1本の矢は1体のクリーチャーにしか命中させることはできない。術者は呪文抵抗の判定やダメージ・ロールを行う前に目標を指定しなければならない。

マス（呪文名）

　呪文名がマス（mass／集団）で始まる呪文は、すべてその呪文名の50音順で並べられている。したがって呪文名にマスの付く呪文の解説は、その呪文の元になった呪文の近くで探し出せる。呪文系列の中に基本となる呪文のマス版がある呪文は、アウルズ・ウィズダム、イーグルズ・スプレンダー、インヴィジビリティ、インフリクト・クリティカル・ウーンズ、インフリクト・シリアス・ウーンズ、インフリクト・モデレット・ウーンズ、インフリクト・ライト・ウーンズ、エンラージ・パースン、キャッツ・グレイス、キュア・クリティカル・ウーンズ、キュア・シリアス・ウーンズ、キュア・モデレット・ウーンズ、キュア・ライト・ウーンズ、サジェスチョン、チャーム・モンスター、ヒール、フォクセス・カニング、ブルズ・ストレンクス、ベアズ・エンデュアランス、ホールド・パースン、ホールド・モンスター、リデュース・パースンである。

ミスディレクション

Misdirection／偽の情報

系統：幻術（幻覚）；**呪文レベル**：ウィザード／ソーサラー2、バード2

発動時間：1標準アクション

構成要素：音声、動作

距離：近距離（25フィート＋5フィート／2レベル）

目標：大きさが一辺10フィートの立方体までのクリーチャー1体か物体1つ

持続時間：1時間／レベル

セーヴィング・スロー：不可または意志・無効；本文参照；**呪文抵抗**：不可

　この呪文によって、術者はオーラを見ることのできる占術呪文（ディサーン・ライズ、ディテクト・イーヴル、ディテクト・マジックなどを含む）に、間違った情報を与えることができる。呪文を発動する際に、術者は距離内の別の物体を選ぶ。この呪文の持続時間の間、**ミスディレクション**の対象はその"別の物体"であるかのように探知される。この効果に対しては対象も、別の物体もセーヴィング・スローを行うことができない。占術呪文は、その感知魔法の使い手が意志セーヴに成功しない限り、感知魔法の実際の目標ではなく、第2の物体に基づいて情報を与える。たとえば、術者は発動時に距離内に木があれば、自分が木であると感知されるようにすることができる。悪ではなく、嘘をついてもおらず、魔法の力を帯びておらず、属性は真なる中立などなどとなる。この呪文は他の種類の占術呪文（**オーギュリー、クレアオーディエンス／クレアヴォイアンス、ディテクト・ソウツ**など）には効果がない。

ミスリード

Mislead／誤導

系統：幻術（虚像、幻覚）；**呪文レベル**：ウィザード／ソーサラー6、バード5

発動時間：1標準アクション

構成要素：動作

距離：近距離（25フィート＋5フィート／2レベル）

目標／効果：術者／幻の分身1体

持続時間：1ラウンド／レベル（解除可）および精神集中＋3ラウンド；本文参照

セーヴィング・スロー：不可あるいは意志・看破（やりとりがあった場合）；本文参照；**呪文抵抗**：不可

　術者の幻の分身（**メジャー・イメージ**と同様、こちらは（虚像））が現れ、それと同時に術者は不可視となる（**グレーター・インヴィジビリティ**と同様、こちらは（幻覚）である）。その後、術者は分身から離れてどこへでも自由に移動することができる。分身は呪文の距離内に出現するが、その後は術者の意図に従って移動する（これには呪文を発動したラウンドの直後のラウンドからの精神集中を必要とする）。術者は分身を自分の身体に完全に重なって出現するようにし、見ている者には分身が現れて術者が不可視になったことが判らぬようにすることもできる。その後、術者と分身は別々の方向に移動できる。分身は術者の

移動速度で移動し、まるで本物であるかのように話したり身振りをすることができる。分身は攻撃したり呪文を発動したりすることはできないが、そうするふりをすることはできる。

　分身は術者が精神集中を続けている間に加えて、精神集中を解いた後に3ラウンドの間存続する。術者が精神集中を解いたあとも、分身は持続時間が終わるまで同様の行動を取り続ける。**グレーター・インヴィジビリティ**の効果は精神集中の有無に関わらずレベルにつき1ラウンド持続する。

ミラー・イメージ

Mirror Image／鏡像

系統：幻術（虚像）；**呪文レベル**：ウィザード／ソーサラー2、バード2

発動時間：1標準アクション

構成要素：音声、動作

距離：自身

目標：術者

持続時間：1分／レベル

　この呪文は術者のいるマスに、幻影でできた術者の複製をいくつか作り出す。この複製は、敵が術者を正確に狙い、攻撃するのを困難にする。

　ミラー・イメージの発動時、1d4＋1／3術者レベル（最大で合計8体）の幻像を作り出す。この幻像は術者と同じ接敵面に移動し、移動、音、行動を正確に模倣する。術者が攻撃されたり攻撃ロールを必要とする呪文の目標になったときは常に、代わりに術者の幻像を目標にする可能性がある。攻撃が命中したなら、選ばれた目標が本物か幻かをランダムにロールする。それが幻像であった場合、幻像は破壊される。その攻撃が5以下の差で失敗したときも、幻像はニアミスによって破壊される。範囲呪文は通常通り術者に影響し、幻像は破壊されない。攻撃ロールを必要としない呪文や効果も、通常通り術者に影響し、幻像は破壊されない。接触攻撃を要求する呪文は、幻影が破壊されたなら無害に放出される。

　攻撃者は、幻像が見える限りだまされる。術者が不可視状態である、または攻撃者が盲目であった場合、この呪文は何も影響しない（通常の失敗確率は存在する）。

ミラージュ・アーケイナ

Mirage Arcana／蜃気楼奥義

系統：幻術（幻覚）；**呪文レベル**：ウィザード／ソーサラー5、バード5

発動時間：1標準アクション

構成要素：音声、動作

効果範囲：一辺20フィートの立方体の区画1個ぶん／レベル（自在）

持続時間：精神集中＋1時間／レベル（解除可）

　ハリューサナトリ・テレインと同様だが、術者はこの呪文によってどんな範囲内でもまったく別の地形であるかのように見せかけることができる。この幻術には聴覚、視覚、触覚、嗅覚の要素が含まれる。**ハリューサナトリ・テレイン**とは異なり、

この呪文は建物の外見を変えることができる（あるいは、何もないところに建物を加えることができる）。この呪文でもクリーチャーを変装させたり、隠したり、追加することはできない（ただし、効果範囲内にいるクリーチャーは現実の地形の中で隠れるように、幻の中に隠れることができる）。

ミラクル
Miracle／奇跡

系統：力術；**呪文レベル**：クレリック9
発動時間：1標準アクション
構成要素：音声、動作；本文参照
距離：本文参照
目標、効果あるいは効果範囲：本文参照
持続時間：本文参照
セーヴィング・スロー：本文参照；**呪文抵抗**：可

　術者はミラクルを発動するのではなく、祈り願うのである。術者は何が起こって欲しいかを宣言し、術者の信ずる神格（あるいは呪文を授かるために祈りを捧げる対象）が介入してくれるよう願う。

　ミラクルは以下のいずれかを行うことができる。
・8レベルまでのいかなるクレリック呪文でも再現できる。
・7レベルまでのいかなる呪文でも再現できる。
・フィーブルマインドやインサニティのような、特定の呪文の有害な効果を元に戻す。
・上に挙げた効果と同じ程度まで強力なものならば、いかなる効果でも持たせることができる。

　あるいは、クレリックは非常に強力な奇跡を願うこともできる。そうしたミラクルは強力な信仰のエネルギーが関わるため、25,000GP相当のダイアモンド粉末が必要となる。この種の特に強力なミラクルの例としては、以下のようなものが挙げられる。
・死んだ仲間たちを立ち上がらせ、戦い続けさせることで、戦闘を自軍の優勢に変える。
・術者とその味方（およびその全員の装備品）を、次元界間の障壁を抜けて、ある次元界から特定の場所へと、失敗する可能性なしに移動させる。
・都市1つを、地震や火山の噴火、洪水、その他の自然災害から守る。

　どのような場合でも、神格（や属性）の性質からかけ離れた願いは拒否される。

　再現した呪文に対しては、セーヴィング・スローと呪文抵抗を通常通り行うことができる（ただし、セーヴDCは9レベル呪文のものとなる）。100GPを超える価格の物質要素のある呪文を再現する場合、術者はその要素も消費しなければならない。

ムーヴ・アース
Move Earth／大地鳴動

系統：変成術［地］；**呪文レベル**：ウィザード／ソーサラー6、ドルイド6
発動時間：本文参照
構成要素：音声、動作、物質（粘土、ローム、砂、鉄製の刃）
距離：長距離（400フィート＋40フィート／レベル）
効果範囲：一辺750フィートの正方形の範囲までで深さ10フィートまでの土（自在）
持続時間：瞬間
セーヴィング・スロー：不可；**呪文抵抗**：不可

　ムーヴ・アースは土（粘土、ローム土、砂、土壌）を動かし、堤防を崩し、塚を移動させ、砂丘を移したりできる。

　どのような場合でも、岩でできたものを崩したり動かしたりすることはできない。作用を及ぼす範囲によって、発動時間が決まる。発動時間は一辺150フィートの正方形（深さ10フィートまで）につき10分を要する。最大効果範囲は750フィート×750フィートで、これを動かすには4時間と10分かかる。

　この呪文は地面を激しく破壊するものではなく、地面に波のような山と谷を生み出し、地面は望んだ形になるまで氷河のように液状化して反応する。木々や建造物、岩の塊などにはほとんど作用しないが、高度や互いの位置は変わることがある。

　この呪文をトンネルを掘るのに使用することはできず、また、クリーチャーを捕らえたり生き埋めにしたりするには概して遅すぎる。この呪文の主な使い道は、戦闘の前に堀を掘ったり埋めたり、地形の傾斜を修正したりすることにある。

　この呪文は（地）の副種別のクリーチャーには効果を持たない。

メイク・ホウル
Make Whole／完全修理

系統：変成術；**呪文レベル**：ウィザード／ソーサラー2、クレリック2
距離：近距離（25フィート＋5フィート／2レベル）
目標：10立方フィート／レベルまでの物体1つ、あるいはあらゆるサイズの人造クリーチャー1体

　この呪文はメンディングと同様に働くが、人造クリーチャーに対して発動したときに1d6／術者レベル（最大5d6）ポイントのダメージを回復する。

　また、破壊された（ヒット・ポイントが0以下）魔法のアイテムの2倍以上の術者レベルを持っているなら、メイク・ホウルで修理し、魔法的な特殊能力を回復できる。チャージのあるアイテム（ワンドなど）や使い捨てのアイテム（ポーションや巻物など）は回復させることはできない。メイク・ホウルが人造クリーチャーに対して使われたとき、まるで呪文抵抗できないかのように、魔法に対するあらゆる完全耐性を無視する。

メイジ・アーマー
Mage Armor／魔道師の鎧

系統：召喚術（創造）［力場］；**呪文レベル**：ウィザード／ソーサラー1
発動時間：1標準アクション
構成要素：音声、動作、焦点（保存処置を施した革一切れ）
距離：接触
目標：接触したクリーチャー1体
持続時間：1時間／レベル（解除可）

セーヴィング・スロー：意志・無効（無害）；**呪文抵抗**：不可

不可視だが実体のある力場がメイジ・アーマーの対象を取り巻き、ACに＋4の鎧ボーナスを与える。

魔法によらない鎧とは異なり、メイジ・アーマーには防具による判定ペナルティも秘術呪文失敗率もなく、移動速度も低下しない。メイジ・アーマーは力場でできているため、非実体クリーチャーは通常の鎧の場合のように素通りすることはできない。

メイジ・ハンド
Mage Hand／魔道師の手

系統：変成術；**呪文レベル**：ウィザード／ソーサラー0、バード0

発動時間：1標準アクション

構成要素：音声、動作

距離：近距離（25フィート＋5フィート／2レベル）

目標：重量5ポンドまでの、魔法の力もなく装備中でもない物体1つ

持続時間：精神集中

セーヴィング・スロー：不可；**呪文抵抗**：不可

術者は指先を物体に向け、その物体を遠くから意のままに持ち上げ、動かすことができる。術者は移動アクションとして物体をどの方向にも15フィート移動させることができる。ただし、術者と物体の間隔が呪文の距離を超えた場合、呪文は終了する。

メイジズ・ソード
Mage's Sword／魔道師の剣

系統：力術［力場］；**呪文レベル**：ウィザード／ソーサラー7

発動時間：1標準アクション

構成要素：音声、動作、焦点（250GPの価値のある白金製のミニチュアの剣）

距離：近距離（25フィート＋5フィート／2レベル）

効果：剣一振り

持続時間：1ラウンド／レベル（解除可）

セーヴィング・スロー：不可；**呪文抵抗**：可

剣のような形の、きらめく力場の板が出現する。この剣は術者がこの呪文を発動したラウンドから攻撃を開始し、術者の望む通り、距離内の敵ならどれでも攻撃する。剣は毎ラウンド1回、術者のターンに、指定された目標を攻撃する。この剣の攻撃ボーナスは術者レベル＋術者の【知力】修正値（ウィザードの場合）か【魅力】修正値（ソーサラーの場合）＋3強化ボーナスである。［力場］効果であるため、エーテル状態のクリーチャーや非実体クリーチャーを攻撃することもできる。この剣は4d6＋3ポイントの［力場］ダメージを与え、クリティカル可能域は19〜20、クリティカル倍率は×2である。

この剣は常に術者のいる方向から攻撃する。剣が挟撃ボーナスを得ることはなく、他の戦闘参加者に挟撃ボーナスを与えることもない。剣が呪文の距離外へと行ってしまったり、術者の視界の外へ出たり、術者が指示を出さない場合、剣は術者の元へ戻り、その場に浮遊する。

2ラウンド目以降、術者は標準アクションを用いて、剣の目標を新しいものに変えることができる。そうしない場合、剣は以前のラウンドの目標を攻撃し続ける。

剣を物理的な攻撃手段によって攻撃したり、害を与えることはできないが、ディスインテグレイトやディスペル・マジック、スフィアー・オヴ・アニヒレイションやロッド・オヴ・キャンセレイションは作用を及ぼす。剣のACは13（10、中型サイズの物体ゆえ±0、＋3反発ボーナス）である。

攻撃されたクリーチャーが呪文抵抗を持っているなら、メイジズ・ソードが初めて敵に打撃を与えた時点で抵抗判定を行う。剣への抵抗が成功すれば、呪文は解呪される。そうでない場合、剣はそのクリーチャーに対して、呪文の持続時間の間、通常の完全な効果を発揮する。

メイジズ・ディスジャンクション
Mage's Disjunction／魔道師の魔法解体

系統：防御術；**呪文レベル**：ウィザード／ソーサラー9

発動時間：1標準アクション

構成要素：音声

距離：近距離（25フィート＋5フィート／2レベル）

効果範囲：半径40フィート爆発内のすべての魔法効果と魔法のアイテム、あるいは魔法のアイテム1つ（本文参照）

持続時間：1分／レベル

セーヴィング・スロー：意志・無効（物体）；**呪文抵抗**：不可

術者が身に着用していたり接触しているものを除いて、呪文の半径内のすべての魔法効果と魔法のアイテムは解体される。すなわち、呪文と擬似呪文効果は解明されて完全に破壊され（ディスペル・マジック呪文によるもののように効果が終了する）、永続的な魔法のアイテムは意志セーヴに成功しなければならず、失敗すると呪文の持続時間の間、普通のアイテムになってしまう。クリーチャーが所持しているアイテムは、アイテム自身の意志セーヴ・ボーナスか、持ち主の意志セーヴ・ボーナスのうち、どちらか高い方を使用する。アイテムのセーヴィング・スローの出目が1だった場合、そのアイテムは効果が抑制される代わりに破壊される。

また、術者は術者レベルごとに1％の確率でアンティマジック・フィールドを破壊する可能性がある。アンティマジック・フィールドがディスジャンクションに耐えた場合、その範囲内にある魔法のアイテムは解体されない。

この呪文を1つの物体を対象として発動することもできる。こうした時、そのアイテムは−5ペナルティで意志セーヴを行い、失敗したならば永遠に破壊される。アーティファクトですら解体の対象となり得るが、そのような強力なアイテムが実際に作用を受ける確率は術者レベルごとに1％しかない。成功したなら、アーティファクトの力は失われ、セーヴなしで破壊される。アーティファクトが破壊された場合、術者は意志セーヴ（DC25）に成功しなければならず、失敗するとすべての呪文発動能力を永久に失ってしまう。こうして失った能力は定命の存在の魔法では、たとえウィッシュやミラクルでも回復させることはできない。アーティファクトを破壊しようとするのは危険

な行為であり、95％の確率で、そのアーティファクトに興味や関係のある何らかの強力な存在の注意を惹いてしまう。

メイジズ・フェイスフル・ハウンド
Mage's Faithful Hound／魔道師の忠実な番犬

系統：召喚術（創造）；**呪文レベル**：ウィザード／ソーサラー5
発動時間：1標準アクション
構成要素：音声、動作、物質（小さな銀のホイッスル、骨ひとかけら、糸）
距離：近距離（25フィート＋5フィート／2レベル）
効果：幻の番犬
持続時間：1時間／術者レベル、あるいはチャージ消費（作動）するまで、その後は1ラウンド／術者レベル；本文参照
セーヴィング・スロー：不可；**呪文抵抗**：不可

　術者は自分以外のすべての者に対して不可視の、幻の番犬を召喚する。その後、番犬は召喚された場所の番をする（番犬はそこを動かない）。サイズ分類が小型以上のクリーチャーが30フィート以内に近づいて来ると、幻の番犬は大声で吠え始める（召喚された時点ですでにこの番犬から30フィート以内にいた者は範囲内を動き回ることができるが、一度離れてから戻れば、吠えられることになる）。番犬は不可視のクリーチャーやエーテル状態のクリーチャーを見ることができる。〈虚像〉には反応しないが、〈操影〉の幻術には反応する。

　侵入者が5フィート以内に近づいたら、番犬は吠えるのを止め、毎ラウンド1回強力な噛みつきを行う（＋10攻撃ボーナス、2d6＋3ポイントの刺突ダメージ）。番犬は不可視のクリーチャーとしてのボーナスも得る（インヴィジビリティを参照）。

　番犬は侵入者に対して噛みつきを待機しているものとみなされ、そのため、侵入者のターンに最初の噛みつきを行う。番犬の噛みつきは、ダメージ減少に対しては魔法の武器相当である。この番犬を攻撃することはできないが、解呪することはできる。

　この呪文は術者レベルにつき1時間持続するが、一度吠え始めると、術者レベルにつき1ラウンドしか持続しない。術者が番犬から100フィートの距離を超えて離れるようなことがあれば、呪文は終了する。

メイジズ・プライヴェイト・サンクタム
Mage's Private Sanctum／魔道師の秘密の部屋

系統：防御術；**呪文レベル**：ウィザード／ソーサラー5
発動時間：10分
構成要素：音声、動作、物質（一枚の薄い鉛、ガラス片一つ、綿布の切れ端、粉末にしたクリソライト（橄欖石））
距離：近距離（25フィート＋5フィート／2レベル）
効果範囲：一辺30フィートの立方体の区画1個ぶん／レベル（自在）
持続時間：24時間（解除可）
セーヴィング・スロー：不可；**呪文抵抗**：不可

　この呪文により秘密が守られる。この呪文の効果範囲を外から誰が覗いても、そこには闇がかった霧しか見ることができないのである。暗視によってもこの中を見ることはできない。ど

れだけ大きな騒音もこの範囲から漏れ出ることはなく、したがって何者も盗み聞きすることはできない。範囲の中にいるものは中から外を普通に見ることができる。

　占術（念視）呪文ではこの範囲の中を知覚することはできない。さらに、この範囲の中にいるものはみなディテクト・ソウツに対して完全耐性を有する。この守りは、中にいるものと外にいるものの間での会話をできなくする（音を遮るからである）が、センディング呪文やメッセージ呪文、さらにはウィザードとその使い魔との間でのテレパシーによる意思疎通など、他の意思疎通手段を妨げはしない。

　この呪文はクリーチャーや物体の効果範囲への出入りを妨げはしない。

　メイジズ・プライヴェイト・サンクタムはパーマネンシイの呪文によって、効果を永続化させることができる。

メイジズ・マグニフィシャント・マンション
Mage's Magnificent Mansion／魔道師の豪勢な邸宅

系統：召喚術（創造）；**呪文レベル**：ウィザード／ソーサラー7
発動時間：1標準アクション
構成要素：音声、動作、焦点（それぞれ5GPの価値がある、象牙製のミニチュアの扉、磨いた大理石の小片、銀のスプーン）
距離：近距離（25フィート＋5フィート／2レベル）
効果：一辺10フィートの立方体の区画3個ぶん／レベルまでの異次元邸宅（自在）
持続時間：2時間／レベル（解除可）
セーヴィング・スロー：不可；**呪文抵抗**：不可

　術者は異次元住宅を召喚する。この住宅には呪文を発動した次元界に入口が1つある。この入口は空中のかすかな輝きであり、幅が4フィート、高さが8フィートある。術者の指定した者のみがこの邸宅に入ることができ、術者が入れば、その背後で戸口は閉まり、不可視となる。術者は自分のいる側からは、回数無制限でこの戸口を開けることができる。入口を抜けると、そこには豪勢な玄関広間があり、その奥には幾多の部屋部屋が連なっている。そこの空気は綺麗かつ新鮮で、暖かい。

　術者は呪文の効果の制限内で、望み通りに間取りを作ることができる。邸宅内には家具調度が完備しており、術者レベルごとに12人の人々に9品コースの晩餐会を行うに充分な食糧が備わっている。そこには言い付けをよくきき、お仕着せをまとったほとんど透明な召使いたちが術者レベルごとに2人おり、入ってくる者たちを待ち受けている。この召使いたちはアンシーン・サーヴァントと同じような働きをするが、目に見え、この邸宅内ならばどこにでも行けるところが違っている。

　この場所へは特別の入口からしか入れぬため、外部の状況が邸宅に作用したり、内部の状況が外の次元界に影響を及ぼすことはない。

メイジズ・ルークブレーション
Mage's Lucubration／魔道師の労作

系統：変成術；**呪文レベル**：ウィザード6
発動時間：1標準アクション

構成要素：音声、動作
距離：自身
目標：術者
持続時間：瞬間

　術者は自分が過去24時間以内に使用した5レベルまでの呪文をどれでも1つ即座に準備する。その呪文はその期間内に実際に発動したものでなければならない。選択した呪文は、通常通りのやり方で準備したかのように、術者の精神の中に収められる。

　思い出した呪文に物質要素が必要なら、術者はそれを消費しなければならない。物質要素が使えるようになるまでは、その呪文は使用できない。

メイズ

Maze／迷路

系統：召喚術（瞬間移動）；**呪文レベル**：ウィザード／ソーサラー8
発動時間：1標準アクション
構成要素：音声、動作
距離：近距離（25フィート＋5フィート／2レベル）
目標：クリーチャー1体
持続時間：本文参照
セーヴィング・スロー：不可；**呪文抵抗**：可

　術者は異次元迷宮に対象を放逐する。対象は毎ラウンド自分のターン、全ラウンド・アクションとして迷宮から脱出するためにDC20の【知力】判定を行うことができる。対象が脱出しなかった場合、迷路は10分後に消滅し、対象は解放される。

　迷路を離れる際、対象は**メイズ**呪文が発動された時にいた場所に現れる。その場所が固体に占領されていた場合、対象は最寄りの開けた場所に現れる。**ディメンジョン・ドア**や**テレポート**のような同じ次元界の中で移動する呪文や能力はそのクリーチャーが**メイズ**呪文から逃れる助けにはならないが、**プレイン・シフト**の呪文を使えば、その呪文で指定したいずれの次元界にも出ることができる。この呪文はミノタウロスには作用しない。

メジャー・イメージ

Major Image／上級幻像

系統：幻術（虚像）；**呪文レベル**：ウィザード／ソーサラー3、バード3
持続時間：精神集中＋3ラウンド

　サイレント・イメージと同様だが、この呪文の効果には音、匂い、温度の幻が含まれている。精神集中している間、術者は幻像を距離内で移動させることができる。

　敵の攻撃がこの幻像に当たった場合、術者がそれに対応して幻を反応させないかぎり、幻像は消えてしまう。

メジャー・クリエイション

Major Creation／上級創造術

系統：召喚術（創造）；**呪文レベル**：ウィザード／ソーサラー5
発動時間：10分

距離：近距離（25フィート＋5フィート／2レベル）
持続時間：本文参照

　マイナー・クリエイションと同様だが、術者は石、金属、水晶など鉱物質の物体を作り出すことができる。作り出されたアイテムの持続時間は以下の表に示すとおりに、その硬度と希少性の高低によってさまざまである。

硬度と希少性の例	持続時間
植物性の物質	2時間／レベル
石、水晶、卑金属	1時間／レベル
貴金属	20分／レベル
宝石	10分／レベル
希少金属*	1ラウンド／レベル

* アダマンティン、錬金術銀、ミスラルを含む。"冷たい鉄"製のアイテムを作るためにメジャー・クリエイションを使うことはできない。

メッセージ

Message／伝言

系統：変成術［言語依存］；**呪文レベル**：ウィザード／ソーサラー0、バード0
発動時間：1標準アクション
構成要素：音声、動作、焦点（銅線ひとかけら）
距離：中距離（100フィート＋10フィート／レベル）
目標：クリーチャー1体／レベル
持続時間：10分／レベル
セーヴィング・スロー：不可；**呪文抵抗**：不可

　術者は伝言を囁いて伝え、また、受け取ることができる。近くにいるものはDC25の〈知覚〉判定により伝言を聞くことができる。術者はこの呪文の効果に含めようとするクリーチャー1体1体を指で指す。術者が囁くと、距離内にいる目標クリーチャーは全員、その伝言を聞くことができる。**サイレンス**の魔法、厚さ1フィートの石、厚さ1インチの金属（あるいは鉛の薄膜）、厚さ3フィートの木や土はこの呪文を遮る。この伝言は直線を通る必要はない。術者と対象の間に開口部があり、経路全体の長さが呪文の距離内であるなら、伝言は障壁を迂回できる。伝言を受け取ったクリーチャーは、術者が聞き取ることのできる返事を囁き返すことができる。この呪文は意味ではなく、音を伝える。言葉の壁を乗り越えることはできないのだ。伝言を伝えるためには口で話すか囁かなければならない。

メテオ・スウォーム

Meteor Swarm／流星群

系統：力術［火炎］；**呪文レベル**：ウィザード／ソーサラー9
発動時間：1標準アクション
構成要素：音声、動作
距離：長距離（400フィート＋40フィート／レベル）
効果範囲：半径40フィートの拡散が4つ；本文参照
持続時間：瞬間
セーヴィング・スロー：不可あるいは反応・半減、本文参照；
呪文抵抗：可

　メテオ・スウォームは多くの面でファイアーボールに似た、

非常に強力かつ華々しい呪文である。この呪文を発動すると、4つの直径2フィートの火球が術者の広げた手から飛び出し、術者の選んだ場所へと直線を描いて飛んでいく。火球は炎の航跡を残していく。

術者が特定のクリーチャーに対してこの火球を放つなら、術者は火球を目標に当てるために遠隔接触攻撃を行う必要がある。これらの火球の命中を受けたクリーチャーは2d6ポイントの殴打ダメージをうけ（セーヴなし）、その火球による［火炎］ダメージ（以下参照）に対するセーヴィング・スローに－4のペナルティを被る。狙いをつけた火球が標的から外れたなら、火球は対象の占める接敵面の、一番近い角を中心として爆発する。術者は同一の目標に対して2つ以上の火球を放つことができる。

目的地点に到達すると、火球は半径40フィートの拡散の範囲に炸裂し、範囲内のクリーチャーすべてに対して6d6ポイントの［火炎］ダメージを与える。複数の拡散範囲に巻き込まれたなら、クリーチャーはそれぞれの拡散範囲について別々にセーヴを行う。別々の火球からダメージを受けても、［火炎］ダメージはセーヴの後に合計され、［火炎］への抵抗は一度だけしか適用されない。

メルド・イントゥ・ストーン

Meld into Stone／石への融合

系統：変成術［地］；**呪文レベル**：クレリック3、ドルイド3
発動時間：1標準アクション
構成要素：音声、動作、信仰
距離：自身
目標：術者
持続時間：10分／レベル

メルド・イントゥ・ストーンを使えば、術者は自分の身体と所持品を1個の石塊へと融け込ませることができる。その石塊は縦・横・奥行きとも術者の肉体を中に入れられるだけの大きさのものでなければならない。発動が完了したら、術者と100ポンド以下の命を持たぬ装備品がその石塊と融合する。石塊の大きさと装備品の重量のどちらの条件であっても違反した場合、呪文は失敗し、無駄になってしまう。

石塊の中にいる間、術者は自分が融合した表面と（希薄ではあるが）つながりを保っている。石塊の中に隠れている間に、術者は時間の経過を知ることができ、自分自身に呪文をかけることもできる。その石塊の外で起こっていることを目にすることはできないが、それでも周囲で起こっていることを聞くことはできる。石塊へのわずかな物理的なダメージは術者に害を与えないが、部分的に破壊されて、もはや術者が中に入っていられなくなるほど小さくなってしまったなら、術者は排出され、5d6ポイントのダメージを被る。石塊が完全に破壊されてしまったなら、術者は排出され、頑健セーヴ（DC18）に成功しない限り即座に死んでしまう。セーヴに成功した場合でも、術者は5d6ポイントのダメージを負う。

持続時間が切れる前なら、術者はいつでも、入った石塊の表面から出ることができる。術者が自発的に石の外に出る前に呪文の持続時間が過ぎたり、効果が解呪された場合、術者は乱暴に排出され、5d6ポイントのダメージを被る。

以下の呪文が術者の入っている石塊に対して発動された場合、術者は害を被る。***ストーン・シェイプ***の場合、術者は3d6ポイントのダメージを被るが、排出はされない。***ストーン・トゥ・フレッシュ***の場合、術者は排出され、5d6ポイントのダメージを被る。***トランスミュート・ロック・トゥ・マッド***の場合、術者は排出され、頑健セーヴ（DC18）に成功しない限り即座に死んでしまう（成功した場合、単に排出されるだけである）。最後に***パスウォール***の場合、術者はダメージを被ることなく排出される。

メンディング

Mending／修理

系統：変成術；**呪文レベル**：ウィザード／ソーサラー0、クレリック0、ドルイド0、バード0
発動時間：10分
構成要素：音声、動作
距離：10フィート
目標：1ポンド／レベルまでの物体1つ
持続時間：瞬間
セーヴィング・スロー：意志・無効（無害、物体）；**呪文抵抗**：可（無害、物体）

この呪文はダメージを受けた物体を修理し、1d4のヒット・ポイントを回復する。物体が破損状態にあるならば、もとのヒット・ポイントの半分以上まで回復されたときに破損状態から直る。この呪文が機能するためには、すべての部品が揃っていなければならない。魔法のアイテムもこの呪文によって修理できるが、そのアイテム以上の術者レベルを持っていなければならない。破壊された（ヒット・ポイントが0以下）魔法のアイテムはこの呪文で修理できるが、魔法の能力は回復できない。この呪文はクリーチャーに対しては影響しない（人造クリーチャーを含む）。この呪文は曲げられたか変化させられた物体を元には戻せないが、依然としてダメージを回復することはできる。

モーメント・オヴ・プレシャンス

Moment of Prescience／機先の見切り

系統：占術；**呪文レベル**：ウィザード／ソーサラー8
発動時間：1標準アクション
構成要素：音声、動作
距離：自身
目標：術者
持続時間：1時間／レベルまたはチャージ消費（起動）するまで

この呪文は術者に第六感を与える。術者は呪文の持続時間の間ならいつでも、1度だけその効果を使用できる。術者はこの呪文により、攻撃ロール、戦技判定、対抗能力値判定、対抗技能判定、セーヴィング・スローのいずれかに1回だけ、術者レベルに等しい洞察ボーナス（最大＋25）を得ることができる。また、これらの効果ではなく、1回の攻撃に対する自分のACに同じ洞察ボーナスを（たとえ立ちすくみ状態であっても）適用

することもできる。この効果を起動させるにはアクションを消費しない。術者は他のキャラクターのターンであってもこの効果を起動できる。術者は修正が適用されるロールを行う前に**モーメント・オヴ・プレシャンス**を使用するかどうか選択しなければならない。1度使用したならこの呪文は終了する。術者は同時に2つ以上の**モーメント・オヴ・プレシャンス**を自分に対して稼動状態にしておくことはできない。

モディファイ・メモリー
Modify Memory／記憶修正

系統：心術（強制）［精神作用］；**呪文レベル**：バード4
発動時間：1ラウンド；本文参照
構成要素：音声、動作
距離：近距離（25フィート＋5フィート／2レベル）
目標：生きているクリーチャー1体
持続時間：永続
セーヴィング・スロー：意志・無効；**呪文抵抗**：可

　術者は対象の精神に入り込み、その記憶を5分間ぶんまで、以下のいずれかの方法で修正できる。

- 対象が実際に体験した1つのできごとの記憶をすべて抹消する。この呪文は**ギアス／クエスト**、**サジェスチョン**、**チャーム**、あるいはそれに類する呪文を無効化することはできない。
- 対象が実際に体験した1つのできごとを完全にはっきりと思い出させる。
- 対象が実際に体験した1つのできごとの細かい部分を変更する。
- 対象が体験したことのない1つのできごとの記憶を植え付ける。

　この呪文の発動には1ラウンドかかる。対象がセーヴに失敗したなら、術者は続けて対象の記憶のうち修正したいと望む記憶を視覚化するのに5分まで（術者が修正したい記憶の時間量に等しい時間）を費やす。この視覚化が完了するまでに術者の精神集中が乱されたり、この間に対象が呪文の距離外に出るようなことがあれば、呪文は失われる。

　修正された記憶が必ずしも対象の行動に作用を及ぼすとは限らない。特に自分の本来の性向と相反する場合は。修正された記憶が道理に合わない場合、対象はそれを悪い夢であるとか、ワインを飲み過ぎて混乱したのだろう、など理由づけをして片づけてしまうこともある。

ライヴオーク
Liveoak／木の番人

系統：変成術；**呪文レベル**：ドルイド6
発動時間：10分
構成要素：音声、動作
距離：接触
目標：接触した樹木1本
持続時間：1日／レベル（解除可）
セーヴィング・スロー：不可；**呪文抵抗**：不可

　この呪文はオーク（カシやナラ）の木を守り手や番人に変える。

この呪文は一度に1本の木に対してしか発動することはできない。**ライヴオーク**が効果を現している間、術者はそれを別の木に対して発動することはできない。**ライヴオーク**は健康な超大型のオークの木に対して発動しなければならない。術者レベルごとに日本語で3文字までの作動条件を目標の木に対して設定しておくことができる。**ライヴオーク**の呪文が作動すると、木はトリエントのように自律行動を開始する。

　ライヴオークが解呪されると、木はどこにいようと即座に根を下ろす。術者が解放した場合、木は自分の元いた場所に戻って根を下ろそうとする。

ライチャス・マイト
Righteous Might／正義の力

系統：変成術；**呪文レベル**：クレリック5
発動時間：1標準アクション
構成要素：音声、動作、信仰
距離：自身
目標：術者
持続時間：1ラウンド／レベル（解除可）

　術者の身長は即座に2倍となり、重量は8倍となる。こうして拡大することで、術者のサイズ分類は1段階大きなものとなる。術者は【筋力】と【耐久力】に＋4のサイズ・ボーナス、【敏捷力】に－2のペナルティを受ける。術者は外皮に＋2の強化ボーナスを得る。術者は（通常、正のエネルギーを放出するなら）"ダメージ減少5／悪"、（通常、負のエネルギーを放出するなら）"ダメージ減少5／善"を得る。15レベルでこのダメージ減少は最大値である"10／悪"あるいは"10／善"へと変化する。術者のACと攻撃へのサイズ修正値は新たなサイズ分類に従って変化する。この呪文によって、術者の移動速度が変化することはない。術者の新たなサイズに適切な接敵面と間合いを決定すること。

　望むだけの拡大に充分な空間がない場合、術者はその空間で広がれる最も大きなサイズになり、その過程で周囲を取り囲む物質を突き破るために（上昇後の【筋力】を使用して）【筋力】判定を行うことができる（物体を破壊する際のルールは第7章を参照）。この判定に失敗した場合、周囲を取り囲む物質によって害を受けることなく閉じ込められる——この呪文では、術者が巨大化することで潰されてしまうようなことはないのだ。

　術者が着用するか運搬しているすべての装備もこの呪文によって拡大される。近接武器はダメージが上昇する。この呪文は、その他の魔法的な特質には作用しない。術者の身から離れた巨大化したアイテム（矢弾や投擲武器を含む）は即座に本来のサイズに戻る。したがって、投擲武器や投射武器は通常通りのダメージを与えるというわけである。サイズを拡大する魔法効果は累積しない。

ライト
Light／光

系統：力術［光］；**呪文レベル**：ウィザード／ソーサラー0、クレリック0、ドルイド0、バード0

発動時間：1標準アクション
構成要素：音声、物質／信仰（ホタル1匹）
距離：接触
目標：接触した物体1つ
持続時間：10分／レベル
セーヴィング・スロー：不可；呪文抵抗：不可

　この呪文は接触した物体を松明のように輝かせ、接触した点から半径20フィートに通常の光を発し、それより先の半径40フィート以内の光量を、最大で通常の光になるまで1段階上昇させる（暗闇は薄暗い光に、薄暗い光は通常の光になる）。通常の光、明るい光の領域ではこの呪文は影響しない。この効果は移動させることはできないが、移動可能な物体に発動することができる。

　術者が発動できる**ライト**の呪文は一度に1つだけであり、前の呪文が持続している間にもう一度この呪文を発動したなら、前の呪文は解呪される。パーマネンシイ呪文やその他の効果によってこの呪文を永続化させたならば、この制限には関わらない。**ライト**は自分と同じか低いレベルの［闇］呪文を相殺または解呪するために使用することができる。

ライトニング・ボルト

Lightning Bolt／雷撃

系統：力術［雷撃］；呪文レベル：ウィザード／ソーサラー3
発動時間：1標準アクション
構成要素：音声、動作、物質（毛皮とガラスの棒）
距離：120フィート
効果範囲：120フィートの直線状
持続時間：瞬間
セーヴィング・スロー：反応・半減；呪文抵抗：可

　術者は効果範囲内のすべてのクリーチャーに術者レベルごとに1d6（最大10d6）ポイントの［雷撃］ダメージを与える強力な電気エネルギーの一撃を解き放つ。雷撃は術者の指先から放たれる。

　ライトニング・ボルトは可燃物を発火させ、通り道にある物体にダメージを与える。金、銀、銅、青銅、鉛などの融点の低い金属を融かすことができる。雷撃を遮る障壁がダメージによって砕けたり、穴が開いてしまった場合、雷撃は呪文の距離が許す限りその障壁の向こうまで突き抜けて行く。障壁を突き抜けられなければ、他の呪文の効果と同様、そこで止まってしまう。

ラスティング・グラスプ

Rusting Grasp／錆びの手

系統：変成術；呪文レベル：ドルイド4
発動時間：1標準アクション
構成要素：音声、動作、信仰
距離：接触
目標：魔法の力を持たない鉄製の物体1つ（あるいはその物体の、接触した地点から3フィート以内の部分）か、あるいは鉄製のクリーチャー1体
持続時間：本文参照
セーヴィング・スロー：不可；呪文抵抗：不可

　術者の接触した鉄や鉄合金製のアイテムは錆びてぼろぼろに崩れる。そのアイテムが大きすぎて半径3フィートの範囲内に収まらないものであれば、その金属の半径3フィートに収まる部分が錆び、破壊される。金属製の魔法のアイテムはこの呪文に対して完全耐性がある。

　術者は近接接触攻撃に成功することで戦闘に**ラスティング・グラスプ**を用いることができる。このようにして使用された**ラスティング・グラスプ**は即座に腐食により、金属製の鎧から得ているACを1d6ポイント（最大で、その鎧が提供していた点数まで）破壊する。

　この呪文で敵の使用している武器を目標にするのは、もっつかむのが難しい。術者はその武器に対する近接接触攻撃に成功しなければならない。これが命中した金属製の武器は破壊される。敵の武器に打撃を与えることは、機会攻撃を誘発する。また、術者が武器に接触しなければならないのであって、武器が術者に触れてもこの呪文がその武器に影響を与えることはない。

　鉄製のクリーチャーに対しては、**ラスティング・グラスプ**は攻撃に成功するたびに即座に3d6＋術者レベルごとに1（最大＋15）ポイントのダメージを与える。この呪文はレベルごとに1ラウンド持続し、術者は毎ラウンド1回の近接接触攻撃を行うことができる。

ララバイ

Lullaby／子守唄

系統：心術（強制）［精神作用］；呪文レベル：バード0
発動時間：1標準アクション
構成要素：音声、動作
距離：中距離（100フィート＋10フィート／レベル）
効果範囲：半径10フィート爆発の範囲内にいる生きているクリーチャー
持続時間：精神集中＋1ラウンド／レベル（解除可）
セーヴィング・スロー：意志・無効；呪文抵抗：可

　範囲内にいるクリーチャーは皆、意志セーヴに失敗すると、うとうとして不注意になり始める。そのために、〈知覚〉の判定に－5のペナルティを受ける。さらに、**ララバイ**の効果が続いている間は**スリープ**効果への意志セーヴに－2のペナルティを受ける。**ララバイ**は術者が精神集中を続ける限り持続し、精神集中をやめた後も術者レベルあたり1ラウンド効果が持続する。

リード・マジック

Read Magic／魔法読解

系統：占術；呪文レベル：ウィザード／ソーサラー0、クレリック0、ドルイド0、バード0、パラディン1、レンジャー1
発動時間：1標準アクション
構成要素：音声、動作、焦点（透明な水晶か鉱石のプリズム）
距離：自身

目標：術者
持続時間：10分／レベル

術者は書物や巻物、武器などの物体に書き込まれた、他の手段では理解できない魔法の文書を読むことができる。この呪文によって解読しても、普通はその文書に含まれている魔法が作動してしまうことはない。ただし、呪われた巻物や罠を仕掛けられた巻物の場合は作動してしまうことがある。さらに、一度この呪文を発動して魔法の文書を読んだなら、術者はそれ以降、その文書については**リード・マジック**に頼ることなく読むことができるようになる。術者は1分につき1ページ（日本語で750文字程度）の速度で読むことができる。この呪文によって、術者はDC13の〈呪文学〉判定に成功すれば**グリフ・オヴ・ウォーディング**を、DC16の〈呪文学〉判定に成功すれば**グレーター・グリフ・オヴ・ウォーディング**を、また、〈呪文学〉判定（DC10＋呪文レベル）に成功すれば**シンボル**系呪文を識別することができる。

リード・マジックは**パーマネンシイ**呪文で永続化させることができる。

リインカーネイト
Reincarnate／転生

系統：変成術；**呪文レベル**：ドルイド4
発動時間：10分
構成要素：音声、動作、信仰、物質（1,000GPの価値のある油）
距離：接触
目標：接触した死んでいるクリーチャー1体
持続時間：瞬間
セーヴィング・スロー：不可；本文参照；**呪文抵抗**：可（無害）

この呪文によって、術者は死んでいるクリーチャーを他の肉体へと生き返らせることができる。ただし、死んでからこの呪文を発動するまでに1週間以内しか経っておらず、対象の魂が自由で、生き返ることに同意していなければならない。対象の魂が生き返ることに同意しなければ、この呪文は働かない。したがって、生き返ることを望んでいる対象はセーヴィング・スローを行わない。

死んだクリーチャーは新たな肉体へと生き返るため、すべての肉体的な病気や障害は回復する。死体の状態は問題にならない。肉体のほんのわずかな一部でも残っていれば、そのクリーチャーを転生させることができる。ただし、呪文の発動対象となる肉体の一部は、そのクリーチャーが死んだ時点でその肉体の一部であったものでなければならない。この呪文の魔力が、その場にある自然の要素から、その魂が宿るためのまったく新しい青年期の肉体を作り上げる。この過程が完了するには1時間が必要である。肉体が用意できたら、対象は転生する。

転生したキャラクターは以前の人生と姿のほとんどを思い出す。対象が以前有していたクラス能力、特技、技能ランクはそのまま残る。クラス、基本攻撃ボーナス、基本セーヴ・ボーナス、ヒット・ポイントは変化しない。【筋力】【敏捷力】【耐久力】の値は一部、新たな肉体に基づく。まず、対象の種族ごとの能力値調整を取り除き（対象はもはや以前の種族ではなってしまうためだ）、その後、残った能力値に以下の表に示した能力値調整を適用すること。転生したとき、目標は永続的な負のレベルを2レベル負う。負のレベルが対象のヒット・ダイス以上になる場合、その分は【耐久力】吸収として適用される（このとき【耐久力】が0以下になるなら転生できない）。呪文を準備しているクリーチャーが死んだとき、50％の確率で転生したときにその呪文を発動したかのように呪文を失う。準備なしで呪文を発動する能力を持ったクリーチャー（ソーサラーなど）は、50％の確率で呪文を発動したかのように未使用の呪文スロットを失う。

対象の能力値が変わってしまったために、以前のキャラクター・クラスを続けるのが難しくなる可能性もある。そうなった場合、その対象にはマルチクラス・キャラクターになることをお勧めする。

人型生物の場合、新たな肉体は以下の表を用いて決定する。人型生物以外のクリーチャーの場合、同種別のクリーチャーを集めた同様の表を作成するとよいだろう。

アンデッド・クリーチャーにされたり、[即死]効果で殺されたクリーチャーをこの呪文で生き返らせることはできない。人造、エレメンタル、来訪者、アンデッド・クリーチャーを転生させることはできない。この呪文は老衰のために死んだクリーチャーを生き返らせることができる。

d%	肉体	【筋】	【敏】	【耐】
01	バグベア	+4	+2	+2
02～13	ドワーフ	±0	±0	+2
14～25	エルフ	±0	+2	−2
26	ノール	+4	±0	+2
27～38	ノーム	−2	±0	+2
39～42	ゴブリン	−2	+2	±0
43～52	ハーフエルフ	±0	+2	±0
53～62	ハーフオーク	+2	±0	±0
63～74	ハーフリング	−2	+2	±0
75～89	人間	±0	±0	+2
90～93	コボルド	−4	+2	−2
94	リザードフォーク	+2	±0	+2
95～98	オーク	+4	±0	±0
99	トログロダイト	±0	−2	+4
100	その他（GMの選択）	?	?	?

転生したクリーチャーは、新たな姿に属するすべての能力を得る。これには、移動形態や移動速度、外皮、肉体攻撃、変則的能力などが含まれるが、新たな姿の言語を自動的にしゃべれるようになるわけではない。

ウィッシュや**ミラクル**の呪文を使えば、転生したキャラクターを以前の姿に戻すことができる。

リヴァース・グラヴィティ
Reverse Gravity／重力反転

系統：変成術；**呪文レベル**：ウィザード／ソーサラー7、ドルイド8
発動時間：1標準アクション
構成要素：音声、動作、物質／信仰（天然磁石と鉄のやすりくず）

距離：中距離（100フィート＋10フィート／レベル）
効果範囲：一辺10フィートの立方体の区画1個ぶん／レベルまで（自在）
持続時間：1ラウンド／レベル（解除可）
セーヴィング・スロー：不可；本文参照；**呪文抵抗**：不可

　この呪文は効果範囲内の重力を逆転させ、その中にある固定されていない物体やクリーチャーは上の方へと落ちていき、1ラウンドで効果範囲の上端に達する。この落下の間に何らかの固体（天井など）にぶつかった場合、落下する物体やクリーチャーは通常通り下の方へ落下しているかのようにそれに激突する。物体やクリーチャーが何にもぶつからずに効果範囲の上端へ到達した場合、それらは呪文が切れるまで、わずかに上下に揺れながらその場所に留まる。呪文の持続時間終了時に、作用を受けた物体やクリーチャーは下へと落下する。

　しがみつけるものがあるならば、効果範囲内につかまったクリーチャーは呪文に取り込まれた時点で反応セーヴを行い、しがみつこうとすることができる。飛行したり空中浮揚することのできるクリーチャーは落下せずにすませることができる。

リザレクション
Resurrection／蘇生

系統：召喚術（治癒）；**呪文レベル**：クレリック7
構成要素：音声、動作、物質（10,000GPの価値のあるダイアモンド）、信仰

　レイズ・デッドと同様だが、術者は死んだクリーチャーを生き返らせ、完全な健康状態に戻すことができる。

　死体の状態は問題にならない。肉体のほんのわずかな一部でも残っていれば、そのクリーチャーを蘇生させることができる。ただし、呪文の発動対象となる肉体の一部は、そのクリーチャーが死んだ時点でその肉体の一部であったものでなければならない（**ディスインテグレイト**呪文に攻撃されたクリーチャーの破片は、ここで言う"肉体の一部"であるとみなされる）。そのクリーチャーは術者レベルごとに10年以内に死んだものでなければならない。

　呪文が完成すれば、クリーチャーは即座に、準備した呪文を失うことなく、ヒット・ポイントも気力・健康も完全に回復する。復活したクリーチャーは、生命力吸収を受けたかのように永続的な負のレベルを1レベル負う。目標が1レベルだった場合、代わりに2ポイントの【耐久力】吸収を受ける（これによって【耐久力】が0以下になるなら蘇生することはできない）。

　術者は［即死］効果で殺された者や、アンデッド・クリーチャーにされ、しかる後に倒された者をこの呪文で生き返らせることができる。術者は老衰のために死んだ者をこの呪文で生き返らせることはできない。人造、エレメンタル、来訪者、アンデッド・クリーチャーを蘇生させることはできない。

リジェネレイト
Regenerate／再生

系統：召喚術（治癒）；**呪文レベル**：クレリック7、ドルイド9
発動時間：3全ラウンド

構成要素：音声、動作、信仰
距離：接触
目標：接触した生きているクリーチャー1体
持続時間：瞬間
セーヴィング・スロー：頑健・無効（無害）；**呪文抵抗**：可（無害）

　対象の切断された肉体の一部（手足の指、手、足、腕、脚、尻尾、果ては複数の頭を持つクリーチャーの頭ですら）、折れた骨、損なわれた内臓が再生する。この呪文を発動した後、切断された部位がその場にあり、そのクリーチャーにくっつけられているなら、肉体の再生は1ラウンドで完了する。そうでなければ2d10ラウンドかかる。

　リジェネレイトは4d8＋術者レベルごとに1（最大＋35）ポイントのダメージも治癒し、過労状態と疲労状態も取り除き、対象が被っていたすべての非致傷ダメージも除去する。生きていないクリーチャー（アンデッドを含む）には効果はない。

リジリアント・スフィアー
Resilient Sphere／弾力球

系統：力術［力場］；**呪文レベル**：ウィザード／ソーサラー4
発動時間：1標準アクション
構成要素：音声、動作、焦点（球状の水晶）
距離：近距離（25フィート＋5フィート／2レベル）
効果：1体のクリーチャーを中心とした、直径1フィート／レベルの球体
持続時間：1分／レベル（解除可）
セーヴィング・スロー：反応・無効；**呪文抵抗**：可

　ちらちらと光る力場でできた球体が1体のクリーチャーを包み込む。ただし、そのクリーチャーは球体の直径内に収まるだけの大きさのものでなければならない。球体は対象を、呪文の持続時間の間、包み込む。この球体は、**ディスペル・マジック**で無効化されることを除けば、**ウォール・オヴ・フォース**と同じように機能する。球体の中の対象は通常通り呼吸できる。外にいる者たちによっても、中にいる者たちが暴れることによっても、球体を物理的に移動させることはできない。

リデュース・アニマル
Reduce Animal／動物縮小

系統：変成術；**呪文レベル**：ドルイド2、レンジャー3
発動時間：1標準アクション
構成要素：音声、動作
距離：接触
目標：サイズが小型、中型、大型、超大型の同意する動物1体
持続時間：1時間／レベル（解除可）
セーヴィング・スロー：不可；**呪文抵抗**：不可

　リデュース・パースンと同様だが、この呪文は同意する動物1体に作用する。その動物が肉体攻撃で与えるダメージは、小さくなったサイズに対応したダメージに減少する（サイズによってどのようにダメージを調整するかは第6章を参照）。

リデュース・パースン
Reduce Person／人物縮小

系統：変成術；**呪文レベル**：ウィザード／ソーサラー1
発動時間：1ラウンド
構成要素：音声、動作、物質（鉄粉ひとつまみ）
距離：近距離（25フィート＋5フィート／2レベル）
目標：人型生物1体
持続時間：1分／レベル（解除可）
セーヴィング・スロー：頑健・無効；**呪文抵抗**：可

　この呪文は人型生物1体を即座に縮小し、身長や縦横の長さを半分、体重を1/8にする。こうして縮小することで、そのクリーチャーのサイズ分類は1段階小さなものとなる。目標はサイズの減少によって、【敏捷力】に＋2のサイズ・ボーナスを得、【筋力】に－2のサイズ・ペナルティ（最低でも1まで）を受け、攻撃ロールとACに＋1のボーナスを得る。

　サイズが超小型になってしまった小型サイズの人型生物は、接敵面2と1/2フィート、生来の間合い0フィートとなる（したがって、攻撃するためには敵のマスに入らなければならなくなる）。サイズが中型になってしまった大型サイズの人型生物は、接敵面5フィート、生来の間合い5フィートとなる。この呪文によって、目標の移動速度が変化することはない。

　クリーチャーが着用するか運搬しているすべての装備もこの呪文によって縮小される。

　この呪文の影響を受けた近接武器や投射武器はダメージが減少する。この呪文はその他の魔法的な特質には作用しない。縮小されたクリーチャーの身から離れた縮小されたアイテム（矢弾や投擲武器を含む）は即座に本来のサイズに戻る。したがって、投擲武器は通常通りのダメージを与える（矢弾はそれを射出した武器のサイズに基づいたダメージを与える）というわけである。

　サイズを縮小する複数の魔法効果は累積しない。**リデュース・パースン**は**エンラージ・パースン**を相殺し、解呪する。

　リデュース・パースンは**パーマネンシイ**呪文で永続化させることができる。

マス・リデュース・パースン
Reduce Person, Mass／集団人物縮小

系統：変成術；**呪文レベル**：ウィザード／ソーサラー4
目標：人型生物1体／レベル、ただしそのうちのどの2体をとっても30フィート以内の距離に収まっていなければならない

　マス・リデュース・パースンは**リデュース・パースン**と同様に機能するが、複数のクリーチャーに作用する。

リパルション
Repulsion／排斥

系統：防御術；**呪文レベル**：ウィザード／ソーサラー6、クレリック7
発動時間：1標準アクション
構成要素：音声、動作、焦点／信仰（50GPの価値の一対の犬の像）

距離：10フィート／レベルまで
効果範囲：術者を中心とした半径10フィート／レベルまでの放射
持続時間：1ラウンド／レベル（解除可）
セーヴィング・スロー：意志・無効；**呪文抵抗**：可

　不可視で動かすことのできるフィールドが術者を取り巻き、クリーチャーが術者に近づくのを妨げる。術者は、発動時にこのフィールドを（術者のレベルによる上限までで）とのくらいの大きさにするかを決定する。フィールド内にいるクリーチャーや、フィールド内に入ろうとするクリーチャーはセーヴを行わなければならない。失敗した場合、そのクリーチャーは呪文の持続時間の間、術者の方に向かって移動することができなくなる。排斥されたクリーチャーの行動がこれ以外に制限されることはない。これらのクリーチャーは他のクリーチャーと戦ったり、呪文を発動したり、術者を遠隔武器で攻撃できる。術者がこの呪文の作用しているクリーチャーに近づいても何も起こらない。クリーチャーが押し戻されることはない。術者が間合いの中に入ってきたなら、そのクリーチャーは自由に術者に対して近接攻撃を行うことができる。排斥されたクリーチャーが術者から離れ、その後に術者に向かって戻ろうとしても、まだ呪文の効果範囲内にいるなら、それ以上近づくことはできない。

リペル・ヴァーミン
Repel Vermin／蟲の放逐

系統：防御術；**呪文レベル**：クレリック4、ドルイド4、バード4、レンジャー3
発動時間：1標準アクション
構成要素：音声、動作、信仰
距離：10フィート
効果範囲：術者を中心とした半径10フィートの放射
持続時間：10分／レベル（解除可）
セーヴィング・スロー：不可あるいは意志・無効；本文参照；
呪文抵抗：可

　不可視のバリアーが蟲をくい止める。ヒット・ダイスが術者のレベルの1/3未満の蟲はこのバリアーを通り抜けることができない。

　ヒット・ダイスが術者のレベルの1/3以上ある蟲は意志セーヴに成功すればこのバリアーを通り抜けることができる。その場合でも、バリアーを通り抜けると蟲は2d6ポイントのダメージを被るし、また、バリアーに身体を押しつければ苦痛が走るため、ほとんどの蟲を阻止することができる。

リペル・ウッド
Repel Wood／木の放逐

系統：変成術；**呪文レベル**：ドルイド6
発動時間：1標準アクション
構成要素：音声、動作
距離：60フィート
効果範囲：術者から60フィートの直線状の放射

持続時間：1分／レベル（解除可）
セーヴィング・スロー：不可；**呪文抵抗**：不可

　術者から発したエネルギー波が術者の指定した方向へと移動し、呪文の経路内にあったすべての木製の物体を術者から呪文の“距離”限界まで押し退ける。木製で、直径が3インチより大きく固定された物体には作用しないが、固定されていない物体には作用する。直径3インチ以下で固定された物体は割れるか壊れてしまい、その破片はエネルギー波に乗って移動する。この呪文が作用している物体は、毎ラウンド40フィートの速度で押し退けられていく。

　木製の盾やスピア、武器の木製の柄やつか、アローやボルトなどの物体は押し戻され、持ち主を一緒に引きずっていく。運搬しているアイテムに引きずられるクリーチャーはそれを手放すことができる。盾に引きずられるクリーチャーは移動アクションでその盾を外し、フリー・アクションで落とすことができる。押し戻されまいとしてスピアを地面に突き立てた場合、そのスピアは砕けてしまう。木製の部分がある魔法のアイテムも押し退けられるが、**アンティマジック・フィールド**はこの効果を遮断する。

　エネルギー波は呪文の持続時間の間、設定された経路を押し流し続ける。呪文を発動した後は経路が決定されてしまうため、術者は呪文の力に作用を及ぼすことなく他のことをしたり、別の場所に行ったりできる。

リペル・メタル・オア・ストーン
Repel Metal or Stone／金属や石の放逐

系統：防御術[地]；**呪文レベル**：ドルイド8
発動時間：1標準アクション
構成要素：音声、動作
距離：60フィート
効果範囲：術者から放たれる60フィートの直線
持続時間：1ラウンド／レベル（解除可）
セーヴィング・スロー：不可；**呪文抵抗**：不可

　この呪文は術者から発する不可視のエネルギー波を作り出す。呪文の経路内にあったすべての金属や石の物体は術者から呪文の“距離”限界まで押し退けられる。金属や石でできていて、直径が3インチより大きく固定された物体、重さが500ポンドを超える固定されていない物体には作用しない。それ以外のものは、アニメイテッド・オブジェクト（自律行動物体）や小さな岩、金属製の鎧を着たクリーチャーも含め、押し戻される。直径3インチ以下で固定された物体は曲がるか壊れてしまい、その破片はエネルギー波に乗って移動する。この呪文が作用している物体は、毎ラウンド40フィートの速度で押し退けられていく。

　金属製の鎧や剣などの物体は押し戻され、持ち主を一緒に引きずっていく。金属の部分がある魔法のアイテムも押し退けられるが、**アンティマジック・フィールド**はこの効果を遮断する。掴んでいるものが引きずられているクリーチャーはそれを手放すことができ、盾によって引きずられるクリーチャーは移動アクションでそれを外し、フリー・アクションで落とすことができる。

　エネルギー波は呪文の持続時間の間、設定された経路を押し流し続ける。呪文を発動した後には経路が決定されてしまうため、術者は呪文の力に作用を及ぼすことなく他のことをしたり、別の場所に行ったりすることができる。

リミテッド・ウィッシュ
Limited Wish／限られた望み

系統：総合術；**呪文レベル**：ウィザード／ソーサラー7
発動時間：1標準アクション
構成要素：音声、動作、物質（1,500GPの価値のダイアモンド）
距離：本文参照
目標、効果あるいは効果範囲：本文参照
持続時間：本文参照
セーヴィング・スロー：不可；本文参照；**呪文抵抗**：可

　リミテッド・ウィッシュを使えば、術者はほとんどどんな種類の効果でも作り出すことができる。**リミテッド・ウィッシュ**は以下のうち、どれか1つを行うことができる。

- 呪文が対立系統に属していなければ、6レベル以下のいかなるウィザード／ソーサラー呪文でも再現できる。
- 呪文が対立系統に属していなければ、5レベル以下のいかなるウィザード／ソーサラー呪文ではない呪文でも再現できる。
- 呪文が対立系統に属していても、5レベル以下のいかなるウィザード／ソーサラー呪文でも再現できる。
- 呪文が対立系統に属していても、4レベル以下のいかなるウィザード／ソーサラー呪文ではない呪文でも再現できる。
- **インサニティ**や**ギアス／クエスト**のような、他の多くの呪文の有害な効果を元に戻す。
- 上に挙げた効果と同じ程度まで強力なものならば、これ以外のいかなる効果でも持たせることができる。たとえば、1体のクリーチャーが次の攻撃に自動的に成功するとか、次のセーヴィング・スローに−7のペナルティを被るなどである。

　リミテッド・ウィッシュによる再現呪文に対しては、セーヴィング・スローと呪文抵抗を通常通り行うことができるが、セーヴDCは7レベル呪文のものとなる。1,000GPを超える価格の物質要素のある呪文を再現する場合、術者はその構成要素も（この呪文の構成要素である1,500GPのダイアモンドに加えて）消費しなければならない。

リムーヴ・カース
Remove Curse／呪いの除去

系統：防御術；**呪文レベル**：ウィザード／ソーサラー4、クレリック3、バード3、パラディン3
発動時間：1標準アクション
構成要素：音声、動作
距離：接触
目標：接触したクリーチャー1体あるいは物体1つ
持続時間：瞬間
セーヴィング・スロー：意志・無効（無害）；**呪文抵抗**：可（無害）

　リムーヴ・カースは1つの物体や1体のクリーチャーにかけられたすべての呪いを即座に取り除く。目標がクリーチャーな

らば、目標にかかっている呪いそれぞれのDCに対して術者レベル判定（1d20＋術者レベル）を行う。成功したならばその呪いは取り除かれる。この呪文は呪われた盾、武器、鎧から呪いを取り除くことはないが、術者レベル判定に成功することで、そうした呪われたアイテムに取りつかれたクリーチャーが呪われたアイテムを取り外し、そのアイテムから逃れることができるようにしてくれる。

　リムーヴ・カースはビストウ・カースを相殺し、解呪する。

リムーヴ・ディジーズ
Remove Disease／病気の除去

系統：召喚術（治癒）；**呪文レベル**：クレリック3、ドルイド3、レンジャー3
発動時間：1標準アクション
構成要素：音声、動作
距離：接触
目標：接触したクリーチャー1体
持続時間：瞬間
セーヴィング・スロー：頑健・無効（無害）；**呪文抵抗**：可（無害）

　リムーヴ・ディジーズは、対象がかかっているすべての病気を治癒する。対象にかかっている病気それぞれのDCに対して術者レベル判定（1d20＋術者レベル）を行い、成功したならばその病気は治る。この呪文はいくつかの災厄や寄生体を排除することもできる（グリーン・スライムなど）。

　この呪文の持続時間は“瞬間”なので、後日、同じ病気にさらされた際の再感染を防ぐことはない。

リムーヴ・パラリシス
Remove Paralysis／麻痺の除去

系統：召喚術（治癒）；**呪文レベル**：クレリック2、パラディン2
発動時間：1標準アクション
構成要素：音声、動作
距離：近距離（25フィート＋5フィート／2レベル）
目標：クリーチャー4体まで、ただしそのうちのどの2体をとっても30フィート以内の距離に収まっていなければならない
持続時間：瞬間
セーヴィング・スロー：意志・無効（無害）；**呪文抵抗**：可（無害）

　術者は1体以上のクリーチャーを、あらゆる一時的な麻痺やそれに関連する魔法の効果から解放する。そうした効果にはクリーチャーによろめき状態を与える呪文や効果が含まれる。この呪文を1体のクリーチャーに対して発動した場合、麻痺は無効化される。2体のクリーチャーに対してかけた場合、それぞれのクリーチャーは麻痺の効果に対して＋4の抵抗ボーナスを得て、もう一度セーヴを行うことができる。3体か4体のクリーチャーに対して発動した場合、それぞれのクリーチャーは＋2の抵抗ボーナスを得て、もう一度セーヴを行うことができる。

　この呪文はペナルティ、ダメージ、吸収によって下がった能力値を回復するものではない。

リムーヴ・フィアー
Remove Fear／恐怖の除去

系統：防御術；**呪文レベル**：クレリック1、バード1
発動時間：1標準アクション
構成要素：音声、動作
距離：近距離（25フィート＋5フィート／2レベル）
目標：クリーチャー1体＋1体／4レベル、ただしそのうちのどの2体をとっても30フィート以内の距離に収まっていなければならない
持続時間：10分；本文参照
セーヴィング・スロー：意志・無効（無害）；**呪文抵抗**：可（無害）

　術者は対象に勇気を与え、10分間、［恐怖］効果に対する＋4の士気ボーナスを与える。この呪文をかけられた時点で対象がすでに［恐怖］効果の影響下にあった場合、その効果はこの呪文の持続時間の間、抑止される。

　リムーヴ・フィアーはコーズ・フィアーを相殺し、解呪する。

リムーヴ・ブラインドネス／デフネス
Remove Blindness/Deafness／盲目・聴覚喪失の除去

系統：召喚術（治癒）；**呪文レベル**：クレリック3、パラディン3
発動時間：1標準アクション
構成要素：音声、動作
距離：接触
目標：接触したクリーチャー
持続時間：瞬間
セーヴィング・スロー：頑健・無効（無害）；**呪文抵抗**：可（無害）

　リムーヴ・ブラインドネス／デフネスは通常のものであれ魔法的なものであれ、盲目状態か聴覚喪失状態（どちらにするかは術者が選択する）を癒す。この呪文で失われた目や耳が再生することはないが、目や耳が傷ついていた場合は回復させる。

　リムーヴ・ブラインドネス／デフネスはブラインドネス／デフネスを相殺し、解呪する。

レイ・オヴ・イグゾースチョン
Ray of Exhaustion／過労光線

系統：死霊術；**呪文レベル**：ウィザード／ソーサラー3
発動時間：1標準アクション
構成要素：音声、動作、物質（汗1滴）
距離：近距離（25フィート＋5フィート／2レベル）
効果：光線
持続時間：1分／レベル
セーヴィング・スロー：頑健・不完全；本文参照；**呪文抵抗**：可

　黒い光線が術者の伸ばした指から放たれる。目標に光線を当てるためには、術者は遠隔接触攻撃に成功しなければならない。

　対象は即座に過労状態となり、呪文の持続時間の間、その状態のままとなる。頑健セーヴに成功したクリーチャーは疲労状態になるだけで済む。

　その場合でも、すでに疲労状態であったなら、代わりに過労

状態となる。
　この呪文は、すでに過労状態のクリーチャーには効果がない。通常の過労状態や疲労状態と異なり、この効果は呪文の持続時間が切れれば直ちに終了する。

レイ・オヴ・エンフィーブルメント
Ray of Enfeeblement／衰弱光線

系統：死霊術；**呪文レベル**：ウィザード／ソーサラー1
発動時間：1標準アクション
構成要素：音声、動作
距離：近距離（25フィート＋5フィート／2レベル）
効果：光線
持続時間：1ラウンド／レベル
セーヴィング・スロー：頑健・半減；**呪文抵抗**：可

　輝く光線が術者の手から放たれる。目標に光線を当てるためには、術者は遠隔接触攻撃に成功しなければならない。対象は【筋力】に1d6＋術者レベル2レベルごとに1（最大1d6＋5）ポイントに等しいペナルティを被る。対象の【筋力】が1未満になることはない。頑健セーヴに成功したなら、このペナルティは半分になる。このペナルティは同じ呪文によっては累積せず、最も高いものを適用する。

レイ・オヴ・フロスト
Ray of Frost／冷気光線

系統：力術［氷雪］；**呪文レベル**：ウィザード／ソーサラー0
発動時間：1標準アクション
構成要素：音声、動作
距離：近距離（25フィート＋5フィート／2レベル）
効果：光線
持続時間：瞬間
セーヴィング・スロー：不可；**呪文抵抗**：可

　凍えるような空気と氷の光線が術者の伸ばした指先から発射される。目標にダメージを与えるためには、術者は光線で遠隔接触攻撃に成功しなければならない。この光線は1d3ポイントの［氷雪］ダメージを与える。

レイジ
Rage／激怒

系統：心術（強制）［精神作用］；**呪文レベル**：ウィザード／ソーサラー3、バード2
発動時間：1標準アクション
構成要素：音声、動作
距離：中距離（100フィート＋10フィート／レベル）
目標：同意する生きているクリーチャー1体／3レベル、ただしそのうちのどの2体をとっても30フィート以内の距離に収まっていなければならない
持続時間：精神集中＋1ラウンド／レベル（解除可）
セーヴィング・スロー：不可；**呪文抵抗**：可

　この呪文が作用したクリーチャーはそれぞれ、【筋力】と【耐久力】に＋2の士気ボーナス、意志セーヴに＋1の士気ボーナス、ACに－2のペナルティを得る。それ以外、この効果はバーバリアンの激怒能力と同様だが、この呪文による激怒の終了時に対象が疲労状態になることはない。

レイズ・デッド
Raise Dead／死者の復活

系統：召喚術（治癒）；**呪文レベル**：クレリック5
発動時間：1分
構成要素：音声、動作、物質（5,000GPの価値のダイアモンド）、信仰
距離：接触
目標：接触した死んでいるクリーチャー1体
持続時間：瞬間
セーヴィング・スロー：不可；本文参照；**呪文抵抗**：可（無害）

　術者は死亡したクリーチャーを生き返らせる。術者は、術者レベルごとに1日前までに死んだクリーチャーしか復活させることはできない。さらに、対象の魂が自由であって、生き返ることに同意していなければならない。対象の魂が生き返ることに同意しなければ、この呪文は働かない。したがって、生き返ることを望んでいる対象はセーヴィング・スローを行わない。
　死から生き返ることは苦しい体験である。この呪文の対象は復活する際に、あたかも生命力を吸収するクリーチャーの攻撃を受けたかのように恒久的な負のレベルを2レベル負う。負のレベルが対象のヒット・ダイス以上になる場合、その分は【耐久力】吸収として適用される（これによって【耐久力】が0以下になってしまうようなら、そのクリーチャーは復活することができない）。呪文を準備していたキャラクターが死んだ場合、復活した際に、どの呪文も50％の確率で失う可能性がある。呪文を使用するが、呪文を準備しないタイプのクリーチャー（ソーサラーなど）は、どの未使用呪文スロットも50％の確率で、あたかも呪文を発動するために使ってしまったかのように失う可能性がある。
　復活したクリーチャーは、その時点でのヒット・ダイス数に等しい点数のヒット・ポイントを有する。ダメージを受けて0になっていた能力値があれば、すべて1になる。通常の毒と通常の病気は対象を復活させる過程の中で治療されるが、魔法の病気と呪いが解除されることはない。呪文は致命傷とほとんどの種類の致命的な損害を修復するが、復活させようとするクリーチャーの肉体は完全に残っていなくてはならない。そうでない場合、欠けた部位はそのクリーチャーが生き返っても欠けたままとなる。どのようなかたちであれ、この呪文が死亡したクリーチャーの装備や所持品に作用することはない。
　アンデッド・クリーチャーにされたり、［即死］効果で殺されたクリーチャーをこの呪文で生き返らせることはできない。人造、エレメンタル、来訪者、アンデッド・クリーチャーを復活させることはできない。この呪文は老衰のために死んだクリーチャーを生き返らせることはできない。

408

レインボー・パターン

Rainbow Pattern／虹の紋様

系統：幻術（紋様）［精神作用］；**呪文レベル**：ウィザード／ソーサラー4、バード4

発動時間：1標準アクション

構成要素：音声（バードのみ）、動作、物質（ひとかけらの燐）、焦点（水晶のプリズム）；本文参照

距離：中距離（100フィート＋10フィート／レベル）

効果：半径20フィートに拡散する色とりどりの光

持続時間：精神集中＋1ラウンド／レベル（解除可）

セーヴィング・スロー：意志・無効；**呪文抵抗**：可

からまり合った輝く虹色の模様が中にいるものを恍惚状態にする。レインボー・パターンは最大で24ヒット・ダイスぶんのクリーチャーを恍惚状態にする。最初に最もHDの低いクリーチャーに作用する。同じHDのクリーチャーの中では、まず呪文の起点に最も近いものに作用する。作用を受けたクリーチャーの中でセーヴに失敗したものは、この模様によって恍惚状態となる。

簡単な身振りを行うことで（フリー・アクション）、術者は（呪文の起点を移動させることで）レインボー・パターンを毎ラウンド30フィートまで移動させることができる。恍惚状態のクリーチャーは全員、呪文の効果範囲内に入ったり留まったりしようとして、虹色の光について行く。恍惚状態のクリーチャーが拘束され、この模様から引き離された場合でも、そのクリーチャーは模様のあとを追おうとする。模様が対象を危険な場所へと連れて行こうとした場合、恍惚状態のクリーチャーはそれぞれ2回目のセーヴを行うことができる。光への視界が完全に遮断されてしまった場合、光を見ることのできないクリーチャーにはそれ以降、作用しなくなる。

この呪文は視覚を持たない（または失っている）クリーチャーには作用しない。

レヴィテート

Levitate／空中浮揚

系統：変成術；**呪文レベル**：ウィザード／ソーサラー2

発動時間：1標準アクション

構成要素：音声、動作、焦点（革で作った輪か、カップの形に曲げた金の針金）

距離：自身あるいは近距離（25フィート＋5フィート／2レベル）

目標：術者あるいは同意するクリーチャー1体か物体1つ（合計重量100ポンド／レベルまで）

持続時間：1分／レベル（解除可）

セーヴィング・スロー：不可；**呪文抵抗**：不可

レヴィテートによって、術者は自分自身や他のクリーチャー、物体を望む通りに上下に移動させることができる。クリーチャーは浮遊されることに同意していなければならないし、物体は装備中でないものか、同意するクリーチャーの所持品でなくてはならない。術者は思考によって指示を行い、対象を上下に毎ラウンド20フィートまで移動させることができる。このように指示を行うことは移動アクションである。術者は対象を水平に移動させることはできないが、対象はたとえば、崖の表面を這ったり、天井を押したりすることで横方向に（普通は基本移動速度の半分で）移動できる。

浮遊中のクリーチャーが近接武器や遠隔武器で攻撃すると、どんどんと姿勢不安定になっていく。最初の攻撃には攻撃ロールに−1のペナルティがつき、次の攻撃には−2というように、最大−5までペナルティを受ける。1全ラウンドを費やして安定させれば、そのクリーチャーは再び−1のペナルティから始めることができる。

レジェンド・ローア

Legend Lore／伝説知識

系統：占術；**呪文レベル**：ウィザード／ソーサラー6、バード4

発動時間：本文参照

構成要素：音声、動作、物質（250GPの価値のある香）、焦点（各50GPの価値の象牙4つ）

距離：自身

目標：術者

持続時間：本文参照

レジェンド・ローアを使えば、術者は重要な人物や場所、物品の伝説を知ることができる。その人物や物品が手近にあったり、術者が問題の場所にいたりする場合、発動時間は1d4×10分しかかからない。術者がその人物、物品、場所についての詳しい情報を知っているだけであれば、発動時間は1d10日かかり、得られる情報もさほど完璧でなかったり的を射ていなかったりする（ただし、それでもしばしばその人物や場所、物品を見つけるのに役に立つ重要な情報が得られ、次回はもっとよいレジェンド・ローアが行えるようになるものである）。術者が噂に聞いたことがあるだけであれば、発動時間は2d6週間かかり、得られる情報もあいまいで、不完全である（ただし、それでもしばしばより詳しい情報が得られ、次回はもっとよいレジェンド・ローアが行えるようになるものである）。

発動の間、術者は食事や睡眠などの日課以外の活動に従事することはできない。完了すれば、この占術呪文により、その人物や場所、物品に関しての伝説が（もしあれば）術者の心の中に浮かんでくる。これは現在でも知られている伝説かも知れず、今では忘れ去られている伝説かも知れず、今まで一般に知られたことが一度もない情報ですらあるかも知れない。その人物や場所、物品が伝説上の重要性を持たないものであれば、術者が情報を得ることはない。大まかに言って、11レベル以上のキャラクターは"伝説の人物"である。また、彼らが戦ったクリーチャー、彼らが使った主な魔法のアイテム、彼らの偉業がなされた場所の類も同様である。

レジスタンス

Resistance／抵抗力

系統：防御術；**呪文レベル**：ウィザード／ソーサラー0、クレリック0、ドルイド0、バード0、パラディン1

発動時間：1標準アクション

構成要素：音声、動作、物質／信仰（ミニチュアの外套）

距離：接触
目標：接触したクリーチャー1体
持続時間：1分
セーヴィング・スロー：意志・無効（無害）；呪文抵抗：可（無害）

術者は対象に、対象を害から守る魔法エネルギーを付与し、セーヴに+1の抵抗ボーナスを与える。

レジスタンスはパーマネンシイ呪文によって永続化できる。

レジスト・エナジー
Resist Energy／エネルギーへの抵抗力

系統：防御術；呪文レベル：ウィザード／ソーサラー2、クレリック2、ドルイド2、パラディン2、レンジャー1
発動時間：1標準アクション
構成要素：音声、動作、信仰
距離：接触
目標：接触したクリーチャー1体
持続時間：10分／レベル
セーヴィング・スロー：頑健・無効（無害）；呪文抵抗：可（無害）

この防御術はクリーチャー1体に対して、術者が選択したエネルギー5種類（［音波］［火炎］［強酸］［氷雪］［雷撃］）のうち1つに対する限定的な保護を与える。対象は選択したタイプのエネルギーに対する抵抗10を得る。すなわち、対象が（自然のダメージ源からのものであるか魔法のダメージ源からのものであるかを問わず）そうしたダメージを受けるたびに、そのダメージはそのクリーチャーのヒット・ポイントに適用される前に10ポイント差し引かれるのだ。エネルギーに対する抵抗の値は7レベルで20ポイントに、11レベルで最大の30ポイントに上昇する。この呪文は対象の装備も守る。

レジスト・エナジーはダメージのみを軽減する。不幸な副作用があれば、対象はそれを被ってしまう。

レジスト・エナジーはプロテクション・フロム・エナジーと重複してしまう（つまり、効果が累積しない）。あるキャラクターがプロテクション・フロム・エナジーとレジスト・エナジーによって守られている場合、チャージ消費まではプロテクション・フロム・エナジーがダメージを軽減する。

レストレーション
Restoration／回復術

系統：召喚術（治癒）；呪文レベル：クレリック4、パラディン4
発動時間：3ラウンド
構成要素：音声、動作、物質（100GPまたは1,000GPの価値のダイアモンド粉末、本文参照）
距離：接触
目標：接触したクリーチャー1体
持続時間：瞬間
セーヴィング・スロー：意志・無効（無害）；呪文抵抗：可（無害）

この呪文はレッサー・レストレーションと同様に働くが、一時的な負のレベルを解呪するか、永続的な負のレベルを1レベル取り除くことができる。この呪文が永続的な負のレベルを取り除くのに使われるならば、1,000GP分のダイアモンドの粉末を構成要素として必要とする。この呪文は対象が持つ永続的な負のレベルを一週間に1レベルを超えて取り除くことはできない。

レストレーションはすべての能力値ダメージを癒し、1つの能力値から恒久的に吸収された全ポイントを回復させる（2つ以上の能力値が吸収されていた場合、どの能力値を回復するかは術者が選択する）。目標が疲労状態か過労状態であれば、その状態も取り除く。

グレーター・レストレーション
Restoration, Greater／上級回復術

系統：召喚術（治癒）；呪文レベル：クレリック7
構成要素：音声、動作、物質（5,000GPの価値のダイアモンド粉末）

レッサー・レストレーションと同様だが、この呪文は治療対象のクリーチャーから恒久的な負のレベルと一時的な負のレベルを完全に解呪する。また、グレーター・レストレーションはそのクリーチャーの能力値にペナルティを与えているすべての魔法効果を解呪し、すべての能力値ダメージを癒し、全能力値から恒久的に吸収されたポイントをすべて回復させる。また、疲労状態と過労状態を取り除き、あらゆる狂気、混乱、その他これに類する精神的効果も除去する。

レッサー・レストレーション
Restoration, Lesser／初級回復術

系統：召喚術（治癒）；呪文レベル：クレリック2、ドルイド2、パラディン1
発動時間：3ラウンド
構成要素：音声、動作
距離：接触
目標：接触したクリーチャー1体
持続時間：瞬間
セーヴィング・スロー：意志・無効（無害）；呪文抵抗：可（無害）

レッサー・レストレーションは対象の能力値の1つを下げる魔法効果を何でも解呪するか、対象の能力値の1つへの能力値ダメージを1d4ポイント癒す。また、この呪文はキャラクターが疲労状態になっていればそれも取り除き、過労状態であれば疲労状態へと回復させる。恒久的能力値吸収を回復させることはない。

レッサー（呪文名）

呪文名が**レッサー**（Lesser／下級）で始まる呪文は、すべて呪文名の50音順で並べられている。したがって**レッサー**な呪文の解説は、その呪文の元になった呪文の近くで探し出せる。呪文系列の中に基本となる呪文のレッサー版がある呪文は、ギアス、グローブ・オヴ・インヴァルナラビリティ、コンフュージョン、プレイナー・アライ、プレイナー・バインディング、レストレーションである。

レフュージ

Refuge／避難

系統：召喚術（瞬間移動）；**呪文レベル**：ウィザード／ソーサラー9、クレリック7

発動時間：1標準アクション

構成要素：音声、動作、物質（1,500GPの価値がある、あらかじめ準備された物体）

距離：接触

目標：接触した物体1つ

持続時間：チャージ消費（効果発揮）するまで永続

セーヴィング・スロー：不可；**呪文抵抗**：不可

　この呪文を発動するとき、術者は特別に準備した物体の中に強力な魔法を込める。この物体は所有者を、同じ次元界内にある術者の住居へと、どれだけ距離があろうと即座に転送する力を帯びる。一度アイテムがこの呪文の影響を受けたなら、術者はそれを自発的にクリーチャー1体に与え、同時にそのクリーチャーに、このアイテムを使用する際に唱える合言葉を教えなければならない。このアイテムを使用するためには、対象はアイテムを引き裂くか壊すと同時にこの合言葉を唱えなければならない（標準アクション）。そうすると、その個体とその装備品、所持品のすべて（最大でそのキャラクターの重荷重まで）は即座に術者の住居へと転送される。この呪文はそれ以外のクリーチャーには作用しない（ただし、対象に接触していた使い魔や動物の相棒は除く）。

　術者は発動時にこの呪文を修正して、アイテムが壊され、合言葉が唱えられた時に自分がその持ち主から10フィート以内のところに転送されるようにすることもできる。術者はレフュージ呪文がチャージ消費された時点で、アイテムの持ち主がどこにおり、どんな状況にあるかをだいたい知ることができる。しかし、一度呪文をこの方法で修正することにしたなら、術者は転送されるかどうかを選ぶことはできない。

ロープ・トリック

Rope Trick／ロープの奇術

系統：変成術；**呪文レベル**：ウィザード／ソーサラー2

発動時間：1標準アクション

構成要素：音声、動作、物質（トウモロコシの粉末と、羊皮紙製のねじれた輪）

距離：接触

目標：接触した、長さ5～30フィートのロープ1本

持続時間：1時間／レベル（解除可）

セーヴィング・スロー：不可；**呪文抵抗**：不可

　この呪文を長さ5～30フィートのロープに対して発動すると、そのロープの一端が空中に上がっていき、やがてロープ全体がまるで上端で固定されているかのように地面に対して垂直に垂れ下がる。実際、この上端は、多くの異次元空間から成る通常の多元宇宙の、そのまた外側にある異次元空間に固定されるのだ。この異次元空間内のクリーチャーは姿が隠れ、（占術を含む）どんな呪文でも（次元界と次元界の間を越えて働く呪文でない限り）届かなくなる。この空間には（サイズを問わず）8体までのクリーチャーが入れる。このロープは取り除いたり、隠したりすることはできない。ロープは16,000ポンド（約7,300kg）までの重量を支えることができる。これより大きな力を与えれば、ロープを引き離すことができる。

　この異次元間の境界を横切って呪文を発動することはできず、呪文の効果範囲がこの内外にまたがることもできない。異次元空間にいる者は、ロープを中心に3フィート×5フィートの窓があるかのように外を見ることができる。この窓は不可視状態であり、この窓を見ることのできるクリーチャーであっても、その中を見通すことはできない。異次元空間の中にあるものはすべて、呪文が終了すれば落ちてくる。ロープを登ることのできるのは一度に1人である。上端の異次元空間のところまで登らないのであれば、**ロープ・トリック**呪文を使って普通の場所へと登ることもできる。

ロケート・オブジェクト

Locate Object／物体定位

系統：占術；**呪文レベル**：ウィザード／ソーサラー2、クレリック3、バード2

発動時間：1標準アクション

構成要素：音声、動作、焦点／信仰（二股になった小枝）

距離：長距離（400フィート＋40フィート／レベル）

効果範囲：術者を中心とした半径400フィート＋40フィート／レベルの円

持続時間：1分／レベル

セーヴィング・スロー：不可；**呪文抵抗**：不可

　術者は自分がよく知っているか、はっきりと視覚的に思い描ける物体の方向を感知できる。一般的なアイテムを探すこともできる。このような場合、そうしたアイテムが距離内に複数あるなら、その種のアイテムのうち最も近くにあるものの場所が分かる。特定のアイテムを見つけようとするなら、そのアイテム独自の正確な精神的イメージが必要である。そのイメージが実際の物体に充分近いものでなければ、呪文は失敗する。術者は自分が（占術を使ってではなく）直接観察したことがない限り、唯一無二のアイテムを指定することはできない。

　この呪文は薄い鉛の層によって遮断される。クリーチャーをこの呪文で見つけることはできない。**ポリモーフ・エニィ・オブジェクト**や**ノンディテクション**でこの呪文を欺くことができる。

ロケート・クリーチャー

Locate Creature／クリーチャー定位

系統：占術；**呪文レベル**：ウィザード／ソーサラー4、バード4

構成要素：音声、動作、物質（ブラッドハウンドの毛皮一切れ）

持続時間：10分／レベル

　ロケート・オブジェクトと同様だが、この呪文を使えば、術者は自分の知っているクリーチャーの位置を知ることができる。術者はゆっくりと向きを変え、呪文の距離内に探しているクリーチャーがいれば、その方向を向いた時にそちらにいると知

ることができる。また、そのクリーチャーが動いていれば、その移動方向も知ることができる。

この呪文を使えば、術者の知っている特定の種類か特定のクリーチャーの位置を知ることができる。大まかな種別のクリーチャーを見つけることはできない。クリーチャーの種類を見つける場合、術者は少なくとも一度は近くで（30フィート以内で）その種のクリーチャーを見たことがなければならない。

流れる水はこの呪文を遮断する。この呪文で物体を探知することはできない。**ノンディテクション**、**ミスリード**、**ポリモーフ**系の呪文でこの呪文を欺くことができる。

ロングストライダー
Longstrider／健脚

系統：変成術；**呪文レベル**：ドルイド1、レンジャー1
発動時間：1標準アクション
構成要素：音声、動作、物質（一つまみの土）
距離：自身
目標：術者
持続時間：1時間／レベル（解除可）

この呪文は術者の基本移動速度に＋10フィートの強化ボーナスを与える。この効果は穴掘りや登攀、飛行、水泳などの他の移動モードには及ばない。

ワード・オヴ・ケイオス
Word of Chaos／混沌の咒

系統：力術［音波、混沌］；**呪文レベル**：クレリック7
発動時間：1標準アクション
構成要素：音声
距離：40フィート
効果範囲：術者を中心とした半径40フィートの拡散内にいる、属性が混沌でないクリーチャー
持続時間：瞬間
セーヴィング・スロー：不可あるいは意志・無効；本文参照；
呪文抵抗：可

ワード・オヴ・ケイオス呪文の効果範囲内にいる、属性が"混沌"でないクリーチャーは、自身のHDに従い以下のような有害な効果を被る。

HD	効果
術者レベルと同じ	聴覚喪失
術者レベル−1以下	朦朧、聴覚喪失
術者レベル−5以下	混乱、朦朧、聴覚喪失
術者レベル−10以下	死、混乱、朦朧、聴覚喪失

これらの効果は累積し、かつ同時に作用する。これに対して意志セーヴに成功することで効果を軽減するか除去する。複数の効果を受けたクリーチャーはセーヴを1回だけ行い、その結果をすべての効果に適用する。

聴覚喪失：クリーチャーは1d4ラウンドの間、聴覚喪失状態となる。意志セーヴに成功すると無効化する。

朦朧：クリーチャーは1ラウンドの間、朦朧状態となる。意志セーヴに成功すると無効化する。

混乱：クリーチャーは1d10分の間、混乱状態となる。これは［精神作用］の心術効果である。意志セーヴに成功すると効果時間が1ラウンドになる。

死：生きているクリーチャーは死亡する。アンデッド・クリーチャーは破壊される。意志セーヴに成功すると効果は無効化されるが、代わりに3d6＋術者レベル（最大＋25）のダメージを受ける。

これに加えて、術者が自分の出身次元界でこの呪文を発動した場合、効果範囲内にいて属性が"混沌"でない他次元界のクリーチャーは直ちにそれぞれの出身次元界に退去させられる。このように退去させられたクリーチャーは少なくとも24時間の間、戻ってくることはできない。この効果は、そのクリーチャーが**ワード・オヴ・ケイオス**の呪言を耳にしたかどうかに関わらず発生する。この退去効果は−4のペナルティを受けた意志セーヴに成功すれば無効化できる。

クリーチャーのHDが術者の術者レベルより高い場合、**ワード・オヴ・ケイオス**はそのクリーチャーには作用しない。

ワード・オヴ・リコール
Word of Recall／呼び戻しの咒

系統：召喚術（瞬間移動）；**呪文レベル**：クレリック6、ドルイド8
発動時間：1標準アクション
構成要素：音声
距離：無限
目標：術者および接触した物体あるいは他の同意するクリーチャー
持続時間：瞬間
セーヴィング・スロー：不可あるいは意志・無効（無害、物体）；
呪文抵抗：不可あるいは可（無害、物体）

ワード・オヴ・リコールの呪文を唱えると、術者は即座に自分の避難所へと瞬間移動する。術者は呪文を準備するときに避難所を指定しておかなければならず、そこは術者がよく知っている場所でなければならない。実際に到着する地点は、あらかじめ指定しておいた10フィート×10フィートまでの広さの範囲である。術者は同じ次元界の中なら、どんなに離れた距離からでも瞬間移動できるが、異なる次元界の間を移動することはできない。術者は自分自身に加えて、物体を何でも持ってゆくことができる。ただし物体の総重量が術者の最大荷重を超えてはならない。これに加えて術者レベル3レベルごとに、同意した中型以下のクリーチャー（最大荷重までの装備品や物品をもった状態でよい）1体相当の者を連れて行ける。大型クリーチャー1体は中型クリーチャー2体ぶん、超大型1体は大型2体ぶん……等々と勘定する。連れて行かれるクリーチャーはみなお互いに接触しており、かつその1体以上が術者と接触しておらねばならない。以上の制限を守らなかった場合、呪文は失敗する。

同意しないクリーチャーを**ワード・オヴ・リコール**によって

運ぶことはできない。同様に、クリーチャーの所有する物体は、そのクリーチャーが意志セーヴ（あるいは呪文抵抗）に成功すれば瞬間移動されないようにすることができる。装備中でなく、魔法の力を持たない物体はセーヴィング・スローを行うことはできない。

ワールウィンド
Whirlwind／旋風

系統：力術［風］；**呪文レベル**：ドルイド8
発動時間：1標準アクション
構成要素：音声、動作、信仰
距離：長距離（400フィート＋40フィート／レベル）
効果：基部の幅10フィート、頭頂部の幅30フィート、高さ30フィートの竜巻
持続時間：1ラウンド／レベル（解除可）
セーヴィング・スロー：反応・無効；本文参照；**呪文抵抗**：可

　この呪文は激しい風の強力な竜巻を作り出し、地面や水面に沿った空中を60フィート／ラウンドの速さで動かす。術者は集中によって竜巻の動きを制御することができるが、単純なプログラムを指定することもできる。竜巻の行動を指示したりプログラムされた行動を変えるには1回の標準アクションを消費する。竜巻は術者のターンの間、常に動く。竜巻が呪文の範囲を超えたなら、1d3ラウンドの間制御を失ってランダムに移動し、その後消滅する（範囲内に戻っても竜巻の制御は戻らない）。

　この呪文の効果と接触したサイズが大型以下のすべてのクリーチャーは、反応セーヴに成功しなければ3d6のダメージを受ける。最初のセーヴに失敗したサイズが中型以下のクリーチャーは、2回目のセーヴを行う。失敗すれば竜巻の強い風に巻き上げられ、術者のターンごとにセーヴを行うことはできない1d8ポイントのダメージを受ける。術者はいつでも竜巻に捕まえたクリーチャーを排出するよう指示することができ、その不幸なものたちは排出されたときに竜巻が存在していた場所のいずれかに置かれる。

11 上級クラス

雲突くがごとき巨大なベビリスは、カミソリのように鋭い前肢を打ちおろし、嬉し気にシュウシュウと音を立てた。恐るべき速さのそれはアミリの鎧をオレンジの皮を剥くかのように容易く切り裂いた。あのバケモノの最初の獲物は彼女だろう。そう見越したセルティールは──だからこそ、彼はそれまで手を控えていたのだ──クリーチャーの足元に潜り込み、破壊的な一撃をその腹に叩き込んだ。刃が狙いどおりの場所に沈み込んでいくのを見て、彼はにやりと笑った。勝利の確信とともに、放つべき魔法が膨れ上がってくるのを感じる。ベビリスのはらわたが地面に零れ落ちたのは、彼がその生々しく開いた傷口に必殺の**コーン・オヴ・コールド**を放った後だった。

上級クラスはキャラクターを真に特別なものにし、常識を超えた能力の獲得を可能にする。基本クラスとは異なり、キャラクターは上級クラスの最初のレベルを得る前の時点で、特定の必要条件を満たしていなければならない。最初のレベルの利益を得る前に必要条件を満たしていない場合、そのキャラクターはその上級クラスをとることはできない。上級クラスのレベルを得るキャラクターは、そのレベルでの適性クラス・ボーナスを得ることはない。

この章には10種類の上級クラスを掲載しており、他のパスファインダーRPG製品にも他の上級クラスが掲載されている。一部の上級クラスは君たちのキャンペーンにそぐわない設定に重きを置いていることがある。上級クラスの前提条件を満たす準備を始める前に、君のGMに相談し、利用できることを確認しよう。

この章に掲載している上級クラスは次のようなものがある。

アーケイン・アーチャー：いにしえのエルフ伝統の技を用いて矢に強力な魔力を注ぎ込む秘術呪文の使い手。

アーケイン・トリックスター：秘術魔法を用いて盗みと欺きの技を高めるトラブルメイカーにして無頼の徒。

アサシン：金のために、そして死をもたらすスリルのために殺す、無慈悲な殺人者。

エルドリッチ・ナイト：戦闘で魔法の技を鍛え、武器と魔法の組み合わせを自在に使いこなす秘術呪文の使い手。

シャドウダンサー：現実と影の境界を歩み、シャドウを意のままに支配する神秘の冒険者。

デュエリスト：優雅さと平常心、身軽さを身上として勝利をつかむ軽妙な剣士。

ドラゴン・ディサイプル：その身に潜むドラゴンの血統を受け入れ、訓練と専心の日々の中で、自らの肉体をドラゴンへと変じてゆく秘術呪文の使い手。

パスファインダー・クロニクラー：生粋の探検家であるパスファインダー・クロニクラーは、遠く離れた異国の地へと旅し、世界の知識を深めていく。

ミスティック・シーアージ：信仰魔法と秘術魔法にともに傾注するミスティック・シーアージは、双方の流儀を組み合わせた非常に多彩なクラスである。

ローアマスター：世界の謎の探求と熟考に人生を捧げた呪文の使い手。

用語の定義

ここに本章で使用する用語の定義をいくつか示す。

基本クラス：3章に掲載した11種類の標準のクラスのこと。

術者レベル：通常は、呪文を発動できるクラスのクラス・レベル（後述）に等しい。一部の上級クラスは、既存のクラスに術者レベルを加える。

キャラクター・レベル：そのキャラクターのもつすべてのクラスのレベルを足し合わせた、そのキャラクターの合計レベルのこと。

クラス・レベル：あるキャラクターの特定のクラスのレベルのこと。レベルが1種類のクラスのものしかないキャラクターの場合、クラス・レベルはキャラクター・レベルと等しい。

アーケイン・アーチャー

弓を究めようとする者は、時としてアーケイン・アーチャー（秘術の射手）の道を進む。アーケイン・アーチャーは、目標を誤ることなく攻撃を加える能力を持ち、矢に強力な呪文を注入することができる、遠隔戦闘の達人である。アーケイン・アーチャーが放った矢は通常ありえない異常な角度で飛び、角を回りこんで敵を射抜き、遮蔽の向こうで震える敵には強固な物体をすり抜けて矢を命中させる。能力の極致に到ったアーケイン・アーチャーは、極めて強力な敵でさえも致死の射撃によって一撃で倒す。

アーケイン・アーチャーとしては、レンジャーとウィザード両方の訓練を積んだ者が優れるが、それ以外のクラスの組み合わせがいないわけではない。アーケイン・アーチャーはエルフの赴くところならどこででも見かけ得るが、必ずしもそのすべてがエルフの友というわけではない。多くの、とりわけハーフエルフのアーケイン・アーチャーは、私利私欲のために、あるいはさらにひどい場合は、自分たちが執着する伝統そのものを持つエルフに向かって、エルフ伝統の技を用いる。

役割：アーケイン・アーチャーは遠距離から死をもたらし、仲間たちが近接戦闘に突入する間に敵だけを吹き飛ばす。敵に矢の雨を降らせるアーケイン・アーチャーは、遠隔戦闘の頂点を体現する存在である。

属性：アーケイン・アーチャーはどの属性でもよい。エルフまたはハーフエルフのアーケイン・アーチャーは自由な気質をもつため、秩序属性であることはまれである。悪属性のエルフのアーケイン・アーチャーは一般的でなく、大抵の場合善属性か中立属性のキャラクターがアーケイン・アーチャーの道を進む。

ヒット・ダイスの種類：d10。

必要条件

アーケイン・アーチャーになるためには、キャラクターは以下の基準を満たさなければならない。

基本攻撃ボーナス：＋6。

特技：《近距離射撃》、《精密射撃》、《武器熟練：ショートボウもしくはロングボウ》。

呪文：1レベルの秘術呪文を発動する能力。

クラス技能

アーケイン・アーチャーのクラス技能（と各技能の対応能力）は、〈隠密〉【敏】、〈騎乗〉【敏】、〈生存〉【判】、〈知覚〉【判】。

レベルごとの技能ランク：4＋【知力】修正値。

クラスの特徴

武器と防具の習熟：アーケイン・アーチャーはすべての単純武器と軍用武器、軽装鎧と中装鎧、盾に習熟する。

1日の呪文数：表11-1に示した各レベルで、アーケイン・アーチャーはこの上級クラスに就く前に属していた秘術呪文発動能力のあるクラス1つのレベルが上がったかのように、キャラクターの1日に使用できる呪文数が増える。しかし、追加の1日

上級クラス 11

の呪文数、追加修得呪文数（任意発動する呪文の使い手の場合）、呪文を発動する際の有効レベルの上昇以外に、そのクラスのレベルが上がった場合に得られる他の利益を得ることはない。キャラクターがアーケイン・アーチャーになる前に秘術呪文発動能力のあるクラスを複数とっていた場合、レベルが上昇するたびに、どのクラスにその新たなレベルを適用して1日の呪文数を向上させるかを決めなければならない。

アロー強化（超常）：クラス・レベル1の時点で、アーケイン・アーチャーがつがえて放った魔法のものではないアローは、すべて魔力を帯び、＋1の強化ボーナスを得る。通常の方法で作成する魔法の武器と異なり、アーケイン・アーチャーはこの能力を使うのに金銭を消費しない。しかし、この魔法のアローは自分で使う時しか働かない。

　加えて、アーケイン・アーチャーのクラス・レベルが上昇するにつれて、そのアローはいくつかの追加能力を得る。1日1回、アーケイン・アーチャーが呪文を準備する際、もしくは準備しない呪文の使い手の場合は8時間の休息の後に、エレメンタル能力、エレメンタル・バースト能力、属性能力を変更できる。

　3レベル以降、アーケイン・アーチャーが発射した魔法のものではないアローはすべて、以下のエレメンタル関連の能力の内の1つを得る：**ショック、フレイミング、フロスト**。

　5レベル以降、アーケイン・アーチャーが発射した魔法のものではないアローはすべて**ディスタンス**能力を得る。

　7レベル以降、アーケイン・アーチャーが発射した魔法のものではないアローはすべて、以下のエレメンタル・バースト能力の内の1つを得る：**アイシー・バースト、ショッキング・バースト、フレイミング・バースト**。この能力はクラス・レベル3の時点で得る能力と置き換わる。

　9レベル以降、アーケイン・アーチャーが発射した魔法のものではないアローはすべて、以下の属性関連の能力の内の1つを得る：**アクシオマティック、アナーキック、アンホーリィ、ホーリィ**。アーケイン・アーチャーは自分の属性と対立する能力を選ぶことはできない（例えば、秩序にして善属性のアーケイン・アーチャーは武器の特殊能力として**アナーキック**と**アンホー**

リィを選ぶことはできない）。

　魔法のボウによって得られるボーナスは、この能力で強化されているアローにも通常通り適用されるが、高い方の強化ボーナスだけが適用される。重複する能力は累積しない。

呪文の矢（超常）：クラス・レベル2になると、アーケイン・アーチャーはアローに効果範囲型呪文を込める能力を得る。このアローを放つと、その呪文の効果範囲は、通常なら術者を中心としなければならない呪文であっても、アローの着地点が中心となる。この能力により、アーケイン・アーチャーは呪文の距離ではなく、ボウの射程まで呪文を届けられるようになる。この方法で発動された呪文はその呪文の標準の発動時間を使用し、アーケイン・アーチャーは発動の一部としてアローを放つことができる。アローは発動が完了

表11-1：アーケイン・アーチャー

レベル	基本攻撃ボーナス	頑健セーヴ	反応セーヴ	意志セーヴ	特殊	1日の呪文数
1	+1	+1	+1	+0	アロー強化（魔法）	—
2	+2	+1	+1	+1	呪文の矢	既存のクラスに+1レベル
3	+3	+2	+2	+1	アロー強化（エレメンタル）	既存のクラスに+1レベル
4	+4	+2	+2	+1	敵追いの矢	既存のクラスに+1レベル
5	+5	+3	+3	+2	アロー強化（ディスタンス）	—
6	+6	+3	+3	+2	壁抜けの矢	既存のクラスに+1レベル
7	+7	+4	+4	+2	アロー強化（エレメンタル・バースト）	既存のクラスに+1レベル
8	+8	+4	+4	+3	矢の雨	既存のクラスに+1レベル
9	+9	+5	+5	+3	アロー強化（属性）	—
10	+10	+5	+5	+3	必殺の矢	既存のクラスに+1レベル

したラウンドに発射しなければならず、さもないと呪文は無駄になってしまう。アローが外れたら、呪文は無駄になってしまう。

敵追いの矢（超常）：クラス・レベル4になると、アーケイン・アーチャーは射程内にいる自分が知っている目標に向かってアローを放つことができ、このアローは、たとえ角を曲がってでも、目標のもとへ達する。避けることのできない障害物があるか、射程を超えなければ、このアローの飛行が妨害されることはない。この能力は遮蔽や視認困難による修正を無効化するが、それ以外は通常通りに攻撃をロールする。この能力の使用は1回の標準アクションであり、アローを放つのはアクションの一部である。アーケイン・アーチャーはクラス・レベル4の時点でこの能力を1日に1回使用でき、4レベルを超える2レベルごとに追加で1日に1回使用できる（最大で10レベル時の4回）。

壁抜けの矢（超常）：クラス・レベル6になると、アーケイン・アーチャーは1日に1回、射程内にいる自分の知っている目標に向かってアローを放つことができる。このアローは途中にある魔法の力を持たない障壁や壁を突き抜けて、真っ直ぐ目標のもとへ達する（魔法の障壁はこのアローを止めてしまう）。この能力は遮蔽、視認困難、鎧や盾による修正を無効化するが、それ以外は通常通りに攻撃をロールする。この能力の使用は標準アクションであり、アローを放つのはアクションの一部である。アーケイン・アーチャーはクラス・レベル6の時点でこの能力を1日に1回使用でき、6レベルを超える2レベルごとに追加で1日に1回使用できる（最大で10レベル時の3回）。

矢の雨（超常）：クラス・レベル8になると、アーケイン・アーチャーは1日に1回、通常の攻撃の代わりに、射程内にいる最大で自分のアーケイン・アーチャー・レベルごとに1体までの目標それぞれに対してアローを1本ずつ放つことができる。それぞれの攻撃には、そのアーチャーの最大の攻撃ボーナスを用い、それぞれの敵に対しては1本のアローしか放つことができない。

必殺の矢（超常）：クラス・レベル10になると、アーケイン・アーチャーは特殊な"スレイング・アロー"を作ることができる。このアローの攻撃でダメージを受けた場合、目標は頑健セーヴ（DC20＋アーケイン・アーチャーの【魅力】修正値）を行わなければならず、失敗すると即座に死亡する。1本の"スレイング・アロー"を作るには1日かかり、このアローはそれを作ったアーチャーが使う時しか働かない。"スレイング・アロー"の魔力は1年しか持続せず、アーチャーはこうしたアローを、同時に1本だけしか存在させることができない。

アーケイン・トリックスター

　抜け目なく巧みに人を欺くことでアーケイン・トリックスター（秘術使いの悪戯者）に匹敵する者は少ない。この驚異の盗賊は、秘術の最も巧妙な面と、ならず者や無頼の徒の生来の奸智を融合させ、呪文を使って身に備わった盗みの能力を強化する。アーケイン・トリックスターは魔法の手業を用いて安全な距離から、錠前を外し、罠を無力化し、財布を盗む。そして大抵、敵に打ち勝つゴールとして、暴力的な解決策よりも屈辱を味わわせることを選ぶ。

アーケイン・トリックスターとなる道は、秘術を学ぶことで盗みの才能を補うローグにとって、自然な進路である。マルチクラスのローグ／ソーサラーやローグ／バードが最も一般的なアーケイン・トリックスターだが、それ以外の組み合わせもありうる。アーケイン・トリックスターは魔法による盗みの才能を最も効果的に活かせる国際的な大都市で頻繁に見かけられ、大通りをうろついて不用心な者から物を盗んでいる。

役割：魔法に精通するアーケイン・トリックスターは標準的なローグ以上に巧妙で、混乱を引き起こす存在となり得る。遠隔の手業は盗賊の技を強化する。また挟撃しなくとも急所攻撃をしたり、呪文の一部として急所攻撃をするその能力は、アーケイン・トリックスターが敵に恐るべき手傷を負わせることを可能にする。

属性：アーケイン・トリックスターはみな悪戯と盗みを強く好んでいるため、秩序属性であることは決してない。アーケイン・トリックスターは時にその魔法能力をウィザードの学究の道を経て入手するが、ほとんどの魔術的才能はソーサラーの血脈より生じる。そのため、多くのアーケイン・トリックスターは混沌属性を持つ。

ヒット・ダイスの種類：d6。

必要条件

　アーケイン・トリックスターになるためには、キャラクターは以下の基準を満たさなければならない。

属性：秩序属性以外ならどれでも。

技能：〈装置無力化〉4ランク、〈脱出術〉4ランク、〈知識：神秘学〉4ランク。

呪文：メイジ・ハンドの呪文、および2レベルの秘術呪文を少なくとも1個発動する能力。

特殊：急所攻撃＋2d6。

クラス技能

　アーケイン・トリックスターのクラス技能（と各技能の対応能力）は、〈隠密〉【敏】、〈軽業〉【敏】、〈鑑定〉【知】、〈交渉〉【魅】、〈呪文学〉【知】、〈真意看破〉【判】、〈水泳〉【筋】、〈装置無力化〉【知】、〈脱出術〉【敏】、〈知覚〉【判】、〈知識〉（どれでも、別々の技能として修得すること）【知】、〈手先の早業〉【敏】、〈登攀〉【筋】、〈はったり〉【魅】、〈変装〉【魅】。

レベルごとの技能ランク：4＋【知力】修正値。

クラスの特徴

武器と防具の習熟：アーケイン・トリックスターは新たな武器・防具の習熟を得ることはない。

1日の呪文数：新たなアーケイン・トリックスター・レベルを得た時に、キャラクターがこの上級クラスに就く前に属していた呪文発動能力のあるクラスのレベルが上がったかのように、キャラクターの1日に使用できる呪文数が増える。しかし、追加の1日の呪文数、追加修得呪文数（任意発動する呪文の使い手の場合）、呪文を発動する際の有効レベルの上昇以外に、そのクラスのレベルが上がった場合に得られる他の利益を得るこ

表11-2：アーケイン・トリックスター

レベル	基本攻撃ボーナス	頑健セーヴ	反応セーヴ	意志セーヴ	特殊	1日の呪文数
1	+0	+0	+1	+1	遠隔の手業	既存のクラスに+1レベル
2	+1	+1	+1	+1	急所攻撃+1d6	既存のクラスに+1レベル
3	+1	+1	+2	+2	臨機急所攻撃1回／日	既存のクラスに+1レベル
4	+2	+1	+2	+2	急所攻撃+2d6	既存のクラスに+1レベル
5	+2	+2	+3	+3	巧妙な呪文3回／日	既存のクラスに+1レベル
6	+3	+2	+3	+3	急所攻撃+3d6	既存のクラスに+1レベル
7	+3	+2	+4	+4	臨機急所攻撃2回／日、巧妙な呪文4回／日	既存のクラスに+1レベル
8	+4	+3	+4	+4	急所攻撃+4d6	既存のクラスに+1レベル
9	+4	+3	+5	+5	不可視の盗賊、巧妙な呪文5回／日	既存のクラスに+1レベル
10	+5	+3	+5	+5	急所攻撃+5d6、不意の呪文	既存のクラスに+1レベル

とはない。キャラクターがアーケイン・トリックスターになる前に呪文発動能力のあるクラスを複数をとっていた場合、レベルが上昇するたびに、どのクラスにその新たなレベルを適用して1日の呪文数を向上させるかを決めなければならない。

遠隔の手業（超常）： アーケイン・トリックスターは〈装置無力化〉および〈手先の早業〉を30フィート以内の距離で使用することができる。離れた場所でこれらの作業を行う場合、そのDCは通常の技能判定より5上昇し、アーケイン・トリックスターはその判定については出目10を行うことができない。また操作できる物体の重量は5ポンド（約2.3kg）以下である。アーケイン・トリックスターは、使用する技能が少なくとも1ランクなければ、遠隔の手業を行うことができない。

急所攻撃（変則）： この能力はローグの同名の能力とまったく同じものである。与える追加ダメージは1レベルおき（2、4、6、8、10）に＋1d6増加する。アーケイン・トリックスターが（ローグ・レベルなど）他から急所攻撃ボーナスを得ている場合、ダメージへのボーナスは累積する。

臨機急所攻撃（変則）： クラス・レベル3になると、アーケイン・トリックスターは1日に1回、自分が行う1回の近接攻撃もしくは遠隔攻撃を急所攻撃にすることができる（臨機急所攻撃で遠隔攻撃を行う場合には目標は30フィート以内にいなければならない）。臨機急所攻撃の目標は、その攻撃に対してのみ、ACに対する【敏捷力】ボーナスをすべて失う。この能力はいかなる目標に対しても使用できるが、クリティカル・ヒットの対象とならないクリーチャーは追加ダメージを受けない（しかし、その攻撃に対するACへの【敏捷力】ボーナスの喪失は適用される）。

7レベルにおいて、アーケイン・トリックスターはこの能力を1日2回使用できるようになる。

巧妙な呪文（超常）： クラス・レベル5になると、アーケイン・トリックスターは《呪文音声省略》や《呪文動作省略》を使ったかのように、音声要素もしくは動作要素を省略して呪文を発動できる。この能力を使って発動した呪文は呪文レベルが上昇することも発動時間が延びることもない。アーケイン・トリックスターは5レベルの時点でこの能力を1日に3回使用でき、以降2レベルごとに追加で1回使用できる（最大で9レベル時の5回）。

アーケイン・トリックスターは呪文を発動する時にこの能力を使用するかを決める。

不可視の盗賊（超常）： クラス・レベル9になると、アーケイン・トリックスターはフリー・アクションとして、**グレーター・インヴィジビリティ**の影響下にあるかのように不可視状態となることができる。アーケイン・トリックスターは1日に自身のアーケイン・トリックスター・レベルに等しいラウンド数の間、不可視状態でいることができる。この効果の術者レベルはアーケイン・トリックスターの術者レベルに等しい。不可視状態でいるラウンドが連続している必要はない。

不意の呪文： クラス・レベル10に達したアーケイン・トリックスターは、目標が立ちすくみ状態であれば、ダメージを与えるあらゆる呪文に急所攻撃のダメージを加えることができる。この追加ダメージはヒット・ポイントへのダメージを与える呪文にのみ適用され、またこの追加ダメージは呪文と同じ種類のダメージを与える。セーヴに成功すると効果が無効または半分になる呪文であれば、セーヴに成功すると急所攻撃のダメージも無効ないし半分となる。

アサシン

玄人らしい超然とした態度で冷酷に仕事を請け負う傭兵であるアサシン（暗殺者）は、諜報活動、賞金稼ぎ、テロ行為に熟達している。根本的に、アサシンは死を作品とする職人である。さまざまな殺しの技術を身につけたアサシンは、最も恐れられるクラスの1つである。

ほとんどどんなクラスでもアサシンとなりうるが、能力と思想の両方の観点から、ローグはもっともアサシン向きといえる。戦闘においても優秀な味方となり得るが、アサシンの真価はもっと後ろ暗い状況にこそある。最良のアサシンとは、犠牲者に決して気付かれることのない者なのだ。

役割： アサシンはその性質上、孤高である傾向にあり、仲間のことは良くてお荷物と見なしている。ときおり任務でアサシンが冒険者たちの一団に長期間加わることもあるが、戦闘時に職業的アサシンが自分たちの背を見つめている状況で、安心して背後を任せることのできる者は少なく、結果、感情を表さない殺し屋は先行偵察や待ち伏せ要員となることが多い。

属性： 利己的で命を奪うことに無関心である必要から、アサシンというクラスには悪属性の者の方が惹きつけられやすい。職業柄、自制心が求められるため、混沌属性のキャラクターはこの種の影の殺戮者になるのに向いていない。中立属性のキャラクターがアサシンになることもあるが、自分のことを"仕事"をこなすただの職人であると考えるうちに、その"仕事"の性質から、必然的に悪属性へと追いやられる。

ヒット・ダイスの種類： d8。

必要条件

アサシンになるためには、キャラクターは以下の基準を満たさなければならない。

属性： いずれかの悪。

技能：〈隠密〉5ランク、〈変装〉2ランク。

特殊： キャラクターはただアサシンになりたいという理由だけで誰かを殺さなければならない。

クラス技能

アサシンのクラス技能（と各技能の対応能力）は、〈威圧〉【魅】、〈隠密〉【敏】、〈軽業〉【敏】、〈言語学〉【知】、〈交渉〉【魅】、〈真意看破〉【判】、〈水泳〉【筋】、〈装置無力化〉【知】、〈脱出術〉【敏】、〈知覚〉【判】、〈手先の早業〉【敏】、〈登攀〉【筋】、〈はったり〉【魅】、〈変装〉【魅】、〈魔法装置使用〉【魅】。

レベルごとの技能ランク： 4＋【知力】修正値。

クラスの特徴

武器と防具の習熟： アサシンはクロスボウ（ハンド、ライト、ヘヴィ）、サップ、ショート・ソード、ショートボウ（通常のものおよびコンポジット）、ダーツ、ダガー（すべての種類）、レイピアに習熟する。アサシンは軽装鎧に習熟するが、盾には習熟しない。

急所攻撃： この能力はローグの同名の能力とまったく同じものである。与える追加ダメージは1レベルおき（1、3、5、7、9レベル）に＋1d6増加する。もしもアサシンが他のクラス等から急所攻撃を得ているなら、ダメージへのボーナスは累積する。

致死攻撃（変則）： アサシンが目標を3ラウンド観察し、その後に近接武器で急所攻撃をして、ダメージを与えることに成功したら、その急所攻撃の犠牲者を麻痺させるか殺害する効果（アサシンが選択）を追加できる。犠牲者を観察するのは標準アクションである。目標がアサシンに気付くか、アサシンを敵だと認識した場合、致死攻撃は失敗する（ただし、目標がACへの【敏捷力】ボーナスを失っているか、挟撃されている場合、攻撃はやはり急所攻撃となるだろう）。致死攻撃の犠牲者が殺害効果に対する頑健セーヴ（DC10＋アサシンのクラス・レベル＋アサシンの【知力】修正値）に失敗すると、そのキャラクターは死亡する。麻痺効果に対するセーヴに失敗すると、犠牲者は1d6ラウンド＋アサシンのクラス・レベルごとに1ラウンドの間、無防備状態となり、行動できなくなる。犠牲者がセーヴに成功した場合、その攻撃は通常の急所攻撃となる。3ラウンドの観察を完了したら、アサシンはその後3ラウンドの間に致死攻撃を行わなければならない。

致死攻撃を試みて（犠牲者がセーヴに成功したため）失敗したり、アサシンが観察完了後3ラウンド以内に攻撃を行わなかった場合、あらためて致死攻撃を試みるためには、新たに3ラウンドの観察を行う必要がある。

毒の使用： アサシンは毒を使用する訓練を受けており、刃物に毒を塗って使用する際に、誤って自分が毒を受けることはない（p.611『毒』を参照）。

毒に対するセーヴへのボーナス： クラス・レベル2になると、アサシンは毒に対するセーヴに＋1のボーナスを得る。このボーナスはクラス・レベル2レベルごとに＋1ずつ上昇する。

直感回避（変則）： クラス・レベル2以降、アサシンは立ちすくみ状態にならず、不可視状態の敵に攻撃された場合にACへの

表11-3：アサシン

レベル	基本攻撃ボーナス	頑健セーヴ	反応セーヴ	意志セーヴ	特殊
1	+0	+0	+1	+0	急所攻撃+1d6、致死攻撃、毒の使用
2	+1	+1	+1	+1	毒に対するセーヴへのボーナス+1、直感回避
3	+2	+1	+2	+1	急所攻撃+2d6
4	+3	+1	+2	+1	毒に対するセーヴへのボーナス+2、暗器、真の死
5	+3	+2	+3	+2	直感回避強化、急所攻撃+3d6
6	+4	+2	+3	+2	毒に対するセーヴへのボーナス+3、静かなる死
7	+5	+2	+4	+2	急所攻撃+4d6
8	+6	+3	+4	+3	毒に対するセーヴへのボーナス+4、影隠れ
9	+6	+3	+5	+3	急所攻撃+5d6、迅速なる死
10	+7	+3	+5	+3	毒に対するセーヴへのボーナス+5、死の天使

【敏捷力】ボーナスを失わない。アサシンが動けない状態になれば、やはりACへの【敏捷力】ボーナスは失われてしまう。この能力を持つアサシンでも、敵がアサシンに対してフェイントを成功させた場合は、やはりACへの【敏捷力】ボーナスを失う。

アサシンがすでに他のクラスで直感回避を獲得していた場合は、直感回避の代わりに"直感回避強化"を自動的に獲得する。

暗器（変則）：クラス・レベル4になると、アサシンは自分の身体に武器を隠すことの達人となる。アサシンは隠した武器に他の者が気付くのを防ぐためのすべての〈手先の早業〉判定に自分のアサシン・レベルを加える。

真の死（超常）：クラス・レベル4以上のアサシンの致死攻撃で殺されたものは死から復活するのがより困難になる。レイズ・デッドや類似の魔法を使ってクリーチャーを死から復活させようとする呪文の使い手は、術者レベル判定（DC15+アサシン・レベル）を行わなければならず、判定に失敗すると呪文は失敗し、物質要素は消費されてしまう。クリーチャーを死から復活させようとする直前のラウンドにリムーヴ・カースを発動することで、この危険性を無効化できる。リムーヴ・カースのDCは（10+アサシン・レベル）である。

直感回避強化（変則）：クラス・レベル5以降、アサシンは挟撃されなくなる。この能力を持つアサシンに対して、ローグは挟撃による急所攻撃を行うことができない。ただし、ローグのクラス・レベルが、目標のアサシン・レベルより4レベル以上高い場合、ローグは挟撃及び急所攻撃を行うことができる。

このキャラクターがすでに他のクラスで直感回避を獲得していた場合、ローグに挟撃され得るかどうかを判断する際、直感回避を授けるクラスのクラス・レベルをすべて累積させることができる。

静かなる死（変則）：クラス・レベル6になると、アサシンが不意討ちラウンドの間に致死攻撃を使用してクリーチャーを殺害した場合はいつでも、アサシンは付近にいる者たちの〈知覚〉判定に対抗して〈隠密〉判定を行って、アサシンが加害者であると認識されることを防ぐこともできる。成功した場合、数分の間、付近にいる者たちは目標が死亡したことにすら気付かず、アサシンの仕業だと発覚することを避けることができる。

影隠れ（超常）：クラス・レベル8になると、アサシンは人々に見られている時でも〈隠密〉技能を使用することができる。薄暗い光の範囲から10フィート以内にいるかぎり、アサシンはその

身を背後に隠せるようなものが一切ない開けた場所でも姿を隠すことができる。ただし、自分の影に隠れることはできない。

迅速なる死（変則）： クラス・レベル9になると、1日1回、アサシンは前もって観察していない敵に対して致死攻撃を行うことができる。アサシンはやはりダメージを与える近接武器を使って敵に急所攻撃を行わなければならない。

死の天使（超常）： クラス・レベル10に達すると、アサシンは死の達人となる。1日1回、致死攻撃に成功した場合、アサシンは目標の肉体を塵と化すことができる。これにより、**レイズ・デッド**および**リザレクション**が妨げられる（ただし、**トゥルー・リザレクション**は通常通りに働く）。アサシンは攻撃を行う前にこの能力の使用を宣言しなければならない。この攻撃が外れるか、目標が致死攻撃に対するセーヴに成功したら、この能力は何の効果もなく消費される。

エルドリッチ・ナイト

恐るべき戦士にして呪文の使い手であるエルドリッチ・ナイト（秘術騎士）は、魔法使いには珍しいその能力で、ファイターやバーバリアンなどの戦闘クラスの者に並び立ち、戦いに身を投じる。戦場における多才さは大いに有用であるため、相対する者たちには大いに恐れられる。重武装の相手に対しては弱体化呪文を唱え、呪文の使い手が相手なら刃をもって死をもたらすのがエルドリッチ・ナイトだからだ。

エルドリッチ・ナイトとなる道は武勇と秘術の双方の能力を要求するため、大抵がその道を、ファイター／ウィザードやレンジャー／ソーサラーなどのマルチクラスとして歩み始める。エルドリッチ・ナイトは、秘術の研究が戦闘訓練と同じくらい一般的に行われている地域ならどこででも見かけられる。

役割： エルドリッチ・ナイトは戦闘クラスと呪文の使い手の能力を融合し、ある時は敵に魔法を投じ、またある時は鋼で相手を叩き伏せる。エルドリッチ・ナイトは、戦闘のまっただ中で戦うことにも、同胞の後ろの安全な位置から敵に向けて呪文を発動することにも、まったく同様に慣れ親しんでいる。次なる戦いの相手が誰であるか明確ではない戦場において、その多様性はエルドリッチ・ナイトを価値ある仲間にする。

属性： エルドリッチ・ナイトとなる道は、ウィザードの下での見習い期間や兵士としての経歴につながる道と同じようにさまざまであり、それゆえにエルドリッチ・ナイトはどのような属性でもありうる。しかしながら、秘術知識の研究と戦闘技術のバランスを維持するのにはたいへんな自制心が要求されるため、秩序属性を好むものが多い。

ヒット・ダイスの種類： d10。

必要条件

エルドリッチ・ナイトになるためには、キャラクターは以下の基準を満たさなければならない。

武器の習熟： すべての軍用武器に習熟していること。

呪文： 3レベルの秘術呪文を発動できる能力。

クラス技能

エルドリッチ・ナイトのクラス技能（と各技能の対応能力）は、〈騎乗〉【敏】、〈言語学〉【知】、〈呪文学〉【知】、〈真意看破〉【判】、〈水泳〉【筋】、〈知識：貴族〉【知】、〈知識：神秘学〉【知】、〈登攀〉【筋】。

レベルごとの技能ランク： 2 ＋【知力】修正値。

クラスの特徴

武器と防具の習熟： エルドリッチ・ナイトは新たな武器・防具の習熟を得ることはない。

ボーナス特技： クラス・レベル1の時点で、エルドリッチ・ナイトはボーナス戦闘特技1つを選んでよい。これはすべてのキャラクターがレベルの上昇により通常獲得する特技とは別に追加で得られる。キャラクターはボーナス特技の前提条件を満たしていなければならない。エルドリッチ・ナイトはクラス・レベル5および9の時点で追加の戦闘特技を獲得する。

多角的訓練： エルドリッチ・ナイトは、特技の前提条件を満たす目的で、自分の持つファイター・レベルにエルドリッチ・ナイト・レベルを加えることができる。ファイター・レベルがない場合は、エルドリッチ・ナイト・レベルをファイター・レベルとして扱うこと。エルドリッチ・ナイトは、特技の前提条件を満たす目的で、秘術呪文を発動できるクラスのレベルにエルドリッチ・ナイト・レベルを加えることもできる。

1日の呪文数： 表11-4に示した各レベルで、エルドリッチ・ナイ

表11-4：エルドリッチ・ナイト

レベル	基本攻撃ボーナス	頑健セーヴ	反応セーヴ	意志セーヴ	特殊	1日の呪文数
1	+1	+1	+0	+0	ボーナス戦闘特技、多角的訓練	—
2	+2	+1	+1	+1	—	既存の秘術呪文を発動するクラスに＋1レベル
3	+3	+2	+1	+1	—	既存の秘術呪文を発動するクラスに＋1レベル
4	+4	+2	+1	+1	—	既存の秘術呪文を発動するクラスに＋1レベル
5	+5	+3	+2	+2	ボーナス戦闘特技	既存の秘術呪文を発動するクラスに＋1レベル
6	+6	+3	+2	+2	—	既存の秘術呪文を発動するクラスに＋1レベル
7	+7	+4	+2	+2	—	既存の秘術呪文を発動するクラスに＋1レベル
8	+8	+4	+3	+3	—	既存の秘術呪文を発動するクラスに＋1レベル
9	+9	+5	+3	+3	ボーナス戦闘特技	既存の秘術呪文を発動するクラスに＋1レベル
10	+10	+5	+3	+3	呪文クリティカル	既存の秘術呪文を発動するクラスに＋1レベル

トはこの上級クラスに就く前に属していた秘術呪文発動能力のあるクラス1つのレベルが上がったかのように、キャラクターの1日に使用できる呪文数が増える。しかし、追加の1日の呪文数、追加修得呪文数（任意発動する呪文の使い手の場合）、呪文を発動する際の有効レベルの上昇以外に、そのクラスのレベルが上がった場合に得られる他の利益を得ることはない。キャラクターがエルドリッチ・ナイトになる前に秘術呪文発動能力のあるクラスを複数とっていた場合、レベルが上昇するたびに、どのクラスにその新たなレベルを適用して1日の呪文数を向上させるかを決めなければならない。

呪文クリティカル（超常）：クラス・レベル10に達すると、エルドリッチ・ナイトがクリティカル・ヒットを確定させた時はいつでも、即行アクションとして呪文1つを発動できる。この呪文はクリティカル・ヒットした攻撃の目標を、目標の内の1体とするか、効果範囲内に収めるかしていなければならない。この呪文の発動は機会攻撃を誘発しない。術者は依然として呪文の構成要素をすべて満たしていなければならず、必要なら秘術呪文失敗率をロールしなければならない。

シャドウダンサー

　文明化された人々は常に夜を恐れ、影が長くなり闇を徘徊するクリーチャーに注意するべき頃合になると戸口を閉ざし、あるいはかがり火に慰みを得る。しかしはるか昔、敵に打ち勝つ最良の手段は闇をいだくことだと悟った者たちがいる。それこそが、最初のシャドウダンサー（影の踊り手）である。

　シャドウダンサーは光と闇の境界に身を置き、光と闇から影を織り成して、半ば不可視の欺きの技の匠となる。特定の規範や旧来の法にとらわれないシャドウダンサーは、闇に価値を見出す多岐にわたる種類の冒険者を含んでいる。呪文の使い手はシャドウダンサーの能力を使って隠れながら安全に呪文を発動し、その後はすばやく離脱する。接近戦を得手とするクラスは、敵に意外性のある攻撃を与えるシャドウダンサーの能力を活用しやすい。シャドウダンサーの中にはまったくの文字通りにその名を体現する者たちがおり、薄気味悪くも神秘的な芸人や舞踏家となる。しかしそれより多く目にするのは、その欺きと潜入の能力がもたらす誘惑により、シャドウダンサーから盗賊へと転じていく姿である。

役割：シャドウダンサーは多様な理由で冒険に出る。多くの冒険パーティーは、その信じがたいほどの隠密性と、予想外の場面での電光石火の攻撃で敵の不意を討つ能力により、シャドウダンサーをチームの有益なメンバーとみなす。この理由から、斥候やスパイを必要とするグループがしばしばシャドウダンサーの助けを求めてくる。

属性：視覚を欺くトリックスターとしての本質のため、シャドウダンサーが秩序の範疇に気持ちよく収まることはない。多くの者はシャドウダンサーの能力を公権力の目を逃れるのに使う。闇を友とするとはいえ、シャドウダンサーは生来の悪でもなけ

上級クラス 11

れば善に傾倒しているわけでもない。シャドウダンサーにしてみれば闇は単に闇でしかなく、無知蒙昧の輩が作ったよくある道徳的含意など、何もありはしないのだ。

ヒット・ダイスの種類：d8。

必要条件

　シャドウダンサーになるためには、キャラクターは以下の基準を満たさなければならない。

技能：〈隠密〉5ランク、〈芸能：舞踏〉2ランク。

特技：《回避》、《強行突破》、《迎え討ち》。

表11-5：シャドウダンサー

レベル	基本攻撃ボーナス	頑健セーヴ	反応セーヴ	意志セーヴ	特殊
1	+0	+0	+1	+0	影隠れ
2	+1	+1	+1	+1	身かわし、暗視、直感回避
3	+2	+1	+2	+1	ローグの技、影の幻術、シャドウ招来
4	+3	+1	+2	+1	影の召喚、影渡り40フィート
5	+3	+2	+3	+2	打撃のいなし、直感回避強化
6	+4	+2	+3	+2	ローグの技、影渡り80フィート
7	+5	+2	+4	+2	心術破り
8	+6	+3	+4	+3	影渡り160フィート、影の威力
9	+6	+3	+5	+3	ローグの技
10	+7	+3	+5	+3	身かわし強化、影渡り320フィート、影のあるじ

クラス技能

　シャドウダンサーのクラス技能（と各技能の対応能力）は、〈隠密〉【敏】、〈軽業〉【敏】、〈芸能〉【魅】、〈交渉〉【魅】、〈脱出術】【敏】、〈知覚〉【判】、〈手先の早業〉【敏】、〈はったり〉【魅】、〈変装〉【魅】。

レベルごとの技能ランク：6＋【知力】修正値。

クラスの特徴

武器と防具の習熟：シャドウダンサーはクオータースタッフ、クラブ、クロスボウ（ハンド、ライト、ヘヴィ）、サップ、ショート・ソード、ショートボウ（通常のものおよびコンポジット）、ダーツ、ダガー（すべての種類）、メイス、モーニングスター、レイピアに習熟する。シャドウダンサーは軽装鎧に習熟するが、盾には習熟しない。

影隠れ（超常）：シャドウダンサーは人々に見られている時でも〈隠密〉技能を使用することができる。薄暗い光の範囲から10フィート以内にいるかぎり、シャドウダンサーはその身を背後に隠せるようなものが一切ない開けた場所でも姿を隠すことができる。ただし、自分の影に隠れることはできない。

身かわし（変則）：クラス・レベル2なると、シャドウダンサーは身かわし能力を得る。通常なら反応セーヴに成功すればダメージを半減できるような効果を受けた際、シャドウダンサーは反応セーヴに成功すれば、まったくダメージを受けない。身かわしはシャドウダンサーが軽装鎧を着ているか、鎧を着ていない場合にのみ使用できる。

暗視（変則）：クラス・レベル2になると、シャドウダンサーは有効距離60フィートの暗視を得る。シャドウダンサーがすでに暗視を有していた場合は、その暗視の有効距離が30フィートぶん増加する。

直感回避（変則）：クラス・レベル2以降、シャドウダンサーは立ちすくみ状態にならず、不可視状態の敵に攻撃された場合にACへの【敏捷力】ボーナスを失わない。シャドウダンサーが動けない状態になれば、やはりACへの【敏捷力】ボーナスは失われてしまう。この能力を持つシャドウダンサーでも、敵がシャドウダンサーに対してフェイントを成功させた場合は、やはりACへの【敏捷力】ボーナスを失う。

　シャドウダンサーがすでに他のクラスで直感回避を獲得していた場合は、シャドウダンサーは直感回避の代わりに"直感回避強化"（p.425参照）を自動的に獲得する。

ローグの技：クラス・レベル3になった際、および以降の3レベルごとに、シャドウダンサーは敵を混乱させる特殊能力を得る。この能力はローグのクラス特徴であるローグの技と同様に働く。シャドウダンサーは同じローグの技を2回以上得ることはできない。シャドウダンサーがローグのクラス特徴である上級の技を有する場合は、代わりに上級の技のリストからも選択できる。

影の幻術（擬呪）：クラス・レベル3以降、シャドウダンサーは視覚的な幻を作り出すことができるようになる。この能力は**サイレント・イメージ**のように働き、シャドウダンサー・レベルを術者レベルとして使用する。シャドウダンサーはこの能力を自身のシャドウダンサー・レベル2レベルごとに1日に1回使用できる。この能力のセーヴDCは【魅力】に基づく。

シャドウ招来（超常）：クラス・レベル3になると、シャドウダンサーは影のようなアンデッドである、シャドウを招来することができるようになる。通常のシャドウと異なり、このシャドウはシャドウダンサーと同じ属性を持ち、同族を作ることができない。この能力で招来されたシャドウは、正のエネルギー放出によるダメージを半減するための意志セーヴに＋4のボーナスを受けるとともに、退散や威伏の影響を受けない。シャドウはシャドウダンサーに相棒として仕え、シャドウダンサーと明瞭な意思疎通を行うことができる。このシャドウはシャドウダンサーの合計HPの半分のHPを持ち、シャドウダンサーの基本攻撃ボーナスと基本セーヴ・ボーナスを使用する。その他については、**パスファインダーRPGベスティアリ**掲載のシャドウと同様である。

　相棒のシャドウが破壊されたり、シャドウダンサーがシャドウを罷免する場合、シャドウダンサーは頑健セーヴ（DC15）を行わなければならない。このセーヴに失敗すると、シャドウダンサーは恒久的な負のレベルを1レベル得る。セーヴに成功すれば、負のレベルを受けずにすむ。相棒のシャドウを罷免したり破壊された場合、30日の間、代わりを見つけることはできない。

影の召喚（擬呪）：クラス・レベル4になると、シャドウダンサーは影からクリーチャーや効果を作り出すことができるようにな

る。この能力は**シャドウ・カンジュレーション**のように働き、シャドウダンサー・レベルを術者レベルとして使用する。シャドウダンサーはクラス・レベル4の時点でこの能力を1日に1回使用でき、4レベルを超える2レベルごとに追加で1日に1回使用できる(6レベル時は2回／日、8レベル時は3回／日、10レベル時は4回／日)。クラス・レベル10に達すると、この能力は**グレーター・シャドウ・カンジュレーション**のように働く。この能力のセーヴDCは【魅力】に基づく。

影渡り(超常)：クラス・レベル4以降、シャドウダンサーは**ディメンジョン・ドア**呪文を使ったかのように影と影の間を移動する能力を得る。この魔法による移動には、開始地点と終了地点が少なくとも何らかの薄暗い光の存在する範囲内でなければならないという制限がある。シャドウダンサーはこの方法で、1日に合計で40フィートまで転移することができる。これは40フィートの転移を1回でもよいし、10フィートの転移を4回でもよい。4レベルを超える2レベルごとに、シャドウダンサーが1日に転移できる距離は倍に増えていく(6レベルで80フィート、8レベルで160フィート、10レベルで320フィート)。この距離は何回もの転移に分割できるが、それぞれの距離は、どれだけ短いものであろうと、10フィート単位で計算される。

打撃のいなし(変則)：クラス・レベル5になると、1日1回、シャドウダンサーは命取りになりかねない打撃の力を逃そうと試みることができる。この能力は同名のローグの上級の技と同様に働く。

直感回避強化(変則)：クラス・レベル5以降、シャドウダンサーは挟撃されなくなる。この能力を持つシャドウダンサーに対して、ローグは挟撃による急所攻撃を行うことができない。ただし、ローグのクラス・レベルが、目標のシャドウダンサー・レベルより4レベル以上高い場合、ローグは挟撃及び急所攻撃を行うことができる。

このキャラクターがすでに他のクラスで直感回避を獲得していた場合、ローグに挟撃され得るかどうかを判断する際、直感回避を授けるクラスのクラス・レベルをすべて累積させることができる。

心術破り(変則)：クラス・レベル7になると、シャドウダンサーは心術呪文から素早く立ち直る。この能力は同名のローグの上級の技のように働く。

影の威力(擬呪)：クラス・レベル8になると、シャドウダンサーは影を用いて敵にダメージを与えることができる。この能力は**シャドウ・エヴォケーション**のように働き、シャドウダンサー・レベルを術者レベルとして使用する。シャドウダンサーはクラス・レベル8の時点でこの能力を1日に1回使用でき、10レベルに達すると追加で1日に1回使用できる。この能力のセーヴDCは【魅力】に基づく。

身かわし強化(変則)：クラス・レベル10で得られるこの能力は、身かわし能力と同様に機能し、通常なら反応セーヴに成功すればダメージを半減できるような効果を受けた際、シャドウダンサーが反応セーヴに成功すれば、まったくダメージを受けない(上記参照)。さらに、セーヴに失敗しても半分のダメージしか受けない。

影のあるじ(超常)：クラス・レベル10に達すると、シャドウダンサーが薄暗い光の範囲内にいる場合、シャドウダンサーは常にダメージ減少10／—、およびすべてのセーヴに+2の幸運ボーナスを得る。加えて、シャドウダンサーが薄暗い光の範囲内にいる敵に対してクリティカル・ヒットを与えた際には、その敵は1d6ラウンドの間盲目状態となる。

デュエリスト

デュエリスト（決闘者）は優雅な剣術の頂点を体現している。デュエリストはほとんどの敵とは比べものにならないほど優雅に動き、攻撃を受け流し、その刃による素早い攻撃で反撃する。鎧を着ることもあるが、優雅さで相手を容易に回避できるよう、かさばる防護を避けることが多い。他の者が不安定な地形にまごついている間に、デュエリストは戦場を軽やかに横切って突撃する。争いに飛び込んだデュエリストはその剣技でぶざまな敵に不意討ちを食らわせ、絶妙に狙い定めた刃による攻撃で相手を無力化する、近接戦闘で最大の力を発揮する者たちなのだ。

デュエリストへの道は、防御を鎧に頼らないローグやバードといったクラスにうってつけだが、同じくらいファイターやレンジャーあがりのデュエリストも多い。戦闘に関して凝った慣習や作法のある地域で多く見かけられる。

役割：デュエリストの能力は、戦闘能力を発揮したいが重装鎧がないために戦闘に身を投じるのに躊躇するローグやバードの能力を補完する。デュエリストは前線でファイターやバーバリアンなどの近接戦闘クラスの横に立ち、敵の弱点を熟達の技で捉えながら相手の刃を巧みに回避し戦うのである。

属性：デュエリストはどんな属性でもありうるが、ローグやバードの経歴出身のものが特に多いため、秩序あるふるまいを避ける傾向にある。しかし、秩序属性のデュエリストもいないわけではなく、そういったデュエリストはしばしば厳格な行動規範を堅持しており、非武装の者や明らかに劣る相手を攻撃することを拒む。

ヒット・ダイスの種類：d10。

必要条件

デュエリストになるためには、キャラクターは以下の基準を満たさなければならない。

基本攻撃ボーナス：＋6。

技能：〈軽業〉2ランク、〈芸能〉2ランク。

特技：《回避》、《強行突破》、《武器の妙技》。

クラス技能

デュエリストのクラス技能（と各技能の対応能力）は、〈軽業〉【敏】、〈芸能〉【魅】、〈真意看破〉【判】、〈脱出術〉【敏】、〈知覚〉【判】、〈はったり〉【魅】。

レベルごとの技能ランク：4＋【知力】修正値。

クラスの特徴

武器と防具の習熟：デュエリストはすべての単純武器、軍用武器に習熟する。デュエリストは軽装鎧に習熟するが、盾には習熟しない。

抜け目なき守り（変則）：デュエリストは軽装鎧を着用しているか鎧を着ておらず、かつ盾を使用していなければ、近接武器を使用している間、ACへの回避ボーナスとして【知力】ボーナス（あれば）をデュエリストのクラス・レベルごとに1ポイントまで加えることができる。デュエリストが立ちすくみ状態で

あったり、他の何らかの理由で【敏捷力】ボーナスを失っている場合にはこのボーナスも失われる。

精密打撃（変則）：デュエリストは、軽い武器か片手武器に属する刺突武器を使って、精密な打撃を行い、自分のデュエリスト・レベルをダメージ・ロールに追加する能力を得る。精密打撃を行う場合、デュエリストは、別の手で持った武器で攻撃したり盾を使うことはできない。デュエリストの精密打撃は識別可能な解剖学的構造を有する、生きているクリーチャーに対してしか効果がない。クリティカル・ヒットに完全耐性を持つクリーチャーには精密打撃は効果がない。また、クリーチャーをクリティカル・ヒットから守るアイテムや能力は精密打撃に対しても防護を提供する。

先手必勝（変則）：クラス・レベル2になると、デュエリストはイニシアチブ判定に＋2のボーナスを得る。クラス・レベル8になると、このボーナスは＋4に上昇する。このボーナスは《イニシアチブ強化》特技による利益と累積する。

受け流し（変則）：クラス・レベル2になると、デュエリストは他のクリーチャーの攻撃を受け流して攻撃を外させる術を修得する。デュエリストが軽い武器か片手武器に属する刺突武器を使って全力攻撃アクションをとる場合はいつでも、自分の攻撃の内、1回を行わないことにできる。デュエリストの次のターンの開始時まで、デュエリストは割り込みアクションとして自分もしくは隣接する仲間に対する攻撃を受け流そうと試みることができる。攻撃を受け流すためには、デュエリストは前のアクションで行わなかった攻撃と同じボーナスを用いて攻撃ロールを行う。デュエリストの攻撃ロールの結果が攻撃側クリーチャーの攻撃ロールよりも高ければ、その攻撃は自動的に失敗する。攻撃側クリーチャーのサイズ分類がデュエリストよりも1段階大きいごとに、デュエリストは攻撃ロールに－4のペナルティを受ける。デュエリストは隣接する仲間に対して行われた攻撃を受け流そうと試みる際にも－4のペナルティを受ける。デュエリストはこの能力の使用を、攻撃が宣言された後、攻撃ロールが行われる前に宣言しなければならない。

強行突破強化（変則）：クラス・レベル3以降、軽装鎧を着用しているか鎧を着ておらず、かつ盾を使用していないとき、デュエリストは機会攻撃範囲内にあるマス目から移動して離れる際に誘発する機会攻撃に対して、ACに追加の＋4ボーナスを得る。

《迎え討ち》：クラス・レベル4になると、デュエリストは軽い武器か片手武器に属する刺突武器を使用している場合、《迎え討ち》特技の利益を得る。

優雅なる反応（変則）：クラス・レベル4以降、デュエリストはすべての反応セーヴに追加で＋2の技量ボーナスを得る。この能力はデュエリストが軽装鎧を着用しているか鎧を着ておらず、かつ盾を使用していないときにのみ機能する。

突き返し（変則）：クラス・レベル5以降、デュエリストは自分が攻撃の受け流しに成功したクリーチャーに対して、そのクリーチャーがデュエリストの間合い内にいれば、機会攻撃を行うことができる。

曲技突撃（変則）：クラス・レベル6になると、デュエリストは他の者では不可能な状況でも突撃を行う能力を得る。デュエリ

上級クラス 11

表11-6：デュエリスト

レベル	基本攻撃ボーナス	頑健セーヴ	反応セーヴ	意志セーヴ	特殊
1	+1	+0	+1	+0	抜け目なき守り、精密打撃
2	+2	+1	+1	+1	先手必勝+2、受け流し
3	+3	+1	+2	+1	強行突破強化
4	+4	+1	+2	+1	《迎え討ち》、優雅なる反応
5	+5	+2	+3	+2	突き返し
6	+6	+2	+3	+2	曲技突撃
7	+7	+2	+4	+2	巧みな防御
8	+8	+3	+4	+3	先手必勝+4
9	+9	+3	+5	+3	《矢止め》、逃れること能わず
10	+10	+3	+5	+3	弱体化クリティカル

ストは、通常なら移動速度が低下する、移動困難な地形の上でも突撃を行うことができる。状況に応じて、デュエリストはそうした地形をうまく乗り越えるため、適切な判定に成功する必要がある。

巧みな防御（変則）： クラス・レベル7以降、デュエリストが近接戦闘時に防御的戦闘や防御専念アクションを行った場合、自分のデュエリスト・クラス・レベル3レベルごとにACに追加の+1回避ボーナスを得る。

《矢止め》： クラス・レベル9になると、軽い武器か片手武器に属する刺突武器を使用している場合、デュエリストは《矢止め》特技の利益を得る。デュエリストはこの特技を使用するのに片手が自由である必要はない。

逃れること能わず（変則）： クラス・レベル9になると、デュエリストに隣接している敵が撤退アクションを行うと、デュエリストからの機会攻撃を誘発する。

弱体化クリティカル（変則）： 軽い武器か片手武器に属する刺突武器を使用してクリティカル・ヒットを確定させた場合、デュエリストはダメージに加えて、以下のペナルティの内の1つを与えることができる：目標の持つすべての移動速度に−10フィートのペナルティ（最低で5フィートまで）、1d4ポイントの【筋】ダメージか【敏】ダメージ、すべてのセーヴに−4のペナルティ、ACに−4のペナルティ、2d6ポイントの出血ダメージ。能力値ダメージは通常通りに治療しなければならず、出血ダメージは目標が魔法の治療かDC15の〈治療〉判定を受けるまで継続する。それ以外のこれらのペナルティは1分間持続する。

ドラゴン・ディサイプル

最も古く、強力で、気まぐれなクリーチャーであるドラゴンは、疑いもしていない定命の者と逢い引きをしたり、傑出した個人との間に子孫を作ることがある。また、この種のクリーチャーが有する強大なパワーは、遥か昔から、自分の身体にドラゴンのパワーを取り込もうとさまざまな魔法的手段を探し求めるウィザードや錬金術師の関心の的となっている。結果として、ドラゴンの血は多くの種族の者の内に流れている。一部の者は、この血統がソーサラーの血脈と魔法への偏愛として表れている。しかし別の者では、先祖であるドラゴンの力は妄執と化してしまう。

ドラゴンの血統を抱きその能力を引き出す術を学んだ呪文の使い手は、熟練のソーサラーの技だけでなく、敵にドラゴンの猛烈な力を浴びせる能力をも有する、恐るべき戦士であるドラゴン・ディサイプル（ドラゴンの徒弟）となることができる。ドラゴン・ディサイプルが祖先の力を悟るにつれ、火のブレスを吐き、丈夫でしなやかな皮の翼で空を飛び、そしてその能力の頂点ではドラゴンに姿を変える術を修得することができる。数こそ少ないが、ドラゴン・ディサイプルはドラゴンが定命の者と関わりを持つ土地であれば、どんなところでも見かけら

427

れる。

役割：任意に呪文を発動できるクラスの魔法を用いて、ドラゴン・ディサイプルは典型的な魔法使いの役割を果たすことができ、敵の移動を妨げたり、ダメージを与えたりする呪文を放つ。しかし、ブレス攻撃を使用したり、敵を直接打ち倒そうと飛行して迫るといった、ドラゴン・ディサイプルの竜のごとき能力は、この多芸な呪文の使い手をよりいっそう手強くする。

属性：ドラゴン・ディサイプルはどのような属性でもありうるが、秩序属性よりは混沌属性が多い。獣のようなホワイト・ドラゴンや恐るべきレッド・ドラゴンなど、クロマティック・ドラゴンの特徴をもつドラゴン・ディサイプルは悪属性の傾向がある。対照的に、禁欲的なブラス・ドラゴンや騎士道精神を持つゴールド・ドラゴンなど、メタリック・ドラゴンに似たドラゴン・ディサイプルはしばしば善属性である。

ヒット・ダイスの種類：d12。

必要条件

ドラゴン・ディサイプルになるためには、キャラクターは以下の基準を満たさなければならない。

種族：竜でない種族。

技能：〈知識：神秘学〉5ランク。

言語：竜語。

呪文：準備なしに1レベルの秘術呪文を発動する能力。キャラクターがソーサラー・レベルを持つなら、竜の血脈を有していなければならない。このクラスを取った後でソーサラーのレベルを得たら、そのキャラクターは竜の血脈を取らなければならない。

クラス技能

ドラゴン・ディサイプルのクラス技能（と各技能の対応能力）は、〈交渉〉【魅】、〈呪文学〉【知】、〈脱出術〉【敏】、〈知覚〉【判】、〈知識〉（どれでも、別々の技能として修得すること）【知】、〈飛行〉【敏】。

レベルごとの技能ランク：2＋【知力】修正値。

クラスの特徴

武器と防具の習熟：ドラゴン・ディサイプルは新たな武器・防具の習熟を得ることはない。

1日の呪文数：表11-7に示した各レベルで、ドラゴン・ディサイプルはこの上級クラスに就く前に属していた秘術呪文発動能力のあるクラス1つのレベルが上がったかのように、キャラクターの1日に使用できる呪文数が増える。しかし、追加の1日の呪文数、追加修得呪文数（任意発動する呪文の使い手の場合）、呪文を発動する際の有効レベルの上昇以外に、そのクラスのレベルが上がった場合に得られる他の利益を得ることはない。キャラクターがドラゴン・ディサイプルになる前に秘術呪文発動能力のあるクラスを複数とっていた場合、レベルが上昇するたびに、どのクラスにその新たなレベルを適用して1日の呪文数を向上させるかを決めなければならない。

竜の血：ドラゴン・ディサイプルは、自分の血脈から得られる能力を決定する際、ドラゴン・ディサイプル・レベルをソーサラー・レベルに加える。ドラゴン・ディサイプルがソーサラー・レベルを持っていなければ、ドラゴン・ディサイプルは代わりに自分のドラゴン・ディサイプル・レベルをソーサラー・レベルとして使用してどの利益が得られるかを決定するとともに、"竜の血脈"の能力を獲得する。ドラゴン・ディサイプルはこのクラスの最初のレベルを得る際にドラゴンの種類を選択しなければならず、かつその種類は自分のソーサラーの血脈での種類と同じでなければならない。この能力はソーサラーのボーナス呪文を与えるが、それにはドラゴン・ディサイプルが適切な呪文レベルのソーサラーの呪文スロットを有していなければならない。呪文スロットを有していないため得られなかったボーナス呪文は、その呪文レベルの呪文スロットを得た場合、自動的に与えられる。

外皮上昇（変則）：その肌が厚くなっていくにつれて、ドラゴン・ディサイプルはますます自分の先祖の外見に近づいていく。クラス・レベル1、4、7の時点で、ドラゴン・ディサイプルはキャラクターの既存の外皮ボーナス（あれば）を表11-7に示すように上昇させる。この外皮ボーナスは累積する。

能力値向上（変則）：ドラゴン・ディサイプルはレベルを得るにつれ、表11-7に示すように能力値が向上する。この能力値の

表11-7：ドラゴン・ディサイプル

レベル	基本攻撃ボーナス	頑健セーヴ	反応セーヴ	意志セーヴ	特殊	1日の呪文数
1	+0	+1	+0	+1	竜の血、外皮上昇（+1）	—
2	+1	+1	+1	+1	能力値向上（【筋】+2）、血脈特技、竜の噛みつき	既存の秘術呪文を発動するクラスに+1レベル
3	+2	+2	+1	+2	ブレス攻撃	既存の秘術呪文を発動するクラスに+1レベル
4	+3	+2	+1	+2	能力値向上（【筋】+2）、外皮上昇（+1）	既存の秘術呪文を発動するクラスに+1レベル
5	+3	+3	+2	+3	非視覚的感知30フィート、血脈特技	—
6	+4	+3	+2	+3	能力値向上（【耐】+2）	既存の秘術呪文を発動するクラスに+1レベル
7	+5	+4	+2	+4	竜形態（1回／日）、外皮上昇（+1）	既存の秘術呪文を発動するクラスに+1レベル
8	+6	+4	+3	+4	能力値向上（【知】+2）、血脈特技	既存の秘術呪文を発動するクラスに+1レベル
9	+6	+5	+3	+5	翼	—
10	+7	+5	+3	+5	非視覚的感知60フィート、竜形態（2回／日）	既存の秘術呪文を発動するクラスに+1レベル

上級クラス 11

向上は累積し、レベル上昇によって得られる能力値上昇と同様に扱われる。

血脈特技：クラス・レベル2になった際、および以降の3レベルごとに、ドラゴン・ディサイプルは竜の血脈のボーナス特技リスト（p.54参照）から選択したボーナス特技1つを得る。

竜の噛みつき（変則）：クラス・レベル2になると、ドラゴン・ディサイプルが自分の血脈を使用してかぎ爪を伸ばす際、同時に噛みつき攻撃も得る。これは主要肉体武器で、1d6（ドラゴン・ディサイプルが小型であれば1d4）＋【筋力】修正値の1.5倍のダメージを与える。6レベルになると、この噛みつきは1d6ポイントのエネルギー・ダメージも与える。与えるエネルギー・ダメージの種類はドラゴン・ディサイプルの血脈によって決まる。

ブレス攻撃（超常）：クラス・レベル3になると、ドラゴン・ディサイプルは、本来自分のレベルではこの能力が得られない場合でも、ブレス攻撃の血脈の力を得る。ドラゴン・ディサイプルのレベルが血脈を通じてこの能力を得られるだけ高くなったら、ドラゴン・ディサイプルは1日ごとのブレス攻撃使用回数を追加で1回ぶん得る。ブレス攻撃のエネルギー種別および形状は、竜のソーサラーの血脈の解説（p.54参照）の通り、ドラゴン・ディサイプルが選んだドラゴンの種類に応じたものである。

非視覚的感知（変則）：クラス・レベル5になると、ドラゴン・ディサイプルは範囲30フィートの非視覚的感知を得る。視覚によらない感覚により、ドラゴン・ディサイプルは見ることのできないものの存在に気付く。ドラゴン・ディサイプルは通常、〈知覚〉判定を行わなくても、この特殊能力の有効距離内にいて効果線（p.223参照）が通っているクリーチャーに気付き、位置を特定することができる。

非視覚的感知を持っていても、ドラゴン・ディサイプルが見ることのできない敵は依然としてドラゴン・ディサイプルに対して完全視認困難（50％の失敗確率）を有し、ドラゴン・ディサイプルが視認困難を有する敵を攻撃する場合には依然として通常の矢敗確率の影響を受ける。非視覚的感知を持っていても、移動に際しては依然として視界の状態の影響を受ける。非視覚的感知を持つクリーチャーは依然として、不可視状態の敵からの攻撃に対しては、ACへの【敏捷力】ボーナスを失う。クラス・レベル10になると、非視覚的感知の範囲は60フィートに向上する。

竜形態（擬呪）：クラス・レベル7になると、ドラゴン・ディサイプルはドラゴンの姿をとることができる。この能力は**フォーム・オヴ・ザ・ドラゴンI**のように働く。10レベルになると、この能力は**フォーム・オヴ・ザ・ドラゴンII**のように働き、また、ドラゴン・ディサイプルはこの能力を1日に2回使用できる。この効果に関する術者レベルは、竜の血脈におけるドラゴン・ディサイプルの有効ソーサラー・レベルに等しい。ドラゴン・ディサイプルが**フォーム・オヴ・ザ・ドラゴン**を発動する場合ドラゴン・ディサイプルは常に自分の血脈と同じ種類のドラゴンの姿をとらなければならない。

翼（超常）：クラス・レベル9になると、ドラゴン・ディサイプルは、本来自分のレベルではこの能力が得られない場合でも、翼の血脈の力を得る。ドラゴン・ディサイプルのレベルが血脈を通じてこの能力を得られるだけ高くなったら、ドラゴン・ディサイプルの移動速度は90フィートに上昇する。

パスファインダー・クロニクラー

　勇敢な探検家にして失われた知識の探求者であるパスファインダー・クロニクラー（過去の事跡を記録する者）は、典型的な冒険者であり、秘められた真実、魔法の有無を問わない遺物やアーティファクト、目新しく神秘的な景色、素晴らしいものやおそろしいものを求めて世界を探検する。こうした旅はある者にとっては純粋に富のため、またある者にとっては発見の栄誉のためであるが、それ以上に多くの者は、昨日、今日そして明日の出来事を年代記に残そうと努める中で、時代の枠組みや忘れ去られた時代の伝説を明らかにしたいという衝動に突き動かされている。

　パスファインダー・クロニクラーという上級クラスは、世界を「未解明の大きな神秘」とみなす者を惹きつける。したがってファイターやバードからウィザードやクレリックまで、その中間のすべての者を含めて、多様な支持者がいる。しかし、歴史家にして子孫の保護者という

その役目のために、見込みがあるのは教養があり学問を好む者である。パスファインダー・クロニクラーとは単なるトレジャー・ハンターを越えたものなのだ。

役割：その使命のために、パスファインダー・クロニクラーはしばしばパーティーのリーダーとしての役割に追いやられ、冒険はいつもパスファインダー・クロニクラーの果てない探索に端を発し、それを中心に展開する。

属性：パスファインダー・クロニクラーの属性はその動機を大いに決定付ける。善属性のキャラクターは己の使命を気高い冒険と考えることが多く、中立属性のキャラクターは知識そのものを目的にそれを保護しようと探し求め、悪属性のキャラクターは富を蓄積し栄誉を手にしようという衝動に突き動かされる。

ヒット・ダイスの種類：d8。

必要条件

　パスファインダー・クロニクラーになるためには、キャラクターは以下の基準を満たさなければならない。

技能：〈芸能：朗誦〉5ランク、〈言語学〉3ランク、〈職能：書記〉5ランク。

特殊：他人（PCは不可）が少なくとも50GPを払うような（巻物その他の魔法の品以外の）価値のある、何らかの著書や記録、写本を制作したことがなければならない。

クラス技能

　パスファインダー・クロニクラーのクラス技能（と各技能の対応能力）は、〈威圧〉【魅】、〈鑑定〉【知】、〈騎乗〉【敏】、〈芸能〉【魅】、〈言語学〉【知】、〈交渉〉【魅】、〈真意看破〉【判】、〈生存〉【判】、〈脱出術〉【敏】、〈知覚〉【判】、〈知識〉（どれでも、別々の技能として修得すること）【知】、〈手先の早業〉【敏】、〈はったり〉【魅】、〈変装〉【魅】、〈魔法装置使用〉【魅】。

レベルごとの技能ランク：8＋【知力】修正値。

クラスの特徴

武器と防具の習熟：パスファインダー・クロニクラーは新たな武器・防具の習熟を得ることはない。

バードの知識（変則）：この能力はバードの同名の能力とまったく同じものであり、パスファインダー・クロニクラー・レベルは同様の能力を与える他のクラスのレベルと累積する。

底なしのポケット（変則）：パスファインダー・クロニクラーは、伝承と同じくらいアイテムも収集し、旅しながら少量のあれこれを拾い集めていく。結果として、パスファインダー・クロニクラーはクラス・レベルごとに最大で100GPまでの価値の、不特定の装備を持っていてよい。持っている装備は、ポーションや巻物を含め（ただしそれ以外の種類の魔法のアイテムは不可）、背負い袋に無理なく収まるならどのような品であってもよい。1回の全ラウンド・アクションとして、パスファインダー・クロニクラーは自分のポケットを探ってその時に特定したアイテムを取り出すことができ、割り当て額からアイテムの市価ぶんを差し引く。このアイテムの重量は10ポンドを超えてはならない。合計残高が0になったら、数時間とクラス・レベルご

上級クラス 11

表11-8：パスファインダー・クロニクラー

レベル	基本攻撃ボーナス	頑健セーヴ	反応セーヴ	意志セーヴ	特殊
1	+0	+0	+1	+1	バードの知識、底なしのポケット、書記の達人
2	+1	+1	+1	+1	物語ることこそ我が人生、道探し
3	+2	+1	+2	+2	バードの呪芸、援護強化
4	+3	+1	+2	+2	叙事詩
5	+3	+2	+3	+3	ささやきのキャンペーン
6	+4	+2	+3	+3	アクション鼓舞（移動）
7	+5	+2	+4	+4	伝説招来
8	+6	+3	+4	+4	上級叙事詩
9	+6	+3	+5	+5	アクション鼓舞（標準）
10	+7	+3	+5	+5	賛美され死者の物語詩

とに100GPの金銭を費やして底なしのポケットを詰め直すまで、パスファインダー・クロニクラーはそれ以上アイテムを取り出すことはできない。

　加えて、毎日1時間かけて装備を荷造りすると、パスファインダー・クロニクラーは自分の軽荷重を求めるための【筋力】に＋4のボーナスを得る。この【筋力】ボーナスは最大荷重には影響しない。重量を効率的に配分することで、同じ重量でも通常より妨げにならないのである。最後に、パスファインダー・クロニクラーは小さな物を隠して身に付けるために行う〈手先の早業〉判定に＋4のボーナスを得る。

書記の達人（変則）：パスファインダー・クロニクラーは、〈言語学〉および〈職能：書記〉判定、および巻物などの筆記された魔法のアイテムに関わる〈魔法装置使用〉判定に、自身のパスファインダー・クロニクラー・レベルをボーナスとして加える。パスファインダー・クロニクラーは、1回の全ラウンド・アクションとして〈言語学〉判定を行って文章を解読することができ、また精神的重圧を受けたり気が散る状況でも、〈言語学〉および〈職能：書記〉判定で常に"出目10"を行うことができる。

物語ることこそ我が人生（変則）：クラス・レベル2になると、クラス・レベル2ごとに1日1回、パスファインダー・クロニクラーは、直前のターンに自分がセーヴに失敗した持続中のあらゆる状態に対して、たとえその効果が通常であれば永続のものであっても、新たなセーヴを試みることができる。この能力は、セーヴを行えないものや持続時間が"瞬間"の効果による状態に対しては、何の効果もない。

道探し（変則）：クラス・レベル2以降、パスファインダー・クロニクラーは、優れた方向感覚と、移動困難な地形を通ったり古代の地図にしたがって他の者を導く技術を発達させる。パスファインダー・クロニクラーは、道に迷わずにすますために行う〈生存〉判定、および**メイズ**呪文から脱出するための【知力】判定に＋5のボーナスを得る。加えて、パスファインダー・クロニクラーは、"道のない土地"にいる場合であっても、徒歩であれ騎乗してであれ、常に"道、踏み分け道"の野外移動速度を使用できる。DC15の〈生存〉判定に成功すると、パスファインダー・クロニクラーはクラス・レベル1ごとに1体の仲間にもこの利益をもたらすことができる。

バードの呪芸（超常）：クラス・レベル3になると、パスファイ

ンダー・クロニクラーは、有効バード・レベルが（パスファインダー・クロニクラー・レベル-2）であることを除いてバードの同名の能力と同様に働く、この能力を獲得する。有効バード・レベルを決めるうえで、パスファインダー・クロニクラー・レベルは同様の能力を与える他のクラスのレベルと累積する。

援護強化（変則）：クラス・レベル3以降、援護アクションを使用するパスファインダー・クロニクラーは、通常の＋2ではなく、＋4のボーナスを与える。

叙事詩（超常）：クラス・レベル4になったパスファインダー・クロニクラーは、非常に心を揺さぶり感動させる物語を著し、そこに書かれた言葉によって呪歌の効果をもたらすことができる。叙事詩を作成するには、パスファインダー・クロニクラーは叙事詩の持続時間（最大持続時間10ラウンド）の2倍に等しいバードの呪芸のラウンド数を消費し、関連する技能判定は〈芸能〉の代わりに〈職能：書記〉で行う。叙事詩はその読み手1体にのみ効果を及ぼすが、通常なら聞くことで適用される呪芸の利益がすべて与えられる。パスファインダー・クロニクラーは、バードの呪芸に影響を与える特技の効果を叙事詩に適用してもよい。叙事詩はクラス・レベル1ごとに1日の間、超常的な効能を保持する。叙事詩を著すのには1時間かかり、起動には1回の全ラウンド・アクションが必要で、持続時間は作成する際に費やしたバードの呪芸のラウンド数の1/2である。ひとたび起動されたら、叙事詩の魔力は消費される。

ささやきのキャンペーン（変則）：パスファインダー・クロニクラーは情報のコントロールと世論を形成する能力で世間に影響を及ぼす。クラス・レベル5以降、バードの呪芸の特別な使い方として、パスファインダー・クロニクラーは、クリーチャー1体に対して直接会って非難することで、自身のパスファインダー・レベルに等しいレベルのソーサラーが発動した**ドゥーム**呪文の効果を生むことができる。この能力は[言語依存]である。

　あるいは、パスファインダー・クロニクラーは特定の目標（個人または定義可能なクリーチャーのグループ）について他の人々に訴えかけることもできる。このバードの呪芸の使い方は**エンスロール**呪文の効果を生むが、セーヴに失敗したすべてのクリーチャーは呪芸の終了時に、朗誦の対象に対する態度が（パスファインダー・クロニクラーが選んだ方向に）1段階変化する。この変化はパスファインダー・クロニクラー・レベルごとに1

日の間、持続する。

アクション鼓舞（超常）：バードの呪芸の特別な使い方として、クラス・レベル6になったパスファインダー・クロニクラーは、自分の声が聞こえる範囲内にいる仲間1体に、突発的に行動するよう促すことができ、効果を受けた仲間は直ちに1回の移動アクションを行うことができる。このアクションは仲間自身のアクションには数えない。

クラス・レベル9になると、パスファインダー・クロニクラーは、移動アクションの代わりに、仲間1体に直ちに1回の標準アクションを行わせることができる。

伝説招来（超常）：クラス・レベル7になると、7日に1回、1回の全ラウンド・アクションとして、パスファインダー・クロニクラーは、ブロンズの**ホーン・オヴ・ヴァルハラ**を使用したかのように、人間の4レベル・バーバリアンを2d4体招来できる。この能力で招来されたバーバリアンは全面的な忠誠心をもってパスファインダー・クロニクラーに仕える。招来されたバーバリアンは人造クリーチャーであり、実際の人間ではない（そのように見えはするが）。招来されたバーバリアンはバーバリアンの開始パッケージにある装備品（p.495参照）を身に付けて現れ、パスファインダー・クロニクラーが戦うよう命じた相手を誰であれ攻撃する。

上級叙事詩（超常）：クラス・レベル8の時点で、パスファインダー・クロニクラーが記した文書は力を持つ。この能力はパスファインダー・クロニクラーの叙事詩の能力と同様に働く。しかし、大声で読み上げた場合には、効果の対象を読み上げた者が決定し、また必要があれば読み上げた者の【魅力】を使用するが、その他の点では著者がバードの呪芸の能力を使用したかのように効果を表す。

賛美されし死者の物語詩（超常）：クラス・レベル10に達したパスファインダー・クロニクラーは、7日に1回、1回の全ラウンド・アクションとして、アイアンの**ホーン・オヴ・ヴァルハラ**を使用したかのように、人間の5レベル・バーバリアンを1d4+1体招来できる。この能力で招来されたバーバリアンは全面的かつ疑いようのない忠誠心でパスファインダー・クロニクラーに仕える。招来されたバーバリアンは（非実体）の副種別を持つ人造クリーチャーである（非実体のクリーチャーは魔法の力を持たないものからはダメージを受けず、実体のあるものから50％しかダメージを受けない）。招来されたバーバリアンは＋2スタデッド・レザーを着て、（実体のあるクリーチャーに完全なダメージを与えることができる）＋1ゴースト・タッチ・グレートアックスを手にして現れ、パスファインダー・クロニクラーが戦うよう命じた相手を誰であれ攻撃する。パスファインダー・クロニクラーと仲間にとって、招来された死者は幽霊のような戦士の堂々とした軍勢のように見える。しかし、パスファインダー・クロニクラーの敵は、古代の英雄のおそるべき怒りを目の当たりにし、意志セーヴ（DC15＋パスファインダー・クロニクラーの【魅力】修正値）を行わなければならず、失敗すると招来されたバーバリアン1体ごとに1ラウンドの間怯え状態になる。

ミスティック・シーアージ

ミスティック・シーアージ（「神秘の術者」ほどの意）は自分の魔法能力に何の境界も設けることなく、秘術と信仰に同じように情熱をそそぐことが両立しえないとするパラドックスを感じていない。息苦しい典型一つに自分の知識を制限する教育に対して我慢することに何の妥当性も論理性も見出さず、ミスティック・シーアージはありとあらゆる形の魔法を探し求める。とはいえ、多くのシーアージは単に限りない力を渇望しているにすぎない。動機がどうであろうと、ミスティック・シーアージは、感じとれるものこそ現実であり、多元

上級クラス 11

表11-9：ミスティック・シーアージ

レベル	基本攻撃ボーナス	頑健セーヴ	反応セーヴ	意志セーヴ	特殊	1日の呪文数
1	+0	+0	+0	+1	呪文融通（1レベル）	既存の秘術呪文を発動するクラスに＋1レベル／既存の信仰呪文を発動するクラスに＋1レベル
2	+1	+1	+1	+1	—	既存の秘術呪文を発動するクラスに＋1レベル／既存の信仰呪文を発動するクラスに＋1レベル
3	+1	+1	+1	+2	呪文融通（2レベル）	既存の秘術呪文を発動するクラスに＋1レベル／既存の信仰呪文を発動するクラスに＋1レベル
4	+2	+1	+1	+2	—	既存の秘術呪文を発動するクラスに＋1レベル／既存の信仰呪文を発動するクラスに＋1レベル
5	+2	+2	+2	+3	呪文融通（3レベル）	既存の秘術呪文を発動するクラスに＋1レベル／既存の信仰呪文を発動するクラスに＋1レベル
6	+3	+2	+2	+3		既存の秘術呪文を発動するクラスに＋1レベル／既存の信仰呪文を発動するクラスに＋1レベル
7	+3	+2	+2	+4	呪文融通（4レベル）	既存の秘術呪文を発動するクラスに＋1レベル／既存の信仰呪文を発動するクラスに＋1レベル
8	+4	+3	+3	+4	—	既存の秘術呪文を発動するクラスに＋1レベル／既存の信仰呪文を発動するクラスに＋1レベル
9	+4	+3	+3	+5	呪文融通（5レベル）	既存の秘術呪文を発動するクラスに＋1レベル／既存の信仰呪文を発動するクラスに＋1レベル
10	+5	+3	+3	+5	合成呪文	既存の秘術呪文を発動するクラスに＋1レベル／既存の信仰呪文を発動するクラスに＋1レベル

宇宙の神々の力やアストラルのエネルギーを通じて、その感じとれるものを行使することで現実のありようだけでなく運命をも操作し支配できる、と信じている。

　ミスティック・シーアージという上級クラスは、すでに秘術呪文と信仰呪文の両方を発動できるマルチクラスのキャラクターを引き寄せ、ミスティック・シーアージが得る能力は両方への制御を向上させる。

役割：ミスティック・シーアージはどんなパーティーにとっても強力な構成員であり、攻撃に、防御に、そして治癒に魔法を提供する。ミスティック・シーアージは秘術のアーティファクトや神聖なアーティファクト、魔法の伝承、信仰の啓示を求めて世界を旅し、そのグループの目的が自分のそれと直接競合するのでなければ、ほとんどの者は冒険者のグループと協力することを厭わない。

属性：ミスティック・シーアージの動機が利他や博愛の念に由来することはあまりないため、多くの者は真なる中立、中立にして善、中立にして悪である。秩序属性のミスティック・シーアージは、善悪に関わらず比較的珍しく、しばしばその力を社会の利益――あるいは支配のために使用する。一般に強い自制心が求められるため、混沌属性のミスティック・シーアージも比較的珍しい。

ヒット・ダイスの種類：d6。

必要条件

　ミスティック・シーアージになるためには、キャラクターは以下の基準を満たさなければならない。

技能：〈知識：宗教〉3ランク、〈知識：神秘学〉3ランク。

呪文：2レベルの信仰呪文および2レベルの秘術呪文を発動できる能力。

クラス技能

　ミスティック・シーアージのクラス技能（と各技能の対応能力）は、〈呪文学〉【知】、〈真意看破〉【判】、〈知識：宗教〉【知】、〈知識：神秘学〉【魅】。

レベルごとの技能ランク：2＋【知力】修正値。

クラスの特徴

　以下のすべてがミスティック・シーアージ上級クラスの特徴である。

武器と防具の習熟：ミスティック・シーアージは新たな武器・防具の習熟を得ることはない。

1日の呪文数：新たなミスティック・シーアージのレベルを得た時に、キャラクターがこの上級クラスに就く前に属していた秘術呪文が発動できるクラスいずれか1つ、およびこの上級クラスに就く前に属していた信仰呪文が発動できるクラスいずれか1つのレベルが上がったかのように、キャラクターの1日に使える呪文数が増える。しかし、それ以外に、そのクラスのレベルが上がっていた場合に得られる他の利益を得ることはない。これは要するに、まずミスティック・シーアージ・レベルを、キャラクターが有する何か他の秘術呪文が発動できるクラスと信仰呪文が発動できるクラスのレベルに足し合わせ、その後それに基づいて一日の呪文数、追加修得呪文数（任意発動する呪文の使い手の場合）、呪文を発動する際の有効レベルを決定するということである。キャラクターがミスティック・シーアージになる前に秘術呪文発動能力のあるクラスを複数、あるいは信仰呪文発動能力のあるクラスを複数とっていた場合、レベルが上昇するたびに、どのクラスにその新たなレベルを適用して1日の呪文数を向上させるかを決めなければならない。

呪文融通（超常）：ミスティック・シーアージは、自分が持ついずれかの呪文発動能力のあるクラスの利用可能な呪文スロットを使用して、別の呪文発動能力のあるクラスの呪文スロット

として呪文を準備したり発動したりできる。この方法で準備したり発動する呪文は、本来の呪文スロットよりも呪文レベルが1レベル高い呪文スロットを使用する。発動する呪文が両方のクラスの呪文リストに載っている場合、この能力を使用して低い方の呪文レベルで呪文を発動することはできない。クラス・レベルが1レベルの時、ミスティック・シーアージはいずれかの呪文発動能力のあるクラスの2レベル呪文スロットを使用して、別の呪文発動能力のあるクラスの1レベル呪文スロットとして呪文を準備することができる。以後2レベルごとに、この方法で発動できる呪文の呪文レベルは1レベルずつ上昇し、9レベルの時に最高で5レベル呪文まで発動できる（その際、この呪文は6レベル呪文スロットを使用する）。発動する呪文の構成要素に変更はないが、それ以外は呪文を発動するのに使用する呪文発動能力のあるクラスのルールに従う。

呪文を準備せず任意発動する呪文の使い手は、呪文を準備するクラスがその日に準備した呪文のみを、その呪文がすでに発動済みであっても、この能力を使用するために選択できる。例えば、クレリック／ソーサラー／ミスティック・シーアージは、クレリックの1レベル呪文スロットを使用して**ブレス**呪文を準備していた場合には、その呪文がその日すでに発動済みであっても、ソーサラーの2レベル呪文スロットを使用して**ブレス**呪文を任意発動するために、この能力を使用することができる。

合成呪文（超常）：クラス・レベル10に達すると、ミスティック・シーアージは単一のアクションで、自分が有する呪文発動能力のあるクラスからそれぞれ1つずつ、2つの呪文を発動できる。2つの呪文の発動時間は同じでなければならない。ミスティック・シーアージは呪文に関する決定をそれぞれ別個に行うことができる。呪文の効果を両方とも受けた目標はそれぞれの呪文に対して行うセーヴに－2のペナルティを受ける。ミスティック・シーアージは発動した2つの呪文で呪文抵抗を克服するために行う術者レベル判定に＋2のボーナスを得る。ミスティック・シーアージはこの能力を1日に1回使用できる。

ローアマスター

ローアマスター（学匠）は秘密を収集し管理する者である。ローアマスターの多くは、熱愛する貴婦人に仕えるかのように、文書に心を奪われ、暗号や秘術の知識で頭をいっぱいにしている。「知識は力なり」の格言を胸に、ローアマスターは稀少な情報や変わった知識、そして到達不可能な目的である「啓発を通じた完成」へ、自分を少しでも近づけようとする終わりのない探求のため、物質的な富や個人的な栄誉を捨て去る。ローアマスターは視野の狭い隣人たちの無意味な虚飾や一時の快楽と見なしたものの多くを拒絶し、人生をかける価値のある目的は知的な力の獲得であると信じている。富は失われ、情熱は冷め、肉体の力は年齢と共に衰えるが、時が経つにつれて増大していく精神の許容量に限りはないのだ。

ローアマスターのクラスは魔法を発動できない者にはほとんど魅力がない。実際、研究とローアマスターの流儀に人生を捧げる前に、キャラクターはまず占術系統の呪文をいくつか修得しなければならない。ほとんどのローアマスターはクレリックないしウィザードとしてこの道を歩み始めるが、十分な占術呪文を発動できるならどんなキャラクターであってもローアマスターとなりうる。

役割：ローアマスターの人生は学習と研究、フィールドワークに費やされる。前者2つは学者めいた世捨て人というローアマスターの評判に沿ったものだが、最後の1つのために、ローアマスターはしばしば互いに利のある取り決めを交わした上で、自分が何らかの知識を探している間、ある程度の防護を提供できる冒険者たちの助けを求める。冒険者側からすれば、ローアマスターはパーティーに豊富な情報と秘術の火力を提供する。ローアマスターの中には、神殿や図書館といった安全な場所から離れることを恐れる同輩をあざ笑い、書物の中からは古い伝承しか見つからないと指摘するものもいる。新たな知識は世に出て探さなければならないのだと。より行動的なこの種のローアマスターは、旅するために冒険者のパーティーに加わることもあり、道中で手に入れるどのような知識にも満足をおぼえる。

属性：ほとんどのローアマスターは、倫理学などといった気を散らせるばかりで要領を得ない哲学に思い悩むことなく、

表11-10：ローアマスター

レベル	基本攻撃ボーナス	頑健セーヴ	反応セーヴ	意志セーヴ	特殊	1日の呪文数
1	+0	+0	+0	+1	極意	既存のクラスに+1レベル
2	+1	+1	+1	+1	伝承知識	既存のクラスに+1レベル
3	+1	+1	+1	+2	極意	既存のクラスに+1レベル
4	+2	+1	+1	+2	ボーナス言語	既存のクラスに+1レベル
5	+2	+2	+2	+3	極意	既存のクラスに+1レベル
6	+3	+2	+2	+3	秘伝知識	既存のクラスに+1レベル
7	+3	+2	+2	+4	極意	既存のクラスに+1レベル
8	+4	+3	+3	+4	ボーナス言語	既存のクラスに+1レベル
9	+4	+3	+3	+5	極意	既存のクラスに+1レベル
10	+5	+3	+3	+5	真伝知識	既存のクラスに+1レベル

真なる中立、中立にして善、中立にして悪である。
ヒット・ダイスの種類：d6。

必要条件

ローアマスターになるためには、キャラクターは以下の基準を満たさなければならない。
技能：いずれか2つの〈知識〉技能を各7ランク。
特技：呪文修正特技かアイテム作成特技をどれでも3つ、〈知識〉技能のいずれかに対する《技能熟練》。
呪文：異なる7つの占術呪文を発動する能力。そのうち1つは3レベル以上でなければならない。

クラス技能

ローアマスターのクラス技能（と各技能の対応能力）は、〈鑑定〉【知】、〈芸能〉【魅】、〈言語学〉【知】、〈交渉〉【魅】、〈呪文学〉【知】、〈知識〉（どれでも、別々の技能として修得すること）【知】、〈治療〉【判】、〈動物使い〉【魅】、〈魔泫装置使用〉【魅】。
レベルごとの技能ランク：4+【知力】修正値。

クラスの特徴

以下のすべてがローアマスター上級クラスの特徴である。
武器と防具の習熟：ローアマスターは新たな武器・防具の習熟を得ることはない。
1日の呪文数／修得呪文数：新たなローアマスター・レベルを得た時に、キャラクターがこの上級クラスに就く前に属していた呪文発動能力のあるクラス1つのレベルが上がったかのように、キャラクターの1日に使用できる呪文数が増える。しかし、追加の1日の呪文数、追加修得呪文数（任意発動する呪文の使い手の場合）、呪文を発動する際の有効レベルの上昇以外に、そのクラスのレベルが上がった場合に得られる他の利益を得ることはない。キャラクターがローアマスターになる前に呪文発動能力のあるクラスを複数とっていた場合、レベルが上昇するたびに、どのクラスにその新たなレベルを適用して1日の呪文数を向上させるかを決めなければならない。
極意：クラス・レベル1の時点と、以降2レベルごと（3、5、7、9レベル）に、ローアマスターは"ローアマスターの極意"表から

ローアマスターの極意

クラス・レベル+【知】修正値		極意の効果
1	速習	キャラクターがランクを持たない技能1つに4ランク
2	健康の極意	《追加hp》のボーナス特技
3	内面強化の極意	意志セーヴに+2ボーナス
4	忍耐力の極意	頑健セーヴに+2ボーナス
5	逃げ足の極意	反応セーヴに+2ボーナス
6	武技のコツ	攻撃ロールに+1ボーナス
7	回避のコツ	ACに+1回避ボーナス
8	応用できる知識	特技いずれか1つ
9	魔術の新発見	1レベルのボーナス呪文1つ*
10	魔術のさらなる新発見	2レベルのボーナス呪文1つ*

* 能力値が高いために得られたかのようにボーナス呪文を得る。

ら1つの極意を選ぶ。選べる極意は（ローアマスター・レベル+【知力】修正値）から決まる。同じ極意を2度選ぶことはできない。
伝承知識：クラス・レベル2になると、ローアマスターはすべての〈知識〉判定に自分のローアマスター・レベルの半分を加えることができ、かつ未修得でも〈知識〉判定を行ってよい。この能力によって得られるボーナスはバードの知識によって得られるボーナスと累積する。
ボーナス言語：ローアマスターはクラス・レベル4と8の時点で、新しい言語をどれでも1つ選んで修得することができる。
秘伝知識（変則）：クラス・レベル6において、ローアマスターは魔法のアイテムを理解する能力を得る。ローアマスターが魔法のアイテムの特殊能力を判断するためにそのアイテムを検分する場合、ローアマスターは常に〈呪文学〉判定に+10の状況ボーナスを得る。
真伝知識（変則）：クラス・レベル10に達すると、ローアマスターの知識は実に莫大なものとなる。ローアマスターは1日1回、自分の知識を用いてアナライズ・ドゥウェオマー呪文かレジェンド・ローア呪文の効果を得ることができる。レジェンド・ローアの効果を得るために使われる場合、当該の対象についてどれだけの情報を予め知っているかに関わらず、この能力の発動時間は1分である。

12 ゲームマスター

魂なき月は岩だらけの海岸を照らす。青ざめた光は氷の鉤爪のごとき秋風を一層寒気のするものにしていた。

まるで不気味な灯台かなにかのようにそびえるその古い館は、絶壁の上に危なっかしく建っていた。朽ちかけた建材が軋む音は、足元の岩に叩きつける波音のためほとんど聞こえない。暗闇の中でかさこそと鳴る木の葉は、闇夜の彼方で静かに戦っているかのようだ。

突然、窓のひとつで忌まわしい輝きが生きているかのように閃いた。

村人たちはこんなことを話していた——この館の主人は大昔に死んだが、いま再び棲家に戻ってきているのだ、と……。

キャラクターとしてシナリオをプレイすることと、ゲームマスター（GM）としてシナリオを運営することは、まったく別物だ。もちろん多くの役割があるが、君の友人達が探検する世界全体を創り上げることは、それ以上のやりがいを与えてくれる。

しかし、ゲームマスターとは正確には何者なのだろうか？

語り部：第一に、そして何よりも、GMは語り部である。世界とそこに住むキャラクターたちをプレイヤーたちに示す。プレイヤーがキャラクターたちとやり取りするのはGMを通じてとなる。GMは物語を作り、それを言葉としてプレイヤーに伝えなければならない。

エンターテイナー：GMはアドリブに長けていなければならない。プレイヤーがしたいあらゆることに対処し、ゲームの進行するペースを楽しく保てるよう素早く問題を裁定し、状況を解決する準備を整えなければならない。GMは舞台に立っていて、プレイヤーたちはその聴衆なのだ。

審判：GMはゲーム内で起こるあらゆることの決定者でなければならない。本書を含めたすべてのルールブックはGMの道具だが、GMの言うことがルールなのだ。GMはプレイヤーと敵対したり、プレイヤーがゲームを楽しむのを邪魔してはならないし、プレイヤーを特別扱いしたり甘やかしたりしてはならない。GMは公平・公正で、ルールの運用を一貫性のあるものとしなければならない。

発案者：セッションが終わってもGMの仕事は終わらない。GMは発案者でもなければならない。NPCやプロット、魔法の品々、呪文、世界、神々、モンスター、その他あらゆるものを創ることで、GMは自らのゲームの進化を推進し、常にキャンペーンをより優れたものとするのだ。

プレイヤー：GMはセッション中、数多くのキャラクターをプレイするのだから、卓を囲む他の者たちと同様にプレイヤーでもある。

キャンペーンの開始

ゲームを運営する前に、君が運営しようとしているゲームがどのような種類のものか知る必要がある。今度のセッションの計画を何冊ものノートに書き連ねるにせよ、アイディアと重要なNPCのデータを数枚のメモやコンピュータに記録するにせよ、あるいは単に漠然としたプロットのアイディアといくつかの名前が頭の中にあるだけにせよ、ゲームをはじめる前に、君のシナリオの要素を準備する必要がある。一部のGMは"箱庭"を提示してプレイヤーたちが気まぐれに探索するような挑戦を楽しむが、その場合でさえも、その箱庭の中に、PCたちが遭遇するどんな物事があるのかを理解している必要がある。そして多くの場合、ゲーム開始前に準備するほど、君がゲームの最中に判断をするのに必要な時間を節約できるだろう。さらに重要なこととして、事前の準備によって矛盾なく進めることができるだろう。明敏なプレイヤーのいるグループにとって、GMがあるセッションで"ラディマス"と呼んだ地元の宿屋の主人が、次の時には"ペネロペ"と呼ばれるときほど、GMへの不信を招くことはない。シナリオを事前に準備することで、君が宿屋の

主人の性別やその他多くの物事を一定させる助けになるのだ！

もちろん、あらゆるキャンペーンのバックボーンとなるのはそれを構成するシナリオであり、複雑につながったプロットやストーリーラインもあれば、さまざまな可能性を持つ筋書きのない箱庭もある。しかし、どこにこのようなシナリオがあるのだろうか？　基本的に、シナリオには2通りある。君自身でゼロから構築するものと、既製のシナリオである。これらの選択肢にはそれぞれ長所と短所があるが、あるキャンペーンプレイ中、どちらか一方に限る必要はない。

既製のシナリオ

既製のシナリオは君の友だ。GMとして、君はゲームの準備に多くの時間を費やすことになる。シナリオを考える時間のない時には、既製のシナリオは天の恵みとなるだろう。既製のシナリオがどのように構成されているかを知ることで、君自身のシナリオ構築能力を磨くこともできる。そして、既製のシナリオを君のグループで運営すれば、シナリオの作者に発案や創造の詳細を任せることで、ゲームのプレイそのものに集中する余裕を得られるのである。

既製のシナリオを利用する際に忘れてはならない最も重要なことは、シナリオの作者は、君が君のグループの事を知っているのと違い、君のグループの事を知らないということだ。もし君のプレイヤーたちが病的なほど疑い深く、親切なNPCはみなPCたちをハメてやろうとしていると思い込んでいるなら、既製の「親切なクレリックが本当は変身したデーモンだった」というシナリオでは楽しく遊ぶことはできないだろう。事前に読んだ時でもプレイの最中でも、既製のシナリオを君が合うと思うように自由に改変してよい。例えば、もし君のプレイヤーの一人がPCの生い立ちとして、父親がオークの将軍に殺され、いつかそのオークに復讐するために冒険者になった、と決めていたなら、シナリオに出てくるホブゴブリンの将軍をためらわずにオークに変更するのだ。このように、シナリオを君のグループと、さらには君のプレイスタイルに適合させることは、既製のシナリオを運営するうえで重要である。シナリオを君のグループにカスタマイズすることで、その体験を皆がより楽しめるものとなるからだ。

Paizo社では、各種の既製シナリオをPathfinder Module製品群で、完全なキャンペーンを毎月分冊を出版するPathfinder Adventure Pathの形式で提供している。GMに有益なこれらのリソースについてもっと詳しく知るには、paizo.comを訪れてほしい（※英語です）。

シナリオの構築

シナリオを構築するには数えきれないほど方法がある。古典的な方法は、単純に、事前にすべての物事を書き出し、並べる方法である。これはシナリオ上、知るべきすべての内容を紙に書き出すものだが、馬鹿らしいほど大量の作業となる。君が1人でそのシナリオを運営するなら、単純にプロットのあらまし

を書き、冒険の舞台の地図を描き、遭遇と"データブロック"を作成すれば十分であり、そのままセッションに取り掛かってよい。その場合、シナリオは買い出し表のようなもので十分なのだ。君が唯一、本当に書き出しておく必要があるのは、君がゲーム中、容易に思い出せないかもしれないことだけでいい。シナリオを書く上で忘れてはならない重要なポイントの一つは、君は物語を書いているのではないということだ。シナリオの主要な登場人物はプレイヤーであるべきで、彼らは君がシナリオを準備する段階では物語をどう進めるかわからないのだ。シナリオとは、脚本の概要のようなものだと考えるのが良いだろう。君の頭の中には物事がどのように進んでゆくかのアイディアがあってよいが、キャラクターたちがシナリオの中で何をするかを決めてかかってはいけない。代わりに、シナリオを構成するブロック（部屋の描写やNPCの動機付け、データブロックなど）を作成することに力を入れておけば、PCたちが予期せぬ行動をした時にも対処できるだろう。

　君がシナリオの中で何をするかを決めていても、事前に準備することで最終的にセッション中の時間の節約になり、かつ苦労せずにすむための3つの要素がある。データブロック、遭遇、宝物である。

データブロック

　ゲーム中、最も複雑なものの一つがデータブロックである。キャンペーン世界のあらゆるNPC、モンスター、森の臆病で小さな生き物まで、それぞれのデータブロックを有する。これはもちろん、君のシナリオに登場するすべてのクリーチャーのデータブロックを作らなければならないということではない。しかし、君はPCと関わると予想されるすべての重要なNPCとモンスターのデータブロックをしっかり作る必要がある。**パスファインダーRPGベスティアリ**には、シナリオに利用できる作成済みのモンスターのデータブロックが300以上掲載されているが、それだけにとどまらず、他のシナリオやデータ集からデータブロックをゲームに手軽に利用することができる。データブロックを、カードやコンピュータの小さなファイルに書き写しておくというもの上手いやり方の一つだろう。このようなカードやファイルは、いつまでも必要に応じて再利用し続けることができる。

　データブロックはキャラクター・シートの簡略版のようなものである。データブロックの例として、本書のp.497を参照せよ。データブロック中のさまざまな略語の定義はp.11〜13に掲載されている。データブロックの読み方に関するより詳しい説明やデータブロックがどのようなものかという更なるサンプルについては、**パスファインダーRPGベスティアリ**を参照のこと。

遭遇をデザインする

　シナリオのキモは遭遇にある。遭遇とは、PCたちに解決しなければならない特定の問題を投げかけるイベントのことである。多くの遭遇はモンスターや敵対的なNPCとの戦闘をもたらすが、それ以外にも数多くの形での遭遇がある。罠が仕掛けられた回廊、猜疑心の強い王との政治的なやりとり、ぐらつく吊り橋を渡る危険な道、PCの裏切りを疑う友好的なNPCとのかみ合わない押し問答、あるいはゲームにドラマを加味する何かしら、だ。頭を悩ますパズル、ロールプレイでの挑戦、技能判定といったものはすべて遭遇を解決する古典的手段だが、構築するのが最も複雑な遭遇は、最も一般的な遭遇である——戦闘遭遇だ。

　戦闘遭遇をデザインする際、まずはPCに立ち向かってほしい脅威の手強さがどの程度かを決定し、その後下記の手順に従うこと。

ステップ1——APLの決定：PCたちのレベルの平均を算出する。これがパーティー平均レベル（APL）である。小数点以下は四捨五入すること（これは「小数点以下を切り捨てる」ルールの数少ない例外である）。以下の遭遇作成ガイドラインはPC4〜5人のグループを想定したものであることに注意すること。もし君のところのグループに6人以上のPCがいれば平均レベルに1を加える。PCが3人以下なら平均レベルから1を引く。例えば、君のプレイグループが6人のPCから成り、4レベルが2人と5レベルが4人だったならば、そのAPLは6となる（合計28レベル、6人で割り、四捨五入したあと最後に1を加えている）。

ステップ2——CRの決定：脅威度（またはCR）とは、モンスター、罠、災害、その他の遭遇の相対的な危険性を明示する便利な数値である。CRが高ければ高いほど、遭遇は危険になる。表12-1を参照して、脅威に求める難しさとグループのAPLを基に、立ち向かうべきCRを決定すること。

表12-1：遭遇の難しさ

難しさ	実際の脅威度（CR）
簡単	APL−1
並	APL
歯ごたえがある	APL＋1
困難	APL＋2
伝説的	APL＋3

ステップ3——遭遇の構築：表12-2の該当するCRの欄を見て、遭遇の合計XPを決めること。これがその遭遇での"XP予算"となる。あらゆるクリーチャー、罠、災害は、表12-2の記述通りに、そのCRによってXPが決まる。遭遇を構築するには、XPの総計が遭遇の"XP予算"を越えないように、クリーチャーや罠、災害を単純に加算すればよい。最初にその遭遇で最もCRの高い脅威を決めて、残りをより低い脅威でうめてゆくのが最も簡単だろう。

　例えば、8レベルPC6人のグループを、ガーゴイル（CR4）の集団とその首領のストーン・ジャイアント（CR8）に対峙する歯ごたえのある遭遇に立ち向かわせたいとしよう。PCたちのAPLは9で、表12-1では、APL9の歯ごたえのある遭遇はCR10（表12-2に従って9,600XPの遭遇）となる。CR8ということで、ストーン・ジャイアントは4,800XPに相当し、XP予算の残り4,800XPがガーゴイルぶんとして残っている。ガーゴイル1体のCRは4、従って1体あたり1,200XPに相当し、これは

この遭遇のXP予算の枠内でガーゴイル4体をまかなえることを意味する。君はこの遭遇を、ガーゴイルを3体だけ加えて、残った1,200XPぶんを小型アース・エレメンタルの従者（CR1、各400XP相当）3体に費やしてストーン・ジャイアントへの援護を厚くすることで、更に洗練されたものにもできる。

表12-2：報酬経験点

脅威度	合計経験点	個人経験点 1～3人	4～5人	6人以上
1/8	50	15	15	10
1/6	65	20	15	10
1/4	100	35	25	15
1/3	135	45	35	25
1/2	200	65	50	35
1	400	135	100	65
2	600	200	150	100
3	800	265	200	135
4	1,200	400	300	200
5	1,600	535	400	265
6	2,400	800	600	400
7	3,200	1,070	800	535
8	4,800	1,600	1,200	800
9	6,400	2,130	1,600	1,070
10	9,600	3,200	2,400	1,600
11	12,800	4,270	3,200	2,130
12	19,200	6,400	4,800	3,200
13	25,600	8,530	6,400	4,270
14	38,400	12,800	9,600	6,400
15	51,200	17,100	12,800	8,530
16	76,800	25,600	19,200	12,800
17	102,400	34,100	25,600	17,100
18	153,600	51,200	38,400	25,600
19	204,800	68,300	51,200	34,100
20	307,200	102,000	76,800	51,200
21	409,600	137,000	102,400	68,300
22	614,400	205,000	153,600	102,400
23	819,200	273,000	204,800	137,000
24	1,228,800	410,000	307,200	204,800
25	1,638,400	546,000	409,600	273,000

NPCを加える：第2章に詳細のあるすべてのPC種族など、ヒット・ダイスがクラス・レベルのみを要素とし、種族の特性が関係していないクリーチャーは、通常のモンスターやクラス・レベルを持つモンスターとは少し異なる形で戦闘に組み込まれる。クラス・レベルを持つが種族ヒット・ダイスを持たないクリーチャーは、クラス・レベル-1に等しいCRとして扱う。NPCクラス・レベル（ウォリアーやアデプトなど、p.488参照）しか所持していないクリーチャーはクラス・レベル-2に等しいCRとして扱う。この引き算でクリーチャーのCRが1未満になる場合、CRは、この引き算で1を下回る1ごとに、次の数列で1段階ぶん低下する：1/2、1/3、1/4、1/6、1/8。

高脅威度の遭遇：高脅威度の遭遇のXPの計算は厄介なものに見えるかもしれない。表12-3にこうした大きな数字を扱いやすくする簡単な公式を載せている。同一クリーチャーを多数使用する場合、この早見表はそれらを1つのCRにまとめ上げる計算を簡略化し、合計XPの算出を容易にする。例えば、この早見表を用いると、CR8（各4,800XP）のクリーチャー4体はCR12（19,200XP）のクリーチャー1体に相当する。

表12-3：有効脅威度

クリーチャーの数	有効脅威度
クリーチャー1体	CR
クリーチャー2体	CR+2
クリーチャー3体	CR+3
クリーチャー4体	CR+4
クリーチャー6体	CR+5
クリーチャー8体	CR+6
クリーチャー12体	CR+7
クリーチャー16体	CR+8

その場限りの脅威度修正：君は特定のモンスターを、強大化したり、テンプレートを適用したり、クラス・レベルを与えたりすることで脅威度を修正できる（これら3つのオプションについてのルールはパスファインダーRPGベスティアリに掲載されている）が、遭遇ないしクリーチャー自体にその場限りの修正を適用することによって遭遇の難しさを修正することもできる。ここでは遭遇の難しさを変更する方法を3通り取りあげる。

PCに都合の良い地形：溶岩でうだるように暑い洞窟で遭遇したイエティや、ごく狭い部屋で遭遇した巨体のドラゴンのように、有利な要素を失ったモンスターとの遭遇は、PCたちに有利となる。遭遇自体は通常通りに構築するが、XPを与える際には、遭遇が本来よりも1低いCRであるかのように計算すること。

PCたちに都合の悪い地形：モンスターは、そのモンスターの好む地形で遭遇した、という仮定の下でデザインされている。水中呼吸できるアボレスと水中エリアで遭遇したところで、たとえPCの中に水中で呼吸できる者が誰一人いない場合でも、遭遇のCRが高まることはない。その一方で、あらゆる光源を抑止する範囲内での擬似視覚持ちのクリーチャーとの遭遇など、地形が遭遇に深刻な影響を及ぼす場合、君の判断で、遭遇のCRが1高いようにXPを増やしてもよい。

NPCの装備による修正：君はNPCの装備を修正することでクラス・レベルを持つNPCの能力の水準を大きく増減させることができる。NPCの装備の合計価格は第14章の表14-9に書かれている。装備なしで遭遇したクラスのあるNPCは（装備の欠如がNPCの力を削いでいることから）CRを1減らすべきであり、逆に（表12-4に記載の）PC並みの装備を持つ、クラスのあるNPCは本来よりも1高いCRとすべきだ。NPCにこうした追加装備を持たせる際には注意が必要である。特に高レベルでは、シナリオ全体の宝物予算枠を一挙に吹き飛ばしかねない！

440

表12-4：レベルに応じたキャラクターの財産

PCのレベル*	財産
2	1,000GP
3	3,000GP
4	6,000GP
5	10,500GP
6	16,000GP
7	23,500GP
8	33,000GP
9	46,000GP
10	62,000GP
11	82,000GP
12	108,000GP
13	140,000GP
14	185,000GP
15	240,000GP
16	315,000GP
17	410,000GP
18	530,000GP
19	685,000GP
20	880,000GP

*1レベルのPCについては、第6章表6-1参照

表12-5：遭遇ごとの宝物の価値

パーティー平均レベル	遭遇ごとの宝物		
	ゆっくり	標準	速い
1	170GP	260GP	400GP
2	350GP	550GP	800GP
3	550GP	800GP	1,200GP
4	750GP	1,150GP	1,700GP
5	1,000GP	1,550GP	2,300GP
6	1,350GP	2,000GP	3,000GP
7	1,750GP	2,600GP	3,900GP
8	2,200GP	3,350GP	5,000GP
9	2,850GP	4,250GP	6,400GP
10	3,650GP	5,450GP	8,200GP
11	4,650GP	7,000GP	10,500GP
12	6,000GP	9,000GP	13,500GP
13	7,750GP	11,600GP	17,500GP
14	10,000GP	15,000GP	22,000GP
15	13,000GP	19,500GP	29,000GP
16	16,500GP	25,000GP	38,000GP
17	22,000GP	32,000GP	48,000GP
18	28,000GP	41,000GP	62,000GP
19	35,000GP	53,000GP	79,000GP
20	44,000GP	67,000GP	100,000GP

報酬経験点

　パスファインダーRPGのキャラクターたちは、モンスターを打倒し、脅威を克服し、シナリオを終えることでレベルが上がっていく。そうする中で、彼らは経験点（XP）を稼いでいくのだ。脅威を克服する都度、XPを与えることもできるが、それではゲーム・プレイの流れがすぐに途切れてしまう。セッションの終了時にXPをまとめて与える方が簡単だ。その場合、キャラクターのレベル・アップに十分なXPを稼いでも、キャラクターのレベル・アップ作業でゲームを中断させることはない。かわりにセッション間にその時間をとることができる。

　PCが克服したすべてのモンスター、罠、障害物、ロールプレイの遭遇のCRをリストにしておくこと。各セッションの終了時に、参加したPCそれぞれにXPを与える。モンスター、罠、障害物はそれぞれ脅威に関わったパーティーのレベルとは無関係に、そのCRによって決まる一定量のXPを与える。ただし、CRがAPLより10以上低い遭遇のXPを与えるべきではない。純粋にロールプレイだけの遭遇は一般的にパーティー平均レベルに等しいCRを持つ（ただし特に困難または簡単なロールプレイの遭遇ではCRを1上下してもよい）。XPの与え方は2通りある。一方は正確だが、計算機がないと少し難しい。もう一方はやや抽象的である。

正確な経験点：いったんセッションが終了したら、克服したCRのリストを手に表12-2の『合計経験点』欄で各CRの値を見ること。それぞれのCRのXPを足し合わせた上で、この合計値をキャラクターの人数で割る。各キャラクターはこの値のXPを獲得する。

抽象的な経験点：『個人経験点』欄の該当するグループの人数の列に記載されているXPを単純に足し合わせること。この場合、割り算はもう済んでいる。君はすべてのXPを足し合わせ、各PCにどれだけの経験点を与えることになるのか求めるだけでよい。

ストーリー経験点：プレイヤーたちが物語の本筋に一段落つけたり重要な業績を打ち立てた際にストーリー経験点を与えるのをためらうことはない。この報酬はパーティー平均レベルに等しいCRの経験点の2倍にすべきだ。話の筋が特に長かったり難解だった場合は、GMの判断でもっと多く与えてもよい。

宝物を配置する

　PCのレベルが上昇するにつれ、彼らが所持し使用する宝物の量も増大してゆく。パスファインダーRPGでは、同レベルのすべてのPCはおおよそ同量の宝物および魔法のアイテムを持っている、と仮定している。PCの第一の収入源は冒険で得た宝物と略奪品なのだから、シナリオ中に配置する富や宝物の山を加減することが重要である。宝物が配置しやすくなるよう、シナリオでPCたちが受け取る宝物および魔法のアイテムの量は、彼らが立ち向かう遭遇のCRと結びついている。遭遇のCRが高くなるほど、より多くの宝物を獲得できるのだ。

　表12-4には、各PCが特定のレベルで持っていると期待される宝物の量が記載されている。この表は標準的ファンタジー・ゲームを想定していることに注意すること。ロー・ファンタジー・ゲームではこの表の半分の額しか与えられないかもしれないし、ハイ・ファンタジー・ゲームでは2倍の額になるかもしれない。この宝物の一部（ポーションや巻物など）はシナリオの途中で使われてなくなり、またあまり有用でない品々の一

部は、より有用な装備を購入できるよう半値で売却される、と想定されている。

表12-4は、死亡した者のかわりとして作成された新たなキャラクターなど、2レベル以降から開始する際のキャラクターたちの装備の予算にも使われる。キャラクターたちは1つのアイテムに全財産の半分を超える額をつぎ込むべきではない。バランスがとれるよう、2レベル以降で構築されたPCはその財産を武器に25％まで、防具及び防御のための品に25％まで、その他魔法のアイテムに25％まで、ポーション、巻物、ワンドといった消耗品に15％まで、通常の装備および硬貨に10％までしか使えないとするとよい。キャラクターの性質が異なればこの推奨比率と異なる財産の使い方をするかもしれない。例えば、秘術呪文の使い手は武器には少額しか使わず、その他の魔法のアイテムと消耗品にずっと多くの額をつぎ込むだろう。

表12-5には、PCの平均レベルおよびキャンペーンの経験点増加速度（ゆっくり、標準、速い）に基づいて、遭遇ごとに与えるべき宝物の量が記載されている。簡単な遭遇ではPCの平均レベル−1の宝物を与えるべきである。歯ごたえがある、困難、伝説的な遭遇ではそれぞれPCの平均レベル＋1、＋2、＋3の宝物を与えるべきだ。ロー・ファンタジー・ゲームをしているのであれば、表の値を半分にすること。ハイ・ファンタジー・ゲームをしているのであれば、表中の値を2倍にすること。

NPCとの遭遇では一般に、NPCの装備のぶんのため、モンスター主体の遭遇で与えられるものの3倍の報酬が与えられる。補正のために、PCを宝物に関して得られるものの少ない追加遭遇2回ぶんに立ち向かわせるようにすること。動物、植物、人造、精神を持たないアンデッド、粘体、および罠は実によい"宝物の少ない"遭遇だ。その代わり、PCたちが宝物が無いか少ないクリーチャーたちと何度か対決したら、釣り合いをとるべく、近い将来に通常よりも価値の高い物品をいくつか入手する機会があるべきである。一般則として、PCはキャラクターの全財産の半分よりも価値の高い魔法のアイテムを所有すべきではないので、高額な魔法のアイテムを与える前に確認するのを怠らないこと。

宝物の山を構築する

プレイヤーたちに「君たちは5,000GPぶんの宝石と10,000GPぶんの装身具を見つけたよ」と伝えるだけで大抵は十分なのだが、詳細を伝えたほうが普通はより面白く感じられるものだ。宝物に個性付けすることで、ゲームの真実味が増すだけでなく、時には新たな冒険の引き金ともなりうる。以下の情報は君が追加の宝物の内容をランダムに決めるのに役立つ。物品の多くに推奨価値が書かれているが、君はその物品にふさわしいと思う価値を付けてよい。最初に高価なアイテムを配置するのが一番簡単だ。望むなら、宝物の山の中にどの種のアイテムがあるのか決めるのに、第15章に掲載された表を用いて魔法のアイテムをランダムにロールすることもできる。宝物の山の価値の大部分が決まったら、残りはふさわしいと思うように硬貨や魔法の力は持たないが価値のある宝物などを任意に配してよい。

硬貨： 宝物の山の中の硬貨は銅貨、銀貨、金貨、白金貨からなる――大体は銀貨と金貨が一般的だが、好きなように貨幣を割り振ってよい。硬貨とそれぞれの価値の関係は第6章のはじめに書かれている。

宝石： 各宝石にどれだけの価値を割り振ってもよいのだが、一部の宝石は他の宝石よりもともとの価値が高いものである。宝石の価値を決める際には下記の価値分類（および関連する宝石）を指標として用いること。

飾り石（10GP）： アゲート（瑪瑙）、アズライト（藍銅鉱）、オブシディアン（黒曜石）、ターコイズ（トルコ石）、タイガーアイ（虎目石）、淡水産パール（真珠、形がいびつなもの）、ブルー・クォーツ（青水晶）、ヘマタイト（赤鉄鉱）、マラカイト（孔雀石）、ラピス・ラズリ（瑠璃）、ロードクロサイト（菱マンガン鉱）

輝石（50GP）： オニキス（縞瑪瑙）、カーネリアン（紅玉髄）、カルセドニ（玉髄）、クオーツ（紅水晶、煙水晶、星入り紅水晶）、クリソプレイズ（緑玉髄）、サード（紅玉髄）、サードニクス（紅縞瑪瑙）、シトリン（黄水晶）、ジャスパー（碧玉）、ジルコン（ヒヤシンス石）、ブラッドストーン（血玉）、ペリドット（カンラン石）、ムーンストーン（月長石）、ロック・クリスタル（無色透明の水晶）

中級の宝石（100GP）： アメジスト（紫水晶）、アンバー（琥珀）、ガーネット（柘榴石、赤または茶緑色のもの）、クリソベリル（金緑石）、コーラル（さんご）、ジェイド（翡翠）、ジェット（黒玉）、スピネル（尖晶石、赤、赤茶、深緑色のもの）、トルマリン（電気石）、パール（白、ピンク、金色または銀色のもの）

高級の宝石（500GP）： アクアマリン（藍玉）、アレキサンドライト（変色効果を有する金緑石）、ガーネット（柘榴石、紫色のもの）、スピネル（尖晶石、濃い青色のもの）、トパーズ（黄玉、黄または金色のもの）、パール（真珠、黒色のもの）

宝玉（1,000GP）： エメラルド（翠玉）、オパール（蛋白石、白や黒やファイアオパールなど）、コランダム（鋼玉、明るい黄色や濃い紫色のもの）、サファイア（蒼玉、青色のもの）、スター・サファイア（星彩のある蒼玉、青色や黒色のもの）

豪奢な宝玉（5,000GP以上）： エメラルド（翠玉、特に透明で明るい緑色のもの）、ジャシンス、ダイアモンド（金剛石）、ルビー（紅玉）

魔法の力を持たない宝物： この広範な分類には装身具、上等の衣服、交易品、錬金術アイテム、高品質の品々、などが含まれる。宝石と異なり、この種の品々の多くは価値が定められているが、君はいつでも、宝石での装飾や、特に見事な出来だとしてして、より価値の高い品にしてもよい。このような価格の上昇で追加の能力が授けられることはない――宝石が散りばめられて40,000GPの価値がある高品質の冷たい鉄製シミターは、基本価格通り330GPの価値の標準的な高品質の冷たい鉄製シミターと同様に機能する。何種類かの魔法の力を持たない宝物について、標準的な価値と併せて、多数の例を下記に挙げる。

素晴らしい芸術品（100GP以上）： 一部の芸術品は貴重な素材で作られているが、ほとんどの絵画、彫刻、文学作品、上等の衣服、などの価値はその巧緻と出来栄えに由来する。芸術品はしばしばかさばって持ち運びしにくく、衝撃に弱いため、回収それ自体が冒険となりうる。

下級の装身具 (50GP)：この分類には真鍮、青銅、銅、象牙、あるいは珍しい木材でできた、時としてとても小さいか傷のある低品質の宝石が付いた、比較的小さな装身具が含まれる。下級の装身具には指輪、ブレスレット、イヤリングが含まれる。

中級の装身具 (100〜500GP)：ほとんどの装身具は銀、金、翡翠、さんごで作られ、しばしば輝石や中級の宝石が飾られている。中級の装身具には、下級の装身具にある種類のものに加えてアームバンド、ネックレス、ブローチが含まれる。

高級な装身具 (500GP以上)：真に貴重な装身具は金、ミスラル、白金などの貴金属で作られている。この種の品には中級の装身具にある種類のものに加えて王冠、王笏、ペンダント、その他の大振りな品が含まれる。

高品質の道具 (100〜300GP)：この分類には高品質の武器、防具、技能用具が含まれる——この種のアイテムの詳細および価格については第6章を参照すること。

通常の装備 (1,000GPまで)：第6章に詳細が載っている数多くの通常、あるいは錬金術系の価値あるアイテムは宝物として流用できる。ほとんどの錬金術アイテムは携帯しやすく価値があるが、錠前、聖印、望遠鏡、上等のワイン、上等の衣服といったその他の品々も、ちょっとした趣きのある宝物として役立ってくれる。交易品は宝物としても役に立つ。例えば、10ポンドのサフランは150GPの価値がある。

宝の地図およびその他の知識（さまざま）：宝の地図、船舶や家屋の権利書、情報提供者のリストや警備当番表、合言葉、などといったものは面白味のある宝物の品になりうる。君はそういったアイテムの価値を好きなように決めていいし、またこういったアイテムはしばしばシナリオのネタとして二重の意味で役に立つ。

魔法のアイテム：もちろん、魔法のアイテムの発見はどんな冒険者にもご褒美だ。宝物の山の中に魔法のアイテムを配置する際には気を配るべきである。一般的に、魔法のアイテムを購入するよりも見つけ出すほうが多くのプレイヤーが満足するので、プレイヤーたちが使えるアイテムがたまたま配置されていたところで悪いことなど何一つないのだ！ 魔法のアイテム（およびその価格）については第15章に膨大なリストが掲載されている。

　一般的にはキャンペーンに及ぼす影響を慎重に考慮してアイテムを配置すべきだが、宝物の山の中にある魔法のアイテムをランダムに決めるのも面白いし、時間の節約にもなる。君は下記の価格で魔法のアイテムのランダム・ダイス・ロール権を"購入"し、宝物予算枠から所定の金額を引いて、第15章の表15-2の適切な欄でロールし、宝物の山の中にどんなアイテムがあったかを決定することもできる。ただし、この手法には注意すること！ 簡単だが、ダイスの運不運次第で、ゲーム内に多くの宝物があふれかえったり、まったく足りなくなったりする。ランダムな魔法のアイテム配置法は、GMの良識の下に、常に調節をするべきだ。

魔法のアイテムの種別	平均価格
下級のアイテム	1,000GP
中級のアイテム	10,000GP
上級のアイテム	40,000GP

ゲームの準備

　GMの役割は、セッションの開始前から始まっている。君の最も重要な使命はもちろん、ゲームの準備をすることだ。君が運営しようとするシナリオの研究を（ときにはシナリオのデザインさえも）行い、必要になるかもしれないPCへの小道具やハンドアウトを用意し、ゲストのためのプレイ場所を準備したりといったものだ。ゲームをする日が近づいたら、プレイヤーのゲーム外の問題にも対処した方が良い。これには電子メールがとても便利で、それ自体を君のキャンペーン・ジャーナル（p.445参照）に加えることもできる記録となる。これはキャラクターのレベルアップでプレイヤーの手助けをしたり、本書以外のルールやサプリメントに掲載された呪文や特技を使用して良いかといったプレイヤーの質問に答えたり、ゲーム世界に関する疑問に回答したりといったことを含む。

　例えば、君のPCの1人が、何年も前に盗賊ギルドに攫われた行方不明の妹を探しているとしよう。君はゲーム内でこの妹に関する手がかりを与えることもできるが、セッションの合間に、PCが数日を費やして地域の裏社会や都市の公文書館で手掛かりを調べたいと考えるかもしれない。この種の個人的なクエストはプレイヤーがキャラクターの経歴や個性を創るうえでとても良い方法だが、その間同卓しているプレイヤーはやることがなくなってしまう。君がプレイヤーとの1対1の時間を作れないなら、この種のサブクエストを電子メールで処理するのも良い対処法だろう。

　また、プレイヤー全員がゲームに参加できるかの確認もした方が良い。もし参加できない者がいれば、セッション自体をキャンセルするかどうかを決めなければいけない。セッション当日にプレイヤーの半数が参加できないと知るほどがっかりするこ

とはない。ゲームに参加するために長距離を移動してきた後なら尚更だ。もしプレイヤーが欠席するなら、彼のPCがどうなるか――だれか他の人が彼のPCでプレイできるだろうか？経験値や宝物は通常通り与えるのか？――といったことを決めること。

食事などへの対応も忘れてはいけない。もしセッションの終了まで長い時間がかかるなら、皆が昼食や夕食を食べに行ける場所について考えておく。もし君が食事を用意するつもりなら、ゲームが始まる前に準備を済ませておくこと。多くのグループでは役割を分担している。もしGMがホストとなって彼の家でゲームをするなら、飲み物や菓子、食事を分担して用意してもよい。なるべく常識を働かせること。ポテトチップスと炭酸飲料を持って行きたいという誘惑もあるだろうが、ゲームは不健康の言い訳にはならない！　もちろん、君の家がゲームの開催場所でなくとも、君の役割が無くなるわけではない。君はGMとして集団をまとめる力になるのだ。君はパーティーを開こうとしているのであり、プレイヤーたちがゲームをするのに快適で楽しい場であるかを確認する責任がある。さもなければ、ゲーム自体が苦行になるだろう。

ゲームのプレイ中

本書の大部分は君がゲームで判定を下し物事を運営するのに必要なルールを提供するものだが、その他にも混乱を引き起こす前に君が素早く対処する必要のある多くの問題や出来事が発生することもある。君がゲーム中、常に対処を求められる、特に一般的なゲームの遅延要因や諸問題に関していくつかここに列記する。

イカサマと操作：皆がイカサマは悪いことだと知っている。しかし時に、GMとして、イカサマをした方がゲームが面白くなりそうな状況に君がいると思うことがあるかもしれない。我々はこれをイカサマよりも"操作"と呼びたい。君は可能であればこのようなことを避けるべきだが、君の世界では君こそが法なのだから、ダイス目に縛られなければならない、と考える必要はない。GMは公平公正でなければならず、理屈の上ではランダムなダイス目はその助けになるものである。一部のプレイヤーはGMを信用するのが苦手だが、ダイスは真に公平で抗い難いものを生じる（当然、ダイスに不正や偏りがない場合のみだが）。しかしそれでも、ただ1度のダイス目で、君のキャンペーンが途中で終わってしまったり、最善を尽くしたにも関わらずキャラクターが死んでしまう結果となるのは、ちっとも良いことではない。

同様に、あらかじめ決められた遭遇のプロットやルールに書かれていることに縛られると思わないでほしい。結果を加減したり、物事を柔軟に解釈して良い。GMとしての君のまずい想定から起こったような場合は特に。例えば、ワーウルフの集団との遭遇を設定したが、結果としてPCの誰も銀の武器を持っておらず、ワーウルフを傷つけることができないと分かるだけに終わるかもしれない。このような場合には、誤魔化してそのワーウルフは通常の武器で傷つくことにしたり、土壇場で銀の

矢で武装した町の衛兵をPCの救援に登場させてもよい。このような変更を君が最小限にとどめることができれば、この種の即興の調整はゲームをより良くする。町の衛兵がPCたちを救うことで、PCに対する影響力を持ち、PCたちを衛兵の代わりとして次のクエストに送ることができるかもしれない！

神の介入：文芸ではこれを**デウス・エクス・マキナ**――"機械仕掛けの神"という。これは、ストーリー上の要素を、予想できない（そして通常納得できない）方法で解決してしまうプロット上の仕組みであり、特に主要な登場人物の行動を無意味なものにしてしまうようなものを指す。古今の偉大な作者たちでさえデウス・エクス・マキナを物語の解決のために利用するだから、物事がまずい具合になってしまったなら、恐れずに君のゲームで利用してほしい。前段のワーウルフからPCを救う街の衛兵は**デウス・エクス・マキナ**の好例だが、使い古された古典的な"神の介入"もその一例である。この場合、PCたちが手に負えない状況に陥ったとき、君がGMとして、おそらくはPCが信仰する神格に助力を懇願した後に、今度は目的を成し遂げられるように状況を変えるのである。

君は、望むならキャンペーンの開始時に神の介入を定量化することもできる。各プレイヤーにキャンペーン中一定回数の介入を得ると伝える（通常はそのような介入は1回だけに限るのがよい）。その後、PCは自身やパーティーを助けるためにこの神の介入を使用することができ、キャラクターに死をもたらす効果を防いだり、死の罠からの脱出路が突然現れることになるだろう。もちろん君がGMとして介入をどう処理するか決める全権限を持ち、プレイヤーが対処できると君には判っているプロット上の要素を、プレイヤーが神の介入を利用して迂回しようとすることはできない。もしプレイヤーがそうしようとしたら、君は単に介入の請願が拒否されたと伝えればよく、そのプレイヤーは本当に必要な時のために介入を取っておくことができる。

GMの裁定：GMはそのゲームの法である。そのルール解釈は尊重され忠実に守られなければならない。プレイ中、ゲームの複雑な部分に引っかかって時間を取られるのは簡単だが、プレイヤーとGMの間のこの種の複雑な問題についての長々とした議論が、ゲームを良いものにすることはない。ルールの解釈を含む複雑な問題が起きたら、プレイヤーの意見を聞いたうえで、君はなるべく速やかにどのように状況を処理するかの決定を行うこと。もし問題のルールが君の詳しくないものなら、君はプレイヤーの解釈に合わせてよいが、ゲーム後にそのルールについて良く読んで、次のセッションでは正式なルールでプレイしよう。かわりに、プレイヤーからの論理的な、あるいは熱烈な主張をよそに、ストーリーがどんどん進む助けとなるように裁定してもよい。その場合でも、君はゲーム後に時間を費やしてでもルールを調べて、君の判定が適正であったかを確認する責任をプレイヤーに対して負っている。そして、もし正しくなければ、必要に応じて次のゲームで改めるように。

身に付けておくべき手ごろなルールとして"裁定ルール"がある。ある状況をルール上どう取り扱うか卓の誰もきちんと判らない時、単純にプレイヤーのダイス・ロールに＋2のボーナス

かー2のペナルティを与えるのだ。例えば、あるキャラクターが床が磁石になっている部屋にいるアイアン・ゴーレムに足払いを試みたら、床の磁石の力がゴーレムを下に引き寄せるので、判定に＋2のボーナスを与えるのだ。

PCの死の扱い：時として、不運やまずい戦術のために、PCが君のゲーム内で死を迎えることがある。その他の出来事、例えば石化や麻痺、睡眠、朦朧状態はゲーム上PCの死と同様の効果があり、次のアドバイスはそういった効果にもあてはまる。

PCが死亡すると、そのプレイヤーはそれ以上ゲームに寄与しない（彼に腹心がいたり、彼がプレイしはじめられる友好的なNPCが他にいなければ）。そのプレイヤーは静かに座って、他の皆がゲームを楽しむのを見ながら待っていなければならない。ときには、効果は一時的なものに過ぎず、他のプレイヤーがそのPCを蘇生する（あるいは石化や麻痺を解除する、など）介入ができるが、そうだとしても、プレイヤーが自分のキャラクターが行動から取り除かれてしまったためにゲームをプレイするのを中断するのは、君がGMとして解決しなければいけない問題である。

そのようなことが起こった時は、そのままゲームを進めるように。なるべく早く現下の問題や戦闘を解決して、プレイヤーたちが死亡した仲間の問題に焦点を移せるようにしよう。もし死亡したPCを蘇生する手段がなく、パーティーが街に撤退して蘇生を依頼する必要があるなら、長々と追加のワンダリング・モンスターに耐え忍ぶことを強いてそれを遅らせてはならない。文明社会への帰還をなるべく上手く言い繕って、少しでも早く不運なプレイヤーがゲームに復帰できるようにすること。PCの死はセッションを終了する丁度よい機会となる場合もあり、そうなるとその後ゲーム外で電子メールなどを介して蘇生の詳細を扱うことができる。

死亡したキャラクターのプレイヤーが新しいキャラクターにすることを希望する場合は、そのまま卓で新しいキャラクターを作らせよう。この場合、そのプレイヤーは退屈なまま座っていることがなくなる。新しいキャラクターを作る作業は夢中になれるので、その間、生き残ったPCのためにゲームを続けることができる。そのプレイヤーの新しいキャラクターが仕上がったら、君がそのプレイヤーと話して新しいキャラクターについて知り、その新しいキャラクターをなるべく早く、ストーリーが途切れることなくゲームに登場させる方法を話し合う間、他のプレイヤーには5分か10分、休憩してもらおう。

PCの死によって起こり得る他の問題に、生き残ったプレイヤーの資産が膨れ上がることが挙げられる。もし君のグループで死亡したPCの所持品を分配したり売却する場合、生き残ったプレイヤーはそのレベルに対してあまりにも過剰な装備となる場合がある。君がこれを気にしない場合は、新しいPCの装備が、パーティーの他の者の現時点の装備と同等の能力を持つようにしよう。通常は、遺体と埋葬してしまうのでも生きている親族に送るのでもよいが、単純に以前のPCの所持品は無くなるとするのが簡単な処理である。とても手ごろな解決策の1つとして、新しいキャラクターはPCたちが救出した囚人として登場させ、以降のシナリオ中、新しいPCに以前のPCの所持

キャンペーン・ジャーナル

GMはキャンペーン・ジャーナル（セッションの記録）を付けておくと良い。これは紙束の入ったフォルダーやバインダー、PDA、パソコン、タブレット、ノートその他、君がメモをしておける物なら何でもよい。このジャーナルはゲームに関係した君の考えやアイディアをゲームのセッションの事前、最中または事後、その通りに記録しておくのに使用する。キャンペーンを運営し続けると、君は間違いなくジャーナルの拡張が必要になる。内容をコンピュータにコピーしたり、DVDに記録したり、内容を複写印刷して無くさない場所にしまうなどして、定期的にバックアップを取るとよい。ハードディスクの故障や自然災害で3年を超えるキャンペーンの記録を失うほどがっかりすることはないのだから！

品を装備するというものがある。もちろん、これは常に素晴らしい解決策というわけではないが、新しいPCが以前のキャラクターの所持品を売却して新しい装備を購入するまでの間、財産の量をコントロールしておく良い方法である。君としては、PCが以前の半分の価値の装備しか所持していないことを、キャラクターを失ったペナルティーにしたいのではないのだから、以前のキャラクターの所持品の売却の際に（通常の半額ではなく）全額を得られるようにすることも検討するべきである。

ダイス・ロール：一部のGMはプレイヤーたちの眼前ですべてのダイス・ロールを行い、結果を出るままに任せるのを好む。別の者はマスター・スクリーンの裏ですべてのロールを行い、プレイヤーから結果を隠し、必要ならゲームが好むように進むように結果を操作することを好む。どちらも"正しい"方法である。君の好きな方を選んでよいし、両方を混ぜて君が正しいと思うようにしてもかまわない。

ダイス・ロールの結果をプレイヤーに明らかにしてはいけないのは、ロールの結果を知ることでプレイヤーが知るべきでない情報を得る時だ。この好例は、キャラクターが暴露したとプレイヤーが必ずしも気づかない効果（病気やすぐにはわからない長時間作用する毒など）に対するセーヴである。

問題児のプレイヤー：長くゲームをしていると、いずれ、トラブルメーカーのプレイヤーと一緒になることもあるだろう。これは、チームを作り多くの人々と関わるあらゆる娯楽における、単なる不幸な事実である。ある程度までは、他のプレイヤーがトラブルメーカーとの問題について取りなしてくれることを当てにしてよいだろうが、ときには一歩踏み込んで問題のプレイヤーに不適切な行動を止めるよう頼む必要があるだろう。礼儀正しくもはっきりした要求の後も彼の行動が正されなければ、そのトラブルメーカーにゲーム・セッションを去るよう求めることを恐れることはない。もし複数のプレイヤーが熱くなってしまったら、ためらわずに早めにセッションを中断して解散させ、プレイヤーが頭を冷やし、いまあったことを克服できるようにすること。

キャンペーンのヒント

　プレイヤーに体験させたいシナリオが準備できているとする。君がこれらのシナリオを別々のものとして、場合によってはプレイヤーたちに君が新しいシナリオをはじめるたびに新しいキャラクターを作らせることもできる。しかし、パスファインダーRPGはプレイヤーたちが同じキャラクターを、シナリオごとに経験を積み、財宝を集めてより強力に成長させながら使ってゆくことを想定している。

　では、シナリオの合間には何が起こっているのだろうか？　シナリオの舞台となる世界はどんなところなのだろうか？　そこには誰が住んでいて、シナリオに登場しないNPCたちは何をしているのだろうか？　こういった疑問への答えが君の世界や設定を構成し、この世界設定の中での特定の君のPCたちのシナリオの連続をキャンペーンという。

　多くの既製のキャンペーン設定が存在する。**パスファインダー・クロニクルズ　キャンペーン・セッティング**はパスファインダーRPGのルールを使用したゲームの大部分を想定した世界設定だが、決して唯一のものではない。色々な出版社が提供している、魅力的で詳細な世界設定を選ぶこともできるし、この本に書かれたものから大きく異なったルールを使用したり、お気に入りの書籍や映画から発想を得たり、直接取り込んだ世界設定であってもよい。しかし、一部のGMにとっての最大のやりがいは、自分自身のキャンペーン世界設定を作ってプレイヤーたちと楽しむことだ。

　キャンペーンを創作するということは世界を創るというのと同じくらい手ごわいものである。君が詳しく知る必要がありそうな領域すべてを考えはじめれば、すぐに圧倒されてしまうかもしれない。君の世界に複数の月があったら、潮の満ち引きにどう影響するだろうか？　主要な大陸の形を特別なふうにしたら貿易風にどう作用するのか？　砂漠はどこに移り、湿地はどこに移るだろうか？　川の数はどれくらいか？　技術的に先進の戦士の国家は、隣接するシャーマニズムの蛮族にどんな影響をあたえるだろう？　君の世界にチョコレートやコーヒー、アボカドはある？　世界最高峰はどの山で、なぜそこが最高峰なのか？　世界にサケやマスはいる？　いないなら、クマはかわりに何を食べるのだろう？　昔のアラブをモデルにした国があったら、そこに住むNPCの名前を付けるためにアラビア語を学ぶ必要があるだろうか？　火薬はあるだろうか？　もし無いなら、それはなぜだ？　世界の中心核は液体か？　違うなら、世界の磁気圏への影響は？　北極は？　君のキャンペーン世界が地球の半分の大きさしかないなら、ロングソードの重さはど

うなる？　もしキャンペーン世界がリング型だったら何がおこるだろうか？

　このような理由から、一般的には君の最初のキャンペーン世界は地球のようなところを基準にすると良いだろう。もう一つの手ごろなヒントは、一度にすべての詳細を決めようとしないことだ。君のプレイヤーたちから1歩だけの範囲にとどまっているだけでも、君に必要なすべてが含まれていることも多い。最初のシナリオが放棄された砦の調査だとわかっているなら、周囲5マイルほどの地域とシナリオの開始場所となるであろう小さな村さえ詳細にしておけば、それ以上は気にする必要がないのだ。2番目の冒険が山中の呪われた鉱山だとわかっていれば、PCたちが放棄された砦の調査をしている間は、最初の村と鉱山のある東の荒れ地を詳細にしておけばよい。2～3回先までのゲームの運営に必要なものだけ作成することで、君はゆっくりであっても、気が狂うような思いをせずに、しっかりとより大きな全体を創造してゆくことができるのだ。

　もちろん、キャンペーン設定全体を創造したいという誘惑はとても大きなものだ。多くの面で、君自身の世界を創造することは、それ自体がまったく別のゲームであるかのようだ。GMは、このような形でプレイヤーよりも頻繁にゲームをプレイすることになる。セッションがない時、GMは都市や邪悪な寺院、国々、ダンジョン、モンスターといったものを中心となるコンテンツとしてデザインすることができるのだから。**パスファインダーRPGゲームマスタリー・ガイド**（未訳）には、君がキャンペーン世界を創造する際に利用できる上級のアドバイスやツールが豊富に掲載されているが、この章の残りの部分にはいくつも君の助けとなる項目がある。これらの項目は君自身のキャンペーン世界を創造する時に直面するだろう問題や、アイディアの表面を少しだけ論じたものにすぎないが、君がスタートするきっかけとなりうるだろう。

生活費

　冒険者の第一の収入源は宝物であり、第一の購入品は冒険を続けていくのに必要な呪文構成要素、武器、魔法のアイテム、ポーションなどの道具やアイテムである。では、食料などはどうする？　家賃は？　税金は？　賄賂は？　遊ぶ金は？

　君がこの種の重要でない出費をプレイ中に細かく扱うことにしても構わないが、PCが部屋代を払い、水を買い、通行料を払うたびに記録を取るのは、すぐにいらただしく面倒なものとなる。この種の重要でない生活費を実際に記録したくないのであれば、単にこの種のささやかな出費を無視してもよい。もっと現実的で手っ取り早いやり方として、生活にかかる費用を定常的なものとして支払わせる手もある。ゲーム中の毎月の最初に、PCは自分のライフスタイル層に応じた一定の金額を支払うものとするのだ。望んだ層を維持できるだけの余裕がなければ、生活の質は支払いのできる層まで転落する。

極貧（0GP／月）：PCは宿無しで、野外や路上で生活している。極貧層のキャラクターは何かを買うたびに記録を取らなければならず、生きていくために〈生存〉判定や盗みに頼ったりする必要があるかもしれない。

貧困（3GP／月）：PCは安宿の普通の部屋で、両親と一緒といった風に、寄り集まって暮らしている。技能を持たない労働者やコモナー（一般人）のほとんどはこのライフスタイル層に属する。食事や税金にかかった費用で1sp以下のものは記録する必要はない。

人並（10GP／月）：PCは自分のアパートや小さな家、もしくは同程度の住居で暮らしている。技能を持つか訓練されたエキスパートやウォリアーのほとんどはこのライフスタイル層に属する。1GP以下の魔法の力を持たないアイテムは自宅で1d10分以内に入手でき、食事や税金にかかった費用で1GP以下のものは記録する必要はない。

富裕（100GP／月）：PCはかなり大きな家を持つか、上等な宿の快適な部屋を数室確保している。5GP以下の魔法の力を持たないアイテムは自宅の私物の中から1d10分以内に入手でき、また食事や税金にかかった費用は10GPを超えるものを記録するだけでよい。

豪奢（1,000GP／月）：PCは大邸宅や城などの豪奢な住居で暮らしている。当該の建物を私有していることもある。ほとんどのアリストクラート（上流階級）はこのライフスタイル層に属する。25GP以下の魔法の力を持たないアイテムは自宅の私物の中から1d10分以内に入手できる。食事や税金にかかった費用は100GPを超えるものを記録するだけでよい。

キャラクターとしてのモンスター

　君の世界がどれほど特殊か決めるのは早いうちが良い。パスファインダーRPGでは、すべてのPCと、それに伴って文明的な世界のNPCの大部分が、第2章に掲載された7つの種族のいずれかであることを基本に想定している。君は選択肢を限りたいと考える場合もあるだろう。君の世界には人間しかいなかったり、第2章の種族のいずれか1つ以上は存在自体が伝説に近いほど稀なのかもしれない。そのような場合、君はプレイヤーたちに種族の選択肢が限定されていることを適切に伝えなければならない。

　反対に、君の世界は通常想定しているものよりずっと突飛なものかもしれない。その場合、第2章で解説しているもの以外の種族のキャラクターをプレイすることをプレイヤーに認めてもよい。**パスファインダーRPGベスティアリ**には選択肢となる標準的でない種族がたくさん掲載されているが、それらの大部分が第2章に掲載された種族より明らかに強力であることに注意しなければならない。種族HDを持つすべての種族は、恐らく大部分のキャンペーンでは強力すぎる選択肢だろう。一般的なガイドラインとして、クリーチャーの種族HDを基準に利用して、おおざっぱに同程度の種族を選択するようにプレイヤーたちに助言すると良いだろう。代わりに標準のクラスでプレイしたいというキャラクターは、その合計のHDがパーティーの標準的で無い種族のキャラクターのうち最も高いHDのものと同じになるよう、高いレベルで開始することを許可するべきである。

代替種族

　経験豊富なGMでなければ第2章に掲載されたもの以外の種族をプレイヤーがプレイする許可を検討するべきではないが、君が検証してみたければ、**パスファインダーRPGベスティアリ**の次の種族は、第2章に掲載のものと能力的に近く種族の選択肢として適当だろう。

・アアシマール
・オーク
・ゴブリン
・コボルド
・ティーフリング
・テング
・ホブゴブリン
・マーフォーク
・マイト

　下記の種族は種族HD、並外れた能力修正値、肉体攻撃、その他の一般的でない能力といったものを有することからさらに強力である。これらの種族はPC種族ではなく敵モンスター向けであり、もし君がプレイヤーにこの中のクリーチャーでプレイする許可をする場合は、上記のクリーチャーや7つの基本種族から選択したキャラクターが2レベルからプレイをはじめることを認めるべきである。

・スヴァーフネブリン
・ダーク・クリーパー
・ドゥエルガル
・ドラウ
・ノール
・バグベア
・ボガード
・モーロック
・リザードフォーク

✤ キャンペーンの終了

　パスファインダーRPGでは、大部分の定命の者の到達し得る能力の上限を表すものとして20レベルがあるが、もちろんこれは君のキャンペーンを20レベルまでずっと続ける必要があるということではない。もし君が、PCがペースや目的を設定できる、明確な終わりがないキャンペーンを運営しているのではないなら、君がキャンペーンのストーリーを終わりにするレベルを決めておくと良いだろう。君の決めたレベル帯がプレイヤーたちにとっても満足のゆくものであることを確認するため、プレイヤーたちと話し合うように。経験点に応じた成長速度で"早い"や"遅い"を選択することによっても君のキャンペーンの期間を短縮したり延長したりできる。もしレベルの上限を20レベル未満に設定したキャンペーンを運営するなら、最後のレベルで可能になることが何か価値がありそうなものになる

よう考慮すること。多くの呪文の使い手は奇数レベルで新たなレベルの呪文を発動できるようになるので、一般的には偶数レベルより奇数レベルが良いだろう。攻撃回数が増加する直前のレベルなので、5の倍数とするのも良い。バードの武勇鼓舞の呪芸やドルイドの毒への耐性、ソーサラーの3番目の血脈の力のような能力や、**テレポート**や**レイズ・デッド**の呪文を最後の仕上げとして、9レベルで止めるのは良い選択だ。同様に、モンクの呪文抵抗の能力や**グレーター・テレポート**、**リミテッド・ウィッシュ**、**リザレクション**のような呪文を仕上げとして、13レベルというのもよいだろう。レベルの上限を20レベル未満に設定するなら、君はそれを柔軟なものとして利用できる。当初計画していたよりキャンペーンが延びてしまっても、君の想定を超えてプレイヤーたちはレベルを上昇させて新しい能力を得続けることができる。第3章にあるクラスは21レベル以降の追加のルールがないので、キャンペーンの終了を20レベルに設定した場合は、PCが理論上21レベルになるだけのXPに達する前に物語を終えるため、GMとして君が常にいろいろと調整しながら丁度よいタイミングを図る必要がある。

21レベル以降

　第3章には20レベルを越えたらどうなるのか書かれていないが、21レベル以降もキャンペーンを続けたい時に参照するものがないわけではない。このようなエピック・レベルでの冒険のルールは、パスファインダーRPGに互換性のある数多くの製品に掲載されているが、多くの場合、これらの代替ルールは予期せぬ問題を引き起こすことがある。例えば、君のキャンペーン世界に住むクリーチャーや敵役が、20レベルまでのキャラクターに挑めることを能力の上限としていたら、エピック・レベルのPCはどこに冒険しに行くのだろうか？　君はプレイヤーたちが20レベルまでを過ごしたものとは異なる新しいキャンペーン世界設定全体、次元界、惑星、あるいは次元を創造しなければならず、それは膨大な作業をともなう。

　Paizo社ではこのようなエピック領域を君のゲームに取り入れるためのルールをいずれ出版するかもしれないが、もし君が待ちきれず、エピック・レベルでのプレイのための既存のルールも使用したくなければ、君は21レベル以降も続けるために次のような簡単なガイドラインを利用することができる。これらのガイドラインは、20レベルを大きく超えてもゲームをスリリングで面白いものにし続けるほどしっかりしたものではないが、決着をつけるのに22レベルか23レベルが必要になったキャンペーンには役に立つだろう。同様に、君はこのルールを使用して、20レベルのキャラクターが立ち向かう超強力なNPCを作成することもできる。

経験点：21レベル以降のレベルを得るためには、キャラクターはその1つ前のレベルを獲得するのに必要だったものの2倍の経験点を得なければならない。従って、経験点に応じた成長速度が"標準"だと仮定すると、20レベルのキャラクターは21レベルになるのに2,100,000の経験点が必要である（19レベルから20レベルに到達するには1,050,000の経験値が必要なため）。以降、このキャラクターが22レベルに到達するには4,200,000

の、23レベルに到達するには8,400,000、といった具合に経験点が必要となる。

能力の定量化：ヒット・ダイス、基本攻撃ボーナス、およびセーヴは、21レベル以降もそれまでと同じ、当該クラスに見合った割合で上昇していく。どんなキャラクターであっても基本攻撃ボーナスに基づく攻撃は4回までであることに注意すること。良好なセーヴと劣悪なセーヴとの差異が、遠からず困った大きさになることにも注意するべきである。20レベルよりもレベルが高くなればなるほど、この差異は顕著に広がっていき、高レベルのキャラクターにとって自分の劣悪なセーヴの強化がますます重要になるはずだ。バーバリアンのダメージ減少、ファイターのボーナス特技および武器訓練、パラディンの悪を討つ一撃、ローグの急所攻撃など一定の増加率を持つクラス能力は適切な割合で上昇し続ける。

呪文：呪文の使い手の術者レベルは21レベル以降もクラス・レベル1ごとに1レベルずつ上昇し続ける。奇数レベルごとに、呪文の使い手はそれまでの最高よりも1つ上の呪文レベルが新たに利用できるようになり、新たな呪文レベルの呪文スロット1つを得る。こうした呪文スロットは呪文修正特技によって修正された呪文や低位の修得呪文を発動するのに使用される。偶数レベルごとに、呪文の使い手はその時点で発動可能な最高位の呪文レベルの値に等しい追加呪文スロットを得る。この新たな呪文スロットはその時点で発動可能な呪文レベルに好きなように割り振ってよい。

　例えば、21レベル・ウィザードは10レベル呪文スロット1つを得るが、このスロットには1〜9レベルの任意の呪文を準備するか、有効呪文レベルが10になるよう呪文修正特技によって修正された呪文（《呪文持続時間延長》された**サモン・モンスターIX**や《呪文高速化》された**ディスインテグレイト**など）を準備することができる。クラス・レベル22の時点で、ウィザードは10呪文レベルぶんの新たな呪文スロットを得て、1日の呪文数として、1レベル呪文10個、5レベル呪文2つ、7レベル呪文1つと3レベル呪文1つ、または10レベル呪文を更に1つ、といったものを得ることができる。クラス・レベル23の時点ではウィザードは11レベル呪文スロット1つを得る、といった具合である。

　修得呪文数が限られている呪文使い（バードやソーサラーなど）は、あるレベルにおいて得る利益（新たな呪文レベルもしくは追加呪文スロット）と引き換えに、その時点で発動できる任意の呪文レベルの呪文2つを修得することにしてもよい。

　専門の呪文使いクラスよりもかなりゆっくりと呪文を得ていく（パラディンやレンジャーのような）クラスについては、呪文レベルの獲得速度をもっと修正してもよい。

マルチクラス／上級クラス：20レベルを超えて成長する最も簡単な手段は、単純にマルチクラスをするか上級クラスのレベ

ルを得ることである。この場合、新たなクラス・レベルのすべての能力を通常通りに得る。これは実質的に20レベルをクラス・レベルの上限として扱うが、合計キャラクター・レベルの上限ではなくなる。

13 環境

半狂乱の傭兵が下水道から大通りへと這い出て、群衆に向かって「逃げろ！」と大声で叫ぶ。直後、鉄格子が—そして大通りそのものが、彼の背後で爆発した。唸り声をあげる汚らしいアティアグは、狭い出口にためらうことなくおぞましい頭部を突っ込んだ。石や荷車、そして不幸にもその場に居合わせた人々が宙を舞い、パニックが広がっていく。

　安全な宿屋の屋上のテラスで、ヴァシュテン卿は重要な賓客であるリアンナ伯爵夫人に向き直ると、眼下の混乱に悲しげに頭を振る。

「そう、わが君よ。あれが冒険者の引き起こすやっかい事です。騒乱をしかるべき範囲に収めておくという良識など、連中は決して持ち合わせていないのです」

死の砂漠から罠に満ちたダンジョンまで、環境は世界の輪郭を描き出す。これらの設定を生き生きとしたものとすることは、夢中になれる感動的な経験を生み出す助けとなるだろう。

この章には、ダンジョンとその特徴、罠、さまざまな種類の地形、環境的な災害を含む、GMがゲーム世界についての裁定をする際に役に立つルールを掲載している。

ダンジョン

冒険者が探検する不可解な場所の中でも、ダンジョンほど危険な場所はない。地下迷宮、無数の致命的な罠、飢えたモンスター、そして金には替えられない財宝がキャラクターのあらゆる能力を試すのである。これらのルールは沈没船の残骸から広大な洞窟網まで、どのような種類のダンジョンにも適用できる。

ダンジョンの種類

ダンジョンは現在の状況により4つの基本的な種別に分類される。多くのダンジョンはこれらの変形か、複数の組み合わせから成る。ときには、古いダンジョンが新たな住人によって当初と異なる目的に利用されることを繰り返す場合もある。

廃墟と化した構造物：この場所にはかつて住人がいたが、もとの建造者がこのダンジョンを（完全に、または一部）放棄した後、別のクリーチャーが入りこんだ。多くの地下に住むクリーチャーが、自らの住処とする廃墟を探し歩いている。この種のダンジョンの場合、もともと罠があってもすでに作動して無害になっているだろうが、ワンダリング・モンスターは珍しくない場合が多い。

住人のいる構造物：この種のダンジョンは今現在も使われている。通常は知性のあるクリーチャーが住み着いているが、それが建造者であるとは限らない。"住人のいる構造物"には家、要塞、神殿、操業中の鉱山、牢獄、軍の司令部などがある。この種のダンジョンでは罠やワンダリング・モンスターが出てくることは少ないが、かわりに組織された守備要員がいる可能性が高く、1か所で見張っている場合も見回っている場合もあるだろう。もし罠やワンダリング・モンスターが出てくるとするなら、罠やモンスターは住人たちの管理下にあるだろう。"住人のいる構造物"には彼らのための調度、装飾、物資があり、住人が移動しやすくなっている。また、住人どうしで情報の伝達手段を持っている場合がある。ほとんどの場合、住人が外部への出口を管理している。

ダンジョンの一部には住人がおり、一部はカラだったり廃墟と化していることもある。そんな場合、そこに住んでいるのはダンジョンのもともとの建造者ではなく、廃棄されたダンジョンの中に自分たちの基地や巣穴、砦を構えた知性あるクリーチャーの群れであることが多い。

大事なものの隠し場所：人は何かを守ろうとするとき、それを地下に埋めてしまうことがある。守ろうとするものが莫大な財宝であろうと、禁断のアーティファクトであろうと、あるいは重要人物の死体であろうと、こうした価値ある物品はダンジョンの中に配置され、周囲には障壁や罠、守護者が配置される。

"大事なものの隠し場所"型のダンジョンでは罠の出てくる可能性は高く、逆にワンダリング・モンスターの出る可能性は低い。見ばえより実用を重視して作られているのが普通だが、重要人物の墳墓などでは特に、彫像や壁画といった装飾が施されていることもある。

時として、宝物庫や埋葬室が、生きた守護者が棲めるように造られていることもある。この方法の問題は、侵入を試みる相手がいない間も、ずっとそのクリーチャーを生かしておかねばならない点にある。こうしたクリーチャーに食料と水を与える方法としては、通常は魔法が一番の早道となる。食糧も休息も必要としないアンデッドや人造モンスターをダンジョンの守護者として利用することもよくある。魔法の罠なら、用が済めば消え去るモンスターをダンジョンに招来し、侵入者を攻撃させることもできるだろう。

天然の洞窟網：地下洞窟はあらゆる種類の地下モンスターの住処となる。自然の力で形成されたトンネルが、迷路のようにつながったこの種の洞窟には、いかなるパターンも秩序も装飾もない。知性あるクリーチャーが建設したものではないので、この種のダンジョンには、罠や扉があることは非常に少ない。

洞窟にはあらゆる種類の菌類がはびこり、巨大なキノコが森林よろしく生育していることもある。菌類を食べる弱いクリーチャーを探して、捕食者がこうしたキノコの森をうろついている。燐光を放つ菌類が微弱な光源となっている場所もある。一部の場所では**デイライト**呪文などの魔法的な効果によって、光合成植物が育つのに十分な光があるかもしれない。

"天然の洞窟網"が他の種類のダンジョンにつながっている場合もある。人工のダンジョンを掘っていて"天然の洞窟網"に行き当たったのだ。洞窟網により本来無関係な2つのダンジョンが接続し、奇妙な複合環境を生み出すこともある。"天然の洞窟網"と他の種類のダンジョンが合体すると、往々にして地下のクリーチャーが道を見つけて人工ダンジョンに入りこみ、棲みつくようになる。

ダンジョンの構成要素

以下のルールはダンジョン内に見られる基本的な構成要素についてまとめている。

壁

石造りの壁——石を積み上げたもので、通常はモルタルで固定している——は、しばしばダンジョンを通路や部屋に隔てている。また、ダンジョンの壁は単に硬い岩を掘っただけの、粗いノミ跡の残るものもある。さらに、自然にできた洞窟の、傷のない滑らかな石の場合もある。ダンジョンの壁を打ち崩したり、壊して通るのは難しいが、壁に登るのは通常容易である。

石造りの壁：最も一般的なダンジョンの壁である"石造りの壁"には、普通1フィート以上の厚みがある。非常に大きな騒音以外、ほぼすべてを遮る。古びたものには割れ目や裂け目が見られることがあり、その中には時に、危険なスライムや、小さなモンスターがいて獲物を待ち受けている。"石造りの壁"を登るには〈登攀〉（DC20）が必要である。

環境 13

表13-1：壁

壁の種類	典型的な厚み	破壊DC	硬度	HP[1]	〈登攀〉DC
石造り	1フィート	35	8	90HP	20
質の良い石造り	1フィート	35	8	90HP	25
補強された石造り	1フィート	45	8	180HP	20
岩盤を掘りぬいた壁	3フィート以上	50	8	540HP	25
自然石	5フィート以上	65	8	900HP	15
鉄	3インチ	30	10	90HP	25
紙	紙のように薄い	1	—	1HP	30
木	6インチ	20	5	60HP	21
魔法処理済み[2]		+20	×2	×2[3]	—

[1]10フィート×10フィートの区画ごとに。
[2]この修正はいずれの種別の壁にも適用可能である。
[3]または+50の、いずれか大きい方。

質の良い石造りの壁：石造りの壁の中には、特に造りの良い（滑らかで、石の噛み合わせがよく、隙間が少ない）ものがある。こうした質の良い壁は、時には漆喰やプラスター（化粧漆喰）を塗って仕上げてあることもある。塗壁には壁画、レリーフ、その他の装飾が施されていることも多い。"質の良い石造りの壁"は通常の"石造りの壁"と比較して破壊のDCは変わらないが、よじ登るのは難しくなる（〈登攀〉DC25）。

補強された石造りの壁：これは壁面の片側または両側、あるいは内部に鉄の棒を配して補強された石造りの壁である。補強された壁の硬度はもと同じだが、HPは2倍になり、破壊のための【筋力】判定のDCは10上昇する。

岩盤を掘りぬいた壁：この種の壁は通常、石塊の中に部屋や通路を掘りぬいて作られる。岩盤を掘りぬいた荒い表面には、しばしば小さな岩棚があって菌類が生育していたり、亀裂に蟲やコウモリ、ヘビが住み着いていたりする。壁に"むこう側"がある場合（つまり、その壁がダンジョンの2つの部屋を隔てている場合）、壁は3フィート以上の厚さがあるのが普通である。それより薄いと頭上の岩の重みに耐えかねて崩れ落ちてしまう危険がある。"岩盤を掘りぬいた壁"を登るには、〈登攀〉（DC25）が必要となる。

自然石の壁：この種の壁面はでこぼこしているのが普通で、平らなことは珍しい。触った感じはなめらかだが、小さな穴や隠れたくぼみ、さまざまな深さのへこみが無数にある。自然の洞窟は水流によって作られることが多いため、濡れていたり湿っていたりするのが普通である。壁に"むこう側"がある場合、この種の壁の厚さは5フィート以上あるのが普通である。"自然石の壁"を登るには〈登攀〉（DC15）が必要となる。

鉄の壁：この種の壁は宝物庫などのダンジョン内の重要箇所の周囲に巡らされる。

紙の壁："紙の壁"は視線を遮る障壁として作られ、それ以外の役に立たない。

木の壁："木の壁"は古いダンジョンに部屋などを追加する際に用いられる。動物小屋や貯蔵場、一時的な構造物を造ったり、大きな部屋を区切って複数の小さな部屋にするのに使われる。

魔法処理済みの壁：この種の壁は普通より強固で、硬度やHP、破壊DCが上がっている。魔法によって、通常、硬度が2倍、HPが2倍となり、破壊DCが+20上昇する。"魔法処理済みの壁"は、作用する可能性のある呪文に対して、セーヴができるようになる。セーヴ時のボーナスは2＋（壁を強化した魔法の術者レベル÷2）である。"魔法処理済みの壁"を作るには、《その他の魔法のアイテム作成》特技に加えて、壁10フィート四方ごとに1,500GPの費用が必要となる。

矢狭間のある壁：矢狭間のある壁は、耐久性があればどんな素材で作成してもよいが、通常、石造りの壁や岩盤を掘りぬいてできた壁、木の壁である。この種の壁により、防御側は安全な壁の向こうから侵入者にアローやクロスボウのボルトを放つことができる。矢狭間の背後の射手は良好な遮蔽を受け、これによってACに+8のボーナス、反応セーヴに+4のボーナスを得る。加えて"身かわし強化"のクラスの特徴を持っているものとして扱われる。

床

壁と同様、ダンジョンの床にも多くの種類がある。

石畳："石造りの壁"と同様、"石畳"は石を組み合わせてできている。大概はひび割れており、どうにか平らという程度のものである。割れ目には泥がつまり、カビが生えている。時には石と石の間に小川ができていたり、よどんだ水溜りとなっている。"石畳"はダンジョンの床として、最もよく見られるものである。

でこぼこした石畳：石畳は時を経て凹凸がひどくなることがある。こうした床面で疾走や突撃を行うには、〈軽業〉（DC10）が必要となる。失敗したキャラクターはそのラウンド移動することができなくなる。このような不安定で危険な床は例外として扱うべきで、常のことにすべきではない。

岩盤を掘りぬいた床："岩盤を掘りぬいた床"はごつごつ、でこぼこしており、ぐらぐらする石や砂利や泥などに覆われていることが多い。こうした床を通って疾走や突撃を行うには、〈軽業〉（DC10）が必要である。失敗してもキャラクターは行動できるが、そのラウンドには疾走や突撃ができなくなる。

軽度の瓦礫：小さな瓦礫が床のあちこちに転がっている。"軽度の瓦礫"は〈軽業〉のDCを+2する。

453

重度の瓦礫：地面が大小の瓦礫に覆われている。"重度の瓦礫"に覆われたマスに入るには、1マスにつき2マスぶんの移動と数える。"重度の瓦礫"は〈軽業〉のDCを＋5、〈隠密〉のDCを＋2する。

なめらかな石材の床：仕上げをほどこし、時には磨きまでかけた、なめらかな石の床もある。この種の床は有能で丁寧な石工が造ったダンジョンにのみ見られる。

自然石の床：自然洞窟の床は、壁と同様にでこぼこしている。洞窟に平らな広い面があることはほぼない。というより、高さが一定ではないことがほとんどである。床面の高さが隣と1フィートほど違う場合もあり、そんな場所を通るのは階段を登るのと同様に易しい。しかし、突然数フィートかそれ以上も床に高低差のある場所もあり、そうした場所では隣の床へ進むのに〈登攀〉が必要となる。自然洞窟の床に"踏み分け道"のようなものができて、はっきりとわかるようになっているならば別だが、そうでない場合、"自然石の床"のマス目に入るには1マスにつき2マスぶんの移動と数える。また、〈軽業〉のDCは＋5される。疾走や突撃は、先ほど述べた"踏み分け道"を通って行うのでない限り不可能である。

すべりやすい床：水や氷、粘液、血液によって、この節にあるあらゆるダンジョンの床はより厄介になることがある。"すべりやすい床"では、〈軽業〉のDCは＋5される。

格子："格子"は、穴や通常の床よりも低いエリアを覆っている。"格子"は普通、鉄製だが、大きなものには鉄で補強した木製のものもある。"格子"の多くはちょうつがいで開き、下へ行けるようになっている（扉と同様、錠がかけてある場合もある）が、動かないよう設計された固定式のものもある。厚みが1インチの典型的な"格子"は、HP25、硬度10で、破壊して通ったり無理やり外す際の【筋力】判定はDC27である。

岩棚や張り出し："岩棚や張り出し"があると、一部のエリアの上を歩くことができる。"岩棚や張り出し"は縦穴の壁面をぐるりと囲んだり、地下水脈に沿ったり、大きな部屋を囲むバルコニーになったり、射手が眼下の敵に矢を放つ足場となる。狭い"岩棚や張り出し"（幅12インチ未満）を渡る場合、〈軽業〉が必要になる。失敗するとキャラクターは"岩棚や張り出し"から落下する。"岩棚や張り出し"には手すりが付いていることもある。その場合、そこを移動するための〈軽業〉には＋5のボーナスがつく。また、手すりのそばにいるキャラクターは、"岩棚や張り出し"から落とそうという突き飛ばしに対して、CMDに＋2のボーナスを得る。

"岩棚や張り出し"のへりに高さ2～3フィートの"低い壁"がある場合がある。このような壁は、攻撃の目標が攻撃者より壁に近い場合、壁のむこう側30フィート以内からの攻撃に対する遮蔽を提供する。

透明な床：補強したガラスや魔法的な素材（ウォール・オヴ・フォースの場合さえある）でできた"透明な床"があれば、危険な状況を上から安全に眺めることができる。"透明な床"は時として溶岩の池、闘技場、モンスターの住処、拷問部屋などの上に配置される。また、防御側が重要なエリアへの侵入者を見張るのに使われることもある。

スライドする床："スライドする床"とは、動くよう設計された、その下にあるものを明るみに出す、床についた仕掛け扉の一種と言ってよい。"スライドする床"は、普通はゆっくり動くので、上に立っている者は、逃げ場があれば、床がスライドしてできる隙間に落下せずにすむ。一方、急速にスライドしてキャラクターが落下しかねないものもある。たくさんのスパイク（棘）の植わった穴、燃える油の大おけ、鮫でいっぱいの水中など、こうした床は罠として扱われる。

仕掛け床：一部の床は突然の危険をもたらすよう作られている。一定の重量をかけたり、どこかでレバーを引いたりすると、床から槍が飛び出したり、隠れた穴から蒸気や炎が音を立てて吹き出したり、床全体が傾いたりする。この種の風変わりな床は、戦闘をより面白く危険なものにするために闘技場などに見られる。この種の床は罠と同様に作成すること。

扉

ダンジョン内の扉は単なる出入口ではない。扉自体が遭遇であることも多い。ダンジョンの扉には大別して木製、石製、鉄製の3種がある。

木製の扉：分厚い板材を釘止めしたもの。強度を上げるため（加えて湿気で木材が反るのをおさえるため）、鉄で補強する例もある。こうした木製の扉は最もありふれた扉である。その頑丈さはさまざまで、普通、上質、頑丈の3種がある。普通の木製の扉（破壊DC15）は、本気で攻撃する相手を通さないようにするための物ではない。上質な木製の扉（破壊DC18）は、しっかりしていて長持ちするが、それでも攻撃が続けば持ちこたえられない。頑丈な木製の扉（破壊DC25）は鉄で補強されており、無理やり通ろうとする者に対して、しっかりした障壁となる。扉は鉄のちょうつがいで戸口の枠に取り付けられている。扉の中ほどの円形の引き手で扉を開けるようになっていることが多い。代わりに鉄の棒が扉の片面または両面に付いていて、これを取っ手にする扉もある。住人のいるダンジョンでは、こうした扉は手入れが行き届いており（動かなくなってはおらず）、錠もかかっていないことが多い。しかし重要エリアの扉には、可能なら錠をかけてあるだろう。

石製の扉：堅固な石塊から彫り出した、この種の重く扱いにくい扉は、ピボット（旋回軸）を軸に回転して開く作りであることが多い。ドワーフなどの腕のいい工匠なら、"石製の扉"を支えるだけの強度を持つちょうつがいを作ることもできる。"石の壁"に隠された秘密の扉は通常、"石製の扉"である。それ以外では、"石製の扉"は何か大事なものを守るための頑丈な障壁として配置される。したがって、錠やかんぬきがかかっていることが多い。

鉄製の扉：ダンジョン内の"鉄製の扉"は、さび付いてはいても堅牢で、"木製の扉"と同様にちょうつがいで固定されている。魔法によらない扉の中では、最も頑丈である。錠やかんぬきがかかっていることが多い。

扉の破壊：ダンジョンの扉は錠をかけていたり、罠があったり、補強されていたり、魔法の力で封印されていたり、単にたてつけが悪くて開かなかったりする。よほど力が弱くない限り、キャ

環境 13

表13-2：扉

扉の種類	典型的な厚み	硬度	HP	破壊DC たてつけの悪い場合	鍵がかかっている場合
普通の木製の扉	1インチ	5	10HP	13	15
上質な木製の扉	1.5インチ	5	15HP	16	18
頑丈な木製の扉	2インチ	5	20HP	23	25
石製の扉	4インチ	8	60HP	28	28
鉄製の扉	2インチ	10	60HP	28	28
木製の落とし格子	3インチ	5	30HP	25*	25*
鉄製の落とし格子	2インチ	10	60HP	25*	25*
錠	―	15	30HP	―	―
ちょうつがい	―	10	30HP	―	―

*これは持ち上げる場合のDCである。破壊して開ける場合は同じ材質の扉のものを使用すること。

ラクターなら誰でも、時間をかければ重い道具（大金槌など）を使って扉を打ち壊せる。またさまざまな呪文や魔法のアイテムは、キャラクターたちが錠のかかった扉を、より簡単に開ける手段になる。

扉を斬撃武器や殴打武器で文字通り粉砕する場合、表13-2にある硬度とHPを使用すること。扉を破壊する際のDCを決めるには、以下をガイドラインとして用いること。

DC10以下：概ね誰でも打ち破れるような扉
DC11～15：力の強い人物なら1回で打ち破れるだろうし、平均的な人物でも1回で打ち破れるかもしれない扉
DC16～20：時間があればほとんど誰でも破ることができる扉
DC21～25：力の強い、あるいは非常に力の強い人物だけが打ち破れる可能性があり、そうした人物でもおそらくは1回では破れないであろう扉
DC26以上：異常に力の強い人でもなければ、打ち破ることはできないであろう扉

錠：ダンジョンの扉は往々にして施錠されている。このため〈装置無力化〉技能はたいそう重宝される。錠は通常、扉の内部の、ちょうつがいと逆側のヘリか、扉の中ほどに仕込まれている。組みこみ型の錠は、扉から鉄の棒が突き出して戸口の枠の穴にはまったり、横すべりする鉄や頑丈な木の棒が扉の向こう側でかんぬき状になる仕組みである。一方いわゆる南京錠は、扉の内部ではなく、扉についた輪と壁に付いた輪の2つをつないでいる。より複雑な錠、例えば組み合わせ錠やパズル式の錠などは、通常、扉そのものの内部に組み込まれている。この種の"鍵のない錠前"は大型でより複雑になるため、もっぱら堅牢な扉（鉄で補強した木製の扉、石製の扉や鉄製の扉）にのみ用いられる。

解錠の際の〈装置無力化〉判定のDCは20～30の範囲に収まることが多いが、これよりDCの高い錠や低い錠もある。1つの扉に2つ以上の錠がついていることもあり、それぞれ別々に解錠しなければならない。錠に罠が仕込まれていることも多く、毒針がローグの指を刺すようなものが一般的である。

時として、錠を壊すほうが、扉全体を壊すより早いことがある。PCが武器で攻撃するなら、典型的な錠は硬度15、30HPとして扱うこと。錠が壊れるのは、扉と別々に攻撃された場合だけである。したがって、組みこみ型の錠をこの手段で壊すことはできない。住人のいるダンジョンでは、錠のかかった扉は

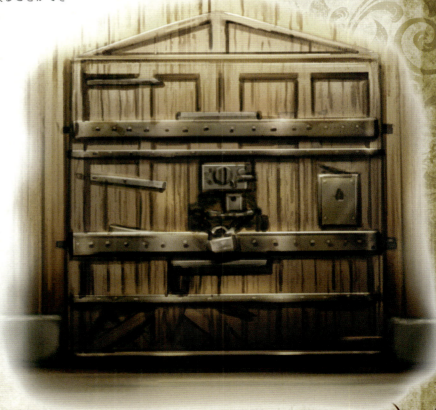

すべて、どこかに鍵があるはずである。

　特殊な扉には、錠があっても鍵がないという場合もある。かわりに扉の近くにある複数のレバーを正しい組み合わせで操作したり、模様の書かれたボタンを正しい順番で押すと扉が開くのである。

動かない扉：ダンジョンは湿度が高い場所も多いため、特に木製の扉が動かなくなっていることがある。木製の扉の約10％、木製でない扉の約5％が動かないものとみなすこと。放棄されて長いものや、手入れせず放っておかれたダンジョンの場合、この確率を2倍にすること（つまり木製の扉は20％、木製でない扉は10％で動かない）。

かんぬきのかかった扉：キャラクターがかんぬきのかかった扉を打ち壊そうとする場合、扉自体の材質ではなく、かんぬきの頑丈さが問題になる。木のかんぬきのかかった扉を破壊するにはDC25の【筋力】判定、かんぬきが鉄ならDC30の【筋力】判定が必要になる。ただしかんぬきを無視して扉を攻撃して破壊し、かんぬきは開いた戸口にかかったままにしておくこともできる。

魔法の封印：アーケイン・ロック等の呪文によって、扉の通過が妨げられることがある。アーケイン・ロック呪文のかかった扉は、物理的な錠はなくとも、施錠されたものとみなされる。これを開けるにはノックやディスペル・マジックの呪文を使うか、【筋力】判定に成功しなければならない。

蝶番：たいていの扉には蝶番（ちょうつがい）があるが、引き戸（スライド式の扉）にはない。代わりに、レールかみぞがあって、ある方向に簡単にすべらせることができるようになっている。

普通の蝶番：この蝶番は金属製で、扉の片方の端と戸口枠や壁をつないでいる。扉は蝶番のある側に向けて開くことに注意。（このため、蝶番がPCたちのいる側にあれば、扉はPCたちの側に開く。そうでなければ、扉は向こう側に開く。冒険者は、〈装置無力化〉に1回成功するごとに1つの蝶番を取り外すことができる（もちろん、蝶番が扉のこちら側にあればだが）。蝶番の多くはくっついたり錆びたりしているので、この作業のDCは20である。蝶番を破壊するのは難しい。ほとんどの蝶番は硬度10、30HPを有する。蝶番の破壊DCは扉の破壊DCに等しい。

隠し蝶番：この蝶番は普通のものより複雑で、立派なつくりの場所のみに見られる。この種の蝶番は壁の内部に仕込まれており、扉をどちらの向きにも開くようにしている。PCが蝶番に細工しようと思ったら、まず戸口の枠か壁を破壊しなければならない。隠し蝶番は石の扉に見られることが多いが、木や鉄の扉に付いていることもある。

ピボット：ピボット（旋回軸）は、実際は蝶番ではなく、単に扉の上下にでっぱりがあり、そこが戸口の枠に開いた穴にはまるようになっているだけのもので、回転させることで扉を開閉できる。ピボットの利点は蝶番のように解体することができず、また簡単に作れることである。欠点は、ピボットは扉の重心（通常は中央）に配置されるため、扉の幅の半分までのものしか通れないということだ。ピボットのついた扉は通常、石製で、この欠点を補うために幅がかなり広くなっていることが多

い。別の欠点を補う方法として、ピボットを片側に寄せて配置し、扉のそちら側を厚く、もう一方を薄くして、より通常の扉に似た開き方にするものがある。壁にある秘密の扉には、ピボットで開閉するものが多い。蝶番が無いぶん、扉の存在を隠しやすいからである。ピボットによって、本棚等の調度を秘密の扉として利用することもできる。

秘密の扉：単なる壁面（や床や天井）や書棚、暖炉、噴水などに偽装された"秘密の扉"は、秘密の通路や部屋に通じている。特定の区画を調べた者は、そこに秘密の扉がある場合、〈知覚〉（典型的な秘密の扉ならDC20、巧みに隠してある秘密の扉ならDC30）に成功することで、それを発見できる。

　秘密の扉には、隠れたボタンや踏み板を押すなど、特別な方法でないと開かないものも多い。通常の扉のように開くものもあれば、回転したり横にすべったり床に沈みこんだり天井に上がっていったり、はね橋のように下りて入口になるものもある。秘密の扉を床すれすれの低い場所や、壁の高い場所に設置し、見つけたり近づくのを難しくすることもある。ウィザードやソーサラーにはフェイズ・ドア呪文があり、これを使えば彼らにしか使えない魔法の秘密の扉を作ることができる。

魔法の扉：ダンジョンの建設者たちが魔法をかけたことにより、扉が探索者たちに話しかけたり、戻れと警告することもある。破壊を防ぐために、硬度やHP、ディスインテグレイト等の呪文に対するセーヴが高くなっている場合もある。魔法の扉は、扉の向こう側の空間につながっているとは限らず、どこか遠くの場所や、ときには別の次元界への門になっている場合もある。また、合言葉や特別な鍵がないと開かないものもある。

落とし格子：この特殊な扉は、鉄の棒や鉄のたがをはめた太い木の棒を組み合わせたつくりで、戸口の上の天井のくぼみから下りてくるように作られている。格子状に横棒があることも、縦の棒だけの場合もある。多くは巻き上げ機によって引き上げる仕組みになっており、素早く下ろすことができるようになっている。下端には棘が付いており、下に立つ者をおどし、落とし格子が落ちる最中に下をくぐりぬけようという気をなくさせる。落とし格子は下ろされると固定されるが、固定しなくとも非常に重く常人にはどうやっても持ち上げられない物もある。典型的な落とし格子を持ち上げるには【筋力】判定（DC25）が必要となる。

壁や扉とディテクト系呪文

　石の壁、鉄の壁、鉄製の扉には、ディテクト・ソウツなど、ほとんどのディテクト系の呪文を妨害するだけの厚さがあるのが普通である。木の壁、木製の扉、石製の扉には、それだけの厚みがないことが多い。ただし、壁に仕込まれた、壁と同じだけ（1フィート以上）の厚みがある石造りの秘密の扉は、ほとんどのディテクト系呪文を妨害する。

階段

　ダンジョン内の階と階をつなぐ一般的な方法は、階段を使うことである。キャラクターが階段を上り下りする際、移動速度にペナルティを受けないが、疾走はできない。階段では、〈軽業〉

のDCが4上昇する。階段の中には、特に急なため移動困難な地形とみなされるものもある。

落盤と崩落（CR8）

　トンネルの落盤や崩落は極めて危険である。ダンジョンの探索者たちは、落ちてくる何トンもの岩に押し潰される危険に加えて、たとえ生き延びても、瓦礫の山に埋もれたり、出口への道を閉ざされてしまう場合もある。落盤が起こると、崩落したエリアのまっただ中（埋没域という）にいる者はみな埋もれてしまい、崩落の周辺部（流出域という）にいる者も転げてくる瓦礫でダメージを受ける。典型的な通路での落盤では、半径15フィートの範囲が埋没域となり、その外周の幅10フィートの範囲が流出域となる。天井が弱くなっていて落盤の可能性があることに気付くには、〈知識：工学〉または〈製作：石工〉判定（DC20）に成功すればよい。〈製作〉は未修得でも【知力】判定で代用できることに注意。ドワーフは種族的特徴である石工の勘により、弱くなっている天井の10フィート以内を通りがかっただけで自動的にこの種の判定を行える。

　弱くなっている天井は、何か大きな衝撃や振動によって崩落する可能性がある。また、キャラクターが天井を支えている柱の半分以上を破壊した場合も崩落が起きる。

　埋没域内のキャラクターは8d6ポイントのダメージを受ける。このダメージは反応セーヴ（DC15）に成功すると半分ですむ。その上で、"生き埋め"になる。流出域内のキャラクターは3d6ポイントのダメージを受ける。反応セーヴ（DC15）に成功すればこのダメージは受けない。反応セーヴに失敗した流出域内のキャラクターも"生き埋め"になる。

　"生き埋め"になっているキャラクターは、1分ごとに1d6ポイントの非致傷ダメージを受ける。"生き埋め"のキャラクターが意識を失ったら1分ごとに【耐久力】判定（DC15）を行う。これに失敗すると、以後は救出されるか死ぬまで1分ごとに1d6ポイントの致傷ダメージを受ける。

　"生き埋め"にならなかったキャラクターは、仲間を掘り出すことができる。道具なしに手だけでやるなら、1分あたり自分の重荷重の5倍までの石や瓦礫を取り除ける。一辺5フィートの立方体の空間を満たす石や瓦礫の量は1米トン（2,000ポンド）である。つるはし、かなてこ、シャベルなど、適切な道具があれば、手だけの場合の2倍の早さで石や瓦礫を取り除ける。"生き埋め"のキャラクターは【筋力】判定（DC25）に成功すれば自力で脱出することができる。

スライム、カビ、菌類

　暗くじめじめしたダンジョンの奥には、カビや菌類が繁茂している。呪文その他の特殊効果に関しては、スライム、カビ、菌類はいずれも植物として扱うこと。罠と同様に、危険なスライムやカビには脅威度があり、キャラクターはこれらとの遭遇により経験点を得る。

　長い間暗く湿った場所を、ぬらぬら輝く有機質のぬめりが覆っている。この種のスライム（ねばねばしたものの意）は、気色の悪いものかもしれないが、危険はない。カビや菌類は暗く涼しく湿った場所にはびこる。ダンジョンによくあるスライムと同様に無害なものもあれば、きわめて危険な物もある。多くのダンジョンの至る所に、マッシュルーム、ホコリタケ、酵母、白カビ、その他いろいろな丸、細長、平たいキノコが生息している。通常は無害であり、一部は食用に適する（ただしあまり美味しくなかったり、おかしな味がするものも多い）。

ブラウン・モールド（CR2）：ブラウン・モールド（茶色いカビ）は熱を摂取して生きており、周囲のあらゆるものから熱を奪い取る。通常は直径5フィートのまだらを描くように生育しており、その周囲半径30フィートは気温が低い。このカビから5フィート以内の生きているクリーチャーは3d6ポイントの［氷雪］による非致傷ダメージを受ける。5フィート以内に炎を持っていくと、カビの範囲は即座に2倍の大きさになる。［氷雪］ダメージ、例えばコーン・オヴ・コールドによるダメージなどを与えれば、ブラウン・モールドは即座に破壊される。

グリーン・スライム (CR4)：スライムはダンジョンにはごくありふれた危険の無いものだが、グリーン・スライム（緑色のねばねばしたもの）のように危険な種類のものもある。グリーン・スライムは触れた肉や有機物をむさぼり食い、金属すら溶かしてしまう。色は明るい緑色で、ねばねばと湿っており、壁や床、天井にまだらのようにへばりついていて、有機物を取りこむにつれて増殖する。下で動くもの（それはおそらく彼らの食料であろう）があると、壁や天井からぽとりと落下して覆い被さる。

一辺5フィートのマスを占める1かたまりのグリーン・スライムは、肉を1ラウンドむさぼり食うごとに1d6ポイントの【耐久力】ダメージを与える。接触した最初のラウンドであれば、グリーン・スライムをクリーチャーからこそげ落とすことができる（こそげ落とすのに使った器具は破壊される）。しかしそれ以降は、凍らせるか、焼くか、切り離すしかない（その際のダメージは犠牲者にも及ぶ）。［氷雪］ダメージや［火炎］ダメージを与えるもの、太陽の光、リムーヴ・ディジーズ呪文は1かたまりのグリーン・スライムを破壊する。木材や金属に対しては、グリーン・スライムは1ラウンドあたり2d6ポイントのダメージを与える。このとき金属の硬度は無視されるが、木材の硬度は有効である。石に対しては無害である。

ヒカリタケ：地下で育つこの奇妙なキノコは、スミレ色のおぼろげな光を放ち、ろうそくと同じ光量で地下洞窟や通路を照らす。ごく稀に、松明ほどの光を放つものも存在する。

シュリーカー：この人間大の紫色のキノコは、動くものや光源が10フィート以内に近づくと、ひどい音を1d3ラウンドにわたり発生させる。この"叫び声"により、50フィート以内では他の音が一切聞こえなくなってしまう。音は発生の原因を調べようとするクリーチャーを呼び寄せる。シュリーカーの近くに生息するクリーチャーには、この音が食料や侵入者が近くにいると学習したものもいる。

イエロー・モールド (CR6)：一辺5フィートのマスを占めるイエロー・モールド（黄色いカビ）は、刺激を受けると有毒な胞子の雲を放出する。10フィート以内にいる者はみな、頑健セーヴ（DC15）を行い、失敗すると1d3ポイントの【耐久力】ダメージを受ける。以降の5ラウンドの間、毎ラウンド頑健セーヴ（DC15）を行い、失敗すると1d3ポイントの【耐久力】ダメージを受ける。頑健セーヴに成功すると、この効果は終了する。イエロー・モールドは火によって破壊され、太陽光を受けると活動を休止する。

罠

ダンジョンの中では、罠はよくある危険のひとつである。噴き出す白熱した炎から無数の毒のダーツの雨まで、罠は価値ある財宝を守ったり侵入者の進攻を止めるのに役立つ。

罠の諸要素

機械式の罠であれ魔法の罠であれ、あらゆる罠には以下の要素が含まれている：CR、種類、〈知覚〉DC、〈装置無力化〉DC、作動条件、再準備、効果、持続時間である。一部のトラップには毒や回避方法といった、オプション要素がある。これらの特性を以下に記載する。

種類

罠には機械式の罠と魔法の罠がある。

機械式の罠：ダンジョンには機械式の（魔法のものではない）致命的な罠が頻繁に仕掛けられている。罠は通常、位置と発動する条件、作動する前に見つけるのがどの程度難しいか、ダメージをどの程度与えるか、影響の軽減のためにキャラクターはセーヴができるかなどが決まっている。アロー（矢）や切り払う刃など武器で攻撃する罠は、通常の攻撃ロールを個々の罠ごとに設定された特定の攻撃ボーナスで行う。PCが機械式の罠を作るには、〈製作：罠〉技能に成功する必要がある（p.465"罠の設計"とp.98の技能の説明を参照）。

〈知覚〉判定に成功したクリーチャーは、罠が作動する前にその存在に気付く。この判定のDCは罠ごとに設定されている。一般に、判定に成功したということは、罠が起動する機構（踏み板や、扉の取っ手に取り付けられた奇妙な仕掛けなど）に気付いたことを表す。DCを5以上上回ったなら、罠が発動した際に起こることの示唆を得ることができる。

魔法の罠：危険な罠を作り出すのに使える呪文は多い。呪文やアイテムの説明に特に記述がない限り、以下のルールが適用される。

• 〈知覚〉（DC25＋呪文レベル）に成功すれば、

魔法の罠が作動する前にその存在に気付く。

- セーヴ（DC10＋呪文のレベル×1.5）を行うことができ、成功すれば魔法の罠の効果が軽減される。
- "罠探し"のクラス特徴を持つキャラクターは〈装置無力化〉（DC25＋呪文レベル）に成功することで魔法の罠を解除できる。"罠探し"がなければ〈装置無力化〉で魔法の罠を解除することはできない。

魔法の罠はさらに呪文の罠と魔法装置の罠に大別される。魔法装置の罠は、作動すると、ちょうどワンドやロッドやリング等の魔法のアイテムのように呪文の効果を生み出す。魔法装置の罠を作るには、《その他の魔法のアイテム作成》の特技が必要である。

呪文の罠は、単にそれ自体が罠としてはたらく呪文のことである。呪文の罠を作るには、その呪文を発動できるキャラクターの協力が必要であり、普通は罠を作る本人か、罠を作るために雇われたNPCの呪文の使い手である。

〈知覚〉と〈装置無力化〉のDC

製作者は機械式の罠の〈知覚〉と〈装置無力化〉DCを設定できる。魔法の罠の場合、罠を作るのに使った呪文のうち、最も呪文レベルの高いものによって値が定まる。

機械式の罠：〈知覚〉および〈装置無力化〉の基本的なDCは20である。どちらかのDCを上下させると、罠のCRが変化する（表13-3）。

魔法の罠：〈知覚〉および〈装置無力化〉のDCは（25＋使った呪文のうち最も呪文レベルの高いものの呪文レベル）である。魔法の罠に対して〈装置無力化〉を行えるのは"罠探し"のクラス特徴を有するキャラクターのみである。

作動条件

作動条件とは、"何をどうしたら罠が動き出すか"である。

場所式：作動条件が"場所式"となっている罠は、誰かが特定のマス目に立つと作動する。

距離式：この作動条件が付いている罠は、誰かが罠から一定の距離のマス目に入った時点で作動する。"距離式"が"場所式"と違うのは、クリーチャーが特定のマス目に立つ必要はない点である。例えば飛行しているクリーチャーは、作動条件が"距離式"の罠を作動させることはあるが、"場所式"の罠は作動させない。"距離式"の作動条件のうち機械式のものは、空気のほんのわずかな動きにも非常に敏感に反応する。このため空気が特に動いていない墓所などの場所でしか使い物にならない。

魔法装置の罠にもっともよく使われる"距離式"の作動条件は、アラーム呪文である。この呪文を通常に発動した場合と違い、作動条件として用いられるアラーム呪文は、罠で守りたい範囲だけをカバーするようにしておくことができる。

魔法装置の罠の中には、特定の種類のクリーチャーが近づいた時のみ作動する、特殊な"距離式"の作動条件を有するものもある。たとえば悪の祭壇にディテクト・グッド呪文を"距離式"の作動条件として仕掛け、善の属性を持つ者が近づいた時のみ、仕掛けた罠を作動させることができる。

音声式：この作動条件は、何らかの音を感知したら魔法式の罠を作動させる。"音声式"の作動条件は実際の耳のように機能し、〈知覚〉のボーナスは＋15である。〈隠密〉に成功するか、サイレンスの魔法的な静寂、そのほか音を聞こえなくする効果によって、罠は作動しなくなる。"音声式"の作動条件を有する罠を作るには、製作過程でクレアオーディエンスが必要となる。

視覚式：この作動条件は魔法の罠用のもので、実際の目のように機能し、何かを"見る"と罠を働かせる。"視覚式"の作動条件を有する罠を作るには、製作過程でアーケイン・アイ、クレアヴォイアンス、トゥルー・シーイングのいずれかが必要である。見える距離と罠の持つ〈知覚〉ボーナスは、次の表にある通り、呪文によって異なる。

呪文	見える距離	〈知覚〉ボーナス
アーケイン・アイ	視線が通る範囲（距離無制限）	20
クレアヴォイアンス	予め選択した1か所	15
トゥルー・シーイング	視線が通る範囲（最大120フィート）	30

暗闇を見通す力を罠に与えたいなら、トゥルー・シーイング版にするか、あるいは追加でダークヴィジョンが必要になる（ダークヴィジョンの場合、暗闇で物が見える距離は60フィートに制限される）。透明化や変装や幻術は、罠に使われた呪文自体をごまかせるなら、"視覚式"の作動条件をもごまかせる。

接触式："接触式"の作動条件は、何かが触れると罠が作動するもので、作動条件の中でも製作が容易なものである。この作動条件はダメージを与える機構に物理的に接続している場合も、そうではない場合もある。魔法による"接触式"の作動条件を設けることもできる。それには罠にアラーム呪文を付け足し、呪文の効果範囲を狭めて作動の引き金となる一点だけにする必要がある。

時限式："時限式"の作動条件は、一定時間が経過するごとに、定期的に罠を作動させる。

呪文式：呪文の罠はいずれも"呪文式"の作動条件を有する。"呪文式"の罠の作動条件は各呪文の解説を参照のこと。

持続時間

特に他の記載がない限り、大部分の罠の持続時間は瞬間である。作動したら即座に効果が現れ、その後機能を止める。罠にはラウンド単位で持続時間があるものもある。そのような罠は、ラウンドごとのイニシアチブの一番最初（戦闘中に作動した場合は起動したイニシアチブ順）に記載された効果を発生し続ける。

再準備

罠の再準備とは"何をどうしたらその罠がもう一度作動可能になるか"という一連の状況である。罠を再準備するのは、通常1分程度ですむ。罠の再準備方法がより複雑な場合、必要な時間と手間はGMが決定すること。

再準備不可：この罠は、罠全体を一から作り直さない限り、一度しか作用しない。呪文の罠は"再準備不可"である。

修理：この罠が再び機能するには、罠を修理しなければならない。機械式の罠を修理するには、〈製作：罠〉が必要である。DCはその罠を作る際のDCに等しい。修理にかかる原材料費は、罠本来の市価の1/5である。罠を直すのにかかる時間の計算は、製作時と同様の計算方法で行うが、罠の市価の代わりに修理にかかる原材料費を用いること。

手動：この罠を再準備するには、誰かが罠の部品を本来の位置に戻さなければならない。機械式の罠の大部分は、再準備が"手動"になっている。

自動：この罠は自動的に再準備される。即座に再準備されるものも、一定の期間をおいて再準備されるものもある。

回避方法（オプション要素）

罠の製作者が、製作後あるいは設置後もその罠を通って移動できるようにしたいなら、何らかの回避用の仕組み（罠を一時的に解除する仕掛け）を作っておくのはよい考えだ。"回避方法"の要素は、機械式の罠にしかないのが普通である。呪文の罠の場合、通常、術者自身は回避できるようになっている。

錠：錠による場合、〈装置無力化〉（DC30）に成功すれば解錠して回避することができる。

隠しスイッチ：隠しスイッチは〈知覚〉（DC25）に成功すれば発見できる。

隠し錠：隠し錠は上記の"錠"と"隠しスイッチ"の性質を組み合わせたものである。発見するには〈知覚〉（DC25）、その後解錠には〈装置無力化〉（DC30）が必要となる。

効果

罠の効果は、"その罠を発動させた者に何が起こるか"をあらわす。通常、これはダメージか呪文効果の形をとるが、一部は特別な効果を有するものもある。罠は通常、自ら攻撃ロールを行うか、相手に罠を避けるためのセーヴを要求する。中には両方を行う罠もあれば、どちらも行わない罠（"決して外れない"を参照）もある。

落とし穴：これは、キャラクターが落ちてダメージを受ける可能性のある穴であり、覆いのあるものも、むき出しのものもある。落とし穴に攻撃ロールは無く、反応セーヴ（DCは製作者が決定）に成功すれば穴に落ちずにすむ。セーヴを要するこれ以外の機械式の罠もこの分類に属する。落とし穴に落下すると深さ10フィートにつき1d6ポイントのダメージを受ける。

落とし穴には3つの基本となる分類がある。覆いのないむき出しの落とし穴、覆いがしてある落とし穴、自然の裂け目である。落とし穴や裂け目は、〈軽業〉や〈登攀〉、その他さまざまな機械的あるいは魔法的な手段を適切に活用することで克服することができる。

覆いのないむきだしの落とし穴や自然の裂け目は、主に侵入者が特定の道を進む気を失わせるために使われるが、暗闇でうっかり落ちたキャラクターは後悔することになるであろうし、付近での接近戦の際には非常に厄介なものになるだろう。

覆いをして隠してある落とし穴はより危険である。発見するには〈知覚〉（DC20）が必要で、しかもキャラクターが落とし穴の上を通る前に時間をかけてその場所を注意深く捜索した場合のみ判定を行うことができる。覆いをした落とし穴に気付かなかったキャラクターも、反応セーヴ（DC20）は行え、成功すれば穴に落ちない。しかし疾走や、その他不注意な移動をしていた場合、セーヴは行えず、自動的に落ちる。

落とし穴の覆いはさまざまで、藁や木の葉や棒切れや残飯といったゴミの山、一枚物の大きなぼろきれ、普通の床の一部に見えるように偽装された落とし戸などである。この種の落とし戸は普通、十分な重量（通例、50～80ポンド）がその場にかかると開く仕組みになっている。奸智に長けた罠の製作者は、開いた後で元通りに閉じる仕組みの落とし戸を作ることもある。落とし戸には、元通りに閉じると鍵がかかり、穴に落ちたキャラクターを完全に閉じこめてしまうものもある。この種の落とし戸を開けることは、通常の扉を開けるのと同程度の難しさである（罠にはまったキャラクターがそこに到達できればだが）。また、ばねで閉まる仕組みの扉を開いたままにしておくには、【筋力】判定（DC13）が必要である。

落とし穴の罠の底には、単なる固い床よりもたちの悪い物があることも多い。罠の設計者は、穴の底にスパイクやモンスター、酸の池、溶岩の海、あるいは水を満たしておく。落とし穴の底にあるスパイクやその他、追加される物については、“罠のその他の性質”の項を参照のこと。

モンスターが罠の中にいる場合もある。穴の底にいるモンスターは、ダンジョンの設計者によってそこに配置された場合もあれば、単に落ちてしまって登れなくなった場合もある。

落とし穴の底に第2の罠があったら、機械式でも魔法でも、途方もなく危険なものになり得る。犠牲者が落ちてくると第2の罠が作動し、すでに傷ついているキャラクターを、まったく備えのできていないときに襲うのである。

遠隔攻撃型の罠： この種の罠は、ダーツやアローやスピア等を罠を作動させた者に浴びせる。攻撃ボーナスは製作者が決定する。遠隔攻撃型の罠は高い【筋力】等級を持つコンポジット・ボウの効果を模して作ることもできる。これにより、その罠のダメージには【筋力】等級と同じだけのボーナスが付く。この種の罠は、同じ型の矢弾が普通に及ぼすだけのダメージを与える。罠が高い【筋力】等級を有するように作られたなら、ダメージにはその等級と同じだけのボーナスが付く。

近接攻撃型の罠： 壁から飛び出す鋭い刃、天井から落ちかかる石のブロックなどが“近接攻撃型”の罠である。この種の罠でも攻撃ボーナスは製作者が決定する。この種の罠は、“使用している”近接武器と同じだけのダメージを与える。石のブロックが落ちてくる場合、GMは石が与える殴打ダメージを自由に設定してよいが、その罠を再準備にはそれだけの石を元通り上に戻さなければならないことに注意すること。

近接攻撃型の罠は、その罠自体が高い【筋力】値を有しているかのように、ダメージ・ロールにボーナスが付くように作ることもできる。

呪文の罠： この種の罠はその呪文の効果を生み出す。セーヴ可能な呪文の罠のセーヴDCは、呪文と同様（10＋呪文レベル＋術者の対応する能力修正値）である。

魔法装置の罠： この種の罠は製作時に組み込まれた呪文の効果を生み出すもので、効果は各呪文の説明通りである。魔法装置の罠に組み込まれた呪文がセーヴ可能なら、セーヴDCは（10＋呪文レベル×1.5）である。中にはセーヴがなく、攻撃ロールを行う呪文もある。

特殊： 罠の中には、相手をおぼれさせる水攻めの罠や、能力値ダメージを与える毒など、特殊な効果を生み出すものもある。毒のセーヴDCやダメージは毒の種類によるか、製作者がしかるべく決定する。

罠のその他の性質

一部の罠には追加の性質があって、一層危険なものになっている。そうした性質のうち、一般的なものを以下に挙げる。

液体： 溺れる危険のある罠がこの分類に入る。液体を用いた罠には“必中”と“時間差”という性質（いずれも後述）があるのが普通である。

落とし穴のスパイク： 落とし穴の底のスパイク（棘）はダガーとして扱い、それぞれ＋10の攻撃ボーナスで攻撃する。穴の深さ10フィートごとにダメージ・ボーナスは＋1される（最大で＋5）。穴に落ちた各キャラクターは、1d4本のスパイクに攻撃を受ける。このダメージは落下によるダメージに加えられる。この数値は一般的なものにすぎず、より危険なスパイクを備えた罠もある。落とし穴のスパイクは罠の平均ダメージを増加する（“平均ダメージ”を参照）。

落とし穴の底： 落とし穴の底にスパイク以外のものがある場合は、それを別個の罠として扱うのがよい（“複数の罠”の項を参照）。底の罠には“場所”式の作動条件があって、落ちてきたキャラクター等によって大きな衝撃を受けると作動する。

ガス： ガスの罠では、そのガスに含まれる毒の吸入が危険をもたらす。ガスを用いた罠には“必中”と“時間差”という性質（いずれも後述）があるのが普通である。

時間差： 時間差とは、その罠が発動してから実際に害を及ぼすまでの時間である。“必中”の罠には必ず時間差がある。

接触攻撃： 近接接触攻撃ないし遠隔接触攻撃に成功しさえすれば命中する罠にこの性質がついている。

毒： 毒を使用した罠は、同じ仕組みの罠をより危険にするため、相応にCRが高くなる。毒によるCRの上昇については表13-3を参考に決定すること。罠に利用できるのは吸入型、接触型、致傷型の毒のみであり、摂取型の毒は利用できない。一部の罠は単に毒自体のダメージのみを及ぼす。毒だけでなく遠隔攻撃や近接攻撃によるダメージを及ぼすものもある。毒についてはp.611を参照のこと。

必中： ダンジョンの壁全体が動いてキャラクターを潰そうとする際、外れる可能性が無いので、素早い反応も助けにならない。

"必中"の性質を有する罠には攻撃ボーナスも回避のためのセーヴもできないが、"時間差"（前述）がある。ガスや液体を用いる罠のほとんどは"必中"である。

複数目標： この性質を有する罠は2体以上のキャラクターに影響を与えることがある。

錬金術アイテム： 機械式の罠には、足留め袋、錬金術師の火、雷石など、錬金術アイテムなどの特殊な物質やアイテムが組み込まれる場合がある。こうしたアイテムの中には呪文の効果に似たものもある。アイテムが呪文の効果に似たものの場合、"表13-3：機械式の罠のCR修正値"の通り、罠のCRは上昇する。

罠の例

　以下に挙げる例は、プレイヤー・キャラクターに挑む罠を製作するにあたって考えられる罠の一例である。

落とし穴の罠　　　　　　　　　　　　　　　CR1
種類　機械式；　〈知覚〉　DC20；　〈装置無力化〉　DC20
作動　場所式；　**再準備**　手動
効果
深さ20フィートの落とし穴（2d6、落下）；反応セーヴ（DC20）で回避；複数目標（一辺10フィートの正方形の範囲にいるすべての目標）

毒を塗られたダーツの罠　　　　　　　　　　CR1
種類　機械式；　〈知覚〉　DC20；　〈装置無力化〉　DC20
作動　接触式；　**再準備**　不可
効果
攻撃＋10遠隔（1d3、加えて"毒"（グリーンブラッド・オイル））

振り降ろされる斧の罠　　　　　　　　　　　CR1
種類　機械式；　〈知覚〉　DC20；　〈装置無力化〉　DC20
作動　場所式；　**再準備**　手動
効果
攻撃＋10近接（1d8＋1／×3）；複数目標（10フィート直線状の範囲にいるすべての目標）

矢の罠　　　　　　　　　　　　　　　　　　CR1
種類　機械式；　〈知覚〉　DC20；　〈装置無力化〉　DC20
作動　接触式；　**再準備**　不可
効果
攻撃＋15遠隔（1d8＋1／×3）

ジャヴェリンの罠　　　　　　　　　　　　　CR2
種類　機械式；　〈知覚〉　DC20；　〈装置無力化〉　DC20
作動　場所式；　**再準備**　不可
効果
攻撃＋15遠隔（1d6＋6）

底にスパイクのある落とし穴の罠　　　　　　CR2
種類　機械式；　〈知覚〉　DC20；　〈装置無力化〉　DC20
作動　場所式；　**再準備**　手動
効果
深さ10フィートの落とし穴（1d6、落下）；底にスパイク（攻撃＋10近接、各目標に対して1d4本のスパイクが、それぞれ1d4＋2ダメージ）；反応セーヴ（DC20で回避）；複数目標（一辺10フィートの正方形の範囲にいるすべての目標）

バーニング・ハンズの罠　　　　　　　　　　CR2
種類　魔法装置；　〈知覚〉　DC26；　〈装置無力化〉　DC26
作動　距離式（アラーム）；　**再準備**　不可
効果
呪文効果（バーニング・ハンズ、2d4［火炎］、反応セーヴ（DC11）でダメージ半減）；複数目標（15フィート円錐形の範囲にいるすべての目標）

アシッド・アローの罠　　　　　　　　　　　CR3
種類　魔法装置；　〈知覚〉　DC27；　〈装置無力化〉　DC27
作動　距離式（アラーム）；　**再準備**　不可
効果
呪文効果（アシッド・アロー、攻撃＋2遠隔接触、4ラウンド間、1ラウンドあたり2d4［強酸］ダメージ）

巧みに偽装した落とし穴の罠　　　　　　　　CR3
種類　機械式；　〈知覚〉　DC25；　〈装置無力化〉　DC20
作動　場所式；　**再準備**　手動
効果
深さ30フィートの落とし穴（3d6、落下）；反応セーヴ（DC20）で回避；複数目標（一辺10フィートの正方形の範囲にいるすべての目標）

壁に仕込んだ大鎌の罠　　　　　　　　　　　CR4
種類　機械式；　〈知覚〉　DC20；　〈装置無力化〉　DC20
作動　場所式；　**再準備**　自動
効果
攻撃＋20近接（2d4＋6／×4）

電弧放電の罠　　　　　　　　　　　　　　　CR4
種類　機械式；　〈知覚〉　DC25；　〈装置無力化〉　DC20
作動　接触式；　**再準備**　不可
効果
電弧放電（4d6［雷撃］、反応セーヴ（DC20）でダメージ半減）；複数目標（30フィート直線状の範囲にいるすべての目標）

落ちてくるブロックの罠 CR5

種類 機械式；〈知覚〉DC20；〈装置無力化〉DC20
作動 場所式；**再準備** 手動
効果

攻撃＋15近接（6d6）；複数目標（一辺10フィートの正方形の範囲にいるすべての目標）

ファイアーボールの罠 CR5

種類 魔法装置；〈知覚〉DC28；〈装置無力化〉DC28
作動 距離式（アラーム）；**再準備** 不可
効果

呪文効果（ファイアーボール、6d6［火炎］、反応セーヴ（DC14）でダメージ半減）；複数目標（半径20フィート爆発の範囲にいるすべての目標）

フレイム・ストライクの罠 CR6

種類 魔法装置；〈知覚〉DC30；〈装置無力化〉DC30
作動 距離式（アラーム）；**再準備** 不可
効果

呪文効果（フレイム・ストライク、8d6［火炎］、反応セーヴ（DC17）でダメージ半減）；複数目標（半径10フィートの円柱の範囲にいるすべての目標）

ワイヴァーン毒の矢の罠 CR6

種類 機械式；〈知覚〉DC20；〈装置無力化〉DC20
作動 場所式；**再準備** 不可
効果

攻撃＋15遠隔（1d6、加えて“毒”（ワイヴァーンの毒）／×3）

凍てつく牙の罠 CR7

種類 機械式；〈知覚〉DC25；〈装置無力化〉DC20
作動 場所式；**持続** 3ラウンド；**再準備** 不可
効果

凍てつく水の噴射（3d6［氷雪］、反応セーヴ（DC20）でダメージ半減）；複数目標（一辺40フィートの正方形の部屋にいるすべての目標）

サモン・モンスターVIの罠 CR7

種類 魔法装置；〈知覚〉DC31；〈装置無力化〉DC31
作動 距離式（アラーム）；**再準備** 不可
効果

呪文効果（サモン・モンスターVI、大型のエレメンタル1d3体または超大型のエレメンタル1体を召喚する）

“狂気の霧”の罠 CR8

種類 機械式；〈知覚〉DC25；〈装置無力化〉DC20
作動 場所式；**再準備** 修理
効果

毒のガス（狂気の霧）；必中；時間差（1ラウンド）；複数目標（10フィート×10フィートの部屋にいるすべての目標）

巧みに偽装した、底にスパイクのある落とし穴の罠 CR8

種類 機械式；〈知覚〉DC25；〈装置無力化〉DC20
作動 場所式；**再準備** 手動
効果

深さ50フィートの落とし穴（5d6、落下）；底にスパイク（攻撃＋15近接、各目標に対して1d4本のスパイクが、それぞれ1d6＋5ダメージ）；反応セーヴ（DC20）で回避；複数目標（一辺10フィートの正方形の範囲にいるすべての目標）

雷撃の床の罠 CR9

種類 魔法装置；〈知覚〉DC26；〈装置無力化〉DC26
作動 距離式（アラーム）；**持続** 1d6ラウンド；**再準備** 不可
効果

呪文効果（ショッキング・グラスプ、攻撃＋9近接接触、4d6［雷撃］）；複数目標（一辺40フィートの正方形の部屋にいるすべての目標）

降り注ぐ矢の罠 CR9

種類 機械式；〈知覚〉DC25；〈装置無力化〉DC25
作動 視覚式（アーケイン・アイ）；**再準備** 修理
効果

攻撃＋20遠隔（6d6）；複数目標（20フィートの直線状の範囲にいるすべての目標）

エナジー・ドレインの罠 CR10

種類 魔法装置；〈知覚〉DC34；〈装置無力化〉DC34
作動 視覚式（トゥルー・シーイング）；**再準備** 不可
効果

呪文効果（エナジー・ドレイン、攻撃＋10遠隔接触、2d4ポイントの一時的負のレベル、24時間後にDC23の頑健セーヴで無効；詳しくは呪文の説明を参照）

刃の部屋の罠 CR10

種類 機械式；〈知覚〉DC25；〈装置無力化〉DC20
作動 場所式；**持続** 1d4ラウンド；**再準備** 修理
効果

攻撃＋20近接（3d8＋3）；複数目標（一辺20フィートの正方形の部屋にいるすべての目標）

コーン・オヴ・コールドの罠 CR11

種類 魔法装置；〈知覚〉DC30；〈装置無力化〉DC30
作動 距離式（アラーム）；**再準備** 不可
効果

呪文効果（コーン・オヴ・コールド、15d6［氷雪］、反応セーヴ（DC17）でダメージ半減）；複数目標（60フィート円錐形の範囲にいるすべての目標）

底に毒のスパイクのある落とし穴の罠　　　　CR12

種類 機械式；**〈知覚〉** DC25；**〈装置無力化〉** DC20
作動 場所式；**再準備** 手動

効果

深さ50フィートの落とし穴（5d6、落下）；底にスパイク（攻撃＋15近接、各目標に対して1d4本のスパイクが、それぞれ1d6＋5ダメージ、加えて"毒"（シャドウ・エッセンス））；反応セーヴ（DC25）で回避；複数目標（一辺10フィートの正方形の範囲にいるすべての目標）

《呪文威力最大化》ファイアーボールの罠　　　CR13

種類 魔法装置；**〈知覚〉** DC31；**〈装置無力化〉** DC31
作動 距離式（アラーム）；**再準備** 不可

効果

呪文効果（ファイアーボール、60［火炎］ダメージ、反応セーヴ（DC14）でダメージ半減）；複数目標（半径20フィート爆発の範囲にいるすべての目標）

ハームの罠　　　　　　　　　　　　　　　CR14

種類 魔法装置；**〈知覚〉** DC31；**〈装置無力化〉** DC31
作動 接触式；**再準備** 不可

効果

呪文効果（ハーム、＋6近接接触、130ダメージ、意志セーヴ（DC19）でダメージ半減、ただしHPを0以下に減少させない）

落石の罠　　　　　　　　　　　　　　　　CR15

種類 機械式；**〈知覚〉** DC30；**〈装置無力化〉** DC20
作動 場所式；**再準備** 手動

効果

攻撃＋15近接（16d6）；複数目標（一辺10フィートの正方形の範囲にいるすべての目標）

《呪文威力強化》ディスインテグレイトの罠　CR16

種類 魔法装置；**〈知覚〉** DC33；**〈装置無力化〉** DC33
作動 視覚式（トゥルー・シーイング）；**再準備** 不可

効果

呪文効果（《呪文威力強化》されたディスインテグレイト、＋9遠隔接触、30d6×1.5倍ダメージ、頑健セーヴ（DC19）で5d6×1.5倍ダメージに減少）

ライトニング・ボルトの部屋の罠　　　　　CR17

種類 魔法装置；**〈知覚〉** DC29；**〈装置無力化〉** DC29
作動 距離式（アラーム）；**持続** 1d6ラウンド；**再準備** 不可

効果

呪文効果（《呪文レベル上昇》されたライトニング・ボルト、8d6［雷撃］ダメージ、反応セーヴ（DC16）でダメージ半減）；複数目標（一辺60フィートの正方形の部屋にいるすべての目標）

表13-3：機械式の罠のCR修正値

性質	脅威度修正値
〈知覚〉DC	
〜15	−1
16〜20	−
21〜25	＋1
26〜29	＋2
30〜	＋3
〈装置無力化〉DC	
〜15	−1
16〜20	−
21〜25	＋1
26〜29	＋2
30〜	＋3
反応セーヴDC（落とし穴など、セーヴが必要な罠の場合）	
〜15	−1
16〜20	−
21〜25	＋1
26〜29	＋2
30〜	＋3
攻撃ボーナス（近接攻撃や遠隔攻撃を行なう罠の場合）	
〜0	−2
＋1〜＋5	−1
＋6〜＋10	−
＋11〜＋15	＋1
＋16〜＋20	＋2
接触攻撃	＋1
ダメージ／効果	
平均ダメージ	10ポイントごとに＋1
その他の特徴	
錬金術アイテム	模する呪文のレベル
自動的に再準備	＋1
液体	＋5
複数目標（ダメージを与えない）	＋1
必中	＋2
距離式か視覚式で起動	＋1

毒	CR修正値	毒	CR修正値
アカネグサ	＋1	デスブレード	＋5
アンゴル・ダスト	＋3	ドラゴンの胆汁	＋6
オーサー焼香	＋6	トリアネフの根	＋5
大型スコーピオン毒	＋3	ニサリット	＋4
狂気の霧	＋4	パープル・ワームの毒	＋4
グリーンブラッド・オイル	＋1	ブラック・アダーの毒	＋1
小型センチピードの毒	＋1	ブラック・ロータス抽出液	＋8
サソーヌの葉の残滓	＋3	ブルー・フィニス	＋1
ジャイアント・ワスプの毒	＋3	マリスの根のペースト	＋3
シャドウ・エッセンス	＋3	ワイヴァーンの毒	＋5
中型スパイダーの毒	＋2		

環境 13

致死毒の槍の罠   CR18

種類 機械式；**〈知覚〉** DC30；**〈装置無力化〉** DC30
作動 視覚式（**トゥルー・シーイング**）；**再準備** 手動
効果
攻撃＋20遠隔（1d8＋6、加えて"毒"（ブラック・ロータス抽出液））

メテオ・スウォームの罠   CR19

種類 魔法装置；**〈知覚〉** DC34；**〈装置無力化〉** DC34
作動 視覚式（**トゥルー・シーイング**）；**再準備** 不可
効果
呪文効果（**メテオ・スウォーム**、別個の目標を持つ4つの火球、
＋9遠隔接触、命中すれば2d6および6d6［火炎］ダメージ、た
だし［火炎］ダメージは－4のペナルティでの反応セーヴ
（DC23）でダメージ半減、命中しなければ6d6［火炎］ダメージ、
反応セーヴ（DC23）でダメージ半減；加えて他の火球により
18d6［火炎］ダメージ、反応セーヴ（DC23）でダメージ半減）；
複数目標（4体の目標、どの2体を取っても40フィート以内であ
ること）

ディストラクションの罠   CR20

種類 魔法装置；**〈知覚〉** DC34；**〈装置無力化〉** DC34
作動 距離式（**アラーム**）；**再準備** 不可
効果
呪文効果（《呪文レベル上昇》した**ディストラクション**、190ダ
メージ、頑健セーヴ（DC23）で10d6ダメージに減少）

罠の設計

　新しい罠の設計は簡単な手法をとる。まず、どの種類の罠を
製作したいかを決定する。
機械式の罠：単に特定の罠に備えさせたい要素を選択し、それ
らの要素による罠のCRの修正値を合計して、罠の最終的なCR
を算出すること（表13-3参照）。CRによってキャラクターが罠
を製作する際の〈製作：罠〉のDCを決定する（p.466参照）。
魔法の罠：機械式の罠と同様、その罠に備えさせたい要素を選
択し、その結果できる罠のCRを算出すればよい（表13-4参照）。
PCが魔法の罠を設計し製作するには、《その他の魔法のアイテ
ム作成》の特技を有していなければならない。加えて、その罠
に必要な呪文を発動できなければならない。自分で発動できな
いなら、代わりに発動してくれるNPCを雇う必要がある。

罠のCR

　罠のCRを算出するには、CR修正値（表13-3または表13-4参
照）すべてを、罠の種類ごとの基本CRと合算する。
機械式の罠：機械式の罠の基本CRは0である。最終的なCRが
0以下になってしまったら、1以上になるようになんらかの性
質を付け加えること。
魔法の罠：呪文の罠や魔法装置の罠の基本CRは1である。その
罠に使われた最も呪文レベルの高い呪文によってCRに修正が
加わる（表13-4参照）。
平均ダメージ：罠が（機械式でも魔法の罠でも）HPにダメー

表13-4：魔法の罠のCR修正値

性質	CR修正値
最も呪文レベルの高い呪文効果	＋呪文レベル
ダメージを与える呪文効果	平均ダメージ10ポイントごとに＋1

ジを与えるものなら、命中した場合の平均ダメージを算出し、
その値を10で割ること（四捨五入）。罠が2体以上の目標を持つ
よう設計されているなら、この値を2倍すること。罠が複数ラ
ウンドにわたりダメージを与えるよう設計されているなら、罠
が起動しているラウンド数（持続時間が一定でないのなら、持
続する平均ラウンド）とこの値とを乗算すること。この値は表
13-3にある通り、罠のCRに対する修正値になる。毒のダメー
ジはこの計算に入れないが、落とし穴の底にあるスパイクによ
るダメージや複数回攻撃によるダメージは計算に加える。
　魔法の罠の場合、CRに影響を与える修正は1つしかない。最
もレベルの高い呪文の呪文レベルによるものと、平均ダメージ
によるものの、どちらか高い方である。
　複数の罠：罠が実際にはほぼ同一の範囲に影響を及ぼす2つ以
上の罠を組み合わせたものであるなら、それぞれの罠のCRを
個別に算出すること。
　独立していない複数の罠：片方の罠がもう一方の罠の成功に
連動しているなら（つまり最初の罠をかわせばもう一方は自動
的にかわせるなら）、キャラクターは最初の罠と相対したこと
で両方の罠によるXPを獲得する。第二の罠が起動したかどう
かは関係ない。
　独立している複数の罠：2つ以上の罠が独立して働くなら（つ
まりどの罠も他の罠の成否に関係なく起動するなら）、キャラ
クターは相対した罠の経験値のみを獲得する。

機械式の罠のコスト

　機械式の罠のコストは（1,000GP×罠のCR）である。罠の作
動条件や再準備に呪文が使用されている場合、そのコストを
個々に加える。罠が再準備不可の場合、コストを半分にする。"再
準備"が自動の罠ならコストを半分だけ加える（＋50%する）。
落とし穴の罠のような、特に単純な罠の場合、GMの判断でコ
ストを大幅に減らしてもよい。そうして削減された罠でも、少
なくとも（250GP×罠のCR）のコストはかかる。
　CRによるコストを算出した後、罠に組み込んだ錬金術アイテ
ムや毒の価格がもしあれば、それも加算すること。もし罠が
錬金術アイテムか毒を用いており、かつ"再準備"が自動なら、
十分な用意のために毒や錬金術アイテムのコストを20倍する
こと。
　複数の罠：罠が実際には複数の罠を組み合わせたものであるな
ら、各々の罠の最終コストを求めた上で合計すること。これは
"独立した複数の罠"の場合も"独立していない複数の罠"の場合
も同じである。

魔法装置の罠のコスト

　魔法装置の罠の製作には金貨の支払いが必要なだけでなく、

表13-5：魔法装置の罠のコスト修正値

性質	コスト修正値
作動条件に使うアラーム呪文	—
再準備不可の罠	
罠に用いられる個々の呪文	＋50GP×術者レベル×呪文レベル
物質要素	＋すべての物質要素の費用
再準備が自動の罠	
罠に用いられる個々の呪文	＋500GP×術者レベル×呪文レベル
物質要素	＋物質要素の費用×100

表13-6：〈製作：罠〉のDC

罠のCR	基本〈製作：罠〉DC
1～5	20
6～10	25
11～15	30
16～	35
追加条件	〈製作：罠〉DC修正値
距離式で起動	＋5
再準備が自動	＋5

　呪文の使い手による作業が必要である。表13-5は魔法装置の罠のコストをまとめたものである。罠に複数の呪文が用いられているなら（例えば、メインの呪文効果以外に音声式や視覚式の作動条件のように呪文が使われている場合など）、製作者はすべての呪文のコストを払う必要がある（ただし**アラーム**は例外で、NPCに発動してもらう場合以外はコストを支払わなくてよい）。

　表13-5に示されているコストは、制作者が必要な呪文を自ら発動する（あるいは他のPCが無料で呪文を使ってくれる）場合のものである。NPCの呪文の使い手を雇って発動してもらわねばならない場合、そのコストも考慮する必要がある（第6章を参照のこと）。

　魔法装置の罠はコスト500GPごとに製作に1日間かかる。

呪文の罠のコスト

　呪文の罠にコストがかかるのは、制作者がNPCの呪文の使い手を雇って呪文を発動させる場合だけである。

機械式の罠の〈製作〉DC

　製作する罠のCRが決まったら、表13-6のDCの値と修正値を参照して、その〈製作：罠〉DCを求める。

　判定方法： 製作を担当するキャラクターは1週間ごとに、その週に罠の製作がどれだけ進んだかを決めるために〈製作：罠〉判定を行う。〈製作〉判定の詳しいやり方や判定に影響を及ぼす状況の詳細は〈製作〉技能の説明文を参照のこと。

野外

　安全な都市の街壁の外である野外には危険がつきものである。多くの冒険者たちが未踏の自然の中で道に迷い、あるいは恐ろしい悪天候に見舞われる。以下のルールは野外環境でシナリオを運営する際のガイドラインである。

道に迷う

　野外では色々な理由で道に迷うことがある。道や踏み分け道、川や海岸線といった分かりやすい地形に沿って移動すれば迷うことはほとんどないが、山野を横断して進む旅人は、特に視界が悪かったり、地形が険しかったりする場合に多いが、方向がわからなくなってしまう可能性がある。

　悪い視界： 周辺の状況によってキャラクターの視界が60フィート未満になった場合、道に迷う可能性がある。霧や雪や激しい雨の中を旅するキャラクターは、すぐそばの目印が見えなくなってしまう状況に容易に陥る。同様に、夜に旅するキャラクターたちも、光源の質や月光の明るさ、夜目や暗視の有無によっては、道に迷う危険がある。

　移動困難な地形： 森林やムア、丘陵、山岳では、キャラクターたちはみな、道や踏み分け道や川などのはっきりわかる通り道や痕跡に沿って旅するのでない限り、道に迷う可能性がある。木々に遮られて遠くの目印が見えず、太陽や星も見にくいため、森林は特に危険である。

　道に迷う可能性： 道に迷う可能性のある状況では、先導するキャラクターが〈生存〉判定を行い、失敗すると道に迷う。判定のDCは地形、視界の状況、いま旅している土地の地図を持っているかどうかによって異なる。次の表を参照し、最も高いDCを用いること。

地形	〈生存〉DC
荒野や平地	14
森林	16
ムアや丘陵	10
山岳	12
外海	18
都市、遺跡、ダンジョン	8

状況	修正値
適切な補助具（地図、六分儀）	＋4
狭い視界	－4

　今旅している土地について下調べをした、〈知識：地域〉ないし〈知識：地理〉が5ランク以上あるキャラクターは、この判定に＋2のボーナスを得る。

　問題となる地域内を、あるいはその地域を通過して、1時間の移動を行うごとに、道に迷ったかどうかを判定すること。1時間単位で割り切れない余りの時間があったなら、その部分についても1回判定を行う。一行が一緒になって行動している場合、先導しているキャラクターのみが判定を行う。

環境 13

　道に迷う影響：パーティーが道に迷った場合、本来目指していた方向に進めるとは限らない。1時間ごとにパーティーが実際はどちらの方角に移動しているかをランダムに決定すること。見間違いようのない目印に行き当たるか、あるいは道に迷ったことに気づいて方向感覚を取り戻すべく努力するまで、一行の移動はランダムなままである。

　道に迷ったことに気づく：ランダムな方向への移動を1時間行うごとに、パーティー内の全キャラクターが〈生存〉（DC20、ランダムな方向に1時間移動するごとに−1）を行う。成功すると、自分たちがもはや移動する方角をはっきり把握していないことに気づく。また、状況によっては、迷ったことが明白になる場合もあるだろう。

　新しい進路を定める：一旦パーティーが道に迷ってしまった後、進行方向を正しく定めなおすには、〈生存〉（DC15、ランダムな方向に1時間移動するごとに＋2）を行う必要がある。これに失敗したキャラクターは、ランダムな方向を"正しい"ものとして旅を再開する。

　キャラクターたちが新しい進路を決めて移動を再開しはじめたなら、その進路が正しかろうと間違っていようと、再び道に迷う可能性がある。旅人たちが道に迷う可能性のある状況が続いているなら、1時間移動するごとに前述の処理を行うこと。

これにより、パーティーが新しい進路を保持できるか、それとも再びランダムに進行しはじめるかが決まる。

　食い違う方向：道に迷った後では、正しい方向はどちらなのかを、複数のキャラクターが突き止めようとする可能性がある。その場合、GMは各キャラクターの〈生存〉判定をひそかに行い、判定に成功したキャラクターに正しい進路を、失敗したキャラクターに正しいと思い込んでいるランダムな進路を教えるべきである。

　方向感覚を取り戻す：道に迷ったあとで、正しい進路を発見するには複数の方法がある。1.　キャラクターたちが正しく新しい進路を定め、その進路で本来の目的地を目指すなら、彼らはもはや道に迷っていない。2.　キャラクターたちが、ランダムな移動の結果、見間違いようのない目印に行き当たることもありうる。3.　霧が晴れる、日が昇るなど、状況が突然改善されたなら、道に迷っていたキャラクターたちは新しい進路を定める試みを行える。手順は上記の通りだが、この場合は〈生存〉判定に＋4のボーナスがつく。

森林

　地形としての森林には3種がある。まばらな森林、中くらいの森林、密生した森林である。広大な森林は、その境界線の内

部にこれら3種のすべてを有し得る。森の外縁部では"まばらな森林"が多く、中心部では"密生した森林"が多い。

次の表は、あるマス目に特定の地形の構成要素のある可能性がどのくらいかを示すものである。

	森林の種類		
	まばら	中くらい	密生
普通の木	50%	70%	80%
大木	—	10%	20%
軽度の下生え	50%	70%	50%
重度の下生え	—	20%	50%

木：森林で最も重要な地形の構成要素はもちろん木である。木と同じマス目にいるクリーチャーは、部分遮蔽を得、それによってACに＋2のボーナスと反応セーヴに＋1のボーナスを得る。木があるからといって、クリーチャーが戦闘に使う空間にその他の影響が出ることはない。クリーチャーは木を利用できる時は利用するものとして扱われているのである。普通の木の幹はAC4、硬度5、150HPを有する。木に登るにはDC15の〈登攀〉に成功しなければならない。中くらいの森林や密生した森林には、普通の木だけではなく大木もある。大木は1マス全体を占め、背後のものに遮蔽を提供する。大木はAC3、硬度5、600HPを有する。大木に登る場合にもDC15の〈登攀〉に成功しなければならない。

下生え：森林の地面の多くは蔓や木の根、低木で覆われている。"軽度の下生え"で覆われたマス目に入る場合、1マス移動するのに2マスぶんの移動と数える。また、"軽度の下生え"は視認困難を提供してくれる。"軽度の下生え"では木の葉や枝が邪魔になるので〈軽業〉と〈隠密〉のDCを＋2する。"重度の下生え"のあるマス目に入る場合、1マス移動するのに4マスぶんの移動と数える。また、"重度の下生え"は失敗確率30％（通常の20％ではなく）の視認困難を提供する。"重度の下生え"では〈軽業〉のDCを＋5する。一方"重度の下生え"では身を隠しやすいので、〈隠密〉に＋5の状況ボーナスを与える。疾走や突撃は不可能である。下生えのマス目どうしは、くっついてかたまりになっていることが多い。下生えと木は互いに排除しあうものではなく、5フィート四方のマス目の中に木と下生えの両方が存在することは一般的である。

林冠：エルフなど森の住人たちは、森の地面よりもずっと高いところに台を設けて、そこに住むことがよくある。こうした木製の台と台の間はロープのつり橋が渡してあることが多い。樹上の家を訪れるには、木の枝を登るか（〈登攀〉DC15）、縄梯子を登るか（〈登攀〉DC0）、滑車仕掛けの昇降機を使う（毎ラウンド、1回の全ラウンド・アクションで【筋力】判定の結果×1フィートだけ昇る）。樹上の台や林冠の枝の上にいるクリーチャーは、地上のクリーチャーと戦う際には遮蔽を得る。加えて、"中くらいの森林"や"密生した森林"では視認困難も得る。

森林のその他の構成要素：倒木はおおむね高さ3フィートで、"低い壁"と同様に遮蔽を提供する。これを乗り越えるにはよけいに5フィート分の移動がかかる。森の小川は普通、幅5〜10フィートで、深さは5フィートに満たない。大方の森林には曲

がりくねった小道が通っている。森の小道を通れば通常の移動速度で移動できるが、遮蔽も視認困難も得られない。こうした小道は"密生した森林"ではそれほど見られないが、たとえ未踏の森林でも、獣道は時として存在する。

森林での隠密行動と探知："まばらな森林"では、〈知覚〉で付近他者の存在を探知できる最大距離は3d6×10フィートである。この距離は"中くらいの森林"では2d8×10フィート、"密生した森林"では2d6×10フィートとなる。

下生えのあるマス目はすべて視認困難を提供するため、通常、森林で〈隠密〉技能を使うのは容易い。倒木や大木は遮蔽を提供し、これも〈隠密〉を可能にする。

森の背景雑音は聴覚による〈知覚〉をより困難にする。〈知覚〉のDCは10フィート離れるごとに1ではなく2上昇する。

森林火災（CR6）

野営の火から飛ぶ火花は、ほとんどの場合、周囲のものに引火することはない。しかし、空気が乾燥していたり、風が強かったり、林床が乾ききって燃えやすくなっていると、森林火災の起きる可能性がある。また、落雷で木が燃え上がり、森林火災につながることもある。火災の原因がどうあれ、旅人は大火事に巻き込まれる可能性がある。

2d6×100フィートまでの距離にいるキャラクターは、〈知覚〉に成功すれば森林火災を視認できる。森林火災は超巨大サイズのクリーチャーとして扱うので、DCは−16される。もしもキャラクター全員が〈知覚〉に失敗したなら、火災は近づいてくる。元々の距離の半分まで近づいてきたなら火災は自動的に見える。適切な高所からであれば、森林火災の煙は10マイルの距離から視認できる。

盲目状態やその他の理由で〈知覚〉判定が行えないキャラクターは、森林火災が100フィート以内に近づいてきたら火災の熱を感じ取ることができ、自動的に"視認"したものとして扱う。

火災は進行方向（風下側）に向かって、人間の疾走する速度よりも速く進むこともある（軟風の場合で1ラウンドあたり120フィートとして処理すること）。森林の一部が炎上したなら、その部分の火が消えて煙を上げる焼跡になるまで2d4×10分燃え続ける。森林火災に追いつかれたキャラクターは、進行方向の端が追いつきようのない速さで自分たちから離れて行き、刻一刻といっそう炎のまっただ中に閉じ込められることもあろう。

森林火災の範囲内では、キャラクターたちは3つの危険に直面する。高温によるダメージ、着火、煙の吸入である。

高温によるダメージ：森林火災の中につかまってしまうのは、単に極端な高温にさらされる（p.484 "高温による危険"参照）よりももっと悪い状況だ。空気を吸い込むことで、キャラクターは毎ラウンド1d6ポイントの[火炎]ダメージを受ける（セーヴ不可）。加えて、キャラクターは5ラウンドごとに1回頑健セーヴ（DC15、2回目以降は1回ごとに＋1）を行い、失敗すると1d4ポイントの非致傷ダメージを受ける。息を止めれば致傷ダメージは受けずにすむが、非致傷ダメージは防げない。厚い衣服を着ている者や、何らかの鎧を着用している者は、この頑健セーヴに−4のペナルティを受ける。金属製の鎧を着ている者

や、高温の金属と接触しているものは、**ヒート・メタル**呪文と同様の影響を受ける。

着火：森林火災に飲み込まれたキャラクターは、火災の端に追いつかれた時点で1回、以後1分間経過するごとに1回、着火の危険性がある。p.485の着火を参照のこと。

煙の吸入：森林火災は必然的に大量の煙を生み出す。濃い煙を吸い込んだキャラクターは毎ラウンド頑健セーヴ（DC15、2回目以降は1回ごとに＋1）を行い、失敗するとそのラウンドを煙で息が詰まって咳き込むだけに費やす。2ラウンド続けて息が詰まるたびに1d6ポイントの非致傷ダメージを受ける。加えて煙は中にいるキャラクターに視認困難を提供する。

湿地

湿地には2種がある。比較的乾燥した"ムア"と水気の多い"沼地"である。いずれもしばしば湖（後出の"水界"で説明）と隣りあっている。湖は事実上、湿地にみられる3種類目の地形である。

湿地の種類

	ムア	沼地
浅い泥濘	20%	40%
深い泥濘	5%	20%
軽度の下生え	30%	20%
重度の下生え	10%	20%

泥濘：特定のマス目が"浅い泥濘"の一部なら、そこには深い泥濘や深さ1フィートほどの溜まり水がある。"浅い泥濘"のマス目に入る場合、1マス移動するのに2マスぶんの移動と数える。"浅い泥濘"のマス目では〈軽業〉のDCが＋2される。

あるマス目が"深い泥濘"の一部なら、そこは深さ4フィートほどの溜まり水となっている。サイズ分類が中型以上のクリーチャーは、"深い泥濘"のマス目に入る場合、1マス移動するのに4マスぶんの移動となり、望むなら〈水泳〉を行うこともできる。サイズ分類が小型以下のクリーチャーは、"深い泥濘"を移動するには〈水泳〉を行わなければならない。"深い泥濘"では〈軽業〉によって敵の機会攻撃を誘発しないで移動することは不可能である。

"深い泥濘"の水はサイズ分類が中型以上のクリーチャーに遮蔽を提供する。サイズ分類が小型以下のクリーチャーは良好な遮蔽（ACに＋8のボーナス、反応セーヴに＋4のボーナス）を得る。サイズ分類が中型以上のクリーチャーも、1回の移動アクションで身をかがめることにより、この良好な遮蔽を得ることができる。この良好な遮蔽を得ているキャラクターは、水中にいないクリーチャーに対する攻撃に－10のペナルティを受ける。

"深い泥濘"のマス目どうしは、一つところにかたまっていることが多い。そして、その周囲を"浅い泥濘"のマス目が不規則に取り巻いている。

"浅い泥濘"および"深い泥濘"は、どちらも〈隠密〉のDCを＋2する。

下生え：湿地に生える低木や葦などの背の高い草は、森林の下生えと同様の機能を有する。泥濘の上に下生えが生えることは

ない。

流砂：流砂は一見ごくしっかりした、下生えまたは何もない地形に見えるため、不注意なキャラクターが飲み込まれることがある。通常の速度で流砂に近づいたキャラクターは、DC15の〈生存〉判定を行い、成功すれば流砂に足を踏み入れる前に危険に気づく。しかし、突撃や疾走を行っているキャラクターは、はまってしまうまで隠れた流砂に気づくことはない。典型的な流砂の区域は直径20フィートである。突撃や疾走を行っていたキャラクターは、慣性によって流砂の区域の中を1d2×5フィートぶん進んでしまう。

流砂の効果：流砂の中にいるキャラクターは、毎ラウンド、単に今の地点にとどまるだけでもDC10の〈水泳〉判定を行わなければならず、望む方向に5フィート移動するにはDC15の〈水泳〉判定を行わなければならない。流砂にはまったキャラクターがこの判定に5以上の差で失敗したなら、地面の下に沈み、息を止めていられなくなった時点で溺れ始める（第4章〈水泳〉技能を参照）。

流砂の地面の下にいるキャラクターは、〈水泳〉判定（DC15、加えて1ラウンド連続で地面の下にいるごとに＋1）に成功すれば地表まで戻ってくることができる。

救助：流砂にはまったキャラクターを引き上げるのは困難な場合がある。助けるには木の枝、槍の柄、ロープ等、一方の端が流砂の犠牲者に届くような道具が要る。道具の端が犠牲者に届いたなら、助ける者は犠牲者を引き上げるためにDC15の【筋力】判定を行い、犠牲者は道具にしっかり掴まるためにDC10の【筋力】判定を行う。両方の判定が成功したなら、犠牲者は安全圏に5フィートだけ近くなる。犠牲者が掴まっているための【筋力】判定に失敗した場合は、即座にDC15の〈水泳〉判定を行い、失敗すると地面の下に沈んでしまう。

生け垣状の茂み：刺の多い低木や石や土がひとかたまりになったもので、ムアによく見られる。こうした茂みのうち、狭いものは"低い壁"と同様に機能し、これを越えるには3マス分の移動となる。広いものは高さ5フィートを越え、1つ以上のマス目全体を占める。広い"生け垣状の茂み"は、壁と同様に完全遮蔽を提供する。広い"生け垣状の茂み"のマスを通って移動するには、1マスあたり4マスぶんの移動と数える。ただし新しいマス目に入る際にDC10の〈登攀〉に成功すれば、2マスぶんの移動と数える。

湿地のその他の地形構成要素：一部の湿地、特に沼地には森林と同様に木が生えており、こうした木々は1箇所にかたまって木立を作っていることが多い。多くの湿地には小道があり、泥濘の部分を避けるために曲がりくねっている。森林の場合と同様、小道を通れば通常の移動速度で移動できるが、遮蔽も視認困難も得られない。

湿地での隠密行動と探知：湿地では、〈知覚〉で付近の他者の存在を探知できる最大距離は6d6×10フィートである。沼地ではこの距離は2d8×10フィートとなる。

下生えや"深い泥濘"が視認困難を豊富に提供するため、通常、湿地で〈隠密〉技能を使うのは容易い。

丘陵

　丘はどんな地形にあってもおかしくないが、丘陵群が地形の主要な要素になっている土地もある。このような地形としての丘陵には、大別して2種がある。"なだらかな丘陵"と"起伏の多い丘陵"である。丘陵地形はしばしば、険しい地形（山岳など）と平坦な地形（平地など）の間に中間地帯として存在する。

	丘陵の種類	
	なだらかな丘陵	起伏の多い丘陵
ゆるやかな斜面	75%	40%
急な斜面	20%	50%
崖	5%	10%
軽度の下生え	15%	15%

ゆるやかな斜面：ゆるやかな斜面の勾配は、移動に影響を与えるほどではない。しかし、斜面にいるキャラクターは、下方の敵への近接攻撃に＋1のボーナスを得る。

急な斜面：急な斜面を登る（隣の、より高度の高いマス目に移動する）キャラクターは"急な斜面"のマス目に入る場合、1マスあたり2マスぶんの移動と数える。上から下へ（隣の、より高度の低いマス目へ）疾走または突撃を行うキャラクターは、その疾走や突撃の中で最初に"急な斜面"のマス目に入った時点で、DC10の〈軽業〉を行わねばならない。騎乗したキャラクターは〈軽業〉ではなくDC10の〈騎乗〉を行う。これらの判定に失敗したものはつまづき、1d2×5フィート先で移動を終える。5以上の差で失敗したものはそのマス目で転倒して伏せ状態になり、そこで移動を終える。急な斜面では〈軽業〉のDCは＋2される。

崖：典型的な崖はよじ登るのにDC15の〈登攀〉が必要で、高さは1d4×10フィートである。ただし自作のマップに必要なら、もっと高い崖を出してもよい。崖は完全に垂直なものではなく、高さ30フィート未満なら一辺5フィートの正方形を占め、高さ30フィート以上なら一辺10フィートの正方形を占める。

軽度の下生え：丘陵にはヤマヨモギや小ぶりな低木などが生えているが、丘一面を覆っていることはほとんどない。軽度の下生えは視認困難を提供し、〈軽業〉と〈隠密〉のDCを＋2する。

丘陵のその他の地形の構成要素：丘陵に木が生えているのは珍しくない。谷間には水の流れる小川（幅5〜10フィート、深さ5フィート以下）や水の涸れた川床（幅5〜10フィートの塹壕として扱う）がよくある。川や川床を配置する際には、水は常に上から下へ流れることに注意すること。

丘陵での隠密行動と探知："なだらかな丘陵"では、〈知覚〉で付近の他者の存在を探知できる最大距離は2d10×10フィートである。"起伏の多い丘陵"ではこの距離は2d6×10フィートとなる。

　丘陵で〈隠密〉を使うのは、周囲に下生えがないかぎり困難である。丘の頂や尾根は、その向こう側にいる者から身を隠すのに十分な遮蔽となる。

山岳

　地形としての山岳には3種がある。"高山草原"、"起伏の多い山岳"、"険しい山岳"である。キャラクターが山岳地帯を上へと登っていくと、まず"高山草原"、次に"起伏の多い山岳"、最後に山頂近くの"険しい山岳"と、これら3種類に順番に出くわすことになる。

　山岳には岩壁という重要な地形の構成要素が存在する。これはマス目を占めるのではなく、マス目とマス目の間の境界線上に記される。

	山岳の種類		
	高山草原	起伏の多い山岳	険しい山岳
ゆるやかな斜面	50%	25%	15%
急な斜面	40%	55%	55%
崖	10%	15%	20%
裂け目	―	5%	10%
軽度の下生え	20%	10%	―
ガレ場	―	20%	30%
重度の瓦礫	―	20%	30%

ゆるやかな斜面、急な斜面：これらについては"丘陵"を参照のこと。

崖：丘陵の崖と同様に機能するが、山岳の典型的な崖は高さ2d6×10フィートである。高さ80フィートを超える崖は、水平方向に20フィートを占める。

裂け目：裂け目は、通常、自然に地質学的なプロセスで形成されたものであり、ダンジョンにおける落とし穴と同様の機能を有する。裂け目は隠されているわけではないので、うっかり裂け目に落ちてしまうことはない（突き飛ばしを受ければ話は別だが）。典型的な裂け目は深さ2d4×10フィート、長さ20フィート以上、幅は5〜20フィートである。裂け目を登って出るにはDC15の〈登攀〉が必要となる。"険しい山岳"では、典型的な裂け目の深さは2d8×10フィートとなる。

軽度の下生え：これについては"森林"を参照のこと。

ガレ場：ガレ場にはぐらぐらする小さな石が一面に散らばっている。移動速度に影響はないが、斜面では不安定なものになりかねない。ゆるやかな斜面がガレ場になっていると、〈軽業〉のDCが＋2され、急な斜面にあると＋5される。また、なんらかの斜面がガレ場になっていると、〈隠密〉のDCが＋2される。

重度の瓦礫：地面が大小の瓦礫に覆われている。"重度の瓦礫"に覆われたマス目に入るには、1マスにつき2マスぶんの移動と数える。重度の瓦礫の上では〈軽業〉のDCは＋5、〈隠密〉のDCは＋2される。

岩壁：岩壁は石の垂直な平面であり、これを登るにはDC25の〈登攀〉が必要になる。典型的な岩壁の高さは"起伏の多い山岳"では2d4×10フィート、"険しい山岳"では2d8×10フィートである。岩壁はマス目の中ではなく、マス目とマス目の間に描かれる。

洞窟の入り口：洞窟の入り口は崖のマス目、"急な斜面"のマス目、岩壁の隣などにあり、典型的なもので幅5〜20フィート、高さ5フィートである。その奥には岩室1つから入り組んだダンジョンまで、あらゆる形で存在し得る。モンスターの巣になっている洞窟は、典型的には1d3個の部屋があり、それぞれ差し渡し1d4×10フィートである。

環境 13

山岳のその他の地形の構成要素："高山草原"は森林限界線よりも標高が高いところから始まるのが普通である。このため、山岳では木などの森林で見られる地形の構成要素はめったに見られない。水の流れる小川（幅5～10フィート、深さ5フィート以下）や水の溜れた川床（幅5～10フィートの塹壕として扱う）はよくある。標高が特に高い場所は、周りのもっと低い場所よりも概して気温が低く、氷床に覆われていることがある（"荒野"を参照）。

山岳での隠密行動と探知：山岳では一般に、〈知覚〉で付近の他者の存在を探知できる最大距離は4d10×10フィートである。むろん一部の頂や尾根に立てばもっと遠くまで見渡せるし、入り組んだ谷や渓谷では視認可能な距離がもっと短くなる。視線をさえぎる植生が少ないので、マップがどうなっているかを細かに見れば、それだけで遭遇がどの距離で始まるかを判断する参考になるだろう。丘陵と同様、山岳でも山頂や尾根はその向こう側にいる者から身を隠すのに十分な遮蔽となる。

山岳では遠くの音を聞き取るのが容易い。聴覚による〈知覚〉のDCは、聞く者と音源の間が（10フィートではなく）20フィート離れているごとに＋1される。

雪崩（CR7）

多くの山岳地帯では、高い頂と大量の降雪が組み合わさると、雪崩が大きな危険となる。雪や氷の雪崩はよくあるが、岩や土による地すべりが起きることもある。

雪崩はDC20の〈知覚〉に成功したキャラクターであれば1d10×500フィート先から視認できる、超巨大クリーチャーとして扱う。キャラクターたちが〈知覚〉で遭遇距離を決定することに失敗したなら、雪崩は近づいてくる。元々の距離の半分まで近づいてきたら自動的に気が付く。雪崩を目にすることができなくとも、その接近を聞きつけることはできるだろう。最適の状況下（他に大きな音がない場合）では、キャラクターはDC15の〈知覚〉に成功すれば1d6×500フィート先の雪崩や地すべりの音を聞きつけることができる。雷雨など、音を聞くのが難しい状況下では、DCは20、25、あるいはそれ以上になるかもしれない。

地すべりや雪崩は2種の区域に区別できる。埋没域（なだれ落ちてくる物の通り道）と流出域（なだれ落ちてくるものの一部が左右に広がって覆う範囲）である。埋没域内のキャラクターは必ず雪崩のダメージを受ける。流出域内のキャラクターは災難を避けられる可能性がある。埋没域内のキャラクターは8d6

ポイントのダメージを受ける。DC15の反応セーヴに成功するとこのダメージは半分になる。そしていずれにせよ生き埋めになる。流出域内のキャラクターは3d6ポイントのダメージを受ける。ただしDC15の反応セーヴに成功するとダメージはない。加えて、セーヴに失敗したら生き埋めになる。

生き埋めになったキャラクターは、1分ごとに1d6ポイントの非致傷ダメージを受ける。生き埋めのキャラクターが気絶状態になったら、DC15の【耐久力】判定を行う。これに失敗すれば、以後、救出されるか死ぬまで、1分ごとに1d6ポイントの致傷ダメージを受ける。生き埋めとなったクリーチャーを掘り起こすためのルールはp.457の"落盤と崩落"を参照。

典型的な雪崩は、流出域の一方の端から他方の端まで幅1d6×100フィートある。中央部の埋没域の幅は雪崩全体の半分である。

雪崩の進路上でキャラクターたちの正確な位置を判断するには、1d6×20をロールすること。この結果は、埋没域の進路の中央が、パーティーの中心から何フィート離れているかを示す。雪と氷の雪崩は1ラウンド500フィートの速度で進む。地すべりは1ラウンド250フィートの速度で進む。

山岳の旅

標高の高い場所を旅することは、慣れていないクリーチャーをひどく疲れさせる——そして時には致命的である。著しい低温と酸素の薄い空気は、頑健な戦士さえも弱らせてしまう。

高地に順応したキャラクター： 高地に順応したキャラクターは低地の民よりもうまくやっていける。"出現環境"の項に山岳のあるクリーチャーは元々その地域に住み、高地に順応しているものとして扱われる。また、高地で1ヵ月以上暮らしたキャラクターは高地に慣れる。2ヵ月以上山岳から離れていたキャラクターは、再び山岳に戻った際には、もう一度順応をやり直さなければならない。アンデッド、人造、その他呼吸をしないクリーチャーは高度の影響を受けない。

高度帯： 一般的に、山岳には3つの高度帯がありうる。低い峠、低い頂または高い峠、高い頂である。

低い峠（高度5,000フィート未満）： 低い山での旅の多くは低い峠を進むことになる。この高度帯の多くは"高山草原"と森林から成る。旅人たちは進むのが難しいと感じるかもしれない（これは山岳を移動する際の修正に反映されている）。しかし高度によるゲーム上の影響はない。

低い頂または高い峠（高度5,000フィート〜15,000フィート）： 低い山の頂近くの斜面を登る場合や、高い山を普通に旅する場合の大部分は、この高度に分類される。高地に順応していないクリーチャーは、この高度の薄い空気を呼吸するだけで一苦労である。こうしたキャラクターは、1時間ごとに1回頑健セーヴ（DC15、加えて2回目以降1回ごとに＋1）を行い、失敗すると疲労状態になる。この疲労状態はキャラクターがもっと空気の濃い場所に降りた時点で回復する。高地に順応しているキャラクターはこの頑健セーヴを行う必要がない。

高い頂（高度15,000フィート以上）： 最も高い山には高度15,000フィート（約4,500メートル）を越えるものもある。この高度ではキャラクターは高い高度による疲労（前項参照）の影響に加え、高山病の影響を受ける。キャラクターが高地に順応していようといまいと関係ない。高山病は長期での酸素の欠乏をあらわすものであり、精神的能力値と肉体的能力値の両方に影響を与える。キャラクターは高度15,000フィート以上の場所で6時間を過ごすごとに1回、頑健セーヴ（DC15、加えて2回目以降1回ごとに＋1）を行い、失敗するとすべての能力値に1ポイントの能力値ダメージを受ける。高地に順応しているキャラクターは、高い高度による疲労や高山病に抵抗する際のセーヴに＋4の技量ボーナスを得る。しかし、どんなベテランの山男でも、この高度にいつまでも留まることはできない。

荒野

地形としての荒野は、暑熱、温暖、寒冷のいずれの気候にも存在する。しかし、あらゆる荒野には、雨が少ないという共通する性質がある。地形としての荒野には3種ある。ツンドラ（寒冷気候）、岩石砂漠（温暖気候に多い）、砂砂漠（暑熱気候に多い）である。

ツンドラは2つの重要な点で他の種類の荒野と異なる。まず、雪と氷が地形の多くの部分を覆っており、水を見つけるが容易い。また、夏の盛りには永久凍土層の表層1フィートほどが溶けて、広大な泥の海になる。泥の海になったツンドラは移動や技能判定に対して、湿地の"浅い泥濘"と同じ影響を与える（ただし、溜まり水はほとんどない）。

次の表は、3種の荒野にそれぞれどんな地形の構成要素がどれだけあるかを示すものである。この表にある地形の構成要素は皆、同じマス目の中には共存し得ない。たとえばツンドラのあるマス目には、軽度の下生えがあるかもしれないし、氷床があるかもしれない。しかし両方が同時に存在することはない。

	荒野の種類		
	ツンドラ	岩石砂漠	砂砂漠
軽度の下生え	15%	5%	5%
氷床	25%	—	—
軽度の瓦礫	5%	30%	10%
重度の瓦礫	—	30%	5%
砂丘	—	—	50%

軽度の下生え： 悪環境にも強い小型の植物の茂みやサボテンからなる。他の環境の"軽度の下生え"と同様に働く。

氷床： 地面が滑りやすい氷で覆われている。氷床に覆われたマス目に入るには、1マスあたり2マスぶんの移動と数える。また〈軽業〉のDCは＋5される。氷床を通って疾走や突撃を行うには、DC10の〈軽業〉が必要である。

軽度の瓦礫： 小さな岩が散らばり、素早く動き回るのが難しくなっている。〈軽業〉のDCが＋2される。

重度の瓦礫： より大きな岩が多くある。"重度の瓦礫"のあるマス目に入るには、1マスあたり2マスぶんの移動と数える。〈軽業〉のDCが＋5、〈隠密〉のDCが＋2される。

砂丘： 風が砂に作用してできた砂丘は、動く丘として機能する。

風が強く、かつ一定方向に吹き続けるなら、砂丘は1週間に数百フィートほども移動することがある。時として、砂丘群は何百ものマス目を覆う大きさとなる。砂丘では常に卓越風（一定期間を通じて一方向で吹く回数の最も多い風向き）の風上側が"ゆるやかな斜面"で、風下側が"急な斜面"になる。

荒野のその他の地形の構成要素： ツンドラは森林と隣接していることがあり、寒冷な荒野の中に木が生えていることがある。"岩石砂漠"には崖や"急な斜面"（"山岳"参照）に囲まれた平らな地形であるメサ（卓状地形）や、風食による塔型の石柱がある。"砂砂漠"には時として流砂がある。効果自体は"湿地"で説明した通りだが、砂漠の流砂は湿地のそれとは違い、水気抜きの、目の細かな砂と塵の混じったものである。いずれの種類の荒野にも、水の涸れた川床（幅5〜15フィートの塹壕として扱う）が縦横に走っている。まれに雨が降るとこの川床に水が満ちる。

荒野での隠密行動と探知： 一般に、荒野では〈知覚〉で付近の他者の存在を探知できる最大距離は、6d6×20フィートである。これより遠くでは、熱による光の歪みや地面の高低のため視覚による知覚は不可能になる。"砂砂漠"では砂丘があると、この距離は6d6×10フィートになる。下生えなど視認困難や遮蔽を提供してくれるものが少ないため、〈隠密〉を試みるのは困難である。

砂塵嵐

砂塵嵐は視界を1d10×5フィートに減少させ、〈知覚〉に−4のペナルティを与える。開けた場所で砂塵嵐に巻き込まれたキャラクターは1時間あたり1d3ポイントの非致傷ダメージを受ける。砂塵嵐の過ぎた跡では、すべてが砂で薄く覆われる。運ばれてきた砂は、特別にしっかりしたもの以外のあらゆる封をしたものや継ぎ目に入り込んで、旅人の肌をざらざらにすりむき、運搬中の装備に混じりこむ。

平地

地形としての平地には3種がある。農地、草地、戦場である。農地は定住地で一般的に見られる。草地は未開拓の平地をあらわす。戦場は大軍どうしがぶつかりあう（ぶつかりあった）場所をいう。戦場は一時的なもので、やがては自然に草が生えて草地になるか、農夫に耕されて農地になる。戦場を農地や草地と並べて平地の1種とするのは、冒険者たちが戦場で多くの時を過ごすからで、それが特に一般的だということではない。

次の表は、3種の平地にそれぞれどんな地形の構成要素がどれほどあるかを示すものである。農地の"軽度の下生え"は、刈入れを待つ穀物の穂をあらわす。このため、野菜を育てている農地や、収穫後から作物を植えて2、3ヵ月後くらいまでの農地には、"軽度の下生え"は少ない。

この表にある地形の構成要素はどれも、同じマス目の中には共存しない。

	平地の種類		
	農地	草地	戦場
軽度の下生え	40%	20%	10%
重度の下生え	—	10%	—
軽度の瓦礫	—	—	10%
塹壕	5%	—	5%
土壁	—	—	5%

下生え： 作物か自然の植生であるかを問わず、平地に生える背の高い草は、森林における"軽度の下生え"と同じ機能を有する。特に密生した茂みは"重度の下生え"として扱われる。平地にはこのような"重度の下生え"が点在する。

軽度の瓦礫： 戦場にある"軽度の瓦礫"は、破壊された何かをあらわすことが多い。建物の廃墟、石壁が崩れて石が散乱したものなどがある。その機能は"荒野"にある通りである。

塹壕： 塹壕は戦いの前に兵士を守る目的で掘られることが多い。"低い壁"として働くが、隣接した敵からの攻撃に対しては遮蔽を提供しない点で異なる。塹壕を出るには2マスぶんの移動と数える。塹壕に入るには余分な移動はかからない。塹壕の外にいるクリーチャーが塹壕の中にいるクリーチャーに対して近接攻撃を行う場合、相手より高い場所にいることで攻撃ロールに＋1のボーナスを得る。農場では、灌漑用の水路がゲーム上、塹壕と同様の機能を有する。

土壁： 土壁というのはよくある防御用の構造物で、要は低い土でできた壁である。敵の移動を遅らせ、かつ、ある程度の遮蔽を得るのに使う。土壁をマップ上に配置するには"急な斜面"（"丘陵"を参照）を2列、並べて描き込むこと。このとき、斜面の向きは、土壁の両側が中央より低くなるようにする。したがって、幅2マスの土壁を越えようとするキャラクターは、まず1マス坂を上り、それから1マス坂を下ることになる。幅2マスの土壁は、その背後に立つ者に、"低い壁"と同様に遮蔽を提供する。より大きな土壁は、土壁の一番高いところから1マス下にいる者に"低い壁"と同様の利益を与える。

柵： 木の柵は通常、家畜を収容したり、迫りくる敵兵を妨害するために使われる。木の柵を1つ乗り越えるには1マスぶんの移動がよけいに必要となる。石の柵はこれに加え、"低い壁"と同様の遮蔽を与える。騎乗したキャラクターは、DC15の〈騎乗〉に成功すれば、移動速度を落とすことなく柵を越えることができるが、失敗すると、乗騎は柵を越えるものの、騎手は鞍から落ちてしまう。

平地のその他の地形の構成要素： 多くの平地では木が点在している。ただし戦場では切り倒されて攻城兵器（"市街地の特色"参照）の材料となることも多い。生け垣状の茂み（"湿地"参照）は平地でも見られる。小川（通常は幅5〜20フィート、深さ5〜10フィート）もありふれたものである。

平地での隠密動向と探知： 〈知覚〉で付近の他者の存在を探知できる平地での最大距離は6d6×40フィートである。ただし実際にはマップに存在するものが視線を遮るかもしれない。遮蔽や視認困難を与えるものは珍しくないので、身を隠すのに適した場所はすぐそばにはなくとも、近場にはあることが多い。

水界

　水中では呼吸できないので、ほとんどのPCにとって最も過ごしにくい地形といえる。地上の地形と違い、地形としての水界には、ルール上、細かな地形の構成要素はない。海底には多くの不思議があり、本章でこれまでに説明したさまざまな地形の構成要素に対応するような海底の構成要素もあるが、しかし、もしキャラクターが突き飛ばしにあって海賊船の甲板から水中に落ちた際、数百フィート下の海底に丈の高い藻場があっても、それが問題になることはない。そのため、ルールでは地形としての水界を単に2つに大別する。"流れのある水"（川や小川）と"流れのない水"（海や湖）である。

流れのある水： 穏やかな大河はわずか毎時数マイルで流れるので、ほとんどの場合、"流れのない水"として機能する。しかし中にはもっと流れの速い川や小川もある。こうした川の水上や水中に浮かんだものは、1ラウンドあたり10〜40フィートの速度で下流に流される。特に流れの速い急流は1ラウンドあたり60〜90フィートの速度で泳ぐ者を下流に押しやってしまう。流れの速い川は常に最低でも"荒れた水面"（〈水泳〉DC15）として扱われる。白く泡立つ急流は"大荒れの水面"（〈水泳〉DC20）として扱われる。"流れのある水"の中にいるキャラクターは、自分のターンの最後に、上記の距離だけ下流に流される。川岸に対する相対位置を保とうとするなら、自分のターンの一部または全部を上流へ泳ぐことに費やさなければならないだろう。

押し流される： 1ラウンド60フィート以上の速度で流れる川によって押し流されているキャラクターは、毎ラウンド、DC20の〈水泳〉判定を行わねばならず、失敗すると水中に沈む。5以上の差で判定に成功したなら、岩や木の枝、水底の倒木につかまって体を固定することができ、それ以上押し流されない。岸にたどり着いて急流を脱出するには、DC20の〈水泳〉判定に3回連続で成功しなければならない。岩や枝、水底の倒木につかまって体を固定しているキャラクターが自力で脱出するには、そこを離れ水中に飛び出して泳ぎきらねばならない。ただし、他のキャラクターが彼らを救助することはできる。これは流砂（"湿地"参照）にはまったキャラクターを救出する場合と同様に扱う。

流れのない水： 海や湖で移動するには、単に水泳移動速度を使うか、〈水泳〉判定に成功すればよい。穏やかな水面でDC10、荒れた水面でDC15、大荒れの水面でDC20である。水中にいる間、息を止めていないなら、呼吸する方法が必要である。不可能なら溺れる可能性がある。水中では、キャラクターはどの方向へも移動することができる。

水中での隠密行動と探知： 水中でどれだけ遠くが見えるかは、水の透明度によって変わる。一般的には、クリーチャーは水が澄んでいれば4d8×10フィート先まで、水が濁っていれば1d8×10フィート先まで見通せる。流れている水は常に濁っているものとして扱う。ただし、特に流れの緩い大きな川は例外である。

　水中で身を隠すための遮蔽や視認困難を提供してくれるものをみつけるのは、海底を除き難しい。

不可視状態について： 不可視状態のクリーチャーは水を押しのけることになり、水を押しのけた跡にはそのクリーチャーの体の形をした泡のようなものが見える。このため、クリーチャーは完全視認困難（失敗確率50％）ではなく、視認困難（失敗確率20％）を得る。

水中戦闘

　陸上に住んでいるクリーチャーにとって、水中で戦うのは相当の困難となるだろう。水によってクリーチャーの攻撃ロール、ダメージ、移動が影響を受ける。そのクリーチャーの相手が攻撃にボーナスを得ることもある。こうした効果は表13-7にまとめられている。キャラクターが泳いでいる場合も、胸まで水に浸かって歩いている場合も、水底を歩いている場合も、すべてにこの表が適用される。

水中での遠隔攻撃： 水中では投擲武器は無効である（たとえ陸上から投げたとしても）。他の遠隔武器による攻撃には、通常の距離によるペナルティに加えて、水中を5フィート通るごとに攻撃ロールに-2のペナルティを受ける。

陸上からの攻撃： 泳いでいる者、水に浮かんでいる者、水面に顔を出して立ち泳ぎしている者、胸までかそれ以上の深さのある水をかき分けて歩いている者は、陸上の相手からの攻撃に対して良好な遮蔽（ACに+8のボーナス、反応セーヴに+4のボーナス）を得る。ただし陸上にいる相手が**フリーダム・オヴ・ムーヴメント**の効果を得ており、水中の目標に対して近接攻撃を行うのであれば、この遮蔽は無視される。完全に水面下にいるクリーチャーは、地上の相手に対して完全遮蔽を得る（ただし地上の相手が**フリーダム・オヴ・ムーヴメント**の効果を得ている場合を除く）。魔法効果は影響を受けないが、攻撃ロールを要するもの（これは他の効果と同様に影響を受ける）と［火炎］効果は別である。

火： 魔法のものでない火（錬金術師の火を含む）は水中では燃えない。呪文および擬似呪文能力のうち、補足説明に［火炎］とあるものは、術者が術者レベル判定（DC20＋呪文レベル）に成功しない限り、水中では効果がない。術者が判定に成功すれば、呪文は通常の火炎の効果の代わりに蒸気の泡を生み出すが、それ以外の点では呪文の説明通りに働く。超常能力の［火炎］効果は特に記載がない限り水中では効果がない。水面は［火炎］呪文の効果線を遮る。術者が術者レベル判定に成功して［火炎］呪文を水中で利用できたとしても、やはり水面はその呪文の効果線を遮る。

水中での呪文： 水中で呼吸ができない者にとって、水中で呪文を使うのは困難である可能性がある。水中で呼吸できないクリーチャーが水中で呪文を使うには、精神集中判定（DC15＋呪文レベル）に成功しなければならない（これは［火炎］呪文を水中で使うための術者レベル判定とは別に行われる）。水中で呼吸できるクリーチャーは何の影響も受けず、通常通り呪文を発動できる。GM判断により、ある呪文が水中では異なる機能を発揮するようにしてもよい。

氾濫

　野外では川の氾濫は珍しくない。

表13-7：水中での戦闘に関する修正

状況	斬撃または殴打	刺突	移動速度	バランスを崩すか[1]
フリーダム・オヴ・ムーヴメント	通常／通常	通常／通常	通常	崩さない
水泳移動速度を有する	−2／半分	通常	通常	崩さない
〈水泳〉判定に成功	−2／半分[2]	通常	1/4または半分[3]	崩さない
しっかりした足場[4]	−2／半分[2]	通常	半分	崩さない
上記のいずれでもない	−2／半分[2]	−2／半分	通常	崩す

[1] 水中でもがいているクリーチャー（〈水泳〉に失敗した結果であることが多い）は、効果的に戦闘することが難しい。バランスを崩したクリーチャーはACへの【敏】ボーナスを失う。また、こうしたクリーチャーに対する攻撃には＋2のボーナスがつく。

[2] フリーダム・オヴ・ムーヴメントの効果を受けておらず、かつ水泳移動速度のないクリーチャーは、水中での組みつき判定には−2のペナルティを受けるが、組みつき時のダメージは通常通りに与える。

[3] 〈水泳〉判定に成功すれば、そのクリーチャーは1移動アクションによって本来の移動速度の1/4、1全ラウンド・アクションによって本来の移動速度の1/2で移動できる。

[4] 水底を歩いていたり、船殻に固定されている場合などに、そのクリーチャーは“しっかりした足場”を有するものとみなされる。クリーチャーが水底を歩けるのは、自分自身を水に沈めるだけの重さの装備品（中型サイズのクリーチャーで最低16ポンド）を運搬している場合だけである。この重量はサイズ分類が1段階大きくなるごとに×2され、サイズ分類が1段階小さくなるごとに×1/2される。

春になると、大量の雪解け水が流れ込み、川や小川の水かさを増して氾濫を起こす。また、激しい雨嵐や堤防の決壊といった出来事によって氾濫がおきることもある。

氾濫の際には、川はより広く、深く、流れが速くなる。春の氾濫期には、川の水面は1d10＋10フィート高くなり、幅も1d4×50％増しになる。浅瀬は数日にわたって消滅する。橋が流される場合もある。そして渡し舟も氾濫する川を渡ることができない可能性がある。氾濫中の川では〈水泳〉が1段階難しくなる（“穏やかな水面”は“荒れた水面”に、“荒れた水面”は“大荒れの水面”になる）。また、川の流れも50％速くなる。

都市での冒険

壁と扉と部屋と通路が組み合わさってできているので、一見、都市はダンジョンに似ている。しかし、都市での冒険にはダンジョンでの冒険と大きく違う点が2つある。キャラクターたちが活用できるリソースが大きいことと、司直の目にさらされることだ。

リソースの活用： ダンジョンや野外と違い、都市ではいつでも装備の売り買いができる。大きな都市や巨大都市には、おそらく高レベルのNPCや障害になっている分野の知識の専門家がいて、力を貸してくれたり手がかりを読み解いてくれたりする。そしてPCたちが傷つき打ちのめされても、すぐに神殿で治療を受けたり、居心地のよい宿の一室に引っこむことができる。

撤退がきくことと市場が近いことで、都市ではPCが比較的自由に冒険のペースをコントロールできる。

司直の目： 都市での冒険とダンジョン探索には、もう1つの大きな違いがある。ダンジョンは本質的に無法の地であり、弱肉強食だけが掟である。一方、都市は法律によって維持されており、少なからぬ法や決まり事が冒険者たちの日常の活動、すなわち殺しと死体あさりを制限する。とはいえ、多くの都市ではモンスターを都市の秩序への脅威とみなしており、殺しを禁止する法律は異形や悪の来訪者などのモンスターには適用されな

いことが多い。しかし邪悪な人型生物の多くは、全市民を保護する法律によって保護される。悪の属性を有することは犯罪ではない（魔法の力が秩序を支えている重度の神権国家なら犯罪になるかもしれないが）。邪悪な“行為”のみが法に背くのである。たとえば、冒険者たちが都市で悪党が市民に悪事をはたらく現場に出くわした際に、冒険者たちが自警団よろしく殺してしまうなどして、悪党を裁判にかけられなくなることは法律上好ましくない。

武器と呪文の制限

公共の場での武器の携行や呪文の制限に関する法律は都市ごとに違う。

都市の法律はあらゆるキャラクターに同程度の影響を与えるとは限らない。モンクは武器を封印されてもさほど影響を受けないが、クレリックは聖印を街の城門で没収されてしまうと大いに弱る。

市街地の特色

壁、扉、貧弱な明かり、足もとのでこぼこ——都市はいろいろな点でダンジョンに似ている。市街地の環境で特に考慮すべきことをいくつか以下に挙げる。

壁と門

多くの都市は街壁で囲まれている。典型的な“小さな都市”の街壁は要塞化された石の壁で、厚さ5フィート、高さ20フィートである。こうした壁は比較的なめらかで、よじ登るにはDC30の〈登攀〉が必要となる。壁の一方には胸壁が設けられており、街壁の上の衛兵が“低い壁”として利用できるようになっている。また、街壁の上には衛兵が歩き回れる程度の通路（歩廊）がある。典型的な“小さな都市”の街壁はAC3、硬度8で、10フィートの区画ごとに450HPを有する。

典型的な“大きな都市”の街壁は厚さ10フィート、高さ30フィートである。街壁の上の衛兵のために両側に胸壁が設けら

れている。そのうえなめらかで、よじ登るにはDC30の〈登攀〉が必要となる。この種の壁はAC3、硬度8で、10フィートの区画ごとに720HPを有する。

典型的な"巨大都市"の街壁は厚さ15フィート、高さ40フィートである。両側に胸壁があり、しばしば街壁の内部にトンネルや小部屋がある。"巨大都市"の街壁はAC3、硬度8で、10フィートの区画ごとに1,170HPを有する。

より小さな都市と違って、巨大都市は周囲の街壁の他に都市内部にも壁を有する場合がある。単に都市が大きくなったせいで古い街壁が市内に残っているのかもしれないし、地区と地区を区切る壁なのかもしれない。こうした壁は外壁と同じく分厚い場合もあるが、普通は"大きな都市"や"小さな都市"の街壁程度である。

見張り塔：一部の街壁には不規則な間隔で見張り塔が設けられている。外部からの攻撃が予想される等の事情がなければ、常時すべての塔に人員を配しておけるだけの衛兵がいる都市は少ない。塔からは街の周囲をよく見渡すことができ、侵略者に対する防衛拠点としても優れている。

典型的な見張り塔は、隣接する街壁よりも10フィート高く、直径は街壁の厚みの5倍である。塔の上の階には矢狭間が並び、屋上には周囲の街壁と同様に胸壁がある。小さな塔（厚さ5フィートの壁に付属する直径25フィートの塔）では塔の階と階、屋上は単なる梯子でつながっている。より大きな塔では梯子のかわりに階段がある。

塔が日頃から使われているのでなければ、その入り口は"良い錠前"（〈装置無力化〉DC30）のかかった、鉄で補強された重たい木製の扉で閉ざされている。通常、塔の鍵は衛兵隊長が身につけているほか、合鍵が市内の要塞または兵舎に保管されている。

門：典型的な街門は落とし格子が2つある門楼で、2つの落とし格子の間の空間の上部に石や熱した油を投下して攻撃を行うための穴（石落とし）が設けられている。"町"や一部の"小さな都市"では、正門は街壁に設けられた両開きの鉄製の門である。

門は通常、昼間は開き、夜には錠前やかんぬきがかかる。たいていは夜中でも旅人が通してもらえる門が1つあって、まっとうに見える者やしかるべき書類を持った者、充分な賄賂を出す者（個々の都市や衛兵のモラルによって異なる）は衛兵に門を開けてもらうことができる。

衛兵と民兵

典型的な都市には成人人口の1%にあたる専業兵士がいる。加えて人口の5%にあたる民兵ないし徴集兵がいる。専業兵士は都市の衛兵であり、現代の警察に類する役割で市内の秩序維持に責任を負う。加えて副次的なものとして都市を外敵から守る役割がある。一方、徴集兵は都市への攻撃がある時に召集される。

典型的な衛兵隊は、8時間ごとの3交代制で勤務につく。部隊の30%は日勤（午前8時〜午後4時）、35%は準夜勤（午後4時〜午前0時）、35%は深夜勤（午前0時〜午前8時）である。いずれの時間帯でも勤務中の衛兵の80%は通りを見回り、残る20%は近くで警報があったら反応できるように市内各所の詰所にいる。この種の衛兵詰所は都市の各地区に1つ以上ある（1地区は数個の区画からなる）。

都市の衛兵の多くはウォリアーで、ほとんどは1レベルである。士官の中には高レベルのウォリアーやファイターに加えて、一定数のクレリック、ウィザード、ソーサラー、またファイターと呪文の使い手のマルチクラス・キャラクターがいる。

攻城兵器

攻城兵器とは、通常、城や要塞を包囲攻撃する際に用いられる大型の武器、仮設建造物、装備類のことである。

〈装置無力化〉を使って無力化しようとする場合、攻城兵器は"複雑な装置"として扱う。無力化には2d4ラウンドかかり、DC20の〈装置無力化〉に成功しなければならない。典型的な攻城兵器は木製で、AC3（−5【敏捷力】、−2サイズ）、硬度5、80HPを有する。別の素材で作られた攻城兵器だと異なる値になることもある。攻城兵器の中には装甲が施されているものもある。その種の装甲の価格を決める際には、攻城兵器を超大型のクリーチャーとして、装甲を鎧として扱うこと。攻城兵器は高品質にしたり魔法の武器として強化することができ、攻城兵器を命中させるための判定にその攻撃ロールへのボーナスを加えることができる。高品質の攻城兵器は表の価格より300GP高い。魔力が付与された攻城兵器は魔力を付与するのに通常の2倍のコストがかかる。例えば、フル・プレートの装甲を持つ **＋1フレイミング・ヘヴィ・カタパルト**は、AC11となり、23,100GPかかることになる（基本価格800GP＋鎧6,000GP＋高品質300GP＋強化16,000GP）。

ヘヴィ・カタパルト（重投石器）：ヘヴィ・カタパルトは強烈な力で岩や重い物体を投射する能力のある大型装置である。カタパルトから投射された物体は高い弧を描いて飛ぶため、視線の通らないマス目にも命中し得る。発射の際には兵員の長が特殊な判定を行う。DC15に対して、自分の基本攻撃ボーナス、【知力】修正値、射程単位によるペナルティ、表13-8後半の各種修正のみを加えてロールすること。判定に成功すればカタパルトの石は目標のマス目に命中し、そのマス目内のすべての物体とキャラクターに対して規定のダメージを与える。キャラクターはDC15の反応セーヴに成功すればダメージを半分にできる。カタパルトの石が特定のマス目に命中したなら、カタパルトが狙いを変えたり、風の方向や速度が変わらない限り、以後の射撃は同じマス目に命中する。

カタパルトの石が目標のマス目を外した場合、どこに落ちたかを決めるために1d8をロールすること。これによって、どちらの方向へ逸れたかを決める。出た目が1ならばカタパルトの方へ、以下、2〜8まで時計回りとなる。その方向へ、攻撃の1射程単位ごとに目標のマス目から1d4マスぶん逸れる。

1基のカタパルトを再び発射可能にするには、一連の全ラウンド・アクションを必要とする。弾を撃ち出す"アーム"の部分をウィンチを使って引き下ろすにはDC15の【筋力】判定1回が必要である。大方のカタパルトには巻きあげ用の滑車がついていて、最大2人までの兵員が援護アクションによってウィンチ

表13-8：攻城兵器

アイテム	価格	ダメージ	クリティカル	射程単位	典型的操作員数
ヘヴィ・カタパルト	800GP	6d6	—	200フィート（最低100フィート）	4
ライト・カタパルト	550GP	4d6	—	150フィート（最低100フィート）	2
バリスタ	500GP	3d8	19～20	120フィート	1
攻城槌	1,000GP	3d6*	—	—	10
攻城櫓	2,000GP	—	—	—	20

*特殊ルールあり、本文参照

カタパルト攻撃への修正値	修正値
目標のマス目まで視線が通っていない	−6
連続射撃（最新の失敗の着弾点が操作員に見える）	1回失敗するごとに＋2加算（最大＋10）
連続射撃（最新の失敗の着弾点が操作員に見えないが、着弾観測員からの報告がある）	1回失敗するごとに＋1加算（最大＋5）

の主操作者を手助けできるようになっている。DC15の〈職能：攻城技師〉判定1回で"アーム"の部分を適切な位置に固定でき、さらにもう1回のDC15の〈職能：攻城技師〉判定でカタパルトに弾をこめることができる。また、ヘヴィ・カタパルトの狙いをつけなおすには合計4回の全ラウンド・アクションを要する（これらの全ラウンド・アクションは複数の兵員が同一ラウンドに行うこともできる。したがって4人の兵員がいれば、1ラウンドでヘヴィ・カタパルトの狙いをつけなおすことができる）。

ヘヴィ・カタパルトは一辺15フィートの接敵面を占める。

ライト・カタパルト（軽投石器）： ヘヴィ・カタパルトの小型軽量版である。ヘヴィ・カタパルトと同様に機能するが、"アーム"の部分をしかるべき位置まで引き下ろすのはDC10の【筋力】判定でよく、また狙いをつけなおすには合計2回の全ラウンド・アクションでよい。

ライト・カタパルトは一辺10フィートの接敵面を占める。

バリスタ： バリスタとは要するに固定式の超大型ヘヴィ・クロスボウである。大きさのため、ほとんどのクリーチャーにとってこの武器の狙いを定めるのは難しい。これにより中型サイズのクリーチャーはバリスタ使用時の攻撃ロールに−4、小型サイズのクリーチャーは−6のペナルティを受ける。サイズ分類が中型以下のクリーチャーは、バリスタを再装填するために2回の全ラウンド・アクションを要する。

バリスタは一辺5フィートの接敵面を占める。

破城槌： この重い棒（槌）は、しばしば可動式の櫓に吊り下げられており、兵員たちは棒を前後に揺り動かして構造物にぶつけることができる。1回の全ラウンド・アクションで、操作員のうち破城槌の正面に一番近いキャラクターが構造物のACに対して攻撃ロールを行う。この攻撃には、武器に習熟していないことによる−4のペナルティが付く（この装置に習熟することはできない）。表13−8にあるダメージに加えて、破城槌を操作しているその他のキャラクター9人までが、1回の攻撃アクションを費やすことで、それぞれの【筋力】修正値を破城槌のダメージに加えることができる。1本の破城槌を揺り動かすには、最低でもサイズ分類が超大型以上のクリーチャー1体か、大型のクリーチャー2体、中型のクリーチャー4体、または小型のクリーチャー8体が必要になる。

典型的な破城槌は長さ30フィート。戦闘では、破城槌を操作するクリーチャーたちは同じ長さの隣接した縦2列になって並び、その間に破城槌が位置することになる。

攻城櫓： 大きな木製の櫓で、車輪かコロの上に乗せて移動できるようになっている。城壁に向けて進み、攻撃者は遮蔽を得ながら櫓を登り、防壁の上に乗り移ることができる。攻城櫓の木製の壁は通常厚さ1フィートである。

典型的な攻城櫓は、一辺15フィートの接敵面を占める。櫓の内側のクリーチャーは、こ

れを押して基本地上移動速度10フィートで動かすことができる（攻城櫓は疾走はできない）。地面の高さで攻城櫓を押す8体のクリーチャーは完全遮蔽を得る。櫓の上の階にいる者たちは良好な遮蔽を得たうえで狭間窓から矢を射ることができる。

街路

　都市の典型的な通りは狭く、曲がりくねっている。たいていの通りは平均で幅15～20フィート程度。路地は幅10フィートから5フィートほどの場合もある。街路の敷石の状態のよい道なら通常通り移動できるが、修理の行き届いていない道やわだちのついた泥道は"軽度の瓦礫"とみなされ、〈軽業〉のDCを＋2する。

　一部の都市、特に小さな集落からより大きな都市へと成長していった都市には大通りが存在しない。計画都市や、大火事からの復興に際して支配層が計画的に（人家のあったところに）新しい道をひいた都市には、街区を通りぬける大通りが数本存在する。こうした大通りは幅25フィートで、四輪馬車がすれ違えるようになっている。加えて、左右に幅5フィートの歩道がある。

群集：市街地の通りは、日々の暮らしを営む人々で賑わっていることも多い。ほとんどの場合、都市の大通りで戦闘になっても、居合わせた1レベルのコモナーを全員マップに配置する必要はない。かわりに、単にマップ上のどのマス目に群集がいるかを示せばいい。明らかに危険なものを目にした群集は、毎ラウンド、イニシアチブ・カウント0で、1ラウンド30フィートの速度で離れてゆく。群衆のいるマス目に入るには1マスあたり2マスぶんの移動と数える。群集のいるマス目にいるキャラクターには群集が遮蔽を提供する。これによりそのキャラクターは〈隠密〉を行うことが可能になり、またACと反応セーヴにボーナスを得る。

群集を操る：DC15の〈交渉〉またはDC20の〈威圧〉に成功すれば、群集を説得して特定の方向へ移動させることができる。ただし、このとき群集は試みを行う者の声を聞くか姿を見ることができねばならない。この〈交渉〉には1回の全ラウンド・アクションを要するが、〈威圧〉ならば1回のフリー・アクションである。

　2人以上のキャラクターが、同じ群集を別の方向へ動かそうとしている場合、〈交渉〉か〈威圧〉を用いた対抗判定を行って、群集がどちらに従うかを決定する。2人の判定結果のどちらも上記のDCに達しなかった場合、群集は両方を無視する。

街路の上と下

屋根の上：建物の屋根の上に出るには普通は壁を登る必要がある（"壁"の項を参照）。あるいは、より高い位置にある窓やバ

478

環境 13

ルコニー、橋から飛び降りる手もある。温暖な地域で一般的な平らな屋根（雪がつもると平らな屋根はつぶれる場合がある）の上を走るのは容易である。傾斜のある屋根の棟を伝ってゆくには、DC20の〈軽業〉が必要となる。傾斜のある屋根を高さを変えずに（つまり棟と平行に）移動するには、DC15の〈軽業〉が必要となる。屋根の棟を乗り越えるにはDC10の〈軽業〉でよい。

屋根が途切れたところで隣の屋根に飛び移ったり地面に飛び降りたりするには、幅跳びを行う。隣の屋根までの距離は普通、水平距離にして1d3×5フィートだが、隣の屋根がこちらより5フィート高い確率、5フィート低い確率、同じ高さである確率は同程度である。〈軽業〉技能の記述（水平方向の跳躍の頂点での高さは水平距離の1/4に等しい）にしたがって、キャラクターが首尾よく跳躍できたかどうかを判定すること。

下水道： 下水道に入るには、ほとんどの場合、まず下水道の格子を持ち上げて（1回の全ラウンド・アクション）から、10フィート下へ飛び降りる必要がある。下水道はダンジョンと同様につくられているが、"すべりやすい床"や水に覆われた床がより多い。そこでどんなクリーチャーと遭遇するかという点においても下水道はダンジョンによく似ている。一部の都市は古い文明の遺跡の上に築かれているため、そんな土地の下水は、時として古き財宝やいにしえの危険につながっていることもある。

都市の建築物

都市の建築物の多くは3種に分類される。大部分の建物は2〜5階建てで、軒を並べて長い列をなして建っており、通りや大通りで区切られている。立ち並ぶこれらの家々は、普通は1階で商売を営み上の階を事務所や住居にしている。

宿屋や成功している事業の拠点、大きな倉庫、粉屋や皮なめし屋のような、広い場所が必要な作業場は、通常、階数が5階までの大きな建物で独立して建っている。

最後に、小さな住宅や店、倉庫、物置きなどの、簡単な木造1階建ての建物がある。特に貧しい地区に多い。

都市の大方の建築物は、下の1、2階は粘土製の煉瓦と石を組み合わせたもので、上の階や内壁、床は木でできている。屋根は板、わら、スレート（石材）を組み合わせで、ピッチ（樹脂）で目地を埋めてある。典型的な下の階の壁は厚さ1フィート、AC3、硬度8、90HPを有し、〈登攀〉DCは25である。典型的な上の階の壁は厚さ6インチ、AC3、硬度5、60HPを有し、〈登攀〉DCは21である。多くの建物の外側の扉は"上質の木製の扉"であり、商店や酒場などの人の集まる建物でない限り、普通は錠がされている。

都市の明かり

都市に大通りがあるなら、7フィートほどの高さにひさしからつるされたランタンが連なっている。ランタンとランタンの間は60フィートほどなので、その明かりはかろうじて続いているという程度である。それ以外の通りや路地に明かりはない。市民が夜中こうした道を歩くときはランタン持ちを雇うのが一般的である。

周囲の高い建物の影のため、路地は日中でもなお暗い。昼間であれば暗い路地も視認困難を提供するほど暗いことは稀だが、〈隠密〉には＋2の状況ボーナスが付く。

天候

天候がシナリオで重要な役割を果たすこともある。

表13-9は一般的な地域の天気を決めるために活用できる。表の用語は以下の通り。

嵐（砂嵐／吹雪／雷雨）： 風速は毎時30〜50マイル（強風）で、目視できる距離は1/4に減る。嵐は2d4−1時間持続する。詳細は後述の"嵐"の項を参照。

穏やか： 日中の気温が華氏40〜60度（4.4〜15.6℃）、夜間はそれより華氏10〜20度（5.6〜11.1℃）低い。

温暖： 日中の気温が華氏60〜85度（15.6℃〜29.4℃）、夜間はそれより華氏10〜20度（5.6〜11.1℃）低い。

風が強い： 風速は毎時10〜30マイル（軟風か疾風）。表13-10参照。

寒波： 気温が華氏10度（5.6℃）下がる。

寒冷： 日中の気温が華氏0〜40度（−17.8〜4.4℃）、夜間はそれより華氏10〜20度（5.6〜11.1℃）低い。

豪雨： 雨として扱う（後述の"降水"を参照）が、霧と同様に視認困難を与える。氾濫が起こる可能性がある。豪雨は2d4時間続く。

降水： d%をロールして、降水が霧（01〜30）であるか雨／雪（31〜90）であるか、みぞれ／ひょう（91〜00）であるか決定する。雪とみぞれは気温が華氏30度以下（氷点下）の時にだけ発生する。ほとんどの降水は2d4時間持続する。一方、ひょうは1d20分しか持続しないが、通常は1d4時間の雨を伴う。

凪： 風速は低い（毎時0〜10マイル）。

熱波： 気温が華氏10度（5.6℃）上がる。

激しい嵐（暴風／猛吹雪／台風／竜巻）： 風速は毎時50マイルを超える（表13-10参照）。さらに猛吹雪は積雪（深さ1d3フィート）を伴い、台風は豪雨を伴う。暴風は1d6時間持続する。猛吹雪は1d3日持続する。台風は1週間まで持続することがあるが、嵐の中心部が直撃する際の24〜48時間の時間帯がもっとも大きな影響がある。竜巻の寿命は非常に短く（1d6×10分）、たいていは雷雨の一部として形成される。

猛暑： 日中の気温が華氏85〜110度（29.4〜43.3℃）、夜間はそれより華氏10〜20度（5.6〜11.1℃）低い。

雨、雪、みぞれ、雹

悪天候に遭うと旅の足は遅くなり、時には止まる。目的地までの行程を定めることも事実上不可能になる。すさまじい豪雨や猛吹雪は濃い霧と同様に視界をぼやけさせてしまう。

降水の大方は雨として現れるが、寒い時には雪やみぞれやひょうとなって現れることもある。何らかの降水の後に寒波が続き、氷点より上だった温度が氷点下に低下したら、氷が生じる。

雨： 雨は目視できる距離を半分にし、〈知覚〉に−4のペナルティを与える。また、炎、遠隔武器による攻撃、〈知覚〉判定に対

しては、強風と同じ効果を及ぼす。

雪：降雪は視界、遠隔武器による攻撃、技能判定に対して、雨と同じ効果を及ぼす。また、雪に覆われたマス目に入る場合1マスあたり2マスぶんの移動と数える。1日間の降雪は地面に1d6インチの深さの雪を残す。

大雪：大雪は普通の雪と同じ効果を有する。加えて霧と同様に視界を制限する（"霧"の項を参照）。1日間の大雪は地面に1d4フィートの深さの雪を残す。大雪に覆われたマス目に入る場合1マスあたり4マスぶんの移動と数える。大雪に疾風ないし強風が伴うと、雪が吹き寄せられて高さ1d4×5フィートほどの吹き溜まりができる場合がある。特に小屋や大きなテントなど風を跳ね返すほど大きなものの周囲や中にできることが多い。大雪には10％の確率で稲妻が伴う（"雷雨"の項を参照）。雪は炎に対しては軟風と同じ効果を及ぼす。

みぞれ：みぞれは氷まじりの雨であり、降っている間は雨と同じ効果を有し（ただし覆われている炎を消す確率は75％）、降った後の地面では雪と同じ効果がある。

雹：雹は視界を狭めることはないが、雹の落ちる音は聴覚による〈知覚〉判定をより難しくする（−4のペナルティ）。時として（5％の確率で）屋外にいる者全員に（1回の嵐につき）1ポイントのダメージを与えるほどの大粒の雹が降ってくることもある。降った後の地面では、雹は移動に関して雪と同じ効果がある。

嵐

降水（または砂）とあらゆる嵐につきものの風が組み合わさって、嵐の中では目視できる距離が1/4になり、〈知覚〉に−8にペナルティを受ける。嵐は遠隔武器による攻撃を不可能にする。ただし攻城武器は例外で、攻撃ロールに−4のペナルティを受けて攻撃を行える。ろうそくや松明などの"覆いのない火"は自動的に消える。ランタンなどの"覆いのある火"は激しくゆらめき、50％の確率で消えてしまう。このような嵐の中、身を隠すもののない屋外にいるクリーチャーがどうなるかは表13-10を参照のこと。嵐には次の3種がある。

砂嵐（CR3）：この砂漠の嵐は他の嵐と違って降水を伴わない。代わりに細かい砂を吹きつけて、視界をさまたげ、"覆いのない火"を消してしまう。"覆いのある火"すらも消してしまう可能性（50％）がある。砂嵐はほとんどの場合強風を伴っており、その吹き荒れた後には深さ1d6インチの砂が積もる。10％の確率で暴風（表13-10参照）を伴った大砂嵐が起きることもある。こうした大砂嵐は、身を隠す場所のない屋外にいるすべての者に毎ラウンド1d3ポイントの非致傷ダメージを与え、窒息の危険を及ぼす（"溺れ"のルールを参照。ただしスカーフなどの防御手段で鼻と口を覆った者は、【耐久力】＋10ラウンドが過ぎるまでは窒息し始めることはない）。大砂嵐は通った後に2d3−1フィートの細かな砂を残す。

吹雪：他の嵐と同様の風と降水に加えて、吹雪は地面に深さ1d6インチの雪を残す。

雷雨：風と降雨（通常は雨だが雹も降ることがある）に加えて、雷雨は稲妻も伴っており、これは適切な場所に避難していない者（特に、金属製の鎧を着用している者）には危険となる可能性がある。大まかなルールとして、嵐の中心付近にいる1時間の間、1分間に1回の落雷があるとみなすこと。1回の落雷は4d8〜10d8ポイントの［雷撃］ダメージを与える。雷雨の10％は竜巻を伴っている。

激しい嵐：風と降水がすさまじいので視界はゼロになり、〈知覚〉判定とすべての遠隔武器による攻撃は不可能になる。"覆いのない火"は自動的に消え、"覆いのある火"も75％の確率で消えてしまう。激しい嵐の範囲に入ったクリーチャーは頑健セーヴを行わねばならず、失敗すればクリーチャーのサイズに基づいて影響を受ける（表13-10参照）。激しい嵐には次の4種がある。

暴風：暴風はほとんど、あるいはまったく降水を伴わないが、風の力だけでかなりのダメージを与える場合がある。

猛吹雪：激しい風と大雪（たいていは深さ1d3フィート）、そして厳しい寒さの複合効果のため、備えをしていなかった者にとって死に至る危険となる。

台風：非常に激しい風と豪雨に加え氾濫を伴う。このような条件下ではほとんどの冒険活動は不可能である。

竜巻：信じられないほどの激しい風のため、竜巻にまきこまれた者は重傷を負ったり死んでしまうかもしれない。

霧

低くかかった雲か、地面から立ち上ったもやであるかに関わらず、霧は5フィートを超えるすべての視界（暗視を含む）を妨げる。5フィート先のクリーチャーは視界困難を得る（そうしたクリーチャーからの攻撃やそうしたクリーチャーへの攻撃には20％の失敗確率がつく）。

風

風は砂やほこりを痛いほど吹き付けたり、大きな火を煽ったり、小舟を転覆させたり、ガスや蒸気を吹き払ったりする場合がある。十分に強い風なら、キャラクターを打ち倒したり（表13-10参照）、遠隔攻撃を妨げたり、一部の技能判定にペナルティを与えることもある。

微風：穏やかなそよ風。ゲーム上の効果はほとんど何もない。

軟風：ろうそくのような小さな"覆いのない火"を50％の確率で消してしまう風。

疾風：ろうそく、松明などの"覆いのない火"を自動的に消してしまう強い風。これだけの風になると遠隔攻撃ロールおよび〈知覚〉に−2のペナルティを与える。

強風：あらゆる種類の"覆いのない火"を自動的に消してしまうだけではなく、これほどの風になるとランタンの火などの"覆いのある火"も激しく揺らめき、50％の確率で消えてしまう。遠隔武器攻撃と〈知覚〉に−4ペナルティを与える。**ガスト・オヴ・ウィンド**呪文による風の速度である。

暴風：木全体は無理でも枝なら折って飛ばしてしまう。暴風は"覆いのない火"を自動的に消し、ランタンなどの"覆いのある火"も75％の確率で吹き消してしまう。遠隔武器攻撃は不可能で、攻城兵器でも−4のペナルティを受ける。うなるような風の音のため聴覚による〈知覚〉には−8のペナルティを受ける。

表13-9：天気ランダム決定表

d%	天気	寒冷な気候	温暖な気候[1]	砂漠
01～70	通常の天気	寒冷、凪	その季節の標準[2]	猛暑、凪
71～80	異常な天気	熱波（01～30）か寒波（31～100）	熱波（01～50）か寒波（51～100）	猛暑、風が強い
81～90	荒れ模様の天気	降水（雪）	降水（その季節の標準）	猛暑、風が強い
91～99	嵐	吹雪	雷雨、吹雪	砂嵐
100	激しい嵐	猛吹雪	暴風、猛吹雪、台風、竜巻	豪雨

[1] 温暖な気候には、森林、丘陵、湿地、山岳、平原、暑熱な気候帯の水界が含まれる。
[2] 冬は寒冷、夏は温暖、春と秋は穏やか。湿地は冬でも少し暖かい。

表13-10：風力効果

風力	風速	遠隔攻撃（通常兵器／攻城兵器）[1]	釘付けにされるサイズ[2]	吹き飛ばされるサイズ[3]	〈飛行〉へのペナルティ
微風	毎時0～10マイル	—／—	—	—	—
軟風	毎時11～20マイル	—／—	—	—	—
疾風	毎時21～30マイル	−2／—	超小型	—	−2
強風	毎時31～50マイル	−4／—	小型	超小型	−4
暴風	毎時51～74マイル	不可能／−4	中型	小型	−8
台風	毎時75～174マイル	不可能／−8	大型	中型	−12
竜巻	毎時175～300マイル	不可能／不可能	超大型	大型	−16

[1] 攻城兵器には、バリスタやカタパルトによる攻撃のほか、ジャイアントによる投石も含まれる。
[2] 釘付けにされるサイズ：このサイズ以下のクリーチャーは、DC10の【筋力】判定（地上にいる時）かDC20の〈飛行〉判定（空中にいる時）に成功しなければ、風の力に逆らって前に進むことができない。
[3] 吹き飛ばされるサイズ：地上にいるクリーチャーは、DC15の【筋力】判定に成功しなければ、風の力に打ち倒されて伏せ状態になり、1d4×10フィート転がされ、10フィートごとに1d4ポイントの非致傷ダメージを受ける。飛行中のクリーチャーは、DC25の〈飛行〉判定に成功しなければ、2d6×10フィート吹き戻され、もみくちゃにされて2d6ポイントの非致傷ダメージを受ける。

台風級の風： すべての火は消されてしまう。遠隔攻撃は不可能である（攻城兵器だけは例外だが攻撃ロールに−8のペナルティを受ける）。聴覚に基づく〈知覚〉判定も不可能で、キャラクターに聞こえるのは風による轟音だけである。台風級の風が吹けば、木々が倒されることも多い。

竜巻（CR10）： すべての火は消されてしまう。どんな遠隔攻撃も（攻城兵器のよるものも）、聴覚に基づく〈知覚〉判定も不可能である。竜巻の近くにいるキャラクターは頑健セーヴに失敗すると、吹き飛ばされる（表13-10参照）のではなく、竜巻の方に吸い寄せられる。じょうごの形をした竜巻の本体に接触したものは、巻き上げられて1d10ラウンドの間振り回されて毎ラウンド6d6ポイントのダメージ受け、その後、乱暴に放り出される（落下ダメージが適用されるかもしれない）。竜巻の回転速度は最大で毎時300マイルにまで及ぶことがあるが、竜巻自体は平均時速30マイル（およそ1ラウンドあたり250フィート）で進む。竜巻は木々を根こそぎにし、建物を壊し、そのほかこれに類する大きな破壊をもたらす。

次元界

ゲームでは終わりのない冒険が待ち受けている。他の大陸、他の惑星、他の銀河……これらを越えたさらに他の世界がある。無限の惑星の存在すら越えたさらなる世界とは、まったく異なる異次元世界であり、“存在の諸次元界”と呼びならわされている。稀にしかない連結点を除けば、各次元界は独自の自然法則を持つ独立した世界として存在している。これら異次元界の総体は“大いなる彼方”として知られている。

次元界は想像力の限界まで無数にあるが、それらすべては5つの一般的な型に分類できる。物質界、中継界、内方次元界、外方次元界、そして数え切れないほどの擬似次元界である。

物質界： 物質界はもっとも地球によく似ており、我々が住む現実世界と同じ自然法則が働いている。物質界の“広がり”はキャンペーンによって異なる。君のゲームの設定では1つの世界のみに限られるかもしれないし、あるいは他の惑星、衛星、星系、銀河など全宇宙に拡がるかもしれない。通常、パスファインダーRPGでは物質界が“本拠地”になる。

中継界： 中継界は1つの共通した重要な特性を持っている。いずれも他の次元界と重なり合っていて、重なり合う世界の間の移動に用いられるのだ。これらは物質界と最も密接に影響しあう次元界であり、さまざまな呪文によって頻繁に行き来される。こうした次元界を出身とするクリーチャーも存在する。中継界の例としては以下のものがある。

アストラル界： 物質界と内方次元界を外方次元界とつないでいる銀色の虚空であるアストラル界は、魂が死後の世界へと旅するための媒介である。アストラル界を旅する者には、この次元界は、重なり合う諸次元界から生み出された現実のごく小さなかけらが周期的に散りばめられた広大な空虚に見える。強力な呪文の使い手は瞬間移動する時にほんのわずかな時間アスト

ラル界を利用している。またアストラル・プロジェクション呪文のような次元間旅行を行う呪文もアストラル界を利用している。

エーテル界：エーテル界は物質界と影界との間の緩衝地帯として存在するおぼろな世界であり、この2つの世界と重なり合っている。エーテル界を旅する者は、現実の世界がまるで実体を持たない亡霊のようなものとして見え、現実世界からは見られることなく固形物を通り抜けて移動することができる。エーテル界に住む奇妙なクリーチャーは、亡霊や夢と同様に、神秘的かつ恐るべき方法で現実世界に影響を及ぼすことがある。強力な呪文の使い手は、エーテル界を**ブリンク、イセリアルネス、イセリアル・ジョーント**などの呪文で利用している。

影界：不気味で危険な影界は、物質界の色のない怖ろしげな"複製"である。物質界と重なり合っているものの、大きさはより小さく、多くの点でねじくれ歪んだ物質界の"投影"である。負のエネルギー（内方次元界を参照）で満たされ、アンデッドのシャドウや、もっとたちの悪い奇怪なモンスターたちの故郷でもある。強力な呪文の使い手は**シャドウ・ウォーク**呪文を使って物質界の長距離を速やかに移動したり、影界の形を変えやすい性質を利用して**シャドウ・エヴォケーション**や**シェイズ**のような呪文で擬似現実的な効果やクリーチャーを生み出す。

内方次元界：内方次元界は現実を構成する要素から成り立っている。このため、これらの次元界が物質界を内包していると考えられがちだが、中継界のように物質界と重なり合っているわけではない。それぞれの内方次元界は1種類の元素ないしエネルギーのみで構成された世界であり、その力が他のすべてを圧倒している。内方次元界の出身者の身体は、次元界と同じ元素やエネルギーでできている。内方次元界の例としては以下のものがある。

元素界：古典的な4つの内方次元界、すなわち風の次元界、地の次元界、火の次元界、水の次元界である。エレメンタルとして知られるクリーチャーはこれらの次元界からやって来るほか、ジン、金属喰らいのゾーン、不可視のインヴィジブル・ストーカー、イタズラ好きのメフィットなどの奇妙な住人もいる。

エネルギー界：正のエネルギー界（ここから生命を呼び覚ます火花が降り注ぐ）と負のエネルギー界（ここからアンデッドの不吉な穢れがやってくる）がある。双方の次元界からのエネルギーは現実世界に注ぎ込まれ、すべてのクリーチャーはこのエネルギーの干満によって生から死への行路を進む。クレリックはこれらの世界からのエネルギーをエネルギー放出に利用している。

外方次元界：定命のものの世界の彼方、現実を構成要素とする世界の彼方に、外方次元界は存在する。想像を絶するほど広大なこれらの世界は死者の魂の終着点であり、神々自らが統治する領域でもある。外方次元界はそれぞれ属性を持ち、特定の道徳観や倫理観を具現化している。各外方次元界の出身者たちも、各次元界の属性にあった行動をするものが多い。外方次元界は物質界を離れた魂が最後の休息——安らかなる悟りに至るにせよ、永遠に苦しみ続けるにせよ——を得る場所でもある。外方次元界の住人は、エンジェルとデーモン、ティタンとデヴィル、

その他考えられる無数の存在の顕現を含むものたちであり、神話的な社会を形成している。各キャンペーンにはそれぞれの主題と必要に応じて独自の外方次元界があってよいが、古典的な外方次元界としては、秩序にして善の天上界ヘヴン、混沌にして悪の奈落界アビス、圧制的な秩序にして悪の地獄界ヘル、移り気で自由と喜びに満ちた混沌にして善の浄土界エリュシオンなどがある。強力な呪文の使い手は、**コミューン**や**コンタクト・アザー・プレイン**のような呪文を使って助言や導きを得るために外方次元界と接触し、あるいは**プレイナー・アライ**や**サモン・モンスター**のような呪文を使って味方を召喚する。

擬似次元界：これは次元界と同様の機能を持つが、大きさが計測可能で、限られた手段によってしか出入りできない異次元空間すべてを含む包括的な分類である。他のタイプの次元界の大きさが理論上無限であるのに対し、擬似次元界は直径数百フィート程度しかないこともある。無数の擬似次元界が現実世界を漂い、ほとんどがアストラル界とエーテル界につながっているが、いくつかは中継界から完全に切り離され、隠蔽されたポータルや適切な呪文によってのみ出入りすることができる。

階層化された次元界

無限大はいくつもの、より小さな無限大に分割できるように、次元界もまた関連性のあるより小さな次元界に分けることができる。こうしてできた階層は、実質上別個の存在の次元界であり、各階層が独自の特性を持ちえる。階層はさまざまな種類のプレイナー・ゲート（次元門）、自然に存在する"渦動"や"行路"、移動する境界線などを通じて互いにつながっている。

他の次元界と階層化された次元界との行き来は第1階層——最上層か最下層かは次元界ごとに決まっている——を通じてのみ行われるのが普通である。固定された進入ポイント（ポータルや"渦動"など）はほとんどがこの階層に通じており、他の階層への玄関口になっている。**プレイン・シフト**呪文も呪文の使い手を第1階層へと導く。

次元界の相互関係

隔絶した2つの次元界は互いに重なり合うことも直接つながることもない。こうした次元界は異なる軌道をめぐる惑星のようなものである。ある次元界から別の隔絶した次元界に行くには、中継界のような第3の次元界を経由して行かねばならない。

隣接した次元界：隣接した次元界は特定の場所で互いに接触している。接触している場所には"連結点"が存在し、旅人たちはそこから自分の世界を後にして別の世界へ行くことができる。

併存する次元界：2つの次元界が併存しているなら、両者をつなぐ連結をどこにでも作り出すことができる。併存する次元界は互いに完全に重なり合っている。併存する次元界には重なり合った次元界のどこからでも行くことができる。併存する次元界から重なり合った次元界を見たり、互いに影響を及ぼしたりできることも多い。

環境 13

環境に関するルール

特定の1種類の地形に特有の危険については"野外"の節で解説した。複数の環境でよく起こる環境のもたらす危険について以下に解説する。

飢えと渇き

食料や水がなく、手に入れる手段もない場合がある。通常の気候では、中型サイズのキャラクターが飢えないためには、1日に少なくとも1ガロン（約3.8リットル）の飲み物と、それなりの食料が1ポンド必要である（小型サイズのキャラクターはこの半分）。非常に暑い気候では、脱水症状を起こさないために、この2～3倍の水が必要である。

キャラクターは丸一日に加えて【耐久力】に等しい時間数だけ水なしで過ごすことができる。この期間が過ぎると、キャラクターは毎時間1回の【耐久力】判定（DC10、これ以前に行った判定1回ごとに＋1）を行わなくてはならず、失敗すると1d6ポイントの非致傷ダメージを受ける。HPの最大値に等しい非致傷ダメージを受けたキャラクターは、以降は代わりに致傷ダメージを受ける。

キャラクターは食料なしで3日過ごすことができるが、不快感は増してゆく。この期間が過ぎると、キャラクターは毎日1回の【耐久力】判定（DC10、これ以前に行った判定1回ごとに＋1）を行わなくてはならず、失敗すると1d6ポイントの非致傷ダメージを受ける。HPの最大値に等しい非致傷ダメージを受けたキャラクターは、以降は代わりに致傷ダメージを受ける。

食料や水の欠乏から非致傷ダメージを被ったキャラクターは疲労状態となる。飢えや渇きによる非致傷ダメージは、そのキャラクターが必要な食料や水を手に入れるまでは回復しない。HPを回復させる魔法ですらこのダメージを治癒することはできない。

[強酸]の効果

腐食性の酸に触れると、毎ラウンド1d6ポイントのダメージを受ける。酸の入った桶に落ちるなどしてキャラクターの全身が酸に浸かっている場合は、毎ラウンド10d6ポイントのダメージを受ける。投げつけられた酸の小瓶やモンスターの吐いた酸による攻撃については、1ラウンドの接触とみなす。

ほとんどの酸から立ち上る気体は吸入性の毒である。大量の酸に隣接している者は、毎ラウンド1回、DC13の頑健セーヴを行わなければならず、失敗すると1ポイントの【耐久力】ダメージを受ける。この毒には"頻度"はなく、クリーチャーが酸

から離れれば即座に影響を受けなくなる。

[強酸]による腐食に完全耐性のあるクリーチャーでも、全身が浸かってしまえば溺れる可能性はある（"溺れ"参照）。

暗闇

多くの暗視を持つキャラクターやモンスターは、まったく明かりのない状況でも問題なくものを見ることができる。しかし、通常の視覚または夜目しか持たないキャラクターは、明かりが消えると完全に盲目状態となる。松明やランタンは地下に吹く突風で吹き消される場合があり、魔法の光源が解呪や呪文相殺される場合もある。あるいは魔法の罠によって何も見通せぬ暗闇が作り出されることもある。

キャラクターやモンスターの一部だけがものを見ることができ、他のものたちは盲目状態となる、といったことはよく起こる。下記に挙げる点に関して、盲目状態のクリーチャーというのは周囲の暗闇を見通すことができないものたちを指す。

暗闇によって盲目状態となったクリーチャーは、正確さに基づいて追加ダメージを与える能力（たとえば急所攻撃やデュエリストの精密打撃）を失う。

盲目状態のクリーチャーが移動速度の半分よりも速く移動するにはDC10の〈軽業〉を行わなければならない。この判定に失敗したクリーチャーは転倒する。盲目状態のクリーチャーは疾走や突撃ができない。

すべての敵は盲目状態のクリーチャーに対して完全視認困難を持ち、そのため戦闘において盲目状態のクリーチャーは50％の失敗確率を受ける。盲目状態のクリーチャーはまず最初に、正しいマス目を攻撃するために敵の位置を特定しなければならない。盲目状態のクリーチャーが敵の位置を特定せずに攻撃を行った場合、間合いの内にあるランダムなマス目を攻撃する。位置を特定できていない敵に対して遠隔攻撃や呪文を使用するのであれば、ロールによって、盲目状態のクリーチャーが隣接するマス目のうちどちらの方向を向いているのかを決定する。その方向にいるもののうち、最も近い目標に対して攻撃が向けられる。

盲目状態のクリーチャーはACへの【敏捷力】修正値（もし正の値なら）を失い、ACに−2のペナルティを受ける。

盲目状態のクリーチャーは〈知覚〉判定と【筋力】および【敏捷力】に基づくほとんどの技能判定に−4のペナルティを受ける。防具による判定ペナルティが適用される判定はすべてこれに含まれる。暗闇によって盲目状態となったクリーチャーは、視覚に依存するすべての技能判定に自動的に失敗する。

暗闇によって盲目状態になったクリーチャーは凝視攻撃を使用することができず、また凝視攻撃に対して完全耐性を持つ。

暗闇によって盲目状態になったクリーチャーは、各ラウンド1回のフリー・アクションとして敵の位置を特定するための〈知覚〉判定（DCは敵の〈隠密〉判定値に等しい）を行うことができる。判定に成功したなら盲目状態のキャラクターは見えないクリーチャーが「どこかそのあたりにいる」ことが判る。見えないクリーチャーの正確な位置を特定することはほぼ不可能である。〈知覚〉判定がDCを20以上上回ったなら、見えないクリー

チャーのいるマス目を特定できる（しかし見えないクリーチャーは依然として盲目状態のクリーチャーに対して完全視認困難を有する）。

盲目状態のクリーチャーは手探りで見えないクリーチャーを発見しようとすることもできる。キャラクターは手や武器を使い、1回の標準アクションとして、隣接する2つのマス目に対して接触攻撃を行う。もし見えないクリーチャーが指定したマス目にいたなら、接触攻撃には50％の失敗確率がある。成功したなら、手探りをしているキャラクターはダメージを与えはしないが、見えないクリーチャーの現在位置を特定することに成功する。しかし見えないクリーチャーが移動すれば、またその位置はわからなくなる。

盲目状態のクリーチャーに見えないクリーチャーによる攻撃が命中したなら、盲目状態のキャラクターは攻撃を命中させたキャラクターの位置を特定できる（もちろん見えないクリーチャーが移動するまででしかないが）。例外は、見えないクリーチャーが5フィートよりも長い間合いを持っていた時（この場合盲目状態のキャラクターは見えない的の大体の位置を知るが、正確に特定することはできない）か、遠隔攻撃をしてきた時（この場合盲目状態のキャラクターは敵の大体の方向を知るが、位置はわからない）のみである。

鋭敏嗅覚の特殊能力を持つクリーチャーは自動的に自らの5フィート以内にいる見えないクリーチャーの位置を特定する。

高温による危険

高温は非致傷ダメージを与える。このダメージは、キャラクターが涼む（日陰に入る、日没まで生き延びる、水を浴びる、**エンデュア・エレメンツ**の対象となる、など）までは回復させることができない。HPの最大値に等しい非致傷ダメージを受けたキャラクターは、それ以降は高温から致傷ダメージを受ける。

華氏90度（32.2℃）を越える非常に暑い環境にいるキャラクターは、毎時間1回の頑健セーヴ（DC15、これ以前に行った判定1回ごとに＋1）を行い、失敗すると1d4ポイントの非致傷ダメージを受ける。厚い衣服や何らかの鎧を着用しているキャラクターはこのセーヴに−4のペナルティを受ける。〈生存〉技能を持つキャラクターはこのセーヴにボーナスを得ることができ、このボーナスを他のキャラクターに及ぼすことができる（4章の〈生存〉技能の説明を参照）。気絶状態になったキャラクターは致傷ダメージを受け始める（1時間につき1d4ポイント）。

華氏110度（43.3℃）を越える厳しい高温では、キャラクターは10分ごとに1回の頑健セーヴ（DC15、これ以前に行った判定1回ごとに＋1）を行い、失敗すると1d4ポイントの非致傷ダメージを受ける。厚い衣服や何らかの鎧を着用しているキャラクターはこのセーヴに−4のペナルティを受ける。〈生存〉技能を持つキャラクターはこのセーヴにボーナスを得ることができ、このボーナスを他のキャラクターにも及ぼすことができる（技能の説明を参照）。気絶状態になったキャラクターは致傷ダメージを受け始める（10分につき1d4ポイント）。

高温によって非致傷ダメージを受けたキャラクターは熱射病

になり、疲労状態となる。これらのペナルティはキャラクターが高温によって受けた非致傷ダメージを回復した時に終了する。

華氏140度（60℃）を越える気温、火、沸騰した水、溶岩の付近などの極端な高温は致傷ダメージを与える。こうした高温の中で呼吸をすると、毎分（セーヴなしで）1d6ポイントの［火炎］ダメージを受ける。さらに、キャラクターは5分ごとに1回の頑健セーヴ（DC15、これ以前に行った判定1回ごとに＋1）を行い、失敗すると1d4ポイントの非致傷ダメージを受ける。厚い衣服や何らかの鎧を着用しているキャラクターはこのセーヴに－4のペナルティを受ける。

沸騰した水に触れると毎ラウンドやけどによる1d6ポイントのダメージを受ける。キャラクターの全身が熱湯に浸かっている場合は毎ラウンド10d6ポイントのダメージを受ける。

煙の効果

濃い煙を吸い込んでしまったキャラクターは、毎ラウンド1回の頑健セーヴ（DC15、これ以前に行った判定1回ごとに＋1）を行わなければならず、失敗するとそのラウンドを息が詰まって咳き込むだけに費やす。2ラウンド連続して息の詰まったキャラクターは1d6ポイントの非致傷ダメージを受ける。煙は視界を妨げ、内部にいるキャラクターに視認困難（20％の失敗確率）を与える。

着火

燃える油や焚き火、瞬間的でない魔法の火にさらされたキャラクターは、衣服や髪の毛、装備などに着火することがある。通常、持続時間が"瞬間"の呪文によってキャラクターに火が着くことはない。これらの呪文による熱と炎は一瞬のうちに現れ消えるからである。

着火の危険にあるキャラクターは、それを避けるために1回の反応セーヴ（DC15）を行うことができる。衣服や髪の毛に火がつけば、そのキャラクターは即座に1d6ポイントのダメージを受ける。それ以降、火のついたキャラクターは毎ラウンド1回のさらなる反応セーヴを行い、失敗すればさらに1d6ポイントのダメージを受ける。セーヴに成功すれば火は消える。つまり、1回でもこのセーヴに成功すれば、火は消し止められたことになる。

火のついたキャラクターが火を消すのに十分な量の水に飛び込めば、火は自動的に消える。近くに大量の水がなければ、地面を転がったり外套などで火をくすぶらせて消火しようとすることで、＋4のボーナスを得て再度セーヴを行うことができる。

衣服や装備に火がついたものは、各アイテムごとに1回ずつの反応セーヴ（DC15）を行う。これに失敗した可燃性のアイテムはキャラクターと同じだけのダメージを受ける。

溶岩の効果

溶岩やマグマに触れると毎ラウンド2d6ポイントの［火炎］ダメージを受ける。活火山の火口に落ちるなどしてキャラクターの全身が溶岩に浸かった場合は毎ラウンド20d6ポイントの［火炎］ダメージを受ける。

マグマによるダメージはマグマに接触しなくなってからも1d3ラウンド持続するが、この追加ダメージは実際に接触していた時に受けるダメージの半分だけである（つまり毎ラウンド1d6ポイントや10d6ポイントになる）。［火炎］への完全耐性や抵抗は溶岩やマグマにも有効である。しかし［火炎］への完全耐性か抵抗があるクリーチャーでも、溶岩に全身が浸かってしまえば溺れる可能性はある（"溺れ"参照）。

窒息

呼吸する空気がないキャラクターは【耐久力】1ポイントにつき2ラウンドの間、息を止めておくことができる。キャラクターが標準アクションまたは全ラウンド・アクションを行うのであれば、息を止めておくことができる残り時間が1ラウンド減少する。この期間を過ぎて息を止め続けるためには、そのキャラクターは【耐久力】判定（DC10）を行わなくてはならない。この判定は毎ラウンド行い、それ以前に成功した判定1回ごとにDCが＋1されていく。

この【耐久力】判定に1回でも失敗すると、そのキャラクターは窒息し始める。1ラウンド目にそのキャラクターは気絶状態（HP0）となる。次のラウンドにはそのキャラクターは－1HPになり、瀕死状態となる。3ラウンド目にそのキャラクターは窒息死する。

緩慢な窒息：中型サイズのキャラクターは、一辺10フィートの密閉された部屋の中で6時間は呼吸できる。この期間が過ぎると、そのキャラクターは15分ごとに1d6ポイントの非致傷ダメージを受ける。中型サイズのキャラクターが1人増えるか、それなりの大きさの「火気」もしくは「火種」（たとえば松明など）が1つあるごとに、空気が保つ時間はそれに反比例して減る。非致傷ダメージの蓄積によって気絶状態となってしまうと、キャラクターはそれ以降、同じ速度で致傷ダメージを受ける。小型サイズのキャラクターは中型サイズの半分の空気を消費する。

低温による危険

低温は非致傷ダメージを与える。低温の環境によるダメージは、キャラクターが低温から逃れ、再び温まるまでは回復させることができない。HPの最大値に等しい非致傷ダメージを受けたキャラクターは、それ以降は低温から致傷ダメージを受ける。

華氏40度（4.4℃）を下回る寒冷な天候では、備えのできていないキャラクターは、毎時間1回の頑健セーヴ（DC15、これ以前に行った判定1回ごとに＋1）を行い、失敗すると1d6ポイントの非致傷ダメージを受ける。〈生存〉技能を持つキャラクターはこのセーヴにボーナスを得ることができ、このボーナスを他のキャラクターにも及すことができる（技能の説明を参照）。

華氏0度（－17.8℃）を下回る厳しい寒冷な天候では、備えのできていないキャラクターは10分ごとに1回の頑健セーヴ（DC15、これ以前に行った判定1回ごとに＋1）を行い、失敗すると1d6ポイントの非致傷ダメージを受ける。〈生存〉技能を持つキャラクターはこのセーヴにボーナスを得ることができ、こ

のボーナスを他のキャラクターに及ぼすことができる。防寒服を着ているキャラクターは、低温によるダメージに対し1時間に1回だけ判定をすればよい。

低温によって非致傷ダメージを受けたキャラクターは凍傷や低体温症を患う（疲労状態として扱う）。これらのペナルティはキャラクターが低温により受けた非致傷ダメージを回復した時に終了する。

華氏−20度（−28.9℃）を下回る極端な低温は毎分（セーヴなしで）1d6ポイントの致傷ダメージを与える。さらに、キャラクターは1回の頑健セーヴ（DC15、これ以前に行った判定1回ごとに＋1）を行い、失敗すると1d4ポイントの非致傷ダメージを受ける。

氷の効果

氷の上を歩くキャラクターは、氷でおおわれたマス目に進入する際に2マスぶんの移動となり、〈軽業〉のDCが＋5上昇する。長い時間氷と接触しているキャラクターは、厳しい低温によるダメージを受ける危険がある。

水の危険

どんなキャラクターも、首の深さまでの比較的穏やかな水ならば歩いて渡ることができ、この場合判定は不要である。また、静かな水面を泳ぐならば、DC10の〈水泳〉に成功するだけで十分だろう。訓練を受けた泳ぎ手なら出目10をするだけでよい。ただし防具や重い装備を身につけていれば、泳ぐのは難しくなることに注意すること（〈水泳〉技能の説明を参照）。

一方、流れの速い水面はさらに危険である。1ラウンドに1回のDC15の〈水泳〉判定か【筋力】判定を行い、成功すればキャラクターは沈まずにいられる。判定に失敗すると、キャラクターは1d3ポイントの非致傷ダメージ（岩場や連続した滝を流れるものの場合は1d6ポイントの致傷ダメージ）を受ける。

非常に深い水の中はたいてい真っ暗で、方向を定めるのが難しい上、水圧により水面から100フィート下にいるごとに毎分1d6ポイントのダメージを受ける。1回の頑健セーヴ（DC15、これ以前に行った判定1回ごとに＋1）に成功すれば、その1分の間はダメージを受けない。非常に冷たい水は体温を低下させ、それに浸かっている1分ごとに1d6ポイントの非致傷ダメージを与える。

溺れ

キャラクターは自分の【耐久力】の2倍に等しいラウンドの間、息を止めておくことができる。そのキャラクターが標準アクションまたは全ラウンド・アクションを行うごとに、息を止めていられる残り時間が1ラウンド減少する。この期間が過ぎると、息を止め続けるためには、そのキャラクターは毎ラウンド1回の【耐久力】判定（DC10）を行わなくてはならない。1ラウンドごとにこの判定はDCが＋1されていく。

この【耐久力】判定に失敗すると、そのキャラクターは溺れ始める。1ラウンド目にそのキャラクターは気絶状態（HP0）となる。次のラウンドにはそのキャラクターは−1HPになり、

瀕死状態となる。3ラウンド目にそのキャラクターは溺死する。

気絶状態のキャラクターが水中に沈んだ場合（あるいは水中にいる意識のあるキャラクターが気絶状態になった場合）、この【耐久力】判定を即座にし始めなければならない。この判定に失敗すると、そのキャラクターは即座に−1HPになり（すでにHPが−1以下ならさらに1HPを失う）、次のラウンドそのキャラクターは溺死する。

砂や流砂、細かい粉末、サイロ一杯の穀物など、水以外の物質で溺れることもある。

落下

クリーチャーは10フィート落下するごとに1d6ポイント、最大で20d6のダメージを受ける。落下により致傷ダメージを受けたクリーチャーは伏せ状態で着地する。

キャラクターが単に滑ったり落ちたりしたのではなく、進んで飛び降りた場合、ダメージ自体は同じだが、最初の1d6分が非致傷ダメージになる。〈軽業〉（DC15）に成功すれば、キャラクターは最初の10フィート分のダメージを無視し、次の10フィート分のダメージを非致傷ダメージにできる。たとえば、高さ30フィートの岩棚を滑り落ちたキャラクターは3d6ダメージを受ける。進んで飛び降りた場合、1d6ポイントの非致傷ダメージと2d6ポイントの致傷ダメージを受ける。進んで飛び降り、かつ〈軽業〉に成功した場合、この飛び降りで受けるのは1d6ポイントの非致傷ダメージと1d6ポイントの致傷ダメージだけである。

落ちた先がやわらかい表面（柔らかい地面、泥など）だった場合も、最初の1d6分が非致傷ダメージになる。この減少は進んで飛び降りた場合の減少や〈軽業〉による減少に加算される。

落下距離が500フィートを越えているか、フェザー・フォールのような割り込みアクションで使えるものでない限り、キャラクターは落下中に呪文を使うことはできない。落下中に呪文を使うには、DC20＋呪文レベルの精神集中判定が必要である。テレポートや同種の呪文を落下中に使った場合でも、位置を変えるだけで慣性を打ち消すことはできない。つまり地面の上に瞬間移動したとしても、落下した分のダメージを受けることになる。

水に落ちる場合： 水に落ちる場合は若干処理が異なる。水深が10フィート以上なら、落下の最初の20フィートはダメージを与えない。次の20フィートは非致傷ダメージを与える（10フィートごとに1d3）。そこから先は、落下ダメージは致傷ダメージになり、ダメージも通常通りとなる（10フィートごとに1d6）。

進んで水に飛び込むキャラクターは、落下距離30フィートごとに水深が10フィートあれば、〈水泳〉か〈軽業〉（DC15）に成功すればダメージを受けない。ただし判定のDCは、落下距離50フィートごとに5増える。

落下物

10フィート以上の距離から落ちればキャラクターはダメージを受けるが、落下してきた物体があたってもダメージを受ける。

キャラクターの上に落ちてきた物体は、そのサイズと落下してきた距離に基づいたダメージを与える。表13-11には物体のサイズに基づくダメージ量が記載されている。これは物体が石のような密度の高く重い物を想定している。より軽い物体は、GMの判断により、表の半分のダメージを与えることにしてもよい。たとえば超大型の石がキャラクターにあたれば6d6ポイントのダメージを与えるが、木製の馬車なら3d6ポイントだけということにしてもよい。さらに、物体の落下距離が30フィート未満なら、与えるダメージは表の半分になる。落下距離が150フィートを越えるなら表の2倍のダメージを与える。落下した物体も同じだけのダメージを受けることに注意。

物体を投げつけるのではなくクリーチャーの上に落とすのは、遠隔接触攻撃になる。このような攻撃の射程単位は20フィートである。物体がクリーチャーの上に落ちた場合、そのクリーチャーは物体に気がついていれば、反応セーヴ（DC15）に成功することでダメージを半分にできる。落下物が罠の一部であるなら、これらのルールの代わりに罠のルールを用いる。

表13-11：落下してくる物体からのダメージ

物体のサイズ	ダメージ
超小型以下	1d6
小型	2d6
中型	3d6
大型	4d6
超大型	6d6
巨大	8d6
超巨大	10d6

14 NPCの創造

天空から落ちてきた星が、自然の理のすべてを焼き尽くす。その瞬間、そこには混乱だけがあった。恐怖の喘ぎと悲鳴の中で、大人たちは家族を守るため家路を急いだ。悪党どもはこの機に乗じ、店のガラスをたたき割った。臆病者は呪いの声をあげて逃げ去った。英雄たちは少しでも有利な地歩を得るべく急いだ。

遥か彼方から、神々に終わりの時を告げ、その秩序が見せかけであったと宣告する叫び声が上がった。

恐るべき衝突の一瞬前、死せる星の光はすべてのものの真のありようを照らし出す。衝突後、もとのままの姿を保つものは一人としていないのだから。

ゲーム内で出会うすべてのプレイヤー以外のキャラクターは
ノンプレイヤー・キャラクター(NPC)である。これらのキャラ
クターは高貴な王からただのパン屋まで、すべてGMによって
作られ操作される。これらのキャラクターの一部はプレイヤー・
クラスを使用するが、ほとんどはより簡単に作り出せる単純な
NPCクラスを使用する。この章にはNPCクラスの詳細と、迅
速なキャラクター作成のための情報が示されている。

アデプト

属性：すべて。
ヒット・ダイスの種類：d6。

クラス技能
　アデプトのクラス技能は以下の通り：〈呪文学〉【知】、〈職能〉
【判】、〈製作〉【知】、〈生存〉【判】、〈治療〉【判】、〈知識：どれで
も、別々の技能として修得すること〉【知】、〈動物使い〉【魅】。
1レベル上昇毎の技能ランク：2＋【知】修正値。

クラス特徴
　アデプトのNPCクラスの特徴は以下の通り。

武器と防具の習熟：アデプトはすべての単純武器に習熟してお
り、いかなる鎧や盾にも習熟していない。
呪文：アデプトは以下のアデプト呪文リストから信仰呪文を発
動する。クレリックと同様に、アデプトは自分の呪文を毎日、

あらかじめ準備する。アデプトは任意発動によって**キュア**また
は**インフリクト**呪文を発動することはできない。
　呪文を準備し、発動するためには、アデプトは最低でも10
＋呪文レベルの【判断力】がなければならない。アデプトが発
動した呪文に対するセーヴの難易度は、10＋呪文レベル＋そ
のアデプトの【判断力】修正値である。
　ウィザードとは異なり、アデプトは書物や巻物から得るので
はなく、学習によって準備するものでもない。代わりに、彼ら
は瞑想するか祈るかして、信仰による霊感や自分自身の信仰の
強さを通して呪文を得る。アデプトはそれぞれ時間帯を決め、
1日分の呪文を回復するために毎日1時間を静かな黙想や祈祷
に費やさねばならない。アデプトはどれだけ休息したかに関わ
りなく呪文を準備できる。
　他の呪文の使い手と同様に、アデプトは毎日、各レベルの呪
文を特定回数だけ使用することができる。アデプトが基本的に
毎日いくつの呪文を使用できるかは表14-1に記載されている。
加えて、アデプトは高い【判断力】を持っているならボーナス
呪文を得る。
　表14-1で、アデプトのあるレベルの1日の呪文数が（－では
なく）0回の場合、アデプトはそのレベルの呪文を【判断力】
によるボーナス呪文数ぶんのみ得る。
　アデプトはそれぞれのやり方に応じて、特定の聖印を信仰焦
点具として用いる。
使い魔：クラス・レベルが2レベルになると、アデプトはウィ
ザードの秘術の絆能力のように使い魔を得る。

表14-1：アデプト

レベル	基本攻撃ボーナス	頑健セーヴ	反応セーヴ	意志セーヴ	特殊	1日の呪文数					
						0	1	2	3	4	5
1	+0	+0	+0	+2		3	1	—	—	—	—
2	+1	+0	+0	+3	使い魔の召喚	3	1	—	—	—	—
3	+1	+1	+1	+3		3	2	—	—	—	—
4	+2	+1	+1	+4		3	2	0	—	—	—
5	+2	+1	+1	+4		3	2	1	—	—	—
6	+3	+2	+2	+5		3	2	1	—	—	—
7	+3	+2	+2	+5		3	3	2	—	—	—
8	+4	+2	+2	+6		3	3	2	0	—	—
9	+4	+3	+3	+6		3	3	2	1	—	—
10	+5	+3	+3	+7		3	3	2	1	—	—
11	+5	+3	+3	+7		3	3	3	2	—	—
12	+6／+1	+4	+4	+8		3	3	3	2	0	—
13	+6／+1	+4	+4	+8		3	3	3	2	1	—
14	+7／+2	+4	+4	+9		3	3	3	2	1	—
15	+7／+2	+5	+5	+9		3	3	3	3	2	—
16	+8／+3	+5	+5	+10		3	3	3	3	2	0
17	+8／+3	+5	+5	+10		3	3	3	3	2	1
18	+9／+4	+6	+6	+11		3	3	3	3	2	1
19	+9／+4	+6	+6	+11		3	3	3	3	3	2
20	+10／+5	+6	+6	+12		3	3	3	3	3	2

NPCの創造 14

アデプトの呪文リスト

アデプトは以下の呪文リストから呪文を選ぶ。

0レベル：ガイダンス、クリエイト・ウォーター、ゴースト・サウンド、ステイビライズ、タッチ・オヴ・ファティーグ、ディテクト・マジック、ピュアリファイ・フード・アンド・ドリンク、メンディング、ライト、リード・マジック

1レベル：エンデュア・エレメンツ、オブスキュアリング・ミスト、キュア・ライト・ウーンズ、コーズ・フィアー、コマンド、コンプリヘンド・ランゲージズ、スリープ、ディテクト・イーヴル、ディテクト・グッド、ディテクト・ケイオス、ディテクト・ロー、バーニング・ハンズ、ブレス、プロテクション・フロム・イーヴル、プロテクション・フロム・グッド、プロテクション・フロム・ケイオス、プロテクション・フロム・ロー

2レベル：アニマル・トランス、インヴィジビリティ、ウェブ、エイド、キャッツ・グレイス、キュア・モデレット・ウーンズ、シー・インヴィジビリティ、スコーチング・レイ、ダークネス、ディレイ・ポイズン、ブルズ・ストレンクス、ベアズ・エンデュアランス、ミラー・イメージ、レジスト・エナジー

3レベル：アニメイト・デッド、キュア・シリアス・ウーンズ、コンテイジョン、コンティニュアル・フレイム、タンズ、ディーパー・ダークネス、デイライト、ニュートラライズ・ポイズン、ビストウ・カース、ライトニング・ボルト、リムーヴ・カース、リムーヴ・ディジーズ

4レベル：ウォール・オヴ・ファイアー、キュア・クリティカル・ウーンズ、ストーンスキン、ポリモーフ、マイナー・クリエイション、レストレーション

5レベル：ウォール・オヴ・ストーン、コミューン、トゥルー・シーイング、ヒール、ブレイク・エンチャントメント、ベイルフル・ポリモーフ、メジャー・クリエイション、レイズ・デッド

アリストクラート

属性：すべて。
ヒット・ダイスの種類：d8。

クラス技能

アリストクラートのクラス技能は以下の通り：〈威圧〉【魅】、〈鑑定〉【知】、〈交渉〉【魅】、〈製作〉【知】、〈生存〉【判】、〈知識：どれでも、別々の技能として修得すること〉【知】、〈動物使い〉【魅】、〈はったり〉【魅】、〈変装〉【魅】、〈騎乗〉【敏】、〈芸能〉【魅】、〈言語学〉【知】、〈職能〉【判】、〈真意看破〉【判】、〈水泳〉【筋】、〈知覚〉【判】。

1レベル上昇毎の技能ランク：4＋【知】修正値。

クラス特徴

アリストクラートのNPCクラスの特徴は以下の通り。

武器と防具の習熟：アリストクラートはすべての単純武器と軍用武器に習熟しており、すべての種類の鎧と盾に習熟している。

ウォリアー

属性：すべて。
ヒット・ダイスの種類：d10。

クラス技能

ウォリアーのクラス技能は以下の通り：〈威圧〉【魅】、〈騎乗〉【敏】、〈職能〉【判】、〈水泳〉【筋】、〈製作〉【知】、〈登攀〉【筋】、〈動物使い〉【魅】。

1レベル上昇毎の技能ランク：2＋【知】修正値。

表14-2：アリストクラート

レベル	基本攻撃ボーナス	頑健セーヴ	反応セーヴ	意志セーヴ
1	+0	+0	+0	+2
2	+1	+0	+0	+3
3	+2	+1	+1	+3
4	+3	+1	+1	+4
5	+3	+1	+1	+4
6	+4	+2	+2	+5
7	+5	+2	+2	+5
8	+6／+1	+2	+2	+6
9	+6／+1	+3	+3	+6
10	+7／+2	+3	+3	+7
11	+8／+3	+3	+3	+7
12	+9／+4	+4	+4	+8
13	+9／+4	+4	+4	+8
14	+10／+5	+4	+4	+9
15	+11／+6／+1	+5	+5	+9
16	+12／+7／+2	+5	+5	+10
17	+12／+7／+2	+5	+5	+10
18	+13／+8／+3	+6	+6	+11
19	+14／+9／+4	+6	+6	+11
20	+15／+10／+5	+6	+6	+12

表14-3：ウォリアー

レベル	基本攻撃ボーナス	頑健セーヴ	反応セーヴ	意志セーヴ
1	+1	+2	+0	+0
2	+2	+3	+0	+0
3	+3	+3	+1	+1
4	+4	+4	+1	+1
5	+5	+4	+1	+1
6	+6／+1	+5	+2	+2
7	+7／+2	+5	+2	+2
8	+8／+3	+6	+2	+2
9	+9／+4	+6	+3	+3
10	+10／+5	+7	+3	+3
11	+11／+6／+1	+7	+3	+3
12	+12／+7／+2	+8	+4	+4
13	+13／+8／+3	+8	+4	+4
14	+14／+9／+4	+9	+4	+4
15	+15／+10／+5	+9	+5	+5
16	+16／+11／+6／+1	+10	+5	+5
17	+17／+12／+7／+2	+10	+5	+5
18	+18／+13／+8／+3	+11	+6	+6
19	+19／+14／+9／+4	+11	+6	+6
20	+20／+15／+10／+5	+12	+6	+6

クラス特徴

ウォリアーのNPCクラスの特徴は以下の通り。

武器と防具の習熟：ウォリアーはすべての単純武器と軍用武器に習熟しており、すべての種類の鎧と盾に習熟している。

エキスパート

属性：すべて。

ヒット・ダイスの種類：d8。

クラス技能

エキスパートはどれでも10個の技能を選択してクラス技能にすることができる。

1レベル上昇毎の技能ランク：6＋【知】修正値。

クラス特徴

エキスパートのNPCクラスの特徴は以下の通り。

武器と防具の習熟：エキスパートはすべての単純武器と軽装鎧に習熟しており、いかなる種類の盾にも習熟していない。

コモナー

属性：すべて。

ヒット・ダイスの種類：d6。

クラス技能

コモナーのクラス技能は以下の通り：〈騎乗〉【敏】、〈職能〉【判】、〈水泳〉【筋】、〈製作〉【知】、〈知覚〉【判】、〈登攀〉【筋】、〈動物使い〉【魅】。

1レベル上昇毎の技能ランク：2＋【知】修正値。

クラス特徴

コモナーのNPCクラスの特徴は以下の通り。

武器と防具の習熟：コモナーは1つの単純武器に習熟しており、それ以外の武器とあらゆる種類の鎧と盾に習熟していない。

NPCの創造

プレイヤー・キャラクターが住む世界には、彼らとたがいに関係を持つことができる、魅力あるキャラクター達が豊富にいるべきである。そのほとんどは名前や一般的な記述だけを必要とするが、一部のNPC（街の衛兵、地方の聖職者、隠遁した賢者など）は完全な能力データを有している。敵か味方のどちらかとして、PCたちは彼らと戦闘で出会うかもしれない。あるいは、NPCの技能や能力を頼ることになるかもしれない。いずれにしても、これらのNPCたちは7つの簡単な手順から作成することができる。

ステップ1：基本

NPCを作成することの第一歩は、君のキャンペーンにおける基本的な役割を決めることである。これには種族やクラス、基本的なコンセプトが含まれている。

表14-4：エキスパート

レベル	基本攻撃ボーナス	頑健セーヴ	反応セーヴ	意志セーヴ
1	+0	+0	+0	+2
2	+1	+0	+0	+3
3	+2	+1	+1	+3
4	+3	+1	+1	+4
5	+3	+1	+1	+4
6	+4	+2	+2	+5
7	+5	+2	+2	+5
8	+6／+1	+2	+2	+6
9	+6／+1	+3	+3	+6
10	+7／+2	+3	+3	+7
11	+8／+3	+3	+3	+7
12	+9／+4	+4	+4	+8
13	+9／+4	+4	+4	+8
14	+10／+5	+4	+4	+9
15	+11／+6／+1	+5	+5	+9
16	+12／+7／+2	+5	+5	+10
17	+12／+7／+2	+5	+5	+10
18	+13／+8／+3	+6	+6	+11
19	+14／+9／+4	+6	+6	+11
20	+15／+10／+5	+6	+6	+12

表14-5：コモナー

レベル	基本攻撃ボーナス	頑健セーヴ	反応セーヴ	意志セーヴ
1	+0	+0	+0	+0
2	+1	+0	+0	+0
3	+1	+1	+1	+1
4	+2	+1	+1	+1
5	+2	+1	+1	+1
6	+3	+2	+2	+2
7	+3	+2	+2	+2
8	+4	+2	+2	+2
9	+4	+3	+3	+3
10	+5	+3	+3	+3
11	+5	+3	+3	+3
12	+6／+1	+4	+4	+4
13	+6／+1	+4	+4	+4
14	+7／+2	+4	+4	+4
15	+7／+2	+5	+5	+5
16	+8／+3	+5	+5	+5
17	+8／+3	+5	+5	+5
18	+9／+4	+6	+6	+6
19	+9／+4	+6	+6	+6
20	+10／+5	+6	+6	+6

ステップ2：能力値の決定

　一旦、キャラクターの基本的なコンセプトが決定したら、能力値を割り振らなければならない。能力値を割り振った後で、NPCの種族修正を適用する。4レベルごとにNPCの能力値のいずれか1つを1上昇させること。もし、NPCがPCクラスのレベルを有していれば、「英雄的なNPC」とみなされ、より優れた能力値を獲得する。これらの能力値はどのように割り振ってもよい。

基本的なNPC： 基本的なNPCの能力値は13、12、11、10、9、8。
英雄的なNPC： 英雄的なNPCの能力値は15、14、13、12、10、8。
前もって用意された能力値： 能力値を割り振るのではなく、君は表14-6を用いて必要に応じた能力値を決定することもできる。ウォリアー、バーバリアン、パラディン、ファイター、モンク、レンジャーのような近接戦闘を第一とするキャラクターなら近接NPCの能力値を使う。遠隔武器や【敏捷力】を攻撃ロールに用いて戦うファイター、レンジャー、ローグなどのキャラクターは遠隔NPCを用いる。アデプト、クレリック、ドルイドのような信仰呪文能力をもつキャラクターは信仰NPCを用いる。ウィザード、ソーサラー、バードのような秘術呪文能力をもつキャラクターは秘術NPCを用いる。最後に、アリストクラート、コモナー、エキスパート、バード、ローグのような技能を使うことに焦点をあてたキャラクターは技能NPCを用いる。NPCにはこのような分類には当てはまらず、特別に能力値を設定すべきものもいる。

ステップ3：技能

　正確に技能を割り振るために、そのキャラクターが得た技能ランクを合計してからそれらを割り振る。キャラクターが得られる個々の技能ランクがヒット・ダイスによって制限されることを忘れずに。

　より簡単に技能を割り振るために表14-8を参照し、NPCの選択する技能の数を決定してもよい。その後、その数だけ技能を（大抵はNPCのクラス技能リストの中から）選び、それらに対しレベルに等しい技能ランクを獲得するのである。

　NPCが2つのクラスを持っていたのなら、技能選択の最も少ない数のクラスで技能を選ぶことから始める。NPCは、彼の全体のキャラクター・レベルに等しい技能ランクでいくつかの技能を獲得する。次に、NPCは最初のクラスとの技能ポイントの差分だけ他のクラスで獲得する新たな技能を選択し、NPCは彼の2番目のクラスのレベルだけ、それらの技能ランクを獲得する。例えば人間のファイター3／モンク4で【知力】修正が+1であったとすると、（技能ポイントが最小となる）ファイターで4つの技能が選択できる。これらの4つの技能は7ランク（彼の合計レベルに等しい）で獲得する。次にファイターとモンクの差分（この場合2つ）だけ技能を選択する。これら2つの技能はそれぞれ4ランク（彼のモンク・レベル）で獲得する。

　NPCが3つ以上のクラスを持っているなら、彼の技能を決定するために、正式な方法を使わなくてはならない。

　NPCの技能ランクがすべて決定したら、クラス技能ボーナスを加え、適切な能力値からボーナスあるいはペナルティを適用する。

ステップ4：特技

　技能が決まったら、次のステップとして特技を割り振る。最初に、クラス能力として獲得できるすべての特技を割り振る。次に、NPCの合計レベルから得られる特技を割り振る（1レベルで1つ、以降2レベルごとに1つ）。人間は1レベルで追加で1つ特技を獲得することを忘れないように。特技選択を簡素化する為に、以下にあるキャラクターのタイプによる特技リストから選ぶとよい。

秘術呪文の術者：アイテム作成特技（すべて）、《イニシアチブ強化》、《呪文体得》、呪文修正特技（すべて）、《呪文熟練》、《上級呪文熟練》、《上級抵抗破り》、《神速の反応》、《戦闘発動》、《追加HP》、《抵抗破り》、《鋼の意志》、《秘術の打撃》、《物質要素省略》。

信仰呪文の術者（エネルギー放出能力有り）：アイテム作成特技（すべて）、《アンデッド威伏》、《アンデッド退散》、《イニシアチブ強化》、《エネルギー放出回数追加》、《エネルギー放出強化》、《エネルギー放出の一撃》、《エレメンタルへのエネルギー放出》、《強打》、《戦闘発動》、呪文修正特技（すべて）、《呪文熟練》、《選択的エネルギー放出》、《追加HP》、《抵抗破り》、《鋼の意志》、《来訪者へのエネルギー放出》。

信仰呪文の術者（エネルギー放出能力無し）：アイテム作成特技（すべて）、《イニシアチブ強化》、《強打》、《化身時発動》、呪文修正特技（すべて）、《呪文熟練》、《神速の反応》、《戦闘発動》、《追加HP》、《抵抗破り》、《鋼の意志》、《武器熟練》、《物質要素省略》、《薙ぎ払い》。

近接（技巧派の戦士）：《足払い強化》、《威圧演舞》、《一撃離脱》、《回避》、《強行突破》、《攻防一体》、《渾身の一打》、《渾身の一打強化》、《上級渾身の一打》、《大旋風》、《手ひどい一打》、《フェイント強化》、《武器落とし強化》、《武器の妙技》、《防御崩し》、《迎え討ち》。

近接（素手の戦士）：《一撃離脱》、《イニシアチブ強化》、《回避》、《強行突破》、《組みつき強化》、《ゴルゴンの拳》、《蠍の型》、《素手打撃強化》、《武器の熟練》、《メドゥサの怒り》、《迎え討ち》、《朦朧化打撃》、《矢つかみ》、《矢止め》。

近接（騎乗）：《イニシアチブ強化》、《駆け抜け攻撃》、《騎乗戦闘》、《騎乗蹂躙》、《技能熟練：騎乗》、《強打》、《クリティカル強化》、《追加HP》、《武器熟練》、《猛突撃》。

近接（剣＆盾の戦士）：《イニシアチブ強化》、《頑健無比》、《強打》、《クリティカル強化》、《渾身の一打》、《渾身の一打強化》、《上級渾身の一打》、《盾攻撃の達人》、《盾熟練》、《盾のぶちかまし》、《突き飛ばし強化》、《薙ぎ払い》、《薙ぎ払い強化》、《二刀流》、《武器熟練》。

近接（両手持ち武器の戦士）：《イニシアチブ強化》、《頑健無比》、《強打》、《クリティカル強化》、《渾身の一打》、《渾身の一打強化》、《上級渾身の一打》、《突き飛ばし強化》、《薙ぎ払い》、《薙ぎ払い強化》、《武器熟練》、《武器破壊強化》。

近接（二刀流の戦士）：《イニシアチブ強化》、《回避》、《クリティカル強化》、《渾身の一打》、《渾身の一打強化》、《上級渾身の一打》、《上級二刀流》、《二重斬り》、《二刀のかきむしり》、《二刀の守り》、《二刀流》、《二刀流強化》、《武器熟練》、《迎え討ち》。

射撃：《イニシアチブ強化》、《遠射》、《機動射撃》、《近距離射撃》、《高速装填》、《渾身の一打》、《渾身の一打強化》、《上級渾身の一打》、《精密射撃》、《速射》、《束ね射ち》、《致命的な狙い》、《針の目を通す狙い》、《武器熟練》。

技能（多くのNPCクラス）：《イニシアチブ強化》、《頑健無比》、《技能熟練》、《軍用武器習熟》、《疾走》、《神速の反応》、《盾習熟》、《追加HP》、《鋼の意志》、《鎧習熟：すべて》。

表14-6：NPCの能力値

能力値	近接NPC		遠隔NPC		信仰NPC		秘術NPC		技能NPC	
	基本的	英雄的	基本的	英雄的	基本的	英雄的	基本的	英雄的	基本的	英雄的
【筋力】	13	15	11	13	10	12	8	8	10	12
【敏捷力】	11	13	13	15	8	8	12	14	12	14
【耐久力】	12	14	12	14	12	14	10	12	11	13
【知力】	9	10	10	12	9	10	13 *	15 *	13	15
【判断力】	10	12	9	10	13	15	9	10	8	8
【魅力】	8	8	8	8	11	13	11 *	13 *	9	10

*秘術呪文の術者が【魅力】を基準として呪文を発動するなら、この2つの能力値を入れ替える。

表14-7：種族による能力値修正

能力値	エルフ	ドワーフ	人間 *	ノーム	ハーフエルフ*	ハーフオーク *	ハーフリング
【筋力】	－	－	－	－2	－	－	－2
【敏捷力】	+2	－	－	－	－	－	+2
【耐久力】	－2	+2	－	+2	－	－	－
【知力】	+2	－	－	－	－	－	－
【判断力】	－	+2	－	－	－	－	－
【魅力】	－	－2	－	+2	－	－	+2

*人間、ハーフエルフ、ハーフオークは選択したいずれか1つの能力値を+2する。

表14-8：NPCの技能選択数

PCクラス	技能選択数 *	NPCクラス	技能選択数 *
ウィザード	2+【知】修正	アデプト	2+【知】修正
クレリック	2+【知】修正	アリストクラート	4+【知】修正
ソーサラー	2+【知】修正	ウォリアー	2+【知】修正
ドルイド	4+【知】修正	エキスパート	6+【知】修正
バード	6+【知】修正	コモナー	2+【知】修正
バーバリアン	4+【知】修正		
パラディン	2+【知】修正		
ファイター	2+【知】修正		
モンク	4+【知】修正		
レンジャー	6+【知】修正		
ローグ	8+【知】修正		

*人間の場合は追加で1つの技能を選択する。

ステップ5：クラス特徴

特技を決めた後で、次のステップではNPCが得られるすべてのクラス能力を決める。これはNPCの呪文、激怒パワー、ローグの技、その他クラス基準の能力を選択することである。

　呪文に関しては、各レベルでいくつの呪文を選ぶ必要があるかを決める。そのNPCの使用できる呪文レベルのうち、高いほうから2レベルはさまざまな呪文を選択する。それ以外のレベルについては基本的な少数の呪文にとどめて、（必要なら）複数回準備する。もしこのNPCがたった1回の遭遇（戦闘のような）でしか出会わない予定で、NPCがそれらの呪文をかけることがなさそうなら、作成をスピードアップする方法として低レベルの呪文を空けておいてもよい。　君は必要に応じて、プレイ中にいつでもいくつかの呪文を選択することができる。

ステップ6：装備品

　すべてのクラス特徴を記録したら、次に、キャラクターのレベルに合った装備品を用意する。NPCは同レベルのPCより装備品が少ないことに注意する。もし、NPCが再登場しているキャラクターなら、彼の装備は注意して選ばなければならない。表14-9の合計GPを使って、どれくらい装備品を持っているかを決定する。一度限りのNPCはもっとシンプルに装備品を選んでよい。表14-9にはNPCの装備品を選択することをより簡単にすべく、アイテムのカテゴリーが示されている。キャラクターの装備を決めるとき、なるべく少数のアイテムを購入して、それぞれのカテゴリーの金額を使うこと。それぞれのカテゴリーでの残金は他のカテゴリーで使用できる。最終的な残額はキャラクターが所有する貨幣や宝石になる。

　これらの金額は、キャラクターの成長速度が通常で宝物の量が標準のキャンペーンでの基本となるおおよその金額である。君のキャンペーンでの成長速度が早いの場合は1レベル高いものに修正する。君のキャンペーンでの成長速度が遅いなら1レベル低いものに修正する。君のキャンペーンがハイ・ファンタジーなら価値を2倍にし、ロー・ファンタジーなら半分に減らす。NPCの装備品の最終的な価値が少々越えていたり不足していてもかまわない。

武器：ここには通常、高品質、あるいは魔法の武器、術者が敵を攻撃するための魔法のスタッフやワンドが含まれる。例えば、**ワンド・オヴ・スコーチング・レイ**は武器に含まれるが、**スタッフ・オヴ・ライフ**は魔法の品に含まれる。

防具：このカテゴリーには、鎧や盾が含まれる。また、キャラクターのACやセーヴを増加させる魔法のアイテムも含まれる。

魔法の品：このカテゴリーにはすべてのその他の永久的な魔法のアイテムが含まれる。多くの指輪、ロッド、ワンド、その他

表14-9：NPCの所持品

基本的な レベル	英雄的な レベル	合計GP	武器	防具	魔法の品	消耗品	その他の装備品
1	—	260GP	50GP	130GP	—	40GP	40GP
2	1	390GP	100GP	150GP	—	40GP	100GP
3	2	780GP	350GP	200GP	—	80GP	150GP
4	3	1,650GP	650GP	800GP	—	100GP	200GP
5	4	2,400GP	900GP	1,000GP	—	300GP	200GP
6	5	3,450GP	1,400GP	1,400GP	—	450GP	200GP
7	6	4,650GP	2,350GP	1,650GP	—	450GP	200GP
8	7	6,000GP	2,700GP	2,000GP	500GP	600GP	200GP
9	8	7,800GP	3,000GP	2,500GP	1,000GP	800GP	500GP
10	9	10,050GP	3,500GP	3,000GP	2,000GP	1,050GP	500GP
11	10	12,750GP	4,000GP	4,000GP	3,000GP	1,250GP	500GP
12	11	16,350GP	6,000GP	4,500GP	4,000GP	1,350GP	500GP
13	12	21,000GP	8,500GP	5,500GP	5,000GP	1,500GP	500GP
14	13	27,000GP	9,000GP	8,000GP	7,000GP	2,500GP	500GP
15	14	34,800GP	12,000GP	10,500GP	9,000GP	2,800GP	500GP
16	15	45,000GP	17,000GP	13,500GP	11,000GP	3,000GP	500GP
17	16	58,500GP	19,000GP	18,000GP	16,000GP	4,000GP	1,500GP
18	17	75,000GP	24,000GP	23,000GP	20,000GP	6,500GP	1,500GP
19	18	96,000GP	30,000GP	28,000GP	28,000GP	8,000GP	2,000GP
20	19	123,000GP	40,000GP	35,000GP	35,000GP	11,000GP	2,000GP
—	20	159,000GP	55,000GP	40,000GP	44,000GP	18,000GP	2,000GP

の魔法のアイテムがこのカテゴリーに該当する。

消耗品：このカテゴリーに含まれるのは錬金術アイテム、ポーション、巻物、チャージ数の少ないワンドなどが含まれる。使用回数の限られるその他の魔法のアイテムはこのグループに含まれる。

その他の装備品：このカテゴリーの金額を使って、キャラクターのための一般的な非魔法的な装備品を購入する。多くの場合、これらの装備は作成中は省略され、プレイ中に必要に応じて用意すればよい。君は、キャラクターが適切に彼の技能およびクラス能力を使うために必要であろう装備品を持っていることにしてよい。このカテゴリーにはNPCが身に付けているであろう装飾品、宝石や小銭が含まれている。

ステップ7：詳細

NPCの装備品をすべて割り振ったなら、後は詳細を決定しよう。キャラクターの攻撃やダメージ・ボーナス、戦技ボーナスや戦技防御値、イニシアチブ修正、ACを決定する。もし、キャラクターの魔法のアイテムが彼の技能や能力値に影響を与えるのなら、それを忘れずに計算に入れること。キャラクターの合計HPは平均値として決定する。最後に、名前、属性、信仰、いくつかの個人の特性といった、他の詳細部分を満たして完成となる。

作成例："森の影"キラモール

君は次のゲームにむけた準備の最中、PCたちが町への道の途中でかかわることになる神秘的な森の住人が必要となると気付いた。場合によっては、パーティーと戦闘になる可能性もある。PCのパーティーは4レベルで構成されるため、君はこの森の守護者をエルフのレンジャー4／ローグ2レベルのキャラクターにすることに決めた。

君はこのキャラクターに遠隔武器での戦闘を主軸にしつつ、レイピアでの戦闘もさせたいと望んだため、表14-6の遠隔NPCの英雄的能力値を使用する。彼はエルフであるため、【敏捷力】【耐久力】【知力】に種族修正を適用した上で、彼が6レベルであることから、4レベル時点での能力値上昇を【敏捷力】に適用して18に上昇させた。

次に技能については、レンジャーはローグよりも選択肢が少ないため、レンジャーの技能から選択を開始した。

【知力】修正値の2をクラスから得られる6に加えて、合計8個の技能を選択する。次にローグの分の技能を選択するが、レンジャーとローグの差は2であるため、追加でそれぞれ2ランクを持つ技能を2個選択した。

技能を終えたら、次は特技に移る。まずクラス特徴から開始し、レンジャーの戦闘スタイル特技として《速射》を選択する。加えて、クラスレベルから3個の特技を獲得できる。君は彼に弓術での戦闘をさせたいため、遠隔のリストから《近距離射撃》と《致命的な狙い》を選択した。そしてレイピアでの近接戦闘もさせるために、最後の1個として《武器の妙技》も選択した。

次に、得意な敵、得意な地形、狩人の絆、ローグの技などの、選択が必要なクラスと種族の特徴を決定する。

その後、装備品については、6レベルの英雄的NPCの行を使用して、+1 ロングボウ、高品質のレイピア、+1 スタデッド・

NPCの創造 14

レザー・アーマー、ポーション・オブ・インビジヴィリティ1個、ポーション・オブ・キュア・モデレット・ウーンズ1個、そして魔法的でない装備品一揃いを彼に持たせた。

　彼は基準より若干多くのGPを武器に使っているが、防具に使うGPを少なめにすることでおおまかにバランスをとっている。

　最後に、彼をキラモールと名付け、すべての一般データと詳細を決めたことで、"森の影"がPCと対面するための準備は整ったのである。

"森の影"キラモール
エルフの男性、レンジャー4／ローグ2
真なる中立　中型サイズの人型生物（エルフ）
イニシアチブ ＋4（森林の中では＋6）；**感覚** 夜目；〈知覚〉＋11（森林の中では＋13）

防御
AC 18、接触14、立ちすくみ14（＋4鎧、＋4【敏】）
HP4 39（4d10＋2d8＋6）
頑健 ＋6、**反応** ＋12、**意志** ＋2；心術に対して＋2
防御能力 身かわし；完全耐性 睡眠

攻撃
移動速度 30フィート
近接 高品質のレイピア＝＋10（1d6＋1／18～20）
遠隔 ＋1ロングボウ＝＋10（1d8＋1／×3）
遠隔 ＋1ロングボウ＝＋8／＋8（1d8＋1／×3）
特殊攻撃 得意な敵（人型生物（オーク））、得意な地形（森林）、ローグの技（出血攻撃）、急所攻撃（1d6）

一般データ
【筋】13、【敏】18、【耐】12、【知】14、【判】10、【魅】8
基本攻撃 ＋5；**戦技ボーナス** ＋6；**戦技防御値** 20
特技 《近距離射撃》、《持久力》、《速射》、《致命的な狙い》、《武器の妙技》
技能 〈隠密〉＋13、〈軽業〉＋13、〈水泳〉＋6、〈生存〉＋9（追跡の際は＋11）、〈脱出術〉＋9、〈知覚〉＋11（森林の中では＋13）、〈知識：自然〉＋11、〈知識：地理〉＋11、〈治療〉＋9、〈登攀〉＋10
言語 共通語、エルフ語、オーク語、森語
その他の特殊能力 狩人の絆（ウルフ）、追跡、罠感知＋1
戦闘用装備 ポーション・オブ・インビジヴィリティ、ポーション・オブ・キュア・モデレット・ウーンズ；**その他の装備** ＋1ロングボウとアロー40本、高品質のレイピア、＋1スタッデッド・レザー・アーマー、200GP分の一般装備品と貨幣

15 魔法のアイテム

ドラゴンの怒りに任せた一撃が、大きな音を立てて大木をたたき折る。ドラゴンは象牙色の牙の間から、威嚇するようにシュウシュウと腐食性の蒸気を噴き出すと、侵入者ども、モンクとバーバリアンの二人組に、挑みかかるような吠え声をあげた。アミリは嬉しそうににやりと笑った。彼女はついさっき、長らく入る者もなかったこの古い寺院で、竜殺しの魔剣を発見したのだ。彼女には、試し斬りのために折りよく竜が登場したかにさえ思われた。

勝利の暁には、アミリの剣技と彼らの勝利を称え、盾の乙女たちが叙情詩を歌うだろう。

しかし、そのためには、まず今日を生き延びなければならなかった。

頻繁に使われる**ポーション・オヴ・キュア・ライト・ウーン
ズ**から強力無比な**ホーリィ・アヴェンジャー**まで、魔法のアイ
テムは、英雄にも悪漢にも用いられる、貴重な道具である。
この章ではあらゆるキャラクターを強化する多種多様なアイテ
ムを掲載している。

マジックアイテムは、武器、防具、ポーション、魔法の指輪、
ロッド、巻物、スタッフ、ワンド、その他の魔法のアイテムに
分類される。さらに、いくつかの魔法のアイテムは呪われた
アイテムや知性あるアイテムである。

そして、ごく一部の魔法のアイテムは、希少性と強大な魔力
から、"アーティファクト"に分類される。アーティファクトは、
下級（非常にまれではあるが、無二のものとはいえないもの）
と上級（どれも比類のないもので、信じられないほど強力なも
の）とに分類される。

魔法のアイテムとディテクト・マジック

ディテクト・マジックを使って魔法のアイテムの魔法の系統
を識別する場合、得られる情報はポーションや巻物やワンドに
込められた呪文か、そのアイテムの必要条件である呪文の系統
を示す。各アイテムの説明には、そのアイテムのオーラの強度
と、属する系統が記載されている。

前提条件に複数の呪文があるなら、最もレベルの高い呪文を
使用すること。前提条件に呪文がないなら、以下の標準的なガ
イドラインを用いること。

アイテムの性質	系統
防具や防御的なアイテム	防御術
武器や攻撃的なアイテム	力術
能力値や技能判定などへのボーナス	変成術

アイテムの使用

魔法のアイテムを使用するためには、そのアイテムを起動し
なければならない。起動するといっても、魔法の指輪を指には
めるだけでよいという場合もある。アイテムの中には、一度身
に着ければ継続的に機能するものもある。しかし多くの場合、
魔法のアイテムを使用するには、機会攻撃を誘発しない1標準
アクションを要する。一方、呪文完成型のアイテムは、戦闘中
には呪文と同様に扱われ、機会攻撃を誘発する。

魔法のアイテムの起動は、アイテムの説明に特に記述がない
限り、1標準アクションである。また、アイテムから呪文と同
じパワーを起動するためにかかる時間は、アイテムの説明に特
に記述がない限り、その呪文の発動時間と同じである。

魔法のアイテムの起動方法には、以下の4つがある。

呪文完成型：これは巻物の起動方法である。巻物はほとんど完
成済みの呪文である。準備はすでに終わっているので、通常の
呪文発動のような事前の準備時間は必要ない。呪文発動を締め
くくる、短く単純な最終行為（最後の身振り、最後の一言など）
だけを行えばよい。呪文完成型のアイテムを安全に使用するた
めには、キャラクターはその呪文を発動できるクラスのクラス・

レベルが充分なだけなくてはならない。まだその呪文を発動で
きないのであれば、間違いを犯す可能性がある。呪文完成型
アイテムを1つ起動する行為は1回の標準アクション（または呪文
の発動時間に等しい；いずれか長いほう）であり、呪文の発動
とまったく同じように、機会攻撃を誘発する。

呪文解放型：呪文解放型の起動法は呪文完成型に似ているが、
もっと単純である。身振りも、呪文を完成させるためのいかな
る最終行為も必要なく、その呪文を修得できるクラスのキャラ
クターなら持っているはずの呪文発動に関する特別な知識と、
1つの言葉を声に出すことだけが必要となる。該当する呪文が
自分のクラスの呪文リストにある者なら誰でも、その呪文の蓄
えられた呪文解放型アイテムを使用できる（これは、3レベル・
パラディンのように、実際にはまだ呪文を発動できないキャラ
クターでも同様である）。ただし、起動できるようになるには、
まず、何の呪文が蓄えられているか調べなければならない。呪
文解放型アイテムを1つ起動する行為は1回の標準アクション
であり、機会攻撃を誘発しない。

合言葉型：説明に起動法の記述がなく、種類ごとに起動法が決まっ
ているわけでもない魔法のアイテムの場合、起動するには合言葉
が必要だとみなすことができる。合言葉型の起動法だということ
は、キャラクターが合言葉を唱えれば、そのアイテムが起動する
ということである。それ以外に特別な知識は必要ない。

合言葉は実際の単語でも構わないが、そうすると普通の会話
中にその言葉をしゃべってしまい、うっかり起動させてしまう
危険を犯すことになる。したがって合言葉は、一見意味のない
言葉や、もはや日常的には使われていない古代語から採った単
語や文句であることの方が多い。合言葉型のアイテムを1つ起
動する行為は1回の標準アクションであり、機会攻撃を誘発し
ない。

アイテムを起動させる合言葉が、そのアイテムに直接記され
ていることもある。合言葉はよく、アイテムに彫り込まれてい
たり、刻み込まれていたり、作りつけられていたりする模様や
デザインの中に隠されている。あるいは、アイテムに合言葉の
ヒントとなる手掛かりがあったりする。

合言葉を識別したり、それに関する手掛かりを解いたりする
のに〈知識：神秘学〉と〈知識：歴史〉の技能が役に立つだろう。
合言葉そのものを見つけ出すにはDC30に成功する必要がある。
その判定に失敗した場合、2回目の判定（DC25）に成功すれば、
手掛かりに関する何らかの洞察が得られるかもしれない。**ディ
テクト・マジック**や**アイデンティファイ**や**アナライズ・ドゥウェ
オマー**といった呪文はすべて、そのアイテムの特殊能力を識別
することに成功した場合、合言葉を明らかにする。

単純使用型：この種類のアイテムを起動するには、単に使用す
ればよい。キャラクターはポーション（飲み薬）なら飲み、ソー
ドなら振り、シールドなら戦闘中に攻撃をそらすように構え、
眼鏡ならそれを覗き、ダスト（粉末）なら振り撒き、指輪なら指
にはめ、ハット（帽子）ならかぶる必要がある。単純使用型の起
動方法は、見た通りの自明なものであることがほとんどである。

単純使用型のアイテムの多くは、キャラクターが着用する物
体である。常時機能するアイテムは、ほとんどすべてと言って

いいほど、所有者の着用するアイテムである。キャラクターが（身の周りに）所持していればよいアイテムも数少ないながらもある。ただし、着用するよう作られてはいても、さらに起動しなければならないものもある。こうした起動には合言葉（上記参照）が必要なこともあるが、たいていは、心の中で起動を命ずるだけでよい。このような場合、合言葉が必要かどうかは、それぞれのアイテムの説明に記載されている。

特に記載のない限り、単純使用型のアイテムを1つ起動する行為は、1回の標準アクションであるか、あるいはアクションですらなく、機会攻撃を誘発しない。ただし、使用行為がそれ自体で機会攻撃を誘発するアクションを含んでいれば別である。アイテムを使用してから魔法による効果が発生するまでに時間がかかる場合、単純使用による起動は1標準アクションとなる。アイテムの起動が使用行為に含まれており、余分の時間がかからないなら、単純使用による起動はアクションですらない。

単純使用型であるということは、使ってみればそのアイテムに何ができるのかが自動的に判る、ということではない。君はそのアイテムに何ができるのかを知って（少なくとも推測して）、起動するように使ってみなければならない。もちろん、ポーションを飲んだり、剣を振るったりするなど、自動的にアイテムの利益が得られる場合は別だが。

サイズと魔法のアイテム

魔法の衣類や装身具に類する品を発見した場合、そのサイズが問題になることはまずない。魔法の衣装類は簡単にサイズ調整できるよう作られていたり、魔法の力で着用者に合うように自動的に調整されることが多い。そのサイズのせいで、さまざまな体重、性別、種族のキャラクターが魔法のアイテムを使えないとするのは不適当である。

稀に、特に種族限定アイテムという形で、例外もあるかもしれない。

防具と武器のサイズ：ランダムに見つかった防具と武器は30％の確率で小型サイズのキャラクター用（01〜30）、60％の確率で中型サイズのキャラクター用（31〜90）、10％の確率でそれ以外のサイズのキャラクター用（91〜100）である。

魔法のアイテムを身に着ける

魔法のアイテムの多くは、それを使用したり、その能力から利益を得たいというキャラクターが着用する必要がある。人間と同様の体型のクリーチャーならば、同時に15個までの魔法のアイテムを身に着けることができる。しかし、そうしたアイテムはそれぞれ、肉体の特定の部位（これを"装備部位"と呼ぶ）に着用しなければならない。

人間と同様の体型の肉体には、以下の各グループから1つずつアイテムを装着することができる。各グループはアイテムをどの場所に着用するかということで分類されている。

鎧：鎧
ベルト：ベルトかガードル
全身：ローブかヴェストメント
胸部：マントルかシャツかヴェスト1着
両目：アイかグラスかゴーグル
両足：ブーツかシューズかスリッパ
両手：ガントレットかグラヴ
頭部：サークレットかクラウンかハットかヘルムかマスク
額周り：ヘッドバンドかフィラクタリー
首周り：アミュレットかブローチかメダリオンかネックレスかペリアプトかスカラベ
指輪（2つまで）：指輪
盾：盾
肩周り：ケープかクローク
手首：ブレスレットかブレーサー

もちろん、キャラクターは同種のアイテムをいくつでも好きなだけ運搬したり所持したりしてもよい。しかし、上記の各装備部位の制限を超えてアイテムを追加しても何の効果もない。

アイテムの中には、キャラクターの装備部位を占領せずに着用したり運搬したりできるものもある。アイテムにこうした性質がある場合、それはそのアイテムの説明に記載がある。

魔法のアイテムのパワーに対するセーヴ

魔法のアイテムは呪文や擬似呪文効果を生み出す。魔法のアイテムからの呪文や擬似呪文効果に対するセーヴの場合、DCは（10＋その呪文や効果の呪文レベル＋そのレベルの呪文を発動するのに必要な最小の能力値の能力値ボーナス）である。

スタッフはこのルールの例外である。スタッフの場合、セーヴは使用者がその呪文を発動したかのように扱う。これには、術者レベルやセーヴDCへのすべての修正値が含まれる。

ほとんどのアイテムでは、そのアイテムの説明に、さまざまな効果に対するセーヴDCが記載されている。特に、その効果にちょうど相当する呪文が存在しない（したがって、レベルがすぐには判らない）ような場合には。

魔法のアイテムへのダメージ

魔法のアイテムは、装備中でないか、何らかの効果によって直接目標とされるか、使用者がセーヴの際にダイスの目で1を出したのでなければ、セーヴを行う必要はない。魔法のアイテムは、自分にダメージを与えかねない呪文に対して、いつでもセーヴを行うことができる——魔法の力のないアイテムなら普通はセーヴの機会の与えられない攻撃に対してもである。魔法のアイテムは（頑健、反応、意志の）種類を問わず、すべてのセーヴに対して同じセーヴ・ボーナスを使用する。魔法のアイテムのセーヴ・ボーナスは、（2＋アイテムの術者レベルの半分（端数切り捨て））に等しい。その唯一の例外は知性ある魔法のアイテムである。こうしたアイテムは、その【判断力】に基づいて意志セーヴを行う。

特に記載がない限り、魔法のアイテムは同じ種類の魔法の力を持たぬアイテムと同様にダメージを被る。魔法のアイテムはダメージを受けても機能し続けるが、破壊されてしまえば、魔

法の力はすべて失われる。合計HPの半分を越えるダメージを受けたが、ダメージが合計HPに達していない魔法のアイテムは、破損状態になり、正常に機能しない可能性がある（『用語集』の『状態』を参照すること）。

魔法のアイテムの修理

　魔法のアイテムを修理するのには、そのアイテムを作成するのにかかる費用の半額に等しい物質要素が必要で、かつそのアイテムを作成するのにかかる時間の半分の時間がかかる。破損状態の魔法のアイテムは（さらには破壊された魔法のアイテムですらも）、術者レベルが充分に高ければ、**メイク・ホウル**呪文で修理することもできる。

チャージ数、服用数、使用回数

　多くのアイテム、特にワンドとスタッフは、蓄えられているチャージ数によってパワーが制限されている。通常、チャージ型アイテムのチャージ数は最大で50である（スタッフは最大で10）。宝物をランダムに決定してこの種のアイテムが得られた場合、d%をロールして2で割り（端数切り捨て、最低でも1）、残りチャージ数を決定する。アイテムの最大チャージ数が50ではない場合、残りチャージ数を決定するためにランダムにロールすること。

　記載されている価格は必ず最大チャージ時のものである（作成時にはアイテムは最大数までチャージされている）。チャージが切れると価値のなくなってしまうアイテムの場合（チャージのあるアイテムのほとんどはそうだが）、使いかけのアイテムの価格は残りチャージ数に比例する。チャージ以外にも役に立つ機能のあるアイテムの場合、残りチャージ数で決まるのは価格の一部だけである。

魔法のアイテムの購入

　魔法のアイテムは価値が高く、ほとんどの大都市では、単なるポーション商人から魔法の剣を専門とする武器職人まで、少なくとも1〜2件の魔法のアイテムの供給者がいる。もちろん、この本に収録されたすべてのアイテムがあらゆる町で入手可能というわけではない。

　以下のガイドラインは、ある町でどのアイテムが入手できるかをGMが決める際に役に立つよう書かれている。このガイドラインは“平均的”な魔法レベルの世界観を想定している。GMの裁量において、都市の中には、こうした基本ラインから大きく逸脱しているものがあってもよい。GMは、各商人から入手できるのはどのアイテムかのリストを取っておき、新入荷を表すために折に触れて在庫を補充するとよいだろう。

　共同体で入手できる魔法のアイテムの数と種類は、共同体のサイズによって決まる。各共同体はそのサイズに見合った基準価格を持つ（表15-1を参照）。基準価格以下のアイテムがその共同体で売られているのをさほど苦労することなく見つけられる可能性は75%である。加えて、その共同体ではそれ以外のアイテムもいくつか売られている。そうしたアイテムはランダ

ムに決められて、カテゴリー（下級、中級、上級）分けされる。入手できるアイテムの数をカテゴリーごとに決めた後、個々の表に移行してアイテムの細目を決める前に、表15-2を参照して各アイテムの種類（ポーション、巻物、指輪、武器、その他）を決定すること。共同体の基準価格を下回ったアイテムは再ロールすること。

　魔法が少ないキャンペーンを行っているのなら、各共同体の基準価格とアイテムの数を半分にすること。“魔法が乏しい”や“魔法がない”キャンペーンでは売られている魔法のアイテムがまったくないこともある。この種のキャンペーンを行うGMは、魔法の装備が少なくなるぶん、キャラクターが立ち向かう脅威にいくらか修正を加えるべきだ。

　魔法のアイテムが豊富なキャンペーンには、表の2倍の基準価格と2倍の入手可能なランダムなアイテムを持つ共同体があるかもしれない。代わりに、すべての共同体は、どのアイテムが入手可能か見る上で、サイズ分類が1段階大きいとみなしてもよいかもしれない。魔法がとても一般的なキャンペーンでは、巨大都市ではすべての魔法のアイテムが購入可能であるとしてもよい。

　魔法の力を持たぬアイテムや装備は、そのアイテムがとても高価（フル・プレートなど）か珍しい材質で作られている（アダマンティン製ロングソードなど）のでなければ、どんなサイズの共同体であっても、ふつうは入手できる。GMの裁量において、魔法の力は持たぬが入手の難しいアイテムの入手確率は基準価格のガイドラインに従って決めるとよいだろう。

魔法のアイテムの説明

　魔法のアイテムの一般的な種類それぞれについて全般的な説明をし、その後、個々のアイテムについて説明する。

　全般的な説明には、起動方法、ランダム作成法、その他の情報が記載されている。ある種の魔法のアイテムについては、典型的なAC、硬度、HP、破壊DCなども挙げられている。このACの値は、そのアイテムが装備中でない場合のものであり、有効【敏捷力】が0でことによる−5ペナルティが含まれている。もしクリーチャーがそのアイテムを所持しているなら、この−5ペナルティの代わりにそのクリーチャーの【敏捷力】修正値を使用すること。

　個々のアイテムの中には完全な説明が揃っていないものもある。特に呪文を蓄えるだけのアイテムに多い。呪文の詳しい説明についてはその呪文の説明を参照し、それをアイテムの種類（ポーション、巻物、ワンドなど）に従って修正してやるだけでよい。こうした呪文は、その呪文を発動するのに必要な最小限のレベルで発動されたものとして扱うこと。

　完全な説明のあるアイテムでは、そのパワーについて詳細な解説がある。説明の最後には、以下の注記事項が簡略表記で示されている。

オーラ：たいていの場合、ディテクト・マジックで魔法のアイテムに関係する魔法系統と、そのアイテムが放つオーラの強度が判る。この情報は（あれば）アイテムの解説の始めに書かれて

魔法のアイテム 15

いる。詳しくは**ディテクト・マジック**呪文の説明を参照のこと。

術者レベル：解説の次の項目は、アイテムがどれだけ強力かを示す術者レベルである。術者レベルによってアイテムのセーヴ・ボーナスが決まるだけでなく、距離など、アイテムのパワーのうちレベルによって変化する部分も（あれば）決まる。また、アイテムが**ディスペル・マジック**呪文や同様の効果を受けた場合の判定にも、この術者レベルを使用する。

ポーションや巻物やワンドの場合、作成者がアイテムの術者レベルを設定することができる。アイテムに蓄える呪文を発動できる最低術者レベル以上で、自分の術者レベル以下なら、いくつでもよい。それ以外の魔法のアイテムでは、術者レベルはアイテムごとに設定されている。

装備部位：ほとんどの魔法のアイテムは、適正な装備部位に身に付けた場合にしか役にたたない。そのアイテムを仕舞いこんでいたり他の部位に付けても、アイテムは機能しない。装備部位に"なし"とあれば、そのアイテムを機能させるには手に持つか何らかの形で運搬するかしなければならない。

市価："市価"は、売買可能な場合にそのアイテムを買うために払うべき金額（GP換算）である。一般に、PCは魔法のアイテムをこの額の半値で売却できる。

重量："重量"はそのアイテムの重量である。重量の数値が記載されていない場合、そのアイテムの重量は（キャラクターが運べる重量を決める上で）無視してよい。

解説：魔法のアイテムの解説のうち、この部分は、そのアイテムのパワーと能力を述べている。ポーション、巻物、スタッフ、ワンドでは、説明文の一部としてさまざまな呪文を参照することになる（これらの呪文の詳細については、第10章を参照）。

作成要項：アーティファクトを例外として、適切な特技を持ち前提条件を満たす呪文の使い手であれば、ほとんどの魔法のアイテムを作成できる。魔法のアイテムの解説のうち、この部分は、そうした前提条件を述べている。

必要条件：キャラクターが魔法のアイテムを作成するためには、ある種の必要条件を満たさなければならない。必要条件には、特技や呪文の他にも、レベルや属性、種族など、その他の条件が含まれる。

必要条件にある呪文は、その呪文を準備したキャラクター（ソーサラーやバードの場合、その呪文を修得しているキャラクター）が提供したり、呪文完成型や呪文解放型の魔法のアイテムによって、あるいは、必要な呪文の効果を生み出す擬似呪文能力によって満たすことができる。前提条件を満たすために呪文完成型アイテムか呪文解放型アイテムのどちらかを使っている場合、作成期間中の毎日、作成者は呪文完成型アイテムを1つ消費するか、呪文解放型アイテムから1チャージを消費しなければならない。

1つのアイテムを作成するのに、2人以上のキャラクターが協力することもできる。それぞれのキャラクターが前提条件のうち1つ以上を分担するのである。場合によっては、協力が不可欠となることもある。

2人以上のキャラクターが協力してアイテムを作成するなら、誰を作成者とみなすか決めておかなければならない。アイテム

表15-1：入手可能な魔法のアイテム

共同体のサイズ	基準価格	下級	中級	上級
集落	50GP	1d4個	—	—
小さな村	200GP	1d6個	—	—
村	500GP	2d4個	1d4個	—
小さな町	1,000GP	3d4個	1d6個	—
大きな町	2,000GP	3d4個	2d4個	1d4個
小さな都市	4,000GP	4d4個	3d4個	1d6個
大きな都市	8,000GP	4d4個	3d4個	2d4個
巨大都市	16,000GP	*	4d4個	3d4個

*……巨大都市では、ほとんどすべての下級の魔法のアイテムが入手できる。

表15-2：魔法のアイテムのランダム決定表

下級	中級	上級	アイテム
01〜04	01〜10	01〜10	防具
05〜09	11〜20	11〜20	武器
10〜44	21〜30	21〜25	ポーション
45〜46	31〜40	26〜35	指輪
—	41〜50	36〜45	ロッド
47〜81	51〜65	46〜55	巻物
—	66〜68	56〜75	スタッフ
82〜91	69〜83	76〜80	ワンド
92〜100	84〜100	81〜100	その他の魔法のアイテム

表15-3：鎧と盾

下級	中級	上級	アイテム	基本価格
01〜60	01〜05	—	+1盾	1,000GP
61〜80	06〜10	—	+1鎧	1,000GP
81〜85	11〜20	—	+2盾	4,000GP
86〜87	21〜30	—	+2鎧	4,000GP
—	31〜40	01〜08	+3盾	9,000GP
—	41〜50	09〜16	+3鎧	9,000GP
—	51〜55	17〜27	+4盾	16,000GP
—	56〜57	28〜38	+4鎧	16,000GP
—	—	39〜49	+5盾	25,000GP
—	—	50〜57	+5鎧	25,000GP
—	—	—	+6鎧／盾[1]	36,000GP
—	—	—	+7鎧／盾[1]	49,000GP
—	—	—	+8鎧／盾[1]	64,000GP
—	—	—	+9鎧／盾[1]	81,000GP
—	—	—	+10鎧／盾[1]	100,000GP
88〜89	58〜60	58〜60	特定の鎧[2]	—
90〜91	61〜63	61〜63	特定の盾[3]	—
92〜100	64〜100	64〜100	特殊能力あり、再ロール[4]	—

1 鎧や盾に実際に+5を超える強化ボーナスが付くことはない。これは特殊能力が付いた防具の市価を決めるためのものである。
2 表15-6『特定の鎧』でロール。
3 表15-7『特定の盾』でロール。
4 表15-4『鎧の特殊能力』または表15-5『盾の特殊能力』でロールして特殊能力を決定し、本表で再ロールして強化ボーナスを決定する。

の作成者のレベルを知っておく必要があるためである。

費用："費用"、そのアイテムを作成するのに必要な金貨（GP）換算の費用をである。一般に、この費用はアイテムの市価の半額に等しいが、追加の物質要素によりこの数値が増えることもある。作成コストは、基本価格によるコストに構成要素のコストを加えたものである。

魔法の防具

概して、魔法の防具は魔法のかかっていない防具よりよく着用者を守ってくれる。魔法の鎧のボーナスは強化ボーナスであり、最大で＋5までで、通常の鎧ボーナス（や盾ボーナス、魔法の盾の強化ボーナス）と累積する。あらゆる魔法の防具は高品質の防具でもあるので、防具による判定ペナルティは1よくなる。

強化ボーナスに加えて、防具には特殊能力が付いていることもある。アイテムの市価を計算する際には、特殊能力は追加のボーナスと同様に数えるが、実際にACを上昇させるわけではない。鎧の有効ボーナス（強化ボーナス＋特殊能力ボーナス相当値。これにはキャラクターの能力や呪文によりもたらされたものも含む）は＋10が上限である。特殊能力のある鎧には、少なくとも＋1の強化ボーナスが付いていなければならない。

鎧や盾は珍しい材質で作られていることもある。d%をロールすること。01〜95が出たら、そのアイテムは標準的な材質のもので、96〜100が出たら、特殊な材質でできている（第6章を参照）。

鎧は常に、たとえブーツやヘルム（兜）やガントレット（篭手）が造りつけられている種類であっても、そうした部品を外してかわりに他の魔法のブーツやヘルムやガントレットを付けることができるように作られる。

鎧や盾の術者レベル：特殊能力のある魔法の鎧や魔法の盾の術者レベルは、個々のアイテムの説明にある。強化ボーナスしかないアイテムの場合、術者レベルは強化ボーナス×3である。アイテムに強化ボーナスと特殊能力の両方がある場合、2つの術者レベルのうち、高いほうの要求を満たしていなければならない。

盾：盾の強化ボーナスは、鎧の強化ボーナスと累積する。盾の強化ボーナスが、その盾を用いた盾攻撃の際に、攻撃やダメージのロールにボーナスとして加算されることはない。ただし、バッシングの特殊能力は攻撃とダメージのロールに＋1のボーナスを与える（この特殊能力の説明を参照のこと）。

魔法の武器としても機能する盾を作ることは可能である。ただしその場合、盾とACへの強化ボーナスにかかるコストに、攻撃ロールへの強化ボーナスにかかるコストを加える必要がある。

鎧の場合と同様、盾に組み込まれている特殊能力は、盾の追加ボーナスというかたちで市価を上昇させるが、実際にACを上昇させるわけではない。盾の有効ボーナス（特殊能力が何ポイントのボーナス相当かを算出し、その値と強化ボーナスの値を足したもの）は＋10が上限である。特殊能力のある盾には、少なくとも＋1の強化ボーナスが付いていなければならない。

起動：通常、魔法の鎧や盾の利益を得るには、普通の鎧や盾の利益を得るのと同一の方法をとればよい——つまり装備するだけでいい。鎧や盾に使用者による"起動"が必要な特殊能力がある場合、通常、使用者が合言葉を口にする必要がある（標準アクション）。

標準的でないクリーチャー用の防具：人型生物以外のクリーチャーや、サイズが小型や中型以外のクリーチャー用の鎧のコストは、さまざまである（第6章を参照）。高品質であることのコストと、魔法による強化のコストは変わらない。

魔法の鎧と盾の特殊能力解説

魔法の鎧や盾は、強化ボーナスが付いているだけのものがほとんどである。とはいえ、中には強化ボーナスだけでなく、以下のような特殊能力まで付いているものもある。特殊能力のある鎧や盾には、少なくとも＋1の強化ボーナスが付いていなければならない。

アニメイテッド（Animated／自律行動）

アニメイテッド・シールドは標準アクションにより、手から放して、ひとりでに使用者を守らせることができる。以後4ラウンドの間、この盾は自分を着用していたものにそのボーナスを与え、その後地面に落ちる。"自律行動"中、盾は自分が持つ他の盾の特殊能力すべてのぶんの盾ボーナスと強化ボーナスを与えはするが、盾それ自体でバッシングやブラインディング能力などによるもののようなアクションを行うことはできない。ただし、機能させるのにアクションを必要としない、アロー・デフレクションやリフレクティングなどの特殊能力を使うことはできる。"自律行動"中、この盾は起動したキャラクターと同じ接敵面を占め、たとえキャラクターが魔法的な手段にて移動しようとも、起動したキャラクターと共に移動する。アニメイテッド・シールドと共に行動しているキャラクターは、防具による判定ペナルティ、秘術呪文失敗確率、盾の使用に習熟していないことによるペナルティなどを（あれば）通常通りに被る。盾を"自律行動"させた使用者の手が片方でも空いているならば、フリー・アクションでこれを掴んで"自律行動"を終了させることができる。一度盾を取り戻したら、盾は以後4ラウンドの間再び"自律行動する"ことはない。この能力をタワー・シールドに付けることはできない。

強力・変成術；術者レベル12；《魔法の武器防具作成》、アニメイト・オブジェクツ；市価　＋2ボーナス。

アロー・キャッチング（Arrow Catching／矢寄せ）

この能力を持つ盾は遠隔武器を引き寄せる。矢弾や投擲武器が盾の持ち主ではなく盾の方へと向きを変えるため、遠隔武器に対するアーマー・クラスに＋1反発ボーナスを与える。さらに、この盾の持ち主から5フィート以内の目標を狙った矢弾や投擲武器も本来の目標から逸れ、この盾の持ち主を目標とする（この盾の持ち主が攻撃側から見て完全遮蔽状態であれば、矢弾や投擲武器が逸らされることはない）。さらに、遠隔武器でこの盾の持ち主を攻撃するものは、通常なら適用される失敗確率を無視する。この盾の基本ACボーナスより高い強化ボーナスを持つ矢弾や投擲武器が逸らされることはない（ただし、そうした攻撃が持ち主に向けられた場合、この盾の反発ボーナスはやはり適用される）。盾の持ち主はこの能力を合言葉で起動し、

表15-4：鎧の特殊能力

下級	中級	上級	特殊能力	基本価格修正値
01～25	01～05	01～03	グラマード	+2,700GP
26～32	06～08	04	ライト・フォーティフィケイション	+1ボーナス[1]
33～52	09～11	—	スリック	+3,750GP
53～92	12～17	—	シャドウ	+3,750GP
93～96	18～19	—	スペル・レジスタンス (13)	+2ボーナス[1]
97	20～29	05～07	インプルーヴド・スリック	+15,000GP
98～99	30～49	08～13	インプルーヴド・シャドウ	+15,000GP
—	50～74	14～28	エナジー・レジスタンス	+18,000GP
—	75～79	29～33	ゴースト・タッチ	+3ボーナス[1]
—	80～84	34～35	インヴァルナラビリティ	+3ボーナス[1]
—	85～89	36～40	モデレット・フォーティフィケイション	+3ボーナス[1]
—	90～94	41～42	スペル・レジスタンス (15)	+3ボーナス[1]
—	95～99	43	ワイルド	+3ボーナス[1]
—	—	44～48	グレーター・スリック	+33,750GP
—	—	49～58	グレーター・シャドウ	+33,750GP
—	—	59～83	インプルーヴド・エナジー・レジスタンス	+42,000GP
—	—	84～88	スペル・レジスタンス (17)	+4ボーナス[1]
—	—	89	イセリアルネス	+49,000GP
—	—	90	アンデッド・コントローリング	+49,000GP
—	—	91～92	ヘヴィ・フォーティフィケイション	+5ボーナス[1]
—	—	93～94	スペル・レジスタンス (19)	+5ボーナス[1]
—	—	95～99	グレーター・エナジー・レジスタンス	+66,000GP
100	100	100	2回ロールすること[2]	—

1 表15-3の強化ボーナスにこれを足したものが実際の市価になる。
2 同じ特殊能力が2回出てしまった場合、1つだけがカウントされる。同じ特殊能力の別バージョンをロールした場合、よい方を用いる。

表15-5：盾の特殊能力

下級	中級	上級	特殊能力	基本価格修正値
01～20	01～10	01～05	アロー・キャッチング	+1ボーナス[1]
21～40	11～20	06～08	バッシング	+1ボーナス[1]
41～50	21～25	09～10	ブラインディング	+1ボーナス[1]
51～75	26～40	11～15	ライト・フォーティフィケイション	+1ボーナス[1]
76～92	41～50	16～20	アロー・デフレクション	+2ボーナス[1]
93～97	51～57	21～25	アニメイテッド	+2ボーナス[1]
98～99	58～59	—	スペル・レジスタンス (13)	+2ボーナス[1]
—	60～79	26～41	エナジー・レジスタンス	+18,000GP
—	80～85	42～46	ゴースト・タッチ	+3ボーナス[1]
—	86～95	47～56	モデレット・フォーティフィケイション	+3ボーナス[1]
—	96～98	57～58	スペル・レジスタンス (15)	+3ボーナス[1]
—	99	59	ワイルド	+3ボーナス[1]
—	—	60～84	インプルーヴド・エナジー・レジスタンス	+42,000GP
—	—	85～86	スペル・レジスタンス (17)	+4ボーナス[1]
—	—	87	アンデッド・コントローリング	+49,000GP
—	—	88～91	ヘヴィ・フォーティフィケイション	+5ボーナス[1]
—	—	92～93	リフレクティング	+5ボーナス[1]
—	—	94	スペル・レジスタンス (19)	+5ボーナス[1]
—	—	95～99	グレーター・エナジー・レジスタンス	+66,000GP
100	100	100	2回ロールすること[2]	—

1 表15-3の強化ボーナスにこれを足したものが実際の市価になる。
2 同じ特殊能力が2回出てしまった場合、1つだけがカウントされる。同じ特殊能力の別バージョンをロールした場合、よい方を用いる。

また同じ合言葉をくり返すことで起動停止することができる。

　中程度・防御術；術者レベル8；《魔法の武器防具作成》、エントロピック・シールド；市価　+1ボーナス。

アロー・デフレクション（Arrow Deflection／矢そらし）

　この能力を持つ盾は、使用者が《矢止め》特技を修得しているかのように、使用者を遠隔武器から守る。1ラウンドに1回、普通なら遠隔武器が自分に命中するような時に、使用者はDC20の反応セーヴを行うことができる。その遠隔武器（あるいは矢弾）に強化ボーナスがあれば、DCはその分だけ上昇する。セーヴに成功すれば、盾はその武器をそらす。使用者はその攻撃に気づいておらねばならず、立ちすくみ状態であってはならない。遠隔武器をそらす試みはアクションとみなさない。巨人の投げる大岩やアシッド・アローのような例外的な遠隔武器をそらすことはできない。

　微弱・防御術；術者レベル5；《魔法の武器防具作成》、シールド；市価　+2ボーナス。

アンデッド・コントローリング（Undead Controlling／アンデッド制御）

　アンデッド・コントローリング能力を持つ鎧や盾はたいてい、骨格などのぞっとする装飾や仰々しい飾りが付いている。この防具の使用者は、コントロール・アンデッド呪文を使用しているかのように、1日に26HDまでのアンデッドを制御することができる。毎日、夜明けになると、着用者はまだ自分が制御しているアンデッドがいれば、その制御を失う。この能力を持つ鎧や盾は、骨でできているように見える（この特徴は純粋に意匠的なものであり、それ以外、この防具に影響はない）。

　強力・死霊術；術者レベル13；《魔法の武器防具作成》、コントロール・アンデッド；市価　+49,000GP。

イセリアルネス（Etherealness／エーテル化）

　この能力は1日1回、合言葉に応じて鎧の着用者をエーテル状態にする（イセリアル・ジョーント呪文と同様）。キャラクターはいくらでも望むだけエーテル状態でいられるが、一旦通常の状態に戻ったら、その日はもうエーテル状態にはなれない。

　強力・変成術；術者レベル13；《魔法の武器防具作成》、イセリアル・ジョーント；市価　+49,000GP。

インヴァルナラビリティ（Invulnerability／不死身）

　この鎧は着用者に"ダメージ減少 5／魔法"を与える。

　強力・防御術と力術（ミラクルを使用した場合）；術者レベル18；《魔法の武器防具作成》、ストーンスキン、ウィッシュあるいはミラクル；市価　+3ボーナス。

エナジー・レジスタンス（Energy Resistance／エネルギーに対する抵抗）

　この特殊能力を持つ鎧や盾は、1種類のエネルギー（[音波]、[火炎]、[強酸]、[氷雪]、[雷撃]）に対する防御を与える。この種の鎧や盾は、それが防御する種類の元素を表す紋様がデザ

インされている。この防具は、**レジスト・エナジー**呪文と同様に、着用者が本来受けるはずのエネルギー・ダメージを1回の攻撃あたり10点軽減してくれる。

　微弱・防御術；術者レベル3；《魔法の武器防具作成》、**レジスト・エナジー**；市価　＋18,000GP。

インプルーヴド・エナジー・レジスタンス（Energy Resistance, Improved／強化版エネルギーに対する抵抗）

　エナジー・レジスタンスと同様だが、エネルギー・ダメージを1回の攻撃あたり20点軽減してくれる。

　中程度・防御術；術者レベル7；《魔法の武器防具作成》、**レジスト・エナジー**；市価　＋42,000GP。

グレーター・エナジー・レジスタンス（Energy Resistance, Greater／上級エネルギーに対する抵抗）

　エナジー・レジスタンスと同様だが、エネルギー・ダメージを1回の攻撃あたり30点軽減してくれる。

　中程度・防御術；術者レベル11；《魔法の武器防具作成》、**レジスト・エナジー**；市価　＋66,000GP。

グラマード（Glamered／衣まがい）

　合言葉を発すると、鎧は姿形を変え、普通の服と見分けがつかなくなる。服に化けた状態でも、鎧の諸性能は（重量も含めて）変わらない。この鎧が服に化けているとき、鎧の真の性質を見抜けるのは、**トゥルー・シーイング**呪文やそれに類する魔法のみである。

　中程度・幻術；術者レベル10；《魔法の武器防具作成》、**ディスガイズ・セルフ**；市価　＋2,700GP。

ゴースト・タッチ（Ghost Touch／触霊）

　この鎧や盾は半透明に見える。この防具の強化ボーナスおよび鎧／盾ボーナスは、実体クリーチャーと非実体クリーチャーいずれの攻撃に対しても有効である。実体クリーチャーも非実体クリーチャーも、いつでもこの防具を拾ったり、動かしたり、着用したりできる。非実体クリーチャーがこの防具を着用すれば、実体クリーチャーの攻撃に対しても非実体クリーチャーの攻撃に対しても、この鎧や盾の強化ボーナスを得る。非実体クリーチャーはこの防具を装備したまま固体の中を通り抜けることができる。

　強力・変成術；術者レベル15；《魔法の武器防具作成》、**イセリアルネス**；市価　＋3ボーナス。

シャドウ（Shadow／影）

　この鎧は、着用者が身を隠そうとする時、その姿をかすませ、その周囲の音を抑え込んで、〈隠密〉判定に＋5の技量ボーナスを与える。この鎧自体の"防具による判定ペナルティ"は通常通り適用される。

　微弱・幻術；術者レベル5；《魔法の武器防具作成》、**インヴィジビリティ**、**サイレンス**；市価　＋3,750GP。

インプルーヴド・シャドウ（Shadow, Improved／強化版影）

　シャドウと同様だが、〈隠密〉判定に＋10の技量ボーナスを与える。

　中程度・幻術；術者レベル10；《魔法の武器防具作成》、**インヴィジビリティ**、**サイレンス**；市価　＋15,000GP。

グレーター・シャドウ（Shadow, Greater／上級影）

　シャドウと同様だが、〈隠密〉判定に＋15の技量ボーナスを与える。

　強力・幻術；術者レベル15；《魔法の武器防具作成》、**インヴィジビリティ**、**サイレンス**；市価　＋33,750GP。

スペル・レジスタンス（Spell Resistance／呪文抵抗）

　この能力によって、防具の着用者は呪文抵抗を得る。呪文抵抗の値は個々の防具によって異なり、13、15、17、19のものがある。

　強力・防御術；術者レベル15；《魔法の武器防具作成》、**スペル・レジスタンス**；市価　＋2ボーナス（13）、＋3ボーナス（15）、＋4ボーナス（17）、＋5ボーナス（19）。

スリック（Slick／つるり）

　スリック能力のついた鎧はいつ見ても少しねばねばした油に覆われているように見える。着用者の〈脱出術〉判定に＋5の技量ボーナスを与える。この鎧自体の"防具による判定ペナルティ"は通常通り適用される。

　微弱・召喚術；術者レベル4；《魔法の武器防具作成》、**グリース**；市価　＋3,750GP。

インプルーヴド・スリック（Slick, Improved／強化版つるり）

　スリックと同様だが、〈脱出術〉判定に＋10の技量ボーナスを与える。

　中程度・召喚術；術者レベル10；《魔法の武器防具作成》、**グリース**；市価　＋15,000GP。

グレーター・スリック（Slick, Greater／上級つるり）

　スリックと同様だが、〈脱出術〉判定に＋15の技量ボーナスを与える。

　強力・召喚術；術者レベル15；《魔法の武器防具作成》、**グリース**；市価　＋33,750GP。

バッシング（Bashing／盾攻撃）： この特殊能力を持つ盾は盾攻撃用に作られたものである。**バッシング・シールド**はサイズ分類が2段階大きい武器であるかのようにダメージを与える（したがって、中型用ライト・シールドは1d6ポイントのダメージを与え、中型用ヘヴィ・シールドは1d8ポイントのダメージを与える）。盾攻撃に使う場合、この盾は＋1の武器として扱われる。この能力を持つことができるのは、ライト・シールドとヘヴィ・シールドだけである。

　中程度・変成術；術者レベル8；《魔法の武器防具作成》、**ブルズ・ストレンクス**；市価　＋1ボーナス。

フォーティフィケイション（Fortification／急所防御）

　この鎧や盾は魔法の力場を生み出し、それによって着用者の急所をより効果的に守る。着用者がクリティカル・ヒットや急所攻撃を受けた場合、一定確率でクリティカル・ヒットや急所攻撃は無効化され、通常のダメージだけが及ぶ。

フォーティフィケイション種別	通常のダメージになる確率	基本価格修正値
ライト（軽）	25%	＋1ボーナス
モデレット（中）	50%	＋3ボーナス
ヘヴィ（重）	75%	＋5ボーナス

　強力・防御術；術者レベル13；《魔法の武器防具作成》、リミテッ

魔法のアイテム 15

ウィングド・シールド　　ドラゴンハイド製プレート　　ライノ・ハイド　　セレスチャル・アーマー

ブレストプレート・
オヴ・コマンド　　ドフーヴン・プレート　　キャスターズ・シールド　　ミスラル製フル・プレート・
オヴ・スピード

ド・ウィッシュあるいはミラクル；市価　さまざま（上記参照）。

ブラインディング（Blinding／目つぶし）

この能力を持つ盾は、1日に2回まで、使用者の合言葉に応えて、目もくらむばかりの閃光を放つ。使用者以外で20フィート以内にいるものは、みなDC14の反応セーヴを行わなければならず、失敗すると1d4ラウンドの間、盲目状態になる。

中程度・力術；術者レベル7；《魔法の武器防具作成》、シアリング・ライト；市価　＋1ボーナス。

リフレクティング（Reflecting／反射）

この盾はよく磨かれた鏡のようで、表面は完全に光を反射する。1日1回、呪文を術者にはね返すことができる。これはスペル・ターニングの呪文とまったく同じように働く。

強力・防御術；術者レベル14；《魔法の武器防具作成》、スペル・ターニング；市価　＋5ボーナス。

ワイルド（Wild／野生）

この能力を持つ鎧や盾の着用者は、"自然の化身"使用中であっても、鎧ボーナスや盾ボーナス（と強化ボーナス）を失わない。この能力を持つ鎧や盾は通常、木の葉の模様に覆われているように見える。使用者が"自然の化身"形態になれば、この防具は見えなくなる。

中程度・変成術；術者レベル9；《魔法の武器防具作成》、ベイルフル・ポリモーフ；市価　＋3ボーナス。

特定の鎧

アダマンティン製胸甲（Adamantine Breastplate）

オーラ オーラなし（非魔法）；**術者レベル** ―
装備部位 鎧；**市価** 10,200GP；**重量** 30ポンド
解説
　これは魔法のかかっていないアダマンティン製のブレストプレートであり、着用者に"ダメージ減少 2／―"を与える。

エルヴン・チェイン（Elven Chain／エルフの鎖帷子）

オーラ オーラなし（非魔法）；**術者レベル** ―
装備部位 鎧；**市価** 5,150GP；**重量** 20ポンド
解説
　これは非常に軽いチェインメイルで、実に細かなミスラルの輪をつなぎあわせてできている。この鎧は、習熟しているかどうか判断する際も含めて、あらゆる点において、軽装鎧として扱う。この鎧の秘術呪文失敗確率は20％で、【敏捷力】ボーナス上限は＋4、防具による判定ペナルティは−2である。

セレスチャル・アーマー（Celestial Armor／天界の鎧）

オーラ 微弱・変成術［善］；**術者レベル** 5
装備部位 鎧；**市価** 22,400GP；**重量** 20ポンド
解説
　この輝く銀または金製の＋3チェインメイルは、まことに軽

く見事なつくりなので、通常の衣服の下に着てもそれと悟られずにすむ。【敏捷力】ボーナス上限は＋8、防具による判定ペナルティは－2、秘術呪文失敗確率は15％である。この鎧は軽装鎧とみなされ、着用者は1日に1回、合言葉により（呪文と同様の）フライを使用できる。

作成要項

必要条件《魔法の武器防具作成》、作成者は善でなければならない、**フライ**；**コスト** 11,350GP。

デーモン・アーマー（Demon Armor／魔鬼の鎧）

オーラ 強力・死霊術［悪］；**術者レベル** 13
装備部位 鎧；**市価** 52,260GP；**重量** 50ポンド

解説

　このプレート・アーマーは着用者がデーモンのように見える格好になっている。兜は角のあるデーモンの頭のようで、着用者はくわっと開いた上下の歯の間から外をのぞく。この**＋4フル・プレート**の着用者は、1d10ポイントのダメージを与える爪攻撃を行うことができる。**＋1武器**として攻撃し、加えて目標に**コンテイジョン**呪文と同じ病気をもたらす（頑健・無効、DC14）。**コンテイジョン**を使用するには、爪による通常の近接攻撃に成功する必要がある。この"爪"は鎧の左右のヴァンブレース（腕甲）とガントレット（篭手）の部分に組み込まれており、武器落としされることはない。

　デーモン・アーマーには悪のエッセンスが注入されており、属性が悪でないクリーチャーがこれを着ると、負のレベルが1レベル付いてしまう。この負のレベルは着用中ずっと持続し、脱ぐと同時に消えてなくなる。しかし着用中は、（レストレーション呪文を含む）あらゆる方法をもってしてもこの負のレベルをなくしてしまうことはできない。

作成要項

必要条件《魔法の武器防具作成》、**コンテイジョン**；**コスト** 26,955GP。

表15-6：特定の鎧

下級	中級	上級	特定の鎧	市価
01～50	01～25	—	ミスラル製シャツ	1,100GP
51～80	26～45	—	ドラゴンハイド製プレート	3,300GP
81～100	46～57	—	エルヴン・チェイン	5,150GP
—	58～67	—	ライノ・ハイド	5,165GP
—	68～82	01～10	アダマンティン製ブレストプレート	10,200GP
—	83～97	11～20	ドワーヴン・プレート	16,500GP
—	98～100	21～32	バンデッド・メイル・オヴ・ラック	18,900GP
—	—	33～50	セレスチャル・アーマー	22,400GP
—	—	51～60	プレート・アーマー・オヴ・ザ・ディープ	24,650GP
—	—	61～75	ブレストプレート・オヴ・コマンド	25,400GP
—	—	76～90	ミスラル製フル・プレート・オヴ・スピード	26,500GP
—	—	91～100	デーモン・アーマー	52,260GP

ドラゴンハイド製プレート（Dragonhide Plate／竜革の板金鎧）

オーラ オーラなし（非魔法）；**術者レベル** —
装備部位 鎧；**市価** 3,300GP；**重量** 50ポンド

解説

　このフル・プレートは金属製ではなく、ドラゴンハイド（竜皮）でできているため、ドルイドでも着用することができる。それ以外の点では、これは高品質のフル・プレートとまったく同一である。

ドワーヴン・プレート（Dwarven Plate／ドワーフの板金鎧）

オーラ オーラなし（非魔法）；**術者レベル** —
装備部位 鎧；**市価** 16,500GP；**重量** 50ポンド

解説

　このフル・プレートはアダマンティン製であり、着用者に"ダメージ減少 3／—"を与える。

バンデッド・メイル・オヴ・ラック（Banded Mail of Luck／幸運のバンデッド・メイル）

オーラ 強力・心術；**術者レベル** 12
装備部位 鎧；**市価** 18,900GP；**重量** 35ポンド

解説

　1つ100GP相当の宝石が10個、この**＋3バンデッド・メイル**を飾っている。この鎧は着用者に、1週間に1回、自分に対して行われた攻撃ロールの振り直しを要求する力を与える。振り直した2度目のロール結果はどのようなものであろうと受け入れねばならない。着用者のプレイヤーは、ダメージがロールされる前に、攻撃ロールの振り直しを要求するかどうかを決めねばならない。

作成要項

必要条件《魔法の武器防具作成》、**ブレス**；**コスト** 9,650GP。

プレート・アーマー・オヴ・ザ・ディープ（Plate Armor of the Deep／深淵の板金鎧）

オーラ 中程度・防御術；**術者レベル** 11
装備部位 鎧；**市価** 24,650GP；**重量** 50ポンド

解説

　この**＋1フル・プレート**は、波と魚をかたどった意匠で飾られている。この鎧自体は通常のフル・プレートと同様に重くかさばることに変わりはないのだが、**プレート・アーマー・オヴ・ザ・ディープ**の着用者は〈水泳〉判定の際にまったく鎧を着ていないものとして扱われる。着用者は水中で呼吸でき、水を呼吸するものならどんなクリーチャーとでも言語を使った会話ができる。

作成要項

必要条件《魔法の武器防具作成》、**ウォーター・ブリージング**、**タンズ**、**フリーダム・オヴ・ムーヴメント**；**コスト** 13,150GP。

ブレストプレート・オヴ・コマンド（Breastplate of Command／威厳の胸甲）

オーラ 強力・心術；**術者レベル** 15

装備部位 鎧；市価 25,400GP；重量 30ポンド

解説

　この+2ブレストプレートを着用する者は、威厳のオーラというべきものを身に帯びることになる。着用者はすべての【魅力】判定（【魅力】が対応能力値である技能判定を含む）に+2の技量ボーナスを得る。また、着用者は統率力値にも+2の技量ボーナスを得る。使用者から360フィート以内の味方部隊は普段よりも勇敢になり、［恐怖］に対するセーヴィング・スローに+2の抵抗ボーナスを得る。この効果はかなりの部分まで鎧の見事な外見によるものなので、着用者が隠れたり、何らかの形で視認困難を得たりすれば効果はなくなる。

作成要項

必要条件《魔法の武器防具作成》、マス・チャーム・モンスター；**コスト** 12,875GP。

ミスラル製シャツ（Mithral Shirt／ミスラル製鎖帷子）

オーラ オーラなし（非魔法）；**術者レベル** ―
装備部位 鎧；市価 1,100GP；重量 10ポンド

解説

　これは非常に軽いチェイン・シャツで、実に細かなミスラルの輪をつなぎあわせてできている。この鎧の秘術呪文失敗確率は10%、【敏捷力】ボーナス上限は+6、防具による判定ペナルティはない。この鎧は軽装鎧とみなされる。

ミスラル製フル・プレート・オヴ・スピード（Mithral Full Plate of Speed／ミスラル製加速の板金鎧）

オーラ 微弱・変成術；**術者レベル** 5
装備部位 鎧；市価 26,500GP；重量 25ポンド

解説

　このつくりのよい+1ミスラル製フル・プレートの着用者は、この鎧をフリー・アクションで起動し、1日に10ラウンドまで、ヘイスト呪文が作用しているかのように行動することができる。ヘイスト効果の持続時間が連続したラウンドである必要はない。

　この鎧の秘術呪文失敗確率は25%、【敏捷力】ボーナス上限は+3、防具による判定ペナルティは−3である。この鎧は、習熟していないことによるペナルティを受けないようにするためには重装鎧に習熟していなければならないということ以外は、中装鎧とみなされる。

作成要項

必要条件《魔法の武器防具作成》、ヘイスト；**コスト** 18,500GP。

ライノ・ハイド（Rhino Hide／犀皮鎧）

オーラ 中程度・変成術；**術者レベル** 9
装備部位 鎧；市価 5,165GP；重量 25ポンド

解説

　この+2ハイド・アーマーはライナセラス（犀）の皮でできている。ACに+2の強化ボーナスが付き、防具による判定ペナルティが−1されるのに加えて、着用者が突撃攻撃に成功した場合、追加で2d6ポイントのダメージを与える。これには、騎乗しての突撃も含まれる。

作成要項

必要条件《魔法の武器防具作成》、ブルズ・ストレンクス；**コスト** 2,665GP。

特定の盾

アブソーヴィング・シールド（Absorbing Shield／吸い込み盾）

オーラ 強力・変成術；**術者レベル** 17
装備部位 盾；市価 50,170GP；重量 15ポンド

解説

　この+1鋼鉄製ヘヴィ・シールドは金属製だが、色はつや消し黒、まるで光を吸い込んでしまうように見える。2日に1回、合言葉に応じて、触れた物体をディスインテグレイトすることができる。この効果は同名の呪文と同じだが、近接接触攻撃を行う必要がある。この効果は攻撃時にしか働かない。クリーチャーが盾に攻撃を命中させた際にそのクリーチャーなり武器なりを目標として起動することはできない。

作成要項

必要条件《魔法の武器防具作成》、ディスインテグレイト；**コスト** 25,170GP。

ウィングド・シールド（Winged Shield／翼ある盾）

オーラ 微弱・変成術；**術者レベル** 5
装備部位 盾；市価 17,257GP；重量 10ポンド

解説

　この木製ヘヴィ・シールドには+3の強化ボーナスがある。アーチ状の鳥の翼が盾の表面に彫刻されている。1日に1回、合言葉を唱えると（呪文と同様の）フライにより、使用者を運んで飛んでくれる。この盾は133ポンドまでを運搬するなら毎ラウンド60フィートで移動し、266ポンドまでなら毎ラウンド40フィートで移動することができる。

作成要項

必要条件《魔法の武器防具作成》、フライ；**コスト** 8,707GP。

キャスターズ・シールド（Caster's Shield／呪文使いの盾）

オーラ 中程度・防御術；**術者レベル** 6
装備部位 盾；市価 3,153GP（呪文が書き込まれている場合、その呪文の巻物の価格を足すこと）；重量 5ポンド

解説

　この+1木製ライト・シールドには、裏側に皮の小さな細長い切れ端が付いている。呪文の使い手はこれを巻物がわりにして呪文を1つだけ書きこむことができる。このようにして書き記された呪文は基本原材料費が半分ですむ。この皮には2レベル以下の呪文しか入れることはできない。この皮は再使用可能である。

　ランダムに決定されたキャスターズ・シールドには、50%の確率で、裏に中級の巻物の呪文が1つ付いている。この呪文は信仰呪文（d%で01〜80の場合）か秘術呪文（81〜100の場合）である。キャスターズ・シールドの秘術呪文失敗確率は5%である。

作成要項

必要条件 《魔法の武器防具作成》、《巻物作成》、作成者は6レベル以上でなければならない；**コスト** 1,653GP。

スパインド・シールド（Spined Shield／棘ある盾）

オーラ 中程度・力術；**術者レベル** 6
装備部位 盾；**市価** 5,580GP；**重量** 15ポンド

解説

　この**+1鋼鉄製ヘヴィ・シールド**は、一面トゲトゲに覆われている。通常のスパイクト・シールドとして使える。1日に3回まで、使用者は合言葉によって棘の1本を撃ち出すことができる。撃ち出された棘には+1の強化ボーナスが付いており、射程単位は120フィート、1d10ポイントのダメージ（19〜20／×2）を与える。撃ち出された棘は毎日、再び生えてくる。

作成要項

必要条件 《魔法の武器防具作成》、マジック・ミサイル；**コスト** 2,875GP。

ダークウッド製シールド（Darkwood Shield）

オーラ オーラなし（非魔法）；**術者レベル** ―
装備部位 盾；**市価** 257GP；**重量** 5ポンド

解説

　これはダークウッドでできた、魔法のかかっていない木製ヘヴィ・シールドである。強化ボーナスはないが、ダークウッド製なので通常の木製シールドより軽い。防具による判定ペナルティはない。

ダークウッド製バックラー（Darkwood Buckler）

オーラ オーラなし（非魔法）；**術者レベル** ―
装備部位 盾；**市価** 203GP；**重量** 2.5ポンド

解説

　これはダークウッドでできた、魔法のかかっていない木製ライト・シールドである。強化ボーナスはないが、ダークウッド製なので通常の木製シールドより軽い。防具による判定ペナルティはない。

ミスラル製ヘヴィ・シールド（Mithral Heavy Shield）

オーラ オーラなし（非魔法）；**術者レベル** ―
装備部位 盾；**市価** 1,020GP；**重量** 5ポンド

表15-7：特定の盾

下級	中級	上級	特定の盾	市価
01〜30	01〜20	―	ダークウッド製バックラー	203GP
31〜80	21〜45	―	ダークウッド製シールド	257GP
81〜95	46〜70	―	ミスラル製ヘヴィ・シールド	1,020GP
96〜100	71〜85	01〜20	キャスターズ・シールド	3,153GP
―	86〜90	21〜40	スパインド・シールド	5,580GP
―	91〜95	41〜60	ライオンズ・シールド	9,170GP
―	96〜100	61〜90	ウィングド・シールド	17,257GP
―	―	91〜100	アブソービング・シールド	50,170GP

解説

　このヘヴィ・シールドはミスラルでできており、標準的な鋼鉄製シールドと比べて非常に軽い。この盾の秘術呪文失敗確率は5%で、防具による判定ペナルティはない。

ライオンズ・シールド（Lion's Shield／獅子の盾）

オーラ 中程度・召喚術；**術者レベル** 10
装備部位 盾；**市価** 9,170GP；**重量** 15ポンド

解説

　この**+2鋼鉄製ヘヴィ・シールド**は、咆哮するライオンの首を象った盾である。使用者は1日に3回、ライオンの首に（使用者とは別個に）攻撃を行うよう、フリー・アクションで命じることができる。使用者の基本攻撃ボーナスを用いて（使用者に複数回攻撃ができるなら、ライオンの首も複数回攻撃ができる）噛みつき、2d6ポイントのダメージを与える。この攻撃は、使用者が行うすべてのアクションに加えて行われる。

作成要項

必要条件 《魔法の武器防具作成》、サモン・ネイチャーズ・アライIV；**コスト** 4,670GP。

魔法の武器

　魔法の武器は、より確実に攻撃を命中させ、より多くのダメージを与えられるような強化がなされている。魔法の武器には+1〜+5の強化ボーナスが付いている。戦闘で使えば、このボーナスは攻撃ロールとダメージ・ロールの両方に適用される。あらゆる魔法の武器は、同時に高品質の武器でもあるのだが、攻撃ロールへの高品質によるボーナスと強化ボーナスは累積しない。

　武器には基本的に2つの区分がある。近接武器と遠隔武器である。近接武器に分類される武器の中には、遠隔武器としても使えるものもある。その場合、強化ボーナスは近接攻撃にも遠隔攻撃にも適用される。

　魔法の武器の中には特殊能力を持つものもある。アイテムの市価を計算する際には、特殊能力は追加のボーナスと同様に数えるが、特記なき限り、実際に攻撃やダメージを上昇させるわけではない。1つの武器の有効ボーナス（強化ボーナス＋特殊能力ボーナス相当値。これにはキャラクターの能力や呪文によりもたらされたものも含む）は+10が上限である。特殊能力のある武器には、少なくとも+1の強化ボーナスが付いていなければならない。武器に同じ特殊能力が2回以上付くことはない。

　武器や矢弾は珍しい物質で作られていることもある。d%をロールすること。01〜95が出たら、そのアイテムは標準的な物質でできている。96〜100が出たら、特殊な物質でできている（第6章を参照）。

武器の術者レベル：特殊能力のある武器の術者レベルは、個々のアイテムの説明の中にある。強化ボーナスだけで他の能力がない場合、術者レベルは強化ボーナス×3である。強化ボーナスと特殊能力が両方ある場合、2つの術者レベルのうち、高いほうの要求を満たしていなければならない。

追加ダメージ・ダイス：一部の魔法の武器は追加のダイスのか

たちでダメージが増える。他のダメージ修正と違い、この追加ダイスぶんは、攻撃時にクリティカルが出ても倍にならない。

射出武器と矢弾：射出武器の強化ボーナスと、矢弾の強化ボーナスは累積しない。2つの強化ボーナスのうち、高い方だけが適用される。

　+1以上の強化ボーナスを持つ射出武器から発射された矢弾は、ダメージ減少を克服するかどうかを調べる際には、魔法の武器として扱われる。同様に、属性のある射出武器から撃ち出された矢弾は、その射出武器の属性を得る。

魔法の矢弾の破損：魔法のアロー、クロスボウ・ボルト、スリング・ブリットが目標を外した場合、50％の確率で折れるなどして使い物にならなくなる。魔法のアロー、クロスボウ・ボルト、スリング・ブリットは、目標に命中するとダメージを与えた後で壊れてしまう。

発光：魔法の武器の30％は**ライト**呪文相当の光を放つ。こうした発光する武器は明らかに魔法のものだと判る。この種の武器を鞘から抜いている場合、その存在を隠すことはできない。また、光を消すこともできない。後述の"特定の武器"の中には、説明文中にある通り、必ず光を放つものもあれば、決して光を放たないものもある。

硬度とヒット・ポイント：魔法の武器の強化ボーナス+1ごとに、硬度に+2、ヒット・ポイントに+10を加える。175ページの表7-12も参照すること。

起動：通常、魔法の武器の利益を得るには、普通の武器の利益を得るのと同一の方法をとればよい——つまりその武器を振るえば（攻撃すれば）いい。武器に使用者による"起動"が必要な特殊能力がある場合、通常、使用者が合言葉を口にする必要がある（標準アクション）。キャラクターは一度に5C本までの、各々が同じ能力の矢弾の特殊能力を起動することができる。

魔法の武器とクリティカル・ヒット：武器の能力や特定の武器の中には、クリティカル・ヒットに追加効果のあるものもある。この特殊効果は、通常ならクリティカル・ヒットを受けないクリーチャーに対しても働く。クリティカル・ロールに成功した場合、特殊効果を適用すること。ただし、武器の通常のダメージを何倍かにすることはない。

標準的でないクリーチャー用の武器：サイズが小型や中型以外のクリーチャー用の武器のコストはさまざまである（第6章を参照）。高品質であることのコストと、魔法による強化のコストはサイズによって変わらない。

その他の特徴：d%をロールすること。01〜30ならそのアイテムは光を発する。31〜45ならその能力の手掛かりとなる何か（意匠や銘刻など）がある。46〜100なら特に何もない。

魔法の武器の特殊能力の解説

　特殊能力のある武器には、少なくとも+1の強化ボーナスが付いていなければならない。

アイシー・バースト（Icy Burst／冷気爆砕）

　アイシー・バースト武器は**フロスト**武器と同様に働くが、それに加えて、命中しクリティカル・ヒットとなったとき、冷気の爆発を引き起こす。この冷気が使用者に害を与えることはな

い。**フロスト**能力（後述参照）で与える1d6ポイントの追加[氷雪]ダメージに加えて、**アイシー・バースト**武器は、クリティカル・ヒットになったなら、さらに1d10ポイントの追加[氷雪]ダメージを与える。武器のクリティカル倍率が×3なら2d10ポイントの追加[氷雪]ダメージ、武器のクリティカル倍率が×4なら3d10ポイントの追加[氷雪]ダメージである。

　フロスト能力が起動していない場合でも、クリティカル・ヒットになれば、この武器は追加の[氷雪]ダメージを与える。

　中程度・力術；術者レベル10；《魔法の武器防具作成》、**アイス・ストーム**あるいは**チル・メタル**；市価　+2ボーナス。

アクシオマティック（Axiomatic／摂理）

　アクシオマティック武器には秩序のパワーが込められている。武器が秩序属性となるため、対応するダメージ減少を無視することができる。この武器は、混沌の属性を持つものすべてに2d6ポイントの追加ダメージを与える。混沌の属性を持つクリーチャーがこれを用いようとした場合、恒久的な負のレベル（562ページ（原文）参照）が1レベル付いてしまう。負のレベルはこの武器を手にしている限りずっと続き、武器を使うのをやめた途端に消えてなくなる。しかしこの武器を使用している間は、**レストレーション**呪文を使おうが何を使おうが、この負のレベルをなくしてしまうことはできない。

　中程度・力術[秩序]；術者レベル7；《魔法の武器防具作成》、**オーダーズ・ラス**、作成者の属性が秩序であること；市価　+2ボーナス。

アナーキック（Anarchic／無秩序）

　アナーキック武器には混沌のパワーが込められている。武器が混沌属性となるため、対応するダメージ減少を無視することができる。この武器は、秩序の属性を持つものすべてに2d6ポイントの追加ダメージを与える。秩序の属性を持つクリーチャーがこれを用いようとした場合、恒久的な負のレベル（562ページ（原文）参照）が1レベル付いてしまう。負のレベルはこの武器を手にしている限りずっと続き、武器を使うのをやめた途端に消えてなくなる。しかしこの武器を使用している間は、**レストレーション**呪文を使おうが何を使おうが、この負のレベルをなくしてしまうことはできない。

　中程度・力術[混沌]；術者レベル7；《魔法の武器防具作成》、**ケイオス・ハンマー**、作成者の属性が混沌であること；市価+2ボーナス。

アンホーリィ（Unholy／邪なる）

　アンホーリィ武器は邪なパワーが込められている。武器が悪属性となるため、対応するダメージ減少を無視することができる。この武器は、善の属性を持つものすべてに2d6ポイントの追加ダメージを与える。善の属性を持つクリーチャーがこれを用いようとした場合、恒久的な負のレベルが1レベル付いてしまう。負のレベルはこの武器を手にしている限りずっと続き、武器を使うのをやめた途端に消えてなくなる。しかしこの武器を使用している間は、**レストレーション**呪文を使おうが何を使おうが、この負のレベルをなくしてしまうことはできない。

　中程度・力術[悪]；術者レベル7；《魔法の武器防具作成》、**アンホーリィ・ブライト**、作成者の属性が悪であること；市価

+2ボーナス。

ヴィシャス（Vicious／反動）

ヴィシャス武器が相手に命中すると、破壊的なエネルギーが炸裂し、その相手と使用者の間で共振する。このエネルギーは相手に2d6ポイントのダメージを与え、同時に使用者に1d6ポイントのダメージを与える。ヴィシャス能力は近接武器にしか付けられない。

中程度・死霊術；術者レベル9；《魔法の武器防具作成》、エナヴェイション；市価　＋1ボーナス。

ウーンディング（Wounding／流血）

ウーンディング武器はクリーチャーに命中した場合、1ポイントの出血ダメージを与える。ウーンディング武器が命中するたびに、出血ダメージは増加していく。出血状態のクリーチャーは、そのクリーチャーのターンの開始時に出血ダメージを受ける。出血状態は、DC15の〈治療〉判定に成功するか、ヒット・ポイント・ダメージを回復する呪文を使用されると、解消される。クリティカル・ヒットになっても出血ダメージは増加しない。クリティカル・ヒットに完全耐性のあるクリーチャーはこの武器による出血ダメージにも完全耐性を持つ。

中程度・力術；術者レベル10；《魔法の武器防具作成》、ブリード；市価　＋2ボーナス。

ヴォーパル（Vorpal／首切り）

これは強力でひろく畏怖されている能力である。この能力の付いた武器は当たれば相手の首を切り落とす。攻撃ロールのダイスの目が20であった場合（その後のクリティカル・ヒットになったかどうかのロールにも成功したならば）、この武器は相手の首（もしあれば）を胴から切り落とす。各種の異形、すべての粘体など、一部のクリーチャーには首がない。また、ゴーレムや（ヴァンパイア以外の）アンデッドなどは、首を落とされても差し支えない。しかし、それ以外のクリーチャーのほとんどは、首を切り落とされると死ぬ。ヴォーパル武器は斬撃武

表15-8：魔法の武器

下級	中級	上級	武器のボーナス	基本価格[1]
01〜70	01〜10	—	＋1	2,000GP
71〜85	11〜29	—	＋2	8,000GP
—	30〜58	01〜20	＋3	18,000GP
—	59〜62	21〜38	＋4	32,000GP
—	—	39〜49	＋5	50,000GP
—	—	—	＋6[2]	72,000GP
—	—	—	＋7[2]	98,000GP
—	—	—	＋8[2]	128,000GP
—	—	—	＋9[2]	162,000GP
—	—	—	＋10[2]	200,000GP
86〜90	63〜68	50〜63	特定の武器[3]	—
91〜100	69〜100	64〜100	特殊能力あり、再ロール[4]	—

1……矢弾の場合、この価格はアロー、クロスボウ・ボルト、スリング・ブリット50本ぶん。
2……武器に実際にこれだけの強化ボーナスが付くことはない。これは特殊能力が付いた武器の市価を見るためのもの。
3……表15-11を参照。
4……近接武器なら表15-9、遠隔武器なら表15-10を参照。

器にしか付けられない（魔法の武器でランダムに作成していて、不適切な武器でこの能力が出た場合、振り直すこと）。

強力・死霊術および変成術；術者レベル18；《魔法の武器防具作成》、キーン・エッジ、サークル・オヴ・デス；市価　＋5ボーナス。

キーン（Keen／鋭き刃の）

この能力は武器のクリティカル可能域を2倍にする。キーン能力は斬撃武器と刺突武器にしか付かない（魔法の武器でランダムに作成していて、不適切な武器でこの能力が出た場合、振り直すこと）。この利益は、クリティカル可能域を拡張する他のすべての効果（キーン・エッジ呪文や《クリティカル強化》の特技によるものなど）と累積しない。

中程度・変成術；術者レベル10；《魔法の武器防具作成》、キーン・エッジ；市価　＋1ボーナス。

キ・フォーカス（Ki Focus／気焦点）

この魔法の武器は使用者にとって気の流路として働くため、この武器を通して、あたかも素手攻撃を使用したかのように気に基づく特殊攻撃を使用することができる。そうした攻撃には、モンクの気打撃と激震掌、そして《朦朧化打撃》の特技（モンクがこの特技に適用できるあらゆる追加能力も含む）などが含まれる。キ・フォーカス能力は近接武器にしか付かない。

中程度・変成術；術者レベル8；《魔法の武器防具作成》、作成者がモンクであること；市価　＋1ボーナス。

ゴースト・タッチ（Ghost Touch／触霊）

ゴースト・タッチ武器は、強化ボーナスの数値に関係なく、非実体クリーチャーに通常通りダメージを与える（非実体クリーチャーの"実体のあるものからは50％のダメージしか受けない"という能力はゴースト・タッチ武器による攻撃には適用されない）。また、非実体クリーチャーはいつでもこの武器を拾ったり、動かしたりできる。"顕現"状態にあるゴーストは、この武器を実体クリーチャーに対して使用できる。ゴースト・タッチ武器は実際上、常に実体／非実体のうち、使用者にとって有利な方として扱われる。

中程度・召喚術；術者レベル9；《魔法の武器防具作成》、プレイン・シフト；市価　＋1ボーナス。

サンダリング（Thundering／雷鳴）

サンダリング〈武器は、クリティカル・ヒットになった場合、耳をろうする雷のような轟音を発する。この［音波］エネルギーが使用者に害を与えることはない。サンダリング武器は、クリティカル・ヒットになったなら、1d8ポイントの追加［音波］ダメージを与える。武器のクリティカル倍率が×3なら2d8ポイントの追加［音波］ダメージ、武器のクリティカル倍率が×4なら3d8ポイントの追加［音波］ダメージである。サンダリング武器でクリティカル・ヒットを受けた者は、DC14の頑健セーヴに成功しなければならず、失敗すると恒久的に聴覚喪失状態となる。

微弱・死霊術；術者レベル5；《魔法の武器防具作成》、ブラインドネス／デフネス；市価　＋1ボーナス。

シーキング（Seeking／誘導）

シーキング能力は遠隔武器にしか付かない。この武器は目標を

魔法のアイテム 15

表15-9：近接武器特殊能力

下級	中級	上級	特殊能力	基本価格 修正値[1]
01〜10	01〜06	01〜03	ベイン	+1ボーナス
11〜17	07〜12	—	ディフェンディング	+1ボーナス
18〜27	13〜19	04〜06	フレイミング	+1ボーナス
28〜37	20〜26	07〜09	フロスト	+1ボーナス
38〜47	27〜33	10〜12	ショック	+1ボーナス
48〜56	34〜38	13〜15	ゴースト・タッチ	+1ボーナス
57〜67	39〜44	—	キーン[2]	+1ボーナス
68〜71	45〜48	16〜19	キ・フォーカス	+1ボーナス
72〜75	49〜50	—	マーシフル	+1ボーナス
76〜82	51〜54	20〜21	マイティ・クリーヴィング	+1ボーナス
83〜87	55〜59	22〜24	スペル・ストアリング	+1ボーナス
88〜91	60〜63	25〜28	スローイング	+1ボーナス
92〜95	64〜65	29〜32	サンダリング	+1ボーナス
96〜99	66〜69	33〜36	ヴィシャス	+1ボーナス
—	70〜72	37〜41	アナーキック	+2ボーナス
—	73〜75	42〜46	アクシオマティック	+2ボーナス
—	76〜78	47〜49	ディスラプション[3]	+2ボーナス
—	79〜81	50〜54	フレイミング・バースト	+2ボーナス
—	82〜84	55〜59	アイシー・バースト	+2ボーナス
—	85〜87	60〜64	ホーリィ	+2ボーナス
—	88〜90	65〜69	ショッキング・バースト	+2ボーナス
—	91〜93	70〜74	アンホーリィ	+2ボーナス
—	94〜95	75〜78	ウーンディング	+2ボーナス
—	—	79〜83	スピード	+3ボーナス
—	—	84〜86	ブリリアント・エナジー	+4ボーナス
—	—	87〜88	ダンシング	+4ボーナス
—	—	89〜90	ヴォーパル[2]	+5ボーナス
100	96〜100	91〜100	2回ロールすること[4]	—

1……表15-8の武器のボーナスにこれを足し、実際の市価を求める。
2……斬撃武器か刺突武器のみ（ヴォーパルは斬撃武器のみ）。魔法の武器をランダムに作成していて、殴打武器にこの能力が出た場合は振り直すこと。
3……殴打武器のみ。魔法の武器をランダムに作成していて、斬撃武器や刺突武器にこの能力が出た場合は振り直すこと。
4……同じ能力が2度出た場合や、前のロールで出た能力と両立し得ない能力が出た場合や、特殊能力によって＋10の限界を超えてしまう場合は振り直すこと。武器の強化ボーナス＋特殊能力ボーナス相当値の合計は、最大でも＋10までである。

表15-10：遠隔武器特殊能力

下級	中級	上級	特殊能力	基本価格 修正値[1]
01〜12	01〜08	01〜04	ベイン[2]	+1ボーナス
13〜25	09〜16	05〜08	ディスタンス	+1ボーナス
26〜40	17〜28	09〜12	フレイミング[2]	+1ボーナス
41〜55	29〜40	13〜16	フロスト[2]	+1ボーナス
56〜60	41〜42	—	マーシフル[2]	+1ボーナス
61〜68	43〜47	17〜21	リターニング	+1ボーナス
69〜83	48〜59	22〜25	ショック[2]	+1ボーナス
84〜93	60〜64	26〜27	シーキング	+1ボーナス
94〜99	65〜68	28〜29	サンダリング[2]	+1ボーナス
—	69〜71	30〜34	アナーキック[2]	+2ボーナス
—	72〜74	35〜39	アクシオマティック[2]	+2ボーナス
—	75〜79	40〜49	フレイミング・バースト[2]	+2ボーナス
—	80〜82	50〜54	ホーリィ[2]	+2ボーナス
—	83〜87	55〜64	アイシー・バースト[2]	+2ボーナス
—	88〜92	65〜74	ショッキング・バースト[2]	+2ボーナス
—	93〜95	75〜79	アンホーリィ[2]	+2ボーナス
—	—	80〜84	スピード	+3ボーナス
—	—	85〜90	ブリリアント・エナジー	+4ボーナス
100	96〜100	91〜100	2回ロールすること[3]	

1……表15-8の武器のボーナスにこれを足し、実際の市価を求める。
2……この能力の付いたボウ、クロスボウ、スリングは発射する矢弾にこのパワーを与える。
3……同じ能力が2度出た場合や、前のロールで出た能力と両立し得ない能力が出た場合や、特殊能力によって＋10の限界を超えてしまう場合は振り直すこと。武器の強化ボーナス＋特殊能力ボーナス相当値の合計は、最大でも＋10までである。

ジに加えて、**ショッキング・バースト**武器は、クリティカル・ヒットになったなら、さらに1d10ポイントの追加［雷撃］ダメージを与える。武器のクリティカル倍率が×3なら2d10ポイントの追加［雷撃］ダメージ、武器のクリティカル倍率が×4なら3d10ポイントの追加［雷撃］ダメージである。

ショック能力が起動していない場合でも、クリティカル・ヒットになれば、この武器は追加の［雷撃］ダメージを与える。

中程度・力術；術者レベル10；《魔法の武器防具作成》、**コール・ライトニング**あるいは**ライトニング・ボルト**；市価　＋2ボーナス。

ショック（Shock／雷撃）

ショック武器は合言葉に応えてぱちぱちと音を立て、電気の火花に包まれる。**ショック**武器は命中すると、追加で1d6ポイントの［雷撃］ダメージを与える。この電気が使用者に害を与えることはない。この効果は、もう一度合言葉を唱えて止めるまで持続する。

中程度・力術；術者レベル8；《魔法の武器防具作成》、**コール・ライトニング**あるいは**ライトニング・ボルト**；市価　＋1ボーナス。

スピード（Speed／追加攻撃）

全力攻撃アクションをする際に、**スピード**武器の使用者は1回の追加攻撃を行うことができる。その攻撃には、使用者の最も高い基本攻撃ボーナスを使用し、状況に応じて適切な修正値

目指して方向を変えながら飛ぶため、視認困難など、普通なら適用される失敗確率を無効化する。ただし、使用者はこの武器で正しいマスを狙う必要がある。例えば、間違って何もいない場所へ向けて撃ったアローが方向を変えて（たとえその近くにいようとも）不可視状態の敵に当たるというようなことはない。

強力・占術；術者レベル12；《魔法の武器防具作成》、**トゥルー・シーイング**；市価　＋1ボーナス。

ショッキング・バースト（Shocking Burst／雷撃爆砕）

ショッキング・バースト武器は**ショック**武器と同様に働くが、それに加えて、命中しクリティカル・ヒットとなったなら、雷撃の爆発を引き起こす。この雷撃が使用者に害を与えることはない。**ショック**能力で与える1d6ポイントの追加［雷撃］ダメー

がすべて適用される（この利益は**ヘイスト**呪文など、同様の効果とは累積しない）。

中程度・変成術；術者レベル7；《魔法の武器防具作成》、ヘイスト；市価　＋3ボーナス。

スペル・ストアリング（Spell Storing／呪文蓄積）

呪文の使い手は、3レベルまでの目標型呪文を1つ、**スペル・ストアリング**武器の中に蓄えておくことができる（蓄える呪文は発動時間が1標準アクションのものに限る）。この武器がクリーチャーに命中し、相手がそれによってダメージを受けた場合、使用者が望めば、この武器に蓄えた呪文を即座にフリー・アクションでそのクリーチャーに発動することができる（この特殊能力は、"アイテムから呪文を発動する場合、最低でも、同一呪文を通常通り発動するのと同じ時間がかかる"という一般ルールの例外である）。いったん呪文が武器から発動されたら、呪文の使い手は3レベルまでの目標型呪文を1つ、この武器に発動してまた蓄えることができる。この武器は使用者に、現在蓄えられている呪文の名前を、魔法の力で告げ知らせる。魔法の武器をランダムに作成していて出てきた場合、**スペル・ストアリング**武器には、50％の確率で既に呪文が蓄えられている。

強力・力術（加えて、蓄えた呪文のオーラ）；術者レベル12；《魔法の武器防具作成》、作成者が12レベル以上の術者であること；市価　＋1ボーナス。

スローイング（Throwing／投擲）

この能力は近接武器にしか付かない。この能力の付いた近接武器は射程単位が10フィートとなり、その武器の通常の使い方に習熟している者なら投擲することができる。

微弱・変成術；術者レベル5；《魔法の武器防具作成》、マジック・ストーン；市価　＋1ボーナス。

ダンシング（Dancing／踊る）

ダンシング武器は標準アクションにより、手から放して、ひとりでに攻撃させることができる。4ラウンドの間、これを手から放した者の基本攻撃ボーナスを使って攻撃し、その後地面に落ちる。"踊っている（ひとりでに攻撃している）"間、武器は機会攻撃を行うことはできず、この武器を起動した者はその武器で武装しているとはみなされない。それ以外の点ではすべて、アイテムを目標とするすべての戦闘行動と効果に対して、この武器はその人物が使用あるいは装備しているものとみなされる。"踊っている"間、この武器は起動した人物と同じ接敵面を占め、隣接する敵を攻撃する（間合いの長い武器は10フィートまで離れた敵を攻撃できる）。**ダンシング**武器は、自分を起動した人物が物理的・魔法的な手段で移動した場合でも、その人物に付き従う。これを解き放った使用者の手が片方でも空いているならば、この武器が攻撃している最中に、フリー・アクションでこれを掴むことができる。こうして取り戻した場合、武器は以後4ラウンドの間"踊る"（ひとりでに攻撃する）ことはなくなる。

強力・変成術；術者レベル15；《魔法の武器防具作成》、アニメイト・オブジェクツ；市価　＋4ボーナス。

ディスタンス（Distance／遠矢）

この能力は遠隔武器にしか付かない。**ディスタンス**武器は射程単位が同種の普通の武器の2倍になる。

中程度・占術；術者レベル6；《魔法の武器防具作成》、クレアオーディエンス／クレアヴォイアンス，；市価　＋1ボーナス。

ディスラプション（Disruption／アンデッド粉砕）

ディスラプション武器はあらゆるアンデッドに破滅をもたらす。戦闘中にこの武器で命中を受けたアンデッドはみな、DC14の意志セーヴに成功しなければならず、失敗すると破壊されてしまう。**ディスラプション**武器は近接段打武器でなければならない。

強力・召喚術；術者レベル14；《魔法の武器防具作成》、ヒール；市価　＋2ボーナス。

ディフェンディング（Defending／防御）

ディフェンディング武器の使用者は、武器の強化ボーナスの一部あるいは全部を自分のACにボーナスとして回すことができ、このボーナスは他のあらゆるボーナスと累積する。使用者は自分のターンの開始時、この武器を使う前にフリー・アクションで、武器の強化ボーナスのうちどれだけを通常のボーナスとして使い、どれだけをACボーナスにするかを決定する。このACボーナスは次に自分のターンが来るまで持続する。

中程度・防御術；術者レベル8；《魔法の武器防具作成》、シールドあるいはシールド・オヴ・フェイス；市価　＋1ボーナス。

ブリリアント・エナジー（Brilliant Energy／輝くエネルギー）

ブリリアント・エナジー武器は主要部分が光で置き換わっているが、アイテムの重量は変化しない。常に松明と同様の光を発する（半径20フィート）。**ブリリアント・エナジー**武器は、生命のない物体を無視する。この武器は装甲を抜けてしまうため、ACへの鎧ボーナス、盾ボーナス（およびそれらへの強化ボーナス）を無視する（【敏捷力】ボーナス、反発ボーナス、回避ボーナス、外皮ボーナス、その他これに類するボーナスは有効である）。**ブリリアント・エナジー**武器はアンデッド、人造、物体には害を与えることができない。この能力は近接武器、投擲武器、矢弾にしか付かない。

強力・変成術；術者レベル16；《魔法の武器防具作成》、ガシアス・フォーム、コンティニュアル・フレイム；市価　＋4ボーナス。

フレイミング（Flaming／炎）

フレイミング武器は合言葉に応えて炎に包まれる。**フレイミング**武器は命中すると、追加で1d6ポイントの［火炎］ダメージを与える。この炎が使用者に害を与えることはない。この効果は、もう一度合言葉を唱えて止めるまで持続する。

中程度・力術；術者レベル10；《魔法の武器防具作成》、ファイアーボールあるいはフレイム・ストライクあるいはフレイム・ブレード；市価　＋1ボーナス。

フレイミング・バースト（Flaming Burst／火炎爆砕）

フレイミング・バースト武器は**フレイミング**武器と同様に働くが、それに加えて、命中しクリティカル・ヒットとなったなら、炎の爆発を引き起こす。この炎が使用者に害を与えることはない。**フレイミング**能力で与える1d6ポイントの追加［火炎］ダメージに加えて、**フレイミング・バースト**武器は、クリティカル・ヒットになったなら、さらに1d10ポイントの追加［火炎］

ダメージを与える。武器のクリティカル倍率が×3なら2d10ポイントの追加［火炎］ダメージ、武器のクリティカル倍率が×4なら3d10ポイントの追加［火炎］ダメージである。

フレイミング能力が起動していない場合でも、クリティカル・ヒットになれば、この武器は追加の［火炎］ダメージを与える。

強力・力術；術者レベル12；《魔法の武器防具作成》、ファイアーボールあるいはフレイム・ストライクあるいはフレイム・ブレード；市価　＋2ボーナス。

フロスト（Frost／霜）

フロスト武器は、合言葉に応えて凍りつくような冷気に包まれる。命中すると、フロスト武器は追加で1d6ポイントの［氷雪］ダメージを与える。この冷気が使用者に害を与えることはない。この効果は、もう一度合言葉を唱えて止めるまで持続する。

中程度・力術；術者レベル8；《魔法の武器防具作成》、アイス・ストームあるいは〈チル・メタル；市価　＋1ボーナス。

ベイン（Bane／～殺し）

ベイン武器は特定の敵を攻撃するのに優れている。しかるべき敵に対しては、武器の強化ボーナスは本来のボーナスに＋2されたものとなる。また、その敵には2d6ポイントの追加ダメージも与える。ある武器が何者を倒すために作られたかランダムに決定する場合、次の表でロールすること。

d%	倒す相手
01～05	異形（アベレイションベイン）
06～09	動物（アニマルベイン）
10～16	人造（コンストラクトベイン）
17～22	竜（ドラゴンベイン）
23～27	フェイ（フェイベイン）
28～60	人型生物（副種別を1つ選ぶ）（［副種別名］ベイン）
61～65	魔獣（マジカル・ビーストベイン）
66～70	人型怪物（モンストラス・ヒューマノイドベイン）
71～72	粘体（ウーズベイン）
73～88	来訪者（副種別を1つ選ぶ）（［副種別名］アウトサイダーベイン）
89～90	植物（プラントベイン）
91～98	アンデッド（アンデッドベイン）
99～100	蟲（ヴァーミンベイン）

中程度・召喚術；術者レベル8；《魔法の武器防具作成》、サモン・モンスターI；市価　＋1ボーナス。

ホーリィ（Holy／聖なる）

ホーリィ武器は聖なるパワーが込められている。武器が善属性となるため、対応するダメージ減少を無視することができる。この武器は、悪の属性を持つものすべてに2d6ポイントの追加ダメージを与える。悪の属性を持つクリーチャーがこれを用いようとした場合、恒久的な負のレベルが1レベル付いてしまう。負のレベルはこの武器を手にしている限りずっと続き、武器を使うのをやめた途端に消えてなくなる。しかしこの武器を使用している間は、レストレーション呪文を使おうが何を使おうが、この負のレベルをなくしてしまうことはできない。

中程度・力術［善］；術者レベル7；《魔法の武器防具作成》、ホーリィ・スマイト、作成者の属性が善であること；市価　＋2ボーナス。

マーシフル（Merciful／慈悲）

この武器は1d6ポイントの追加ダメージを与え、また、この武器が与えるダメージはすべて非致傷ダメージとなる。武器は合言葉によってこの能力を抑止し、また、合言葉をもう一度唱えることで再開することができる。抑止すると致傷ダメージを与えられるようになるが、この能力による追加ダメージもなくなる。

微弱・召喚術；術者レベル5；《魔法の武器防具作成》、キュア・ライト・ウーンズ；市価　＋1ボーナス。

マイティ・クリーヴィング（Mighty Cleaving／薙ぎ払い追加）

マイティ・クリーヴィング武器によって、《薙ぎ払い》特技を使っている者は最初の攻撃を命中させた場合に追加攻撃をさらにもう1回行うことができる。この時攻撃する敵は最初の敵に隣接していなければならず、かつ使用者の間合い内にいなければならない。この追加攻撃を最初の敵に対して行うことはできない。マイティ・クリーヴィング能力は近接武器にしか付かない。

中程度・力術；術者レベル8；《魔法の武器防具作成》、ディヴァイン・パワー；市価　＋1ボーナス。

リターニング（Returning／戻ってくる）

この特殊能力は投擲できる武器にしか付かない。リターニング武器は宙を飛び、投げたクリーチャーの手元に戻ってくる。戻ってくるのは、投げたクリーチャーの次のターンの直前である（したがって、そのターンには、再び使えるようになっている）。リターニング武器が戻ってきた時に掴み取るのはフリー・アクションである。キャラクターが武器を掴めなかったり、投げてから移動していた場合、武器は投擲されたマスの地面に落ちる。

中程度・変成術；術者レベル7；《魔法の武器防具作成》、テレキネシス；市価　＋1ボーナス。

特定の武器

アサシンズ・ダガー（Assassin's Dagger／暗殺者の短剣）

オーラ 中程度・死霊術；**術者レベル** 9
装備部位 —；**市価** 10,302GP；**重量** 1ポンド
解説

見るからにまがまがしい、刃の反り返った+2ダガー/は、アサシンが行った致死攻撃における頑健セーヴのセーヴDCに＋1のボーナスを与える。
作成要項
必要条件《魔法の武器防具作成》、スレイ・リヴィング；**コスト** 5,302GP

アダマンティン製ダガー（Adamantine Dagger）

オーラ オーラなし（非魔法）；**術者レベル** —
装備部位 —；**市価** 3,002GP；**重量** 1ポンド
解説

これはアダマンティンでできた、魔法の力のないダガーである。高品質の武器であるため、攻撃ロールに＋1の強化ボーナスがある。

アダマンティン製バトルアックス（Adamantine Battleaxe）

オーラ オーラなし（非魔法）；**術者レベル** ―
装備部位 ―；**市価** 3,010GP；**重量** 6ポンド

解説

これはアダマンティンでできた、魔法の力のないバトルアックスである。高品質の武器であるため、攻撃ロールに＋1の強化ボーナスがある。

オースボウ（Oathbow／誓いの弓）

オーラ 強力・力術；**術者レベル** 15
装備部位 ―；**市価** 25,600GP；**重量** 3ポンド

解説

エルフ族の手によるこの白い＋2コンポジット・ロングボウ（＋2【筋力】ボーナス）は、矢をつがえ弓を引き絞ると、「すみやかに敵をば打ちて取りつべし」とエルフ語で声低くささやく。1日に1回、射手が目標を殺すと声高に誓えば（フリー・アクション）、このボウの声はささやきから低い叫びに変じ、「われに背く者に迅き死をば与えん」と言う。このように殺すと誓った敵に対してアローを放てば、このボウは＋5の強化ボーナスを得、放たれたアローは2d6ポイントの追加ダメージを与える（クリティカル時のダメージは×3ではなく×4になる）。しかし、殺すと誓った敵以外のすべての敵に対しては、このボウは高品質の武器としてしか扱われず、また、使用者は**オースボウ**以外の武器を用いての攻撃ロールには－1のペナルティを被る。これらのボーナスとペナルティは、7日間か、殺すと誓った敵が**オースボウ**の使用者に殺されたり破壊されたりするか、どちらか早い方まで持続する。

オースボウは、殺すと誓った敵を一度に1体しか持てない。使用者がある目標を殺すと誓ってしまったら、その目標を手ずから殺すか、7日が過ぎるまで、新たな誓いを立てることはできない。使用者が殺すと誓った敵を、誓いを立てたその日に殺した場合でも、その誓いを立ててから24時間経つまで、**オースボウ**の特殊能力を再び起動することはできない。

作成要項

必要条件《魔法の武器防具作成》、作成者がエルフであること；**コスト** 13,100GP

高品質の銀製ダガー（Silver Dagger, Masterwork）

オーラ オーラなし（非魔法）；**術者レベル** ―
装備部位 ―；**市価** 322GP；**重量** 1ポンド

解説

これは錬金術銀製のダガーで、高品質の武器であるため、攻撃ロールに＋1の強化ボーナスがある（ただしダメージ・ロールには付かない）。

高品質の冷たい鉄製ロングソード
（Longsword, Cold Iron Masterwork）

オーラ オーラなし（非魔法）；**術者レベル** ―
装備部位 ―；**市価** 330GP；**重量** 4ポンド

解説

これは冷たい鉄でできた、魔法の力のないロングソードである。高品質の武器であるため、攻撃ロールに＋1の強化ボーナスがある。

サン・ブレード（Sun Blade／太陽剣）

オーラ 中程度・力術；**術者レベル** 10
装備部位 ―；**市価** 50,335GP；**重量** 2ポンド

解説

この剣はバスタード・ソード相当の大きさだが、重量や使いやすさはショート・ソード相当になっている（言いかえるならば、この剣は誰が見てもバスタード・ソードに見えるし、ダメージもバスタード・ソード相当だが、使用者にはショート・ソードに感じられるし、ショート・ソードとして扱うことができるのである）。バスタード・ソードかショート・ソード、どちらか片方に習熟していれば、**サン・ブレード**の使用に習熟している。これと同様、バスタード・ソードやショート・ソードの《武器熟練》や《武器開眼》も等しく適用できる。ただし、両方の武器に対する特技を持っていても、その利益が累積することはない。

普段の戦闘では、この輝く黄金の剣は**＋2バスタード・ソード**として働く。悪のクリーチャーに対しては、強化ボーナスは＋4になる。負のエネルギー界のクリーチャーやアンデッド・クリーチャーに対しては2倍のダメージを与える（クリティカル・ヒット時のダメージは×2ではなく×3になる）。

加えてこの剣は特別な"太陽光"のパワーを有する。1日1回、使用者が合言葉を唱えながらこの剣を頭上に掲げて雄々しくうち振ると、剣は明るく黄色く輝く。この光は"明るい光"として働き、まるで自然な太陽光であるかのように光に弱いクリーチャーに影響を及ぼす。光ははじめ使用者の周囲10フィートを照らし、以後10ラウンドにわたって1ラウンドに5フィートずつ広がって、ついには半径60フィートの光の球となる。剣をうち振るうのを止めれば、光は弱まり薄れ、1分後には完全に消えてしまう。**サン・ブレード**はみな善の属性を有する。悪の属性を持つクリーチャーがこれを用いようとした場合、負のレベルが1レベル付いてしまう。負のレベルはこの剣を手にしている限りずっと続き、剣を使うのをやめた途端に消えてなくなる。しかしこの武器を使用している間は、**レストレーション**呪文を使おうが何を使おうが、この負のレベルを無くすことはできない。

作成要項

必要条件《魔法の武器防具作成》、**デイライト**、作成者の属性が善であること；**コスト** 25,335GP

シフターズ・ソロウ（Shifter's Sorrow／変身生物の災い）

オーラ 強力・変成術；**術者レベル** 15
装備部位 ―；**市価** 12,780GP；**重量** 10ポンド

解説

この＋1／＋1ツーブレーデッド・ソードの刃は錬金術銀製である。この武器は"変身生物"の副種別を持つクリーチャーに対して2d6ポイントの追加ダメージを与える。変身生物や別形態をとっているクリーチャー（"自然の化身"を使用しているド

魔法のアイテム 15

ルイドなど）がこの武器で攻撃され、命中を受けた場合、そのクリーチャーはDC15の意志セーヴを行わなければならず、失敗すると本来の姿に戻ってしまう。

作成要項
必要条件《魔法の武器防具作成》、ベイルフル・ポリモーフ；**コスト** 6,780GP

ジャヴェリン・オヴ・ライトニング（Javelin of Lightning／稲妻の投げ槍）

オーラ 微弱・力術；**術者レベル** 5
装備部位 ―；**市価** 1,500GP；**重量** 2ポンド

解説
　このジャヴェリンは投擲すると5d6ダメージのライトニング・ボルト（反応・半減、DC14）に変じる。一度投擲すると消え失せてしまう。

作成要項
必要条件《魔法の武器防具作成》、ライトニング・ボルト；**コスト** 750GP

シャタースパイク（Shatterspike／粉砕の大釘）

オーラ 強力・力術；**術者レベル** 13
装備部位 ―；**市価** 4,315GP；**重量** 4ポンド

解説
　この威圧的な武器は刃沿いにいくつもの鉤や逆棘やのこ歯が付いたロングソードのように見える。この武器は敵の武器を捕らえて破壊するのに最適である。《武器破壊強化》の特技を持たぬ使用者は、シャタースパイクを＋1ロングソードとしてしか使用できない。《武器破壊強化》の特技を持つ使用者は、相手の武器の破壊を試みる際に、シャタースパイクを＋4ロングソードとして使うことができる。シャタースパイクは強化ボーナスが＋4以下の武器にダメージを与えることができる。

作成要項
必要条件【筋力】13、《魔法の武器防具作成》、《強打》、《武器破壊強化》、シャター；**コスト** 2,315GP

シルヴァン・シミター（Sylvan Scimitar／森の曲刀）

オーラ 中程度・力術；**術者レベル** 11
装備部位 ―；**市価** 47,315GP；**重量** 4ポンド

解説
　この＋3シミターを"温暖"な気候のなか、野外で用いた場合には、使用者は《薙ぎ払い》の特技を使えるようになり、また1d6ポイントの追加ダメージを与える。

作成要項
必要条件《魔法の武器防具作成》、ディヴァイン・パワーある

517

表15-11：特定の武器

下級	中級	上級	特定の武器	市価
01〜15	—	—	スリープ・アロー	132GP
16〜25	—	—	スクリーミング・ボルト	267GP
26〜45	—	—	高品質の銀製ダガー	322GP
46〜65	—	—	高品質の冷たい鉄製ロングソード	330GP
66〜75	01〜09	—	ジャヴェリン・オヴ・ライトニング	1,500GP
76〜80	10〜15	—	スレイング・アロー	2,282GP
81〜90	16〜24	—	アダマンティン製ダガー	3,002GP
91〜100	25〜33	—	アダマンティン製バトルアックス	3,010GP
—	34〜37	—	グレーター・スレイング・アロー	4,057GP
—	38〜40	—	シャタースパイク	4,315GP
—	41〜46	—	ダガー・オヴ・ヴェノム	8,302GP
—	47〜51	—	トライデント・オヴ・ウォーニング	10,115GP
—	52〜57	01〜04	アサシンズ・ダガー	10,302GP
—	58〜62	05〜07	シフターズ・ソロウ	12,780GP
—	63〜66	08〜09	トライデント・オヴ・フィッシュ・コマンド	18,650GP
—	67〜74	10〜13	フレイム・タン	20,715GP
—	75〜79	14〜17	ラック・ブレード（ウィッシュ0回）	22,060GP
—	80〜86	18〜24	ソード・オヴ・サトルティ	22,310GP
—	87〜91	25〜31	ソード・オヴ・ザ・プレインズ	22,315GP
—	92〜95	32〜37	ナイン・ライヴズ・スティーラー	23,057GP
—	96〜98	38〜42	オースボウ	25,600GP
—	99〜100	43〜46	ソード・オヴ・ライフ・スティーリング	25,715GP
—	—	47〜51	メイス・オヴ・テラー	38,552GP
—	—	52〜57	ライフドリンカー	40,320GP
—	—	58〜62	シルヴァン・シミター	47,315GP
—	—	63〜67	レイピア・オヴ・パンクチャリング	50,320GP
—	—	68〜73	サン・ブレード	50,335GP
—	—	74〜79	フロスト・ブランド	54,475GP
—	—	80〜84	ドワーヴン・スロウワー	60,312GP
—	—	85〜91	ラック・ブレード（ウィッシュ1回）	62,360GP
—	—	92〜95	メイス・オヴ・スマイティング	75,312GP
—	—	96〜97	ラック・ブレード（ウィッシュ2回）	102,660GP
—	—	98〜99	ホーリィ・アヴェンジャー	120,630GP
—	—	100	ラック・ブレード（ウィッシュ3回）	142,960GP

いは作成者が7レベル以上のドルイドであること；**コスト** 23,815GP

スクリーミング・ボルト（Screaming Bolt／叫ぶクロスボウ・ボルト）

オーラ 微弱・心術；**術者レベル** 5
装備部位 —；**市価** 267GP；**重量** 1/10ポンド

解説

　この*+2クロスボウ・ボルト*は、射出されると叫び声のような音をたてる。射出者の敵のうち、このボルトの通り道から20フィート以内の者はみなDC14の意志セーヴに成功しなければならず、失敗すると怯え状態になる。これは［恐怖］［精神作用］効果である。

作成要項

必要条件《魔法の武器防具作成》、ドゥーム；**コスト** 137GP

スリープ・アロー（Sleep Arrow／眠りの矢）

オーラ 微弱・心術；**術者レベル** 5
装備部位 —；**市価** 132GP；**重量** 1/10ポンド

解説

　この*+1アロー*は白く塗られており、矢羽根も白である。敵に命中したならば、普通ならダメージを与えるはずのところ、かわりに爆発して魔法のエネルギーに変じ、非致傷ダメージを与える（この非致傷ダメージの量は普通ならアローが与える致傷ダメージと同じである）。加えて、目標はDC11の意志セーヴを強いられ、失敗すると睡眠状態になる。

作成要項

必要条件《魔法の武器防具作成》、スリープ；**コスト** 70GP

スレイング・アロー（Slaying Arrow／抹殺の矢）

オーラ 強力・死霊術；**術者レベル** 13
装備部位 —；**市価** 2,282GP（スレイング・アロー）、4,057GP（グレーター・スレイング・アロー）；**重量** 1/10ポンド

解説

　この*+1アロー*は特定の種別あるいは副種別のクリーチャー相手に特化している。そうしたクリーチャーに命中した場合、目標はDC20の頑健セーヴを行わなければならず、失敗すると50ポイントのダメージを受ける。通常なら頑健セーヴを一切行わないクリーチャー（アンデッドや人造）も、この攻撃の対象となることに注意。生きているクリーチャー相手に特化している場合、これは"［即死］効果"である（したがって、デス・ウォードの呪文によって目標を守ることができる）。このアローの特化の対象となるクリーチャー種別や副種別を決定するためには、次の表でロールすること。

　グレーター・スレイング・アローは通常のスレイング・アローと同様に機能するが、［即死］効果を避けるためのセーヴDCは23で、セーヴに失敗すると100ポイントのダメージを与える。

作成要項

必要条件《魔法の武器防具作成》、フィンガー・オヴ・デス（スレイング・アロー）、レベル上昇させたフィンガー・オヴ・デス（グレーター・スレイング・アロー）；**コスト** 1,144GP 5sp（スレイング・アロー）、2,032GP（グレーター・スレイング・アロー）

d%	目標種別あるいは副種別
01〜05	異形（アベレイションスレイング）
06〜09	動物（アニマルスレイング）
10〜16	人造（コンストラクトスレイング）
17〜27	竜（ドラゴンスレイング）
28〜32	フェイ（フェイスレイング）
33	人型生物：水棲（アクアティック・ヒューマノイドスレイング）
34〜35	人型生物：ドワーフ（ドワーフスレイング）
36〜37	人型生物：エルフ（エルフスレイング）
38〜44	人型生物：巨人（ジャイアント・ヒューマノイドスレイング）
45	人型生物：ノール（ノールスレイング）
46	人型生物：ノーム（ノームスレイング）
47〜49	人型生物：ゴブリン類（ゴブリノイドスレイング）
50	人型生物：ハーフリング（ハーフリングスレイング）

51〜54	人型生物：人間（ヒューマンスレイング）
55〜57	人型生物：爬虫類（レプティリアン・ヒューマノイドスレイング）
58〜60	人型生物：オーク（オークスレイング）
61〜65	魔獣（マジカル・ビーストスレイング）
66〜70	人型怪物（モンストラス・ヒューマノイドスレイング）
71〜72	粘体（ウーズスレイング）
73	来訪者：風（エア・アウトサイダースレイング）
74〜76	来訪者：混沌（ケイオティック・アウトサイダースレイング）
77	来訪者：地（アース・アウトサイダースレイング）
78〜80	来訪者：悪（イーヴル・アウトサイダースレイング）
81	来訪者：火（ファイアー・アウトサイダースレイング）
82〜84	来訪者：善（グッド・アウトサイダースレイング）
85〜87	来訪者：秩序（ローフル・アウトサイダースレイング）
88	来訪者：水（ウォーター・アウトサイダースレイング）
89〜90	植物（プラントスレイング）
91〜98	アンデッド（アンデッドスレイング）
99〜100	蟲（ヴァーミンスレイング）

ソード・オヴ・サトルティ（Sword of Subtlety／隠密剣）

オーラ 中程度・幻術；**術者レベル** 7
装備部位 —；**市価** 22,310GP；**重量** 2ポンド

解説

これは鈍い灰色をしたごく薄い刃の+1ショート・ソードで、この武器で急所攻撃を行う場合、使用者は攻撃ロールとダメージ・ロールに+4のボーナスを得る。

作成要項

必要条件《魔法の武器防具作成》、ブラー；**コスト** 11,310GP

ソード・オヴ・ザ・プレインズ（Sword of the Planes／次元界の剣）

オーラ 強力・力術；**術者レベル** 15
装備部位 —；**市価** 22,315GP；**重量** 4ポンド

解説

このロングソードは、物質界では強化ボーナスが+1だが、元素界では（どの元素界でも）+2になる（物質界でエレメンタル相手に使う場合も+2の強化ボーナスが適用される）。アストラル界やエーテル界で使う場合や、これらの次元界出身のクリーチャー相手に使う場合は+3ロングソードとして機能する。その他の次元界で使う場合や、来訪者相手に使う場合は+4ロングソードとして機能する。

作成要項

必要条件《魔法の武器防具作成》、プレイン・シフト；**コスト** 11,315GP

ソード・オヴ・ライフ・スティーリング（Sword of Life Stealing／奪命剣）

オーラ 強力・死霊術；**術者レベル** 17
装備部位 —；**市価** 25,715GP；**重量** 4ポンド

解説

この黒い鉄の+2ロングソードは、クリティカル・ヒット時に相手に負のレベルを2レベル与える。相手に負のレベルが1レベル付くごとに、使用者は1d6ポイントの一時的ヒット・ポイントを得る。この一時的ヒット・ポイントは24時間持続する。

命中を受けてから1日後に、対象は受けた負のレベル1レベルごとにDC16の頑健セーヴを行い、失敗するごとにその負のレベル1レベルが恒久的な負のレベルとなる。

作成要項

必要条件《魔法の武器防具作成》、エナヴェイション；**コスト** 13,015GP

ダガー・オヴ・ヴェノム（Dagger of Venom／毒の短剣）

オーラ 微弱・死霊術；**術者レベル** 5
装備部位 —；**市価** 8,302GP；**重量** 1ポンド

解説

これは黒い+1ダガーで、ぎざぎざの刃がついている。使用者は、1日に1回、この刃で命中を与えたクリーチャーに対してポイズン効果（同名の呪文と同様、セーヴDC14）を使用することができる。使用者は、この効果を使うかどうかを命中した後で決めることができる。ポイズン効果の使用はフリー・アクションであるが、このダガーで命中を与えたラウンドのうちに使用しなければならない。

作成要項

必要条件《魔法の武器防具作成》、ポイズン；**コスト** 4,302GP

トライデント・オヴ・ウォーニング（Trident of Warning／警報の三叉矛）

オーラ 中程度・占術；**術者レベル** 7
装備部位 —；**市価** 10,115GP；**重量** 4ポンド

解説

この種の武器により、使用者は680フィート以内の水棲肉食生物の位置、深度、種類、数を察知できるようになる。この情報を得るには、トライデント・オヴ・ウォーニングを手に握り、察知する方向に向けなければならない。半径680フィートの半球を走査するのに1ラウンドかかる。それ以外の点では、この武器は+2トライデントである。

作成要項

必要条件《魔法の武器防具作成》、ロケート・クリーチャー；**コスト** 5,215GP

トライデント・オヴ・フィッシュ・コマンド（Trident of Fish command／水棲動物への命令の三叉矛）

オーラ 中程度・心術；**術者レベル** 7
装備部位 —；**市価** 18,650GP；**重量** 4ポンド

解説

長さ6フィートの柄のついた、この+1トライデントには、魔法の力がこもっており、使用者は14HDまでの水棲動物をチャームすることができる（チャーム・アニマルズの呪文と同様、意志・無効、DC16；現時点で使用者やその仲間に攻撃を受けている場合、動物は+5のボーナスを得る）。ただし、対象となる動物のうちのどの2体をとっても30フィート以内の距離に収まっていなければならない。使用者はこの効果を1日3回まで使用できる。使用者はスピーク・ウィズ・アニマルズの呪文を使用しているかのように、それらの動物と意思疎通できる。セーヴィング・スローに成功した動物は制御を脱するが、それ

でも、このトライデントから10フィート以内に近づこうとはしない。

作成要項

必要条件《魔法の武器防具作成》、スピーク・ウィズ・アニマルズ、チャーム・アニマルズ；**コスト** 9,482GP 5sp

ドワーヴン・スロウアー（Dwarven Thrower／ドワーフの投げ槌）

オーラ 中程度・力術；**術者レベル** 10
装備部位 ―；**市価** 60,312GP；**重量** 5ポンド

解説

この武器は普通は単なる＋2ウォーハンマーとして働く。だがいったんドワーフの手に握られると、強化ボーナスが＋1されて合計＋3になり、リターニングの特殊能力がつく。そうなると、このハンマーは射程単位30フィートで投擲できるようになる。投擲した場合、（巨人）の副種別を持つクリーチャーに対しては2d8ポイントの追加ダメージ、それ以外の目標に対しては1d8ポイントの追加ダメージを与える。

作成要項

必要条件《魔法の武器防具作成》、作成者が10レベル以上のドワーフであること；**コスト** 30,312GP

ナイン・ライヴズ・スティーラー（Nine Lives Stealer／九人殺しの剣）

オーラ 強力・死霊術［悪］；**術者レベル** 13
装備部位 ―；**市価** 23,057GP；**重量** 4ポンド

解説

このロングソードは常に＋2ロングソードとして働く上に、相手から生命力を吸い取るパワーをも有する。9度使うとこの能力は失われる。その時点で、この剣はただの＋2ロングソードとなる――どことなく邪悪なふんいきはあるかもしれないが。この剣の死をもたらす能力はクリティカル・ヒットが出たときにだけ働く。この武器はクリティカル・ヒットを受けないクリーチャーには効果がない。犠牲者は死を回避するためにDC20の頑健セーヴを行うことができる。このセーヴに成功すれば、この剣の死をもたらす能力は機能せず、チャージ回数は消費されない。通常のクリティカル・ダメージだけが及ぶ。この剣は悪である。善の属性を持つクリーチャーがこの剣を用いようとした場合、負のレベルが2レベル付いてしまう。負のレベルはこの武器を手にしている限りずっと続き、武器を使うのをやめた途端に消えてなくなる。この負のレベルによって実際にレベルが下がってしまうことはないが、この武器を使用している間は、レストレーション呪文を使おうが何を使おうが、この負のレベルをなくしてしまうことはできない。

作成要項

必要条件《魔法の武器防具作成》、フィンガー・オヴ・デス；**コスト** 11,528GP 5SP

フレイム・タン（Flame Tongue／炎の舌）

オーラ 強力・力術；**術者レベル** 12
装備部位 ―；**市価** 20,715GP；**重量** 4ポンド

解説

これは＋1フレイミング・バースト・ロングソードである。1日に1回、この剣は30フィート以内のいずれかの目標に対して、遠隔接触攻撃として炎の光線を打ち出すことができる。命中すれば、この光線は4d6ポイントの［火炎］ダメージを与える。

作成要項

必要条件《魔法の武器防具作成》、スコーチング・レイに加え、ファイアーボールあるいはフレイム・ストライクあるいはフレイム・ブレード；**コスト** 10,515GP

フロスト・ブランド（Frost Brand／霜の烙印）

オーラ 強力・力術；**術者レベル** 14
装備部位 ―；**市価** 54,475GP；**重量** 8ポンド

解説

これは＋3フロスト・グレートソードであり、気温が華氏0度（摂氏−18度）未満になると、松明相当の明かりを放つ。そのような時は、鞘から抜いたならば隠すことはできず、明かりを消すこともできない。この剣は使用者を火から守る――毎ラウンド、使用者が受けるはずの［火炎］ダメージの最初の10ポイントぶんを吸収してしまうのである。

フロスト・ブランドは半径20フィート以内にある魔法のものでないすべての火を消してしまう。また、標準アクションにより、持続的な［火炎］の呪文も解呪する。ただし、瞬間的効果を解呪することはできない。解呪するには、使用者が各呪文に対して解呪判定（1d20＋14）に成功しなければならない。それらの呪文の解呪DCは（11＋その［火炎］の呪文の術者レベル）である。

作成要項

必要条件《魔法の武器防具作成》、アイス・ストーム、ディスペル・マジック、プロテクション・フロム・エナジー；**コスト** 27,375GP 5SP

ホーリィ・アヴェンジャー（Holy Avenger／降魔の聖剣）

オーラ 強力・防御術；**術者レベル** 18
装備部位 ―；**市価** 120,630GP；**重量** 4ポンド

解説

この＋2冷たい鉄製ロングソードは、パラディンの手に握られれば、＋5冷たい鉄製ホーリィロングソードとなる。

この神聖なる武器は使用者と使用者に隣接するすべての者に、呪文抵抗（5＋そのパラディンのレベル）を与える。また、使用者は（1ラウンドに1回、標準アクションとして）パラディンのクラス・レベルでグレーター・ディスペル・マジックを使用できる（グレーター・ディスペル・マジックの3用途のうち、効果範囲型解呪のみが使用可能であり、目標型解呪や呪文相殺はできない）。

作成要項

必要条件《魔法の武器防具作成》、ホーリィ・オーラ、作成者の属性が善であること；**コスト** 60,630GP

メイス・オヴ・スマイティング（Mace of Smiting／粉砕の槌矛）

オーラ 中程度・変成術；**術者レベル** 11

装備部位 —；市価 75,312GP；重量 8ポンド

解説

この**+3アダマンティン製ヘヴィ・メイス**は、人造クリーチャーに対しては強化ボーナスが+5になり、人造クリーチャーにクリティカル・ヒットを与えた場合、これを完全に破壊する（セーヴィング・スロー不可）。また、来訪者に対してクリティカル・ヒットを与えた場合、与えるダメージは×2ではなく×4になる。

作成要項

必要条件《魔法の武器防具作成》、ディスインテグレイト；**コスト** 39,312GP

メイス・オヴ・テラー（Mace of Terror／恐怖の槌矛）

オーラ 強力・死霊術；**術者レベル** 13
装備部位 —；**市価** 38,552GP；**重量** 8ポンド

解説

この武器は通常、実にぞっとするような見た目の鉄か鋼でできたメイスに見える。合言葉により、この**+2ヘヴィ・メイス**は使用者の姿も衣も、最も暗く恐ろしい幻に変える。そのさまあまりにすさまじいため、30フィートの円錐形の範囲内にいる生きているクリーチャーは**フィアー**呪文をかけられたかのように恐慌状態となる（意志・不完全、DC16）。彼らはセーヴィング・スローに−2の士気ペナルティを被り、使用者から逃げ出す。使用者はこの能力を1日に3回まで使用できる。

作成要項

必要条件《魔法の武器防具作成》、フィアー；**コスト** 19,432GP

ライフドリンカー（Life-Drinker／生命を呑みほすもの）

オーラ 強力・死霊術；**術者レベル** 13
装備部位 —；**市価** 40,320GP；**重量** 12ポンド

解説

この**+1グレートアックス**は、副作用を無視できるアンデッドや人造が好んで使用する。**ライフドリンカー**は、目標にダメージを与えた場合、ちょうどアンデッド・クリーチャーの攻撃が命中したかのように、目標に負のレベルを2レベル付ける。命中を受けた翌日に、対象は負のレベル1レベルごとに1回、DC16の頑健セーヴを行い、失敗するたびにその負のレベル1レベルが恒久的な負のレベルとなる。

ライフドリンカーで敵にダメージを与えるごとに、使用者にも負のレベルが1レベル付いてしまう。使用者がこのようにして得た負のレベルは1時間の間、持続する。

作成要項

必要条件《魔法の武器防具作成》、エナヴェイション；**コスト** 20,320GP

ラック・ブレード（Luck Blade／幸運剣）

オーラ 強力・力術；**術者レベル** 17
装備部位 —；**市価** 22,060GP（ウィッシュ0回）、62,360GP（ウィッシュ1回）、102,660GP（ウィッシュ2回）、142,960GP（ウィッシュ3回）；**重量** 2ポンド

解説

この**+2ショート・ソード**の持ち主は、あらゆるセーヴィング・スローに+1の幸運ボーナスを得る。また、持ち主は1日1回使用できる幸運のパワーも得る。この変則的能力によって、持ち主はたった今行った1つのロールを振り直すことができる。ただし、振り直しは結果が明らかになる前に行わなければならない。たとえ本来のロールより悪かった場合でも、再ロールの目を使用しなければならない。さらに、**ラック・ブレード**には3つまでのウィッシュが込められている（ランダムにロールする場合、**ラック・ブレード**には1d4−1個——最低0個——のウィッシュが残っている）。最後のウィッシュの使用後も、この剣は依然として**+2ショート・ソード**であり、+1の幸運ボーナスと振り直しのパワーも与えてくれる。

作成要項

必要条件《魔法の武器防具作成》、ウィッシュあるいはミラクル；**コスト** 11,185GP（ウィッシュ0回）、43,835GP（ウィッシュ1回）、76,485GP（ウィッシュ2回）、109,135GP（ウィッシュ3回）

レイピア・オヴ・パンクチャリング（Rapier of Puncturing／流血の細剣）

オーラ 強力・死霊術；**術者レベル** 13
装備部位 —；**市価** 50,320GP；**重量** 2ポンド

解説

この**+2ウーンディング・レイピア**の使用者は、1日3回、この武器で接触攻撃を行い、成功すれば相手を流血させて1d6ポイントの【耐久力】ダメージを与えることができる。クリティカル・ヒットに完全耐性のあるクリーチャーは、この武器による【耐久力】ダメージにも完全耐性がある。

作成要項

必要条件《魔法の武器防具作成》、ハーム；**コスト** 25,320GP

ポーション

ポーションとは、飲むと効果を発揮する魔法の液体である。ポーションの外見は非常に変化に富んでいる。魔法のオイル（油）もポーションと同様のものだが、飲むのではなく、塗ることで効果を発揮する。ポーションやオイルはいずれも1度しか使えない。これらは発動時間が1分未満で、1体以上のクリーチャーもしくは1つ以上の物体を対象とする、呪文レベルが3までの呪文の効果を複製する。ポーションの市価は（呪文の呪文レベル×作成者の術者レベル×50）GPに等しい。物質要素に費用のかかる呪文のポーションの場合、その費用が基本価格と作成のためのコストに加えられる。表15−12には、作成可能な最低限の術者レベルで作成されたポーションの参考価格を、呪文を発動できるクラスごとに示している。呪文の中には、術者のクラスが違えば呪文レベルが変わるものがあることに注意。その種の呪文の呪文レベルは、ポーションを作成する術者のクラスに応じて決まる。

ポーションは、飲んだ者に対して発動された呪文と同様に働く。ポーションを飲んだキャラクターが、効果について何か決定を下すことはない。決定はポーションを作成した術者がすで

に下しているのである。ポーションを飲んだ者は、その効果の実質の対象であり、かつ、その効果の術者でもある（ポーションには術者レベルが示してあるが、飲んだ者が発揮された効果をコントロールするのだ）。

オイルの場合、塗った者が実質の術者となり、塗られた物体が目標となる。

物理的特徴：典型的なポーションやオイルは、1オンス（約30cc）の液体を、すき間なく閉まる栓のついた陶器やガラスの小ビンに収めたものである。栓をした容器の大きさは通常、幅1インチ以下、高さ2インチ以下である。小ビンはAC13、1HP、硬度1で、破壊DCは12である。小ビンには1オンスの液体が入る。

ポーションの識別：通常の方法に加えて、PCたちは見つけた各容器の中身を味見することで、〈知覚〉判定で中の液体の性質を突き止めようとすることもできる。この判定のDCは（15＋そのポーションの呪文レベル）に等しい。ただし、稀少なポーションや珍しいポーションに関しては、DCがもっと高くなる場合もある。

起動：ポーションを飲んだりオイルを塗るのに特別な技術は必要ない。単純に栓を抜いてポーションを飲む、あるいはオイルを塗るだけである。ポーションやオイルの使用には、以下のルールが適用される。

1つのポーションを飲んだり、1つのオイルを塗るのは、1回の標準アクションである。ポーションやオイルの効果は即座に表れる。ポーションやオイルの使用は機会攻撃を誘発する。敵は、使用したキャラクターではなく、ポーションやオイルの容器に対して機会攻撃を行ってもよい（これは武器破壊の戦技である）。こうした攻撃に成功して容器を破壊すると、キャラクターがポーションを飲んだり、オイルを塗るのを防ぐことができる。

クリーチャーがポーションやオイルを使用するには、ポーションを飲んだりオイルを塗ることができなければならない。このため、非実体のクリーチャーはポーションやオイルを使用することができない。すべての実体のあるクリーチャーは、ポーションを飲んだりオイルを塗ることができる。

1回の全ラウンド・アクションとして、気絶状態のクリーチャーに対して、口から注意深く少しずつ流し込み、1つのポー

ションを与えることができる。これと同様、気絶状態のクリーチャーに1つのオイルを塗るのも1回の全ラウンド・アクションである。

魔法の指輪

魔法の指輪は着用者に魔法の力を授ける。ほとんどの魔法の指輪は永続、かつ強力な魔法のアイテムだが、チャージ回数を持つものがわずかに存在する。魔法の指輪は誰でも使用できる。

1人のキャラクターが着用して効果を発揮することができる魔法の指輪は2つまでである。すでに2つ魔法の指輪を着用している場合、3つめの魔法の指輪は効力を発揮しない。

外見的特徴：指輪にはほとんど重量はない。中にはガラスや骨でできた例外的な指輪もあるが、金属——通常は黄金や銀、プラチナなどの貴金属から鍛えられた指輪が圧倒的多数を占めている。指輪はAC13、2ヒット・ポイント、硬度10、破壊難易度は25である。

起動：通常、指輪の能力は合言葉を発する（標準アクションであり、機会攻撃を誘発しない）ことで起動するか、または絶えず効果を発揮し続けるかのどちらかである。中には指輪の説明に記載されている、珍しい起動方法を有した指輪も存在する。

その他の特徴：d%をロールすること。結果が01なら、その指輪は知性を有しており、02～31なら、その能力の手がかりとなる何か（意匠や銘刻など）が表されている。32～100ならその他の特徴は何もない。知性を有するアイテムは追加能力を有しており、時として変則的能力や特別な目的を持つものもある（p.585参照）。チャージ回数を持つ指輪が知性を持つことは決してない。

リング・オヴ・アニマル・フレンドシップ（Animal Friendship／動物との友好の指輪）

オーラ 微弱・心術；**術者レベル** 3
装備部位 指輪；**市価** 10,800GP；**重量**—
解説

リング・オヴ・アニマル・フレンドシップは、常に何らかの動物を模したデザインが装飾の中に施されている。この指輪は合言葉に応じて、着用者が**チャーム・アニマル**を発動したかのように1体の動物に作用する。

作成要項

必要条件《魔法の指輪作成》、**チャーム・アニマル**；**コスト** 5,400GP

リング・オヴ・イヴェイジョン（Evasion／身かわしの指輪）

オーラ 中程度・変成術；**術者レベル** 7
装備部位 指輪；**市価** 25,000GP；**重量** —
解説

この指輪は、常に着用者に"身かわし"能力を有しているかのようにダメージを避ける能力を与える。ダメージを半分にすることができるかどうかを決定する反応セーヴィング・スローを行った際、セーヴに成功すればダメージをまったく受けなくなる。

表15-12：ポーション

下級	中級	上級	呪文レベル	術者レベル
01～20	—	—	0レベル	1レベル
21～60	01～20	—	1レベル	1レベル
61～100	21～60	01～20	2レベル	3レベル
	61～100	21～100	3レベル	5レベル

ポーションの価格

呪文レベル	ウィザード、クレリック、ドルイド	ソーサラー	バード	パラディン、レンジャー
0レベル	25GP	25GP	25GP	—
1レベル	50GP	50GP	50GP	50GP
2レベル	300GP	400GP	400GP	400GP
3レベル	750GP	900GP	1,050GP	1,050GP

作成要項

必要条件《魔法の指輪作成》、ジャンプ；**コスト** 12,500GP

リング・オヴ・インヴィジビリティ（Invisibility／不可視の指輪）

オーラ 微弱・幻術；**術者レベル** 3

装備部位 指輪；**市価** 20,000GP；**重量** —

解説

　この簡素な銀の指輪を起動すると、着用者は**インヴィジビリティ**呪文と同様の利益を受けることができる。

作成要項

必要条件《魔法の指輪作成》、インヴィジビリティ；**コスト**
10,000GP

リング・オヴ・ウィザードリィ（Wizardry／秘術の指輪）

オーラ 中程度（ウィザードリィⅠ）、または強力（ウィザードリィⅡ～Ⅳ）・無系統；**術者レベル** 11（Ⅰ）、14（Ⅱ）、17（Ⅲ）、20（Ⅳ）

装備部位 指輪；**市価** 20,000GP（Ⅰ）、40,000GP（Ⅱ）、70,000GP（Ⅲ）、100,000GP（Ⅳ）；**重量** —

解説

　この特別な指輪は4種類（**リング・オヴ・ウィザードリィⅠ**、**リング・オヴ・ウィザードリィⅡ**、**リング・オヴ・ウィザードリィⅢ**、**リング・オヴ・ウィザードリィⅣ**）存在し、いずれも秘術呪文の使い手にとってのみ有益なものである。着用者が1日に使用できる秘術呪文の数が、特定の呪文レベルのみ倍になる。**リング・オヴ・ウィザードリィⅠ**は1レベル呪文、**リング・オヴ・ウィザードリィⅡ**は2レベル呪文、**リング・オヴ・ウィザードリィⅢ**は3レベル呪文、、**リング・オヴ・ウィザードリィⅣ**は4レベル呪文の数を2倍にする。高い能力値や、系統の専門化によるボーナス呪文の数は2倍にならない。

作成要項

必要条件《魔法の指輪作成》、リミテッド・ウィッシュ；**コスト** 10,000GP（Ⅰ）、20,000GP（Ⅱ）、35,000GP（Ⅲ）、50,000GP（Ⅳ）

リング・オヴ・ウォーター・ウォーキング（Water Walking／水上歩行の指輪）

オーラ 中程度・変成術；**術者レベル** 9

装備部位 指輪；**市価** 15,000GP；**重量** —

解説

　この指輪は珊瑚、または波のモチーフが刻まれた青みがかった金属で作成されていることが多い。この指輪は常時、着用者に**ウォーター・ウォーク**呪文の効果を利用できるようにする。

作成要項

必要条件《魔法の指輪作成》、ウォーター・ウォーク；**コスト**
7,500GP

リング・オヴ・Xレイ・ヴィジョン（X-Ray Vision／X線視覚の指輪）

オーラ 中程度・占術；**術者レベル** 6

装備部位 指輪；**市価** 25,000GP；**重量** —

解説

　合言葉に応じて、この指輪は着用者に固体の内部やその向こ

表15-13：魔法の指輪

下級	中級	上級	魔法の指輪	市価
01～18	—	—	プロテクション＋1	2,000GP
19～28	—	—	フェザー・フォーリング	2,200GP
29～36	—	—	サステナンス	2,500GP
37～44	—	—	クライミング	2,500GP
45～52	—	—	ジャンピング	2,500GP
53～60	—	—	スイミング	2,500GP
61～70	01～05	—	カウンタースペルズ	4,000GP
71～75	06～08	—	マインド・シールディング	8,000GP
76～80	09～18	—	プロテクション＋2	8,000GP
81～85	19～23	—	フォース・シールド	8,500GP
86～90	24～28	—	ラム	8,600GP
—	29～34	—	インプルーヴド・クライミング	10,000GP
—	35～40	—	インプルーヴド・ジャンピング	10,000GP
—	41～46	—	インプルーヴド・スイミング	10,000GP
91～93	47～50	—	アニマル・フレンドシップ	10,800GP
94～96	51～56	01～02	マイナー・エナジー・レジスタンス	12,000GP
97～98	57～61	—	カメレオン・パワー	12,700GP
99～100	62～66	—	ウォーター・ウォーキング	15,000GP
—	67～71	03～07	プロテクション＋3	18,000GP
—	72～76	08～10	マイナー・スペル・ストアリング	18,000GP
—	77～81	11～15	インヴィジビリティ	20,000GP
—	82～85	16～19	ウィザードリィ（Ⅰ）	20,000GP
—	86～90	20～25	イヴェイジョン	25,000GP
—	91～93	26～28	Xレイ・ヴィジョン	25,000GP
—	94～97	29～32	ブリンキング	27,000GP
—	98～100	33～39	メジャー・エナジー・レジスタンス	28,000GP
—	—	40～49	プロテクション＋4	32,000GP
—	—	50～55	ウィザードリィ（Ⅱ）	40,000GP
—	—	56～60	フリーダム・オヴ・ムーヴメント	40,000GP
—	—	61～63	グレーター・エナジー・レジスタンス	44,000GP
—	—	64～65	フレンド・シールド（1対）	50,000GP
—	—	66～70	プロテクション＋5	50,000GP
—	—	71～74	シューティング・スターズ	50,000GP
—	—	75～79	スペル・ストアリング	50,000GP
—	—	80～83	ウィザードリィ（Ⅲ）	70,000GP
—	—	84～86	テレキネシス	75,000GP
—	—	87～88	リジェネレイション	90,000GP
—	—	89～91	スペル・ターニング	100,000GP
—	—	92～93	ウィザードリィ（Ⅳ）	100,000GP
—	—	94	スリー・ウィッシズ	120,000GP
—	—	95	ジン・コーリング	125,000GP
—	—	96	エア・エレメンタル・コマンド	200,000GP
—	—	97	アース・エレメンタル・コマンド	200,000GP
—	—	98	ファイアー・エレメンタル・コマンド	200,000GP
—	—	99	ウォーター・エレメンタル・コマンド	200,000GP
—	—	100	メジャー・スペル・ストアリング	200,000GP

うを見通す能力を与える。この視覚の射程は20フィートで、たとえ見たものが明かりに照らされていなくても通常の光の下で物を見ているかのように見通すことができる。X線の視覚は1フィートの石、1インチの一般的な金属、または3フィートの木や土を見通すことができる。それより厚みのある物質や鉛の薄膜はこの視覚を遮る。

着用者が1日に10分を越えてこの指輪を使用する場合、1分ごとに1ポイントの【耐久力】ダメージを受けるため、この指輪を使用すると疲弊困憊してしまう。この指輪は1分単位で使用しなければならない。

作成要項
必要条件《魔法の指輪作成》、トゥルー・シーイング；**コスト** 12,500GP

リング・オヴ・エナジー・レジスタンス（Energy Resistance／エネルギー抵抗の指輪）

オーラ 微弱（マイナー）または中程度（メジャーとグレーター）・防御術；**術者レベル** 3（マイナー）、7（メジャー）、11（グレーター）
装備部位 指輪；**市価** 12,000GP（マイナー）、28,000GP（メジャー）、44,000GP（グレーター）；**重量** —

解説
この指輪は、常に着用者1種類のエネルギー──［音波］、［火炎］、［強酸］、［氷雪］、［雷撃］（このアイテムの作成者が選択する；財宝の中から発見した場合はランダムに決定する）によるダメージから守る。着用者がこうしたダメージを受けるたびに、この指輪の抵抗値ぶんだけ与えられるダメージから差し引くこと。

マイナー・リング・オヴ・エナジー・レジスタンスは10ポイントの抵抗を与える。メジャー・リング・オヴ・エナジー・レジスタンスは20ポイントの抵抗を与える。グレーター・リング・オヴ・エナジー・レジスタンスは30ポイントの抵抗を与える。

作成要項
必要条件《魔法の指輪作成》、レジスト・エナジー；**コスト** 6,000GP（マイナー）、14,000GP（メジャー）、22,000GP（グレーター）

リング・オヴ・エレメンタル・コマンド（Elemental Command／元素精霊への命令の指輪）

オーラ 強力・召喚術；**術者レベル** 15
装備部位 指輪；**市価** 200,000GP；**重量** —

解説
4種のリング・オヴ・エレメンタル・コマンドは、どれも非常に強力である。いずれも完全に起動するまでは、これより能力の劣る魔法の指輪に見えるが（余人の力を借りず、独力で指輪の種類と同じエレメンタルを殺すか、指輪の元素に応じた神聖な物質に触れさせるなどの特別な条件を満たす必要がある）、実際には以下の共通能力とそれぞれの固有能力の両方を有している。

指輪が同調している次元界のエレメンタルは着用者を攻撃することも、着用者から5フィート以内に近付くこともできない。着用者が望むなら、この防御を解くかわりにエレメンタルを魅惑しようと試みることができる（チャーム・モンスター相当、意志・無効、DC17）。この試みが失敗した場合、絶対防御は失われ、以降魅惑する試みを行うことはできなくなる。

指輪が同調している次元界から来たクリーチャーは、着用者に対する攻撃ロールに−1のペナルティを受ける。指輪の着用者は他の次元界のクリーチャーの攻撃に対するセーヴィング・スローに＋2の抵抗ボーナスを得る。また、着用者はこうしたクリーチャーに対するすべての攻撃ロールに＋4の士気ボーナスを得る。着用者が使う武器はみな、その武器がどのような能力を持っていようといまいと関係なく、こうしたクリーチャーのダメージ減少能力を無視する。

指輪の着用者は指輪が同調している次元界から来たクリーチャーと会話することができる。そうしたクリーチャーは着用者がこの指輪を着けていることに気付き、属性が近ければ着用者にしかるべき敬意を払ってくれる。もし属性が反対ならば、クリーチャーは着用者が強ければ恐怖し、弱ければ憎んで殺そうとする。

リング・オヴ・エレメンタル・コマンドの所有者はセーヴィング・スローに以下のペナルティを受ける：

エレメント（元素）	セーヴィング・スローへのペナルティ
アース（地）	風や電気に関わる効果に対して−2
ウォーター（水）	火に関わる効果に対して−2
エア（風）	地に関わる効果に対して−2
ファイアー（火）	水や冷気に関わる効果に対して−2

上記の能力に加えて、それぞれの指輪は自らの着用者に対してその種類に応じた以下の能力を与える。

リング・オヴ・エレメンタル・コマンド（アース）
- メルド・イントゥ・ストーン（回数制限なし、着用者のみ）
- ソフン・アース・アンド・ストーン（回数制限なし）
- ストーン・シェイプ（1日2回）
- ストーンスキン（1週間1回、着用者のみ）
- パスウォール（1週間2回）
- ウォール・オヴ・ストーン（1日1回）

完全に起動するための特別な条件を満たすまで、この指輪はリング・オヴ・メルド・イントゥ・ストーン（着用者は回数無制限でメルド・イントゥ・ストーンを発動できる）のように見える。

リング・オヴ・エレメンタル・コマンド（ウォーター）
- ウォーター・ウォーク（回数制限なし）
- クリエイト・ウォーター（回数制限なし）
- ウォーター・ブリージング（回数制限なし）
- ウォール・オヴ・アイス（1日1回）
- アイス・ストーム（1週間2回）
- コントロール・ウォーター（1週間2回）

完全に起動するための特別な条件を満たすまで、この指輪はリング・オヴ・ウォーター・ウォーキングのように見える。

リング・オヴ・エレメンタル・コマンド（エア）

- フェザー・フォール（回数制限なし、着用者のみ）
- レジスト・エナジー［雷撃］（回数制限なし、着用者のみ）
- ガスト・オヴ・ウィンド（1日2回）
- ウィンド・ウォール（回数制限なし）
- エア・ウォーク（1日1回、着用者のみ）
- チェイン・ライトニング（1週間1回）

完全に起動するための特別な条件を満たすまで、この指輪は**リング・オヴ・フェザー・フォーリング**のように見える。新しい着用者が指輪を手にするごとに、ふたたび起動する必要がある。

リング・オヴ・エレメンタル・コマンド（ファイアー）

- レジスト・エナジー［火炎］（**メジャー・リング・オヴ・エナジー・レジスタンス［火炎］**相当）
- バーニング・ハンズ（回数制限なし）
- フレイミング・スフィアー（1日2回）
- パイロテクニクス（1日2回）
- ウォール・オヴ・ファイアー（1日1回）
- フレイミング・ストライク（1週間2回）

完全に起動するための特別な条件を満たすまで、この指輪は**メジャー・リング・オヴ・エナジー・レジスタンス［火炎］**のように見える。

作成要項

必要条件《魔法の指輪作成》、サモン・モンスターⅣ；**コスト**100,000GP

リング・オヴ・カウンタースペルズ（Counterspells／呪文相殺の指輪）

オーラ 中程度・力術；**術者レベル** 11
装備部位 指輪；**市価** 4,000GP；**重量** ―

解説

この指輪は一見して**リング・オヴ・スペル・ストアリング**のように見える。しかし、この指輪に1レベル～6レベルの呪文を1つ吸い込ませることはできるものの、その呪文を後でこの指輪から発動することはできない。そのかわり、吸い込ませた呪文と同じ呪文が着用者に対して発動されると、着用者のアクション（またはこの指輪がそのように働くという知識）を必要としない呪文相殺アクションによって、その呪文は即座に相殺される。一度このように使用されると、指輪に吸収させていた呪文は失われる。新たな呪文（もしくは前に吸収させていたものと同じ呪文）を入れなおさなければならない。

作成要項

必要条件《魔法の指輪作成》、インビュー・ウィズ・スペル・アビリティ；**コスト**2,000GP

リング・オヴ・カメレオン・パワー（Chameleon Power／カメレオン能力の指輪）

オーラ 微弱・幻術；**術者レベル** 3
装備部位 指輪；**市価** 12,700GP；**重量** ―

解説

この指輪の着用者はフリー・アクションで、魔法的に周囲に溶け込む能力を得る。これにより、〈隠密〉判定に＋10の技量ボーナスを与える。

作成要項

必要条件《魔法の指輪作成》、インヴィジビリティ、ディスガイズ・セルフ；**コスト**6,350GP

リング・オヴ・クライミング（Climbing／登攀の指輪）

オーラ 微弱・変成術；**術者レベル** 5
装備部位 指輪；**市価** 2,500GP；**重量** ―

解説

この指輪は、実際には指の周りに結びつける魔法のこもった革紐である。この指輪は常に、着用者の〈登攀〉判定に＋5の技量ボーナスを与える。

作成要項

必要条件《魔法の指輪作成》、作成者の〈登攀〉技能が5ランク以上あること；**コスト**1,250GP

リング・オヴ・インプルーヴド・クライミング（Climbing, Improved／強化版登攀の指輪）

オーラ 微弱・変成術；**術者レベル** 5
装備部位 指輪；**市価** 10,000GP；**重量** ―

解説

着用者の〈登攀〉判定に＋10の技量ボーナスを与えること以外は、**リング・オヴ・クライミング**と同じ指輪である。

作成要項

必要条件《魔法の指輪作成》、作成者の〈登攀〉技能が10ランク以上あること；**コスト**5,000GP

リング・オヴ・サステナンス（Sustenance／自活の指輪）

オーラ 微弱・防御術；**術者レベル** 5
装備部位 指輪；**市価** 2,500GP；**重量** ―

解説

この指輪は常に、着用者に生命維持に必要な栄養を提供する。また、指輪は心身ともにリフレッシュするため、着用者は1日2時間睡眠するだけで8時間の睡眠を取ったときと同じ利益を得る。そのため、呪文を準備するために休息が必要となる術者は2時間睡眠するだけで呪文を準備することができるが、このことによって1日2回以上呪文を準備できるようになるわけではない。この指輪は着用してから丸1週間経過してから機能しはじめる。指輪を外した場合、所有者は再び同期するためにさらに1週間かけなければならない。

作成要項

必要条件《魔法の指輪作成》、クリエイト・フード・アンド・ウォーター；**コスト**1,250GP

リング・オヴ・ジャンピング（Jumping／跳躍の指輪）

オーラ 微弱・変成術；**術者レベル** 2
装備部位 指輪；**市価** 2,500GP；**重量** ―

解説

この指輪は常に着用者の跳躍に関して、高跳びや幅跳びを行うためのすべての〈軽業〉判定に＋5の技量ボーナスを与える。

作成要項

必要条件 《魔法の指輪作成》、作成者の〈軽業〉技能が5ランク以上あること；**コスト** 1,250GP

リング・オヴ・インプルーヴド・ジャンピング（Jumping, Improved／強化版跳躍の指輪）

オーラ 中程度・変成術；**術者レベル** 7
装備部位 指輪；**市価** 10,000GP；**重量** ―

解説

着用者が高跳びや幅跳びを行うためのすべての〈軽業〉判定に＋10の技量ボーナスを与えること以外は、**リング・オヴ・ジャンピング**と同じ指輪である。

作成要項

必要条件 《魔法の指輪作成》、作成者の〈軽業〉技能が10ランク以上あること；**コスト** 50,000GP

リング・オヴ・シューティング・スターズ（Shooting Stars／流星の指輪）

オーラ 強力・力術；**術者レベル** 12
装備部位 指輪；**市価** 50,000GP；**重量** ―

解説

この指輪には2つの動作方法がある。1つは薄暗い光の場所や夜の屋外用であり、2つめは着用者が地下にいるとき、または夜の屋内用である。

夜の野天の下や、影や暗闇の中で用いる場合、**リング・オヴ・シューティング・スターズ**は合言葉に応じて以下のように機能する。

- ダンシング・ライツ（1時間1回）
- ライト（1夜に2回）
- ボール・ライトニング（特殊、1夜に1回）
- シューティング・スターズ（特殊、1週間3回）

特殊機能のひとつ**ボール・ライトニング**は、1～4個（着用者が選択する）の雷撃の弾を撃ち放つ。この眩い球体は**ダンシング・ライツ**に似ており、指輪の着用者はこの呪文と同様に球体を操ることができる（**ダンシング・ライツ**呪文の解説を参照）。球体は距離120フィート、持続時間4ラウンドを有しており、1ラウンドに120フィート移動することができる。それぞれの球体の直径は約3フィートで、いずれかの球体から5フィート以内に近付いたすべてのクリーチャーとの間に放電が起こり、生み出された球体の数に応じた[雷撃]ダメージを受ける。

球体の数	球体1個あたりのダメージ
1個	4d6ポイントの[雷撃]ダメージ
2個	各3d6ポイントの[雷撃]ダメージ
3個	各2d6ポイントの[雷撃]ダメージ
4個	各1d6ポイントの[雷撃]ダメージ

一度ボール・ライトニング機能を起動したら、球体は日が昇るまでの任意の時点で放つことができる。複数の球体を同一の

ラウンドに放つこともできる。

もうひとつの特殊機能によって、指輪から毎週3個のシューティング・スターをすべて同時、もしくは1度に1個ずつ放つことができる。それらを衝突させることで12ポイントのダメージを与え、かつ（**ファイアー・ボール**のように）半径5フィートの球形に拡散させることによって24ポイントの[火炎]ダメージを与える。

シューティング・スターが命中したすべてのクリーチャーは、DC13の反応セーヴに成功しない限り衝突による全ダメージに加え、拡散による全[火炎]ダメージを受ける。衝突は受けなかったものの、拡散の範囲内にいたクリーチャーは衝突によるダメージは無視し、DC13の反応セーヴに成功しない限り拡散による[火炎]ダメージの半分を受ける。シューティング・スターは距離70フィートであり、その距離に到達する前にクリーチャーや物体に衝突しない限り、距離に達した瞬間に爆発する。シューティング・スターの進路は常に直線であり、その途上に位置するクリーチャーはセーヴに成功しない限り、命中する。

夜の屋内や地下では、**リング・オヴ・シューティング・スターズ**は以下の能力を有する。

- フェアリー・ファイアー（1日2回）
- スパーク・シャワー（特殊、1日1回）

スパーク・シャワーは指輪から扇状に距離20フィート、円弧の幅10フィートに展開する、音を立てて紫色のスパークを放つ浮遊する雲である。その範囲内に位置する、金属製の鎧を着用していないか、または金属製の武器を運搬していないクリーチャーは、それぞれ2d8ポイントのダメージを受ける。金属製の鎧を着用しており、かつ（または）金属製の武器を運搬しているクリーチャーは、それぞれ4d8ポイントのダメージを受ける。

作成要項

必要条件 《魔法の指輪作成》、フェアリー・ファイアー、ファイアー・ボール、ライト、ライトニング・ボルト；**コスト** 25,000GP

リング・オヴ・ジン・コーリング（Djinni Calling／妖霊招請の指輪）

オーラ 強力・召喚術；**術者レベル** 17
装備部位 指輪；**市価** 125,000GP；**重量** ―

解説

この"ジン"の指輪は実に価値のあるもので、伝説に語られる多くの指輪の1つである。特殊なゲートを開き、特定のジン（パスファインダーRPGベスティアリ参照）を風の元素界から招請することができる。指輪をこする（標準アクション）と招請がなされ、次のラウンドにジンが現れる。ジンは指輪の着用者に忠実に従い仕えるが、それは1日1時間までに限られる。指輪のジンが殺されてしまうと、指輪は魔法の力を持たない価値のないものとなる。

作成要項

必要条件 《魔法の指輪作成》、ゲート；**コスト** 62,500GP

リング・オヴ・スイミング（Swimming／水泳の指輪）

オーラ 微弱・変成術；**術者レベル** 2

装備部位 指輪；**市価** 2,500GP；**重量** ―

解説

　この銀の指輪は通常、魚のような意匠が施されており、輪の部分にも魚のモチーフが刻まれている。この指輪は常に着用者の〈水泳〉判定に＋5の技量ボーナスを与える。

作成要項

必要条件《魔法の指輪作成》、作成者の〈水泳〉技能が5ランク以上あること；**コスト**1,250GP

リング・オヴ・インプルーヴド・スイミング（Swimming, Improved／強化版水泳の指輪）

オーラ 中程度・変成術；**術者レベル** 7

装備部位 指輪；**市価** 10,000GP；**重量** ―

解説

　着用者の〈水泳〉判定に＋10の技量ボーナスを与えること以外は、**リング・オヴ・クライミング**と同じ指輪である。

作成要項

必要条件《魔法の指輪作成》、作成者の〈水泳〉技能が10ランク以上あること；**コスト**5,000GP

リング・オヴ・スペル・ターニング（Spell Turning／呪文反射の指輪）

オーラ 強力・防御術；**術者レベル** 13

装備部位 指輪；**市価** 100,000GP；**重量** ―

解説

　この簡素なプラチナの指輪は、合言葉に応じて最大で1日3回まで、スペル・ターニング呪文がかけられているかのように起動後に着用者に対して発動された9レベル分の呪文を自動的に反射する。

作成要項

必要条件《魔法の指輪作成》、スペル・ターニング；**コスト**50,000GP

マイナー・リング・オヴ・スペル・ストアリング（Spell Storing, Minor／下級呪文貯蔵の指輪）

オーラ 微弱・力術；**術者レベル** 5

装備部位 指輪；**市価** 18,000GP；**重量** ―

解説

　リング・オヴ・マイナー・スペル・ストアリングは、3レベル分まで、着用者が発動することができる呪文を複数（信仰呪文でも秘術呪文でもよく、もしくはその両方が一緒でもよい）蓄えることができる。それぞれの呪文の術者レベルは、その呪文を発動するのに必要な最低レベルに等しくなる。使用者が呪文を発動する際に物質要素や焦点具を準備する必要はなく、（指輪の着用者による身ぶりが必要ないため）鎧を着用していることによる秘術呪文失敗確率も発生しない。指輪の起動に要する時間は指輪が帯びている呪文の発動時間に等しく、最低でも1標準アクションとなる。

　指輪をランダムに作成した場合、巻物にどの呪文が記載されているか決定する方法を適用する。君がロールした結果が3レ

ベルの制限を越えた呪文となった場合、その結果は無視する；その指輪にはそれ以上の呪文が込められていないこととなる。

　術者が発動することができるどのような呪文でも、呪文レベルの合計が3レベルを超えない範囲で指輪に込めることができる。呪文修正を行った呪文は、呪文修正特技による修正を適用した後の呪文レベルに等しい容量を占める。術者は**リング・オヴ・マイナー・スペル・ストアリング**に呪文を込めるために巻物を使用することができる。

　この指輪は、現在蓄えられているすべての呪文名を魔法的に着用者に知らせる。

作成要項

必要条件《魔法の指輪作成》、インビュー・ウィズ・スペル・アビリティ；**コスト**9,000GP

リング・オヴ・スペル・ストアリング（Spell Storing／呪文貯蔵の指輪）

オーラ 中程度・力術；**術者レベル** 9

装備部位 指輪；**市価** 50,000GP；**重量** ―

解説

　最大で5レベルまでの呪文を蓄えること以外は**リング・オヴ・マイナー・スペル・ストアリング**と同じ指輪である。

作成要項

必要条件《魔法の指輪作成》、インビュー・ウィズ・スペル・アビリティ；**コスト**25,000GP

メジャー・リング・オヴ・スペル・ストアリング（Spell Storing, Major／上級呪文貯蔵の指輪）

オーラ 強力・力術；**術者レベル** 17

装備部位 指輪；**市価** 200,000GP；**重量** ―

解説

　最大で10レベルまでの呪文を蓄えること以外は**リング・オヴ・マイナー・スペル・ストアリング**と同じ指輪である。

作成要項

必要条件《魔法の指輪作成》、インビュー・ウィズ・スペル・アビリティ；**コスト**100,000GP

リング・オヴ・スリー・ウィッシズ（Three Wishes／三つの願いの指輪）

オーラ 強力・共通、または力術（ミラクルを使用した場合）；**術者レベル** 20

装備部位 指輪；**市価** 120,000GP；**重量** ―

解説

　この指輪には3つのルビーが嵌まっている。ルビーにはそれぞれ**ウィッシュ**呪文が込められており、指輪を通じて起動することができる。**ウィッシュ**を1つ使用すると、それが込められていたルビーは消失する。指輪をランダムに作成した場合、残っているルビーの個数を決定するために1d3をロールする。すべての**ウィッシュ**を使用した場合、指輪は魔法の力を持たないアイテムとなる。

作成要項

必要条件《魔法の指輪作成》、ウィッシュまたはミラクル；**コスト**97,500GP

リング・オヴ・テレキネシス（Telekinesis／念動力の指輪）

オーラ 中程度・変成術；**術者レベル** 9
装備部位 指輪；**市価** 75,000GP；**重量** ―

解説

　この指輪は合言葉に応じて、術者がテレキネシス呪文を使用できるようにする。

作成要項

必要条件《魔法の指輪作成》、テレキネシス；**コスト**37,500GP

リング・オヴ・フェザー・フォーリング（Feather Falling／軟着陸の指輪）

オーラ 微弱・変成術；**術者レベル** 1
装備部位 指輪；**市価** 2,200GP；**重量** ―

解説

　この指輪は縁の全周に羽根模様が施されている。この指輪はフェザー・フォール呪文とまったく同様に機能し、着用者が5フィートより長い距離を落下した瞬間に起動する。

作成要項

必要条件《魔法の指輪作成》、フェザー・フォール；**コスト**1,100GP

リング・オヴ・フォース・シールド（Force Shield／力場の盾の指輪）

オーラ 中程度・力術；**術者レベル** 9
装備部位 指輪；**市価** 8,500GP；**重量** ―

解説

　鉄を帯状の輪にしたこの簡素な指輪は、盾と同じ大きさ（かつ盾と同じ形）の指輪に留まるウォール・オヴ・フォースを作り出し、着用者はそれをヘヴィ・シールド（+2AC）であるかのように使用することができる。この特別な創造物には重量がなく、負荷もないため、防具による判定ペナルティも秘術呪文失敗確率も発生しない。この指輪は回数無制限で起動と停止をフリー・アクションで行うことができる。

作成要項

必要条件《魔法の指輪作成》、ウォール・オヴ・フォース；**コスト**4,250GP

リング・オヴ・フリーダム・オヴ・ムーブメント（Freedom of Movement／移動の自由の指輪）

オーラ 中程度・防御術；**術者レベル** 7
装備部位 指輪；**市価** 40,000GP；**重量** ―

解説

　この黄金の指輪は、着用者が常にフリーダム・オヴ・ムーブメント呪文の影響化であるかのように行動できるようにする。

作成要項

必要条件《魔法の指輪作成》、フリーダム・オヴ・ムーブメント；**コスト**20,000GP

リング・オヴ・ブリンキング（Blinking／明滅の指輪）

オーラ 中程度・変成術；**術者レベル** 7
装備部位 指輪；**市価**27,000GP；**重量** ―

解説

　この指輪は合言葉に応じて、ブリンク呪文のように着用者を明滅させる。

作成要項

必要条件《魔法の指輪作成》、ブリンク；**コスト**13,500GP

リング・オヴ・フレンド・シールド（Friend Shield／友の盾の指輪）

オーラ 中程度・防御術；**術者レベル** 10
装備部位 指輪；**市価**50,000GP；**重量** ―

解説

　この珍しい指輪は常に2個1組で作られる。片方だけでもう一方のないリング・オヴ・フレンド・シールドは何の役にも立たない。どちらか一方の指輪を着用している者はいつでも、合言葉に応じて自分の指輪から対の指輪の着用者を受け手としたシールド・アザー呪文を発動することができる。この効果に距離制限はない。

作成要項

必要条件《魔法の指輪作成》、シールド・アザー；**コスト**25,000GP

リング・オヴ・プロテクション（Protection／守りの指輪）

オーラ 微弱・防御術；**術者レベル** 5
装備部位 指輪；**市価**2,000GP（+1）、8,000GP（+2）、18,000GP（+3）、32,000GP（+4）、50,000GP（+5）、；**重量** ―

解説

　この指輪は常に、ACへの+1～+5の反発ボーナスというかたちで魔法的な防御を与える。

作成要項

必要条件《魔法の指輪作成》、シールド・オヴ・フェイス；**コスト**1,000GP（+1）、4,000GP（+2）、9,000GP（+3）、16,000GP（+4）、25,000GP（+5）

リング・オヴ・マインド・シールディング（Mind Shielding／精神遮蔽の指輪）

オーラ 微弱・防御術；**術者レベル** 3
装備部位 指輪；**市価**8,000GP；**重量** ―

解説

　この指輪は通常、重厚な黄金から鍛造されており、繊巧な細工が施されている。着用者は常にディテクト・ソウツやディサーン・ライズなど、属性を探ろうとするあらゆる魔法的な試みに対する完全耐性を得る。

作成要項

必要条件《魔法の指輪作成》、ノンディテクション；**コスト**4,000GP

リング・オヴ・ザ・ラム（Ram／破城槌の指輪）

オーラ 中程度・変成術；**術者レベル** 9
装備部位 指輪；**市価**8,600GP；**重量** ―

解説

　リング・オヴ・ザ・ラムの多くは鉄、または鉄合金などの硬い金属から鍛造された華美な指輪である。この指輪には、雄羊

の頭が意匠してと組み込まれている。着用者は合言葉に応じて、漠然と雄羊や雄山羊の頭に似ていると認識できる形の破城槌のような力場を発生させることができる。この力場を1体の目標へ打ち付け、1チャージ消費することで1d6ポイント、2チャージ消費することで2d6ポイント、（最大で）3チャージ消費することで3d6ポイントのダメージを与える。この攻撃は距離によるペナルティを受けない、50フィートを最大射程とする遠隔攻撃として扱う。

　この力場による衝撃は相当なもので、指輪の着用者から30フィート以内で指輪から発せられた力場を打ち付けられた対象は"突き飛ばし"を受ける。この破城槌は大型サイズで【筋力】25を持ち、指輪の術者レベルを基本攻撃ボーナスとして使用する。これにより破城槌の戦技ボーナスは＋17となる。2チャージ消費していた場合は"突き飛ばし"の試みに＋1ボーナス、3チャージ消費なら＋2ボーナスを得る。

　こうした攻撃に用いる方法に加え、リング・オヴ・ザ・ラムは【筋力】25を持つキャラクターであるかのように扉を開ける能力も有している。この方法では1チャージを消費する。2チャージ消費することで、効果は【筋力】27のキャラクター相当となる。3チャージ消費すれば、効果は【筋力】29のキャラクター相当となる。

　新たに作成された指輪は50チャージを持つ。すべてのチャージを使用した場合、指輪は魔法の力を持たないアイテムとなる。

作成要項

必要条件《魔法の指輪作成》、テレキネシス、ブルズ・ストレングス；**コスト**4,300GP

リング・オヴ・リジェネレイション（Regeneration／再生の指輪）

オーラ 強力・召喚術；**術者レベル** 15
装備部位 指輪；**市価**90,000GP；**重量** ―

解説

　このホワイトゴールド合金の指輪には、通常大きなグリーン・サファイヤが象嵌されている。着用している間、指輪は生きている着用者を1ラウンドごとに1ポイントのダメージと、同じ量の非致傷ダメージ分だけ癒やし続ける。加えて、リング・オヴ・リジェネレイションを着用している間、出血ダメージに完全耐性を得る。着用者がこの指輪を着用しているときに四肢や内臓、その他の身体の一部を失った場合、この指輪はリジェネレイト呪文のようにそれを再生する。いずれの場合も、再生されるのは指輪を着用している間に受けた分のダメージのみである。

作成要項

必要条件《魔法の指輪作成》、リジェネレイト；**コスト**45,000GP

ロッド

　ロッドは王笏に似た形をした装置で、いずれも独特の魔法の力を有している。通常、チャージはなく、誰にでも使える。

外見的特徴：ロッドの重さは約5ポンド、長さは2～3フィートで、鉄などの金属でできていることが多い（解説にもあるように、

ロッドの多くは堅牢なつくりのため、ライト・メイスないしクラブとしても使用できる）。この堅牢なアイテムはアーマー・クラス9、10ヒット・ポイント、硬度10、破壊難易度27である。

起動：ロッドの使用方法の詳細はそれぞれ異なる。特記ない限り、使用者はロッドの能力を使う際にロッドを手に持っていなければならない。個々のロッドの解説を参照のこと。

その他の特徴：d%をロールすること。結果が01なら、そのロッドは知性を有する。02～31なら、その能力の手掛かりとなる何か（意匠や銘刻など）がある。32～100なら特に何もない。知性を有するアイテムには追加能力があり、時として変則的なパワーや特殊用途をも有する（この章に後述される知性あるアイテムの記述を参照）。

　チャージ数のあるロッドは、決して知性を有しない。

イムーヴァブル・ロッド（Immovable Rod／不動のロッド）

オーラ 中程度・変成術；**術者レベル** 10
装備部位 なし；**市価** 5,000GP；**重量** 5ポンド

解説

　このロッドはまっすぐな鉄の棒で、片方の端に小さなボタンが付いている。ボタンを押せば（1移動アクション）、ロッドはその位置を動かなくなる――たとえその位置に留まることが重力に逆らう行為でも。これにより、持ち主はこのロッドを好きな所に置くなり掲げるなりして、ボタンを押し、それから手を離すことができる。イムーヴァブル・ロッド数本を一度に使えば梯子がわりにもなる（最悪2本でも何とかなるが）。このイムーヴァブル・ロッド1本で8,000ポンドまでの重量を地面に落ちることなく支えられる。固定されたイムーヴァブル・ロッドをクリーチャーが押す場合、DC30の【筋力】判定に成功すれば1ラウンドに10フィートまで動かすことができる。

作成要項

必要条件《ロッド作成》、レヴィテート；**コスト** 2,500GP

メタマジック・ロッド（Metamagic Rods／呪文修正のロッド）

　メタマジック・ロッドには呪文修正特技のエッセンスが封入されており、使用者の発動した呪文（ただし擬似呪文能力ではない）に呪文修正効果を適用することができる。このロッドを用いて呪文を修正しても、呪文スロットを変更する必要はない。以下で解説するロッドはすべて単純使用型である（ただし、機会攻撃範囲内で呪文を発動すれば、機会攻撃を受けることには変わりない）。術者が1つの呪文に使用できるのは1つのメタマジック・ロッドだけだが、ロッドの使用者自身が修得済みの呪文修正特技とロッドを組み合わせて使用することはできる。そのような場合、使用者の修得している特技だけが、発動しようとしている呪文の呪文スロットを変更する。

　メタマジック・ロッドを持っているからといって、所有者に対応する呪文修正特技が与えられるわけではない。単に、1日に特定回数、その特技を使用できる能力を得られるだけである。ソーサラーがメタマジック・ロッドを使用する場合、自分の修得している呪文修正特技を使用しているかのように、1全ラウンド・アクションを使用しなければならない（クイックン・メ

タマジック・ロッドだけは例外で、このロッドの場合は即行アクションで使用できる）。

レッサーおよびグレーター・メタマジック・ロッド：通常のメタマジック・ロッドは呪文レベルが6レベル以下の呪文に対して使用できる。レッサー・ロッドは3レベル以下の呪文、グレーター・ロッドは9レベル以下の呪文に対して使用できる。

エクステンド・メタマジック・ロッド
（Metamagic, Extend／呪文持続時間延長のロッド）

オーラ 強力（無系統）；**術者レベル** 17
装備部位 なし；**市価** 3,000GP（レッサー）、11,000GP（通常）、24,500GP（グレーター）；**重量** 5ポンド

解説
使用者は1日に3つまでの呪文に対して、《呪文持続時間延長》特技を使用したかのように持続時間延長を行うことができる。

作成要項
必要条件《ロッド作成》、《呪文持続時間延長》；**コスト** 1,500GP（レッサー）、5,500GP（通常）、12,250GP（グレーター）。

エンパワー・メタマジック・ロッド
（Metamagic, Empower／呪文威力強化のロッド）

オーラ 強力（無系統）；**術者レベル** 17
装備部位 なし；**市価** 9,000GP（レッサー）、32,500GP（通常）、73,000GP（グレーター）；**重量** 5ポンド

解説
使用者は1日に3つまでの呪文に対して、《呪文威力強化》特技を使用したかのように威力強化を行うことができる。

作成要項
必要条件《ロッド作成》、《呪文威力強化》；**コスト** 4,500GP（レッサー）、16,250GP（通常）、36,500GP（グレーター）。

エンラージ・メタマジック・ロッド
（Metamagic, Enlarge／呪文距離延長のロッド）

オーラ 強力（無系統）；**術者レベル** 17
装備部位 なし；**市価** 3,000GP（レッサー）、11,000GP（通常）、24,500GP（グレーター）；**重量** 5ポンド

解説
使用者は1日に3つまでの呪文に対して、《呪文距離延長》特技を使用したかのように距離延長を行うことができる。

作成要項
必要条件《ロッド作成》、《呪文距離延長》；**コスト** 1,500GP（レッサー）、5,500GP（通常）、12,250GP（グレーター）。

クイックン・メタマジック・ロッド
（Metamagic, Quicken／呪文高速化のロッド）

オーラ 強力（無系統）；**術者レベル** 17
装備部位 なし；**市価** 35,000GP（レッサー）、75,500GP（通常）、170,000GP（グレーター）；**重量** 5ポンド

解説
使用者は1日に3つまでの呪文に対して、《呪文高速化》特技を使用したかのように高速化を行うことができる。

作成要項
必要条件《ロッド作成》、《呪文高速化》；**コスト** 17,500GP（レッサー）、37,750GP（通常）、85,000GP（グレーター）。

サイレント・メタマジック・ロッド
（Metamagic, Silent／呪文音声省略のロッド）

オーラ 強力（無系統）；**術者レベル** 17
装備部位 なし；**市価** 3,000GP（レッサー）、11,000GP（通常）、24,500GP（グレーター）；**重量** 5ポンド

解説
使用者は1日に3つまでの呪文に対して、《呪文音声省略》特技を使用したかのように音声省略を行うことができる。

作成要項
必要条件《ロッド作成》、《呪文音声省略》；**コスト** 1,500GP（レッサー）、5,500GP（通常）、12,250GP（グレーター）。

マクシマイズ・メタマジック・ロッド
（Metamagic, Maximize／呪文威力最大化のロッド）

オーラ 強力（無系統）；**術者レベル** 17
装備部位 なし；**市価** 14,000GP（レッサー）、54,000GP（通常）、121,500GP（グレーター）；**重量** 5ポンド

解説
使用者は1日に3つまでの呪文に対して、《呪文威力最大化》特技を使用したかのように威力最大化を行うことができる。

作成要項
必要条件《ロッド作成》、《呪文威力最大化》；**コスト** 7,000GP（レッサー）、27,000GP（通常）、60,750GP（グレーター）

ロッド・オヴ・アブソープション
（Rod of Absorption／吸収のロッド）

オーラ 強力・防御術；**術者レベル** 15
装備部位 なし；**市価** 50,000GP；**重量** 5ポンド

解説
このロッドは呪文や擬似呪文能力をロッド自体の中に吸収する。吸収するのは、単体を目標とする呪文もしくは光線で、かつこのロッドの使用者または使用者の装備品に向けられたもののみである。ロッドは呪文の効果を無効化し、呪文の潜在的な力を蓄えて、ロッドの使用者が呪文のエネルギーを自前の呪文にして解き放つまで保持しておく。ロッドが呪文のエネルギーを吸収したなら、使用者には瞬時にその呪文のレベルがわかる。使用者自身は吸収にあたっていかなるアクションもとる必要はなく、単にロッドを手に持っていさえすればいい。

呪文を何レベルぶん吸収し何レベルぶん使ったかは、記録しておく必要がある。ロッドの使用者は蓄えた呪文のエネルギーを使って、自分の準備した呪文を（その呪文自体を消費することなく）発動できる。制限は、ロッド内に蓄積された呪文のエネルギーがこれから発動しようとしている呪文のレベル以上でなければならず、呪文に必要な物質要素がなければならず、発動時にはこのロッドを手にしていなければならない、というこ

魔法のアイテム 15

とだけである。ソーサラーやバードのような呪文の準備をしない呪文の使い手は、ロッド内のエネルギーを使って、しかるべきレベルの任意の修得呪文を発動できる。

　ロッド・オヴ・アブソープションは合計50レベルまでの呪文を吸収できる。吸収した呪文の総レベル数が50に達したなら、以後吸収はできず、蓄えた呪文の力を放出することができるだけになる。このロッドを再チャージすることはできない。使用者にはロッドの残り吸収能力と現在蓄積されたエネルギーの総量がわかる。

　新しく発見したロッドの残り吸収容量を決定するには、d％をロールして結果を2で割ること。さらにもう一度d％をロールし、結果が71〜100ならば、ロッドがすでに吸収した呪文レベルの半分がまだロッドの中に残っている。

作成要項
必要条件《ロッド作成》、スペル・ターニング；**コスト**25,000GP

ロッド・オヴ・アラートネス（Rod of Alertness／警戒のロッド）

オーラ 中程度・心術、占術、防御術および力術；**術者レベル** 11
装備部位 なし；**市価** 85,000GP；**重量** 4ポンド

解説
　このロッドは一見、＋1ライト・メイスと見分けがつかない。メイス状の頭には8枚の板状の突起がある。このロッドはイニシアチブ判定に＋1の洞察ボーナスを与える。使用者がこれを手にしっかりと握れば、シー・インヴィジビリティ、ディサーン・ライズ、ディテクト・イーヴル、ディテクト・グッド、ディテクト・ケイオス、ディテクト・ロー、ディテクト・マジック、ライトを使用できるようになる。どれか1つを使用するごとに、1標準アクションを要する。

　ロッド・オヴ・アラートネスの頭を地面に突き立て、持ち主がロッドに警戒を求めれば（1標準アクション）、ロッドは120フィート以内で持ち主に危害を加えようとするクリーチャーをすべて感知する。同時に、ロッドは半径20フィート以内にいて持ち主に友好的なクリーチャー全員に対してプレアー呪文の効果を及ぼす。その直後、ロッドはこれらの友好的なクリーチャーに精神的警報を発し、半径120フィート以内に非友好的クリーチャーが存在し潜在的な危険があることを告げ知らせる。以上の効果は10分間持続する。ロッドはこの機能を1日1回実行できる。最後に、このロッドはアニメイト・オブジェクツ呪文の発動を真似て、11個以下の小型サイズの物体を操ることができる。これらの物体はあらかじめ、ロッドを突き立てる地点のまわりの地面に、おおむね半径5フィートの円形を描くように配置しておくこと。物体は11ラウンドの間、自律行動能力を得る。ロッドはこの機能を1日1回実行できる。

作成要項
必要条件《ロッド作成》、アニメイト・オブジェクツ、アラーム、シー・インヴィジビリティ、ディサーン・ライズ、ディテクト・イーヴル、ディテクト・グッド、ディテクト・ケイオス、ディテクト・マジック、ディテクト・ロー、プレアー、ライト；**コスト** 42,500GP

表15-14：ロッド

中級	上級	ロッド	市価
01〜07	—	レッサー・エンラージ・メタマジック	3,000GP
08〜14	—	レッサー・エクステンド・メタマジック	3,000GP
15〜21	—	レッサー・サイレント・メタマジック	3,000GP
22〜28	—	イムーヴァブル	5,000GP
29〜35	—	レッサー・エンパワー・メタマジック	9,000GP
36〜42	—	メタル・アンド・ミネラル・ディテクション	10,500GP
43〜53	01〜04	キャンセレイション	11,000GP
54〜57	05〜06	エンラージ・メタマジック	11,000GP
58〜61	07〜08	エクステンド・メタマジック	11,000GP
62〜65	09〜10	サイレント・メタマジック	11,000GP
66〜71	11〜14	ワンダー	12,000GP
72〜79	15〜19	パイソン	13,000GP
80〜83	—	レッサー・マクシマイズ・メタマジック	14,000GP
84〜89	20〜21	フレイム・エクスティンギッシング	15,000GP
90〜97	22〜25	ヴァイパー	19,000GP
—	26〜30	エネミー・ディテクション	23,500GP
—	31〜36	グレーター・エンラージ・メタマジック	24,500GP
—	37〜42	グレーター・エクステンド・メタマジック	24,500GP
—	43〜48	グレーター・サイレント・メタマジック	24,500GP
—	49〜53	スプレンダー	25,000GP
—	54〜58	ウィザリング	25,000GP
98〜99	59〜64	エンパワー・メタマジック	32,500GP
—	65〜69	サンダー・アンド・ライトニング	33,000GP
100	70〜73	レッサー・クイックン・メタマジック	35,000GP
—	74〜77	ネゲイション	37,000GP
—	78〜80	アブソープション	50,000GP
—	81〜84	フレイリング	50,000GP
—	85〜86	マクシマイズ・メタマジック	54,000GP
—	87〜88	ルーラーシップ	60,000GP
—	89〜90	セキュリティ	61,000GP
—	91〜92	ロードリィ・マイト	70,000GP
—	93〜94	グレーター・エンパワー・メタマジック	73,000GP
—	95〜96	クイックン・メタマジック	75,500GP
—	97〜98	アラートネス	85,000GP
	99	グレーター・マクシマイズ・メタマジック	121,500GP
	100	グレーター・クイックン・メタマジック	170,000GP

ロッド・オヴ・ウィザリング（Rod of Withering／萎縮のロッド）

オーラ 強力・死霊術；**術者レベル** 13
装備部位 なし；**市価** 25,000GP；**重量** 5ポンド

解説
　ロッド・オヴ・ウィザリングは＋1ライト・メイス扱いだが、ヒット・ポイントにダメージを与えることはない。その代わり、使用者がこのロッドで触れた（近接接触攻撃を行った）あらゆるクリーチャーに1d4ポイントの【筋力】ダメージと1d4ポイントの【耐久力】ダメージを与えるのである。クリティカル・ヒットが出た場合、その命中によるダメージは永続的な能力値吸収になる。いずれの場合にも、防御側はDC17の頑健セーヴに成功すれば、効果を無効化できる。

作成要項

必要条件《ロッド作成》、《魔法の武器防具作成》、コンテイジョン；**コスト** 12,500GP。

ロッド・オヴ・ザ・ヴァイパー（Rod of the Viper／クサリヘビのロッド）

オーラ 中程度・死霊術；**術者レベル** 10
装備部位 なし；**市価** 19,000GP；**重量** 5ポンド
解説

　このロッドは+2ヘヴィ・メイス扱いで攻撃することができる。1日1回、合言葉に応じて、ロッドの頭部が10分だけ実際の蛇の頭になる。その間、このロッドで命中を与えれば、通常のダメージに加えて相手クリーチャーに毒を与える。毒は6ラウンドの間、ラウンドごとに1d3ポイントの【耐久力】ダメージを与える。毒に侵されたクリーチャーは毎ラウンドDC16の頑健セーヴを行って、このダメージを無効化し、毒の効果を終わらせることができる。複数回命中するとそのたびに効果時間が3ラウンドずつ伸び、命中するたびにセーヴDCが+2されていく。**ロッド・オヴ・ザ・ヴァイパー**は持ち主が悪でなければ機能しない。

作成要項
必要条件《ロッド作成》、《魔法の武器防具作成》、ポイズン、作成者が悪であること；**コスト** 9,500GP。

ロッド・オヴ・エネミー・ディテクション（Rod of Enemy Detection／敵感知のロッド）

オーラ 中程度・占術；**術者レベル** 10
装備部位 なし；**市価** 23,500GP；**重量** 5ポンド
解説

　このロッドは使用者の手の中で脈動し、持ち手に敵対するクリーチャーのいる方向を指す(近いものから順に)。相手クリーチャーは不可視状態であろうと、エーテル状態であろうと、隠れていようと、変装していようと、堂々と姿を見せていようと構わない。感知の距離は60フィートである。ロッドの持ち手が1全ラウンドの間、精神集中すれば、ロッドは最も近い敵の位置を正確に指し示し、有効距離内に何体の敵がいるかを教える。このロッドは1日3回使用でき、1度使用するごとに10分持続する。このロッドの起動は標準アクションである。

作成要項
必要条件《ロッド作成》、トゥルー・シーイング；**コスト** 11,750GP。

ロッド・オヴ・キャンセレイション（Rod of Cancellation／アイテム無力化のロッド）

オーラ 強力・防御術；**術者レベル** 17
装備部位 なし；**市価** 11,000GP；**重量** 5ポンド
解説

　このロッドは魔法のアイテムの天敵として恐れられている。接触するだけでアイテムの魔法能力をすべて吸い取ってしまうのである。このロッドの接触を受けたアイテムは、DC23の意志セーヴを行わなければならず、失敗すると魔法能力を吸い取られる。その時点でクリーチャーがそのアイテムを手に持っていれば、アイテムは持ち主の意志セーヴ・ボーナスの方が高ければ、そちらの方を使用できる。そのような場合、近接接触攻撃ロールを行うことで、アイテムへの接触を行う必要がある。アイテムの魔法能力を吸い取ると、ロッド自体はもろく砕けやすいものとなって、二度と使用できなくなる。魔法能力を吸い取られたアイテムの能力を再び取り戻すには、ウィッシュかミラクルを使う以外にない。スフィアー・オヴ・アナイアレイションとロッド・オヴ・キャンセレイションが互いに相手を無力化しあった場合、いかなる手段によっても、どちらも再び取り戻すことはできない。

作成要項
必要条件《ロッド作成》、メイジズ・ディスジャンクション；**コスト** 5,500GP。

ロッド・オヴ・サンダー・アンド・ライトニング（Rod of Thunder and Lightning／雷と稲妻のロッド）

オーラ 中程度・力術；**術者レベル** 9
装備部位 なし；**市価** 33,000GP；**重量** 5ポンド
解説

　このロッドは鉄製で銀の鋲が打ってあり、+2ライト・メイスの性質を持っている。加えて以下のような魔法のパワーを有する。

- 雷：1日1回、+3ライト・メイスとして敵を攻撃することができる。命中すれば、相手はロッドが当たった際の轟音のため、朦朧状態になってしまう（頑健・無効、DC16）。このパワーの起動はフリー・アクションとみなされ、起動から1ラウンド以内に敵に命中を与えれば機能する。
- 稲妻：1日1回、使用者が望めば、ロッドが敵に命中した際に電気の短い火花が飛び出す。これにより+2ライト・メイスの通常のダメージ（1d6+2）に加えて2d6ポイントの［雷撃］ダメージを与える。ロッドが通常の命中を与えるに至らなくても、ロール結果が近接接触攻撃で命中するに足るものだったら、2d6ポイントの追加［雷撃］ダメージだけは適用される。このパワーの起動はフリー・アクションである。起動から1ラウンド以内に敵に命中を与えれば機能する。
- 雷鳴：1日1回、標準アクションで、耳をろうする大音声を発する。シャウトの呪文と同様に扱う（頑健・不完全、DC16、2d6ポイントの［音波］ダメージ、目標は2d6ラウンド聴覚喪失状態）。
- 雷撃：1日1回、標準アクションで、幅5フィートのライトニング・ボルトを距離200フィートまで打ち出す（反応・半減、DC16、9d6ポイントの［雷撃］ダメージ）。
- 雷と稲妻：1週間に1回、標準アクションで、このロッドは上記の雷鳴と雷撃のライトニング・ボルトを組み合わせることができる。雷鳴はライトニング・ボルトの通り道から10フィート以内の全員に作用する。雷撃は9d6ポイントの［雷撃］ダメージを与え（d6で1～2の目が出たら3とみなすため、総ダメージは27～54になる）、加えて雷鳴が2d6ポイントの［音波］ダメージを与える。両方の効果をまとめて1回の反応セーヴで判定する（DC16）。

魔法のアイテム 15

作成要項

必要条件 《ロッド作成》、《魔法の武器防具作成》、シャウト、ライトニング・ボルト；**コスト** 16,500GP。

ロッド・オヴ・スプレンダー（Rod of Splendor／豪奢のロッド）

オーラ 強力・召喚術および変成術；**術者レベル** 12
装備部位 なし；**市価** 25,000GP；**重量** 5ポンド

解説

この幻想的なまでに宝石で飾られたロッドの所有者は、このアイテムを手に持つか運搬している限り、【魅力】に＋4の強化ボーナスを得る。またこのロッドは1日に1回、このうえなく美しい織物でできた衣、それに毛皮や宝石の飾りものを生み出して、持ち主の身を魔法的に飾る。

このロッドの魔法で生み出される服飾品は、どれも12時間持続する。しかし持ち主が服飾品の一部でも売ったり人にあげたり呪文構成要素として使おうとしたりすると、衣も飾りもすべて消え失せてしまう。服飾品の一部を無理やり取り上げられた場合も同様である。

ロッドが生み出す豪奢な装束の値うちは、7,000〜10,000GP（（1d4＋6）×1,000GP）にあたる。衣だけで1,000GP、毛皮で5,000GP、残りは宝石の飾りものの値打ち（最大20粒、1粒あたり最大で200GP）である。

これに加えて、このロッドには第二の特殊なパワーがあり、こちらは1週間に1回使用できる。合言葉に応じて、みごとなテント──さしわたし60フィート、絹でできた大きな大きな天幕をつくりだすのである。天幕の中には時に応じた内装と、天幕の豪奢さにふさわしい100人がたらふく食べるのに充分なくらいの食べものがある。天幕や索具は1日間持続する。その期間が過ぎると、天幕やそれに付属する品々は（外に持ち出されたものも含めて）すべて消え失せてしまう。

作成要項

必要条件 《ロッド作成》、イーグルズ・スプレンダー、ファブリケイト、メジャー・クリエイション；**コスト** 12,500GP。

ロッド・オヴ・セキュリティ（Rod of Security／安全圏のロッド）

オーラ 強力・召喚術；**術者レベル** 20
装備部位 なし；**市価** 61,000GP；**重量** 5ポンド

解説

このロッドは虚無空間に一種の"ポケットの中の楽園"を作り出す。このロッドの持ち主に加えて199体までのクリーチャーが、まったく安全に一定期間その中に留まることができる。逗留可能な時間は200日÷クリーチャー数である。端数はすべて切り捨てる。この"ポケットの中の楽園"では、クリーチャーは年をとることがなく、自然治癒は通常の2倍の速度になる。新鮮な水と食物（野菜と果実のみ）はふんだんにある。気候は中に滞在するあらゆるクリーチャーにとって過しやすい。

このロッドを起動すると（1標準アクション）、使用者およびロッドに触れている全クリーチャーは瞬時に"楽園"へ転送される。大集団の場合、手をつなぐなり何なりの肉体的接触を保って、クリーチャー全員が輪や列をなしていれば、ロッドはその

全員に作用する。これに同意しないクリーチャーはDC17の意志セーヴに成功すればこの効果を無効化できる。そうしたクリーチャーがセーヴに成功した場合でも、そのクリーチャーを介してロッドに触れている他のクリーチャーは、やはりロッドの作用を受ける。

ロッドの効果が終了したり解呪された場合、ロッドが作用していたクリーチャーは瞬時に、ロッドが起動した時点に存在していた場所に再出現する。戻る場所にすでに何物かがあった場合、出てくる者の肉体は、再出現に必要な距離だけ位置を変えて出てくる。このロッドの持ち主は、望めば有効期間が切れる前にいつでも効果を解除することができる。ただし、このロッドは1週間に1回しか起動できない。

作成要項

必要条件 《ロッド作成》、ゲート；**コスト** 30,500GP

ロッド・オヴ・ネゲイション（Rod of Negation／アイテム無効化のロッド）

オーラ 強力・さまざま；**術者レベル** 15
装備部位 なし；**市価** 37,000GP；**重量** 5ポンド

解説

このロッドは魔法のアイテムの呪文や擬似呪文機能を無効化する。使用者がこのロッドで無効化したい魔法のアイテムを指すと、目標のアイテムに向けて薄い灰色のビームが放たれ、光線として攻撃する（遠隔接触攻撃）。この光線は、魔法のアイテムにしか作用しないことを除けば、グレーター・ディスペル・マジック呪文と同様に機能する。アイテムからの瞬間的な効果を無効化するには、このロッドの使用者が待機アクションを使用している必要がある。解呪判定にはこのロッドの術者レベル（15レベル）を使用する。目標となったアイテムはセーヴィング・スローを行えないが、このロッドはアーティファクトを無効化することはできない（たとえ下級のアーティファクトでも）。このロッドは1日3回まで使用できる。

作成要項

必要条件 《ロッド作成》、ディスペル・マジック、リミテッド・ウィッシュあるいはミラクル；**コスト** 18,500GP。

ロッド・オヴ・パイソン（Rod of the Python／大蛇のロッド）

オーラ 中程度・変成術；**術者レベル** 10
装備部位 なし；**市価** 13,000GP；**重量** 10ポンド

解説

たいていのロッドと異なり、このロッドの片方の端は曲がりくねって鉤の中に巻き込まれている。この鉤の先端は時に蛇の頭部のようにも見える。このロッド自体の長さは約4フィート、重さは10ポンドである。＋1／＋1クオータースタッフ扱いで攻撃することができる。使用者がこのロッドを地面に投げれば（1標準アクション）、ロッドはそのラウンドの終わりまでにコンストリクター・スネークになる。この大蛇はロッドの持ち主のあらゆる命令に従う（ロッド形態の時にあった攻撃とダメージへの＋1強化ボーナスは、動物形態の時にも保たれる）。使用者が望めば、大蛇はいつでもロッド形態に戻る（1全ラウンド・アクション）。また、使用者から100フィートを超えて離れた

場合にも、ロッド形態に戻る。スネーク形態の時に殺されたならロッド形態に戻り、以後3日間は起動できなくなる。**ロッド・オヴ・パイソン**は持ち主が善でなければ機能しない。

作成要項

必要条件《ロッド作成》、《魔法の武器防具作成》、ベイルフル・ポリモーフ、作成者が善であること；**コスト** 6,500GP

ロッド・オヴ・フレイム・エクスティングィッシング（Rod of Flame Extinguishing／消火のロッド）

オーラ 強力・変成術；**術者レベル** 12
装備部位 なし；**市価** 15,000GP；**重量** 5ポンド

解説

　このロッドは、サイズ分類が中型以下で魔法のものでない火を、接触するだけで（1標準アクション）消してしまうことができる。これ以外の火を消すためには、ロッドのチャージを1ポイント以上消費しなければならない。

　サイズ分類が大型以上で魔法のものでない火や、サイズ分類が中型以下の魔法の火（フレイミング能力の付いた武器の火、バーニング・ハンズの呪文など）を消す場合、1チャージを消費する。永続的な魔法の炎（たとえば武器の炎や火に関わりのあるクリーチャーの炎）は、6ラウンド抑止されたのち、再び燃えだす。持続時間が"瞬間"になっている［火炎］の呪文の火を消すには、ロッドがその呪文の効果範囲内にあり、使用者が待機アクションを使用していなければならない。この場合、事実上呪文全体を相殺することができる。

　ファイアーボール、フレイム・ストライク、ウォール・オヴ・ファイアーなどで生み出される、サイズ分類が大型以上の魔法の火を消すには、2チャージを消費する。

　この**ロッド・オヴ・フレイム・エクスティングィッシング**を〔火〕の副種別を持つクリーチャーに対して用いると（近接接触攻撃となる）、そのクリーチャーに6d6ポイントのダメージを与える。このように使用する場合、3チャージが必要となる。

　ロッド・オヴ・フレイム・エクスティングィッシングは、発見時には10チャージを有している。消費したチャージは毎日更新されるため、使用者は24時間の間に10チャージまで消費することができる。

作成要項

必要条件《ロッド作成》、パイロテクニクス；**コスト** 7,500GP

ロッド・オヴ・フレイリング（Rod of Flailing／からざお変化のロッド）

オーラ 中程度・心術；**術者レベル** 9
装備部位 なし；**市価** 50,000GP；**重量** 5ポンド

解説

　このロッドは持ち主の合言葉に応じて起動し、一見普通のロッドから＋3／＋3ダイア・フレイルに変化する。ダイア・フレイルは双頭武器で、どちらの頭も攻撃に使える。このフレイルを使う場合、フレイルの2つ目の頭で追加攻撃を1回行える。この時、まるで《二刀流》の特技を持っているかのように、代償としてすべての攻撃に−2のペナルティを受けるだけで済む。

　使用者は1日1回、フリー・アクションで、このロッドを使っ

て10分間だけ自分のアーマー・クラスに＋4の反発ボーナス、セーヴィング・スローに＋4の抵抗ボーナスを得ることができる。ロッドがフレイル形態になっていなくても、このボーナスは得られる。

　このロッドをフレイル形態にしたり戻したりするのは移動アクションである。

作成要項

必要条件《ロッド作成》、《魔法の武器防具作成》、ブレス；**コスト** 25,000GP

ロッド・オヴ・メタル・アンド・ミネラル・ディテクション（Rod of Metal and Mineral Detection／金属および鉱物探知のロッド）

オーラ 中程度・占術；**術者レベル** 9
装備部位 なし；**市価** 10,500GP；**重量** 5ポンド

解説

　このロッドはトレジャー・ハンターや鉱夫といった者たちに重宝されている。金属が近くにあるとロッドは持つ者の手の中で脈動しぶんぶんと音を立てるのだ。使用者がロッドに意識を向けると、脈動がより激しくなり、30フィート以内にある金属のうち、もっとも大きなかたまりを指す。ただし、持ち手は特定の金属または鉱物に集中することもできる。その鉱物が30フィート以内に少しでも存在すれば、ロッドはその鉱物のある場所すべてを指す。そして持ち手にはだいたいの量もわかる。指定した金属や鉱物のかたまりが範囲内に2つ以上あれば、ロッドは一番大きなかたまりから順に指していく。このロッドを1回機能させるには、1全ラウンド・アクションを要する。

作成要項

必要条件《ロッド作成》、ロケート・オブジェクト；**コスト** 5,250GP

ロッド・オヴ・ルーラーシップ（Rod of Rulership／支配のロッド）

オーラ 強力・心術；**術者レベル** 20
装備部位 なし；**市価** 60,000GP；**重量** 8ポンド

解説

　このロッドの外見は王笏のようで、材料と細工だけでも5,000GP以上の価値はある。このロッドを起動すれば（1標準アクション）、使用者は120フィート以内のクリーチャーたちを従服させることができる。ヒット・ダイスの合計が300までのクリーチャーを支配できるが、【知力】が12以上のクリーチャーはDC16の意志セーヴを行い、成功すればこの効果を無効化することができる。支配されたクリーチャーは、ロッドの使用者が自分の絶対の主人であるかのようにこれに従う。だが、使用者が支配下のクリーチャーの本質に背く命令を下せば魔法は解けてしまう。このロッドは合計500分間使用でき、その後崩れて塵となる。これはあくまで合計使用時間であって、継続して使う必要はない。

作成要項

必要条件《ロッド作成》、マス・チャーム・モンスター；**コスト** 32,500GP

魔法のアイテム 15

ロッド・オヴ・ロードリィ・マイト
（Rod of Lordly Might／王者の力のロッド）

オーラ 強力・死霊術、心術、変成術および力術；**術者レベル** 19
装備部位 なし；**市価** 70,000GP；**重量** 10ポンド
解説
　このロッドは擬似呪文機能を有し、さまざまな種類の魔法の武器としても使え、より一般的な用法もいくつかある。**ロッド・オヴ・ロードリィ・マイト**は金属製で、他のロッドよりも太く、片方の端は鍔のついた球体となっており、柄の部分には飾り鋲のようなボタンが6つ並んでいる（ボタンをいずれか1つ押すことは、"武器を1つ抜く"アクションにひとしい）。重さは10ポンドである。
　以下に挙げるロッドの擬似呪文機能は、いずれも1日1回使える。

- 使用者が合言葉により起動すれば、接触によって**ホールド・パースン**（意志・無効、DC14）を行う。まず使用者がこのパワーを使うかどうかを決定し（フリー・アクション）、それから近接接触攻撃に成功すれば、このパワーが起動する。攻撃に失敗すれば効果は失われ、その日はもう使えなくなる。

- 使用者が望むならば、このロッドを見ている敵全員に対して**フィアー**を行う（最大距離は10フィート、意志・不完全、DC16）。このパワーを呼び起こすのは1標準アクションである。
- 接触攻撃に成功すれば、敵に2d4ポイントのダメージを与え（意志・半減、DC17）、使用者のダメージを同じだけ回復する。**ホールド・パースン**の場合と同様、使用者はこのパワーを使うかどうか攻撃する前に決めねばならない。

　ロッドの以下の機能は回数制限なく、何度でも使用できる。
- 通常形態では、このロッドは*+2ライト・メイス*として使える。
- 1のボタンを押すと、*+1フレイミング・ロングソード*になる。先端の球体の部分から刃がせり出し、球の部分はロングソードの柄に変形する。武器は全長4フィートになる。
- 2のボタンを押すと、*+4バトルアックス*になる。球状の部分から幅広の刃が横ざまにせり出し、全長は4フィートになる。
- 3のボタンを押すと、*+3ショートスピア*または*+3ロングスピア*になる。槍の穂先がせり出し、柄の部分は最大12フィートまで（使用者が決定）伸びて、全長6～15フィートになる。15フィートの場合、ランスとしても使える。

535

以下に挙げる、ロッドのその他の用法も回数制限なく、何度でも使える。

- 登り棒／はしご。4のボタンを押すと、球状の部分からは花崗岩にも突き立つスパイクが、もう一方の端からは3つの鋭い鉤が飛び出す。ロッドは1ラウンドで5〜50フィートの任意の長さまで伸び、4のボタンを再度押すと伸びるのを止める。左右からは長さ3インチの棒がいくつも、1フィート間隔でたがいちがいに真横に突き出す。ロッドはスパイクと鉤でしっかり固定され、4,000ポンドまでの重量を支えることができる。5のボタンを押せば棒は縮む。

- はしごの伸張機能は、扉をこじ開けるのにも使える。着用者はロッドのスパイク部分を、押し開けようとする扉から30フィート以内で、扉まで直線状に並んだ場所に突き立て、しかるのち4のボタンを押すのである。発生する力は【筋力】修正値＋12に相当する。

- 6のボタンを押すと、ロッドは磁北（磁石の指す真北）を指し、また着用者が地面からおよそどれだけの高度／深度にいるかを教える。

作成要項

必要条件《ロッド作成》、《魔法の武器防具作成》、インフリクト・ライト・ウーンズ、フィアー、ブルズ・ストレンクス、フレイム・ブレード、ホールド・パーソン；**コスト** 35,000GP

ロッド・オヴ・ワンダー（Rod of Wonder／驚異のロッド）

オーラ 中程度・心術；**術者レベル** 10
装備部位 なし；**市価** 12,000GP；**重量** 5ポンド

解説

ロッド・オヴ・ワンダーは効果の予測がつかない風変わりな代物で、使用するたび、何らかの奇妙な効果をランダムに生み出す（このロッドの起動は1標準アクションである）。このロッドの典型的なパワーには以下のようなものが含まれる。

d%	ワンダー効果
01〜05	指し示した目標にスロー（意志・無効、DC15、10ラウンド）。
06〜10	目標をフェアリー・ファイアーが取り巻く。
11〜15	1ラウンドの間、使用者はロッドが機能していると誤って信じ込む（セーヴ不可）。どう機能していると信じるかは、もう一度ロールして決定する。
16〜20	ガスト・オヴ・ウィンド（頑健・無効、DC14）。ただし風力は暴風並。
21〜25	使用者は1d4ラウンドの間、目標の表層思考を読み取る（ディテクト・ソウツと同様、セーヴ不可）。
26〜30	30フィートの距離にスティンキング・クラウド（頑健・無効、DC15）。
31〜33	1ラウンドの間、使用者を中心とした半径60フィート内に大雨が降る。
34〜36	動物を1体招来する——ライナセラス（d%で01〜25）、エレファント（26〜50）、マウス（51〜100）。
37〜46	ライトニング・ボルト（長さ70フィート、幅5フィート）、6d6ダメージ（反応・半減、DC15）。
47〜49	大きな蝶600匹が溢れ出し、2ラウンドの間、あたりを飛びまわって、25フィート以内の全員（使用者を含む）を盲目状態にする（反応・無効、DC14）。
50〜53	目標がロッドから60フィート以内にいればエンラージ・パーソン（頑健・無効、DC13）。
54〜58	ロッドから30フィート離れた地点を中心に直径30フィートの半球状のダークネス。
59〜62	ロッドの前160平方フィートの範囲に草が生えるか、すでにそこにある草が通常の10倍の大きさに育つ。
63〜65	重量1,000ポンドまでで大きさ30立方フィートまでの生きていない物体1つをエーテル化する。
66〜69	1日の間、使用者のサイズ分類が2段階小さくなる（セーヴ不可）。
70〜79	目標かまっすぐ前方100フィートにファイアーボール、6d6ダメージ（反応・半減、DC15）。
80〜84	ロッドの使用者にインヴィジビリティ。
85〜87	目標がロッドから60フィート以内にいれば、目標の身体から葉が生える。これは24時間持続する。
88〜90	宝石10〜40個（それぞれ価値1GP）が長さ30フィートの流れになってほとばしる。その通り道にいたクリーチャーは宝石1個につき1ポイントのダメージを受ける：5d4をロールして命中した宝石の数を決め、それを目標の間で分配すること。
91〜95	ロッドの正面40フィート×30フィートの範囲に、きらめく色彩が踊り戯れる。範囲内のクリーチャーは1d6ラウンドの間、盲目状態となる（頑健・無効、DC15）。
96〜97	使用者（50％の確率）か目標（50％の確率）が恒久的に青色か緑色か紫色になる（セーヴ不可）。
98〜100	目標が60フィート以内にいればフレッシュ・トゥ・ストーン（目標がすでに石化していたら、ストーン・トゥ・フレッシュ）（頑健・無効、DC18）。

作成要項

必要条件《ロッド作成》、コンフュージョン、作成者が混沌であること；**コスト** 6,000GP

巻物

巻物とは1つ（あるいは複数）の呪文を書きものの形で蓄えたものである。巻物に記された呪文は一度だけしか使えない。呪文が起動すると、その文字は巻物から消えてしまうのだ。巻物の使用は、基本的には呪文の発動と同様のものである。巻物の価格は（呪文のレベル×作成者の術者レベル×25）GPに等しい。巻物に物質要素コストがある場合、そのコストが基本価格と作成のためのコストに加えられる。表15-15には、作成可能な最低術者レベルで作成された巻物の参考価格が呪文を発動できるクラスごとに書かれている。呪文の中には、術者が違えば呪文レベルが変わってくるものもあることに注意すること。その種の呪文のレベルは、巻物を作成する術者によって決まる。

外見的特徴：巻物は上等な羊皮紙か上質の紙でできていて、厚手である。大きさは長さ11インチ、幅8.5インチ程度で、1つの呪文を記すのに足りる。上下を革帯で強化してあり、革帯の長さは巻物の幅より少しだけ長い。2つ以上の呪文を記した巻物は、幅は同じ（約8.5インチ）だが、長さは呪文が1つ増えるごとにおよそ1フィートずつ増す。3つ以上の呪文を記した巻物は、上下に単なる革帯ではなく、補強用の棒が付いていることが多い。巻物はアーマー・クラス9、1ヒット・ポイント、硬度0、破壊難易度は8である。

皺くちゃになったり破れたりするのを防ぐために、上下から巻いて2つの筒になるようにするのが常である（こうしておけ

魔法のアイテム 15

ば使用者が巻物を開くのも素早くできる）。象牙、ジェイド（翡翠）、革、金属、木などでできた筒に入れて保管することが多い。

多くの巻物入れには魔法の印が記されている。これにより持ち主や、巻物入れの中の巻物に蓄えられている呪文の見極めがつくことも多い。魔法の印に魔法の罠が秘められていることもよくある。

起動： 巻物を起動するには、呪文の使い手が巻物に記してある呪文を読まねばならない。それにはいくつかの段階を踏み、条件を満たす必要がある。

文章の解読： 巻物を使いたければ、いやそれどころか巻物にどんな呪文が記してあるかを正確に知りたいだけでも、まず巻物に書いてある呪文を解読せねばならない。これには**リード・マジック**呪文を使うか、〈呪文学〉判定（DC20＋呪文レベル）に成功する必要がある。巻物を解読するのは1全ラウンド・アクションである。

巻物を解読して中身の見極めをつける際に、巻物の呪文が起動することはない（ただし、特別に用意された、呪われた巻物ならば別である）。キャラクターは前もって巻物の文章を解読しておき、いざ使う段には直接次の段階に進めるようにしておくことができる。

呪文の起動： 巻物を起動するには、巻物から呪文を読む必要がある。キャラクターは巻物に記された呪文を見て読むことができねばならない。巻物に記してある呪文を起動するには、物質要素や焦点具は必要ない（巻物作成の時点で、作成者がこれらを提供しているからである）。ただし呪文の中には、アイテムに対して発動した場合にのみ効果のあるものがあることに注意。そのような場合、巻物の使用者は呪文の起動時にそうしたアイテムを提供してやらねばならない。巻物に記してある呪文を起動するのも、通常通り準備した呪文を発動するのと同様に、中断されてしまう可能性がある。巻物の使用には、呪文の発動と同様に秘術呪文失敗率が適用される。

巻物に記してある呪文を起動できる可能性があるのは、使用者が以下の条件を満たしている場合だけである。

- 使用者が同タイプの呪文（秘術呪文／信仰呪文）を発動できること。秘術呪文の使い手（ウィザード、ソーサラー、バード）は秘術呪文の記してある巻物しか使用できないし、信仰呪文の使い手（クレリック、ドルイド、パラディン、レンジャー）は信仰呪文の記してある巻物しか使用できない（キャラクターが作成する巻物の種類も、そのキャラクターのクラスによって決まる）。
- その呪文が、使用者のクラスに基づく呪文リストにあること。
- 使用者がその呪文を使うのに必要なだけの能力値を備えていること。

使用者が以上の条件をすべて満たしており、かつ使用者の術者レベルがその呪文の術者レベル以上ならば、判定の必要なく、巻物から呪文を自動的に起動できる。上記3つの条件はすべて満たしているが、使用者の術者レベルが巻物の呪文の術者レベルより低いなら、使用者は術者レベル判定を行って、呪文を首尾よく起動できたかどうか判定せねばならない（難易度＝巻物の術者レベル＋1）。失敗したなら、使用者はDC5の【判断力】

表15-15：巻物

下級	中級	上級	呪文レベル	術者レベル
01〜05	—	—	0レベル	1レベル
06〜50	—	—	1レベル	1レベル
51〜95	01〜05	—	2レベル	3レベル
96〜100	06〜65	—	3レベル	5レベル
—	66〜95	01〜05	4レベル	7レベル
—	96〜100	06〜50	5レベル	9レベル
—		51〜70	6レベル	11レベル
—		71〜85	7レベル	13レベル
—		86〜95	8レベル	15レベル
—		96〜100	9レベル	17レベル

巻物の価格

呪文レベル	ウィザード・クレリック・ドルイド	ソーサラー	バード	パラディン・レンジャー
0レベル	12.5GP	12.5GP	12.5GP	—
1レベル	25GP	25GP	25GP	25GP
2レベル	150GP	200GP	200GP	200GP
3レベル	375GP	450GP	525GP	525GP
4レベル	700GP	800GP	1,000GP	1,000GP
5レベル	1,125GP	1,250GP	1,625GP	
6レベル	1,650GP	1,800GP	2,400GP	
7レベル	2,275GP	2,450GP	—	
8レベル	3,000GP	3,200GP	—	
9レベル	3,825GP	4,050GP	—	

判定を行わなければならず、これにも失敗すればミシャップ（事故）が起きる（後述の『巻物のミシャップ』を参照）。この判定のダイスの目が1であれば、修正値に関係なく常に失敗となる。巻物を起動するのは1標準アクション（もしくはその呪文の発動時間のいずれか長い方）であり、呪文の発動と同様に機会攻撃を誘発する。術者レベル判定に失敗したがミシャップは起こらなかった場合、巻物は消費されない。

効果の決定： 巻物から首尾よく起動した呪文は、普通に準備し普通に発動した呪文とまったく同じように働く。巻物の呪文の術者レベルは、基本的に、その巻物を作成したキャラクターがその呪文を発動できる必要最低限の術者レベルとして扱うこと。ただし、作成者がそうでない巻物を特別に作った場合はべつである。

起動された呪文の文章は巻物からかき消えてしまう。

巻物のミシャップ： "ミシャップ（事故）"が起きた場合、巻物の呪文はちょうど正反対の効果や、有害な効果を生む。以下にありそうな例を挙げる。

- 制御できなかった魔法のエネルギーのうねりが、使用者に呪文レベルごとに1d6ポイントのダメージを与える。
- 呪文は本来の目標ではなく、術者または術者の味方を目標にして発動される。巻物の使用者が本来の対象だった場合は、近くにいる別の者をランダムで目標とする。
- 呪文は距離内のランダムに決定した地点に効果を及ぼす。
- 呪文が目標に与える効果が、本来の効果と正反対になる。
- 巻物の使用者は、呪文と何らかの関係のあるちょっとした奇

妙な効果を受ける。こうした効果のほとんどは、本来の呪文の持続時間と同じだけ持続するか、"瞬間"呪文なら、2d10分持続する。

- 呪文の効果範囲内に何か無害なアイテムが現れる。
- 呪文は遅れて効果をあらわす。呪文はそれ以降1d12時間以内のいつの時点にか起動する。呪文が巻物の使用者を対象としていた場合、呪文は通常通りの効果をあらわす。対象が使用者でなく、その場から立ち去ってしまっている場合、呪文は本来の対象あるいは目標のいるだいたいの方向に向けて、最大で呪文の最大距離までの場所に放たれる。

スタッフ

スタッフは長い木の杖で、複数の呪文を蓄えている。ワンドと違い、スタッフは1本に何種類かの呪文を蓄えることができ、1本1本が特定の種類に属しており、特定の呪文群を収めている。スタッフは新規作成時点で10チャージを有する。

外見的特徴：典型的なスタッフは長さ4～7フィート、太さ2～3インチ、重さ約5ポンドである。木製のものがほとんどだが、まれに骨製、金属製、はてはガラス製の珍品まである。杖の先に宝石や何らかの飾りが付いていたり、一方または両方の先に金属がかぶせてあることもある。彫刻やルーン文字で飾られていることも多い。典型的なスタッフは、散歩用の杖や、クオータースタッフやカッジェル（棍棒の一種）に似ている。スタッフはアーマー・クラス7、10ヒット・ポイント、硬度5、破壊難易度24を有する。

起動：スタッフの起動方法は呪文解放型である。したがって、スタッフから呪文を発動するのは通常、標準アクションで、機会攻撃を誘発しない（もっとも、スタッフから発動する呪文の発動時間が1標準アクションよりも長いなら、スタッフからその呪文を発動するにもそれだけの時間がかかる）。スタッフを起動するには、そのスタッフを1本以上の手（人型でないクリーチャーなら、手にあたる器官）で掲げていなければならない。

その他の特徴：d%をロールすること。結果が1～30なら、その能力の手掛かりとなる何か（意匠や銘刻など）があり、31～100なら特に何もない。

スタッフを使用する：スタッフは、その呪文に対するセーヴDCを決定する上で、使用者の能力値や関連する特技を使用する。他の種類の魔法のアイテムと異なり、使用者は自分の術者レベルがスタッフの術者レベルより高ければ、スタッフのパワーを起動する際に自分の術者レベルを使用することができる。

これはつまり、強力な呪文の使い手が使用すれば、スタッフはさらに強力になるということである。呪文のセーヴDCを決定する際に、使用者の能力値を使用するため、スタッフから発動された呪文は他の魔法のアイテムから発動された呪文に比べて抵抗しにくいことが多い（スタッフ以外の魔法のアイテムでは、その呪文を発動するのに必要な最低能力値を使用する）。呪文の術者レベルで決まる部分（距離、持続時間など）が高くなる可能性があるだけでなく、スタッフから発動された呪文は解呪しにくく、目標の呪文抵抗を克服する可能性も高い。

スタッフは最大で10チャージを有する。スタッフから呪文が発動されるたびに1つ以上のチャージが消費される。スタッフのチャージを使い切ったら、そのスタッフは再チャージするまで使用できなくなる。毎朝、呪文の使い手が呪文を準備するか呪文スロットを回復する時に、呪文の使い手は1本のスタッフに自分のパワーの一部を注入することができる。ただしそのためには、スタッフで発動できる呪文の内の1つ以上が呪文の使い手のクラスの呪文リストにあって、かつ呪文の使い手がスタッフの呪文の内の1つ以上の呪文を発動できなければならない。スタッフにこのパワーを注入すると、スタッフのチャージが1回ぶん回復するが、術者はスタッフで発動できる最高レベルの呪文と等しい呪文レベルのその日の準備した呪文1つか呪文スロット1つを代償として消費しなければならない。

例えば、**スタッフ・オヴ・ファイアー**を持つ9レベルのウィザードは、4レベル呪文1つを使って、このスタッフに1日につき1チャージを注入できる。スタッフは1日に2つ以上のチャージを回復することはできず、かつ術者は1日に2本以上のスタッフに注入することはできない。

さらに、ワンドと違って、スタッフには何レベルの呪文でも蓄えることができる（ワンドでは4レベル以下の呪文に制限されている）。スタッフの最低術者レベルは8である。

表15-16：スタッフ

中級	上級	スタッフ	市価
01～15	01～03	チャーミング	17,600GP
16～30	04～09	ファイアー	18,950GP
31～40	10～11	スウォーミング・インセクツ	22,800GP
41～55	12～13	サイズ・オルタレーション	26,150GP
56～75	14～19	ヒーリング	29,600GP
76～90	20～24	フロスト	41,400GP
91～95	25～31	イルミネーション	51,500GP
96～100	32～38	ディフェンス	62,000GP
—	39～45	アブジュレーション	82,000GP
—	46～50	カンジュレーション	82,000GP
—	51～55	ディヴィネーション	82,000GP
—	56～60	エンチャントメント	82,000GP
—	61～65	エヴォケーション	82,000GP
—	66～70	イリュージョン	82,000GP
—	71～75	ネクロマンシー	82,000GP
—	76～80	トランスミューテーション	82,000GP
—	81～85	アース・アンド・ストーン	85,800GP
—	86～90	ウッドランズ	100,400GP
—	91～95	ライフ	109,400GP
—	96～98	パッセージ	206,900GP
—	99～100	パワー	235,000GP

スタッフ・オヴ・アース・アンド・ストーン（Earth and Stone／土と石のスタッフ）

オーラ 中程度・変成術；**術者レベル** 11
装備部位 なし；**市価** 85,800GP；**重量** 5ポンド

解説

このスタッフの先端には拳大のエメラルドが付いており、内

に秘めた力をうかがわせて鈍く光っている。**以下の呪文を使用できる：**

- パスウォール（1チャージ）
- ムーヴ・アース（1チャージ）

作成要項

必要条件《スタッフ作成》、パスウォール、ムーヴ・アース；**コスト** 42,900GP。

スタッフ・オヴ・アブジュレーション（Abjuration／防御術のスタッフ）

オーラ 強力・防御術；**術者レベル** 13
装備部位 なし；**市価** 82,000GP；**重量** 5ポンド

解説

このスタッフは通常、オーク（樫や楢）の老木やその他の大木の心材から作られ、以下の呪文を使用できる：

- シールド（1チャージ）
- レジスト・エナジー（1チャージ）
- ディスペル・マジック（1チャージ）
- レッサー・グローブ・オヴ・インヴァルナラビリティ（2チャージ）
- ディスミサル（2チャージ）
- リパルション（3チャージ）

作成要項

必要条件《スタッフ作成》、シールド、ディスペル・マジック、ディスミサル、リパルション、レジスト・エナジー、レッサー・グローブ・オヴ・インヴァルナラビリティ；**コスト** 41,000GP。

スタッフ・オヴ・イリュージョン（Illusion／幻術のスタッフ）

オーラ 強力・幻術；**術者レベル** 13
装備部位 なし；**市価** 82,000GP；**重量** 5ポンド

解説

このスタッフは黒檀などの黒っぽい木材を材料とし、複雑によじれたり、縦溝が掘られたり、螺旋状に形作られる。以下の呪文を使用できる：

- ディスガイズ・セルフ（1チャージ）
- ミラー・イメージ（1チャージ）
- メジャー・イメージ（1チャージ）
- レインボー・パターン（2チャージ）
- パーシステント・イメージ（2チャージ）
- ミスリード（3チャージ）

作成要項

必要条件《スタッフ作成》、ディスガイズ・セルフ、パーシステント・イメージ、ミスリード、ミラー・イメージ、メジャー・イメージ、レインボー・パターン；**コスト** 41,000GP。

スタッフ・オヴ・イルミネーション（Illumination／照明のスタッフ）

オーラ 強力・力術；**術者レベル** 15
装備部位 なし；**市価** 51,500GP；**重量** 5ポンド

解説

このスタッフは通常、銀で覆われ、日輪模様で装飾されている。以下の呪文を使用できる：

- ダンシング・ライツ（1チャージ）
- フレア（1チャージ）
- デイライト（2チャージ）
- サンバースト（3チャージ）

作成要項

必要条件《スタッフ作成》、サンバースト、ダンシング・ライツ、デイライト、フレア；**コスト** 20,750GP。

スタッフ・オヴ・ウッドランズ（Woodlands／森のスタッフ）

オーラ 強力・さまざま；**術者レベル** 13
装備部位 なし；**市価** 100,400GP；**重量** 5ポンド

解説

オーク（樫・楢）かトネリコかイチイの木材でできた、まるで木が自然に育って今のかたちになったようなスタッフ。以下の呪文を使用できる：

- チャーム・アニマル（1チャージ）
- スピーク・ウィズ・アニマルズ（1チャージ）
- バークスキン（2チャージ）
- ウォール・オヴ・ソーンズ（3チャージ）
- サモン・ネイチャーズ・アライVI（3チャージ）
- アニメイト・プランツ（4チャージ）

このスタッフは武器としても使え、+2クオータースタッフ扱いになる。また、スタッフ・オヴ・ウッドランズを持つ者はチャージ消費なしで回数無制限にパス・ウィズアウト・トレイスを使える。この2つの特徴はすべてのチャージを消費してしまった後でも機能する。

作成要項

必要条件《スタッフ作成》、《魔法の武器防具作成》、アニメイト・プランツ、ウォール・オヴ・ソーンズ、サモン・ネイチャーズ・アライVI、スピーク・ウィズ・アニマルズ、チャーム・アニマル、バークスキン、パス・ウィズアウト・トレイス；**コスト** 50,500GP。

スタッフ・オヴ・エヴォケーション（Evocation／力術のスタッフ）

オーラ 強力・力術；**術者レベル** 13
装備部位 なし；**市価** 82,000GP；**重量** 5ポンド

解説

滑らかな、ヒッコリーやイチイで作られたスタッフは、以下の呪文を使用できる：

- マジック・ミサイル（1チャージ）
- シャター（1チャージ）
- ファイアーボール（1チャージ）
- アイス・ストーム（2チャージ）
- ウォール・オヴ・フォース（2チャージ）
- チェイン・ライトニング（3チャージ）

作成要項

必要条件《スタッフ作成》、アイス・ストーム、ウォール・オヴ・フォース、シャター、チェイン・ライトニング、ファイアーボール、マジック・ミサイル；**コスト** 41,000GP。

スタッフ・オヴ・エンチャントメント（Enchantment／心術のスタッフ）

オーラ 強力・心術；**術者レベル** 13
装備部位 なし；**市価** 82,000GP；**重量** 5ポンド

解説

しばしばリンゴの木から作られ、先端に透明な水晶が付けられている。このスタッフは以下の呪文を使用できる：

- スリープ（1チャージ）
- ヒディアス・ラフター（1チャージ）
- サジェスチョン（1チャージ）
- クラッシング・ディスペア（2チャージ）
- マインド・フォッグ（2チャージ）
- マス・サジェスチョン（3チャージ）

作成要項

必要条件《スタッフ作成》、クラッシング・ディスペア、サジェスチョン、スリープ、ヒディアス・ラフター、マインド・フォッグ、マス・サジェスチョン；**コスト** 41,000GP。

スタッフ・オヴ・カンジュレーション（Conjuration／召喚術のスタッフ）

オーラ 強力・召喚術；**術者レベル** 13
装備部位 なし；**市価** 82,000GP；**重量** 5ポンド

解説

このスタッフは通常、トネリコやクルミの木で作られ、さまざまな種類のクリーチャーの彫刻で飾り立てられている。以下の呪文を使用できる：

- アンシーン・サーヴァント（1チャージ）
- サモン・スウォーム（1チャージ）
- スティンキング・クラウド（1チャージ）
- マイナー・クリエイション（2チャージ）
- クラウドキル（2チャージ）
- サモン・モンスターVI（3チャージ）

作成要項

必要条件《スタッフ作成》、アンシーン・サーヴァント、サモン・スウォーム、スティンキング・クラウド、クラウドキル、サモン・モンスターVI；**コスト** 41,000GP。

スタッフ・オヴ・サイズ・オルタレーション（Size Alteration／サイズ変更のスタッフ）

オーラ 中程度・変成術；**術者レベル** 8
装備部位 なし；**市価** 26,150GP；**重量** 5ポンド

解説

このスタッフはたいていの魔法のスタッフよりも比較的太く頑丈で、黒みがかった木材でできており、先端には節くれだちねじ曲がったこぶがある。以下の呪文を使用できる：

- エンラージ・パースン（1チャージ）
- リデュース・パースン（1チャージ）
- シュリンク・アイテム（2チャージ）
- マス・エンラージ・パースン（3チャージ）
- マス・リデュース・パースン（3チャージ）

作成要項

必要条件《スタッフ作成》、エンラージ・パースン、マス・エンラージ・パースン、シュリンク・アイテム、リデュース・パースン、マス・リデュース・パースン；**コスト** 13,075GP。

スタッフ・オヴ・スウォーミング・インセクツ（Swarming Insects／群なす虫のスタッフ）

オーラ 中程度・召喚術；**術者レベル** 9
装備部位 なし；**市価** 22,800GP；**重量** 5ポンド

解説

ねじくれて黒みがかった木でできた杖で、あちこちに虫がついてでもいるかのような黒い斑点（時に動くように見える）がある。以下の呪文を使用できる：

- サモン・スウォーム（1チャージ）
- インセクト・プレイグ（3チャージ）

作成要項

必要条件《スタッフ作成》、インセクト・プレイグ、サモン・スウォーム；**コスト** 11,400GP。

スタッフ・オヴ・チャーミング（Charming／魅惑のスタッフ）

オーラ 中程度・心術；**術者レベル** 8
装備部位 なし；**市価** 17,600GP；**重量** 5ポンド

解説

ねじれた木を見るも見事に形を整え彫りあげたもので、以下の呪文を使用できる：

- チャーム・パースン（1チャージ）
- チャーム・モンスター（2チャージ）

作成要項

必要条件《スタッフ作成》、チャーム・パースン、チャーム・モンスター；**コスト** 8,800GP。

スタッフ・オヴ・ディヴィネーション（Divination／占術のスタッフ）

オーラ 強力・占術；**術者レベル** 13
装備部位 なし；**市価** 82,000GP；**重量** 5ポンド

解説

柔軟な柳の枝でできており、しばしば、一端が二股になっている。このスタッフは以下の呪文を使用できる：

- ディテクト・シークレット・ドアーズ（1チャージ）
- ロケート・オブジェクト（1チャージ）
- タンズ（1チャージ）
- ロケート・クリーチャー（2チャージ）
- プライング・アイズ（2チャージ）
- トゥルー・シーイング（3チャージ）

作成要項

必要条件《スタッフ作成》、タンズ、ディテクト・シークレット・ドアーズ、トゥルー・シーイング、プライング・アイズ、ロケート・オブジェクト、ロケート・クリーチャー；**コスト** 41,000GP。

スタッフ・オヴ・ディフェンス（Defense／防御のスタッフ）

オーラ 強力・防御術；**術者レベル** 15
装備部位 なし；**市価** 62,000GP；**重量** 5ポンド

解説

スタッフ・オヴ・ディフェンスは一見何の飾りもないよく磨かれた木のスタッフだが、身を守るためにかざすと、魔力を帯びて脈動する。以下の呪文を使用できる:

- シールド(1チャージ)
- シールド・オヴ・フェイス(1チャージ)
- シールド・アザー(1チャージ)
- シールド・オヴ・ロー(3チャージ)

作成要項

必要条件 《スタッフ作成》、シールド、シールド・アザー、シールド・オヴ・フェイス、シールド・オヴ・ロー;**コスト** 31,000GP

スタッフ・オヴ・トランスミューテーション（Transmutation／変成術のスタッフ）

オーラ 強力・変成術;**術者レベル** 13
装備部位 なし;**市価** 82,000GP;**重量** 5ポンド
解説

このスタッフはたいてい、石化した木材か化石の骨から、彫り上げられたか飾り付けられていて、両端はごく小さいが複雑なルーンが彫られている。以下の呪文を使用できる:

- エクスペディシャス・リトリート(1チャージ)
- オルター・セルフ(1チャージ)
- ブリンク(1チャージ)
- ポリモーフ(2チャージ)
- ベイルフル・ポリモーフ(2チャージ)
- ディスインテグレイト(3チャージ)

作成要項

必要条件 《スタッフ作成》、エクスペディシャス・リトリート、オルター・セルフ、ディスインテグレイト、ブリンク、ベイルフル・ポリモーフ、ポリモーフ;**コスト** 41,0C0GP

スタッフ・オヴ・ネクロマンシー（Necromancy／死霊術のスタッフ）

オーラ 強力・死霊術;**術者レベル** 13
装備部位 なし;**市価** 82,000GP;**重量** 5ポンド
解説

このスタッフは黒檀などの黒っぽい木材を材料とし、奇妙な蜘蛛のルーンと骨やドクロが混ざり合ったようなイメージが彫りこまれている。以下の呪文を使用できる:

- コーズ・フィアー(1チャージ)
- グール・タッチ(1チャージ)
- ホールト・アンデッド(1チャージ)
- エナヴェイション(2チャージ)
- ウェイヴズ・オヴ・ファティーグ(2チャージ)
- サークル・オヴ・デス(3チャージ)

作成要項

必要条件 《スタッフ作成》、ウェイヴズ・オヴ・ファティーグ、エナヴェイション、グール・タッチ、コーズ・フィアー、サークル・オヴ・デス、ホールト・アンデッド;**コスト** 41,000GP

スタッフ・オヴ・パッセージ（Passage／通り道のスタッフ）

オーラ 強力・さまざま;**術者レベル** 17
装備部位 なし;**市価** 206,900GP;**重量** 5ポンド
解説

この強力なアイテムは以下の呪文を使用できる:

- ディメンジョン・ドア(1チャージ)
- パスウォール(1チャージ)
- フェイズ・ドア(1チャージ)
- グレーター・テレポート(1チャージ)
- アストラル・プロジェクション(1チャージ)

作成要項

必要条件 《スタッフ作成》、アストラル・プロジェクション、グレーター・テレポート、ディメンジョン・ドア、パスウォール、フェイズ・ドア;**コスト** 115,950GP

スタッフ・オヴ・パワー（Power／力のスタッフ）

オーラ 強力・さまざま;**術者レベル** 15
装備部位 なし;**市価** 235,000GP;**重量** 5ポンド
解説

スタッフ・オヴ・パワーはまことに強力なアイテムであり、攻防両方の力を有する。先端には輝く宝石が付いていることが多く、この宝石はゆらめく赤い光を内部よりしばしば発する。このスタッフは以下の呪文を使用できる:

- マジック・ミサイル(1チャージ)
- レイ・オヴ・エンフィーブルメント(呪文レベルを5レベルに上昇)(1チャージ)
- コンティニュアル・フレイム(1チャージ)
- レヴィテート(1チャージ)
- ライトニング・ボルト(呪文レベルを5レベルに上昇)(1チャージ)
- ファイアーボール(呪文レベルを5レベルに上昇)(1チャージ)
- コーン・オヴ・コールド(2チャージ)
- ホールド・モンスター(2チャージ)
- ウォール・オヴ・フォース(術者自身の周囲に、直径10フィートの半球状にのみ展開可)(2チャージ)
- グローブ・オヴ・インヴァルナラビリティ(2チャージ)

スタッフ・オヴ・パワーの使用者は、アーマー・クラスとセーヴィング・スローに＋2の幸運ボーナスを得る。また、このスタッフは＋2クオータースタッフでもあり、使用者はこれで敵を殴ることができる。1チャージを消費すれば(フリー・アクション)、このスタッフは1ラウンドの間、2倍のダメージ(クリティカル時は×3)を与えるようになる。

スタッフ・オヴ・パワーは"応報の一撃"とでも言うべきものを与えることもできるが、そのためには使用者がこのスタッフを折る必要がある(使用者がそれと意図し宣言してこのスタッフを折るのであれば、その行為は標準アクションであり、使用者は【筋力】判定を行う必要がない)。スタッフの中の全チャージが瞬時に、半径30フィートの範囲に解放される。折られたスタッフから2マス以内の者はみな、ヒット・ポイントに残りチャージ数×20ポイントのダメージを受け、3〜4マス離れた者は残りチャージ数×15ポイント、5〜6マス離れた者は残り

チャージ数×10ポイントのダメージを受ける。DC17の反応セーヴに成功すれば、受けるダメージは半分ですむ。

　スタッフを打ち折ったキャラクターは50％の確率で別の次元界へ飛ばされる。そうならなかった場合、爆発的な勢いで解放された呪文のエネルギーがこの者を破壊する。"応報の一撃"を呼ぶことができるのは、このスタッフ・オヴ・ザ・マギやアーティファクトのスタッフ・オヴ・パワーなど一部のアイテムだけである。

作成要項

必要条件《スタッフ作成》、《魔法の武器防具作成》、ウォール・オヴ・フォース、グローブ・オヴ・インヴァルナラビリティ、コーン・オヴ・コールド、コンティニュアル・フレイム、呪文レベル上昇させたファイアーボール、ホールド・モンスター、マジック・ミサイル、呪文レベル上昇させたライトニング・ボルト、呪文レベル上昇させたレイ・オヴ・エンフィーブルメント、レヴィテート；**コスト** 117,500GP

スタッフ・オヴ・ヒーリング（Healing／治癒のスタッフ）

オーラ 中程度・召喚術；**術者レベル** 8
装備部位 なし；**市価** 29,600GP；**重量** 5ポンド

解説

この白いトネリコの杖には、銀のルーンが填めこんであって、以下の呪文を使用できる：

- レッサー・レストレーション（1チャージ）
- キュア・シリアス・ウーンズ（1チャージ）
- リムーヴ・ブラインドネス／デフネス（2チャージ）
- リムーヴ・ディジーズ（3チャージ）

作成要項

必要条件《スタッフ作成》、キュア・シリアス・ウーンズ、リムーヴ・ディジーズ、リムーヴ・ブラインドネス／デフネス、レッサー・レストレーション；**コスト** 14,800GP

スタッフ・オヴ・ファイアー（Fire／火のスタッフ）

オーラ 中程度・力術；**術者レベル** 8
装備部位 なし；**市価** 18,950GP；**重量** 5ポンド

解説

　このスタッフはブロンズウッドづくりで真鍮のたががはまっている。以下の呪文を使用できる：

- バーニング・ハンズ（1チャージ）
- ファイアーボール（2チャージ）
- ウォール・オヴ・ファイアー（3チャージ）

作成要項

必要条件《スタッフ作成》、ウォール・オヴ・ファイアー、バーニング・ハンズ、ファイアーボール；**コスト** 9,475GP

スタッフ・オヴ・フロスト（Frost／霜のスタッフ）

オーラ 中程度・力術；**術者レベル** 10
装備部位 なし；**市価** 41,400GP；**重量** 5ポンド

解説

　両端に輝くダイアモンドを付けたこのスタッフは、一面の

ルーンに覆われている。以下の呪文を使用できる：

- アイス・ストーム（1チャージ）
- ウォール・オヴ・アイス（2チャージ）
- コーン・オヴ・コールド（3チャージ）

作成要項

必要条件《スタッフ作成》、アイス・ストーム、ウォール・オヴ・アイス、コーン・オヴ・コールド；**コスト** 20,700GP

スタッフ・オヴ・ライフ（Life／生命のスタッフ）

オーラ 中程度・召喚術；**術者レベル** 11
装備部位 なし；**市価** 109,400GP；**重量** 5ポンド

解説

　スタッフ・オヴ・ライフは太く滑らかなオーク（樫・楢）の木づくりで、両端には黄金がかぶせられ、曲がりくねったルーンが填めこまれている。このスタッフは以下の呪文を使用できる：

- ヒール（1チャージ）
- レイズ・デッド（5チャージ）

作成要項

必要条件《スタッフ作成》、ヒール、レイズ・デッド；**コスト** 79,700GP

ワンド

　ワンドは指揮棒のような細い杖で、呪文レベルが4レベル以下の呪文が1種類蓄えられている。どのワンドも新規作成時には50チャージを有しており、1チャージ消費するごとに、ワンドの中に蓄えられた呪文を一度使用できる。チャージを使い切ったワンドはただの棒切れである。ワンドの価格は（呪文のレベル×作成者の術者レベル×750）GPに等しい。ワンドに物質要素コストがある場合、そのコストが1チャージごとに1回ぶんずつ（50×物質要素コスト）基本価格と作成のためのコストに加えられる。表15-17には、作成可能な最低術者レベルで作成されたワンドの参考価格が呪文を発動できるクラスごとに書かれている。呪文の中には、術者が違えば呪文レベルが変わってくるものもあることに注意すること。その種の呪文のレベルは、ワンドを作成する術者によって決まる。

外見的特徴：ワンドは長さ6～12インチ、太さ1/4インチほど。重さは1オンス以下であることが多い。多くは木製だが、骨製や金属製のものもあり、はては水晶製のものさえある。典型的なワンドはアーマー・クラス7、5ヒット・ポイント、硬度5、破壊難易度16を有する。

起動：ワンドの起動方法は呪文解放型である。したがって、ワンドから呪文を発動するのは通常、標準アクションで、機会攻撃を誘発しない（もっとも、ワンドから発動する呪文の発動時間が1標準アクションよりも長いなら、ワンドからその呪文を発動するにもそれだけの時間がかかる）。ワンドを起動するには、そのワンドを手（人型でないクリーチャーなら、手にあたる器官）で持ち、だいたい目標や効果範囲がある方向に向けていなければならない。ワンドは組みつき中や飲み込まれている最中でも使用することができる。

魔法のアイテム 15

その他の特徴：d%をロールすること。結果が1～30なら、その能力の手掛かりとなる何か（意匠や銘刻など）があり、31～100なら特に何もない。

表15-17：ワンド

下級	中級	上級	呪文レベル	術者レベル
01～05	—	—	0レベル	1レベル
06～60	—	—	1レベル	1レベル
61～100	01～60	—	2レベル	3レベル
—	61～100	01～60	3レベル	5レベル
—	—	61～100	4レベル	7レベル

ワンドの価格

呪文レベル	ウィザード、クレリック、ドルイド	ソーサラー	バード	パラディン、レンジャー
0レベル	375GP	375GP	375GP	—
1レベル	750GP	750GP	750GP	750GP
2レベル	4,500GP	6,000GP	6,000GP	6,000GP
3レベル	11,250GP	13,500GP	15,750GP	15,750GP
4レベル	21,000GP	24,000GP	30,000GP	30,000GP

その他の魔法のアイテム

　これは、他の分類に当てはまらない多様なアイテムを含む分類である。"その他の魔法のアイテム"は（解説の中で特に指定されていない限り）誰でも使用することができる。

外見的特徴：さまざま。

起動：普通は単純使用型か合言葉型だが、詳細はアイテムごとにさまざまである。

その他の特徴：d%をロールすること。結果が01なら、そのその他の魔法のアイテムは知性を有する。02～31なら、その能力の手掛かりとなる何か（意匠や銘刻など）がある。32～100なら特に何もない。知性を有するアイテムには追加の能力があり、時として変則的な能力や特別な目的も有する（『知性あるアイテム』を参照）。

　チャージのあるその他の魔法のアイテムが知性を持つことは決してない。

アイアン・バンズ・オヴ・バインディング（Iron Bands of Binding／拘束の鉄帯）

オーラ 強力・力術；**術者レベル** 13
装備部位 —；**市価** 26,000GP；**重量** 1ポンド

解説

　この強力なアイテムは直径3インチの錆びた鉄の球体で、帯状のものが巻きついた形をしている。

　正しい合言葉を唱えてこの球形の鉄の装置を敵に投げつけると、遠隔接触攻撃に成功すれば、鉄の帯がほどけて、目標のクリーチャーを締め付けて捕らえる。サイズ分類が大型以下のクリーチャー1体をこの方法で捕らえて、合言葉を唱えて鉄帯を再び球形に戻すまで動けない状態（押さえこまれた状態と同様）

にすることができる。クリーチャーはDC30の【筋力】判定で鉄帯を破壊する（そして使用不可能に壊してしまう）か、DC30の戦技判定または〈脱出術〉で抜け出すことができる。アイアン・バンズ・オヴ・バインディングは1日に1回使用できる。

作成要項

必要条件《その他の魔法のアイテム作成》、グラスピング・ハンド；**コスト** 13,000GP

アイアン・フラスク（Iron Flask／鉄のビン）

オーラ 強力・召喚術；**術者レベル** 20
装備部位 —；**市価** 170,000GP（空の場合）；**重量** 1ポンド

解説

　この特殊な容器は銀でルーンが象眼されており、印形や象形、特殊なシンボルが彫られ、封印を施された真鍮の栓がはまっていることが多い。合言葉を唱えると、使用者は他の次元界から来たクリーチャーなら何でも、そのクリーチャーがDC19の意志セーヴに失敗すれば、この容器に閉じ込めることができる。この効果の有効距離は60フィートである。一度に1体のクリーチャーしか閉じ込めることはできない。栓を緩めると、捕らえたクリーチャーは解放される。

　合言葉を利用できるのは、1日1回だけである。

　捕らわれているクリーチャーを解放する者が合言葉を唱えたら、そのクリーチャーは1時間の間、従うことを強制される。合言葉を唱えずに解放したら、そのクリーチャーは己の生来の性向に応じて行動する（そうしない相応の理由があると感じない限り、通常は使用者を攻撃する）。このビンに同じクリーチャーを再び捕らえようとすると、そのクリーチャーはセーヴに＋2のボーナスを得て、その態度は敵対的となる。新たに発見したビンには以下のいずれかが入っている：

d%	中身	d%	中身
01～50	からっぽ	89	デーモン（グラブレズゥ）
51～54	大型エア・エレメンタル	90	デーモン（サキュバス）
55～58	インヴィジブル・ストーカー	91	デヴィル（オシュルス）
59～62	大型アース・エレメンタル	92	デヴィル（バルバズゥ）
63～66	ゾーン	93	デヴィル（エリニュス）
67～70	大型ファイアー・エレメンタル	94	デヴィル（コルヌゴン）
71～74	サラマンダー	95	アガシオン（アヴォラル）
75～78	大型ウォーター・エレメンタル	96	アザータ（ガエル）
79～82	ジル	97	アルコン（トランペット）
83～85	イェス・ハウンド	98	ラークシャサ
86	デーモン（シャドウ）	99	デーモン（バロール）
87	デーモン（ヴロック）	100	デヴィル（ピット・フィーンド）
88	デーモン（ヘズロウ）		

作成要項

必要条件《その他の魔法のアイテム作成》、トラップ・ザ・ソウル；**コスト** 85,000GP

アイウーン・ストーン（Ioun Stones／アイウーンの石）

オーラ 強力・さまざま；**術者レベル** 12

装備部位 ―；**市価** さまざま；**重量** ―

解説

　この種の結晶質の石は常に空中に浮いており、使用するには持ち主から3フィート以内になければならない。最初にこの石を手に入れた時、キャラクターはその石を手に持ち、その後、手から離さなければならない。そうすると、この石は空中に浮き上がって、キャラクターの頭から1d3フィートの距離を旋回する。それ以降、持ち主から引き離すには、その石を掴むか、網で捕まえなければならない。持ち主は自発的に石を掴んで収納することができる（例えば、睡眠中に盗まれないように）が、その間は石による利益を失う。アイウーン・ストーンのACは24、HPは10、硬度は5である。石の能力はそれぞれの色と形状によってさまざまである（表を参照）。

　真珠白色の**アイウーン・ストーン**による再生能力は**リング・オヴ・リジェネレイション**と同様に働き、キャラクターがこの石を使用している間に受けたダメージのみを癒す。

　薄いラベンダー色の石、およびラベンダー色と緑色の石は**ロッド・オヴ・アブソープション**と同様に働くが、呪文を吸収するには待機アクションが必要であり、また、呪文を威力強化するために使うことはできない。

　鮮やかな紫色の石に蓄える呪文は呪文の使い手が込めなければならないが、使うことは誰でもできる（**リング・オヴ・スペル・ストアリング**を参照）。

作成要項

必要条件《その他の魔法のアイテム作成》、作成者は12レベル以上でなくてはならない；**コスト** 市価の1/2

色	形状	効果	市価
無色透明	紡錘形	クリーチャーは食料と水が不要となる	4,000GP
くすんだ蔷薇色	三角柱	ACに+1洞察ボーナス	5,000GP
深紅	球	【敏捷力】に+2強化ボーナス	8,000GP
きらめく青	球	【判断力】に+2強化ボーナス	8,000GP
薄い青	長斜方形	【筋力】に+2強化ボーナス	8,000GP
桃色	長斜方形	【耐久力】に+2強化ボーナス	8,000GP
桃色と緑色	球	【魅力】に+2強化ボーナス	8,000GP
緋色と青	球	【知力】に+2強化ボーナス[1]	8,000GP
紺色	長斜方形	《鋭敏感覚》（特技と同様）	10,000GP
虹色	紡錘形	クリーチャーは空気が不要となる	18,000GP
薄いラベンダー色	楕円体	4レベル以下の呪文を吸収する[2]	20,000GP
真珠白色	紡錘形	10分ごとにダメージを1ポイント再生する	20,000GP
薄い緑色	三角柱	攻撃ロール、セーヴ、技能判定、能力値判定に+1の技量ボーナス	30,000GP
橙色	三角柱	術者レベルに+1のボーナス	30,000GP
鮮やかな紫色	三角柱	3レベルぶんの呪文を蓄える（**リング・オヴ・スペル・ストアリング**と同様）	36,000GP
ラベンダー色と緑色	楕円体	8レベル以下の呪文を吸収する[3]	40,000GP

[1] この石は**ヘッドバンド・オヴ・ヴァスト・インテリジェンス+2**と同様に関連技能1つを付加する。

[2] 呪文レベル20レベルぶんを吸収すると、この石は燃え尽きて鈍い灰色になり、永久に力を失う。

[3] 呪文レベル50レベルぶんを吸収すると、この石は燃え尽きて鈍い灰色になり、永久に力を失う。

アイズ・オヴ・ジ・イーグル（Eyes of the Eagle／鷹の目眼鏡）

オーラ 微弱・占術；**術者レベル** 3
装備部位 両目；**市価** 2,500GP；**重量** ―

解説

　このアイテムは特殊な水晶でできており、着用者の目にかぶせて使う。この眼鏡は〈知覚〉に+5の技量ボーナスを与える。片方のレンズしか着けない場合、キャラクターはめまいがし、1ラウンドの間、朦朧状態となる。この魔法のアイテムが効果を発揮するには、両方のレンズを着けなければならない。

作成要項

必要条件《その他の魔法のアイテム作成》、クレアオーディエンス／クレアヴォイアンス；**コスト** 1,250GP

アイズ・オヴ・チャーミング（Eyes of Charming／魅惑の眼鏡）

オーラ 中程度・心術；**術者レベル** 7
装備部位 両目；**市価** 56,000GP（一対で）；**重量** ―

解説

　この2枚一組の水晶製レンズは使用者の目にかぶせて使う。着用者は目標と目を合わせるだけで**チャーム・パースン**を使用できる（1ラウンドにつき目標1体）。DC16の意志セーヴに失敗した者は、呪文と同様に魅惑されてしまう。この魔法のアイテムが効果を発揮するには、両方のレンズを着けなければならない。

作成要項

必要条件《その他の魔法のアイテム作成》、《呪文レベル上昇》、チャーム・パースン；**コスト** 28,000GP

アイズ・オヴ・ドゥーム（Eyes of Doom／破滅の眼鏡）

オーラ 中程度・死霊術；**術者レベル** 11
装備部位 両目；**市価** 25,000GP；**重量** ―

解説

　この水晶製のレンズを目にかぶせると、着用者は凝視攻撃として自分の周囲の者に**ドゥーム**を発動できるようになる（1ラウンドにつき目標1体）。ただし、着用者は標準アクションを使用しなければならず、単に着用者を見ただけの者が作用を受けることはない。DC11の意志セーヴに失敗した者は**ドゥーム**呪文と同様の効果を受ける。加えて、着用者は**デスウォッチ**の効果を得るとともに、1週間に1回、通常の凝視攻撃として**フィアー**（意志・不完全、DC16）を使用できる。この魔法のアイテムが効果を発揮するには、両方のレンズを着けなければならない。

作成要項

必要条件《その他の魔法のアイテム作成》、デスウォッチ、ドゥーム、フィアー；**コスト** 12,500GP

アパレイタス・オヴ・ザ・クラブ（Apparatus of the Crab／カニの装置）

オーラ 強力・変成術および力術；**術者レベル** 19
装備部位 ―；**市価** 90,000GP；**重量** 500ポンド

解説

　一見したところ、起動していない**アパレイタス・オヴ・ザ・クラブ**は、中型サイズのクリーチャー2体が入る大きさの、密

表15-18：その他の魔法のアイテム（下級）

d%	アイテム	市価	d%	アイテム	市価
01	フェザー・トークン（アンカー）	50GP	51	ホースシューズ・オヴ・スピード	3,000GP
02	ユニヴァーサル・ソルヴェント	50GP	52	ロープ・オヴ・クライミング	3,000GP
03	エリクサー・オヴ・ラヴ	150GP	53	バッグ・オヴ・トリックス（灰色）	3,400GP
04	アングウェント・オヴ・タイムレスネス	150GP	54	ダスト・オヴ・ディサピアランス	3,500GP
05	フェザー・トークン（ファン）	200GP	55	レンズ・オヴ・ディテクション	3,500GP
06	ダスト・オヴ・トレイスレスネス	250GP	56	ドルイズ・ヴェストメント	3,750GP
07	エリクサー・オヴ・ハイディング	250GP	57	フィギュリーン・オヴ・ワンドラス・パワー（シルヴァー・レイヴン）	3,800GP
08	エリクサー・オヴ・タンブリング	250GP	58	アミュレット・オヴ・マイティ・フィスツ＋1	4,000GP
09	エリクサー・オヴ・スイミング	250GP	59	ベルト・オヴ・ジャイアント・ストレンクス＋2	4,000GP
10	エリクサー・オヴ・ヴィジョン	250GP	60	ベルト・オヴ・インクレディブル・デクスタリティ＋2	4,000GP
11	シルヴァーシーン	250GP	61	ベルト・オヴ・マイティ・コンスティチューション＋2	4,000GP
12	フェザー・トークン（バード）	300GP	62	ブレイザーズ・オヴ・アーマー＋2	4,000GP
13	フェザー・トークン（ツリー）	400GP	63	クローク・オヴ・レジスタンス＋2	4,000GP
14	フェザー・トークン（スワン・ボート）	450GP	64	グラヴズ・オヴ・アロー・スネアリング	4,000GP
15	エリクサー・オヴ・トゥルース	500GP	65	ヘッドバンド・オヴ・アリュアリング・カリスマ＋2	4,000GP
16	フェザー・トークン（ウィップ）	500GP	66	ヘッドバンド・オヴ・インスパイアード・ウィズダム＋2	4,000GP
17	ダスト・オヴ・ドライネス	850GP	67	ヘッドバンド・オヴ・ヴァスト・インテリジェンス＋2	4,000GP
18	ハンド・オヴ・ザ・メイジ	900GP	68	アイウーン・ストーン（無色透明の紡錘形）	4,000GP
19	ブレイザーズ・オヴ・アーマー＋1	1,000GP	69	レストレイティヴ・オイントメント	4,000GP
20	クローク・オヴ・レジスタンス＋1	1,000GP	70	マーヴェラス・ピグメンツ	4,000GP
21	パール・オヴ・パワー（1レベル呪文）	1,000GP	71	パール・オヴ・パワー（2レベル呪文）	4,000GP
22	フィラクタリー・オヴ・フェイスフルネス	1,000GP	72	ストーン・サーヴ	4,000GP
23	サーヴ・オヴ・スリッパリネス	1,000GP	73	ネックレス・オヴ・ファイアーボールズ（タイプIII）	4,350GP
24	エリクサー・オヴ・ファイアー・ブレス	1,100GP	74	サークレット・オヴ・パースウェイジョン	4,500GP
25	パイプス・オヴ・ザ・スーアーズ	1,150GP	75	スリッパーズ・オヴ・スパイダー・クライミング	4,800GP
26	ダスト・オヴ・イリュージョン	1,200GP	76	インセンス・オヴ・メディテイション	4,900GP
27	ブローチ・オヴ・シールディング	1,500GP	77	バッグ・オヴ・ホールディング（タイプII）	5,000GP
28	ネックレス・オヴ・ファイアーボールズ（タイプI）	1,650GP	78	レッサー・ブレイザーズ・オヴ・アーチェリー	5,000GP
29	ダスト・オヴ・アピアランス	1,800GP	79	アイウーン・ストーン（くすんだ薔薇色の三角柱）	5,000GP
30	ハット・オヴ・ディスガイズ	1,800GP	80	ヘルム・オヴ・コンプリヘンド・ランゲージズ・アンド・リード・マジック	5,200GP
31	パイプス・オヴ・サウンディング	1,800GP	81	ヴェスト・オヴ・エスケープ	5,200GP
32	エフィシャント・クウィヴァー	1,800GP	82	エヴァースモーキング・ボトル	5,400GP
33	アミュレット・オヴ・ナチュラル・アーマー＋1	2,000GP	83	サステイニング・スプーン	5,400GP
34	ハンディ・ハヴァサック	2,000GP	84	ネックレス・オヴ・ファイアーボールズ（タイプIV）	5,400GP
35	ホーン・オヴ・フォッグ	2,000GP	85	ブーツ・オヴ・ストライディング・アンド・スプリンギング	5,500GP
36	エレメンタル・ジェム	2,250GP	86	ウィンド・ファン	5,500GP
37	ローブ・オヴ・ボーンズ	2,400GP	87	ネックレス・オヴ・ファイアーボールズ（タイプV）	5,850GP
38	ソヴリン・グルー	2,400GP	88	ホースシューズ・オヴ・ア・ゼファー	6,000GP
39	バッグ・オヴ・ホールディング（タイプI）	2,500GP	89	パイプス・オヴ・ホーンティング	6,000GP
40	ブーツ・オヴ・エルヴンカインド	2,500GP	90	グラヴズ・オヴ・スイミング・アンド・クライミング	6,250GP
41	ブーツ・オヴ・ザ・ウィンターランズ	2,500GP	91	マイナー・クラウン・オヴ・ブラスティング	6,480GP
42	キャンドル・オヴ・トゥルース	2,500GP	92	ホーン・オヴ・グッドネス／イーヴル	6,500GP
43	クローク・オヴ・エルヴンカインド	2,500GP	93	ローブ・オヴ・ユースフル・アイテムズ	7,000GP
44	アイズ・オヴ・ジ・イーグル	2,500GP	94	フォールディング・ボート	7,200GP
45	ゴーグルズ・オヴ・マイニュート・シーイング	2,500GP	95	クローク・オヴ・ザ・マンタ・レイ	7,200GP
46	ゴーレムベイン・スカラベ	2,500GP	96	ボトル・オヴ・エア	7,250GP
47	ネックレス・オヴ・ファイアーボールズ（タイプII）	2,700GP	97	バッグ・オヴ・ホールディング（タイプIII）	7,400GP
48	ストーン・オヴ・アラーム	2,700GP	98	ペリアプト・オヴ・ヘルス	7,400GP
49	ビード・オヴ・フォース	3,000GP	99	ブーツ・オヴ・レヴィテーション	7,500GP
50	チャイム・オヴ・オープニング	3,000GP	100	ハープ・オヴ・チャーミング	7,500GP

表15-19：その他の魔法のアイテム（中級）

d%	アイテム	市価		d%	アイテム	市価
1	アミュレット・オヴ・ナチュラル・アーマー＋2	8,000GP		51	ベルト・オヴ・マイティ・コンスティチューション＋4	16,000GP
2	ゴーレム・マニュアル（フレッシュ）	8,000GP		52	ベルト・オヴ・フィジカル・パーフェクション＋2	16,000GP
3	ハンド・オヴ・グローリー	8,000GP		53	ウィングド・ブーツ	16,000GP
4	アイウーン・ストーン（深紅の球）	8,000GP		54	ブレイサーズ・オヴ・アーマー＋4	16,000GP
5	アイウーン・ストーン（きらめく青の球）	8,000GP		55	クローク・オヴ・レジスタンス＋4	16,000GP
6	アイウーン・ストーン（薄い青の長斜方形）	8,000GP		56	ヘッドバンド・オヴ・アリュアリング・カリズマ＋4	16,000GP
7	アイウーン・ストーン（桃色と緑色の球）	8,000GP		57	ヘッドバンド・オヴ・インスパイアード・ウィズダム＋4	16,000GP
8	アイウーン・ストーン（桃色の長斜方形）	8,000GP		58	ヘッドバンド・オヴ・メンタル・スペリアリティ＋2	16,000GP
9	アイウーン・ストーン（緋色と青の球）	8,000GP		59	ヘッドバンド・オヴ・ヴァスト・インテリジェンス＋4	16,000GP
10	デック・オヴ・イリュージョンズ	8,100GP		60	パール・オヴ・パワー（4レベル呪文）	16,000GP
11	ネックレス・オヴ・ファイアーボールズ（タイプVI）	8,100GP		61	スキャバード・オヴ・キーン・エッジズ	16,000GP
12	キャンドル・オヴ・インヴォケーション	8,400GP		62	フィギュリーン・オヴ・ワンドラス・パワー（ゴールデン・ライオンズ）	16,500GP
13	ローブ・オヴ・ブレンディング	8,400GP		63	チャイム・オヴ・インタラプション	16,800GP
14	バッグ・オヴ・トリックス（さび色）	8,500GP		64	ブルーム・オヴ・フライング	17,000GP
15	ネックレス・オヴ・ファイアーボールズ（タイプVII）	8,700GP		65	フィギュリーン・オヴ・ワンドラス・パワー（マーブル・エレファント）	17,000GP
16	ブレイサーズ・オヴ・アーマー＋3	9,000GP		66	アミュレット・オヴ・ナチュラル・アーマー＋3	18,000GP
17	クローク・オヴ・レジスタンス＋3	9,000GP		67	アイウーン・ストーン（虹色の紡錘形）	18,000GP
18	デカンター・オヴ・エンドレス・ウォーター	9,000GP		68	ブレスレット・オヴ・フレンズ	19,000GP
19	ネックレス・オヴ・アダプテイション	9,000GP		69	カーペット・オヴ・フライング（5フィート×5フィート）	20,000GP
20	パール・オヴ・パワー（3レベル呪文）	9,000GP		70	ホーン・オヴ・ブラスティング	20,000GP
21	フィギュリーン・オヴ・ワンドラス・パワー（サーペンタイン・アウル）	9,100GP		71	アイウーン・ストーン（薄いラベンダー色の楕円体）	20,000GP
22	レッサー・ストランド・オヴ・プレアー・ビーズ	9,600GP		72	アイウーン・ストーン（真珠白色の紡錘形）	20,000GP
23	バッグ・オヴ・ホールディング（タイプIV）	10,000GP		73	ポータブル・ホール	20,000GP
24	ベルト・オヴ・フィジカル・マイト＋2	10,000GP		74	ストーン・オヴ・グッド・ラック（ラックストーン）	20,000GP
25	フィギュリーン・オヴ・ワンドラス・パワー（ブロンズ・グリフィン）	10,000GP		75	フィギュリーン・オヴ・ワンドラス・パワー（アイヴォリー・ゴーツ）	21,000GP
26	フィギュリーン・オヴ・ワンドラス・パワー（エボニー・フライ）	10,000GP		76	ローブ・オヴ・エンタングルメント	21,000GP
27	グラヴ・オヴ・ストアリング	10,000GP		77	ゴーレム・マニュアル（ストーン）	22,000GP
28	ヘッドバンド・オヴ・メンタル・プラウエス＋2	10,000GP		78	マスク・オヴ・ザ・スカル	22,000GP
29	アイウーン・ストーン（紺色の長斜方形）	10,000GP		79	マトック・オヴ・ザ・ティタンズ	23,348GP
30	ケープ・オヴ・ザ・マウンティバンク	10,800GP		80	メジャー・クラウン・オヴ・ブラスティング	23,760GP
31	フィラクタリー・オヴ・ネガティヴ・チャネリング	11,000GP		81	マイナー・クローク・オヴ・ディスプレイスメント	24,000GP
32	フィラクタリー・オヴ・ポジティヴ・チャネリング	11,000GP		82	ヘルム・オヴ・アンダーウォーター・アクション	24,000GP
33	ガントレット・オヴ・ラスト	11,500GP		83	グレーター・ブレイサーズ・オヴ・アーチェリー	25,000GP
34	ブーツ・オヴ・スピード	12,000GP		84	ブレイサーズ・オヴ・アーマー＋5	25,000GP
35	ゴーグルズ・オヴ・ナイト	12,000GP		85	クローク・オヴ・レジスタンス＋5	25,000GP
36	ゴーレム・マニュアル（クレイ）	12,000GP		86	アイズ・オヴ・ドゥーム	25,000GP
37	メダリオン・オヴ・ソウツ	12,000GP		87	パール・オヴ・パワー（5レベル呪文）	25,000GP
38	プレスト・ブック	12,500GP		88	モール・オヴ・ザ・ティタンズ	25,305GP
39	ジェム・オヴ・ブライトネス	13,000GP		89	クローク・オヴ・ザ・バット	26,000GP
40	ライア・オヴ・ビルディング	13,000GP		90	アイアン・バンズ・オヴ・バインディング	26,000GP
41	モンクス・ローブ	13,000GP		91	キューブ・オヴ・フロスト・レジスタンス	27,000GP
42	クローク・オヴ・アラクニダ	14,000GP		92	ヘルム・オヴ・テレパシー	27,000GP
43	ベルト・オヴ・ドワーヴンカインド	14,900GP		93	ペリアプト・オヴ・プルーフ・アゲンスト・ポイズン	27,000GP
44	ペリアプト・オヴ・ウーンド・クロージャー	15,000GP		94	ローブ・オヴ・シンティレイティング・カラーズ	27,000GP
45	パール・オヴ・ザ・サイレンズ	15,300GP		95	マニュアル・オヴ・ボディリー・ヘルス＋1	27,500GP
46	フィギュリーン・オヴ・ワンドラス・パワー（オニキス・ドッグ）	15,500GP		96	マニュアル・オヴ・ゲインフル・エクササイズ＋1	27,500GP
47	アミュレット・オヴ・マイティ・フィスツ＋2	16,000GP		97	マニュアル・オヴ・クイックネス・オヴ・アクション＋1	27,500GP
48	バッグ・オヴ・トリックス（黄褐色）	16,000GP		98	トゥム・オヴ・クリア・ソウト＋1	27,500GP
49	ベルト・オヴ・ジャイアント・ストレングス＋4	16,000GP		99	トゥム・オヴ・リーダーシップ・アンド・インフルエンス＋1	27,500GP
50	ベルト・オヴ・インクレディブル・デクスタリティ＋4	16,000GP		100	トゥム・オヴ・アンダスタンディング＋1	27,500GP

表15-20：その他の魔法のアイテム（上級）

d%	アイテム	市価
1	ディメンジョナル・シャックルズ	28,000GP
2	フィギュリーン・オヴ・ワンドラス・パワー（オブシディアン・スティード）	28,500GP
3	ドラムズ・オヴ・パニック	30,000GP
4	アイウーン・ストーン（橙色の三角柱）	30,000GP
5	アイウーン・ストーン（薄い緑色の三角柱）	30,000GP
6	ランタン・オヴ・リヴィーリング	30,000GP
7	アミュレット・オヴ・ナチュラル・アーマー+4	32,000GP
8	アミュレット・オヴ・プルーフ・アゲンスト・ディテクション・アンド・ロケーション	35,000GP
9	カーペット・オヴ・フライング（5フィート×10フィート）	35,000GP
10	ゴーレム・マニュアル（アイアン）	35,000GP
11	アミュレット・オヴ・マイティ・フィスツ+3	36,000GP
12	ベルト・オヴ・ジャイアント・ストレンクス+6	36,000GP
13	ベルト・オヴ・インクレディブル・デクスタリティ+6	36,000GP
14	ベルト・オヴ・マイティ・コンスティチューション+6	36,000GP
15	ブレイサーズ・オヴ・アーマー+6	36,000GP
16	ヘッドバンド・オヴ・アリュアリング・カリスマ+6	36,000GP
17	ヘッドバンド・オヴ・インスパイアード・ウィズダム+6	36,000GP
18	ヘッドバンド・オヴ・ヴァスト・インテリジェンス+6	36,000GP
19	アイウーン・ストーン（鮮やかな紫色の三角柱）	36,000GP
20	パール・オヴ・パワー（6レベル呪文）	36,000GP
21	スカラベ・オヴ・プロテクション	38,000GP
22	ベルト・オヴ・フィジカル・マイト+4	40,000GP
23	ヘッドバンド・オヴ・メンタル・プラウエス+4	40,000GP
24	アイウーン・ストーン（ラベンダー色と緑色の楕円体）	40,000GP
25	リング・ゲーツ	40,000GP
26	クリスタル・ボール	42,000GP
27	ゴーレム・マニュアル（ストーン・ガーディアン）	44,000GP
28	ストランド・オヴ・プレアー・ビーズ	45,800GP
29	オーブ・オヴ・ストームズ	48,000GP
30	ブーツ・オヴ・テレポーテーション	49,000GP
31	ブレイサーズ・オヴ・アーマー+7	49,000GP
32	パール・オヴ・パワー（7レベル呪文）	49,000GP
33	アミュレット・オヴ・ナチュラル・アーマー+5	50,000GP
34	メジャー・クローク・オヴ・ディスプレイスメント	50,000GP
35	クリスタル・ボール（シー・インヴィジビリティ付き）	50,000GP
36	ホーン・オヴ・ヴァルハラ	50,000GP
37	クリスタル・ボール（ディテクト・ソウツ付き）	51,000GP
38	ウィングズ・オヴ・フライング	54,000GP
39	クローク・オヴ・イセリアルネス	55,000GP
40	インスタント・フォートレス	55,000GP
41	マニュアル・オヴ・ボディリー・ヘルス+2	55,000GP
42	マニュアル・オヴ・ゲインフル・エクササイズ+2	55,000GP
43	マニュアル・オヴ・クイックネス・オヴ・アクション+2	55,000GP
44	トウム・オヴ・クリア・ソウト+2	55,000GP
45	トウム・オヴ・リーダーシップ・アンド・インフルエンス+2	55,000GP
46	トウム・オヴ・アンダスタンディング+2	55,000GP
47	アイズ・オヴ・チャーミング	56,000GP
48	ローブ・オヴ・スターズ	58,000GP
49	カーペット・オヴ・フライング（10フィート×10フィート）	60,000GP
50	ダークスカル	60,000GP
51	キューブ・オヴ・フォース	62,000GP
52	アミュレット・オヴ・マイティ・フィスツ+4	64,000GP
53	ベルト・オヴ・フィジカル・パーフェクション+4	64,000GP
54	ブレイサーズ・オヴ・アーマー+8	64,000GP
55	ヘッドバンド・オヴ・メンタル・スペリアリティ+4	64,000GP
56	パール・オヴ・パワー（8レベル呪文）	64,000GP
57	クリスタル・ボール（テレパシー付き）	70,000GP
58	グレーター・ホーン・オヴ・ブラスティング	70,000GP
59	パール・オヴ・パワー（呪文2つ）	70,000GP
60	ヘルム・オヴ・テレポーテーション	73,500GP
61	ジェム・オヴ・シーイング	75,000GP
62	ローブ・オヴ・ジ・アークマギ	75,000GP
63	マントル・オヴ・フェイス	76,000GP
64	クリスタル・ボール（トゥルー・シーイング付き）	80,000GP
65	パール・オヴ・パワー（9レベル呪文）	81,000GP
66	ウェル・オヴ・メニー・ワールズ	82,000GP
67	マニュアル・オヴ・ボディリー・ヘルス+3	82,500GP
68	マニュアル・オヴ・ゲインフル・エクササイズ+3	82,500GP
69	マニュアル・オヴ・クイックネス・オヴ・アクション+3	82,500GP
70	トウム・オヴ・クリア・ソウト+3	82,500GP
71	トウム・オヴ・リーダーシップ・アンド・インフルエンス+3	82,500GP
72	トウム・オヴ・アンダスタンディング+3	82,500GP
73	アパレイタス・オヴ・ザ・クラブ	90,000GP
74	ベルト・オヴ・フィジカル・マイト+6	90,000GP
75	ヘッドバンド・オヴ・メンタル・プラウエス+6	90,000GP
76	マントル・オヴ・スペル・レジスタンス	90,000GP
77	ミラー・オヴ・オポジション	92,000GP
78	グレーター・ストランド・オヴ・プレアー・ビーズ	95,800GP
79	アミュレット・オヴ・マイティ・フィスツ+5	100,000GP
80	マニュアル・オヴ・ボディリー・ヘルス+4	110,000GP
81	マニュアル・オヴ・ゲインフル・エクササイズ+4	110,000GP
82	マニュアル・オヴ・クイックネス・オヴ・アクション+4	110,000GP
83	トウム・オヴ・クリア・ソウト+4	110,000GP
84	トウム・オヴ・リーダーシップ・アンド・インフルエンス+4	110,000GP
85	トウム・オヴ・アンダスタンディング+4	110,000GP
86	アミュレット・オヴ・ザ・ブレインズ	120,000GP
87	ローブ・オヴ・アイズ	120,000GP
88	ヘルム・オヴ・ブリリアンス	125,000GP
89	マニュアル・オヴ・ボディリー・ヘルス+5	137,500GP
90	マニュアル・オヴ・ゲインフル・エクササイズ+5	137,500GP
91	マニュアル・オヴ・クイックネス・オヴ・アクション+5	137,500GP
92	トウム・オヴ・クリア・ソウト+5	137,500GP
93	トウム・オヴ・リーダーシップ・アンド・インフルエンス+5	137,500GP
94	トウム・オヴ・アンダスタンディング+5	137,500GP
95	ベルト・オヴ・フィジカル・パーフェクション+6	144,000GP
96	ヘッドバンド・オヴ・メンタル・スペリアリティ+6	144,000GP
97	イフリート・ボトル	145,000GP
98	キュービック・ゲート	164,000GP
99	アイアン・フラスク	170,000GP
100	ミラー・オヴ・ライフ・トラッピング	200,000GP

封された大きな鉄樽に見える。詳しく調べてDC20の〈知覚〉に成功すると、一方の端にハッチを開くための隠された留め金が見つかる。内部に入り込むと、10本の（印のない）レバーと、中型サイズか小型サイズの乗員2名ぶんの座席が見つかる。このレバーを使って、内部の者はこの装置を起動させ、移動や行動を制御することができる。

レバー(1d10)	レバーの機能
1	脚と尾を伸ばす／縮める
2	前方の丸窓の覆いを開ける／閉める
3	側面の丸窓の覆いを開ける／閉める
4	ハサミと触角を伸ばす／縮める
5	ハサミで挟み込む
6	前方／後方に移動する
7	右／左に旋回する
8	内部にコンティニュアル・フレイムのかかっている"目"を開く／閉じる
9	水中で浮上する／沈下する
10	ハッチを開く／閉じる

1つのレバーの操作は1回の全ラウンド・アクションであり、どのレバーも1ラウンドに1回しか操作することはできない。しかし、2体のキャラクターが内部に入ることができるため、この装置は同一ラウンドに移動と攻撃を行うことができる。この装置は水深900フィート（約270m）までの水中でも機能することができる。この装置は2名の乗組員が1d4+1時間生き延びられるだけの空気を保持することができる（乗員が1名なら2倍の時間保つ）。起動時には、この装置は巨大なザリガニのようなものに見える。

起動時のアパレイタス・オヴ・ザ・クラブは以下のようなデータを持つ：**HP** 200；**硬度** 15；**移動速度** 20フィート、水泳20フィート；**AC** 20（−1サイズ、＋11外皮）；**攻撃** ハサミ×2＋12近接（2d8）；**CMB** ＋14；**CMD** 24。

作成要項
必要条件《その他の魔法のアイテム作成》、アニメイト・オブジェクツ、コンティニュアル・フレイム、作成者が〈知識：工学〉を8ランク持っていること；**コスト** 45,000GP

アミュレット・オヴ・ザ・プレインズ
(Amulet of the Planes／次元界の呪符)

オーラ 強力・召喚術；**術者レベル** 15
装備部位 首周り；**市価** 120,000GP；**重量** ―
解説
この装置は通常、黒い円形の呪符に見えるが、近くで見たキャラクターには暗い色が渦巻いているのがわかる。この呪符により、着用者はプレイン・シフトを利用できるようになるが、このアイテムを使いこなすのは難しい。この呪符を用いて自分の望む次元界（そしてその次元界の特定の場所）に行くには、着用者はDC15の【知力】判定を行わなければならない。失敗すれば、この呪符は使用者とそれに同行する全員を、目的の次元界のランダムな場所（d%の結果が01〜60）か、あるいはランダムな次元界（61〜100）へと運ぶ。

作成要項
必要条件《その他の魔法のアイテム作成》、プレイン・シフト；**コスト** 60,000GP

アミュレット・オヴ・ナチュラル・アーマー
(Amulet of Natural Armor／外皮の呪符)

オーラ 微弱・変成術；**術者レベル** 5
装備部位 首周り；**市価** 2,000GP（＋1）、8,000GP（＋2）、18,000GP（＋3）、32,000GP（＋4）、50,000GP（＋5）；**重量** ―
解説
この呪符は通常、骨や獣の鱗で作られ、着用者の肉体を強靭にし、そのACへの外皮ボーナスに（呪符の種類に応じて）＋1〜＋5の強化ボーナスを与える。

作成要項
必要条件《その他の魔法のアイテム作成》、バークスキン、作成者の術者レベルがアミュレットのボーナスの3倍以上であること；**コスト** 1,000GP（＋1）、4,000GP（＋2）、9,000GP（＋3）、16,000GP（＋4）、25,000GP（＋5）

アミュレット・オヴ・プルーフ・アゲンスト・ディテクション・アンド・ロケーション
(Amulet of Proof against Detection and Location／感知および位置特定妨害の呪符)

オーラ 中程度・防御術；**術者レベル** 8
装備部位 首周り；**市価** 35,000GP；**重量** ―
解説
この銀製の呪符は、ノンディテクション呪文と同じように、着用者を念視と魔法による位置特定から守る。着用者に対して占術呪文が試みられたら、その占術の術者は（着用者が自身にノンディテクション呪文を発動していたかのように）DC23に対する術者レベル判定（1d20＋術者レベル）に成功しなければならない。

作成要項
必要条件《その他の魔法のアイテム作成》、ノンディテクション；**コスト** 17,500GP

アミュレット・オヴ・マイティ・フィスツ
(Amulet of Mighty Fists／強き拳の呪符)

オーラ 微弱・力術；**術者レベル** 5
装備部位 首周り；**市価** 4,000GP（＋1）、16,000GP（＋2）、36,000GP（＋3）、64,000GP（＋4）、100,000GP（＋5）；**重量** ―
解説
この呪符は、素手攻撃および肉体武器による攻撃ロールとダメージ・ロールに＋1〜＋5の強化ボーナスを与える。

あるいは、この呪符は、素手攻撃に適用できるものに限って、近接武器の特殊能力を与えることもできる。能力のリストについては表15-9を参照すること。アイテムの市価を計算する際には、特殊能力は追加のボーナスと同様に計算するが、実際に攻撃やダメージを修正することはない。アミュレット・オヴ・マイティ・フィスツの有効ボーナス（強化ボーナス＋特殊能力ボーナス相当値）は＋5が上限である。特殊能力を付けるにあたって、

アミュレット・オヴ・マイティ・フィスツに＋1の強化ボーナスが付いている必要はない。

作成要項
必要条件《その他の魔法のアイテム作成》、グレーター・マジック・ファング、作成者の術者レベルがアミュレットのボーナスの3倍以上であること、加えて近接武器の特殊能力の必要条件；**コスト** 2,000GP（＋1）、8,000GP（＋2）、18,000GP（＋3）、32,000GP（＋4）、50,000GP（＋5）

アングウェント・オヴ・タイムレスネス（Unguent of Timelessness／時知らずの軟膏）

オーラ 微弱・変成術；**術者レベル** 3
装備部位 ―；**市価** 150GP；**重量** ―

解説
　かつて生命を有していた物体（木材、紙、死体など）にこの軟膏を塗ると、その物体は時間の経過に対する抵抗力を得る。時間の経過がその物体に与える作用は、実際に1年が経つごとに、1日しか経っていないように扱う。この軟膏を塗った物体は、あらゆるセーヴに＋1の抵抗ボーナスを得る。軟膏が剥げ落ちることはないが、魔法の力で取り除くことはできる（例えば、効果を解呪するなど）。ビン1つでサイズ分類が中型以下の物体8個を覆えるだけの量がある。大型サイズの物体は中型サイズの物体2個ぶん、超大型サイズの物体は中型サイズの物体4個ぶんに相当する。

作成要項
必要条件《その他の魔法のアイテム作成》、ジェントル・リポウズ；**コスト** 75GP

イフリート・ボトル（Efreeti Bottle／イフリートの壺）

オーラ 強力・召喚術；**術者レベル** 14
装備部位 ―；**市価** 145,000GP；**重量** 1ポンド

解説
　このアイテムは普通、真鍮か青銅製で、特殊な封印の施された鉛の栓がされている。周期的に、苦い臭いの煙が壺の口から細く立ち昇っている。この壺は1日に1回開けることができる。開けると、壺の中に閉じ込められていたイフリート（パスファインダーRPG ベスティアリ参照）が不快な煙の雲とともに即座に現れる。10％（d％で01〜10）の確率でこのイフリートは発狂しており、解放されると即座に攻撃してくる。また、10％（d％で91〜100）の確率でこの壺のイフリートが3つのウィッシュを使ってくれる。どちらの場合も、攻撃やウィッシュが終わると、イフリートは永久に姿を消し、壺は魔法の力を失ってしまう。それ以外の80％（11〜90）の場合、この壺の住人は1日に10分間まで（あるいはそのイフリートが死ぬまで）、そのキャラクターに忠実に仕えて、命令を実行してくれる。毎日、壺が開けられるたびに、その日の効果を決めるためにロールすること。

作成要項
必要条件《その他の魔法のアイテム作成》、プレイナー・バインディング；**コスト** 72,500GP

インスタント・フォートレス（Instant Fortress／即席要塞）

オーラ 強力・召喚術；**術者レベル** 13
装備部位 ―；**市価** 55,000GP；**重量** 1ポンド

解説
　この金属製の立方体は小さなものだが、合言葉で起動すると大きくなって、広さが一辺20フィートの正方形、高さが30フィートの塔になる。この塔はどの側面にも矢狭間があり、屋上には狭間胸壁がある。金属製の壁は地下10フィートまで伸びて地面に根を下ろし、塔が倒されるのを防ぐ。この要塞には、要塞の持ち主の命令でしか開かない小さな扉が1つある――ノック呪文でも、この扉を開くことはできない。

　インスタント・フォートレスの壁はアダマンティン製であり、HPは100、硬度は20である。ウィッシュやミラクルでなければ、この要塞を修理することはできない。どちらも1回の使用で50ポイントのダメージを回復する。

　この要塞はわずか1ラウンドで姿を現し、扉は装置の持ち主の目前にくる。扉は持ち主の命令で即座に開閉する。近くにいる人々やクリーチャー（持ち主を除く）は要塞の突然の出現に巻き込まれないように注意しなければならない。巻き込まれた場合、10d10ポイントのダメージを受ける（反応・半減、DC19）。

　この要塞は合言葉（起動時に用いたのとは別のもの）を唱えることで起動停止できる。中身が空っぽでなければ、起動停止することはできない。

作成要項
必要条件《その他の魔法のアイテム作成》、メイジズ・マグニフィシャント・マンション；**コスト** 27,500GP

インセンス・オヴ・メディテイション（Incense of Meditation／瞑想の香）

オーラ 中程度・心術；**術者レベル** 7
装備部位 ―；**市価** 4,900GP；**重量** 1ポンド

解説
　この甘い匂いのする香を小さな直方体のブロックに固めたものは、火を点すまで、魔法の力を持たない香と見た目では区別がつかない。燃えている間、その特別な芳香と真珠色の煙は、DC15の〈呪文学〉に成功した者なら誰にでもそれと判る。

　1人の信仰呪文の使い手がインセンス・オヴ・メディテイションのブロック1つに火を点し、その近くで祈りと瞑想に8時間を費やせば、そのキャラクターはすべての呪文を《呪文威力最大化》の特技が作用しているものとして準備できる。しかし、この方法で準備した呪文はすべて通常の呪文レベルであり、（通常の呪文修正特技で修正した場合のように）通常より3レベル高いレベルになることはない。

　この香1ブロックは8時間燃え続け、その効果は24時間持続する。

作成要項
必要条件《その他の魔法のアイテム作成》、《呪文威力最大化》、ブレス；**コスト** 2,450GP

ウィングズ・オヴ・フライング（Wings of Flying／飛行の翼）

オーラ 中程度・変成術；**術者レベル** 10
装備部位 肩周り；**市価** 54,000GP；**重量** 2ポンド

解説

この一対の翼は、古く黒い布でできた飾りのない外套にしか見えないこともあれば、青い羽毛でできた長いケープのように優美なものであることもある。着用者が合言葉を唱えると、この外套は大きなコウモリか鳥の翼のような一対の翼に変化し、移動速度60フィートの飛行能力（機動性は標準）を着用者に与え、〈飛行〉にも＋5の技量ボーナスを与える。

作成要項

必要条件《その他の魔法のアイテム作成》、フライ；**コスト** 27,000GP

ウィングド・ブーツ（Boots, Winged／飛行のブーツ）

オーラ 中程度・変成術；**術者レベル** 8
装備部位 両足；**市価** 16,000GP；**重量** 1ポンド

解説

このブーツは普通の履物に見える。合言葉を唱えると、ブーツのかかとから翼がはえ、着用者はフライ呪文が作用しているように、精神集中を維持する必要なく飛行できるようになる（〈飛行〉への＋4ボーナスを含む）。着用者は1日に3回、1回につき5分まで飛行することができる。

作成要項

必要条件《その他の魔法のアイテム作成》、フライ；**コスト** 8,000GP

ウィンド・ファン（Wind Fan／風扇）

オーラ 微弱・力術；**術者レベル** 5
装備部位 ―；**市価** 5,500GP；**重量** ―

解説

ウィンド・ファンは、木とパピルスか布でできた、扇いで涼しい風を送り出す道具にしか見えない。合言葉を唱えると、持ち主は扇からガスト・オヴ・ウィンド呪文と同様の効果を生じる。この扇は1日に1回なら、まったく危険なく使用することができる。それ以上使用した場合、扇が壊れて魔力のないぼろ切れになってしまうおそれがあり、この確率は使用するたびに20％ずつ累積してゆく。

作成要項

必要条件《その他の魔法のアイテム作成》、ガスト・オヴ・ウィンド；**コスト** 2,750GP

ヴェスト・オヴ・エスケープ（Vest of Escape／脱出の胴着）

オーラ 微弱・召喚術および変成術；**術者レベル** 4
装備部位 胸部；**市価** 5,200GP；**重量** ―

解説

この簡素な絹の胴着には秘密のポケットがあり、そこには〈装置無力化〉に＋4の技量ボーナスを与える魔法の開錠道具が入っている。また、この胴着は着用者の〈脱出術〉に＋6の技量ボーナスも与える。

作成要項

必要条件《その他の魔法のアイテム作成》、ノック、グリース；**コスト** 2,600GP

ウェル・オヴ・メニー・ワールズ（Well of Many Worlds／あまたの世界の井戸）

オーラ 強力・召喚術；**術者レベル** 17
装備部位 ―；**市価** 82,000GP；**重量** ―

解説

次元を結ぶこの奇妙な装置はポータブル・ホールとまったく同じように見える。この中に入れたものは即座に別の世界――平行世界、他の惑星、または他の次元界（ランダムに決定する）――に送り込まれる。この井戸を動かすと、新たな行き先（再びランダムに決定する）につながる。ポータブル・ホールと同様に、拾い上げたり、折り畳んだり、丸めたりすることができる。この井戸がつながっている先の世界からも、物体が容易に開口部を通ってやって来る可能性がある。この井戸は双方向に使えるポータルなのだ。

作成要項

必要条件《その他の魔法のアイテム作成》、ゲート；**コスト** 41,000GP

エヴァースモーキング・ボトル（Eversmoking Bottle／無限の煙の壺）

オーラ 微弱・変成術；**術者レベル** 3
装備部位 ―；**市価** 5,400GP；**重量** 1ポンド

解説

この金属の壺の外見はイフリート・ボトルとまったく同じだが、煙を出す以外の機能はない。栓を抜くと大量の煙が出て、1ラウンドで半径50フィートの拡散の範囲に広がり、視覚を完全に遮ってしまう。壺に栓をしないままの場合、煙は半径100フィートの拡散の範囲まで、1ラウンドにつき10フィートずつ広がってゆく。エヴァースモーキング・ボトルに栓をするまで、この範囲は煙が充満したままとなる。

この壺は合言葉で封じ直さなければならず、そうすれば煙は通常通り薄れてゆく。軟風（風速毎時11マイル以上）は4ラウンドでこの煙を吹き散らし、疾風（風速毎時21マイル以上）は1ラウンドでこの煙を吹き散らす。

作成要項

必要条件《その他の魔法のアイテム作成》、パイロテクニクス；**コスト** 2,700GP

エフィシャント・クウィヴァー（Efficient Quiver／高効率の矢筒）

オーラ 中程度・召喚術；**術者レベル** 9
装備部位 ―；**市価** 1,800GP；**重量** 2ポンド

解説

これは、アローを20本ほど入れることのできる普通の矢筒に見える。この矢筒にははっきりと区別できる3つの部分があり、各部分にそれぞれ、いかなる次元にも属さない空間がある。これにより、通常よりもはるかに多くのものを収容することができる。最初の最も小さな区画には、アローと概ね同じ大きさ

魔法のアイテム 15

と形のものを60個まで入れることができる。それより少し長い2つ目の区画には、ジャヴェリンと概ね同じ大きさと形のものを18個まで入れることができる。最も長い3つめの部分には、ボウと概ね同じ大きさと形のもの（スピア、スタッフなど）を6個まで入れることができる。一度この矢筒にものを詰め込んだら、持ち主は自分が望んだアイテムを、普通の矢筒や鞘から取り出すように、この矢筒から取り出すことができる。**エフィシャント・クウィヴァー**は何が入っていようと、重量は変わらない。

作成要項
必要条件《その他の魔法のアイテム作成》、シークレット・チェスト；**コスト** 900GP

エリクサー・オヴ・ヴィジョン（Elixir of Vision／視力の霊薬）

オーラ 微弱・占術；**術者レベル** 2
装備部位 ―；**市価** 250GP；**重量** ―

解説
　この霊薬を飲んだ者は、物をかなりの細部まで精確に認識する能力を得る（1時間の間、〈知覚〉に＋10の技量ボーナス）。

作成要項
必要条件《その他の魔法のアイテム作成》、トゥルー・シーイング；**コスト** 125GP

エリクサー・オヴ・スイミング（Elixir of Swimming／水泳の霊薬）

オーラ 微弱・変成術；**術者レベル** 2
装備部位 ―；**市価** 250GP；**重量** ―

解説
　この霊薬は水泳能力を授ける。ほぼ知覚不可能な魔法の膜が飲んだ者の体を覆い、水中をやすやすと進めるようになる（1時間の間、〈水泳〉判定に＋10の技量ボーナス）。

作成要項
必要条件《その他の魔法のアイテム作成》、作成者の〈水泳〉技能が5ランク以上あること；**コスト** 125GP

エリクサー・オヴ・タンブリング（Elixir of Tumbling／軽身の霊薬）

オーラ 微弱・変成術；**術者レベル** 5
装備部位 ―；**市価** 250GP；**重量** ―

解説
　この液体を飲んだ者は軽やかに動き回り、攻撃を避け、慎重に歩けば大部分の表面を渡れる能力を得て、1時間の間、〈軽業〉に＋10の技量ボーナスを得る。

作成要項
必要条件《その他の魔法のアイテム作成》、キャッツ・グレイス；**コスト** 125GP

エリクサー・オヴ・トゥルース（Elixir of Truth／真実の霊薬）

オーラ 微弱・心術；**術者レベル** 5
装備部位 ―；**市価** 500GP；**重量** ―

解説
　この霊薬を飲んだ者は、10分の間、真実しか話せなくなる（意志・無効、DC13）。効果時間中にされた質問にはすべて答えるよう強制されるが、1つ1つの質問に対して個別にDC13の意志セーヴができる。この個別のセーヴに成功した場合、真実を話すよう強制される心術効果からは逃れられないが、その質問には答えなくてもよい（質問に答えるのなら、真実しか話せない）。質問は1ラウンドに1つまでしかできない。これは（強制）［精神作用］の心術効果である。

作成要項
必要条件《その他の魔法のアイテム作成》、ゾーン・オヴ・トゥルース；**コスト** 250GP

エリクサー・オヴ・ハイディング（Elixir of Hiding／隠れ身の霊薬）

オーラ 微弱・幻術；**術者レベル** 5
装備部位 ―；**市価** 250GP；**重量** ―

解説
　この液体を飲んだキャラクターは、本能的に身を隠すのがうまくなる（1時間の間、〈隠密〉に＋10の技量ボーナス）。

作成要項
必要条件《その他の魔法のアイテム作成》、インヴィジビリティ；**コスト** 125GP

エリクサー・オヴ・ファイアー・ブレス（Elixir of Fire Breath／火吹きの霊薬）

オーラ 中程度・力術；**術者レベル** 11
装備部位 ―；**市価** 1,100GP；**重量** ―

解説
　この奇妙な泡立つ霊薬を飲むと、口から炎を吐く能力を得る。炎は25フィート以内の目標1体に4d6ポイントの［火炎］ダメージを与える。目標はDC13の反応セーヴに成功すればダメージを半減することができる。この霊薬の効果は1時間が経過するか、炎を3回吐くまで持続する。

作成要項
必要条件《その他の魔法のアイテム作成》、スコーチング・レイ；**コスト** 550GP

エリクサー・オヴ・ラヴ（Elixir of Love／愛の霊薬）

オーラ 微弱・心術；**術者レベル** 4
装備部位 ―；**市価** 150GP；**重量** ―

解説
　この甘い液体を飲んだキャラクターは、飲んでから最初に見たクリーチャーに心を奪われてしまう（チャーム・パースンと同様だが、飲んだ者はサイズが中型以下の人型生物でなければならない。意志・無効、DC14）。この（魅惑）効果は1d3時間、持続する。

作成要項
必要条件《その他の魔法のアイテム作成》、チャーム・パースン；**コスト** 75GP

エレメンタル・ジェム（Elemental Gem／エレメンタルの宝石）

オーラ 中程度・召喚術；**術者レベル** 11
装備部位 ―；**市価** 2,250GP；**重量** ―

解説

　エレメンタル・ジェムには4つの種類がある。どの宝石も特定の元素界（地、水、火、風のいずれか）に同調した召喚術呪文が込められている。

　この宝石を砕くか、潰すか、壊すかすれば（標準アクション）、サモン・ネイチャーズ・アライ呪文で招来したかのように、大型エレメンタル1体が現れる。このエレメンタルは、宝石を壊したクリーチャーの支配下にある。

　宝石の色は招来するエレメンタルの種類によって異なる。アース・エレメンタルの宝石は薄茶色、ウォーター・エレメンタルの宝石は青緑色、エア・エレメンタルの宝石は透明、ファイアー・エレメンタルの宝石は赤橙色である。

作成要項

必要条件《その他の魔法のアイテム作成》、**サモン・ネイチャーズ・アライV**あるいは**サモン・モンスターV**；**コスト** 1,125GP

オーブ・オヴ・ストームズ（Orb of Storms／嵐のオーブ）

オーラ 強力・さまざま；**術者レベル** 18
装備部位 ―；**市価** 48,000GP；**重量** 6ポンド

解説

　このガラス製の球体は直径が8インチある。持ち主はどんな種類の天候でも、超自然的に破壊的な嵐さえ発生させることができる。持ち主はこのオーブから、コントロール・ウェザー呪文を1日に1回、またストーム・オヴ・ヴェンジャンスを1ヶ月に1回、呼び起こすことができる。オーブの持ち主は常時、エンデュア・エレメンツ効果によって守られている。

作成要項

必要条件《その他の魔法のアイテム作成》、**エンデュア・エレメンツ**、**コントロール・ウェザー**、**ストーム・オヴ・ヴェンジャンス**；**コスト** 24,000GP

カーペット・オヴ・フライング（Carpet of Flying／空飛ぶじゅうたん）

オーラ 中程度・変成術；**術者レベル** 10
装備部位 ―；**市価** さまざま；**重量** 本文参照

解説

　このじゅうたんは持続時間が無限のオーヴァーランド・フライト呪文が作用しているように空を飛ぶことができる。以下の表に示すように、さまざまなサイズ、可搬重量、飛行速度のカーペット・オヴ・フライングがある。どのじゅうたんも美しく複雑な模様が織り込まれており、起動のための独自の合言葉がある――声が届く範囲内なら、合言葉を発した者がじゅうたんの上にいるかどうかに関わらず起動する。その後、じゅうたんは口頭での指示で操縦される。

サイズ	可搬重量	飛行速度	重量	市価
5フィート×5フィート	200ポンド	40フィート	8ポンド	20,000GP
5フィート×10フィート	400ポンド	40フィート	10ポンド	35,000GP
10フィート×10フィート	800ポンド	40フィート	15ポンド	60,000GP

　カーペット・オヴ・フライングは可搬重量の2倍までの重量を運搬できるが、その場合、速度は30フィートに低下する。カー

ペット・オヴ・フライングは〈飛行〉判定なしでホバリングを行うことができ、それ以外の〈飛行〉にも＋5のボーナスがある。

作成要項

必要条件《その他の魔法のアイテム作成》、**オーヴァーランド・フライト**；**コスト** 10,000GP（5フィート×5フィート）、17,500GP（5フィート×10フィート）、30,000GP（10フィート×10フィート）

ガントレット・オヴ・ラスト（Gauntlet of Rust／錆の篭手）

オーラ 中程度・変成術；**術者レベル** 7
装備部位 両手；**市価** 11,500GP；**重量** 2ポンド

解説

　この片手ぶんだけの金属製の篭手は錆びて穴があいているように見えるが、実際には極めて強力である。1日に1回、物体1つに対してラスティング・グラスプ呪文と同様の効果を与えることができる。また、ラスト・モンスターの攻撃も含め、（魔法のものか否かを問わず）あらゆる錆から着用者とその装備を完全に守る。

作成要項

必要条件《その他の魔法のアイテム作成》、**ラスティング・グラスプ**；**コスト** 5,750GP

キャンドル・オヴ・インヴォケーション（Candle of Invocation／祈祷のろうそく）

オーラ 強力・召喚術；**術者レベル** 17
装備部位 ―；**市価** 8,400GP；**重量** 1/2ポンド

解説

　この特製の細いろうそくは、1本1本が9つある属性のうち1つに結び付けられる。使用したキャラクターがろうそくの属性とまったく同じ属性を持つなら、このろうそくに火を灯すだけで有益なオーラを発生させることができる。火から30フィート以内におり、灯っているろうそくと同じ属性のキャラクターは、攻撃ロール、セーヴ、技能判定に＋2の士気ボーナスを得る。

　ろうそくと同じ属性のクレリックが、呪文を準備する間または直前にこのろうそくを灯したなら、1日の呪文数を決定する際に2レベル高いかのように扱うことができる。通常は使えない高いレベルの呪文さえ（本来よりレベルの高いキャラクターであるかのように）発動できるようになるが、このろうそくが燃え続けている間のみである。特別な場合（下記参照）以外、このろうそくは4時間燃える。このろうそくは風が吹いただけで消えるおそれがあるため、持ち主は突風などから守るために、ランタンに入れることが多い。それによってその魔法の能力が妨げられることはない。

　ほかに、このろうそくを灯すと持ち主はゲート呪文を発動することもできる。これに応じて招請される存在はろうそくと同じ属性のものである。この場合、ろうそくは招請の課程で直ちに燃え尽きてしまう。

作成要項

必要条件《その他の魔法のアイテム作成》、**ゲート**、作成者が作成するキャンドルと同じ属性であること；**コスト** 4,200GP

魔法のアイテム 15

キャンドル・オヴ・トゥルース（Candle of Truth／真実のろうそく）

オーラ 微弱・心術；**術者レベル** 3
装備部位 ―；**市価** 2,500GP；**重量** 1/2ポンド
解説
　この白い獣脂のろうそくを灯すと、ろうそくを中心に半径5フィートの範囲にゾーン・オヴ・トゥルース呪文を発生させる（意志・無効、DC13）。この範囲はキャンドルが燃えている1時間の間持続する。ろうそくが持続時間終了前に消されたら、効果は終了し、ろうそくは壊れてしまう。
作成要項
必要条件《その他の魔法のアイテム作成》、ゾーン・オヴ・トゥルース；**コスト** 1,250GP

キュービック・ゲート（Cubic Gate／次元門の立方体）

オーラ 強力・召喚術；**術者レベル** 13
装備部位 ―；**市価** 164,000GP；**重量** 2ポンド
解説
　この強力な魔法のアイテムはカーネリアン（紅玉髄）でできた小さな立方体である。この立方体の6つの面はそれぞれが異なる1つの次元界または異次元空間に結び付けられており、そのうちの1つは物質界である。このアイテムの作成者は、他の5つの面をそれぞれどの次元界に結び付けるかを決めなくてはならない。
　キュービック・ゲートの面の1つが1回押されると、その面と結び付いた次元界のランダムな地点へのゲート（次元門）が開く。毎分10％の確率で、その次元界の住人である来訪者（ランダムに決定する）が食料や楽しみや騒動を求めて、このゲートを通ってやって来る。同じ面をもう1回押すと、ゲートは閉じる。同時に2つ以上のゲートを開くことはできない。
　1つの面を素早く連続して2回押すと、押したキャラクターは向こうの次元界のランダムな地点へと転送される。そのキャラクターに隣接するマスにいた全クリーチャーも一緒に転送されるが、隣接マスにいたクリーチャーはDC23の意志セーヴに成功すれば転送を免れることができる。
作成要項
必要条件《その他の魔法のアイテム作成》、プレイン・シフト；**コスト** 82,000GP

キューブ・オヴ・フォース（Cube of Force／力場の立方体）

オーラ 中程度・力術；**術者レベル** 10
装備部位 ―；**市価** 62,000GP；**重量** 1/2ポンド
解説

553

この装置は1インチ足らずの大きさで、象牙、骨、あるいは何らかの硬い鉱物で作られている。一般に、立方体の各面は滑らかに磨き上げられているが、ルーンが彫り込まれていることもある。この装置の持ち主は、各面とも一辺10フィートの大きさの、別個の**ウォール・オヴ・フォース**6枚でできた、特別な立方体を自分の周囲に設置することができる。この立方体の障壁は持ち主と共に移動し、以下の表に示す攻撃方法を通さない。この立方体には完全にチャージされた状態で36チャージあり、使用されたチャージは毎日自動的に回復する。特定の種類の障壁を起動したり停止するには、持ち主は立方体の面の1つを押す。各効果は1分維持するごと（または1分に満たない起動ごと）に一定のチャージを消費する。また、効果が起動している間、持ち主の移動速度は下の表に示した"最大速度"以下に制限される。

キューブ・オヴ・フォースの起動中、攻撃で合計30ポイントを超えるダメージが与えられた場合、30を超えた10ポイントのダメージにつき1チャージが失われる。立方体の6つの壁それぞれを維持するために必要なチャージ数は以下の通り。

キューブの面	1分ごとのチャージ消費	最大速度	効果
1	1	30フィート	ガスや風などを中に入れない。
2	2	20フィート	生きていないものを中に入れない。
3	3	15フィート	生きているものを中に入れない。
4	4	10フィート	魔法を中に入れない。
5	6	10フィート	あらゆるものを中に入れない。
6	0	通常通り	起動停止

障壁の整合性に作用する呪文も、余分にチャージを奪う。そうした呪文はキューブの外から中へ、あるいは中から外へ発動することはできない。

攻撃方法	追加チャージ
ウォール・オヴ・ファイアー	2
ディスインテグレイト	6
パスウォール	3
フェイズ・ドア	5
プリズマティック・スプレー	7
ホーン・オヴ・ブラスティング	6

作成要項

必要条件《その他の魔法のアイテム作成》、ウォール・オヴ・フォース；**コスト** 31,000GP

キューブ・オヴ・フロスト・レジスタンス（Cube of Frost Resistance ／氷雪抵抗の立方体）

オーラ 微弱・防御術；**術者レベル** 5
装備部位 —；**市価** 27,000GP；**重量** 2ポンド
解説

この立方体は面の1つを押すことで、起動および停止できる。起動すると、この立方体は持ち主（または、起動後にキューブを床などに置いた場合はキューブ自体）を中心とした一辺10フィートの立方体の範囲を取り囲む。この範囲内の温度は常に少なくとも華氏65度（18.3℃）となる。このフィールドは[氷雪]に関連するすべての攻撃を吸収する。しかし、1ラウンドの間に（1度の攻撃か複数回かを問わず）50ポイントを超える[氷雪]ダメージを受けると、このフィールドは壊れ、1時間の間は再起動できなくなる。10ラウンドの間に100ポイントを超える[氷雪]ダメージを吸収した場合、キューブは壊れてしまう。

作成要項

必要条件《その他の魔法のアイテム作成》、プロテクション・フロム・エナジー；**コスト** 13,500GP

グラヴ・オヴ・ストアリング（Glove of Storing ／物入れの手袋）

オーラ 中程度・変成術；**術者レベル** 6
装備部位 両手；**市価** 10,000GP（片手ぶんで）；**重量** —
解説

この装置は革の手袋片手ぶんである。合言葉を唱えると、着用者がこの手袋を着けた手に持っているアイテム1つが消えてしまう。そのアイテムは重量20ポンド（約9kg）までの、片手で持つことができるものでなければならない。収納されている間、そのアイテムの重量は無視できる。手袋を着けた手の指を鳴らすと、消えたアイテムは再び姿を現す。この手袋には1度に1つのアイテムしか収納しておけない。アイテムを収納したり取り出すのはフリー・アクションである。アイテムは見えなくなるほど小さく縮み、手袋の掌の内側に保管される。アイテムにかけられた呪文の持続時間が止まることはなく、時間が過ぎれば切れてしまう。この手袋の効果が抑止されたり解呪された場合、収納しておいたアイテムは即座に出現する。**グラヴ・オヴ・ストアリング**1つで着用者の"両手"スロットを完全に使い切ってしまう。着用者は、同じく"両手"スロットを使用する別のアイテムを（別の**グラヴ・オヴ・ストアリング**でさえも）使用することはできない。

作成要項

必要条件《その他の魔法のアイテム作成》、シュリンク・アイテム；**コスト** 5,000GP

グラヴズ・オヴ・アロー・スネアリング（Gloves of Arrow Snaring ／矢つかみの手袋）

オーラ 微弱・防御術；**術者レベル** 3
装備部位 両手；**市価** 4,000GP；**重量** —
解説

ひとたび身に着けると、この着け心地の良い手袋は手に溶け込んだようになり、何気なく見ただけではほとんど目につかない。1日に2回、着用者は前提条件を満たしていない場合でも、《矢つかみ》の特技（詳細は5章参照）を持っているように行動できる。魔法の効果を得るためには両方の手袋を着用しなければならず、能力を利用する際には少なくとも片方の手が自由でなければならない。

作成要項

必要条件《その他の魔法のアイテム作成》、シールド；**コスト** 2,000GP

グラヴズ・オヴ・スイミング・アンド・クライミング
(Gloves of Swimming and Climbing ／水泳と登攀の手袋)

オーラ 微弱・変成術；**術者レベル** 5

装備部位 両手；**市価** 6,250GP；**重量** ―

解説

　この平凡な外見の軽い手袋は、〈水泳〉および〈登攀〉に＋5の技量ボーナスを与える。魔法の効果を得るためには両方の手袋を着用しなければならない。

作成要項

　必要条件《その他の魔法のアイテム作成》、キャッツ・グレイス、ブルズ・ストレンクス；**コスト** 3,125GP

マイナー・クラウン・オヴ・ブラスティング
(Crown of Blasting, Minor ／下級閃光の王冠)

オーラ 中程度・力術；**術者レベル** 6

装備部位 頭部；**市価** 6,480GP；**重量** 1ポンド

解説

　この簡素な金の王冠は1日1回、合言葉により、シアリング・ライト（3d8ポイントのダメージ）を放つ。

作成要項

　必要条件《その他の魔法のアイテム作成》、シアリング・ライト；**コスト** 3,240GP

メジャー・クラウン・オヴ・ブラスティング
(Crown of Blasting, Major ／上級閃光の王冠)

オーラ 強力・力術；**術者レベル** 17

装備部位 頭部；**市価** 23,760GP；**重量** 1ポンド

解説

　この精巧な金の王冠は1日1回、合言葉により、シアリング・ライト（5d8を最大化した40ポイントのダメージ）を放つ。

作成要項

　必要条件《その他の魔法のアイテム作成》、《呪文威力最大化》、シアリング・ライト；**コスト** 11,880GP

クリスタル・ボール (Crystal Ball ／水晶球)

オーラ 中程度・占術；**術者レベル** 10

装備部位 ―；**市価** さまざま；**重量** 7ポンド

解説

　これは最も一般的な念視装置であり、直径約6インチの水晶の球体である。この種のアイテムのことは良く知られているため、予言者や占い師を称する者たちがこの種のアイテムと同様の外見の（しかし魔法の力はまったくない）模造品を使って商売に精を出している。キャラクターは魔法の水晶球を用いて、スクライング呪文（意志・無効、DC16）と同様に、事実上どれほど離れたところでも、他の次元界でも見ることができる。クリスタル・ボールは1日に何度でも使用できるが、その能力に抵抗するためのセーヴDCは使用するたびに1ずつ下がっていく。

　クリスタル・ボールの中には、追加の能力を備えている品もあり、そのクリスタル・ボールを通して見ている目標に対して使用することができる。

クリスタル・ボールの種類	市価
クリスタル・ボール	42,000GP
シー・インヴィジビリティ付きクリスタル・ボール	50,000GP
ディテクト・ソウツ（意志・無効、DC13）付きクリスタル・ボール	51,000GP
テレパシー付きクリスタル・ボール*	70,000GP
トゥルー・シーイング付きクリスタル・ボール	80,000GP

* 使用者はクリスタル・ボールで見えている人物に対して、声に出さない精神的な伝言を送ったり受け取ることができる。1日に1回、キャラクターはサジェスチョン（意志・無効、DC14）を植えつけようとすることもできる。

作成要項

　必要条件《その他の魔法のアイテム作成》、スクライング（加えて、アイテムに付加される追加呪文）；**コスト** 21,000GP（標準）、25,000GP（シー・インヴィジビリティ付き）、25,500GP（ディテクト・ソウツ付き）、35,000GP（テレパシー付き）、40,000GP（トゥルー・シーイング付き）

クローク・オヴ・アラクニダ (Cloak of Arachnida ／クモの外套)

オーラ 中程度・召喚術および変成術；**術者レベル** 6

装備部位 肩周り；**市価** 14,000GP；**重量** 1ポンド

解説

　この黒い衣装には絹でクモの巣のような模様が刺繍されており、着用者はスパイダー・クライム呪文の効果を受けているかのように登攀する能力を得る。さらに、この外套はウェブ呪文やあらゆる種類のクモの巣による捕縛に対する完全耐性を与える。また、着用者はクモの巣の中を通常の移動速度の半分で移動することができる。1日に1回、この外套の着用者はウェブを発動することができる。着用者はすべてのスパイダー（クモ）の毒に対する頑健セーヴに＋2の幸運ボーナスも得る。

作成要項

　必要条件《その他の魔法のアイテム作成》、ウェブ、スパイダー・クライム；**コスト** 7,000GP

クローク・オヴ・イセリアルネス
(Cloak of Etherealness ／エーテル化の外套)

オーラ 強力・変成術；**術者レベル** 15

装備部位 肩周り；**市価** 55,000GP；**重量** 1ポンド

解説

　この銀灰色の外套は、光を当てると明るくなるというより光を吸収するように見える。合言葉を唱えると、着用者はエーテル状態となる（イセリアル・ジョーント呪文と同様）。この効果は解除可能である。この外套の効果は1日に合計で10分まで使用できる。この持続時間は連続している必要はないが、1分単位で使用しなければならない。

作成要項

　必要条件《その他の魔法のアイテム作成》、イセリアル・ジョーント；**コスト** 27,500GP

クローク・オヴ・エルヴンカインド
（Cloak of Elvenkind ／エルフ族の外套）

オーラ 微弱・幻術；**術者レベル** 3
装備部位 肩周り；**市価** 2,500GP；**重量** 1ポンド

解説

　この特徴のない灰色の外套を着用してフードを頭にかぶると、着用者は〈隠密〉に＋5の技量ボーナスを得る。

作成要項

必要条件《その他の魔法のアイテム作成》、**インヴィジビリティ**、作成者がエルフであること；**コスト** 1,250GP

クローク・オヴ・ザ・バット（Cloak of the Bat ／コウモリの外套）

オーラ 中程度・変成術；**術者レベル** 7
装備部位 肩周り；**市価** 26,000GP；**重量** 1ポンド

解説

　焦げ茶色や黒の布で作られたこの外套は、〈隠密〉に＋5の技量ボーナスを与える。また、着用者はバット（コウモリ）のように天井から逆さまにぶら下がることができる。

　この衣装の裾を持つことで、着用者は**フライ**呪文と同様に飛行することができる（〈飛行〉への＋7ボーナスも含む）。着用者が望めば、着用者は実際に普通のバットにポリモーフして飛行することもできる（**ビースト・シェイプⅢ**と同様）。着用あるいは運搬しているすべての所持品は変身した身体に溶け込む。外套を使うかバットの姿になるかに関わらず、飛行は暗闇（夜空の下か、光がまったく、あるいはほとんどない地下環境）の中でしか行えない。どちらの飛行能力も、一度に7分まで使用できるが、どれだけの時間でも飛行した後は、同じだけの時間が経過するまで、この外套の飛行能力は使用できない。

作成要項

必要条件《その他の魔法のアイテム作成》、**ビースト・シェイプⅢ**、**フライ**；**コスト** 13,000GP

クローク・オヴ・ザ・マンタ・レイ
（Cloak of the Manta Ray ／エイの外套）

オーラ 中程度・変成術；**術者レベル** 9
装備部位 肩周り；**市価** 7,200GP；**重量** 1ポンド

解説

　着用者が塩水の中に入るまで、この外套は革で作られたものに見える。塩水に入ると、**クローク・オヴ・ザ・マンタ・レイ**は着用者に貼り付き、着用者はマンタ・レイ（イトマキエイ）と見分けがつかなくなる（**ビースト・シェイプⅡ**と同様だが、マンタ・レイの姿にしかなれない）。本物のマンタ・レイのように、着用者は＋3の外皮ボーナス、水中で呼吸する能力、60フィートの水泳移動速度を得る。

　この外套により着用者はマンタ・レイのトゲのある尻尾で攻撃でき、1d6ポイントのダメージを与えることができる。この攻撃は、そのキャラクターの他の攻撃に加えて、最も高い近接攻撃ボーナスを使って行うことができる。望むなら、着用者は水中移動能力を犠牲にすることなく、この外套から自分の腕を出すことができる。

作成要項

必要条件《その他の魔法のアイテム作成》、**ウォーター・ブリージング**、**ビースト・シェイプⅡ**；**コスト** 3,600GP

マイナー・クローク・オヴ・ディスプレイスメント
（Cloak of Displacement, Minor ／下級所くらましの外套）

オーラ 微弱・幻術；**術者レベル** 3
装備部位 肩周り；**市価** 24,000GP；**重量** 1ポンド

解説

　このアイテムは普通の外套に見えるが、キャラクターが着用すると、その魔力によって光がひずみ、ゆがめられる。この"所くらまし"は**ブラー**呪文によるものと同様に、着用者に対する攻撃に20％の失敗確率を与える。この効果は継続的に働く。

作成要項

必要条件《その他の魔法のアイテム作成》、**ブラー**；**コスト** 12,000GP

メジャー・クローク・オヴ・ディスプレイスメント
（Cloak of Displacement, Major ／上級所くらましの外套）

オーラ 中程度・幻術；**術者レベル** 7
装備部位 肩周り；**市価** 50,000GP；**重量** 1ポンド

解説

　このアイテムは普通の外套に見えるが、合言葉に応じて、その魔力によって光がひずみ、ゆがめられる。この"所くらまし"は**ディスプレイスメント**呪文によるものと同様の効果を与え、1日に合計で15ラウンドまで持続する。この持続時間は着用者が自由に分割できる。

作成要項

必要条件《その他の魔法のアイテム作成》、《呪文持続時間延長》、**ディスプレイスメント**；**コスト** 25,000GP

クローク・オヴ・レジスタンス
（Cloak of Resistance ／抵抗の外套）

オーラ 微弱・防御術；**術者レベル** 5
装備部位 肩周り；**市価** 1,000GP（＋1）、4,000GP（＋2）、9,000GP（＋3）、16,000GP（＋4）、25,000GP（＋5）；**重量** 1ポンド

解説

　この衣装は、すべてのセーヴ（頑健、反応、および意志）に対する＋1～＋5の抵抗ボーナスという形で、魔法による防御を与える。

作成要項

必要条件《その他の魔法のアイテム作成》、**レジスタンス**、作成者の術者レベルがクロークのボーナスの3倍以上であること；**コスト** 500GP（＋1）、2,000GP（＋2）、4,500GP（＋3）、8,000GP（＋4）、12,500GP（＋5）

ケープ・オヴ・ザ・マウンティバンク
（Cape of the Mountebank ／いかさま師のケープ）

オーラ 中程度・召喚術；**術者レベル** 9

魔法のアイテム 15

装備部位 肩周り；**市価** 10,800GP；**重量** 1ポンド

解説

　この明るい赤と金のケープを着用すれば、着用者は合言葉によって1日に1回、ディメンジョン・ドア呪文の効果を使用することができる。着用者が消える際には、消えた場所に煙が残り、目標地点に出現する際にも同様に煙がたちこめる。

作成要項

必要条件《その他の魔法のアイテム作成》、ディメンジョン・ドア；**コスト** 5,400GP

ゴーグルズ・オヴ・ナイト（Goggles of Night ／暗視のゴーグル）

オーラ 微弱・変成術；**術者レベル** 3
装備部位 両目；**市価** 12,000GP；**重量** ―

解説

　このアイテムのレンズは黒水晶で作られている。このレンズは不透明だが、目の上にかぶせると、着用者は通常通り見ることができるだけでなく、60フィートの暗視も得る。魔法の効果を得るためには、両方のレンズを着けなければならない。

作成要項

必要条件《その他の魔法のアイテム作成》、ダークヴィジョン；**コスト** 6,000GP

ゴーグルズ・オヴ・マイニュート・シーイング（Goggles of Minute Seeing ／拡大のゴーグル）

オーラ 微弱・占術；**術者レベル** 3
装備部位 両目；**市価** 2,500GP；**重量** ―

解説

　このアイテムのレンズは特殊な水晶で作られている。レンズを目の上にかぶせると、着用者は1フィート以下の距離で通常よりはるかによく見えるようになり、〈装置無力化〉に＋5の技量ボーナスを得る。魔法の効果を得るためには両方のレンズを着けなければならない。

作成要項

必要条件《その他の魔法のアイテム作成》、トゥルー・シーイング；**コスト** 1,250GP

ゴーレムベイン・スカラベ（Scarab, Golembane ／ゴーレム殺しのスカラベ）

オーラ 中程度・占術；**術者レベル** 8
装備部位 首周り；**市価** 2,500GP；**重量** ―

解説

　この甲虫型のピンを身に着けると、着用者は60フィート以内のあらゆるゴーレムを探知できる。ただし、探知するには、着用者は精神を集中しなければならない（標準アクション）。また、このスカラベによって、着用者がゴーレムを武器や素手攻撃、肉体武器で攻撃する際、ゴーレムがダメージ減少を持っていないようにダメージを与えることができる。

作成要項

必要条件《その他の魔法のアイテム作成》、ディテクト・マジック、作成者が10レベル以上であること；**コスト** 1,250GP

ゴーレム・マニュアル（Golem Manual ／ゴーレム作成手引き書）

オーラ さまざま；**術者レベル** さまざま
装備部位 ―；**市価** 35,000GP（アイアン）、12,000GP（クレイ）、22,000GP（ストーン）、44,000GP（ストーン・ガーディアン）、8,000GP（フレッシュ）；**重量** 5ポンド

解説

　ゴーレム・マニュアルには、キャラクターがゴーレム（パスファインダーRPGベスティアリ参照）を作成する助けとなる情報とまじないの文言が記され、そして魔法の力が込められている。中に書かれた指示に従うことで、ゴーレムの身体を作成するための技能判定に＋5の技量ボーナスが得られる。各手引き書には、特定のゴーレムに必要な前提呪文も込められており（ただし、こうした呪文はゴーレム作成のためにしか使えず、複製することはできない）、ゴーレム作成中その作成者が実質的に《人造クリーチャー作成》特技を使えるようにし、ゴーレム作成に関してそのキャラクターの術者レベルを上昇させてくれる。

　ゴーレム・マニュアルに込められた呪文は呪文解放型の起動が必要であり、ゴーレムの作成を助けるためにのみ起動できる。本のコストにはゴーレムの身体を造るためのコストは含まれていない。ゴーレムが完成すると、手引き書に書かれていた文字は消え、本は炎で焼き尽される。本の燃え尽きた灰をゴーレムに振りかけることで、ゴーレムは完全な自律行動能力を手に入れる。

　アイアン・ゴーレム・マニュアル（Iron Golem Manual／アイアン・ゴーレム作成手引き書）：この本には、ギアス／クエスト、クラウドキル、ポリモーフ・エニィ・オブジェクト、リミテッド・ウィッシュが込められている。この本を読んだ者は、アイアン・ゴーレムを作成する際に、術者レベルが通常より4レベル高く扱われる。強力・召喚術、心術、および変成術；術者レベル16；《人造クリーチャー作成》、作成者の術者レベルが16であること、ギアス／クエスト、クラウドキル、ポリモーフ・エニィ・オブジェクト、リミテッド・ウィッシュ。

　クレイ・ゴーレム・マニュアル（Clay Golem Manual／クレイ・ゴーレム作成手引き書）：この本には、アニメイト・オブジェクツ、コミューン、プレアー、ブレス、リザレクションが込められている。この本を読んだ者は、クレイ・ゴーレムを作成する際に、術者レベルが通常より2レベル高く扱われる。中程度・召喚術、心術、占術、および変成術；術者レベル11；《人造クリーチャー作成》、作成者の術者レベルが11であること、アニメイト・オブジェクツ、コミューン、プレアー、ブレス、リザレクション。

　ストーン・ゴーレム・マニュアル（Stone Golem Manual／ストーン・ゴーレム作成手引き書）：この本には、アンティマジック・フィールド、ギアス／クエスト、シンボル・オヴ・スタニング、リミテッド・ウィッシュが込められている。この本を読んだ者は、ストーン・ゴーレムを作成する際に、術者レベルが通常より3レベル高く扱われる。強力・心術および防御術；術者レベル14；《人造クリーチャー作成》、作成者の術者レベルが14であること、アンティマジック・フィールド、ギアス／クエスト、シンボル・オヴ・スタニング、リミテッド・ウィッ

シュ。

ストーン・ゴーレム・ガーディアン・マニュアル (Stone Golem Guardian Manual／ストーン・ゴーレム・ガーディアン作成手引き書)：この本には、アンティマジック・フィールド、ギアス／クエスト、シールド、シンボル・オヴ・スタニング、ディサーン・ロケーション、リミテッド・ウィッシュが込められている。この本を読んだ者は、ストーン・ゴーレムのシールド・ガーディアンを作成する際に、術者レベルが通常より3レベル高く扱われる。強力・心術および防御術；術者レベル16；《人造クリーチャー作成》、作成者の術者レベルが16であること、アンティマジック・フィールド、ギアス／クエスト、シールド、シンボル・オヴ・スタニング、ディサーン・ロケーション、リミテッド・ウィッシュ。

フレッシュ・ゴーレム・マニュアル (Flesh Golem Manual／フレッシュ・ゴーレム作成手引き書)：この本には、アニメイト・デッド、ギアス／クエスト、ブルズ・ストレンクス、リミテッド・ウィッシュが込められている。この本を読んだ者は、フレッシュ・ゴーレムを作成する際に、術者レベルが通常より1レベル高く扱われる。中程度・死霊術［悪］、心術、および変成術；術者レベル8；《人造クリーチャー作成》、作成者の術者レベルが8であること、アニメイト・デッド、ギアス／クエスト、ブルズ・ストレンクス、リミテッド・ウィッシュ。

作成要項

必要条件《人造クリーチャー作成》、特定レベル以上の術者であること、追加呪文；**コスト** 17,500GP（アイアン）、6,000GP（クレイ）、11,000GP（ストーン）、22,000GP（ストーン・ガーディアン）、4,000GP（フレッシュ）

サーヴ・オヴ・スリッパリネス（Salve of Slipperiness／つるりの軟膏）

オーラ 中程度・召喚術；**術者レベル** 6
装備部位 ―；**市価** 1,000GP；**重量** ―

解説

この軟膏を塗ると、この物質はあらゆる〈脱出術〉判定および組みつき状態から逃れるための戦技判定に＋20の技量ボーナスを与える。また、この軟膏は組みつきの試みを避ける際の戦技防御値にも＋10の技量ボーナスを与える。加えて、蜘蛛の巣（通常のものも、魔法的なものも）のような障害物があっても、この軟膏を塗った者にはまったく作用しない。魔法のロープや類似の品も、この軟膏には役に立たない。この軟膏を床や階段に塗れば、その場所は長時間持続するグリース呪文と同様に扱われる。この軟膏が効果を失うまで普通なら8時間かかるが、アルコール溶液（ワインでも可）でふきとることもできる。

ソヴリン・グルーを入れておく容器の内側には、**サーヴ・オヴ・スリッパリネス**を塗っておく必要がある。

作成要項

必要条件《その他の魔法のアイテム作成》、グリース；**コスト** 500GP

サークレット・オヴ・パースウェイジョン（Circlet of Persuasion／説得の額環）

オーラ 微弱・変成術；**術者レベル** 5
装備部位 頭部；**市価** 4,500GP；**重量** ―

解説

この銀のヘッドバンドは、着用者の【魅力】に基づく判定に＋3の技量ボーナスを与える。

作成要項

必要条件《その他の魔法のアイテム作成》、イーグルズ・スプレンダー；**コスト** 2,250GP

サステイニング・スプーン（Sustaining Spoon／滋養のスプーン）

オーラ 微弱・召喚術；**術者レベル** 5
装備部位 ―；**市価** 5,400GP；**重量** ―

解説

これといって特徴のないこの食器を空の器に置くと、その器はどろっとしたペースト状の粥で満たされる。この粥は濡れた生あたたかい紙のような食感だが、極めて滋養があり、どんな草食、雑食、肉食のクリーチャーにとっても、生きてゆくのに必要なすべての栄養分を含んでいる。このスプーンは毎日、4人までの人間が食べるのに充分な粥を作り出すことができる。

作成要項

必要条件《その他の魔法のアイテム作成》、クリエイト・フード・アンド・ウォーター；**コスト** 2,700GP

ジェム・オヴ・シーイング（Gem of Seeing／看破の宝石）

オーラ 中程度・占術；**術者レベル** 10
装備部位 ―；**市価** 75,000GP；**重量** ―

解説

この精巧にカッティングされ研磨された石は、外見では普通の宝石と区別できない。**ジェム・オヴ・シーイング**を通して見つめると、使用者は**トゥルー・シーイング**呪文が作用しているように見ることができる。**ジェム・オヴ・シーイング**は1日に30分まで、5分単位で使用できる。この使用時間が連続している必要はない。

作成要項

必要条件《その他の魔法のアイテム作成》、トゥルー・シーイング；**コスト** 37,500GP

ジェム・オヴ・ブライトネス（Gem of Brightness／輝きの宝石）

オーラ 中程度・力術；**術者レベル** 6
装備部位 ―；**市価** 13,000GP；**重量** ―

解説

この水晶は長くて仕上げの雑なプリズムのように見える。しかし、合言葉を唱えると、この宝石の表面はにわかに磨き抜かれたようになり、3種類のうち1つの明るい光を放つ水晶となる。

• 第一の合言葉を唱えると、この宝石は覆い付きランタンと同様の明かりを放つ。宝石をこのように使っても、チャージを消費しない。また、宝石はもう一度合言葉を唱えて照明を消すまで、明かりを放ち続ける。

魔法のアイテム 15

クリスタル・ボール

スカラベ・オヴ・プロテクション

ミラー・オヴ・ライフ・トラッピング

ドルイズ・ヴェストメント

インセンス・オヴ・メディテイション

マスク・オヴ・ザ・スカル

ヘルム・オヴ・テレパシー

ウィングズ・オヴ・フライング

- 第二の合言葉を唱えると、ジェム・オヴ・ブライトネスは直径1フィート、長さ50フィートの明るい光線を放つ。これは遠隔接触攻撃として扱い、この光線の命中したクリーチャーはDC14の頑健セーヴに失敗すると、1d4ラウンドの間、盲目状態となる。宝石をこの方法で使うと1チャージを消費する。
- 第三の合言葉を唱えると、この宝石は30フィートの円錐形の範囲に目をくらませる閃光を発する。この閃光は一瞬しか持続しないが、範囲内のすべてのクリーチャーはDC14の頑健セーヴに失敗すると、1d4ラウンドの間、盲目状態となる。宝石をこの方法で使うと5チャージを消費する。

新たに作られたジェム・オヴ・ブライトネスには50チャージある。すべてのチャージを消費すると、この宝石は魔法の力を失い、その表面に細かいひび割れが網状に広がり曇ってしまう。

作成要項
必要条件《その他の魔法のアイテム作成》、デイライト；**コスト** 6,500GP

シルヴァーシーン（Silversheen／銀の輝き）
オーラ 微弱・変成術；**術者レベル** 5

装備部位 —；**市価** 250GP；**重量** —
解説
　このかすかに光るペースト状の物質は、標準アクションで武器に塗布することができる。こうすると、1時間の間、その武器に"錬金術銀"の性質が与えられ、その武器にそれ以外の特殊な材質による特性があれば、それと置き換わる。小ビン1つで、近接武器1つか、矢弾20個に塗布することができる。

作成要項
必要条件《その他の魔法のアイテム作成》；**コスト** 125GP

スカラベ・オヴ・プロテクション（Scarab of Protection／守りのスカラベ）
オーラ 強力・死霊術および防御術；**術者レベル** 18
装備部位 首周り；**市価** 38,000GP；**重量** —
解説
　この装置は甲虫の形をした銀のメダルに見える。1ラウンドの間、手に持つと、その表面に刻印が現れ、手にした者には守りの装置であることが判る。
　このスカラベの持ち主は呪文抵抗20を得る。また、このスカラベは生命力吸収攻撃、[即死]効果、負のエネルギー効果を吸収する。そうした攻撃を12回吸収すると、スカラベは壊

559

れ粉々になってしまう。

作成要項

必要条件《その他の魔法のアイテム作成》、スペル・レジスタンス、デス・ウォード；**コスト** 19,000GP

スキャバード・オヴ・キーン・エッジズ
（Scabbard of Keen Edges／切れ味の鞘）

オーラ 微弱・変成術；**術者レベル** 5
装備部位 ―；**市価** 16,000GP；**重量** 1ポンド

解説

　この鞘はナイフやダガー、ソードやそれに類する武器（それにはグレートソードまで含まれる）を納められるように、大きくなったり小さくなったりすることができる。1日に3回まで、合言葉を唱えることで、鞘に納めたどんな刃物にもキーン・エッジを発動することができる。

作成要項

必要条件《その他の魔法のアイテム作成》、キーン・エッジ；**コスト** 8,000GP

ストーン・オヴ・アラーム （Stone of Alarm／警報の石）

オーラ 微弱・防御術；**術者レベル** 3
装備部位 ―；**市価** 2,700GP；**重量** 2ポンド

解説

　この石でできた立方体は、合言葉を唱えると、どんな物体にも貼り付く。それ以降、先に同じ合言葉を唱えずにその物体に触れた者がいると、この石は1時間の間、（間に障壁がなければ）1/4マイル（約400m）先まで聞こえる、甲高く鋭い音を発する。

作成要項

必要条件《その他の魔法のアイテム作成》、アラーム；**コスト** 1,350GP

ストーン・オヴ・グッド・ラック（ラックストーン） （Stone of Good Luck（Luckstone）／幸運の石）

オーラ 微弱・力術；**術者レベル** 5
装備部位 ―；**市価** 20,000GP；**重量** ―

解説

　この一かけらのアゲート（瑪瑙）の持ち主は、セーヴ、能力値判定、技能判定に＋1の幸運ボーナスを得る。

作成要項

必要条件《その他の魔法のアイテム作成》、ディヴァイン・フェイヴァー；**コスト** 10,000GP

ストーン・サーヴ（Stone Salve／石肌軟膏）

オーラ 強力・変成術および防御術；**術者レベル** 13
装備部位 ―；**市価** 4,000GP（1オンスで）；**重量** ―

解説

　この軟膏には2通りの使用方法がある。この軟膏1オンス（約30cc）を石化状態のクリーチャーの身体に塗った場合、そのクリーチャーは通常の状態に元に戻る（ストーン・トゥ・フレッシュ呪文と同様）。この軟膏1オンスを石化状態ではないクリー

チャーの身体に塗った場合、ストーンスキン呪文と同様に、そのクリーチャーを守る。

作成要項

必要条件《その他の魔法のアイテム作成》、ストーンスキン、ストーン・トゥ・フレッシュ；**コスト** 2,000GP

ストランド・オヴ・プレアー・ビーズ （Strand of Prayer Beads／数珠紐）

オーラ 微弱、中程度または強力（多くの系統が混在）；**術者レベル** 1（ブレッシング）、5（ヒーリング）、7（スマイティング）、9（カルマ）、11（ウィンド・ウォーキング）、17（サモンズ）
装備部位 ―；**市価** 9,600GP（レッサー）、45,800GP（標準）、95,800GP（グレーター）；**重量** 1/2ポンド

解説

　このアイテムは、ビーズの持ち主が信仰呪文を発動するまでは、普通の数珠紐以外の何物にも見えない。信仰呪文を発動すると、持ち主には即座に数珠の能力が判り、この飾り紐に付いた特殊な魔法のビード（珠）の起動方法も理解する。この飾り紐には、それぞれ下記のリストから選んだ異なった魔法の能力を持つ特殊なビードが2個以上含まれている。

特殊なビードの種類	特殊な珠の能力
ビード・オヴ・ブレッシング	着用者はブレスを発動できる。
ビード・オヴ・ヒーリング	着用者はキュア・シリアス・ウーンズ、リムーヴ・ディジーズまたはリムーヴ・ブラインドネス／デフネスのいずれかを選んで発動できる。
ビード・オヴ・カルマ	着用者は自分の呪文を＋4術者レベルで発動できる。この効果は10分間持続する。
ビード・オヴ・スマイティング	着用者はアンホーリィ・ブライト、オーダーズ・ラス、ケイオス・ハンマーまたはホーリィ・スマイト（意志・不完全、DC17）を発動できる。
ビード・オヴ・サモンズ	着用者を手助けするために、1日の間、外方次元界から適切な属性の強力なクリーチャー（エンジェルやデヴィルなど）を招来する（着用者が取るに足らない目的でビード・オヴ・サモンズを使って神格の使いを招来した場合は、その神格は罰として、最低でもそのキャラクターのアイテムを奪い、ギアスをかける程度はするだろう）。
ビード・オヴ・ウィンド・ウォーキング	着用者はウィンド・ウォークを発動できる。

　レッサー・ストランド・オヴ・プレアー・ビーズにはビード・オヴ・ブレッシングとビード・オヴ・ヒーリングが1個ずつ付いている。ストランド・オヴ・プレアー・ビーズには、ビード・オヴ・ヒーリング、ビード・オヴ・カルマおよびビード・オヴ・スマイティングが1個ずつ付いている。グレーター・ストランド・オヴ・プレアー・ビーズには、ビード・オヴ・ヒーリング、ビード・オヴ・カルマ、ビード・オヴ・サモンズおよびビード・オヴ・ウィンド・ウォーキングが1個ずつ付いている。

　特殊なビードはどれも1日に1回使用できる。ただし、ビード・オヴ・サモンズは例外で、一度しか使用できず、使用すると魔法の力を失う。ビード・オヴ・ブレッシング、ビード・オヴ・スマイティングおよびビード・オヴ・ウィンド・ウォーキングは呪文解放型アイテムとして働く。ビード・オヴ・カルマとビー

ド・オヴ・サモンズは信仰呪文を発動できるキャラクターなら誰でも起動できる。持ち主はストランド・オヴ・プレアー・ビーズをどこかに身に着けていればよく、手に持ったり、特定の部位に着用する必要はない。

　特殊なビードを飾り紐から取り外せば、その能力は失われる。ビードが1つ以上失われている場合、ストランド・オヴ・プレアー・ビーズの市価を次のように下げること：ビード・オヴ・ブレッシング－600GP；ビード・オヴ・ヒーリング－9,000GP；ビード・オヴ・カルマ－20,000GP；ビード・オヴ・スマイティング－16,800GP；ビード・オヴ・サモンズ－20,000GP；ビード・オヴ・ウィンド・ウォーキング－46,800GP。

作成要項
必要条件《その他の魔法のアイテム作成》、およびビードごとに以下の呪文のうち適当なもの1つ：ブレス（ブレッシング）；キュア・シリアス・ウーンズ、リムーヴ・ディジーズまたはリムーヴ・ブラインドネス／デフネス（ヒーリング）；ライチャス・マイト（カルマ）；ゲート（サモンズ）；アンホーリィ・ブライト、オーダーズ・ラス、ケイオス・ハンマーまたはホーリィ・スマイト（スマイティング）；ウィンド・ウォーク（ウィンド・ウォーキング）；**コスト** 4,800GP（レッサー）、22,900GP（標準）、47,900GP（グレーター）

スリッパーズ・オヴ・スパイダー・クライミング（Slippers of Spider Climbing／壁歩きのスリッパ）
オーラ 微弱・変成術；**術者レベル** 4
装備部位 両足；**市価** 4,800GP；**重量** 1/2ポンド

解説
　この一組のスリッパを着用すると、着用者は手を自由にしたまま、垂直な表面や、逆さまになって天井を移動できるようになる。登攀移動速度は20フィートである。非常に滑りやすい表面──凍っていたり、油や脂の塗られた表面──では、このスリッパは用をなさない。このスリッパは1日に10分まで使用でき、この時間は使用者が自由に分割できる（ただし1回あたり最小で1分）。

作成要項
必要条件《その他の魔法のアイテム作成》、スパイダー・クライム；**コスト** 2,400GP

ソヴリン・グルー（Sovereign Glue／強力接着剤）
オーラ 強力・変成術；**術者レベル** 20
装備部位 ─；**市価** 2,400GP（1オンスで）；**重量** ─

解説
　この淡い琥珀色の物質はどろりとして粘り気がある。その特殊な力のため、1オンス（約30cc）のサーヴ・オヴ・スリッパリネスを内側に塗ったビンにしか保管できない。そして、ビンからこの接着剤を注ぐたびに、1ラウンド以内にビンの中にサーヴ・オヴ・スリッパリネスを塗り込まないと、残った接着剤が容器の内面にくっついてしまう。ソヴリン・グルーのビンを見つけた場合、この物質が1～7（1d8－1、最低1）オンス入っており、ほかに1オンスぶんのサーヴ・オヴ・スリッパリネス

が入っている。この接着剤1オンスぶんは1平方フィートの表面を覆うことができ、ほとんどどんなものでも2つの物質を永久的にくっつけてしまう。接着剤がくっつくには1ラウンドかかる。この時間が過ぎる前にその物体を引き剥がしたなら（1移動アクション）、塗布した接着剤は粘着性を失い、価値のないものとなる。接着剤がくっついてしまえば、その後は、くっついた2つの物体を離そうとしても効果はない。ただしユニヴァーサル・ソルヴェントを使用した場合は例外である。ユニヴァーサル・ソルヴェントはソヴリン・グルーを溶解できる。

作成要項
必要条件《その他の魔法のアイテム作成》、メイク・ホウル；**コスト** 1,200GP

ダークスカル（Darkskull／暗黒のドクロ）
オーラ 中程度・力術［悪］；**術者レベル** 9
装備部位 ─；**市価** 60,000GP；**重量** 5ポンド

解説
　このドクロは黒檀を彫ったもので、純然たる悪の存在である。このドクロの周囲は常に、アンハロウ呪文がこのドクロを起点として発動されたように扱われる。ダークスカルにはそれぞれ1つの呪文の効果が定着している。定着した呪文はアンハロウ呪文の解説にある標準のリストにあるもので、後から変更することはできない。

作成要項
必要条件《その他の魔法のアイテム作成》、アンハロウ、作成者が悪でなければならない；**コスト** 30,000GP

ダスト・オヴ・アピアランス（Dust of Appearance／姿現しの粉）
オーラ 微弱・召喚術；**術者レベル** 5
装備部位 ─；**市価** 1,800GP；**重量** ─

解説
　この粉は非常に細かく、非常に軽い金属の粉末のように見える。この物質を一つかみ空中に撒くと、半径10フィート以内の物体を覆い、不可視状態のものであっても目に見えるようにしてしまう。この粉はブラーとディスプレイスメントの効果も同様に無効化する（この点ではフェアリー・ファイアー呪文と同様の効果がある）。また、〈虚像〉効果、ミラー・イメージ、プロジェクト・イメージの正体を明らかにする。この粉末に覆われたクリーチャーは〈隠密〉に－30のペナルティを受ける。この粉の効果は5分間持続する。

　ダスト・オヴ・アピアランスは普通、小さな絹の包みか、骨製の吹管に入れて保管される。

作成要項
必要条件《その他の魔法のアイテム作成》、グリッターダスト；**コスト** 900GP

ダスト・オヴ・イリュージョン（Dust of Illusion／幻影粉）
オーラ 中程度・幻術；**術者レベル** 6
装備部位 ─；**市価** 1,200GP；**重量** ─

解説

この何の変哲もない粉はチョーク粉か黒鉛粉に似ている。しかし、じっと見つめていると色と形を変えていく。**ダスト・オヴ・イリュージョン**をクリーチャーに撒くと、そのクリーチャーはディスガイズ・セルフによる（幻覚）と同様の作用を受け、この粉を振り撒いた人物が思い描いた幻影が与えられる。同意しない目標はこの効果を免れるためにDC11の反応セーヴを行うことができる。この（幻覚）は2時間持続する。

作成要項

必要条件《その他の魔法のアイテム作成》、ディスガイズ・セルフ；**コスト** 600GP

ダスト・オヴ・ディサピアランス （Dust of Disappearance／姿隠しの粉）

オーラ 中程度・幻術；**術者レベル** 7
装備部位 —；**市価** 3,500GP；**重量** —

解説

この粉は**ダスト・オヴ・アピアランス**と同じような外見で、普通は同じ方法で保管されている。この粉に触れたクリーチャーや物体は不可視状態となる（グレーター・インヴィジビリティと同様）。この粉に触れたクリーチャーや物体は、普通の視覚では見られず、シー・インヴィジビリティやインヴィジビリティ・パージを含めた魔法的な方法でも感知できない。しかし、**ダスト・オヴ・アピアランス**を使えば、**ダスト・オヴ・ディサピアランス**によって不可視状態の人々や物体を目に見えるようにすることができる。音や匂いのような視覚以外の要因によって感知される可能性はある。この粉による**グレーター・インヴィジビリティ**は、2d6ラウンド持続する。持続時間がいつ終わるのか、不可視状態となったクリーチャーには判らない。

作成要項

必要条件《その他の魔法のアイテム作成》、グレーター・インヴィジビリティ；**コスト** 1,750GP

ダスト・オヴ・ドライネス（Dust of Dryness／乾燥粉）

オーラ 中程度・変成術；**術者レベル** 11
装備部位 —；**市価** 850GP；**重量** —

解説

この特殊な粉にはさまざまな使用法がある。水に投げ入れた場合、100ガロン（約380リットル）までの水を即座に消滅させ、粉末はビー玉ほどの小さな玉になって投げた場所に浮くか転がる。この玉を地面に投げつけると、壊れて同じ水量を解放する。この粉は水（真水、塩水、アルカリ性の水）にのみ作用し、他の液体には作用しない。

この粉を（エレメンタル、水）の副種別を持つ来訪者に対して使用した場合、そのクリーチャーはDC18の頑健セーヴを行わなければならず、失敗すると破壊される。このセーヴに成功した場合でも、そのクリーチャーは5d6ポイントのダメージを受ける。

作成要項

必要条件《その他の魔法のアイテム作成》、コントロール・ウォーター；**コスト** 425GP

ダスト・オヴ・トレイスレスネス （Dust of Tracelessness／跡消しの粉）

オーラ 微弱・変成術；**術者レベル** 3
装備部位 —；**市価** 250GP；**重量** —

解説

この平凡な外見の粉は、実際には持ち主とその仲間の通った痕跡を隠すことのできる魔法の粉末である。空中にこの粉を一つかみ投げると、100平方フィート（約9平方メートル）までの床面積の部屋が、10年間は放棄され使用されていないように埃っぽく、汚れており、クモの巣いっぱいの状態となる。

通ってきた道筋に沿ってこの粉を一握り振りかけると、12人までの人物と馬が通ってきた痕跡を250フィートまでさかのぼって消すことができる。この粉の効果は瞬間的なものであり、粉の使用によって魔法のオーラが残留することはない。この粉の作用を受けた範囲を通過した目標を追跡するために行う〈生存〉のDCは通常よりも20高くなる。

作成要項

必要条件《その他の魔法のアイテム作成》、パス・ウィズアウト・トレイス；**コスト** 125GP

チャイム・オヴ・インタラプション （Chime of Interruption／妨害のチャイム）

オーラ 中程度・力術；**術者レベル** 7
装備部位 —；**市価** 16,800GP；**重量** 1ポンド

解説

この楽器は10分に1回鳴らすことができ、鳴り響く音色は3分間持続する。

チャイムの音が鳴り響いている間、半径30フィート以内では、術者が精神集中判定（DC15＋その呪文の呪文レベル）に成功しない限り、音声要素を必要とするいかなる呪文も発動することができない。

作成要項

必要条件《その他の魔法のアイテム作成》、シャウト；**コスト** 8,400GP

チャイム・オヴ・オープニング（Chime of Opening／開錠のチャイム）

オーラ 中程度・変成術；**術者レベル** 11
装備部位 —；**市価** 3,000GP；**重量** 1ポンド

解説

チャイム・オヴ・オープニングは長さ約1フィートのミスラル製の管鐘である。鳴らすと魔法の振動が送り出され、錠前、ふた、扉、弁、門などが開く。この装置は普通のかんぬき、枷、鎖、差し錠などに対して効果がある。また、**チャイム・オヴ・オープニング**は、レベル15未満のウィザードが発動したものであれば、**ホールド・ポータル**や**アーケイン・ロック**の呪文すら自動的に解呪する。

このチャイムは、緩めたり開けようとするアイテムや門戸に向けなければならない（使用者の目に見え、使用者がそこにあると知っていなければならない）。そうしてチャイムを鳴らすと、澄んだ音色が鳴り響き、使用者はチャイムの術者レベル（11レ

ベル）を用いて錠前や拘束に対して術者レベル判定を行うことができる。この判定のDCはその錠前や拘束を解くための〈装置無力化〉のDCに等しい。1回鳴らすごとに閉ざされたもの1つが開く。したがって、宝箱に鎖が巻かれ、南京錠がされ、組み込み錠がかけられ、アーケイン・ロックがかけられているなら、それを開くにはチャイム・オヴ・オープニングを使って開く判定に4回成功する必要がある。サイレンスの呪文はこの装置の能力を無効化する。新品のチャイムは、壊れて使い物にならなくなるまでに合計で10回使用できる。

作成要項
必要条件《その他の魔法のアイテム作成》、ノック；**コスト** 1,500GP

ディメンジョナル・シャックルズ
（Dimensional Shackles／次元の枷）

オーラ 中程度・防御術；**術者レベル** 11
装備部位 手首；**市価** 28,000GP；**重量** 5ポンド

解説
　この枷の"冷たい鉄"製の鎖の輪には、それに沿うように金のルーンが描かれている。この枷に捕らえられたクリーチャーはディメンジョナル・アンカー呪文を発動されたのと同様の効果を受ける（セーヴ不可）。この枷は小型サイズから大型サイズまでのクリーチャーにはめることができる。この枷を破壊したり、この枷から抜け出すためのDCは30である。

作成要項
必要条件《その他の魔法のアイテム作成》、ディメンジョナル・アンカー；**コスト** 14,000GP

デカンター・オヴ・エンドレス・ウォーター
（Decanter of Endless Water／無限の水差し）

オーラ 中程度・変成術；**術者レベル** 9
装備部位 ―；**市価** 9,000GP；**重量** 2ポンド

解説
　この平凡な外見のビンの栓を抜いて合言葉を唱えると、真水か塩水が流れ出す。別々の合言葉が設定されており、それに応じて水の種類、流量、速度が決まる。
- 小川：1ラウンドにつき1ガロン（約3.8リットル）が流れ出る。
- 湧き水：1ラウンドにつき5ガロン（約19リットル）の流量で、長さ5フィートの川ができる。
- 間欠泉：1ラウンドにつき30ガロン（約114リットル）の流量で、長さ20フィート、幅1フィートの川ができる。

　間欠泉効果は反動がかなり大きく、この水差しを手にしている者は、この効果を発揮している間は毎ラウンド、DC12の【筋力】判定に成功しないと、打ち倒され伏せ状態となる。加えて、間欠泉の力はその目標となったクリーチャーに毎ラウンド1d4ポイントのダメージを与える。間欠泉は1ラウンドにつき1体の目標にしか作用しないが、間欠泉の絶え間ない水流によって極めて容易に狙いをつけられるため、使用者は水流の向きを変える際に攻撃ロールなしで目標を捉えることができる。（火炎）の副種別を持つクリーチャーは、間欠泉によって毎ラウンド

1d4ポイントではなく2d4ポイントのダメージを受ける。水の流れを止めるには、合言葉を唱えなければならない。

作成要項
必要条件《その他の魔法のアイテム作成》、コントロール・ウォーター；**コスト** 4,500GP

デック・オヴ・イリュージョンズ（Deck of Illusions／幻影のデック）

オーラ 中程度・幻術；**術者レベル** 6
装備部位 ―；**市価** 8,100GP；**重量** 1/2ポンド

解説
　この羊皮紙製のカード一組は通常、象牙、革または木でできた箱の中に収められている。完全なデックは34枚のカードで構成されている。カードを1枚ランダムに引いて地面に投げると、1体のクリーチャーのメジャー・イメージが生み出される。この（虚像）は解呪されるまで持続する。幻のクリーチャーはカードが落ちた場所から30フィート以内しか移動できないが、それ以外の点ではまるで本物のように移動し、行動する。この幻は常にそのカードを引いたキャラクターの望むように行動する。幻影が解呪されると、そのカードは白紙になり、再び使うことはできない。カードを拾い上げると、幻影は自動的かつ即座に解呪される。デック内のカードとカードによって生み出される幻影については、以下の表の通り（普通のトランプやタロット・カードを使ってデックの内容を模す際には、左から1列目か2列目を使用すること）。

トランプ	タロット・カード	クリーチャー
ハートのエース	IV.皇帝	レッド・ドラゴン
ハートのキング	剣の騎士	人間の男性のファイターと4人の衛兵
ハートのクイーン	棒の女王	人間の女性のウィザード
ハートのジャック	棒の王	人間の男性のドルイド
ハートの10	VII.戦車	クラウド・ジャイアント
ハートの9	棒の小姓	エティン
ハートの8	聖杯のエース	バグベア
ハートの2	棒の5	ゴブリン

トランプ	タロット・カード	クリーチャー
ダイヤのエース	III.女帝	グラブレズゥ（デーモン）
ダイヤのキング	聖杯の2	エルフの男性のウィザードと女性の徒弟
ダイヤのクイーン	剣の女王	ハーフエルフのレンジャー
ダイヤのジャック	XVI.節制	ハーピー
ダイヤの10	棒の7	ハーフオークの男性のバーバリアン
ダイヤの9	金貨の4	オーガ・メイジ
ダイヤの8	金貨のエース	ノール
ダイヤの2	金貨の6	コボルド

トランプ	タロット・カード	クリーチャー
スペードのエース	II.女司祭長	リッチ
スペードのキング	棒の3	人間のクレリック3人
スペードのクイーン	聖杯の4	メデューサ
スペードのジャック	金貨の騎士	ドワーフの男性のパラディン
スペードの10	剣の7	フロスト・ジャイアント

スペードの9	剣の3	トロル
スペードの8	剣のエース	ホブゴブリン
スペードの2	聖杯の5	ゴブリン
トランプ	**タロット・カード**	**クリーチャー**
クラブのエース	VIII.力	アイアン・ゴーレム
クラブのキング	金貨の小姓	ハーフリングの男性のローグ3人
クラブのクイーン	聖杯の10	ピクシー
クラブのジャック	金貨の9	ハーフエルフのバード
クラブの10	棒の9	ヒル・ジャイアント
クラブの9	剣の王	オーガ
クラブの8	棒のエース	オーク
クラブの2	聖杯の5	コボルド
トランプ	**タロット・カード**	**クリーチャー**
ジョーカー	金貨の2	デックの持ち主の幻影
ジョーカー（商標付き）	棒の2	デックの持ち主の幻影（性別が逆）

　宝物としてランダムに決定されたデックは通常、完全にそろっている（d％で11～100が出た場合）が、1d20枚のカードがなくなっていることもある（1～10が出た場合）。カードがなくなっている場合、減った量に応じて価格を減らすこと。

作成要項
必要条件《その他の魔法のアイテム作成》、**メジャー・イメージ**；**コスト** 4,050GP

トウム・オヴ・アンダスタンディング（Tome of Understanding／理解力の書）
オーラ 強力・力術（ミラクルを使用した場合）；**術者レベル** 17
装備部位 ―**市価** 27,500GP（+1）、55,000GP（+2）、82,500GP（+3）、110,000GP（+4）、137,500GP（+5）；**重量** 5ポンド

解説
　この分厚い本には直感力や知覚力を向上させるためのコツが記されているが、文字の中に強力な魔法の効果が込められている。この本を読んだ者は誰でも、【判断力】に（トウムの種類に応じて）+1～+5の体得ボーナスを得る。この本を読むには最低でも6日間にわたり、合計48時間かかる。一度読んでしまうと、ページから魔法が消え、普通の本となってしまう。

作成要項
必要条件《その他の魔法のアイテム作成》、**ウィッシュ**または**ミラクル**；**コスト** 26,250GP（+1）、52,500GP（+2）、78,750GP（+3）、105,000GP（+4）、131,250GP（+5）

トウム・オヴ・クリア・ソウト（Tome of Clear Thought／明晰なる思考の書）
オーラ 強力・力術（ミラクルを使用した場合）；**術者レベル** 17
装備部位 ―；**市価** 27,500GP（+1）、55,000GP（+2）、82,500GP（+3）、110,000GP（+4）、137,500GP（+5）；**重量** 5ポンド

解説
　この重い本には記憶力や論理的思考力を向上させるための訓練法が記されているが、文字の中に強力な魔法の効果が込められている。この本を読んだ者は誰でも、【知力】に（トウムの種類に応じて）+1～+5の体得ボーナスを得る。この本を読むには最低でも6日間にわたり、合計48時間かかる。一度読んでしまうと、ページから魔法が消え、普通の本となってしまう。

作成要項
必要条件《その他の魔法のアイテム作成》、**ウィッシュ**またはミラクル；**コスト** 26,250GP（+1）、52,500GP（+2）、78,750GP（+3）、105,000GP（+4）、131,250GP（+5）

トウム・オヴ・リーダーシップ・アンド・インフルエンス（Tome of Leadership and Influence／統率力と影響力の書）
オーラ 強力・力術（ミラクルを使用した場合）；**術者レベル** 17
装備部位 ―；**市価** 27,500GP（+1）、55,000GP（+2）、82,500GP（+3）、110,000GP（+4）、137,500GP（+5）；**重量** 5ポンド

解説
　この大きく重い本には他人を説得したり元気づけるヒントが記されているが、文字の中に強力な魔法の効果が込められている。この本を読んだ者は誰でも、【魅力】に（トウムの種類に応じて）+1～+5の体得ボーナスを得る。この本を読むには最低でも6日間にわたり、合計48時間かかる。一度読んでしまうと、ページから魔法が消え、普通の本となってしまう。

作成要項
必要条件《その他の魔法のアイテム作成》、**ウィッシュ**または**ミラクル**；**コスト** 26,250GP（+1）、52,500GP（+2）、78,750GP（+3）、105,000GP（+4）、131,250GP（+5）

ドラムズ・オヴ・パニック（Drums of Panic／恐慌の太鼓）
オーラ 中程度・死霊術；**術者レベル** 7
装備部位 ―；**市価** 30,000GP；**重量** 10ポンド（1対で）

解説
　この太鼓はケトル・ドラム（台座の上にのった直径1.5フィートほどの半球形の太鼓）が2つ1組になった平凡な外見のものである。両方の太鼓を同時に鳴らすと、120フィート以内（太鼓の周囲半径20フィート以内の安全地帯は除く）のすべてのクリーチャーは**フィアー**呪文の作用を受ける（意志・不完全、DC16）。ドラムズ・オヴ・パニックは1日1回使用できる。

作成要項
必要条件《その他の魔法のアイテム作成》、**フィアー**；**コスト** 15,000GP

ドルイズ・ヴェストメント（Vestment, Druid's／ドルイド装束）
オーラ 中程度・変成術；**術者レベル** 10
装備部位 全身；**市価** 3,750GP；**重量** ―

解説
　この軽い衣装は普通の衣服や鎧の上に着用する。この種の衣装のほとんどは緑色で、植物や動物をモチーフにした刺繍が施されている。自然の化身能力を持つキャラクターがこれを着用すると、そのキャラクターは1日に1回追加でその能力を使うことができる。

作成要項
必要条件《その他の魔法のアイテム作成》、**ポリモーフ**または

ネックレス・オヴ・ファイアーボールズ

ネックレス	10d6	9d6	8d6	7d6	6d6	5d6	4d6	3d6	2d6	市価
タイプI	—	—	—	—	—	1	—	2	—	1,650GP
タイプII	—	—	—	1	—	2	—	2	2	2,700GP
タイプIII	—	—	1	—	2	—	4	—	—	4,350GP
タイプIV	—	—	1	—	2	—	2	—	4	5,400GP
タイプV	—	1	—	2	—	2	—	2	—	5,850GP
タイプVI	1	—	2	—	2	—	4	—	—	8,100GP
タイプVII	1	2	—	2	—	2	—	2	—	8,700GP

自然の化身能力；**コスト** 1,375GP

ネックレス・オヴ・アダプテイション（Necklace of Adaptation／適応の首飾り）

オーラ 中程度・変成術；**術者レベル** 7
装備部位 首周り；**市価** 9,000GP；**重量** 1ポンド

解説

　この首飾りは太い鎖に白金のメダルがついたものである。この首飾りの魔力により、着用者は新鮮な空気の殻で覆われるため、すべての有害な蒸気とガス（吸入型の毒だけでなく、**クラウドキル**や**スティンキング・クラウド**の効果など）に完全耐性ができ、水中や真空中でも呼吸できるようになる。

作成要項

必要条件《その他の魔法のアイテム作成》、オルター・セルフ；**コスト** 4,500GP

ネックレス・オヴ・ファイアーボールズ（Necklace of Fireballs／ファイアーボールの首飾り）

オーラ 中程度・力術；**術者レベル** 10
装備部位 首周り（スロットを占有しない）；**市価** 1,650GP（タイプI）、2,700GP（タイプII）、4,350GP（タイプIII）、5,400GP（タイプIV）、5,850GP（タイプV）、8,100GP（タイプVI）、8,700GP（タイプVII）；**重量** 1ポンド

解説

　このアイテムは珠をいくつか紐に通したものにしか見えず、両端をつないで首飾り状にしてあることもある（キャラクターの着用した魔法のアイテムのうち、どれが効果を発揮しているかを決定する際に、このアイテムは首周りに着用しているアイテムとはみなさない）。しかし、キャラクターがこれを手に持てば、誰でもこの飾り紐の本当の姿が見えるようになる——金色の鎖からいくつもの金色の球体がぶら下がっているのである。着用者は（そして着用者のみが）球体を取り外し、70フィートの距離まで簡単に投げつけることができる。目標の地点に達すると、球体は**ファイアーボール**呪文（反応・半減、DC14）となって炸裂する。

　球体には2d6ポイントの［火炎］ダメージを与えるものから、10d6ポイントのダメージを与えるものまでさまざまな強度のものがある。球体の市価は、与えるダメージ1d6ごとに150GPである。

　各種の**ネックレス・オヴ・ファイアーボールズ**には、さまざまな強度の球体がいろいろ組み合わせて付いている。伝統的な組み合わせにはタイプIからタイプVIIまであり、詳細は表の通りである。

　首飾りを着用しているか運搬しているキャラクターが魔法による［火炎］攻撃のセーヴに失敗した場合、アイテムも同様に（＋7のセーヴ・ボーナスで）セーヴを行わなければならない。首飾りがセーヴに失敗すれば、残っているすべての球体は同時に爆発し、着用者は気の毒な結果になる場合が多い。

作成要項

必要条件《その他の魔法のアイテム作成》、ファイアーボール；**コスト** 825GP（タイプI）、1,350GP（タイプII）、2,175GP（タイプIII）、2,700GP（タイプIV）、2,925GP（タイプV）、4,050GP（タイプVI）、4,350GP（タイプVII）

ハープ・オヴ・チャーミング（Harp of Charming／魅惑の竪琴）

オーラ 微弱・心術；**術者レベル** 5
装備部位 —；**市価** 7,500GP；**重量** 5ポンド

解説

　この手の込んだ彫刻の施された美しい竪琴は片手で楽に持てるが、その魔力を用いるには両手が必要となる。**ハープ・オヴ・チャーミング**を演奏してDC14の〈芸能：弦楽器〉に成功した場合、演奏者は10分間演奏するごとに、音楽に1つの**サジェスチョン**（呪文と同様、意志・無効、DC14）をこめることができる。技能判定に失敗した場合、聴衆は24時間の間、その演奏者のこれ以降の演奏から作用を受けない。

作成要項

必要条件《その他の魔法のアイテム作成》、サジェスチョン；**コスト** 3,750GP

パール・オヴ・ザ・サイリンズ（Pearl of the Sirines／サイリンの真珠）

オーラ 中程度・変成術および防御術；**術者レベル** 8
装備部位 —；**市価** 15,300GP；**重量** —

解説

　この真珠はその美しさだけで少なくとも1,000GPの価値がある。持ち主がこの真珠の能力に関係のある行動をとろうとしながら、手にしっかりと握り締めたり、胸に押しつけたりすれば、持ち主はこのアイテムを理解し、使用することができるようになる。

　この真珠によって、持ち主はきれいで新鮮な空気の中にいるように、水中で呼吸することができる。持ち主は水泳移動速度

が60フィートになり、水中で妨げられることなく呪文を発動したり行動することができる。

作成要項

必要条件 《その他の魔法のアイテム作成》、**ウォーター・ブリージング**、**フリーダム・オヴ・ムーヴメント**；**コスト** 8,150GP

パール・オヴ・パワー（Pearl of Power／力の真珠）

オーラ 強力・変成術；**術者レベル** 17
装備部位 —；**市価** 1,000GP（1レベル）、4,000GP（2レベル）、9,000GP（3レベル）、16,000GP（4レベル）、25,000GP（5レベル）、36,000GP（6レベル）、49,000GP（7レベル）、64,000GP（8レベル）、81,000GP（9レベル）、70,000GP（呪文2つ）；**重量** —

解説

　大きさも光沢も平均的な普通の真珠に見えるこのアイテムは、呪文を準備するすべての呪文の使い手（ウィザード、クレリック、ドルイド、パラディン、レンジャー）にとって強力な助けになる。1日に1回、合言葉を唱えると、**パール・オヴ・パワー**の持ち主は、自分が準備して、その後その日すでに発動したどんな呪文でも、1つ思い出すことができる。その呪文はまるで発動されなかったように、再び同じように準備される。この呪文は、真珠によって決まる特定の呪文レベルのものでなければならない。1～9レベルまでの各レベルの呪文を1日に1つ思い出すものと、1日に（それぞれ異なるレベルで6レベル以下の）2つの呪文を思い出す真珠がそれぞれ存在する。

作成要項

必要条件 《その他の魔法のアイテム作成》、思い出す呪文レベルの呪文を作成者が発動できること；**コスト** 500GP（1レベル）、2,000GP（2レベル）、4,500GP（3レベル）、8,000GP（4レベル）、12,500GP（5レベル）、18,000GP（6レベル）、24,500GP（7レベル）、32,000GP（8レベル）、40,500GP（9レベル）、35,000GP（呪文2つ）

パイプス・オヴ・サウンディング（Pipes of Sounding／音作りの笛）

オーラ 微弱・幻術；**術者レベル** 2
装備部位 —；**市価** 1,800GP；**重量** 3ポンド

解説

　〈芸能：管楽器〉の技能を持つキャラクターが演奏すると、この光沢のある金属製のパン・パイプはさまざまな音を生み出す。この音は（虚像）であり**ゴースト・サウンド**と同様に働く。

作成要項

必要条件 《その他の魔法のアイテム作成》、**ゴースト・サウンド**；**コスト** 900GP

パイプス・オヴ・ザ・スーアーズ（Pipes of the Sewers／下水の笛）

オーラ 微弱・召喚術；**術者レベル** 2
装備部位 —；**市価** 1,150GP；**重量** 3ポンド

解説

　正しい旋律を学べば、持ち主はこの笛を使って（400フィート以内にラットがいれば）1d3群のラット・スウォームを引き寄せることができる。ラットたちが移動しなければならない距離が50フィートあるごとに、1ラウンドの遅れが出る。吹き手はラットたちが現れるまで演奏を続けなければならず、現れた時点でDC10の〈芸能：管楽器〉を行わなければならない。成功すれば、吹き手が演奏し続ける限り、ラットたちはテレパシーによる吹き手の命令に従う。失敗すれば、ラットたちは吹き手を攻撃する。いかなる理由でも吹き手が演奏を中断すれば、ラットたちは即座に去ってゆく。24時間以内にラットたちを再び呼び出すたびに、〈芸能〉のDCは＋5されてゆく。

　ラットたちが他のクリーチャーの制御下にいた場合、〈芸能〉のDCにラットたちを制御しているクリーチャーのヒット・ダイスを加えること。吹き手がラットたちを制御した後で、その別のクリーチャーが能動的に制御を奪い返そうとするなら、制御を維持するために毎ラウンド、再度の判定が必要となる。

作成要項

必要条件 《その他の魔法のアイテム作成》、**サモン・ネイチャーズ・アライI**、**チャーム・アニマル**、野生動物との共感能力；**コスト** 575GP

パイプス・オヴ・ホーンティング（Pipes of Haunting／恐ろしの笛）

オーラ 微弱・死霊術；**術者レベル** 4
装備部位 —；**市価** 6,000GP；**重量** 3ポンド

解説

　この魔法のアイテムは小さなパン・パイプに見える。演奏してDC15の〈芸能：管楽器〉に成功すると、この笛は魔力を帯びた不気味な調べを生み出す。30フィート以内でこれを聞いた者はDC13の意志セーヴを行い、失敗すると4ラウンドの間、恐れ状態となる。ヒット・ダイスが6以上のクリーチャーには作用しない。**パイプス・オヴ・ホーンティング**は1日に2回、吹き鳴らすことができる。

作成要項

必要条件 《その他の魔法のアイテム作成》、**スケアー**；**コスト** 3,000GP

バッグ・オヴ・トリックス（Bag of Tricks／奇術の袋）

オーラ 微弱（灰色およびさび色）または中程度（黄褐色）・召喚術；**術者レベル** 3（灰色）、5（さび色）、9（黄褐色）
装備部位 —；**市価** 3,400GP（灰色）、8,500GP（さび色）、16,000GP（黄褐色）

解説

　この小さな袋は空っぽに見える。袋の中に手を入れた者は小さくてふわふわした球を感じる。この球を取り出して20フィート以内の場所に投げると、それは動物に姿を変える。この動物は10分間が経過して（あるいは殺されるか、袋に戻るよう命令されて）消えてしまうまで、自分を袋から取り出したキャラクターに仕える。この動物は〈動物使い〉技能の解説にある、どんな命令にも従って行動することができる。**バッグ・オヴ・トリックス**には3種類あり、それぞれが異なる種類の動物を生み出す。以下の表を使って、それぞれどんな動物が取り出されたか決定すること。

灰色の袋		さび色の袋		黄褐色の袋	
d%	動物	d%	動物	d%	動物
01～30	バット	01～30	ウルヴァリン	01～30	グリズリー・ベア
31～60	ラット	31～60	ウルフ	31～60	ライオン
61～75	キャット	61～85	ボア	61～80	ヘヴィ・ホース
76～90	ウィーゼル	86～100	レパード	81～90	タイガー
91～100	ライディング・ドッグ	—		91～100	ライナセラス

　ヘヴィ・ホースは馬具を装着した状態で現れ、自分を袋から取り出したキャラクターを乗り手として受け入れる。

　生み出される動物は常にランダムであり、常に一度に1体しか存在できない。1日に2匹まで、1週間で合計10匹までの動物を袋から取り出すことができる。それぞれの動物のデータはパスファインダーRPG ベスティアリに掲載されている。

作成要項

必要条件《その他の魔法のアイテム作成》、サモン・ネイチャーズ・アライII（灰色）、サモン・ネイチャーズ・アライIII（さび色）、サモン・ネイチャーズ・アライV（黄褐色）；**コスト** 1,700GP（灰色）、4,250GP（さび色）、8,000GP（黄褐色）

バッグ・オヴ・ホールディング（Bag of Holding／物入れ袋）

オーラ 中程度・召喚術；**術者レベル** 9
装備部位 —；**市価** 本文参照；**重量** 本文参照

解説

　これは一見して2フィート×4フィート（約60cm×120cm）ほどの大きさの、ありふれた布の袋に見える。バッグ・オヴ・ホールディングの中は、いかなる次元にも属さない空間に通じており、袋の中の空間は外側から見た大きさよりも大きい。何をどれだけ袋に入れても袋の重量は一定である。袋の重量や、袋に入る内容物の重量と体積の上限は、袋のタイプによって決まる。次の表を参照のこと。

タイプ	袋の重量	内容物 重量上限	内容物体 積上限	市価
タイプI	15ポンド	250ポンド	30立方フィート	2,500GP
タイプII	25ポンド	500ポンド	70立方フィート	5,000GP
タイプIII	35ポンド	1,000ポンド	150立方フィート	7,400GP
タイプIV	60ポンド	1,500ポンド	250立方フィート	10,000GP

　上限より多くの物を入れたり、尖ったものが（中からでも外からでも）袋に穴を開けると、袋は即座に破裂して使い物にならなくなり、中のものはすべて永久に失われる。バッグ・オヴ・ホールディングを裏返しにすると、中のものはすべて（傷つかずに）あふれ出てくるが、袋はもう一度裏返して元通りにしないと使えない。生きているクリーチャーが袋の中に入っても10分は無事に生き延びられるが、10分を過ぎると窒息する。バッグ・オヴ・ホールディングから特定のアイテムを取り出すのは、普通の背負い袋に入るより多くのものを詰め込んでいなければ、1回の移動アクションである。それ以上詰め込んだ状態なら、特定のアイテムを取り出すのは1回の全ラウンド・アクションとなる。袋の中にある魔法のアイテムは、袋を運搬しているキャラクターに何の利益も与えない。

　ポータブル・ホール（携帯用の穴）の内部にバッグ・オヴ・ホールディングを入れると空間が引き裂かれてアストラル界への裂け目ができ、バッグもホールも虚空へと吸い込まれて永久に失われる。バッグ・オヴ・ホールディングの内部にポータブル・ホールを入れた場合、アストラル界への門が開く。ホールとバッグ、および半径10フィート以内のすべてのクリーチャーはその中に吸い込まれ、その過程でポータブル・ホールもバッグ・オヴ・ホールディングも破壊される。

作成要項

必要条件《その他の魔法のアイテム作成》、シークレット・チェスト；**コスト** 1,250GP（タイプI）、2,500GP（タイプII）、3,700GP（タイプIII）、5,000GP（タイプIV）

ハット・オヴ・ディスガイズ（Hat of Disguise／変装帽子）

オーラ 微弱・幻術；**術者レベル** 1
装備部位 頭部；**市価** 1,800GP；**重量** —

解説

　これは見たところ普通の帽子だが、着用者は自分の外見をディスガイズ・セルフ呪文と同様に変化させることができる。これによって変装した場合、帽子は変化の一部として、櫛、リボン、ヘッドバンド、キャップ（縁なし帽子）、コイフ（頭巾）、フード、ヘルメット（兜）などの外見をとることができる。

作成要項

必要条件《その他の魔法のアイテム作成》、ディスガイズ・セルフ；**コスト** 900GP

ハンディ・ハヴァサック（Handy Haversack／便利な背負い袋）

オーラ 中程度・召喚術；**術者レベル** 9
装備部位 —；**市価** 2,000GP；**重量** 5ポンド

解説

　この背負い袋はていねいに作られ、かなり使いこまれた、ごく普通の背負い袋に見える。上等のなめし革でできており、ストラップには真鍮の金具とバックルがついている。両側にポーチがついており、どちらも約1クォート（約1リットル）のものを入れるのに充分な大きさに見える。実際には、どちらのポーチもバッグ・オヴ・ホールディングに似ており、体積2立方フィート（約57リットル）まで、かつ重量20ポンド（約9kg）までのものを入れることができる。背負い袋の主要部分には8立方フィート（約227リットル）まで、かつ80ポンド（約36kg）までのものを入れることができる。満杯の場合でも、この背負い袋は常に5ポンド（約2.3kg）の重量しかない。

　これだけのものが入るだけで充分役に立つが、この背負い袋にはさらに素晴らしい能力がある。着用者が特定のアイテムを取ろうと手を入れた場合、そのアイテムは常に一番手前に入っている。したがって、この背負い袋に入っているものを出すために探し回ったり、取りそこなうことはない。この背負い袋から特定の1個のアイテムを取り出す行為は1回の移動アクションである。また、しまってあるアイテムを1つ取り出す行為は通常なら機会攻撃を誘発するが、この背負い袋から取り出す場合には機会攻撃を誘発しない。

異次元空間

　ロープ・トリック、バッグ・オヴ・ホールディング、ハンディ・ハヴァサック、ポータブル・ホールなど、いくつかの呪文や魔法のアイテムは"異次元空間"を利用している。こうした呪文や魔法のアイテムは、いかなる次元にも属さない小さなポケット空間を作り出す。しかし、この種のアイテムは他の異次元空間の中では働かない。そのような空間の中に入った場合、アイテムはその異次元空間から取り出されるまで機能しなくなる。例えば、バッグ・オヴ・ホールディングがロープ・トリックの中に持ち込まれた場合、バッグ・オヴ・ホールディングがロープ・トリックの外に持ち出されるまで、バッグ・オヴ・ホールディングの中のものは取り出せなくなる。このルールの唯一の例外は、バッグ・オヴ・ホールディングとポータブル・ホールが干渉した場合で、この場合はアイテムの解説の記載通りに、アストラル界への裂け目ができる。

作成要項

必要条件 《その他の魔法のアイテム作成》、シークレット・チェスト；**コスト** 1,000GP

ハンド・オヴ・グローリー（Hand of Glory／栄光の手）

オーラ 微弱・さまざま；**術者レベル** 5
装備部位 首周り；**市価** 8,000GP；**重量** 2ポンド

解説

　これは人間の手をミイラ化させたものを、革紐でキャラクターの首から下げたものである（魔法のネックレスと同様の部位を占める）。この手の指の1本に魔法の指輪を1つはめた場合、着用者自身がその指輪を身に着けているように指輪の利益を得ることができる。これは、指輪は2つまでという通常の制限に含まれない。この手には一度に1つしか指輪をはめることができない。指輪なしでも、手そのものの能力として、着用者は**デイライト**と**シー・インヴィジビリティ**を1日1回ずつ使用できる。

作成要項

必要条件 《その他の魔法のアイテム作成》、アニメイト・デッド、シー・インヴィジビリティ、デイライト；**コスト** 4,000GP

ハンド・オヴ・ザ・メイジ（Hand of the Mage／魔法使いの手）

オーラ 微弱・変成術；**術者レベル** 2
装備部位 首周り；**市価** 900GP；**重量** 2ポンド

解説

　これはエルフの手をミイラ化させたものを、金の鎖でキャラクターの首から下げたものである（魔法のネックレスと同様の部位を占める）。着用者は回数無制限で**メイジ・ハンド**呪文を使用することができる。

作成要項

必要条件 《その他の魔法のアイテム作成》、メイジ・ハンド；**コスト** 450GP

ビード・オヴ・フォース（Bead of Force／力場の珠）

オーラ 中程度・力術；**術者レベル** 10
装備部位 —；**市価** 3,000GP；**重量** —

解説

　この小さな黒い球体は光沢のない真珠のように見える。ビード・オヴ・フォースは最大60フィートまで射程ペナルティなしで投擲することができる。何かに勢いよくぶつかると、このビードは爆発し、半径10フィート以内のすべてのクリーチャーに5d6ポイントの［力場］ダメージを与える。

　投擲された後は、ビード・オヴ・フォースは半径10フィート、持続時間が10分のリジリアント・スフィアー呪文（反応・無効、DC16）として機能する。ちらちらと光る［力場］でできた球体が1体のクリーチャーを包み込むが、そのクリーチャーは球体の直径内に収まる大きさのものでなければならない。球体は目標を持続時間の間包み込む。この球体は、ロッド・オヴ・キャンセレイションやロッド・オヴ・ネゲイション、ディスインテグレイト呪文や目標型ディスペル・マジック呪文を除けばいかなるダメージも受けない。これらの効果は球体を破壊するが、包み込んだクリーチャーには害は及ばない。いかなるものも、内側へも外側へも、球体を通り抜けることはできないが、包み込まれたクリーチャーは通常通り呼吸できる。包み込まれたクリーチャーは暴れることができるが、外にいる者たちも、中にいる者たちが暴れても、球体を物理的に移動させることはできない。ビードは爆発すると完全に消費されてしまうため、1回使い切りのアイテムである。

作成要項

必要条件 《その他の魔法のアイテム作成》、リジリアント・スフィアー；**コスト** 1,500GP

フィギュリーン・オヴ・ワンドラス・パワー（Figurines of Wondrous Power／不思議な小像）

オーラ さまざま；**術者レベル** さまざま
装備部位 —；**市価** 21,000GP（アイヴォリー・ゴーツ）、10,000GP（エボニー・フライ）、15,500GP（オニキス・ドッグ）、28,500GP（オブシディアン・スティード））、16,500GP（ゴールデン・ライオンズ）、9,100GP（サーペンタイン・アウル）、3,800GP（シルヴァー・レイヴン）、10,000GP（ブロンズ・グリフィン）、17,000GP（マーブル・エレファント）；**重量** 1ポンド

解説

　フィギュリーン・オヴ・ワンドラス・パワーは何種類かあるクリーチャーの小像であり、いずれも高さが1インチほどである（1つだけ例外がある）。この像を投げ落とし、正しい合言葉を唱えると、通常サイズの生きたクリーチャーになる（ただし、以下の解説で注記がある場合は除く）。このクリーチャーは持ち主の命令に従う。特に記載のない限り、このクリーチャーは共通語を理解するが、発話することはない。

　フィギュリーン・オヴ・ワンドラス・パワーが小像形態の時に砕かれたり壊された場合、その像は永久に破壊されてしまう。魔力は完全に失われ、能力は消え失せてしまうのだ。動物形態の時に殺された場合は、単に小像形態に戻り、後で再び使うこ

魔法のアイテム 15

とができる。

アイヴォリー・ゴーツ（Ivory Goats／象牙の山羊）：この像は3体で一組である。この3体の山羊はどれも他の2体と少し違う形をしており、それぞれ異なる機能がある：

- **ゴート・オヴ・テラー（Goat of Terror／恐怖の山羊）**：正しい合言葉を唱えると、この小像は軍馬のような乗騎になる。データはライト・ホースのものを用いる。ただし、乗り手はこの山羊の角を武器として使用することができる（一方の角は＋3ランス相当、もう一方の角は＋5ロングソード相当）。騎乗して敵との戦いに臨めば、ゴート・オヴ・テラーは半径30フィートにフィアー呪文の効果を放射する（意志・不完全、DC16）。この像は2週間に1回、3時間まで使用することができる。

- **ゴート・オヴ・トラヴェイル（Goat of Travail／苦痛の山羊）**：この小像は雄牛よりも大きなクリーチャーになり、一対のとても大きく危険な角（どちらの角も1d8＋4ポイントのダメージを与える）が付け加えられていることを除けばナイトメア（パスファインダーRPGベスティアリ参照）のデータを用いる。突撃して攻撃した場合は角しか使用できない（ただし、そのラウンドに成功した攻撃それぞれに6ポイントのダメージが追加される）。この像は1ヶ月に1回、12時間まで山羊の姿にすることができる。

- **ゴート・オヴ・トラヴェリング（Goat of Traveling／旅の山羊）**：この小像は、外見を除けばあらゆる点でヘヴィ・ホースと同様の素早く持久力のある乗騎となる。この山羊は1週間に最大で1日までの間、移動することができる——これは連続していてもよいし、合計で24時間までならどう分割してもよい。合計24時間経つか合言葉を唱えると、小像の姿に戻る。そして少なくとも1日経過するまで、再び使うことはできない。中程度・変成術；術者レベル11；《その他の魔法のアイテム作成》、アニメイト・オブジェクツ。

エボニー・フライ（Ebony Fly／黒檀のハエ）：自律行動能力を与えられると、エボニー・フライはポニーほどの大きさになり、データはすべてペガサスのものを用いるが、攻撃は一切行えない。このアイテムは1週間に3回、1回に12時間まで使用することができる。12時間が経過するか、合言葉を唱えれば、エボニー・フライは再び小像に戻る。中程度・変成術；術者レベル11；《その他の魔法のアイテム作成》、アニメイト・オブジェクツ。

オニキス・ドッグ（Onyx Dog／縞瑪瑙の犬）：合言葉を唱えると、この小像は【知力】が8あって共通語で意思疎通でき、極めて優れた嗅覚と視覚を持つ以外はライディング・ドッグと同じデータを持つクリーチャーに変化する。このドッグは鋭敏嗅覚の能力を持ち、〈知覚〉に＋4のボーナスを受ける。さらに、60フィートの暗視とシー・インヴィジビリティ能力を持つ。オニキス・ドッグは1週間に1回、6時間まで使用することができる。持ち主の命令にのみ従う。中程度・変成術；術者レベル11；《その他の魔法のアイテム作成》、アニメイト・オブジェクツ。

オブシディアン・スティード（Obsidian Steed／黒曜石の馬）：この小像は小さく不格好な黒い石の塊に見える。注意深く調べた場合にのみ、何となく四脚獣の姿をしていることが判る。合言葉を唱えると、この不格好な黒曜石は素晴らしい乗騎になる。これは次の追加の能力を1ラウンドに1回、回数無制限で使用できるヘヴィ・ホースとして扱う：イセリアル・ジョーント、オーヴァーランド・フライト、プレイン・シフト。この乗馬は誰かが自分に騎乗することを許すが、乗り手が善の属性であれば、使用するたびに10％の確率で乗り手を下方次元界（悪の属性を持つ諸次元界）に運び、そこで小像の姿に戻ってしまう。この像は1週間に1回、連続して24時間まで使用することができる。オブシディアン・スティードがエーテル化したり、プレイン・シフトした場合、乗り手とその装備も同じ状態となることに注意。これにより、乗り手は他の次元界に行くことができる。強力・召喚術および変成術；術者レベル15；《その他の魔法のアイテム作成》、アニメイト・オブジェクツ、イセリアルネス、フライ、プレイン・シフト。

ゴールデン・ライオンズ（Golden Lions／黄金の獅子）：この像は2体で一組である。この2体の像はいずれも普通の成体の雄ライオンになる。戦闘で殺されると、まるまる1週間の間、小像からライオンにすることができなくなる。殺されたのでなければ、1日に1回、1時間まで使用することができる。合言葉を唱えることで、ライオンにしたり小像に戻すことができる。中程度・変成術；術者レベル11；《その他の魔法のアイテム作成》、アニメイト・オブジェクツ。

サーペンタイン・アウル（Serpentine Owl／蛇紋石のフクロウ）：使用した合言葉に応じて、この小像は普通の大きさのホーンド・アウル（ミミズク）かジャイアント・アウル（ジャイアント・イーグルのデータを使用すること）になる。変化は1日に1回、最大で8時間まで連続して行うことができる。ただし、ジャイアント・アウルの姿に3回変化すると、それ以降、小像は魔法の力をすべて失う。アウルは持ち主とテレパシーで意思疎通でき、見聞きしたことをすべて知らせる。中程度・変成術；術者レベル11；《その他の魔法のアイテム作成》、アニメイト・オブジェクツ。

シルヴァー・レイヴン（Silver Raven／銀の大鴉）：合言葉を唱えると、この銀の小像はレイヴン（大鴉）に変化する（ただし、銀の密度を保っており、硬度は10である）。別の合言葉を唱えると、この像はアニマル・メッセンジャー呪文の効果を受けたクリーチャーのように、伝言を持って飛び立つ。伝言を運ぶよう命じられていない場合、このレイヴンは持ち主の命令に従うが、特殊な能力やテレパシー能力は一切持たない。この像は1週間につき24時間しかレイヴンの姿を維持することができないが、その持続時間は連続している必要はない。中程度・心術および変成術；術者レベル6；《その他の魔法のアイテム作成》、アニマル・メッセンジャー、アニメイト・オブジェクツ。

ブロンズ・グリフィン（Bronze Griffon／青銅のグリフィン）：自律行動能力を与えられると、ブロンズ・グリフィンはあらゆる点で通常のグリフィンと同様に扱われ、持ち主の命令に従って行動する（パスファインダーRPGベスティアリ参照）。このアイテムは1週間に2回、1回に6時間まで使用することができる。6時間が経過するか、合言葉を唱えれば、ブロンズ・グリフィ

ンは再び小像に戻る。中程度・変成術；術者レベル11；《その他の魔法のアイテム作成》、アニメイト・オブジェクツ。

マーブル・エレファント (Marble Elephant／大理石の象)： これはこの種の小像の中で最も大きいもので、人間の手ほどの大きさがある。合言葉を唱えると、マーブル・エレファントは本物のエレファントのサイズになり、同様のデータを持つ。この小像から生み出された象は荷役獣、乗騎、あるいは戦闘要員として使用でき、持ち主の命令に完全に従う。この小像は1ヶ月に4回、1回に24時間まで使用できる。中程度・変成術；術者レベル11；《その他の魔法のアイテム作成》、アニメイト・オブジェクツ。

作成要項

必要条件《その他の魔法のアイテム作成》、アニメイト・オブジェクツ、追加呪文 (本文参照)；**コスト** 10,500GP（アイヴォリー・ゴーツ）、5,000GP（エボニー・フライ）、7,750GP（オニキス・ドッグ）、14,250GP（オブシディアン・スティード）、8,250GP（ゴールデン・ライオンズ）、4,550GP（サーペンタイン・アウル）、1,900GP（シルヴァー・レイヴン）、5,000GP（ブロンズ・グリフィン）、8,500GP（マーブル・エレファント）

フィラクタリー・オヴ・ネガティヴ・チャネリング (Phylactery of Negative Channeling／負のエネルギー放出の聖句箱)

オーラ 中程度・死霊術 [悪]；術者レベル 10
装備部位 額周り；**市価** 11,000GP；**重量** ―

解説

このアイテムは負のエネルギー放出を使うことのできるあらゆるキャラクターに恩恵をもたらし、生きているクリーチャーに与えるダメージの量が+2d6増加する。これにより、アンデッド・クリーチャーが回復するダメージの量も増える。

作成要項

必要条件《その他の魔法のアイテム作成》、作成者が10レベル以上のクレリックであること；**コスト** 5,500GP

フィラクタリー・オヴ・フェイスフルネス (Phylactery of Faithfulness／信心の聖句箱)

オーラ 微弱・占術；術者レベル 1
装備部位 額周り；**市価** 1,000GP；**重量** ―

解説

このアイテムは宗教上の教典が入った小さな箱である。この箱は革紐で固定されて、着用者の眉間のところにくるように着用するようになっている。着用してみるまでは、この宗教的なアイテムがどんな機能を果たすのかを魔法によらない手段で知ることはできない。フィラクタリー・オヴ・フェイスフルネスの着用者は、魔法の効果を含め、自分の属性や神格への信仰と対立する作用を及ぼしかねない行動をとろうとしたり、そのようなアイテムと関わろうとすると、そのことに気づくことができる。行動する前にわずかな時間をとって考えれば、着用者はそうした行動をとったり、そうしたアイテムと関わりを持ったりする前に、この情報を知ることができる。

作成要項

必要条件《その他の魔法のアイテム作成》、ディテクト・イーヴル、ディテクト・グッド、ディテクト・ケイオス、ディテクト・ロー；**コスト** 500GP

フィラクタリー・オヴ・ポジティヴ・チャネリング (Phylactery of Positive Channeling／正のエネルギー放出の聖句箱)

オーラ 中程度・死霊術 [善]；術者レベル 10
装備部位 額周り；**市価** 11,000GP；**重量** ―

解説

このアイテムによって、正のエネルギー放出を使うものはアンデッド・クリーチャーに与えるダメージの量を+2d6増加することができる。これにより、生きているクリーチャーが回復するダメージの量も増える。

作成要項

必要条件《その他の魔法のアイテム作成》、作成者が10レベル以上のクレリックであること；**コスト** 5,500GP

ブーツ・オヴ・エルヴンカインド (Boots of Elvenkind／エルフ族のブーツ)

オーラ 微弱・変成術；術者レベル 5
装備部位 両足；**市価** 2,500GP；**重量** 1ポンド

解説

この軟らかいブーツを履けば、着用者はほぼどんな環境でも機敏に移動することができるため、〈軽業〉に+5の技量ボーナスを得る。

作成要項

必要条件《その他の魔法のアイテム作成》、作成者がエルフであること；**コスト** 1,250GP

ブーツ・オヴ・ザ・ウィンターランズ (Boots of the Winterlands／寒冷地のブーツ)

オーラ 微弱・変成術および防御術；術者レベル 5
装備部位 両足；**市価** 2,500GP；**重量** 1ポンド

解説

この履物は着用者にさまざまな能力を与える。まず、痕跡を残さずに通常の移動速度で雪の上を移動できるようになる。また、どれほど滑りやすい氷の上（水平な表面のみで、垂直の氷壁や急な坂は不可）でも、倒れたり滑ったりせずに通常の移動速度で移動できるようになる。最後に、ブーツ・オヴ・ザ・ウィンターランズは着用者をエンデュア・エレメンツ呪文の作用を受けているように暖める。

作成要項

必要条件《その他の魔法のアイテム作成》、エンデュア・エレメンツ、キャッツ・グレイス、パス・ウィズアウト・トレイス；**コスト** 1,250GP

ブーツ・オヴ・ストライディング・アンド・スプリンギング (Boots of Striding and Springing／早足と跳躍のブーツ)

オーラ 微弱・変成術；術者レベル 3
装備部位 両足；**市価** 5,500GP；**重量** 1ポンド

解説

このブーツを履くと、着用者の基本地上移動速度は10フィート上昇する。この"早足"能力（強化ボーナスとみなす）に加え、ブーツは並外れた跳躍能力を与える。着用者は跳躍する際の〈軽業〉に＋5の技量ボーナスを得る。

作成要項

必要条件《その他の魔法のアイテム作成》、ロングストライダー、作成者が〈軽業〉技能を5ランク有していること；**コスト** 2,750GP

ブーツ・オヴ・スピード（Boots of Speed／加速のブーツ）

オーラ 中程度・変成術；**術者レベル** 10
装備部位 両足；**市価** 12,000GP；**重量** 1ポンド

解説

フリー・アクションとしてブーツのかかとを打ち合わせることで、着用者は毎日最大10ラウンド、**ヘイスト**呪文の作用を受けているように行動することができる。この**ヘイスト**効果の持続時間は連続したラウンドである必要はない。

作成要項

必要条件《その他の魔法のアイテム作成》、**ヘイスト**；**コスト** 6,000GP

ブーツ・オヴ・テレポーテーション
（Boots of Teleportation／瞬間移動のブーツ）

オーラ 中程度・召喚術；**術者レベル** 9
装備部位 両足；**市価** 49,000GP；**重量** 3ポンド

解説

この履物を履いたキャラクターは1日に3回、自身がテレポート呪文を発動したように瞬間移動することができる。

作成要項

必要条件《その他の魔法のアイテム作成》、**テレポート**；**コスト** 24,500GP

ブーツ・オヴ・レヴィテーション
（Boots of Levitation／空中浮揚のブーツ）

オーラ 微弱・変成術；**術者レベル** 3
装備部位 両足；**市価** 7,500GP；**重量** 1ポンド

解説

この軟らかい革のブーツは信じられないほど軽く快適であり、靴底は薄く、思いがけないほどの強度と足への防御をもたらしている頑丈な毛皮の細紐で補強されている。このブーツの着用者は合言葉により、自身が**レヴィテート**呪文を発動したように、空中浮揚することができる。

作成要項

必要条件《その他の魔法のアイテム作成》、**レヴィテート**；**コスト** 3,750GP

フェザー・トークン（Feather Token／羽根飾り）

オーラ 強力・召喚術；**術者レベル** 12
装備部位 ―；**市価** 50GP（アンカー）、500GP（ウィップ）、450GP（スワン・ボート）、400GP（ツリー）、300GP（バード）、200GP（ファン）；**重量** ―

解説

この小さな羽根飾りにはいくつかの種類のものがあり、それぞれが特別の必要に応じた力を持っている。この羽根飾りには以下に述べる種類がある。どの羽根飾りも一度だけ使用できる。魔法のオーラを見るのでなければ、特定の羽根飾りを識別できるような特殊な特徴はない。同一の能力を持つ羽根飾りであっても、その外見はそれぞれ大幅に異なっている。

アンカー（Anchor／いかり）：この羽根飾りは船を停泊させるいかりを作り出し、1日までの間、船が動かないようにすることができる。

ウィップ（Whip／鞭）：この羽根飾りは革製の超大型用ウィップとなり、**ダンシング**能力を持つ武器と同様に、望む相手を自動的に攻撃する。この武器の基本攻撃ボーナスは＋10で、1d6＋1ポイントの非致傷ダメージを与え、攻撃ロールとダメージ・ロールに＋1の強化ボーナスがある。また、命中すれば、フリー・アクションとして組みつき攻撃を（ウィップの戦技判定ボーナスである＋15を用いて）行う。このウィップは1時間持続する。

スワン・ボート（Swan Boat／白鳥型のボート）：この羽根飾りは、60フィートの速度で水上を移動する能力を持つ白鳥型のボートを作り出す。このボートは8頭のホースとその積荷、もしくは32人の中型サイズのキャラクター、またはそれに相当する組み合わせのものを運ぶことができる。このボートは1日の間持続する。

ツリー（Tree／樹木）：この羽根飾りは、大きなオーク（楢）の木（幹の直径5フィート、高さ60フィート、樹冠の直系40フィート）を出現させる。これは"瞬間"効果である。

バード（Bird／鳥鳥）：この羽根飾りは、伝書鳩のような、小さな文書による伝言を間違いなく指定した目標に届けるために使用できる小さな鳥を生み出す。この羽根飾りの効果は、その伝言を届けるのに必要な時間だけ持続する。

ファン（Fan／扇）：この羽根飾りは大きな扇となり、1隻の船を進ませるのに充分な強さの風を生み出す（船の移動速度は時速約25マイル＝時速40km）。この風は、すでに吹いている風の風速と累積しない。しかし、すでに吹いている風を弱めることはでき、比較的穏やかな風の弱いエリアを作り出すことができる（ただし、嵐の中で波の大きさを変えることはできない）。この扇は8時間まで使用することができる。陸地では働かない。

作成要項

必要条件《その他の魔法のアイテム作成》、**メジャー・クリエイション**；**コスト** 25GP（アンカー）、250GP（ウィップ）、225GP（スワン・ボート）、200GP（ツリー）、150GP（バード）、100GP（ファン）

フォールディング・ボート（Boat, Folding／折り畳みボート）

オーラ 中程度・変成術；**術者レベル** 6
装備部位 ―；**市価** 7,200GP；**重量** 4ポンド

解説

フォールディング・ボートは、起動していない状態だと、長

さ12インチ、幅6インチ、深さ6インチほど（約30cm×15cm×15cm）の小さな木製の箱のような外観をしている。この形態の時は、他の箱と同様にアイテムをしまうことに使うこともできる。しかし、合言葉を唱えると、箱は自動的に広がって、長さ10フィート、幅4フィート、深さ2フィート（約3m×1.2m×0.6m）ほどのボートとなる。これとは別の第2の合言葉を唱えるとさらに広がって、長さ24フィート、幅8フィート、深さ6フィート（約7.3m×2.4m×1.8m）の船にさえなる。フォールディング・ボートは展開時にボートが占めるのに充分なだけの空き空間がなければ展開できない。箱であった時に中にしまっていたアイテムはすべて、ボートや船の内部に置かれる。

　小さなボート形態には1対のオール、いかり、マスト、三角帆がある。大きな船形態には甲板、漕ぎ手用座席1列、5対のオール、舵、いかり、甲板船室、四角帆を持つマストがある。ボートには4人が余裕を持って乗り込むことができ、船は15人を容易に運ぶことができる。

　第3の合言葉を唱えると、内部に何もなければ、ボートや船は自動的に折り畳まれ、再び箱に戻る。

作成要項
必要条件《その他の魔法のアイテム作成》、ファブリケイト、作成者が〈製作：船大工〉を2ランク有していること；**コスト** 3,600GP

ブルーム・オヴ・フライング（Broom of Flying／空飛ぶほうき）

オーラ 中程度・変成術；**術者レベル** 9
装備部位 ―；**市価** 17,000GP；**重量** 3ポンド
解説

　このほうきはオーヴァーランド・フライト呪文が作用したかのように（〈飛行〉に＋4ボーナスを得て）空を飛ぶことができる。この能力は1日に9時間まで使用することができ、持ち主が自由に分割することができる。このほうきは、200ポンドまでの重量を運んで移動速度40フィートで飛行するか、あるいは400ポンドまでの重量を運んで移動速度30フィートで飛行することができる。さらに、持ち主が目的地の位置と配置をよく知っているなら、持ち主が指定するだけでひとりでにそこへ飛んで行くこともできる。持ち主が合言葉を唱えると、ほうきは300ヤード（約270m）まで離れた所からでもその持ち主の元に飛んでくる。乗り手がいない場合、ブルーム・オヴ・フライングは移動速度40フィートで飛行する。

作成要項
必要条件《その他の魔法のアイテム作成》、オーヴァーランド・フライト、パーマネンシイ；**コスト** 8,500GP

グレーター・ブレイサーズ・オヴ・アーチェリー（Bracers of Archery, Greater／上級弓術の腕甲）

オーラ 中程度・変成術；**術者レベル** 8
装備部位 手首；**市価** 25,000GP；**重量** 1ポンド
解説

　この腕甲は普通の防具のように見える。この腕甲を着用すると、着用者はどんなボウでも（クロスボウは含まない）習熟しているように使用できる。すでにいずれかのボウに習熟しているなら、その種類のボウを使う時にはいつでも、攻撃ロールに＋2とダメージ・ロールに＋1の技量ボーナスを得る。両方の腕甲を装着しないと、魔法は効果を発揮しない。

作成要項
必要条件《その他の魔法のアイテム作成》、《魔法の武器防具作成》、作成者がショートボウあるいはロングボウに習熟していること；**コスト** 12,500GP

レッサー・ブレイサーズ・オヴ・アーチェリー（Bracers of Archery, Lesser／下級弓術の腕甲）

オーラ 微弱・変成術；**術者レベル** 4
装備部位 手首；**市価** 5,000GP；**重量** 1ポンド
解説

　グレーター・ブレイサーズ・オヴ・アーチェリーと同様だが、この腕甲の与える攻撃ロールへの技量ボーナスは＋1であり、ダメージ・ロールにはボーナスを与えない。

作成要項
必要条件《その他の魔法のアイテム作成》、《魔法の武器防具作成》、作成者がショートボウあるいはロングボウに習熟していること；**コスト** 2,500GP

ブレイサーズ・オヴ・アーマー（Bracers of Armor／防護の腕甲）

オーラ 中程度・召喚術；**術者レベル** 7
装備部位 手首；**市価** 1,000GP（＋1）、4,000GP（＋2）、9,000GP（＋3）、16,000GP（＋4）、25,000GP（＋5）、36,000GP（＋6）、49,000GP（＋7）、64,000GP（＋8）；**重量** 1ポンド
解説

　このアイテムは手首や腕を守る防具に見える。着用すると、不可視だが実体のある力場が着用者を取り巻き、鎧を身に着けているかのように＋1～＋8の鎧ボーナスを与える。両方の腕甲を装着しなければ、魔法は効果を発揮しない。

　あるいは、ブレイサーズ・オヴ・アーマーに鎧の特殊能力を付与することもできる。能力のリストについては表15－4を参照すること。アイテムの市価を計算する際には、特殊能力は追加のボーナスと同様に計算するが、実際にACを上昇させるわけではない。ブレイサーズ・オヴ・アーマーの有効ボーナス（鎧ボーナス＋鎧の特殊能力のボーナス相当値）は＋8が上限である。鎧の特殊能力を付与するには、ブレイサーズ・オヴ・アーマーに少なくとも＋1の鎧ボーナスがなければならない。ブレイサーズ・オヴ・アーマーには、鎧のコストに一定額のGPを加えることで付与できる鎧の特殊能力を付けることはできない。ブレイサーズ・オヴ・アーマーと通常の鎧は累積しない。クリーチャーが別のものからより高い鎧ボーナスを得ていたら、ブレイサーズ・オヴ・アーマーは機能を停止し、鎧ボーナスも鎧の特殊能力も与えない。ブレイサーズ・オヴ・アーマーの方が高い鎧ボーナスを与えるなら、その他の鎧ボーナスを与えるものは機能を停止する。

作成要項
必要条件《その他の魔法のアイテム作成》、メイジ・アーマー、

魔法のアイテム　15

作成者の術者レベルがブレイサーズのボーナスの2倍以上であること、加えて付加する鎧の特殊能力の必要条件；**コスト** 500GP（＋1）、2,000GP（＋2）、4,500GP（＋3）、8,000GP（＋4）、12,500GP（＋5）、18,000GP（＋6）、24,500GP（＋7）、32,000GP（＋8）

ブレスト・ブック（Blessed Book／祝福されし書）

オーラ 中程度・変成術；**術者レベル** 7
装備部位 —；**市価** 12,500GP；**重量** 1ポンド

解説

この作りのよい書物はどれも、高さ12インチ、幅8インチ、厚さ1インチ（約30cm×20cm×2.5cm）までの小型のものである。この種の本はどれも耐久性が高く、防水加工され、銀をかぶせた鉄で装丁され、錠が付いている。

ブレスト・ブックは1,000ページあり、ウィザードは1ページごとの材料費を支払わずに呪文を書き込むことができる。ランダムに作成した宝物の中にこの本があった場合、呪文が記入されていることはない。

作成要項

必要条件《その他の魔法のアイテム作成》、シークレット・ページ；**コスト** 6,250GP

ブレスレット・オヴ・フレンズ（Bracelet of Friends／友情の腕輪）

オーラ 強力・召喚術；**術者レベル** 15
装備部位 手首；**市価** 19,000GP；**重量** —

解説

この銀の飾り腕輪には、作成時に4つの飾りがついている。持ち主は自分の知っている人物の1人を、この腕輪の飾り1つの目標として指定することができる（この指定は標準アクションだが、一度指定されると、変更するまで永続する）。飾りをつかみ、目標として指定された人物の名前を呼ぶと、その人物は装備と共にその場所に招請される（1回の標準アクション）。ただし、持ち主と目標の双方が同一次元界にいる必要がある。目標として指定された人物には、誰が自分を招請しているかが判り、ブレスレット・オヴ・フレンズは同意する目標にしか働かない。飾りの機能を起動すると、その飾りはなくなってしまう。また、腕輪から外した飾りは役に立たなくなってしまう。ブレスレットの価格は、飾りが1個減るごとに25％減少する。

作成要項

必要条件《その他の魔法のアイテム作成》、レフュージ；**コスト** 9,500GP

ブローチ・オヴ・シールディング（Brooch of Shielding／盾のブローチ）

オーラ 微弱・防御術；**術者レベル** 1
装備部位 首周り；**市価** 1,500GP；**重量**—

解説

これは、クロークやケープを留めるための、銀製や金製の装身具のように見える。そうした日常的な使い方ももちろんできるが、それに加えて、呪文や擬似呪文能力によって生み出されたマジック・ミサイルの類を吸収することができる。このブロー

チはマジック・ミサイルによるダメージを101ポイントまで吸収することができ、101ポイントまで吸収してしまうと、融け崩れて役に立たなくなってしまう

作成要項

必要条件《その他の魔法のアイテム作成》、シールド；**コスト** 750GP

ヘッドバンド・オヴ・アリュアリング・カリスマ（Headband of Alluring Charisma／蠱惑的魅力のヘッドバンド）

オーラ 中程度・変成術；**術者レベル** 8
装備部位 額周り；**市価** 4,000GP（＋2）、16,000GP（＋4）、36,000GP（＋6）；**重量** 1ポンド

解説

この人目を引く銀製のヘッドバンドはいくつもの小さな赤色や橙色の宝石で飾り立てられている。このヘッドバンドは着用者の【魅力】に＋2、＋4、または＋6の強化ボーナスを与える。このヘッドバンドを着けてから24時間が経過するまでは、このボーナスを一時的能力値ボーナスとして扱うこと。

作成要項

必要条件《その他の魔法のアイテム作成》、イーグルズ・スプレンダー；**コスト** 2,000GP（＋2）、8,000GP（＋4）、18,000GP（＋6）

ヘッドバンド・オヴ・インスパイアード・ウィズダム（Headband of Inspired Wisdom／直感的判断力のヘッドバンド）

オーラ 中程度・変成術；**術者レベル** 8
装備部位 額周り；**市価** 4,000GP（＋2）、16,000GP（＋4）、36,000GP（＋6）；**重量** 1ポンド

解説

この簡素な青銅製のヘッドバンドは小さな緑色の宝石による複雑な紋様で飾り立てられている。このヘッドバンドは着用者の【判断力】に＋2、＋4、または＋6の強化ボーナスを与える。このヘッドバンドを着けてから24時間が経過するまでは、このボーナスを一時的能力値ボーナスとして扱うこと。

作成要項

必要条件《その他の魔法のアイテム作成》、アウルズ・ウィズダム；**コスト** 2,000GP（＋2）、8,000GP（＋4）、18,000GP（＋6）

ヘッドバンド・オヴ・ヴァスト・インテリジェンス（Headband of Vast Intelligence／広範なる知力のヘッドバンド）

オーラ 中程度・変成術；**術者レベル** 8
装備部位 額周り；**市価** 4,000GP（＋2）、16,000GP（＋4）、36,000GP（＋6）；**重量** 1ポンド

解説

この手の込んだ黄金製のヘッドバンドは数個の小さな青色や深紫色の宝石で飾り立てられている。このヘッドバンドは着用者の【知力】に＋2、＋4、または＋6の強化ボーナスを与える。このヘッドバンドを着けてから24時間が経過するまでは、このボーナスを一時的能力値ボーナスとして扱うこと。ヘッドバンド・オヴ・ヴァスト・インテリジェンスには、このヘッドバ

ンドが与える＋2ボーナスごとに1つの、ヘッドバンドに付随する技能がある。着用後24時間が経過すると、このヘッドバンドはその技能に着用者の合計ヒット・ダイスに等しい値の技能ランクを与える。ヘッドバンドが与えるランクはクリーチャーがすでに持っているランクとは累積しない。与える技能はヘッドバンドの作成時に選ばれる。技能が決まっていなければ、そのヘッドバンドはランダムに決定した知識技能に技能ランクを与えるものとする。

作成要項
必要条件《その他の魔法のアイテム作成》、フォクセス・カニング；**コスト** 2,000GP（＋2）、8,000GP（＋4）、18,000GP（＋6）

ヘッドバンド・オヴ・メンタル・スペリアリティ
(headband of Mental Superiority／精神卓越のヘッドバンド)
オーラ 強力・変成術；**術者レベル** 16
装備部位 額周り；**市価** 16,000GP（＋2）、64,000GP（＋4）、144,000GP（＋6）；**重量** 1ポンド
解説
　この華麗なヘッドバンドはたくさんの小さな白い宝石で飾り立てられている。このヘッドバンドは着用者のすべての精神能力値（【知力】、【判断力】、【魅力】）に＋2、＋4、または＋6の強化ボーナスを与える。このヘッドバンドを着けてから24時間が経過するまでは、このボーナスを一時的能力値ボーナスとして扱うこと。このヘッドバンドはヘッドバンド・オヴ・ヴァスト・インテリジェンスと同様に技能ランクも与える。

作成要項
必要条件《その他の魔法のアイテム作成》、アウルズ・ウィズダム、イーグルズ・スプレンダー、フォクセス・カニング；**コスト** 8,000GP（＋2）、32,000GP（＋4）、77,000GP（＋6）

ヘッドバンド・オヴ・メンタル・プラウエス
(Headband of Mental Prowess／精神力のヘッドバンド)
オーラ 強力・変成術；**術者レベル** 12
装備部位 額周り；**市価** 10,000GP（＋2）、40,000GP（＋4）、90,000GP（＋6）；**重量** 1ポンド
解説
　この簡素な銅製のヘッドバンドには着用者の額の位置にくるよう小さな黄色の宝石がはめ込まれている。この黄色の宝石はあたかも着用者の額の中央に開いた第3の目であるかのように配置されている。たいてい、このヘッドバンドには、3つめの結晶体の目という見た目をさらに強調するようなデザインがされている。

　このヘッドバンドは着用者の精神能力値（【知力】、【判断力】、【魅力】）のうち2つに＋2、＋4、または＋6の強化ボーナスを与える。このヘッドバンドを着けてから24時間が経過するまでは、このボーナスを一時的能力値ボーナスとして扱うこと。これらのボーナスはヘッドバンドの作成時に選択され、変更できない。このヘッドバンドが【知力】にボーナスを与える場合、このヘッドバンドはヘッドバンド・オヴ・ヴァスト・インテリジェンスと同様に技能ランクも与える。

作成要項
必要条件《その他の魔法のアイテム作成》、アウルズ・ウィズダム、イーグルズ・スプレンダー、フォクセス・カニングのうち適当な呪文2つ；**コスト** 5,000GP（＋2）、20,000GP（＋4）、45,000GP（＋6）

ペリアプト・オヴ・ウーンド・クロージャー
(Periapt of Wound Closure／傷ふさぎの護符)
オーラ 中程度・召喚術；**術者レベル** 10
装備部位 首周り；**市価** 15,000GP；**重量** ―
解説
　この石は明るい赤色で、首にかけられるよう金の鎖にぶら下がっている。この護符の着用者はHPが0未満になった時に、自動的に容態安定状態となる（ただし、着用者が死亡状態となるほどのダメージを受けた場合、この効果は働かない）。この護符は着用者の通常の治癒速度を2倍にし、通常は治癒しない傷でも通常の速度で治癒するようにする。この護符の着用者は出血状態によるHPへのダメージを無効化できるが、能力値ダメージや能力値吸収を引き起こす出血状態によるダメージは依然として受ける。

作成要項
必要条件《その他の魔法のアイテム作成》、ヒール；**コスト** 7,500GP

ペリアプト・オヴ・プルーフ・アゲンスト・ポイズン
(Periapt of Proof against Poison／毒防ぎの護符)
オーラ 微弱・召喚術；**術者レベル** 5
装備部位 首周り；**市価** 27,000GP；**重量** ―
解説
　このアイテムは、首の周りに着けるようになっている繊細な銀の鎖に、ブリリアント・カットの黒い宝石がついている。着用者は毒に対する完全耐性を得る。ただし、この護符を身に着けた時点ですでに効果を及ぼしている毒に対しては、この護符は効果がない。

作成要項
必要条件《その他の魔法のアイテム作成》、ニュートラライズ・ポイズン；**コスト** 13,500GP

ペリアプト・オヴ・ヘルス (Periapt of Health／健康の護符)
オーラ 微弱・召喚術；**術者レベル** 5
装備部位 首周り；**市価** 7,500GP；**重量** ―
解説
　この首にかける銀の鎖についた青い宝石の着用者は、超自然的なものも含め、病気に対する完全耐性を得る。

作成要項
必要条件《その他の魔法のアイテム作成》、リムーヴ・ディジーズ；**コスト** 3,750GP

魔法のアイテム 15

ベルト・オヴ・インクレディブル・デクスタリティ
（Belt of Incredible Dexterity／信じがたき敏捷力のベルト）

オーラ 中程度・変成術；**術者レベル** 8
装備部位 ベルト；**市価** 4,000GP（＋2）、16,000GP（＋4）、36,000GP（＋6）；**重量** 1ポンド

解説
このベルトには、通常はタイガーの姿をかたどった大きな銀製のバックルが付いている。このベルトは着用者の【敏捷力】に＋2、＋4、または＋6の強化ボーナスを与える。このベルトを着けてから24時間が経過するまでは、このボーナスを一時的能力値ボーナスとして扱うこと。

作成要項
必要条件 《その他の魔法のアイテム作成》、キャッツ・グレイス；**コスト** 2,000GP（＋2）、8,000GP（＋4）、18,000GP（＋6）

ベルト・オヴ・ジャイアント・ストレンクス
（Belt of Giant Strength／巨人の筋力のベルト）

オーラ 中程度・変成術；**術者レベル** 8
装備部位 ベルト；**市価** 4,000GP（＋2）、16,000GP（＋4）、36,000GP（＋6）；**重量** 1ポンド

解説
このベルトは厚いなめし革でできており、非常に大きな金属製のバックルが飾り付けられているものが多い。このベルトは着用者の【筋力】に＋2、＋4、または＋6の強化ボーナスを与える。このベルトを着けてから24時間が経過するまでは、このボーナスを一時的能力値ボーナスとして扱うこと。

作成要項
必要条件 《その他の魔法のアイテム作成》、ブルズ・ストレンクス；**コスト** 2,000GP（＋2）、8,000GP（＋4）、18,000GP（＋6）

ベルト・オヴ・ドワーヴンカインド
（Belt of Dwarvenkind／ドワーフ族のベルト）

オーラ 強力・占術；**術者レベル** 12
装備部位 ベルト；**市価** 14,900GP；**重量** 1ポンド

解説
このベルトを着用すると、ドワーフとの付き合いに関する【魅力】判定と【魅力】に基づく技能判定に＋4の技量ボーナスを得る。また、ノームおよびハーフリングとの付き合いに関する同様の判定に＋2の技量ボーナスが得られるが、それ以外のすべてのものとの付き合いに関する同様の判定に－2の技量ペナルティを受ける。着用者はドワーフ語を理解し、話し、読むことができる。着用者がドワーフでなければ、その者は暗視60フィート、石工の勘、【耐久力】への＋2の強化ボーナス、毒と呪文と擬似呪文効果に対する＋2の抵抗ボーナスを得る。

作成要項
必要条件 《その他の魔法のアイテム作成》、タンズ、作成者がドワーフであること；**コスト** 7,450GP

ベルト・オヴ・フィジカル・パーフェクション
（Belt of Physical Perfection／肉体完成のベルト）

オーラ 強力・変成術；**術者レベル** 16
装備部位 ベルト；**市価** 16,000GP（＋2）、64,000GP（＋4）、144,000GP（＋6）；**重量** 1ポンド

解説
このベルトには大きな白金製のバックルが付いていて、通常はティタンの姿をかたどったものである。このベルトは着用者のすべての肉体能力値（【筋力】、【敏捷力】、【耐久力】）に＋2、＋4、または＋6の強化ボーナスを与える。このベルトを着けてから24時間が経過するまでは、このボーナスを一時的能力値ボーナスとして扱うこと。

作成要項
必要条件 《その他の魔法のアイテム作成》、キャッツ・グレイス、ブルズ・ストレンクス、ベアズ・エンデュアランス；**コスト** 8,000GP（＋2）、32,000GP（＋4）、77,000GP（＋6）

ベルト・オヴ・フィジカル・マイト
（Belt of Physical Might／肉体力のベルト）

オーラ 強力・変成術；**術者レベル** 12
装備部位 ベルト；**市価** 10,000GP（＋2）、40,000GP（＋4）、90,000GP（＋6）；**重量** 1ポンド

解説
このベルトには大きな鋼鉄製のバックルが付いていて、通常は巨人の姿をかたどったものである。このベルトは着用者の肉体能力値（【筋力】、【敏捷力】、【耐久力】）のうち2つに＋2、＋4、または＋6の強化ボーナスを与える。このベルトを着けてから24時間が経過するまでは、このボーナスを一時的能力値ボーナスとして扱うこと。これらのボーナスはベルトの作成時に選択され、変更できない。

作成要項
必要条件 《その他の魔法のアイテム作成》、キャッツ・グレイス、ブルズ・ストレンクス、ベアズ・エンデュアランスのうち適当な呪文2つ；**コスト** 5,000GP（＋2）、20,000GP（＋4）、45,000GP（＋6）

ベルト・オヴ・マイティ・コンスティチューション
（Belt of Mighty Constitution／高き耐久力のベルト）

オーラ 中程度・変成術；**術者レベル** 8
装備部位 ベルト；**市価** 4,000GP（＋2）、16,000GP（＋4）、36,000GP（＋6）；**重量** 1ポンド

解説
このベルトの黄金製のバックルはベアをかたどっている。このベルトは着用者の【耐久力】に＋2、＋4、または＋6の強化ボーナスを与える。このベルトを着けてから24時間が経過するまでは、このボーナスを一時的能力値ボーナスとして扱うこと。

作成要項
必要条件 《その他の魔法のアイテム作成》、ベアズ・エンデュアランス；**コスト** 2,000GP（＋2）、8,000GP（＋4）、18,000GP（＋6）

ヘルム・オヴ・アンダーウォーター・アクション（Helm of Underwater Action／水中活動の兜）

オーラ 微弱・変成術；**術者レベル** 5
装備部位 頭部；**市価** 24,000GP；**重量** 3ポンド

解説

この兜の着用者は水中を見通すことができる。兜の左右にある区画からそれぞれ小さなレンズを引き出して着用者の目の前の位置にセットすると、兜の視覚強化能力が起動する。同じ水や照明の状況で、通常の人間の視覚の5倍の距離まで見えるようになる（海藻や障害物のようなものは通常通り視覚を阻害する）。合言葉を唱えると、**ヘルム・オヴ・アンダーウォーター・アクション**は着用者に水泳移動速度30フィートを与える。加えて、頭の周りに空気の球を作り出し、再び合言葉を唱えるまでそれを維持するため、着用者は自由に息をすることができる。

作成要項

必要条件《その他の魔法のアイテム作成》、ウォーター・ブリージング；**コスト** 12,000GP

ヘルム・オヴ・コンプリヘンド・ランゲージズ・アンド・リード・マジック（Helm of Comprehend Languages and Read Magic／言語理解と魔法解読の兜）

オーラ 微弱・占術；**術者レベル** 4
装備部位 頭部；**市価** 5,200GP；**重量** 3ポンド

解説

普通の兜に見えるが、**ヘルム・オヴ・コンプリヘンド・ランゲージズ・アンド・リード・マジック**をかぶると、着用者はどんなクリーチャーの話す言葉でも理解でき、どんな言語で書かれた文書やどんな魔法の文書でも読めるようになる。着用者は不完全な文書や古代の文書、異国風の文書を理解するための〈言語学〉に＋5の技量ボーナスを得る。魔法の文書を理解できるといっても、必ずしも呪文が使用できるわけではないことに注意。

作成要項

必要条件《その他の魔法のアイテム作成》、コンプリヘンド・ランゲージズ、リード・マジック；**コスト** 2,600GP

ヘルム・オヴ・テレパシー（Helm of Telepathy／精神感応の兜）

オーラ 微弱・心術および占術；**術者レベル** 5
装備部位 頭部；**市価** 27,000GP；**重量** 3ポンド

解説

この青っぽい金属製か象牙製の兜は着用時に頭部の大部分を覆う。着用者は回数無制限でディテクト・ソウツを使用できる。さらに、着用者は自分が表面思考を読んでいる相手に対して、テレパシーで伝言を送ることができる（双方向での意思疎通が可能となる）。1日に1回、この兜の着用者はテレパシーによる伝言に**サジェスチョン**（呪文と同様、意志・無効、DC14）を込めることができる。

作成要項

必要条件《その他の魔法のアイテム作成》、サジェスチョン、ディテクト・ソウツ；**コスト** 13,500GP

ヘルム・オヴ・テレポーテーション（Helm of Teleportation／瞬間移動の兜）

オーラ 中程度・召喚術；**術者レベル** 9
装備部位 頭部；**市価** 73,500GP；**重量** 3ポンド

解説

この装置を着用したキャラクターは1日に3回、テレポート呪文を発動したように瞬間移動することができる。

作成要項

必要条件《その他の魔法のアイテム作成》、テレポート；**コスト** 36,750GP

ヘルム・オヴ・ブリリアンス（Helm of Brilliance／輝きの兜）

オーラ 強力・さまざま；**術者レベル** 13
装備部位 頭部；**市価** 125,000GP；**重量** 3ポンド

解説

この平凡な外見の兜は、使用者が着用して合言葉を唱えると真の姿を現し、その能力が明らかになる。輝く銀と磨かれた鋼鉄製のこの兜には、作成された時点では、いずれも大きく魔法の力の込められたダイアモンドが10個、ルビーが20個、ファイアー・オパールが30個、オパールが40個はめこまれている。明るい光が当たると、兜はきらめき、王冠のように宝石のはめこまれた先端から全方向に反射光を放つ。宝石の効果は以下の通り：

- ダイアモンド：**プリズマティック・スプレー**（セーヴDC20）
- ルビー：**ウォール・オヴ・ファイアー**
- ファイアー・オパール：**ファイアーボール**（10d6、反応・半減、DC20）
- オパール：**デイライト**

兜は1ラウンドに1回使用できるが、個々の宝石が呪文と同様の能力を発揮できるのは1回限りである。すべての宝石の力を使い尽くすまで、起動中の**ヘルム・オヴ・ブリリアンス**には以下の魔力もある。

- アンデッドが30フィート以内にいると青みがかった光を発する。この光は、その距離内にいるアンデッド・クリーチャーすべてに対し、毎ラウンド1d6ポイントのダメージを与える。
- 合言葉を唱えると、着用者は自分の手にしている武器を**フレイミング**武器にすることができる。これは武器がすでに持っている能力に追加される（ただし、その武器がすでに**フレイミング**武器である場合を除く）。この合言葉が効果を現すには1ラウンドかかる。
- この兜は"［火炎］に対する抵抗30"を提供する。この防御能力は、**レジスト・エナジー**など他に由来する同様の防御能力とは累積しない。

すべての宝石が魔力を失ってしまうと、この兜は能力を失い、宝石はどれも価値のない粉になってしまう。宝石を取り外すと、その宝石は壊れてしまう。

この兜を着用したクリーチャーが（［火炎］からの防御能力を考慮した後で）魔法の火炎によってダメージを受け、さらにDC15の意志セーヴに失敗した場合、兜に残っていた宝石はす

ホーン・オヴ・ヴァルハラ

d%	角笛の種類	招来されるバーバリアン	前提条件
01〜40	シルヴァー（銀）	2d4+2、2レベル	なし
41〜75	ブラス（真鍮）	2d4+1、3レベル	呪文の使い手1レベル以上
76〜90	ブロンズ（青銅）	2d4、4レベル	すべての軍用武器への習熟または呪芸の能力
91〜100	アイアン（鋼鉄）	1d4+1、5レベル	すべての軍用武器への習熟または呪芸の能力

べて過負荷状態となり、爆発する。残っていたダイアモンドは**プリズマティック・スプレー**となり、それぞれが距離内のクリーチャー1体をランダムに目標とする（着用者の可能性もある）。ルビーは着用者からランダムな方向へと伸びる直線状の**ウォール・オヴ・ファイアー**となる。ファイアー・オパールは着用者を中心とした**ファイアーボール**となる。オパールと兜自体は破壊される。

作成要項

必要条件 《その他の魔法のアイテム作成》、ウォール・オヴ・ファイアー、ディテクト・アンデッド、デイライト、ファイアーボール、プリズマティック・スプレー、フレイム・ブレード、プロテクション・フロム・エナジー；**コスト** 62,500GP

ホースシューズ・オヴ・ア・ゼファー（Horseshoes of a Zephyr／風乗りの蹄鉄）

オーラ 微弱・変成術；**術者レベル** 3
装備部位 両足；**市価** 6,000GP；**重量** 4ポンド（4つ1組で）

解説

この4個一組の鉄製の蹄鉄は、普通の蹄鉄と同様に取りつける。これをつけたホース（馬）は、実際に地面に触れることなく移動できるようになる。ホースは依然として概ね水平な表面の上（常にその4インチほど上）を走らなければならない。したがって、固体でなかったり不安定な表面を横切ることができ、どんな地面でも痕跡を残さず移動できる。ホースは通常の地上移動速度で移動する。魔法の効果を得るためには、同一の動物に4つの蹄鉄すべてを取りつけなければならない。

作成要項

必要条件 《その他の魔法のアイテム作成》、レヴィテート；**コスト** 3,000GP

ホースシューズ・オヴ・スピード（Horseshoes of Speed／速駆けの蹄鉄）

オーラ 微弱・変成術；**術者レベル** 3
装備部位 両足；**市価** 3,000GP；**重量** 12ポンド（4つ1組で）

解説

この鉄製の蹄鉄は、普通の蹄鉄と同様に4個一組になっている。動物の蹄に取りつけると、その動物の基本地上移動速度は30フィート増加する。これは強化ボーナスとして扱う。移動速度を上昇させる他の効果と同様に、跳躍距離は移動力の増加に伴って伸びる（4章参照）。魔法の効果を得るためには、同一の動物に4つの蹄鉄すべてを取りつけなければならない。

作成要項

必要条件 《その他の魔法のアイテム作成》、ヘイスト；**コスト** 1,500GP

ポータブル・ホール（Portable Hole／携帯用の穴）

オーラ 強力・召喚術；**術者レベル** 12
装備部位 ―；**市価** 20,000GP；**重量** ―

解説

ポータブル・ホールはエーテルの繊維と星の光を織り込んでフェイズ・スパイダーの糸から織った円形の布であり、携帯できる異次元空間となっている。完全に広げると直径6フィートあるが、畳めばハンカチほどの大きさにまで小さくすることができる。何かの表面に広げれば、深さ10フィートの異次元空間が出現する。この穴は、布の縁を内側か外側からつかみ、折り畳むようにするだけで持ち上げることができる。どちらの方法でも、異次元空間への入り口は閉じるが、穴の中に入れたものは異次元空間に保管され、このアイテムと共に移動する。

この穴の中の空気は、穴が開いたときに入り込んだものだけである。穴の中には、中型サイズのクリーチャー1体か小型サイズのクリーチャー2体が10分間呼吸できるだけの空気が入る。穴がいっぱいになっても、布の重量が増えることはない。ポータブル・ホールは1つ1つが別々の異次元空間に通じている。ポータブル・ホールの中にバッグ・オヴ・ホールディングを入れると、空間が引き裂かれてアストラル界への裂け目ができ、バッグもこの布も虚空へと吸い込まれ、永久に失われる。バッグ・オヴ・ホールディングの内部にポータブル・ホールを入れた場合、アストラル界への門が開く。ホールとバッグおよび半径10フィート以内のすべてのクリーチャーはその中に吸い込まれ、その過程でポータブル・ホールもバッグ・オヴ・ホールディングも破壊されてしまう。

作成要項

必要条件 《その他の魔法のアイテム作成》、プレイン・シフト；**コスト** 10,000GP

ホーン・オヴ・ヴァルハラ（Horn of Valhalla／ヴァルハラの角笛）

オーラ 強力・召喚術；**術者レベル** 13
装備部位 ―；**市価** 50,000GP；**重量** 2ポンド

解説

この魔法の楽器には4つの種類がある。どれも普通の楽器に見えるが、誰かが合言葉を唱えて吹き鳴らすと、角笛はバーバリアンを何人か招来し、彼らは自分たちを招来したキャラクターのために戦ってくれる。どの角笛も7日に1回しか使用できない。どのタイプの角笛が見つかったかは、d%をロールして表を参照すること。角笛のタイプによって、招来されるバー

バリアンの種類と、その角笛の使用に必要な前提条件が異なる。前提条件を満たさないキャラクターがホーン・オヴ・ヴァルハラを使用すると、そのキャラクターが自分の招来したバーバリアンに攻撃される。

招来されたバーバリアンは人造クリーチャーであり、実際の人間ではない（そのように見えはするが）。そして、バーバリアンの開始時の装備品を装備して現れる。彼らは自分たちか相手が全滅するか、1時間が経過するまで、角笛の持ち主が戦うよう命じた相手を誰であれ攻撃する。

作成要項

必要条件 《その他の魔法のアイテム作成》、**サモン・モンスターVI**；**コスト** 25,000GP

ホーン・オヴ・グッドネス／イーヴル（Horn of Goodness/Evil／善・悪の角笛）

オーラ 中程度・防御術；**術者レベル** 6
装備部位 ―；**市価** 6,500GP；**重量** 1ポンド

解説

この角笛は持ち主の属性に合わせて性質を変え、持ち主の属性に応じて善または悪の効果を生み出す。持ち主の属性が善でも悪でもないなら（中立なら）、この角笛は何の能力も持たない。持ち主の属性が善なら、角笛を吹けば**マジック・サークル・アゲンスト・イーヴル**の効果がある。持ち主の属性が悪なら、角笛を吹けば**マジック・サークル・アゲンスト・グッド**の効果がある。どちらの場合も、防御は1時間持続する。この角笛は1日に1回使用できる。

作成要項

必要条件 《その他の魔法のアイテム作成》、**マジック・サークル・アゲンスト・イーヴル**、**マジック・サークル・アゲンスト・グッド**；**コスト** 3,250GP

ホーン・オヴ・フォッグ（Horn of Fog／霧の角笛）

オーラ 微弱・召喚術；**術者レベル** 3
装備部位 ―；**市価** 2,000GP；**重量** 1ポンド

解説

この小さな角笛を吹くと、持ち主は**オブスキュアリング・ミスト**呪文によるものに似た濃い霧の塊を吹き出すことができる。角笛を吹き続けている限り、演奏者に隣接する一辺10フィートの正方形の範囲を霧が覆う。壁など何らかの物体に遮られない限り、霧は放射点からまっすぐに、毎ラウンド10フィート移動する。この角笛は低い霧笛に似た音を発し、その音程は吹き終わりの時点で突然低い音域に下がる。この霧は3分経つと消え去る。軟風（風速毎時11マイル以上）は4ラウンドでこの霧を吹き散らし、疾風（風速毎時21マイル以上）は1ラウンドでこの霧を吹き散らす。

作成要項

必要条件 《その他の魔法のアイテム作成》、**オブスキュアリング・ミスト**；**コスト** 1,000GP

ホーン・オヴ・ブラスティング（Horn of Blasting／破砕の角笛）

オーラ 中程度・力術；**術者レベル** 7
装備部位 ―；**市価** 20,000GP；**重量** 1ポンド

解説

この角笛は普通のラッパのように見える。普通の角笛として鳴らすこともできるが、合言葉を唱えてから演奏すると、40フィートの円錐形の範囲内のクリーチャーに5d6ポイントの［音波］ダメージを与え、そのクリーチャーを2d6ラウンドの間、聴覚喪失状態にする（DC16の頑健セーヴに成功すれば、ダメージを半減し、聴覚喪失状態を無効にする）。結晶質の物体とクリーチャーは7d6ポイントの［音波］ダメージを受け、クリーチャーが手で持っているか、着用あるいは運搬しているものでなければ、セーヴを行うことはできない（頑健・無効、DC16）。

ホーン・オヴ・ブラスティングの魔法の力が1日に2回以上使用された場合、爆発して吹き鳴らした者に10d6ポイントの［音波］ダメージを与える可能性があり、この確率は追加で使われるたびに1回あたり20％ずつ累積してゆく。

作成要項

必要条件 《その他の魔法のアイテム作成》、**シャウト**；**コスト** 10,000GP

グレーター・ホーン・オヴ・ブラスティング（Horn of Blasting, Greater／上級破砕の角笛）

オーラ 強力・力術；**術者レベル** 16
装備部位 ―；**市価** 70,000GP；**重量** 1ポンド

解説

ホーン・オヴ・ブラスティングと同様だが、この角笛は10d6ポイントの［音波］ダメージを与え、そのクリーチャーを1ラウンドの間、朦朧状態にし、4d6ラウンドの間、聴覚喪失状態にする（DC19の頑健セーヴに成功すれば、ダメージを半減し、朦朧状態と聴覚喪失状態を無効にする）。結晶質の物体は、ホーン・オヴ・ブラスティングの説明と同様に、16d6ポイントの［音波］ダメージを受ける。グレーター・ホーン・オヴ・ブラスティングにも、1日に2回以上使用された場合に、1回あたり20％ずつ累積する爆発の可能性がある。

作成要項

必要条件 《その他の魔法のアイテム作成》、**グレーター・シャウト**；**コスト** 35,000GP

ボトル・オヴ・エア（Bottle of Air／空気のボトル）

オーラ 中程度・変成術；**術者レベル** 7
装備部位 ―；**市価** 7,250GP；**重量** 2ポンド

解説

このアイテムは、コルク栓のされた普通のガラスのボトルに見える。空気のない環境に持ち込むと、このボトルは絶えず中身を新しく作り、内部に常時、空気を保つ。これにより、キャラクターは呼吸するための空気をこのボトルから引き出すことができる。複数のキャラクターが回し飲むようにして空気を分け合うこともできる。ボトルから空気を呼吸するには1回の標準アクションを要するが、そうして空気を吸ったキャラクター

は、その後、息を止めていられる間は行動できるようになる。

作成要項

必要条件《その他の魔法のアイテム作成》、ウォーター・ブリージング；**コスト** 3,625GP

マーヴェラス・ピグメンツ（Marvelous Pigments／不思議な絵の具）

オーラ 強力・召喚術；**術者レベル** 15
装備部位 —；**市価** 4,000GP；**重量** —

解説

　この絵の具を使えば、持ち主は平面に絵を描くだけで実体のある恒久的な物体を作り出すことができる。この絵の具は棒の先に動物の毛や髪の毛、毛皮をつけた筆で塗ることができる。描き手が望みのイメージに精神集中すると、塗られたところから乳液が流れ出て、望みの物体を形作る。**マーヴェラス・ピグメンツ**1壺ぶんは、100平方フィート（約9.3平方メートル）の表面に二次元的に描くことで、1,000立方フィート（約28立方メートル）ぶんの物体を作り出すのに充分な量である。

　普通の非自律行動物体しか作り出すことはできず、クリーチャーを作り出すことはできない。この絵の具は何らかの表面に塗らなければならない。この絵の具で1つの物体を描くには10分かかり、DC15の〈製作：絵描き〉に成功しなければならない。**マーヴェラス・ピグメンツ**で魔法のアイテムを作り出すことはできない。この絵の具で描いた高価な物体——貴金属、宝石、装身具、象牙など——は一見高価ではあるが、実際には錫、鉛、ガラス、真鍮、骨その他の安価な材質でできている。使用者は普通の武器、鎧、その他の価格が2,000GP以下の魔法の力を持たない物体（食料でも可）を作り出すことができる。この絵の具の効果は“瞬間”である。

作成要項

必要条件《その他の魔法のアイテム作成》、メジャー・クリエイション；**コスト** 2,000GP

マスク・オヴ・ザ・スカル（Mask of the Skull／ドクロの仮面）

オーラ 強力・死霊術および変成術；**術者レベル** 13
装備部位 頭部；**市価** 22,000GP；**重量** 3ポンド

解説

　象牙や銅箔、白っぽい木でできたこの身の毛もよだつ外見の仮面は通常、下あごのない人間の頭蓋骨をかたどっており、仮面を着けても着用者の顔の下半分は見えたままである。

　少なくとも1時間は着用した後、1日に1回、この仮面は着用者の顔からはずれて飛んでいくことができる。仮面は着用者から50フィートまで移動し、指定された目標を攻撃する。あざ笑うドクロの仮面は、着用者の基本攻撃ボーナスを用いて目標に接触攻撃を行う。攻撃が命中したら、目標はDC20の頑健セーヴを行わなければならず、失敗すると**フィンガー・オヴ・デス**呪文が作用したかのように130ポイントのダメージを受ける。セーヴに成功した場合でも、目標は3d6＋13ポイントのダメージを受ける。攻撃した後（成功、失敗を問わず）、仮面は使用者のもとへ飛び戻ってくる。仮面のACは16、HPは10、硬度は6である。

作成要項

必要条件《その他の魔法のアイテム作成》、アニメイト・オブジェクツ、フィンガー・オヴ・デス、フライ；**コスト** 11,000GP

マトック・オヴ・ザ・ティタンズ（Mattock of the Titans／ティタン族のつるはし）

オーラ 強力・変成術；**術者レベル** 16
装備部位 —；**市価** 23,348GP；**重量** 120ポンド

解説

　この穴掘り道具は長さが10フィートある。サイズ分類が超大型以上のクリーチャーなら、これを使って地面を耕したり、掘りかえしたり、土づくりの城壁を崩したりすることができる（10分につき一辺10フィートの立方体の範囲）。岩を砕くこともできる（1時間につき一辺10フィートの立方体の範囲）。武器として使った場合、巨大用**+3アダマンティン製ウォーハンマー**に相当し、4d6ポイントの基本ダメージを与える。

作成要項

必要条件《その他の魔法のアイテム作成》、《魔法の武器防具作成》、ムーヴ・アース；**コスト** 13,348GP

マニュアル・オヴ・クイックネス・オヴ・アクション（Manual of Quickness of Action／機敏な身ごなしの手引き）

オーラ 強力・力術（ミラクルを使用した場合）；**術者レベル** 17
装備部位 —；**市価** 27,500GP（＋1）、55,000GP（＋2）、82,500GP（＋3）、110,000GP（＋4）、137,500GP（＋5）；**重量** 5ポンド

解説

　この分厚い書物には身のこなしをよくする運動と平衡感覚に関するコツが記されているが、文字の中に強力な魔法の効果が込められている。この本を読んだ者は誰でも、【敏捷力】に（マニュアルの種類に応じて）＋1〜＋5の体得ボーナスを得る。この本を読むには最低でも6日間にわたり、合計48時間かかる。一度読んでしまうと、ページから魔法が消え、普通の本となってしまう。

作成要項

必要条件《その他の魔法のアイテム作成》、ウィッシュあるいは**ミラクル**；**コスト** 26,250GP（＋1）、52,500GP（＋2）、78,750GP（＋3）、105,000GP（＋4）、131,250GP（＋5）

マニュアル・オヴ・ゲインフル・エクササイズ（Manual of Gainful Exercise／効果的な鍛錬の手引き）

オーラ 強力・力術（ミラクルを使用した場合）；**術者レベル** 17
装備部位 —；**市価** 27,500GP（＋1）、55,000GP（＋2）、82,500GP（＋3）、110,000GP（＋4）、137,500GP（＋5）；**重量** 5ポンド

解説

　この分厚い書物には運動法の解説と食事に関する助言が記されているが、文字の中に強力な魔法の効果が込められている。この本を読んだ者は誰でも、【筋力】に（マニュアルの種類に応

じて）＋1～＋5の体得ボーナスを得る。この本を読むには最低でも6日間にわたり、合計48時間かかる。一度読んでしまうと、ページから魔法が消え、普通の本となってしまう。

作成要項
必要条件《その他の魔法のアイテム作成》、**ウィッシュ**または**ミラクル**；**コスト** 26,250GP（＋1）、52,500GP（＋2）、78,750GP（＋3）、105,000GP（＋4）、131,250GP（＋5）

マニュアル・オヴ・ボディリー・ヘルス（Manual of Bodily Health／健康の手引き）

オーラ 強力・力術（ミラクルを使用した場合）；**術者レベル** 17
装備部位 —；**市価** 27,500GP（＋1）、55,000GP（＋2）、82,500GP（＋3）、110,000GP（＋4）、137,500GP（＋5）；**重量** 5ポンド

解説
この分厚い書物には健康と肉体鍛錬に関するコツが記されているが、文字の中に強力な魔法の効果が込められている。この本を読んだ者は誰でも、【耐久力】に（マニュアルの種類に応じて）＋1～＋5の体得ボーナスを得る。この本を読むには最低でも6日間にわたり、合計48時間かかる。一度読んでしまうと、ページから魔法が消え、普通の本となってしまう。

作成要項
必要条件《その他の魔法のアイテム作成》、**ウィッシュ**または**ミラクル**；**コスト** 26,250GP（＋1）、52,500GP（＋2）、78,750GP（＋3）、105,000GP（＋4）、131,250GP（＋5）

マントル・オヴ・スペル・レジスタンス（Mantle of Spell Resistance／呪文抵抗のマント）

オーラ 中程度・防御術；**術者レベル** 9
装備部位 胸部；**市価** 90,000GP；**重量** —

解説
普通の衣服や鎧の上にまとえば、この衣装は着用者に呪文抵抗21を与える。

作成要項
必要条件《その他の魔法のアイテム作成》、**スペル・レジスタンス**；**コスト** 45,000GP

マントル・オヴ・フェイス（Mantle of Faith／信心のマント）

オーラ 強力・防御術［善］；**術者レベル** 20
装備部位 胸部；**市価** 76,000GP；**重量** —

解説
普通の衣服の上にまとえば、この聖なる衣装は着用したキャラクターに"ダメージ減少 5／悪"を与える。

作成要項
必要条件《その他の魔法のアイテム作成》、**ストーンスキン**；**コスト** 38,000GP

ミラー・オヴ・オポジション（Mirror of Opposition／対立の鏡）

オーラ 強力・死霊術；**術者レベル** 15
装備部位 —；**市価** 92,000GP；**重量** 45ポンド

解説
このアイテムは、高さ4フィート、幅3フィートほどの普通の鏡のようである。この鏡は何らかの表面に掛けるか据えるかし、合言葉を唱えることで起動する。起動停止も同じ合言葉で行う。クリーチャーが鏡の表面に映った自分の姿を見ると、そのクリーチャーの完全な複製が出現する。この映し身は即座にオリジナルを攻撃する。この複製はオリジナルとまったく同じ装備、同じ能力（魔法能力も含む）を持っている。複製とオリジナルのどちらかが負けるか破壊されると、複製とその装備は完全に消滅する。この鏡は1日に4回まで機能する。鏡を破壊する（硬度1、HP5）と、すべての複製が直ちに消え去る。

作成要項
必要条件《その他の魔法のアイテム作成》、**クローン**；**コスト** 46,000GP

ミラー・オヴ・ライフ・トラッピング（Mirror of Life Trapping／幽閉の鏡）

オーラ 強力・防御術；**術者レベル** 17
装備部位 —；**市価** 200,000GP；**重量** 50ポンド

解説
この水晶製の装置は通常、一辺4フィートほどの正方形で、金属製か木製の枠で囲まれている。この枠には普通、竜、デーモン、デヴィル、ジン、とぐろを巻くナーガ、その他のその魔力がよく知られている強力なクリーチャーが描かれている。この鏡は何らかの表面に掛けるか据えるかして、合言葉を唱えることで起動する。起動停止も同じ合言葉で行う。**ミラー・オヴ・ライフ・トラッピング**の内部には異次元空間から成る15個の区画がある。この鏡から30フィート以内に近づき、鏡に映った自分の姿を見たクリーチャーはDC23の意志セーヴを行わなければならず、失敗すると鏡の中の小部屋の1つに捕らわれてしまう。この鏡の性質に気づいていないクリーチャーは必ず鏡に映った自分の姿を見てしまう。鏡が生命を捕らえることをクリーチャーが知っており、見ないようにしようとするなら、そのクリーチャーが鏡に映った自分の姿を見、セーヴを行わなければならない可能性は50％まで下がる（凝視攻撃と同様に扱う——パスファインダーRPGベスティアリ参照）。

捕らわれたクリーチャーは、肉体ごと鏡の中に連れ去られる。クリーチャーのサイズは関係ないが、人造クリーチャーやアンデッドが捕らわれることはなく、非自律行動物体やその他の生きていない物質が捕らわれることもない。犠牲者の装備は（衣服や運搬しているすべてのものも含めて）その場に残る。正しい合言葉を知っているなら、鏡の持ち主は内部に捕らわれたクリーチャーの映像を鏡の表面に呼び出し、無力な捕虜と会話を行うことができる。別の合言葉を唱えれば、捕らわれたクリーチャーは解放される。合言葉1組ずつが捕虜1体1体に対応している。

鏡の容量を超えたら、最新の捕虜を収容するために1体の犠牲者（ランダムに決定される）が解放される。鏡が破壊されれば（硬度1、HP5）、その時点で内部に捕らわれていたすべての捕虜が解放される。

作成要項

必要条件《その他の魔法のアイテム作成》、インプリズンメント；コスト 100,000GP

メダリオン・オヴ・ソウツ (Medallion of Thoughts／読心のメダル)

オーラ 微弱・占術；**術者レベル** 5
装備部位 首周り；**市価** 12,000GP；**重量** ―

解説
これは首にかける鎖からぶら下がった、普遍の円盤型ペンダントに見える。通常は青銅か銅、銀で作られており、このメダルを着用した者はディテクト・ソウツの呪文と同じように他者の思考を読むことができる。

作成要項
必要条件《その他の魔法のアイテム作成》、ディテクト・ソウツ；コスト 6,000GP

モール・オヴ・ザ・ティタンズ (Maul of the Titans／ティタン族のモール)

オーラ 強力・力術；**術者レベル** 15
装備部位 ―；**市価** 25,305GP；**重量** 160ポンド

解説
この槌は長さが8フィートある。武器として使った場合、＋3グレートクラブに相当し、非自律行動物体に対して3倍のダメージを与える。しかし、正しく使用するためには、これを振るう者が最低でも18の【筋力】を有していなければならない。そうでない場合、攻撃ロールに－4のペナルティを受ける。

作成要項
必要条件《その他の魔法のアイテム作成》、《魔法の武器防具作成》、クレンチト・フィスト；コスト 12,805GP

モンクス・ローブ (Robe, Monk's／モンクのローブ)

オーラ 中程度・変成術；**術者レベル** 10
装備部位 全身；**市価** 13,000GP；**重量** 1ポンド

解説
この簡素な茶色のローブをまとうと、そのキャラクターは並外れた素手での戦闘能力を得る。着用者がモンクのクラス・レベルを有している場合、着用者のACと素手打撃ダメージは、着用者のモンク・レベルが5レベル高いように計算される。《朦朧化打撃》特技を持つキャラクターがこのローブをまとった場合、そのキャラクターは1日に1回、追加で朦朧化打撃を行うことができる。着用者がモンクでない場合、5レベル・モンクのACと素手打撃ダメージを得る（ただしその場合、着用者はACに自分の【判断力】ボーナスを足すことはできない）。このACへのボーナスは、モンクのアーマー・クラス・ボーナスとまったく同様に機能する。

作成要項
必要条件《その他の魔法のアイテム作成》、トランスフォーメーションまたはライチャス・マイト；コスト 6,500GP

ユニヴァーサル・ソルヴェント (Universal Solvent／万能溶剤)

オーラ 微弱・変成術；**術者レベル** 3
装備部位 ―；**市価** 50GP；**重量** ―

解説
この物質には、ソウリン・グルー（強力接着剤）、足留め袋、その他あらゆる粘着物を溶かすことができる独特の性質がある。この溶剤を使用するのは標準アクションである。

作成要項
必要条件《その他の魔法のアイテム作成》、アシッド・アロー；コスト 25GP

ライア・オヴ・ビルディング (Lyre of Building／建造物の竪琴)

オーラ 中程度・変成術；**術者レベル** 6
装備部位 ―；**市価** 13,000GP；**重量** 5ポンド

解説
この魔法の楽器はふつう黄金製で、たくさんの宝石が散りばめられている。正しい和音を鳴らしたなら、この竪琴を1回使用することで、300フィート以内の非自律行動物体である建造物（壁、屋根、床など）に対するあらゆる攻撃を無効化することができる。これには、ホーン・オヴ・ブラスティングの効果やディスインテグレイト呪文、破城槌や同様の攻城兵器による攻撃などが含まれる。この竪琴は1日に1回、このように使用することができ、防御効果は30分間持続する。

この竪琴は建築にも役立つ。1週間に1回、弦をかき鳴らして、建物や鉱山、トンネル、堀や溝などを魔法の力で建造する和音を生み出すことができる。30分間の演奏によって、100人の人間が3日間労働したものに等しい作業量が生み出される。最初の1時間以降1時間ごとに、この竪琴を演奏するキャラクターはDC18の〈芸能：弦楽器〉判定を行わなければならない。失敗すれば演奏を止めなければならず、1週間が経過するまで再びこの目的で竪琴を演奏することはできない。

作成要項
必要条件《その他の魔法のアイテム作成》、ファブリケイト；コスト 6,500GP

ランタン・オヴ・リヴィーリング (Lantern of Revealing／姿現しのランタン)

オーラ 微弱・力術；**術者レベル** 5
装備部位 ―；**市価** 30,000GP；**重量** 2ポンド

解説
このランタンは普通の覆い付きランタンと同様の機能を持つ。これを灯すと、インヴィジビリティ・パージの呪文と同様に、25フィート以内のすべての不可視状態のクリーチャーと物体の姿も明らかにする。

作成要項
必要条件《その他の魔法のアイテム作成》、インヴィジビリティ・パージ；コスト 15,000GP

リング・ゲーツ (Ring Gates／環状門)

オーラ 強力・召喚術；**術者レベル** 17
装備部位 ―；**市価** 40,000GP；**重量** 各1ポンド

解説
これは常に2つ1組で、どちらも直径およそ18インチ（約

46cm）の鉄の輪である。この輪が機能するには、どちらも同じ次元界にあって、互いに100マイル以内の距離になければならない。一方の輪に入れたものはもう一方の輪から出てくる。このようにして、1日に100ポンドまでの物体を転送することができる（一部しか押し込まず、すぐに引き戻したものはこれに数えない）。この便利な装置を使えば、アイテムや伝言、攻撃さえ瞬時に転送することができる。キャラクターは、一方の輪に手を入れてもう一方の輪の近くにあるものを掴んだり、望めば輪を通して武器で刺すこともできる。また、頭を入れて周囲を見まわすこともできる。呪文の使い手なら、**リング・ゲーツ**を通して呪文を発動することもできる。小型サイズのキャラクターはDC13の〈脱出術〉に成功すれば、くぐり抜けることができる。サイズが超小型、微小、極小のクリーチャーは簡単に通り抜けることができる。どちらの輪にも"入る側"と"出る側"があり、それと判るように印がついている。

作成要項

必要条件《その他の魔法のアイテム作成》、**ゲート**；**コスト** 20,000GP

レストレイティヴ・オイントメント（Restorative Ointment／治癒の軟膏）

オーラ 微弱・召喚術；**術者レベル** 5
装備部位 ―；**市価** 4,000GP；**重量** 1/2ポンド

解説

　この軟膏の壺は直径3インチ、深さ1インチで、塗り薬5回分が入っている。毒を負った傷口に塗り込んだり呑み込んだりすれば、どんな毒でも解毒する（**ニュートラライズ・ポイズン**と同様、＋5のボーナスで判定）。病んだ患部に塗れば、病気を除去する（**リムーヴ・ディジーズ**と同様、＋5のボーナスで判定）。傷に塗り込めば、1d8＋5ポイントのダメージを癒す（**キュア・ライト・ウーンズ**と同様）。

作成要項

必要条件《その他の魔法のアイテム作成》、**キュア・ライト・ウーンズ**、**ニュートラライズ・ポイズン**、**リムーヴ・ディジーズ**；**コスト** 2,000GP

レンズ・オヴ・ディテクション（Lens of Detection／発見のレンズ）

オーラ 中程度・占術；**術者レベル** 9
装備部位 両目；**市価** 3,500GP；**重量** 1ポンド

解説

　この丸いレンズを使うと、使用者は細部を判別できるようになり、〈知覚〉に＋5の技量ボーナスを得る。また、痕跡をたどる役にも立ち、追跡時の〈生存〉に＋5の技量ボーナスを得る。このレンズは直径6インチで、取っ手付きの枠にはめこまれている。

作成要項

必要条件《その他の魔法のアイテム作成》、**トゥルー・シーイング**；**コスト** 1,750GP

ローブ・オヴ・アイズ（Robe of Eyes／多眼のローブ）

オーラ 中程度・占術；**術者レベル** 11

装備部位 全身；**市価** 120,000GP；**重量** 1ポンド

解説

　この有益な衣装は、着てみるまでは普通のローブに見える。このローブを飾る何十個もの魔法の力を持つ目のような模様によって、着用者は同時に全方向を見渡すことができる。着用者は120フィートの暗視も得る。

　ローブ・オヴ・アイズは120フィート以内に存在する、不可視状態またはエーテル状態の、あらゆるクリーチャーおよび物体を見ることができる。

　ローブ・オヴ・アイズの着用者は〈知覚〉に＋10の技量ボーナスを得る。着用者は立ちすくみ状態でもACへの【敏捷力】ボーナスを失わず、挟撃されることもない。しかし、着用者は凝視攻撃を行うクリーチャーから目をそらしたり、目を閉じたりすることができなくなる。

　ローブ・オヴ・アイズに直接ライトかコンティニュアル・フレイム呪文を発動すると、ローブは1d3分の間、盲目状態となる。デイライト呪文なら2d4分である。

作成要項

必要条件《その他の魔法のアイテム作成》、**トゥルー・シーイング**；**コスト** 60,000GP

ローブ・オヴ・エンタングルメント（Rope of Entanglement／絡みつきのロープ）

オーラ 強力・変成術；**術者レベル** 12
装備部位 ―；**市価** 21,000GP；**重量** 5ポンド

解説

　ローブ・オヴ・エンタングルメントは長さ約30フィートの麻のロープにしか見えない。合言葉を唱えると、20フィート前方か10フィート上方に伸びて行き、犠牲者に絡みつく。絡みつかれた状態のクリーチャーはDC20の【筋力】判定か、DC20の〈脱出術〉に成功すれば逃れることができる。

　ローブ・オヴ・エンタングルメントはAC22、HP12、硬度10であり、"ダメージ減少 5／斬撃"も有する。このロープは自分の受けたダメージを5分ごとに1ポイントの割合で修復するが、切断される（ダメージによって12ポイントのHPをすべてを失う）と、破壊されてしまう。

作成要項

必要条件《その他の魔法のアイテム作成》、**アニメイト・オブジェクツ**、**アニメイト・ロープ**または**エンタングル**；**コスト** 10,500GP

ローブ・オヴ・クライミング（Rope of Climbing／登攀のロープ）

オーラ 微弱・変成術；**術者レベル** 3
装備部位 ―；**市価** 3,000GP；**重量** 3ポンド

解説

　ローブ・オヴ・クライミングは長さ60フィート、太さはワンドほどしかないが、3000ポンド（約1,360kg）の重量を支えることができる。合言葉を唱えると、ロープは前、上、下、あるいはどの方向にでも、1ラウンドあたり10フィートの移動速度でくねくねと進み、持ち主が望めばどこにでもしっかりと結

魔法のアイテム 15

び付く。同じ方法でほどけ、手元に戻すこともできる。
　ロープ・オヴ・クライミングに命じて、自動的に結び目を作ったり、結び目を解いたりさせることもできる。こうすることで、ロープに1フィート間隔で大きな結び目を作らせることもできる。結び目を作ると、それを解くまでロープの長さは50フィートに縮まってしまうが、その間、〈登攀〉のDCは10下がる。ロープの魔力を呼び起こすには、クリーチャーはロープの片方の端を手に持っていなければならない。

作成要項
必要条件《その他の魔法のアイテム作成》、アニメイト・ロープ；
コスト 1,500GP

ローブ・オヴ・ジ・アークマギ
（Robe of the Archmagi／大魔道師のローブ）

オーラ 強力・さまざま；**術者レベル** 14
装備部位 全身；**市価** 75,000GP；**重量** 1ポンド
解説
　この平凡な外見の衣装は白（d％の01～45、善の属性）か、灰色（46～75、善でも悪でもない）か、黒（76～100、悪の属性）のいずれかである。ほとんどの着用者に対し、着用者の属性とローブの属性が一致していない限り、このローブはいかなる力

も与えず、いかなる効果もない（下記参照）。秘術呪文の使い手だけは、このローブを着用しさえすれば、この強力な魔法のアイテムの能力を完全に理解できる。得られる能力は以下の通り。

- ACへの＋5の鎧ボーナス
- 呪文抵抗18
- すべてのセーヴに＋4の抵抗ボーナス
- 呪文抵抗を克服する際に行う術者レベル判定に＋2の強化ボーナス

　先に述べた通り、すべてのローブ・オヴ・ジ・アークマギは特定の属性に調整されている。悪のキャラクターが白いローブをまとった場合、そのキャラクターは即座に恒久的な負のレベルを3レベル得る。善のキャラクターが黒いローブをまとった場合も同様である。灰色のローブをまとった善か悪のキャラクターや、白か黒のローブをまとった中立のキャラクターは恒久的な負のレベルを2レベル得る。その衣装を着用している間は、（レストレーション呪文を含む）どのような方法でもこの負のレベルを取り除くことはできないが、ローブを脱げばこの負のレベルは即座に取り除かれる。

作成要項
必要条件《その他の魔法のアイテム作成》、アンティマジック・

フィールド、メイジ・アーマーまたはシールド・オヴ・フェイス、作成者がローブと同じ属性であること；**コスト** 37,500GP

ローブ・オヴ・シンティレイティング・カラーズ (Robe of Scintillating Colors／きらめく色彩のローブ)

オーラ 中程度・幻術；**術者レベル** 11
装備部位 全身；**市価** 27,000GP；**重量** 1ポンド

解説

　着用者はこのローブの模様を、ローブの上部から裾へと驚くべき色合で色が次々と滝のように流れゆき、まばゆい光きらめく虹が変化してゆくものにすることができる。この色彩は、着用者の近くにいる者を幻惑状態にし、着用者に視認困難を与え、周囲を照らす。着用者が合言葉を唱えてから、色彩がローブの上を流れだすまでには1全ラウンドかかる。この色彩は距離30フィートの凝視攻撃に相当する効果を生み出す。着用者を見た者は、1d4＋1ラウンドの間、幻惑状態となる（意志・無効、DC16）。これは［精神作用］（紋様）効果である。

　ローブが連続してきらめくにつれ、毎ラウンド、着用者を視認するのは困難になってゆく。着用者を攻撃する際の失敗確率は10％から始まって毎ラウンド10％ずつ上昇し、最大で50％（完全視認困難）に達する。

　このローブは常時、半径30フィートを照らす。

　この効果は1日に合計で10ラウンドまでしか使用できない。

作成要項

必要条件《その他の魔法のアイテム作成》、ブラー、レインボー・パターン；**コスト** 13,500GP

ローブ・オヴ・スターズ (Robe of Stars／星のローブ)

オーラ 強力・さまざま；**術者レベル** 15
装備部位 全身；**市価** 58,000GP；**重量** 1ポンド

解説

　この衣装は普通、黒か紺色で、小さな白か銀の星々が刺繍されている。このローブには3つの魔法の力がある。

- このローブにより、着用者は着用または運搬しているすべてのものと共に、肉体ごとアストラル界へと移動することができる。
- 着用者はすべてのセーヴに＋1の幸運ボーナスを得る。
- 着用者はローブの胸の部分にある刺繍の星を、6個まで＋5シュリケンとして使用することができる。ローブはこの武器への習熟を着用者に与える。シュリケンは使用した後、消えてしまう。刺繍の星は1ヶ月に1個補充される。

作成要項

必要条件《その他の魔法のアイテム作成》、マジック・ミサイル、アストラル・プロジェクションまたはプレイン・シフト；**コスト** 29,000GP

ローブ・オヴ・ブレンディング (Robe of Blending／溶け込みのローブ)

オーラ 中程度・変成術；**術者レベル** 10
装備部位 全身；**市価** 8,400GP；**重量** 1ポンド

解説

　1日1回、この簡素な羊毛のローブの着用者は、オルター・セルフを使用したかのように、他の種別が人型生物のクリーチャーの姿をとることができる。この変化は1時間持続するが、着用者はフリー・アクションで途中で終了させることができる。この姿でいる間、着用者は選んだ姿の基本の種族言語を話し理解する能力を得る。例えば、オークの姿をとったら、着用者はオーク語を話すことができ、オーク語を理解することができる。

作成要項

必要条件《その他の魔法のアイテム作成》、オルター・セルフ、タンズ；**コスト** 4,200GP

ローブ・オヴ・ボーンズ (Robe of Bones／骨のローブ)

オーラ 中程度・死霊術［悪］；**術者レベル** 6
装備部位 全身；**市価** 2,400GP；**重量** 1ポンド

解説

　この薄気味悪いアイテムは、本気で取り組む死霊術士には、**ローブ・オヴ・ユースフル・アイテムズ**と同じような役割を果たす。これといって特徴のないローブに見えるが、これをまとったキャラクターは、このローブがアンデッド・クリーチャーを示す小さな刺繍で装飾されていることに気づく。このローブの着用者だけがこの刺繍を目にし、それぞれがどんなクリーチャーになるかを知り、それを引き剥がすことができる。1ラウンドに1つの刺繍を引き剥がすことができる。引き剥がされた刺繍は、本物のアンデッド・クリーチャー（下記参照）となる。スケルトンやゾンビはこのローブの着用者の制御下にはないが、その後、支配したり、畏怖させたり、退散させたり、破壊することができる。作成されたばかりの**ローブ・オヴ・ボーンズ**には、常に以下に示すアンデッドの刺繍がそれぞれ2つずつ付いている（パスファインダーRPGベスティアリ参照）：

- 人間のスケルトン
- ウルフのスケルトン
- ヘヴィ・ホースのスケルトン
- ゴブリンのファスト・ゾンビ
- 人間のゾンビ
- オーガのプレイグ・ゾンビ

作成要項

必要条件《その他の魔法のアイテム作成》、アニメイト・デッド；**コスト** 1,200GP

ローブ・オヴ・ユースフル・アイテムズ (Robe of Useful Items／便利な品々のローブ)

オーラ 中程度・変成術；**術者レベル** 9
装備部位 全身；**市価** 7,000GP；**重量** 1ポンド

解説

　これは何の変哲もないローブに見えるが、これをまとったキャラクターは、色々な形の小さな当て布に気づく。このローブの着用者だけがこの当て布を目にし、それぞれがどんなアイテムになるかを知り、それを引き剥がすことができる。1ラウンドに1つの当て布を引き剥がすことができる。引き剥がされた当て布は、本物のアイテム（下記参照）となる。作成されたばかりの**ローブ・オヴ・ユースフル・アイテムズ**には、常に以

下に示す当て布がそれぞれ2つずつ付いている：

- ダガー
- 投光式ランタン（油が満タンで火がついている）
- 鏡（よく磨かれた2フィート×4フィートの鋼鉄製の鏡）
- 棒（長さ10フィート）
- 麻のロープ（50フィートぶん一巻き）
- ずだ袋

さらに、ローブにはこれ以外にもいくつかの当て布がある。4d4をロールし、これ以外の当て布の数を決め、次に下記の表でそれぞれの当て布の内容をロールすること。

d%	結果
01〜08	金貨100枚の入った袋
09〜15	500GP相当の銀製の貴重品箱（6インチ×6インチ×1フィート）
16〜22	鉄の扉（最大で幅10フィート、高さ10フィート、片側にかんぬき——直立させて置かなければならない、自動的に設置され、蝶番が取りつけられる）
23〜30	宝石10個（各100GPの価値）
31〜44	木製の梯子（長さ24フィート）
45〜51	ミュール（ラバ、鞍袋付き）
52〜59	覆いのない落とし穴（10フィート×10フィート×10フィート）
60〜68	ポーション・オヴ・キュア・シリアス・ウーンズ
69〜75	こぎ舟（長さ12フィート）
76〜83	下級の巻物（ランダムに決定した呪文）
84〜90	ウォー・ドッグ2匹（ライディング・ドッグとして扱うこと）
91〜96	窓（2フィート×4フィートで奥行き2フィートまで）
97〜100	携帯用破城槌

同種のアイテムが複数あってもよい。一度剥がすと、当て布を補充することはできない。

作成要項
必要条件《その他の魔法のアイテム作成》、ファブリケイト；**コスト** 3,500GP

知性あるアイテム

魔法のアイテムの中にはそれ自体が知性を備えたものが存在する。魔法によって自我を植え付けられたこの種のアイテムは、キャラクター同様に考え、感じることができるため、NPCとして扱う。知性あるアイテムは追加の能力や、ときには変則的な能力や特別な目的を有している。知性を持つことがあるのは（1回限りの使い切りアイテムや、チャージを持つアイテムではなく）恒久的な魔法のアイテムだけである（つまり、ポーション、巻物、ワンドなどのアイテムが知性を持つことはない）。一般に、魔法のアイテムのうち、知性を持つものは1％に満たない。

知性あるアイテムは【知力】、【判断力】、【魅力】の能力値を持つため、実際にクリーチャーとみなすことができる。人造クリーチャーとして扱うこと。知性あるアイテムの多くは（魔法の武器と同様に）回数無制限で周囲を照らしだす能力を持っている。そのようにしなければ周囲を見ることができないものが多い。

ほとんどの魔法のアイテムとは異なり、知性あるアイテムは持ち主の合言葉を必要とせずに、自身の能力を起動することができる。知性あるアイテムは、イニシアチブ順においては、自分の持ち主のターンに行動する。

知性あるアイテムをデザインする

知性ある魔法のアイテムを作成する際には、以下の簡易ガイドラインに従うこと。知性あるアイテムは属性、精神能力値、言語、知覚能力、そしてそれ以外に少なくとも1つの特殊能力を必ず有する。こうした数値や能力は作成時に向上することができ、アイテムの合計価格を上昇させる。この種の能力の多くはアイテムの自我値を高める。高い自我値を持つ知性あるアイテムは支配するのが難しく、ときには持ち主を支配することもあり、所有には危険がともなう。

知性ある魔法のアイテムは基本価格が500GP上昇する。知性あるアイテムの合計価格を算出する際、知性を持つことによって得たすべての追加能力の価格を合計したものに500GPを加え、その後に魔法のアイテムの基本価格を加えること。

知性あるアイテムの属性

すべての知性あるアイテムは属性を持つ（表15-21を参照）。明確に示されているかに関わらず、知性ある武器が常に属性を持っていることに注意が必要である。知性ある武器をランダムに作成する場合、武器の属性は、属性に関わる特殊能力と適合していなければならない。

アイテムと異なる属性を持つキャラクターは、そのアイテムを所持すると、負のレベルを1レベル得る（表の"*"注記にあるものは例外）。この負のレベルによって実際にレベルを失うことはないが、負のレベルはそのアイテムを所持している限り続き、他の方法では（レストレーション呪文を含めて）決して除去することはできない。この負のレベルは、アイテムが不適切な使い手に対して与える他のすべてのペナルティと累積する。自我値（後述）が20〜29のアイテムは負のレベルを2レベル与える。自我値が30以上のアイテムは負のレベルを3レベル与える。

知性あるアイテムの能力値

知性ある魔法のアイテムは3つの精神能力値をすべて持つ：【知力】、【判断力】、【魅力】だ。各能力値はどれも初期値が10で、20まで上昇させることができる。表15-22には、アイテムの能力値1つを上昇させるための費用が書かれている。この費用は11以上に伸ばす能力値ごとに支払わなければならない。例えば、【知力】15、【判断力】12、【魅力】10を持つ知性ある魔法のアイテムは、基になるアイテムよりも（知性あるアイテムであることによる500GPを含めて）2,400GP高くつくことになるだろう。

アイテムの話せる言語

キャラクター同様、知性あるアイテムは共通語に加えて、【知力】ボーナス1ポイントごとに1つの言語を理解することができる。アイテムの出自や用途を考慮して適切な言語を選ぶこと。アイテムが発話能力を持っていない場合も、修得している言語を読んだり理解することはできる。

知覚手段と交信手段

　すべての知性ある魔法のアイテムは、30フィート以内を見聞きできる能力と、持ち主と共感によって意思疎通する能力を、初期状態ですでに持っている。"共感"によってアイテムが伝えることができるのは、衝動や感情を通じて行動を後押ししたり思いとどまらせようとすることだけである。追加の交信手段やより優れた感覚は、表15-23の記述通り、アイテムの費用と自我値を上昇させる。

　共感（超常）：共感によって、アイテムは感情や衝動を伝えて、行動を後押ししたり思いとどまらせようとすることができる。この能力によって言語を用いた意思疎通を行うことはできない。

　発話（超常）：発話能力を持つ知性あるアイテムは、修得言語すべてを話すことができる。

　テレパシー（超常）：テレパシーを有する知性あるアイテムは、修得言語に関わらず、持ち主とテレパシーで意思疎通できる。この方法で意思疎通する場合、持ち主はアイテムに接触していなければならない。

　知覚範囲：知性ある魔法のアイテムは知覚範囲に記載された距離まで見聞きできる。暗視や非視覚的感知を追加すると、アイテムはそれらの感覚をアイテムの基本の知覚範囲と同じ距離まで使用できる。

　言語読解能力（変則）：アイテムは修得言語に関わらずあらゆる言語の文書を読むことができる。

　リード・マジック能力（擬呪）：この能力を持つ知性ある魔法のアイテムは、リード・マジックを使用したかのように魔法の文書や巻物を読むことができる。この能力によって知性ある魔法のアイテムが巻物その他のアイテムを起動できるようになることはない。知性ある魔法のアイテムはこの能力をフリー・アクションで抑止したり再開することができる。

知性あるアイテムの能力

　知性あるアイテムはそれぞれが少なくとも1つの能力を有しているが、より強力なアイテムはいくつもの能力を持っていることもある。アイテム固有の能力を知るには、表15-24でロールするか選択すること。知性あるアイテムはたいてい持ち主の望みに従うが、すべての能力はアイテムの指示によって機能する。能力を起動したり、稼働中の能力に集中したりするのは1標準アクションであり、このアクションはアイテムが行う。これらの能力による効果の術者レベルは、アイテムの術者レベルに等しい。セーヴDCはアイテムの最も高い精神能力値に基づく。

特別な目的を持つアイテム

　知性あるアイテムの中には、その行動を支配する特別な目的を持つものもある。特別な目的を持つ知性ある魔法のアイテムは自我に＋2のボーナスを得る。アイテムの目的は、アイテムの種類と属性に合ったものでなければならず、常に道理にあった取り扱いをするべきである。目的が"秘術呪文の使い手たちの打倒／抹殺"であることは、その剣が出会ったウィザード全員を斬殺するよう持ち主に強要するという意味ではない。そして、その剣が自分なら世界中のウィザードとソーサラーとバー

ドを皆殺しにできると信じ込んでいるという意味でもない。これは、そのアイテムが秘術呪文の使い手を憎んでおり、ある地域のウィザードの秘密結社を壊滅させたり、隣国の女王であるソーサラーの支配を終わらせたいと思っているということである。同様に、"エルフの守護"という目的は、持ち主がエルフである場合、アイテムが持ち主の身だけを守りたがる、というわけでもない。これはアイテムがエルフの大義を推し進め、エルフの敵を撲滅し、エルフの指導者たちを援助するために使われることを望んでいるということなのだ。"あらゆるものの打倒／抹殺"という目的は単なる自己保存の問題ではない。これはそのアイテムが万物の頂点に立つまで休むつもりがない（あるいは持ち主を休ませない）ことを意味している。

　表15-25には、魔法のアイテムが持っていそうな目的の例をいくつか挙げている。持ち主が知性あるアイテムの特別な目的を明らかに無視したり対立したら、持ち主が協力的になるまでアイテムは自我に＋4のボーナスを得る。このボーナスはアイテムが特別な目的を持っていることによって得る＋2ボーナスに加えてのものである。

目的専用能力

　目的専用能力は、知性あるアイテムがその特別な目的を果たそうとしている場合にのみ機能する。特別な目的を果たすのにその行動が合致するかの判断は、常にアイテムが行う。特別な目的にその行動が合致するかは、簡単かつ明瞭に判断できるものでなければならない。これ以外の能力の場合と異なり、たとえ持ち主がアイテムを支配していたとしても（後述の『アイテムの反抗』を参照）、アイテムが目的専用能力の使用を拒否することがありうる。目的専用能力の効果の術者レベルはアイテムの術者レベルに等しい。セーヴDCはアイテムの最も高い精神能力値に基づく。目的専用能力のリストに関しては表15-26を参照すること。

アイテムの自我

　自我は、アイテムが持つ総合能力と我の強さを示している。アイテムの自我値は、アイテムの自我修正値をすべて足し合わせたものに、（知性あるアイテムとして強化したぶんの費用をすべて除いた）基となる魔法のアイテムの価格による追加ボーナスを加えたものである。アイテムの自我値は、アイテムとキャラクターのどちらが、その関係において支配的な立場にあるかを決定する際に用いる（後述）。

基となる魔法のアイテムの価格	自我修正値
〜 1,000GP	—
1,001GP 〜 5,000GP	＋1
5,001GP 〜 10,000GP	＋2
10,001GP 〜 20,000GP	＋3
20,001GP 〜 50,000GP	＋4
50,001GP 〜 100,000GP	＋6
100,001GP 〜 200,000GP	＋8
200,001GP 〜	＋12

アイテムの反抗

　自我があるということは、アイテムが独自の意志を持っていることを意味する。アイテムは自身の属性に極めて忠実である。そのアイテムの持ち主がアイテムの属性の指向する目標やアイテムの特別な目的に忠実でなければ、人格的衝突が発生する――アイテムがキャラクターに反抗するのだ。同様に、20以上の自我値を持つアイテムは、常に自分がいかなるキャラクターにも優越する存在であると考えており、持ち主が常に自分の意向に賛同しないと人格的衝突を引き起こす。

　人格的衝突が発生した場合、持ち主は意志セーヴ（DC＝アイテムの自我値）を行わなければならない。成功すれば持ち主が支配し、失敗すればアイテムが持ち主を支配する。支配は1日、または危機的状況（大きな戦いや、アイテムがキャラクターにとって重大な脅威が迫ったときなど）が起きるまで続く。アイテムが支配する場合、アイテムはキャラクターの望みに抵抗し、以下に挙げる例のような譲歩を要求する。

- アイテムの気に入らない属性や性格の仲間や他のアイテムを排除する。
- キャラクターが持つ他のすべての魔法のアイテムや、特定の種類のアイテムを放棄する。
- アイテムが自分の目的を果たすため、指示した場所へ行くようキャラクターに服従を強いる。
- 今すぐにアイテムが憎むクリーチャーを探し出し、抹殺する。
- 使用していない時にアイテムがいたずらされないよう保護する、魔法的な防御や装置を要求する。
- キャラクターが何時いかなる時でもアイテムを持ち運ぶ。
- 属性の違いや日頃の行いを理由に、キャラクターにアイテムをより相応しい持ち主に譲渡させる。

　極端な状況下では、アイテムは以下に挙げるような、もっと苛酷な手段に頼ることもある：

- 持ち主に戦闘を強制する。
- 相手に攻撃を加えることを拒否する。
- 持ち主やその仲間に攻撃を加える。
- 持ち主に相手への降伏を強制する。
- キャラクターの手から自分が落ちるよう仕向ける。

　当然の事ながら、こうした行動はキャラクターとアイテムの属性の調和がとれている場合や、互いの目的や性格が一致している場合には、まず起こらない。しかしそうであっても、アイテムは簡単に相手を支配し、その支配を維持できるように弱いキャラクターに所有されるのを好んだり、目的達成のために高レベルのキャラクターに所有されたいと願う場合もある。

　人格を持つ魔法のアイテムは例外なく、進行中の状況、特に戦闘で重要な役割を果たしたいという欲求を持っている。こうしたアイテム同士は、たとえ属性が同じであってもライバル関係にある。あらゆる知性あるアイテムは他の知性あるアイテムと持ち主を共有したいとは考えない。知性あるアイテムは60フィート以内にある他の知性あるアイテムの存在に気付き、大抵の知性あるアイテムは持ち主を誘導したり気をそらすことで、持ち主がライバルを無視したり破壊するよう最善を尽くす。もちろん、属性によってこの種の行動には違いがある。

表15-21：知性あるアイテムの属性

d%	結果
01〜10	混沌にして善
11〜20	混沌にして中立*
21〜35	混沌にして悪
36〜45	中立にして悪*
46〜55	秩序にして悪
56〜70	秩序にして善
71〜80	秩序にして中立*
81〜90	中立にして善*
91〜100	真なる中立

* このアイテムは、アイテムの属性の"中立"でない部分がキャラクターの属性と一致していれば扱うことができる。

表15-22：知性あるアイテムの能力値

能力値	基本価格修正値	自我修正値
10	—	—
11	+200GP	—
12	+500GP	+1
13	+700GP	+1
14	+1,000GP	+2
15	+1,400GP	+2
16	+2,000GP	+3
17	+2,800GP	+3
18	+4,000GP	+4
19	+5,200GP	+4
20	+8,000GP	+5

表15-23：知性あるアイテムの知覚手段と交信手段

能力	基本価格修正値	自我修正値
交感	—	—
発話	+500GP	—
テレパシー	+1,000GP	+1
知覚範囲（30フィート）	—	—
知覚範囲（60フィート）	+500GP	—
知覚範囲（120フィート）	+1,000GP	—
暗視	+500GP	—
非視覚的感知	+5,000GP	+1
言語読解能力	+1,000GP	+1
リード・マジック能力	+2,000GP	+1

　アイテムが持ち主を制御することがまったくなかったとしても、キャラクターは人格を持つアイテムを完全に制御したり黙らせることはできない。自分の要求を強制することはできなくても、アイテムはくじけることなく希望や要求を口にし続ける。

呪われたアイテム

　呪われたアイテムとは、何らかの形で不利に働く可能性のある魔法のアイテムのことである。良い効果と悪い効果が混じったものもあり、キャラクターたちに難しい選択を強いることになる。呪われたアイテムは意図的に作られることはほとんどない。むしろ、作業時間の不足や作り手の未熟、適当な材料の不

表15-24：知性あるアイテムの能力

d%	アイテムの能力	基本価格修正値	自我修正値
01～10	0レベル呪文1つを回数無制限で発動可	+1,000GP	+1
11～20	1レベル呪文1つを1日3回発動可	+1,200GP	+1
21～25	回数無制限でアイテム自身にマジック・オーラを発動可	+2,000GP	+1
26～35	2レベル呪文1つを1日1回発動可	+2,400GP	+1
36～45	技能1つに5ランク持っている*	+2,500GP	+1
46～50	支持肢を生やして移動速度10フィートで移動できる	+5,000GP	+1
51～55	3レベル呪文1つを1日1回発動可	+6,000GP	+1
56～60	2レベル呪文1つを1日3回発動可	+7,200GP	+1
61～70	技能1つに10ランク持っている*	+10,000GP	+2
71～75	同サイズの他の形態1つに姿を変えることができる	+10,000GP	+2
76～80	移動速度30フィートで飛行できる（フライ呪文相当）	+10,000GP	+2
81～85	4レベル呪文1つを1日1回発動可	+11,200GP	+2
86～90	1日1回、アイテム自身のみが瞬間移動できる	+15,000GP	+2
91～95	3レベル呪文1つを1日3回発動可	+18,000GP	+2
96～100	4レベル呪文1つを1日3回発動可	+33,600GP	+2

*何らかの移動能力を有していない限り、知性あるアイテムは【知力】か【判断力】か【魅力】に関連する技能しか修得できない。

表15-25：知性あるアイテムの目的

d%	目的	自我修正値
01～20	正反対の属性の打倒／抹殺*	+2
21～30	秘術呪文の使い手たちの打倒／抹殺（呪文や擬似呪文能力を用いるモンスターを含む）	+2
31～40	信仰呪文の使い手たちの打倒／抹殺（信仰の対象となる存在や、信奉者たちを含む）	+2
41～50	呪文の使い手でない者たちの打倒／抹殺	+2
51～55	特定のクリーチャー種別の打倒／抹殺（ベインの特殊能力を参照して選択）	+2
56～60	特定の種族または種別に属するクリーチャーの打倒／抹殺	+2
61～70	特定の種族または種別に属するクリーチャーの守護	+2
71～80	特定の神格に仕える者たちの打倒／抹殺	+2
81～90	特定の神格の権益や、それに仕える者たちの守護	+2
91～95	あらゆるものの打倒／抹殺（アイテム自身と持ち主は除く）	+2
96～100	1つを選択する	+2

* このアイテムの"真なる中立"版の目的は、極端な属性（秩序にして善、秩序にして悪、混沌にして善、混沌にして悪）を持つ強力な存在を打倒／抹殺して均衡を保つことである。

表15-26：特別な目的を持つアイテムの目的専用能力

d%	目的専用能力	基本価格修正値	自我修正値
01～20	60フィート以内の、アイテムの特別な目的の対象となる敵を感知できる	+10,000GP	+1
21～35	4レベル呪文1つを回数無制限で発動	+56,000GP	+2
36～50	着用者は攻撃ロール、セーヴ、判定に＋2の幸運ボーナスを得る	+80,000GP	+2
51～65	5レベル呪文1つを回数無制限で発動	+90,000GP	+2
66～80	6レベル呪文1つを回数無制限で発動	+132,000GP	+2
81～95	7レベル呪文1つを回数無制限で発動	+182,000GP	+2
96～100	持ち主に対して*トゥルー・リザレクション*（1回／月）	+200,000GP	+2

魔法のアイテム　15

足の結果である。こうしたアイテムの多くはそれでも機能はするのだが、意図した通りに働かなかったり、深刻な副作用を生じる。魔法のアイテム作成時の技能判定に5以上の差で失敗したら、表15-27でロールして、アイテムが持つ呪いの種類を決定すること。

呪われたアイテムの識別： 呪われたアイテムに、1つの例外を除いて、他の魔法のアイテムと同様に識別される。その例外とは、アイテムを識別するために行う判定でDCを10以上上回らない限り、呪いは発見されないことである。判定には成功したがDCを10上回ることができなかった場合、判るのはその魔法のアイテムの本来の用途だけである。そのアイテムが呪われていると判っているのであれば、そのアイテムを識別するための通常通りのDCを用いて呪いの性質を判断できる。

呪われたアイテムの除去： 呪われたアイテムの中には簡単に手放せるものもあるが、その代償の大小に関わらず、使用者がそのアイテムを持ち続けるよう強制するものもある。一部には、手放したり戻ってこれない所へ投げ捨てた場合でさえ、再び戻ってくるものもある。この種のアイテムは、キャラクターかアイテムを目標とした**リムーヴ・カース**やそれに類する魔法がかけられた後にのみ手放せる。呪いを解くための術者レベル判定のDCは（10＋アイテムの術者レベル）に等しい。呪文が成功したら、次のラウンドにはそのアイテムを手放せるが、そのアイテムを再度使用した場合、呪いは再発する。

呪われたアイテムの一般的な効果

次に挙げるのは呪われたアイテムの最も一般的な効果の一部である。GMは特定のアイテムに合うよう、新たに呪われたアイテムの効果を自由に考案して良い。

妄想： 使用者はアイテムに見せかけ通りの力があると信じてしまうが、実際には、アイテムは持ち主を欺く以外、何の魔法能力も持っていない。使用者は精神的に欺かれており、アイテムが機能していると思い込んでいる。そのため、**リムーヴ・カース**の助けがなければ、呪われたアイテムに欺かれていると納得しない。

逆の効果または目標： これらの呪われたアイテムは誤作動を起こし、作成者の意図とまったく逆の効果を発生させたり、他の誰かではなく使用者自身を目標にしてしまったりする。ここで注意してほしい興味深い点は、こうしたアイテムは必ずしも持っていて損になるものばかりではないということだ。逆の効果を持つアイテムの中には、攻撃ロールとダメージにボーナスではなくペナルティを与える武器などが含まれる。呪われていない魔法のアイテムでキャラクターにすぐにその強化ボーナスの値が判らない場合もあるように、呪われた武器だとすぐに判る必要はない。とはいえ、呪われていることが判れば、アイテムを捨ててしまうことができる——使用者に伴い続けることを強制する何らかの力が込められていない限りは。そのような場合、アイテムを手放すためには通常、**リムーヴ・カース**呪文が必要になる。

断続的機能： 断続的機能には3つの種類があり、どのアイテムも解説にある通りの完全な機能を発揮する——少なくともとき

ときは。3つの種類とは、不確実、依存性、制御不能である。

不確実： このアイテムを起動するたびに、5%の確率（d%の01～05）で機能しない。

依存性： このアイテムは特定の状況でしか機能しない。以下の表から選択するかロールして、どんな状況でしか機能しないかを決定すること。

d%	状況
01～03	気温が氷点下の時に
04～05	気温が氷点より高いときに
06～10	日中に
11～15	夜間に
16～20	直射日光の当たる所で
21～25	直射日光の当たらない所で
26～34	水中で
35～37	水の外で
38～45	地下で
46～55	地上で
56～60	ランダムに選択した種別のクリーチャーの10フィート以内で
61～64	ランダムに選択した種族または種類のクリーチャーの10フィート以内で
65～72	秘術呪文の使い手の10フィート以内で
73～80	信仰呪文の使い手の10フィート以内で
81～85	呪文の使い手でない者の手にある時に
86～90	呪文の使い手の手にある時に
91～95	特定の属性のクリーチャーの手にある時に
96	特定の性別のクリーチャーの手にある時に
97～99	聖日か、特定の天文学的事象の起きている間に
100	特定の場所から100マイルより離れたところで

制御不能： 制御不能なアイテムはランダムに起動してしまうことがある。毎日d%をロールすること。01～05が出た場合、アイテムはその日、ランダムに決めた時点で起動してしまう。

必要条件： アイテムの中には、使用するために厳しい条件を満たさなければならないものもある。この種の呪われたアイテムを機能させ続けるためには、以下の中から1つ、あるいは複数の条件を満たさねばならない。

- キャラクターは通常の2倍の量を食べなければならない。
- キャラクターは通常の2倍の時間眠らなければならない。
- キャラクターは特定のクエストを成し遂げなければならない（1回だけで、その後は通常通りに機能する）。
- キャラクターは毎日100GP相当の価値のあるものを捧げなければならない（つまり破壊せねばならない）。
- キャラクターは毎週2,000GP相当の価値のある魔法のアイテムを捧げなければならない（つまり破壊せねばならない）。
- キャラクターは特定の貴族やその一族に忠誠を誓わなければならない。
- キャラクターは他の魔法のアイテムをすべて捨てなければならない。
- キャラクターは特定の神格を信仰しなければならない。
- キャラクターは特定の名前に改名せねばならない。このアイテムはその名前のキャラクターにしか使えない。

- キャラクターは次の機会に特定のクラスのクラス・レベルを得なければならない（すでにそのクラスでなければ）。
- キャラクターは特定の技能を一定ランク修得しなければならない。
- キャラクターは自分の生命エネルギーの一部（【耐久力】2ポイント）を一度だけ捧げなければならない。キャラクターがレストレーション呪文などで失った【耐久力】を取り戻した場合、アイテムは機能を停止してしまう（ただし、レベル上昇やウィッシュ、魔法のアイテムの使用によって【耐久力】が上昇した場合は機能を停止しない）。
- 毎日アイテムを聖水で浄めなければならない。
- 毎日アイテムを使って1体の生きているクリーチャーを殺さなければならない。
- 毎月1回、アイテムを火山の溶岩に浸さねばならない。
- 最低でも1日1回、アイテムを使用しなければならない。さもないと、現在の所有者では二度と機能させることができなくなる。
- （武器のみ）アイテムを抜いたら、それを使って血を流さねばならない。1回命中するまでは、手放すことも他の武器に持ち替えることもできない。
- 毎日アイテムに特定の呪文をかけなければならない（ブレス、アトーンメント、アニメイト・オブジェクツなど）。

必要条件はそのアイテムにふさわしいことが非常に重要であり、ランダムに決定すべきではない。必要条件のあるアイテムが知性あるアイテムでもあるなら、必要条件はその性格によって決まることが多い。必要条件が満たされなければ、アイテムは機能を停止する。必要条件が満たされれば、通常、そのアイテムは次に必要条件を満たさなければならなくなるまで1日の間機能し続ける（ただし、一部の条件は1回満たせばよかったり、1ヶ月ごとに満たせばよかったり、常時満たしていなければならなかったりする）。

副作用：通常、副作用を持つアイテムは、所有者にとって有益だが、不利な側面もある。副作用はアイテムを使用した時（武器などの場合は手に持った時）にだけ現れるものもあるが、一般的にはアイテムを持ち歩いている限り常時キャラクターに作用する。

特に記載がない限り、副作用はキャラクターがアイテムを所持し続けている間ずっと効果を及ぼす。通常、これらの効果に対するセーヴDCは（10＋アイテムの術者レベル）に等しい。

特定の呪われたアイテム

すべての呪われたアイテムの中で最も危険で陰険なものは、おそらく本来意図された機能が完全に呪いへと置き換わっているものである。しかしそれでも、そういったアイテムにもまだ使い道はある——特に罠や武器として。以下に挙げるのは呪われたアイテムの特殊な例だ。前提条件の代わりに、それぞれの呪われたアイテムは1つ以上の通常の魔法のアイテムと関連しており、そういったアイテムの作成時にその呪われたアイテムとなってしまうことがある。買い手が呪いに気づいていなければ、見せかけ通りのアイテムであるかのように呪われたアイテ

ムを売却することもできる。

呪われた鎧や呪われた武器はさまざまな形態をとりうる。ここに挙げた例は最も一般的なものに過ぎない。例えば、−2カースド・ソードは、＋3ショート・ソードや＋1ダガーに見えてもよいし、−2ではなく似たような負の値が付いていてもよい。

アーマー・オヴ・アロー・アトラクション（Armor of Arrow Attraction／矢招きの鎧）

オーラ 強力・防御術；**術者レベル** 16
装備部位 鎧；**重量** 50ポンド

解説

この鎧を魔法的に分析すると、普通の＋3フル・プレートであるという結果が出る。この鎧は近接攻撃に対しては通常通りに機能するが、実は遠隔武器を引きつけてしまう。着用者は、遠隔武器による攻撃に対するACに−15のペナルティを受ける。この鎧の真の性質は、キャラクターが本気の遠隔攻撃を受けるまでは判明しない。

作成要項

魔法のアイテム ＋3フル・プレート

アーマー・オヴ・レイジ（Armor of Rage／敵意の鎧）

オーラ 強力・死霊術；**術者レベル** 16
装備部位 鎧；**重量** 30ポンド

解説

この鎧はブレストプレート・オヴ・コマンド（威厳のブレストプレート）に似た外見をしており、＋1ブレストプレートとして機能する。しかし、この鎧を着用すると、鎧はキャラクターの【魅力】に−4のペナルティを与える。また、300フィート以内にいるすべての非友好的なキャラクターは、着用者に対する攻撃ロールに＋1の士気ボーナスを得る。この効果は着用者にも、作用を受けている敵たちにも気づかれない。つまり、着用者は鎧を着てもすぐには問題の原因がこの鎧にあるとは気づかず、敵たちもそれほどの敵意が湧く理由がわからない。

作成要項

魔法のアイテム ブレストプレート・オヴ・コマンド、＋1ブレストプレート

アミュレット・オヴ・イネスケイパブル・ロケーション（Amulet of Inescapable Location／対占術露見のお守り）

オーラ 中程度・防御術；**術者レベル** 10
装備部位 首周り；**重量** −

解説

この装置は一見、位置の特定、念視や感知、ディテクト・ソウツの影響を妨げるアミュレット・オヴ・プルーフ・アゲンスト・ディテクション・アンド・ロケーションに見える。実際には、このお守りは、占術呪文に対する着用者のすべてのセーヴに−10のペナルティを与える。

作成要項

魔法のアイテム アミュレット・オヴ・プルーフ・アゲンスト・ディテクション・アンド・ロケーション

魔法のアイテム　15

表15-27：呪われたアイテムの一般的な呪い

d%	呪い
01～15	妄想
16～35	逆の効果または目標
36～45	断続的機能
46～60	必要条件
61～75	副作用
76～90	まったく異なる効果
91～100	表15-28の特定の呪われたアイテムで代用

表15-28：特定の呪われたアイテム

d%	アイテム
01～05	インセンス・オヴ・オブセッション
06～15	リング・オヴ・クラムジネス
16～20	アミュレット・オヴ・イネスケイパブル・ロケーション
21～25	ストーン・オヴ・ウェイト
26～30	ブレイザーズ・オヴ・ディフェンスレスネス
31～35	ガントレッツ・オヴ・ファンブリング
36～40	−2カースド・ソード
41～43	アーマー・オヴ・レイジ
44～46	メダリオン・オヴ・ソウト・プロジェクション
47～52	フラスク・オヴ・カーシズ
53～54	ダスト・オヴ・スニージング・アンド・チョーキング
55	ヘルム・オヴ・オポジット・アラインメント
56～60	ポーション・オヴ・ポイズン
61	ブルーム・オヴ・アニメイテッド・アタック
62～63	ローブ・オヴ・パワーレスネス
64	ヴァキュアス・グリモア
65～68	カースド・バックバイター・スピア
69～70	アーマー・オヴ・アロー・アトラクション
71～72	ネット・オヴ・スネアリング
73～75	バッグ・オヴ・ディヴァウリング
76～80	メイス・オヴ・ブラッド
81～85	ローブ・オヴ・ヴァーミン
86～88	ペリアプト・オヴ・ファウル・ロッティング
89～92	バーサーキング・ソード
93～96	ブーツ・オヴ・ダンシング
97	クリスタル・ヒプノシス・ボール
98	ネックレス・オヴ・ストランギュレーション
99	ポイズナス・クローク
100	スカラベ・オヴ・デス

インセンス・オヴ・オブセッション（Incense of Obsession／妄想の香）

オーラ 中程度；心術；**術者レベル** 6
装備部位 ―；**重量** 1ポンド

解説

　この焼香の塊は*インセンス・オヴ・メディテイション*に見える。*インセンス・オヴ・オブセッション*を近くで焚きながら瞑想と祈りを行うと、使用者は魔法の香のおかげで自分の呪文行使能力が上昇したと完全に信じ込む。使用者は、必要なかったり役に立たなくても、あらゆる機会に呪文を使おうとする。使用者の能力と呪文に対する妄想は、呪文を使い切るか24時間が経過するまで続く。

---

d%	副作用
01～04	キャラクターの毛髪が1時間ごとに1インチ伸びる。
05～09	キャラクターの身長が6インチ縮む（d%の01～50）か伸びる（51～100）。これは1回しか起こらない。
10～13	アイテムの周囲の気温が通常より華氏で10度（摂氏で5.6度）低くなる。
14～17	アイテムの周囲の気温が通常より華氏で10度（摂氏で5.6度）高くなる。
18～21	キャラクターの髪の毛の色が変わる。
22～25	キャラクターの肌の色が変わる。
26～29	キャラクターに何らかの特徴的な印が現れる（入れ墨や不思議な輝きなど）。
30～32	キャラクターの性別が変わる。
33～34	キャラクターの種族や種類が変わる。
35	キャラクターはランダムな1種類の病気にかかる。この病気は治癒することはできない。
36～39	アイテムは常に耳障りな音を発する（うめき声、すすり泣く声、悲鳴、呪詛、侮辱など）。
40	アイテムはバカげた外見をしている（派手な色、馬鹿げた形、明るいピンク色に光るなど）。
41～45	キャラクターはそのアイテムのことになると独占欲が強まり利己的になる。
46～49	キャラクターはそのアイテムを失うことに被害妄想的になり、そのアイテムが傷つくことを恐れる。
50～51	キャラクターの属性が変わる。
52～54	キャラクターは最も近くにいるクリーチャーを攻撃しなければならない（毎日5％ [d%の01～05] の確率で）。
55～57	キャラクターはアイテムの効果が終了すると（または1日1回ランダムに）1d4ラウンドの間、朦朧状態になる。
58～60	キャラクターの視覚が不鮮明になる（攻撃ロール、セーヴ、視覚を必要とする技能判定に−2のペナルティ）。
61～64	キャラクターは負のレベルを1レベル得る。
65	キャラクターは負のレベルを2レベル得る。
66～70	キャラクターは毎日意志セーヴを行わなければならず、失敗すると1ポイントの【知力】ダメージを受ける。
71～75	キャラクターは毎日意志セーヴを行わなければならず、失敗すると1ポイントの【判断力】ダメージを受ける。
76～80	キャラクターは毎日意志セーヴを行わなければならず、失敗すると1ポイントの【魅力】ダメージを受ける。
81～85	キャラクターは毎日頑健セーヴを行わなければならず、失敗すると1ポイントの【耐久力】ダメージを受ける。
86～90	キャラクターは毎日頑健セーヴを行わなければならず、失敗すると1ポイントの【筋力】ダメージを受ける。
91～95	キャラクターは毎日頑健セーヴを行わなければならず、失敗すると1ポイントの【敏捷力】ダメージを受ける。
96	キャラクターは特定のクリーチャーにポリモーフされる（毎日5％ [d%の01～05] の確率で）。
97	キャラクターは秘術呪文を発動することができない。
98	キャラクターは信仰呪文を発動することができない。
99	キャラクターはいかなる呪文も発動することができない。
100	GMは上記の中から相応しいものを1つ選択するか、特にそのアイテム向けに副作用を1つ考案すること。

作成要項

魔法のアイテム *インセンス・オヴ・メディテイション*

ヴァキュアス・グリモア（Vacuous Grimoire／虚ろの魔法書）

オーラ 強力；心術；**術者レベル** 20
装備部位 ―；**重量** 2ポンド

解説

この種の本は普通の本とまったく同じ外見をしていて、少し興味をそそる題がついている。この本を開き、そこに書かれた文字を1文字でも読んだら、DC15の意志セーヴを2回行わなければならない。最初のセーヴに失敗すると【知力】と【魅力】が1ポイント恒久的に吸収され、2回目のセーヴに失敗すると【判断力】が2ポイント恒久的に吸収される。この本を破壊するには、**リムーヴ・カース**を発動している間に燃やさなければならない。他の本と一緒に置かれると、この魔法書は瞬時に変化し、他の本と違和感のない外見になる。

作成要項

魔法のアイテム トゥム・オヴ・アンダスタンディング、トゥム・オヴ・クリア・ソウト、トゥム・オヴ・リーダーシップ・アンド・インフルエンス、ブレスト・ブック、マニュアル・オヴ・クイックネス・オヴ・アクション、マニュアル・オヴ・ゲインフル・エクササイズ、マニュアル・オヴ・ボディリー・ヘルス

－2カースド・ソード（Sword, －2 Cursed／呪われた－2の剣）

オーラ 強力・力術；**術者レベル** 15
装備部位 ―；**重量** 4ポンド

解説

このロングソードは、練習ではよく目標に命中する。しかし戦闘で敵に対して使うと、使用者は攻撃ロールに－2のペナルティを受ける。

この武器で与えるダメージも2ポイント減少する。ただし、攻撃が命中すれば最低でも1ポイントのダメージを与える。この剣は他の武器ではなく自分を使うよう常に使用者に強制する。所有者はたとえ他の武器を抜いたり準備しようとしても、自動的にこの剣を抜き、この剣で戦ってしまう。

作成要項

魔法のアイテム ＋2ロングソード、魔法の武器ならどれでも

カースド・バックバイター・スピア（Spear, Cursed Backbiter／呪われし背反の槍）

オーラ 中程度・力術；**術者レベル** 10
装備部位 ―；**重量** 3ポンド

解説

これは＋2ショートスピアだが、これを近接攻撃に使用し、攻撃ロールのダイスの目が1だった場合、狙った目標でなく使用者自身にダメージを与える。呪いの効果が現れると、スピアは曲がりくねって後ろにいる使用者を突き刺し、自動的に使用者にダメージを与える。この呪いはスピアを投擲した際にも機能し、その場合には使用者に与えるダメージは2倍になる。

作成要項

魔法のアイテム ＋2ショートスピア、魔法の武器ならどれでも

ガントレッツ・オヴ・ファンブリング（Gauntlets of Fumbling／不器用の篭手）

オーラ 中程度・変成術；**術者レベル** 7
装備部位 両手；**重量** 2ポンド

解説

この篭手は、着用者が攻撃を受けたり、生死に関わる状況にさらされるまでは、その外見に応じた能力を発揮する。そのような事態になると、呪いが起動する。着用者の指は思うように動かなくなり、毎ラウンド50%の確率で、両手に持っている物をすべて落としてしまう。また、篭手は着用者の【敏捷力】を2ポイント低下させる。ひとたび呪いが起動したら、篭手は**リムーヴ・カース**、**ウィッシュ**または**ミラクル**の呪文を用いなければ外すことができない。

作成要項

魔法のアイテム ガントレット・オヴ・ラスト、グラウ・オヴ・ストアリング、グラウズ・オヴ・アロー・スネアリング、グラウズ・オヴ・スイミング・アンド・クライミング

クリスタル・ヒプノーシス・ボール（Crystal Hypnosis Ball／催眠水晶球）

オーラ 強力・占術；**術者レベル** 17
装備部位 ―；**重量** 7ポンド

解説

この呪われた念視装置は一見したところ、通常の**クリスタル・ボール**と区別が付かない。しかし、これを念視装置として使おうとした者は1d6分の間、恍惚状態となり、テレパシーによる**サジェスチョン**を精神に植え付けられる（意志・無効、DC19）。

この装置を使用した者は、自分が望んだクリーチャーや光景が見えたと信じるが、実際には強力なウィザード、リッチ、あるいは別の次元界の力ある存在の影響下に置かれてしまう。以降、**クリスタル・ヒプノシス・ボール**を使うたびに、使用者は自分を制御している存在の召使いや道具として、より深くその影響を受ける。この過程全体を通じて、使用者は自分が支配されていることに気づかないことに注意。

作成要項

魔法のアイテム クリスタル・ボール

スカラベ・オヴ・デス（Scarab of Death／死のスカラベ）

オーラ 強力・防御術；**術者レベル** 19
装備部位 首周り；**重量** ―

解説

この小さなスカラベのブローチを、1ラウンドを超えて手に持っているか、生きているクリーチャーが1分の間運搬すると、スカラベは地中を掘り進む甲虫のような恐ろしいクリーチャーに変身する。このクリーチャーは革や布を引き裂き、被害者の肉体に潜り込み、1ラウンド後にはその心臓に達して死亡させてしまう。DC25の反応セーヴに成功すれば、着用者は甲虫が体内に深く潜り込む前に引きはがすことができるが、それでも3d6ポイントのダメージを受ける。その後、甲虫はスカラベの姿に戻る。なお、スカラベは木や陶器、骨、象牙、金属の容器の中に入れておけば、モンスター化させることなく長期間保管できる。

作成要項

魔法のアイテム アミュレット・オヴ・ザ・プレインズ、アミュレット・オヴ・ナチュラル・アーマー、アミュレット・オヴ・

魔法のアイテム　15

プルーフ・アゲンスト・ディテクション・アンド・ロケーション、アミュレット・オヴ・マイティ・フィスツ、ブローチ・オヴ・シールディング、ゴーレムベイン・スカラベ、スカラベ・オヴ・プロテクション

ストーン・オヴ・ウェイト（ロードストーン）（Stone of Weight（Loadstone）／重り石（引っ付き石））

オーラ 微弱・変成術；**術者レベル** 5
装備部位 ―；**重量** 1ポンド

解説

　この磨き上げられた黒っぽい石は、所有者の基本地上移動速度を通常の半分にしてしまう。ひとたび拾い上げたら、この石は魔法的でないあらゆる手段を用いても捨てることができなくなる――投げ捨てたり壊したりしても、持ち主の身につけているもののどこかに再び現れる。ロードストーンにリムーヴ・カース呪文をかければ、普通に石を捨てることができ、以後はそのキャラクターにつきまとうことはなくなる。

作成要項

魔法のアイテム アイウーン・ストーン、ストーン・オヴ・アラーム、ストーン・オヴ・グッド・ラック、ストーン・オヴ・コントローリング・アース・エレメンタル

ダスト・オヴ・スニージング・アンド・チョーキング（Dust of Sneezing and Choking／くしゃみと窒息の粉）

オーラ 中程度・召喚術；**術者レベル** 7
装備部位 ―；**重量** ―

解説

　このきめ細かな粉末は、ダスト・オヴ・アピアランス（姿現しの粉）であるように見える。これを空中に撒くと、半径20フィートの拡散内にいるものに、くしゃみと咳の発作を起こさせる。DC15の頑健セーヴに失敗した者は、即座に3d6ポイントの【耐久力】ダメージを受ける。このセーヴに成功したものも含め、拡散内にいたものは5d4ラウンドの間、咳き込んでしまい何もできなくなる（朦朧状態として扱う）。

作成要項

魔法のアイテム ダスト・オヴ・アピアランス、ダスト・オヴ・トレイスレスネス

ネックレス・オヴ・ストラングュレーション（Necklace of Strangulation／絞殺の首飾り）

オーラ 強力・召喚術；**術者レベル** 18
装備部位 首周り；**重量** ―

解説

　ネックレス・オヴ・ストラングュレーションは素晴らしい魔法の装身具に見える。首にかけるや否や、この首飾りは即座に首を絞め始め、ラウンドごとに6ポイントのダメージを与える。これを外せるのはリミテッド・ウィッシュ、ウィッシュ、ミラクルと同等以上の手段のみである。首飾りは犠牲者が死亡した後もその首を絞め続ける。犠牲者の遺体が腐り果て白骨化すると（約1ヶ月かかる）、ようやく首飾りはゆるみ、次の犠牲者を待ち構える。

作成要項

魔法のアイテム ネックレス・オヴ・アダプテイション、ネックレス・オヴ・ファイアーボールズ、ペリアプト・オヴ・ウーンド・クロージャー、ペリアプト・オヴ・プルーフ・アゲンスト・ポイズン、ペリアプト・オヴ・ヘルス

ネット・オヴ・スネアリング（Net of Snaring／捕縛のネット）

オーラ 中程度・力術；**術者レベル** 8
装備部位 ―；**重量** 6ポンド

解説

　このネットは攻撃ロールに+3のボーナスを与えるが、水中でしか使えない。水中では、合言葉によって30フィートまで前方に射出され、1体のクリーチャーを捕らえることができる。地上で投擲されると、ネットは向きを変えて、ネットを投げたクリーチャー自身に狙いを変える。

作成要項

魔法のアイテム +3ネット

バーサーキング・ソード（Sword, Berserking／狂乱の剣）

オーラ 中程度・力術；**術者レベル** 8
装備部位 ―；**重量** 12ポンド

解説

　この剣は一見、+2グレートソードに見える。しかし、これを実戦で使うと、使用者は狂乱状態に陥る（バーバリアンの激怒の能力とまったく同じ利益と不利益を受ける）。使用者は最も近くにいるクリーチャーを攻撃し、気絶状態になるか、死ぬか、30フィート以内に生き物がいなくなるまで戦い続ける。多くの人々はこの剣を呪われた品とみなすが、恩恵だと考える者もいる。

作成要項

魔法のアイテム +2グレートソード、魔法の武器ならどれでも

バッグ・オヴ・ディヴァウリング（Bag of Devouring／貪食の袋）

オーラ 強力・召喚術；**術者レベル** 17
装備部位 ―；**重量** 15ポンド

解説

　このバッグは一見、普通の袋に見える。魔法的機能を探知しようとすると、バッグ・オヴ・ホールディングに見える。しかし、実はこの袋はまったく異なる、もっと陰険な代物だ。これは、実は異次元クリーチャーの捕食口の1つなのである。

　バッグに入れられた動植物に由来する物質は"飲み込み"の対象となる。バッグ・オヴ・ディヴァウリングは90%の確率で最初に押し込まれた物を無視する。だが、その後は生きた肉が中に入ってくるのを感知すると（誰かがバッグから中身を取り出そうとしたときなど）、60%の確率で入れられた身体の一部を捕らえ、犠牲者の全身を中に引っ張り込もうとする。バッグが組みつきを試みる際の戦技ボーナスは+8である。クリーチャーが押さえ込まれた状態となったら、バッグはフリー・アクションで犠牲者を中に引きずり込む。バッグは組みつきから

逃れようとする試みに対してCMD18を持つ。

バッグには30立方フィートまでの物質を中に入れておける。これはバッグ・オヴ・ホールディング（タイプⅠ）と同様の機能だが、中に入れた物は1時間ごとに5％の累積確率（1時間ごとに5％、10％、15％と確率が上がっていく）で飲み込まれて、虚無空間かどこかの次元界に吐き出される。中に引き込まれたクリーチャーは1ラウンドで消化される。バッグは犠牲者の肉体を破壊し、死体の一部を必要とするすべての復活や蘇生を妨げる。ウィッシュやミラクル、トゥルー・リザレクション呪文で飲み込まれた犠牲者を生き返らせることのできる確率は50％である。破壊されたクリーチャー1体1体に対して、1回ずつ判定すること。この判定が失敗であれば、そのクリーチャーは定命のものの魔法では生き返らせることができない。

作成要項

魔法のアイテム バッグ・オヴ・ホールディング（どれでも）

ブーツ・オヴ・ダンシング（Boots of Dancing／舞踏のブーツ）

オーラ 強力・心術；**術者レベル** 16
装備部位 両足；**重量** 1ポンド

解説

このブーツは別種の魔法のブーツに見え、またそのように機能する。しかし着用者が近接戦闘におかれる（あるいは近接戦闘から逃げようとする）と、着用者に対してイレジスティブル・ダンスが発動されたかのようにブーツ・オヴ・ダンシングが移動を阻害する。ひとたび真の性質が明らかになると、リムーヴ・カース呪文を使用しなければブーツを脱ぐことはできない。

作成要項

魔法のアイテム ウィングド・ブーツ、ブーツ・オヴ・エルヴンカインド、ブーツ・オヴ・ザ・ウィンターランズ、ブーツ・オヴ・ストライディング・アンド・スプリンギング、ブーツ・オヴ・スピード、ブーツ・オヴ・テレポーテーション、ブーツ・オヴ・レヴィテーション

フラスク・オヴ・カーシズ（Flask of Curses／呪いのビン）

オーラ 中程度・召喚術；**術者レベル** 7
装備部位 ―；**重量** 2ポンド

解説

このアイテムは、ありふれたゴブレット、ボトル、デカンター、ジョッキ、ビン、容器などのように見える。これには液体が入っていることもあれば、煙が渦巻いていることもある。最初に栓を開けた時に30フィート以内にいた者は全員、DC17の意志セーヴを行わなければならず、失敗すると呪われてしまう。呪われたクリーチャーは、リムーヴ・カース呪文を発動してもらうまで、攻撃ロール、セーヴ、技能判定に－2のペナルティを受ける。

作成要項

魔法のアイテム アイアン・フラスク、イフリート・ボトル、エヴァースモーキング・ボトル、デカンター・オヴ・エンドレス・ウォーター

ブルーム・オヴ・アニメイテッド・アタック（Broom of Animated Attack／自律攻撃のほうき）

オーラ 中程度・変成術；**術者レベル** 10
装備部位 ―；**重量** 3ポンド

解説

このアイテムは外見上、普通のほうきと区別がつかない。実際に使ってみない限り、どのような検査でもブルーム・オヴ・フライングとまったく同じ結果となる。

クリーチャーがこのほうきを使って空を飛ぼうとすると、ほうきは乗り手を乗せて宙返りを1回し、（1d4＋5）フィートの高さから乗り手を頭から地面へ叩きつける（10フィート未満の落下なので、落下ダメージはない）。その後、ほうきは藁や細枝でできた掃く方の先端で顔をひっぱたいたり、柄の方の先端で叩きのめして犠牲者を攻撃する。ほうきはそれぞれの先端で1ラウンドに2回ずつ攻撃する（掃く方の先端で2回と柄の方の先端で2回の、1ラウンドに合計4回）。各攻撃ロールは＋5のボーナスで行う。掃く方の先端は命中すると犠牲者を1ラウンドの間、盲目状態とし、柄の方は命中すると1d6ポイントのダメージを与える。ほうきはAC13、CMD17、HP18、硬度4を有する。

作成要項

魔法のアイテム ブルーム・オヴ・フライング

ブレイサーズ・オヴ・ディフェンスレスネス（Bracers of Defenselessness／無防備の腕甲）

オーラ 強力・召喚術；**術者レベル** 16
装備部位 腕部；**重量** 1ポンド

解説

この宝石で飾られた輝くブレイサーは、一見ブレイサーズ・オヴ・アーマー＋5のようで、また実際にそのように機能する――着用者が自分のレベル以上のCRを持つ敵の本気の攻撃を受けるまでは。この時以降、腕甲はACに－5のペナルティを与える。一度呪いが起動したら、ブレイサーズ・オヴ・ディフェンスレスネスはリムーヴ・カース呪文を使用しなければ外すことができない。

作成要項

魔法のアイテム ブレイサーズ・オヴ・アーマー＋5

ペリアプト・オヴ・ファウル・ロティング（Periapt of Foul Rotting／おぞましき腐敗の護符）

オーラ 中程度・防御術；**術者レベル** 10
装備部位 首周り；**重量** ―

解説

この彫刻の施された宝石は、あまり価値のあるものには見えない。この護符を24時間を越えて所持し続けたキャラクターは、恐ろしい腐敗の苦悩を受ける。これは毎週、【敏捷力】、【耐久力】、【魅力】を1ポイントずつ恒久的に能力値吸収する。この護符（と苦悩）を除去するには、まずリムーヴ・カース呪文をかけた後に、リムーヴ・ディジーズをかけ、さらにヒール、ミラクル、リミテッド・ウィッシュ、ウィッシュのいずれかを1回かけなければならない。腐敗の苦悩は、それを受けたキャラクターに、ペ

魔法のアイテム 15

リアプト・オヴ・ヘルスを砕いて作った粉末を振りかけることでも相殺できる（1全ラウンド・アクション）。そうすると、ペリアプト・オヴ・ファウル・ロティングも同じように砕けて塵となる。

作成要項

魔法のアイテム ペリアプト・オヴ・ウーンド・クロージャー、ペリアプト・オヴ・プルーフ・アゲンスト・ポイズン、ペリアプト・オヴ・ヘルス

ヘルム・オヴ・オポジット・アラインメント（Helm of Opposite Alignment／対立属性の兜）

オーラ 強力・変成術；**術者レベル** 12
装備部位 頭部；**重量** 3ポンド

解説

頭部に着用すると、即座にこのアイテムの呪いの効果が発現する（意志・無効、DC15）。セーヴに失敗すると、着用者の属性は元の属性からできるだけかけ離れたものになるよう、著しく変化してしまう——善は悪に、混沌は秩序に、真なる中立は極端に偏った属性（秩序にして悪、秩序にして善、混沌にして悪、混沌にして善）のいずれかになってしまう。属性の変化は精神性だけでなく倫理観にも及んでおり、呪いによって変化させられた人物は、新たな人生観に完全に満足してしまう。セーヴに成功したキャラクターは呪いの効果を受けずに兜を着用し続けることができるが、一度脱いで再び着用したら、再びセーヴを行わなければならない。

ウィッシュか**ミラクル**のみがキャラクターを元の属性に戻すことができる。作用を受けた当人は元の属性に戻ろうという試みをまったくすることはない。それどころか、そうした試みを恐れ、できる限りの手段で避けようとする。特定の属性であることが必要条件になっているクラスのキャラクターが作用を受けた場合、呪いを取り除いたとしても、**アトーンメント**呪文も必要になるだろう。ヘルム・オヴ・オポジット・アラインメントは一度機能を発揮すると、すべての魔法的特性を失ってしまう。

作成要項

魔法のアイテム ハット・オヴ・ディスガイズ、ヘルム・オヴ・コンプリヘンド・ランゲージズ・アンド・リード・マジック、ヘルム・オヴ・テレパシー

ポイズナス・クローク（Poisonous Cloak／猛毒の外套）

オーラ 強力・防御術；**術者レベル** 15
装備部位 肩周り；**重量** 1ポンド

解説

この外套は毛織物でできたものがふつうだが、革製のこともある。ディテクト・ポイズンをかけると、この外套の繊維に毒が染み込んでいることが判る。この衣装を手にするだけでは害を受けることはないが、実際に着用すると着用者は即座にDC28の頑健セーヴを行わなければならず、失敗すると4d6ポイントの【耐久力】ダメージを受ける。

いったん着用したら、**リムーヴ・カース**呪文をかけないとポイズナス・クロークを脱ぐことはできない。**リムーヴ・カース**

によって、このクロークの魔法的特性は破壊される。その後に**ニュートラライズ・ポイズン**呪文をかければ、死んでしまった犠牲者を**レイズ・デッド**や**リザレクション**で死から蘇らせることが可能になる。

作成要項

魔法のアイテム クローク・オヴ・アラクニダ、クローク・オヴ・イセリアルネス、クローク・オヴ・ザ・バット、クローク・オヴ・レジスタンス＋5、メジャー・クローク・オヴ・ディスプレイスメント

ポーション・オヴ・ポイズン（Potion of Poison／毒のポーション）

オーラ 強力・召喚術；**術者レベル** 12
装備部位 —；**重量** —

解説

このポーションは有益な能力を失い、強力な毒と化している。この毒は6ラウンドの間、ラウンドごとに1d3ポイントの【耐久力】ダメージを与える。毒に侵されたクリーチャーはDC14の頑健セーヴに成功すると、ダメージを無効化し、かつ毒の効果を終わらせることができる。

作成要項

魔法のアイテム ポーション（どれでも）

メイス・オヴ・ブラッド（Mace of Blood／流血のメイス）

オーラ 中程度・防御術；**術者レベル** 8
装備部位 —；**重量** 8ポンド

解説

この＋3ヘヴィ・メイスは毎日血まみれにしなければ、再びメイスが血まみれになるまで、ボーナスが消えてしまう。このメイスを使用したキャラクターは、これを所持している間は毎日1回、DC13の意志セーヴを行わなければならず、失敗すると属性が"混沌にして悪"になってしまう。

作成要項

魔法のアイテム ＋3ヘヴィ・メイス

メダリオン・オヴ・ソウト・プロジェクション（Medallion of Thought Projection／思考投影のメダル）

オーラ 中程度・占術；**術者レベル** 7
装備部位 首周り；**重量** —

解説

この装置は機能の有効距離に至るまでメダリオン・オヴ・ソウツと同じように見える。ただし、思考はくぐもって、ゆがんだ感じに聞こえてくるため、DC15の意志セーヴに成功しなければ内容を判別することはできない。しかし、使用者は自分が他人の思考を傍受していると考えるが、実際は聞こえているのはメダルが作り出した（虚像）である。この幻の思考は常にもっともらしく聞こえるので、そうした情報を頼りにするとひどい間違いを犯しかねない。さらに悪いことに、使用者には判らないが、この呪われたメダルは使用者の真っ直ぐ前方のクリーチャーたちに着用者の思考を伝えてしまい、それによって着用者の存在に気付かれてしまう。

作成要項

魔法のアイテム メダリオン・オヴ・ソウツ

リング・オヴ・クラムジネス（Ring of Clumsiness／うすのろの指輪）

オーラ 強力・変成術；**術者レベル** 15

装備部位 指輪；**重量** ―

解説

この指輪は**リング・オヴ・フェザー・フォーリング**とまったく同じ機能を持つ。しかし同時に、着用者の動きをひどくぎこちないものにしてしまう。着用者は【敏捷力】に－4のペナルティを受け、動作要素が必要なすべての秘術呪文を発動する際に20％の失敗確率を受ける（この呪文失敗確率は他の秘術呪文失敗確率と累積する）。

作成要項

魔法のアイテム リング・オヴ・フェザー・フォーリング

ローブ・オヴ・ヴァーミン（Robe of Vermin／蟲のローブ）

オーラ 強力・防御術；**術者レベル** 13

装備部位 全身；**重量** 1ポンド

解説

着用者がこのローブを着た時点では、異常な点は何も見られず、通常通りに機能する。しかし、敵意を持った相手に対して精神集中とやアクションが必要な状況になれば、この衣装の本性が明らかになる。着用者は突然、この服の中に魔法の力によって潜んでいた大量の蟲に噛みつかれる。着用者は、身体をかきむしったり、ローブを脱ごうとするなど、蟲たち噛まれたり這い回られる極度の不快感に襲われた人が普通するような反応をしてしまうため、すべての行動を中止しなければならなくなる。

着用者はイニシアチブ判定に－5のペナルティを受け、すべての攻撃ロール、セーヴ、技能判定に－2のペナルティを受ける。呪文を発動しようとした場合、着用者は精神集中判定（DC20＋呪文レベル）を行わなければならず、失敗すると呪文を失ってしまう。

作成要項

魔法のアイテム ローブ・オヴ・アイズ、ローブ・オヴ・ジ・アークマギ、ローブ・オヴ・シンティレイティング・カラーズ、ローブ・オヴ・スターズ、ローブ・オヴ・ブレンディング、ローブ・オヴ・ボーンズ、ローブ・オヴ・ユースフル・アイテムズ

ローブ・オヴ・パワーレスネス（Robe of Powerlessness／無力のローブ）

オーラ 強力・変成術；**術者レベル** 13

装備部位 全身；**重量** 1ポンド

解説

ローブ・オヴ・パワーレスネスは他の種類の魔法のローブに見える。この衣装をまとったキャラクターは即座に【筋力】に－10のペナルティを受け、さらに【知力】か【判断力】か【魅力】にも－10のペナルティを受け、能力値の低下にともなって呪文と魔法に関する知識を忘れてしまう。キャラクターが呪文の使い手であれば、ローブはそのキャラクターの呪文発動能力に関わる第一の能力値を目標とする。そうでなければ【知力】を

目標とする。このローブは簡単に脱げるが、失われた精神と肉体の力を取り戻すには、まず**リムーヴ・カース**呪文をかけた後で**ヒール**をかけなければならない。

作成要項

魔法のアイテム ローブ・オヴ・アイズ、ローブ・オヴ・ジ・アークマギ、ローブ・オヴ・シンティレイティング・カラーズ、ローブ・オヴ・スターズ、ローブ・オヴ・ブレンディング、ローブ・オヴ・ボーンズ、ローブ・オヴ・ユースフル・アイテムズ

アーティファクト

アーティファクトは極めて強力である。アーティファクトは単なる魔法の装備の一形態というより、それを巡って1つのキャンペーンができてしまうような伝説の秘宝である。どれ1つをとっても、それを巡るシナリオ――それを再び世に出すための探索、それを使う敵との戦い、それを破壊するという使命など――には事欠かない。

通常の魔法のアイテムと異なり、アーティファクトは容易には破壊できない。"作成要項"の項目の代わりに、各アーティファクトにはそれを破壊できる、定命のものでも実行可能な手段が書かれている。

アーティファクトは絶対に購入できず、ランダムな宝の山の一部として見つかることもない。君のゲームにアーティファクトを配する際には、それが与える影響と役割を充分に検討すること。アーティファクトは気まぐれな品であり、あまりにも厄介なことになったら、容易に姿をくらまし、再び行方不明になるということを忘れてはならない。

下級アーティファクト

下級アーティファクトは必ずしも唯一無二のアイテムではないが、それでも、少なくとも定命のものたちが一般的に行う手段では、もはや作成することのできない魔法のアイテムである。

スタッフ・オヴ・ザ・マギ（Staff of the Magi／魔道師の杖）

オーラ 強力（全系統）；**術者レベル** 20

装備部位 ―；**重量** 5ポンド

解説

長い木製のスタッフで、石突きは鉄製、あらゆる種類の印形とルーンが彫り込まれている。この強力なアーティファクトは多彩な呪文の能力を有しており、それ以外にも多くの機能がある。普通のスタッフと違って、**スタッフ・オヴ・ザ・マギ**は50チャージを有するが、通常通りに再チャージすることはできない。チャージを消費する能力もあれば、消費しない能力もある。**スタッフ・オヴ・ザ・マギ**はチャージを使い切っても能力を失わない。以下の能力は使用してもチャージを消費しない。

- エンラージ・パースン（頑健・無効、DC15）
- ディテクト・マジック
- ホールド・ポータル
- メイジ・アーマー
- メイジ・ハンド

魔法のアイテム 15

- ライト

以下の能力は使うたびに1チャージを消費する。

- アイス・ストーム
- インヴィジビリティ
- ウェブ
- ウォール・オヴ・ファイアー
- ディスペル・マジック
- ノック
- パイロテクニクス（意志または頑健・無効、DC16）
- パスウォール
- ファイアーボール（10d6ポイントのダメージ、反応・半減、DC17）
- ライトニング・ボルト（10d6ポイントのダメージ、反応・半減、DC17）

以下のパワーは使うたびに2チャージを消費する。

- サモン・モンスターIX
- テレキネシス（最大重量400ポンド；意志・無効、DC19）
- プレイン・シフト（意志・無効、DC21）

スタッフ・オヴ・ザ・マギの使用者は呪文抵抗23を得る。しかし、呪文抵抗を意図的に低下させれば、**ロッド・オヴ・アブソープション**のように、使用者に向けられた秘術呪文のエネルギーを吸収するために使うこともできる。**ロッド・オヴ・アブソープション**とは異なり、このようにして吸収された呪文の呪文レベルを、呪文の使い手が呪文のためのエネルギーとして使用することはできず、杖がチャージに変換する。杖がチャージ限界（50）を超えて呪文レベルを吸収してしまった場合、"応報の一撃"（下記参照）を行った場合と同様に爆発してしまう。使用者は自分に対して何レベルぶんの呪文が発動されたか知ることはできない。**ロッド・オヴ・アブソープション**とは異なり、この杖はそうした情報を伝えないからだ（したがって、呪文を吸収する行為は危険なものとなる場合がある）。

破壊方法

応報の一撃を放つべく、**スタッフ・オヴ・ザ・マギ**を破壊することができる。このような行為は意図的に行い、使用者が宣言しなければならない。杖の中にあった全チャージが半径30フィートの拡散の範囲に解放される。折られた杖から10フィート以内のすべてのものは、杖の中にあったチャージ数の8倍に等しいダメージをHPに受ける。11〜20フィート離れていたものはチャージ数の6倍に等しいダメージを受ける。21〜30フィート離れていたものはチャージ数の4倍に等しいダメージを受ける。DC23の反応セーヴに成功すれば、ダメージを半減させることができる。

杖を破壊したキャラクターは50％の確率（d％の01〜50）で他の次元界に飛ばされるが、そうならなかった場合（51〜100）、呪文のエネルギーの爆発的な解放によって滅ぼされてしまう（セーヴなし）。

スフィアー・オヴ・アナイアレイション（Sphere of Annihilation／虚無の圏）

オーラ 強力・変成術；術者レベル 20
装備部位 —；**重量** —

解説

スフィアー・オヴ・アナイアレイションは直径2フィートの完全な暗黒の球体である。球体に触れたあらゆる物体は即座に虚無の中へと吸い込まれ、完全に破壊されてしまう。これによって消滅してしまったキャラクターを復活させることは神格の直接介入を除いて不可能である。

スフィアー・オヴ・アナイアレイションは普通の穴のようにどこかの場所に静止している。しかし、精神的な働きかけにより移動させることができる（これは魔法の力によらないテレキネシスのようなもの——実際の物体を動かすには弱すぎるが、重さを持たないこの球体は反応するような力だと考えればよい）。キャラクターがスフィアー・オヴ・アナイアレイションの制御を確立（し、それを維持）する能力はDC30の制御判定の結果に基づく（1移動アクション）。制御判定は1d20＋キャラクター・レベル＋キャラクターの【知力】修正値で行う。この判定に成功すると、そのキャラクターはフリー・アクションでこの球体を移動させることができる（恐らく、この球体を敵に接触させようとするだろう）。

この球の制御は40フィートまで離れたところから確立することができる（そのキャラクターがあまり近くに近づく必要はない）。制御を確立した後は、毎ラウンド、制御判定（すべてDC30）を続けることで維持しなければならない。それ以降のラウンドにおいて制御を維持している（判定に失敗しない）限り、キャラクターは40フィート＋キャラクター・レベルごとに10フィートまで離れた距離から球を制御することができる。この球の1ラウンドあたりの移動速度は、10フィート＋そのラウンドのキャラクターの制御判定で30を上回る5ポイントごとに5フィートである。

制御判定に失敗すれば、球はそれを動かそうとしたキャラクターの方向に10フィート移動する。2体以上のクリーチャーが**スフィアー・オヴ・アナイアレイション**の制御を奪い合った場合、ロールは対抗判定となる。誰も成功しなかった場合、球体は最も低い判定結果のものの方に移動する。

タリスマン・オヴ・ザ・スフィアーも参照すること。

破壊方法

ゲート呪文をスフィアー・オヴ・アナイアレイションに対して発動した場合、50％の確率（d％の01〜50）で呪文がスフィアー・オヴ・アナイアレイションを破壊し、35％の確率（51〜85）で呪文は何の効果もなく、15％の確率（86〜100）で次元の裂け目が生じ、半径180フィート（約55m）以内のすべてのものを他の次元界に投げ出す。**ロッド・オヴ・キャンセレイション**がスフィアー・オヴ・アナイアレイションに触れた場合、大爆発とともに互いを打ち消し合う。半径60フィート以内のすべてのものは2d6×10ポイントのダメージを受ける。ディスペル・マジックとメイジズ・ディスジャンクションはこの球に対して何の効果もない。

タリスマン・オヴ・アルティメット・イーヴル
(Talisman of Ultimate Evil／絶対なる悪の護符)

オーラ 強力・力術［悪］；**術者レベル** 18
装備部位 ―；**重量** ―

解説

このアイテムを所持する悪の信仰呪文の使い手は、100フィート以内にいる善の信仰呪文の使い手の足元に燃えあがる地割れを作り出すことができる。対象は永久にこれに呑み込まれ、大地の中心に高速で送り込まれる。この護符の使用者は悪の属性でなければならず、信仰する悪の神格から見てひときわ卑劣で邪なものでなければ、善のキャラクターはDC19の反応セーヴを行うことができ、成功すれば地割れから跳び退ける。当然ながら、このアイテムが機能するためには、目標は固い地面の上に立っていなければならない。

タリスマン・オヴ・アルティメット・イーヴルには6チャージある。中立(秩序にして中立、真なる中立、混沌にして中立)の信仰呪文の使い手は、このアイテムに触れると、触れている間は毎ラウンド6d6ポイントのダメージを受ける。善の信仰呪文の使い手は、このアイテムに触れると、触れている間は毎ラウンド8d6ポイントのダメージを受ける。それ以外のキャラクターには、このアイテムは作用しない。

破壊方法

タリスマン・オヴ・アルティメット・イーヴルは、贖罪を果たした悪人を親に持つ、生まれたばかりの赤子に手渡されると、即座に塵となる。

タリスマン・オヴ・ザ・スフィアー
(Talisman of the Sphere／球体制御の護符)

オーラ 強力・変成術；**術者レベル** 16
装備部位 ―；**重量** 1ポンド

解説

この取っ手付きの小さなアダマティン製の輪は、ふつうはネックレスとして身につけられるように細いアダマティン製の鎖に取り付けられている。**タリスマン・オヴ・ザ・スフィアー**は、秘術呪文を発動できない者が持つと役に立たないどころではない。秘術呪文を発動できないキャラクターは、この種の護符を拾って手に持つだけで5d6ポイントのダメージを受ける。しかし、**スフィアー・オヴ・アナイアレイション**の制御に精神を集中する秘術呪文の使い手が持てば、**タリスマン・オヴ・ザ・スフィアー**は制御判定に対するそのキャラクターの修正値を2倍にする(修正値の計算に際して、そのキャラクターの【知力】ボーナスとキャラクター・レベルを2倍にする)。

護符の使用者が制御を確立したら、それ以降、制御を続けるための判定は1ラウンドおきに行えばよい。制御を確立できなければ、スフィアーは護符の持ち主に向かって移動する。魔力を打ち消す呪文や効果のほとんどは**スフィアー・オヴ・アナイアレイション**には効果がないが、この護符の制御能力は抑止されたり打ち消される可能性があることに注意。

破壊方法

タリスマン・オヴ・ザ・スフィアーは、**スフィアー・オヴ・アナイ**

アレイションの中に投げ込むことによってのみ、破壊できる。

タリスマン・オヴ・ピュア・グッド
(Talisman of Pure Good／純粋なる善の護符)

オーラ 強力・力術［善］；**術者レベル** 18
装備部位 ―；**重量** ―

解説

このアイテムを所持する善の信仰呪文の使い手は、100フィート以内にいる悪の信仰呪文の使い手の足元に燃えあがる地割れを作り出すことができる。対象は永久にこれに呑み込まれ、大地の中心に高速で送り込まれる。この護符の使用者は善の属性でなければならず、その思想や行為がひときわ純粋なものでなければ、悪のキャラクターはDC19の反応セーヴを行うことができ、成功すれば地割れから跳び退ける。当然ながら、このアイテムが機能するためには、目標は固い地面の上に立っていなければならない。

タリスマン・オヴ・ピュア・グッドには6チャージある。中立(秩序にして中立、真なる中立、混沌にして中立)の信仰呪文の使い手は、このアイテムに触れると、触れている間は毎ラウンド6d6ポイントのダメージを受ける。悪の信仰呪文の使い手は、このアイテムに触れると、触れている間は毎ラウンド8d6ポイントのダメージを受ける。それ以外のキャラクターには、このアイテムは作用しない。

破壊方法

タリスマン・オヴ・ピュア・グッドは、本人の意志で真に邪悪な行いをしている途中で死んだ、聖人の口の中に置くことで破壊できる。

デック・オヴ・メニー・シングズ
(Deck of Many Things／いろいろデック)

オーラ 強力(全系統)；**術者レベル** 20
装備部位 ―；**重量** ―

解説

デック・オヴ・メニー・シングズは通常、(有益なものも有害なものも両方とも)1つの箱や皮製のポーチに入っている。このデックには象牙や上等な皮紙でできたカードか札が1組入っている。それぞれのカードや札には、刻印や文字、印形が描かれている。入れ物からカードを1枚引くと、良かれ悪しかれ、引いた人物にカードの魔力が影響を与える。

デック・オヴ・メニー・シングズを持つキャラクターは、デックから引く前に、まず何枚のカードを引くか宣言しなければならない。複数枚のカードを引く場合、前のカードを引いてから次のカードを引くまで1時間以内でなければならず、また、このデックから最初に宣言した枚数より多くの枚数を引くこともできない。そのキャラクターが意図的に宣言した枚数を引かなかった場合(あるいは何らかの理由で引けなかった場合)、カードはひとりでにデックから出てくる。愚者か道化のカードを引いた場合、デックの持ち主は追加のカードを引いてもよい。

カード1枚がデックから引かれるたびに、そのカードは入れなおされる(したがって、同じカードを2回引くこともあり得

魔法のアイテム 15

デック・オヴ・メニー・シングズ

札	タロット・カード	トランプ	効果の概略
天秤	XI. 正義	スペードの2	即座に属性を変更する。
彗星	剣の2	ダイヤの2	次に出会ったモンスターを倒せば1レベル上がる。
地下牢	剣の4	スペードのエース	君は幽閉される。
エウリュアレー	剣の10	スペードのクイーン	以降、すべてのセーヴに－1のペナルティ。
運命の三女神	聖杯の3	ハートのエース	どんな状況でも君の選んだ一度だけ回避できる。
火炎	XV. 悪魔	クラブのクイーン	君と1体の来訪者の間に敵意が生まれる。
愚者	0. 愚者	ジョーカー（商標あり）	10,000経験点を失い、もう1枚引かなければならない。
宝石	聖杯の7	ハートの2	君の選択で装身具を25個か宝石を50個手に入れる。
白痴	金貨の2	クラブの2	1d4＋1ポイントの【知力】を失う。もう一度カードを引いてもよい。
道化	XII. 吊られた男	ジョーカー（商標なし）	10,000経験点を得るか、デックからもう2枚引くことができる。
鍵	V. 法王	ハートのクイーン	上級の魔法の武器を1つ得る。
騎士	剣の小姓	ハートのジャック	4レベル・ファイターが仕えてくれる。
月	XVIII. 月	ダイヤのクイーン	1d4回のウィッシュが使える。
悪党	剣の5	スペードのジャック	君の友人の1人が君に敵対する。
破産	XVI. 塔	スペードのキング	すべての財産と不動産を即座に失う。
ドクロ	XIII. 死神	クラブのジャック	ドレッド・レイスを倒さなければ、永遠の滅びが待っている。
星	XVII. 星	ダイヤのジャック	即座に1つの能力値に対して＋2の得得ボーナスを得る。
太陽	XIX. 太陽	ダイヤのキング	有益な中級のその他の魔法のアイテムを1つと、50,000経験点を得る。
鉤爪	金貨の女王	クラブのエース	君の所有していたすべての魔法のアイテムは永久に消え失せる。
玉座	棒の4	ハートのキング	〈交渉〉判定に＋6のボーナスと、小さな城塞1つを得る。
大臣	IX. 隠者	ダイヤのエース	君が次にかかえる問題への答えを知ることができる。
虚無	剣の8	クラブのキング	肉体は機能しているが、魂はどこかに閉じ込められる。

る）。ただし、道化や愚者を引いた場合は別で、その場合、そのカードはデックから捨てられる。**デック・オヴ・メニー・シングズ**には22枚のカードがある。この魔法のカードを模すため、表の2列目にあるようにタロット・カードを使ってもよいだろう。タロットがなければ、表の3列目にあるように普通のトランプを使うこと。カード1枚1枚の効果は表にも略記してあるが、詳しくは以下のとおり。

天秤：キャラクターは正反対の属性に変更しなければならない。この新たな属性に従って行動できなければ、そのキャラクターは負のレベルを1レベル得る。

彗星：キャラクターは次に遭遇した（1体あるいは複数体の）敵対的なモンスターと独力で戦って勝たなければならない。そうでなければ、この利益は失われる。成功すれば、そのキャラクターは次の経験レベルになるのに充分な経験点を得る。

地下牢：このカードは幽閉を意味する——**インプリズンメント**呪文によるものだったり、何らかの力ある存在によるものだったりする。どちらの場合でも、すべての装備と呪文を奪われる。これ以上カードを引くことはできない。

エウリュアレー：このカードにはメデューサのものに似た顔が描かれており（訳注：エウリュアレーはギリシア神話に登場するメデューサの姉妹）、キャラクターは呪われてしまう。この呪いは"運命の三姉妹"のカードか神格でなければ取り除くことはできない。取り除かなければ、すべてのセーヴに対し永続的に－1のペナルティを受ける。

運命の三女神：このカードの力によって、キャラクターは望めば持続時間が瞬間の効果さえ無かったことができる。現実を織り成す繊維がほどかれ、編みなおされるのである。これで何

かを起こすことができるわけではない。何かが起こるのを妨げたり、過去に起こったことを無かったことにするだけである。この逆転現象はこのカードを引いたキャラクターに対してだけ生じる。パーティの他の者たちは起こったことを甘受しなければならない。

火炎：激怒、嫉妬、ねたみは敵意の原因の一部でしかない。パーティの1人が殺されるまで、来訪者の敵意が消えることはない。来訪者の種類をランダムに決定すること。その来訪者は1d20日以内にキャラクターを攻撃する（あるいはそのキャラクターを何らかの方法で苦しめる）。

愚者：経験点を支払い、もう1枚引かなければならない。このカードは、道化を除くほかのカードと違って、引いた後にデックに戻さず必ず捨てられる。

宝石：このカードは富を表す。これによって手に入る装身具は宝石のついた黄金製で、どれも2,000GPの価値がある。宝石はいずれも1,000GPの価値がある。

白痴：このカードを引くと、即座に1d4＋1ポイントの【知力】吸収を受ける。カードをもう1枚引いてもよい。

道化：このカードを引いた場合、このカードは愚者を除く他のカードとは違ってデックに戻さず必ず捨てられる。カードをもう1枚引いてもよい。

鍵：このカードによって手に入る魔法の武器は、キャラクターの使えるものでなくてはならない。この武器は突然、どこからともなく、そのキャラクターの手の中に現れる。

騎士：どこからともなくファイターが1人現れ、死ぬまで忠実に仕える。このファイターはキャラクターと同じ種族（あるいは種）・性別である。このファイターをキャラクターが《統

率力》特技で得る腹心としてもよい。

月：このカードには、込められた**ウィッシュ**の数だけ中にきらめきがあるムーンストーンや、**ウィッシュ**の数を表す満ち欠け状態の月（満月＝4つ、凸月＝3つ、半月＝2つ、三日月＝1つ）が描かれている。この**ウィッシュ**は、呪文レベル9のウィザード呪文の**ウィッシュ**と同様のもので、その数に等しい分数の間に使ってしまわなければならない。

悪党：このカードを引いた場合、そのキャラクターの友人であるNPCの1人（可能なら腹心）と完全に仲違いし、それ以降、永久に敵対的になる。そのキャラクターに腹心がいない場合、いずれかの強力な人物（あるいは共同体や宗教組織）からの敵意で代用してもよい。この敵意は、痛烈な効果を与えられるように機が熟すまでは暴露せず秘密にされる。

破産：その名が示すように、このカードを引いてしまうと、引いた者の所有する魔法の力のないすべての物が消え失せる。

ドクロ：ドレッド・レイスが1体現れる。そのキャラクターはこのドレッド・レイスと1対1で戦わなければならない――助けようとする者には、別のドレッド・レイスが現れて相手をする。これに殺されると、キャラクターは永久に死んだままとなり、**ウィッシュ**や**ミラクル**でも生き返らせることはできない。

星：キャラクターの選んだ能力値が2ポイント上がる。2つの能力値に1ポイントずつ割り振ることはできない。

太陽：役に立つアイテムが出るまで、中級のその他の魔法のアイテムでロールする。

鉤爪：このカードを引くと、そのキャラクターが所持あるいは所有するすべての魔法のアイテムが即座に失われ、デックを使わなければ二度と取り戻すことはできない。

玉座：そのキャラクターは、人々の目に真の指導者として映る。このカードによって得られる城は、キャラクターの望む開けた場所ならどこにでも現れる（ただし、どこに設置するかは1時間以内に決定しなければならない）。

大臣：このカードはこのカードを引いたキャラクターに、キャラクターの望む1つの問題を解決したり1つの質問に完全な回答をする、知恵の源泉を呼び起す1回限りの能力を与える。質問や要求は1年以内に行わなければならない。与えられた情報に基づいてうまく行動できるかは、また別の問題である。

虚無：この黒いカードは速やかな破滅を意味する。昏睡状態に陥ったかのようにキャラクターの肉体は機能したままだが、精神はどこか――遥か彼方の次元界か惑星にある物体、恐らくは来訪者の所有物の中――に閉じ込められてしまう。**ウィッシュ**や**ミラクル**でキャラクターを呼び戻すことはできない。ただ、閉じ込められている次元界が判るだけである。これ以上カードを引くことはできない。

破壊方法

デック・オヴ・メニー・シングズは、秩序属性の神格との賭け事でこれを失うことによって、破壊できる。神格がデックの性質に気づいていてはならない。

フィロソファーズ・ストーン（Philosopher's Stone／賢者の石）

オーラ 強力・変成術；**術者レベル** 20
装備部位 ―；**重量** 3ポンド

解説

この希少な物質は何の変哲もない煤けた黒い石のように見える。この石を割ると（破壊DC20）、中心部には空洞がある。この空洞には魔法の水銀が並んでおり、〈製作：錬金術〉が少なくとも10ランクあるキャラクターがこれを使えば、卑金属（鉄や鉛）を金や銀に変えることができる。フィロソファーズ・ストーン1つで5,000ポンドまでの鉄を銀（25,000GPの価値）に、または1,000ポンドまでの鉛を金（50,000GPの価値）に変えることができる。しかし、一度石を割ってしまうと、魔法の水銀は不安定となり、24時間で効力を失ってしまう。そのため、物質転換はすべてその時間内に行われなければならない。

石の中心にある水銀には別の使用法もある。水銀の効力がまだある間に、いずれかの**キュア**呪文のポーションと混ぜ合わせると、特殊な**オイル・オヴ・ライフ**（生命のオイル）ができる。どんな死体でも、上にこのオイルを振り撒けば、**トゥルー・リザレクション**呪文と同様に機能する。

破壊方法

フィロソファーズ・ストーンは、少なくとも丸1週間、ティタン族のブーツのかかとの下に置いておくことによって、破壊できる。

ブック・オヴ・インフィニット・スペルズ（Book of Infinite Spells／膨大なる呪文の書）

オーラ 強力（全系統）；**術者レベル** 18
装備部位 ―；**重量** 3ポンド

解説

この書物は、あらゆるクラスのすべてのキャラクターに、この書物のページから呪文を使う能力を与える。しかし、すでに呪文使用能力を持っているのでなければ、そのキャラクターはこの書物を所有しているかこの書物の能力を使っている間、負のレベルを1レベル得る。**ブック・オヴ・インフィニット・スペルズ**は（1d8＋22）ページある。それぞれのページに何が書かれているかはダイス・ロールで決定する：01～50の場合、秘術呪文；51～100の場合、信仰呪文。

具体的な呪文はランダムに決定すること。

ひとたびページをめくったら、元のページに戻ることはできない――**ブック・オヴ・インフィニット・スペルズ**のページをめくるのは一方通行なのだ。この書物を閉じて再び開くと、いつでも閉じた時のページが開く。最後のページをめくると、この書物は消えてしまう。

1日に1回、この書物の持ち主は開いたページにある呪文を発動することができる。その呪文がそのキャラクターのクラスの呪文リストにある呪文なら、その呪文は1日に4回まで発動することができる。この書物を破壊せずにページを切り離すことはできない。また、この書物の呪文は、巻物に書き込まれた呪文のように発動して消えてしまうことはないし、呪文書へ書き写すこともできない――この書物の魔法は永久的に書物の内

部に縛り付けられているのだ。

　この書物の能力を使うために、持ち主がこの書物を身に付けている必要はない。冒険中は安全な場所にしまっておいても、持ち主はこの書物の能力を用いて呪文を発動することができる。

　呪文を発動するたびに、使用の際のエネルギーによって、どんなに予防措置をとっても魔法的にページがめくれてしまう可能性がある。ページがめくれてしまう確率は、そのページにある呪文と、持ち主がどんな種類の呪文の使い手であるかによって決まる。

条件	ページのめくれる確率
術者が自分のクラスやレベルで使用できる呪文を使う	10%
術者が自分のクラスやレベルでは使用できない呪文を使う	20%
呪文の使い手でない者が信仰呪文を使う	25%
呪文の使い手でない者が秘術呪文を使う	30%

　発動時間、呪文失敗率などを求める際には、この書物からの呪文使用は巻物を使用したものとして扱うこと。

破壊方法

　ブック・オヴ・インフィニット・スペルズは、現在のページにイレイズ呪文が載っている時に、ブック・オヴ・インフィニット・スペルズ自体に対してその呪文を発動することによって、破壊できる。

上級アーティファクト

　上級アーティファクトは唯一無二のアイテムである——ここに挙げるどのアイテムも、それぞれ1つしか存在しない。これらは最も強力な魔法のアイテムであり、キャンペーンのバランスを変えてしまう力がある。他の魔法のアイテムとは異なり、上級アーティファクトは簡単には破壊できない。どの上級アーティファクトにも、たった1つだけ特別の破壊方法があるだろう。

アックス・オヴ・ドワーヴィッシュ・ローズ（Axe of the Dwarvish Lords／ドワーフ族の諸王の斧）

オーラ 強力・召喚術および変成術；**術者レベル** 20
装備部位 —；**重量** 12ポンド

解説

　これは＋6キーン・スローイング・ゴブリノイド・ベイン・ドワーヴン・ウォーアックスである。これを手にしたドワーフは暗視能力の有効距離が2倍になる。この斧を掴んだドワーフでない者は4ポイントの一時的【魅力】ダメージを受ける。この斧を手にしている限り、この【魅力】ダメージはいかなる方法によっても回復せず、治癒することもできない。この斧の現在の持ち主は〈製作〉（石工、装身具、武器、防具、および罠）判定に＋10のボーナスを得る。この斧の使用者は、1週間に1回、エルダー・アース・エレメンタルを招来できる（**サモン・モンスターIX**と同様に扱う、持続時間20ラウンド）。

破壊方法

　アックス・オヴ・ドワーヴィッシュ・ローズをゴブリンが使い、ドワーフ族の王の首を刎ねることがあったら、この斧は錆び朽ちて無に帰す。

コデックス・オヴ・ジ・インフィニット・プレインズ（Codex of the Infinite Planes／無限なる次元界の古写本）

オーラ 圧倒的・変成術；**術者レベル** 30
装備部位 —；**重量** 300ポンド

解説

　この古写本はとてつもなく大きい——おそらく、持ち上げるのは力持ちの男2人がかりとなる。どれだけ多くのページをめくろうと、常にページが残っている。この古写本を初めて開いた者は、ディストラクション呪文を受けたかのように完全に消滅してしまう（頑健・無効、DC30）。これを生き延びた者はそのページを熟読し、古写本の能力を修得することができるが、危険がないわけではない。この古写本の学習に費やした1日ごとに、読み手は〈呪文学〉判定（DC50）を行って、成功すれば古写本の能力の内の1つを修得することができる（修得した能力はランダムに選択すること；能力を修得するまでに1日余分に読書に費やすごとに、この判定に＋1の状況ボーナスがつく）。しかし、学習に使った1日ごとに、読み手は狂気に陥る（インサニティ呪文と同様）ことを避けるために意志セーヴ（DC30＋学習した日数）も行わなければならない。コデックス・オヴ・ジ・インフィニット・プレインズの能力は以下の通り：アストラル・プロジェクション、エレメンタル・スウォーム、グレーター・プレイナー・アライ、グレーター・プレイナー・バインディング、ゲート、ソウル・バインド、バニッシュメント、プレイン・シフト。以上の擬似呪文能力はどれも、古写本の持ち主なら、能力の使い方を修得していれば回数無制限で使用できる。コデックス・オヴ・ジ・インフィニット・プレインズは、すべての能力と大惨事に関して術者レベル30レベルを持ち、セーヴDCはすべて（20＋呪文レベル）である。能力を起動するためには〈呪文学〉判定（DC40＋能力の呪文レベルの2倍；キャラクターはこの判定で出目10はできない）が必要である。いずれかの判定に失敗すると、使用者に大惨事が降りかかる（効果については下の表でロールすること）。キャラクターは能力を使うたびに一度しか大惨事に遭わない。

d%	大惨事
01〜25	**自然の怒り**：読み手を中心としたアースクウェイク呪文が1分の間、毎ラウンド発生し、さらに、強烈なストーム・オヴ・ヴェンジャンス呪文が読み手を中心に、読み手を目標として巻き起こる。
26〜50	**フィーンドの復讐**：ゲートが開き、バロール、ピット・フィーンド、またはそれに類する悪の来訪者が1d3＋1体歩み出て、古写本の持ち主を滅ぼそうと試みる。
51〜75	**究極の幽閉**：読み手の魂は同一次元界内のどこかにあるランダムな宝石の中に封じ込められる（トラップ・ザ・ソウル呪文と同様；セーヴ不可）。読み手の肉体は地下深くに葬られる（インプリズンメント呪文と同様）。
76〜100	**死**：読み手はウェイル・オヴ・ザ・バンシーを口から発する。その後、ディストラクション呪文の対象となる。読み手が死亡するまで、10ラウンドの間の毎ラウンドこれをくり返す。

破壊方法

　コデックス・オヴ・ジ・インフィニット・プレインズは、既存の各次元界に1ページを切り離して置き捨てると、破壊される。ページを切り離すと即座に大惨事が引き起こされることに注意。

ザ・シャドウスタッフ（The Shadowstaff／影杖）

オーラ 強力・召喚術；**術者レベル** 20
装備部位 —；**重量** 1ポンド

解説

　このアーティファクトは遥か昔に、か細い影の要素を寄り合わせ、捩れた黒い杖にしたものである。ザ・シャドウスタッフは使用者をなかば影のような非実体の状態にし、ACと反応セーヴに＋4のボーナスを与える（これは他のいかなるボーナスとも累積する）。しかし、明るい光（太陽光などはそうだが、松明の明かりはそうではない）や完全な暗闇の中では、使用者はすべての攻撃ロール、セーヴ、判定に－2のペナルティを受ける。ザ・シャドウスタッフは以下の能力も有する。

- **シャドウ招来**：1日に3回、この杖は2d4体のシャドウを招来することができる。このシャドウはアンデッド退散に完全耐性があり、術者レベル20で発動された**サモン・モンスターV**呪文で招来されたかのように、杖の使用者に従う。
- **ナイトシェイド招来**：1月に1回、この杖は1体のアドヴァンスト・シャドウ・デーモンを招来することができる。このシャドウ・デーモンは術者レベル20で発動された**サモン・モンスターIX**呪文で招来されたかのように、杖の使用者に従う。
- **影変化**：1日に3回、杖の使用者は生きた影になることができ、**ガシアス・フォーム**呪文によるものとまったく同じ移動能力を得る。
- **影の矢**：1日に3回、この杖は1体の目標に対して10d6ポイントの［氷雪］ダメージを与える光線を放つことができる。"影の矢"は距離100フィートまで届く。

破壊方法

　ザ・シャドウスタッフは、連続して24時間に渡って実際の太陽の光にさらされると、何一つ残すことなく消滅する。

ジ・オーブズ・オヴ・ドラゴンカインド（The Orbs of Dragonkind／竜族のオーブ）

オーラ 強力・心術；**術者レベル** 20
装備部位 —；**重量** 5ポンド

解説

　これらの伝説的なオーブはどれも各種のエインシャント・ドラゴンのエッセンスと人格が封じられている（主要なクロマティック・ドラゴンとメタリック・ドラゴン10種類について1つずつ存在する）。オーブの持ち主は、1回の標準アクションとして、500フィート以内にいる該当する種のドラゴンを支配することができる（ドミネイト・モンスター呪文と同様）。効果を受けたドラゴンはDC25の意志セーヴに成功するとこの効果に抵抗することができる。この効果に対して呪文抵抗は役に立たない。どのオーブ・オヴ・ドラゴンカインドも、中に封じられたドラゴンのACとセーヴ・ボーナスを使用者に与える。この値は、高かろうと低かろうと、そのキャラクターが持っていた値と置き換わる。この値は、オーブを持ち主から引き離す以外の、いかなる方法でも修正することはできない。さらに、オーブ・オヴ・ドラゴンカインドを所持するキャラクターは、そのオーブに封じられた種類のドラゴンからのブレス攻撃に対する完全耐性——ただし、ブレス攻撃のみ——を得る。最後に、オーブを所持するキャラクター自身が、1日に3回、そのオーブに封じられた種類のドラゴンのブレス攻撃を行うことができる。

　どのオーブ・オヴ・ドラゴンカインドでも、他のオーブの持ち主と音声と映像によって意思疎通することができる。オーブの持ち主はいつでも、10マイル以内にドラゴンがいるかどうか知ることができる。そのオーブの種類のドラゴンであれば、この距離は100マイルとなる。そのオーブの種類のドラゴンが1マイル以内にいれば、その正確な位置とそのドラゴンの年齢が判る。オーブのうち1つでも使用した者は、たとえ後で手放したとしても、それ以降永遠に、ドラゴンを奴隷にすることで利益を得たことにより、すべての竜族からの敵意を受ける。それぞれのオーブには独自の能力があり、これは1ラウンドに1回、術者レベル10で使用できる。

- **カッパー・ドラゴン・オーブ**：**サジェスチョン**（意志・無効、DC17）
- **グリーン・ドラゴン・オーブ**：**スペクトラル・ハンド**
- **ゴールド・ドラゴン・オーブ**：この金色のオーブの持ち主は、他のオーブのいずれかが持っている能力を使用できる——これには支配能力とブレス攻撃能力も含まれるが、AC、セーヴ、ブレスに対する完全耐性は含まれない——が、それぞれの能力を1日に1回ずつである。さらに、持ち主は1マイル以内にいる他のオーブの持ち主を支配することができる（意志・無効、DC23）。
- **シルヴァー・ドラゴン・オーブ**：**キュア・クリティカル・ウーンズ**（意志・半減、DC18）。
- **ブラス・ドラゴン・オーブ**：**テレポート**
- **ブラック・ドラゴン・オーブ**：**フライ**
- **ブルー・ドラゴン・オーブ**：**ヘイスト**
- **ブロンズ・ドラゴン・オーブ**：**スクライング**（意志・無効、DC18）
- **ホワイト・ドラゴン・オーブ**：**プロテクション・フロム・エナジー**［氷雪］（頑健・無効、DC17）
- **レッド・ドラゴン・オーブ**：**ウォール・オヴ・ファイアー**

破壊方法

　内部に囚われたドラゴンと血縁関係にあるドラゴンのブレス攻撃にさらされると、**オーブ・オヴ・ドラゴンカインド**は即座に粉々になる。この場合、90フィート以内のすべてのものは、オーブが爆発した際に放出された、囚われていたドラゴンのブレス攻撃を受ける。

魔法のアイテムの作成

　術者は時間や金を投資して魔法のアイテムを作り出すために特別な特技を使用する。アイテム作成のプロセスの最後に術者は1回の技能判定（たいていは〈呪文学〉、しかし時にはそれ以外の技能）を行わなければならない。もし、アイテムの種類が複数の技能を許容とするなら、君はどの技能を使って判定するかを選んでよい。魔法のアイテム作成のDCは5＋そのアイテムの術者レベルである。この判定に失敗したのなら、アイテムは機

能せず、材料と時間だけが無駄に消費される。5差以上で失敗したのなら呪われたアイテムになる（より詳しくは"呪われたアイテム"の項目を参照）。

すべてのアイテムの中に必要条件があることに注意しなければならない。これらの必要条件はアイテムを作成される際に満たされなければならない。たいてい、アイテム作成者自身が呪文を修得していなくてはならないという形をとっている（ただし、魔法のアイテムを使ったり、他の呪文の使い手に頼ることでこの必要条件を満たすこともできる）。魔法のアイテムの作成DCは、必要条件を1つ術者が満たさないごとに＋5ずつ上昇する。この唯一の例外はアイテム作成特技という必要条件であり、かならず必要となる。加えて、ポーション、呪文完成型、および呪文解放型の魔法のアイテムは、呪文の必要条件を満たされなければ作成することはできない。

アイテム作成コストについては下に詳細に述べるが、通常、影響を及ぼす主な要素は2つあり、作成者の術者レベルとアイテムに込める呪文の呪文レベルである。作成者は、自分自身の術者レベルより低い術者レベルでアイテムを作成することができるが、要求される呪文を発動するのに必要な最低レベルより低くすることはできない。呪文修正特技を使用して通常よりもより高い呪文レベルでアイテムに呪文を込めることができる。

アイテム作成は常に、基本価格の半分の金額（GP）を必要とする。ほとんどのアイテムの場合、市価と基本価格は等しい。鎧、盾、武器、その他、魔法的に強化された性質によらない価値を持つアイテムの場合、市価にアイテムのコストを加算すること。アイテムのコストは基本価格（魔法の材料の費用を決定する）に影響しないが、最終的な市価を上昇させる。

加えて、アイテムの中には高価な物質要素のある呪文を発動したり、そうした呪文の効果を再現するものもある。そうしたアイテムの場合、市価は基本価格に構成要素にかかる追加コストを加えたものとなる。こうしたアイテム作成コストは、基本となる原材料費に構成要素のコストを加えたものとなる。こうしたアイテムの説明には、アイテムを作成するための合計費用が記載されている。

作成者は、作業場所として静かで居心地がよく、十分な照明のある場所が必要である。呪文を準備するのに適した場所なら、アイテム作成にも適している。アイテムの作成には、アイテムの基本価格（あるいはそれ未満の端数）1,000GPごとに8時間かかる（どんなに基本価格が低くても、少なくとも8時間はかかる）。ポーションと巻物は例外的で、基本価格が250GP以下であれば2時間で作成できる。250GPを超えて1,000GP以下ならば他の魔法のアイテム同様、8時間で作成できる。キャラクターは作成作業の開始時に、金銭を消費しなければならない。作成に必要とした時間に関わらず、術者は1日に1個しか魔法の品を作成することはできない。このプロセスで、アイテムの基本価格（あるいはそれ未満の端数）1,000GPごとに4時間に作業を加速させることができるが、その場合、アイテム作成のDCは＋5される。

術者は毎日8時間まで作業することができる。1日の作業時間をこれ以上長く取ることで、作成を急ぐことはできない。し

かし、それらの日々が連続している必要はないし、作成者はそれ以外の時間を好きなように使うことができる。もし作成者が冒険に出かけたのなら、毎日アイテム作成に4時間費やすことができるが、たった2時間分の価値の仕事しか作業が進まない。この時間は連続しているのではなく、昼食を摂っていたり、朝の呪文準備を行っていたり、夜番の間に行っている。もし、作成に専念するなら、4時間単位で途切れずに時間を費やさなければならない。この作業は一般に研究所や神殿のように気の散らない制御された環境でなければならない。気が散るあるいは危険の伴うような環境で行われる作業は半分の作業効率でしか進まない（ちょうど冒険中の作成者のように）。

1人のキャラクターは、同時に1つのアイテムの作成作業にしか携わることはできない。キャラクターが新しいアイテム作成作業を始めてしまったなら、現在作成中のアイテムに消費したすべての材料と費用は無駄になってしまう。

魔法のアイテムの価格

新しい魔法のアイテムの価格を決めるときには、いろいろ考えなければならないことがある。価格を決める最も簡単な方法は、既に価格のあるアイテムを参考に新しいアイテムの価値を決定する方法である。さもなければ表15-29を用いること。

似通った能力を複数備えているアイテム：似通った能力を複数持っているアイテムが着用制限のある部位を占領しない場合、以下の計算式を用いること。最もコストの高い能力1つの基本価格を計算し、次にコストの高い能力の価格を75％加え、その他すべての能力の価格の半分を加える。

異なる能力を複数備えているアイテム：攻撃ロールやセーヴへのボーナスと擬似呪文能力は似通っておらず、それらの基本価格はコストを計算する際には単純に加算される。アイテムが装備部位を占有する場合、それぞれの追加のパワーの価格が安くなることはなく、逆に価格が50％増加する。

0レベル呪文：価格を計算するために呪文レベルを掛け算する場合、0レベル呪文は1/2レベルであるものとして扱うこと。

その他考慮すべきこと：いったんコストが決まった後に、以下の条件のいずれかがあれば、コストをそれだけ下げること。

アイテムを使用するのに技能が必要である：機能を発揮するために特定の技能の必要なアイテムもある。このような条件があれば、アイテムのコストは10％程度下がる。

アイテムを使用するには特定のクラスや属性である必要がある：技能を要求するよりさらに厳しい条件であり、コストは30％下がる。

魔法のアイテムの説明に記載された価格（アイテムの装備部位の後に記載された価格）は市価である。たいていの場合、市価は作成者がそのアイテムを作成する際のコストの2倍である。

クラスが違えば、同じ呪文でも使えるようになるレベルが違うため、同じアイテムを作成するための価格が2人のキャラクターで異なることがある。しかし、可能な範囲で最も低いレベルの術者が作成した価格の2倍にしかならない。アイテムの市場価格は誰が作ったかに関係なく、作るのに最低限必要なレベルの術者が作成した価格が基本となる。

すべてのアイテムがこれらの計算式で求められているわけではない。第一に、これだけの計算式では、異なる2つのアイテムの違いを正確に量ることができないからである。魔法のアイテムの価格はその実際の価値に基づいて変更されるかもしれない。計算式は出発点に過ぎない。巻物の価格は、可能なら常に、ウィザードかクレリックが作成したものと仮定している。ポーションとワンドは完全に計算式に従う。スタッフもかなり計算式に従う。その他のアイテムは少なくとも多少なりの判断が必要である。

魔法の防具の作成

魔法の防具（鎧や盾）を作成する際には、炉と、鉄や木材や革を加工する道具が必要である。材料も必要である。防具そのものやその部品が必要であることは言うまでもない。魔法の力を付与する防具は高品質でなければならず、最終的な市価を求める際には、基本価格に高品質であることの価格が加算される。それ以外に必要な材料のコストは、魔法の防具を作成する際のコスト——基本価格の半額——に含まれている。

魔法の防具の作成には、特殊な前提条件がある。作成者の術者レベルが、防具の強化ボーナスの3倍以上なければならないのである。強化ボーナスだけでなく、特殊能力のあるアイテムは、それぞれの術者レベルのうち、高い方の条件を満たさなければならない。魔法の鎧や盾に特殊能力を持たせるためには、少なくとも＋1の強化ボーナスを持っていなくてはならない。

防具を作成する前提条件に呪文が含まれていれば、作成者はその呪文を発動できるよう準備していなければならない（ソーサラーやバードの場合、その呪文を修得していなければならない）。そして、その呪文に必要な物質要素や焦点具を準備しておかなければならない。防具の作成作業にとりかかると準備した呪文は解放されてしまうため、防具の作成を行っている期間中は毎日、その呪文を発動することはできなくなる。（つまり、その呪文を発動したかのように、準備した呪文の呪文スロットが消費されてしまうことである）。

作成するのに、呪文発動以外の前提条件が必要な防具もある。詳細については個々の記述を参照のこと。

魔法の防具の作成には、基本価格1,000GPごとに1日かかる。
必要なアイテム作成特技：《魔法の武器防具作成》
作成に使用する技能：〈呪文学〉または〈製作：防具〉

魔法の武器の作成

魔法の武器を作成する際には、炉と、鉄や木材や革を加工する道具が必要である。材料も必要である。武器そのものやその部品が必要であることは言うまでもない。魔法の力を付与する武器は高品質でなければならず、最終的な市価を求める際には、基本価格であることの価格が加算される。それ以外に必要な材料のコストは、魔法の武器を作成する際のコスト——有効ボーナスに応じて決まる基本価格の半額——に含まれている。

魔法の武器の作成には、特殊な前提条件がある。作成者の術者レベルが、武器の強化ボーナスの3倍以上なければならないのである。強化ボーナスだけでなく、特殊能力のあるアイテムは、それぞれの要求する術者レベルのうち、高い方の条件を満たさなければならない。魔法の武器に特殊能力を持たせるためには、少なくとも＋1の強化ボーナスを持っていなくてはならない。

武器を作成する前提条件に呪文が含まれていれば、作成者はその呪文を発動できるよう準備していなければならない（ソーサラーやバードの場合、その呪文を修得していなければならない）が、その呪文に必要な物質要素や焦点具を用意する必要はない。武器の作成作業にとりかかると準備した呪文は解放されてしまうため、武器の作成を行っている期間中は毎日、その呪文を発動することはできなくなる。（つまり、その呪文を発動したかのように、準備した呪文の呪文スロットが消費されてしまうことである）。

作成時に、作成者は込められた魔法の副次効果として、その武器が光を発するか発しないかを決めなければならない。どちらを選ぶかが価格や作成時間に作用することはないが、いったん完成してしまうと、変更することはできなくなる。

魔法の双頭武器の作成は、コストや時間、特殊能力を計算する際には、2つの武器を作成するものとして扱う。

作成するのに、呪文発動以外の前提条件が必要な武器もある。詳細については個々の記述を参照のこと。

魔法の武器の作成には、基本価格1,000GPごとに1日かかる。
必要なアイテム作成特技：《魔法の武器防具作成》
作成に使用する技能：〈呪文学〉または〈製作：弓矢〉（魔法の弓矢を作る場合）または〈製作：武器〉（それ以外のすべての武器）

ポーションの作成

ポーション（液体の飲み薬）を作成する際には、作業を行う平らな面と、薬品を混ぜ合わせるための容器が少なくとも2つか3つ、そして、薬品を沸騰させるための加熱器が必要である。さらに原料も必要である。原材料のコストは、ポーションを作成する際のコスト——25GP×呪文レベル×術者レベル——に含まれている。

ポーションを作成するために用いられる原材料は、新しいものでなくてはならず、再使用品であってはならない。キャラクターは、作成するポーション1本ごとに全コストを支払わなければならない（大量生産で安くなる経済法則は適用されない）。

ポーションを飲んだ者は、術者であり、またその効果の対象者でもある。距離が"自身"の呪文はポーションにすることはできない。

ポーションの基本コスト（作成者のクラスによる）

呪文 レベル	クレリック、 ドルイド、 ウィザード	ソーサラー	バード	パラディン、 レンジャー*
0レベル	25GP	25GP	25GP	—
1レベル	50GP	50GP	50GP	50GP
2レベル	300GP	400GP	400GP	400GP
3レベル	750GP	900GP	1,050GP	1,050GP

*術者レベルはクラス・レベル−3に等しい
このコストは、ポーションを最低術者レベルで作成するものと仮定している。ポーションの作成コストは基本価格の半分。

魔法のアイテム　15

表15-29：魔法のアイテムの価格算定

効果	基本価格	魔法のアイテムの例
能力値ボーナス（強化）	ボーナスの2乗×1,000GP	ベルト・オヴ・インクレディブル・デクスタリティ+2
鎧・盾ボーナス（強化）	ボーナスの2乗×1,000GP	+1チェインメイル
ボーナス呪文	呪文レベル†の2乗×1,000GP	パール・オヴ・パワー
ACボーナス（反発）	ボーナスの2乗×2,000GP	リング・オヴ・プロテクション+3
ACボーナス（その他）*1	ボーナスの2乗×2,500GP	アイウーン・ストーン〈くすんだ薔薇色の三角柱〉
外皮ボーナス（強化）	ボーナスの2乗×2,000GP	アミュレット・オヴ・ナチュラル・アーマー+1
セーヴ・ボーナス（抵抗）	ボーナスの2乗×1,000GP	クローク・オヴ・レジスタンス+5
セーヴ・ボーナス（その他）*1	ボーナスの2乗×2,000GP	ストーン・オヴ・グッド・ラック
技能ボーナス（技量）	ボーナスの2乗×100GP	クローク・オヴ・エルヴンカインド
呪文抵抗	呪文抵抗12を超える1ポイントごとに10,000GP；呪文抵抗は最低13	マントル・オヴ・スペル・レジスタンス
武器ボーナス（強化）	ボーナスの2乗×2,000GP	+1ロングソード

呪文効果	基本価格	魔法のアイテムの例
1回使いきり, 呪文完成型	呪文レベル†×術者レベル×25GP	ヘイストの巻物
1回使いきり, 単純使用型	呪文レベル†×術者レベル×50GP	ポーション・オヴ・キュア・ライト・ウーンズ
50チャージ, 呪文解放型	呪文レベル†×術者レベル×750GP	ワンド・オヴ・ファイアーボール
合言葉型	呪文レベル†×術者レベル×1,800GP	ケープ・オヴ・ザ・マウンティバンク
単純使用型あるいは持続型	呪文レベル†×術者レベル×2,000GP*2	ランタン・オヴ・リヴィーリング

特殊	基本価格への修正値	補正したアイテムの例
1日に使用できる回数	（1日に使用できる回数×1/5）を掛ける	ブーツ・オヴ・テレポーテーション
着用制限なし*3	合計コストを2倍する	アイウーン・ストーン
複数の異なる能力	安い方のアイテムのコストを1.5倍する	ヘルム・オヴ・ブリリアンス
チャージ型（50チャージ）	使用回数無限の場合の基本価格の1/2にする	リング・オヴ・ザ・ラム

構成要素	追加コスト	魔法のアイテムの例
鎧、盾、武器	高品質の品物の価格を加える	+1コンポジット・ロングボウ
呪文に物質要素コストがかかる	チャージごとに1回分を加算する*4	ワンド・オヴ・ストーンスキン

†：呪文レベル：価格を計算する際には、0レベル呪文は1レベル呪文の価格の半分とみなすこと。
*1：幸運、洞察、清浄、不浄などのボーナス。
*2：持続型のアイテムの効果が、持続時間がラウンド単位の呪文に基づいているなら、コストを4倍にすること。呪文の持続時間が1分／レベルならコストを2倍、10分／レベルならコストを1.5倍にすること。24時間以上の持続時間の場合、コストを半分にすること。
*3：着用制限のある部位を占領しないアイテムは2倍のコストがかかる。
*4：アイテムにチャージがなく、持続型だったり使用回数が無限である場合、100チャージあるかのようにコストを計算すること。1日の使用回数に制限があれば、50チャージあるかのようにコストを計算すること。

作成者はポーションに込める呪文を準備しておかなければならない（ソーサラーやバードの場合、その呪文を修得していなければならない）。そして、その呪文に必要な物質要素や焦点具を用意しておかなければならない。

物質要素は作業を開始した時点で消費されてしまうが、焦点具が消費されてしまうことはない（ポーション作成に用いた焦点具は再使用できる）。ポーション作成作業に取りかかると準備した呪文は解放されてしまうため、キャラクターが休息して呪文を回復するまで、その呪文を発動することはできなくなる（つまり、その呪文を発動したかのように、準備した呪文の呪文スロットが消費されてしまうということである）。ポーションを作成するには1日かかる。

必要なアイテム作成特技：《ポーション作成》
作成に使用する技能：〈呪文学〉または〈製作：錬金術〉

魔法の指輪の作成

魔法の指輪を作成する際には、炉が必要である。材料も必要である。指輪そのものやその部品が必要であることは言うまでもない。材料のコストは、魔法の指輪を作成する際のコストに含まれている。指輪を作成するためのコストを数値化することは難しい。表15-29を参照し、本章の指輪の価格をガイドラインとして使用すること。魔法の指輪の作成には普通、指輪の市価の半分のコストがかかる。

高価な物質要素のある呪文を再現する魔法の指輪の場合、呪文の構成要素の50倍の金額が加算される。前提条件として高価な物質要素の必要な呪文があるからと言って、必ずしもこのコストがかかると限ったわけではない。魔法の指輪の作成作業に取りかかると準備した呪文は解放されてしまうため、指輪の作成を行っている期間中は毎日、その呪文を発動することはできなくなる。（つまり、その呪文を発動したかのように、準備した呪文の呪文スロットが消費されてしまうことである）。

作成するのに、呪文の発動以外の前提条件の必要な魔法の指輪もある。詳細については個々の記述を参照のこと。

魔法の指輪の作成には、基本価格1,000GPごとに1日かかる。

必要なアイテム作成特技：《魔法の指輪作成》
作成に使用する技能：〈呪文学〉または〈製作：装身具〉

ロッドの作成

　ロッドを作成する際には、材料が必要である。ロッドそのものやその部品が必要であることは言うまでもない。材料のコストは、ロッドを作成する際のコストに含まれている。ロッドを作成するためのコストを数値化することは難しい。表15-29を参照し、本章のロッドの価格をガイドラインとして使用すること。ロッドの作成には普通、ロッドの市価の半分のコストがかかる。

　ロッドを作成する前提条件に呪文が含まれているなら、作成者はその呪文を発動できるように準備しておかなければならない（ソーサラーやバードの場合、その呪文を修得していなければならない）が、その呪文に必要な物質要素や焦点具を用意する必要はない。ロッドの作成作業に取りかかると準備した呪文は解放されてしまうため、ロッドの作成を行っている期間中は毎日、その呪文を発動することはできなくなる。（つまり、その呪文を発動したかのように、準備した呪文の呪文スロットが消費されてしまうことである）。

　作成するのに、呪文の発動以外の前提条件の必要なロッドもある。詳細については個々の記述を参照のこと。

　ロッドの作成には、基本価格1,000GPごとに1日かかる。

必要なアイテム作成特技：《ロッド作成》
作成に使用する技能：〈呪文学〉または〈製作：装身具〉または〈製作：彫刻〉または〈製作：武器〉

巻物の作成

　巻物を作成する際には、厳選した筆記用具が必要である。そのコストは、巻物を作成するコスト——12.5GP×呪文レベル×術者レベル——に含まれている。

　巻物を作成するために用いられるすべての筆記用具と材料は、新しいものでなくてはならず、再使用用品であってはならない。キャラクターは呪文の巻物1つ作成するごとに、それまでに同じ呪文の巻物をいくつ作成したかに関わらず、全コストを支払わなければならない。

　作成者は巻物に込める呪文を準備しておかなければならない（ソーサラーやバードの場合、その呪文を修得していなければならない）。そして、その呪文に必要な物質要素や焦点具を用意しておかなければならない。物質要素は作業を開始した時点で消費されてしまうが、焦点具が消費されてしまうことはない（巻物作成に用いた焦点具は再使用できる）。巻物作成作業に取りかかると準備した呪文は解放されてしまうため、キャラクターが休息して呪文を回復するまで、その呪文を発動することはできなくなる（つまり、その呪文を発動したかのように、準備した呪文の呪文スロットが消費されてしまうということである）。

　巻物の作成には、基本価格1,000GPごとに1日かかる。1枚の巻物には複数の呪文が記されたものが存在するが、作成の際にはそれぞれの呪文ごとに別の作業が必要となり、これは一日に記述できる呪文が1つのみであることを意味している。

必要なアイテム作成特技：《巻物作成》
作成に使用する技能：〈呪文学〉または〈製作：能書〉または〈職能：書記〉

スタッフの作成

　スタッフを作成するのには材料が必要である。スタッフそのものやその部品が必要なのは言うまでもない。

　材料コストは、スタッフを作成する際のコスト——400GP×呪文レベルの最も高い呪文の呪文レベル×術者レベル＋2番目に高い能力の価格×75％（300GP×呪文レベル×術者レベル）＋その他すべての能力の価格の半分（200GP×呪文レベル×術者レベル）——に含まれている。作成時には常に最大数までチャージされている（10チャージ）。

　望むなら、呪文を通常より少ないコストでスタッフに込めることができるが、その場合、その呪文をそのスタッフから起動するには余分なチャージを消費するようになる。最終的な価格を決める際にその呪文のコストを消費するチャージ数で割る。ただし、この処理は呪文の価格順を決める際には影響しないことに注意すること。起動に複数のチャージを消費するとしても、最も高い呪文レベルの呪文は最初に計算される。

　1本のスタッフに込められた呪文の術者レベルは同じでなければならず、また、スタッフに込められたすべての呪文が低レベル呪文であったとしても、スタッフの術者レベルを8レベル

巻物の基本コスト（作成者のクラスによる）

呪文レベル	クレリック、ドルイド、ウィザード	ソーサラー	バード	パラディン、レンジャー*
0レベル	12GP 5SP	12GP 5SP	12GP 5SP	—
1レベル	25GP	25GP	25GP	25GP
2レベル	150GP	200GP	200GP	200GP
3レベル	375GP	450GP	525GP	525GP
4レベル	700GP	800GP	1,000GP	1,000GP
5レベル	1,125GP	1,250GP	1,625GP	—
6レベル	1,650GP	1,800GP	2,400GP	—
7レベル	2,275GP	2,450GP	—	—
8レベル	3,000GP	3,200GP	—	—
9レベル	3,825GP	4,050GP	—	—

* 術者レベルはクラス・レベル−3に等しい。
　このコストは、巻物を最低術者レベルで作成するものと仮定している。巻物の作成コストは基本価格の半分。

魔法のアイテム 15

未満にすることはできない。

作成者はスタッフに込める呪文を準備しておかなければならない（ソーサラーやバードの場合、その呪文を修得していなければならない）。そして、その呪文に必要な焦点具と、その呪文に必要な物質要素を充分な量（50をその呪文を1回使用する際に消費するチャージ数で割った回数ぶん）を用意しておかなければならない。物質要素は作業を開始した時点で消費されてしまうが、焦点具が消費されてしまうことはない（スタッフ作成に用いた焦点具は再使用できる）。スタッフ作成作業に取りかかると準備した呪文は解放されてしまうため、キャラクターが休息して呪文を回復するまで、その呪文を発動することはできなくなる（つまり、その呪文を発動したかのように、準備した呪文の呪文スロットが消費されてしまうということである）。

作成するのに、呪文の発動以外の前提条件の必要なスタッフもある。詳細については個々の記述を参照のこと。　スタッフの作成には、基本価格1,000GPごとに1日かかる。

必要なアイテム作成特技：《スタッフ作成》
作成に使用する技能：〈呪文学〉または〈製作：装身具〉または〈製作：彫刻〉または〈職能：木こり〉

ワンドの作成

ワンドを作成するのには多少の材料が必要である。ワンドそのものやその部品が必要なのは言うまでも無い。

材料コストは、ワンドを作成する際のコスト――375GP×呪文レベル×術者レベル――に含まれている。作成時には常に最大数までチャージされている（50チャージ）。

作成者はワンドに込める呪文を準備しておかなければならない（ソーサラーやバードの場合、その呪文を修得していなければならない）。そして、その呪文に必要な焦点具を用意しておかなければならない。必要な物質要素は50回ぶん（1チャージにつき1回ぶん）用意しなければならない。物質要素は作業を開始した時点で消費されてしまうが、焦点具が消費されてしまうことはない（ワンド作成に用いた焦点具は再使用できる）。ワンド作成作業に取りかかると準備した呪文は解放されてしまうため、キャラクターが休息して呪文を回復するまで、その呪文を発動することはできなくなる（つまり、その呪文を発動したかのように、準備した呪文の呪文スロットが消費されてしまうということである）。

ワンドの基本コスト（作成者のクラスによる）

呪文レベル	クレリック、ドルイド、ウィザード	ソーサラー	バード	パラディン、レンジャー
0レベル	375GP	375GP	375GP	―
1レベル	750GP	750GP	750GP	750GP
2レベル	4,500GP	6,000GP	6,000GP	6,000GP
3レベル	11,250GP	13,500GP	15,750GP	15,750GP
4レベル	21,000GP	24,000GP	30,000GP	30,000GP

* 術者レベルはクラス・レベル-3に等しい。
このコストはワンドを最低術者レベルで作成するものと仮定している。
ワンドの作成コストは基本価格の半分。

ワンドの作成には、基本価格1,000GPごとに1日かかる。

必要なアイテム作成特技：《ワンド作成》
作成に使用する技能：〈呪文学〉または〈製作：装身具〉または〈製作：彫刻〉または〈職能：木こり〉

その他の魔法のアイテムの作成

その他の魔法のアイテムを作成する際には、アイテムを加工するために何らかの装置や道具が必要になることが多い。また、材料も必要だし、アイテムそのものやその部品が必要であることは言うまでもない。材料のコストは、そのアイテムを作成するコストに含まれている。

その他の魔法のアイテムを作成するためのコストを数値化することは難しい。表15-29を参照し、本章のアイテムの価格をガイドラインとして使用すること。アイテムの作成には記載された市価の半分のコストがかかる。

アイテムを作成する前提条件に呪文が含まれているなら、作成者はその呪文を発動できるように準備しておかなければならない（ソーサラーやバードの場合、その呪文を修得していなければならない）が、その呪文に必要な物質要素や焦点具を用意する必要はない。アイテムの作成作業に取りかかると準備した呪文は解放されてしまうため、アイテムの作成を行っている期間中は毎日、その呪文を発動することはできなくなる。（つまり、その呪文を発動したかのように、準備した呪文の呪文スロットが消費されてしまうということである）。

作成するのに、呪文の発動以外の前提条件の必要なアイテムもある。詳細については個々の記述を参照のこと。

アイテムの作成には、基本価格1,000GPごとに1日かかる。

必要なアイテム作成特技：《その他の魔法のアイテム作成》
作成に使用する技能：〈呪文学〉または適切な〈製作〉もしくは〈職能〉

新しい能力の追加

しばしば、資金や時間が不足し、魔法のアイテムの製作者はゼロからアイテムを作成することができないことがある。幸運にも、既存の魔法のアイテムを改良したり、別の能力を組み込むことができる。時間や資金、新たに付け加えようとする能力の各必要条件以外に、追加できる能力の種類を制限するものはない。

追加の能力を組み込むコストは、アイテムに魔法の力がない場合と同じで、元のアイテムの価値のぶんだけ安い。例えば+1ロングソードを+2ヴォーパル・ロングソードにするときのコストは、+2ヴォーパル・ロングソードのコストから+1ロングソードのコストを引いたものに等しい。

元となるアイテムがキャラクターの特定の装備部位を占める物の場合、そのアイテムに組み込む能力のコストは50%上昇する。例えば、キャラクターが自分の*リング・オヴ・プロテクション+2*に*インヴィジビリティ*を与えてくれる能力を組み込むなら、そののコストは*リング・オヴ・インヴィジビリティ*を作成するコストの1.5倍に等しい。

特殊能力や状態に関するルールと、君にインスピレーションを与えてくれるおすすめの読み物を以降に掲載している。

付録1：特殊能力

以下の特殊能力は多数のクリーチャー、呪文、および罠に一般的に使われるルールを含む。

擬似呪文能力（擬呪）：名前が示すように擬似呪文能力は魔法的な能力で、呪文によく似た能力である。擬似呪文能力は呪文抵抗やディスペル・マジックの影響を受ける。また、魔法を抑止または打ち消す効果範囲（例えばアンティマジック・フィールド）内では効果を発揮しない。擬似呪文能力は解呪できるが、呪文相殺されないし、呪文相殺に使用することもできない。

超常能力（超常）：超常能力は魔法的だが、呪文に似たものではない。超常能力は呪文抵抗の影響を受けないが、魔法を抑止または打ち消す効果範囲（例えばアンティマジック・フィールド）内では効果を発揮しない。超常能力は解呪や呪文相殺の対象にならない。

変則的能力（変則）：変則的能力は非魔法的である。しかし、特別な訓練なしで使用したり学べるものではない。魔法を抑止または打ち消す効果や範囲によって変則的能力を無力化することはできない。

特殊能力の種類の概要については表16-1を参照。

表16-1：特殊能力のタイプ

	擬似呪文能力	超常能力	変則的能力
解呪	Yes	No	No
呪文抵抗	Yes	No	No
アンティマジック・フィールド	Yes	Yes	No
機会攻撃	Yes	No	No

解呪：ディスペル・マジックや類似の呪文によって、その種類の能力の効果を解呪できるか？
呪文抵抗：呪文抵抗はこれらの能力からクリーチャーを守るか？
アンティマジック・フィールド：アンティマジック・フィールドや類似の魔法が、その能力を抑止するか？
機会攻撃：その能力の使用が呪文の発動と同じように機会攻撃を誘発するか？

暗視 Darkvision

暗視は光源がまったくないところでものを見ることができる変則的能力であり、有効距離はクリーチャーごとに明記されている。暗視で見えるのは白黒の映像である（色の区別はつかない）。暗視によって、そのキャラクターが通常見ることができ

ないものが見えることはない。不可視状態の物体はやはり不可視状態であり、幻術は通常見える通りに見える。同様に、暗視を使用しているクリーチャーは通常通り凝視攻撃の対象となる。明かりの存在が暗視を無効化することはない。

鋭敏嗅覚 Scent

この変則的能力はクリーチャーに、嗅覚を圧いて近づいてくる敵を感知したり、隠れている敵を嗅ぎつけたり、匂いを追跡したりする能力を与える。

鋭敏嗅覚の能力を持つクリーチャーは通常、30フィート以内にいる相手を嗅覚によって感知することができる。有効距離は、もし相手が風上にいるなら60フィートに、風下にいるなら15フィートになる。煙や腐ったゴミのような強い匂いは、上記の2倍の距離から感知することができる。スカンクの臭気やトログロダイトの悪臭のような強烈な匂いは3倍の距離から感知できる。

鋭敏嗅覚を持つクリーチャーは他のクリーチャーの存在を感知できるが、そのはっきりとした位置を知ることはできない。匂いの来る方向を調べる行為は1回の移動アクションである。匂いの原因から5フィート（1マス）以内に近づいたら、クリーチャーはたとえそれが見えなくとも、匂いの原因の位置を特定できる。

〈生存〉の技能と鋭敏嗅覚の能力を持つクリーチャーは、痕跡を発見したり追跡したりするために〈生存〉判定を行い、匂いを利用して追跡することができる。鋭敏嗅覚の能力を持つクリーチャーは、未修得でも〈生存〉を使用して追跡の判定を試みることができる。新しい痕跡を追跡する際の典型的なDCは10である。このDCは、匂いの強さやクリーチャーの数、痕跡の古さなどによって上下する。時間の経過につれて痕跡の匂いはかすかになるため、1時間経過するごとにDCは2上昇する。このほかの点では、〈生存〉技能の追跡のルールに従うこと。匂いで相手を追跡しているクリーチャーは、地面の状態や貧弱な視界の影響を無視する。

鋭敏嗅覚を持つクリーチャーは、人間が馴染みのある景色を見分けるように、馴染みのある匂いを嗅ぎ分けることができる。

空気を呼吸するクリーチャーは、水、特に流れのある水があると痕跡がわからなくなってしまう。しかし、鋭敏嗅覚を有する水中で呼吸できるクリーチャーは、水中でそれを容易に使うことができる。

攪乱のために用いられる強力な匂いは、他の匂いを簡単に覆い隠してしまう。その様な匂いがあると、クリーチャーを感知あるいは識別する能力は完全に阻害され、追跡の際の〈生存〉のDCの基準は10ではなく20になる。

エネルギーに対する完全耐性と脆弱性
Energy Immunity and Vulnerability

エネルギーへの完全耐性を持つクリーチャーは、その種類のエネルギーから決してダメージを受けない。

脆弱性は、セーヴの成否に関わらず、クリーチャーがその種類のエネルギーから通常の＋50％増しのダメージを受けることを意味する。

エネルギーに対する抵抗 Energy Resistance

エネルギーに対する抵抗（通常は変則的能力）を持つクリーチャーは、特定の種類のダメージを、攻撃ごとに一部軽減する能力を持っているが、完全に無力化するわけではない。

それぞれの抵抗能力には、それが抵抗するエネルギーの種類、および何ポイントのダメージを軽減するかが明記されている。そのダメージが魔法的なものによるか否かは関係しない。

抵抗によってエネルギー攻撃からのダメージを完全に防いだとしても、その攻撃が呪文を崩壊させることはない。この抵抗は、呪文で与えられる抵抗と累積しない。

エネルギー放出に対する抵抗 Channel Resistance

エネルギー放出に対する抵抗を持つクリーチャーは、エネルギー放出に対する意志セーヴにボーナスを得る。これらのクリーチャーは、ダメージを半分にしたり効果に抵抗するための、エネルギー放出に対するあらゆる意志セーヴにこのボーナスを得る。

擬似視覚と非視覚的感知 Blindsight and Blindsense

クリーチャーの中には、視覚以外の感覚（1つまたは複数）を使用して、視覚なしで自在に行動する“擬似視覚”という変則的能力を有するものがいる。これらの感覚には、振動を感じる能力や、鋭い嗅覚、鋭い聴覚、ソナーのような反響定位能力などが含まれる。この能力は、不可視状態と視認困難（魔法による暗闇も含む）をそのクリーチャーにとって意味のないものにする（ただし、依然としてエーテル状態のクリーチャーを見ることはできない）。この能力は、そのクリーチャーの説明に明記されている有効距離まで届く。

- 擬似視覚では、色彩や濃淡を区別することはできない。擬似視覚で文字を読むことはできない。
- 擬似視覚の使用によって、クリーチャーが凝視攻撃の対象になることはない（暗視の場合は対象となる）。
- 盲目状態にする攻撃は、擬似視覚を使っているクリーチャーに不利益をもたらすことはない。
- 聴覚喪失状態にする攻撃は、聴覚に依存する擬似視覚を阻害する。
- 擬似視覚は水中でも働くが、真空中では働かない。
- 擬似視覚はディスプレイスメントやブラー呪文など、視覚に依存した失敗確率を無効化する。

非視覚的感知：一部のクリーチャーは、上記のものより弱い“非視覚的感知”という能力を持つ。これもまた、不可視の存在に気づくことを可能にする能力だが、擬似視覚のような精確さはない。非視覚的感知を持つクリーチャーは、通常、〈知覚〉判定を行わなくても、この特殊能力の有効距離内にいて効果線が通っているクリーチャーに気付き、位置を特定することができる。不可視状態の敵は、非視覚的感知を有するクリーチャーに対しても完全視認困難（50％の失敗確率）を持ち、非視覚的感知を有するクリーチャーが視認困難を持つ敵を攻撃する場合には、通常通りの失敗確率を受ける。非視覚的感知を持っていても、移動に際しては依然として視界の状態の影響を受ける。非

視覚的感知を持つクリーチャーは依然として、不可視状態の敵からの攻撃に対しては、ACへの【敏】ボーナスを失う。

［恐怖］Fear

呪文、魔法のアイテム、ある種のモンスターなどには、キャラクターに［恐怖］をもたらすものがある。ほとんどの場合、意志セーヴに抵抗することができ、セーヴに失敗すると、キャラクターは怯え状態、恐れ状態、恐慌状態となる。

怯え状態：怯え状態となったキャラクターは、攻撃ロール、セーヴ、技能判定、そして能力値判定に−2のペナルティを受ける。

恐れ状態：恐れ状態になったキャラクターは、怯え状態であり、加えて［恐怖］の原因から可能な限り早い速度で逃げ去る。逃走の経路は自分で選択することができる。この制約を守る限り、いったん彼らが［恐怖］の原因が見えない（あるいは聞こえない）場所に来たら、彼らは自由に行動できる。しかし、［恐怖］の持続時間中に、再びその［恐怖］の原因が現れたら、再び逃走を強いられる。逃走不可能なキャラクターは戦うことができる（ただし、依然として怯え状態である）。

恐慌状態：恐慌状態のキャラクターは怯え状態かつ恐れ状態であり、手に持っているものを全て落として、［恐怖］の原因から可能な限り早く逃げ去る。対象から遠ざかるように逃走するが、その経路はランダムに決定される。彼らはその間、直面する他のあらゆる危険に対して、立ち向かわず逃走する。危険なものが何も見えなくなれば（また聞こえなければ）、彼らは自由に行動できる。恐慌状態のキャラクターは逃走できない場合、戦慄状態となる。

恐怖が増していく：［恐怖］の効果は累積する。怯え状態のキャラクターがもう一度怯え状態となったら、恐れ状態になる。怯え状態のキャラクターが恐れ状態となったら、恐慌状態になる。恐れ状態のキャラクターは、怯え状態か恐れ状態になったなら、恐慌状態になる。

苦難 Afflictions

呪いから毒や病気まで、クリーチャーに影響を及ぼすことのある苦難が数多くある。これらの苦難にはそれぞれ異なる効果があるが、全て同じようなシステムで働く。全ての苦難はそれを受けた際にセーヴを要求する。もしセーヴに成功すれば、クリーチャーは苦難の影響を受けず、それ以上判定を行う必要はない。もしセーヴに失敗すれば、クリーチャーは苦難の犠牲者となって、その効果を処理しなければならない。

苦難は、特定の不利益を避けるために、一定期間ごとにクリーチャーにセーヴを要求する。苦難のほとんどは何回かのセーヴに連続して成功されることで取り除かれ、それ以上のセーヴは必要なくなる。一部の苦難（通常、超常能力によるもの）は、セーヴだけで治癒することができず、取り除くには強力な魔法による助けを必要とする。それぞれの苦難は、君が結果を判定し易いように、一連の短い情報として示されている。

名称：苦難の名称を表す。

種別：これは呪い、病気、毒などの苦難の種別を表す。ここには接触、吸入、致傷、呪文あるいは罠といった、どのような手段でそれを受けるかの情報も含んでいる場合がある。

セーヴ：これは苦難の影響を受けずに済ませるために必要なセーヴの種類およびDCを表している。特に記載がない限り、これは影響を受けてしまった苦難の更なる効果から逃れるためのセーヴや、**リムーヴ・カース**または**ニュートラライズ・ポイズン**のような、魔法によって苦難を終わらせる際に必要な術者レベル判定のDCにもなる。（一部の苦難にはセーヴが2種類記載されている。1つ目は苦難を避けるために最初に行うセーヴ、2つ目は影響を受けた後、効果を避けるために一定の頻度で行うセーヴのDCである。）

潜伏期間：一部の苦難は効果が表れる前に様々な時間がかかる。潜伏期間のある苦難を受けたクリーチャーは直ちにセーヴを開始しなければならない。成功すれば苦難を避けられ、それ以上のセーヴをする必要はない。失敗した場合、そのクリーチャーは苦難の影響を受け、潜伏期間が経過した後、追加のセーヴを行い始めなければならない。苦難の効果は潜伏期間が経過するだけでは発生せず、その後のセーヴに失敗した場合にのみ発生する。

頻度：これは苦難の影響を受けた後で、どれくらいの頻度で定期的にセーヴを行わなければならないかを表す。苦難に潜伏期間がある場合、その後に行う。治癒するまで持続する苦難もあるが、何らかの治療をしなくても早々に影響の終わるものもある。もし、苦難に終わりがある場合、頻度の項目に記載されている。例えば、毒の頻度に1／ラウンド（6ラウンド持続）と書かれていれば6ラウンド後には終了するが、病気の頻度に1／日のようにと書かれていれば、病気は治癒するまで続く。

頻度の記載のない苦難は、苦難を受けた時のみ（または潜伏期間があればその後のみ）にただ一度影響を与える。

効果：これはその苦難に対するセーヴに失敗するたびにキャラクターが受ける効果である。多くの苦難はHPか能力値へダメージを与える。これらの効果は累積するが、通常通り治療することができる。また、苦難には他にクリーチャーにペナルティやその他の効果を与えるものもある。これらの効果はしばしば累積し、累積しないものはクリーチャーが直近のセーヴに失敗した場合のみ効果を及ぼす。一部の苦難は最初のセーヴに失敗した際と、以後のセーヴに失敗した際の効果が異なる。これらの苦難には、最初のセーヴに失敗した時に起きる初期効果と、追加のセーヴに失敗した時に起こる副次効果があり、それぞれ記載がある。苦難によって受けたHPと能力値へのダメージは、苦難が治癒するまで自然治癒することはない。

治癒：この項目はどのように苦難を治癒するかを表す。通常は何度かのセーヴに連続して成功しなければならない。頻度に苦難の終わりが記載されていても、この条件を満たすだけセーヴに成功すればその前に治癒する。HPや能力値へのダメージは苦難が治癒しても取り除かれない。これらのダメージは通常通り治療しなければならない。治癒の項目のない苦難は**ニュートラライズ・ポイズン**や**リムーヴ・カース**のような強力な呪文によってのみ治癒することができる。これらの苦難は、どれほど多くのセーヴをしようとも目標に効果を発揮し続ける。

例：ヴァレロスは赤腫れ病にさらされた。彼は病気の影響を避

けるためのDC15の頑健セーヴに失敗した。したがって、彼は1d3日の潜伏期間後に【筋力】に1d6ポイントのダメージを受けることを避けるため、もう一度DC15の頑健セーヴを行わなければならない。それ以降、それ以上の【筋】ダメージを受けるのを避けるため、病気の頻度に従って1日1回DC15の頑健セーヴを行わなければならない。2日連続して頑健セーヴに成功すると、彼の病気は治癒し、その病気によるダメージは通常通り自然治癒し始める。

毒 Poison

　毒はもっとも一般的な苦難である。ヴァイパーの牙から暗殺者の汚れた刃まで、毒は日常的な脅威である。毒はセーヴに成功するか、ニュートラライズ・ポイズンのような呪文で治癒することができる。

　接触毒は直接肌に触れると同時に作用する。この種の毒は致傷毒としても用いることができる。接触毒は通常1分の潜伏期間と1分の頻度である。摂取毒はクリーチャーが毒を飲食したときに作用する。摂取毒は通常10分の潜伏期間と1分の頻度である。致傷毒は主に特定のクリーチャーの攻撃や毒の塗られた武器を介して作用する。致傷毒は通常潜伏期間がなく、頻度は1ラウンドである。吸入毒はクリーチャーがこの種の毒を含むエリアに入ると同時に作用する。ほとんどの吸入毒は1服当たり10フィート立方の体積を満たす。クリーチャーは毒の中にいる間、それを吸い込まないように息を止めることができる。息を止めているクリーチャーは毎ラウンド、毒の影響を避ける頑健セーヴを行わなくて済む確率が50％ある。息を止めることと窒息に関しては13章を参照。息を止めている間に通常窒息する状況に陥ったキャラクターは、代わりに普通に呼吸をし始める（その結果、毒を吸い込むことになる）ことに注意。

　他の苦難とは異なり、同じ毒を複数受けると累積する。致傷や接触によって引き起こされる毒は一度に一服を超えて与えることができないが、吸入毒は同時に複数用いることができる。追加で毒を一服加えるごとに、全体の持続時間（頻度の後部に記載されている時間）の半分だけ持続時間を増加させる。加えて、毒1服毎に、毒に対するセーヴのDCは＋2増加する。この増加は累積する。毒を複数回使用しても毒の状態からの治癒の条件は変化せず、条件を満たせば複数回の毒は一度に終了する。例えば、キャラクターが同じラウンドに3回、中型のモンストラス・スパイダー達に噛みつかれ、中型スパイダー毒（セーヴ 頑健・DC14、頻度 1／ラウンド（4ラウンド持続）、治癒 1回成功）を3回注入された。この不幸なキャラクターは以後8ラウンド、DC18の頑健セーヴを行わなければならない。幸運にも、1回セーヴに成功しさえすれば、キャラクターの3回分の毒はすべて治癒する。

　毒を武器1つか矢弾1つに塗るのは標準アクションである。キャラクターは毒を使用するごとに5％の確率で自分自身が毒を受けてしまう可能性があり、その場合は通常通りセーヴを行わなくてはならない。この場合、毒は消費されない。キャラクターが毒を塗った武器で攻撃する際は常に、攻撃ロールのダイスの出目が1の場合、彼自身の毒を受ける。武器がクリーチャーに命中するか、使用者が毒を受けた場合、その毒は消費される。キャラクターが“毒の使用”のクラス能力を持っていれば、偶然に自分自身に毒を受けてしまうことはない。

　毒は〈製作：錬金術〉で作成することができる。その際のDCは毒の頑健セーヴのDCと同じである。毒を作成する〈製作〉判定の際にダイスの出目が1の場合、製作者は毒を受けてしまう。“毒の使用”のクラス能力を持っていれば、自分自身に毒を受けてしまう危険はない。

　以下に毒を作る際のサンプルとして、よく用いられるものの一部を示す。

アカネグサ
種別 毒、致傷；**セーヴ** 頑健・DC12
潜伏期間 1ラウンド；**頻度** 1／ラウンド（4ラウンド持続）
効果 1【耐】ダメージおよび1【判】ダメージ；**治癒** 1回成功

悪夢の水蒸気
種別 毒、吸入；**セーヴ** 頑健・DC20
頻度 1／ラウンド（6ラウンド持続）
効果 1【判】ダメージおよび1ラウンドの混乱状態；**治癒** 2回連続成功

アンゴル・ダスト
種別 毒、吸入；**セーヴ** 頑健・DC15
頻度 1／ラウンド（4ラウンド持続）
初期効果 1【魅】吸収、**副次効果** 1d2【魅】ダメージ；**治癒** 1回成功

イド苔
種別 毒、摂取；**セーヴ** 頑健・DC14
潜伏期間 10分；**頻度** 1／分（6分間持続）
効果 1d3【知】ダメージ；**治癒** 1回成功

王の眠り
種別 毒、摂取；**セーヴ** 頑健・DC19
潜伏期間 1日；**頻度** 1／日
効果 1【耐】吸収；**治癒** 2回連続成功

大型スコーピオン毒
種別 毒、致傷；**セーヴ** 頑健・DC17
頻度 1／ラウンド（6ラウンド持続）
効果 1d2【筋】ダメージ；**治癒** 1回成功

オーサー焼香
種別 毒、吸入；**セーヴ** 頑健・DC18
頻度 1／ラウンド（6ラウンド持続）
初期効果 1【耐】吸収、**副次効果** 1d3【耐】ダメージ；**治癒** 2回連続成功

表16-2：毒の例

名前	種別	頑健DC	潜伏期間	頻度	効果	治療	価格
アカネグサ	致傷	12	1ラウンド	1／ラウンド（4ラウンド持続）	1【耐】＋1【判】	1回	100gp
悪夢の水蒸気	吸入	20	—	1／ラウンド（6ラウンド持続）	1【判】＋1ラウンド混乱状態	2回連続	1,800gp
アンゴル・ダスト	吸入	15	—	1／ラウンド（4ラウンド持続）	1【魅】吸収／1d2【魅】	1回	1,000gp
イド苔	摂取	14	10分	1／分（6ラウンド持続）	1d3【知】	1回	125gp
王の眠り	摂取	19	1日	1／日	1【耐】吸収	2回連続	5,000gp
大型スコーピオン毒	致傷	17	—	1／ラウンド（6ラウンド持続）	1d2【筋】	1回	200gp
オーサー焼香	吸入	18	—	1／ラウンド（6ラウンド持続）	1【耐】吸収／1d3【耐】	2回連続	2,100gp
狂気の霧	吸入	15	—	1／ラウンド（6ラウンド持続）	1d3【判】	1回	1,500gp
グリーン・プリズマティック・ポイズン	呪文	様々	—	1／ラウンド（6ラウンド持続）	即死／1【耐】	2回連続	—
グリーンブラッド・オイル	致傷	13	—	1／ラウンド（4ラウンド持続）	1【耐】	1回	100gp
小型センチピード毒	致傷	11	—	1／ラウンド（4ラウンド持続）	1【敏】	1回	90gp
サソーヌの葉の残滓	接触	16	1分	1／分（6分間持続）	2d12 HP／1【耐】	1回	300gp
死の涙	接触	22	1分	1／分（6分間持続）	1d6【耐】＋1分間麻痺状態	—	6,500gp
縞模様のキノコ	摂取	11	10分	1／分（4分）	1d3【判】＋1【知】	1回	180gp
ジャイアント・ワスプの毒	致傷	18	—	1／ラウンド（6ラウンド持続）	1d2【敏】	1回	210gp
シャドウ・エッセンス	致傷	17	—	1／ラウンド（6ラウンド持続）	1【筋】吸収／1d2【筋】	1回	250gp
ダーク・リーヴァーの粉末	摂取	18	10分	1／分（6分間）	1d3【耐】＋1【筋】	2回連続	800gp
タギットのオイル	摂取	15	1分	—	1d3時間気絶状態	1回	90gp
中型スパイダー毒	致傷	14	—	1／ラウンド（4ラウンド持続）	1d2【筋】	1回	150gp
デスブレード	致傷	20	—	1／ラウンド（6ラウンド持続）	1d3【耐】	2回連続	1,800gp
ドラウの毒	致傷	13	—	1／分（2分）	1分間気絶状態／2d4時間気絶状態	1回	75gp
ドラゴンの胆汁	接触	26	—	1／ラウンド（6ラウンド持続）	1d3【筋】	—	1,500gp
トリアネフの根	接触	16	1分	1／分（6分間持続）	1d3【敏】	1回	400gp
トリカブト	摂取	16	10分	1／分（6分間持続）	1d3【耐】	1回	500gp
ニサリット	接触	13	1分	1／分（6分間持続）	1d3【耐】	1回	650gp
パープル・ワームの毒	致傷	24	—	1／ラウンド（6ラウンド持続）	1d3【筋】	2回連続	700gp
ヒ素	摂取	13	10分	1／分（4分間）	1d2【耐】	1回	120gp
ブラック・アダーの毒	致傷	11	—	1／ラウンド（6ラウンド持続）	1d2【耐】	1回	120gp
ブラック・ロータス抽出液	接触	20	1分	1／ラウンド（6ラウンド持続）	1d6【耐】	2回連続	4,500gp
ブルー・フィニス	致傷	14	—	1／ラウンド（2ラウンド持続）	1【耐】／1d3時間気絶状態	1回	120gp
ヘムロック	摂取	18	10分	1／分（6分持続）	1d6【敏】、本文参照	2回連続	2,500gp
ベラドンナ	摂取	14	10分	1／分（6分間持続）	1d2【筋】、本文参照	1回	100gp
マリスの根のペースト	接触	16	1分	1／分（6分間持続）	1d2【敏】	1回	250gp
リッチ・ダスト	摂取	17	10分	1／分（6分間持続）	1d3【筋】	2回連続	400gp
ワイヴァーンの毒	致傷	17	—	1／ラウンド（6ラウンド持続）	1d4【耐】	2回連続	3,000gp

狂気の霧

種別 毒、吸入；**セーヴ** 頑健・DC15
頻度 1／ラウンド（6ラウンド持続）
効果 1d3【判】ダメージ；**治癒** 1回成功

グリーン・プリズマティック・ポイズン

種別 毒、呪文；**セーヴ** 頑健・DCは呪文による
頻度 1／ラウンド（6ラウンド持続）
初期効果 即死；**副次効果** 1【耐】ダメージ；**治癒** 2回連続成功、

詳細はプリズマティック・スフィアー、プリズマティック・スプレー、プリズマティック・ウォール**呪文**を参照。

グリーンブラッド・オイル

種別 毒、致傷；**セーヴ** 頑健・DC13
頻度 1／ラウンド（4ラウンド持続）
効果 1【耐】ダメージ；**治癒** 1回成功

付録

小型センチピード毒
種別 毒、致傷；**セーヴ** 頑健・DC11
頻度 1／ラウンド（4ラウンド持続）
効果 1【敏】ダメージ；**治癒** 1回成功

サソーヌの葉の残滓
種別 毒、接触；**セーヴ** 頑健・DC16
潜伏期間 1分；**頻度** 1／分（6分間持続）
初期効果 HPに2d12ポイントのダメージ；**副次効果** 1【耐】ダメージ；**治癒** 1回成功

死の涙
種別 毒、接触；**セーヴ** 頑健・DC22
潜伏期間 1分；**頻度** 1／分（6分間持続）
効果 1d6【耐】ダメージおよび1分間麻痺状態

縞模様のキノコ
種別 毒、摂取；**セーヴ** 頑健・DC11
潜伏期間 10分；**頻度** 1／分（4分持続）
効果 1d3【判】ダメージおよび1【知】ダメージ；**治癒** 1回成功

ジャイアント・ワスプの毒
種別 毒、致傷；**セーヴ** 頑健・DC18
頻度 1／ラウンド（6ラウンド持続）
効果 1d2【敏】ダメージ；**治癒** 1回成功

シャドウ・エッセンス
種別 毒、致傷；**セーヴ** 頑健・DC17
頻度 1／ラウンド（6ラウンド持続）
初期効果 1【筋】吸収；**副次効果** 1d2【筋】ダメージ；**治癒** 1回成功

ダーク・リーヴァーの粉末
種別 毒、摂取；**セーヴ** 頑健・DC18
潜伏期間 10分；**頻度** 1／分（6分間持続）
効果 1d3【耐】ダメージおよび1【筋】ダメージ；**治癒** 2回連続成功

タギットのオイル
種別 毒、摂取；**セーヴ** 頑健・DC15
潜伏期間 1分
効果 1d3時間気絶状態；**治癒** 1回成功

中型スパイダー毒
種別 毒、致傷；**セーヴ** 頑健・DC14
頻度 1／ラウンド（4ラウンド持続）
効果 1d2【筋】ダメージ；**治癒** 1回成功

デスブレード
種別 毒、致傷；**セーヴ** 頑健・DC20
頻度 1／ラウンド（6ラウンド持続）
効果 1d3【耐】ダメージ；**治癒** 2回連続成功

ドラウの毒
種別 毒、致傷；**セーヴ** 頑健・DC13
頻度 1／分（2分間持続）
初期効果 1分間気絶状態；**副次効果** 2d4時間気絶状態；**治癒** 1回

ドラゴンの胆汁
種別 毒、接触；**セーヴ** 頑健・DC26
頻度 1／ラウンド（6ラウンド持続）
効果 1d3【筋】ダメージ

トリアネフの根
種別 毒、接触；**セーヴ** 頑健・DC16
潜伏期間 1分；**頻度** 1／分（6分間持続）
効果 1d3【敏】ダメージ；**治癒** 1回成功

トリカブト
種別 毒、摂取；**セーヴ** 頑健・DC16
潜伏期間 10分；**頻度** 1／分（6分間持続）
効果 1d3【耐】ダメージ；**治癒** 1回成功

白ニサリット
種別 毒、接触；**セーヴ** 頑健・DC13
潜伏期間 1分；**頻度** 1／分（6分間持続）
効果 1d3【耐】ダメージ；**治癒** 1回成功

パープル・ワームの毒
種別 毒、致傷；**セーヴ** 頑健・DC24
頻度 1／ラウンド（6ラウンド持続）
効果 1d3【筋】ダメージ；**治癒** 2回連続成功

ヒ素
種別 毒、摂取；**セーヴ** 頑健・DC13
潜伏期間 10分；**頻度** 1／分（4分）
効果 1d2【耐】ダメージ；**治癒** 1回成功

ブラック・アダーの毒
種別 毒、致傷；**セーヴ** 頑健・DC11
頻度 1／ラウンド（6ラウンド持続）
効果 1d2【耐】ダメージ；**治癒** 1回成功

ブラック・ロータスの抽出液
種別 毒、接触；**セーヴ** 頑健・DC20
潜伏期間 1分；**頻度** 1／ラウンド（6ラウンド持続）
効果 1d6【耐】ダメージ；**治癒** 2回連続成功

ブルー・フィニス
種別 毒、致傷；**セーヴ** 頑健・DC14
頻度 1／ラウンド（2ラウンド持続）
初期効果 1【耐】ダメージ；**副次効果** 1d3時間気絶状態；**治癒** 1回成功

ヘムロック（毒人参）
種別 毒、摂取；**セーヴ** 頑健・DC18
潜伏期間 10分；**頻度** 1／分（6分間持続）
効果 1d6【敏】ダメージ、【敏捷力】が0に下がったクリーチャーは窒息する；**治癒** 2回連続成功

ベラドンナ
種別 毒、摂取；**セーヴ** 頑健・DC14
潜伏期間 10分；**頻度** 1／分（6分間持続）
効果 1d2【筋】ダメージ、目標は1時間以内に受けたライカンスロピーの呪いを治癒するためのセーヴを1回試みることができる；**治療** 1回成功

マリスの根のペースト
種別 毒、接触；**セーヴ** 頑健・DC16
潜伏期間 1分；**頻度** 1／分（6分間持続）
効果 1d2【敏】ダメージ；**治癒** 1回成功

リッチ・ダスト
種別 毒、摂取；**セーヴ** 頑健・DC17
潜伏期間 10分；**頻度** 1／分（6分間持続）
効果 1d3【筋】ダメージ；**治癒** 2回連続成功

ワイヴァーンの毒
種別 毒、致傷；**セーヴ** 頑健・DC17
頻度 1／ラウンド（6ラウンド持続）
効果 1d4【耐】ダメージ；**治癒** 2回連続成功

呪い Curses

　墳墓を荒らす不注意なローグ、強力なウィザードを侮辱する酔っ払った英雄、古代の剣を拾い上げる無鉄砲な冒険者。彼らはみな呪われる可能性がある。この魔法的な苦難には、単なる特定の判定へのペナルティから犠牲者をカエルに変身させるものまで、様々な効果があり得る。呪いにはゆっくりと腐敗して後には塵しか残らなくなるようなものすら存在する。他の苦難とは異なり、ほとんどの呪いは何度かセーヴに成功しても治癒されない。しかし、*リムーヴ・カース*や*ブレイク・エンチャントメント*のような呪文を使えば、呪いを治療することができる。一部の呪いは次第に悪化してゆくが、それ以外は受けた瞬間から一定の不利益を与え、時間で薄れることも悪化することもない。加えて、魔法のアイテムの中には呪いのような効果のものもある。詳細は15章の呪いのアイテムの解説を参照。
　以下に呪いを作る際のサンプルとして、ありそうなもののほんの一部を示す。

加齢の呪い
種別 呪い；**セーヴ** 意志・DC17
頻度 1／日
効果 1歳年をとる

ビストウ・カースの罠
種別 呪い、呪文、罠；**セーヴ** 意志・DC14
効果 【筋力】に－6ペナルティ

不運
種別 呪い；**セーヴ** 意志・DC20・無効、一度受けると効果を避けるための頻度ごとのセーヴはできない
頻度 1／時間
効果 目標はGMの指示でいずれかのロール1回を再ロールし、より悪いほうの結果を選ばなければならない。

ベイルフル・ポリモーフの呪文
種別 呪い、呪文；**セーヴ** 頑健・DC17・無効、意志・DC17・不完全
効果 目標をトカゲに変身させる。*ベイルフル・ポリモーフ*呪文を参照

ミイラ腐敗病
種別 呪い、病気、致傷；**セーヴ** 頑健・DC16
潜伏期間 1分；　**頻度** 1／日
効果 1d6【耐】ダメージおよび1d6【魅】ダメージ；　**治癒** ミイラ腐敗病は*リムーヴ・カース*と*リムーヴ・ディジーズ*の呪文を1分以内に発動し両方が成功することでのみ治療できる。

ワーウルフのライカンスロピー
種別 呪い、致傷；**セーヴ** 頑健・DC15・無効、意志・DC15・効果を受けない
潜伏期間 次の満月；**頻度** 満月の夜ごと、もしくは目標が負傷したときはいつも
効果 目標は次の朝まで狼に変身してGMの管理下に置かれる。

病気 Diseases

　蔓延する疫病からダイア・ラットの噛みつきまで、病気は庶民にとっても冒険者にとっても深刻な脅威となる。病気は一定期間経過するだけで終了することはほとんどなく、大抵は長い潜伏期間がある。この潜伏期間は一定でない場合もある。多くの病気はセーヴに何回か連続で成功するか、*リムーヴ・ディジーズ*のような呪文によって治癒できる。
　以下に病気を作る際のサンプルとして、よくあるものの一部を示す。

赤腫れ病
種別 病気、致傷；　**セーヴ** 頑健・DC15
潜伏期間 1d3日；**頻度** 1／日
効果 1d6【筋】ダメージ；**治癒** 2回連続成功

614

悪魔風邪

種別 病気、致傷；**セーヴ** 頑健・DC14
潜伏期間 1d4日；**頻度** 1／日
効果 1d4【筋】ダメージ；**治癒** 3回連続成功

悪皮病

種別 病気、接触、吸入、致傷；**セーヴ** 頑健・DC12・無効、頑健・DC20・効果を受けない
潜伏期間 2d4週；**頻度** 1／週
効果 1d2【魅力】ダメージ；**治癒** 2回連続成功

汚穢熱

種別 病気、致傷；**セーヴ** 頑健・DC12
潜伏期間 1d3日；**頻度** 1／日
効果 1d3【敏】ダメージおよび1d3【耐】ダメージ；**治癒** 2回連続成功

狂笑熱

種別 病気、吸入；**セーヴ** 頑健・DC16
潜伏期間 1日；**頻度** 1／日
効果 1d6【判】ダメージ；**治癒** 2回連続成功

失明病

種別 病気、摂取；**セーヴ** 頑健・DC16
潜伏期間 1d3日；**頻度** 1／日
効果 1d4【筋】ダメージ、【筋】ダメージが3ポイント以上の場合、目標は追加の頑健セーヴを行い、失敗すると永続的な盲目状態となる；**治癒** 2回連続成功

焼脳病

種別 病気、吸入；**セーヴ** 頑健・DC12
潜伏期間 1日；**頻度** 1／日
効果 1d4【知】ダメージ；**治癒** 2回連続成功

腺ペスト

種別 病気、致傷または吸入；**セーヴ** 頑健・DC17
潜伏期間 1日；**頻度** 1／日
効果 1d4【耐】ダメージおよび1【魅】ダメージ、対象は疲労状態となる；**治癒** 2回連続成功

震え病

種別 病気、接触；**セーヴ** 頑健・DC13
潜伏期間 1日；**頻度** 1／日
効果 1d8【敏】ダメージ；**治癒** 2回連続成功

魔鬼熱

種別 病気、致傷；**セーヴ** 頑健・DC18
潜伏期間 1日；**頻度** 1／日
効果 1d6【耐】ダメージ、目標は2回目の頑健セーヴを行い、失敗すると【耐】ダメージの内1ポイントは【耐】吸収となる；

治癒 2回連続成功

溶死病

種別 病気、接触；**セーヴ** 頑健・DC14
潜伏期間 1日；**頻度** 1／日
効果 1d4【耐】ダメージ、目標は2回目の頑健セーヴを行い、失敗したら【耐】ダメージのうち1ポイントは【耐】吸収となる；**治癒** 2回連続成功

呪文抵抗 Spell Resistance

　呪文抵抗は呪文の作用を避ける変則的能力である。呪文には呪文抵抗を与えるものもある。

　呪文抵抗を持ったクリーチャーに呪文の効果を及ぼすには、呪文の使い手が術者レベル判定（1d20＋術者レベル）を行い、クリーチャーの呪文抵抗の値以上を出さなければならない。防御側の呪文抵抗は魔法攻撃に対するACのようなものである。術者が判定に失敗した場合、呪文はクリーチャーに何の効果もない。呪文抵抗の持ち主は、この能力を使うのに何も特別なことをする必要はない。たとえ本人が危険に気付いてすらいなくとも、呪文抵抗は働く。

　呪文と擬似呪文能力だけが呪文抵抗の対象となる。変則的能力と超常能力（魔法の武器の強化ボーナスを含む）は対象とならない。1体のクリーチャーが、呪文抵抗の対象となる能力とそうでない能力の両方を持っている場合もある。呪文の中には、呪文抵抗を無視するものもある。詳細は以下の『呪文抵抗が適用される場合』を参照。

　クリーチャーは自発的に呪文抵抗を弱めることができる。これは機会攻撃を誘発しない標準アクションである。いったんクリーチャーが呪文抵抗を弱めると、そのクリーチャーの次のターンまでそのままである。クリーチャーの次のターンの開始時に、クリーチャーの呪文抵抗は意図的に弱めたままにしない限り（これも機会攻撃を誘発しない1回の標準アクションである）、自動的に元に戻る。

　クリーチャーの呪文抵抗は自身の呪文、アイテム、および能力を妨げない。

　呪文抵抗を持ったクリーチャーは、接触したり近くにいることで他人にこの能力を共有させることはできない。呪文抵抗を他人にも与えることができるのは、ごくまれなクリーチャーと、限られた魔法のアイテムだけである。

　呪文抵抗は累積しないが、重複する。

呪文抵抗が適用される場合 When Spell Resistance Applies

　各呪文の解説には、その呪文に呪文抵抗が適用されるかを示す項目がある。基本的に、呪文抵抗が適用されるかはその呪文が何を行うものなのかで決まる（以下は呪文抵抗がどのような場合に適用されるを説明したものだが、個々の呪文が実際に呪文抵抗の対象となるかは、まず各呪文の解説を参照すること）。

目標型呪文：呪文が呪文抵抗を持つクリーチャーを目標とした場合、呪文抵抗が適用される。個別目標型呪文の一部は、複数のクリーチャーを同時に目標にすることができる。この場合、

クリーチャーの呪文抵抗は、呪文のうち実際にそのクリーチャーを目標としている部分のみに適用される。異なる呪文抵抗を持った複数のクリーチャーがそのような呪文の対象となったら、それぞれ別々に呪文抵抗判定を行う。

範囲型呪文：クリーチャーが呪文の効果範囲内にいるなら呪文抵抗が適用される。この場合、呪文自体は影響を受けず、呪文抵抗を持つクリーチャーのみが守られる。

効果型呪文：効果型呪文のほとんどは何かを招来したり創造するものであり、呪文抵抗の対象にならない。しかし、効果型の呪文に呪文抵抗が適用されることもある。これは通常、クリーチャーに多少なりと直接影響を与える呪文の場合である。

呪文抵抗は既に発動されている呪文からもクリーチャーを守る。そのクリーチャーがはじめてその呪文の影響を受けるときに呪文抵抗判定を行うこと。

1回の呪文の発動や擬似呪文能力の行使に対しては、1回だけ呪文抵抗判定を行う。もし呪文抵抗が最初に失敗したら、その特定の1回の呪文に対しては、何回判定の機会があっても失敗となる。同様に、最初に呪文抵抗に成功したら、それ以降も常に成功する。もしクリーチャーが自発的に呪文抵抗を下げ、その間に呪文の対象になったら、その後、呪文抵抗が戻ったときに1度だけ、抵抗のチャンスがある。

呪文によって生み出されたり放たれたエネルギーが実際に抵抗するクリーチャーの精神や肉体に働きかけなければ、呪文抵抗は効果を持たない。もし、呪文が何か他のものに働き、その結果としてクリーチャーが何らかの影響を受けたとしても、判定が行われることはない。呪文抵抗を持つクリーチャーであっても、間接的な影響を与える呪文によって害される可能性がある。

クリーチャーの感覚を惑わせたり、クリーチャーに関する事柄を明らかにするような効果に対しては、呪文抵抗は適用されない。

呪文抵抗が発揮されるには、実際に魔法が働いていなくてはならない。持続時間は瞬間だがその結果がずっと残る呪文は、呪文抵抗を持つクリーチャーがその呪文を発動した瞬間にそれにさらされたのでなければ、呪文抵抗の対象とはならない。

呪文抵抗の成功 Successful Spell Resistance

呪文抵抗は、呪文や擬似呪文能力が呪文抵抗を持つクリーチャーに作用したり傷つけることを防ぐ。しかし決して、他のクリーチャーの魔法的効果を除去したり、他のクリーチャーへの呪文を無効化することはない。呪文抵抗は他の呪文を阻害するような呪文も無効化できる。

既に発動されていて持続中の呪文に関して、呪文抵抗に対する術者レベル判定に失敗した場合、その呪文抵抗を持つクリーチャーはその呪文のあらゆる効果を無視できるようになる。しかし、呪文はそのクリーチャー以外には通常通り作用し続ける。

生命力吸収と負のレベル Energy Drain and Negative Levels

呪文やアンデッドの中には、生命や精力を奪い取る能力を持つものが存在する。この恐るべき攻撃は"負のレベル"を引き起こす。負のレベルはキャラクターに多くのペナルティを与える。

クリーチャーは負のレベルを受けるごとに、能力値判定、攻撃ロール、戦技判定、戦技防御値、セーヴ、および技能判定に－1ペナルティを受け、このペナルティは累積する。加えて、現在HPおよび最大HPは、クリーチャーの受けた負のレベルごとに5ポイント減少する。クリーチャーはレベル依存の変数（例えば呪文の発動など）においても自分の受けている負のレベルごとに1レベル低いものとして扱われる。呪文の使い手が負のレベルによって準備した呪文や呪文スロットを失うことはない。もし負のレベルがクリーチャーの合計ヒット・ダイス以上になった場合、死亡する。

一時的な負のレベルを受けたクリーチャーは、1日1回負のレベルを取り除くために新たにセーヴを行う。この際のセーヴDCは負のレベルを与えた効果のものと同じである。

いくつかの能力や呪文（**レイズ・デッド**など）はクリーチャーのレベルを恒久的に吸収する。これらは一時的な負のレベルと同じような影響を与えるが、取り除くための毎日のセーヴを行うことはできない。このレベル吸収は**レストレーション**のような呪文によって取り除くことができる。死んだクリーチャーが生き返った時にも恒久的な負のレベルが残る。恒久的な負のレベルがヒット・ダイスと同じ値に達したクリーチャーは、**レイズ・デッド**や**リザレクション**のような呪文のみでは蘇る事ができず、蘇らせた直後のラウンドに**レストレーション**の呪文を発動して負のレベルを取り除く必要がある。

[即死]攻撃 Death Attacks

多くの場合、[即死]攻撃は効果を無効化するために頑健セーヴができるが、もしセーヴに失敗すれば、キャラクターは大量のダメージを受け、即死する場合もある。

- レイズ・デッドは[即死]攻撃や効果によって殺されたものには機能しない。
- [即死]攻撃は即座に対象を殺す。犠牲者は容態安定化して命を取り留めることはできない。
- それが問題になる場合、死亡状態のキャラクターは、どのようにして死んだ場合でも、HPはマイナス【耐久力】以下になる。
- デス・ウォードの呪文はこれらの攻撃に対する備えになる。

ダメージ減少 Damage Reduction

魔法的クリーチャーの中には、武器によるダメージが即座に治癒したり、まるで不死身であるかのように攻撃を完全に無視する超常能力を持つものがいる。

クリーチャーのダメージ減少（DRと略す）に記載された数値は、通常の攻撃によるダメージのうちクリーチャーが無視できる量を表している。一般に、特定の種類の武器は、この減少を克服することができる（ダメージ減少の克服を参照）。この情報はダメージ減少の数値と"／"で区切って記載されている。例えば、"ダメージ減少5／魔法"とあれば、クリーチャーは魔法のものでないあらゆる武器からのダメージを5ポイント少なく受けることを意味する。もし"／"のあとに"―"と記載があれば、

616

そのダメージ減少は、ダメージ減少を無視するものを除いたあらゆる攻撃に対して有効である。

ダメージ減少が攻撃のダメージを完全に無効化した場合、致傷型の毒、モンクの朦朧化打撃、致傷型の病気などの、その攻撃に付随する特殊な効果のほとんども無効化する。ダメージ減少は接触攻撃、攻撃に付随するエネルギー・ダメージ、生命力吸収を無効化しない。また、吸入、摂取、接触による毒や病気にも作用しない。

ダメージ減少によって攻撃からのダメージを完全に防いだとしても、その攻撃が呪文を崩壊させることはない。

呪文、擬似呪文能力、およびエネルギー攻撃は（非魔法的な［火炎］でさえ）、ダメージ減少を無視する（ただし、呪文などによる殴打、斬撃または刺突ダメージはダメージ減少の対象となる）。

ダメージ減少は、ときには瞬間的な治癒である。また、ときには頑丈な皮膚や身体を表す。いずれにせよ、キャラクター達はその攻撃が通じていないことが理解できる。

クリーチャーが複数の要因からダメージ減少を得ている場合、2つのダメージ減少は累積しない。かわりに、そのクリーチャーは、その時々の状況に応じて、最も有効なダメージ減少から利益を得る。

ダメージ減少の克服：ダメージ減少には特殊な素材、魔法の武器（＋1かそれ以上の強化ボーナスを有する全ての武器、ただし高品質による強化ボーナスは数えない）、特定のタイプの武器（斬撃あるいは殴打のような）、特定の属性を帯びた武器によって克服できるものなどがある。

＋1以上の強化ボーナスを有する射出武器から発射された矢弾は、ダメージ減少の克服に関しては魔法の武器として扱われる。同様に、属性を有する射出武器から発射された矢弾は、その射出武器の属性を得る（矢弾が既に属性を持つ場合にはそれに追加される）。

＋3以上の強化ボーナスを持つ武器は、実際の素材や属性にかかわらず、一部のダメージ軽減を克服することができる。以下の表は、どれだけの強化ボーナスがあればどのようなダメージ減少を克服できるかを表したものである（射出武器に＋3以上の強化ボーナスがあっても、矢弾がこのようなダメージ減少の克服の利益を得ることはない）。

ダメージ減少のタイプ	同等の武器の強化ボーナス
冷たい鉄／銀	＋3
アダマンティン＊	＋4
属性依存	＋5

＊実際のアダマンティン武器のように、硬度を無視する能力は与えない。

能力値へのダメージ、ペナルティ、および吸収
Ability Score Damage, Penalty, and Drain

病気、毒、呪文およびその他の能力は、君の能力値に直接ダメージを与えることがある。このダメージは実際に能力値を減少させるわけではないが、その能力値を基準とする技能やその能力値を基準とする数値にペナルティを与える。

1つの能力値に2ポイントのダメージを受けるごとに、技能判定や以下に各能力値ごとに記載されている数値に－1のペナルティを受ける。もし、君の受けた能力値ダメージの合計が君の能力値以上になると、君は気絶状態となり、この状態はその能力値ダメージが君の能力値より小さくなるまで回復しない。唯一の例外は【耐久力】の場合であり、もし君の【耐久力】へのダメージが君の【耐久力】以上になった場合、直ちに死亡する。特に記載がない限り、能力値ダメージは、ダメージを受けた能力値ごとに1日1ポイントの割合で回復する。能力値ダメージは、レッサー・レストレーションのような呪文で回復させることができる。

いくつかの呪文や能力は、限られた時間だけ君に能力値へのペナルティを与える。これらの効果の間、これらのペナルティは能力値ダメージと同様に働くが、それらの効果によって気絶したり死亡したりすることはない。原則としてペナルティによって君の能力値が1を下回ることはない。

筋力：君の【筋力】にダメージを受けた場合、君は【筋力】基準の技能判定、近接攻撃ロール、武器のダメージ・ロール（【筋力】によるなら）にペナルティを受ける。ペナルティは君の戦技ボーナス（小型サイズ以上の場合）と戦技防御値にも影響する。

敏捷力：君の【敏捷力】にダメージを受けた場合、君は【敏捷力】基準の技能判定、遠隔攻撃ロール、イニシアチブ判定、反応セーヴにペナルティを受ける。ペナルティは君のAC、戦技ボーナス（超小型サイズ以下の場合）と戦技防御値にも影響する。

耐久力：君の【耐久力】にダメージを受けた場合、頑健セーヴにペナルティを受ける。加えて、このペナルティによって、君のヒット・ダイスの合計値とこのペナルティをかけた値だけ、君の現在HPと最大HPが減少する。【耐久力】ダメージが回復すると、このように失われた現在HPと最大HPは元に戻る。

知力：君の【知力】にダメージを受けた場合、【知力】基準の技能判定にペナルティを受ける。このペナルティは【知力】を基準とする呪文のDCにも影響する。

判断力：君の【判断力】にダメージを受けた場合、【判断力】基準の技能判定、および意志セーヴにペナルティを受ける。このペナルティは【判断力】を基準とする呪文のDCにも影響する。

魅力：君の【魅力】にダメージを受けた場合、【魅力】基準の技能判定にペナルティを受ける。このペナルティは【魅力】を基準とする呪文のDCや君のエネルギー放出能力に対する抵抗判定のDCにも影響する。

能力値吸収：能力値吸収は実際に能力値を減少させる。その能力値に関する全ての技能や数値を修正すること。これによって君の技能ポイント、HPやその他のボーナスが失われる場合もあるだろう。能力値吸収はレストレーションのような呪文によって回復させることができる。

能力値ボーナス Ability Score Bonuses

いくつかの呪文や能力は君の能力値を上昇させる。能力値の上昇の持続時間が1日以下の場合は、一時的なボーナスのみが得られる。1つの能力値が2上昇するごとに、技能や、以下に各能力値ごとに記載されている数値に＋1のボーナスを得る。

筋力：一時的に君の【筋力】が上昇した場合、君は【筋力】基準の技能判定、近接攻撃ロール、武器のダメージ・ロールに（【筋

力】によるなら）ボーナスを得る。ボーナスは君の戦技ボーナス（小型サイズ以上の場合）と戦技防御値にも影響する。

敏捷力：一時的に君の【敏捷力】が上昇した場合、君は【敏捷力】基準の技能判定、遠隔攻撃ロール、イニシアチブ判定、反応セーヴにボーナスを得る。ボーナスは君のAC、戦技ボーナス（超小型サイズ以下の場合）と戦技防御値にも影響する。

耐久力：一時的に君の【耐久力】が上昇した場合、頑健セーヴにボーナスを得る。加えて、このボーナスによって、君のヒット・ダイスの合計値とこのボーナスをかけた値だけ君の現在HPと最大HPが増加する。このボーナスが終了したとき、君の現在HPと全体HPはこの値だけ減少する。

知力：一時的に君の【知力】が上昇した場合、【知力】基準の技能判定にボーナスを得る。このボーナスは【知力】を基準とする呪文のDCにも影響する。

判断力：一時的に君の【判断力】が上昇した場合、【判断力】基準の技能判定、および意志セーヴにボーナスを得る。このボーナスは【判断力】を基準とする呪文のDCにも影響する。

魅力：一時的に君の【魅力】が上昇した場合、【魅力】基準の技能判定にボーナスを得る。このボーナスは【魅力】を基準とする呪文のDCや君のエネルギー放出能力に対する抵抗判定のDCにも影響する。

恒久的ボーナス：1日を越えて持続する能力値ボーナスの場合、24時間経過後に対応する能力値を実際に上昇させる。その能力値に関する全ての技能や数値を修正すること。これによって君は技能ポイント、HPやその他のボーナスを得ることもあるだろう。これらのボーナスは失われた場合のために別に記録しておくべきである。

不可視 Invisibility

見られることなく動き回る能力は、絶対に安全なものではない。見ることができなくとも、不可視状態のクリーチャーの立てる音を聞いたり、匂いを嗅いだり、あるいは触って感じ取ることはできるからだ。

不可視状態のクリーチャーは、暗視を含めて視覚では発見できない。

不可視状態のクリーチャーは、不可視であることによってクリティカル・ヒットに完全耐性を得ることはないが、レンジャーの"得意な敵"や急所攻撃による追加ダメージに対して完全耐性を得る。

クリーチャーは、通常、30フィート以内の活動中の不可視状態のクリーチャーの存在に、DC20の〈知覚〉判定で気付くことができる。〈知覚〉判定に成功したものは「そこに何かがいる」という感覚を得るが、それを目にしたり、正確に攻撃の目標にすることはできない。不可視状態のクリーチャーの位置を〈知覚〉判定で特定することは、ほぼ不可能（DCに＋20）である。たとえ位置の特定に成功しても、不可視状態のクリーチャーは依然として、完全視認困難の利益を得る（50％の失敗確率）。もし不可視状態のクリーチャーが移動していたり、音を立てる行動を起こしている場合、このDCに様々な修正を受ける。

不可視状態のクリーチャーが……	〈知覚〉DC修正
戦闘あるいは会話をしている	−20
移動速度ぶんの移動	−5
倍速移動	−10
疾走あるいは突撃	−20
移動しない	＋20
〈隠密〉を使用	〈隠密〉判定値＋20
距離が離れている	10フィートごとに＋1
障害物（扉）の反対側にいる	＋5
障害物（石製の壁）の反対側にいる	＋15

クリーチャーは不可視状態のクリーチャーを手探りで発見しようとすることもできる。キャラクターは手や武器を使い、1回の標準アクションとして、隣接するマス目2箇所に対して接触攻撃を行う。もし、不可視状態の対象が指定した範囲内にいた場合も、この接触攻撃には50％の失敗確率がある。判定に成功したら、手探りをしていたキャラクターは、ダメージは与えないが、不可視状態のクリーチャーの現在の位置を特定することに成功する。しかし、不可視状態のクリーチャーが移動すれば、当然その位置は再びわからなくなる。

不可視状態のクリーチャーがキャラクターに近接攻撃を命中させたら、攻撃されたキャラクターは、攻撃したクリーチャーの位置を知る（もちろん、不可視状態のクリーチャーが移動するまででしかないが）。例外は不可視状態のクリーチャーが5フィートを超える間合いを持っていた場合で、攻撃を受けたキャラクターは、攻撃したクリーチャーの大体の位置を知るが、正確な位置を特定することはできない。

キャラクターが、位置を特定した不可視状態のクリーチャーを攻撃する場合、通常通り攻撃を行うが、不可視状態のクリーチャーは依然として完全視認困難の利益を得る（50％の失敗確率）。特にサイズが大きく動きの鈍いクリーチャーについては、失敗確率はもっと低い場合もあるだろう。

キャラクターが位置を特定できていない不可視状態のクリーチャーを攻撃する場合、プレイヤーはキャラクターが攻撃の対象とするマス目を指定する。そこに不可視状態のクリーチャーがいたら、通常どおり攻撃を解決する。もし、そこに敵がいなかったら、GMはそこに相手が居たかのように失敗確率を振り、結果に関係なくキャラクターが失敗したと告げる。こうすれば、敵がそこにいなかったから外れたのか、失敗確率の結果外れたのかを、プレイヤーが知ることはない。

不可視状態のキャラクターが可視状態の物体を拾い上げた場合、その物体は可視状態のままである。不可視状態のクリーチャーは可視状態の小さなアイテムを拾い上げて、隠す（ポケットの中に入れたり、外套の下に隠したり）ことができ、こうすれば事実上そのアイテムも不可視状態となる。不可視状態の物体に小麦粉をまぶして、その位置がわかるようにすることもできる（小麦粉が落ちたり、吹き散らされるまで間での間だが）。

不可視状態のクリーチャーは痕跡を残す。彼らは通常どおり追跡される。砂や泥などの柔らかい地面に残った足跡は、敵に不可視状態のクリーチャーのいる位置の手がかりを与える場合がある。

618

水中にいる不可視状態のクリーチャーは、水を押しのけるため、その位置が明らかになる。しかし、不可視状態のクリーチャーは依然として見えにくいので、（完全視認困難ではなく）視認困難の利益を得る。

鋭敏嗅覚の特殊能力を持つクリーチャーは、可視状態のクリーチャーと同様に、不可視状態のクリーチャーも感知できる。

《無視界戦闘》の特技を持つクリーチャーは、通常より高い確率で不可視状態のクリーチャーに命中させることができる。失敗確率ロールを2回行い、両方が失敗の場合にのみ失敗する（あるいは、50％の失敗確率ロールを2回行う代わりに25％の失敗確率ロールを1回だけ行ってもよい）。

擬似視覚をもったクリーチャーは、相手のクリーチャーが不可視状態であるかに関わらず攻撃（あるいはその他のやりとり）をすることができる。

不可視状態にある火のついた松明は、依然として光を発する。これは**ライト**の呪文と同様の呪文かけられた不可視状態の物体についても同じである。

エーテル状態のクリーチャー、例えば**イセリアルネス**呪文を受けたクリーチャーは不可視状態となる。ニーテル状態のクリーチャーは物質界に存在していないため、〈知覚〉判定、鋭敏嗅覚、《無視覚戦闘》、擬似視覚などは位置を特定する助けにならない。非実体クリーチャーはたいてい不可視状態である。鋭敏嗅覚、《無視覚戦闘》、擬似視覚は不可視状態の非実体クリーチャーを発見したり攻撃する助けにはならないが、〈知覚〉判定は有効である。

不可視状態のクリーチャーは、凝視攻撃を使用できない。

不可視状態は占術系呪文を阻害しない。

クリーチャーの中には不可視状態のクリーチャーを感知したり見ることのできるものがいるため、不可視状態であっても隠れることに意味がある場合がある。

麻痺 Paralysis

呪文の中には、犠牲者を麻痺させ、魔法によって動けない状態にしてしまうものがあり、一部のモンスターも同様の超常能力や擬似呪文能力を持つ。毒による麻痺については"苦難"の項を参照。

麻痺状態となったキャラクターは、動くことも話すことも、その他いかなる身体的な行動もできない。その場に釘付けになり、身動きできずに無防備状態である。仲間ですらその四肢を動かすことはできない。純粋に精神的な行動、たとえば要素を全く持たない呪文の発動などは行える。

麻痺状態になった時点で翼で飛行中のクリーチャーは羽ばたく事ができず、落下する。水泳中の場合、泳ぐことができず溺れる可能性もある。

（魅惑）と（強制）Charm and Compulsion

多くの呪文や能力により、キャラクターやモンスターの精神を鈍らせ、敵味方の区別をつかなくしたり、さらにはかつての仲間たちこそ現在の最大の敵であると思い込ませることさえできる。キャラクターやクリーチャーに作用する心術には、原則

として（魅惑）と（強制）の2種類がある。

他のクリーチャーを（魅惑）することにより、（魅惑）を行ったキャラクターは、相手を友人だと思わせ、忠実な手下とした相手に様々な行動を勧めることができる。しかし、その服従は絶対のものではなく、知性を失うこともない。このような（魅惑）には様々な**チャーム**に類する呪文や一部のモンスターの能力が含まれる。基本的に、（魅惑）されたキャラクターは自由意志を保持しているが、歪められた世界観に基づいて行動を選択する。

- （魅惑）されたクリーチャーは、新たな友人の話す言語を理解できるようになる魔法的能力を得ることはない。
- （魅惑）されたキャラクターは、属性や忠誠心などは基本的に元のままだが、例外として（魅惑）を行ったクリーチャーを親友とみなし、彼の示唆や指示を非常に重視する。
- （魅惑）されたキャラクターは、元の仲間が彼の新たな友人を脅かさないかぎり、元の仲間とは戦わない。戦う場合でも、その戦法が成功する可能性が少しでもある限り、自分の取りうる中で最も致死性の少ない手段をとろうとする（本当に自分の友人同士が戦っている場合に間に割って入るように）。
- （魅惑）されたキャラクターは、通常なら例え親友によるものであっても行わないような事柄を指示されたり命令された場合、（魅惑）を行った相手に対して対抗【魅力】判定を行うことができる。成功したら、その命令に従わないことにできるが、（魅惑）は続く。
- （魅惑）されたキャラクターは、明らかに自殺的であったり、自分に酷く有害な命令には、決して従わない。
- （魅惑）を行ったクリーチャーが、（魅惑）された相手に対して相手が激しく拒絶するような命令を行ったら、対象は（魅惑）の影響から完全に逃れるための新たなセーヴを行うことができる。
- （魅惑）されたキャラクターが、（魅惑）を行ったクリーチャーか、明らかにその仲間であるものから明確な攻撃を受けたら、自動的に（魅惑）の呪文や効果は解ける。

"（強制）"はこれとはまったく別のものである。（強制）は何らかの形で目標の自由意志を覆し、あるいは目標の精神のあり方を変化させる。（魅惑）は対象を術者の友人とするが、（強制）は対象を術者に従わせるのである。

キャラクターが（魅惑）されたか（強制）されたかに関わらず、術者に求められていない情報提供や戦法を自発的に行うことはない。

夜目 Low-Light Vision

夜目を持ったキャラクターは、光に敏感な目を持っており、薄暗い明かりの下で、通常より2倍遠くまでの距離を見通すことができる。夜目は色彩も判別できる。夜目をもった呪文の使い手は、傍らに光源として非常に小さなロウソクの火でもあれば、巻物を読むことができる。

夜目を持ったキャラクターは、月明かりに照らされた夜の屋外を、日中と同じように見通すことができる。

付録2：状態 Conditions

　もし、1人のキャラクターが2つ以上の状態の影響を受けている場合、それを全て適用すること。もし効果を組み合わせることができない場合は、最も厳しい効果を適用すること。

押さえ込まれた状態／Pinned：押さえ込まれた状態のキャラクターはしっかりと拘束され、ほとんどの行動を行うことができない。押さえ込まれた状態のクリーチャーは移動することができず、【敏捷力】ボーナスを失う。加えてACに−4のペナルティを受ける。押さえ込まれたキャラクターの行うことができる行動は制限される。押さえ込まれたキャラクターは、戦技判定か〈脱出術〉の判定で自由になろうとすることができる。押さえ込まれたキャラクターは、音声による、あるいは精神的な行動はできるが、動作要素や物質要素を要求するあらゆる呪文を発動することはできない。押さえ込まれたキャラクターが呪文を発動するか擬似呪文能力を使用しようと試みる場合は、精神集中判定（DC10＋組みつき相手のCMB＋呪文レベル）を行わなければならず、失敗すると呪文を失う。押さえ込まれた状態は組みつき状態のより厳しい状態であり、その効果は累積しない。

恐れ状態／Frightened：恐れ状態のクリーチャーは［恐怖］の原因から全力を尽くして逃げる。逃げることができない場合、戦うこともできる。恐れ状態のクリーチャーは全ての攻撃ロール、セーヴ、技能判定、能力値判定に−2のペナルティを受ける。恐れ状態のクリーチャーは、逃走するために、呪文を含めて各種の特殊能力を用いることができる。さらに言うと、他に逃走する方法がない場合には、必ずこういった能力を使用しなければならない。

　恐れ状態は怯え状態に似ているが、クリーチャーが可能な限り逃走しなければならないという点が異なる。より程度の酷い［恐怖］の状態には"恐慌状態"がある。

怯え状態／Shaken：怯え状態のキャラクターは攻撃ロール、セーヴ、技能判定、能力値判定に−2のペナルティを受ける。怯え状態は恐れ状態や恐慌状態よりは軽度な［恐怖］状態である。

絡みつかれた状態／Entangled：キャラクターは何かに絡みつかれている。絡みつかれた状態では移動が阻害されるが、動かない物体に繋ぎ止められていたり、対抗する力で引きとめられていない限り、全く移動できないわけではない。絡みつかれた状態のクリーチャーは半分の移動速度で移動し、疾走や突撃はできず、攻撃ロールに−2のペナルティ、【敏捷力】に−4のペナルティを受ける。絡みつかれた状態のキャラクターが呪文の発動を試みる場合、精神集中判定（DC15＋呪文レベル）を行わなければならず、失敗すると呪文を失う。

過労状態／Exhausted：過労状態のキャラクターは半分の移動速度で移動し、疾走や突撃ができず、【筋力】と【敏捷力】に−6のペナルティを受ける。1時間の間、完全に休息すれば、過労状態のキャラクターは疲労状態になる。疲労状態のキャラクターは、通常なら疲労状態になるような行動をすると過労状態になる。

気絶状態／Unconscious：気絶状態のクリーチャーは意識を失い無防備状態である。HPがマイナスになった（ただし、マ

イナス【耐久力】以下ではない）場合や、非致傷ダメージが現在HPを超えた場合にも気絶状態となる。

恐慌状態／Panicked：恐慌状態のクリーチャーは手に持っているものを全て落とし、［恐怖］の原因から全速力で逃げる。その際、ランダムな経路を通り、途中で遭遇したあらゆる危険からも逃げる。それ以外のアクションは何も行うことができない。加えて、そのクリーチャーはセーヴ、技能判定、能力値判定に−2のペナルティを受ける。逃げられない位置に追いつめられると、恐慌状態のクリーチャーは戦慄状態となり、攻撃はしない。戦闘では大抵、防御専念アクションを用いる。恐慌状態のクリーチャーは、逃走するために、呪文も含めて各種の特殊能力を用いることができる。さらに言うと、他に逃走する方法がない場合には、必ずこういった能力を使用しなければならない。

　恐慌状態は"怯え状態"や"恐れ状態"よりも程度の酷い［恐怖］の状態である。

組みつき状態／Grappled：組みつき状態のクリーチャーは、クリーチャーや罠、あるいは何らかの効果によって拘束されている。組みつき状態のクリーチャーは移動できず、【敏捷力】に−4のペナルティを受ける。組みつき状態のクリーチャーは、組みつきを行うか組みつきから逃れる判定を除いて、攻撃ロールと戦技判定に−2のペナルティを受ける。加えて、組みつき状態のクリーチャーは両手が必要な行動をとることができない。組みつき状態のクリーチャーが呪文を発動するか擬似呪文能力を使用しようと試みる場合、精神集中判定（DC10＋組みつきの相手のCMB＋呪文レベル）を行わなければならず、失敗すると呪文を失う。組みつき状態のクリーチャーは機会攻撃を行うことができない。

　組みつき状態のクリーチャーは通常なら可能な場合でも、たとえ影隠れのような特殊能力によってさえ、〈隠密〉を使って組みついている相手から隠れることはできない。もし、組みつき状態のクリーチャーが呪文や他の能力によって不可視状態になったのなら、組みつきに対するCMDに＋2の状況ボーナスを得るが、それ以外の利益は得られない。

幻惑状態／Dazed：クリーチャーは通常通り行動することができない。幻惑状態のクリーチャーはアクションを行うことができないが、ACにはペナルティを受けない。幻惑状態は通常、1ラウンドで終了する。

恍惚状態／Fascinated：恍惚状態のクリーチャーは超常的な効果や呪文の効果によって、うっとりさせられている。恍惚状態のクリーチャーはその場で静かに立ち止まるか座ったままでおり、恍惚状態を引き起こす効果が続く限り、その効果に注意を向ける以外の何のアクションも行わない。〈知覚〉判定のような、反応として行う技能判定に−4ペナルティを受ける。何らかの脅威となりうる事象、例えば敵対的なクリーチャーが接近してくるといったことがあると、恍惚状態のクリーチャーは、恍惚効果に対する新たなセーヴを行うことができる。明確な脅威、例えば誰かが武器を抜いたり、呪文を発動したり、恍惚状態のクリーチャーに対して遠隔武器の狙いをつけるといったことは、自動的に効果を打ち消す。恍惚状態のクリーチャーの仲間は、1回の標準アクションとして、クリーチャーを揺さぶっ

て効果から解き放つことができる。

混乱状態／Confused：混乱状態のクリーチャーは精神的に混乱しており、普通に行動することができない。混乱状態のクリーチャーは敵味方の区別がつかず、全てのクリーチャーを敵とみなす。混乱状態のクリーチャーに接触が必要な有益な呪文を発動しようとする者は、近接接触攻撃に成功しなければならない。混乱状態のクリーチャーが攻撃された場合、混乱状態のクリーチャーは、最後に攻撃してきたクリーチャーを、死亡するか見えなくなるまで攻撃する。

混乱状態のキャラクターは、各ラウンドの自身のターンの開始時に以下の表を振って、そのラウンドの行動を決定する。

d%	行動
01～25	普通に行動する
26～50	何もせず、ただ支離滅裂なことを呟く
51～75	手もとにある物で自身に攻撃し、1d8＋【筋】修正値のダメージを与える
76～100	最も近くにいるクリーチャーを攻撃する（使い魔は自分の体の一部とみなす）

表に示された行動を実行することができないキャラクターは、支離滅裂なことを呟くだけである。混乱状態のクリーチャーを攻撃するものには、特に何のボーナスもない。混乱状態のクリーチャーが攻撃を受けた場合、次のターンにまだ混乱状態なら、自動的に（上記の表に依らずに）攻撃してきたクリーチャーを攻撃する。混乱状態のクリーチャーは、（自身の直近の行動によって、あるいは直前に攻撃を受けたことによって）すでに攻撃対象として注意を向けているクリーチャー以外に対しては、機会攻撃を行わないことに注意。

死亡状態／Dead：キャラクターのHPがマイナス【耐久力】の値以下になったか、【耐久力】の値が0になったか、呪文や効果によって即死させられてしまった場合。キャラクターの魂は肉体を離れる。死亡状態のキャラクターは、通常の、あるいは魔法による治癒の利益を受けられないが、魔法によって命を取り戻すことは可能である。魔法で保存しない限り、死体は通常通り腐敗するが、死亡したキャラクターの命を取り戻す魔法は、その肉体を完全に健康な状態か、あるいは死亡した時点での状態に回復させる（使用した呪文や装置による）。どちらにしても、蘇生されたキャラクターは、死後硬直や腐敗といった、死体に作用する影響を心配する必要はない。

出血状態／Bleed：出血ダメージを受けたクリーチャーは、自身のターンの始めに記載されたダメージを受ける。DC15の〈治療〉判定に成功する、あるいはHPへのダメージを回復させる呪文によって、出血状態を止めることができる（能力値ダメージを与える出血状態の場合も）。出血効果には能力値ダメージや能力値吸収を引き起こすものもある。出血効果は、異なる性質のダメージを与えるものでない限り累積しない。同じ性質のダメージを与える2つ以上の出血効果の影響を受けている場合は、より厳しい効果を適用する。この場合、能力値吸収は能力値ダメージより厳しい効果である。

生命力吸収状態／Energy Drained：キャラクターは1レベル

以上の負のレベルを得ており、それが恒久的なものの場合もある。もし負のレベルがヒット・ダイス以上になったら死亡する。p.616の"生命力吸収と負のレベル"の項目を参照。

石化状態／Petrified：石化状態のキャラクターは石に変えられており、気絶状態であるとみなす。石化状態のキャラクターにひびが入ったり欠けた場合でも、石化状態から肉に戻る際に欠けた破片をくっつけておけば、そのキャラクターは被害を受けない。肉に戻る際に石化された体が完全でなければ、肉に戻った体も完全ではなく、永久にHPを失ったり、弱体化したりする。

戦慄状態／Cowering：キャラクターは［恐怖］にすくんで身動きが取れず、アクションを行うことができない。戦慄状態のクリーチャーはACに－2のペナルティを受け、【敏】ボーナスを（もしあれば）失う。

立ちすくみ状態／Flat-Footed：その戦闘でまだ行動をしていないキャラクターは、立ちすくみ状態であり、周囲の状況にまだ通常通り反応することができない。立ちすくみ状態のキャラクターはACへの【敏】ボーナス（あれば）を失い、機会攻撃を行えない。

聴覚喪失状態／Deafened：聴覚喪失状態のキャラクターは、音を聞くことができない。聴覚に依存する〈知覚〉判定に自動失敗し、イニシアチブ判定と対抗〈知覚〉判定に－4のペナルティを受け、音声要素のある呪文の発動時に20％の呪文失敗率を受ける。長期間聴覚喪失状態にあるキャラクターはこれらの障害に慣れていって、一部を克服できるかもしれない。

吐き気がする状態／Nauseated：吐き気がする状態のクリーチャーはひどい胃の苦痛を味わっている。吐き気がする状態のクリーチャーは攻撃したり、呪文を発動したり、呪文に精神集中したり、その他注意力が必要な行動を何も行うことができない。こうしたキャラクターの唯一とれる行動は1ターンに1回の移動アクションだけである。

破損状態／Broken：最大HPの半分を超えるダメージを受けたアイテムは破損状態となり、その機能を充分に果たすことができなくなる。破損状態はアイテムの種類によって以下の影響を与える。

- 武器の場合、その武器によるすべての攻撃ロールとダメージ・ロールに－2のペナルティを受ける。また、その武器は攻撃ロールの1d20の出目が20のときしかクリティカルが発生しなくなり、クリティカル・ヒットでも2倍のダメージしか与えることができなくなる。

- 鎧や盾の場合、ACへのボーナスは半分（端数切り捨て）になる。破損状態の鎧は技能判定への防具による判定ペナルティが2倍になる。

- 技能判定に必要な道具の場合、その道具によるすべての技能判定に－2のペナルティを受ける。

- ワンドやスタッフの場合、チャージを2倍消費する。

- 上記のどのカテゴリーにも属さないアイテムの場合、破損状態でも使用に何の影響もない。しかし、破損状態のアイテムは、どの種類のものも通常の価格の75％の価値しかない。もしアイテムが魔法のものなら、魔法のアイテムの術者レベル以上の術者レベルのキャラクターによるメンディングかメ

イク・ホウルの呪文でのみ修理できる。アイテムが最大HPの半分以上まで修理されると、破損状態ではなくなる。魔法のものではない物品は同様に修理することもできるが、そのアイテムを作る際に使用する〈製作〉技能によって修理することもできる。一般的に、修理にはDC20の〈製作〉判定と、ダメージ1ポイントにつき1時間の作業時間を要する。このようなダメージを修理する際、多くの職人は修理代としてアイテムの価格の1/10（より酷いダメージを受けていたり、破壊されているならばそれ以上）を要求する。

非実体状態／Incorporeal：非実体状態のクリーチャーは実体のある肉体を持たない。非実体状態のクリーチャーは、魔法的でないあらゆる種類の攻撃に対して完全耐性がある。非実体状態のクリーチャーに対しては、魔法の武器、呪文、擬似呪文能力および超常能力は半分（50%）のダメージを与えることができる。非実体状態のクリーチャーは、他の非実体状態のクリーチャーや効果、およびあらゆる［力場］の効果から完全なダメージを受ける。

疲労状態／Fatigued：疲労状態のキャラクターは疾走や突撃ができず、【筋力】と【敏捷力】に−2のペナルティを受ける。疲労状態のキャラクターは、通常なら疲労状態になるような行動をとると過労状態となる。疲労状態のキャラクターは8時間の間、完全に休息すれば、疲労状態ではなくなる。

瀕死状態／Dying：瀕死状態のキャラクターは気絶状態であり死に瀕している。クリーチャーのHPが負の値だが容態安定状態ではないときには瀕死状態である。瀕死状態のクリーチャーは何のアクションも行うことができない。HPが負の値まで減少した（しかし死亡していない）後、そのキャラクターの次のターン以降の全てのターンに、キャラクターはDC10の【耐久力】判定を行い、成功すれば容態安定状態になる。キャラクターはこの判定に現在HPの負の値と同じだけペナルティを受ける。キャラクターが一度容態安定状態になれば、以降はこの判定をする必要はない。判定の際の1d20の出目が20なら自動的にこの判定に成功する。キャラクターがこの判定に失敗したら、HPを1ポイント失う。瀕死状態のキャラクターのHPがマイナス【耐久力】以下になったら死亡する。

不可視状態／Invisible：不可視状態のクリーチャーは視覚で探知できない。不可視状態のクリーチャーは視覚を持つ敵への攻撃ロールに＋2のボーナスを得て、その敵のACへの【敏】ボーナス（あれば）を無効化する。特殊能力の"不可視"の項を参照。

伏せ状態／Prone：キャラクターは地面に横たわっている。攻撃する側が伏せ状態の場合、近接攻撃ロールに−4のペナルティを受け、遠隔攻撃を行うことはできない（クロスボウを除く）。防御側が伏せ状態の場合、遠隔攻撃に対するACに＋4のボーナスを受けるが、近接攻撃に対するACに−4のペナルティを受ける。

立ち上がる行動は移動アクションで、機会攻撃を誘発する。

不調状態／Sickened：キャラクターは全ての攻撃ロール、武器のダメージ・ロール、セーヴ、技能判定、能力値判定に−2のペナルティを受ける。

麻痺状態／Paralyzed：麻痺状態のキャラクターはその場で身動きできなくなり、移動したり行動したりすることができない。麻痺状態のキャラクターは有効【敏捷力】と有効【筋力】が0の状態で、無防備状態であるが、純粋に精神的な行動を行うことはできる。麻痺状態になった時点で翼で飛行中のクリーチャーは、羽ばたく事ができず落下する。水泳中のものが麻痺状態であれば泳ぐことができず、溺れる可能性もある。クリーチャーは、仲間かどうかに関わらず、麻痺状態のクリーチャーが占めるマス目を通過して移動することができる。しかしその場合、麻痺状態のクリーチャーが占めている各マスは2マスぶんの移動と数える。

満身創痍状態／Disabled：キャラクターのHPが0、あるいはHPが負の値になっているが容態安定状態で意識がある状態が、満身創痍状態である。満身創痍状態のキャラクターは各ラウンドに1回の移動アクションか1回の標準アクションのどちらかを行うことができる（どちらか片方だけで、全ラウンド・アクションも行えないが、即行アクション、割り込みアクション、そしてフリー・アクションは行える）。移動は半分の移動速度で行う。移動アクションであればそれ以上自分自身を傷つけることなく行えるが、なんらかの標準アクション（あるいはGMが激しいと判断した行動、高速化した呪文の発動といったフリー・アクションも含む）を行うと、行った後で1ポイントのダメージを受ける。その行動によってHPが上昇したのでない限り、行動後に現在HPは負の値になり、瀕死状態になる。

他のキャラクターによる手当てを受けられれば、HPがマイナスの満身創痍状態のキャラクターは、HPを自然回復できる。手当てを受けられない場合、毎日8時間の休息後にDC10の【耐久力】判定を行い、成功すればHPの自然回復が始まる。キャラクターはこの判定にHPのマイナスの値と同じだけペナルティを受ける。この判定に失敗するとキャラクターはHPを1ポイントを失うが、気絶状態になることはない。いったんこの判定に成功したキャラクターは自然回復し続け、自然にHPを失う危険はなくなる。

無防備状態／Helpless：無防備状態のキャラクターは、気絶状態であったり、拘束されている、縛られている、眠っている、麻痺状態、その他で、完全に敵のなすがままである。無防備状態の目標は【敏捷力】が0（修正値−5）であるものとして扱われる。無防備状態の目標に対する近接攻撃には＋4ボーナスを受ける（伏せ状態の目標を攻撃するのと同等）。遠隔攻撃は、無防備状態の目標に対して特別なボーナスを得ることはできない。ローグは無防備状態の目標に対して急所攻撃を行うことができる。

1回の全ラウンド・アクションとして、近接武器を使って無防備状態の敵にとどめの一撃を行うことができる。目標に隣接しているなら、ボウやクロスボウを用いることもできる。攻撃は自動的に命中し、クリティカル・ヒットとなる（ローグはとどめの一撃を加える際、無防備状態の敵に急所攻撃による追加ダメージも与える）。防御側はダメージに耐えて生き残ったとしても、頑健セーヴ（DC10＋受けたダメージ）に成功しなければ死亡する。とどめの一撃は機会攻撃を誘発する。

クリティカル・ヒットに完全耐性のあるクリーチャーは、とどめの一撃によるクリティカル・ヒットを受けず、とどめの一

撃による死亡を回避するための頑健セーヴを行う必要も無い。

目が眩んだ状態／Dazzled：クリーチャーは過度の刺激によって、目がよく見えなくなっている。目が眩んだ状態のクリーチャーは攻撃ロールと視覚に依存する〈知覚〉判定に－1のペナルティを受ける。

盲目状態／Blinded：クリーチャーは見ることができない。ACに－2ペナルティを受け、ACへの【敏】ボーナス（あれば）を失い、【筋力】基準と【敏捷力】基準の技能判定のほとんどと対抗〈知覚〉判定に－4のペナルティを受ける。視覚に依存する判定と行動（例えば視覚による〈知覚〉判定など）は自動的に失敗する。全ての敵は、盲目状態の目標に対する完全視認困難（50％の失敗確率）を有するとみなされる。盲目のクリーチャーが移動速度の半分を超えて移動しようとする場合、DC10の〈軽業〉判定をしなければならない。判定に失敗すると転倒して伏せ状態になる。長期間盲目状態にあるキャラクターはこれらの障害に慣れ、一部を克服できるかもしれない。

朦朧状態／Stunned：朦朧状態のクリーチャーは手に持っているものを全て落とし、アクションを行うことができず、ACに－2のペナルティを受け、ACへの【敏】ボーナスを（もしあれば）失う。

容態安定状態／Stable：瀕死状態であったが、毎ラウンドHPを失うのが止まり、かつ依然としてHPがマイナスのキャラクターは、容態安定状態になる。キャラクターはもはや瀕死状態ではないが、依然として気絶状態である。他のキャラクターの手当て（例えば〈治療〉判定や魔法の治癒）によって容態安定状態となったら、それ以上はHPを失わない。キャラクターは1時間ごとにDC10の【耐久力】判定を行い、成功すれば意識を取り戻して満身創痍状態になる（たとえまだHPがマイナスでも）。キャラクターはこの判定にマイナスのHPと同じだけペナルティを受ける。

キャラクターが手当てを受けられずに自力で容態安定状態になった場合、引き続きHPを失う危険性がある。毎時間、DC10の【耐久力】判定を行い、成功すると（キャラクターは手当てを受けたかのように）容態安定状態になるが、失敗するとHPを1ポイント失う。

よろめき状態／Staggered：よろめき状態のクリーチャーは各ラウンドの間に1回の移動アクションか1回の標準アクションのいずれかしか行うことができない（両方はできないし、全ラウンド・アクションもできない）。よろめき状態のクリーチャーはフリー・アクションや即行アクション、割り込みアクションを行うことはできる。クリーチャーの非致傷ダメージがクリーチャーの現在HPとちょうど同じ場合、よろめき状態になる。

付録3：参考文献

『パスファインダーRPG』をはじめとするファンタジーRPGは、偉大なファンタジー小説の古典からインスピレーションを受けている。以下のリストは、『パスファインダーRPG』を作成する際に特に役立った小説とその作者をまとめたものである。

C・L・ムーア：『暗黒神のくちづけ』

H・G・ウエルズ：『タイム・マシン』など

J・R・R・トールキン：『指輪物語』三部作、『ホビットの冒険』

アーサー・マッケン：『白魔』など

アルジャーノン・ブラックウッド：『柳』（『いにしえの魔術』所収）、『ウェンディゴ』など

アンドリュー・J・オファット：『Swords Against Darkness』（編）

ヴィクトル・ユーゴー：『レ・ミゼラブル』

ウィリアム・シェークスピア：『マクベス』など

エイブラハム・メリット：『イシュタルの船』『ムーン・プール』など

エドガー・アラン・ポオ：『アッシャー家の崩壊』など

エドガー・ライス・バローズ：『ペルシダー』シリーズ、『火星』シリーズ、『金星』シリーズ

カール・エドワード・ワグナー：『ケイン・サーガ』シリーズ、『Echoes of Valor』（編）

クラーク・アシュトン・スミス：『アヴェロワーニュ妖魅浪漫譚』『ゾティーク幻妖怪異譚』など

クライヴ・ベーカー：『ヘルバウンド・ハート』、『イマジカ』、『ウィーヴワールド』

ゲイリー・ガイギャックス：『Gord the Rogue』シリーズなど

ジャック・ヴァンス：『終末期の赤い地球』シリーズなど

ジョージ・R・R・マーティン：『氷と炎の歌』シリーズ

スティーヴン・キング：『ダーク・タワー』シリーズ

千夜一夜物語 (民話集)

ダン・シモンズ：『ハイペリオン』シリーズ、『ザ・テラー 極北の恐怖』など

チャールズ・R・サンダース：『Imaro』シリーズなど

チャイナ・ミエヴィル：『Bas-Lag』シリーズ

ハワード・フィリップス・ラヴクラフト：クトゥルフ神話など

フィリップ・ホセ・ファーマー：『階層宇宙』シリーズなど

ブラム・ストーカー：『ドラキュラ』『Lair of the White Worm』など

フリッツ・ライバー：『ファファード＆グレイ・マウザー』シリーズなど

フレッド・セイバーヘーゲン：『アードネーの世界(〈東の帝国〉シリーズ3)』など

ベーオウルフ(作者不詳)

ヘンリー・カットナー：『アトランティスのエラーク』、『The Dark World』

ホメロス：『オデュッセイア』

マイケル・ムアコック：『エルリック・サーガ』シリーズ

マンリー・ウェイド・ウェルマン：『John the Balladeer』シリーズなど

ラムジー・キャンベル：『Ryre the Swordsman』シリーズ など

リイ・ブラケット：『リアノンの魔剣』『Skaith』シリーズなど

リン・カーター（編）：『The Year's Best Fantasy』、『Flashing Swords！』

レイモンド・E・フィースト：『リフトウォー・サーガ』など

ロード・ダンセイニ：『エルフランドの王女』など

ロジャー・ゼラズニイ：『真世界アンバー』シリーズなど

ロバート・E・ハワード：『英雄コナン』シリーズなど

パスファインダーRPG キャラクターシート

パスファインダーRPG キャラクターシート

防具・防御用アイテム

	ボーナス	タイプ	防具による判定ペナルティ	秘術呪文失敗確率	重量	特性
計						

呪 文

修得呪文数	呪文DC	レベル	1日の呪文数	ボーナス呪文
		0		—
		1		
		2		
		3		
		4		
		5		
		6		
		7		
		8		
		9		

条件付修正値

領域／系統

0レベル □□□□□□□□

1レベル □□□□□□□□

2レベル □□□□□□□□

3レベル □□□□□□□□

4レベル □□□□□□□□

5レベル □□□□□□□□

6レベル □□□□□□□□

7レベル □□□□□□□□

8レベル □□□□□□□□

9レベル □□□□□□□□

装備品

アイテム	重量
総重量	

軽荷重		頭上に持ち上げる	
中荷重		地面から持ち上げる	
重荷重		押し引き	

所持金

CP（銅貨）

SP（銀貨）

GP（金貨）

PP（白金貨）

特 技

特殊能力

XP（経験点）

	次のレベル

©2009,2018 Paizo Inc.

パスファインダーRPG 索引

■0-9

0レベル・ウィザード／ソーサラー呪文（キャントリップ）……232
0レベル・クレリック呪文（オリソン）……240
0レベル・ドルイド呪文（オリソン）……244
0レベル・バード呪文（キャントリップ）……247
1レベル・ウィザード／ソーサラー呪文……232
1レベル・クレリック呪文……240
1レベル・ドルイド呪文……244
1レベル・バード呪文……247
1レベル・パラディン呪文……250
1レベル・レンジャー呪文……251
21レベル以降……448
2レベル・ウィザード／ソーサラー呪文……233
2レベル・クレリック呪文……241
2レベル・ドルイド呪文……245
2レベル・バード呪文……248
2レベル・パラディン呪文……250
2レベル・レンジャー呪文……251
3レベル・ウィザード／ソーサラー呪文……234
3レベル・クレリック呪文……241
3レベル・ドルイド呪文……245
3レベル・バード呪文……248
3レベル・パラディン呪文……250
3レベル・レンジャー呪文……251
4レベル・ウィザード／ソーサラー呪文……235
4レベル・クレリック呪文……242
4レベル・ドルイド呪文……245
4レベル・バード呪文……249
4レベル・パラディン呪文……250
4レベル・レンジャー呪文……251
5レベル・ウィザード／ソーサラー呪文……236
5レベル・クレリック呪文……242
5レベル・ドルイド呪文……246
5レベル・バード呪文……249
6レベル・ウィザード／ソーサラー呪文……237
6レベル・クレリック呪文……243
6レベル・ドルイド呪文……246
6レベル・バード呪文……249
7レベル・ウィザード／ソーサラー呪文……238
7レベル・クレリック呪文……243
7レベル・ドルイド呪文……246
8レベル・ウィザード／ソーサラー呪文……238
8レベル・クレリック呪文……243
8レベル・ドルイド呪文……246
9つの属性……172
9レベル・ウィザード／ソーサラー呪文……239
9レベル・クレリック呪文……244
9レベル・ドルイド呪文……247

■ア行

アーケイン・アーチャー……414
アーケイン・トリックスター……418
アーティファクト……596
アーマー・クラス……185
アイテム作成特技……116
アイテムの自我……586
アイテムの使用……500
アイテムの話せる言語……585
アイテムの反抗……587
アクションの種類……188
悪の領域……39
アサシン……420
《欺きの名人》……117
欺きの領域……40
《足止め》（戦闘）……121
《足払い強化》（戦闘）……121
新しい能力の追加……607
アデプト……490
雨、雪、みぞれ、雹……479
嵐……480
新たな信仰呪文……229
アリストクラート……491
暗視……608
安息の領域……40
《アンデッド威伏》……121
《アンデッド退散》……122
〈威圧〉……90
異形……48
戦の領域……40
《一撃離脱》（戦闘）……122
一時的ヒット・ポイント……198
移動……176
移動、位置取り、距離……199
移動アクション……193
移動手段……168
移動速度……186
移動に関する特殊ルール……201
《イニシアチブ強化》（戦闘）……122
イニシアチブ変更アクション……210
《癒やしの手回数追加》……122
衣服……167
ウィザード……31
ウィザード／ソーサラー呪文……232
ウィザード呪文を準備する……226
飢えと渇き……483
ウォリアー……491
《運動能力》……122
運搬能力……175
運命の子……49
栄光の領域……41
《鋭敏感覚》……122
鋭敏嗅覚……609
エキスパート……492
NPCの創造……488,492
エネルギーに対する完全耐性と脆弱性……609
エネルギーに対する抵抗……609
《エネルギー放出回数追加》……122
《エネルギー放出強化》……122
エネルギー放出に対する抵抗……609
《エネルギー放出の一撃》（戦闘）……122
エルドリッチ・ナイト……422
エルフ……21
《エレメンタルへのエネルギー放出》……123
援護……89,205
《遠射》（戦闘）……123
大きな／小さなサイズのクリーチャーの戦闘・201
〈隠密〉……91

■カ行

階層化された次元界……482
《快速》……123
《回避》（戦闘）……123
解放の領域……41
街路の上と下……478
下級アーティファクト……596
各種道具と技能用具……167
各能力値の解説……16
《駆け抜け攻撃》（戦闘）……124
風……480
《風の如き脚》（戦闘）……124
風の領域……41
貨幣……146
〈軽業〉……91
《軽業移動》……124
《軽業師》……124
《過労化クリティカル》（戦闘、クリティカル）……124
環境……450
環境に関するルール……483
《頑健無比》……124
《頑健無比強化》……124
《貫通打撃》（戦闘）……124
〈鑑定〉……93
機会攻撃……186
擬似視覚と非視覚的感知……609
《騎射》（戦闘）……124
〈騎乗〉……93
《騎乗蹂躙》（戦闘）……124
《騎乗戦闘》（戦闘）……124
騎乗戦闘……209
既製のシナリオ……438
《機動射撃》（戦闘）……125
技能……86
《技能熟練》……125
技能の詳細……90
技能判定……88
技能を得る……88
《気の蓄積追加》……125
キャラクターとしてのモンスター……447
キャラクターの作成……14
キャラクターの成長……30

索引

キャンペーンの開始 …………………438
キャンペーンの終了 …………………448
キャンペーンのヒント ………………446
丘陵 ……………………………………470
狂気の領域 ……………………………41
挟撃 ……………………………………203
《強行突破》（戦闘）…………………125
[強酸]の効果 …………………………483
《強打》（戦闘）………………………125
共同体の領域 …………………………42
《器用な指先》…………………………125
恐怖 ……………………………………610
距離 ……………………………………221
霧 ………………………………………480
《近距離射撃》（戦闘）………………125
区域移動 ………………………………177
苦難 ……………………………………610
《組みつき強化》（戦闘）……………125
クラス …………………………………28
暗闇 ……………………………………484
《クリティカル強化》（戦闘）………125
《クリティカル熟練》（戦闘）………126
《クリティカル体得》（戦闘）………126
クリティカル特技 ……………………116
クレリック ……………………………37
クレリック呪文 ………………………240
《軍用武器習熟》（戦闘）……………126
系統（副系統）………………………217
〈芸能〉…………………………………94
《軽妙なる戦術》（戦闘）……………126
ゲームの準備 …………………………443
ゲームのプレイ中 ……………………444
ゲームマスター ………………………436
《激怒時間追加》………………………126
《化身時発動》…………………………126
《蹴散らし強化》（戦闘）……………126
〈言語学〉………………………………94
幻術 ……………………………………33
元素 ……………………………………51
幸運の領域 ……………………………42
高温による危険 ………………………484
高貴の領域 ……………………………42
攻撃ボーナス …………………………185
攻撃ロール ……………………………185
〈交渉〉…………………………………95
工匠の領域 ……………………………42
構成要素 ………………………………220
《高速装填》（戦闘）…………………126
行動遅延 ………………………………210
高品質の武器 …………………………155
高品質の防具 …………………………159
《攻防一体》（戦闘）…………………126
荒野 ……………………………………472
9つの属性 ……………………………172

コモナー ………………………………492
《ゴルゴンの拳》（戦闘）……………127
壊して押し入る ………………………179
《渾身の一打》（戦闘）………………127
《渾身の一打強化》（戦闘）…………127
混沌の領域 ……………………………43

■サ行

財産と金銭 ……………………………146
サイズと魔法のアイテム ……………501
《蠍の型》（戦闘）……………………127
山岳 ……………………………………470
市街地の特色 …………………………475
視界と光源 ……………………………178
《持久力》（戦闘）……………………127
次元界 …………………………………481
次元界の相互関係 ……………………482
地獄の者 ………………………………50
持続時間 ………………………………223
《疾走》（戦闘）………………………127
湿地 ……………………………………469
品物とサービス ………………………161
シナリオの構築 ………………………438
視認困難 ………………………………203
《忍びの技》（戦闘）…………………127
死の領域 ………………………………43
《慈悲追加》……………………………127
死亡状態 ………………………………197
シャドウダンサー ……………………423
遮蔽 ……………………………………202
修正値の決定 …………………………15
《呪芸時間追加》………………………128
守護の領域 ……………………………43
種族 ……………………………………18
《出血化クリティカル》（戦闘、クリティカル）
………………………………………128
術者レベル ……………………………216
呪文 …………………………………230,251
《呪文威力強化》（呪文修正）………128
《呪文威力最大化》（呪文修正）……128
《呪文音声省略》（呪文修正）………128
〈呪文学〉………………………………96
《呪文距離延長》（呪文修正）………128
《呪文効果範囲拡大》（呪文修正）…128
《呪文高速化》（呪文修正）…………128
《呪文持続時間延長》…………………128
呪文の失敗 ……………………………216
呪文修正特技 …………………………117
〈呪文熟練〉……………………………129
呪文相殺 ………………………………215
《呪文相殺強化》………………………129
《呪文体得》……………………………129
《呪文潰し》（戦闘）…………………129
呪文抵抗 …………………………225,615

《呪文動作省略》（呪文修正）………129
呪文とサービス ………………………169
呪文の解説 ……………………………217
呪文の結果 ……………………………216
呪文の選択 ……………………………214
呪文の狙いをつける …………………221
呪文の発動 ……………………………214
呪文レベル ……………………………220
《呪文レベル上昇》（呪文修正）……129
召喚術 …………………………………33
乗騎関連 ………………………………168
上級アーティファクト ………………601
《上級足払い》（戦闘）………………129
《上級貫通打撃》（戦闘）……………129
《上級組みつき》（戦闘）……………129
上級クラス ……………………………414
《上級蹴散らし》（戦闘）……………130
《上級渾身の一打》（戦闘）…………130
《上級呪文熟練》（戦闘）……………130
《上級盾熟練》（戦闘）………………130
《上級使い魔》…………………………130
《上級突き飛ばし》（戦闘）…………130
《上級抵抗破り》（戦闘）……………130
《上級二刀流》（戦闘）………………131
《上級フェイント》（戦闘）…………131
《上級武器落とし》（戦闘）…………131
《上級武器開眼》（戦闘）……………131
《上級武器熟練》（戦闘）……………131
《上級武器破壊》（戦闘）……………131
《招来クリーチャー強化》……………131
〈職能〉…………………………………97
植物の領域 ……………………………43
食物、飲料、宿泊 ……………………168
《自力生存》……………………………131
死霊術 …………………………………34
〈真意看破〉……………………………97
信仰呪文 ………………………………228
信仰呪文を準備する …………………228
信仰魔法の文書 ………………………229
心術 ……………………………………34
《神速の反応》…………………………131
《神速の反応強化》……………………131
身長と体重 ……………………………175
森林 ……………………………………467
〈水泳〉…………………………………98
水界 ……………………………………474
スタッフ ………………………………538
《スタッフ作成》（アイテム作成）…132
スタッフの作成 ………………………606
《素手攻撃強化》（戦闘）……………132
《素早い移動》…………………………132
生活費 …………………………………447
〈製作〉…………………………………98
精神集中 ………………………………214

627

〈生存〉 100
成長の手順 30
《精密射撃》（戦闘） 132
《精密射撃強化》（戦闘） 132
生命力吸収と負のレベル 616
セーヴィング・スロー 187,225
《説得力》 132
説明文 225
戦技 206
占術 34
戦術移動 176
《選択的エネルギー放出》 132
前提条件 116
善と悪 172
戦闘 182
戦闘中のアクション 188
戦闘特技 116
戦闘における修正値 202
戦闘に関わる数値 185
戦闘の手順 184
《戦闘発動》 132
戦闘ラウンド 184
善の領域 43
全ラウンド・アクション 193
遭遇をデザインする 439
総合術 35
〈装置無力化〉 101
装備品 144
ソーサラー 47
ソーサラーとバード 228
ソーサラーの血脈 48
［即死］攻撃 616
《速射》（戦闘） 132
属性 172
属性段階 172
属性の変更 174
即行アクション 195
その他のアクション 195
その他の個人データ 174
その他の財産 146
その他の魔法のアイテム 543
《その他の魔法のアイテム作成》（アイテム作成） 132
その他の魔法のアイテムの作成 607

■タ行

待機 210
《大旋風》（戦闘） 133
太陽の領域 44
《代用武器体得》（戦闘） 133
《代用武器の巧み》（戦闘） 133
宝物を売る 146
〈脱出術〉 101
《盾攻撃強化》（戦闘） 134

《盾攻撃の達人》（戦闘） 134
《盾習熟》（戦闘） 134
《盾熟練》（戦闘） 134
《盾のぶちかまし》（戦闘） 134
《束ね射ち》（戦闘） 134
旅の領域 44
ダメージ 185
ダメージ減少 616
《タワー・シールド習熟》（戦闘） 134
探検 178
《単純武器習熟》（戦闘） 134
ダンジョン 452
ダンジョンの構成要素 452
ダンジョンの種類 452
〈知覚〉 102
知覚手段と交信手段 586
力の領域 44
地形と障害物 200
〈知識〉 103
知識の領域 45
知性あるアイテム 585
知性あるアイテムの属性 585
知性あるアイテムの能力値 585
知性あるアイテムの能力 586
知性あるアイテムをデザインする 585
秩序と混沌 172
秩序の領域 45
窒息 485
地の領域 44
《致命的な狙い》（戦闘） 134
チャージ数、服用数、使用回数 502
治癒 198
治癒の領域 45
《聴覚喪失化クリティカル》（戦闘、クリティカル） 135
〈治療〉 103
《追加HP》 135
《追尾》（戦闘） 135
使い魔 35
《突き落とし》（戦闘） 135
《突き飛ばし強化》（戦闘） 135
低温による危険 485
《抵抗破り》 135
データブロック 439
適正クラス 31
〈手先の早業〉 105
《手ひどい一打》（戦闘） 135
出目10と出目20 88
デュエリスト 426
天候 479
《電光の如き脚》（戦闘） 135
天候の領域 45
天上の者 51
逃走と追跡 177

《統率力》 135
〈登攀〉 105
〈動物使い〉 107
動物の相棒 58
動物の技能 59
動物の選択 59
動物の特技 59
《動物の友》 136
動物の領域 45
毒 611
特技 114
特技の種類 116
特殊攻撃 204
特殊な呪文効果 216
特殊な素材 160
特殊な物質やアイテム 166
特殊能力 229
《特殊武器習熟》（戦闘） 137
特定の盾 509
特定の呪われたアイテム 590
特定の武器 515
特定の鎧 507
特別な目的を持つアイテム 586
都市での冒険 475
都市の明かり 479
都市の建築物 479
突撃 205
ドラゴン・ディサイプル 427
ドルイド 55
ドルイド呪文 244
ドワーフ 22

■ナ行

《薙ぎ払い》（戦闘） 137
《薙ぎ払い強化》（戦闘） 137
奈落の者 52
《二重斬り》（戦闘） 137
《二刀のかきむしり》（戦闘） 137
《二刀の守り》（戦闘） 137
《二刀流》（戦闘） 137
二刀流 210
《二刀流強化》（戦闘） 137
人間 23
年齢 174
能力値 15
能力値と呪文の使い手 16
能力値の決定 15
能力値へのダメージ、ペナルティ、および吸収 617
能力値ボーナス 617
ノーム 24
呪い 614
呪われたアイテム 587
呪われたアイテムの一般的な効果 589

■ハ行

バード	61
バード呪文	247
バーバリアン	65
ハーフエルフ	25
ハーフオーク	26
ハーフリング	27
破壊の領域	46
《鋼の意志》	137
《鋼の意志強化》	138
パスファインダー・クロニクラー	430
〈はったり〉	109
発動時間	221
《発動妨害》（戦闘）	138
《早抜き》（戦闘）	138
パラディン	69
パラディン呪文	250
《針の目を通す狙い》（戦闘）	138
《反撃の構え》（戦闘）	138
《万能投擲術》（戦闘）	138
〈飛行〉	110
飛散武器の投擲	210
秘術	52
秘術系統	33
秘術呪文	226
秘術呪文と鎧	37
《秘術使いの鎧訓練》（戦闘）	138
《秘術使いの鎧体得》（戦闘）	138
《秘術の打撃》（戦闘）	138
秘術魔法の文書	226
非致傷ダメージ	198
ヒット・ポイント	186
ヒット・ポイントを失う	197
火の領域	46
病気	614
標準アクション	188
標準的でないクリーチャー用の防具	159
《疲労化クリティカル》	139
瀕死状態	197
ファイター	73
不意打ち	184
フェイ	53
フェイント	208
《フェイント強化》（戦闘）	139
不可視	618
武器	146
《武器落とし強化》（戦闘）	139
《武器開眼》（戦闘）	139
《武器熟練》（戦闘）	139
武器と呪文の制限	475
武器のデータ	148
《武器の妙技》（戦闘）	139
《武器破壊強化》（戦闘）	139
《不屈の闘志》	139

不死の者	53
負傷と死	197
《不調化クリティカル》（戦闘、クリティカル）	140
《物質要素省略》	140
《踏み込み》（戦闘）	140
フリー・アクション	195
平地	473
変成術	34
〈変装〉	111
《防御的戦闘訓練》（戦闘）	140
《防御崩し》（戦闘）	140
防御術	35
防具	156
冒険用具	161
報酬経験点	441
宝物の山を構築する	442
宝物を配置する	441
ポーション	521
《ポーション作成》（アイテム作成）	140
ポーションの作成	604
[補足説明]	220
補足ルール	170

■マ行

巻物	536
《巻物作成》（アイテム作成）	140
巻物の作成	606
魔術の領域	46
マス目の通過	200
麻痺	619
魔法	212
魔法効果を組み合わせる	216
〈魔法装置使用〉	112
魔法のアイテム	498
魔法のアイテムとディテクト・マジック	500
魔法のアイテムの価格	603
魔法のアイテムの購入	502
魔法のアイテムの作成	602
魔法のアイテムの修理	502
魔法のアイテムの説明	502
魔法のアイテムのパワーに対するセーヴ	501
魔法のアイテムへのダメージ	501
魔法のアイテムを身に着ける	501
《魔法の才》	140
魔法の武器	510
魔法の武器の作成	604
魔法の武器の特殊能力の解説	511
《魔法の武器防具作成》（アイテム作成）	140
魔法の防具	504
魔法の防具の作成	604
魔法の指輪	522
《魔法の指輪作成》（アイテム作成）	141
魔法の指輪の作成	605

魔法の鎧と盾の特殊能力解説	504
マルチ・クラス	30
満身創痍状態	197
ミスティック・シーアージ	432
水の危険	486
水の領域	46
道に迷う	466
魅了の領域	46
（魅惑）と（強制）	619
《迎え討ち》（戦闘）	141
《無視界戦闘》（戦闘）	141
無防備状態の敵	204
《名匠》	141
《メドゥサの怒り》（戦闘）	141
《猛突撃》（戦闘）	141
《盲目化クリティカル》（戦闘、クリティカル）	141
《朦朧化クリティカル》（戦闘、クリティカル）	142
《朦朧化打撃》（戦闘）	142
目的専用能力	586
元クレリック	39
元ドルイド	58
元バーバリアン	69
元パラディン	73
元モンク	78
モンク	75

■ヤ行

野外	466
野外移動	177
《矢つかみ》（戦闘）	142
《矢止め》（戦闘）	142
闇の領域	47
用語の定義	414
容態安定状態のキャラクターと回復	197
夜目	619
《鎧習熟：軽装》（戦闘）	142
《鎧習熟：重装》（戦闘）	142
《鎧習熟：中装》（戦闘）	143
鎧の着脱	159
《よろめき化クリティカル》（戦闘、クリティカル）	143

■ラ行

《来訪者へのエネルギー放出》	143
落下	486
力術	35
竜	54
領域	39
ルーンの領域	47
レンジャー	78
レンジャー呪文	251
ローアマスター	434

ローグ	82
ロッド	529
《ロッド作成》（アイテム作成）	143
ロッドの作成	606

■ワ行

罠	458
罠の諸要素	458
罠の設計	465
罠の例	462
割り込みアクション	195
ワンド	542
《ワンド作成》（アイテム作成）	143
ワンドの作成	607
《腕力による威圧》（戦闘）	143

OPEN GAME LICENSE Version 1.oa

The following text is the property of Wizards of the Coast, Inc. and is Copyright 2000 Wizards of the Coast, Inc ("Wizards"). All Rights Reserved.

1. Definitions: (a) "Contributors" means the copyright and/or trademark owners who have contributed Open Game Content; (b) "Derivative Material" means copyrighted material including derivative works and translations (including into other computer languages), potation, modification, correction, addition, extension, upgrade, improvement, compilation, abridgment or other form in which an existing work may be recast, transformed or adapted; (c) "Distribute" means to reproduce, license, rent, lease, sell, broadcast, publicly display, transmit or otherwise distribute; (d) "Open Game Content" means the game mechanic and includes the methods, procedures, processes and routines to the extent such content does not embody the Product Identity and is an enhancement over the prior art and any additional content clearly identified as Open Game Content by the Contributor, and means any work covered by this License, including translations and derivative works under copyright law, but specifically excludes Product Identity. (e) "Product Identity" means product and product line names, logos and identifying marks including trade dress; artifacts, creatures, characters, stories, storylines, plots, thematic elements, dialogue, incidents, language, artwork, symbols, designs, depictions, likenesses, formats, poses, concepts, themes and graphic, photographic and other visual or audio representations; names and descriptions of characters, spells, enchantments, personalities, teams, personas, likenesses and special abilities; places, locations, environments, creatures, equipment, magical or supernatural abilities or effects, logos, symbols, or graphic designs; and any other trademark or registered trademark clearly identified as Product identity by the owner of the Product Identity, and which specifically excludes the Open Game Content; (f) "Trademark" means the logos, names, mark, sign, motto, designs that are used by a Contributor to identify itself or its products or the associated products contributed to the Open Game License by the Contributor (g) "Use", "Used" or "Using" means to use, Distribute, copy, edit, format, modify, translate and otherwise create Derivative Material of Open Game Content. (h) "You" or "Your" means the licensee in terms of this agreement.

2. The License: This License applies to any Open Game Content that contains a notice indicating that the Open Game Content may only be Used under and in terms of this License. You must affix such a notice to any Open Game Content that you Use. No terms may be added to or subtracted from this License except as described by the License itself. No other terms or conditions may be applied to any Open Game Content distributed using this License.

3. Offer and Acceptance: By Using the Open Game Content You indicate Your acceptance of the terms of this License.

4. Grant and Consideration: In consideration for agreeing to use this License, the Contributors grant You a perpetual, worldwide, royalty-free, non-exclusive license with the exact terms of this License to Use, the Open Game Content.

5. Representation of Authority to Contribute: If You are contributing original material as Open Game Content, You represent that Your Contributions are Your original creation and/or You have sufficient rights to grant the rights conveyed by this License.

6. Notice of License Copyright: You must update the COPYRIGHT NOTICE portion of this License to include the exact text of the COPYRIGHT NOTICE of any Open Game Content You are copying, modifying or distributing, and You must add the title, the copyright date, and the copyright holder's name to the COPYRIGHT NOTICE of any original Open Game Content you Distribute.

7. Use of Product Identity: You agree not to Use any Product Identity, including as an indication as to compatibility, except as expressly licensed in another, independent Agreement with the owner of each element of that Product Identity. You agree not to indicate compatibility or co-adaptability with any Trademark or Registered Trademark in conjunction with a work containing Open Game Content except as expressly licensed in another, independent Agreement with the owner of such Trademark or Registered Trademark. The use of any Product Identity in Open Game Content does not constitute a challenge to the ownership of that Product Identity. The owner of any Product Identity used in Open Game Content shall retain all rights, title and interest in and to that Product Identity.

8. Identification: If you distribute Open Game Content You must clearly indicate which portions of the work that you are distributing are Open Game Content.

9. Updating the License: Wizards or its designated Agents may publish updated versions of this License. You may use any authorized version of this License to copy, modify and distribute any Open Game Content originally distributed under any version of this License.

10. Copy of this License: You MUST include a copy of this License with every copy of the Open Game Content You distribute.

11. Use of Contributor Credits: You may not market or advertise the Open Game Content using the name of any Contributor unless You have written permission from the Contributor to do so.

12. Inability to Comply: If it is impossible for You to comply with any of the terms of this License with respect to some or all of the Open Game Content due to statute, judicial order, or governmental regulation then You may not Use any Open Game Material so affected.

13. Termination: This License will terminate automatically if You fail to comply with all terms herein and fail to cure such breach within 30 days of becoming aware of the breach. All sublicenses shall survive the termination of this License.

14. Reformation: If any provision of this License is held to be unenforceable, such provision shall be reformed only to the extent necessary to make it enforceable.

15. COPYRIGHT NOTICE

Open Game License v 1.oa © 2000, Wizards of the Coast, Inc.

System Reference Document © 2000, Wizards of the Coast, Inc.; Authors Jonathan Tweet, Monte Cook, Skip Williams, based on material by E. Gary Gygax and Dave Arneson.

Pathfinder Roleplaying Game Core Rulebook © 2011, Paizo Inc.; Author: Jason Bulmahn, based on material by Jonathan Tweet, Monte Cook, and Skip Williams.

The Book of Experimental Might © 2008, Monte J. Cook. All rights reserved.

Tome of Horrors © 2002, Necromancer Games, Inc.; Authors: Scott Greene, with Clark Peterson, Erica Balsley, Kevin Baase, Casey Christofferson, Lance Hawvermale, Travis Hawvermale, Patrick Lawinger, and Bill Webb; Based on original content from TSR.

索引

パスファインダーRPG ビギナー・ボックス

　パスファインダーRPG コア・ルールブックに掲載された中でも、さまざまなファンタジーTRPGでも馴染み深い4つのクラスと3つの種族をピックアップして収録し、さらには作成済みのキャラクターシートも用意することで、戸惑うことなくパスファインダーRPGの世界に飛び込んでもらうためのツールが、パスファインダーRPG ビギナー・ボックス（本体価格：5,000円）だ。

ビギナー・ボックスの内容物

　以下に、パスファインダーRPG ビギナー・ボックスの内容物を紹介する。

ヒーローズ・ハンドブック

　パスファインダーRPG ビギナー・ボックスを遊ぼうとする者が読んでおくべき冊子だ。1人用冒険シナリオ「スケルトン王の墓所」でゲームの雰囲気を知ることができるし、ゲームを始めるにあたって必要なことや、キャラクターの作成方法も記載されている。なお、4つのクラスは、レベル5までのキャラクターが作成できるデータを収録。特技や装備品のデータなども掲載している。

ゲーム・マスターズ・ガイド

　パスファインダーRPG ビギナー・ボックスでゲーム・マスターを務めようとする者が読む冊子だ。読み進めればすぐにパスファインダーRPG ビギナー・ボックスで遊ぶことができるシナリオ「ブラック・ファングのダンジョン」が掲載されている。また、ゲーム・マスターとして、楽しく偏りなくセッションを運営していくための情報も記載されている。

4種のプレロールド・キャラクターシート

　ウィザード、クレリック、ファイター、ローグという、すぐに遊ぶための作成済みキャラクターシートが4種類。

ゲームで使用するダイス7種のセット

　遊ぶために必要なダイス（d4、d6、d8、d10×2種、d12、d20の7種）のセット。

キャラクターシート

　ゲームですぐに使えるキャラクターシートが4枚。

80個以上のフルカラーのコマ

　美麗なフルカラーのイラストで表現された勇者やモンスターが、パスファインダーRPG コア・ルールブックでも使用できるコマになって収録。

フリップマット

　「ゲーム・マスターズ・ガイド」に掲載されたシナリオ「ブラック・ファングのダンジョン」で使用するマップと、ゲーム・マスターが自由に使える汎用のマップが両面に印刷されたものを収録。このマップは、水性インクのマジックペンなどを使えば、何度でも書いたり消したりすることができる。

全国のホビーショップで販売中

　この商品は、ボードゲームやカードゲーム、TRPGを扱っている全国の専門店で購入することができる。
　近くに専門店がない地域の方は、インターネットの通信販売を利用して購入することもできる。お求めの際は「パスファインダーRPG ビギナー・ボックス」で検索してみてほしい。

スタッフリスト

翻訳	チームPRDJ：石川 雄一郎、扇 彰、宮内 誠、田部井 信充、VAN、大野 孝幸、小川 悠司、J、手嶋 晃一、ずんだ、銀河アズマ
翻訳補助	健部 伸明
編集	梶原 佳介、佐久間 綾子（株式会社アークライト）
DTP	柳生 詳史、佐々木 晋也、佐久間 綾子、梶原 佳介（株式会社アークライト）

PATHFINDER®
ROLEPLAYING GAME™
CORE RULEBOOK
パスファインダーRPG コア・ルールブック

2018年12月31日　初版発行

著者	ジェイソン・バルマーン
翻訳	チームPRDJ
発行人	宮田一登志
発行所	株式会社 新紀元社
	〒101-0054
	東京都千代田区神田錦町1-7 錦町一丁目ビル2F
	TEL:03-3219-0921　FAX:03-3219-0922
	郵便振替00110-4-27618
	http://www.shinkigensha.co.jp/
印刷・製本	日経印刷株式会社

本書は著作権上の保護を受けています。本書の一部ないし全部について、株式会社アークライト及び株式会社新紀元社から文書による許諾を得ずに、いかなる方法によっても複写、転用することは禁じられています。
ただし、プレイに必要なシート類、チャート類は、ゲームをプレイする目的の場合のみコピーして構いません。

本書はフィクションであり、登場する人物・団体・地名と、実在する人物・団体・地名とは一切関係ありません。

©Arclight, Inc.
Pathfinder Roleplaying Game Core Rulebook is published by Paizo Inc. under the Open Game License version 1.0a Copyright 2000 Wizards of the Coast, Inc. Paizo Inc., the Paizo golem logo, Pathfinder, and GameMastery are registered trademarks of Paizo Inc.; Pathfinder Roleplaying Game, Pathfinder Society, Pathfinder Chronicles, Pathfinder Modules, and Pathfinder Companion are trademarks of Paizo Inc. © 2009,2018 Paizo Inc.

ISBN978-4-7753-1650-4
Printed in Japan
30-602

乱丁・落丁本は、購入された書店を明記して、小社あてにお送りください。
送料小社負担にてお取り替えいたします。

定価はカバーに表示してあります。